2023

# 中国国有资产监督管理年鉴

《中国国有资产监督管理年鉴》编委会　编

**图书在版编目（CIP）数据**

中国国有资产监督管理年鉴. 2023/《中国国有资产监督管理年鉴》编委会编. --北京：中国经济出版社，2023.12

ISBN 978－7－5136－7553－6

Ⅰ. ①中… Ⅱ. ①中… Ⅲ. ①国有资产管理－中国－2023－年鉴 Ⅳ. ①F123. 7-54

**中国国家版本馆CIP数据核字（2023）第217812号**

责任编辑 郑 潇 李玄璇
责任印制 马小宾
封面设计 原创在线

**出版发行** 中国经济出版社
**印 刷 者** 北京富泰印刷有限责任公司
**经 销 者** 各地新华书店
**开 本** 889mm×1194 mm 1/16
**印 张** 53.25
**插页印张** 2.25
**字 数** 2000千字
**版 次** 2023年12月第1版
**印 次** 2023年12月第1次
**定 价** 480.00元
**广告经营许可证** 京西工商广字第8179号

**中国经济出版社** **网址** www.economyph.com **社址** 北京市东城区安定门外大街58号 **邮编** 100011
本版图书如存在印装质量问题，请与本社发行中心联系调换（联系电话：010－57512564）

# 编写说明

**一、《中国国有资产监督管理年鉴》（以下简称《国资年鉴》）由国务院国有资产监督管理委员会（以下简称国务院国资委）主管、主办，《国资年鉴》编委会编纂，中国经济出版社编辑出版。**

**二、《国资年鉴》是一部全面记载我国国有经济运行、国有资产监管体制改革和国有企业改革发展，尤其是中央企业和地方国资监管机构所监管企业总体情况的大型工具书和资料性年刊，是国务院国资委统一对外宣传的重要窗口和交流平台，对于宣传、指导我国国有资产监督管理工作及国有企业工作具有重要参考价值。**

**三、《国资年鉴》突出政策性、权威性、实用性和连续性。主要用户包括全国各级国有资产监管机构及相关行业管理部门，各类国有企业，有关中介机构，各国驻华机构，有关科研院所、图书馆、资料室等。**

**四、《国资年鉴（2023）》共设九篇内容。**

第一篇　重要经济文献。刊载郝鹏同志收录于《求是》《学习时报》《旗帜》等的文章。

第二篇　国有资产监督管理概况。国务院国资委各厅局就2022年我国国有资产监督管理情况、国有企业改革与发展情况予以分析、评述。

第三篇　各省（区、市）国有资产监督管理概况。由31个省（自治区、直辖市）国资委、新疆生产建设兵团国资委和5个计划单列市国资委就2022年本地区国有经济运行情况及国有企业改革与发展状况进行评述。

第四篇　中央企业改革与发展。100户中央企业就2022年经济运行、主要经济指标、国有资产保值增值、重大创新、履行社会责任等方面进行分析、评述。

第五篇　国有资产统计资料。刊载由国务院国资委财务监督与运行评价局提供的2022年国资系统监管企业户数、从业人数、国有资产总量之综合、行业、地区分析表；国资系统监管企业资产负债之综合、行业、地区分析表；国资系统监管工业企业户数、从业人数、国有资产总量地区分析表；国资系统监管工业企业资产负债地区分析表；国资系统监管商业企业户数、从业人数、国有资产总量地区分析表；国资系统监管商业企业资产负债地区分析表；31个省(自治区、直辖市）、新疆生产建设兵团和5个计划单列市监管企业主要指标表。

第六篇　国有资产监督管理政策法规选编。精选2022年有关国有资产监督管理的重要行政法规、部门规章和规范性文件。

第七篇　国有企业党的建设成果概览。采用图文并茂的形式重点展示国有企业在党的建设方面取得的成就。

第八篇　大事记。刊载2022年国务院国资委大事记。

第九篇　附录。刊载2022年度中央企业负责人经营业绩考核A级企业、《财富》“世界500强”中国企业上榜情况等相关资料。

**五、《国资年鉴（2023）》涉及全国性统计数据，暂未包括港、澳、台地区。统计数据截至2022年底。**

**六、《国资年鉴（2023）》编委会编委名单，各地方国资委工作站和中央企业工作站站长、撰稿人名单截至2023年11月底。**

《中国国有资产监督管理年鉴》编辑部

二〇二三年十二月

国务院国资委党委书记、主任张玉卓赴中国电子信息产业集团有限公司所属华大九天调研

国务院国资委党委委员、副主任谭作钧赴中国商用飞机有限责任公司调研

国务院国资委党委委员、副主任袁野赴中国稀土集团有限公司宣讲党的二十大精神并深入稀土矿山调研矿山安全绿色发展情况

中央纪委国家监委驻国务院国资委纪检监察组组长、国务院国资委党委委员龚堂华赴国家开发投资集团有限公司所属雅砻江流域水电开发有限公司调研

国务院国资委党委委员、副主任王宏志出席国有企业改革深化提升行动专题推进会并讲话

国务院国资委党委委员、副主任苟坪出席第二届北斗规模应用国际峰会并致辞

国务院国资委党委委员、副部长级干部周国平赴中国保利集团有限公司宣讲党的二十大精神并调研

时任国务院国资委党委书记、主任郝鹏出席中国共产党中央企业系统（在京）代表会议

时任中央纪委国家监委驻国务院国资委纪检监察组组长、国务院国资委党委委员陈超英赴中国煤炭科工集团有限公司调研

时任国务院国资委党委委员、副主任翁杰明赴中国铁塔股份有限公司调研

时任国务院国资委党委委员、副主任任洪斌在北京出席中国海洋石油集团有限公司成立 40 周年对外合作签约仪式并致辞

时任国务院国资委党委委员、副主任赵世堂出席传达学习贯彻党的二十大精神视频会议并向离退休老同志和管理局系统干部职工传达宣讲党的二十大精神

时任国务院国资委党委委员、秘书长彭华岗出席第十二届中国（澳门）国际汽车博览会开幕式并致辞

# 《中国国有资产监督管理年鉴》编委会

## 编委会主任

（在任）

张玉卓　国务院国有资产监督管理委员会　党委书记、主任

（时任）

郝　鹏　国务院国有资产监督管理委员会　党委书记、主任

## 编委会副主任

（在任）

谭作钧　国务院国有资产监督管理委员会　党委委员、副主任

袁　野　国务院国有资产监督管理委员会　党委委员、副主任

龚堂华　中央纪委国家监委驻国务院国资委纪检监察组　组长
国务院国有资产监督管理委员会　党委委员

王宏志　国务院国有资产监督管理委员会　党委委员、副主任

苟　坪　国务院国有资产监督管理委员会　党委委员、副主任

周国平　国务院国有资产监督管理委员会　党委委员、副部长级干部

（时任）

陈超英　中央纪委国家监委驻国务院国资委纪检监察组　组长
国务院国有资产监督管理委员会　党委委员

翁杰明　国务院国有资产监督管理委员会　党委委员、副主任，直属机关党委书记

任洪斌　国务院国有资产监督管理委员会　党委委员、副主任

赵世堂　国务院国有资产监督管理委员会　党委委员、副主任

彭华岗　国务院国有资产监督管理委员会　党委委员、秘书长

## 编委会委员(二)

(地方国资委)

## 编委会委员（三）

（中央企业）

董　昕　中国移动通信集团有限公司　党组副书记、总经理
曾　毅　中国电子信息产业集团有限公司　党组书记、董事长
邱现东　中国第一汽车集团有限公司　党委书记、董事长
竺延风　东风汽车集团有限公司　党委书记、董事长
隋炳利　中国一重集团有限公司　党委副书记、董事
黄　伟　哈尔滨电气集团有限公司　党委副书记、董事、总经理
宋致远　中国东方电气集团有限公司　党组副书记、董事
魏　尧　中国宝武钢铁集团有限公司　党委常委
姚　林　中国矿产资源集团有限公司　党组书记、董事长
段向东　中国铝业集团有限公司　党组书记、董事长
钱　萍　中国远洋海运集团有限公司　总经理
张　胜　中国航空集团有限公司　党组成员、副总经理
吴颖湘　中国南方航空集团有限公司　党组成员、副总经理
阳世昊　中国中化控股有限责任公司　党组成员、副总经理
栾日成　中粮集团有限公司　党组副书记、总经理
王杰之　中国五矿集团有限公司　党组副书记、董事
张兆祥　中国建筑集团有限公司　党组副书记、董事、总经理
许高峰　中国储备粮管理集团有限公司　党组成员、副总经理
蒋旭光　中国南水北调集团有限公司　党组书记、董事长
付刚峰　国家开发投资集团有限公司　党组书记、董事长
邓仁杰　招商局集团有限公司　党委委员、副总经理
王祥明　华润(集团)有限公司　党委书记、董事长
陈　寅　中国旅游集团有限公司[香港中旅(集团)有限公司]　党委书记、董事长
刘大军　中国节能环保集团有限公司　党委副书记
朱碧新　中国诚通控股集团有限公司　党委书记、董事长
王树东　中国中煤能源集团有限公司　党委书记、董事长
王　宇　中国机械科学研究总院集团有限公司　党委委员、副总经理
高宏斌　中国钢研科技集团有限公司　党委副书记、总经理
戴和根　中国化学工程集团有限公司　党委书记、董事长
李耀强　中国盐业集团有限公司　党委书记、董事长
周育先　中国建材集团有限公司　党委书记、董事长
奚正平　中国有色矿业集团有限公司　党委书记、董事长
敖　宏　中国稀土集团有限公司　党委书记、董事长
黄　倬　中国有研科技集团有限公司　副总经理
周　洲　矿冶科技集团有限公司　党委副书记、总经理
卜玉龙　中国国际技术智力合作集团有限公司　党委书记、董事长
许杰峰　中国建筑科学研究院有限公司　党委副书记、董事、总经理
孙永才　中国中车集团有限公司　党委书记、董事长
李新生　中国铁路工程集团有限公司　党委常委、副总裁
汪建平　中国铁道建筑集团有限公司　党委书记、董事长
鲁国庆　中国信息通信科技集团有限公司　党委书记、董事长
付国清　中国农业发展集团有限公司　党委委员、副总经理
黄其正　中国林业集团有限公司　党委委员、副总经理
刘敬桢　中国医药集团有限公司　党委书记、董事长
张万顺　中国保利集团有限公司　党委副书记、总经理
文　兵　中国建设科技有限公司　党委书记、董事长
牛建华　中国冶金地质总局　党委书记、副局长
徐小连　中国煤炭地质总局　党委委员、副局长
贾世瑞　新兴际华集团有限公司　党委书记、董事长
袁雷峰　中国民航信息集团有限公司　党委常委、副总经理

周　强　中国航空油料集团有限公司　党委书记、董事长

王忠夫　中国航空器材集团有限公司　党委委员、副总经理

丁焰章　中国电力建设集团有限公司　党委书记、董事长

宋海良　中国能源建设集团有限公司　党委书记、董事长

周庆丰　中国安能建设集团有限公司　党委副书记、总经理、董事

卢　进　中国黄金集团有限公司　党委书记、董事长

杨长利　中国广核集团有限公司　党委书记、董事长

李茂华　中国华录集团有限公司　党委委员、董事、副总经理

刘开新　华侨城集团有限公司　党委常委

张沛然　南光(集团)有限公司(中国南光集团有限公司)　董事、副总经理

白忠泉　中国电气装备集团有限公司　党委书记、董事长

徐增堂　中国物流集团有限公司　党委常委、副总经理

莫德旺　中国国新控股有限责任公司　党委副书记、董事、总经理

李维政　中国检验认证(集团)有限公司　党委委员、副总经理

安铁成　中国汽车技术研究中心有限公司　党委书记、董事长

顾晓敏　中国铁塔股份有限公司　党委副书记、总经理

蓝　海　中国绿发投资集团有限公司　党委副书记、董事

## 《中国国有资产监督管理年鉴》
## 工作站站长(一)

(地方国资委)

杨　军　北京市国有资产监督管理委员会　研究室主任

吴爱明　天津市国有资产监督管理委员会　研究室主任

周纬经　河北省国有资产监督管理委员会　综合处处长

李智俊　山西省国有资产监督管理委员会　办公室主任

潘文进　内蒙古自治区国有资产监督管理委员会　办公室(党委办公室)副主任

徐劫非　辽宁省国有资产监督管理委员会　办公室主任

张　智　大连市国有资产监督管理委员会　办公室主任

王显东　吉林省国有资产监督管理委员会　宣传工作处处长

刘光东　黑龙江省国有资产监督管理委员会　政策法规处(国企改革办)二级调研员

陈　浩　上海市国有资产监督管理委员会　办公室主任

阙金华　江苏省国有资产监督管理委员会　办公室(党委办公室)主任

潘礼军　浙江省国有资产监督管理委员会　办公室副主任、三级调研员

李　昊　宁波市国有资产监督管理委员会　办公室主任

张政政　安徽省国有资产监督管理委员会　办公室主任

李宇昆　福建省国有资产监督管理委员会　办公室副主任

刘聪斌　厦门市国有资产监督管理委员会　办公室主任

陈海华　江西省国有资产监督管理委员会　办公室(党委办公室)主任

程　烨　山东省国有资产监督管理委员会　办公室副主任

张学生　青岛市国有资产监督管理委员会　办公室主任

李选杰　河南省国有资产监督管理委员会　研究室主任

陈志友　湖北省国有资产监督管理委员会　办公室二级调研员

陈　宁　湖南省国有资产监督管理委员会　政策研究与法规处处长

薛　杰　广东省国有资产监督管理委员会　办公室(党委办公室)副主任

李传伟　深圳市国有资产监督管理委员会　办公室主任

刘晓军　广西壮族自治区国有资产监督管理委员会　办公室副主任

武　军　海南省国有资产监督管理委员会　办公室主任

隆　洋　重庆市国有资产监督管理委员会　办公室副主任

王　毅　四川省国有资产监督管理委员会　办公室主任

戴卫华　贵州省国有资产监督管理委员会　办公室主任

杨宝明　云南省国有资产监督管理委员会　办公室主任

马玉芳　西藏自治区国有资产监督管理委员会　政策法规处副处长

张　飞　陕西省国有资产监督管理委员会　办公室(党委办公室)主任

李　伟　甘肃省国有资产监督管理委员会　政策法规处处长

罗文贵　青海省国有资产监督管理委员会　综合处处长

耿建勋　宁夏回族自治区国有资产监督管理委员会　办公室主任

朱永生　新疆维吾尔自治区国有资产监督管理委员会　综合处处长

胡杨军　新疆生产建设兵团国有资产监督管理委员会　办公室主任

## 工作站站长(二)

(中央企业)

乔书荣　中国核工业集团有限公司　档案馆馆长

李君三　中国航天科技集团有限公司　办公室副主任

张　燕　中国航天科工集团有限公司　办公室一级专务(主持工作)

曹　凯　中国航空工业集团有限公司　政策研究室主任

洪方智　中国船舶集团有限公司　国际合作部政策研究室副主任

袁树宝　中国兵器工业集团有限公司　改革与资产管理部部长

赵　伟　中国兵器装备集团有限公司　综合管理部副主任

姚志杰　中国电子科技集团有限公司　综合管理部主任

赵晓永　中国航空发动机集团有限公司　综合管理部副部长、党组办公室主任

董之光　中国融通资产管理集团有限公司　办公室主任

杜毅漫　中国石油化工集团有限公司　中国石化出版社出版总监、企业文化与教育出版分社（年鉴出版分社）社长

王瑞军　中国海洋石油集团有限公司　办公室副主任

王国涛　国家石油天然气管网集团有限公司　集团办公室（党组办公室、董事会办公室）主任

陈向阳　中国南方电网有限责任公司　一级职员、办公室副主任、公司党组秘书

李卫华　中国华能集团有限公司　办公室（党组办公室、董事会办公室）副主任

赵大斌　中国大唐集团有限公司　办公室（党组办公室、董事会办公室）主任

赵晓东　中国华电集团有限公司　总经理助理、董事会秘书、办公室（党组办公室、董事会办公室）主任

蔺明照　国家电力投资集团有限公司　宣传与群团部主任

柯晓阳　中国长江三峡集团有限公司　集团办公室（党组办公室、董事会办公室）副主任

丁茂廷　国家能源投资集团有限责任公司　综合管理部主任

朱拥华　中国电信集团有限公司　综合调研室主任

白福柱　中国联合网络通信集团有限公司　集团办公室副主任

邓小琳　中国移动通信集团有限公司　办公室（党组办公室/董事会办公室）副主任、新闻中心主任

李瑞涛　中国电子信息产业集团有限公司　综合管理部主任

冷永昆　中国第一汽车集团有限公司　办公室（党委办公室）机要保密部总监

张小帆　东风汽车集团有限公司　办公室主任

江　仲　中国一重集团有限公司　党委宣传部部长

杜文朋　哈尔滨电气集团有限公司　办公室（党委办公室、董事会办公室、总经理办公室、保密办公室）主任

李　艳　中国东方电气集团有限公司　党组办、董事办、公司办副主任

张文良　中国宝武钢铁集团有限公司　史志办公室主任

谢　文　中国矿产资源集团有限公司　办公室主任

刘东军　中国铝业集团有限公司　办公室副主任

周家恺　中国远洋海运集团有限公司　行政事务部高级经理

王泽明　中国航空集团有限公司　总经理办公室副主任

李干斌　中国东方航空集团有限公司　党组研究室（政策研究室、史志办公室）主任

马晓晴　中国南方航空集团有限公司　档案馆馆长

姚　雁　中国中化控股有限责任公司　办公室副主任

刘　云　中粮集团有限公司　办公室主任

张　勇　中国五矿集团有限公司　党群工作部副部长

栗　冀　中国通用技术（集团）控股有限责任公司　办公室主任

周利杰　中国建筑集团有限公司　集团办公室（党组办公室）主任

张华生　中国储备粮管理集团有限公司　综合部（新闻中心）副主任

井书光　中国南水北调集团有限公司　办公室主任

丁后稳　国家开发投资集团有限公司　党群工作部（党组宣传部、党组统战部、工会、团委）主任

李　辉　招商局集团有限公司　集团办公室调研处处长

宋贵斌　华润（集团）有限公司　办公室副主任（主持工作）

周　鹏　中国旅游集团有限公司［香港中旅（集团）有限公司］　总经理办公室主任

王蒙蒙　中国商用飞机有限责任公司　办公室主任

郝成涛　中国节能环保集团有限公司　办公室副主任

裴晓东　中国诚通控股集团有限公司　集团办公室主任

林小龙　中国中煤能源集团有限公司　办公室(党委办公室)副主任

姚雪亮　中国煤炭科工集团有限公司　集团办公室秘书处处长

顾剑峰　中国机械科学研究总院集团有限公司　院务工作部部长

刘掌权　中国钢研科技集团有限公司　集团办公室副主任

贾　浩　中国化学工程集团有限公司　党委办公室(总经理办公室)主任

屈晓明　中国盐业集团有限公司　办公室(党委办公室)主任

金　星　中国建材集团有限公司　办公室(董事会办公室)高级专家

王来景　中国有色矿业集团有限公司　办公室(党委办公室、董事会办公室、外事办公室)副主任

杨　杰　中国稀土集团有限公司　办公室主任、董事会秘书

周慧渊　中国有研科技集团有限公司　集团办公室主任

吉兆宁　矿冶科技集团有限公司　办公室主任

韩军旗　中国国际技术智力合作集团有限公司　办公室(党委办公室)主任

张　晓　中国建筑科学研究院有限公司　办公室副主任

梁　军　中国中车集团有限公司　办公室(党委办公室)主任

甘　军　中国铁路工程集团有限公司　办公室副主任

戴　红　中国铁道建筑集团有限公司　档案馆副馆长

屈耀斌　中国交通建设集团有限公司　办公室(党委办公室)文书处(档案处、保密处)处长

丁　峰　中国信息通信科技集团有限公司　总经理办公室主任

何　刚　中国农业发展集团有限公司　文宣部部长

张学琼　中国林业集团有限公司　办公室主任

姚秉成　中国医药集团有限公司　办公室(信访办公室)主任

於骁冬　中国保利集团有限公司　战投中心主任

魏　巍　中国建设科技有限公司　办公室主任

董彰星　中国冶金地质总局　党委办公室副主任、办公室副总经理

宋思哲　中国煤炭地质总局　党委机要秘书

宋连堂　新兴际华集团有限公司　党委委员、总经济师、董事会秘书、综合部部长、产业运行部部长

金　勇　中国民航信息集团有限公司　办公室主任

魏建华　中国航空油料集团有限公司　规划发展部总经理

陈　思　中国航空器材集团有限公司　办公室主任

魏立军　中国电力建设集团有限公司　党委工作部副主任

关云航　中国能源建设集团有限公司　办公室(党委办公室、董事会办公室)主任

张学武　中国安能建设集团有限公司　办公室主任

李　辉　中国黄金集团有限公司　办公室副主任(主持工作)

胡光耀　中国广核集团有限公司　综合管理部总经理

刘　秀　中国华录集团有限公司　综合管理部副主任(主持工作)

谢　军　华侨城集团有限公司　品牌与企业文化部副总经理

彭计飞　南光(集团)有限公司(中国南光集团有限公司)　办公室总经理

豆苏含　中国电气装备集团有限公司　办公室(党委办公室、董事会办公室)主任

倪时政　中国物流集团有限公司　集团办公室主任

牛　欣　中国国新控股有限责任公司　办公室（党委办公室、董事会办公室）副主任

孙汉福　中国检验认证（集团）有限公司　办公室主任

张立雄　中国汽车技术研究中心有限公司　办公室（党委办公室、董事会办公室）副主任（主持工作）

陈晓杰　中国铁塔股份有限公司　宣传中心主任

张　杰　中国绿发投资集团有限公司　总值班室主任

# 《中国国有资产监督管理年鉴》撰稿人

（按姓氏笔画排序）

丁　磊　丁若沙　于　畅　于丽媛　万友元　马世昌　马志伟
马国亮　王　齐　王　迎　王　恒　王　烨　王　爽　王　琳
王乃卉　王文达　王本飞　王英伟　王祎峰　王春娟　牛立圆
毛佳文　尹诗岚　尹爱岭　孔　爱　孔小可　邓慧都　石义刚
叶　松　叶　晴　田相庆　付　睿　白　旭　白国庆　包明凯
冯金玺　吉　军　毕京平　朱　平　朱　军　朱亦珺　朱虹波
朱奕璇　朱浩天　乔腾飞　任　哲　任洁江　刘　阳　刘　超
刘　超　刘　鑫　刘一鸣　刘广为　刘双武　刘晓军　刘梦钰娇
刘银海　刘熙敏　闫山峰　江　翀　孙佩鑫　孙春雨　孙振远
孙博宇　纪春启　李　刚　李　威　李　盈　李　琰　李　媛
李　巍　李小龙　李小余　李玉龙　李青林　李泓全　李泓全
李晟源　李悦琴　杨　冰　杨　迪　杨　威　杨天博　杨冰莹
杨涵雪　束　斌　邴颂东　吴华菲　吴思冉　吴竞东　邱　爽
邱文凯　何　立　冷裕波　沈妮妮　沈艳艳　宋　莹　宋　乾
宋广奇　宋孟楠　张　晓　张　超　张　巍　张文良　张文博
张永海　张好萌　张海峰　张海磊　张晨旭　张楚良　张新彬
张静媛　陆文星　陈　明　陈　茜　陈　斌　陈　翔　陈净涤
武正帅　范昱阳　林　薇　欧天奕　周　凯　周　健　周书亚
郑丁山　郑礼建　单新东　孟令海　孟媛媛　孟靖雯　赵　安
赵　杨　赵　坤　赵　艳　赵　煦　赵一玮　赵东亮　赵聪睿

| | | | | | | |
|---|---|---|---|---|---|---|
| 郝　峰 | 胡亚男 | 柳　涛 | 柳　睿 | 殂继兵 | 姜力祺 | 姜俏冰 |
| 姚雪亮 | 姚新宇 | 袁　芳 | 袁　圆 | 袁晓健 | 徐晓春 | 高　微 |
| 高鉥昊 | 郭振天 | 郭航空 | 唐照寓 | 黄　健 | 黄　键 | 黄春桥 |
| 黄懿明 | 曹昆鹏 | 龚　健 | 康　蓉 | 梁峻豪 | 彭方中 | 董银玉 |
| 蒋晓琳 | 韩　露 | 韩永权 | 韩志涛 | 曾　俊 | 曾红梅 | 温　巍 |
| 温晓帆 | 温晶峰 | 鄢　奇 | 蓝天一 | 蔡洪检 | 谭　锐 | 翟　宇 |
| 樊美麟 | 薛　颖 | 薛俊武 | 戴　佳 | 戴黎黎 | 魏代虎 | |

# 目　录

## 第一篇　重要经济文献



## 第二篇　国有资产监督管理概况

## 第三篇　各省(区、市)国有资产监督管理概况



## 第四篇　中央企业改革与发展

# 第五篇　国有资产统计资料

## 第六篇　国有资产监督管理政策法规选编



## 第七篇　国有企业党的建设成果概览

## 第八篇　大事记



## 第九篇　附　录



## 索　引

# Contents

## Chapter Ⅰ. Important Economic Literature



## Chapter Ⅱ. General Situation of the Supervision and Administration of State-owned Assets

## Chapter Ⅲ. General Situation of the Supervision and Administration of State-owned Assets in Provinces, Autonomous Regions, Municipalities and Cities

## Chapter Ⅳ. Reform and Development of China's Central SOEs

## Chapter Ⅴ. Statistic Data of State-owned Assets

## Chapter Ⅵ. Selected Policies and Regulations on Supervision and Administration of State-owned Assets

## Chapter Ⅶ. Fulfilling Party Building of SOEs China Electronics Technology Group



## Chapter Ⅷ. Chronicle of SASAC



## Chapter Ⅸ. Appendix



## Index

# 重要经济文献

第一篇

# 深入贯彻中央经济工作会议精神　在稳定宏观经济大盘中彰显国资央企担当

国务院国资委党委书记、主任　郝　鹏

习近平总书记在中央经济工作会议上的重要讲话，站在新的历史起点，统筹“两个大局”，总揽国内国际大势，深刻阐释重大理论和实践问题，全面部署今年经济工作，具有极强的政治性、思想性、战略性、前瞻性，是习近平经济思想的最新成果，是一篇马克思主义政治经济学的光辉文献，为做好经济工作指明了方向，提供了根本遵循。

今年，我们党将召开二十大，保持平稳健康的经济环境、国泰民安的社会环境、风清气正的政治环境极为重要。国有企业作为中国特色社会主义的重要物质基础和政治基础、党执政兴国的重要支柱和依靠力量，必须把深入学习贯彻中央经济工作会议精神特别是习近平总书记重要讲话精神作为当前和今后一个时期的重要政治任务，把思想和行动统一到党中央关于经济形势的科学判断和经济工作的决策部署上来，增强“四个意识”、坚定“四个自信”、做到“两个维护”，扎扎实实做好改革发展和党的建设工作，为做好“六稳”“六保”工作、稳定宏观经济大盘、保持经济运行在合理区间、保持社会大局稳定作出更大贡献。

## 突出抓好稳增长，当好国民经济的稳定器、压舱石

中央经济工作会议强调，今年经济工作要稳字当头、稳中求进，各地区各部门要担负起稳定宏观经济的责任。世纪疫情冲击下，百年变局加速演进，外部环境更趋复杂严峻和不确定，我国经济发展面临需求收缩、供给冲击、预期转弱三重压力，实现经济稳定增长面临更多困难和挑战。

国有企业特别是中央企业作为国民经济的稳定器、压舱石，稳定宏观经济大盘不仅是经济责任，更是政治责任、社会责任，同时也是实现自身转型升级和高质量发展的重要基础。必须主动担当、积极作为，围绕高质量发展这个主题，把稳增长、防风险摆在更加突出位置，以稳促进、以进固稳，切实增强效益增长的稳定性、可持续性，努力保持全年经济平稳运行、稳健发展，确保实现质的稳步提升和量的合理增长。一是全力以赴稳运行。准确研判经济形势，密切跟踪市场变化，及时优化经营策略，实施有利于稳增长的措施，加快落地一批“十四五”规划明确的重大项目，确保各项举措早部署、早发力，早落地、早见效，力争实现上半年“开门红”开局稳，全年实现利润总额和净利润增速高于国民经济增速。二是全力以赴稳供应。更好发挥重要能源资源生产自给的支撑托底作用，充分利用“两个市场、两种资源”，提升初级产品特别是能源资源供给保障能力。全力做好煤电油气等基础能源供给，电信、航空等基础网络运营。强化全面质量管理，促进企业产品和服务质量更好适应市场消费需求。三是全力以赴稳畅通。切实增强产业链供应链韧性和竞争力，聚焦主责主业，做强实业产业，加快推进传统产业转型升级，系统推进数字化转型，发展壮大战略性新兴产业，提高制造业核心竞争力。加快打造现代产业链链长，锻长板、补短板，带头落实国家战略性新兴产业集群发展工程和龙头企业保链稳链工程，促进上中下游、大中小企业融通创新、协同发展。

## 决战决胜国企改革三年行动，当好全面深化改革的排头兵

中央经济工作会议强调，持续激发市场主体活力，激活发展动力，完成国企改革三年行动任务。国企改革三年行动，是习近平总书记亲自审定的新时代国资国企深化改革、推动高质量发展的“施工图”。发展出题目，改革作文章，深化改革是解决制约高质量发展难题的“金钥匙”，高质量发展是检验改革成效的“试金石”。面对当前复杂严峻的形势，必须充分发挥改革的突破和先导作用，推动改革发展深度融合、高

效联动，通过改革赢得发展先机，掌握战略主动。

今年是国企改革三年行动的收官之年、决战决胜之年。我们要把高质量完成国企改革三年行动任务作为重大政治责任，全力以赴拔硬钉子、啃硬骨头，切实增强改革的针对性、穿透力，确保国企改革三年行动任务在党的二十大之前基本完成，今年年底前全面完成，取得经得起历史和实践检验的改革成果。一是对照"三个明显成效"抓收官。对照三年行动目标要求和重点任务，努力在形成更加成熟更加定型的中国特色现代企业制度和以管资本为主的国资监管体制上取得明显成效，在推动国有经济布局优化和结构调整上取得明显成效，在提高国有企业活力和效率上取得明显成效，形成一批有影响力的重大标志性实践成果、制度成果、理论成果。二是聚焦重点难点抓攻坚。全面落实中央企业在完善公司治理中加强党的领导的各项要求，建设专业尽责、规范高效的董事会，推进三项制度改革在各层级企业落深落实，全面实行经理层成员任期制和契约化管理，推动混合所有制企业深度转换经营机制，推进国有资本投资、运营公司动态调整，调整优化国有资本布局结构，深化跨行业跨领域跨企业专业化整合。三是着眼巩固拓展抓推广。适时开展三年改革成效评估，把改革重要举措和经验以制度形式固化下来。做精做深"双百行动""科改示范行动"等专项工程，深入推进"区域综改试验"。

## 加快打造原创技术策源地，当好科技创新的国家队

中央经济工作会议强调，科技政策要扎实落地，强化国家战略科技力量，强化企业创新主体地位。近年来，中央企业科技创新取得重要进展，去年更是捷报频传，中国人首次进入自己的空间站，涌现出天问一号、深海一号、华龙一号、时速600公里磁悬浮列车、高温气冷堆核电站等一批具有标志性意义的重大科技成果，极大振奋了中华民族自信自强的志气骨气底气。但我们也应清醒认识到，关键核心技术受制于人、顶尖科技人才和高水平创新团队比较缺乏的问题仍然没有很好解决。

当前，新一轮科技革命和产业变革竞争日趋激烈，国有企业特别是中央企业作为国家战略科技力量，必须把科技创新作为最紧迫的"头号任务"，加快打造原创技术策源地，研发和掌握更多国之重器，为实现高水平科技自立自强提供重要支撑。一是推动实现更多关键核心技术体系性突破。坚持国家战略性需求导向，突出行业关键技术、共性技术、前沿技术攻关。坚持以用促研，推动一批重大攻关成果示范应用，加速自主产品国产化替代和迭代升级。深化创新协同，加强央企创新资源整合，打造创新联合体升级版，优化科技创新生态。二是深入推进策源地建设。积极参与国家实验室建设，重组全国重点实验室等国家级创新基地，研究设立央企科创中心，加强国际科技合作。进一步推动一揽子创新支持政策落地，建立中央企业研发经费投入稳步增长机制，完善以质量、贡献、绩效为核心的科研评价体系。深入实施人才强企战略，着力打造科技领军人才、卓越工程师和高水平创新团队，让中央企业成为各类优秀人才创新创造活力竞相迸发的沃土。

## 坚持党的领导、加强党的建设，以高质量党建引领保障企业高质量发展

坚持党的领导、加强党的建设是国有企业的"根"和"魂"，是我国国有企业的光荣传统和独特优势，是做强做优做大国有企业的根本保证和力量所在。

迎接党的二十大胜利召开，必须深化巩固党史学习教育成果和全国国有企业党的建设工作会议精神落实成果，切实将党的政治优势转化为企业发展优势、创新优势、竞争优势。一是强化党的政治建设。完善坚定维护党中央权威和集中统一领导的各项制度，坚持"第一议题"制度，完善督导落实工作机制，把提高政治判断力、政治领悟力、政治执行力落实到行动上，体现到贯彻落实党的路线方针政策的实际行动上，体现到推动高质量发展的实际行动上，体现到为党分忧、为国尽责、为民奉献的实际行动上，确保习近平总书记重要指示和党中央决策部署在国资央企一贯到底、落实落地。二是强化干部人才队伍建设。深入贯彻新时代党的组织路线，突出

政治标准，强化重实干、重实绩、重担当的用人导向，深入推进人才强企战略，锻造高素质专业化干部人才队伍，培育新时代治企兴企的行家里手。三是强化基层党组织建设。深化落实国有企业基层组织工作条例，压紧压实党建责任，进一步做好混合所有制企业党建工作，推动新收并购企业、新兴领域补短板、强弱项，深化党建业务融合。四是坚持不懈抓好党风廉政建设和反腐败工作。坚持全面从严治党，落实管党治党责任，持续贯彻落实中央八项规定精神，坚决纠治"四风"特别是坚决反对和防止形式主义、官僚主义，加大国企反腐力度，持续深化不敢腐、不能腐、不想腐一体推进，巩固"靠企吃企"专项整治成效，持续营造风清气正干事创业的良好环境。

国资央企将更加紧密地团结在以习近平同志为核心的党中央周围，坚持以习近平新时代中国特色社会主义思想为指导，深刻认识"两个确立"的决定性意义，增强"四个意识"、坚定"四个自信"、做到"两个维护"，踔厉奋发、笃行不怠，以国资央企改革发展和党的建设优异成绩迎接党的二十大胜利召开。

（文章刊发于2022年1月19日《学习时报》）

# 深入学习贯彻习近平新时代中国特色社会主义思想扎实推动国资央企高质量发展

国务院国资委党委书记、主任　郝　鹏

党的十九届六中全会是在建党百年重要历史时刻，召开的一次具有里程碑意义的历史性会议。习近平总书记在全会上发表的重要讲话和全会审议通过的《中共中央关于党的百年奋斗重大成就和历史经验的决议》（以下简称《决议》）贯通历史、现在、未来，是新时代中国共产党人牢记初心使命、坚持和发展中国特色社会主义的政治宣言，是我们党在新时代团结带领人民以史为鉴、开创未来、实现中华民族伟大复兴的行动指南。我们要深入学习贯彻党的十九届六中全会精神和习近平总书记重要讲话精神，不断从党的百年奋斗历程中汲取智慧和力量，切实增加历史自信、增进团结统一、增强斗争精神，在新征程上更好推动国资央企高质量发展。

## 深刻认识"两个确立"的决定性意义，自觉担负"两个维护"重大政治责任

坚强的领导核心和科学的理论指导，是关乎党和国家前途命运、党和人民事业成败的根本性问题。《决议》提出，党确立习近平同志党中央的核心、全党的核心地位，确立习近平新时代中国特色社会主义思想的指导地位，反映了全党全军全国各族人民共同心愿，对新时代党和国家事业发展、对推进中华民族伟大复兴历史进程具有决定性意义。

"两个确立"决定性意义的提出，具有充分的实践依据和理论依据，是我们党历史经验的深刻凝练。党的十八大以来，我们党面临形势环境的复杂性和严峻性、肩负任务的繁重性和艰巨性世所罕见、史所罕见，习近平总书记以马克思主义政治家、战略家的高超政治智慧和领导艺术，以大党大国领袖的非凡战略眼光和人格魅力，带领全党全军全国各族人民力挽狂澜、正本清源，直面挑战、攻坚克难，有力扭转了一度出现的阻碍党和国家事业发展的严峻局面，解决了许多长期想解决而没有解决的难题，办成了许多过去想办而没有办成的大事，推动党和国家事业取得历史性成就、发生历史性变革，从根本上确保了中华民族伟大复兴进入不可逆转的历史进程。实践证明，正是因为有习近平总书记的掌舵领航，全党才有了"顶梁柱"，中国人民才有了"主心骨"；正是因为有习近平新时代中国特色社会主义思想的科学指引，全党全军全国各族人民才有了思想上的"定盘星"、行动上的"指南针"。

对忠诚拥护"两个确立"、坚决做到"两个维护"，国资央企广大干部职工有着深厚的政治感情和坚实的实践基础。新时代国资央企实现的一切变革、取得的一切成就，根本在于有习近平总书记作为党中央的

核心、全党的核心掌舵领航，在于有习近平新时代中国特色社会主义思想的科学指引。2016 年 10 月 10 日，习近平总书记亲自出席全国国有企业党的建设工作会议并发表重要讲话，站在时代和全局高度，深刻回答了国有企业还要不要、国有企业要不要加强党的建设、怎样加强党的建设等一系列重大理论和实践问题，深刻阐明了新时代为什么要做强做优做大国有企业、怎样做强做优做大国有企业这个重大时代命题，为新时代做好国有企业工作指明了方向、提供了根本遵循，推动国资央企工作实现了全局性、转折性、历史性的重大变化。国资央企广大干部职工由衷地拥戴核心、信赖核心、忠诚核心、维护核心，坚持用习近平总书记关于国有企业改革发展和党的建设重要论述统领全部工作。

## 从党的百年奋斗历史经验中深化认识新时代做好国资央企工作规律

习近平总书记强调，要把党的历史经验作为正确判断形势、科学预见未来、把握历史主动的重要思想武器，作为想问题、作决策、办事情的重要遵循，作为判断重大政治是非的重要依据。《决议》概括的“十个坚持”宝贵历史经验，同习近平总书记“七一”重要讲话提出的“九个必须”相互贯通、有机统一，必须一体学习理解、一体贯彻落实。结合学习贯彻习近平总书记关于国有企业改革发展和党的建设的重要论述，新时代做好国资央企工作需要把握好以下重要原则。

一是牢牢把握党对国有企业的全面领导、坚决做到“两个维护”这个重大政治原则，确保国有企业和国有资产牢牢掌握在党的手中。坚持党对国有企业的全面领导是重大政治原则，是新时代国有企业的强企兴企之魂。必须坚持党对国有企业的全面领导，坚决做到“两个维护”，切实推动习近平总书记重要指示批示精神和党中央决策部署在国资央企一贯到底、落实落地。

二是牢牢把握习近平新时代中国特色社会主义思想这个根本指导思想，推动国资央企事业始终朝着正确方向前进。习近平总书记关于国有企业改革发展和党的建设的重要论述是习近平新时代中国特色社会主义思想的“国企篇章”。必须全面贯彻习近平新时代中国特色社会主义思想，坚持用习近平总书记重要论述统领国资央企工作，切实将学习贯彻成果转化为走好新的赶考之路的生动实践。

三是牢牢把握以人民为中心这个根本立场，让国有企业改革发展成果更公平更广泛惠及人民。国有企业属于全民所有，人民性是国有企业的根本属性。必须坚持以人民为中心的发展思想，发展好、守护好全体人民的共同财富，推动国有企业在解决发展不平衡不充分的问题和人民群众急难愁盼问题上发挥重要作用，更好促进共同富裕。

四是牢牢把握做强做优做大国有资本和国有企业这个战略任务，增强国有经济竞争力、创新力、控制力、影响力和抗风险能力。做强做优做大国有资本和国有企业，是发挥国有经济主导作用和战略支撑作用的必然要求和前提基础。必须坚持把做强做优做大作为国资央企各项政策的重要出发点和落脚点，切实筑牢中国特色社会主义的重要物质基础和政治基础。

五是牢牢把握建立中国特色现代企业制度这个制度根基，坚定走好中国特色国有企业改革发展道路。中国特色现代企业制度是对我们党领导国有企业改革发展丰富实践和历史经验的科学总结。必须始终坚持“两个一以贯之”，健全权责法定、权责透明、协调运转、有效制衡的公司治理机制，切实把中国特色现代企业制度优势转化为治理效能。

六是牢牢把握产业报国、发展壮大实体经济这个重要使命，建立现代产业体系、筑牢大国经济根基。实体经济是大国经济的根基，国有企业是实体经济的骨干中坚，肩负产业报国、振兴实体经济的重大使命。必须始终聚焦主业、做强实业，打造现代产业链链长，在建设制造强国、构建现代产业体系中发挥国资央企更大作用。

七是牢牢把握高水平科技自立自强这个战略基点，打造高质量发展的强大引擎。国有企业特别是中央企业是国家战略科技力量、是科技创新的国家队。必须始终把科技创新作为“头号任务”，集中力量突破关键核心技术“卡脖子”问题，打造原创技术策源地，把发展的主动权牢牢掌握在自己手中。

八是牢牢把握社会主义市场经济这个改革方向，

不断增强国有企业活力动力。改革是搞好国有企业的关键一招，市场化改革是国有企业发展壮大的必由之路。必须遵循市场经济规律和企业发展规律，强化国有企业市场主体地位，健全灵活高效的市场化经营机制，加快建设世界一流企业。

九是牢牢把握国有资产监管这个重要保障，有效防止国有资产流失、促进国有资产保值增值。加强国有资产监管、防止国有资产流失，是做强做优做大国有企业的重要保障。必须持续完善国资监管体制，充分发挥体系化、专业化、法治化监管优势，坚持依法监管、依法治企，切实提高监管系统性针对性有效性。

十是牢牢把握加强国有企业党的建设这个根本保证，以高质量党建引领和保障企业高质量发展。加强党的建设是提升国有企业党组织领导力，增强国有企业内部凝聚力，激发国有企业活力和创造力，推动国有企业做强做优做大的重要法宝和独特优势。必须坚持以党的政治建设为统领，弘扬伟大建党精神，坚持全面从严治党，以高质量党建引领保障国资央企高质量发展。

## 扎实推动国资央企改革发展和党的建设各项工作再上新台阶、再创新佳绩

一切伟大成就都是接续奋斗的结果，一切伟大事业都需要在继往开来中推进。国资央企要深入学习贯彻习近平新时代中国特色社会主义思想，坚持稳中求进工作总基调，立足新发展阶段，完整、准确、全面贯彻新发展理念，构建新发展格局，推动高质量发展，更加扎实做好中央企业改革发展和党的建设工作，为做好“六稳”“六保”工作、稳定宏观经济大盘、保持经济运行在合理区间、保持社会大局稳定作出更大贡献，以实际行动迎接党的二十大胜利召开。

一是突出抓好稳增长，当好国民经济的稳定器、压舱石。主动担当、积极作为，围绕高质量发展主题，把稳增长、防风险摆在更加突出位置，以稳促进、以进固稳，切实增强效益增长的稳定性、可持续性，确保实现质的稳步提升和量的合理增长，为保持全年经济平稳运行、稳健发展发挥关键作用。更好发挥重要能源资源生产自给的支撑托底作用，充分利用“两个市场、两种资源”，提升初级产品特别是能源资源供给保障能力。全力做好煤电油气等基础能源供给，电信、航空等基础网络运营。切实增强产业链供应链韧性和竞争力，加快推进传统产业转型升级，发展壮大战略性新兴产业，带头落实国家战略性新兴产业集群发展工程和龙头企业保链稳链工程，提高制造业核心竞争力。

二是决战决胜国企改革三年行动，当好全面深化改革的排头兵。把高质量完成国企改革三年行动任务作为重大政治责任，全力以赴拔硬钉子、啃硬骨头，切实增强改革的针对性、穿透力，确保国企改革三年行动任务在党的二十大之前基本完成，今年年底前全面完成，取得经得起历史和实践检验的改革成果。对照三年行动目标要求，聚焦重点难点抓攻坚，努力在形成更加成熟更加定型的中国特色现代企业制度和以管资本为主的国资监管体制上取得明显成效，在推动国有经济布局优化和结构调整上取得明显成效，在提高国有企业活力和效率上取得明显成效，形成一批有影响力的重大标志性实践成果、制度成果、理论成果。适时开展三年改革成效评估，把改革重要举措和经验以制度形式固化下来。做精做深“双百行动”“科改示范行动”等专项工程，深入推进“区域综改试验”。

三是加快打造原创技术策源地，当好科技创新的国家队。把科技创新作为最紧迫的“头号任务”，加快打造原创技术策源地，研发和掌握更多国之重器，为实现高水平科技自立自强提供重要支撑。坚持国家战略性需求导向，突出行业关键技术、共性技术、前沿技术攻关，加强央企创新资源整合，强化科技成果示范应用，推动实现更多关键核心技术体系性突破。积极参与国家实验室建设，重组全国重点实验室等国家级创新基地，研究设立央企科创中心，加强国际科技合作，发挥科研院所转制企业作用，提升共性关键技术研发服务能力。进一步推动一揽子创新支持政策落地，建立中央企业研发经费投入稳步增长机制，完善以质量、贡献、绩效为核心的科研评价体系，着力打造科技领军人才、卓越工程师和高水平创新团队，让

中央企业成为各类优秀人才创新创造活力竞相进发的沃土。

四是坚持党的领导加强企业党的建设，以高质量党建引领保障企业高质量发展。巩固拓展党史学习教育成果和全国国有企业党的建设工作会议精神落实成果，切实将党的政治优势转化为企业发展优势、创新优势、竞争优势。更加突出政治引领，坚持“第一议题”制度，完善督导落实工作机制，把提高政治判断力、政治领悟力、政治执行力落实到行动上，体现到贯彻落实党的路线方针政策的实际行动上，体现到推动高质量发展的实际行动上，体现到为党分忧、为国尽责、为民奉献的实际行动上。深入贯彻新时代党的组织路线，突出政治标准，强化重实干、重实绩、重担当的用人导向，深入推进人才强企战略，锻造高素质专业化干部人才队伍，培育新时代治企兴企的行家里手。深化落实国有企业基层组织工作条例，压紧压实党建责任，进一步做好混合所有制企业党建工作，推动新收并购企业、新兴领域补短板、强弱项，深化党建业务融合。坚持全面从严治党，落实管党治党责任，持续贯彻落实中央八项规定精神，坚决纠治“四风”特别是坚决反对和防止形式主义、官僚主义，加大国企反腐力度，持续深化不敢腐、不能腐、不想腐一体推进，巩固“靠企吃企”专项整治成效，持续营造风清气正干事创业的良好环境。

（文章刊发于2022年2月11日《党建》）

# 深入学习贯彻习近平总书记重要论述　新时代国资央企取得历史性成就

国务院国资委党委书记、主任　郝　鹏

党的十八大以来，以习近平同志为核心的党中央高度重视国资国企工作，习近平总书记站在党和国家工作大局的高度，就国有企业改革发展和党的建设发表一系列重要讲话、作出一系列重要指示和重大部署。习近平总书记关于国有企业改革发展和党的建设的重要论述，是习近平新时代中国特色社会主义思想的“国企篇章”，为新时代国资国企工作指明了方向、提供了根本遵循。国资委党委深入学习领会、坚决贯彻落实，推动新时代国资央企通过革命性锻造、系统性重塑，取得了历史性成就，集中体现在取得重大政治成果、实践成果和制度成果上。

## 新时代国资央企取得重大政治成果，党对国有企业的全面领导得到根本性加强

党的十八大前后，社会上一些人制造了不少针对国有企业的奇谈怪论，鼓吹“私有化”“去国有化”“去主导化”，操弄所谓“国进民退”“民进国退”的话题，一些国有企业存在党的领导党的建设弱化、淡化、虚化、边缘化等“四个化”突出问题，贯彻执行党的方针政策不坚决、不全面、不到位。2016年10月10日，党中央召开全国国有企业党的建设工作会议，习近平总书记亲自出席并发表重要讲话，深刻回答了国有企业还要不要加强党的建设、怎样加强党的建设等一系列重大理论和实践问题，精辟阐述了为什么要做强做优做大国有企业、怎样做强做优做大国有企业这个重大时代命题，关键时刻力挽狂澜廓清迷雾，为国有企业正本清源、拨正航向。国资委党委持续深化学习贯彻习近平总书记全国国企党建会重要讲话精神，以前所未有的决心和力度切实加强党对国有企业的全面领导，推动国资央企政治面貌焕然一新，“四个化”问题得到根本扭转，姓党为民的政治本色更加彰显。

坚定拥护“两个确立”，坚决做到“两个维护”。把坚决做到“两个维护”作为最高政治原则和根本政治规矩，把学习贯彻习近平总书记全国国企党建会重要论述精神作为党委（党组）会议“第一议题”，把学习习近平总书记重要讲话作为企业领导人员任职上岗“第一课”，专题编印学习习近平总书记关于国有企业改革发展和党建重要论述“两个摘编”“一个读本”，推动习近平新时代中国特色社会主义思想大学习大

普及大落实。国资央企通过思想淬炼、政治历练、实践锻炼、专业训练，在思想上政治上行动上同以习近平同志为核心的党中央保持高度一致。

心系“国之大者”，坚决服务党和国家事业发展大局。坚持与习近平总书记重要论述精神时刻对标对表，不断提高政治判断力、政治领悟力、政治执行力，从政治上看问题，对于大是大非问题始终保持头脑特别清醒、立场特别坚定。聚焦三大攻坚战、促进高水平科技自立自强、服务构建新发展格局、统筹疫情防控和经济社会发展等党中央重大部署，主动担当、积极作为。从党和国家事业全局找定位、抓落实、谋发展，已成为国资央企的自觉追求，只要国家有需求、人民有需要，都是不计代价、勇挑重担、冲锋在前。

严守政治纪律和政治规矩，大力营造风清气正的政治生态。严明政治纪律，严肃政治规矩，强化政治监督，确保政令畅通、令行禁止。把践行“两个维护”作为中央企业领导干部民主生活会对照检查和党建工作责任制考核重要内容，常态化开展贯彻落实习近平总书记重要指示批示情况“回头看”，坚决查处并通报违反政治纪律政治规矩的典型案例。持续加大国资央企反腐力度，驰而不息纠治“四风”，切实抓好中央巡视国资委党委和中管企业党委（党组）反馈问题整改，扎实开展央企驻京办、总部机关化、违规经商办企业等专项整治，严肃治理靠企吃企问题，深刻剖析政治问题与经济问题交织的典型案件，以案示警、以案促改、匡正纲纪，国资央企反腐败斗争取得压倒性胜利并巩固发展。

## 新时代国资央企取得重大实践成果，中国特色社会主义经济顶梁柱作用充分发挥

党的十八大以来，国内外经济形势复杂演变，针对国际金融危机不利影响、新冠肺炎疫情严重冲击、国内“三期叠加”带来经济新的下行压力等各类风险挑战，国资委党委坚持立足新发展阶段、贯彻新发展理念、构建新发展格局，着力推动国资央企高质量发展，不断增强国有经济竞争力、创新力、控制力、影响力、抗风险能力，充分发挥中国特色社会主义经济顶梁柱作用。

推动国资央企发展方式深刻转变，高质量发展迈出重大步伐。适应我国经济由高速增长阶段转向高质量发展阶段新的形势要求，坚持完整、准确、全面贯彻新发展理念，持续深入推进提质增效，切实把发展方式转到聚焦提升发展质量上来。高质量发展导向鲜明树立。建立起以净利润、利润总额、营业收入利润率、全员劳动生产率、研发投入强度、资产负债率为主的“两利四率”高质量发展指标体系，推动各级中央企业坚决摒弃规模和速度情结，坚定走高质量发展道路。发展质量效益显著提高。截至2021年底，中央企业资产总额达到75.6万亿元，比2012年底增长约1.4倍。2021年，中央企业利润总额为2.4万亿元、净利润为1.8万亿元，均比2012年增长近1倍；营业收入利润率为6.8%，研发投入强度为2.5%，分别比2012年提高1.8个百分点和0.8个百分点；全员劳动生产率为69.4万元/（人·年），比2012年增长82%。坚决守住不发生系统性风险的高质量发展底线。把风险防控放到更加突出位置，从严从实抓好债务、投资、金融业务等重点风险防范化解，资产负债率近年来持续下降，一批高负债企业负债率回归合理水平，一批高风险业务得到有效遏制，融资性贸易业务基本杜绝，存量风险得到妥善处置。

坚持把科技创新摆在更加突出的位置，着力打造国家战略科技力量。深入实施创新驱动发展战略，强化企业创新主体地位，把科技创新作为“头号任务”，加快推进关键核心技术攻关，着力打造原创技术策源地，在促进高水平科技自立自强中充分发挥国家队作用。创新力量进一步建强。2012—2021年，中央企业累计投入研发经费6.2万亿元，年均增速超过10%。人才队伍发展壮大，2021年底中央企业拥有研发人员107万人，比2012年底增长53%，拥有两院院士241名，约占全国院士总数的七分之一。创新成果高效能产出。主动承担国家重大科技攻关任务，积极参与国家实验室组建和全国重点实验室重组，建立一批创新联合体，遴选首批29家原创技术策源地企业，在关键材料、核心元器件、基础软件、基础零部件等领域突破一批短板技术，在航天、深海、能源、交通、国防军工等领域涌现出一批重

大成果，建成港珠澳大桥、白鹤滩水电站、“深海一号”大气田、“华龙一号”核电机组、石岛湾高温气冷堆核电站示范工程等一批标志性重大工程。创新生态全方位优化。坚持“能给尽给、应给尽给”，实施年度考核加分、研发费用视同利润加回、资本金注入、工资总额单列等一揽子支持政策，推行“军令状”“揭榜挂帅”“赛马”等机制，对于重点科技领军人才和高水平创新团队，赋予更大自主权、给予更大容错空间，充分激发了企业创新创造潜能。

积极推进布局结构优化调整，国有资本整体功能和配置效率进一步提高。贯彻落实《关于新时代推进国有经济布局优化和结构调整的意见》，聚焦战略安全、产业引领、国计民生、公共服务等功能，调整存量结构、优化增量投向，有效提升国有资本整体运行质量和效率。大力度重组整合促进行业结构优化。先后有 26 组 47 家企业实施战略性重组和专业化整合，新组建、接收企业 9 家，在船舶、钢铁、能源、建筑、水运、装备制造等领域打造了一批具有较强竞争力的行业领军企业，稀土、物流、通信铁塔、油气管网、电气装备等领域资源整合取得重要成果，中央企业数量从 10 年前 117 家调整至 97 家，国有资本进一步向主业企业和优势企业集中。深化供给侧结构性改革促进资源配置效率提升。加强主责主业管理，加快处置不具备优势的非主营业务和低效无效资产，2012 年以来通过产权市场公开处置企业股权、资产共计 8725 亿元，目前中央企业从事主业的子企业户数占比达到 93%。率先完成化解钢铁过剩产能任务，全面完成“僵尸企业”处置和特困企业治理，实现整体扭亏盈利。建立中央企业压减工作长效机制，累计减少法人占总户数 38.3%，管理层级全部压缩在 5 级以内。培育前瞻性战略性新兴产业促进现代产业体系建设提速。5G 网络、数据中心、物联网、卫星互联网等新型基础设施建设加快推进，电网电力、航空航天、先进轨道交通等装备领域形成完整产业链条，集成电路、高端机床等细分领域实力明显增强。

深入实施国企改革三年行动，国有企业与市场经济深度融合。坚持社会主义市场经济改革方向，贯彻落实国企改革“1+N”政策文件，深入实施国企改革三年行动，在许多重要领域和关键环节取得重要成果，国有企业与市场经济融合更加深入，形成一批活力竞相迸发、动力更加充沛的现代新国企。啃下了长期困扰国有企业发展的“硬骨头”。公司制改制全面完成，从法律上进一步厘清了政府与企业的职责边界，从制度上使企业独立市场主体地位得以确立。企业办社会和历史遗留问题基本解决，有力解决了长期以来政企不分、社企合一等问题，使国有企业更加公平参与市场竞争。破解了影响国有企业市场化经营的“老难题”。企业内部三项制度改革全面破冰突围，经理层成员任期制和契约化管理全面推行，末等调整和不胜任退出等制度加快落实，中长期激励政策工具广泛应用，混合所有制企业转换经营机制加快推进，改革专项工程示范带动成效显著，改革改出了蓬勃生机。迈出了打造世界一流企业的“新步伐”。加快推进创建世界一流示范企业工作，开展对标世界一流管理提升行动，建设面向全球的生产经营网络，提升全球资源配置能力。进入世界 500 强的中央企业从 2012 年的 43 家增长到 2021 年的 49 家，电网、通信、电力、建筑等行业企业有关效率指标达到世界一流水平。

坚决落实国家战略，服务构建新发展格局展现更大作为。坚决当好构建新发展格局的主力军，在畅通国民经济循环、促进高水平对外开放、推动绿色低碳转型中发挥骨干作用。在落实国家区域发展重大战略上作表率。贯彻落实京津冀协同发展、长三角一体化发展、粤港澳大湾区建设、长江经济带发展、黄河流域生态保护和高质量发展等区域重大战略，深入开展央地协同合作，积极落实北京非首都功能疏解要求，有序推进央企总部搬迁，在打造特色明显、优势互补的区域产业生态和构建全国统一大市场方面持续发力，党的十八大以来，累计签署战略合作项目 3849 项，参与雄安新区项目超过 900 个。在坚持生态优先、绿色发展上当先锋。落实碳达峰碳中和部署，全面提高能源资源利用效率，加快发展绿色低碳产业，大力推进重点行业减排降碳，严控高耗能、高排放和过剩产能项目投资，2021 年中央企业万元产值综合能耗比 2012 年下降约 33%。在促进高水平对外开放上走在前。高质量参与共建“一带一路”，增强全球资源配置能力，目前中央企业境外机构和项目超过 8000

个，境外资产总额近8万亿元，中老铁路、希腊比雷埃夫斯港等一批标志性工程成功落地，高铁、核电等一批高质量产品走出国门，有力带动产业链上下游企业共同走出去。

坚持发展成果更好惠及人民，基础性公益性保障性功能作用充分发挥。牢牢把握人民至上价值追求，把人民对美好生活的向往作为奋斗目标，积极履行社会责任。社会贡献力度不断加大。2021年中央企业上交税费2.4万亿元，比2012年增长35.5%，2013年以来累计上交税费18.2万亿元，约占全国税收收入的八分之一，上交国有资本收益1.3万亿元，向社保基金划转国有资本1.2万亿元。全力保障煤电油气等供应稳定，建成运营覆盖全国的通信网络，积极承担川藏、藏中、阿里电力联网工程等一批投资大收益薄的基础设施和民生工程。落实国家助企纾困政策，通过降电价、降气价、降资费、降路费、降房租，有力缓解产业链中小企业经营压力。扶贫攻坚任务圆满完成。加大贫困地区通路、通电、通信、通航等投入力度，通过产业扶贫、就业扶贫、消费扶贫等多种方式，激活一个产业、带动一方经济、富裕一方百姓。2016年以来，累计投入和引进帮扶资金近千亿元，承担地方结对帮扶任务1.2万个、派出扶贫干部超过3.7万人，定点帮扶的248个国家扶贫工作重点县全部脱贫摘帽。重大突发事件应对勇挑重担。全力服务国家抗疫大局，2020年面对突如其来的新冠肺炎疫情，闻令而动、逆行出征，迅速建成火神山、雷神山医院，不计代价转产扩产防疫物资，千方百计强化基础保障，积极发挥优势科技抗疫。今年以来针对疫情散发多发形势，大力支援香港、吉林、上海等地抗疫斗争。面对极端天气和自然灾害，不讲条件、冲锋在前，全力以赴投入抗灾救灾和应急救援，保障人民群众生命财产安全。

## 新时代国资央企取得重大制度成果，国资央企制度建设实现系统性重塑

坚持扎根中国国情，立足企业实际，遵循市场规律和企业发展规律，推动国资央企制度建设实现系统性重塑、更加成熟定型，为企业高质量发展和更好履行责任使命提供坚强保障，走中国特色国有企业改革发展道路更加坚定自信。

以“两个一以贯之”为根本原则的中国特色现代企业制度实现系统性重塑。坚持“两个一以贯之”，建立中国特色现代企业制度，是习近平总书记关于新时代国有企业极具思想性、原创性、战略性的科学论断和重大部署，深刻总结了我们党领导国有企业长期实践的宝贵经验，有力破除了“现代化就是西方化”的理论束缚、思维束缚和模式束缚，开辟了社会主义市场经济条件下国有企业公司治理的新境界。在公司治理中推动加强党的领导组织化、制度化、具体化。中央企业集团全面完成“党建入章”，全部实现党委（党组）书记、董事长“一肩挑”、专职副书记应配尽配并进入董事会，全部中央企业集团公司和绝大多数子企业制定了党委（党组）前置研究讨论重大经营管理事项清单，充分发挥党委（党组）把方向、管大局、促落实的领导作用。推动各治理主体作用充分发挥。出台董事会工作规则、外部董事选聘管理、报酬待遇、履职支撑等一系列制度办法，开展落实董事会职权试点，推动中央企业集团及重要子企业实现董事会应建尽建、配齐建强，更好发挥董事会定战略、作决策、防风险和经理层谋经营、抓落实、强管理的重要作用，切实把中国特色现代企业制度优势更好转化为治理效能。

以“三统一、三结合”和“三化监管”为鲜明特征的国有资产监管体制实现系统性重塑。学习贯彻落实习近平总书记关于国有资产是全国人民的共同财富、要加强国有资产监管的重要指示精神，坚持和完善国有资产监管体制，着力构建起与我们党集中统一领导优势相适应、组织动员优势相衔接、集中力量办大事制度优势相配套的中国特色国有资产监管新模式。健全“三统一、三结合”国资监管职能定位。深入推进国资监管机构职能转变，动态完善监管权力和责任清单，把全面履行出资人职责、国有资产监管职责和负责企业党的建设工作职责等三项职责统一起来，有效推动管资本与管党建相结合、履行出资人职责与履行国资监管职责相结合、党内监督与出资人监督相结合，切实做到全面履职、高效履职。突出专业化、体系化、法治化“三化监管”优势特长。加强专业化监管，

探索创新有别于行业主管部门和社会公共管理部门的监管方式，完善规划投资、考核分配等监管工作，强化产权管理、财务监管等基础管理。加强体系化监管，把稳增长、抓改革、强创新、促发展、防风险等多重监管目标统筹起来，实现全方位全过程监管。加强法治化监管，健全国资监管法规制度体系和工作体系，深化法治央企建设，在法治轨道上提高国资监管能力。构建国资监管大格局。推动建立中央、省、市三级国资监管机构上下联动的工作机制，建成全国国资国企在线监管系统，加强对地方经营性国有资产集中统一监管指导推动力度，当前全国省一级国资委集中统一监管平均比例超过98%。

以“六个有机统一”为主要内容的国有企业党的建设工作体系实现系统性重塑。坚持党的领导、加强党的建设是国有企业的“根”和“魂”，是我国国有企业的光荣传统和独特优势，是做强做优做大国有企业的根本保证和力量所在。加强国有企业党的建设，要把提高企业效益、增强企业竞争实力、实现国有资产保值增值作为国有企业党组织工作的出发点和落脚点，以企业改革发展成果检验党组织的工作和战斗力。推进党委（党组）发挥领导作用和公司其他治理主体依法行权履职有机统一，明晰党委（党组）和其他治理主体关系，推动各治理主体各尽其责、协同发力。推进党管干部党管人才原则和市场化选人用人有机统一，发挥党组织领导把关和市场优化配置作用，建立完善有别于党政领导干部、符合市场经济规律和企业家成长规律的中央企业领导人员管理机制。推进党组织设置与企业组织架构运行有机统一，把解决生产经营难点作为加强党建工作重点，推动党建工作和生产经营同频共振。推进思想政治工作与企业文化建设有机统一，构建体现国企先进精神的价值体系，汇聚起推动国资央企改革发展和党的建设的强大正能量。推进党内监督与企业内部监督有机统一，强化党内监督主导作用，发挥出资人监督专业化优势，整合监督力量，坚定不移正风肃纪反腐，坚决维护国有资产安全。推进党建责任与经营责任有机统一，推动党建考核和经营业绩考核结果更有效联动，引导国有企业全面履行经济责任、政治责任和社会责任。

新时代国资央企实现的一切变革、作出的一切贡献、取得的一切成就，根本在于习近平同志党中央的核心、全党的核心掌舵领航，在于习近平新时代中国特色社会主义思想的科学指引。新征程上，国资央企将更加紧密地团结在以习近平同志为核心的党中央周围，以习近平新时代中国特色社会主义思想为指引，深刻领会“两个确立”的决定性意义，增强“四个意识”、坚定“四个自信”、做到“两个维护”，深入贯彻习近平总书记关于国有企业改革发展和党的建设的重要论述，贯彻落实党中央、国务院决策部署，坚定不移做强做优做大国有企业，加快打造世界一流企业，充分发挥国有经济主导作用和战略支撑作用，为全面建设社会主义现代化国家、实现中华民族伟大复兴的中国梦作出更大贡献，以实际行动迎接党的二十大胜利召开。

（文章刊发于2022年5月27日《学习时报》）

## 新时代国有企业改革发展和党的建设的科学指南

国务院国资委党委书记、主任　郝　鹏

党的十八大以来，以习近平同志为核心的党中央高瞻远瞩、统揽全局、把握大势，提出一系列新理念新思想新战略，指导我国经济发展取得历史性成就、发生历史性变革，在实践中形成和发展了习近平经济思想。习近平总书记就国有企业改革发展和党的建设发表的一系列重要讲话、作出的一系列重要指示批示，是习近平经济思想的重要内容。特别是2016年10月10日，习近平总书记出席全国国有企业党的建设工作会议并发表重要讲话，深刻回答了国有企业还要不要、国有企业要不要加强党的建设、怎样加强党的建设等重大理论和实践问题，精辟阐述了为什么要做强做优做大国有企业、怎样做强做优做大国有企业这个重大时代命题。习近平总书记关于国有企业改革发展和党的建设的重要论述，系统宣示了新时代我们党领导和发展国有企业的大政方针、根本原则和重大举措，是新时代国有企业改革发展和党的建设的科学指南，我们必须深入学习、深刻理解，全面贯彻、长期坚持。

坚持党对国有企业的全面领导不动摇。习近平总书记指出："坚持党的领导、加强党的建设，是我国国有企业的光荣传统，是国有企业的'根'和'魂'，是我国国有企业的独特优势。"没有党的坚强领导，没有国有企业各级党组织长期努力，没有国有企业广大党员、干部、职工不懈奋斗，就没有国有企业的今天。党对国有企业的领导是政治领导、思想领导、组织领导的有机统一，放弃或忽视其中任何一点，都不可能实现党的领导。坚持国有企业党的领导，不能含含糊糊的，要坚决澄清讲国有企业只讲经济属性、忽视政治和社会属性的模糊认识，坚决摒弃认为国有企业只要赚钱就行、少讲党的领导的错误观点，坚决纠正忽视党的建设优势、丢掉国有企业重视党的领导和党的建设光荣传统的错误做法，坚决反对借口同国际接轨、把党的领导和党建工作同生产经营对立起来、弱化甚至否定党的领导和党建工作的错误做法。新征程上，国有企业必须坚持党的全面领导，深刻领会"两个确立"的决定性意义，坚决做到"两个维护"，在思想上政治上行动上同以习近平同志为核心的党中央保持高度一致，坚决贯彻党的基本理论、基本路线和基本方略，牢牢把握正确政治方向，坚定成为我们党赢得具有许多新的历史特点的伟大斗争胜利的重要力量。

坚持做强做优做大国有企业。习近平总书记强调："国有企业是中国特色社会主义的重要物质基础和政治基础，是党执政兴国的重要支柱和依靠力量，必须做强做优做大。"国有企业是国有经济的重要载体、公有制的重要实现形式、社会主义制度属性的重要保证，做强做优做大国有企业对于坚持和完善社会主义基本经济制度、坚持和发展中国特色社会主义意义重大。进入新时代，国有企业坚决贯彻党中央、国务院决策部署，深入实施创新驱动发展战略，主动服务国家战略需要，在航天、深海、能源、交通、国防军工等领域取得一批世界级科研成果，在推动经济社会发展、抗击新冠肺炎疫情、保障和改善民生、推动共建"一带一路"、服务北京冬奥会等方面发挥了不可替代的重要作用。新征程上，国有企业必须立足新发展阶段，完整、准确、全面贯彻新发展理念，构建新发展格局，推动高质量发展，促进全体人民共同富裕，坚定不移做强做优做大，更好发挥国民经济"顶梁柱""压舱石"作用。

坚持建设中国特色现代企业制度。习近平总书记指出："坚持党对国有企业的领导是重大政治原则，必须一以贯之；建立现代企业制度是国有企业改革的方向，也必须一以贯之。"坚持"两个一以贯之"，把加强党的领导和完善公司治理统一起来，建设中国特色现代企业制度，深刻总结了我们党领导国有企业长期实践的宝贵经验。中国特色现代企业制度，"特"就特在把党的领导融入公司治理各环节，把企业党组织内嵌到公司治理结构之中。要明确和落实党组织在公司法人治理结构中的法定地位，确保国有企业党委（党组）领导作用发挥组织化、制度化、具体化。借口建立现代企业制度否定或取消党的领导无疑是错误的，但把党组织直接作为企业生产经营的决策和指挥中心也不符合企业党组织功能定位。要处理好党组织和其他治理主体的关系，董事会、经理层要自觉维护党委（党组）发挥领导作用，企业党委（党组）也要尊重其他治理主体。健全以职工代表大会为基本形式的民主管理制度，坚持和完善职工董事制度、职工监事制度，鼓励职工代表有序参与公司治理。新征程上，国有企业必须坚持"两个一以贯之"，充分发挥党委（党组）把方向、管大局、促落实的领导作用，更好发挥董事会定战略、作决策、防风险的作用和经理层谋经营、抓落实、强管理的作用，健全权责法定、权责透明、协调运转、有效制衡的公司治理机制，切实把中国特色现代企业制度优势转化为治理效能。

坚持加快国有经济布局优化和结构调整。习近平总书记指出："要按照创新、协调、绿色、开放、共享的发展理念的要求，推进结构调整、创新发展、布局优化，使国有企业在供给侧结构性改革中发挥带动作用。"推进国有经济布局优化和结构调整，对更好服务国家战略目标、更好适应高质量发展、构建新发展格局具有重要意义。要坚持问题导向，针对当前国有经济布局结构存在的问题，以深化供给侧结构性改革为主线，坚持有所为有所不为，聚焦战略安全、产业引领、国计民生、公共服务等功能，调整存量结构，优化增量投向，增强国有经济竞争力、创新力、控制力、影响力、抗风险能力。把发展壮大实体经济作为主攻方向，促进国有企业战略性重组和专业化整合，通过资本的合理流动和优化配置推动国有经济向特定功能领域、重要行业优化布局。深入推进碳达峰碳中和，推动能源清洁低碳安全高效利用，坚定不移走绿色低碳发展道路。以高质量建设"一带一路"为重点，引导企业积极稳妥开展国际化经营。新征程上，国有企业必须始终聚焦主业、做强实业，加快传统产业转型升级，大力发展战略性新兴产业，打造现代产业链链长，切实维护产业链供应链安全稳定，在夯实大国经济根基、服务构建新发展格局中担当更大责任、发挥更大作用。

坚持强化企业创新主体地位。习近平总书记强调："创新是引领发展的第一动力，要加强知识、人才积累，不断突破难题、攀登高峰，国有企业要做落实新发展理念的排头兵、做创新驱动发展的排头兵、做实施国家重大战略的排头兵。"只有创新才能自强、才能争先，科技创新是新时代国有企业的重大任务，国有企业特别是中央企业聚集了国家重要的科技创新资源，必须在促进高水平科技自立自强上发挥国家队作用，坚定不移走自主创新道路。关键核心技术是国之重器，是要不来、买不来、讨不来的，具有自主知识产权的核心技术，是企业的"命门"所在。要围绕事关国家安全、产业核心竞争力、民生改善的重大战略任务，超前布局前沿技术和颠覆性技术，强力推动关键核心技术、共性技术、前沿技术攻关，研发和掌握更多的国之重器。中央企业等国有企业要勇挑重担、敢打头阵，勇当原创技术的"策源地"。加快构建以企业为主体、市场为导向、产学研相结合的技术创新体系，促进产业链创新链深度融合，提升国有企业原创技术需求牵引、源头供给、资源配置、转化应用能力。新征程上，国有企业必须抓住新一轮科技革命和产业变革带来的战略机遇，充分发挥创新主体作用，积极集聚各类创新要素，加快打造原创技术策源地，当好创新驱动发展的排头兵。

坚持深化国有企业改革。习近平总书记指出："谁说国企搞不好？要搞好就一定要改革，抱残守缺不行，改革能成功，就能变成现代企业。"深化改革是搞好国有企业的关键一招，要始终坚持社会主义市场经济改革方向，破除一切不利于企业高质量发展的体制机制弊端，更好促进国有企业在与市场经济深度融合中不断增强活力、提高效率。要加快建立灵活高效的市场化经营机制，深化企业内部管理人员能上能下、员工能进能出、收入能增能减的制度改革，推进经理层成员任期制和契约化管理，全面推进用工市场化，建立健全激励和约束并举、效率和公平并重，既符合市场一般规律又体现国有企业特点的分配机制。按照完善治理、强化激励、突出主业、提高效率的要求，积极稳妥推进混合所有制改革，既支持民营企业等社会资本参与国有企业混合所有制改革，又鼓励国有资本投资入股民营企业，更好促进各类资本取长补短、相互促进、共同发展。新征程上，国有企业必须坚持以解放和发展社会生产力为标准，坚持政企分开、政资分开、所有权与经营权分离，强化企业市场主体地位，健全市场化经营机制，打造法治国企，不断提高企业经营管理能力和核心竞争力。

坚持加快建设世界一流企业。习近平总书记强调："加快建设一批产品卓越、品牌卓著、创新领先、治理现代的世界一流企业，在全面建设社会主义现代化国家、实现第二个百年奋斗目标进程中实现更大发展、发挥更大作用。"现代经济发展表明，企业强则国家强，加快建设世界一流企业是全面建设社会主义现代化国家的重大任务，是新时代国有企业的战略目标。要坚持与现代产业体系相适应、与国家创新体系相衔接、与构建新发展格局相协同，更加突出全球竞争力标准，加快形成一批引领全球行业技术发展、具有重要话语权和影响力、在国际资源配置中占优势地位、以内涵型发展引领质量效益提升的领军企业。坚持壮大实体经济，推进产业基础高级化、产业链现代化，打造具有全球竞争力的产品服务。支持企业充分利用国际国内两个市场、两种资源，增强面向全球的资源配置和整合能力。新征程上，国有企业必须以创新发展引领世界一流，以产业集成支撑世界一流，以开放合作锻造世界一流，以卓越管理夯实世界一流，为提高我国经济实力、科技实力和国际竞争力筑牢坚实基础。

坚持发挥国有经济战略支撑作用。习近平总书记强调："国有资本投资运营要服务于国家战略目标，更多投向关系国家安全、国民经济命脉的重要行业和关键领域，重点提供公共服务、发展重要前瞻性战略性产业、保护生态环境、支持科技进步、保障国家安全。"发挥国有经济战略支撑作用是新时代国有企业的重大使命，是国有经济全局性、根本性、战略性功能定位的集中体现。当前，统筹"两个大局"、应对全球竞争，确保中华民族伟大复兴历史进程不被打断，必须加快打造一批能够与发达国家大型跨国公司同台竞技的企业，发挥国有经济战略支撑作用，为党和国家事业行稳致远筑牢战略基石。国有经济发挥战略支撑作用，要紧紧围绕国家战略需要，着力增强支撑托底能力。进一步强化国防军工领域国有经济布局，发挥国有企业在能源资源和粮食安全上的托底作用，增强国有资本对骨干网络的控制力，发展前瞻性战略性产业，在关系国民经济命脉的重要行业和关键领域承担起基础性、保障性功能。新征程上，国有企业必须牢记"国之大者"，推动国有资本更多投向关系国计民生的重要领域和关系国家经济命脉、科技、国防、安全等领域，在解决发展不平衡不充分问题和人民群众急难愁盼问题上持续发力，为实现第二个百年奋斗目标、实现中华民族伟大复兴提供有力的战略支撑。

坚持加强国有资产监管。习近平总书记指出："要加强监管，坚决防止国有资产流失。"国有资产是全体人民共同的宝贵财富，是保障党和国家事业发展、保障人民利益的重要物质基础，一定要管好用好。加强国有资产监管，要完善符合我国国情、具有中国特色、适应市场经济规律和企业发展规律的国有资产监管体制，形成与我们党集中统一领导优势相适应、组织动员优势相衔接、集中力量办大事制度优势相配套的中国特色国资监管新模式。要坚持"三统一、三结合"，把全面履行国有企业出资人职责、国有资产监管职责、国有企业党的建设工作职责三者统一起来，推动管资本与管党建相结合、履行出资人职责与履行国资监管职责相结合、党内监督与出资人监督相结合，充分发挥专业化监管、体系化监管、法治化监管"三化"监管优势，切实提升国资监管效能，坚决防止国有资产流失。新征程上，国资监管系统必须坚定制度自信，全面履行职责，深入推进经营性国有资产集中统一监管，切实增强国资监管的系统性、针对性、有效性，有力维护国有资产安全和国有资本权益。

坚持加强国有企业党的建设。习近平总书记强调："在深化改革中，要坚持和落实党的建设和国有企业改革同步谋划、党的组织及工作机构同步设置、党组织负责人及党务工作人员同步配备、党建工作同步开展，实现体制对接、机制对接、制度对接和工作对接，确保党的领导、党的建设在国有企业改革中得到体现和加强，坚决防止以深化改革为名，在一片加强声中弱化党的领导、削弱党的建设。"加强党的建设是提升国有企业党组织领导力、增强国有企业内部凝聚力、激发国有企业活力和创造力、推动国有企业做强做优做大的重要法宝。加强国有企业党的建设，要把提高企业效益、增强企业竞争实力、实现国有资产保值增值作为国有企业党组织工作的出发点和落脚点。坚持建强国有企业基层党组织不放松，从基本组织、基本队伍、基本制度严起，不断增强基层党组织的政治功能和组织力。国有企业领导人员是党在经济领域的执政骨干，是治国理政复合型人才的重要来源，要坚持党组织对国有企业选人用人的领导和把关作用不能变，着力建设对党忠诚、勇于创新、治企有方、兴企有为、清正廉洁的高素质专业化国有企业领导人员队伍。推动党的理论创新成果进企业、进车间、进班组、进头脑，引领职工群众听党话、跟党走，把解决思想问题同解决实际问题结合起来，多做得人心、暖人心、稳人心的工作。持之以恒加强国有企业党风廉政建设和反腐败工作，坚决查处靠企吃企、关联交易、设租寻租、利益输送等腐败问题，营造风清气正、干事创业的政治生态。新征程上，国有企业必须持续深化贯彻落实习近平总书记在全国国有企业党的建设工作会议上的重要讲话精神，坚持党的领导与公司治理有机统一、党管干部党管人才与市场化选人用人有机统一、党组织设置与企业组织架构运行有机统一、思想政治工作和企业文化建设有机统一、党内监督与出资人监督和企业内控机制有机统一、党建责任与经营责任有机统一，以高质量党建引领保障企业高质量发展。

习近平总书记关于国有企业改革发展和党的建设的重要论述具有强大的真理力量和实践伟力，开辟了我们党领导国有企业的新境界，指引新时代国有企业发生了根本性、转折性、全局性的重大变化。党的十八大以来特别是全国国有企业党的建设工作会议以来，党对国有企业的全面领导、企业党的建设切实加强，国资监管体制得到系统性重塑，企业发展方式发生深刻转变，国企改革向纵深推进，企业科技创新取得重大突破，企业高质量发展迈出坚实步伐；国有企业在推动经济社会发展、抗击新冠肺炎疫情的大战大考中"顶梁柱"作用充分彰显，在落实国家重大战略、服务构建新发展格局中主力军作用充分发挥，在承担急难险重任务、保障和改善民生中姓党为民政治本色充分体现。踏上新征程，国有企业要深入学习领会习近平经济思想，认真贯彻落实习近平总书记关于国有企业改革发展和党的建设的重要论述，坚持党对国有企业的全面领导，坚定不移做强做优做大国有企业，充分发挥国有经济主导作用和战略支撑作用，加快建设世界一流企业，为全面建设社会主义现代化国家、实现第二个百年奋斗目标作出新的更大贡献。

（文章刊发于2022年第13期《求是》）

# 充分发挥机关党建引领保障作用　扎实推动国资央企高质量发展

国务院国资委党委书记、主任　郝　鹏

国务院国资委党委深入学习贯彻习近平总书记在中央和国家机关党的建设工作会议上的重要讲话精神，全面履行机关党的建设主体责任，坚持以党的政治建设为统领，突出以机关带系统、以党建促业务，着力提升机关党的建设质量水平，引领带动直属机关面貌、干部队伍面貌、党建工作面貌发生了根本性变化，为国资央企高质量发展提供了坚强保证。

## 深刻领会"两个确立"的决定性意义，坚决做到"两个维护"

国资委党委作为国资央企系统贯彻落实党中央决策部署的"第一棒"和"最初一公里"，牢固树立政治机关意识，大力推进政治机关建设，在深刻领会"两个确立"的决定性意义、带头做到"两个维护"中筑牢政治忠诚、坚定政治信仰、强化政治担当。

坚定走好"两个维护"第一方阵。国资委党委牢牢把握政治性是第一属性、讲政治是第一要求，自觉把"两个维护"内化为政治信念、体现为政治担当，把旗帜鲜明讲政治贯穿国资央企工作全过程和各方面，始终在政治立场、政治方向、政治原则、政治道路上同以习近平同志为核心的党中央保持高度一致。建立"第一议题"制度，形成学习贯彻习近平总书记重要指示批示的"传达学习、研究部署、贯彻落实、跟踪督办、报告反馈"工作闭环，把"两个维护"融入日常、落到实处。坚持从党和国家事业全局出发谋大局、抓大事、算大账，指导推动国资央企系统主动服务国家战略需要，在推动经济社会发展、抗击新冠疫情、保障和改善民生、推动共建"一带一路"等方面发挥了不可替代的重要作用，坚决做到党中央决策部署到哪里、国资央企就坚决跟进落实到哪里。

积极走在理论学习前列。国资委党委坚持把学习贯彻习近平新时代中国特色社会主义思想作为首要政治任务，在学习理论上有更强自觉、在学懂弄通做实上有更高要求。坚持以真学提高站位，结合党中央开展的集中性学习教育推动机关广大党员深入学习贯彻习近平新时代中国特色社会主义思想，近5年举办国资委党委理论学习中心组集体学习200余次，围绕学习贯彻中央全会精神连续3年举办国资委党委理论学习中心组集体学习暨厅局级干部专题研修班，既从整体上把握科学体系，又从国资央企角度领会实践要求，更加自觉地从政治角度看待经济问题。坚持以真干推动实践，在国资委机关持续深入开展"习近平总书记关于国有企业改革发展和党的建设的重要论述"主题学习，专门编印《习近平关于国有企业改革发展和党建论述摘编》《习近平关于发展国有经济论述摘编》等学习材料，与中央企业建立联学机制，加强对习近平总书记有关重要指示精神的学习研讨，深刻感悟思想伟力，把握实践要求，确保国资央企始终沿着习近平总书记指引的方向前进。

高质量做好党的二十大迎接保障工作。党中央决定中央企业系统（在京）继续独立组团参加党的二十大，充分体现了习近平总书记和党中央对国资央企的高度重视和亲切关怀。国资委党委把迎接保障党的二十大、学习贯彻党的二十大精神作为今年工作的头等大事，以高度的政治责任感和历史使命感，高质量组织开展代表选举工作，严肃政治纪律、组织纪律和选举纪律，周密安排部署，精心组织实施，使代表产生过程成为坚持和加强党的全面领导、推动机关党建高质量发展的过程，成为党员干部接受理想信念教育、党性党风党纪党史教育的过程，成为党员干部严肃党内政治生活、加强政治历练的过程，成为选树先进典型和模范人物的过程，团结带领各级党组织和广大党员扎实深入做好迎接保障党的二十大各项工作。

## 当好“三个表率”、建设模范机关，切实发挥机关党建优势，有力推动国资央企高质量发展

国资委党委紧跟党中央重大决策部署，紧扣国资央企中心任务，紧贴机关党员干部实际，紧盯广大干部职工需求，充分发挥基层党组织战斗堡垒作用、党员先锋模范作用、领导干部骨干带头作用、机关示范引领作用，扛起做强做优做大国有企业的使命，在发展壮大国有经济的事业中体现机关党建成效、彰显党的政治优势。

以“四强”党支部建设为抓手，发挥好基层党组织战斗堡垒作用和党员先锋模范作用。认真贯彻落实《中国共产党党和国家机关基层组织工作条例》《中央和国家机关基层党组织建设质量提升三年行动计划（2019—2021 年）》，严格党员教育管理，分类指导机关厅局、企事业单位、离退休干部局党组织建强抓实，委机关“四强”党支部和达标党支部合计达到 100%，基层党组织政治功能和组织力全面提升。落实中央和国家机关工委关于破解“两张皮”问题工作部署，牢固树立党的一切工作到支部的鲜明导向，推进党建和业务深度融合，结合国企改革三年行动、“严肃财经纪律、依法合规经营”综合治理专项行动等重大任务，开展领导干部大调研大走访、党员承诺践诺、党员示范岗、党员突击队等实践活动，做到一个支部一座堡垒、一名党员一面旗帜，28 个基层党组织、60 名共产党员和 34 名党务干部受到表彰。

以新时代好干部标准为导向，发挥好领导干部骨干带头作用。突出重实干重实绩重实效的鲜明导向，适应中央企业改革发展和国资监管工作需要，大力选拔政治强、敢担当、善作为的优秀干部，加大年轻干部培养，加强党员思想淬炼、政治历练、实践锻炼、专业训练，把每名党员纳入党组织有效管理之中，加强委机关与央企干部双向交流。一大批政治素质好、工作表现突出、经受过重大任务历练和吃劲岗位考验的干部及时得到提拔重用，有力激发了机关干部干事创业的积极性主动性创造性。国资委机关领导干部带头落实党中央部署要求，带头承担急难险重任务，带头坚决服从组织安排，坚决站到重大斗争第一线，在关键时刻发挥了关键作用，用实际行动践行了党员领导干部的初心使命和国资卫士的责任担当。

以模范机关建设为载体，发挥好国资委机关示范引领作用。对照创建工作目标要求，结合实际制定实施方案，强化督导检查，定期总结分析，适时评选表彰，在创建工作中形成了“讲政治、善学习、强根基、守纪律、能战斗、重服务”的鲜明特点，5 个集体获评创建模范机关先进单位。今年 4 月，国资委直属机关第三次党员代表大会胜利召开，系统总结了过去五年提高党建质量、创建模范机关的成效和经验，明确今后创建模范机关的重点任务，进一步凝聚了奋进新征程的力量。

## 把握规律、守正创新，不断推动机关党建工作上台阶上水平

国资委党委不断巩固拓展习近平总书记在中央和国家机关党的建设工作会议上的重要讲话精神的贯彻落实成果，积极探索新形势下机关党建工作新思路新举措新办法，全面提升机关党建工作质量和

水平。

坚持守正创新，不断提高党建工作的科学性有效性。积极适应新形势新任务新要求，推进理念思路、制度机制、方式手段、工作载体创新。总结国资央企实践经验，针对时代特点和直属机关党员思想行为特征，探索线上线下、传统手段和现代手段相结合的新途径新办法，不断提升机关党建的感召力、凝聚力、向心力。鼓励、支持、引导基层党组织大胆探索创新，形成各具特色的经验做法，不断增强机关党建的针对性和有效性。

坚持体系推进，形成以上率下、以机关带系统的强大合力。紧紧抓住责任制这个"牛鼻子"，建立"明责、履责、考责"体系，加强和改进机关党的建设。层层压实责任，强化"书记抓、抓书记"，一直抓到党支部、党小组，突出抓机关带系统，形成环环相扣、一贯到底的责任链条。深入落实全面从严治党主体责任，强化"一岗双责"，切实督促各级领导班子成员知责于心、担责于身、履责于行。进一步完善机关党建工作考核评价机制，扎实做好党组织书记抓党建工作述职评议考核，实现基层党组织书记现场述职全覆盖，强化考核结果运用，确保督查考核到位、问责追责有力、正向激励有效，切实把党建"软指标"变成"硬约束"。机关党委认真协助委党委落实主体责任，统筹协调好、组织落实好机关党建重点工作，积极为国资央企改革发展和党的建设集聚智慧和力量。

坚持从严从实，营造风清气正、干事创业的政治生态。深入贯彻全面从严治党战略方针，以自我革命精神将党风廉政建设和反腐败斗争进行到底，深入开展"灯下黑"问题专项整治，让直属机关成为最守纪律、最讲规矩的地方。以钉钉子精神贯彻执行中央八项规定精神，紧盯重要节点，加强监督提醒，对顶风违纪行为一查到底、决不手软。坚决整治形式主义、官僚主义，持续精文减会、整合监督检查考核事项，切实为基层松绑减负。选择中央企业 97 个基层单位作为机关处室（党小组）"一对一"联系点，推动机关干部深入一线机制化，建成涉企事务网上服务大厅，实现 33 类非涉密事项"一厅受理、跨网通办"。一体推进不敢腐、不能腐、不想腐，制定实施《关于规范国资委机关工作人员与中央企业往来行为的规定》等制度，严格规范机关干部与服务对象的往来行为，构建机关与央企亲清健康关系。制定落实《关于加强中央和国家机关部门机关纪委建设的意见》具体措施，深入开展"学抓改强"活动，严肃查处孟凡良、王盛华等搞权钱交易的"害群之马"，以案示警教育机关干部始终保持对腐蚀围猎的警觉。2021 年中央企业全面从严治党民意调查结果显示，职工群众满意指数达到 96.75%，信心指数达到 97.05%。

（文章刊发于 2022 年 8 月 29 日《旗帜》）

# 以习近平经济思想为指引 新时代国有企业改革取得历史性成就

国务院国资委党委书记、主任　郝　鹏

经济工作是党和国家的中心工作，国有企业是中国特色社会主义经济的顶梁柱，搞好国有企业改革、做强做优做大国有企业是党领导经济工作、治国理政的重要方面。党的十八大以来，习近平总书记统筹中华民族伟大复兴战略全局和世界百年未有之大变局，站在党和国家事业发展全局的战略高度，就新时代国有企业改革发展和党的建设发表一系列重要讲话，深刻阐明了新时代为什么要做强做优做大国有企业、怎样做强做优做大国有企业这个重大时代命题，系统宣示了新时代我们党领导和发展国有企业的大政方针、根本原则和重大举措。习近平总书记关于国有企业改革发展和党的建设的重要论述，是科学运用马克思主义政治经济学基本原理指导中国国有企业实践的重要理论成果，为新时代包括国有企业改革在内的国资国企工作指明了前进方向、提供了根本遵循。国务院国资委和广大国有企业坚持以习近平新时代中国特色社会主义思想为指导，深入学习贯彻习近平经济思想，特别是把学习贯彻习近平总书记关于国有企业改革发展和党的建设重要论述作为首要任务，深刻理解把握其核心要义、精神实质、丰富内涵和实践要求，推动新时代国有企业改革取得历史性成就。

## 一、习近平经济思想开辟了新时代国有企业改革新境界

习近平总书记高度重视新时代国有企业改革，亲自谋划、亲自部署、亲自推动国企改革1+N政策体系和国企改革三年行动方案，围绕国有企业改革怎么看、改什么、怎么改等重大理论和实践问题，提出了一系列开创性的新理念新思想新战略，为新时代国有企业改革提供了科学行动指南。

在“怎么看”的问题上，旗帜鲜明确立新时代国有企业改革的方向原则和根本要求。习近平总书记多次强调，我们的改革开放是有方向、有立场、有原则的。习近平总书记关于国有企业改革发展和党的建设的重要论述，深刻回答了国企改革一系列根本性问题，一锤定音回答了国有企业“要不要”的问题。强调国有企业是中国特色社会主义的重要物质基础和政治基础，是党执政兴国的重要支柱和依靠力量，必须做强做优做大；国有企业也要改革优化，但绝对不能否定、绝对不能削弱。深刻指出坚持党的领导、加强党的建设是国有企业的“根”和“魂”。国有企业发展史，就是一部坚持党的领导、加强党的建设的历史。确保党的领导、党的建设在国有企业改革中得到体现和加强，必须坚决防止以深化改革为名，在一片加强声中弱化党的领导、削弱党的建设。创造性提出“三个有利于”标准。强调推进国有企业改革，要有利于国有资本保值增值，有利于提高国有经济竞争力，有利于放大国有资本功能。科学确立“三个坚持”基本原则。强调国有企业改革必须坚持和加强党对国有企业的全面领导，坚持和完善基本经济制度，坚持社会主义市场经济改革方向。习近平总书记的重要论述，为国有企业改革明确了方向、立场、原则，确保新时代国有企业改革既不走封闭僵化的老路，也不走改旗易帜的邪路，始终在中国特色社会主义道路上奋勇前进。

在“改什么”的问题上，与时俱进赋予新时代国有企业改革新的使命任务。习近平总书记从新时代党和国家事业发展需要出发，因时因势赋予国有企业改革新使命，为国有企业改革不断增添新活力。围绕使市场在资源配置中起决定性作用和更好发挥政府作用，习近平总书记强调，国有企业总体上已经同市场经济相融合；如何更好体现和坚持公有制主体地位，进一步探索基本经济制度有效实现形式，是摆在我们面前的一个重大课题。党的十八大以来，习近平总书记亲自部署完善中国特色现代企业制度、加强国有资产监管、发展混合所有制经济等重大改革任务。在我国进入新发展阶段的大背景下，适应贯彻新发展理念这一关系我国发展全局的深刻变革需要，习近平总书记强调，要按照创新、协调、绿色、开放、共享的新发展理念的要求，推进结构调整、创新发展、布局优化，使国有企业在供给侧结构性改革中发挥带动作用。在世界百年未有之大变局加速演进，国际战略竞争特别是大国博弈日益激烈，世纪疫情交织叠加的严峻挑战面前，围绕把握新发展阶段、贯彻新发展理念、构建新发展格局、推动高质量发展、统筹发展和安全的战略需要，习近平总书记强调，要做强做优做大国有资本和国有企业，发挥国有经济战略支撑作用，加快建设世界一流企业，增强国有经济竞争力、创新力、控制力、影响力、抗风险能力。在“两个大局”深刻演变、新一轮科技革命和产业变革加速发展的新形势下，围绕强化国家战略科技力量、加快建设创新型国家和世界科技强国、实现高水平科技自立自强，习近平总书记强调，中央企业等国有企业要勇挑重担、敢打头阵，勇当原创技术的“策源地”、现代产业链的“链长”。习近平总书记的重要论述，把握时代大势，回应时代要求，在重大关头、关键时刻赋予国有企业改革新的时代使命，使国有企业发展与时代同行、与党和国家事业发展同步，从而使国有企业改革与发展高效联动，充满勃勃生机，不断释放出破除体制机制障碍的强大效力。

在“怎么改”的问题上，全面系统明确新时代国有企业改革的科学方法。新时代国有企业改革是习近平总书记关于改革方法论的生动实践。习近平总书记亲自审定国有企业改革的重大文件和政策，亲

自谋划部署国有企业改革三年行动，指引改革从顶层设计到落地施工，不断推动新时代国有企业改革走深走实。强调改革要抓好制度建设这条主线。制度是关系党和国家事业发展的根本性、全局性、稳定性、长期性问题。新时代谋划全面深化改革，必须以坚持和完善中国特色社会主义制度、推进国家治理体系和治理能力现代化为主轴，推动各项改革制度更加成熟更加定型。强调改革要坚持问题导向。推进国有企业改革要跟着问题走、奔着问题去，坚持结果导向和问题导向相结合，敢于破除体制机制弊端，发挥改革的突破性和先导性作用，为国有企业发展提供持续动力。强调改革要突出系统思维。更加注重改革的系统性、整体性、协同性，树立系统观念，推动有条件的地方和领域实现改革举措系统集成。要把住顶层设计和路线图，注重改革举措配套组合，使各项改革举措不断向中心目标靠拢。强调改革重在抓落实。要投入更多精力、下更大气力抓落实，把推动改革落地见效摆在更加突出的位置。要坚持稳中求进工作总基调，加快推动落实党的十九大以来部署的改革任务，加快推动重要领域和关键环节改革攻坚突破、落地见效。强调改革要鼓励基层创新。基层是改革创新的源头活水，要注重激发基层的改革创新活力，支持开展差别化创新。要鼓励基层继续发扬敢闯敢试、敢为人先的改革精神，推动形成更加浓厚、更有活力的改革创新氛围。习近平总书记的重要论述，坚持辩证唯物主义和历史唯物主义世界观和方法论，深刻把握改革规律，既部署了“过河”的任务，又指导解决了“桥或船”的问题，为新时代国有企业改革提供了科学方法论。

## 二、新时代国有企业改革取得实质性突破

伟大思想引领伟大征程。国资国企认真学习贯彻习近平经济思想，在国务院国有企业改革领导小组领导下，按照“一个抓手、四个切口”的工作思路，落实“可衡量、可考核、可检验、要办事”的工作要求，建立“系统化推进、清单化举措、穿透式操作、定量化督办、典型性推广”的工作机制，推动新时代国有企业改革全面发力、多点突破、蹄疾步稳、纵深推进，开启了国有企业改革历史上最为系统、最深层次、最具开创意义的一场伟大变革。

加快建设中国特色现代企业制度，新时代做强做优做大国有企业的制度根基有力夯实。建设中国特色现代企业制度，是习近平总书记基于马克思主义基本原理、立足我国基本国情，作出的极具思想性、原创性、战略性的科学论断和重大部署，为社会主义市场经济条件下搞好国有企业治理提供了中国方案，在新时代国有企业改革中是管总的、管根本的、管长远的。国资国企全面落实“两个一以贯之”，把加强党的领导和完善公司治理统一起来，持续推动中国特色现代企业制度更加成熟定型。坚持权责法定、权责透明、协调运转、有效制衡的公司治理机制，党委（党组）尊重和支持董事会、经理层依法行使职权。出台董事会工作规则、外部董事选聘管理、报酬待遇、履职支撑等一系列制度办法，推动中央企业和地方国有企业全面实现董事会应建尽建、配齐建强，更好发挥董事会定战略、作决策、防风险和经理层谋经营、抓落实、强管理的重要作用，切实把中国特色现代企业制度优势更好转化为治理效能。

大力推进战略性重组专业化整合，国有经济布局结构实现全方位整体性优化。习近平总书记强调，要以深化供给侧结构性改革为主线，坚持有所为有所不为，聚焦战略安全、产业引领、国计民生、公共服务等功能，调整存量结构，优化增量投向，发挥国有经济战略支撑作用。国资国企坚持围绕服务党和国家重大战略，积极投身振兴实体经济、建设制造强国，贯彻落实新时代推进国有经济布局优化和结构调整的意见，不断提升国有资本配置效率，增强产业链供应链韧性和国有企业全球竞争力。战略性重组专业化整合不断发力。近10年来26组47家中央企业实施重组整合，新组建、接收企业9家，在船舶、钢铁、能源、建筑、水运、装备制造等领域打造了一批具有较强竞争力的行业领军企业，组建了中国航发、国家管网集团、中国星网、中国融通、中国矿产、中国稀土、中国电气装备、中国铁塔、中国物流等一批重要骨干企业，中央企业数量从10年前的117家调整至98家，国有资本进一步向主业企业和优势企业集中，国有经济在关键领域的控制力、影响力大大增强。现代产业体系建设明显提速。实施现代产业链链长行动计划，遴选两批16

家链长企业，大力推进传统产业数字化、智能化、绿色化改造，发展智能制造、交通、建造、矿山、能源、商贸等传统产业“升级版”，打造新能源汽车、北斗、电子商务、区块链、物流大数据等一批数字协同创新平台，5G网络、数据中心、物联网、卫星互联网等新型基础设施建设加快推进，电网电力、航空航天、先进轨道交通等装备领域形成完整产业链条，集成电路、高端机床等细分领域实力明显增强。创建世界一流企业加快推进。紧紧围绕产品卓越、品牌卓著、创新领先、治理现代目标要求，加快推进创建世界一流示范企业工作，开展对标世界一流管理提升行动，进入世界500强的国有企业从2012年的65家增长到2022年的99家，通信、电力、建筑等行业企业有关效率指标达到世界一流水平。

全面强化企业创新主体地位，国家战略科技力量加快壮大。习近平总书记明确指出，要推动国有企业完善创新体系、增强创新能力、激发创新活力，促进产业链创新链深度融合。国资国企坚决在深化改革中深入实施创新驱动发展战略，强化企业创新主体地位，把科技创新作为“头号任务”，加快推进关键核心技术攻关，着力打造原创技术策源地，充分发挥改革创新双向促进作用。以改革强化创新力量。科研人才队伍发展壮大，2021年底中央企业拥有研发人员107万人，比2012年底增长53%，拥有两院院士241名，约占全国院士总数的七分之一。研发投入强度不断加大，2012—2021年，中央企业累计投入研发经费6.2万亿元，年均增速超过10%。地方省级国有企业2021年研发经费3436亿元，同比增长37%。以改革优化创新生态。实施年度考核加分、研发费用视同利润加回、资本金注入、工资总额单列等一揽子支持政策，推行“军令状”“揭榜挂帅”“赛马”等机制，对于重点科技领军人才和高水平创新团队，赋予更大自主权、给予更大容错空间，不断健全更加有利于创新创造的制度机制。以改革激发创新成果。主动承担国家重大科技攻关任务，积极参与国家实验室组建和全国重点实验室重组，建立一批创新联合体，遴选首批29家原创技术策源地企业，在关键材料、核心元器件、基础软件、基础零部件等领域突破一批短板技术，在航天、深海、能源、交通、国防军工等领域涌现出一批重大成果，建成港珠澳大桥、白鹤滩水电站、深海一号油气田、华龙一号核电机组、石岛湾高温气冷堆示范工程等一批标志性重大工程。

加快健全市场化经营机制，国有企业活力动力进一步激发。习近平总书记强调，要坚持社会主义市场经济改革方向；加大改革攻坚力度，进一步激发市场主体活力。国资国企坚持以发展更高水平的社会主义市场经济为目标，推动企业市场化改革在更大范围更深层次破冰突围，坚决啃下长期困扰国有企业发展的“硬骨头”。强化国有企业独立市场主体地位，推动关键环节实现“三个历史性突破”。全面完成公司制改革，从法律和制度上使企业独立市场主体地位得以进一步确立，全民所有制工业企业成为历史；全面开展国有企业功能界定分类，对不同类别的国有企业实行分类改革、分类监管、分类发展，公益类业务分类核算和分类考核在中央企业试行试算，长期以来功能不清晰、定位不明确、考核不科学等问题成为历史；全面解决国有企业办社会和历史遗留问题，彻底卸下了国企沉重的历史包袱，困扰国企公平参与竞争的事企不分问题成为历史。深化企业内部三项制度改革，推动“三能”机制真正落实落地。围绕“管理人员能上能下”，全面推行经理层成员任期制和契约化管理，积极探索职业经理人制度，截至2021年底，97.3%的中央企业子企业、94.7%的地方各级子企业经理层成员签订了契约，管理人员竞聘上岗比例分别达42.9%、37.7%。围绕“员工能进能出”，加快建立和实施市场化用工制度，2021年各级国有企业新进员工99%以上采用公开招聘方式。围绕“工资能增能减”，完善按业绩贡献决定薪酬的分配机制，灵活开展中长期激励，共计5100多户中央企业子企业实行中长期激励，覆盖关键岗位、骨干人才40万。积极稳妥推进混合所有制改革，推动各种所有制经济共赢发展。深入开展重点领域混合所有制改革试点，按照完善治理、强化激励、突出主业、提高效率的要求推进混改，积极引入高匹配度、高认同感、高协同性的战略投资者，更好促进各类资本取长补短、相互促进、共同发展。截至2021年底，中央企业和地方国有企业混合所有制企业户数占比分别超过70%和54%。在混改中坚决把住决策审批、资产定价、进场交易等关键环节，坚决防止

"一混了之""只投不管""失控失管",坚决守住防止国有资产流失的底线,一批治理优、机制活、发展好的混改企业典型相继涌现。

健全完善国有资产监管体制,中国特色的国资监管新模式加快形成。习近平总书记强调,国有资产是全体人民共同的宝贵财富,是保障党和国家事业发展、保障人民利益的重要物质基础,一定要管好用好。国有企业改革首先要加强监管、防止国有资产流失,这一条不做好,国有企业其他改革就难以取得预期成效。全国各级国资委坚持把加强监管和增强活力结合起来,在加快授放权改革的同时,着力加强国有资产监督,当好全体人民的国有资产守护者。健全"三统一、三结合"国资监管职能体系。深入推进国资监管机构职能转变,动态完善监管权力和责任清单,把全面履行出资人职责、国有资产监管职责和负责国有企业党的建设工作职责统一起来,有效推动管资本与管党建相结合、履行出资人职责与履行国资监管职责相结合、党内监督与出资人监督相结合。强化专业化、体系化、法治化监管优势。加强专业化监管,探索创新有别于行业主管部门和社会公共管理部门的监管方式,完善规划投资、考核分配等监管工作,强化产权管理、财务监管等基础管理。加强体系化监管,把稳增长、抓改革、强创新、促发展、防风险等多重监管目标统筹起来,实现全方位全过程监管。加强法治化监管,健全国资监管法规制度体系和工作体系,深化法治国企建设,在法治轨道上切实提升国资监管效能。加强地方国资监管指导监督。推动建立中央、省、市三级国资监管机构上下联动的工作机制,建成全国国资国企在线监管系统,构建统一的产权体系、完备的财务监管体系、上下衔接的考核分配管理体系,推动地方经营性国有资产集中统一监管,当前省级国资委集中统一监管比例已达到99%。

全面加强党的领导党的建设,高质量党建对国有企业高质量发展的引领保障作用充分彰显。习近平总书记强调,要坚持党对国有企业的领导不动摇,保证党和国家方针政策、重大部署在国有企业贯彻执行。国资国企坚决扛起管党治党的重大政治责任,持之以恒深化落实习近平总书记在全国国有企业党的建设工作会议上的重要讲话精神,扎实推动国有企业党的建设得到根本加强。全面建立践行"两个维护"的制度机制。全面建立学习贯彻习近平总书记重要指示批示"首要责任""第一议题""第一课"制度,建立"台账化管理、项目化推进、清单化销账"贯彻落实机制,确保习近平总书记重要指示批示和党中央决策部署落到实处。全面压实党建工作责任。中央企业和地方一级企业全面开展党建责任制考核,考核结果同薪酬激励、奖惩任免挂钩,建立实施中央企业党委(党组)向国资委党委报告年度党建工作、党委(党组)书记向国资委党委现场述职、基层党组织书记抓党建述职评议考核三项制度。全面夯实党建基层基础。坚持"四同步""四对接",健全党建工作和业务工作同谋划、同部署、同落实、同考核的具体制度,在推进改革中动态调整设置企业党组织,深入开展党员示范岗、责任区创建,集中整治1600多个软弱涣散基层党组织。全面深化正风肃纪反腐。推进中央企业纪检监察体制改革,统筹推进中央巡视国资委党委和中管企业党委(党组)反馈问题整改,实现中央企业巡视全覆盖。开展央企驻京办、"总部机关化"、违规经商办企业等专项整治和违规挂靠专项巡视,严肃查处利益输送、设租寻租、化公为私等靠企吃企问题,营造风清气正的良好政治生态。

## 三、新时代国有企业改革成效显著

以习近平经济思想为指引,国资国企坚持党的全面领导,全面实现政治纲纪重振、制度机制重构、发展动能重塑、布局结构重整、作风形象重树,推动许多领域发生全局性、转折性、根本性重大变化,奋力书写了新时代国有企业改革新篇章。

新时代国有企业改革是一场革弊鼎新的制度性变革,国资国企独特制度优势更加彰显。中国特色现代企业制度实现系统性重塑,通过把加强党的领导和完善公司治理统一起来,解决了国企治理长期争论的理论和实践问题,形成了社会主义市场经济条件下国有企业公司治理的新机制。国有资产监管模式实现系统性重塑,通过推进"三统一、三结合"和"三化监管",构建起与党集中统一领导优势相适应、组织动员优势相衔接、集中力量办大事制度优势相配套的中国特色国资监管新模式。国企党建工作体系实现系统性重塑，有力促进了党委（党组）发挥领导作用和公司其他治理主体依法行权履职有机统一、党管干部党管人才原则和市场化选人用人有机统一、党组织设置与企业组织架构运行有机统一、思想政治工作与企业文化建设有机统一、党内监督与企业内部监督有机统一、党建责任与经营责任有机统一。

新时代国有企业改革是一场利及长远的内生性变革，国资国企高质量发展基础更加坚实。发展导向鲜明树立。建立起以净利润、利润总额、营业收入利润率、全员劳动生产率、研发投入强度、资产负债率为主的"两利四率"高质量发展目标管理体系，各级中央企业坚决摒弃规模和速度情结，坚定走高质量发展道路。发展质量显著提升。截至2021年底，全国国资系统监管企业资产总额达到259.3万亿元，比2012年底增长约2.6倍。2021年，中央企业利润总额为2.4万亿元、净利润为1.8万亿元，均比2012年增长近1倍；营业收入利润率为6.8%，研发投入强度为2.5%，分别比2012年提高1.8个百分点和0.8个百分点；全员劳动生产率为69.4万元/（人·年），比2012年提高82%。发展动能更为强劲。坚持创新驱动发展，中央企业战略性新兴产业投资由2017年的6900亿元增长至2021年的1.3万亿元，年均增长超20%，新一代信息技术、新能源、高端装备制造业等领域投资完成额占全部战略性新兴产业投资的80%。高质量参与"一带一路"建设项目超过3400个，一批重大项目和标志性工程成功落地，中国路、中国桥、中国港、中国车享誉海外。

新时代国有企业改革是一场广泛深入的系统性变革，国资国企履行责任更加有力。服务国家重大战略坚决有力。带头落实京津冀协同发展、长江经济带发展、粤港澳大湾区建设、长三角一体化发展、黄河流域生态保护和高质量发展等区域重大战略，积极落实北京非首都功能疏解要求，有序推进央企总部搬迁，助力构建全国统一大市场，党的十八大以来累计签署战略合作项目3849项。国有经济压舱石作用全面强化。大力发展制造业和实体经济，中央企业超过85%的资产集中在国民经济20个行业大类，13个行业大类资产规模超万亿元，涉及国家安全、国民经济命脉和国计民生领域营业收入占总体比重超过70%。产业基础再造和龙头企业强链稳链取得明显成效，一批先进制造业集群培育形成，实体经济领域的专精特新"小巨人"企业和单项冠军企业不断涌现，产业链供应链韧性和竞争力切实增强。推动共同富裕主动作为。坚持以人民为中心的发展思想，在公共服务领域积极发挥托底作用，为贫困边远山区通路、通电、通信、通航。2016年以来，通信企业降费让利约7000亿元，电力央企降低全社会用电成本约4000亿元。在脱贫攻坚中发挥骨干作用，承担地方结对帮扶任务1.2万个、派出扶贫干部超出3.7万名，定点帮扶的248个国家扶贫工作重点县全部脱贫摘帽。关键时刻紧要关头勇挑重担。全力服务国家抗疫大局，大力支援武汉、香港、吉林、上海等地抗疫斗争，主动转产扩产防疫物资，千方百计强化基础保障，积极开展疫苗研发生产支持科技抗疫。面对极端天气和自然灾害，全力以赴投入抗灾救灾和应急救援。以最高标准做好新中国成立70周年、建党100周年系列庆祝活动以及北京冬奥会、冬残奥会等重大活动服务保障工作，为党和国家的一系列大事喜事增光添彩。

（文章刊发于2022年《习近平经济思想研究》）

# 深入学习贯彻习近平总书记"7·9"重要讲话精神进一步推进模范机关建设

国务院国资委党委书记、主任　郝　鹏

以习近平同志为核心的党中央高度重视机关党的建设。2019年7月9日，党中央召开中央和国家机关党的建设工作会议，习近平总书记出席并发表重要讲话，站在新时代党和国家事业发展全局的战略高度，深刻回答了事关机关党建的一系列重大理论和实践问题，为全面加强新时代机关党的建设提供了根本遵循。我们要深入学习贯彻习近平总书记"7·9"重要讲话精神，进一步推进模范机关建设，激励国资委直属机关各级党组织和广大党员干部奋进新征程、建功新时代，以让党中央放心、让人民群众满意、让中央企业信赖的实际行动，迎接党的二十大胜利召开。

## 一、牢记嘱托、砥砺奋进，三年来直属机关党建工作取得显著成效

中央和国家机关党的建设工作会议召开三年以来，我们坚持以习近平总书记“7·9”重要讲话精神为统领，全面贯彻新时代党的建设总要求和新时代党的组织路线，把政治机关建设摆在首要位置，以创建模范机关为载体，紧紧抓住“围绕中心”“建设队伍”“服务群众”三大任务，补短板强弱项、固底板扬优势，一年一个台阶、一步一个脚印，推动直属机关面貌、党员干部面貌、党建工作面貌发生了全方位、深层次的可喜变化。

——三年来我们坚持举旗帜、讲政治，深刻把握“两个确立”、坚决做到“两个维护”的政治品格更加鲜明。坚决落实习近平总书记关于“牢固树立政治机关的意识”重要指示，牢牢把握直属机关政治性是第一属性、讲政治是第一要求，持续深化政治机关意识教育，健全“第一议题”制度，全力推动习近平总书记重要指示批示和党中央决策部署一贯到底、落地见效。机关党员干部以实际行动坚定走好“两个维护”第一方阵，扎实推进国资央企改革发展和党的建设工作，更好服务党和国家事业发展大局。

——三年来我们坚持学思想、见行动，用党的创新理论引领国资央企事业的坚定性自觉性更加巩固。坚决落实习近平总书记关于“走在理论学习的前列”的重要指示，把学懂弄通做实习近平新时代中国特色社会主义思想作为首要任务，高质量开展“不忘初心、牢记使命”主题教育、党史学习教育，深化“学查改”专项工作，编印《习近平关于发展国有经济论述摘编》及《学习读本》《国企改革三年行动以来习近平关于国有企业改革发展和党的建设重要论述和有关会议精神材料汇编》，党委班子成员带头讲党课，举办厅局级干部研修班，实施青年理论学习提升工程，引导党员干部自觉以总书记关于国有企业改革发展和党的建设重要论述为引领，统一思想、统一意志、统一行动，进一步坚定了推动国资央企改革发展的信心决心。

——三年来我们坚持抓基层、打基础，基层党组织战斗堡垒作用和党员先锋模范作用更加彰显。坚决落实习近平总书记关于“锻造坚强有力的机关基层党组织”重要指示，聚焦基层抓党建、抓好党建强业务，以创建模范机关破难题、解新题，全面理顺直属机关党的工作领导体制，全面实施党支部标准化规范化建设，全面开展党建述职评议考核，全面推行不同领域党组织分类指导，推动机关党建和业务工作同向发力、同频共振。无论是推动国资央企全力抓好稳增长、促改革、抓创新、调结构、防风险、强党建等重点任务，还是组织国资央企全力抗击新冠肺炎疫情、助力脱贫攻坚、打好能源保供攻坚战，机关党员干部都勇挑重担、勇于担当，经受住了严峻考验、交出了合格答卷。

——三年来我们坚持强作风、树新风，全面从严治党引领保障作用更加有力。坚决落实习近平总书记关于“建设风清气正的政治机关”重要指示，弘扬伟大建党精神，赓续国企红色血脉，强化党的光荣传统和优良作风教育，持续巩固中央八项规定及其实施细则精神落实成效，建立企业联系点制度，建成网上服务大厅，完善权力运行系列制度规定，实施“学、抓、改、强”活动，推动“灯下黑”问题整治，切实抓好巡视整改、专项整治、督查整改，一体推进不敢腐、不能腐、不想腐，引导党员干部把勤政和廉政、干事和干净统一起来，把好传统带进新征程，让好作风弘扬在新时代。机关中涌现出“人民满意的公务员集体”“全国先进工作者”“全国三八红旗手”“全国青年文明号”等一大批先进典型。

## 二、深化认识、把握精髓，深入学习贯彻习近平总书记“7·9”重要讲话精神

习近平总书记“7·9”重要讲话是管全局、管长远、管根本的。新时代新征程，我们要把深化学习总书记“7·9”重要讲话精神作为长期重大政治任务，把握精髓、领会要义，对标对表、笃信力行，不断开创机关党建新局面。

一是再学习再领会习近平总书记关于机关党建

"为什么抓"的重要论述精神，以更高站位抓党建。总书记重要讲话深刻指出机关党的建设是机关建设的根本保证，深化全面从严治党、进行自我革命，必须从中央和国家机关严起、从机关党建抓起，深刻揭示了中央和国家机关党的建设在党的建设新的伟大工程中的示范带动作用。三年的学习实践让我们更加深刻认识到，国资委直属机关首先是政治机关，机关党建本质上是政治工作，事关党中央权威和集中统一领导，事关党中央决策部署的贯彻落实，事关国资央企改革发展事业全局，必须从讲政治的高度谋划推进机关党建工作，把做到"两个维护"作为最高政治原则和根本政治规矩，始终在思想上政治上行动上同以习近平同志为核心的党中央保持高度一致，切实发挥机关党建在全委工作中的"风向标"作用。

二是再学习再领会习近平总书记关于机关党建"抓什么"的重要论述精神，以更高标准抓党建。总书记重要讲话深刻阐明了机关党的建设指导思想、总体目标、基本要求和主要任务，形成了我们党在新时代全面加强机关党建的"总纲"，标定了新时代机关党建新高度。三年的学习实践让我们更加深刻认识到，抓好新时代机关党建必须牢牢把握当好"三个表率"、建设模范机关目标要求，切实抓好党的政治建设、理论武装、基层组织、正风肃纪等重大任务，在强化标准、提高质量上持续用力，在突出重点、补齐短板上持续用力，在完善制度、落实落地上持续用力，锻造党在经济领域的坚强战斗堡垒，为国资央企高质量发展提供坚实组织保障。

三是再学习再领会习近平总书记关于机关党建"怎么抓"的重要论述精神，以更实举措抓党建。总书记重要讲话全面总结了党的十八大以来中央和国家机关党的建设6条重要经验，深刻阐明了提高机关党建质量必须处理好共性和个性、党建和业务、目标引领和问题导向、建章立制和落地见效、继承和创新5对辩证关系，既讲是什么、怎么看，也讲怎么办、怎么干，为破解新时代机关党建面临的矛盾和问题提供了"金钥匙"。三年的学习实践让我们更加深刻认识到，抓好机关党建就要用好6条经验、处理好5对关系，紧密结合国资央企实际，在抓党建强党建生动实践中不断把握规律性、提升针对性、体现时代性、增强创造性，把机关党建工作做得更加精准、更加科学、更加有效。

四是再学习再领会习近平总书记关于机关党建"谁来抓"的重要论述精神，以更强担当抓党建。总书记重要讲话强调各部门党组（党委）要加强对本单位党的建设的领导，机关党委要聚焦主责主业发挥职能作用，揭示了推动机关党建严起来、实起来、强起来的责任保证。三年的学习实践让我们更加深刻认识到，管党治党说到底是个责任问题，抓党建就要抓责任制、抓责任制就要抓责任人，必须健全明责履责、考责问责工作闭环，坚持书记抓、抓书记，一级抓一级、层层抓落实，形成各司其职、各负其责、密切配合、齐抓共管工作格局，不断推动各级党组织把机关党建"责任田"种成"高产田""示范田"。

## 三、巩固拓展、全面提升，以高质量机关党建引领保障全委工作高质量发展

要持续巩固拓展习近平总书记"7·9"重要讲话精神贯彻落实成果，进一步深入落实中央和国家机关工委关于创建模范机关的意见，全面提升模范机关建设的质量效果，以实际行动迎接党的二十大胜利召开。

一要抓实抓牢党的政治建设，强化模范机关建设的政治引领。切实增强讲政治的自觉，不断深化对党忠诚教育，引导党员干部从新时代十年伟大变革、伟大成就中，更加深刻领悟"两个确立"的决定性意义，增强"四个意识"、坚定"四个自信"、做到"两个维护"。切实增强讲政治的能力，不断提高机关党员干部政治判断力、政治领悟力、政治执行力，分析形势把握政治要素、谋划发展落实政治要求、推动工作考虑政治效果、处理问题严防政治风险，坚决维护党和国家政治安全。切实增强讲政治的实效，深入落实党中央"疫情要防住、经济要稳住、发展要安全"重要要求，坚持稳字当头、稳中求进，着力抓好稳住经济大盘、决战决胜国企改革三年行动、加快建设世界一流企业、打造原创技术策源地和现代产业链链长等重点任务，在学习宣传贯彻党的二十大精神上早谋划、早行动、早见效。

二要抓实抓牢创新理论武装，强化模范机关建设的思想保证。坚持全面系统学，把学深悟透力行习近平新时代中国特色社会主义思想贯穿模范机关建设全过程，作为机关党员干部“终身课”“必修课”，突出抓好《习近平谈治国理政》第四卷和《习近平经济思想学习纲要》的学习，用好国资委党委组织编印的“两摘编”“一汇编”“一读本”。坚持及时跟进学，把理论学习融入日常、抓在经常，持续深化“学查改”专项工作，支持和鼓励各单位创造更多学习载体，打造有效学习平台，做到天天学、天天新、天天深。坚持融会贯通学，坚决做习近平新时代中国特色社会主义思想的坚定信仰者、忠实实践者，强化学思用贯通、知信行统一，切实把学习成果转化为推动国资央企高质量发展的思路举措和生动实践。

三要抓实抓牢党建基层基础，强化模范机关建设的组织基础。坚持以党建促业务，巩固深化创建模范机关、打造“四强”支部工作成果，坚持把服务国资央企中心工作作为检验模范机关建设成效的出发点和落脚点，把支部建设与厅局主业紧密结合起来，坚持“一盘棋”、强化“两手抓”，为党员干部提升技能、释放潜能、激发动能搭建平台、创造条件、提供支撑。持续压实党建责任，支部建在厅局、小组建在处室，厅局主要负责同志要切实把党建责任扛起来、把党建任务落下去，注重发挥党小组作用，带动局处级负责同志更好落实“一岗双责”。抓好思想政治工作，用好思想政治工作这个“传家宝”，把解决思想问题和解决实际问题结合起来，用好“家访”这个有效的传统做法，更好了解党员干部特别是年轻同志所思所想所虑所盼，在职工住房、子女入学、医疗和文体活动等方面给予更多支持，不断增强党员干部凝聚力、归属感。

四要抓实抓牢本领能力建设，强化模范机关建设的队伍支撑。强化担当作为导向，把政治标准放在首位，坚持公开公平公正，树立正确选人用人导向，强化思想淬炼、政治历练、实践锻炼、专业训练，大力选拔想干事能干事、会干事不出事的优秀干部，让有为者有位、能干者能上、优秀者优先，培养更多优秀年轻干部，把国资监管事业的接力棒一棒一棒传下去。全面提升履职能力，坚持干一行、钻一行、精一行，立足岗位增强专业素养，不断提高政治能力、调查研究能力、科学决策能力、改革攻坚能力、应急处突能力、群众工作能力、抓落实能力，努力成为国资监管的行家里手。增强干部斗争本领，引导机关党员干部深刻认识伟大斗争的长期性、艰巨性、复杂性，在机遇面前主动出击、在困难面前迎难而上、在风险面前积极应对，敢于斗争、善于斗争，坚决当好国有资产忠诚卫士。

五要抓实抓牢正风肃纪反腐，强化模范机关建设的良好生态。持续深化作风建设，持之以恒加固中央八项规定堤坝，巩固基层减负成效，坚决反对“四风”特别是形式主义官僚主义，决不能把“说了”当“做了”、把“开会研究了”当“问题解决了”，让艰苦奋斗、真抓实干、求真务实在国资委蔚然成风。持续强化纪律建设，筑牢模范机关思想防线，时刻绷紧“亲”“清”政商关系这根弦，严守党的政治纪律、组织纪律、廉洁纪律、群众纪律、工作纪律和生活纪律，严格执行同监督服务对象往来行为各项规定，用好监督执纪“四种形态”，抓早抓小、防微杜渐。持续抓好反腐倡廉，深入落实全面从严治党重要方略，坚持不敢腐、不能腐、不想腐一体推进，惩治震慑、制度约束、提高觉悟一体发力，常态化开展党性教育、政德教育、警示教育和家风教育，引导机关党员干部始终清清白白做人、干干净净做事。

机关党委作为机关党建工作专责机构，要抓好主责主业，牢固树立“把抓好党建作为最大政绩”的思想认识，深入落实机关党委职责任务，持续推进模范机关建设，不断提升基层党建活力实效；要健全长效机制，协助委党委抓好机关党建总体谋划，完善督促检查、协同协调、考核评价机制，推动全面从严治党向基层延伸、向纵深发展；要加强指导推动，协助委党委建设懂党务、善组织、敢管理、能服务的直属机关各单位党组织班子，在推动机关干部健康成长、关心干部工作生活等方面多做工作，指导推动直属机关各单位党建工作多出好经验、好做法、好典型。

（文章刊发于2022年《机关党建研究》）

2023

CHINA' S STATE-OWNED ASSETS SUPERVISION AND ADMINISTRATION YEARBOOK

中 国 国 有 资 产 监 督 管 理 年 鉴

# 国有资产监督管理概况

第二篇

# 国有资产监督管理体制改革和国有企业改革发展综述

2022年，在以习近平同志为核心的党中央坚强领导下，各级国资委和广大国有企业坚持以习近平新时代中国特色社会主义思想为指导，以迎接党的二十大和学习贯彻党的二十大精神为工作主线，认真贯彻落实党中央、国务院决策部署，统筹疫情防控和企业生产经营，统筹发展和安全，迎难而上推动国有企业改革发展和党的建设各项工作取得新成效，为营造平稳健康的经济环境、国泰民安的社会环境、风清气正的政治环境作出重要贡献。

## 一、以迎接党的二十大和学习宣传贯彻党的二十大精神为强大动力，深刻领悟“两个确立”的决定性意义、坚决做到“两个维护”

各级国资委和广大国有企业坚持把迎接党的二十大和学习宣传贯彻党的二十大精神作为全年首要政治任务，引导国资国企广大党员干部职工将思想和行动统一到党的二十大精神上来，不断提高政治判断力、政治领悟力、政治执行力，忠诚捍卫“两个确立”、坚决做到“两个维护”成为国资国企统一意志和自觉行动。

### （一）深入学习贯彻习近平总书记重要指示批示和党中央决策部署

坚持和完善“第一议题”制度，开展学习质量提升行动，与中央企业党委（党组）开展主题联学、邀请知名专家进行专题讲座，持续推动习近平新时代中国特色社会主义思想大学习大普及大落实。以“建功新时代、喜迎二十大”为主题开展总书记重要指示批示精神再学习再落实再提升活动，对贯彻落实情况开展“回头看”，举办成果展，召开专题座谈会。落实落细《国资委党委贯彻落实习近平总书记重要批示工作办法》等制度，不断完善“传达学习、研究部署、贯彻落实、跟踪督办、报告反馈”工作闭环，确保习近平总书记重要指示批示和党中央决策部署在国资国企一贯到底、落实落地。

### （二）高质量完成迎接党的二十大各项工作任务

认真细致做好中央企业组团参会工作，坚持向中央企业和基层一线“两个倾斜”，突出主责主业和先模典型“两个聚焦”，推荐提名实现所有党组织和党员“两个全覆盖”，选举产生51名中央企业系统（在京）出席党的二十大代表。召开重点工作专题会，深入企业督导推动，高效有力组织中央企业以最高标准做好党的二十大服务保障工作，电力企业加强电网运行监控，加大北京及周边电厂电煤采购存储力度，确保北京供电安全万无一失；石油石化企业加强油气供应保障，确保党的二十大会场和代表驻地周边涉油气、涉爆场所、装置设施安全稳定运行；通信企业切实做好通信安防工作，确保网络安全、便捷畅通。

### （三）学习宣传贯彻党的二十大精神工作在国资国企走深走实

党的二十大胜利闭幕后，国务院国资委党委第一时间召开国资央企系统视频传达会、宣讲报告会等传达大会精神，印发《国资委党委关于认真学习宣传贯彻党的二十大精神的通知》，指导国资央企扎实做好学习宣传贯彻工作，在扎实做好学习宣传贯彻中思考谋划国资国企工作。国务院国资委领导班子分赴驻京、驻沪、驻鲁等有关中央企业总部以及生产科研一线、项目现场进行宣讲，推动党的二十大精神在国资央企系统直达基层一线。国务院国资委网站、“国资小新”和中央企业宣传平台积极开设“学习宣传贯彻党的二十大精神”专栏，全方位多角度展示出国资国企学习贯彻党的二十大精神的实际行动，迅速在国资国企系统兴起学习宣传贯彻热潮。

## 二、统筹发展和安全，充分发挥国资国企稳经济大盘、稳社会大局的“顶梁柱”“压舱石”作用

各级国资委和广大国有企业全面贯彻“疫情要防住、经济要稳住、发展要安全”的要求，主动立足新发展阶段，完整、准确、全面贯彻新发展理念，加快构建

新发展格局，着力推动高质量发展，为保持经济社会大局稳定提供有力支撑。

### (一)规模实力稳步提升，“稳定器”“压舱石”作用更加彰显

面对各类风险因素增多、经济下行压力加大的不利局面，国务院国资委坚持稳增长和防风险并重，同步组织开展提质增效和综合治理两个专项行动。各地国资委采取一系列有针对性的硬措施，指导推动各地国有企业全力稳生产、稳经营、稳市场，克服重重困难稳定宏观经济大盘。截至2022年底，全国国资系统监管企业资产总额和所有者权益分别为289.1万亿元和95.7万亿元，分别比上年增长9.4%和8.8%。其中，国务院国资委监管的中央企业资产总额和所有者权益分别为81万亿元和28.6万亿元，分别比上年增长7.4%和7.2%。2022年，全国国资系统监管企业实现营业总收入78.1万亿元，比上年增长8.8%；利润总额4.4万亿元、净利润3.2万亿元；全员劳动生产率56.1万元/(人·年)，比上年增长3.7%；上缴税费5.1万亿元，比上年增长17.7%。其中，中央企业实现营业总收入39.6万亿元，比上年增长9.1%，利润总额2.6万亿元、净利润1.9万亿元；全员劳动生产率76.3万元/(人·年)，比上年增长8.7%；上缴税费2.8万亿元，比上年增长19.3%①。47家国务院国资委监管的中央企业、39家地方国资委监管企业进入2022年《财富》“世界500强”排行榜。

### (二)深入实施创新驱动发展战略，打造国家战略科技力量

各级国资委和广大国有企业把科技创新作为“头号任务”，不断强化企业创新主体地位，为建设现代化产业体系、实现高水平自立自强作出重要贡献。2022年，国资系统监管企业研发经费投入1.5万亿元，比上年增长13.3%；中央企业研发经费投入超过1万亿元，比上年增长9.8%。关键核心技术攻关实现新突破，取得以空间站、福建舰航母、C919大飞机、白鹤滩水电站等为代表的一批重大成果，国内首条万吨级48K大丝束碳纤维生产线投产运行，F级50兆瓦重型燃气轮机并网发电，“海基一号”建成投产。原创技术策源地建设迈出新步伐，首批29家“重点支持类”企业积极布局四性技术、四基产品，涌现一批重大原创成果，组织开展中央企业全国重点实验室重组，34个实验室进入重组名单，18家央企参与10个国家实验室建设。实施国有企业数字化转型行动计划，推进产业基础再造工程，加快建设新型基础设施。

### (三)坚决落实国家重大战略，服务构建新发展格局

各级国资委和广大国有企业强化使命担当，发挥优势所长，切实当好践行党的意志、服务国家战略、履行社会责任的国家队和主力军。聚焦服务区域协调发展战略和区域重大战略，国务院国资委组织举办中央企业与上海、青海、湖北、广西等地合作活动，签署战略合作项目300余个，近两年914个签约项目总体开工率63.5%，160个项目建成投产或部分投产。扎实推进北京非首都功能疏解有关工作，中国中化、中国华能落地雄安新区。加快推进绿色低碳发展，扎实推进钢铁、有色金属、石化、化工、建材等行业企业节能降碳，积极构建清洁低碳新能源体系，中央煤电企业单位供电煤耗降至298克标准煤/(千瓦·时)，清洁能源装机容量占比超过45%，电网企业新能源利用率超过95%。高水平参与共建“一带一路”，雅万高铁、匈塞铁路、佩列沙茨大桥等一批重大工程项目建成投产或取得重大阶段性进展。

### (四)坚守姓党为民政治本色，充分彰显责任担当

各级国资委和广大国有企业坚持以人民为中心的发展思想，围绕保障和改善民生，高标准践行社会责任。全力做好基础产品的保供稳价，面对能源电力供应紧张情况，中央企业全力调配资源，电力央企在煤电价格倒挂、企业亏损的情况下，保持全负荷发电，以54.7%的装机容量供应全国63.1%的电力；煤炭央企日均产量接近300万吨，比上年增长7.6%，执行中长期协议让利超过1900亿元；电网央企加大余缺互济力度，全年组织跨区、跨省支援2300多次，调剂电量接近450亿千瓦·时，最大限度地保障人民群众供电、供气、供暖安全。主动帮助中小企业纾困解难，国

① 注：由于统计口径不同，全书存在相同指标数据不一致情况。

务院国资委制定助力中小企业纾困解难27条举措，推动中央企业全年累计减免房租174.4亿元、惠及租户21.4万户，汽车企业办理货车司机延期免息贷款570亿元，电信企业降低中小企业宽带和专线费用超过10%。

## 三、决战决胜国企改革三年行动，实现高质量圆满收官

各级国资委和广大国有企业以军令如山、务期必成的决战决胜姿态，全力以赴攻坚克难，国企改革三年行动实现高质量收官。

### （一）在形成更加成熟更加定型的中国特色现代企业制度和以管资本为主的国资监管体制上取得明显成效

全面贯彻"两个一以贯之"，在完善公司治理中加强党的领导，加快健全现代公司治理机制，截至2022年底，中央企业和地方企业集团公司及其重要子企业全面制定并落实党委（党组）前置研究讨论重大经营管理事项清单，全国各层级国有企业董事会应建尽建，1.2万户中央企业子企业、667户地方一级企业、2.2万户地方各级子企业实现外部董事占多数。中央企业子企业和地方国有企业建立董事会向经理层授权管理制度的比例分别达到97.4%和98.2%。坚持和完善以管资本为主的国有资产监管体制，开展国有资本投资、运营公司评估评价，5家国有资本投资公司和2家国有资本运营公司由试点转入持续深化改革阶段。

### （二）在推动国有经济布局优化和结构调整上取得明显成效

全方位、深层次、大范围推进战略性重组和专业化整合，集成电路、矿产资源、能源安全等关键产业领域加快布局优化调整，中国矿产资源集团挂牌成立，中国宝武重组中钢集团、新钢集团，中国南水北调集团列入国务院国资委监管企业，中粮集团、中储粮集团粮食储备加工股权合作深入开展，医疗、稀土、管网、检验检测领域资源整合持续推进，中央企业涉及国家安全和国计民生领域营业收入占比超过70%，国有经济主导作用和控制地位有效巩固。中央企业压减法人户数占比超过5%，68家实现管理层级四级以内。"两非""两资"清退任务基本完成。剥离国有企业办社会职能和解决历史遗留问题全面扫尾，全国国有企业"三供一业"和市政社区分离移交、医疗教育机构深化改革、厂办大集体改革和退休人员社会化管理完成比例均在99.6%以上。

### （三）在提高国有企业活力和效率上取得明显成效

三项制度改革全面破冰破局，以经理层成员任期制和契约化管理为核心的新型经营责任制基本建立，截至2022年底，经理层签约实现全覆盖，中央企业和地方国有企业新进员工公开招聘比例上升至99.9%以上，末等调整和不胜任退出的管理人员比例上升为5.7%和4.5%，管理人员竞争上岗比例分别为57%和56.3%。具备条件的中央企业和地方国有企业子企业中开展中长期激励的比例分别为94%和88.8%。混合所有制企业加快转换经营机制，央企控股上市公司发展质量持续提高，创新领域跟投试点工作全面启动，公益性业务分类核算和分类考核试行推进，国有企业独立市场主体地位进一步强化。

## 四、加强专业化、体系化、法治化监管，进一步提高国资监管效能

持续加强和改进国资监管，着力创新监管方式、提升监管效能，充分发挥专业化、体系化、法治化监管优势，更好地推动国有资本和国有企业做强做优做大。

### （一）坚持依法监管，始终在法治轨道上推进国资监管工作

国务院国资委全年出台规章2件、规范性文件13件、党委规范性文件5件。建立企业党委规范性文件备案长效机制，全年备案审查15家企业108份文件。积极推进公司法、企业国有资产法等国家重点立法，起草《国有企业管理人员处分条例》并报国务院，联合证监会共同研究起草《关于上市公司独立董事制度改革的意见》。扎实推进法治央企建设，对中央企业规章规范性文件开展合法性审查和公平竞争审查，全面加强

中央企业涉外法治工作，促进境外依法合规经营。

### (二)优化监管方式，不断提升监管的系统性针对性有效性

组织开展权责清单编制工作，梳理形成13个业务领域91项权责事项，点面结合推进体制完善。深入推进分类监管、分类考核，首次制定针对具体企业的考核方案，根据行业特点和企业定位，出台科研设计、资本运营、装备制造等3个行业考核实施方案，差异化明确考核重点。健全发现问题、监督整改、问责追责工作闭环，2022年指导中央企业查处违规问题线索3733件，责任追究近1.9万人次。优化企业国有资产交易流转操作流程，明确中央企业注册资本变动程序，加强国有资产交易监管。完善国有资本经营预算制度，强化预算执行绩效管理。深入实施国资监管数字化智能化提升专项行动，形成以1个国资国企在线监管系统为统领、N个重点监管业务应用齐头并进的“1+N”体系。

### (三)加强对地方国资国企工作的指导监督，提升国资监管效能

编制年度指导监督工作计划，健全完善中央、省、市三级国资监管机构上下联动、有效协同的工作机制。大力推动经营性国有资产集中统一监管，围绕地方经营性国有资产集中统一监管工作中的重点难点问题加强指导交流，组织开展经营性国有资产集中统一监管“回头看”，推动省级、地市级国资委集中统一监管比例提升到99%。

## 五、全面加强党的领导党的建设，以高质量党建引领保障高质量发展

各级国资委党委和广大国有企业党委(党组)深入落实新时代党的建设总要求，持续深化贯彻落实习近平总书记全国国企党建会重要讲话精神，坚决扛起管党治党重大政治责任，推动国资国企党的领导党的建设全面严起来、实起来、强起来。

### (一)推动国资国企党建工作再上新台阶

巩固拓展党史学习教育成果，组织召开党史学习教育总结会议、党史学习教育指导组暨领导小组办公室工作总结会议，建立党史学习教育常态化、长效化制度机制。充分发挥国资央企红色教育基地、工业文化遗产的作用，召开中央企业爱国主义教育基地建设座谈会，组织干部职工赴爱国主义教育基地现场学习，强化革命传统教育、爱国主义教育、思想道德教育。加强党建责任制考核，优化完善企业党建责任制考核指标体系，完成中央企业党建责任制考核。指导中央企业开展基层党组织书记抓党建述职评议，召开中央企业党委(党组)书记党建工作述职会。扎实做好宣传思想工作，组织编撰党的十八大以来中央企业重大成就图志，打造中国智造品牌论坛，与中央主流媒体联合协同策划“习近平总书记国企足迹”专题报道，联合推出一批广受好评的融媒产品，全面展示新时代十年国资央企辉煌成就。积极拓宽对外传播渠道，深入推进重点国别跨文化融合传播，加快提升中央企业海外美誉度。制定《关于新时代加强和改进中央企业思想政治工作的实施意见》，召开中央企业思想政治工作会议，进一步巩固国资央企的共同思想基础。

### (二)着力打造高素质专业化干部人才队伍

加强企业领导班子建设，认真贯彻落实习近平总书记关于国有企业领导人员“二十字”标准和关于做好新时代人才工作的重要思想，坚持党管干部、党管人才原则，着力打造高素质专业化干部人才队伍，积极协助中央组织部加强中管企业领导班子建设，协助调整补充领导人员129人。切实加强外部董事队伍建设，制定外部董事履职指南，明确专职外部董事受处理处分后使用管理规程，遴选27人进入外部董事人才库，将71名不适宜人选调整出库，为46家企业调整补充外部董事149人，实现外部董事召集人应配尽配。切实加强人才队伍建设，加大中央企业优秀科技领军人才和创新团队培养支持力度，突出培养造就高精尖缺人才。中央企业19人获得“中华技能大奖”，140人被授予“全国技术能手”称号。

### (三)深入推进党风廉政建设和反腐败斗争

纵深推进全面从严治党，开展专项整治工作“回头看”，加大靠企吃企案件查办力度，深入开展“影子公司”“影子股东”问题专项整治。拍摄《权钱迷途》警示教育片，编印严重违纪违法人员忏悔录，通报典型案件

9起，引导各级领导干部切实增强拒腐防变能力。高质量推进巡视全覆盖，一体推进中央巡视国务院国资委、中管企业整改和国务院国资委党委巡视整改。持续纠"四风"树新风，制定《国资委党委关于深入贯彻落实中央八项规定精神进一步加强作风建设的实施意见》，进一步加强中央企业业务招待有关事项管理，开展中央企业违规购买使用高档酒水问题整治工作。2022年，中央企业全面从严治党民意调查结果显示，职工群众对全面从严治党成效满意度97.29%，对遏制中央企业腐败现象表示有信心的占比98.21%。

（审稿人：董朝辉　撰稿人：王　烨）

# 企业国有资产监管法治建设

2022年，国务院国资委坚持以习近平新时代中国特色社会主义思想为指导，深入学习贯彻党的二十大精神，认真践行习近平法治思想，扎实推进国资监管法治机构和法治央企建设，不断提升依法监管和依法治企能力，法治建设取得积极进展和成效。

## 一、国资监管体制更加完善

### （一）持续推进职能转变

全面梳理履职事项，细化中央企业出资人职责、专司国有资产监管职责和负责中央企业党的建设职责，明确具体权责事项，进一步厘清职责边界、规范权力运行。系统总结国资监管专业化、体系化、法治化的成功实践和突出特色，着力巩固现行监管体制优势，提高监管的针对性有效性。研究提出提高监管效能推动高质量发展的有关重点任务，点面结合推进体制完善。

### （二）持续完善国资监管大格局

在2021年省级国资委基本完成改革任务的基础上，紧盯地方经营性国有资产集中统一监管工作中存在的问题，督促指导省级国资委加紧研究解决。组织开展经营性国有资产集中统一监管"回头看"，省级、地市级国资委监管比例提升至99%，地方集中统一监管工作取得显著成效。编制年度工作计划，加强指导监督地方国资工作。创刊《地方国资监管信息》，全年累计编发17期，积极为地方国资委搭建工作交流平台，促进互学互鉴。

## 二、国资监管法规制度更加健全

### （一）积极参与国家立法

深入开展企业国有资产法修改相关问题研究，积极做好修法准备工作。贯彻落实公职人员政务处分法，研究起草国有企业管理人员处分条例。积极参与公司法修改工作，结合国资央企实际提出修法意见建议。

### （二）深入开展国资监管立法

编制2022年度立法工作计划，加大执行督促落实力度，制定《中央企业节约能源与生态环境保护监督管理办法》《关于中央企业加快建设世界一流财务管理体系的指导意见》等规章规范性文件15件。截至2022年底，国资监管现行有效规章28件、规范性文件226件。

### （三）持续加强制度体系化建设

积极开展文件自查，做好文件清理相关工作。及时开展制度文件汇编，编印《国资委规章规范性文件汇编（2003—2022）》，进一步夯实规章制度体系化基础工作，着力提高制度执行力。

## 三、中央企业合规管理工作走深走实

### （一）加强顶层制度推动

以国务院国资委令的形式印发《中央企业合规管理办法》，从组织职责、制度建设、运行机制、合规文化、信息化建设、监督问责六方面提出明确要求。这是国务院国资委成立以来第一部针对合规管理出台的部门规章，进一步完善依法治企顶层制度设计。

### （二）多措并举推进合规管理

组织召开两次中央企业强化合规管理专题推进

会，将 2022 年确定为中央企业“合规管理强化年”，明确提出六方面 20 项重点任务，加快提升依法合规经营管理水平。建成上线中央企业合规管理信息系统，按月跟进进展情况，加大指导督促力度，保障重点工作按时推进。组织中央企业全面开展合规风险和违法违规问题排查，为高质量发展“清障排雷”。创新开展中央企业合规管理体系有效性评价试点，为下一步正式启动中央企业合规评价工作打下良好基础。坚持问题导向，指导企业加快涉外法治工作布局、加强重点领域涉外法律合规风险管理。

### (三)积极搭建交流平台

组织开展“总法谈合规”系列讲座 5 期，举办国有企业合规管理专题培训班 3 期，在“国资法治”公众号设立合规管理专栏，陆续刊登 27 期 119 篇文章，积极发出央企法治“好声音”，传播合规“正能量”。

## 四、法治宣传教育成效明显

### (一)突出法治宣传教育重点内容

持续学习宣传习近平法治思想，结合国资央企系统实际，重点宣传宪法、反垄断法，深入宣传党内法规。新反垄断法公布后，及时研究分析法律的重要变化及其对国资央企领域的影响，印发专门通知，要求国资央企系统深入学习，进一步加强反垄断合规管理。

### (二)组织开展法治宣传培训

举办 2022 年度国资监管机构法治建设暨公职律师培训班，将党内法规、公平竞争、反垄断等纳入培训。面向中央企业、地方国资委和国有企业，举办法治讲堂，邀请 10 位先进企业总法律顾问介绍合规管理经验。

### (三)创新普法方式方法

通过国务院国资委网站“国资监管法治建设”专栏、“国资法治”微信公众号等途径宣传重要法律法规，及时摘编最新党内法规在机关显示屏滚动播放，将党内法规学习融入日常。组织中央企业制作法治动漫微视频，传播法律知识，弘扬法治精神。

## 五、党内法规制度建设持续强化

### (一)做好年度计划编制

印发《国资委党委 2022 年规范性文件制定计划》，加强计划执行跟踪服务，全年制定《关于进一步加强中央企业职工代表大会制度建设的指导意见》等党委规范性文件 5 件。截至 2022 年底，国务院国资委党委现行有效规范性文件 73 件。

### (二)扎实开展文件前置审核和备案工作

认真落实备案工作要求，从政治性、合法合规性、合理性和规范性等方面对文件进行全方位审查，确保文件符合党内法规和中央文件各项要求。文件印发后，按要求及时向党中央备案，备案文件均顺利通过。

### (三)加强对中央企业党内法规制度建设的指导

建立健全国资央企系统内备案工作长效机制，对存在问题的党委规范性文件按规定进行反馈处理，推动中央企业党内法规制度建设整体水平不断提升。

（审稿人：林庆苗　撰稿人：刘　鑫）

# 中央企业规划发展工作

2022 年，国务院国资委坚持以习近平新时代中国特色社会主义思想为指导，深入贯彻落实党的十九大和十九届历次全会精神，全面学习贯彻党的二十大精神，深刻领悟“两个确立”的决定性意义，坚决做到“两个维护”，坚持党建引领，以提升产业属性的专业化监管能力为目标，指导中央企业依据主责明确主业，围绕主业编制规划，根据规划确定投资，通过投资落实区域战略、开展全球布局，加快国有资本布局结构调整，取得一系列重要成果。

## 一、在产业引领更“强”上取得进展

牢牢把握国务院国资委链接宏观经济和微观市

场主体的独特作用，牢记“国之大者”，善谋国之大计、党之大计，由过去“从企业看产业”转向“从产业看企业”，加强事关党和国家战略全局的重点产业研究，谋划国资央企未来发展方向。围绕矿产资源、煤电、生物医药、能源安全、新能源汽车、集成电路、卫星、稀土、农机、种子、物流、房地产等方向，进行一线调研、问卷摸底、专家访谈，提出工作举措和政策建议，指导推动龙头央企发挥产业引领作用。

#### （一）矿产资源领域

全面梳理中央企业矿产资源产业底数，涵盖市场供需、进出口、储运能力、循环利用等情况，针对重点矿种制定保供稳链方案。

#### （二）煤电领域

反映中央企业煤电机组改造升级成效和困难，针对改造筹资难、安全隐患大、节能降耗受影响等问题提出建议，推动行业主管部门研究落实。

#### （三）生物医药领域

制定推动中央企业在医药产业高质量发展中发挥示范引领作用的有关方案，提出打造世界一流医药央企的务实举措。

#### （四）能源安全领域

积极应对内外部环境变化，梳理分析中央企业的能源保障能力，引导企业加大油气勘探开发、煤炭清洁利用、能源保供稳价力度。

#### （五）新能源汽车领域

研究全球产业发展态势，将新能源汽车产业作为建设制造强国、推进新型工业化、加快转型升级的关键突破口，谋划国资央企汽车产业低碳化智能化转型的思路举措。

## 二、在产业链建设更“深”上取得进展

深入贯彻落实习近平总书记关于中央企业要加快打造现代产业链链长的重要指示精神，积极推进现代产业链建设工作。

#### （一）工作体系加快健全

“一二三四”工作体系和“图文数”架构基本定型，基础理论和重大战略问题研究更加深入，形成以十大工程类别、30 项重点任务和具体举措为核心的现代产业链建设领军企业履职指引，专人专链日常对接推进。

#### （二）领军企业建设持续推进

完成两批 16 家现代产业链建设领军企业遴选，覆盖粮食、能源资源、电子通信等关键领域。打造汽车芯片、军工产业链建设专责企业，编制专项指引。指导企业梳理产业链图谱，制定任务清单，落实全年重点任务举措。轨道交通等长板优势持续巩固，自主安全计算、机床、种子等短板弱项加快补齐，5G、大飞机等产业生态加速培育。加强与国家发展改革委、国家开发银行等单位对接合作，联合工业和信息化部开展“携手行动”，带动中小企业融通发展。

#### （三）综合影响力明显增强

举办现代产业链建设阶段成果展，启动中央企业“产业链沙龙”系列活动，发布中英徽标，搭建交流平台，发布系列专刊，加快构建工作话语体系。

## 三、在规划投资监管更“准”上取得进展

#### （一）主责主业监管守正创新

组织系列课题研究，总结归纳中央企业职责演变和主业调整情况，依托布局结构监测系统摸清产业底数，编制出台加强中央企业主责主业管理的有关意见，首次开展主责核定，以国家管网集团等 10 家新组建企业作为试点优先启动。

#### （二）“十四五”规划深入落实

会同国家发展改革委等部门研究制定推进国有经济布局优化和结构调整年度重点任务，从出台布局结构工作指引、加强支柱产业布局、打造农业领军企业等方面，提出并落实重点工作。开展中央企业“十四五”规划审核，分行业明确布局结构调整要求。

#### （三）稳投资稳增长作用充分发挥

明确“十四五”重大投资计划近 1400 项、总规模超过 11 万亿元。优化投资监管方式，将投资监测频次由季度升为月度，首次按照投资项目功能开展分类

监管。2022年，中央企业累计完成投资(不含房地产投资)4.5万亿元，其中固定资产投资累计完成3.4万亿元，比上年增长6.9%。

**(四)风险防控能力系统性增强**

加强中央企业投资管理，强化投资风险防控，细化对非主业、金融、并购、境外高风险项目的监管举措。开展投资管理自查自纠专项治理行动，指导企业全级次全领域摸排整改。规范金融业务投资，严控不具备优势的持牌类项目、产业基金等。

## 四、在服务区域战略更“广”上取得进展

**(一)围绕国家重大区域战略推进中央企业与地方合作**

组织企业举办“助力上海高质量发展大会”等合作活动，落实落地活动签约项目，有力支撑地方经济发展、产业优化和生态改善。

**(二)推动央企支持雄安新区建设**

持续跟进中国中化、中国华能落地雄安。高质量支撑雄安新区建设，先后有63家中央企业投身雄安新区建设，4家央企总部和超过150家子企业落户雄安新区。

**(三)涉冬奥会服务保障圆满完成**

建立国务院国资委服务保障工作协调机制，实施“挂图作战”，组织80余家中央企业、2000余个基层党组织、数十万名党员克服各类困难和疫情影响，圆满完成北京冬奥会开闭幕式保障、场馆建设运维、能源通信、食宿交通、观众组织等各项工作，展现国资央企作为另一支“国家队”的风采。

## 五、在国际化经营更“稳”上取得进展

**(一)国资央企共建“一带一路”工作机制更加健全**

制定新形势下国务院国资委推进中央企业参与“一带一路”建设工作机制有关方案，召开共建“一带一路”暨RCEP培训启动会，会同国家发展改革委等就巩固基本盘、拓展新领域、打造标志性工程、强化风险防范等制定专项方案，推动重点任务落地实施。

**(二)境外风险防范能力切实提升**

制定防范化解中央企业境外项目风险有关工作方案，指导企业分级分类制定举措。乌克兰危机爆发后，指导有关中央企业妥当处理涉俄涉乌业务，防范化解风险。

**(三)境外重大项目有序实施**

加强中央企业境外项目系统性管理，建立重点项目清单，协调推进中老铁路、黑山高速公路、克罗地亚佩列沙茨大桥、希腊比雷埃夫斯港、南网老挝国家输电网、中沙能源金融一体化等重点项目。会同商务部、外交部等，对16个10亿美元以上项目开展评估，打造更多标志性成果。

(审稿人：戴　希　撰稿人：王文达)

# 中央企业财务监督工作

2022年，国务院国资委以习近平新时代中国特色社会主义思想为指导，深入学习贯彻党的二十大精神，按照中央经济工作会议要求，在国务院国资委党委正确领导下，坚定不移贯彻新发展理念，坚持稳中求进工作总基调，持续推动中央企业高质量发展，坚决打好“提质增效稳增长”和“依法合规防风险”两场攻坚战，扎实做好各项财务监管基础工作。

## 一、强化经济运行监测，全力推动提质增效稳增长

2022年，国务院国资委认真贯彻落实稳住经济大盘工作要求，积极克服“需求收缩、供给冲击、预期转弱”三重压力和疫情多点散发频发的影响，明确目标任务，细化工作举措，强化重点行业运行监测，全力推动中央企业提质增效稳增长，经济运行整体平稳有序。

### （一）加强经济运行动态监测分析

每月完成中央企业财务快报分析，围绕“两利四率”认真分析主要财务指标同比、环比变化，认真做好每月向党委会汇报中央企业经济运行情况，聚焦影响中央企业效益增长的重点行业和企业深入分析生产经营和经济效益的变化情况，结合新情况新问题提出稳增长工作安排建议；做好季度分析报告和发布工作，重点做好季度经济运行分析工作，完成中央企业经济运行情况国务院报告，完成中央企业经济运行对外发布、向全国人大财经委汇报等工作；研究起草国资委2023年经济工作思路，组织有关专家对2023年宏观经济形势进行研究，提出工作任务、工作目标和具体的落实举措。

### （二）持续拓展经济运行监测分析手段

建立重点生产经营指标旬报，对石油石化、电力、煤炭、汽车等重点行业的产销存指标进行动态监测分析报告，并开发在线填报系统；建立重点工业子企业经济运行情况月报，选择513户重点工业子企业按月监测分析；建立中央企业生产经营指数月报，与PMI指数对比分析，形成中央企业生产经营指数分析报告；建立宏观经济简报，及时跟踪全球宏观经济动态变化情况，汇总整理权威机构对全球经济和主要经济体的预研预判和主要宏观经济指标数据；编印重点商品价格预测月报，逐月研判油、煤、钢、铝等大宗商品价格走势；做好惠企政策落实情况跟踪分析，认真梳理稳经济一揽子政策措施和接续政策，以及设备更新改造贷款贴息等落实举措，对中央企业用足用好政策情况进行指导和调研。

### （三）推进国资监管企业经济运行大数据分析平台建设

完成中央企业总体运行状况分析、国资监管“两利四率”核心指标预测等功能开发，不断迭代优化中央企业净利润预测等四类模型，完成中央企业经济运行数据、行业数据、国家宏观经济数据等六类数据的采集、清理和存储，形成以财管运行数据为核心的高质量数据资源储备。

### （四）抓实抓细“两金”管控

强化考核约束，在决算中对企业“两金”管控及分类统计工作进行专门复核，对“两金”管控较差的企业提出考核扣分建议，对未完成“两金”管控任务、数据不实等问题在全部中央企业范围内进行通报。突出目标引领，在预决算中对重点企业逐户明确要求，确保“两金”增幅低于营业收入增幅，应付账款增幅低于营业成本增幅，2022年末非正常类“两金”较2019年末压降50%以上。加强跟踪监测，逐月跟踪监测“两金”管控情况，每月随快报进行通报。做好政策协调，推动相关部门加快修订《建设工程价款结算暂行办法》，全面推进保函替代保证金，有关部门出台政策将工程进度款支付比例下限提高至80%。

2022年，中央企业累计实现营业收入39.6万亿元，比上年增长8.9%；利润总额2.6万亿元，比上年增长6.4%，规模效益保持平稳增长。

## 二、坚决落实党中央、国务院部署，扎实做好能源电力等保供工作

2022年，国务院国资委坚决贯彻“疫情要防住、经济要稳住、发展要安全”要求，指导中央企业全力做好能源电力等保供，充分发挥国资央企托底作用。

### （一）坚持保供专班工作制度

每日监测煤炭库存、临停机组开启、中长协合同落实等情况。自2021年9月保供工作开展以来，编报保供工作日报209期、周报48期；上报国务院报告13份，报送两办信息37份，及时反映企业保供面临的困难和政策诉求，党中央、国务院领导多次作出重要批示并批转有关部门落实。

### （二）推动释放中央企业先进煤炭产能

推动中央企业7000万吨新增煤炭产能完成核增手续，会同国家发展改革委、国家能源局等相关部门组织草原、生态环保等专家赴内蒙古调研有关煤矿，推动尽快解决煤矿投产达产存在的困难和问题。

### （三）推动发行2000亿元能源保供特别债

组织中国国新和4家中央发电企业反复研究论证发行特别债的思路和操作路径，协调人民银行、银保监会、交易商协会给予政策支持，8月24日，支持有关中央企业发行2000亿元能源保供特别债经国务院常务会议审议通过。截至2022年底，5家中央企业累计发行特别债1185亿元，其中，中国国新发行1000亿元，全部用于

向4家发电企业注资;4家发电企业发行185亿元。

**(四)开展现场调研加强督导落实**

先后赴内蒙古、山西、四川、重庆、贵州、吉林、云南、广东、湖北等地深入保供一线督导调研,帮助企业解决困难,特别是2022年川渝严重缺电时期,紧急赴重庆电网公司和中国华能珞璜电厂督战,指导发电企业妥善应对突发山火,能发尽发,电网企业加强调度,死守民生用电底线。

**(五)积极推动化肥保供工作**

强化工作组织部署,年初即组织11家中央涉化肥企业召开春耕化肥保供座谈会,提早准备、周密部署、分析问题,强化落实,向国务院报送关于中央企业春耕化肥保供稳价工作有关情况的报告,通过化肥保供部际协调机制等协调有关政策,支持中央企业发挥积极作用。

**(六)全方位做好油气保供工作**

建立定期督促机制,重要时间节点召开专门会议动员部署,每月跟踪监测天然气生产供应状况,及时召开座谈会、开展实地调研了解一线情况、解决存在困难,督促支持企业有序、高效开展保供工作。

**(七)持续加强保供工作考核奖惩**

按照专项考核办法,对保供工作不力、造成重大事故的坚决一票否决,对完成保供任务较好的企业,给予考核加分和工资特别奖励。2022年,国务院国资委对电网、发电、石油石化等中央企业视情况分档给予考核加分奖励。

2022年,中央企业发电量5.1万亿千瓦·时,占全国比重63.1%,高于装机规模占比8.4个百分点;累计产煤10.8亿吨,比上年增加7126万吨,增长7%;向下游企业让利超过1900亿元,有效确保用电用能需求,保障基本民生和基础生产,得到国务院领导充分肯定。

## 三、全面助力国民经济稳大盘,积极支持中小企业纾困解难

2022年,国务院国资委贯彻习近平总书记“要稳住市场主体,对受疫情严重冲击的行业、中小微企业和个体工商户实施一揽子纾困帮扶政策”重要指示批示精神,制定《关于中央企业助力中小企业纾困解难促进协同发展有关事项的通知》(国资发财评〔2022〕40号),明确7个方面27条举措,“真金白银”解决中小企业困难。

**(一)房租“应免尽免、应免快免”**

加快推进房租减免工作落地见效,印发《关于做好2022年服务业小微企业和个体工商户房租减免工作的通知》《关于进一步做好2022年服务业小微企业和个体工商户房屋租金减免工作的通知》,逐月跟踪督促企业工作进展,积极回应各方关切,累计办理数百件减租不力线索和政务咨询等。2022年,中央企业积极克服疫情影响和自身经营困难,累计减租174.4亿元,惠及21.4万个租户。

**(二)融资“缓息缓贷、资信共享”**

快速落实中央汽车企业商用货车贷款延期偿付政策,第一时间组织中央汽车企业落实商用货车贷款延期偿付政策,对司机普遍关心的问题编制政策解答在“国资小新”和汽车企业微信公众号发布,并督促两家汽车央企简化办理流程、加快办理节奏,确保政策直达终端、落地见效。2022年,两家汽车央企落实延期还本付息政策惠及下游客户40万人,涉及贷款金额570亿元。

**(三)账款“应付尽付、应付快付”**

印发《关于开展中央企业防范和化解拖欠中小企业账款专项行动的通知》,召开视频会议部署中央企业清欠专项行动,组织中央企业全面梳理拖欠中小企业账款,坚持发现一起清偿一起;继续督促落实清欠工作,全年累计核实处理各方转来拖欠线索3.4万条,确保无分歧欠款动态“清零”。

**(四)服务“降费提质、上网上云”**

赴营业厅开展现场调研,与中小微企业代表和三家电信企业座谈,向国务院报送有关工作成效和困难建议,指导和督促电信企业落实2022年中小微企业宽带和专线平均资费再降10%的工作任务,全年累计让利22.2亿元。

### (五)督促指导中央企业做好物流保通保畅工作

向8家货运物流规模较大的中央企业印发《关于做好物流保通保畅有关工作的通知》,建立运输量、周转量、吞吐量等周报指标,配合物流保通保畅工作领导小组做好相关工作。

## 四、全面加强风险管控,坚决守住不发生重大风险底线

2022年,国务院国资委坚决贯彻党中央、国务院关于防范化解重大风险的决策部署,坚持底线思维,增强系统观念,统筹"点线面"相结合,发挥国务院国资委工作小组协同联动作用,推动风险早发现、早预警、早处置,中央企业债务风险总体可控在控,保持债券"零违约"。

### (一)"面上"持续强化资产负债率刚性约束

强化预算和考核约束,围绕年度经营目标,逐户分解下达负债率预算目标,并作为业绩考核约束性条款。对2021年负债率预算目标完成情况进行通报,督促中央企业严控带息负债过快增长,压降高负债子企业户数,保持合理资产债务水平。截至2022年底,中央企业整体资产负债率64.5%,比上年下降0.2个百分点,完成"控制在65%以下"的年度目标。

### (二)"线上"强化重点业务监管

做好债券风险监测,对中央企业债券坚持分类管控和比例限制,守住中央企业不发生债券违约的底线。持续加强金融衍生业务监管,组织开展中央企业金融衍生业务排查和专项检查,督促企业完善金融衍生内控体系,推进与证监会期货交易数据共享工作,配合国家外汇管理局编写《企业汇率风险管理指引》,会同证监会、上海期货交易所开展中央企业金融衍生业务培训。进一步加大贸易风险管控力度,对融资性贸易、"空转""走单"等虚假贸易业务"零容忍"。推动中央企业加强融资担保规范管理,加快清理违规融资担保。

### (三)"点上"坚决管住重点企业风险

综合负债水平、债务结构、资产质量、盈利能力、现金保障能力等各方面指标,构建中央企业债务风险评估模型,初步筛选出风险较高的企业,并结合监管情况确定重点管控企业名单,依托委内风险管控工作小组,从投资管控、债务约束、考核奖惩等方面多管齐下采取特别管控措施,推动企业妥善化解风险,坚决守住不发生重大风险的底线。

### (四)指导督促地方加强债务风险管控

指导各地方健全国有企业债券风险省级跨部门预警机制,开展跨部门信息共享和联合防控。定期监测地方国企债务风险情况,对监测发现和跨部门机制反映存在债券违约风险的地方国有企业,及时向有关地方国资委印发风险提示函,督促地方国资委采取措施防范化解风险。

## 五、深化创新监管方式,不断夯实财务监管基础工作

2022年,国务院国资委继续夯实监管基础,创新监管方式,提高监管效能,以加快建设世界一流财务管理体系为统领,以司库建设为抓手,持续完善预算、决算、审计、统计等基础工作。

### (一)指导企业加快建设世界一流财务管理体系

印发《关于中央企业加快建设世界一流财务管理体系的指导意见》(国资发财评规〔2022〕23号),描绘构建世界一流财务管理体系的蓝图,指导企业推进财务管理理念变革、组织变革、机制变革、手段变革,完善财务管理职能,健全财务管理体系,推动财务管理能力水平跃上新台阶,更好适应时代之变、企业之变。系统梳理财务监管工作历程、经验做法和成效,形成《国资委出资人财务监管体系在探索与创新中日渐成熟定型》研究报告;开展财务共享与数字化转型课题研究,探索中央企业财务共享建设和数智化转型路径。

### (二)加快推进司库体系建设

印发《关于推动中央企业加快司库体系建设进一步加强资金管理的意见》(国资发财评规〔2022〕1号),推动中央企业以资金管理为突破口规范财务管理,以司库体系建设为切入点加快数字化、信息化、智能化转型,以信息化手段实现全级次风险动态监测预警和风险穿透管控。组建工作专班,推动建设国务院国资

委司库监管平台，完成平台总体方案和应用场景设计等工作。进一步优化银行账户、资金结算、银行贷款、应付债券、应付票据、应收票据、担保、信用证、保函、金融投资业务、供应链金融等11个模块监管数据标准。进一步扩大中央企业司库数据监管试点范围，21家具有行业代表性的企业报送司库数据，开展数据质量和风险识别分析。

### （三）高水平完成财务决算审核工作

突出决算审核重点，在审核过程中持续巩固提升企业会计信息质量，深入挖掘经营风险隐患，重点持续跟踪以前年度各类审计、检查、决算审核发现问题的整改落实情况，充分梳理分析决算审核发现的问题情况，将决算审核情况向国务院国资委党委会进行专题汇报，并在中央企业负责人半年会上进行书面通报。打造决算审核闭环，根据决算会审发现问题，起草各中央企业决算复函；督促企业强化整改落实，要求企业专门提交决算发现问题整改计划和整改报告；对决算审核发现的违规经营投资问题线索移交，严肃追责问责，强化警醒震慑作用；修订完善《国有资本保值增值客观因素认定补充规范》，完善制度管理闭环。持续加强决算审计质量监管，对相关会计师事务所发函质询，对其中负有审计责任的会计师事务所进行严肃约谈和处理，并向全中央企业通报处理情况，惩戒力度空前加大。

### （四）认真做好全面预算管理

立足宏观经济形势和中央企业所处行业发展态势，围绕国务院国资委总体目标和重点工作任务，结合企业经营实际，有针对性地逐户提出关键经营指标和重点专项任务的具体要求，并通过预算复函批复企业，督促企业通过预算管理推动落实。强化企业经营形势研判，听取重点行业领域专家和重点企业对2023年经济运行态势的分析判断，完善2023年度预算报表，谋划2023年度预算工作。创新预算监管方式，强化监管合力，起草《2023年度中央企业重点工作任务及关键指标预算情况说明（模板）》，包括投资管理、资金管理、成本费用管理、风险管控、科技创新与绿色低碳转型发展、安全生产与社会责任等内容，为后续联合审核批复工作打好基础。

### （五）持续深化拓展财管监管内容

加强总会计师委派工作，配合干部管理部门向机械总院集团等7家委管中央企业委派总会计师，截至2022年底，试点中央企业41家，占委管企业总数的89.1%。推进多层次高端财务人才培训交流，做好两期财务菁英EMT培训班工作，会同财政部、国管局完成高层次财会人才素质提升工程岗位能力培训5期。

### （六）加强地方财务监管工作监督和指导

更加突出“两利四率”的日常监测，每月按时完成地方国有企业快报数据收集、整理和分析工作，编发地方企业财务动态和国资系统监管企业财务动态，为各地国资加大日常管理、强化工作对标提供参考。克服疫情影响，完成地方国有企业2021年度国有资产统计报表验审工作，采集、整理完成约21万户国资系统企业国有资产统计数据。加强数据共享，多次提供中央驻地方企业财务状况和基本信息，为央地对接、对标分析等工作提供服务支撑。

## 六、多措并举攻坚克难，全面落实推进各类专项任务

2022年，聚焦影响国资央企生产经营的重大课题，深耕改革发展的重点任务，攻坚制度机制的难点问题，全面落实推进各类专项任务，取得积极成效。

### （一）高标准落实国资报告相关工作

成立工作专班，全面总结五年来国务院国资委在推进国资央企改革发展监管和党的建设等方面的工作情况和进展成效，起草形成《2021年国资系统监管企业国有资产管理情况报告》，配合财政部起草综合报告，参加全国人大常委会分组审议及预工委专题会等。按要求向全国人大常委会预工委提供企业国有资产指标数据，综合反映国资央企高质量发展成果。依托国务院国资委内部联合工作机制强化全国人大常委会2020年度审议意见整改落实，报送《国资委关于审计查出突出问题整改情况的报告》，作为审计署报告附件提交全国人大常委会审议。

### （二）有序推动人民币国际化

会同人民银行做好《重点领域重点企业人民币跨

境使用工作简报》工作，累计印发简报 26 期，在全部中央企业、地方国资委、人民银行分支机构、大型商业银行范围内交流相关典型做法和经验。

**（三）探索研发准备金制度**

对于《中华人民共和国国民经济和社会发展第十四个五年规划和 2035 年远景目标纲要》等文件要求明确提出的"健全鼓励国有企业研发的考核制度，设立独立核算、免于增值保值考核、容错纠错的研发准备金制度"，综合研究有关资料，与有关中央企业和地方国资委进行沟通，主动拜访并向财政部正式发函了解有关情况，委托有关中央企业开展课题研究。

（审稿人：李　冰　撰稿人：宋　乾）

# 全国国资委系统监管企业资产与财务状况分析

2022 年，面对需求收缩、供给冲击、预期转弱三重压力持续加大、各类超预期因素冲击的严峻形势，全国国资委系统监管企业（以下简称国资系统监管企业）坚持以习近平新时代中国特色社会主义思想为指导，坚决贯彻党中央、国务院决策部署，以学习宣传贯彻党的二十大精神为工作主线，统筹疫情防控和企业生产经营，统筹发展和安全，迎难而上推动经济运行实现稳中有进，改革发展和党的建设各项工作取得新的显著成绩，收入规模创历史最好水平，为国民经济平稳健康发展作出积极贡献。

## 一、规模实力不断壮大

面对复杂多变的严峻形势，国资系统监管企业坚决落实国家稳经济一揽子政策，咬紧全年目标任务，制定一系列提质增效硬举措，全力拓展增长空间，经营规模延续增长态势。2022 年底，资产总额 302.5 万亿元，比上年增加 29 万亿元，增长 10.6%；净资产总额 100.7 万亿元，比上年增加 10 万亿元，增长 11%。2022 年，营业总收入 78.7 万亿元，比上年增加 6.2 万亿元，增长 8.5%。从隶属关系看，中央企业实现营业总收入 39.6 万亿元，占国资系统监管企业的 50.3%，59 家企业营业总收入超过 1000 亿元，其中 4 家企业超过 2 万亿元；地方监管企业实现营业总收入 39.1 万亿元，占比 49.7%，其中实现营业总收入超过 1 万亿元的地区 14 个。[①]

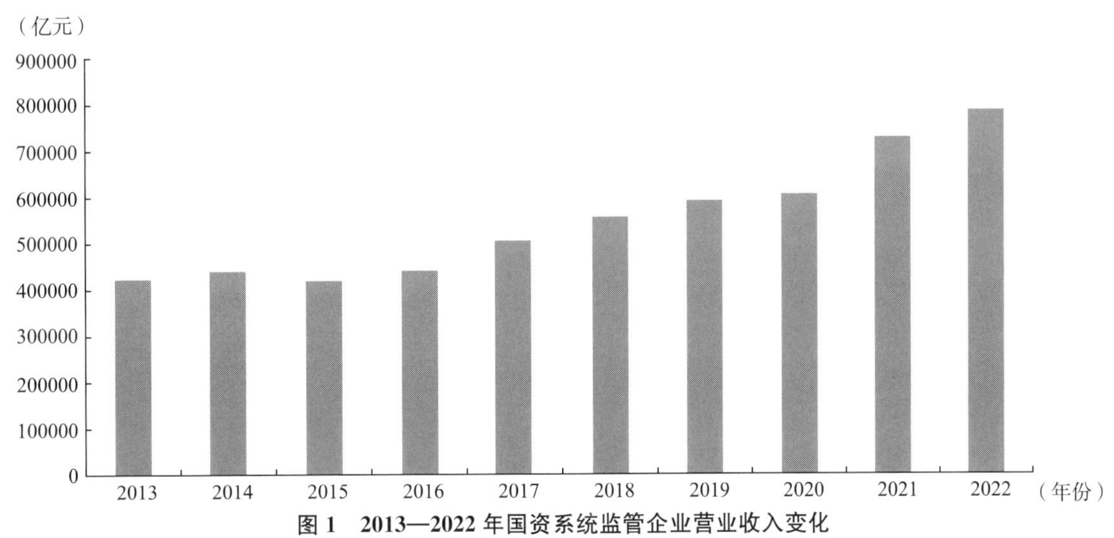


**图 1　2013—2022 年国资系统监管企业营业收入变化**

① 注：由于统计口径不同，全书存在相同指标数据不一致情况。

## 二、经济效益小幅下滑

2022年，面对需求收缩、供给冲击、预期转弱三重压力持续加大，新冠疫情、乌克兰危机、全球通胀等超预期因素冲击的严峻形势，国资系统监管企业积极应对不利影响，强化管理提质增效，经营效益小幅下滑。2022年，实现利润总额4.4万亿元，比上年减少1329亿元，下降2.9%；净利润3.2万亿元，比上年减少1585.1亿元，下降4.7%；归属于母公司所有者的净利润1.7万亿元，比上年减少1462.9亿元，下降7.7%。从隶属关系看，中央企业实现利润总额2.6万亿元，比上年增长6.4%，占国资系统监管企业的58.3%，利润总额超过100亿元的企业48家；地方监管企业实现利润总额1.8万亿元，比上年下降13.5%，占比41.7%，其中实现利润总额超过100亿元的地区22个。

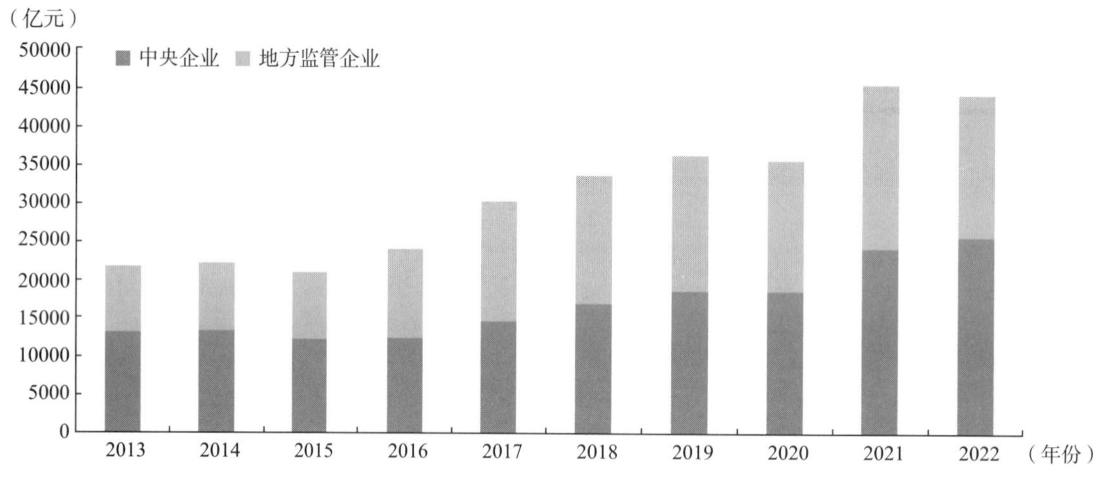


**图2　2013—2022年国资系统监管企业利润总额构成及变化**

## 三、保值增值任务圆满完成

国资系统监管企业统筹疫情防控和企业生产经营，统筹发展和安全，聚焦实业主业，抢抓进度工期，扎实推进国家重大项目和重大工程，国有资本规模持续壮大，保值增值任务圆满完成。2022年底，国资系统监管企业国有资产总量合计74.6万亿元，比上年增长11.9%。其中，企业经营积累增加2.6万亿元；因国家追加投资、资本溢价、无偿划入等客观因素增加6.8万亿元；因无偿划出、自然灾害损失、上缴国有资本经营收益等客观因素减少2.2万亿元。扣除客观增减因素后，2022年国资系统监管企业平均国有资本保值增值率102.6%。从隶属关系看，中央企业年末国有资产总量16.6万亿元，比上年增长8.5%，平均国有资本保值增值率107.8%，高于国资系统监管企业平均水平5.2个百分点，25家企业保值增值率超过110%；地方监管企业年末国有资产总量58万亿元，比上年增长12.9%，平均国有资本保值增值率101%。

## 四、职工队伍保持稳定

国资系统监管企业在保障社会就业、提高职工工资水平的同时，进一步提升职工队伍整体素质，提高职工福利保障水平。2022年底，国资系统监管企业从业人员人数3216.8万人，与上年基本持平；年末职工人数2951.3万人，比上年略有增长。从隶属关系看，中央企业年末职工人数1234.5万人，占国资系统监管企业职工人数的41.8%；地方监管企业年末职工人数1716.8万人，占国资系统监管企业职工人数的58.2%。2022年，国资系统监管企业实际发放职工工资总额4.2万亿元，比上年增长6.4%；职工人均工资14.2万元，比上年增长5.1%。2022年，国资系统监管企业缴纳基本养老保险4913.5亿元，缴纳基本医疗保险（含生育保险）2589.1亿元，参保人数持续保持在较高水平。

## 五、科技创新能力持续增强

2022年，国资系统监管企业着力抓好关键核心技术攻关，持续加大创新投入力度，完善创新体制机制，推动资金、人才、政策向重点企业、重点项目倾斜，创新发展步伐不断加快，全年国资系统监管企业研发经费投入1.6万亿元，比上年增长13%。在研发经费持续投入的推动下，中国空间站全面建成，第三艘航母"福建舰"下水，首架C919大飞机正式交付，一批重大科技创新成果不断涌现。截至2022年底，国资系统监管企业拥有自主知识产权的专利数量182.6万件，比上年增长19.1%。

## 六、社会贡献持续增加

国资系统监管企业坚持算大账、算长远账、算政治账，在实现自身发展的同时，积极履行社会责任，在落实国家宏观调控政策、参与乡村振兴和能源电力保供等方面，发挥"主力军"和"先锋队"作用；促进产业链供应链安全稳定等方面，突出"稳定器""压舱石"的责任担当。2022年，国资系统监管企业实际上缴税金总额5万亿元，约占全国财政收入的25%。从隶属关系看，中央企业实际上缴税金总额2.7万亿元，占国资系统监管企业实际上缴税金总额的54.3%，其中实际上缴税金总额超过100亿元的企业有45家；地方监管企业实际上缴税金总额2.3万亿元，占比45.7%。国资系统监管企业在保持生产经营稳步发展的同时，加强安全生产管理，大力推进节能减排，更好地实现安全、绿色、可持续发展，2022年国资系统监管企业支出的安全生产费用3417.8亿元，支出的环境保护及生态恢复费用1999.7亿元。2022年，中央企业全力做好能源电力保供工作，发电量5.3万亿千瓦·时，占全国比重63.2%，高于装机规模占比8.5个百分点；积极助力中小企业纾困解难，对中小企业房租"应免尽免、应免快免"，累计减租174.4亿元，惠及21.4万个租户；持续巩固扶贫成果、助力乡村振兴，2022年投入和引进无偿帮扶资金47.3亿元。

（审稿人：李　冰　撰稿人：李泓全）

# 企业国有产权管理工作

2022年，国务院国资委企业国有产权管理工作以习近平新时代中国特色社会主义思想为指导，认真学习贯彻习近平总书记关于国资国企改革发展和党建的重要论述精神，按照国务院国资委党委部署，以新发展理念为引领、以高质量发展为主题，紧密围绕国资央企中心工作，牢牢把握"防流失、促流转"的工作定位，着力服务提质增效稳增长、着力落实国企改革三年行动、着力防范化解各类风险，各项工作取得积极进展。

## 一、用好资本市场平台和出资人管理手段，助力央企提质增效稳增长

积极利用股票市场、债券市场、产权市场等资本市场及无偿划转、协议转让、协议增资等出资人管理手段，推动中央企业开展直接融资、盘活存量资产、助力市场稳定、优化国有资本布局结构，为中央企业高质量发展提供有力支撑。

### （一）开展直接融资，引入增量资金

2022年，中央企业通过股票市场融资2087.4亿元，与上年基本持平，其中IPO募集资金1082亿元，中国海油、中国移动成功回归A股市场，募资规模居市场前两名，中国移动创A股主板市场12年来最大规模IPO。大力推动央企"硬科技"子企业赴科创板上市，积极协调证监会、上海证券交易所解决中央企业在科创板上市过程中遇到的问题。2022年，中央企业登陆科创板呈蓬勃发展态势，中无人机、中钢洛耐等7户完成上市。中央企业通过产权市场实现股权融资1618.32亿元，比上年增长30.8%，其中引入非公资本555.65亿元，增长43.98%。61家高端装备和电子设备相关生产制造类企业聚焦航空航天、新能源开发、半导体、芯片等领域引资881亿元，持续助力战略性新兴产业创新。中央企业通过境内外债券市场

募集资金超过3.6万亿元，平均发行利率2.5%，预计节约财务费用超过400亿元，有效降低融资成本，为中央企业改革发展提供长期稳定资金支持。与证监会联合印发支持中央企业发行科创债的专项通知，为中央企业打造产业链链长和原创技术策源地的先行军提供政策支持。

#### （二）盘活存量资产，提高质量效益

一是退出非主业项目。2022年，中央企业退出非主业项目215宗，回笼资金256.3亿元，集中资源发展主责主业。航空工业集团退出房地产、矿产、电力等企业产权，切实强化强军责任。二是处置低效无效资产。处置低效无效企业股权、资产482.5亿元。其中处置亏损企业股权实现减亏173.7亿元，比上年增加1.5倍，为企业及时止住"出血点"。三是持续盘活固定资产。东航集团转让飞机发动机项目增值率470%，招商局集团处置实物资产回收资金12亿元，有效促进闲置资源盘活利用，实现国有资本保值增值。四是积极参与REITs试点。中交集团、中国铁建、华润集团以所持高速公路、保障房资产成功发行基础设施公募REITs，为企业降低负债率、盘活存量资产、扩大有效投资积极探索新的渠道。

#### （三）发挥"稳定器"作用，助力资本市场平稳运行

积极配合证监会维护市场稳定，引导中央企业做积极、负责任的股东，采取必要措施提振市场信心。一方面，与证监会、全国工商联共同出台《关于进一步支持上市公司健康发展的通知》，从"营造良好发展环境，稳定企业预期""增进价值回归，稳定投资者预期""各部门积极履职，共同促进市场稳定"三方面作出具体安排，鼓励中央企业争做推动资本市场稳定发展的表率。另一方面，引导中央企业积极开展增持、实施回购、现金分红。2022年，57户中央企业控股上市公司实施股份回购，涉及金额154.8亿元，分别比上年增长54%、19%；21户中央企业控股上市公司得到大股东增持，涉及金额76.5亿元，分别比上年增长126%、233%；15户中央企业控股上市公司实施半年度分红，分红总额1776.8亿元，比上年增长88.8%，现金分红比例24.2%，较市场均值高16.8个百分点。首次联合中国上市公司协会对外发布央企控股上市公司半年度运行情况报告，展示发展韧劲和信心。

#### （四）开展专业化重组整合，优化资本布局

灵活运用市场化方式和出资人管理手段，指导企业积极开展横向联合、纵向整合和专业化重组，持续优化国有资本布局结构。指导中央企业充分利用上市公司平台开展专业化整合，2022年实施向上市公司注入优质资产项目10宗，涉及金额792.6亿元，中国三峡集团将乌东德和白鹤滩水电站注入长江电力；南方电网将储能业务注入文山电力；中交集团与中国建材所属祁连山实施资产重组，实现公路和桥梁隧道及市政设计企业资产上市。指导中国宝武无偿划入新钢集团股权，推动央地资源整合，提高产业集中度，助力钢铁行业供给侧结构性改革；中国航材将中国通航无偿划转至海南省国资委，在助力海南省完善通航产业体系的同时，推动中国航材进一步聚焦主责主业；航天科技将航天医疗股权划转至华润集团，落实国有企业办医疗机构改革任务。

## 二、全力攻坚国企改革三年行动，推动改革任务落地见效

2022年是国企改革三年行动收官之年，国有产权管理工作涉及的几项重点改革任务圆满收官，一些重点工作取得历史性进展。

#### （一）积极稳妥深化混合所有制改革

一是出台支持政策举措。与国家发展改革委联合印发《关于深化国有企业混合所有制改革的实施意见》，从7个方面着力推动混合所有制改革走深走实。二是推动市场化混资本。2022年，中央企业实施混合所有制改革720项，引入社会资本超过4100亿元，国有资本功能进一步放大。中复神鹰、哈焊华通等新材料、高端装备等行业领域的混合所有制改革企业完成科创板或创业板上市。三是开展系统总结评价。构建混合所有制改革效果评价指标体系，涵盖体系建设、引资合规性、机制改革、混合所有制改革成效等4个方面20多项指标，对集团公司混合所有制改革工作和典型混合所有制改革企业进行系统评价，量化改革效果，发现问题不足，着力实现"监督评价相结合"

"以评促改"。中央企业集团公司的改革组织工作总体取得良好成效，集团公司最高得分96.8分，平均得分75分。混合所有制改革子企业最高分98.60分，平均得分80.20分，54.05%的混合所有制改革子企业得分在80分以上。得分在95分以上的混合所有制改革子企业主要分布在智能制造、航空航天、物流运输、电子通信和新材料等行业。

### (二)进一步深化民企挂靠国资问题综合整治

一是压实主体责任，扎实清理存量。印发深化整治工作的通知，要求各中央企业进一步核清底数、完善整治方案，责任落实到人，实施对账管理，逐项对账销号。二是强化部门协同，重点打击假冒国企。联合公安部、市场监管总局开展跨部门联合打假专项行动，形成有力震慑。全国公安机关立案79起，破案63起，抓获犯罪嫌疑人310人。国务院国资委集中公告第二批175户假冒国有企业，社会各界热烈反响，社会关注度超过俄乌冲突等话题一度冲上热搜榜首位置。企查查、天眼查等企业信用查询平台跟进标注"假冒国企"字样，让假冒国企无所遁形。三是搭建查询平台，探索"白名单"机制。向公众提供中央企业所属企业的产权信息查询及验证服务，既有利于公众及时发现、举报"假央企"，营造依法合规、守信经营的营商环境；也有利于公众了解"真央企"信息，推动打造阳光国企。查询平台上线试运行，并挂载到国家政务服务平台。四是修订完善制度，健全长效工作机制。研究起草进一步防范民企挂靠国资问题的规范性文件。中央企业及其子企业制定、修订完善相关制度1800余项，形成从制度层面防范违规挂靠问题的长效机制。五是严肃整治纪律，督促中央企业分层分级开展责任追究。将违规挂靠问题综合整治情况纳入产权管理问题专项治理工作范畴，座谈督促整治工作不到位的中央企业对排查出的违规挂靠、假冒国企进行全面倒查，分层分级开展责任追究。

### (三)推动央企存量土地盘活利用取得积极进展

在国务院国有企业改革领导小组办公室的协调下，经过前期多次调研沟通，自然资源部与国务院国资委共同制定《关于推进国有企业盘活利用存量土地有关问题的通知》，一方面，推动解决一批历史遗留问题，如解决国有企业公司制改制过程中涉及的土地使用权人名称变更问题，初步统计将惠及中央企业及其全资子企业1300多户、非法人分支机构3200多个。另一方面，出台多项支持政策推动存量土地盘活利用，如具备条件的划拨地可作价出资或授权经营、对因扩大生产或增加产能提高容积率的免收土地价款、对利用存量房产或土地发展国家支持产业行业的可以5年内不改变用地主体和规划条件等，极大提高国有企业资源利用效率。开发中央企业土地管理信息系统，建立土地电子台账，及时、全面掌握中央企业及其子企业占用土地的基本信息，提高土地管理效率，为下一步落实集团公司土地盘活利用的主体责任，持续推进土地盘活利用工作奠定基础。

### (四)进一步提高央企控股上市公司质量

一是开展质量提升专项行动。针对制约中央企业控股上市公司高质量发展的短板弱项，出台《提高央企控股上市公司质量工作方案》，对外发布后中央企业、交易机构和资本市场反响热烈。组织召开工作推进会进行系统部署和全面宣传贯彻，指导企业"一企一策"编制具体实施方案，会同相关厅局进行审核把关，合力推动方案落实落地落细。二是积极增进市场认同。印发专门文件，引导央企控股上市公司强化投资者关系管理，在ESG专项报告披露方面发挥引领示范作用，推动实现三个"全覆盖"，即年报业绩说明会"全覆盖"，董事长、总经理等"关键少数"与投资者直接对话"全覆盖"，科创板上市公司(21户)和沪深300成分股(59户)ESG专项报告披露"全覆盖"。指导三大电信公司联合举办央企首个同行业上市公司投资者交流活动，有效传递行业价值，市场评价积极正面。三是持续优化上市公司股权结构、完善法人治理。积极指导协调央企之间、央地之间开展股权合作，促进战略协同，中国石油与中国石化3对上市公司换股、中国远洋海运与上汽集团换股、沃顿科技定增引入龙源环保等多个重大项目相继实施。

## 三、多措并举提升监管效能，防范化解各类风险

2022年，国务院国资委国有产权管理工作坚持

"防流失、促流转"的工作定位，牢牢把握"严"的总基调，持续提升监管效能，坚决防止国有资产流失风险。

### (一)进一步健全产权管理制度体系

一是优化操作流程，印发《关于企业国有资产交易流转有关事项的通知》，进一步优化进场交易制度，细化完善协议转让、无偿划转等行为的适用情形，充分发挥市场配置资源的决定作用与有效运用出资人手段相结合，持续推动国有资产阳光化流转，提高国有资本配置效率。二是优化管理方式，研究修订《中央企业债券发行管理暂行办法》，改变过去项目审核方式，与企业预算管理相结合，实施央企集团年度发债计划管理，进一步提升监管效能。三是弥补制度空白，研究制定《中央企业注册资本变动管理暂行规定》，为央企注册资本变动提供操作规范，确保各项产权变动行为有法可依、有章可循。

### (二)深入开展国有产权管理问题专项治理

一是重点业务全覆盖，列出三大类 24 项具体问题清单，要求企业开展全级次纵向到底、横向到边的全面排查。二是解决问题清存量，梳理国务院国资委成立以来国有产权管理制度变化对照表，要求企业彻底排查 2004 年以来产权对外转让、增资、收购等经济事项中，是否存在应评估未评估、应进场未进场等可能造成国有资产流失的底线红线问题，力争全面解决历史遗留问题。三是狠抓整改促提升，重点督导整改进度落后企业，推动企业真查真改，不断提高产权管理工作水平。

### (三)强化产权管理审批事项的审核把关和跟踪问效

对上市重组等项目中涉及的员工持股问题进行梳理研究，完善审核流程；严格对无实际控制人项目审核把关，确保经国务院国资委审批、走向资本市场的相关事项操作规范、经得起检验。加大对无偿划转、并购民营上市公司等事项的审核把关力度，充分利用国务院国资委内部联合审核、专业机构评议、外部董事座谈、投后跟踪问效等 4 项工作机制，形成工作合力，指导企业严格决策程序、规范操作流程、加强风险研判，压紧压实企业主体责任。

### (四)加强国有资产交易监管

一是在项目监管方面，依托企业国有产权交易信息监测系统，在线监测各类国有资产交易项目 2.67 万宗，累计发现各类问题 203 项，问题项目数量比上年大幅减少。做好有关制度的政策解答，对重大和有疑难问题的项目主动参与，提出完善交易方案的建议。二是在机构监督方面，指导产权交易机构协会加强行业自律，引导交易机构规范运作、有序竞争，营造良好的市场环境。组织中央企业对产权交易机构服务情况进行评价，持续推动产权交易机构提升服务能力和服务水平。三是在指导地方方面，通报年度地方进场交易和在线监测情况，督促地方国资委做好所在地区国有资产交易监管。

### (五)持续加强日常监管

一是印发监管提示函。对日常发现的违规问题及时提醒，问题严重的印发监管提示函，督促相关企业和中介机构及时整改。二是及时通报发现的问题，开展警示谈话。对执业质量低下的资产评估机构向全部中央企业进行通报，问题严重的开展警示谈话，敦促企业切实加强评估机构选聘管理，提高评估管理工作质量。

### (六)加大监督检查工作力度

一是持续完善产权登记核对，完成 14 家中央企业所属 1.25 万户子企业核对，核查 35 万个登记数据和 2980 项经济行为，督促企业现场完成补登 833 户、修正信息 2612 项。核查发现，14 家中央企业产权登记数据质量显著提升。二是持续加强资产评估专项检查，完成 18 家中央企业的现场检查，针对检查发现的 699 个问题，指导企业立行立改。

(审稿人：贾立克　撰稿人：孙振远)

## 国有企业改革与重组

2022 年，国务院国资委始终坚持以习近平新时代中国特色社会主义思想为指导，深入学习贯彻党的二十大精神，认真落实党中央、国务院决策部署，牢牢把握做强做优做大国有资本和国有企业这一根本目标，围绕服务国家战略，以市场为导向、以企业为主体，不断优化国有资本布局结构，增强国有经济整体功能和效率，扎实推进国有资本向关系国家安全和国民经济命脉的重要行业和关键领域集中。进一步加快建设世界一流企业，深化公司制股份制改革，完善中国特色现代公司治理，加强企业管理，不断提高核心竞争力、增强核心功能，切实发挥中央企业在建设现代化产业体系、构建新发展格局中的科技创新、产业控制、安全支撑作用。

## 一、全力推进中央企业战略性重组和专业化整合

### （一）做好新公司组建和战略性重组

组建中国矿产资源集团，对于提高我国全球铁矿石市场话语权、增强铁矿石等重要矿产资源保障能力、维护国家资源安全和产业链供应链安全等具有重要意义。完成中国宝武重组中钢集团，是优化中国钢铁工业布局，提升钢铁产业现代化水平，巩固中国宝武全球钢铁行业领军者地位，促进中钢集团加快实现改革发展的重要举措。推动中国南水北调集团划转国务院国资委，是落实经营性国有资产集中统一监管要求的重要举措，有利于推动南水北调后续工程高质量发展，更好地服务国家水网建设，助力构建新发展格局。

### （二）创新推动专业化整合

协调中储粮集团、中粮集团开展股权合作，在粮食储备加工领域成立2家合资公司，推动2家企业进一步聚焦主责主业的同时，充分发挥各自优势开展合作。推进检验检测、医疗、稀土等领域资源整合，指导中林集团成立国林双碳公司，以中国安能为平台加强应急救援体系建设。通过推动国家电网所属国能生物划转国家电投、中国三峡集团所属中水电公司划转中交集团、中国航材所属中国通航划转海南省国资委等重点项目，促进资源优化配置，助力央地合作共赢。先后组织37家中央企业25组涉及数据资源、新能源等领域的专业化整合项目分两批实施集中签约，获得社会各界和资本市场认可。通过印发指导性文件、召开工作推进会、举办专题交流会、实施信息定期报告分析等措施，推动中央企业专业化整合工作机制进一步优化完善。

### （三）持续深化重组后整合融合

督促鞍钢落实“钢铁＋矿山”双核布局，支持企业加大在辽投资建设力度，鞍本重组“六措并举”综合性改革取得显著成效，企业区域引领带动作用充分发挥。推动中国星网完成“四支力量”划转整合，加快与北斗导航系统的业务协同。指导协调中国稀土集团完成上市平台更名迁址等工作，有效整合地方稀土资源。落实油气体制改革要求，指导省级管网加快融入国家管网，与有关部门扎实推动油气管网资产划转工作。研究形成鞍本重组、宝武重组、国家管网集团组建等7个标志性案例，更好地指导中央企业开展重组整合工作。

### （四）巩固去产能工作成果

做好粗钢产量压减，组织签订考核目标责任书，动态跟踪粗钢产量，超额完成全年压减任务。推动中煤集团参与山西煤矿减量重组、中国宝武与湖北钢铁产能置换，释放先进产能。积极协调山西省与中国信达妥善解决6户山西省属煤企持股难题。

## 二、牵头协调推动世界一流企业建设

### （一）研究制定政策文件

会同国家发展改革委研究起草加快建设世界一流企业的意见，经中央深改委第二十四次全体会议审议通过，中办、国办正式印发。认真学习贯彻文件精神，细化分解任务，形成国务院国资委分工方案和工作台账，建立定期报送汇总机制。指导中国企业联合会、中煤集团等开展建设世界一流企业课题研究。印发《关于开展对标世界一流企业价值创造行动的通知》，要求国有企业聚焦效率效益核心指标等7个方面提升价值创造能力，力争到2025年，国有企业价值创造体系基本完善，部分国有重点企业价值创造能力达到世界一流水平。

### (二)深化世界一流示范企业创建工作

在11家中央企业创建世界一流示范企业工作取得较好进展的基础上,在中央企业和地方国有企业同步开展建设世界一流示范企业和专精特新示范企业“双示范”行动,组织评估遴选,切实发挥示范带动作用。

### (三)深入开展对标世界一流管理提升行动

通过举办媒体通气会、召开现场推进会、实施在线监管等多种方式,强化指导推动,确保各项目标任务有效落实。中央企业完成进度超过99%,累计修改完善管理制度7692项,层层创建管理标杆1779个。

### (四)持续深化国有资本投资公司改革

扎实开展国有资本投资公司试点专项评估,明确将5家企业转为国有资本投资公司,12家企业继续深化试点,2家企业调出试点名单。组织召开专题座谈会,指导试点企业聚焦短板弱项,制定进一步深化改革的工作方案。

## 三、积极稳妥做好改制上市工作

### (一)完成国有企业公司制改革收尾

推动中央党政机关和事业单位、地方政府所管理国有企业基本完成公司制改革,公司制企业占比分别超过98%、99%,实现历史性突破。通过公司制改革,国有企业在法律上、制度上实现政企分开政资分开,独立市场主体地位进一步确立,为建设中国特色现代企业制度,形成权责法定、权责透明、协调运转、有效制衡的公司治理机制奠定重要基础。

### (二)协调推进重要子企业上市

积极协调推动“硬科技”企业、“专精特新”企业上市,中钢洛耐、信科移动等7户企业成功在科创板上市,为加快科技创新提供有力支撑。举办专题培训,邀请证监会和交易所解读政策,指导中央企业做好上市工作。会同上海证券交易所召开中央企业上市工作座谈会、签署战略合作备忘录。深入研究基础设施REITs上市的功能作用、国内外实践,形成专题报告。

### (三)规范骨干员工持股

研究制定《以科技型企业为主开展国有控股混合所有制企业骨干员工持股操作指引》。召开规范员工持股工作推进会,明确工作要求。组织开展员工持股专项治理行动,并对上市、重大资产重组等涉及的员工持股事项加强审核把关,指导推进有关企业完成问题整改。

### (四)扎实推进股权多元化改革

完成中国中检股权多元化改革。指导协调有关中央企业研究推进集团层面股权多元化,引入资金实力强、管理水平高、协同效应好的战略投资者,进一步优化股权结构,完善公司治理,深化内部改革。推动天翼云公司股权多元化改革按计划完成。

## 四、着力完善中国特色现代企业制度

### (一)不断健全制度体系

完善中央企业“三重一大”决策机制,优化决策事项的权责清单,修改《中国特色现代企业制度建设百问》,指导企业形成完整统一的制度体系。开展“党的十九大以来中国特色现代企业制度建设成就与规律研究”课题研究,初步提炼形成体现中国特色现代企业制度内在治理规律的“四梁八柱”。

### (二)提高子企业董事会建设质量

对子企业董事会建设情况开展抽查,通报典型问题和案例,提升运行规范性。研究起草《关于中央企业深化子企业董事会建设的指导意见》,明确子企业董事会依法合规设立、健全运行机制、高效行权履职等具体要求,巩固应建尽建成果。

### (三)推动子企业董事会有效行权

开展落实中央企业董事会职权试点评估,总结经验成效。督促重要子企业董事会完善行权配套制度,规范落实职权。符合条件的子企业100%建立董事会,1658家重要子企业纳入落实职权范围。100%的中央企业集团和97.4%的各级子企业建立董事会授权管理制度。创建中央企业董事会秘书协作交流机制,开展交流活动。

### (四)深化公司治理示范创建

从不同层级、不同类型的国有企业中优选145家示范企业,推广经验做法。编制《国有企业完善公司治理范例汇编》,指导示范企业聚焦小切口问题总结典型案例。举办"董秘开讲"等公司治理系列视频培训,中央企业、地方国资委及所属企业5万余人次参加。

## 五、强化企业管理提升集团管控能力

### (一)开展"压减"工作"回头看"专项行动

印发工作方案,召开视频推进会,明确目标和任务要求。针对法人层级较长,法人净增长较快,重组并购企业量大,以及房地产和建筑施工项目公司、SPV公司、布局新能源企业多等重点情形,成立6个专项工作组,分类研究"压减"方式和工作机制。对20家"压减"任务重、难度大的企业印发督促函,指导企业制定针对性强的工作方案,赴6家企业现场调研督导,共同研究解决重点问题。2022年,中央企业压减法人3698户,法人层级五级以内的企业占比超过80%,管理层级全部控制在五级以内,其中78家控制在四级以内。

### (二)加强股权管理,防控"参股不参管、控股不控权"

在全面推进自查整改基础上,赴有关中央企业开展重点调研督导,督促加快完成企业字号收回、低效无效参股股权退出等工作。指导推动国投、中国诚通发挥专业化优势,集中处置低效无效参股股权。截至2022年底,中央企业累计完成参股整改问题6674个,其中清理退出低效无效参股股权1333项、收回资金273.2亿元、收回564户参股企业使用的央企字号。落实中央领导批示要求,研究起草管理办法,全面加强国有企业参股管理。印发专项整治工作方案,指导中央企业对全级次控股企业开展自查整改。对"大股东对等"有关情况全面摸排调研,涉及86户中央企业、2017户子企业,形成专题调研报告,研究提出加强管控的意见建议。

### (三)以采购管理为切入点,加强企业供应链管理

完善中央企业采购交易在线监管机制,深入开展采购招投标领域综合治理专项行动,2022年累计发现并向企业转送问题风险6098个。通过组织现场推进会、开展年度采购对标评估等方式,加强指导推动,中央企业集中采购率、公开采购率、上网采购率分别为88.8%、89.9%、89.0%。研究制定加强企业供应链管理体系建设的指导文件,建设全国企业采购交易寻源询价系统、供应商信用认证评价系统,做好强化闲置和废旧物资处置管理、建筑领域供应商"黑名单"共享等专项工作。

## 六、稳步推进东北地区国资国企改革

### (一)持续深化中央企业综合改革试点

自2019年起,选取鞍钢、中国一重在集团层面,中国一汽、哈电集团和华录集团在子企业层面开展综合改革试点,5家企业营业收入、净利润年均增长6%、13%,其中鞍钢净利润年均增长108%。

### (二)持续深化振兴东北央地百对企业协作行动

组织有关中央企业和三省一区国企105对企业开展深度合作,96对取得阶段性进展。辽宁省31对协作企业达成合作意向100亿元,合资新设公司3家。航空工业集团和沈阳航空大型航空机体结构件专业化整合等多个项目成功签约,中国宝武与内蒙古包钢股份共同推进钢管生态圈建设。

### (三)引导央企支持太平湾合作创新区建设

指导招商局集团与辽宁省、大连市签署太平湾开发建设合作协议,推动大船集团搬迁太平湾项目成功签约,太平湾建设取得重大成果。组织中粮集团等24家企业召开央企支持太平湾建设推进会,指导中国三峡集团、中国电建、中国能建等一批中央企业参与太平湾风电园、氢能园建设,推动重大产业项目加速落地。

### (四)做好典型宣传

总结提炼中央企业在重组整合、央地合作、混合所有制改革、健全市场化经营机制等方面的典型经验,在《国有企业改革动态》、"国企改革"公众号等刊发。

(审稿人:张学勇　撰稿人:孙博宇　刘一鸣)

# 剥离国有企业办社会职能和解决历史遗留问题进展情况

剥离国有企业办社会职能和解决历史遗留问题是党中央、国务院作出的重大决策部署，习近平总书记多次作出重要指示批示，提出明确要求。在各方面共同努力下，截至2022年底，剥离国有企业办社会职能和解决历史遗留问题全面解决。

## 一、工作进展和成效

国务院国资委和财政部等有关部门，各地和各国有企业认真贯彻党中央、国务院决策部署，加强组织领导，密切沟通配合，扎实推进各项工作取得显著成效，为进一步深化国有企业改革和改善民生奠定重要基础。

### （一）改革任务全面收尾

截至2022年底，国务院国资委监管企业1500万户"三供一业"、1.4万个市政设施、1831个社区管理机构分离移交和1900个教育机构深化改革、173.2万名厂办大集体企业在职职工安置完成99.9%，2525个医疗机构深化改革、2027.4万名退休人员社会化管理完成99.6%。铁路、邮政、烟草等财政部监管企业256.8万户"三供一业"分离移交、185.3万名退休人员社会化管理改革进度均超过99.1%。中央行政事业单位所办企业、中央文化企业、中央金融企业剥离办社会职能取得积极进展。

### （二）改革成效逐步凸显

一是减轻企业负担。办社会职能交由专业化企业实行市场化运营，国务院国资委监管企业每年减轻负担约1500亿元，卸下沉重的历史包袱，得以公平地参与市场竞争。二是优化资源配置。国务院国资委监管企业约2500亿元非主业资产转化为以"三供一业"、教育、医疗等为主业的专业企业的主业资产，壮大一批专业企业。三是完善社会治理。将市政、社区、退休人员管理等办社会职能归位政府，增强地方基本公共管理服务保障能力。四是补齐民生短板。国务院国资委监管企业1500万户、5000万名职工群众用上安全电、喝上干净水、住上暖房子，生活条件显著改善，增强人民群众的获得感。

## 二、各项工作开展扎实有序

国务院国资委、财政部等13个部门组成剥离国有企业办社会职能和解决历史遗留问题专项小组，坚持党建领航，加强顶层设计，精心组织实施，有力有序推进剥离企业办社会职能各项工作。

### （一）加强组织领导，系统整体推进

一是强化部门联动。国务院国资委、财政部积极发挥牵头作用，中央组织部、国家发展改革委、教育部、民政部、人力资源和社会保障部、住房和城乡建设部、卫生健康委、应急部、医保局、银保监会、国防科工局等部门在党员组织关系接转、社保关系接续、职工安置、债务处理、资产处置等方面提供有力指导支持。二是完善配套措施。有关部门坚持分类施策，加强政策供给，先后制定"三供一业"分离移交、教育医疗机构深化改革、厂办大集体改革、退休人员社会化管理等28项配套政策，明确目标任务、改革路径和保障措施。三是健全工作机制。有关部门、各地、各国有企业健全工作组织，配强工作力量，将剥离企业办社会职能工作纳入对所监管企业集团公司、所属地市、所属企业的考核，层层压实工作责任，形成横向到边、纵向到底、协同推进的工作局面。

### （二）全力攻坚克难，破解难点问题

一是高质量开展收尾工作。国务院国资委通过专题会议、座谈交流、印发通知等多种方式，推动所监管企业摸清剩余任务，找准难点问题，全面推进收尾工作。二是推进其他部门监管企业剥离办社会职能工作。财政部印发通知，协调推动有关部门根据"谁管理谁负责"原则，开展中央行政事业单位所办企业、中央文化企业、中央金融企业剥离办社会职能工作。三是深化厂办大集体企业改革。国务院国资委和国

家发展改革委、财政部、税务总局等部门加强沟通，指导督促国家电网、南方电网制定完善厂办大集体企业深化改革方案，扎实推进相关问题整改。四是破解资金筹措难题。通过中央财政投入引导地方和企业积极筹措改革资金，2016—2022 年中央财政累计投入 2112 亿元支持“三供一业”分离移交、93 亿元支持厂办大集体改革、102 亿元支持退休人员社会化管理，地方政府、国有企业累计投入超过 3000 亿元。

**（三）做好工作衔接，巩固改革成果**

一是支持国有企业办医疗机构高质量发展。国务院国资委、卫生健康委等 13 个部门印发《关于印发〈支持国有企业办医疗机构高质量发展工作方案〉的通知》（国资发改革〔2022〕77 号），在推动国有企业办医疗机构纳入地方规划、提升学科建设能力、落实资金投入、创新办医模式、完善现代医院管理制度等方面明确支持政策，为国有企业办医疗机构高质量发展创造良好环境。二是解决地方接收中央企业独立工矿区办社会职能运营困难问题。财政部印发《关于支持解决地方政府接收中央企业独立工矿区市政社区等办社会职能运营困难问题的通知》（财资〔2022〕113 号），2022 年拨付地方 16 亿元，支持地方接住管好中央企业移交的独立工矿区市政社区等办社会职能。三是督促地方完善接收的企业办社会职能。推动地方将企业移交的教育、医疗机构纳入区域教育、卫生规划，市政、社区、退休人员管理职能纳入当地基本公共服务体系。“三供一业”接收单位完善分户设表、按户收费、社会化管理机制，实现收支平衡，不断提高管理水平和运营效率。

**（四）坚持底线思维，做好稳定工作**

一是发挥党建优势。充分发挥基层党组织战斗堡垒作用和党员先锋模范作用，切实将党的政治优势、组织优势转化为剥离办社会职能的工作优势，引导职工群众形成合理的改革预期，汇聚起拥护、支持、推动改革的强大合力。二是依法合规推进。指导各地各企业依法依规推进改革，严格履行职工民主管理程序，采取多种方式做好职工分流安置，积极解决职工群众合理诉求。三是细化保障措施。推动企业通过活动联办、走访慰问等多种形式继续关心关爱退休人员，保持与退休人员的感情纽带。推动各地赋予基层党组织、社会化管理服务机构相应职能、资源，努力提高退休人员移交后的归属感、获得感。四是防范化解风险。督促企业提前了解职工群众心声，把解决思想问题同解决实际困难结合起来，做细做实各项工作。注重风险预判，制定稳定预案，有效化解矛盾问题，防止出现群体性不稳定事件，维护企业和社会的稳定。

（审稿人：王　健　撰稿人：白国庆）

# 中央企业收入分配调控工作

2022 年，国内外形势严峻复杂，发展改革任务艰巨繁重，面对需求收缩、供给冲击、预期转弱三重压力，以及国际地缘冲突和新冠疫情反复等超预期因素冲击，国务院国资委坚决贯彻落实习近平总书记重要指示批示精神和党中央、国务院决策部署，统筹推进疫情防控和经营发展各项重点工作，坚持创新引领，深化改革驱动，加强政策供给，持续推进中央企业工资决定机制改革，督促引导中央企业强化工资效益联动，加大对服务国家战略等特殊事项的工资支持，较好发挥了收入分配对企业高质量发展的杠杆撬动作用。

## 一、工资效益匹配情况总体良好

国资委贯彻党中央做好跨周期调节相关决策部署，主动加强工资总额预算跨周期设计与调控，完善人工成本动态分级监测预警机制，强化过程管控，推动中央企业实现效益增长与效益下降时激励约束总体平衡。从年度清算数据看，中央企业职工工资总额比上年增长 6.9%，剔除实施科技创新、落实国家战略、深化国企改革等单列工资后，同口径工资总额比上年增长 5.3%，低于利润总额增幅 1.2 个百分点；职工平均工资比上年增长 7.7%，低于劳动生产率增幅 2.1 个百分点，符合国家政策要求。跨周期情况看，疫情前(2019年)到2022年,中央企业利润总额、劳动生产率分别累计增长36.3%、37.3%;同期职工工资总额、职工平均工资分别累计增长24.8%、27.9%,低于利润总额、劳动生产率累计增幅,周期内工资效益匹配良好。

## 二、收入分配关系持续优化改善

按照国企改革三项行动要求,国务院国资委指导中央企业深入推进三项制度改革,主动对标劳动力市场价位,合理调整不同岗位职工薪酬水平,加强对高收入群体的规范和调节,推动工资增量向一线核心骨干和苦脏险累岗位倾斜,增加劳动者特别是一线劳动者劳动报酬。2022年,中央企业集团总部平均工资比上年增长2.8%,低于职工平均工资增幅约4.9个百分点,调控效果总体较好。中央企业职工平均工资与全国城镇非私营单位就业人员平均工资的倍数关系跟上年比基本持平,收入水平中等偏上,倍数关系总体较为合理。7家中央企业职工平均工资低于全国城镇非私营单位就业人员平均工资,86家企业处于1～3倍,没有企业超过3倍,继续呈现"两头小、中间大"的橄榄形收入分配格局。

## 三、科技创新激励力度持续加大

国务院国资委大力推动科技创新激励保障政策落地见效,系统构建支持企业科技创新的政策体系,对企业科技创新激励所需工资总额实行单列管理、按需保障。2022年,用于支持重大科技创新的单列工资总额比上年增长13.8%,高出中央企业职工工资总额增幅约6.9个百分点。支持的工资总额涉及承担国家重大专项任务、建设国家级创新平台、开展关键核心技术攻关、引进高端人才等科技创新重要事项,有效发挥收入分配支持企业落实国家创新驱动战略、加快突破"卡脖子"关键核心技术的激励保障作用。

## 四、社会责任履行支撑作用有效发挥

面对较为严峻的能源供应保障形势,国务院国资委继续执行中央企业能源供应保障有关奖惩措施,在计算与工资总额联动的经济效益时,将有关企业因承担能源保供任务对利润总额的影响予以实事求是考虑,引导中央企业坚决打好能源保供攻坚战。落实国家抗疫稳增长相关政策要求,推动中央企业积极减免中小商户租金、扩大应届高校毕业生招聘规模。在工资总额清算中,对相关企业减免租金视同利润加回;对部分企业扩大应届高校毕业生招聘规模新增人员支付工资予以增人增资政策支持。这些靶向支持政策,为中央企业承担社会责任提供坚强保障。

## 五、航空企业纾困政策积极落实

贯彻落实党中央、国务院支持航空企业纾困决策部署,统筹考虑中航集团、中国东航、中国南航3家航空运输企业受疫情冲击严重,生产运行面临巨大困难等实际,按现行工资总额管理政策上限予以支持,核定3家企业同口径工资总额可不降。对3家企业飞行员、核心安全保障岗位职工等特殊事项工资予以单列支持,3家企业实际工资总额均有所增长,为企业队伍稳定、平稳运行提供有力支撑。

(审稿人:万　良　撰稿人:高鉢昊)

# 中央企业经营业绩考核工作

2022年,国内外形势严峻复杂,发展改革任务艰巨繁重,面对需求收缩、供给冲击、预期转弱三重压力,在以习近平同志为核心的党中央坚强领导下,国务院国资委以迎接党的二十大和学习贯彻党的二十大精神为契机,全面贯彻"疫情要防住、经济要稳住、发展要安全"要求,充分发挥业绩考核"指挥棒"作用,持续增强考核工作精准性、科学性、有效性,推动中央企业积极服务国家发展大局,提高经营效率和管理水平,迎难而上推动经济运行实现稳中求进,有力发挥国有经济战略支撑作用。

## 一、坚持目标引领，全力以赴促进提质增效

提高效率、创造价值是企业作为市场主体的基本要求。国务院国资委始终坚持质量第一、效益优先，锚定提质增效精准发力，动态调整构建高质量发展考核指标体系，持续引导中央企业提高效益效率、价值创造能力和风险管控水平。

### （一）聚焦“步步高”，逐户确定积极考核目标

按照国务院国资委党委“两增一控三提高”总体目标要求，在2021年高基数基础上提出具有挑战性的2022年度和2022—2024年任期（第七任期）经营业绩目标。通过继续实行经济效益指标的目标值分档管理，企业完成第一档目标值后指标得满分，同时根据目标值先进程度给予加分奖励，鼓励企业报送第一档目标。经多方努力，中央企业年度净利润目标增幅达到5.6%；任期加权平均国有资本保值增值率目标值116.47%，比上一任期提高4.55个百分点；其他经营效率和发展质量指标目标值总体实现边际改善，推动企业实现质的稳步提升和量的合理增长。

### （二）力保“正增长”，首次提出上半年稳增长特别奖励

出台《2022年上半年中央企业提质增效稳增长特别奖励办法》，明确对上半年提质增效显著、稳增长作出突出的企业给予业绩考核加分、工资总额奖励等专项激励，引导企业全力完成上半年净利润正增长目标，高效统筹疫情防控和经济社会发展，为稳定宏观经济大盘作贡献。1—6月，中央企业实现净利润10857.5亿元，超预期同比增长6.1%，正向激励效果明显。2022年考核结果核定中，对上半年利润贡献突出的75家企业，给予奖励加分。

### （三）做好“预评估”，及时跟踪掌握目标任务进展

根据《中央企业负责人经营业绩考核办法》及《中央企业负责人薪酬管理暂行办法实施细则》有关规定，国务院国资委组织开展业绩考核半年预评估。对预评估结果为A级的36家企业，负责人预发绩效年薪由1倍基本年薪调整为1.5倍，及时予以正向激励，充分调动企业负责人积极性。对预评估情况较差、完成全年目标存在较多不确定因素的企业，紧盯经济运行变化和行业发展态势，通过电话通知、发提醒函、实地调研督导等形式加大跟踪监测力度，了解分析企业经营中的深层次问题和突出矛盾，发现疑难问题和风险隐患，及时提示督促，及时报告反映。

## 二、强化正向激励，突出科技创新核心地位

创新是引领企业发展的第一动力。国务院国资委始终坚持创新在企业发展全局的核心地位，按照“能给尽给、应给尽给”原则，加大科技创新考核激励力度，引导企业强化创新主体地位，加快实现高水平科技自立自强。

### （一）考核“持续加力”，进一步突出科技创新“头号任务”

对科技进步要求高的64家企业，设置研发投入、创新收入等指标，承担关键核心技术攻关、打造原创技术策源地等任务较重的企业，适度降低经济效益指标权重。在计算经济效益指标时，将研发投入视同利润加回，对于关键核心技术攻关的研发投入，进一步提高加回比例，鼓励企业持续加大研发投入。2022年考核结果核定中，累计将研发投入6061亿元视同利润加回；对科技创新取得重大成果的47家企业，关键核心技术攻关和原创技术策源地打造等取得突出成绩的65家企业，国家级研发平台建设作出突出贡献的25家企业，给予奖励加分。

### （二）完善“机制保障”，试点推进创新领域骨干人才跟投

落实国企改革三年行动要求，在充分借鉴国内外市场化跟投实践的基础上，按照政策发力适当靠前原则，指导中央企业聚焦创新领域探索建立跟投机制。第一时间研究出台首个部门层面跟投专项政策，采用“先试点、后铺开”方式，初步遴选18家企业25个项目实施跟投，力求用3～5年试出经验、试出效果，塑造央企发展新优势。

### （三）强化“正向激励”，全面构建科技创新利益共同体

充分发挥科技创新要素在价值分配中的作用，鼓

励企业探索实施更加多样、更加符合市场规律和企业实际的激励方式。进一步规范中央企业控股上市公司股权激励审核批复有关事项，新批准实施上市公司股权激励计划37个，有效实现国内重要股票板块全覆盖、重点行业领域全覆盖、现有激励工具全覆盖。截至2022年底，中央企业630户科技型企业实施股权和分红激励，183户控股上市公司实施股权激励，有效覆盖1126个攻关团队和106.9万名科研人员，核心科研骨干人才保留率提升至99%。

## 三、心怀“国之大者”，发挥国资国企功能作用

发挥国有经济战略支撑作用，是党中央赋予国资国企在全面建设社会主义现代化国家新征程中的新责任新使命。国务院国资委始终引导中央企业心怀“国之大者”，聚焦战略安全、产业引领、国计民生、公共服务等核心功能，积极承担国家重大任务，推进国家重大战略落地，切实保障国民经济社会平稳运行。

### （一）服务“发展大局”，引导企业积极承担国家重大任务

根据企业功能定位，设置任务类考核指标，2022年度考核在77家企业设置98个服务国家战略指标，第七任期考核在62家企业设置86个服务国家战略指标。将6家企业新增战略任务纳入特殊事项清单，给予特殊支持，解决企业后顾之忧。全力保障冬奥会和冬残奥会举办，制定关于支持中央企业做好涉冬奥会服务保障工作的有关考核措施。2022年考核结果核定中，对承担国家重大专项任务取得突出成绩的4家企业、冬奥保障作出突出贡献的3家企业，给予奖励加分。

### （二）发力“产业引领”，保障国有经济布局优化调整

支持中央企业争当构建现代化产业体系排头兵，把发展壮大实体经济作为主攻方向，坚持一手抓传统产业转型升级，一手抓战略性新兴产业培育发展，加快打造引领未来发展的新支柱新赛道，抢占产业竞争制高点，牢牢把握发展主动权。2022年，对主要处于传统产业领域的企业和国有资本投资、运营公司，加强战略性新兴产业占比、新业态新产品收入占比等指标考核。

### （三）强化“责任担当”，切实保障国民经济社会平稳运行

深入推进公益性业务分类核算、分类考核，企业因开展公益性业务影响经营业绩的，予以实事求是考虑，推动中央企业在国计民生、公共服务等方面发挥引领示范和带头表率作用。2022年考核结果核定中，对多措并举为能源供应保障作出突出贡献的17家企业，给予奖励加分，因能源保供对当期经营业绩产生的影响据实加回。对化肥稳价保供、境外滞留人员接返等作出突出贡献的22家企业，给予奖励加分。

## 四、严格约束惩戒，筑牢高质量发展安全底线

防范化解重大风险是企业实现高质量可持续发展的前提和基础。国务院国资委坚决筑牢安全发展底线，持续健全考核约束、监督检查和惩戒问责机制，引导中央企业加强风险防控，持续提高管理水平和合规经营能力，提升发展质量成色。

### （一）健全考核约束，引导企业加强风险防控

将资产负债率作为约束性条款，纳入各企业责任书；对永续债规模偏高的企业，按一定比例视同带息负债核算资产负债率；加强对非主业利润偏高企业的主业考核和表外资产额较大企业的脱困考核。2022年，聚焦企业发展短板，对应收账款额较大和营运现金流较差的建筑、房地产等企业，考核“两金”、现金流等指标；对营业收入利润率低于行业平均水平或中央企业整体水平的企业，考核营业收入利润率指标。

### （二）严格考核惩戒，推动国资监管“带电”“长牙”

督促指导11家企业扎实开展24项经济责任审计问题整改工作，绷紧稳健合规经营这根弦；对存在会计信息质量问题的企业，在清算中相应扣减净利润；加大对生产安全责任事故、生态环境事件、违规违纪、违反收入分配纪律等问题的惩戒力度。2022年考核结果核定中，对发生较大以上生产安全责任事故的12家企业，发生重大生态环境事件的3家企业，发生重大法律纠纷案件造成国有资产损失的3家企业，予以考核扣分。

### （三）完善监督机制，筑牢安全发展国资监管防线

不断加强事前、事中、事后全流程监管，强化靶向

引领，划定红线底线，推动企业以考促管，不断提高风险防控能力。加强多方位协同，与纪检监察、巡视、审计等部门协同配合，形成监督合力，对违规违纪企业严肃惩戒问责，守住依法合规防线。

## 五、完善政策体系，不断提升业绩考核监管效能

中央企业负责人经营业绩考核是国资委履行出资人代表职责、落实国有资产保值增值责任的重要职能和抓手。国务院国资委把业绩考核作为国有资产监管的重要手段，紧紧围绕国资国企改革发展的中心工作，不断探索创新考核激励和约束政策体系，业绩考核的科学性、精准度和有效性持续提高。

### （一）深耕"差异化"，考核体系持续健全

根据行业特点和企业定位，差异化确定考核重点，引导企业更好地聚焦主责主业，服务国家战略，发挥功能作用。2022 年，国务院国资委落实创新驱动发展战略，制定中央科研设计企业考核实施方案，引导企业加强基础研究和行业共性技术供给，不断提升科技创新引领和支撑保障能力；落实制造强国战略，制定中央重型装备制造企业考核实施方案，引导企业把发展着力点放在实体经济主业上，加快铸造"大国重器"；落实粮食安全战略，制定中央粮棉储备企业考核实施方案，引导企业聚焦公益属性和职责定位，把保障国家粮食安全放在首位。

### （二）着力"精准化"，考核导向更加突出

主动对接企业，"一对一"沟通明确考核重点，针对性设置考核指标，实行个性化考核，不断提升考核精准度和有效性。加强对中国星网、中国矿产等新组建企业上门服务、政策辅导，科学制定中国稀土集团过渡期考核分配支持举措，助力企业平稳起步。研究对中国绿发等 2 家名录外企业监管政策，增强企业考核分配政策规范性。

### （三）力争"科学化"，评价方法不断改进

对标建设世界一流企业要求，坚持扬弃结合、破立并举，重点围绕关键指标、评价体系、结果应用"三大维度"，对绩效评价办法全面更新和系统完善，出台《中央企业绩效评价规定（试行）》，编制发布 2022 年版《企业绩效评价标准值》《世界一流企业评价对标研究》，更加有效发挥评价诊断和对标引导作用，推动企业发展更高质量、更有效率、更加安全、更可持续。

## 六、2022 年度中央企业负责人经营业绩考核结果

为客观公正地反映中央企业经营业绩，科学合理地核定企业负责人的考核结果，国务院国资委按照依法依规、实事求是的原则，完成 2022 年度考核结果核定工作，并据此实施考核奖惩和负责人薪酬兑现，业绩考核激励约束作用进一步增强。

经国务院国资委党委会、委务会审议通过，2022 年度中央企业负责人经营业绩考核结果为 A 级的企业 49 家，分别是：中国海油、中国石化、中国石油、中国移动、招商局集团、中国电科、国家能源集团、中国远洋海运、国家电网、华润集团、中国一汽、国家电投、中国华电、中国华能、航天科技、中煤集团、中广核、中核集团、中国船舶、国家管网集团、中国电信、中国中车集团、南方电网、中国中铁、中国联通、中国中化、国投、中国三峡集团、航空工业集团、航天科工、中铝集团、中国建筑、中国国新、兵器装备集团、中国五矿、中国铁建、中国航发、中国大唐、中国建材、中国化学工程、国机集团、中国有色集团、中国宝武、中粮集团、兵器工业集团、保利集团、中交集团、中国诚通、东方电气集团。B 级企业有 38 家，C 级企业有 3 家，D 级企业有 2 家。

（审稿人：万　良　撰稿人：曹昆鹏　柳　涛）

# 中央企业资本运营与收益管理工作

2022 年是党的二十大胜利召开之年，国务院国资委坚持以习近平新时代中国特色社会主义思想为指导，深入学习贯彻党的二十大精神，牢牢把握做强做优做大国有资本和国有企业、加快建设世界一流企业的工作目标，优化国有资本经营预算（以下简称资本

预算）管理，加强金融风险防范，推动国有资本运营公司深化改革进入新阶段，深入探索实施有别于国有独资公司的股权多元化治理和监管机制，取得新的进展和成效。

## 一、完善国有资本经营预算管理

### （一）优化资本预算支出安排

做好2023年资本预算建议草案编制，聚焦资本属性、支出方向、重点企业，将有限资金向突破关键核心技术、加快实现科技自立自强，补齐产业链供应链短板、优化国有经济布局集中，增强资本预算的导向性、针对性。落实2022年资本预算资金安排，并进一步协商对能源电力保供、航空运输企业纾困等追加资金。按照有关工作部署，与全国人大预工委等方面积极沟通，推进落实资本预算改革任务。

### （二）完成国有资本收益收取任务

组织完成国有独资公司2021年度国有资本收益预收、申报、审核和上缴等各项工作，对于股权多元化企业，统筹考虑股东回报和企业留存发展，深入实施市场化差异化利润分配机制。督促中央企业及时足额向社保基金会分红，2021年分红金额146.5亿元，划转以来累计分红345.2亿元，为社保基金会提供稳定增量收益和现金流，有效落实履行出资人的收益权与社会责任。

### （三）强化资本预算执行绩效管理

组织开展“十三五”期间资本预算重点支出绩效评价，立足出资人管理要求，以定性定量相结合的方式深入分析资本预算资金在支持企业落实国家战略、优化产业结构、放大资本功能等方面的作用、问题及改进措施，首次开展年度预算部门评价，紧扣绩效目标分析2021年资本预算执行效果，着力提升预算绩效管理水平。

## 二、加强中央企业金融基金业务监管

### （一）从严控制新增投资

始终坚持“严”的工作总基调，遵循严控增量、优化存量，服务主业、提高质量，分类管理、防范风险的原则，整合全委监管资源，建立业务、规划、财务、产权等多角度多维度工作协同机制，严把金融业务入口关，坚决遏制中央企业盲目投资金融，切实防止“脱实向虚”。

### （二）加快规范基金运作

针对中央企业基金业务专项检查发现的有关风险和问题，印发工作通报，组织中央企业开展基金业务全面自查，着力规范基金业务，不断完善基金业务管理制度，持续加强集团对基金业务的管控，按规定做好风险处置和追责问责等相关工作。

### （三）持续强化风险防范

坚持底线思维，以日常风险监测、专项自查检查、督导整改落实为主线，以高风险领域为重点，以重大风险事件处置为抓手，逐步形成多层次风险防控体系。组织开展中央企业所属支付机构专项检查和证券公司风险自查，不断完善金融基金季报和年报工作机制，分行业开展监测分析，坚决守住不发生系统性金融风险的底线。

## 三、持续深化国有资本运营公司改革

### （一）加强日常监管，推动改革深化

结合国企改革三年行动收官，对运营公司改革进行全面总结分析，印发《关于进一步深化国有资本运营公司改革有关事项的通知》，明确2家运营公司由改革试点转入持续深化改革阶段，并提出新阶段有关工作要求。进一步加强对运营公司的指导监督，年初向两家公司印发2022年度改革重点任务清单，明确8个方面10余项重点任务，指导运营公司聚焦功能定位，持续推动国有资本市场化专业平台建设，切实加强金融、基金投资等风险防控，服务国资央企改革发展。

### （二）支持能力建设，增强作用发挥

积极支持两家运营公司加快能力建设，探索推动业务创新，助力国有经济布局优化和结构调整。在“优增量”方面，支持两家公司通过基金等方式加大对战略性新兴产业投资，重点布局新一代信息技术、高

端制造等行业，投资一批“补短板、锻长板”代表性项目，并围绕央企产业链供应链开展投后赋能，通过资本、科技、产业的融合，助力产业生态圈良性发展。在“活存量”方面，支持两家公司与央企创新合作模式，开展“两非”资产处置，助力央企聚焦主责主业，对接资本市场，发布央企系列指数，助力央企盘活上市股权。

### （三）督促完善管控，加强风险防范

结合基金专项检查，重点督导企业加强基金业务风险防控和问题整改，堵塞风险点、完善制度机制，在完善公司治理、提高投资决策风险控制、推动基金统一中后台管理等方面取得积极进展。针对运营公司业务结构特点，突出防范投资风险，督促建立更加完备的内控流程、更加严格的风控制度、更加科学的投资决策机制，防止出现重大投资损失。

## 四、深化股权多元化中央企业履职管理

### （一）提高股东会工作质量

年初组织召开股权多元化企业视频会，印发《关于做好股权多元化中央企业2022年度股东会工作有关事项的通知》，从加强完善资本补充机制、深化股东战略合作等6个方面提出15项重点工作。完善国务院国资委内部履职协同，探索实施股东会议案预审，积极改进股东代表授权机制。

### （二）提高股东会运作效能

在严格履行党委（党组）前置研究讨论和国有资产监管事前审核程序的基础上，股东会依法决议涉及企业发展战略、生产经营、改革发展、人事调整等方面的重大事项，落实法定职责。全年办理股东会决议32件、议案133个。牵头办理中国铁塔董事会结构调整，中国物流、中国电气装备股东增资等股东事务。

### （三）完成南方电网规范治理

按照国务院批准的方案，经多次沟通协商，妥善解决南方电网股权历史遗留问题，成功召开南方电网首次股东会议，推动南方电网建立规范的董事会，完善中国特色现代企业制度，为加快建设世界一流企业建立治理基础。

## 五、落实有关专项工作

### （一）深化海工装备产业供给侧结构性改革

推动中央企业海工装备资产处置三年行动圆满收官，90%的集中处置资产通过市场化方式出清或盘活，剩余部分将加快处置，国海平台将随着专项任务完成回归中央企业序列转型发展。推动国家海工装备创新平台稳步开局，实现人员、出资到位，开展重大项目攻关清单和协同机制论证。

### （二）中央企业产业数据运营平台初具雏形

在对中央企业支付机构开展调研基础上，形成以中国电信翼支付为基础，按照市场化原则推动汇集中央企业经营场景和产业数据，分步建设中央企业产业数据运营平台的工作思路。支持企业持续做大平台特色消费功能，截至2022年底，平台陆续与27家中央企业和部分地方国有企业开展对接合作，引入商品超过1.4万款，接入线下超市等场景超过6万家，带动交易额超过500亿元。

（审稿人：王海琳　撰稿人：张静媛）

# 中央企业科技创新工作

2022年，国务院国资委深入贯彻落实习近平总书记重要指示批示精神和党中央、国务院决策部署，把科技创新作为“头号任务”，指导推动中央企业加快关键核心技术攻关，推进原创技术策源地建设，锻造国家战略科技力量，深化国内外创新协同，强化创新激励保障，中央企业创新能力得到明显提升，在建设现代化产业体系、构建新发展格局中提供有力支撑。

## 一、重大成果不断涌现

### （一）基础前沿探索

中核集团新一代“人造太阳”等离子体电流突破

100 万安培，跻身国际第一方阵；研究员柳卫平等在《自然》发表最新研究成果，国际首次揭示宇宙最古老恒星的钙丰度之谜。中国电科研发的基于可穿戴脑电帽控制的外骨骼系统，成功帮助瘫痪儿童实现手部抓握。中国华能建成全国首套 12 万吨/年相变型碳捕集示范装置，能耗水平国际领先。中国移动发布全球首个 6G 网络架构，创造 800G、少模光纤长距离传输世界纪录。

**（二）重大项目**

航天科技牵头全面建成中国空间站，实现“三舱三船”最大构型和 6 名航天员同时在轨飞行。中国船舶建造的航空母舰“福建舰”下水，我国航母建造能力迈上新台阶。中国商飞牵头制造的 C919 大型客机实现全球首架交付，国产大飞机迈出市场运营“第一步”。中国三峡集团白鹤滩水电站 16 台机组全部投产发电，世界最大清洁能源走廊全面建成。

**（三）卡点突破**

中国电科率先发布新一代 8 英寸碳化硅晶片产品，产业化迈出关键一步。中国石化国内首个万吨级 48K 大丝束碳纤维生产线投产，打破碳纤维高昂价格带来的应用局限。东方电气集团 F 级 50 兆瓦重型燃气轮机正式投入商业运行，填补中国自主燃气轮机应用领域空白。中国有研生产的集成电路用“高纯金属及合金溅射靶材”，助力解决中国集成电路关键材料短缺问题。

**（四）民生保障**

建设高标准冬奥场馆、奋力研制高技术运动装备，支撑高水平赛事传播、保障高质量赛事服务，用科技助力“科技冬奥、绿色冬奥”。累计共建 5G 基站超过 100 万个、共享 4G 基站超过 110 万个，为用户提供更好的网络信号覆盖体验和更大的带宽接入速率。兵器工业集团研制手机北斗短报文通信射频基带一体化芯片，北斗通信服务迈入大众应用新阶段。中国中化“中国甜”杀菌剂系列产品累计推广约 1.8 万平方千米，为农民增收经济价值约 20 亿元。国药集团研发全球首支奥密克戎株灭活疫苗，抗新冠单抗 F61 鼻用喷雾剂获批临床。

## 二、创新要素加速集聚

**（一）研发投入**

2022 年，中央企业研发投入 1 万亿元，比上年增长 9.2%，研发投入强度 2.6%，36 家企业研发投入超过 100 亿元，其中中国海油、南方电网、国家电投、中铝集团、中国能建等 5 家企业首次超过 100 亿元。截至 2022 年底，18 家企业设立自然科学联合基金、叶企孙科学基金 43.1 亿元。

**（二）人才队伍**

截至 2022 年底，中央企业拥有研发人员 119.2 万人，高级技工与技师 164.5 万人，研发人员和高级技工与技师占中央企业年末职工人数的比重分别为 9.7%和 13.4%。拥有两院院士 232 人，其中中科院院士 41 人、工程院院士 188 人、双院士 3 人。

**（三）创新平台**

截至 2022 年底，中央企业拥有国内研发机构 4845 个（包括软科学研究机构 18 个），其中国家级研发平台 759 个，包括国家（全国）重点实验室 96 个、国家技术创新中心 6 个、国家制造业创新中心 7 个、国家（工程）技术研究中心 83 个、国家工程研究中心 55 个、国家级企业技术中心 438 个。2022 年，中央企业新建研发机构 178 个，一批全国重点实验室重组入列。航空工业集团、中国建科在高端航空装备、建筑绿色低碳方向新建 2 个国家技术创新中心。

## 三、开放协同持续深入

**（一）产学研合作**

截至 2022 年底，73 家中央企业牵头国家及地方产业技术创新战略联盟超过 200 个，开展产学研合作项目 2 万余个，与高校、院所和中小企业形成合作项目超过 5000 个，实际支出经费近 300 亿元。国务院国资委牵头组织推动的 7 个中央企业创新联合体吸纳中央企业 60 多家，引领带动高校院所、国企民企近 200 家，扎实推进年度合作项目超过 300 个。

**(二)国际合作**

截至2022年底,34家中央企业拥有境外研发机构344个,拥有海外科研人员1.1万人。48家中央企业与国际原子能机构、德国弗劳恩霍夫应用研究促进协会等国外机构、院所、企业在能源、材料、轨道交通等领域开展合作项目近260项,参与"深时数字地球"等国际大科学计划。

**(三)双创工作**

截至2022年底,中央企业拥有国家级双创示范基地16个,累计建设互联网双创平台47个,注册用户近176万人,签订合同13.5万个。2022年,中央企业组织成果转化、创业辅导等双创活动,受众超过110万人。39家中央企业设集团级科协,其中2022年新成立20家。2022年,中央企业开展科普活动7272场,覆盖人数586万人。

## 四、创新成效加快提升

**(一)成果转化**

2022年,中央企业在能源、交通、装备制造等产业领域,通过自行实施、转让许可、与他人合作实施等方式实施成果转化项目2858项,实现合同交易额超过1200亿元,其中,央企地方国企间成果转化合同数占比超过65%,合同金额占比超过80%。

**(二)成果应用**

2022年,国务院国资委发布《中央企业科技创新成果推荐目录(2022年版)》推出成果384项,中央企业自主发布创新成果6334项,推动G 50、BIM软件、国产ERP、北斗等产品推广应用。

**(三)专利**

截至2022年底,中央企业累计拥有有效专利121.6万件,比上年增长17.8%,其中拥有有效发明专利50.5万件,增长15.6%。2022年,中央企业申请专利31.4万件,比上年增长12.9%;申请发明专利20.5万件,比上年增长16.5%;获得授权专利21.0万件,比上年增长13.5%;授权发明专利8.32万件,比上年增长35.5%。从PCT(专利合作协定)情况看,截至2022年底,中央企业累计申请PCT专利3.47万件,2022年申请5246件,比上年增长23.0%。中央企业在第二十三届中国专利奖评选中获得金奖18项、银奖36项,较上届分别增长33%、27%,专利实现量质双升。

**(四)标准**

截至2022年底,中央企业累计主持制定国际标准超过2000项、国家标准超过18000项、行业标准超过43000项,累计参与制定国际标准超过2000项、国家标准超过17000项、行业标准超过30000项。2022年,中央企业主持制定国际标准超过350项、国家标准超过800项、行业标准超过1500项,参与制定国际标准超过250项、国家标准超过1500项、行业标准1850项,技术标准竞争力持续提高。

(审稿人:方　磊　撰稿人:于丽媛)

# 国有资产综合监督工作

2022年,国务院国资委深入贯彻落实党中央、国务院重大决策部署,紧紧围绕国资央企改革发展大局,统筹谋划国有资产综合监督检查重点任务,组织开展重要领域专项整治工作,不断健全监督检查、内部审计、内控体系和境外监督工作体系,以高质量综合监督促进中央企业高质量发展,各项工作取得积极成效。

## 一、强化监督实效,促进提升国有资产监督能力和水平

国务院国资委坚决贯彻落实习近平总书记重要指示批示精神和党中央、国务院重大决策部署的重要事项,统筹监督资源,创新监督方式方法,拓展监督广度和深度,不断提高监督检查专业化、体系化、规范化水平。

**(一)聚焦重点监管任务,统筹编制年度综合监督计划**

国务院国资委结合中央经济工作会议精神和中

央企业负责人会议明确的国资监管重点任务，研究制定《2022年度国有资产综合监督检查工作计划》，明确国资监管重大专项、依法合规经营、重点领域整治等三方面10项重点任务，确定监督检查目标和方向，重点关注国有资产监管重点领域和关键环节、易发频发多发问题以及经营风险较高的相关业务，切实增强综合监督检查及时性、系统性和有效性，同时把握综合监督与业务监督、责任追究以及纪检监察、巡视、审计等各类监督的有机贯通，与中央企业内部审计部门形成上下联动、协同作战的工作格局，切实增强监督合力，为做强做优做大国有资本和国有企业，充分发挥国有经济主导作用和战略支撑作用提供坚强保障。

**（二）规范开展检查工作，充分发挥监督保障执行作用**

为弥补国务院国资委监督检查力量和手段不足，根据监督检查任务性质不同，采取多种灵活方式，按照统一部署、统一方案、统一标准、统一培训、统一审核的原则，分类分批组织对70家中央企业515户子企业开展综合监督检查。开展混合所有制改革专项检查，揭示各类问题94项，推动企业完善制度、堵塞漏洞；开展涉军购销领域专项整治，发现问题风险2812项，推动企业减少损失、堵塞漏洞；开展信托风险“回头看”，深入揭示房地产信托等业务风险，推动企业压降规模、化解风险；开展中央煤电企业煤炭购销业务领域专项检查，推动企业健全机制、守法经营；开展中央企业PPP业务自查自纠，切实防止PPP风险扩散蔓延。

**（三）健全整改长效机制，巩固深化监督检查成果运用**

国务院国资委坚持揭示问题与推动整改相统一，督促中央企业将综合监督检查揭示问题、督促整改、化解风险作为提升企业管理水平的有力抓手，建立监督检查问题整改长效机制。一是与强化出资人监管相结合，通过立行立改、限期整改、持续整改分阶段推进整改落实工作，向中央企业印发监管通报、风险提示及整改通知132份，督促企业补齐管理制度短板，制（修）订制度6000余项。二是与完善业绩考核相结合，对监督检查发现存在研发投入不实、重大违法经营等问题的企业，提出经营业绩考核降级或扣分处理建议。三是与加强干部管理相结合，对监督检查发现违规投资经营造成重大损失的企业，提出责任追究处理建议，对相关责任人予以任免调整，移交有关责任追究及纪检监察机构查处。

## 二、强化审计整改，做实做细审计监督“后半篇”文章

国务院国资委深入学习贯彻习近平总书记关于审计整改工作重要指示精神，落实中央政治局常委会会议和中央审计委员会第5次会议部署要求，认真履行出资人职责，加强与中央组织部、审计署等部门贯通协同，加大审计整改落实和追责问责工作力度，切实做好审计“后半篇”文章。

**（一）深入传达学习习近平总书记关于审计整改工作的重要讲话精神**

国务院国资委党委高度重视，第一时间召开党委会传达学习习近平总书记关于审计工作重要讲话精神，就统筹做好审计整改落实和追责问责工作等作出安排，并于6月7日、7月16日两次在中央企业主要负责人专题工作会议上对审计查出的突出问题进行通报，部署整改落实任务、明确整改工作要求。深入贯彻习近平总书记对有关审计发现重大问题的指示批示精神，多次召开党委会专题研究部署，派出工作专班挂牌督办，强化重大专项督办任务落实。2022年下半年，组织对中央企业开展“稳增长、防风险、促改革、强党建”督导调研全覆盖，把抓好审计整改作为工作调研的重要内容，指导督促中央企业不折不扣坚决整改到位。确保习近平总书记重要讲话精神和党中央决策部署落到实处。

**（二）持续完善审计整改工作机制，着力提高整改工作实效**

国务院国资委充分发挥审计工作领导小组统筹协调作用，持续完善党委抓总、专班督办、业务协同的工作机制，强化审计整改监督责任落实。一是健全国务院国资委审计整改工作领导机制。通过召开国务院国资委审计工作领导小组会议，制定16家中管企

业经济责任审计查出问题整改落实和追责问责工作方案，采取直接核查、挂牌督办、指导督办和移交纪检监察机构查处四类方式，推动整改走深走实。二是建立重大违规问题直接核查追责机制，对违规经营投资造成重大损失及严重不良影响的问题，国务院国资委直接组织责任核查，通过责任约谈、组织处理、扣减薪酬等方式进行问责处理。三是规范问题线索移送办理程序，明确审计问题需移送责任追究部门和纪检监察机构的基本原则、范围、时限等制度规范，强化惩治结合的警示震慑作用。

**（三）建立健全审计整改贯通协同机制，促进形成监督合力**

为贯彻落实总书记重要指示精神、抓好中管企业审计整改工作，一是扎实做好与中组部、审计署联合督办工作。共同召开中管企业审计整改工作推进会，对审计整改工作作出专门部署；联合开展督导调研暨“回头看”专项工作，对审计发现的45个重点问题进行立项督办，从严验收“销账”；配合中央组织部做好企业领导人员审计整改问责处理工作，结合日常国资监管掌握情况进行综合研判，对有关中管企业主要领导人员提出追责认定和处理建议。二是建立与审计署信息共享、贯通协作的工作机制。共同签订审计监督信息共享、贯通协作备忘录，促进两部门在编制年度审计计划时充分交换意见、在审计查出问题时充分沟通、在推动审计整改时协同配合，持续深化出资人监督与审计监督协同配合机制；完成中央审计办移送重大审计问题线索查处工作，协同中央审计办秘书局编发《国资委积极推动出资人监督与审计监督同向发力》工作简报。

## 三、深入推进改革，切实提升中央企业内审监督效能

国务院国资委坚持党对审计工作的领导，以强基础、提质量、求实效为目标，督促指导中央企业聚焦经济监督主责主业，在健全体制、落实责任等方面不断夯实基础、加强创新，有效发挥内部审计“经济体检”作用，促进中央企业依法合规经营，实现高质量发展。

**（一）强化党的领导，持续完善中央企业内部审计管理体制机制**

国务院国资委深入贯彻落实党中央关于深化审计管理体制改革的决策部署，督促指导中央企业加快构建集中统一、全面覆盖、权威高效的内部审计监督体系。以深化国企改革三年行动为契机，推动中央企业建立符合中国特色现代企业制度要求的内部审计监督体系。98家中央企业建立党委（党组）、董事会直接领导下的内部审计领导体制，主要负责人直接分管审计工作；95家中央企业（除冶金地质总局、中煤地质总局、南水北调集团）董事会均下设审计委员会，明确重要审计事项需经审计委员会讨论后提交董事会审议。结合自身实际情况和业务板块布局，55家中央企业建立审计中心或区域审计中心，70家中央企业实现二级子企业独立设置审计机构，充实审计人员力量，推动责任主体覆盖至全级次企业，“上审下”统一管控的内审工作机制逐步成熟定型。

**（二）加强审计管理，持续提升中央企业内部审计管理水平**

国务院国资委立足出资人监督职责，把内部审计工作放到建立中国特色现代企业制度的全局工作中重点推进，每年下发工作通知和重点工作任务，推动中央企业着力在完善审计制度、拓展审计范围、审计质量评估等方面下功夫，不断提升审计监督管理水平。加强审计制度体系建设，组织中央企业制（修）订审计制度3万余项，编制审计指南、审计手册等系列工具书，细化现场操作标准，为规范审计管理奠定扎实制度基础。推动实现审计全覆盖，中央企业开展各类审计项目23.1万项，基本实现二级及二级以下子企业主要负责人经济责任审计应审尽审，重点领域、重大项目、重要业务每年必审，全级次子企业、境外单位及机构定期轮审。2021年起，探索开展中央企业内部审计质量评估试行工作，推动中央企业建立内审工作质量管理体系，对标管理差距，弥补短板弱项，提升集团内部审计质量管理能力。

**（三）创新能力建设，不断夯实中央企业内部审计工作基础**

国务院国资委围绕落实人才强审要求，推动引导

中央企业强化内部审计队伍建设，指导督促中央企业积极采取有效措施，调整优化审计资源布局，充实审计人员力量，探索建立差异化的内部审计考核体系，加快推进审计体系化、专业化、信息化能力建设。国务院国资委建立中央企业内部审计骨干人才库，抽调30多家企业近400名内审骨干人员参与各项综合监督检查工作，以审代训提升审计队伍专业能力。围绕落实科技强审的要求，国务院国资委压茬推进央企监管信息化建设，74家中央企业实现从审计计划、项目管理到审计整改的审计管理信息化，一些具备条件的中央企业积极探索运用大数据存储、算法平台等技术实现智能化审计，有效提高审计运用数智化、信息化技术查证问题、研判风险的能力。

## 四、强化刚性约束，切实提升中央企业内控体系有效性

以2022年初召开的中央企业内控体系建设与监督工作会议为契机，国务院国资委深入贯彻落实《关于加强中央企业内部控制体系建设与监督工作的实施意见》(以下简称《实施意见》)要求，指导中央企业不断健全完善内控体系，充分发挥内控体系强基固本、防控风险作用。

### (一)健全责任机制，推动内控体系管理体系基本成型

指导督促中央企业结合自身实际，推进党的领导融入公司治理，完善党委(党组)前置研究讨论、董事会及专业委员会职责范围和权责清单，将推动完善内控体系建设纳入董事会职责范围。除新设立的部分企业外，各中央企业建立党委(党组)顶层谋划、主要领导亲自负责、董事会全面领导、经理层组织推动的内控管理体制，整合内控、风险和合规管理监督职责，明确内控职能部门，落实内控工作责任。截至2022年底，中央企业均明确集团和子企业内控职能部门和工作职责，70多家企业建立内控职能部门与业务部门联动协同、信息共享的工作机制，逐步形成符合企业自身实际和经营特点的内控体系和管控模式。

### (二)加快制度建设，持续完善内控制度体系

为规范内控体系建设与监督工作，及时把各项监管要求细化为制度规定，国务院国资委在出台《实施意见》的基础上，陆续制定重大风险事件报告、资金内控、境外内控等一系列配套制度，逐步形成“1＋N”内控制度体系框架。指导中央企业紧盯问题和风险，紧跟业务和流程，自上而下全面排查业务制度和内控制度的短板弱项，分领域分步骤有序开展内控制度标准化建设工作，加强内控制度从制定、执行到评估、改进的完整闭环管理，确保将外部监管要求及时转化为企业内控规定，内控规定有效嵌入生产经营管理全流程并覆盖落实到全体员工。2022年，中央企业全年制(修)订完善内控制度16.2万项，中央企业内控制度体系的科学性、系统性和有效性不断增强。

### (三)开展监督评价，持续推进内控体系建设与优化

为促进中央企业持续完善内控体系建设，国务院国资委和中央企业积极探索开展内控体系监督评价工作，分类分层分级组织开展内控体系有效性评价。自2020年起，国务院国资委组织专门力量对中央企业经营管理重点领域和关键环节开展内控体系有效性抽查评价。两年来对27家中央企业及所属270户重要子企业(财务公司、信托公司、融资租赁公司)、重要业务(投资、资金、收入分配、招标采购、债务风险)等进行抽查，完成首轮集团监督评价“三年全覆盖”，71家企业探索开展境外企业内控监督评价工作。各中央企业将查找本企业内控体系短板弱项作为切入点，排查各类内控缺陷10.4万项，并认真推动整改工作，力求问题清仓见底，内控体系监督评价作用得到有效发挥。

### (四)加强监测预警，切实提升重大风险防控能力

指导督促中央企业不断完善风险评估工作机制、优化风险评估监测标准、改进风险评估方式方法，提升风险识别与防范能力，总体风险可控在控。开展年度重大风险评估工作，研究提出2022年面临的五大风险，为国务院国资委监管工作提供参考。强化重大风险季度跟踪监测，指导中央企业对能源、冶金、房地产等9个重点行业进行重大风险分析，及时提请董事会审议并向国务院国资委报告。严格落实《中央企业重大经营风险事件报告工作规则》有关要求，规范重大经营风险事件报告工作，建立健全重大经营风险事

件防控工作机制，做好重大经营风险事件的报告、处置工作，有效防止发生系统性风险。

## 五、强化境外监督，切实提升境外国有资产管控水平

国务院国资委持续深化境外合规治理工作，紧盯中央企业境外重要业务领域和关键环节，抓内控、强内审、控风险，持续深化境外国有资产监管，不断提升中央企业境外单位依法合规经营能力和水平。

### （一）推进内控体系建设，提升境外依法合规经营能力

结合境外单位所在国家（地区）法律法规、集团公司管控要求及经营实际，着力完善境外单位内控体系建设，聚焦境外单位财务主管人员派出管理、主要负责人提级管理和任职备案、境外工程项目承揽、大额资金支付等重要领域、关键环节和重要岗位职责要求，进一步增强境外单位内控体系刚性约束。加大境外单位内控体系有效性监督评价力度，组织对境外单位大额资金、重大投资、工程项目承揽等重要业务全流程合规性等方面开展内控监督评价，推动将境外国资监管要求落实到内控体系建设与监督工作中，以查促改、以查促建，促进提升境外单位依法合规经营水平。

### （二）发挥审计监督效能，维护境外国有资产安全

指导中央企业巩固已经取得的整治成效，结合境外单位所在国家（地区）和业务开展实际情况，探索建立境外区域审计中心，优选委派具备熟悉境外法律法规、国际会计准则以及所在国家（地区）政治经济文化特点的复合型审计专职人员，建立健全境外审计监督工作体系。指导中央企业在落实审计重点任务、扩大审计范围、强化监督协同等方面下功夫，有序推进境外内部审计全覆盖，统筹安排境外审计项目，有力实施境外内部审计监督工作。89 家中央企业积极克服疫情影响，实现在欧洲、非洲和南美洲等境外主要地区所属单位的审计基本全覆盖。

### （三）强化风险防控，筑牢境外经营风险防范堤坝

针对境外单位特点，指导中央企业将境外投资风险管理作为投资风险管理体系的重要内容，强化境外投资前期风险评估和风控预案制定，并将风险评估报告作为决策的必备支撑材料，抓好投前决策、项目管理、运营发展等过程控制。做好季度重大风险监测工作，不断优化风险监测指标体系，制定 6 项境外风险监控指标，促进提升重大风险评估监测预警科学性、针对性。加强重大风险事件报告工作，指导企业完善境外单位重大经营风险事件应报情形、报告时限及应对处置工作机制，及时报告境外资产重大损失风险、重大舆情风险、被其他国家或者国际组织机构制裁或调查风险等事项，切实提升境外重大风险应对处置能力。

## 六、强化统筹协调推动，高质量完成两项重大专项任务

### （一）强化“两非”剥离，高质量完成国企改革三年行动确定目标任务

落实国企改革三年行动统一部署要求，压茬推进“两非”剥离工作，及时下达年度任务目标，明确工作时间节点，压紧压实企业责任。强化跟踪督导问效，严格执行“月统计、季通报”的跟踪督导机制，督促有关中央企业加强组织协调，集中力量打好打赢“攻坚战”。从严督导落实，引导推动国投、中国诚通、中国国新等资产运营公司发挥资产处置专业优势，督促剥离工作任务重、推进任务慢的中央企业加大工作力度，采取有力措施，确保按期完成剥离处置任务。截至 2022 年底，“两非”剥离主体任务基本完成，压减法人 1532 户，剥离空壳企业 235 户，剥离亏损或资不抵债企业 1015 户；安置员工 6.1 万人，完善各类制度 696 项。

### （二）强化粮食购销领域整治，有力保障国家粮食安全

国务院国资委深入贯彻习近平总书记关于维护国家粮食安全重要指示批示精神，认真履行涉粮中央企业粮食购销领域腐败问题专项整治工作小组办公室职责，牢牢把握“取得持久性成效”任务要求，以“三个抓好”为切入点，深化涉粮中央企业粮食购销领域专项整治工作。抓好国务院国资委机关自查自纠工作，推动国务院国资委机关对落实涉粮中央企业监管责任情况开展自查自

纠，通过制定整改举措、完善监管制度，提升监管效能，相关问题全部完成整改。抓好涉粮中央企业督促指导工作，围绕“人、责、粮、库”，“拉网式”排查各级涉粮分子公司及基层粮库可能形成问题的风险点和隐患点。抓好粮食购销领域专项督查工作，组织30名中央企业内审骨干人员，对有关涉粮中央企业自查自纠情况开展专项督查，推动企业有针对性地完善购销、仓储、质检、加工等制度，切实提高相关中央企业涉粮业务管控能力和水平。

（审稿人：魏　伟　徐　赫　杜崇敏
撰稿人：沈艳艳　张新彬　范昱阳）

# 中央企业监督和违规经营投资责任追究工作

2022年，国务院国资委以习近平新时代中国特色社会主义思想为指导，深入学习领会党的二十大精神，全面贯彻习近平总书记重要指示批示要求，坚决贯彻落实党中央、国务院决策部署，切实扛起国有资产监管主体责任，圆满完成国企改革三年行动违规责任追究相关改革任务，总体建成覆盖中央企业和地方各级国资监管机构的组织体系和制度体系，着力查办重大违规经营投资问题线索，责任追究工作震慑作用不断强化，企业合规经营理念不断树牢，切实筑牢国有资产安全防线，发挥业务监督、综合监督、责任追究“三位一体”出资人监督机制效能，有力保障中央企业高质量发展。

## 一、强化震慑警示，持续加大重大违规问题线索查处力度

坚持从严监管总基调不放松，按照“稳、准、快”工作要求，着力查处重大违规问题，2022年直接核查项目数量和责任追究人数均创新高，数量超过2020年和2021年两年之和，增幅均超过50%，监督追责震慑力不断增强。一是快上见效率，及时回应党中央、国务院领导关切。贯彻落实习近平总书记关于加强国资监管工作的重要指示批示精神，高效集中核查经济责任审计反映的违规投资、贸易业务等问题，从严追究中央企业负责人等相关人员责任。二是准上盯重点，围绕依法合规专项治理主线开展核查。聚焦中央企业明知故犯、屡查屡犯和长期违规等典型问题，加大问题线索的查处力度，认定相关管理干部责任，坚决防止“破窗效应”。三是稳上控风险，统筹防范风险和责任调查。开展中央企业有关违规问题专项核查，将追责核查与防范风险结合起来，同谋划、同部署、同推进。全面调查中央企业贸易风险问题，认定企业管理干部责任，督促企业完善内控体系，防范化解风险。

## 二、强化工作指导，持续提升中央企业违规责任追究硬度

从工作部署、重点督促、审核指导等方面采取“硬举措”，推动中央企业违规追责走深走实。通过提级查办、挂牌督办等方式指导中央企业系统落实，违规事项“零报告、零查处、零追责”的“三零”问题得到有效解决。一是工作要点提出“硬”要求。向中央企业印发责任追究年度工作要点，指出存在问题，明确总体要求，部署重点任务7项，包括做实违规问题初核工作、严肃查处重大违规问题、推广运用管理建议书、健全完善追责工作机制、有效应用追责信息系统、强化追责信息收集利用、持续加强队伍建设。从加强组织领导、明确责任分工、强化总结报告、深入指导交流等方面提出具体要求，压实中央企业做好责任追究工作的主体责任，为中央企业高质量发展提供坚强保障。二是挂牌督办严控“硬”标准。对涉及集团、金额巨大或性质严重的重大违规问题线索开展挂牌督办，切实做好专时调度、专人负责、专题会商过程管控，督促相关企业开展责任追究，不断展现“督”的专业性、释放“挂”的权威力。三是指导把关确保“硬”效果。在国务院国资委的强力督促和示范引领下，中央企业违规追责工作不断从被动走向主动，全面分析研判发现的违规问题线索，对其中造成资产损失风险或其他严重不良后果的进一步开展初步核实，按照规定提出分类处置建议和核查追责计划，2022年核查违规问题线索3000多个。指导中央企业将“当下改”和“长久立”相结合，以责任追究为抓手，强

化整改落实，针对内控缺陷和管控漏洞，制(修)订业务管理制度超过5000项，切实把追责成果转化为高质量发展的监管效能。

## 三、强化监督效能，持续延伸国有资产监管协同联动深度

2022年，在针对中央企业突出问题组织开展的治理整治专项工作中，积极推进监管联动，共同提高监督效能。一是深度融合专项工作。将追责要求深度嵌入综合治理等专项工作中，指导企业做到追责机构进治理小组、追责要求进治理方案、追责情况进治理报告的“三融合”，保障专项治理取得实效。强化“一经发现、就地免职”重震慑，明确“敷衍不追、久查不处”提级办，增强各类专项工作权威刚性。组织做好专项治理发现问题的整改追责工作，督促企业整改审计及国资监管发现的问题，推动专项治理取得实效，全面提升企业合规经营水平。二是深度发挥责任约谈作用。落实国资监管要求，积极开展国资监管责任约谈工作，针对财务信息不实、项目管控不力、贸易业务风险、开展虚假业务等问题，约谈企业主要负责人，发挥责任约谈“抓早抓小、防患未然”效果。多家中央企业主要负责人通过约谈受到提醒和警示，贯彻落实国资监管要求的自觉性和主动性明显增强，重大违规问题、资产损失和风险隐患得到早发现、早纠正、早处置。三是深度释放“双起点”效能。“双起点”是实现国资监管协同贯通的重要机制设计，对2021年国务院国资委和中央企业查处的违规问题进行分类汇总，向中央企业印发国资监管通报，揭示典型、共性问题和趋势性、苗头性风险；结合工作中发现问题风险，向有关厅局报送国资监管建议、移送违规投资问题，推动监督链条循环联动，促进协同监管更加有力。

## 四、强化工作基础，不断拓宽违规责任追究制度机制广度

按照法治化的监管要求，做好监督追责制度机制建设，不断提升依法依规的监督水平。一是工作机制上下贯通。建立中央企业违规经营投资问题线索定期报告和实时报告制度，依托中央企业违规经营投资责任追究工作在线填报系统，推进责任追究相关数据信息的实时报送、归集、共享和综合利用，初步实现国资委和中央企业责任追究工作有效贯通。指导各企业进一步理顺责任追究工作职责和流程，聚焦关键节点和重要环节，各企业系统内单位累计建立风险报告、移送办理、禁入限制、违规问题通报等工作机制2000余项，“上下贯通、有效衔接”的工作机制持续巩固加强。二是制度体系健全完善。初步形成以《中央企业违规经营投资责任追究实施办法(试行)》(国资委令第37号)为统领，以工作指引、操作规程、督办指南为配套制度、制度体系。制定《中央企业财务决算审核发现问题整改和责任追究工作规定》，进一步畅通财务决算审核发现问题的移交、整改和责任追究监管循环。指导各中央企业持续加强违规追责制度建设，督促集团公司出台追责专门制度，实现企业追责制度全覆盖。各企业系统内单位建立责任追究工作指引、操作规程、问题线索督办、责任约谈、档案管理等配套制度近4000项，并将责任追究嵌入人员招录、薪酬管理、投资管理、资金管理等业务制度中，违规追责制度网逐步建成。三是不断夯实追责基础。为进一步规范中央企业违规问题线索分类处置、督办和企业负责人违规问题线索查处，制定《中央企业违规经营投资问题线索分类处置工作指南(试行)》《中央企业负责人违规经营投资问题和线索查处工作规则》，不断推动中央企业追责工作程序化、规范化。

(审稿人：吴文岳　撰稿人：刘广为)

# 中央企业董事会建设

2022年，国务院国资委坚持以习近平新时代中国特色社会主义思想为指导，深入贯彻落实党的二十大精神，采取有效措施，推动专业尽责、规范高效的董事会建设取得新成效。截至2022年底，98家中央企业中，除冶金地质总局、中煤地质总局2家事业单位外，其余96家中央企业均建立董事会，其中94家中央企业实现外部董事占多数。

## 一、持续健全董事会建设工作机制

围绕更好地发挥董事会定战略、作决策、防风险功能作用，着力在健全董事会建设工作机制方面下功夫。

### （一）健全外部董事季度沟通调度机制

按季度组织召开外部董事沟通会暨董事会建设调度会，向外部董事通报中央企业经营形势、解读国资监管政策、提示关注问题。2022 年召开 4 次会议，围绕优化投资决策、规范财务事项审议、防范重大风险、督促问题整改及董事会建设、外部董事管理等进行沟通调度，搭建起出资人与外部董事之间有效沟通的平台。

### （二）完善重大事项双向通报机制

建立外部董事工作提示单制度，以工作提示单的方式，向中央企业外部董事转送国务院国资委关注的财务审核、审计、专项整治及有关监督检查等发现的重大风险和问题。2022 年向外部董事发送工作提示单 159 次，外部董事按照工作提示单与企业加强沟通，排查问题、组织整改。建立外部董事重大事项报告机制，有效发挥外部董事“前哨”作用，为出资人全面深入掌握企业情况、加强国资监管提供重要参考。2022 年，处置外部董事专项报告 190 余份，形成重大问题、重大风险或重大异常情况早发现、早预警、早处置的工作闭环。

### （三）强化董事会建设调研督导

开展 21 家中央企业落实《中央企业董事会工作规则（试行）》情况调研、18 家中管企业董事会建设情况调研，形成提升董事会建设质量的工作举措。组织开展重点课题“中央企业董事会监督作用研究”，指导推动 43 家中央企业董事会设立监督委员会，强化董事会监督作用。

## 二、持续建强中央企业外部董事队伍

坚持高素质专业化，通过全面从严育选管用工作，推动外部董事素质能力进一步提升。

### （一）严格人员选聘

坚持把政治标准摆在首位，注重人选工作经历，2022 年遴选 27 人进入外部董事人才库，并将 71 名长期未使用或不适宜人选调整出库，促进队伍整体素质进一步提升、结构进一步优化。截至 2022 年底，外部董事人才库人选 334 人，其中在任外部董事 235 人。

### （二）优化董事配备

统筹中央企业战略发展需要、领导班子和董事会整体结构，精心选配外部董事，2022 年为 61 家中央企业调整补充外部董事 180 人次，并为 86 家中央企业明确外部董事召集人，推动提升外部董事履职成效。

### （三）强化考核评价

加强对中央企业董事会评价工作的统筹，突出从严考评要求。2021 年度评价中，3 家中央企业董事会被评为“一般”，1 家中央企业董事会被评为“较差”，并进行改组；4 名外部董事被评为“基本称职”，并予以解聘。组织开展专职外部董事 2019—2021 年任期及 2021 年度综合评价。

### （四）细化日常管理

印发《中央企业外部董事履职指南》，从战略规划、重大投资、产权变动、重大财务事项、风险管理、高管人员的业绩考核与薪酬管理 7 个方面提示外部董事履职中需要把握的重点。研究制定专职外部董事受处理处分后使用管理规程，促进外部董事更好地履职尽责。坚持派员列席中央企业董事会和专门委员会等会议，深入了解掌握外部董事履职表现。完善中央企业专职外部董事党委运行机制，规范专职外部董事履职、调研、兼职、出国及履职待遇。依托专职外部董事党委建立外部董事履职服务中心，为专兼职外部董事提供文件查询、会议保障、学习交流等服务。

## 三、推动中央企业子企业配齐建强董事会

贯彻落实国企改革三年行动部署，推动中央企业董事会建设工作有效向下贯通。

### （一）加强工作调度

每季度调度中央企业子企业董事会建设工作，宣

传贯彻董事会应建尽建、配齐建强要求，通报子企业董事会建设存在问题，加强针对性指导。指导中央企业专职外部董事党委印发《董事会工作动态》10 期，及时宣传贯彻国务院国资委监管政策、交流工作经验。

### (二)加强考核督导

在 2022 年度中央企业子企业董事会配齐建强改革任务考核中，细化考核内容标准，从外部董事人才库建设、董事会工作制度建设、外部董事履职支撑保障、被抽查子企业董事会运行情况等多维度进行考核，推动子企业董事会建设走深走实。

### (三)加强外部董事人才支持

优化完善国有企业外部董事人才储备库，强化外部董事人才共享，支持有关中央企业和地方国企董事会配齐建强。截至 2022 年底，外部董事人才储备库 265 人，累计向 10 家中央企业和 8 个地方国资委提供外部董事人选 81 人次。

（审稿人：龙柚杉　撰稿人：乔腾飞）

# 中央企业领导人员管理

2022 年，国务院国资委党委坚持以习近平新时代中国特色社会主义思想为指导，深入贯彻落实党的二十大精神，紧紧围绕国资央企改革发展和党的建设中心任务，持续推进高素质专业化中央企业领导人员队伍建设，为做强做优做大国有资本和国有企业、加快建设世界一流企业提供坚强组织保证。

## 一、坚持把政治建设摆在首位，强化创新理论武装

以政治建设为统领，把旗帜鲜明讲政治贯穿中央企业领导班子和队伍建设工作始终，教育引导中央企业领导人员不断提高政治判断力、政治领悟力、政治执行力，忠诚践行习近平新时代中国特色社会主义思想，坚定贯彻落实党中央决策部署。

### (一)加强政治建设铸魂

在任职谈话、考核调研等工作中，把政治担当情况作为关注重点，注意全方位了解中央企业领导班子是否把拥护“两个确立”、做到“两个维护”落实到工作中、体现在行动上，是否全面贯彻落实党中央决策部署和习近平总书记重要指示批示，是否自觉把企业改革发展放到党和国家事业发展全局中来谋划、来推动，对发现的薄弱环节、苗头问题，及时提醒、督促整改。

### (二)强化创新理论武装

把习近平新时代中国特色社会主义思想作为理论武装的中心内容，持续办好“中青班”“新任班”，全年累计培训学员 80 人次，不断提升企业领导人员政治素养。按照中央组织部调训要求，选派 39 名委管企业及二级企业班子成员参加“一校四院”13 个班次培训，自党的十九大以来选派 92 人参加中央党校“中青班”学习。

### (三)严肃党内政治生活

督导企业领导班子高质量召开党史学习教育专题民主生活会，严肃认真开展批评和自我批评，通过开好专题民主生活会增加历史自信、增进团结统一、增强斗争精神。督促企业领导人员切实担起全面从严治党政治责任，严格执行民主集中制，进一步提高民主决策、科学决策、依法决策水平。

## 二、树牢正确选人用人导向，持续加强领导班子建设

坚持事业为上、以事择人、人事相宜，落实新时代好干部标准和国有企业领导人员“二十字”要求，努力做到精准科学选人用人。

### (一)从严从实开展考察

严把政治关、廉洁关、能力关、品行关和作风关，把政治标准放在首位，注重在推进高质量发展、完成重大任务、疫情防控、科技创新等工作中考察识别干部，注重选拔基层经历丰富、业绩突出或经过急难险重任务历练的干部，对廉洁有问题的干部“零容忍”，对公德私德失范失守、干部职工反映强烈的干部坚决

不用。2022年，调整补充中央企业领导人员300人次。

### (二)选优配强领导班子

把正职配备作为委管企业班子建设的重中之重，坚持提前谋划、好中选优，切实把政治素质过硬、经受住重大斗争考验、善于解决复杂问题、驾驭能力强、工作实绩突出的优秀领导人员选拔到正职领导岗位。2022年为10户委管企业选配正职15人次，实现班子新老接替、平稳运行。大力选拔优秀年轻干部，注重在科技攻关、抗击疫情和重大改革任务中识别、使用优秀年轻干部，班子活力、战斗力进一步增强。

### (三)积极推进干部交流和实践锻炼

把组织需要、岗位需求和个人专长结合起来，统筹考虑年龄、经历、专业、性格等因素，积极推进企业领导人员交流任职，全年交流使用中央企业领导人员94人，其中中管企业55人、委管企业39人。按照中央组织部统一部署，从委管企业选派第十批援藏、第五批援青干部人才37人，选派干部赴西部地区、老工业基地和革命老区及海南自由贸易港挂职43人。协调选派地方和中央企业干部开展双向挂职73人。

### (四)推进干部能上能下

认真贯彻落实《推进领导干部能上能下规定》，健全能者上、优者奖、庸者下、劣者汰的用人导向。对在科技创新、疫情防控、重大专项等工作中表现突出的，大力褒奖、及时使用；对不在状态、不胜任的坚决调整，3名委管领导人员因企业出现重大风险、落实巡视整改不力被免职。

## 三、坚持严管厚爱结合，激励干部担当作为

以“严”的基调纵深推进全面从严治党，持续健全领导人员管理制度，加强对企业领导人员的全方位管理和经常性监督，坚持严管厚爱结合、激励约束并重，真诚关心爱护企业领导人员，激励干部勇于担当、积极作为。

### (一)完善领导人员管理制度机制

中央组织部、国务院国资委党委共同修订《中央企业领导班子和领导人员综合考核评价办法》，进一步强化抓改革、强党建、促发展鲜明导向。印发关于规范中央企业领导班子成员分工的相关意见，推动增强领导班子整体功能。深化中央企业子企业经理层成员任期制和契约化管理，推动建立中国特色现代企业制度下的新型经营责任制。截至2022年底，3.5万户中央企业各级子企业与经理层成员签订聘任协议和业绩合同，占各级子企业总数的99.9%；涉及经理层成员11.13万人，占经理层成员总数的99.9%。

### (二)做实做细日常管理监督

完成457名委管企业领导人员年度个人有关事项报告审核工作，审慎稳妥做好报告查核验证，对9名存在瞒报、漏报等情况的领导人员进行诫勉、批评。开展经常性谈心谈话，既加油鼓劲，又“咬耳扯袖”，抓早抓小、防微杜渐。

### (三)开展突出问题专项整治

深化兼职专项清理，清理28户委管企业87名领导人员的兼任职务161个，压缩38%。开展委管企业领导人员配偶、子女及其配偶经商办企业行为专项清退工作，对26户企业33名领导人员近亲属经商办企业行为予以规范。

### (四)健全正向激励机制

根据中央组织部统一部署安排，开展激励国有企业干部担当作为课题研究。妥善做好第九批援藏和赴西部地区、老工业基地和革命老区挂职干部返回安置工作，印发通知督促企业改善条件艰苦高海拔地区干部工作生活健康状况。合理使用2名受处分影响期满的委管企业领导人员（正副职各1人），为1名受到不实举报的企业领导人员澄清正名并提任正职。

（审稿人：苏云成　李　萍　撰稿人：温晶峰　赵一玮）

# 人才工作和人才队伍建设

2022年，国务院国资委党委坚持以习近平新时代中国特色社会主义思想为指导，深入贯彻习近平

总书记关于做好新时代人才工作的重要思想，深入贯彻落实党的二十大精神和中央人才工作会议精神，以科技人才为重点，强化科学谋划，注重改革创新，完善政策供给，推动中央企业人才工作取得新进展新成效。

## 一、强化谋划部署

2022年5月，国务院国资委党委召开中央企业人才工作会议，对深化人才强企战略提出新思路、作出新部署，强调坚持党对人才工作的全面领导，坚持全方位培养、引进、用好人才，以科技人才队伍建设为重点，纵深推进新时代人才强企战略，系统优化人才发展制度体系、培养体系、承载体系、激励体系、保障体系，谋划实施中央企业科技人才培养工程，推动中央企业切实发挥国家战略人才力量主力军作用。完善人才表彰奖励体系，经中央批准，设立中央企业优秀科技领军人才、优秀创新团队、优秀青年科技人才和技术能手省部级表彰项目，大力弘扬科学家精神、劳模精神、工匠精神。

## 二、加强人才培养引进

会同有关部门加强工程硕博士培养，推动中央企业招收工程硕博士3050人。组织实施第二批中央企业“大国工匠”培养支持计划，择优评选出“大国工匠”培养支持人选100人。组织开展高技能人才评选推荐，2022年中央企业获得“中华技能大奖”19人、获评“全国技术能手”140人，分别占获奖总人数的63%、47%。指导中央企业积极引进海内外各方面优秀人才，引才数量和质量不断提高。

## 三、着力促进高校毕业生就业

国务院国资委党委召开国资央企促进高校毕业生就业工作专题部署会，会同有关部门印发关于做好国有企业招收高校毕业生工作的通知，联合有关部门开展“国聘行动”。督促企业在秋季招聘、春季招聘已经完成的基础上，增加开展一轮夏季招聘。2022年，全国国企招录高校毕业生比上年增长23.4%，其中中央企业增长23.9%。

## 四、做好博士服务团成员选派工作

圆满完成第21批博士服务团成员和延期人员服务锻炼期满考核工作，组织开展第22批博士服务团成员选派推荐工作，按照人岗匹配、专业对口原则，综合考虑岗位任职条件、人选工作经历及专业背景等因素，确定37名政治素质高、专业能力强的优秀博士赴西藏、新疆、青海等地区服务锻炼，持续加大对中西部地区经济社会发展的人才支持力度。

（审稿人：翁建雄　撰稿人：赵一玮）

# 中央企业党建工作

2022年，国务院国资委党委以习近平新时代中国特色社会主义思想为指导，以迎接和学习宣传贯彻党的二十大为主线，聚焦高质量党建引领保障世界一流企业建设，坚定不移锻长板、补短板、抓提升、深融合、重实效，深化落实全国国企党建会精神，为中央企业完成国企改革三年行动、发挥国有经济战略支撑作用提供坚强保证。

截至2022年底，中央企业全系统各级党组织31万个，其中党组40个、党委2.2万个、党总支部1.5万个、党支部27.31万个。党员464万人，其中在岗职工党员434万人。党员总数比上年增加9.2万名，增长0.2%；女党员、35岁以下党员、在岗工人党员等占比稳步提升。全年发展党员11.8万人。

## 一、坚持政治领航，坚决把党对国资央企全面领导落到实处

### （一）健全做到“两个维护”制度机制

深化落实“第一议题”“政治要件”“看齐对标”等制度，国务院国资委党委全年传达学习习近平总书记重要指示批示61次。印发《国资委党委关于贯彻落

实中共中央印发〈中共中央政治局关于加强和维护党中央集中统一领导的若干规定〉通知的实施意见》，把中央企业贯彻落实习近平总书记重要指示批示情况作为党建责任制考核和领导干部民主生活会对照检查重要内容，按照有没有学习研讨、有没有贯彻措施、有没有督导推动、有没有跟踪问效"四项标准"对标检验落实情况，确保党中央决策部署和习近平总书记重要指示批示一贯到底、落地落细。

**（二）严明党的政治纪律和政治规矩**

严格执行重大事项请示报告制度，督促中央企业党委（党组）规范履行向党中央请示报告程序，明确涉及改革发展党建的重大问题、重要事项必须及时报告、全面报告。严肃党内政治生活和党员领导干部政治言行，强化民主生活会列席指导、及时叫停、责令重开、整改通报制度，督促基层党组织认真落实"三会一课"、民主集中制、谈心谈话、民主评议党员等制度，不断增强党内政治生活政治性、时代性、原则性、战斗性。

**（三）圆满完成中央企业系统（在京）出席党的二十大代表选举和组团参会工作**

按照"两个覆盖"（推荐单位党组织、党员参与提名全覆盖）、"两个倾斜"（向中央企业倾斜、向基层一线倾斜）、"两个聚焦"（聚焦主责主业、聚焦先模典型）原则，严格结构比例、严肃工作程序、严明选举纪律，稳妥有序组织76家推荐单位在5.7万个基层党组织、81.3万名党员中选举产生51名代表出席党的二十大，抓好组团参会服务保障，全面落实中央各项工作要求、充分保障党员民主权利。

## 二、坚持理论铸"魂"，切实用习近平新时代中国特色社会主义思想统一思想、统一意志、统一行动

**（一）持续推动学习贯彻习近平新时代中国特色社会主义思想走深走实**

实施中央企业党委（党组）理论学习中心组学习质量提升行动，健全党史学习教育常态化长效化机制，学好用好《习近平关于国有企业改革发展和党建论述摘编》《习近平关于发展国有经济论述摘编》及学习读本，抓细抓实读书班、研讨会、"三会一课"、主题党日等活动成效，推动党员干部学深悟透、融会贯通。加强对习近平总书记关于国有企业改革发展和党的建设重要论述研究阐释，发挥国企党建专委会、党建政研会等平台作用，形成《党的十九大以来中央企业党的建设成就和规律研究》《中央企业党的领导实现路径研究报告》等一批理论研究成果，累计在中央政策研究室《学习与研究》、中央党校《高端智库》《理论动态》等内参发表国企党建理论成果20余篇。

**（二）持续掀起学习宣传贯彻党的二十大精神热潮**

党的二十大闭幕后，第一时间研究制定关于认真学习宣传贯彻党的二十大精神的意见，深入推进学习培训、宣传宣讲、研究阐释各项工作。召开中央企业、直属机关、行业协会传达学习会，全部党委委员深入企业一线宣讲，邀请中央宣讲团成员田培炎对国资央企33万名党员干部作报告，自上而下组建宣讲团进企业、进车间、进班组，全系统累计宣讲超过5000次。督促中央企业抓好党委（党组）示范领学、基层党组织集体研学、专家学者辅导讲学、党员干部职工自学，分期分批开展宣传贯彻培训。在国资央企官方网站、"国资小新"等平台开辟专题专栏、开展网上访谈、刊发理论文章，全方位多角度集中宣传，持续推动国资央企大学习、大研讨、大落实。

**（三）持续跟进学习贯彻习近平总书记重要指示批示精神**

贯彻落实习近平总书记关于加强党对团青工作全面领导重要指示，召开学习贯彻习近平总书记在庆祝中国共青团成立100周年大会上的重要讲话精神座谈会，全面实施中央企业青年精神素养提升工程，培养央企青年马克思主义者；贯彻落实习近平总书记关于打造现代产业链链长重要指示，深化第一批中央企业现代产业链链长建设，遴选推出第二批链长企业；贯彻落实习近平总书记中央和国家机关党的建设工作会议重要讲话精神，召开模范机关建设座谈会，举办图片展，完成直属机关换届，开展"学查改"专项工作，制定直属事业单位党组织建设6个方面职责清单。

## 三、坚持融合增效，推动党的领导制度优势更好转化为公司治理效能

### （一）健全在完善公司治理中加强党的领导制度机制

持续抓好《关于中央企业在完善公司治理中加强党的领导的意见》落实，推进中央改革办专项督察反映问题整改，针对党的领导与公司治理"融入""结合"实践难题强化调研，立足"大党建"开展"六个有机统一"融合机制研究，明确党的领导党的建设与企业决策、监督、组织、责任等机制衔接贯通的有效措施，推进党委（党组）发挥领导作用与其他治理主体依法行权有机统一、党管干部党管人才与市场化选人用人有机统一、党组织设置与企业管理架构运行有机统一、思想政治工作与企业文化建设有机统一、党内监督与企业内部监督有机统一、党建责任与经营责任有机统一。

### （二）完善中央企业各治理主体行权履职的有效方式

研究制定《关于在建设中国特色现代企业制度中完善中央企业"三重一大"决策机制的实施意见》，分层分类指导各级企业动态完善前置研究讨论重大经营管理事项清单，有效发挥党委（党组）把方向、管大局、保落实的领导作用。督促中央企业贯彻落实中央企业董事会工作规则，结合实际完善董事会议事规则，更好发挥董事会定战略、作决策、防风险作用。高质量推进99.6%的央企子企业实行经理层成员任期制和契约化管理，加强精准考核和刚性兑现，更好地落实经理层谋经营、抓落实、强管理作用。

### （三）加强重难点领域党的建设顶层设计

坚持问题导向，深化调查研究，建立与新设立单位、混合所有制企业等重点关注企业"一对一"联系指导机制。围绕混合所有制改革党建抓什么、怎么抓开展专题调研，总结梳理国务院国资委党委推进国企混合所有制改革坚持党的领导不能削弱、国有资产不能流失"两条底线"，坚持党的组织和工作"两个覆盖"、发挥党组织和党员"两个作用"等6个方面做法，逐条转化为制度措施。

## 四、坚持强基提质，全面增强中央企业基层党组织政治功能和组织功能

### （一）抓好标准化规范化管理

"一企一策"完成22家中央企业党委（直属党委）换届工作，开展党务工作突出问题清查整治，实施党务队伍能力提升计划，持续抓好民主生活会、"三会一课"、主题党日、谈心谈话、组织生活会等制度落实。统筹做好发展党员、党内帮扶等工作，组织在京中央企业完成元旦春节期间走访慰问党内功勋荣誉表彰的党员、生活困难党员、老党员、因公殉职党员干部家属工作。

### （二）推动党建与中心工作融合互促

组织动员党员干部在服务保障北京冬奥会和冬残奥会、助力抓好疫情防控和能源保供等大战大考中当先锋、作表率，深化中央企业基层示范党支部建设，推进党员责任区、示范岗、突击队、服务队载体建设，健全国务院国资委机关与中央企业基层联系点工作机制，国务院国资委领导和所有内设处室深入一线调查研究，帮助解决实际问题。

### （三）加强党对统战群团工作的领导

召开中央企业党外代表人士建言献策工作室推进会，累计建成工作室181个，完善推荐中央企业党外代表人士担任各级人大代表、政协委员工作机制，8人列入中央重点掌握无党派人士名单。深入实施"青马工程"，深化开展"同先辈比，我们身上少了什么""同先辈比，我们身上多了什么""同总书记和党中央期望以及企业发展需要比，我们还要充实什么""三个大讨论"，持续拓展青年精神素养提升工程成果。印发《关于进一步加强中央企业职工代表大会制度建设的指导意见》。

### （四）抓好行业协会党的建设

召开行业协会党建工作会议，认真学习贯彻习近平总书记关于行业发展及社会组织的重要论述，举办行业协会中青年干部培训班，深化行业协会党支部标准化规范化建设，开展创新工作方式、创建党建品牌"双创"活动。

## 五、坚持以考促责，推动管党治党政治责任与治企兴企经营责任衔接落实

### （一）抓好中央企业党建工作责任制考核

组建10个考核组，完成全部96家中央企业2021年度党建工作考核。坚持党建考核与经营业绩考核、领导班子和领导人员综合评价联动印证，推进考核指标有效衔接，突出落实习近平总书记重要指示批示和党中央决策部署，突出高质量党建引领保障高质量发展成效，突出解决党建工作问题短板；考核方式灵活贯通，运用个别访谈、线上查阅、实地走访、满意度测评等，全面了解企业改革发展党建、班子运行状态、干部队伍精气神情况，着眼全局工作研判党建整体质量；考核过程强化管控，组织召开动员培训会、中期推进会、结果碰头会，及时校准评分尺度，确保考核质量；考核结果全面挂钩，"一对一"向企业书面反馈考核意见，督促举一反三抓好整改，并同企业领导人员薪酬奖惩挂钩。

### （二）深化党建述职评议三项制度

召开中央企业党委（党组）书记党建工作述职会，深化基层党组织书记抓党建述职评议，中央企业党委（党组）连续7年向国务院国资委党委报告年度党建工作。

### （三）落实全面从严治党主体责任

会同中央组织部向党中央报告中管企业年度党建工作情况，定期召开会议研究中央企业、国务院国资委机关等落实全面从严治党责任和党内法规执行情况。

（审稿人：姚　焕　撰稿人：戴　佳）

# 中央企业统战群团工作

2022年，国务院国资委党委以习近平新时代中国特色社会主义思想为指导，以迎接学习宣传贯彻党的二十大为主线，坚持党对统战群团工作的全面领导，坚持围绕改革发展中心工作，深入开展"庆百年、爱企业、献良策、做贡献"主题活动，深化中央企业青年精神素养提升工程和科技创新巾帼行动，健全职工民主管理制度，充分发挥统一战线重要法宝作用和群团桥梁纽带作用，为加快建设世界一流企业汇聚磅礴力量。

## 一、统战工作

### （一）抓实政治引领，加强党对中央企业统战工作的全面领导

一是聚焦迎接学习宣传贯彻党的二十大，印发《关于围绕迎接和学习贯彻党的二十大做好有关统战工作的通知》，在中央企业统战成员中深入开展"爱企业、献良策、做贡献"主题活动，第一时间营造学习宣传贯彻热潮，持续推动用党的创新理论武装头脑，引导广大统战成员坚定信念、担当作为，积极投身企业改革发展中心工作。二是深入学习贯彻中央统战工作会议精神，组织召开中央企业学习传达专题会，深刻领悟习近平总书记关于统一战线"三个更加重要""十二个必须"的重要指示要求，坚持将中央统战工作重要政策文件、重要会议精神纳入中央企业党委（党组）理论学习中心组学习内容和宣传计划、纳入党的二十大和十九届六中全会精神轮训班、纳入基层党组织书记和党务干部培训班，推动各级党组织和广大统战成员完整准确全面理解习近平总书记关于加强和改进统一战线工作的思想，对标党中央决策部署抓好工作落实。

### （二）抓实队伍建设，打造与党同心同德的中央企业党外人士队伍

一是稳妥做好中央企业无党派人士政治面貌认定工作，按照"稳定总量、提升质量"原则，严格标准把关、严格推荐程序，调整充实党外代表人士重点人物数据库，依托中央企业党建信息化系统全面开展信息统计，确保底数清、情况明，为进一步培养使用党外代表人士夯实基础。二是积极开展代表人士推选工作，8名无党派代表人士被中央遴选至重点掌握名单，18名优秀党外处级干部被列入北京市委统战部党外干部数据库，4名代表人士被推荐为北京市欧美同学会

(北京市留学人员联谊会)会员代表候选人。三是加强党外人士培训培养，推荐1名九三学社社员参加全国进修班、8名党外干部参加全国国企党外干部培训班、1名党外干部参加无党派人士理论研究班、2名党外干部参加北京市无党派人士培训班。

### (三)抓实平台搭建，畅通中央企业党外代表人士建言献策发挥作用渠道

以深化党外代表人士建言献策工作室建设为主要载体，带动党外知识分子发挥作用。一是召开党外代表人士建言献策工作室推进会，组织101家中央企业认真总结工作室建设成效，分析存在的问题，谋划改进措施，发挥标杆示范效应。二是完善建言献策工作室运行机制，推动各企业、高校、科研院所加强横向交流合作、互学互鉴，指导中央企业结合行业特点、企业特色深化工作室创建，进一步扩充数量、提升质量，截至2022年底，累计创建181家中央企业党外代表人士建言献策工作室。三是巩固建言献策成果，开展优秀调研报告征集活动，组织各中央企业统战成员围绕核心技术攻关、国企改革三年行动、重大项目建设等开展调研攻关，74家中央企业形成优秀调研成果98篇，推动解决一批行业发展、科技创新中的重点难点问题。

### (四)抓实机制保障，构建国资央企一齐动手协同联动的大统战格局

一是健全联系机制，深化国务院国资委党委委员、中央企业党委(党组)成员与党外代表人士联谊交友工作，协调做好年底慰问统战代表人士工作，将思想引导融入日常。二是健全“双走访”机制，会同中央统战部赴中央企业走访无党派代表人士，推动落实中央企业党外代表人士在各级人大、政协及政府部门的参政议政工作，担任省级以上人大代表、政协委员368人。三是健全监测预警机制，认真贯彻落实风险隐患排查要求，梳理统战工作风险隐患点6条，发布《关于防范化解统一战线风险隐患工作提示》，加强对重大风险隐患的监测预警。四是抓好民族工作。认真贯彻中央民族工作会议精神，会同国家民委、国家发展改革委等七部委研究制定《关于实施各族群众互嵌式发展计划的意见》，指导中央企业广泛组织参与，推动民族工作走深走实。

## 二、共青团和青年工作

### (一)坚持用习近平新时代中国特色社会主义思想武装央企青年

一是深入学习宣传贯彻党的二十大精神。动员中央企业11万个团组织收听收看党的二十大开幕盛况，召开传达学习党的二十大精神座谈会、学习贯彻习近平总书记在庆祝中国共产主义青年团成立100周年大会上重要讲话精神座谈会，开展“喜迎二十大、永远跟党走、奋进新征程”主题教育活动，向500万名央企青年发出“维护核心、拥戴领袖、跟党奋斗、勇做强国兴企突击队”的倡议，引导广大青年坚定维护核心、拥护核心、追随核心。二是全面实施青年精神素养提升工程。以“我和先辈比奋斗”为主题，组织广大央企青年深化“同先辈比，我们身上少了什么”“同先辈比，我们身上多了什么”“同总书记和党中央期望以及企业发展需要比，我们还要充实什么”的“三个大讨论”，开展提升工程摸底调研和试点工作总结，持续提升央企青年思想引领成效。三是持续推进“青马工程”建设。构建集理论教学、信仰铸造、实践锻炼、跟踪培养于一体的育人体系。连续3年联合团中央举办青马工程国企班，各级企业2022年培训“青马”学员近27000人，近两年组织投身疫情防控、扶贫攻坚、技术攻坚近3万人，参与建设中国探月工程、中国载人航天工程、北斗工程220人，推动中央企业二级单位青马工程全覆盖，为国资央企培养输送政治坚定的青年政治骨干。

### (二)持续引领央企青年岗位建功勇担当

一是深入推进“央企青创先锋工作室”等载体建设，搭建“双创”平台，累计开展创新创意创客大赛1.3万场，组建创新团队2.8万个，形成创新成果7.6万项，央企青年广泛参与北斗卫星太空组网、“问天”“天和”成功对接、“奋斗者”号深潜成功，充分彰显创新发展生力军作用。二是面对四川雅安地震、重庆森林火灾等突发险情，迅速组建近500支青年突击队、1万余名青年，各类抢险装备和车辆1400余台(辆)，持续奋战抢险救灾、应急保供第一线，四川《新闻联播》连续

进行报道。三是组织15家中央企业为港澳大学生匹配80个实习岗位，举办中央企业系统青年志愿者服务大赛，13个优秀项目入围第六届中国青年志愿服务项目大赛全国赛金银奖决赛。

**(三)强化服务央企青年职责使命**

一是搭建青年干事创业舞台。召开“推优入党”工作座谈会，组织中央企业广泛开展技术比武、技能竞赛，联合团中央国际部组建央企青年“一带一路”国际合作联盟，打造“一带一路”青年交流平台和品牌项目，做好“一带一路”对外传播。二是发挥榜样示范带动作用。组织推荐中央企业21个青年集体或个人获得“中国青年五四奖章”，39名青年获评“全国青年岗位能手”，45个青年安全生产示范岗入围全国评审。举办第十七届“振兴杯”全国青年职业技能大赛(职工组)专项赛初赛，63个项目入围全国决赛，促进青年技术技能人才快速成长。三是关注青年成长成才。深入开展“我为青年办件事”活动，加强“青年之家”等青年活动场所建设。举办“青春相会”“我们一起来”等联谊活动超过1300场，服务单身青年社交婚恋需求，拓展青年“朋友圈”。加强与地方团组织沟通，关注工作在偏远地区和条件艰苦的基层一线青年，做好帮扶慰问，帮助解决实际困难。

**(四)规范中央企业团青组织建设**

一是深化党建带团建，坚持党建工作和团建工作同部署、同落实、同考核，研究制定《关于规范中央企业团委换届选举工作的通知》，编制“中央企业青年工作简报”。首次将“中央企业团组织书记、副书记一般分别享受企业同级党组织职能部门正、副职待遇”要求纳入党建责任制考核，强化制度执行刚性约束。二是规范基层组织建设。全面摸排年内任期届满企业情况，指导16户中央企业完成团委换届工作，指导12户中央企业完成团委负责人届中调整，新组建2户中央企业团委、推动3户中央企业境外单位成立团组织，进一步提升基层团的组织和工作覆盖面。三是提升中央企业青联委员履职能力。组织中央企业青联委员赴重大项目一线开展行动学习调研，举办央地青联助力“五子”联动活动，增补2名青联委员为全国青联第十三届委员会委员，10名中央企业系统全国青联委员在年度履职考核中被评定为“优秀”。

## 三、工会和女职工工作

**(一)抓好工会工作**

一是健全中央企业民主管理制度，修订《关于进一步加强中央企业职工代表大会制度建设的指导意见》，持续推动建立中央企业集团职代会，有效保障职工群众知情权、参与权、表达权、监督权。二是稳步推进产业工人队伍建设改革，配合中央组织部抓好《新时期产业工人队伍建设改革方案》落实，会同全国总工会研究制定《关于充分发挥国有企业在推进产业工人队伍建设改革中带动作用的意见》，推动中央企业在加强思想政治引领、提高技术工人待遇、拓展职工发展通道等方面先行先试，发挥示范带动作用。

**(二)加强女职工工作**

一是组织召开中央企业科技创新巾帼行动工作座谈会，印发《关于开展“巾帼建新功　奋斗新征程”中央企业科技创新巾帼行动的通知》，督促中央企业结合实际组织开展职业技术技能大比武、劳动竞赛，积极为女性科技人才搭建交流展示平台，推动女性科技人才创新成果更加丰富。二是认真组织中央企业系统全国妇女十二大代表深入基层一线联系群众，广泛开展调查研究，聚焦改革发展积极建言献策，保障中央企业系统妇女十二大代表履职尽责。三是精心组织推荐表彰工作，5个集体和5名个人获评“三八红旗集体”和“全国三八红旗手”，42户模范家庭获评“全国五好家庭”“全国最美家庭”、3个优秀集体获评“全国家庭工作先进集体”、3名优秀女职工获评“全国家庭工作先进个人”。

(审稿人：姚　焕　撰稿人：戴　佳)

# 中央企业宣传思想文化工作

2022年，国务院国资委坚持以习近平新时代中国特色社会主义思想为指导，牢牢把握迎接服务保障和学习宣传贯彻党的二十大主题主线，提高政治站位、强化使命担当，扎实做好国资央企宣传思想工作，唱响主旋律、打好主动仗、守好主阵地，为国资央企奋进新征程、取得新成就提供强大精神力量、营造良好舆论氛围。国资央企舆论环境整体向上向好，社会认可度、美誉度进一步提升。

## 一、持续强化党的创新理论武装，迅速掀起认真学习宣传贯彻党的二十大精神热潮

牢牢把握大局大势，推动习近平新时代中国特色社会主义思想成为国资央企奋进新征程、建功新时代的强大思想武器，把忠诚拥护“两个确立”的政治共识转化为坚决做到“两个维护”的实际行动。

### （一）加强理论学习

组织中央企业认真收听收看大会实况，采取“三会一课”、主题党日等多种形式，原原本本学习习近平总书记所作报告和重要讲话。坚持学思用贯通、知信行统一，深化“第一议题”制度，加强和改进中央企业党委（党组）中心组学习，建立健全巡视旁听制度，开展学习质量提升行动，召开学习交流会，组织中央企业及时深入学习党的二十大精神、习近平总书记最新重要讲话和重要指示批示精神、习近平总书记关于国有企业改革发展和党的建设重要论述，学懂弄通做实习近平新时代中国特色社会主义思想“最新篇章”和“国企篇章”，广大党员干部忠诚拥护“两个确立”、坚决做到“两个维护”的认识更加深刻、行动更加自觉。

### （二）加强研究阐释

加强对习近平总书记关于国有经济重要思想的理论研究阐释。加强高端智库建设，协调争取中咨公司纳入国家高端智库建设培育单位。深入推动中央企业思想政治研究和成果转化，国资央企系统优秀研究成果数量创历史新高。建立健全同党报党刊合作长效机制，国务院国资委党委、国务院国资委党委中心组在《求是》等中央媒体发表理论文章 6 篇，党报党刊刊发国务院国资委领导及中央企业负责人文章 250 多篇，创下新高。特别是党的二十大开幕当天，《求是》杂志集中推出中央企业负责人署名文章 4 篇，形成理论声势。联合《求是》开展学习贯彻习近平总书记关于发展国有经济重要论述研讨征文活动，取得一批优秀理论研究成果。

### （三）加强宣传宣讲

举办学习贯彻党的二十大精神中央宣讲团报告会，国资国企系统 33 万余名党员干部共同听取报告深入学习。在国务院国资委网站、“国资小新”等平台开设“学习宣传贯彻党的二十大精神”专栏，及时跟进报道国资央企学习贯彻新成效。指导中央企业广泛开展基层理论宣讲，15 个基层理论宣讲先进集体、个人和宣讲报告、微视频受到中央宣传部表彰。指导举办第五届中国企业论坛，以“中国企业新征程新跨越”为主题，释放国资国企在新时代新征程展现新担当新作为、夯实中国特色社会主义重要物质基础和政治基础的坚定信心和强烈信号。“1＋N”理论宣传矩阵规模达到 1 个平台＋29 个“学习强国”号，“国企文化”公众号发布文章 417 篇，总阅读量超过 5 亿人次。

## 二、抓实抓牢思想政治工作，砥砺奋进的磅礴力量进一步凝聚

深刻认识思想政治工作是党的优良传统、鲜明特色和突出政治优势，强化政治统领、思想引领，不断巩固广大干部职工的共同思想基础。

### （一）压实主体责任

用好思想政治工作“传家宝”，坚持不懈健全思想政治工作责任制，进一步强化落实中央企业党委（党组）主体责任，推进思想政治工作贯穿企业党的建设和治企兴企始终。印发新时代加强改进中央企业思想政治工作的实施意见，历史性召开中央企业思想政治工作会议，进一步巩固国资央企干部职工凝心聚力团结奋斗的共同思想基础。

### （二）深化文明建设

协调中宣部挖掘选树国家电网钱海军为 2022 年“时代楷模”。做好全国道德模范、全国文明单位等推荐评选工作。组织指导中央企业开展“助力冬奥　央企先行”文明实践活动、“大国顶梁柱、永远跟党走”“强国复兴有我”等群众性主题实践活动。鼓励、协调、支持中央企业创作推出一批精品文艺力作，《万里

归途》《平凡英雄》《钢铁意志》等涉中央企业题材元素的电影闪耀国庆档银幕，叫好叫座。

### （三）弘扬先进精神

巩固拓展党史学习教育成果，大力弘扬伟大建党精神，深化国企先进精神谱系研究，由国务院国资委提出的企业家精神内涵明确为：爱国敬业、勇于创新、诚信守法、回报社会、放眼世界。推进中央企业爱国主义教育基地建设，17 个中央企业红色展馆入选全国爱国主义教育示范基地，命名首批 100 家中央企业爱国主义教育基地，发布中央企业第六批工业文化遗产名录，联合中国科协等单位命名 2022 年度科学家精神教育基地，中央企业红色基因历久弥新。

## 三、做大做强主流舆论，改革发展舆论氛围更加优化

始终胸怀“两个大局”，牢记“国之大者”，坚持团结稳定鼓劲，强化正面宣传引导。

### （一）坚持统筹谋划

年初研究制定全年新闻宣传工作计划，制定专项工作宣传方案，每月召开新闻宣传工作调度会，分析研判形势，确定重点任务。编制《国资委新闻舆论工作手册》《国资国企发展改革监管和党的建设情况》，使国务院国资委内部各单位、中央企业进一步掌握国资央企整体工作情况，加强工作规范，提高对外发布水平。

### （二）强化正面宣传

组织做好“奋进新时代”主题成就展筹展观展，积极协调争取，充分展示新时代国资央企辉煌成就，突出展示习近平总书记对国资国企的亲切关怀，是全面展示国资国企多样元素，国资央企展品无论是数量还是质量，抑或展览效果都十分突出，达到新水平；组织国资央企干部职工 4 万余人有序观展、接受教育，极大激发国资央企自豪自信干事创业斗志。集中开展迎接党的二十大主题宣传，与中央主流媒体联合协同策划“习近平总书记国企足迹”专题报道，联合推出《非凡十年看名企》《瞬间中国　大国基石》《超级装备》等一批广受好评的融媒产品。组织编撰《大国顶梁柱　奋进新时代——党的十八大以来中央企业重大成就图志》，以图文志史生动展示新时代 10 年国资央企改革发展、党的建设、重大工程、重大项目等方面取得的重大成就；编纂《央企青年：强国复兴有我》，讲述中央企业生力军的奋进故事。围绕国企改革三年行动收官、建设世界一流企业、打造现代产业链链长、能源保供、科技创新等开展重点专题宣传，全方位多角度全媒体展示中央企业改革发展最新成就；打造中国智造品牌论坛，集中展示中央企业创新创造最新成果。

### （三）做好权威发布

完善新闻发布工作机制，每季度在国务院新闻办举行例行发布会，介绍中央企业经济运行情况。举行“一月一主题”媒体通气会，定期通报国资国企改革发展重点工作推进情况。举行“中国这十年”新闻发布会，全面介绍新时代国资国企改革发展成就。在国资央企组团参加党的二十大期间，把握方向口径，制定细化预案，协调配置资源，统一宣传步调，圆满完成大会集体采访和“党代表通道”活动，组织 25 位代表接受《人民日报》、新华社等 20 余家主流媒体采访，发布各类稿件 50 余篇；组织 10 余家企业参与“二十大时光”专栏报道、境内外记者“采访线”专题宣传；组织随团记者大会期间每天采写 1 篇报道，主流媒体同步推出 1400 余篇次，实现“天天有报道、篇篇有亮点”；指导国资央企全媒体矩阵联动传播，形成同频共振、立体发声的宣传声势，有效放大国资央企喜迎二十大、喜庆二十大的好声音正能量。

## 四、持续巩固坚强阵地，意识形态领域持续平稳向好

牢牢掌握意识形态工作领导权，统筹发展和安全，强化底线思维，用务实举措化解风险隐患。

### （一）健全体制机制

深入学习习近平总书记关于意识形态工作的重要论述精神，压紧压实中央企业党委（党组）意识形态工作责任制，及时通报形势，切实维护国资央企意识形态安全。

### (二)抓紧抓牢专项工作

组建工作专班,全面完成国资央企系统舆论阵地清查整顿工作。组织敏感有害信息排查整改,重点整治姓名称谓和固定表述编辑错误、"问题地图"等,确保国资央企系统舆论阵地安全。

### (三)防范化解风险

压实中央企业党委(党组)网络安全责任,组织开展中央企业网络舆情和网络安全基础提升专项行动。提升舆情研判水平,整合中央企业、舆情监测机构、智库等舆情收集监测分析力量,编报《舆情专报》52 期、《党的二十大网络舆情和网信安全日报》9 期,编纂《中央企业舆情案例库(2017—2022)》《中央企业舆情风险清单》。

## 五、加强国际传播能力建设,中央企业海外形象不断提升

自觉服务中国特色大国外交,落实国家外宣总体部署,推动以中央企业故事讲好中国故事、以中央企业声音传播中国声音。

### (一)加强统筹谋划

突出以企业形象展示国家形象的使命任务,用好媒体融合管理平台,不断优化外宣工作的整体统筹、及时协调、实时指挥。制定印发《加强中央企业国际传播能力建设的工作方案》,构建形成以国际传播能力建设为主线,以新闻宣传、舆论引导、文化融合、品牌传播、人脉建设为重点的"1+5"外宣业务体系。指导中央企业全面落实"六个一"工作机制,形成与国际化经营紧密结合、相互支撑的工作布局。编制 10 个新增国别的海外传播手册,完成 20 个重点国别的本土化传播策略研究,为央企外宣实现精准有效传播提供更多学理支撑和实践指导。

### (二)推进重点工程

采用"一企一国一系列"模式,指导 22 家中央企业在缅甸、沙特阿拉伯、俄罗斯、澳大利亚、意大利等 30 个"一带一路"重点国家开展跨文化传播工作。指导 29 家企业在 39 个"一带一路"重点项目实施央企海外文化融合工程。推动 30 家企业在 100 个海外项目建设"中国书架"。组织 4 家企业在亚洲电力行业探索实施人脉建设项目,有效提升中国和中国企业的海外美誉度。稳步推进国外"Z 世代"外宣重点项目落地实施,不断提升海外青年对中国和中国企业的理解认同。

### (三)开展跨境舆论引导

每月一主题持续开展"美美与共"海外宣传,全方位、立体化展示新时代中央企业发展成就,累计发布各类信息 2.2 万条,海外浏览量 4.64 亿人次,互动量 2206 万人次。指导中央企业提高斗争意识,积极应对美西方在亚太、"一带一路"沿线、非洲等区域对中方发起的抹黑攻击和舆论围堵,以增强当地政府、民众获得感为目标,主动设置议题开展正面宣传引导,生动讲述中央企业诚信经营、合作共赢、造福当地故事。扎实推进"骨干网评员队伍建设工程",组织 20 家企业 1800 多名驻外网评员围绕习近平总书记日常动态、重要讲话精神解读、国际热点事件评论等积极点赞、转发。

(审稿人:陈国栋　撰稿人:陈净涤)

# 中央企业履行社会责任工作

2022 年,国务院国资委坚持以习近平新时代中国特色社会主义思想为指导,全面贯彻落实党的二十大精神,深入学习贯彻习近平总书记关于安全生产、生态环境保护、碳达峰碳中和、乡村振兴、对口支援、品牌质量、疫情防控等工作的重要论述和指示批示精神,指导中央企业强化责任担当、忠诚履行职责,社会责任领域各项任务有力有序推进,中央企业社会贡献持续增大、社会形象持续提升。

## 一、坚决筑牢安全生产防线

### (一)树牢安全发展理念

深入学习贯彻习近平总书记关于安全生产重要论述精神,自觉用习近平新时代中国特色社会主义思想

武装头脑、指导实践。国务院国资委党委4次召开党委会议专题研究，国务院国资委领导10次召开视频会议专题部署，在重要会议上、赴企业调研时必强调安全生产。各中央企业通过党委(党组)理论学习中心组学习等形式，深入学习贯彻习近平总书记重要论述精神，开展"一把手"讲安全、人人谈认识等活动，常态化加强全员安全生产学习，持续推进安全理念入脑入心。

### (二)压实企业主体责任

持续强化安全生产监管，加强即时督导，严肃约谈通报，严格考核约束，深化事故会商，及时提示风险，压紧压实中央企业安全生产主体责任。各中央企业持续完善安全生产责任制，建立"横向到边、纵向到底、职责清晰、权责一致"的全员安全生产责任体系，全面提升安全生产工作水平。

### (三)深入开展专项整治

将2022年作为"安全生产提升年"，在民航、石油化工、建筑施工、矿山、火炸药、能源电力、环保设施等7个重点领域开展专项整治。部署中央企业对5万多台环保设备设施开展安全可靠性鉴定并实行动态清单管理，落实危险化学品重大危险源管控措施，强化隧道施工和危大工程管理。对有关中央企业"开小灶"，深入4家重点火炸药生产企业蹲点帮扶。对发现的问题，督促企业立行立改，坚决做到不安全不生产，企业安全、环保、疫情风险有效降低。

### (四)大力推进"科技兴安"

把"科技兴安"作为实现本质安全的重要手段，加大安全生产科技投入，加强安全生产信息化建设，创新"5G+安全生产"云检查，积极推进"互联网+安全生产"行动。持续推进"机械化换人、自动化减人"，实施"自动化、机械化"改造，实现生产自动管控、机器智能巡检、故障远程诊断。鼓励企业开展"小发明、小创造、小革新"活动，提高关键安防技术装备水平，逐步实现危险源在线监控和动态管理，促进企业本质安全水平全面提升。

### (五)积极参与抢险救援

完善应急机制，建立重要时段日调度、零报告制度，节假日常态化值班。督促指导中央企业完善牵头管理、分工负责、资源共享、地企联动的工作机制，持续加强应急体系和能力建设，高效组织力量、快速应对处置突发情况。中央企业建成涵盖矿山、隧道、危化品、油气等重点行业领域的68支队伍，拥有专业力量1.5万余人。在四川泸定地震抗震救灾中，电力、通信、油气、建筑等中央企业火速调集力量，投入抢险人员6900余人、各类抢险装备和车辆4000余台(辆)，83家企业捐款12.91亿元，有力支援抗震救灾和灾后重建。有关中央企业在长沙自建房坍塌、辽宁盘锦绕阳河决口等事故灾害处置中发挥重要作用。

### (六)毫不放松抓疫情防控

严格落实国务院联防联控机制、首都协调机制要求，根据疫情形势变化及时部署安排，督促指导中央企业准确理解、严格落实防疫政策。督促企业严格人员进返京管理和在京医院、建筑工地等重点场所管理，持续加强疫苗接种，严防感染事件发生，扎实做好首都疫情防控工作。协调中央建筑企业调集10余万名施工人员，支援香港特别行政区、上海、吉林等地涉疫项目建设，动员中央企业捐赠款物价值4.3亿元，支持新疆、西藏、内蒙古、海南等地抗"疫"。成立工作专班，加强组织协调，每日进行工作调度，督促指导医药和医疗器械生产企业全力以赴稳产扩能保障医疗物资供应。

## 二、积极稳妥推进碳达峰碳中和

### (一)构建工作推进机制

成立中央企业碳达峰碳中和工作领导小组，统筹推进中央企业碳达峰碳中和工作。配合有关部门研究制定国家层面碳达峰碳中和指导意见和实施方案，参与碳达峰碳中和"1+N"政策体系建立。制定《贯彻落实〈关于推进中央企业高质量发展做好碳达峰碳中和工作的指导意见〉重点任务分工方案》，细化分解任务，明确中央企业落实碳达峰碳中和工作年度重点工作举措，压紧压实责任。

### (二)指导制定行动方案

召开中央企业碳达峰碳中和工作推进会，解读国务院国资委出台的相关文件要求，统一中央企业思想认识。印发《关于做好中央企业碳达峰行动方案编制工作的通知》《中央企业碳达峰行动方案编制指南》，指导各中央企业立足自身实际，“一企一策”科学合理制定实施碳达峰行动方案，积极稳妥推进碳达峰碳中和工作。

#### (三)推动绿色低碳发展

统筹推动传统产业绿色转型，巩固去产能工作成果，推进节能降碳改造，推动产业结构由低端向高端、高碳向低碳转变，扎实推动企业绿色低碳高质量发展。2022 年，中央企业能源消费总量实现比上年下降 0.96%，万元产值综合能耗比上年下降 4.5%，万元产值二氧化碳排放量比上年下降 3.9%。

#### (四)强化宣传引导

在全国节能宣传周组织开展“节能减碳　央企行动”主题宣传，指导重点行业中央企业向全社会、同行业发起绿色低碳倡议，共同践行绿色低碳理念，共建美丽家园。举办中央企业环保低碳工作培训班，深入学习贯彻习近平生态文明思想、党的二十大精神，解读党中央、国务院关于环保低碳工作的决策部署，提升企业领导干部做好碳达峰碳中和工作意识和能力。

### 三、强化生态环境保护工作

#### (一)加强环境风险管控

修订《中央企业节约能源与生态环境保护监督管理办法》《中央企业节约能源与生态环境保护考核细则》，明确新时代中央企业环保低碳工作要求，指导督促中央企业完整准确全面贯彻新发展理念，切实履行节约能源与生态环境保护主体责任。印发《关于进一步加强中央企业生态环境保护工作的通知》，部署中央企业深入推进污染防治，深入开展环境污染风险隐患排查治理。

#### (二)强化生态环境污染防治

深化工业企业大气污染综合治理，推进钢铁企业超低排放改造，有序推进水泥、焦化行业超低排放改造。开展重点行业挥发性有机物深度治理，加强消耗臭氧层物质和氢氟化碳化合物治理。持续强化工业水污染防治和废水资源化利用，加强入河入海排污口、污水处理设施、污水管网排查整治。加强在产企业和关闭搬迁企业地块土壤污染管控，严格落实土壤和地下水污染防治、生态修复和环境监测措施。中央企业 5 项主要污染物持续大幅下降，达到国家“十四五”目标进度。

#### (三)督促整改突出问题

督促有关中央企业坚决整改中央生态环境保护督察和审计署审计等发现的突出环境问题，以及长江、黄河流域生态环境问题，推动相关问题整改、验收、销号。完成中央生态环境保护督察办公室移交的中国有色集团环境问题责任追究工作。

#### (四)积极参与生态治理修复

指导中央企业发挥专业优势，积极参与长江大保护等重大生态战略实施。中国绿发生物多样性保护工作入选联合国“生物多样性 100+全球典型案例”。中国三峡集团、中国节能在长江沿线落地一大批污水处理、固体废物处理项目，惠及数千万人口。国家能源集团打造神东煤矿国家级矿山公园。华润集团开展水泥窑协同处置城市生活垃圾。

### 四、持续推进定点帮扶和对口支援

#### (一)压紧压实帮扶责任

完成 2021 年度中央企业定点帮扶成效考核评价，2022 年，中央企业获评“好”等次的比例再创历史新高。为进一步推动企业增强对帮扶工作的重视，年度考核结果同时抄送中央企业干部管理部门，将其作为企业领导班子和领导干部年度考核等工作的重要参考。举办首届中央企业定点帮扶工作培训班，进一步增强中央企业做好定点帮扶的使命感、责任感和紧迫感，坚定助力乡村振兴的信心和底气。

#### (二)推动帮扶提质增效

举办首届“央企消费帮扶兴农周”活动，形成“百家央企齐动员、千万职工同参与”的巨大声势，集中采购和帮助销售脱贫地区农产品超过 10 亿元，及时有效缓解脱贫地区农产品滞销卖难问题。组织中央企业参与科技人才组团式帮扶专项行动，为国家乡村振兴重点帮扶县产业发展提供智力支持。指导中央企业乡村产业投资基金聚焦重点领域，加大投资力度，累计投资金额490.73亿元，布局一批贯彻新发展理念、带动效果好、群众受益多、可持续发展的乡村产业项目。

#### （三）深化拓展援藏援赣

优化援藏工作格局，调整对口援藏结对关系，指导新增对口援藏中央企业与有关各方加强沟通对接，确保平稳有序完成工作交接。制定印发《国务院国资委2022—2025年对口支援江西省赣州市章贡区（含赣州经济技术开发区）实施方案》，明确未来一段时间对口支援章贡区的目标任务和重点举措。召开国资央企援赣兴赣工作座谈会，回顾总结和部署推动国资央企对口支援赣州市章贡区工作。

#### （四）扎实有力推进产业援疆

组织召开新疆与中央企业产业兴疆恳谈会，推动有关中央企业与新疆方面签订45个项目合作协议，总投资额6375亿元。开展中央企业产业兴疆行动，支持新疆发展壮大优势产业、转型升级传统产业、培育打造新兴产业。持续指导开展“工装援疆”行动，中央企业在疆累计订购工装303.5万件，合同额逾5.1亿元，支持南疆纺织服装产业存续发展。

#### （五）强化就业支援

完成第十一届中央企业面向西藏青海新疆高校毕业生专场招聘活动，提供专招岗位2078个、就业机会1.8万个，实际招录2228人，参与企业数、提供岗位数、实际录取人数等各项指标均创历史新高。启动“央企市场化促就业项目”，探索破解西藏地区高校毕业生就业结构性矛盾的有效路径。指导推动中央企业在新疆、西藏、青海和赣南革命老区投资建设过程中，广泛吸纳当地劳动力就地就近就业，为保障和改善民生、促进社会稳定、实现共同富裕发挥积极作用。

### 五、深化品牌质量工作

#### （一）加强品牌建设

组织实施“中央企业品牌引领行动”，推动中央企业加快创建品牌卓著的世界一流企业。开展2021年度中央企业品牌建设对标，发布中央企业品牌建设年度情况报告。遴选发布2021年度国有企业品牌建设典型案例和优秀品牌故事。会同国家发展改革委等部门制定印发《关于新时代推进品牌建设的指导意见》，联合汇编发布《中国品牌建设报告（2022）》；会同工业和信息化部制定印发《原材料工业“三品”实施方案》；会同商务部修订完善《中华老字号示范创建管理办法》。

#### （二）持续深化质量提升

会同市场监管总局印发实施《关于进一步加强中央企业质量和标准化工作的指导意见》。高质量参与全国“质量月”活动，与市场监管总局联合举办2022年全国“质量月”活动启动仪式暨中央企业质量提升标准创新大会；组织推动中央企业以“质量月”为契机，大力开展形式多样、各具特色的质量活动。组织开展中央企业全面质量管理知识竞赛、第五届中央企业QC小组成果发表赛等群众性质量活动，进一步激发广大干部职工参与质量改进与创新活动的热情，夯实质量提升工作基础。

### 六、持续推动社会责任实践

探索推动ESG工作，加强ESG研究交流。组织中央企业参与第十二届“中华慈善奖”评选。组织开展“让生命听见声音——中央企业公益助残专项行动”，印发《关于进一步做好中央企业带头安排残疾人就业有关事项的通知》，指导中国建筑开展全国农村留守儿童关爱保护“百场宣讲进工地”活动等，努力为特殊困难群体送去温暖和帮助。指导中央企业按规定接收安置退役军人，尽力关心关爱退役军人。指导广东、云南、山西等地国资委举办国有企业社会责任论坛活动。编制发布《中央企业社会责任蓝皮书（2022）》《国资国企社会责任蓝皮书》《中央企业海外社会责任蓝皮书（2022）》《中央企业上市公司ESG蓝皮书（2022）》等专题报告，全面展示国资国企履责丰硕成果。

（审稿人：李　军　撰稿人：马世昌　马志伟）

# 国际合作与港澳台工作

2022年，国务院国资委坚持以习近平新时代中国特色社会主义思想为指导，深入学习党的十九大、十九届历次全会及党的二十大精神，坚决贯彻党中央决策部署，着眼国内国际大形势、大环境、大趋势，主动作为、勇于担当、积极探索，推动国资央企国际合作和港澳台工作取得新进展。

## 一、强化“三个自觉”，保障国资央企落实中央对外工作部署走深走实

### （一）强化政治自觉

全力落实元首外交重大共识。10月30日，在国家主席习近平与越共中央总书记阮富仲共同见证下，国务院国资委党委书记、主任郝鹏与越南企业国有资产管理委员会主席阮皇英签署《中华人民共和国国务院国有资产监督管理委员会与越南社会主义共和国企业国有资产管理委员会关于加强国资国企领域交流合作的谅解备忘录》，并作为集中展示的合作成果文件，纳入《关于进一步加强和深化中越全面战略合作伙伴关系的联合声明》；2月24日，与古巴驻华大使馆共同举办国企改革研讨会；5月11日，与英国驻华大使馆共同举办中英国有企业改革发展视频研讨会；8月19日，与印度尼西亚国企部举办线上会议，推动部门间合作谅解备忘录签署及结构化交流项目开展。积极响应习近平总书记提出的全球发展倡议，11月5日，举办虹桥国际经济论坛“践行全球发展倡议　建设世界一流企业”分论坛，启动“践行全球发展倡议　建设世界一流企业”行动，积极参与全球发展项目库建设。

### （二）强化思想自觉

8月1—5日，举办首期学习贯彻习近平外交思想专题培训班，组织41家中央企业和6家行业协会国际合作部门负责人在大连高级经理学院脱产培训，全面加强习近平外交思想对国资央企国际交流合作工作的科学指导，系统提升国资央企落实中央对外工作决策部署、服务中国特色大国外交、高质量参与共建“一带一路”的能力水平，推动国资央企系统深入学习贯彻习近平外交思想落实落地见实效。

### （三）强化行动自觉

积极践行人类命运共同体理念。6月2日，国务院国资委党委委员、副主任任洪斌线上出席2022联合国全球契约领导人峰会——聚焦中国·全体大会，并作主旨演讲；12月4日，国务院国资委党委委员、秘书长彭华岗出席国际金融论坛（IFF）2022全球年会，就工商界践行全球发展倡议发表演讲。

## 二、发挥“三种优势”，为国资央企改革发展提质增效贡献力量

### （一）发挥渠道优势，立体开展国企改革对外交流

以驻华使节为对象，8月9日，举办驻华使节“步入国企”系列参访活动首场“步入国家电网”活动；9月21日，举办驻华使节“步入中国建筑”活动，利用对话会等形式，借用“外嘴”讲好中国国资国企故事，123个驻华使馆及国际组织驻华代表机构发布报道近200篇。以外国政府官员为对象，6月22日至7月12日，支持上海商学院开展主题援外培训，为柬埔寨、埃塞俄比亚等13国国企高管举办“发展中国家国企高管研修班”，促进理念认同、立场协同。以国际组织为对象，12月8—9日，赴印度尼西亚雅加达参加经合组织第15届亚太地区国有企业公司治理会议，讲好中国式现代化的国资国企故事，引导多方正确看待我国国资监管模式和国企改革路径，并参与《经合组织国有企业公司治理指引》修订讨论，提升中国在国资国企领域的国际影响力、塑造力、感召力。

### （二）发挥平台优势，助力建设世界一流企业

10月18—21日，与剑桥大学耶稣学院中国中心在中国大连高级经理学院举办“2022剑桥大学—中国企业领导力高级研修班对话活动（线上）”，围绕“创新

及绿色经济”“向低碳经济转型”“金融和实体经济：基础设施融资”“低碳、健康及福祉”4个主题开展对话交流；11月6日，在第五届中国企业论坛期间，联合世界经济论坛举办中外企业家对话会，国务院国资委党委委员、秘书长彭华岗出席并致辞。借助与有关中央企业、高校合作建立的信息获取平台，全年编制《国资国企国际要情》11期，摘编外国知名期刊、智库最新研究成果，助力全面掌握全球国资国企动态和国际社会对中国国资国企看法及观点。

### （三）发挥资源优势，系统开展国资央企引才引智

聚焦人，促成中国机械科学研究总院集团有限公司与外国专家精准对接；10月，推动2名企业外国专家获得中国政府友谊奖。聚焦项目，7月，推动5家企业7个外专项目获得政策支持220万元。聚焦基地，全年推动14家中央企业20个项目获得金砖国家新工业革命伙伴关系创新基地工业创新奖项，着力发挥中央企业国家引才引智基地引领示范作用。

## 三、做到“三个着力”，助力稳外贸外资、促进畅通国内国际双循环

### （一）着力稳存量

积极应对复杂多变国际形势，指导企业多措并举稳住优势领域外贸存量。参与专项机制，制定专门方案，积极稳妥进口大宗商品，中央企业天然气、原油、铜矿、大豆全年进口额分别占全国进口总额的97.4%、56.2%、27.9%、20.6%，比上年稳中有升。指导中央企业扎实做好境外防疫、有序轮换中方员工，实现中央企业建筑服务出口761.74亿美元，比上年增长4.6%。指导航运企业投放更多舱位，开展直客对接，稳定央企运输服务出口。指导企业加强常态化沟通，88.2%的外方合资伙伴继续合作意愿强烈，比上年增加1.1个百分点。

### （二）着力促增量

制定针对性采购计划，组织99个中央企业交易分团所属近1300家单位17500余名专业采购人员注册参加第五届中国国际进口博览会，11月5—11日，与74个国家（地区）的672家境外供应商洽谈合作，签署954个进口采购合同或协议，实现按一年计意向成交金额179.55亿美元，比上届增长2.84%，占比24.42%，继续排名首位。9月，在中国—东盟博览会上设立中央企业展区，依托央企经贸促进联合体组织8家中央企业集中参展，加大基建、汽车、物流等领域对外拓展力度，推动企业利用RCEP生效契机加强与东盟务实合作。2022年，中央企业货物进出口额6694.80亿美元，比上年增长18.5%，高出全国14.1个百分点。

### （三）着力解难题

2021年，借助外贸外资协调机制推动解决企业在物流、金融等方面困难诉求38条。11月，促成中国机械工业集团有限公司与中国能源建设集团有限公司、中国交通建设集团有限公司两单特殊贸易，推动1.05亿美元境外滞留资金回流。满足企业提出的贸易领域信息掌握不及时、不全面等诉求，编制《全球经贸动态》，梳理各主要经济体贸易政策措施及商机。

## 四、突出“三个紧抓”，全力保障境外中方员工生命安全

### （一）紧抓安保体系建设

基本健全境外安保制度体系的“四梁八柱”。创新开展国别联防联保机制，建立牵头企业境外第一手信息直报机制。组织四部门开展境外项目安全风险评估和应急演练，覆盖所有极高风险区域的项目和中方人员。推动企业压减高风险国别地区人员近1万人，安全风险敞口大幅降低。

### （二）紧抓重要节点保障

围绕喜迎党的二十大，对境外员工多、工作基础薄弱的重点企业面对面督导，压实企业管理主责；坚持7×24小时值班值守，全天候保持应急响应，全年累计发出风险预警30余次；会同商务部印发专门通知，督促企业党的二十大前及党的二十大期间向高风险国别地区缓派员工500余人。经过努力，实现党的二十大前后“安全零事件、人员零伤亡”的预期目标。

### (三)紧抓俄乌局势应对

早谋划早行动,确保16家企业的151名中方员工全部撤出。

## 五、围绕“三件大事”,全力推动央企在港澳高质量发展、稳妥做好涉台工作

### (一)全力配合做好庆祝香港回归25周年相关工作

指导有关央企稳经营、稳队伍,助力香港特别行政区社会大局稳定。以习近平总书记“七一”重要讲话精神为根本遵循,组织40家中央企业于8月31日至9月1日以线上线下相结合的方式参加香港第七届“一带一路”高峰论坛,国务院国资委党委书记、主任郝鹏以视频形式致辞。国务院国资委党委委员、秘书长彭华岗出席第十二届“濠江盛会——澳门汽车、游艇、公务航空展”。

### (二)全力支持港澳抗击疫情

2—6月,有关中央企业高标准完成香港应急医院等10个项目建设任务;6月,南光(集团)有限公司在核酸检测等方面全力支持澳门,多措并举保障港澳民生物资、基础服务等市场供应,为打赢港澳防疫抗疫保卫战作出积极贡献。

### (三)全力做好涉台工作

系统梳理中央企业对台工作,支持福建探索海峡两岸融合发展新路。

(审稿人:朱　凯　撰稿人:郑丁山)

# 行业协会商会监督管理与党建工作

2022年,在党中央坚强领导下,国务院国资委党委深入学习习近平新时代中国特色社会主义思想,认真贯彻落实习近平总书记关于行业发展及社会组织重要论述精神,以党建深化落实年为主题,大力推动行业协会党建质量迈上新台阶,为新时代行业协会改革转型提供坚强保证。

## 一、坚持把“稳中求进”作为根本要求,不断推进协会党建基础再强化

### (一)高扬信仰之旗,营造同心向党的浓厚氛围

坚持以迎接和学习宣传贯彻党的二十大为主线,扎实开展理想信念和党性教育,引领协会系统干部群众坚定不移听党话跟党走。大会召开前,推动行业协会积极开展“云游党史”在线学习、“永远跟党走,奋进新征程”、“支部品牌故事会”等一系列红色宣教活动,唱响“喜迎二十大、奋进新征程”主旋律。周密组织,完成党的二十大代表人选推荐工作,做到协会系统所有党组织和1万余名党员“两个100%”参与,使协会系统全体党员接受一次深刻的党内政治生活锻炼。会议召开后,多措并举推动党的二十大精神学习贯彻,组织行业协会收听收看大会实况转播,举办覆盖协会系统全体员工的专题培训班,督促直管协会围绕党的二十大报告和习近平总书记系列重要讲话精神,通过党委会、中心组学习等开展研讨交流,在协会系统迅速兴起学习热潮,协会系统听党指挥、同心向党、跟党奋斗的意志更加坚定。

### (二)凝聚思想之力,引领改革转型的正确方向

坚持用习近平新时代中国特色社会主义思想统领工作、校准航向、凝聚力量,努力做到真信笃行、知行合一。推动行业协会落实“第一议题”制度,充分发挥党委中心组学习龙头作用,各直管协会党委重点围绕习近平总书记关于全面从严治党、社会组织和本行业改革发展等重要论述以及最新重要讲话精神开展集体学习200余次。组织梳理党的十八大以来习近平总书记关于行业发展及社会组织重要论述,编辑形成7万余字的《论述摘编》,分为综合篇、行业篇、社会组织篇,内容涵盖供给侧结构性改革、高质量发展等七大战略部署,机械、钢铁等九大行业领域,以及社会组织改革发展党建等方面,行业协会边梳理、边学习、边研究、边落实,持续抓好学用转化,以实际行动捍卫

“两个确立”、做到“两个维护”。

### (三)抓住关键之人,建强支撑发展的中坚力量

将建强直管协会领导班子作为加强协会党的建设的关键点持续加强,不断优化班子结构功能。开展5家直管协会换届工作,全年调整直管协会两类负责人92人次。拓宽协会负责人来源渠道,从国家部委和中央企业遴选7名年富力强的厅局级干部和领导人员到协会班子任职,创近年来新高。在加强直管协会领导班子建设基础上,下移管理重心,突出政治标准,完成80家代管协会1200余名负责人的审核备案。加强优秀年轻干部培养锻炼,继续办好行业协会中青年干部培训班,积极选派行业协会优秀干部参加中央组织部干部调训、中央和国家机关司局级干部研修班、中央党校国资委分校培训班,首次推选协会系统优秀年轻干部到青海、海南等地挂职担任厅局级领导职务,为协会持续发展积蓄后备力量。

### (四)夯实组织之基,筑牢攻坚啃硬的战斗堡垒

坚持系统思维推动基层党组织建设提质增效,在对协会系统800余个基层党组织运行情况逐一盘点的基础上,一方面,按照“抓两头、带中间、促整体”的思路,深入推进行业协会党支部标准化规范化建设,大力整顿软弱涣散党支部,协会系统党支部平均开展活动次数比上年增加7次,党支部班子配备完整率比上年提高3个百分点;另一方面,大力开展以创新党建工作方式、创建协会党建品牌为主题的“党建双创活动”,引导行业协会探索适应协会运行特点的党建活动,形成一手抓党支部规范运行、一手抓党建活力激发的党组织建设“组合拳”。

### (五)强化监督之责,涵养风清气正的政治生态

深入推进党风廉政建设,及时传达学习十九届中央纪委六次全会精神,持续加强警示教育,锲而不舍纠治“四风”,督促各直管协会制定贯彻中央八项规定精神实施办法,推动全面从严治党向纵深发展。结合巡视整改,推动行业协会补齐配强纪检工作力量,直管协会纪委书记全部实现专职专责,专职纪检工作人员由8人增至36人,基本满足纪检工作查审分离的要求,为全面落实监督责任、深入推进党风廉政建设奠定良好基础。

## 二、坚持把“开拓创新”作为前进动力,不断推进协会党建优势再转化

### (一)深入调研启发新思考

深入开展协会党建综合调研,与班子成员、部门负责人和普通党员干部200余人交流访谈,全面了解党建工作、班子建设、党建引领协会作用发挥等情况。在深入调研、摸清底数基础上,深刻剖析协会当前面临的定位属性和使命任务、管理体制和支持保障、领导班子和人才队伍建设以及党建工作4个方面12个问题,有针对性地提出12条政策建议,形成《关于进一步加强新体制下行业协会运行管理工作情况的报告》等一系列调研成果。

### (二)统筹谋划形成新部署

为推动行业协会实现市场化社会化转型发展,组织召开首次国资委行业协会党建工作会议,学习借鉴国企党建经验,交流工作,从“讲政治、促发展、重自强”三方面提出要求,明确提高协会党建质量的重点任务,对在新起点以高质量党建引领保障行业协会持续健康发展作出全面部署,进一步巩固党建强发展强的普遍共识,进一步增强协会的信心和动力。

### (三)服务大局扛稳新担当

坚持围绕中心、服务大局,引导行业协会始终牢记“中字头”的使命责任,在践行“四个服务”中主动作为、勇挑重担。积极为政府宏观决策贡献智慧,直管协会全年累计为40余个部门提供决策咨询等服务1000余项、研究报告200余份,均比上年大幅度增加。全力助推党和国家重大战略、重大政策落实落地,为提升战略性资源供应保障能力,中国钢铁协会提出并推动实施“基石计划”,将海外铁矿开发、国内铁矿资源开发和废钢循环利用上升为国家战略,并建立部际协调机制大力推进,着力从根本上解决钢铁产业链资源短板问题;中国煤炭协会充分发挥自身组织动员力,主动投身能源保供等重大任务。坚定维护国家利益,中国纺联针对美国制裁我国新疆棉的行径,多次联合行业企业发表声明、说清真相,纺联主要负责人利用担任国际纺联主席的有利条件,在出席国际纺联

大会等系列活动中，精心策划对美国所谓“涉疆法案”进行坚决斗争；中国质量协会针对华为公司国际业务屡屡受到美国等西方国家围堵打压、国际交流遇阻遭拒的情况，充分发挥协会的国际影响力和作为全球卓越绩效委员会核心成员优势，专门组织力量打通渠道，助力华为成功获得欧洲质量奖（EFQM全球奖），在华为供应链能力提升、海外业务发展方面给予有力帮助和支持。

### （四）助力央企取得新成效

引导行业协会认真践行服务行业、服务企业的办会宗旨，助力国资央企高质量发展。围绕打造原创技术策源地、“卡脖子”关键技术攻关等，提供咨询专家160余人次，围绕行业运行分析、发展趋势以及乌克兰局势对国资央企影响等热点问题，形成专题报告150余份。为充分发挥人才第一资源作用，指导直管协会围绕国资央企改革发展中心任务，对本行业专家进行梳理，初步建立涵盖钢铁、机械、煤炭、电力等行业的专家库，从中遴选出500余名熟悉宏观经济、行业发展、国资央企等领域的重点专家，为国资央企应对新形势、新挑战、新任务提供直接的智力支持。

## 三、坚持把“严防风险”作为底线思维，不断推进协会发展环境再优化

### （一）落实工作部署，建立健全风险防控机制措施

全面贯彻总体国家安全观，引导协会党员干部保持高度警惕、坚定斗争意志，严密防范协会系统可能存在的风险隐患。压实各直管协会党委书记风险防控第一责任人责任，要求行业协会全面梳理排查本系统本单位政治、廉洁、内部治理等10个方面的风险，形成系统完备的风险防范化解方案，建立上下联动的风险防范机制。在党的二十大召开期间，专门派出督导组深入直管协会督导风险防控工作，形成有计划、有部署、有检查的工作“闭环”。全年协会系统未发生重大风险。

### （二）结合巡视整改，全面提升风险防控能力水平

国务院国资委党委集中力量开展行业协会全面脱钩后新旧管理体制转型过渡时期的第一次巡视，并将巡视整改作为提升行业协会常态化风险防控能力的重要契机，针对巡视发现的问题，组织行业协会对风险隐患进行全面检视，推动健全完善风险防控体系，深入协会逐户检查，督促行业协会加强对风险易发多发重点领域的防控。行业协会风险防控工作机制持续完善、防控能力明显提升。

（审稿人：高　岩　撰稿人：周　凯）

# 机关事务工作

2022年，国务院国资委紧紧围绕迎接学习宣传贯彻党的二十大主线，深入学习贯彻习近平总书记关于机关事务工作的重要指示精神，围绕中心、服务大局，全力以赴强管理、优服务，谋改革、促发展，防风险、保稳定，不断提升机关服务管理效能，为国务院国资委中心工作和重点任务的顺利完成提供有力保障。

## 一、持续提升机关服务保障工作水平

### （一）完善机关后勤服务保障工作机制

健全机关后勤服务工作业绩考核评价制度，建立后勤服务保障预算管理体系，持续推进服务规范化、标准化、信息化、精细化建设。机关服务管理局获得2022年度机关事务理论研究优秀组织奖。

### （二）全力保障国务院国资委中心工作和重点任务顺利完成

在迎接党的二十大胜利召开、加快建设世界一流企业、打造原创技术策源地和现代产业链链长等一系列重大任务中，千方百计做好经费、资产、办公用房、重要会议活动保障。

### （三）科学精准细致做好疫情防控工作

压紧压实防疫责任，从严从实从细抓好机关疫情防控，开展核酸检测近20万人次，推动机关职工疫苗接种率95%，以极端负责精神做好中央企业系统（在京）党代会等重大活动防疫保障，为机关工作高效有

序运转提供重要服务支撑。年末疫情高峰到来后，迅速启动应急预案，加大力度做好办公区消杀和进入国务院国资委人员管控工作，及时向职工发放防护物资和治疗药物，努力为重要岗位人员创造防护和隔离条件，确保在极端情况下机关正常运转，受到高度肯定。坚持“一盘棋”思维，按照统一部署安排，持续压实“四方责任”，精准高效做好疫情防控各项工作，尽最大努力保障工作稳健运行和职工群众健康安全。

### （四）努力满足职工工作和生活需求

精心制定实施年度便利服务承诺，为职工提供优质服务。围绕健康机关建设，在为职工运动健身提供保障、丰富医疗保健服务、改善就餐条件、解决职工住房困难及提升工勤人员住宿环境等方面做出大量工作，全国机关事务管理研究会来国务院国资委调研时给予高度评价。努力提升办公条件，“智慧服务”系统上线应用，“公务之家”全业务经费网上报销启动。扎实推进新一轮老旧小区改造，幼儿园分园正式招生，机关后勤服务满意度再次提升。

## 二、大力加强资产财务管理和审计工作

### （一）强化经费保障

大力压减非刚性、一般性、执行率低支出，严控“三公”和会议、差旅、印刷等经费，同时加强与主管部门沟通，争取重要项目工作的经费支持，有效保障整体工作经费需求。

### （二）加强预决算管理

顺利完成预算申请、批复及下达工作；积极推进预算管理一体化系统构建，完成 160 家单位联网工作；指导加快预算执行，顺利完成预决算公开；协调推动解决所属事业单位经费不足、有关单位经费合规化等问题；完成国务院国资委 174 家单位部门决算、113 家单位住房改革支出决算、277 家部门管理企业决算和 184 家单位政府财务报告编报工作。

### （三）强化审计监管

密切配合审计署开展预算执行审计等工作，扎实做好各项内审工作，加大审计整改督办力度，预算执行审计问题中立行立改的全部完成、分阶段整改的完成绝大部分。

### （四）推进资产管理

制定并印发加强资产管理和资金管理的两个指导意见，持续推动所属事业单位及企业依法合规经营、防范化解风险。高质量完成行政事业性国有资产、企业国有资产统计工作，2021 年国务院国资委机关本级及所属 148 家行政事业单位资产总额 253 亿元、净资产 227 亿元，277 家企业资产总额 243 亿元、净资产 120 亿元。

### （五）强化资产经营

修订印发服务中心负责人经营管理业绩考核办法，激励和约束服务中心防控风险、提升管理水平。各服务中心以新的考核办法为导向，克服经济下行压力影响，统筹疫情防控和资产经营工作，超额完成各项考核指标。

## 三、全力推进综合管理和社会事务工作

### （一）扎实稳妥推进改革工作

认真研究服务中心改革发展方向。加快推进 14 家生产经营类事业单位改革工作，推动所属最后一批 10 家培训疗养机构改革实施方案审议通过。落实国企改革三年行动方案，完成部门管理的 61 家全民所有制企业改制工作。牵头做好中央企业培训疗养机构改革工作，全面完成 744 家机构改革方向和方案的审议、批复工作；指导督促有关中央企业推动 100 余家机构向养老服务产业转型。

### （二）持之以恒做好定点帮扶工作

助力河北省平乡县、魏县巩固脱贫攻坚成果、推进乡村振兴。2022 年，深入开展各类帮扶活动 60 余次、帮扶项目 30 余个，直接投入无偿帮扶资金 657 万元，引进无偿帮扶资金 1218 万元、有偿帮扶资金 7110 万元，投资 2.1 亿元，培训人员 6495 人次，购买脱贫地区农产品 439 万元，帮助销售脱贫地区农产品 2.41 亿元，大幅超额完成年度工作计划，助力两县经济社会

发展步入快车道，城乡居民人均可支配收入增速位居所在地级市前列。魏县被评为国家乡村振兴示范县。

### （三）积极做好社会事务管理工作

深入贯彻落实习近平总书记关于制止餐饮浪费行为的重要批示精神，持续开展反对食品浪费工作。倡导文明健康生活方式，积极开展健步走、健康讲座、健康体检、健康食堂创建等活动，强化卫生环境综合整治及禁烟控烟管理，营造良好办公环境。深入开展全民义务植树，积极宣传推广"码上植树""云端植树"新模式，组织干部职工通过现场植树、以资代劳、抚育管护等方式折算植树4415株，在办公区、生活区开展形式多样的庭院绿化美化活动。强化交通安全管理，组织开展全国交通安全日宣传教育和"文明驾车、礼让行人"活动，整治交通违法突出问题，加强公务用车管理和驾驶员安全教育，干部职工交通安全意识不断增强。广泛开展"幸福工程——救助困境母亲行动"，干部职工踊跃捐款56.8万元，捐款数达到历年最高，充分展示国务院国资委机关良好社会形象。

### （四）坚决有力维护安全稳定

落实安全责任，加强安全动态管理，实行安全管理月报制度，在春节、全国两会和党的二十大前，深入开展消防大演练、安全保密大检查活动，全面排查、整改风险隐患。扎实做好信访维稳、网络安全及舆情监测工作，确保安全稳定。

（审稿人：张文宏　撰稿人：包明凯　王本飞）

# 离退休干部工作

2022年，国务院国资委坚持以习近平新时代中国特色社会主义思想为指导，围绕迎接学习宣传贯彻党的二十大主线，深入学习贯彻习近平总书记关于老干部工作的重要指示批示精神，认真落实全国老干部局长会议精神，把维护好、发展好、实现好离退休干部根本利益作为工作出发点和落脚点，确保4300多名离退休干部队伍思想稳定、各项待遇有效落实。

## 一、全面加强离退休干部党的建设

以迎接学习宣传贯彻党的二十大为主线，突出政治引领，采取集中宣讲、线上座谈、送学上门以及参观主题成就展等方式，开展活动百余场，持续引导离退休干部深刻把握习近平新时代中国特色社会主义思想的科学内涵和核心要义，进一步夯实捍卫"两个确立"、做到"两个维护"的思想根基。深入学习中办《关于加强新时代离退休干部党的建设工作的意见》，制定并印发《国资委党委关于贯彻落实〈关于加强新时代离退休干部党的建设工作的意见〉的实施方案》，组织全系统10个离退休干部局党委和115个离退休干部党支部抓好贯彻落实，进一步加强离退休干部党的建设，受邀在中组部推进会上作工作交流。

## 二、认真落实离退休干部两项待遇

坚持做到在政治上尊重、思想上关心、生活上照顾离退休干部。国务院国资委党委两次向离退休干部通报经济形势和主要工作情况。有关领导亲自或委托离退休干部工作机构慰问老部长及有关离退休干部27人次、老部长家属4次，并对10名符合条件的离退休干部开展生日慰问。按照既讲政策又讲感情的原则妥善办理6位老部长后事。坚持精准服务理念，认真落实离退休干部各项待遇，积极探索离退休干部间互助服务，组织离退休干部广泛参与防诈反诈、健康知识学习及竞赛活动，受到活动组织部门通报表扬。大力推进信息化建设，积极推行"大数据＋管理＋服务"工作模式，用好管好离退休干部服务管理平台，助推离退休干部服务管理工作提质增效。认真做好离退休干部常态化疫情防控工作，积极推进离退休干部疫苗接种，在年末疫情高峰期间，克服重重困难，加强与离退休干部的全覆盖联系，及时向离退休干部配发药品和防疫物资，想方设法为重症离退休干部联系入院治疗，全力保障离退休干部生命健康安全。

## 三、切实发挥离退休干部作用

围绕迎接党的二十大，深入开展"点赞新时代，建言二十大”访谈、学习传唱《领航》歌曲、“新时代、新变化、新成就”书画摄影展、“悦活越健康，喜迎二十大”健乐杯运动会等活动，积极引导广大离退休干部传播好声音、发挥正能量，激励干部职工建功立业。积极搭建离退休干部发挥作用平台，10 名老部长受聘为海南国资研究院特聘专家，为海南自由贸易港发展建设贡献智慧和力量。深入开展“建言二十大”“我看中国特色社会主义新时代”调研等活动，组织离退休干部形成 20 篇高质量调研成果，集中报送中组部老干部局，受到充分肯定。

（审稿人：张文宏　撰稿人：包明凯　王本飞）

# 国务院国资委开展巡视工作情况

2022 年，国务院国资委党委坚持以习近平新时代中国特色社会主义思想为指导，深入学习贯彻党的二十大精神，贯彻落实党的十九届六中全会和中央纪委六次全会精神，认真落实习近平总书记关于巡视工作重要论述和党中央新部署新要求，严格落实中央巡视工作方针，全面对标对表中央巡视，坚定不移深化政治巡视，完成十九届中央任期内国资委党委巡视全覆盖任务，有效推动巡视利剑作用更加彰显，上下联动、贯通协调的监督合力更加显现，巡视“后半篇文章”更加扎实，巡视工作基础更加坚实，在国资央企发展改革监管和党的建设工作大局中发挥监督保障执行、促进完善发展作用，有力保障和促进国资央企事业高质量发展。

## 一、突出事业单位、直管协会特点巩固深化政治巡视，高质量完成巡视全覆盖任务

### （一）主体责任落实更加坚决有力

国务院国资委党委坚决对标习近平总书记重要指示批示精神，坚决向习近平总书记看齐，把巡视工作作为强化党内监督，推进全面从严治党的重要抓手，与国资央企改革发展党建工作统一谋划、部署、推进。国务院国资委党委书记认真履行巡视工作第一责任人职责，担任巡视工作领导小组组长，把巡视工作作为“书记工程”来抓，多次在中央企业负责人会议、党风廉政建设和反腐败工作会议等系统重要会议上强调巡视工作的重要性，就做好巡视工作作出部署、提出要求；落实“四个亲自”要求，亲自确定每轮巡视对象和工作方案，带领巡视工作领导小组全面深入研究每份巡视报告、谈话报告、问题线索报告，主持召开党委会议及时听取巡视情况汇报，对巡视反映的突出问题提出明确具体的处理意见。中央纪委国家监委驻国务院国资委纪检监察组组长作为分管领导直接推动巡视工作，担任巡视工作领导小组副组长，及时听取巡视机构工作情况汇报，对深化政治巡视、抓好巡视整改工作提出明确要求。国务院国资委党委委员把抓好巡视工作作为履职尽责的重要抓手，在党委会听取巡视汇报时对职责范围内的工作直接提出办理意见，督促分管部门做好信息共享、移交事项办理、成果运用等工作。

### （二）政治巡视更加精准有效

紧盯被巡视党组织职能责任，紧盯人民群众反映最强烈、最突出的问题，围绕党中央重大决策部署贯彻落实情况加强政治监督，持之以恒推进政治监督具体化、精准化、常态化。在两轮巡视工作中，准确把握直属单位、直管协会规律特点深化政治巡视，结合实际对原有的“四个落实，19 个了解，135 个是否”的政治巡视监督体系进行优化调整，政治监督的科学性和有效性进一步提升。聚焦直属事业单位推进全面从严治党、加强党的建设、落实“三定”规定、服务支撑国资委中心工作等情况，深入开展监督检查；立足协会脱钩后的实际情况，紧紧围绕“坚持党的领导，加强党的建设”，坚持从党章对基层党组织和党员的具体要求入手，查找直管协会党组织发挥政治功能，落实中央八项规定精神，纪委履行监督责任，以及管办媒体、股权代持、参股管理等风险防控等方面存在问题，推动宣传局、协会党建局、管理局等主管厅局加强协会系统管办媒体清理整治，防范意识形态领域风险，推动协会深化违规挂靠、股权代持清理整治，进一步加强协会党的建设。聚焦机关服务中心加强政治机关建设、坚持党的领导、加强党的建设、立足主责主业履

行"第一责任"、推进改革发展稳定、防范化解风险、巡视和审计发现的问题整改等情况，深入查找各类问题，推动管理局、机关党委等主管厅局加强各机关服务中心党的建设，切实有效发挥中心党委的领导作用，将各中心的领导体制调整为党委领导下的行政领导人负责制，明确机关服务中心改革发展方向，完善考核机制，做强管理局纪委，做实机关服务中心纪委。

**(三)巡视利剑作用更加彰显**

充分借鉴巡视委管企业经验做法，深入探索巡视事业单位、直管协会工作规律，把握共性、突出个性，顺利开展2轮常规巡视，完成对6家直属事业单位、10家管理局系统机关服务中心和15家直管协会的巡视，为实现十九届中央任期内国务院国资委党委巡视全覆盖画上句号。两轮巡视发现"四个落实"方面问题845个，发现147名领导干部问题线索，涉及被巡视单位班子成员44人，下一级负责人69人。向国务院国资委党委提出建议14项，向被巡视单位党组织提出意见131项。巡视期间，将有关领导人员违反中央八项规定精神问题线索移交被巡视单位立行立改，切实发挥巡视震慑作用。巡视后，各巡视组全面移交领导干部问题线索。其中，机关服务中心方面，向驻国务院国资委纪检监察组移交问题线索18件，向管理局纪委移交问题线索32件，其中涉及的王兵、许崇伟、张建军等人，已接受驻国务院国资委纪检监察组纪律审查和地方监委监察调查；直属事业单位方面，向驻国务院国资委纪检监察组移交问题线索7件；直管协会方面，向驻国务院国资委纪检监察组移交问题线索24件。

## 二、深化巡视整改、强化成果运用，推动巡视整改工作不断走深走实

**(一)坚持以上率下，压实责任抓整改**

国务院国资委党委高度重视巡视整改工作，始终把学深悟透习近平总书记关于巡视整改的重要论述作为落实巡视整改政治责任的首要一条，准确把握党中央对巡视整改的部署要求，以学习贯彻《关于加强巡视整改和成果运用的意见》为契机，从讲政治高度统筹国资央企整改工作、抓好巡视成果运用。国务院国资委党委书记担任巡视整改工作领导小组组长，率先垂范落实巡视整改政治责任，发扬自我革命精神，坚持以机关带系统，在深入抓好中央巡视国资委党委整改落实工作的同时，切实督促中央企业以及所属事业单位和直管协会等各级党组织提高政治站位、层层压实责任，在国资央企系统形成巡视整改"书记抓、抓书记"的鲜明导向。中央纪委国家监委驻国务院国资委纪检监察组组长第一时间要求对巡视整改情况再"筛"一遍，确保经得起检查。国务院国资委党委委员坚决落实分管业务范围整改责任，积极组织相关责任厅局研究推进巡视整改工作。

**(二)深入做好中央巡视国务院国资委党委整改落实工作**

对国务院国资委党的十九大以来中央巡视整改落实情况进行系统梳理，及时督促各单位检查确认反馈问题整改进展。截至2022年底，中央巡视组反馈的59个具体问题均报告完成整改，整改台账中明确的228项整改措施，完成和阶段性完成219项，其他为长期坚持整改事项，整改期间，国务院国资委制定完善各类制度122项。按照中央巡视工作领导小组要求，2022年5月向中央巡视办报送《关于十九届中央第三轮巡视整改进展情况的报告》。

**(三)坚持不懈统筹督促中管企业深化落实中央巡视整改**

用好日常联络机制和整改台账月报机制，实时动态监测，定期跟进提醒。截至2022年底，49家中管企业确定的8815项整改措施，完成和阶段性完成的措施8574项，完成率97.3%，其他为长期坚持整改事项。按照中央巡视工作领导小组要求，2022年6月向中央巡视办报送《国资委党委关于党的十九大以来中央巡视通报中央企业共性问题及移交建议研究办理情况的报告》。

**(四)健全完善国务院国资委党委巡视整改落实机制**

制定国务院国资委党委贯彻落实《关于加强巡视整改和成果运用的意见》的重点任务15项，明确驻国

务院国资委纪检监察组、国务院国资委有关厅局职责分工清单，厘清工作职责，完善整改监督机制。压实企业整改主体责任，明确由被巡视单位党委副书记协助党委书记具体抓整改，改变以往纪委书记“既司监督、又抓整改”的不合理状况，确保主体责任和监督责任落到实处。加强整改情况考核，在对委管企业巡视工作年度考核中，提高巡视整改所占权重至30%。分批次对委管企业持续整改情况进行专项督导检查，并就中煤地质总局等个别单位整改工作中存在的严重问题，按照国务院国资委领导批示要求，成立专班开展专项督导检查，形成专题报告，切实举一反三，深化整改成效。截至2022年底，委管企业确定的8099项整改措施，完成和阶段性完成7236项，完成率89.3%；事业单位确定的1078项整改措施，完成和阶段性完成957项，完成率88.8%。巡视整改实现预期目标，解决一批长期没有解决的重点难点问题，有力推动国资央企高质量发展。

## 三、深化巡视巡察上下联动和贯通协调，国资央企巡视巡察体制机制逐步完善

### （一）健全完善上下联动监督格局，国资央企巡视巡察系统作用和组织优势更加彰显

坚持标准化规范化和分类指导相结合，突出精准指导、精准考核，进一步优化对委管企业巡视巡察工作考核的指标体系，将贯彻落实中央单位巡视工作指导意见及实施办法情况纳入中央企业年度党建责任制考核，同时对企业年度巡视巡察工作设置5个方面30项指标进行精准考核，做到量化打分、分档排名、“一对一”通报。高质量完成中央巡视办交办的国有企业巡视巡察案例教材编写任务，向委管企业征集案例500余篇。通过实地调研、“线上+线下”方式，加强对委管企业“一对一”业务指导，覆盖巡视巡察干部1万余人。截至2022年底，48家委管企业党委均成立由党委书记任组长的巡视工作领导小组，全部独立设置巡视办作为集团党委工作部门，配备专职干部170人；设置常设巡视组67个，配备专职巡视组组长、副组长78人。委管企业所属各级党组织设置381个常设巡察组，配备专职巡察办干部1284人，配备专职巡察组组长204人，专职巡察组副组长323人。开展巡视巡察工作的46家委管企业集团巡视全覆盖率100%，发现“四个落实”方面问题32341个，完成整改31468个，完成率97.30%，通过整改制定完善制度44780项，挽回经济损失累计55亿元；所属各级党组织巡察全覆盖率96.46%，发现“四个落实”方面问题211281个，完成整改205989个，完成率97.50%，通过整改制定完善制度52432个，挽回经济损失累计24亿元。

### （二）发挥巡视综合监督作用，监督合力更加凸显

建立完善统筹衔接和协调协作机制，着力推动巡视监督与纪律监督、监察监督、派驻监督统筹衔接，与组织监督、出资人监督有机贯通，促进监督信息、资源、力量和成果共享共用，有效发挥国资大监督格局优势。巡视前，由有关厅局负责人分类作专题辅导，做到对当前国资央企领域的“国之大者”心中有数，确保党中央决策部署到哪里，巡视监督就跟进到哪里。巡视事业单位期间，人事局、管理局、机关党委等厅局深入协作配合；巡视直管协会期间，协会党建局建立专项协作机制、全程参与；相关厅局在情况通报、政策咨询、人员配备等方面强化专业力量支持，有效发挥巡视监督与主管部门监管合力。巡视后，加强巡视整改监督，强化巡视成果运用。

## 四、持续加强巡视工作基础建设，自身建设规范化水平进一步提升

### （一）突出经验成效，做好五年巡视工作总结

为贯彻党中央决策部署和中央巡视工作领导小组工作要求，国务院国资委巡视机构专门组织力量，对党的十九大以来国务院国资委党委巡视工作进行全面梳理总结。在原有总报告及巡视中央企业情况、巡视直属单位和直管协会情况2个分报告的基础上，根据中央精神，新加督促落实巡视整改情况、委管企业开展巡视巡察情况2个分报告。全面总结国务院国资委党委巡视中央企业、直属单位和直管协会发现问题的总体情况，利用翔实的数据对问题情况作结构性分析，按照“四个落实”分类汇总巡视发现的具体问题；全面总结国务院国资委党委巡视委管企业、直属

单位和直管协会整改情况，统筹督促中管企业整改情况，委管企业巡视巡察工作总体情况，分析相关工作举措、成效和不足，提出下一步工作打算。更全面、更准确地展示国务院国资委五年来巡视工作成效，更成体系地总结经验，更深入地发现存在的不足，为开展下一步工作打下坚实的基础。

**（二）抓好谋篇布局，着手制定巡视工作五年规划编制及访谈调研方案**

注重把握落实党中央决策部署与推进实际工作的关系、解决突出重点问题和建立长效机制的关系、抓住共性和突出个性的关系，结合国资央企实际，准确把握巡视工作规划定位及制定的基本要求、基本要素、主要流程及重点内容，深度谋划国务院国资委党委未来五年巡视工作规划，印发《国资委党委巡视工作规划（2023—2027年）》编制工作方案，对指导思想、工作目标、主要内容、组织机构和任务分工、时间安排等作出具体安排。编制专题访谈和调研方案，根据方案要求，及时与驻国务院国资委纪检监察组、巡视组、各有关厅局、有关中央企业沟通联系，严格按照疫情防控要求，通过多种形式灵活开展访谈调研工作，确保按节点顺利推进。

**（三）夯实工作基础，巡视制度建设更加系统**

针对2016年以来没有系统修订巡视制度汇编的实际，对标对表中央巡视做法，本着“全面、准确、具体”的原则，突出针对性和指导性，对国务院国资委巡视工作制度进行全面梳理，组织专门力量对相关制度进行修订和完善，建成以“一规划”“两办法”“四规则”为主体、以50项具体工作制度为支撑的巡视工作制度体系，并将制度汇编发送委管企业巡视机构，强化制度传导，促进企业巡视巡察工作规范化发展。

**（四）强化数据支撑，稳步推进巡视信息化建设和应用工作**

认真贯彻落实《关于巡视巡察信息化建设的指导意见（试行）》精神，积极对标对表中央巡视信息化建设，坚持信息化与档案管理、保密等工作一起谋划安排、推动落实，国务院国资委“探索信息技术与巡视工作深度融合　促进国资央企巡视巡察高质量发展”作为典型案例被中央巡视办选编为巡视巡察培训教材内容。截至2022年底，建成涉密单机版和涉密专管版两大系统以及中央企业巡视整改在线监管子系统、中央企业巡视巡察工作在线监管系统，十九届中央巡视中管企业和国务院国资委党委巡视委管企业的整改情况全部纳入实时在线监管，委管企业巡视巡察数据资源得到整合，切实以信息数据联动促进巡视巡察工作上下联动，实现全流程信息化管理和档案“数字化”集成。

**（五）以党的政治建设为统领，全力建设模范机关**

大力强化政治引领，持之以恒学习贯彻习近平总书记“7·9”重要讲话精神，持续巩固拓展党史学习教育成果，深入开展“学查改”专项工作；完善习近平总书记重要批示件督办工作机制和“第一议题”制度；党组织关系在巡视机构的副部长级干部积极发挥“头雁效应”，带头深入学习党的十九届六中全会精神，形成系列学习成果。大力强化思想引领，精心打造“天天学习”“一起云学习”等线上线下学习品牌，通过开展“天天学”“青年说”“书记讲”“相互鉴”等学习活动，切实用党的创新理论凝心铸魂；加大对年轻干部的培养教育力度，积极组织开展与央企共建共练、“关键小事”攻关等活动，深入了解掌握企业基层实际。大力强化组织引领，深入开展“四强”党支部创建活动；充分发挥党组织政治功能，巡前在各巡视组成立临时党支部，加强对挂职借调干部的教育培养管理；系统总结巡视机构党组织建设质量提升三年行动工作经验，进一步提升党支部标准化规范化建设水平，有力推动党建、巡视、疫情防控等制度措施更加精准有效。国务院国资委党委第三巡视组党支部被评为中央和国家机关“四强”党支部，巡视办被评为国务院国资委创建模范机关先进集体。

（审稿人：王洪飞　撰稿人：宋广奇）

## 国企改革三年行动进展情况

2022年是国企改革三年行动的收官之年、决胜之年。习近平总书记多次对国企改革三年行动作出重要指示批示，强调要继续实施国企改革三年行动方案，为进一步深化国企改革指明方向、提供根本遵循。李克强总理在《政府工作报告》中提出，要完成国企改革三年行动任务。各地方、各相关部门和广大国有企业把认真学习领会习近平总书记关于国有企业改革发展和党的建设的重要论述作为首要任务，坚决贯彻落实党中央、国务院决策部署，在国务院国有企业改革领导小组（以下简称领导小组）直接领导下，以高度的政治责任感和历史使命感推动各项任务举措落实落地。截至2022年底，29个部门、100家中央企业、37个省级（含计划单列市）国资委工作台账任务按期完成，国企改革三年行动实现高质量收官。

## 一、积极推动国企改革三年行动高质量收官

国务院国资委始终坚决贯彻习近平总书记的重要指示批示，将国企改革三年行动作为重要政治任务来抓，坚持"可衡量、可考核、可检验、要办事"的要求，持续攻克难点堵点、狠抓改革实效，全力以赴推动国企改革三年行动实现高质量圆满收官。

### （一）突出抓好组织推动

一是充分发挥国务院国资委作为领导小组办公室的作用。筹备召开领导小组第七次会议，明确"锁定重点、狠抓收官、谋篇布局"的工作思路，部署国企改革三年行动重点工作。召开领导小组办公室专题会议，并先后赴财政部、国家统计局沟通交流，研究推进规范补贴、公益性业务分类核算、国有经济统计评价等重点任务。两次召开专题座谈会，协调自然资源部研究解决国有企业存量土地盘活利用过程中的政策问题，印发《关于推进国有企业盘活利用存量土地有关事项的通知》。二是召开专项推进会。组织召开地方国企改革三年行动推进会，更大力度全面推进国企改革三年行动。组织召开专题推进会（月例会）7次，有针对性地抓好"瘦身健体"、完善公司治理、推动科技创新示范等重点改革工作。三是优化年度改革重点。根据三年行动的进展情况和任务变化，研究制定2022年工作要点，提出20条重点改革任务和5个方面工作要求，更加注重高质量、突出重点难点，成为各地和各中央企业年度抓改革落实的重要依据。

### （二）突出抓好考核评估

一是加强绩效考核工作。开展2021年度中央企业三年行动重点任务考核和地方三年行动评估，51家中央企业、15个地方被评为A级，中央企业三年行动考核结果纳入中央企业负责人经营业绩考核，督促效果明显。对考核评估排名靠后的30家中央企业、地方，开展一对一专题调研和督导帮扶，指导企业结合实际、分类施策。二是完成国企改革三年行动评估工作。委托中国社会科学院经济研究所、清华大学经济管理学院、中国国际工程咨询有限公司、中国国际经济交流中心4家单位作为第三方对三年行动重点任务落实情况进行系统评估。评估认为，全国国资国企系统贯彻落实党中央、国务院部署，按照领导小组要求，办实事、务实效，高质量完成三年行动各项改革任务，全面实现总体目标，取得"三个明显成效"。三是开展调查问卷。委托第三方在国资国企系统开展不记名问卷调查，参加干部职工78.9万人，调查结果表明，86.9%的干部职工认同三年行动取得"三个明显成效"，90%的干部职工认同三年行动提升改革意识、创新理念、精神面貌和干事创业热情。

### （三）突出抓好补短板强弱项

一是强化"量质双优""形神兼备"。针对不同地方和企业、不同类别任务，差别化推进，做到重点任务精准攻坚。印发《关于进一步抓好国企改革三年行动重要机制类任务提升改革质量实效有关事项的通知》，"机制类"任务由软变硬。推动改革考核结果刚性挂钩，着力增强改革实效。二是抓实抓细工作台账。跟踪推动330多项部门任务、3200多项各地国资委任务、13000多项各中央企业任务高质量完成。定期印发通报部门工作台账月度跟踪表和季度汇总表。分别印发加强中央企业和地方的工作台账管理通知、提升各部门收官阶段台账质量的通知，明确高质量工作台账要求。三是组织开展督导工作。会同成员单位组成5个督查组，对江苏等3个省和兵器工业集团等8家中央企业进行实地督查。对中央企业开展"稳增长、防风险、促改革、强党建"集中督导，把脉会诊、解决问题，现场回应企业诉求超过900条。对改革任务滞后、效果差的6家单位发督办函，推动有关方面加大力度、高质量完成改革任务。

### (四)突出抓好专项工程

一是抓"双百行动""科改示范行动"创新实施。开展"双百企业""科改示范企业"2021 年度专项考核评估,评选出标杆、优秀、良好、合格、不合格企业,对连续两次考核不合格的企业予以强制退出。截至 2022 年底,"双百企业"449 户,"科改示范企业"439 户,确保一池活水。二是抓"区域性综改试验"拓展扩围。以领导小组办公室名义批复实施湖北武汉区域性国资国企综改试验,实现拓展扩围。整理上海、深圳两地综改试验的成果,开展政策培训、经验交流。三是抓东北地区国资国企改革。"振兴东北央地百对企业协作行动"扎实推进,86 对企业取得协作成果,东北地区 5 家中央企业综合改革试点取得新成绩,辽宁沈阳区域性综改试验和太平湾绿色低碳高质量发展先行区等重点项目建设深入推进。

### (五)突出抓好宣传引导

一是加大主流媒体宣传力度。会同中央宣传部将国企改革纳入"伟大变革"专题宣传,在《人民日报》、中央电视台、新华社等主流媒体累计报道三年行动 116 次,通过新闻发布会、媒体通气会以及参加专业论坛等方式,积极宣传国资国企改革发展成效。二是注重典型经验推广。通过第二批"学先进、抓落实、促改革"推广典型案例 22 个,专题推进会(月例会)累计推出典型 106 个,编发《国企改革三年行动简报》291 期,出版《改革攻坚:国企改革三年行动案例集》,遴选综合及专项案例 271 个,典型引路、比学赶超的氛围更浓。三是创新宣传国企改革。主动运用微博微信等新媒体平台,积极主动回应社会关切的国企改革问题。推进国企改革三年行动宣传片制作,全景式展现三年行动的历程和成果。参加中英国有企业改革发展视频会、国际货币基金组织年度磋商会、中国美国商会与国务院国资委关于中国国有企业改革研讨会等涉外活动,向国际社会讲好国企改革故事,取得良好反响。

### (六)突出抓好新一轮国企改革的谋划工作

一是进一步提高政治站位。全面对标对表习近平总书记关于国有企业改革发展和党的建设重要论述,全面贯彻党的二十大精神,全面落实中央经济工作会议对深化国资国企改革的重要部署,全面梳理党中央、国务院领导关于国企改革的批示要求,确保完整、准确、全面把握新征程国企改革的新任务新使命。二是充分发挥外脑作用。委托中国石油高端智库、中智公司会同 7 家中央企业开展"国企改革三年行动标志性成果、规律性认识和前瞻性思考研究""新时代国有企业改革发展战略研究"2 项课题研究,对下一步深化国企改革方向、思路和举措进行前瞻性谋划。三是广泛听取意见建议。先后组织召开 13 次座谈会,多种途径广泛听取 29 个中央和国家部门、98 家中央企业、37 个地方国资委、13 家专业机构、30 多名专家学者对下一步国企改革的建议,累计收到建议 470 余条。四是集中力量攻坚克难。组织召开专题会,研究部署下一步深化国企改革文件起草工作。及时成立起草组,明确任务、合理分工、倒排工期、挂图作战,采用分块起草、共同讨论、逐步完善的机制,克服疫情影响,反复完善,起草形成新一轮深化国有企业改革行动方案的初稿。

## 二、国企改革三年行动取得一系列重大标志性成果

2022 年 12 月 16 日中央经济工作会议明确指出,"国企改革三年行动已见成效"。国企改革三年行动的深入实施,着力解决一批长期想解决而没有解决的重点难点问题,广大国有企业面貌发生根本性、转折性、全局性重大变化。

### (一)中国特色现代企业制度更加成熟定型

全面落实"两个一以贯之"要求,推动国有企业加强党的领导与完善公司治理相统一,中国特色现代企业制度更广更深落实落细,国有企业治理机制发生根本性变化,成功探索形成国有企业治理的"中国方案"。一是在完善公司治理中坚持和加强党的领导。推动国有企业党委(党组)"把方向、管大局、保落实"的领导作用制度化、规范化、程序化,100 户中央企业集团公司及所属 1825 户重要子企业、732 户地方一级企业及所属 3220 户重要子企业全面制定党委(党组)前置研究讨论重大经营管理事项清单,各治理主体权责边界更加清晰,治理水平全面提升。二是董事会应

建尽建、配齐建强。制定印发中央企业董事会工作规则、董事会和董事评价办法、外部董事履职指南等一系列政策文件，形成较为完整的董事会建设制度体系。全面加强外部董事队伍建设，成立中央企业专职外部董事党委，体系化加强外部董事履职支撑服务。1.3万户中央企业子企业、724户地方一级企业、2.5万户地方各级子企业建立董事会，实现全国各层级国有企业董事会应建尽建，其中99.9%实现外部董事占多数。董事会职权分层分类落实，董事会运作逐步规范高效，更好发挥董事会定战略、作决策、防风险的作用。三是保障经理层依法行权履职。根据“授权不免责”等原则，中央企业子企业、地方国有企业建立董事会向经理层授权管理制度的比例分别为97.4%和98.2%，普遍健全授权后的定期跟踪、评估调整机制，有效保障经理层依法履行谋经营、抓落实、强管理职责。四是全面完成国有企业公司制改革。在完成国务院国资委直接监管企业公司制改革基础上，中央党政机关和事业单位管理的1.5万户、地方政府管理的15万户国有企业全部完成公司制改革，国有企业有限责任的法律基础进一步夯实。

**（二）国有经济布局结构实现整体性优化**

聚焦战略安全、产业引领、国计民生、公共服务等功能，坚持以供给侧结构性改革为主线，优化调整国有资本布局结构，国有经济竞争力、创新力、控制力、影响力和抗风险能力显著提升。一是一批重大战略性重组和专业化整合成功实施。先后完成中国电科与中国普天、中化集团与中国化工、鞍钢与本钢等4组7家中央企业战略性重组，新组建和接收中国星网、中国稀土集团等8家中央企业，推动电力、检验检测、医疗、数据资源等30余个中央企业专业化整合项目，全国省属国有企业116组347家实施重组，开展专业化整合2150次。中央企业涉及国家安全和国计民生领域营业收入占比超过70%，国有经济主导作用有效巩固。二是打造现代产业链链长步伐加快。先后分两批遴选16家链长企业，主动在粮食安全、电子通信、能源资源、交通设施、高端装备等领域进行布局，完善产业链图谱，明确关键环节，梳理产业链重要企业，有效提升产业链供应链韧性和安全水平。2020年以来，中央企业新能源、新材料、5G应用等战略性新兴产业年均投资增速超过20%，高质量发展动力更加充沛。三是突出提质增效、强化主责主业成效显著。“两非”“两资”清退既定任务基本完成，以市场化方式盘活存量资产3066.5亿元，增值234.1亿元，中央企业从事主业的户数占比93%。全面完成“僵尸企业”处置和特困企业治理，“压减”工作大力推进，中央企业存量法人户数压减44%，管理层级大多数控制在四级（含）以内。四是剥离国有企业办社会职能和解决历史遗留问题全面扫尾。全国国资系统监管企业1500万户“三供一业”分离，1900个教育机构、2525个医疗机构深化改革，173.2万名厂办大集体职工安置和2027万名退休人员社会化管理完成比例均在99.6%以上，历史性地解决长期以来社企不分的难题，彻底卸下沉重的历史包袱，实现轻装上阵。

**（三）国有企业科技创新体制机制不断完善**

推动国有企业完善科技创新体系，增强创新能力，激发创新活力，为推动高水平科技自立自强提供重要支撑。一是创新激励政策“能给尽给、应给尽给”。出台一系列创新政策文件，统筹实施“六加、两保、两减”等措施，全面激发中央企业创新主体活力。各地加快推动考核评价、激励约束、合规免责等政策落地见效。实施核心研发团队工资总额单列等政策，推行“揭榜挂帅”“赛马”机制，全面激发创新主体活力。二是研发投入强度进一步加大。2021年中央企业研发经费投入9415.6亿元，比上年增长18.1%，其中工业企业研发投入6792.4亿元，研发投入强度超过3%，重点企业研发投入4684.2亿元，研发投入强度超过5.6%；2022年中央企业研发投入经费超过1万亿元。地方省级国有企业2021年研发经费投入3635.6亿元，比上年增长32.5%。三是加快打造原创技术策源地。遴选首批29户“重点支持类”原创技术策源地企业先行先试，加强基础性、紧迫性、前沿性、颠覆性原创技术研究，推动中央企业成为科学新发现、技术新发明、产业新方向的重要策源地。四是关键核心技术攻关取得重要进展。推动国有企业加大对首台（套）重大技术装备创新发展和推广应用的力度。面向国家重大战略需求，聚焦行业领域关键卡点，实施“央企攻坚工程”一期并圆满收官，一批关键核心技术攻关取得重大突破，252项攻关成果实现产业化应用，工程二期接续启动，部署超过500项攻关任务。国有企业在航天、深海、能源、交通、国防军工等领域涌现出一批重大成果。

**（四）市场化经营机制改革取得大范围深层次突破**

以增强企业活力、提高效率为中心，深入推进三项制度改革，转换内部经营机制，加快推动建设一大批活力迸发、动力充足的现代新型国企。一是经理层成员任期制和契约化管理全面推行。牢牢抓住经理层成员任期制和契约化管理这个三项制度改革的“牛鼻子”，印发一系列操作指引，大力推动企业坚决啃下干部能上不能下的“硬骨头”。开展任期制和契约化管理的中央企业、地方各级子企业比例由2020年底的23.5%、23.2%均提升至99.6%以上，覆盖全国8.4万户企业22万人，探索形成中国特色现代企业制度下的新型经营责任制。二是市场化用工机制深入推进。大力推行员工公开招聘、管理人员竞争上岗、末等调整和不胜任退出等制度。中央企业、地方国有企业新进员工公开招聘比例由2020年底的88.9%、87.6%均上升至99.9%以上，末等调整、不胜任退出的管理人员比例分别由2020年底的2.5%、1.9%上升至5.7%、4.5%，管理人员竞争上岗比例分别上升至57%、56.3%，多数国有企业鼓励多劳多得、有为才有位、争先创优、不养懒人闲人庸人的浓厚氛围已经形成。三是市场化薪酬分配机制持续优化。坚持“业绩升、薪酬升，业绩降、薪酬降”的分配原则，鼓励企业建立完善系统性、多元化的正向激励体系，灵活运用股权激励、分红激励、超额利润分享、虚拟股权、跟投等中长期激励措施，让有限的资源发挥更大的激励效用。具备条件的中央企业、地方国有企业子企业中开展中长期激励的比例分别为94.8%、89.5%，惠及骨干员工52.22万人。完善上市公司股权激励制度，推动更多国有企业实施股权激励，2020年以来国有企业推出股权激励方案198家次，涉及股份数量近86亿股。四是混合所有制企业经营机制深度转换。始终坚持“三因三宜三不”原则，引入高匹配度、高认同感、高协同性的战略投资者，优化股权结构，探索对混改企业实施更加灵活高效的管理，70%的混合所有制企业中有外部投资者派出的董事。2020年以来，中央企业引入各类社会资本超过9000亿元，累计推动111户国有股权超过50%的上市公司引入持股比例5%以上战略投资者作为积极股东。85.7%的重要领域混合所有制改革试点企业营业收入实现增长，平均年复合增长率超过36%，62.5%的试点企业引资后净利率有所提升，其中45.7%的试点企业净利率提升超过2个百分点。

**（五）以管资本为主的国资监管体制更加健全**

在坚持和完善国资监管体制上持续探索创新，推进授权与监管相结合、放活与管好相统一，加快形成专业化体系化法治化国资监管新模式。一是国资监管职能体系更加完善。强化各级国资委履行国有企业出资人职责、专司国有资产监管职责和负责国有企业党的建设“三位一体”职能配置，推动管资本与管党建相结合、履行出资人职责与履行国资监管职责相结合、党内监督与出资人监督相结合。二是国资监管效能切实增强。建立“一利五率”高质量发展指标体系，统筹稳增长、抓改革、强创新、促发展、防风险等多重监管目标，强化全方位全过程体系化监管。公益性业务分类核算、分类考核在中央企业试行取得重要阶段性成果。三是“两类公司”功能作用进一步发挥。对国有资本投资公司试点企业进行调整优化，5家转为投资公司，12家继续深化试点。指导中国诚通、中国国新两家运营公司持续加强资本运营能力建设，支持国资国企重大改革落地，促进国有资本布局优化和结构调整，明确两家企业由试点正式转入持续深化改革阶段。地方国企“两类公司”116户，在优化结构、授权经营、资本运作、激发活力、服务实体经济等方面发挥重要作用。四是国资监管大格局加快构建。建立中央、省、市三级国资监管机构联动工作机制，建成全国国资国企在线监管系统，省级经营性国有资产集中统一监管比例提升至99%。五是坚决守住不发生系统性风险底线。五年来，中央企业没有发生一起债券违约事件，一批高负债企业负债率回归合理水平，一批高风险业务得到有效清理，国资监管效能和防风险能力有效提升。实践证明，我国国资监管模式是符合中国国情、适应党的全面领导体制、顺应市场经济规律和企业发展规律的。

**(六)党的领导和党的建设得到根本性加强**

持之以恒深化落实习近平总书记在全国国有企业党的建设工作会议上的重要讲话精神,党的十八大以前国有企业党的领导党的建设弱化、虚化、淡化、边缘化的状况彻底扭转。一是国有企业党的政治建设全面加强。推动央企和地方一级企业全面建立第一议题制度和践行不忘初心、牢记使命长效机制,健全跟进督办制度,确保习近平总书记重要指示批示和党中央决策部署得到不折不扣的贯彻落实。二是国有企业党建基础全面夯实。开展中央企业党建工作责任制考核,推动党建责任和经营责任有效联动,促进党建工作与生产经营深度融合,健全党建工作和业务工作同谋划、同部署、同落实、同考核的具体制度。三是全面从严治党向纵深发展。保持正风肃纪反腐高压态势,持续深化境外腐败、利益输送、涉租寻租、化公为私等专项整治,清理纠治“影子公司”“影子股东”等隐性腐败,深入开展巡视巡察,加快构建一体推进不敢腐、不能腐、不想腐的体制机制。2022 年,中央企业全面从严治党民意调查结果显示,职工群众满意度 97.3%。

## 三、国企改革三年行动推动国资国企高质量发展迈出坚实步伐

面对世界变局加快演变、新冠疫情严重冲击、国际经济环境急剧变化等多重考验,三年行动有力促进国企改革持续走向深化,进一步强化国有企业独立市场主体地位,推动国有企业与市场经济深度融合,推动国资国企高质量发展迈出坚实步伐。一是经济效益实现稳步增长。2022 年,全国国有企业实现营业收入 82.59 万亿元,比上年增长 8.3%,利润总额 4.31 万亿元,比上年下降 5.1%。国务院国资委监管中央企业实现营业收入 39.6 万亿元、利润总额 2.6 万亿元,分别比上年增长 9.1%、6.2%;全员劳动生产率 76.3 万元/(人·年),比上年增长 8.7%。二是战略支撑作用显著增强。聚焦京津冀协同发展、长江经济带发展、粤港澳大湾区建设、长三角一体化发展等国家重大战略,进一步推进央地合作,914 个央地合作项目总体开工率 63.5%,累计完成投资 5904 亿元。高质量共建“一带一路”,一批重大工程项目投产运营。中央企业完成强链补链投资近 1 万亿元,实现粮食、能源资源、电子通信、高端装备等关键安全领域全覆盖,进一步稳定产业链供应链,提升国家经济发展韧性。三是服务保障民生坚决有力。不计代价打好能源电力保供攻坚战,高标准做好冬奥场馆建设运营和服务保障,高质量完成促进高校毕业生就业任务,巩固扶贫成果、助力乡村振兴,全力支援四川甘孜抗震救灾和灾后重建。2022 年,全国国有企业累计上缴税费 5.9 万亿元,比上年增长 8.4%;国务院国资委监管中央企业累计上缴税费 2.8 万亿元,比上年增长 19.3%。

国务院国资委将认真落实党的二十大和中央经济工作会议对深化国资国企改革的重要部署,根据新的形势要求,在全面总结国企改革三年行动的基础上,以提高企业核心竞争力和增强核心功能为重点,谋划新一轮深化国有企业改革行动方案,坚定不移做强做优做大国有资本和国有企业,确保国有企业始终成为党和国家最可信赖的依靠力量。

(审稿人:尹义省　曹如民　撰稿人:田相庆)

2023

CHINA'S STATE-OWNED ASSETS SUPERVISION AND ADMINISTRATION YEARBOOK

中 国 国 有 资 产 监 督 管 理 年 鉴

# 各省(区、市)国有资产监督管理概况

第三篇

# 北京市

## 一、北京市国有资产监督管理工作综述

面对新冠疫情反复、经济下行压力加大等超预期因素影响,北京市国资委系统在市委、市政府的坚强领导下,坚持以习近平新时代中国特色社会主义思想为指导,认真学习宣传贯彻党的二十大精神,坚决落实"疫情要防住、经济要稳住、发展要安全"工作要求,团结一致、砥砺奋进,千方百计稳经营、促改革、谋发展、防风险、强党建,各项工作取得新进展、新成效。

### (一)坚决迎难而上,多措并举稳定经济发展

出台市管企业稳定经济增长实施意见,指导市管企业积极采取"过紧日子"措施,全力稳定市场、降本增效、稳链保链、严控风险,保持生产经营总体平稳。市管企业资产总额15.1万亿元,比上年增长4.4%,累计实现营业收入2.11万亿元,利润总额1538.3亿元;实体企业资产负债率降至64.5%,为近十年最好水平。在全力以赴稳经营的同时,积极发挥全市经济运行"稳定器"作用,实际上缴税金总额1818.5亿元、国有资本收益59.4亿元,分别比上年增长7.7%、1.47%。承担全市约40%的重点工程,连续5年重点建设项目完成投资超过1000亿元。金融企业存贷款余额增速超额完成全市目标。带头落地助企纾困政策,在京各级国有单位为小微企业减免房租超过120亿元。

### (二)致力"首都大局",精益求精提升服务保障能力

在服务冬奥盛会上当主力,市属国企承担北京绝大部分场馆和配套基础设施的投资建设运营任务,打造冬奥会场馆建设史上施工难度最大、建设标准最高的延庆赛区,建设最绿色的"冬奥村","三大场馆"成为"双奥之城"标志性建筑群,首钢滑雪大跳台惊艳展现转型发展理念。高标准做好赛事保障、交通运输、餐饮住宿等赛会服务,再次打响"北京服务"品牌。在疫情防控上显担当,积极应对多轮疫情冲击,市管企业顾大局、讲奉献,在隔离点储备、方舱医院建设、防疫物资供应、产业链供应链及城市运行保障等方面发挥重要作用。在改善民生上打头阵,帮扶旗县新增投资13.6亿元,提前完成北京市集体经济薄弱村帮扶任务118个。抓好两个"关键小事","接诉即办"月均综合成绩始终保持全市前列。在京津冀协同发展上作表率,首批6家搬迁副中心市属国企总部项目全部开工,LNG应急储备、巴威高端制造等项目落地津冀,京唐、京滨城际铁路开通。

### (三)坚持创新驱动,市管企业创新发展加速推进

创新支持力度持续加大,科技投入视同利润,单列突出贡献人才工资总额。企业创新能力加快提升,工业企业研发强度3.6%,比上年上升0.6个百分点。新增高新技术企业136家、"专精特新"企业99家。市管企业在半导体、氢能源、负碳、生物培育肉等方面实现创新突破,高精尖产业发展动能持续增强。12家企业"一企一策"制定工作方案,梯次培育一批产业生态主导型企业。

### (四)锚定目标任务,高质量完成国企改革三年行动

三年行动各项改革任务全部完成,在国务院国资委整体评估考核中获评A级,并作为两个地方代表之一在全国经验总结交流会上作典型发言。以"打赢收官战 喜迎二十大"为主题,连续发布32家企业三年行动宣传视频,形成浓厚改革氛围。首农食品集团入选全国典型,京能集团、北控水务等典型案例入选国务院国资委《行动简报》,首钢集团等3篇案例入选《改革案例集》。公司制改革、专业化整合、中长期激励等改革经验受到国务院国资委肯定。建立"六位一体"监督协同机制、党支部参与重大问题决策指引等举措得到中纪委、中组部充分认可。

### (五)以管资本为主,国有资产监管体制更加完善

在北京历史上首次实现经营性国有资产集中统一监管,市委、市政府审议通过《北京市经营性国有资

产集中统一监管落实方案》，明确由市国资委代表市政府统一履行出资人职责，中发展集团划转市国资委实现直接监管，36个市级部门的400多家企业纳入集中统一监管范围。国有资产监管方式更加完善，监管信息化平台业务应用上线试运行，首次在首农食品集团、建工集团开展总审计师试点。风险防控能力进一步提升，开展城投债、新增政府隐形债、信托融资等专项排查，做好重大案件纠纷化解和风险处置工作，9项重大历史遗留问题基本解决。区属国资监管不断创新优化，各区国资委扎实完成国企改革三年行动任务，国资监管大格局呈现崭新面貌。

**(六)坚持“固根铸魂”，国企党的领导党的建设不断加强**

始终把党的政治建设摆在首位，全力做好迎接、服务、学习宣传贯彻党的二十大各项工作，严格落实“第一议题”、重大事项请示报告，加强舆情监测和风险应对处置，维护国有企业意识形态领域总体安全。扎实推进基层党建工作创新，在全国率先出台混合所有制企业党建工作若干措施，在新能源领域成立党建联盟，10个党支部工作法入选《北京市优秀党支部工作案例选编》。拧紧链条压实责任，扎实做好市委巡视以及审计发现问题整改。发挥“六位一体”监督协调机制作用。出台市国资委党委巡察工作五年规划，开展国企境外腐败专项治理、完成涉粮领域专项巡察的督促整改工作。

## 二、北京市国有资产总量与结构分析

**表1　2022年北京市国有企业指标**

| 项　目 | 金　额(亿元) |
|---|---|
| 资产总额 | 66536.3 |
| 所有者权益 | 23625.8 |
| 国有资产总量 | 13315.6 |
| 营业收入 | 19293.6 |
| 利润总额 | 818.9 |
| 净利润 | 476.3 |
| 归属于母公司所有者的净利润 | 196.7 |
| 应交税金总额 | 1358.7 |
| 实际上缴税金总额 | 1488.1 |

续表

注：表中“国有资产总量”数据为市管企业数据。

**表2　2022年北京市国有企业户数情况**

| 2021年户数(户) | 2022年户数(户) | 比上年增长(%) |
|---|---|---|
| 7335 | 8052 | 9.8 |

**表3　2022年北京市国有资产按地区分布情况**

| 地　区 | 国有资产(亿元) | 占国有资产总量比重(%) |
|---|---|---|
| 市属企业汇总 | 13702.9 | 68.8 |
| 区属企业汇总 | 6221.7 | 31.2 |
| 东城区 | 310.8 | 1.6 |
| 西城区 | 1058.5 | 5.3 |
| 朝阳区 | 412.0 | 2.1 |
| 丰台区 | 180.7 | 0.9 |
| 石景山区 | 220.9 | 1.1 |
| 海淀区 | 820.0 | 4.1 |
| 门头沟区 | 54.9 | 0.3 |
| 房山区 | 126.4 | 0.6 |
| 通州区 | 141.2 | 0.7 |
| 顺义区 | 363.2 | 1.8 |
| 昌平区 | 546.4 | 2.7 |
| 大兴区 | 391.9 | 2.0 |
| 怀柔区 | 118.6 | 0.6 |
| 平谷区 | 57.6 | 0.3 |
| 密云区 | 71.7 | 0.4 |
| 延庆区 | 79.8 | 0.4 |
| 燕山区 | 0.4 | 0.002 |
| 亦庄经济技术开发区 | 1266.6 | 6.4 |
| 合　计 | 19924.6 | 100.0 |

注：因数据四舍五入，各分项数据之和与汇总数存在偏差。

表 4　2022 年北京市国有资产按行业分布情况

| 行　业 | 国有资产（亿元） | 占国有资产总量比重(%) |
|---|---|---|
| 农林牧渔业 | 354.1 | 0.6 |
| 工业 | 13932.4 | 24.8 |
| 建筑业 | 1225.1 | 2.2 |
| 交通运输业 | 3749.3 | 6.7 |
| 仓储业 | 58.3 | 0.1 |
| 商贸业 | 1482.4 | 2.6 |
| 房地产业 | 12678.9 | 22.5 |
| 信息传输、软件和信息技术服务业 | 362.9 | 0.6 |
| 社会服务业 | 20009.3 | 35.6 |
| 教育文化广播业 | 345.0 | 0.6 |
| 科学研究和技术服务业 | 776.8 | 1.4 |
| 金融业 | 1229.0 | 2.2 |
| 其他行业 | 55.0 | 0.1 |
| 合　计 | 56258.6 | 100.0 |

注:表中国有资产数据为 2022 年度全市单户企业叠加汇总数，表中汇总数与全市总量不等的原因是本表中未考虑集团内部抵消数。因数据四舍五入,各分项数据之和与合计数存在偏差。

表 5　2022 年北京市国有资产按经营规模分布情况

| 经营规模 | 国有资产（亿元） | 占国有资产总量比重(%) |
|---|---|---|
| 大型企业 | 15633.9 | 27.8 |
| 中型企业 | 18363.4 | 32.6 |
| 小型企业 | 10700.9 | 19.0 |
| 微型企业 | 11560.4 | 20.5 |
| 合　计 | 56258.6 | 99.9 |

注:表中国有资产数据为 2022 年度全市单户企业叠加汇总数，表中汇总数与全市总量不等的原因是本表中未考虑集团内部抵消数;由于四舍五入,合计数不等于 100%。

## 三、北京市国有资本保值增值综合分析评价

表 6　2022 年北京市国有企业地区和行业国有资本保值增值情况

| 地　区 | 国有资本保值增值率(%) | 行　业 | 国有资本保值增值率(%) |
|---|---|---|---|
| 市属企业 | 100.88 | 农林牧渔业 | 103.18 |
| 区属企业 | 99.95 | 工业 | 104.75 |
| 东城区 | 100.87 | 建筑业 | 105.49 |
| 西城区 | 98.64 | 交通运输业 | 100.14 |
| 朝阳区 | 100.49 | 仓储业 | 101.16 |
| 丰台区 | 99.88 | 商贸业 | 102.56 |
| 石景山区 | 100.25 | 房地产业 | 100.33 |
| 海淀区 | 100.68 | 信息传输、软件和信息技术服务业 | 102.20 |
| 门头沟区 | 99.39 | 社会服务业 | 102.27 |
| 房山区 | 100.59 | 教育文化广播业 | 99.90 |
| 通州区 | 100.58 | 科学研究和技术服务业 | 107.38 |
| 顺义区 | 99.04 | 金融业 | 102.66 |
| 昌平区 | 99.60 | 其他行业 | 80.29 |
| 大兴区 | 101.30 | | |
| 怀柔区 | 99.60 | | |
| 平谷区 | 98.88 | | |
| 密云区 | 104.44 | | |
| 延庆区 | 93.49 | | |
| 燕山区 | 100.63 | | |
| 亦庄经济技术开发区 | 100.33 | | |

## 四、北京市国资委监管企业改革发展情况

北京市管企业高质量全部完成三年行动各项改革任务，首农食品集团入选全国典型，首钢集团、京能集团等入选国务院国资委三年行动简报、案例集。

### (一)中国特色现代企业制度更加成熟定型

深化党的领导融入公司治理,制定国有企业党委前置研究讨论重大事项清单,具备条件的企业在党委前置研究清单、党建入章、“双向进入、交叉任职”实现“三个全部”。在全国率先出台董事会决策重点事项清单,各级董事会实现应建尽建、配齐建强,符合条件的各级企业全部实现外部董事占多数。建立健全总经理对董事会负责、向董事会报告的工作机制,充分发挥经理层经营管理作用。

### (二)国有经济布局结构更加符合首都城市战略定位

金控集团获得全国首批、地方首个金融控股公司牌照。工美集团与时尚控股、北京城乡与外企人力资源公司、外企集团与北京实业实现战略性重组;国资公司、首钢集团等养老业务及15家培训疗养机构划入北京康养,北汽集团所属兴东方公司划转首农食品集团,京能集团收购华通热力。全面完成889户“僵尸企业”、563户“两非”“两资”清单企业清退处置任务,剥离企业办社会职能圆满收官。充分运用市级联席会议机制,京城机电、首开集团等9项重大历史遗留问题基本解决。

### (三)科技创新支撑作用充分发挥

市管企业持续加大研发投入,2022年研发投入524.7亿元,高新技术企业数量累计610家。强化产学研融合,与90余家高校科研院所、科技企业对接应用场景49个,北京电控与清华大学合建芯屏融合与系统集成技术联合研究中心,北汽集团、首钢集团与北科大成立低碳高性能汽车用钢联合实验室。加大科创金融支持力度,股交中心启动全国首个认股权综合服务试点,中发展集团中关村信用交易平台上线,北京银行服务全市近50%的“专精特新”企业。

### (四)靶向布局高精尖产业发展动能持续增强

北京电控研制国内首台12英寸锗硅外延设备,京城机电四型储氢瓶装车应用,北汽集团氢燃料重卡续航里程突破1000千米,首钢郎泽二氧化碳生物转化技术完成百吨级中试,首农食品集团生物培育肉取得新突破。高端制造业新增长点持续涌现,首台奔驰国产重卡上市,国内首辆磁浮电车样车、首列氢燃料混动铰接轻轨车成功下线。加快数字化转型,京东方福州工厂入选全球“灯塔工厂”,华夏银行数字结算客户增长65.1%。布局“双碳”等前沿领域,地铁公司八通线再生能量利用技术年减排二氧化碳超过2300吨,京能集团自主研发能碳数智化物联平台,城建集团打造本市首个零碳建筑示范工程,排水集团深度污水处理绿色低碳解决方案获得“全球水务行业最佳领导者”金奖。

### (五)国有企业市场化经营机制更加健全完善

完成全市公司制改革任务,取得历史性突破。1.5万名经理层成员全部实现任期制和契约化管理,管理人员竞争上岗、末等调整和不胜任退出、全员绩效考核全面推行。混合所有制改革上市取得积极进展,北京建院整体混合所有制改革,首创证券、燕东微电子首发上市,化工集团华腾新材、公交集团智达科技等4家企业新三板挂牌,市属国有上市公司增至71家。华夏北京保障房成功发行全国首单公租房REITs项目。北京国管持续深化市场化改革,北京电控获批自主实施所属企业股权激励。11家科技型企业入选“科改示范行动”,总数居全国第2位。

## 五、北京市国资委监管企业并购重组与完善法人治理结构情况

### (一)稳步推动企业调整重组

一是实施推动时尚集团与工美集团重组,进一步拓展传统工艺、美术创意在服装纺织产品的应用,积极构建与现代潮流相结合的产业特色和品牌形象。二是实施完成首农食品集团与北京兴东方科技有限公司的专业化重组,促进北汽集团聚焦汽车主业,增强企业盈利能力,推动首农食品集团进一步完善产业链条,加快农业种养殖业务向绿色环保和高效节能转型升级。三是实施推动北京城乡商业(集团)股份有限公司内部重组,支持北京外企人力资源服务有限公司重组上市,打造国内人力资源服务行业领军企业。四是组织市、区两级国企与中国生物成立合资核酸检测公司,打造采样、送样、检测、出报告可追溯的闭环

质量体系，快速提升新冠核酸检测能力，助力北京建设15分钟核酸采样圈。

### (二)不断健全完善中国特色现代企业制度体系

一是强化制度引领。在全国率先出台《关于加强北京市混合所有制企业党建工作若干措施》，全面梳理分析不同类型企业组织隶属、“三会”构成、党建入章、前置研究等情况及问题，分类明确混合所有制改革企业党组织发挥作用的机制路径。研究出台《市管企业董事会决策重点事项清单(试行)》，围绕董事会职责定位和功能作用，聚焦重要性、系统性、风险性事项，明确十大类28小类董事会决策重点事项，进一步明晰董事会决策重点内容和范围。研究出台《市管企业董事会授权管理指引(试行)》，进一步厘清董事会与总经理之间的权责边界，规范企业董事会授权管理行为，促进经理层依法行权履职，提高经营决策效率。二是持续加强董事会建设。强化董事会工作报告义务，34家市管企业向市国资委书面报告2021年度董事会工作，首创集团、国资公司、首开集团3家企业进行现场报告。召开环卫集团出资人(扩大)会议，邀请市政府相关部门、人大代表、政协委员、行业专家、社会公众等社会公共利益相关方代表参会，城市公共服务类企业的综合监督评价机制、沟通协调平台、信息公开渠道不断巩固完善。健全优化评价指标体系，调整完善三年行动任务完成情况、信息公开、内控体系建设等30项指标，着力提升指标体系的完整性和针对性。进一步优化评价工作程序，结合年度工作测评，首次对34家市管企业董事会运作情况开展专项评估工作。开展子企业董事会建设专题调研，指导督促市管企业强化对子企业董事会建设的工作力度，推动市国资委相关制度文件要求向下贯穿落地。三是强化外部董事履职管理和服务支撑。优化考核评价机制，进一步完善外部董事述职报告模板和信息填报，组织全体外部董事开展书面述职报告。组织召开市管企业外部董事述职座谈会，进一步发挥“现场述职”的示范引领作用。制定外部董事自评扣分细则，优化出资人评价要素，客观公正反映外部董事履职情况。强化评价结果应用，约谈评价结果为“基本称职”等次的外部董事，有效提升外部董事履职积极性。不断提升履职能力，分两期举办2022年度外部董事培训班，94名外部董事参加培训。加强日常管理，促进外部董事勤勉履职，及时掌握外部董事履职重要信息，针对发现的问题，及时督促纠正，促进外部董事规范履职。督促指导市管企业加强外部董事履职支撑服务保障，建立外部董事信息沟通机制，为外部董事履职创造良好氛围和条件。四是激发经理层活力和动能。在全国率先出台董事会授权管理指引和决策重点事项清单，进一步厘清董事会和经理层之间的权责边界，激发经理层活力效率。紧紧扭住企业经理层成员任期制和契约化管理这个“牛鼻子”，制定并印发《关于进一步规范一级企业经理层成员任期制契约化管理的通知》，市属企业全面签订岗位聘任协议、年度和任期经营业绩责任书“三个要件”，切实体现任期管理、拉开薪酬差距、严格约定退出条件“三个要素”。

## 六、北京市国资委监管企业建立和完善经营业绩考核体系情况

### (一)突出“效益”“效率”，不断优化年度考核体系

一是坚持分类考核理念。针对企业定位不同、经营目标不同、风险程度不同，分类制定相匹配的考核指标。对竞争类企业突出提效率，通过考核“利润总额”“净资产收益率”“销售利润率”“已获利息倍数”等指标引导企业不断提高资本回报水平及价值创造能力。对城市公共服务类和特殊功能类企业强调降成本，与市财政局协同考核三年绩效管理目标落实情况，严格考核“成本费用占比”“经营性资产净资产收益率”等指标，强化服务保障，提升主业反哺能力和国有资本运营效率。对金融企业强调关注防风险，重点考核“拨备覆盖率”“资本充足率”等防风险指标，不断强化金融企业抵御风险能力。全面实施“全员劳动生产率”考核，引导企业提升劳动要素的投入产出效率，综合体现企业生产技术、经营管理、职工技术和劳动积极性。二是全面实现对标管理。所有考核指标坚持横向纵向对标相结合的考核模式，“净资产收益率”“盈余现金保障倍数”等指标与同行业国有企业横向对标，引导企业提升盈利质量，追赶国内行业先进水平；“利润总额”“全员劳动生产率”等与企业自身经营发展情况纵向对标，促进企业提升盈利效率。通过推

行对标管理，提升企业经营管理水平，实现良性发展，增强市场竞争能力。三是定量定性指标相结合。在考核企业经济效益、营运效率和市场竞争能力的同时，将企业践行政治责任、社会责任相关情况纳入年度考核，作为定性指标占25%的权重。如服务首都重大活动保障、国有资本收益收缴、重大工程建设任务、金融企业服务实体经济等，引导企业在服务首都发展中努力尽责担当，确保市管企业将市委、市政府决策部署落实到位。四是支持企业高质量发展。鼓励企业加大研发投入，将研发投入超过市管企业平均水平且高于全国行业平均水平的部分视同利润总额进行考核。引导企业积极处理遗留问题。对于历史遗留问题较多的企业，鼓励企业在当年损益中逐步消化以前年度损失挂账、化解历史包袱，对当年利润产生的影响予以还原。支持企业落实市政府重大任务，对当期经营业绩产生的影响，均在经营业绩考核中予以充分考虑。

**(二)围绕“质量”“成效”，扎实开展任期考核工作**

一是突出股东回报，关注高质量发展。对竞争类企业和金融类企业，重点考核归属于母公司所有者的净利润、净利润，聚焦出资人资本回报，持续提高经济效益、盈利能力。对城市公共服务类企业及特殊功能类企业，强化成本管控，促进企业降本增效。地铁公司、排水集团等超八成企业成本费用利润率超过行业平均水平，“降成本、挖潜力”工作取得突出进展。二是突出做强主业，持续改善布局结构。考核主营业务收入利润率，剔除房地产、其他投资等非主业收益，引导企业聚焦实体经济，做强做精主业。北控集团、首开集团等七成企业超过行业平均水平，布局结构不断优化。涉及老字号的企业，考核老字号品牌的营业收入年均增长率，加强老字号品牌管理与保护，打造行业领先、主业突出的优势企业。三是突出创新驱动，大力激发企业活力。在任期考核中，围绕创新投入、创新产出两方面设置考核指标。通过考核企业创新发展，引导企业加大研发投入力度，加快关键核心技术攻关，加快科技成果产出和研发转化，不断激发企业发展活力。将高精尖产业发展情况纳入任期考核，实行加分奖励，鼓励企业大力发展高精尖产业，加快推动转型升级。四是突出防范风险，不断提高运营水平。严控债务风险，对资产负债水平较高的企业，加强资产负债率的考核，促进其逐步回归合理水平；考核企业压减层级，减少法人户数，提升集团管控能力；防范化解法律风险，考核企业案件总量及涉案金额。

## 七、北京市国资委监管企业党的建设和廉政建设情况

**(一)全力服务保障大事要事**

坚决落实中央、市委要求，把迎接和服务党的二十大、抓好会议精神学习宣传贯彻作为首要政治任务，在落实国家重大战略、推动新时代首都发展中发挥中坚作用。精心组织党代表选举。严把政治关、廉洁关，选举产生国资系统出席市第十三次党代会代表130人，其中市属国企83人，中央在京双管单位47人，10人当选党的二十大代表。全面兴起学习宣传贯彻热潮。第一时间专题传达学习党的二十大精神和全市领导干部大会精神，制定系统工作方案，企业精心组织、以上率下、步步深入，通过观看直播“及时学”、党委理论中心组“带头学”、基层党组织“广泛学”，持续掀起学习党的二十大精神热潮。参与筹办和组织参观“奋进新时代”主题成就展，开展“强国复兴有我”主题宣讲，充分展示党的领导下国企改革发展取得的历史性成就。深入推进抓党建促乡村振兴。建立市国资委党委与市委农工委、市管企业与区委区政府、帮扶主体与对口村三级联络对接机制，调研走访密云等6个区，召开专题座谈会、反馈协调解决问题70余个。以区域为单位，加强资源统筹，成立7个第一书记临时党支部，推动村企共谋发展，提前完成北京市118个集体经济薄弱村帮扶任务。持续提升服务民生能力水平。与央企、民企共同成立北京城市更新联盟，金隅、首创等更新改造项目入选首届北京城市更新最佳实践。抓好两个“关键小事”，市管企业“物业管理三率”基本实现全覆盖，参与“桶前值守”45.5万人。充分运用市级联席会议机制，排水集团产权证办理、首开集团公建产权过户等9项重大历史遗留问题基本解决。深化“接诉即办”，月综合成绩在全市四大板块始终保持前列。

### (二)持续深化"两个一以贯之"

完善中国特色现代企业制度,推动党的领导融入公司治理在制度上有规定、在程序上有保障、在实践中有落实。健全党组织发挥作用的机制。与市委组织部、市委宣传部联合,在全国率先出台《北京市加强混合所有制企业党建工作若干措施》,明确不同股权类型企业党组织职责定位和作用路径。推动落实党支部参与重大问题决策指引,将党建入章、"双向进入、交叉任职"、党组织前置研究要求等工作进一步向基层延伸。健全"三重一大"决策机制,39 家市管企业完成制度修订,建设"三重一大"监管信息系统,首批 11 家试点企业上线运行。完善法人治理结构。董事会实现应建尽建,符合条件的一级企业及各级子企业全部实现外部董事占多数,重要子企业依法落实董事会职权。在全国率先出台董事会授权管理指引和决策重点事项清单,全面建立董事会向经理层授权管理制度。1.5 万名经理层成员全部实现任期制和契约化管理。深化党建工作创新。积极探索党建和业务深度融合的方法路径,在市委组织部领导下,与市发展改革委一道总结经验,选取 6 家试点单位成立党建联盟,以党建引领助推新能源产业发展;梳理党建品牌 145 个,10 个国企党支部工作法入选《北京市优秀党支部工作案例选编》。

### (三)深入推进正风肃纪

坚持问题导向,以"一刻不停歇"的坚定决心和鲜明态度,持续拧紧全面从严治党螺丝。压紧压实责任。对市管企业全覆盖开展全面从严治党考核和政治生态分析研判,逐级开展党建述职,将考评结果与企业领导班子综合考评、经营业绩考核衔接,与企业领导人员绩效薪酬挂钩。深化监督检查。召开"六位一体"监督协同机制建设推进小组会,明确监督重点,提高监督效能;对 5 家二级企业开展第七轮政治巡察;组织涉粮问题专项巡察;开展内控体系建设及重大风险防控能力、国企境外腐败等专项治理,城投债、新增政府隐形债、信托融资等专项排查,以及规范党务工作突出问题清查整治,妥善处置北燃蓝天、宝沃汽车等重大风险事件。狠抓问题整改。抓实十二届市委巡视和市国资委党委巡察反馈问题"大起底",梳理巡视未整改完成问题,通过"督帮一体"有力推进整改工作;梳理历次巡察发现问题,针对未完成整改事项逐一提出深化整改建议和措施。坚持标本兼治,修订完善违规经营投资责任追究办法。加强警示教育,及时召开市国资委领导班子民主生活会、企业"一把手"廉政提醒谈心谈话会,强化作风建设,自觉接受监督。

(撰稿人:韩志涛)

# 天津市

## 一、天津市国有资产监督管理工作综述

2022 年,天津市国资委坚持深化改革关键一招,在发展中解决问题和风险,着力实施党建质量、提质增效、改革攻坚、布局优化、监管提升"五大工程",加快推进国有企业高质量发展。

### (一)持续提高体系化法治化专业化监管水平

扎实开展"制度建设年",出台规范性文件 14 件。强化委派总会计师的履职考核及问责措施,推动 32 家监管企业设置总审计师,通过建制度、建机构、建机制做实监督协同。持续深化融资性贸易、会计信息虚假、金融风险源头治理、公众停车、粮食购销等领域专项整治。构建"智慧国资"监管数据模型 75 个,探索推进"智慧化""穿透式"监管方式。查处违规经营投资损失事项 35 起,追缴资金 5320 万元,追究责任 332 人。实施支持监管企业改革发展的若干措施,发挥国资国企"攻坚克难突击队"作用,完善包联企业机制,合力破解一批改革、融资、招商、项目等难点堵点问题。

### (二)持续增强防范化解风险的能力

用发展的办法化险,改善融资环境降险,加快重整重组出险,天津市国资委监管企业公开市场债务全部如期兑付。推动重点监管企业制定高质量发展中期行动方案,通过存量债务置换、功能性资产转化为经营性资产、增量项目融资带动等具体举措,促进企

业实现稳健可持续发展。4家集团6个项目纳入国家发展改革委基础设施专项基金项目。市政集团协议重组基本完成，城建集团进入重整计划执行阶段，天房集团一类债信托计划落地。通过举办金融机构座谈会、发挥市属国企高质量发展基金作用、走访金融机构总部等多种途径，国企公开市场融资局面逐步打开，市场融资环境得到积极改善。

### （三）持续增强金融企业资本实力和合规管理能力

天津市国资委成立国有金融资本管理处，加强对受托范围内国有金融资本和金融企业的管理监督。加强对国有企业金融业务和市属法人金融机构经营状况的梳理分析，组织完成金融机构2022年预算编制及审核工作，制定金融机构2022年考核激励方案，与有关金融监管部门建立监管协同机制形成监管合力。积极配合市财政局申请发行67亿元政府专项债券，补充天津银行资本金。督促指导对滨海农商行增资工作，提升滨农行资本实力和抗风险能力。强化金融企业合规与风险管理，建立市属法人银行机构高风险资产明细台账，对存量及新增高风险资产按月跟踪、动态监测。

### （四）持续强化保障服务民生的效果

深入开展"勇担社会责任、诠释国企担当"活动，成立市国资委城市功能保畅调度机制领导小组、为民服务工作领导小组，推动解决一批人民群众关心关切的热点难点问题。公共交通、水电气热、交通物流、能源保供、食品稳价等直接面对社会和公众的国企，全力保运行、保供应、保畅通，擦亮服务社会的"窗口"。有关国企积极应对天然气、煤炭等价格上涨压力，圆满完成冬季供暖供气等保供任务。各市属法人金融机构认真落实人民银行货币支持政策，积极为实体经济纾困助力，优化线上线下渠道，开辟绿色信贷通道，提供便捷高效金融服务。积极参与扶贫协作和乡村振兴，社会动员和消费帮扶资金超过1000万元。在2022年天津首战全国首例奥密克戎围歼战歼灭战中，各级国有企业不讲条件、挺身而出，全力做好运力保障、物资生产、检测服务、食品供应、金融支持等各项工作，为中小企业和个体商户减免房租超16亿元。

## 二、天津市国有资产总量与结构分析

表1　2022年天津市国有企业指标

| 项　目 | 金　额(亿元) |
|---|---|
| 资产总额 | 79830.1 |
| 所有者权益总额 | 17173.6 |
| 国有资产总量 | 14533.8 |
| 营业收入 | 4975.4 |
| 利润总额 | 172.0 |
| 净利润 | 92.8 |
| 归属于母公司所有者的净利润 | 55.5 |
| 应交税金总额 | 343.5 |
| 实际上缴税金总额 | 329.0 |

表2　2022年天津市国有企业户数情况

| 2021年户数(户) | 2022年户数(户) | 比上年增长(%) |
|---|---|---|
| 3672 | 3894 | 6.0 |

表3　2022年天津市国有资产按地区分布情况

| 地　区 | 国有资产(亿元) | 占国有资产总量比重(%) |
|---|---|---|
| 市属企业汇总 | 6202.3 | 42.7 |
| 区属企业汇总 | 8331.5 | 57.3 |
| 滨海新区 | 3663.2 | 25.2 |
| 和平区 | 38.9 | 0.3 |
| 河东区 | 55.9 | 0.4 |
| 河西区 | 87.0 | 0.6 |
| 南开区 | 48.9 | 0.3 |
| 河北区 | 32.5 | 0.2 |
| 红桥区 | 123.4 | 0.8 |
| 东丽区 | 550.0 | 3.8 |
| 西青区 | 760.6 | 5.2 |
| 津南区 | 317.0 | 2.2 |

续表

| 地　区 | 国有资产（亿元） | 占国有资产总量比重(%) |
|---|---|---|
| 北辰区 | 432.8 | 3.0 |
| 武清区 | 630.6 | 4.3 |
| 宝坻区 | 276.0 | 1.9 |
| 宁河区 | 183.5 | 1.3 |
| 静海区 | 428.4 | 2.9 |
| 蓟州区 | 702.8 | 4.8 |

注:因数据四舍五入,各分项数据之和与汇总数据存在偏差。

表4　2022年天津市国有资产按行业分布情况

| 行　业 | 国有资产（亿元） | 占国有资产总量比重(%) |
|---|---|---|
| 农林牧渔业 | 108.9 | 0.4 |
| 工业 | 1864.0 | 6.3 |
| 建筑业 | 1837.2 | 6.2 |
| 交通运输业 | 3967.3 | 13.5 |
| 仓储业 | 297.2 | 1.0 |
| 商贸业 | 237.6 | 0.8 |
| 房地产业 | 3837.4 | 13.0 |
| 信息传输、软件和信息技术服务业 | 59.0 | 0.2 |
| 社会服务业 | 15259.0 | 51.7 |
| 教育文化广播业 | 47.0 | 0.2 |
| 科学研究和技术服务业 | 225.6 | 0.8 |
| 金融业 | 1770.2 | 6.0 |
| 其他行业 | —27.6 | —0.1 |

注:表中数据为加总数,未考虑合并抵扣。

表5　2022年天津市国有资产按经营规模分布情况

| 经营规模 | 国有资产（亿元） | 占国有资产总量比重(%) |
|---|---|---|
| 大型企业 | 1710.4 | 5.8 |
| 中型企业 | 9569.0 | 32.5 |
| 小型企业 | 13441.8 | 45.5 |
| 微型企业 | 4761.6 | 16.2 |
| 合　计 | 29482.8 | 100.0 |

注:表中数据为加总数,未考虑合并抵扣。

## 三、天津市国有资本保值增值综合分析评价

表6　2022年天津市国有企业地区和行业国有资本保值增值情况

| 地　区 | 国有资本保值增值率(%) | 行　业 | 国有资本保值增值率(%) |
|---|---|---|---|
| 滨海新区 | 101.0 | 农林牧渔业 | 99.2 |
| 和平区 | 94.4 | 工业 | 103.3 |
| 河东区 | 104.5 | 建筑业 | 101.0 |
| 河西区 | 98.7 | 交通运输业 | 100.4 |
| 南开区 | 94.5 | 仓储业 | 104.2 |
| 河北区 | 100.7 | 商贸业 | 93.1 |
| 红桥区 | 100.3 | 房地产业 | 98.5 |
| 东丽区 | 99.1 | 信息传输、软件和信息技术服务业 | 98.4 |
| 西青区 | 100.1 | 社会服务业 | 99.9 |
| 津南区 | 100.1 | 教育文化广播业 | 97.3 |
| 北辰区 | 99.3 | 科学研究和技术服务业 | 98.1 |
| 武清区 | 100.4 | 金融业 | 105.6 |
| 宝坻区 | 99.8 | 其他行业 | — |
| 宁河区 | 101.1 | | |
| 静海区 | 99.5 | | |
| 蓟州区 | 97.9 | | |

## 四、天津市国资委监管企业改革发展情况

坚决贯彻“疫情要防住、经济要稳住、发展要安全”的总体要求,以实施国企改革三年行动为重要抓

手，坚持市场化改革方向，推动国企转机制添活力增效益，用深化改革赋能国企高质量发展。

### （一）强化“添秤”“交账”意识稳经济大盘

狠抓提质增效稳增长，建立完善“三利四率一流”指标体系，在国务院国资委“两利三率”指标体系的基础上，增加“主业利润、营业收入利润率、经营活动现金流”核心指标。实行国有经济运行调度和重点行业考核机制，对指标完成不力的企业，加大通报、约谈及调研督导力度，推动企业降本增效、拓展市场。组织稳经济大盘政策宣讲会，推动国企稳投资、稳外贸、用好用足政策。2022 年，天津市国资监管企业实现营业收入比上年增长 4.7%，利润总额比上年增长 10.1%，市国资委监管企业利润总额比上年增长 20.7%，实体企业经营活动现金流净流入大幅增长。

### （二）加大创新驱动积极培育新动能

天津市政府出台《关于完善科技成果评价机制的实施意见》，市深化国企改革领导小组印发《天津市推进国有企业打造原创技术策源地的若干举措》，加大创新政策支持。加大创新机制激励，完善“揭榜挂帅”机制，发挥企业科技创新主体作用，推动天津市国资委监管企业开展关键核心技术项目攻关，2022 年，天津市国资委监管企业研发投入比上年增长 34.9%。加大项目投资力度积聚增长势能，天津市国资系统完成固定资产投资（不含房地产）600.7 亿元，比上年增长 1.9%，其中天津市国资委监管企业完成 457 亿元，增长 2.3%。

### （三）高质量收官国企改革三年行动

天津市委、市政府高位推动，市深化国企改革领导小组统筹指挥，市有关部门协同联动，合力推动国企改革走深走实。健全完善“7+1”工作推进机制，定期调度、工作碰头、台账管理。实施综合考核评估机制，对市、区两级国资委和其他履行出资人职责机构所属企业三年行动完成情况开展全面督查，督查结果纳入市委、市政府相关部门及各区绩效考核、与国有企业综合管理考核挂钩。邀请第三方机构开展调研评估，调研评估与督查结果相互印证，找准短板弱项、发掘先进典型、推动整改提高。针对评估督导、综合检查和日常工作中发现的问题，分类建立“问题任务清单”，“一区一信”“一企一函”提示督导任务落实。通过发挥巡视和审计“利剑”作用，做好整改“后半篇”文章，推动国企改革三年行动巩固深化、高质量收官。结合天津实际制定的 88 项改革任务全面完成，在国务院国资委整体评估中获评 A 级，成为全国连续 3 次获评 A 级的 9 个省份之一。天津“一企一策”改革和完善中国特色现代企业制度两个经验做法入选全国国企改革三年行动案例集，天津港集团“志在万里　锐意改革　打造世界一流智慧港口绿色港口”的经验做法入选全国国企改革大典型。

### （四）持续优化调整国有资本布局结构

实施国有经济布局优化和结构调整的若干措施，推动国有企业深度融入京津冀协同发展重大国家战略、参与共建“一带一路”，加大在城市运行和民生保障领域的投入，加快向天津“一基地三区”建设重要行业集中，向制造业高质量发展的关键节点和现代服务业新兴领域布局。与中央企业共同出资成立通用机床公司，注入天锻公司股权携手打造一流智能制造企业；整合企业办医疗疗养等资源资产组建天津康养集团，整合混合所有制改革剥离的企业资产和股权做实做强中环产业信息集团。实施国企资产盘活专项行动，2022 年盘活闲置土地房产 157.65 万平方米，实现收入 63.65 亿元。全面完成 92 户列入国家名单“僵尸企业”和 1029 户低效无效企业处置任务。

### （五）推动上市公司和“老字号”企业焕发新活力

实施国有控股上市公司提升专项行动，推动 2 户上市公司完成定向增发，天纺标成为天津市第一家登陆北交所的企业；2 户上市公司完成重整重组，市值均增长 10 倍，实现从商贸、房地产等传统产业向新能源、信创等战略性新兴产业转型，天津国有控股劣势上市公司全部“摘星摘帽”。通过实施《赋能国企老字号等品牌工作方案》《国企为民利民校园行专项行动方案》，指导老字号企业“一牌一策”制定改革发展方案，形成六大类别 32 个品牌的产品服务手册，有力促进国企“老字号”的振兴与发展。天津市 3 家国企入选国务院国资委发布的地方国企品牌建设典型案例。

**(六)推进机制类改革大范围深层次破冰破局**

全面推行经理层成员任期制和契约化管理,印发《关于市管企业董事会对职业经理人和市场化选聘经营管理者经营业绩考核与薪酬管理的指导意见》,对经理层设立核心指标"目标值"和"门槛值",目标值较门槛值增幅原则上不低于10%,不同岗位经理层的个性化指标占比一般不低于50%,职业经理人未完成门槛值则绩效年薪为零;聘任制经理层未完成门槛值,绩效年薪在不高于董事长绩效薪酬水平内按完成率核定。坚持"能上能下""市场进市场出",新选聘一级企业职业经理人14人,累计为各级监管企业选聘职业经理人近1000人,12名一级企业职业经理人根据任期考核结果不再续聘。推动12户企业探索跟投机制、开展上市公司股权激励等中长期激励工作,激励覆盖的核心骨干超过1500人。渤海证券建立起覆盖母子公司的职业经理人队伍和以能力和业绩为导向的职级薪酬体系。津智资本所属七一二股份公司在国资系统率先实施跟投机制促进职工与企业利益绑定。

## 五、天津市国资委监管企业完善法人治理结构情况

**(一)推动党的领导融入公司治理制度化程序化规范化**

完善党的领导组织体系,全面建立"双向进入、交叉任职"领导体制,配齐配强党委领导班子,落实董事会对经理层的选聘权、薪酬管理和业绩考核权等,改变董事会和经理层"同纸任命"状况。充分发挥党委领导作用,认真抓好关于市管企业在完善公司治理中加强党的领导的意见的贯彻落实,召开推动党的领导融入公司治理工作座谈会和经验交流会,对各监管企业、区属国资委和其他履行出资人职责的机构落实情况进行调研督导,组织监管企业党委开展对标自查,进一步修订完善权责清单和议事程序,明确党委前置研究把关的侧重点,使党的领导运行机制更加清晰有效。天津市国资委"推进中国特色现代企业制度建设　在完善公司治理中加强党的领导"经验做法,入选国务院国资委《改革攻坚:国企改革三年行动案例集》。

**(二)推动建设规范高效董事会**

严格规范配齐建强董事会,实现外部董事占多数,规范开展董事会及外部董事评价,有效促进各方提升行权履职能力。督导监管企业分级分类推动子企业加快董事会规范建设步伐。纳入三年行动的监管一级企业及各级子企业全部实现董事会应建尽建、外部董事占多数、建立董事会向经理层授权管理制度和落实重要子企业董事会职权。建立董办协作交流机制,定期召开外部董事沟通交流会、举办履职培训,加快提升公司治理工作人员的专业能力和水平。将董事会、外部董事评价结果分别与监管企业领导人员和外部董事绩效薪酬挂钩,对不称职外部董事予以解聘,促进规范履职。天津能源集团、天津港股份公司被国务院国资委评为全国公司治理示范企业。

## 六、天津市国资委监管企业建立和完善经营业绩考核体系情况

**(一)突出强激励硬约束的鲜明考核导向**

2022年,根据国务院国资委操作要点,进一步完善经理层考核机制,增设关键业绩"一票否决"指标,设立70分及格线,未达到的绩效年薪为零。近三年,参加考核的市管企业职业经理人有150人次,拿到全额绩效年薪的有28人次,占比18.7%;50人次实际绩效年薪在标准值的60%以下,占比33.3%;11人次绩效年薪为零,占比7.3%。

**(二)实施与领导人员选任方式相匹配的差异化考核**

根据企业领导人员选任方式、监管特点、岗位分工的不同,实施"一岗一策"的差异化考核。对于一级企业的组织任命领导人员,党委书记、董事长由市国资委直接考核,党委副书记、工会主席等由企业党委负责考核,纪检监察机构负责人由上级纪委监委牵头组织考核,委派总会计师、专职外部董事由市国资委负责组织考核。职业经理人、聘任制经理层等任期制和契约化管理领导人员,天津市国资委授权企业董事会直接考核。

**(三)完善引导高质量发展的考核指标体系**

把"基于预算、超越预算、服务预算"原则与对标考核相结合,引导企业设置更具挑战性的考核目标值。坚持"一利四率一流"和以经济效益为核心的考核导向,实施主业利润考核,核算利润时剔除非经营性因素,校准效益效率。持续加大债务风险防控和科技创新考核力度,对在科技创新取得突出成绩以及出色完成重点任务的企业,给予加分奖励;对出现重大财务风险和经营管理问题的企业,给予扣分或降级处罚。将企业资产盘活纳入考核,主业利润剔除优良资产处置收益后,对资产盘活净收益予以加回,引导企业提高资产配置效率。建立序时进度考核和即时考核机制,对企业考核指标序时进度进行定期调度和考核跟督,倒逼企业更加注重"功在平时",以月保季、以季保年。对于企业出现安全生产、疫情防控、信访维稳、经营风险等重大问题,进行即时考核、通报扣分。

## 七、天津市国资委监管企业选人用人机制改革情况

**(一)着力建设高素质专业化企业领导人员队伍**

严格落实"二十字"标准要求,突出把好政治首关。根据企业改革发展实际需要,结合年度考核和日常考察了解,会同市委组织部,加强班子分析研判,坚持五湖四海、任人唯贤,不断完善领导人员专业、来源、经历结构,2022年,调整市国资委监管企业领导人员63人次,其中调整"一把手"18人次。注重加大对市管正职企业副职和委管企业班子调整力度,紧紧围绕平台公司功能定位配备班子,通过专兼职方式组建渤海城开领导班子,调整充实国恒投资领导班子。扩大选人视野,拓宽来源渠道,重点选优配强"一把手",先后对津投资本、渤投资本等5家委管企业党委书记、董事长进行调整,为渤投资本、国恒投资选配总经理。选拔4名市管、委管企业党委组织部门负责人担任市管、委管企业专职党委副书记,提升企业党建工作水平。加强纪委书记队伍建设,对北方信托、滨海农商行等5家市管、委管企业纪委书记进行调整。加强出资人财务管控,先后为劝华集团、北方国际集团等8家市管、委管企业配备总会计师,实现委派总会计师全覆盖。

**(二)抓好后继有人根本大计强化年轻干部培养选拔**

制定印发《关于进一步加强国资系统年轻干部培养选拔管理监督工作的实施意见》,从发现储备、培养锻炼、选拔使用、管理监督4个方面常态化一体推进年轻干部培养选拔管理监督工作,健全完善年轻干部"选育管用"全链条机制,强化对年轻干部的"全生命周期管理"。建立优秀年轻经营管理人才储备库,着重从监管企业集团中层和所属企业正职中,择优遴选优秀年轻人才,梳理入库103人。完成首批国资系统百人攻坚克难突击队工作,120名突击队员通过在困难企业和重点项目、重点工程锻炼,提升年轻干部解决实际问题的能力。加大优秀年轻干部提拔使用力度,17名优秀年轻干部选拔使用到市管正职企业副职和委管企业领导班子,树立鲜明用人导向,激发年轻干部干事创业的热情。

**(三)抓住"关键少数"加强企业领导人员管理监督**

研究制定关于加强对国资系统"一把手"监督的若干措施,以政治谈话为抓手,突出加强对"一把手"监督管理,与旅游集团等10家市管企业开展政治谈话,直指党委主体责任落实存在的差距、党建引领作用发挥的欠缺、企业改革发展中出现的各类风险隐患。注重日常管理监督,严格执行领导干部个人有关事项报告制度,认真落实领导干部兼职、家属经商办企业、出国(境)管理等制度规定,不断提升干部人事档案审核管理水平。加强信访举报核查,加大分析研判力度,注重问题查核与原因分析相结合、追责问责与警示教育相结合,举一反三、建章立制。

## 八、天津市国资委监管企业党的建设和廉政建设情况

**(一)旗帜鲜明讲政治**

坚持把学习贯彻习近平总书记关于国企改革发展和党的建设重要论述作为首要任务,把习近平总书

记最新重要讲话和重要指示批示精神作为天津国资系统各级党组织"第一议题",每项决策都与习近平总书记重要指示精神和中央部署要求对标对表,不折不扣抓好落实,养成习惯形成自觉。制定《关于进一步完善习近平总书记重要指示批示和党中央重大决策部署贯彻落实情况跟进督办制度的若干措施》,开展贯彻落实习近平总书记重要批示指示情况"回头看",推动监管企业结合落实习近平总书记对天津工作重要要求,累计制定贯彻落实措施 899 项、整改措施 97 项,坚定拥护"两个确立"、坚决做到"两个维护"。十九届中央巡视整改任务全部完成,4 家集团针对十一届市委巡视指出的问题完成集中整改任务,配合做好十二届市委巡视和有关立行立改工作。

**(二)建强班子育人才**

配合市委组织部,选优配强企业领导班子,着力建设可堪大用、能担重任、又红又专的企业领导人员队伍。制定印发关于天津国资系统深入实施新时代人才强企战略推动引领国资国企高质量发展的意见,召开天津国资系统人才工作会议暨年轻干部培养选拔管理监督工作会议,推动实施"国企英才培养工程",建立起"四个维度""十个领域"1454 人的人才库,以及优秀年轻经营管理人才、"国企英才培养工程"优秀企业家、市管委管企业职业经理人 3 个经营团队储备库,与知名人力资源机构签署战略合作协议,携手构建全方位全周期的人才服务和人才创新保护体系。搭建"国企英才"招才引智线上公益平台,策划开展线上"直播带岗"系列活动,拿出 4000 余岗位接收高校毕业生就业。

**(三)大抓基层强功能**

严密党的组织体系,3833 个党组织换届选举实现"应换尽换"。连续 5 年发展党员完成率 100%,产业工人在党员中占比逐年提升。天津市国资委党委以"多措并举 靶向发力高质量做好重点群体发展党员工作"为题在天津市组织工作重点任务推进会上作典型发言。加强"操盘手"队伍建设,规范监管企业党务工作部门设置,增加党务工作人员力量,对二级企业专职副书记、新任党支部书记进行全覆盖培训。积极推动"一企业一品牌""一支部一品牌"创建活动,遴选择优形成《国资系统基层党建优秀案例选编》。协同推进央地国企党建联建共建试点,分类指导规范混合所有制企业党建工作。

**(四)从严治党促清廉**

坚持年初筹划定任务—年中推动抓进展—年底考核促落实,先后召开以全面从严治党引领高质量发展工作会议、推进全面从严治党向纵深发展工作推动会,制定《关于推进国资系统全面从严治党向纵深发展的实施意见》,统筹部署和全面推动国资系统全面从严治党工作深入开展。严格落实党委书记听取班子成员"一岗双责"汇报、班子成员听取分管部门主体责任汇报等制度,推动各级各层制定全面从严治党责任、任务"两个清单",压实各级党委主体责任、党委书记"第一责任人"责任和班子成员"一岗双责"。强化出资人监管和纪检监察监督贯通协调,完善党建考核、约谈、问责机制。持续肃清彭三恶劣影响、开展"三个以案",出台"1+N+10"工作方案,推动正本清源,国资国企政治生态向善向好。实施"清廉国资""清廉国企"建设任务 69 项,深化廉洁文化建设"十廉行动",加快清廉国资清廉国企建设。

(撰稿人:刘　超)

# 河北省

## 一、河北省国有资产监督管理工作综述

2022 年,面对经济下行压力加大的严峻挑战,河北省国资国企坚持以习近平新时代中国特色社会主义思想为指导,以迎接、学习、宣传、贯彻党的二十大为主线,认真落实省委十届二次、三次全会各项要求,坚持稳字当头、稳中求进,完整准确全面贯彻新发展理念,统筹发展与安全,统筹疫情防控和企业生产经营,攻坚克难、承压奋进,国资国企改革发展和党的建设取得新进展新成效。一是年度工作目标全面完成。

"1156"工作思路①贯穿始终,"两增两提一控一翻番"目标②如期实现。二是固定资产投资超额完成。监管企业年度固定资产投资计划由838.65亿元调增至900亿元以上,全年完成固定资产投资912.34亿元,比上年增长23.3%,占省市重点项目投资额的9.4%。三是科技创新投入大幅增长。监管企业研发经费投入完成187.29亿元,比上年增长82%,研发投入强度实现翻番;新增"一院一室两站两中心"11家。四是服务对接央企高点起步。认真落实省委关于央企入冀的重要部署,新增109户央企各类机构落户河北省,其中,中央企业总部1户、二级子公司3户、三级子公司36户。五是国企改革三年行动圆满收官。117项重点改革任务全面完成,5次在全国会议交流发言、7次在全国改革简报刊发经验,公司制改革、剥离企业办社会职能等6项实践做法入选全国典型案例。在国家评估中,3户"双百企业"和2户"科改示范企业"获评"优秀",改革"尖兵"作用充分发挥。六是助企纾困政策落地落实。学习宣传国家及河北省"1+20"政策,推动末端落实,帮助企业用足用好税收减免、增值税留抵退税、财政补贴等惠企政策。制定实施支持经济稳定措施6条。充分利用政策性开发性金融工具,5个项目完成签约,获银行支持78.73亿元。七是税收贡献度明显提升。在国家减税降费的大背景下,河北省国有企业全年上缴税费574.6亿元,比上年增长13.6%。

## 二、河北省国有资产总量与结构分析

2022年,河北省具有独立法人资格的国有企业(以下简称国企)6450户,比上年增长17.4%;资产总额58523.7亿元,比上年增长9.4%;营业收入12248.9亿元,比上年增长2.0%;实现利润总额240.9亿元,比上年增长9.1%;平均职工人数70.5万人,比年初降低0.14%。

**表1　　2022年河北省国有企业指标**

| 项　目 | 数　量 |
|---|---|
| 资产总额(亿元) | 58523.7 |
| 所有者权益(亿元) | 17267.3 |
| 归属于母公司的所有者权益(亿元) | 14541.3 |
| 营业收入(亿元) | 12248.9 |
| 利润总额(亿元) | 240.9 |
| 净利润(亿元) | 135.3 |
| 归属于母公司所有者的净利润(亿元) | 17.1 |
| 实际上缴税金总额(亿元) | 574.6 |
| 平均职工人数(万人) | 70.5 |
| 国有资产总量(亿元) | 14329.2 |
| 资产负债率(%) | 70.5 |
| 净资产收益率(%) | 0.8 |
| 总资产周转率(%) | 0.2 |
| 国有资本保值增值率(%) | 100.3 |

2022年,河北省国企6450户,比上年增长17.4%,净增加954户,其中增加的1136户国企中主要为:上年新入统568户,占新增户数的50.0%;新投资设立472户,占新增户数的41.5%;其他分立、划转、新设合并、收购、竣工移交等合计96户,占新增户数的8.5%。

按隶属关系划分,6450户企业中,市县属企业4560户,占比70.7%,净增加732户,比上年增长19.1%;省属企业1890户,占比29.3%,净增加222户,比上年增长13.3%。省属企业中,省国资委监管企业1536户,占比23.8%,净增加150户,比上年增长10.8%。

---

① "1156"工作思路:紧盯"一个目标",即推动高质量稳增长,主要指标横比晋位、纵比争先;强化"一个抓手",即全面完成河北省国企改革三年行动;突出"五个重点",即项目建设、整合重组、完善制度、班子建设、能力提升;开展"六个专项",即党建引领、防控风险、创新人才、数字赋能、绿色低碳、监管服务。

② "两增两提一控一翻番"目标:利润总额和净利润增速高于河北省生产总值增速;全员劳动生产率、研发经费投入强度进一步提高;控制好资产负债率;上缴国有资本收益的企业数量增长100%以上。

按经营规模划分，6450户企业中，大型企业155户、中型企业671户、小型企业2075户、微型企业3549户，分别占比2.4%、10.4%、32.2%、55.0%，大型企业中省、市国资系统监管企业合计129户(其中省级监管95户)，占比83.2%。其中，小微型企业占比较大，大中型特别是大型企业比例相对较小，且主要集中在各级监管企业。

**表2　2022年河北省国有企业户数情况**

| 2021年户数(户) | 2022年户数(户) | 比上年增长(%) |
|---|---|---|
| 5496 | 6450 | 17.4 |

2022年末，河北省国有资产总量14329.2亿元，比期初增长10.55%；国有资本保值增值率100.3%，比上年下降0.4个百分点。

按隶属关系划分，省属企业(含雄安集团，下同)国有资产总量4864.5亿元，比期初增长6.8%；地市企业国有资产总量9464.7亿元，比期初增长12.6%。省属企业(含雄安集团)和地市企业国有资产总量分别占比33.9%和66.1%。

**表3　2022年河北省国有资产按地区分布情况**

| 地　区 | 国有资产(亿元) | 占国有资产总量比重(%) |
|---|---|---|
| 省属企业汇总(含雄安集团) | 4864.5 | 33.9 |
| 地市企业汇总 | 9464.7 | 66.1 |
| 石家庄市 | 1643.3 | 11.5 |
| 唐山市 | 2428.8 | 16.9 |
| 秦皇岛市 | 383.5 | 2.7 |
| 邯郸市 | 676.5 | 4.7 |
| 邢台市 | 495.7 | 3.5 |
| 保定市 | 588.3 | 4.1 |
| 张家口市 | 1048.5 | 7.3 |
| 承德市 | 407.7 | 2.8 |
| 沧州市 | 955.2 | 6.7 |
| 廊坊市 | 560.1 | 3.9 |
| 衡水市 | 219.3 | 1.5 |
| 定州 | 22.7 | 0.2 |
| 辛集 | 9.2 | 0.1 |
| 雄安三县 | 25.9 | 0.2 |
| 合　计 | 14329.2 | 100.0 |

按行业分布划分，2022年国有资产主要集中在社会服务业、交通运输业和工业，分别占比的38.3%、16.4%和15.9%。工业企业中，冶金和煤炭国有资产总量分别为1890.0亿元和1140.7亿元。

**表4　2022年河北省国有资产按行业分布情况**

| 行　业 | 国有资产(亿元) | 占国有资产总量比重(%) |
|---|---|---|
| 农林牧渔业 | 73.5 | 0.5 |
| 工业 | 2273.2 | 15.9 |
| 建筑业 | 1769.8 | 12.4 |
| 交通运输业 | 2352.3 | 16.4 |
| 仓储业 | 313.7 | 2.2 |
| 商贸业 | 301.9 | 2.1 |
| 房地产业 | 1006.6 | 7.0 |
| 信息传输、软件和信息技术服务业 | 74.8 | 0.5 |
| 社会服务业 | 5483.7 | 38.3 |
| 教育文化广播业 | 93.9 | 0.7 |
| 科学研究和技术服务业 | 99.2 | 0.7 |
| 金融业 | 432.1 | 3.0 |
| 其他行业 | 54.5 | 0.4 |
| 合　计 | 14329.2 | 100.0 |

按经营规模划分，大型、中型、小型和微型企业国有资产总量分别为3126.0亿元、2463.4亿元、5390.8亿元和3349.0亿元，分别占比21.8%、17.2%、37.6%和23.4%。

**表 5　2022 年河北省国有资产按经营规模分布情况**

| 经营规模 | 国有资产（亿元） | 占国有资产总量比重（%） |
|---|---|---|
| 大型企业 | 3126.0 | 21.8 |
| 中型企业 | 2463.4 | 17.2 |
| 小型企业 | 5390.8 | 37.6 |
| 微型企业 | 3349.0 | 23.4 |
| 合　计 | 14329.2 | 100.0 |

## 三、河北省国有资本保值增值综合分析评价

2022 年，河北省国有企业国有资本保值增值率 100.3%，比上年减少 0.4 个百分点，整体完成保值增值任务。

按隶属关系划分，省属国企保值增值率 101.1%，比上年减少 0.6 个百分点；市县属国企国有资本保值增值率 99.8%，比上年减少 0.3 个百分点。

按行业分布划分，金融业、教育文化广播业、工业保值增值率较高，分别为 105.75%、105.18%、104.29%；工业企业中的支柱产业冶金、煤炭行业保值增值率分别为 102.18%、109.68%。

按经营规模划分，截至 2022 年底，大型、中型、小型、微型企业国有资本保值增值率分别为 102.77%、101.81%、100.73%、99.92%，除微型国企外，其余类企业均完成国有资本保值增值任务。

**表 6　2022 年河北省国有企业地区和行业国有资本保值增值率情况**

| 地　区 | 国有资本保值增值率（%） | 行　业 | 国有资本保值增值率（%） |
|---|---|---|---|
| 石家庄市 | 101.31 | 农林牧渔业 | 100.20 |
| 唐山市 | 99.69 | 工业 | 104.29 |
| 秦皇岛市 | 97.99 | 建筑业 | 100.73 |
| 邯郸市 | 99.80 | 交通运输业 | 99.45 |
| 邢台市 | 99.44 | 仓储业 | 103.37 |
| 保定市 | 96.74 | 商贸业 | 101.04 |
| 张家口市 | 99.60 | 房地产业 | 100.43 |
| 承德市 | 99.36 | 信息传输、软件和信息技术服务业 | 103.85 |
| 沧州市 | 99.90 | 社会服务业 | 100.43 |
| 廊坊市 | 101.02 | 教育文化广播业 | 105.18 |
| 衡水市 | 98.62 | 科学研究和技术服务业 | 100.93 |
| 定州 | 95.08 | 金融业 | 105.75 |
| 辛集 | 99.83 | 其他行业 | 94.82 |
| 雄安新区 | 101.91 | | |

## 四、河北省国资委监管企业改革发展情况

### （一）国企改革三年行动全面完成

一是在形成更加成熟更加定型的中国特色现代企业制度和国资监管体制上取得明显成效。"两个一以贯之"有效落实落地，党委前置清单、董事会应建尽建、外部董事占多数等任务全面完成。制定监管权力责任清单、授权放权清单，建立业务监督、综合监督、责任追究"三位一体"工作闭环，完善覆盖省、市国资监管机构及国有企业的责任追究工作体系。二是在推动国有经济布局优化和结构调整上取得明显成效。国资国企对河北省经济社会发展战略支撑作用不断体现，有力有效服务河北省京津冀协同发展、北京冬奥会、雄安新区建设"三件大事"，能源保供体现国企担当，战略性重组取得阶段性成效，企业专业化水平和竞争力不断提升。三是在提高国有企业活力和效率上取得明显成效。经理层任期制契约化管理全面完成，员工公开招聘实现全覆盖，管理人员竞争上岗、末等调整和不胜任退出全面推行。完善市场化薪酬分配机制，推行工资总额预算管理，推动全员绩效考核实现全覆盖，中长期激励实现从无到有历史性突破，57 户符合条件的企业全部开展不同类型中长期激励，惠及关键岗位核心人才 4118 人。

**(二)一批重点项目扎实推进**

发挥"国企敢干"带动作用,制定在建项目加快、规划内项目提前实施、新谋划项目"三个清单"。举办河北省国有企业招商引资项目推介会,发布项目74个,现场签约项目24个、总投资额1702.8亿元。召开两次重点项目推进会,协调解决用地用海需求、煤矿核增产能等项目建设难题。河钢集团邯钢涉县新基地一期工程,开滦集团环己醇、沥青提质技改,冀中能源集团20万吨玻纤第二条生产线,河北高速集团青兰高速涉县至冀晋界段改扩建工程,河北交投集团京秦高速遵化至秦皇岛段等290个重点项目建成投产;唐山三友集团20万吨有机硅等201个项目有序推进;河北港口集团黄骅港30万吨级原油码头等71个项目启动实施。

**(三)研发投入"三年上、五年强"专项行动深入开展**

制定《国有企业开展研发投入"三年上、五年强"专项行动实施方案》,建立研发投入刚性增长机制,搭建河北交投集团太行创新研究院、开滦集团可降解聚合物重点实验室等平台,河北地矿集团组建地质专业技术专家库。河钢集团全球首套120万吨氢冶金示范工程一期全线贯通,舞钢公司被评为国家级制造业单项冠军示范企业;河北港口集团与中国华电科工合作研发的全国领先新型岸桥成功下线;冀中能源华药集团国家一类新药(迅可)填补国内空白。印发《关于鼓励监管企业引进特殊人才的指导意见》,2022年引进硕士研究生及以上学历人才245人。推进数字化转型,"一企一策"建立健全工作机制,制定专项行动方案。扎实有序开展省重点行业国有企业碳达峰碳中和工作,重点行业监管企业均制定碳达峰实施方案。推动省重点行业环保绩效创A工作,2022年4家企业完成环保绩效创A。

**(四)中央企业入冀取得显著成效**

按照要求,将省中央企业服务工作职责划转到省国资委,设立央企对接服务处。职能划转以来,河北省国资委深入落实省委、省政府"张开双臂拥抱央企"的指示精神,认真履行央地合作联络员、服务员职责,着力建机制、优服务、搭桥梁、促合作,梳理掌握83户中央企业在冀1543家下属企业地域分布情况,与98户中央企业全部建立工作联系。积极搭建央地对接平台,主动为中央企业在冀发展排忧解难,协调解决中国中化、新兴际华、中国石油等中央企业在冀发展诉求。针对各市县涉及中央企业的项目合作、承接疏解、民生保障等,沟通协调目标中央企业,推动双方开展接洽。

**(五)监管职能不断优化**

理顺出资关系,财达证券公司、河北资产管理公司分别移交河钢集团、河北建投集团管理。在省国资委机关首次设置岗位286个,编制岗位说明书,调整部分人员。设立内部审计处,制定内部审计办法,对4户企业开展债务风险专项审计;修订《投资监督管理办法》,制定投资项目负面清单,重新核定主业,为企业松绑。国资国企在线监管平台19个业务模块上线运行。开展企业财务共享中心建设"百日攻坚";积极开展监管能力提升三年行动,国资干部综合素质、专业能力得到增强;谋划提出建设中国式现代化河北"效益国企、创新国企、数字国企、绿色国企、平安国企、责任国企"6个场景举措,为中国式现代化河北场景增光添彩。制定省国资委班子成员包联市县名单,印发《联系服务市县工作实施方案》《支持服务市县经济发展指导意见》及分工,协调解决各市国资监管机构诉求。

**(六)防范化解各类风险隐患**

河北省国资委把"金融管理处"优化为"企业金融债务监督处",归口管理企业各类债务。落实"631"偿债保障机制,每季度分析融资情况,及早发现风险、提前预警处置,到期债券全部按期兑付。严格落实国务院安委会安全生产十五条措施,在党的二十大、国庆等特殊时间节点,班子成员带队对全系统36家企事业单位进行拉网式督查,全面排查风险隐患,安全生产保持总体平稳。

## 五、河北省国资委监管企业并购重组与完善法人治理结构情况

**(一)重组整合稳妥推进**

一是规范相关制度程序。夯实企业重组整合工

作基础，制定《省属国有企业(集团公司)组建工作流程》，把经过实践检验且行之有效的做法固化为制度，经省委、省政府主要领导批示同意后，成为重组组建企业集团的制度规范。二是推进条件成熟的企业实施重组整合。着眼于打造特大型、综合性、现代化的世界一流港口集团，为河北沿海经济高质量发展提供重要支撑，制定《河北港口集团有限公司组建方案》，经省政府研究同意批复后，完成6家标的公司企业变更登记、新港口集团股权回拨和公司章程变更等工作，10月30日，新组建的河北港口集团正式揭牌成立。组织制定《冀中能源股份有限公司协议转让所持河北金牛化工股份有限公司全部股权的方案》，河北高速集团协议收购金牛化工。三是围绕重点行业开展深入论证。配合省水利厅谋划制定《组建河北水利发展集团可行性研究报告》，对组建工作进行深入研究论证，服务河北省水利事业高质量发展。四是推动企业内部资源整合。以国企改革三年行动为契机，推动监管企业优化资源配置，提升市场竞争能力。指导河钢集团以河钢数字公司为平台，对集团下属6家子企业信息化资源企业进行整合，成为具有竞争力的数字产业化企业；指导河北交投集团对城乡建设、土地开发整理等资源进行整合，组建太行城乡建设集团，更好地服务河北省县域经济发展。

**(二)法人治理结构进一步完善**

把党的领导融入公司治理各环节。明晰党组织与其他治理主体的权责边界，将党的领导融入公司治理各环节各层级。监管企业和重要子企业全部制定党委前置研究讨论重大经营管理事项清单。加强董事会建设。监管企业集团及各级子企业董事会应建尽建、建立董事会向经理层授权管理制度、重要子企业落实董事会职权等工作完成率均100%。围绕更好发挥董事会"定战略、作决策、防风险"的作用，强化董事会运行的规范性和有效性，有效提升董事会建设质量。增强经理层经营活力。河北资产管理公司、财达证券公司在集团层面开展职业经理人制度试点工作；支持河钢集团等5家企业在所属17户市场化程度较高的商业类子企业积极探索推行职业经理人制度。监管企业各级子企业经理层任期制契约化管理等任务完成率100%。

**(三)混合所有制改革稳步推进**

积极推进企业上市和整体上市，召开资本市场赋能国企高质量发展培训会，着力破解监管企业"不想上、不能上、不会上"问题。全面摸排国有企业上市资源，形成27户监管企业上市资源储备库，其中5户进入省级上市后备企业资源库。积极鼓励企业引入战略投资者，河钢集团成功引入全球最具竞争力的钢铁企业韩国浦项，总投资41.25亿元、年产135万吨高端汽车面板项目等。冀中能源集团段王煤业、华药集团华民公司等通过债转股引进社会资本48.6亿元。推进混改企业转换经营机制，稳妥推进国有控股混合所有制企业骨干员工持股，河北建投集团国际大厦、新天绿能"战投＋员工持股"成功实施。

## 六、河北省国资委监管企业建立和完善经营业绩考核体系情况

修订完善《河北省国资委监管企业负责人经营业绩考核办法》，配套制定经营业绩考核计分、研发投入视同利润及创新驱动单列政策、分类考核、年度经营业绩考核、经济增加值考核5个实施细则，形成"1＋5"框架体系。一是分类考核。对河北建投集团、河北国控公司等国有资本投资、运营公司类的企业，注重国有资本布局和优化结构目标、提升国有资本运营效率的考核；对冀中能源集团、开滦集团等供给侧结构性改革任务重的企业，注重引导结构调整和转型升级的考核；对河钢集团、唐山三友集团等科技进步要求高的企业，注重自主创新能力和核心竞争力提升，科技成果转化产出的考核；对财达证券公司、河北资产管理公司、河北再担保公司等金融和类金融类企业，注重资金安全和发挥金融企业作用的考核；对资产负债率超"警戒线"的企业，注重加强债务风险防控和资金链安全方面的考核。二是精准考核。按照国企改革发展新要求，创新工作方法，"一企一策"精准细化考核内容，在考核分类的基础上，对每户监管企业单独设置不同的特色指标，并且创新设置二级考核指标，对一级考核指标进行更多角度的评估印证，考核更加科学精准，更好引领企业高质量发展。三是抓好全过程考核管理。建立月监督、季通报、半年分

析调度机制，重点增效项目实施周监控、月考核，注重关键节点和过程考核，更好发挥考核"指挥棒"作用，推动重要工作目标任务有效落地。四是做好动态监控。加大对企业负责人年度经营业绩指标完成情况的动态监控力度，4月、7月、10月分别对第一季度、第二季度、第三季度各企业考核目标完成情况进行集中调度，对影响考核目标的重点、热点问题进行深度研究，促进高质量完成考核目标。五是强化结果运用。根据企业经营业绩考核综合得分，考核等级划分为A、B、C、D 4个级别，考核评级与绩效年薪挂钩。完成企业负责人第五任期经营业绩考核。

## 七、河北省国资委监管企业负责人考核与选人用人机制改革情况

### (一)综合考核评价

以考准考实为目标，河北省国资委会同省委组织部对18户监管企业运行、管理、效益和班子建设等情况进行实地考核，对领导班子和领导人员2021年度工作情况进行综合评价，综合测评采用电子测评系统，提升测评的准确性。逐企逐项研究确定监管企业2022年度定性考核任务目标，作为企业领导班子和领导人员2022年度考核评价的重要依据，企业根据任务目标，结合实际，将任务细化分解至每位领导班子成员，形成工作目标承诺，并在河北省国资委备案，有效发挥考核"指挥棒"和激励约束作用，确保年度各项重点工作按期完成。

### (二)选人用人机制改革

2022年，河北省国资委继续拓展深化经理层成员任期制契约化管理和推行职业经理人制度试点工作，不断激发经理层活力。一是全面推行经理层任期制和契约化管理，指导监管企业以规范任期管理和契约签订、严格经营业绩考核、刚性兑现薪酬、实现能上能下为重点，"一人一岗"履行签约程序，"一企一策""一人一表"实施差异化考核。按照《经理层成员任期制和契约化管理契约文本操作要点》等文件要求，排查契约文本不规范、"含金量不足"等问题，及时进行整改完善。实施经理层成员任期制和契约化管理的集团公司和各级子企业户数、经理层成员总人数比例均100%。通过任期制、契约化的刚性约束，实现经理层能上能下，推动企业在更深更广层面实现"三能"。二是在符合条件的监管企业及子企业推行职业经理人制度，其中一级监管企业层面重点推进财达证券公司职业经理人试点工作，累计市场化选聘副总经理4人，覆盖经营层全部业务条线，均取得较好业绩，在河北省省属企业中起到良好的改革示范效应。

## 八、河北省国资委监管企业党的建设和廉政建设情况

坚持党建引领，以务实有效举措抓党建强党建，落实全面从严治党主体责任，推动党建与生产经营深度融合，基层党建和党风廉政建设工作取得扎实成效。

### (一)坚持把党的政治建设放在首位

一是全面落实"第一议题"制度。及时跟进学习习近平总书记最新重要讲话和指示批示精神，认真学习贯彻党的二十大精神，严格落实第一议题制度，采取多种方式，对监管企业进行督导，推动中央重大决策部署落实落地。二是高质量做好党的二十大代表推荐提名。严格按照代表标准、比例构成，坚持自下而上、上下结合、反复酝酿、逐级遴选，高质量完成省国资委系统党的二十大代表推荐提名工作，省国资委系统6人当选为党的二十大代表。三是认真做好省国资委系统全国和河北省人大、政协换届有关人选推荐提名。制定推荐提名工作方案，组织召开推荐提名工作部署会议，严格政策规定、推荐范围、工作程序，推荐提名全国和河北省人大、政协各职人选52人。四是充分发挥党建政治优势。深入开展"抓党建、迎冬奥、防疫情、惠民生、保安全、促发展"活动，动员企业各级党组织和广大党员在急难险重任务中发挥作用、担当作为，全力做好冬奥服务保障、防疫物资生产、煤电水气运和粮油副食产品的保供工作，有力彰显国资国企责任担当。监管企业13个集体和35名个人获评2022北京冬奥会、冬残奥会河北省先进集体和先进个人。

**（二）加强党对国有企业的全面领导**

一是在完善公司治理中加强党的领导。优化监管企业和重要子企业党委前置清单，进一步明晰党委"定"和"议"的具体事项，厘清各治理主体的边界。推动监管企业严格落实党建工作写入公司章程、党委会议事规则、"三重一大"决策事项清单、党委前置研究讨论重大经营事项清单等，把党的领导融入公司治理各环节。二是压紧压实基层党建责任。研究制定党的建设工作要点、监管企业基层党建工作要点、抓党建工作考核指标任务清单，明确党建重点任务。强化考核评价，层层开展述职评议考核，企业党组织书记抓党建、强党建的主责主业意识明显增强。强化结果运用，党建工作纳入企业领导班子综合考评体系，与领导人员薪酬体系奖惩挂钩。三是推动党建工作与生产经营深度融合。持续深化党员先锋岗、党员责任区、党员突击队建设，充分发挥基层党组织战斗堡垒和党员先锋模范作用。深入挖掘河钢集团、开滦集团、河北港口集团、河北建投集团、河北高速集团、唐山三友集团、财达证券公司7家企业党建工作与改革发展深度融合典型做法，加强宣传报道，营造以高质量党建引领企业高质量发展的浓厚氛围。

**（三）全面加强基层组织建设**

一是持续扩大党的组织和工作覆盖。组织实施党组织设置与企业组织架构运行有机统一专项行动，围绕党的建设"四同步四对接"、党支部标准化规范化建设、排查整顿软弱涣散基层党组织、党建工作与生产经营深度融合4个方面内容，查摆解决问题72个，优化党组织设置818个，5916个党支部全面提档晋级。全面摸清监管企业驻外机构党建工作基本情况，研究制定省属国有企业驻外机构党建工作方案。二是大力加强基本队伍建设。严格党员教育管理，科学精准制定发展党员计划，注重发展技术能手、生产经营骨干等青年先进分子，不断优化党员结构。强化党务培训，举办基层党组织书记示范培训班、党员发展对象培训班等，层层培训基层党组织书记1.4万人次、党务工作人员2.7万人次、党员20万人次，发展党员2170余人。省国资委系统9名基层党组织书记被授予河北省"千名好支书"称号。三是扎实推进监管企业党委换届工作。成立换届选举工作领导小组和工作专班，制定换届工作方案，向省委组织部发出协商函，向7家委管企业和4家驻冀央企下发提醒督促函，推动监管企业党委换届选举规范有序开展。对未按期换届基层党组织进行工作提示，确保应换尽换。

**（四）从严从实抓好党建基础工作**

一是加强组织关系管理，组织实施省级经营性国有资产集中统一监管企业基层党建评估，完成河北高速集团、河北交投集团等5家企业党组织关系转隶工作。二是组织开展党费管理专项检查、党务工作事项外包清查整治等，全面自查、建立台账，对排查出的问题逐项督促企业完成整改。三是做好全国党员管理信息系统数据维护和清查整改工作，确保系统信息完整准确、数据及时维护，推进党组织规范设置、党员规范管理。四是制定委管党费存款最佳收益方案，通过办理大额存单和协议存款相关业务，党费利息收入增加100余万元。五是积极做好元旦、春节"两节"期间走访慰问，下拨专项慰问金44.45万元，省国资委系统企业配套慰问金94.41万元，慰问党员1005人，增强党组织的凝聚力、感染力和向心力。

**（五）持之以恒推进党风廉政建设**

一是把全面从严治党向纵深推进。召开党风廉政建设和反腐败工作暨警示教育大会，与监管企业逐一签订落实全面从严治党主体责任承诺书，压紧压实管党治党责任。印发加强和改进新时代政治监督的若干措施及任务分解台账，推进政治监督具体化常态化。二是有效开展境外腐败治理。研究制定省国资委监管企业境外腐败治理工作要点，两次召开专班会议，有力开展"七个"专项整治，推动境外腐败治理走深走实。三是严肃党内政治生活。指导监管企业及其子企业高质量召开专题民主生活会和组织生活会，企业领导班子成员进行对照检查，查摆存在问题，深刻剖析问题原因并制定整改落实措施，进一步加强监管企业领导班子建设，强化政治忠诚，提升政治能力，从思想上提升对防范系统性廉政风险的认识。

（撰稿人：尹爱岭）

# 山西省

## 一、山西省国有资产监督管理工作综述

2022年,山西省国资委始终坚持以习近平新时代中国特色社会主义思想为指导,全面贯彻"疫情要防住、经济要稳住、发展要安全"的要求,坚决落实省委、省政府的各项决策部署,推动国资国企改革发展取得新的重要进展和明显成效,为保持经济社会大局稳定提供有力支撑。

### (一)经营效益再创新高

深入开展提质增效、扭亏减亏三年行动,制定抓落实工作机制及任务清单,全力推动省属企业稳中加固、稳中向好。经营规模稳中有进。山西省国资系统监管企业资产总额4.42万亿元、营业收入1.69万亿元。其中,省属企业资产总额3.67万亿元、营业收入1.53万亿元;市县国企资产总额7879亿元、营业收入1679亿元。效益效率大幅提升。山西省国资系统监管企业累计实现利润总额1287亿元,比上年增长88.1%。其中,省属企业利润总额首次突破千亿元,达到1008亿元,净利润529亿元。市县国企利润总额278亿元,净利润210亿元。14户省属企业利润总额实现正增长,晋能控股、山西焦煤利润总额超过300亿元。7个市利润总额实现正增长,晋城、忻州和临汾位列前三。经济贡献不断加大。山西省国资系统监管企业实现增加值5175亿元,比上年增长17.6%,增速高于山西省GDP 13.2个百分点。其中,省属企业实现增加值4395亿元,市县国企实现增加值780亿元;15户省属企业增加值实现增长,晋能控股等6户企业超过100亿元。扭亏减亏持续发力。2022年实现扭亏减亏金额264.39亿元,实现阶段性扭亏企业434户,超额完成全年任务。山西焦煤实现扭亏减亏123亿元。

### (二)国企党建全面加强

山西省国资国企系统以迎接党的二十大和学习贯彻党的二十大精神为主线,突出政治标准,以高质量党建引领国资国企高质量发展。以政治建设为统领,忠诚践行"两个维护"。强化政治监督,深入开展企业党委"三重一大"决策运行情况监督检查。交控集团开展全覆盖政治监督专项检查,完成6户所属企业常规巡察。大同市制定党建重点任务清单,督促企业抓好党建。以思想建设为基础,认真学习贯彻习近平新时代中国特色社会主义思想。组织召开"山西这十年·国资国企专场"新闻发布会喜迎党的二十大,开展党的二十大精神宣讲,覆盖百万人次。以组织建设为重点,夯实党的执政基础。制定企业党支部集体研究把关企业重大事项工作指引,动态从严开展党委前置清单的审批,制定企业党支部"过筛子"工作方案,选树红旗党委50个、标杆党支部(党总支)150个。潞安化工构建"1+6+N"精益党建运行体系,开展"深化党建绩效　优化精益管理　强化党政融合"活动。长治市印发《国有企业党组织前置研究讨论重大经营管理事项清单范本》,指导企业全部建立党组织前置研究讨论清单。晋城市开展"国企抓党建促改革提质效"专项行动。以纪律建设为保障,深入推进全面从严治党。严格落实全面从严治党主体责任,深入开展"清廉国企""清廉机关"建设,制定省国资委《加强对"一把手"和领导班子监督的实施意见》贯彻落实措施,联合开展"不能腐"制度落实情况专项监督检查。山西建投排查廉政建设风险点151个,集中开展二级企业专项检查。华舰体育全面梳理廉政风险点493个,制定防控措施386条。

### (三)国企改革三年行动全面收官

对标"三个明显成效"要求,对18户省属企业、11个市按照时间节点、工作要求开展三次全面督导检查,对已完成的改革事项安排"回头看"。截至2022年底,国企改革三年行动省、市两级细化分解任务全部完成。潞安化工公司治理、太重集团"双百科创行动"成功入选全国"国企改革三年行动典型案例"。汾酒集团深入开展对标管理提升行动,37项重点任务全部完成。神农科技33家法人单位全部完成事转企改革。大同市构建"1+3+9"企业框架,解决多年国有

企业“小散乱”。朔州市建立外部董事人才库，一级企业全部实现外部董事占多数。

### （四）科技创新持续加强

加快提升企业科技创新能力，强化关键核心技术攻关。加大创新政策落实，印发《省属企业科技创新政策指引及工作指南》。云时代公司深入实施“云翔工程创新人才培养计划”，进一步强化人才队伍建设。推动省属企业创新全覆盖。省属企业成立科技成果转化基地17个。大地控股建立多层次、立体式、全覆盖研发体系，获得国家科技进步奖二等奖1项；太重集团智能采矿装备技术全国重点实验室完成各类科研项目26项，其中国家级项目3项。强化产业链链主建设，太重集团、晋控装备成为省级高端装备、风电装备领域的链主企业，文旅集团成为文旅康养产业的链主企业。华远陆港推动建链补链延链强链，建设运营山西商品电子交易中心。推进省属企业原创技术策源地建设，制定实施方案。国际能源全力开展低热值煤热解燃烧分级转化利用等重大项目研究；华阳集团钠离子电芯投产，成为全国首家实质性打造钠离子电池全产业链的企业。

### （五）各类风险有效化解

统筹发展和安全，进一步健全风险防控长效机制，坚决守住不发生系统性风险的底线。推动安全生产。深入推动安全生产专项整治三年行动，对省属涉煤企业违法分包转包和挂靠资质行为开展整治排查。文旅集团强化重要时间节点的安全监管和检查，确保重要时段安全运营。航产集团所辖各机场全年未发生重大安全事故，安全生产形势持续保持平稳。落实信访维稳。深入开展矛盾纠纷排查，成立专班常态化清理和化解信访积案，省国资委信访综合处被省委表彰为“全省信访工作先进集体”。服务国计民生。2022年，省属涉煤企业原煤产量7.44亿吨，中长协保供2.91亿吨。华新燃气筹措天然气38.93亿立方米，有力保障全省人民群众用气需求。万家寨水控加快构建现代化治水兴水体系，扎实保障全省生产、生活、生态用水需求。运城市扎实开展为群众办实事，完成房屋产权登记确权颁证“清零行动”。

### （六）国资监管不断强化

山西省各级国资监管机构认真履行监管职责，不断提高工作的系统性针对性有效性。建立健全监管职能体系。印发《山西省国资委规范性文件汇编》，加强对市县国资监管制度建设工作的指导。阳泉市形成“1＋6”的违规责任追究工作制度。太原市搭建大数据监管平台，实现数据共享交换。加大对重要领域、重大事项、重点企业监管力度。从严追责问责，省国资委办结问题线索74个，追责问责49人次，扣减薪酬174.63万元。临汾市改进考核评价体系，“一企一策”实行差异化分类考核。推动省委、省政府安排的重大任务落实。妥善解决中国信达持有省属煤炭企业股权问题，积极推动解决与中信集团海南明远债权问题。

## 二、山西省国有资产总量与结构分析

表1　　2022年山西省国有企业指标

| 项目 | 金　额(亿元) |
|---|---|
| 资产总额 | 49820.86 |
| 所有者权益 | 15061.41 |
| 营业收入 | 17258.33 |
| 利润总额 | 1295.88 |
| 净利润 | 744.02 |
| 归属于母公司所有者的净利润 | 277.66 |
| 应交税金总额 | 2052.07 |
| 实际上缴税金总额 | 2110.15 |

按照《企业国有资产监督管理暂行条例》《企业国有资产统计报告办法》规定的汇编范围，2022年，山西省纳入统计范围的国有企业（含国有控股参股，下同）7597户，比上年净增加358户。其中，省属监管企业3885户，净增加131户[增加243户，增加的主要原因是新投资设立108户和上年应报未报115户；减少112户，减少的主要原因是撤销关闭36户、出售（拍卖）21户和吸收合并31户]；省属非监管企业487户，净增加17户；地市国有企业3225户，净增加210户。

表 2　2022 年山西省国有企业户数情况

| 2021 年户数(户) | 2022 年户数(户) | 比上年增长(%) |
|---|---|---|
| 7239 | 7597 | 4.95 |

截至 2022 年底,山西省国有资产总量 10162.78 亿元,比上年净增加 776.33 亿元。其中国有资产主要集中在省属企业,省属监管企业国有资产总量 5642.83 亿元,占全部国有资产总量的 55.52%。

表 3　2022 年山西省国有资产按地区分布情况

| 地　区 | 国有资产(亿元) | 占国有资产总量比重(%) |
|---|---|---|
| 省级企业汇总 | 5776.05 | 56.84 |
| 省属监管企业 | 5642.83 | 55.52 |
| 省属非监管企业 | 133.22 | 1.31 |
| 地市企业汇总 | 4386.73 | 43.16 |
| 太原市 | 1587.48 | 15.62 |
| 大同市 | 226.64 | 2.23 |
| 朔州市 | 185.42 | 1.82 |
| 忻州市 | 313.70 | 3.09 |
| 吕梁市 | 229.21 | 2.26 |
| 晋中市 | 369.80 | 3.64 |
| 阳泉市 | 85.07 | 0.84 |
| 长治市 | 286.19 | 2.82 |
| 晋城市 | 570.04 | 5.61 |
| 临汾市 | 329.19 | 3.24 |
| 运城市 | 203.99 | 2.01 |
| 合　计 | 10162.78 | 100.00 |

从经营规模来看,国有资产主要集中在大型企业,占山西省国有资产总量的 76.04%。

表 4　2022 年山西省国有资产按经营规模分布情况

| 经营规模 | 国有资产(亿元) | 占国有资产总量比重(%) |
|---|---|---|
| 大型企业 | 7727.77 | 76.04 |
| 中型企业 | 1135.80 | 11.18 |
| 小型及微型企业 | 1299.21 | 12.78 |
| 合　计 | 10162.78 | 100.00 |

## 三、山西省国有资本保值增值综合分析评价

2022 年,山西省国有企业国有资本保值增值率 103.07%,比上年增加 1.78 个百分点。从分布结构来看,省属监管企业国有资本保值增值率 103.46%,省属非监管企业国有资本保值增值率 108.76%,市级及以下企业国有资本保值增值率 102.35%。

表 5　2022 年山西省国有企业地区国有资本保值增值情况

| 地　区 | 国有资本保值增值率(%) |
|---|---|
| 省级企业 | 103.58 |
| 省属监管企业 | 103.46 |
| 省属非监管企业 | 108.76 |
| 地市企业 | 102.35 |
| 太原市 | 99.05 |
| 大同市 | 100.24 |
| 朔州市 | 103.38 |
| 忻州市 | 104.46 |
| 吕梁市 | 107.42 |
| 晋中市 | 100.30 |
| 阳泉市 | 98.09 |
| 长治市 | 107.00 |
| 晋城市 | 110.85 |
| 临汾市 | 104.53 |
| 运城市 | 96.18 |
| 合　计 | 103.07 |

## 四、山西省国资委监管企业改革发展情况

截至2022年底，18户省属企业实现营业收入1.53万亿元，比2019年增长9.9%，年均增速3.2%；资产总额3.67万亿元，比2019年增长16.3%，年均增速5.2%；实现利润总额1007.8亿元，创历史新高，比2019年增长225.7%，年均增速48.2%。资产负债率72.2%，比2019年下降1.68个百分点。省属企业资产总额、营业收入、利润总额、净利润分别排全国第六位、第六位、第三位、第六位。

### （一）高位推动更加有力

实施国企改革三年行动是以习近平同志为核心的党中央作出的一项重大决策。山西省国资国企系统在省委、省政府的坚强领导下，坚持高目标引领、高站位谋划、高效率推进，以国企改革三年行动赋能高质量发展。省领导带队赴18户省属企业开展全方位、高密度、深层次调研，专题研究解决省属一级企业外部董事选配问题，高规格召开山西省国有企业深化改革提质增效推进会和山西省国资国企工作会议，多次对改革工作作出重要指示，有力促进各项任务落实落地。

### （二）中国特色现代企业制度更加成熟定型

一是完善公司治理中加强党的领导。全面落实“两个一以贯之”要求，切实把加强党的领导和完善公司治理有机统一。创造性制定前置清单审批办法，前置研究讨论事项更加规范。二是加强董事会建设落实董事会职权。印发《关于省属企业加强子企业董事会建设有关事项的通知》，指导省属企业加强董事会建设，制定落实子企业董事会职权工作方案，并实行备案管理。完成首批“面向社会公开征集外部董事人才库人选”工作，新入库外部董事后备人选25人，外部董事后备人才更丰富。三是保障经理层依法行权履职。省级层面印发《公司董事会对经理层授权事项（首批）》，依法明确董事会对经理层授权管理机制、事项范围、权限条件等主要内容。四是全面完成公司制改革。山西省全民所有制企业户数占全国全民所有制企业户数的20%，达到3350户，指导企业开展公司制改革，协调省市场监管局简化工作程序，开辟绿色通道，确保公司制改革任务按时完成。

### （三）国有经济布局优化和结构调整呈现新格局

一是推动国有资本向重要行业和关键领域集中。将省属企业从28家调整至18家，煤炭企业从7家调整至2家，推动太钢集团与中国宝武联合重组，改组组建一批引领转型的“旗舰”“劲旅”，国有资本布局不断优化，国有经济加快从“一煤独大”向“八柱擎天”转变，国有经济发展的质量和效益不断提升。编制完成省属企业“十四五”总体规划。二是突出主责主业清退“两非”“两资”。印发《省属企业主业目录》，主业数量从原来的最多6个压缩到最多3个，完成各级子企业主业核定。印发《省属企业参股股权管理办法》，清理长期不分红和长期亏损的参股股权，印发《省属企业止损挽损专项行动实施方案》，建立省属企业止损挽损项目数据库，指导省属企业“一项目一策”制定个性化处置措施。

### （四）国有企业科技创新力度不断加大

一是强化科技创新政策支持。出台《省属企业科技创新政策指引及工作指南》，指导企业用足用好创新创业有关政策。印发《山西省推进省属企业打造原创技术策源地实施方案》，对省属企业建设原创技术策源地工作进行总体安排部署。二是优化科技创新体制机制。将研发投入占主营业务收入比重纳入省属企业经营业绩考核，推动省属工业企业研发投入强度由2020年的1.31%增长到2022年的1.66%。三是深化创新主体协同。以科技创新为引领，推动企校深度融合，支持有条件的企业与太原理工大学、山西大学、中北大学共建产业技术研究院，在平台建设、科研攻关、成果转化、人才培养等方面深度叠加优势。

### （五）混合所有制改革积极稳妥深化

一是推动企业通过出资新设、增资扩股、股权转让和开展上市等方式引进非国有资本，汾酒集团实现整体上市。二是积极推动员工持股试点，完成潞安精蜡化学品公司和国际能源普丽环境公司员工持股，储备3户意向员工持股试点企业。三是推进480年中华老字号广誉远回归山西，北方铜业与南风化工重组上市，交控集团高速公路资产注入上市公司等。

### (六)市场化经营机制建立健全取得新突破

持续深化三项制度改革。一是创新开展定职数、定员额、定机构、定机制、定薪酬、定任期的“六定”改革,推动省属企业实现降本增效、减人增效、提质增效,印发《关于建立省属企业“六定”改革长效机制的实施意见》,进一步推动“六定”改革常态化、制度化。公开招聘人员占新进员工比例提升至99.89%。二是建立效益与薪酬挂钩机制,省属企业及各级子企业全部实行全员绩效考核,出台《关于进一步加强省属企业全员绩效考核工作的指导意见》。三是按照约定严格考核,省属企业集团公司年度和任期经营业绩考核结果分别与绩效年薪、任期激励强挂钩,企业负责人年度或任期经营业绩考核为D级或年度综合考核评价为“不称职”“不确定等次”的不得领取绩效年薪;年度或任期综合考核评价为“基本称职”的,扣减30%以上绩效或任期激励收入。四是开展中长期激励。印发《关于省属企业实施股权和分红激励的指导意见》《关于开展省属企业控股上市公司股权激励工作的实施办法》。指导省属企业开展中长期激励梳理评估,符合条件的企业有序推进中长期激励,实现业绩考核与激励水平“双对标”,激励与约束相统一。

### (七)深化国企改革专项工程获得肯定

按照高质量发展和提升自主创新能力要求,指导推动纳入国企改革专项工程的企业在完善公司治理、市场化选人用人、强化激励约束、激发科技创新动能等方面取得创新突破,并获得国家肯定。一是“双百企业”。2022年太重集团向明智能装备股份有限公司被评为国企改革“双百行动”标杆企业。二是“科改示范企业”。山西阳煤化工机械(集团)有限公司和太原重工轨道交通设备有限公司两户企业改革案例入选《改革样本:国企改革“科改示范行动”案例集》,2户企业被评为“科改示范企业”改造创新优秀企业。

## 五、山西省国资委监管企业并购重组与完善法人治理结构进展

### (一)并购重组

自2020年3月起,由省国资运营公司牵头,统筹政府、国企、社会同类资产,按照“一家集团一个主业”的努力方向,同步推进集团层面战略性重组和子企业层面专业化整合,在信创、物流、体育、农业科技等新兴产业领域,重组一批面向未来的全新国企;对传统产业实施重构,煤炭企业减为2家,组建煤炭产能全球第三的晋能控股、炼焦煤产量全球第二的焦煤集团,其他煤炭企业聚焦新材料、现代化工、燃气等领域专业化发展,省属国企从28家调整到18家。此轮重组整合,涉改资产2.7万亿元,占省属企业资产总额的79%;涉改一级企业21户,占改革前省属企业户数的75%;涉改职工约90万人,占省属企业职工总数的91%;涉改产业14个,占省属企业涉足领域的82%。省委组织部从班子建设、干部选配方面大力支持新一轮整合重组,稳妥促进80余名企业领导人员退出集团领导班子,将班子成员数量从过去最多超过20人压缩至11人以内,将总经理助理级管理人员从过去的最多近30人压缩至6人以内,并指导焦煤集团等企业彻底理顺中层干部管理体系,对整合重组顺利推进起到决定性作用。

### (二)完善法人治理结构进展

2022年5月,印发《关于报送省属企业董事会建设有关事宜的通知》(晋国资运营函〔2022〕133号),进一步督促省属企业将董事会建设有关工作落地落实。8月,按照国企改革三年行动推进会及省国资委最新要求,印发《关于进一步加强董事会建设落实压减工作要求完成国企改革三年行动重点任务有关事宜的通知》(晋国资运营函〔2022〕224号),进一步督促省属企业完成国企改革三年行动关于董事会建设的收尾工作,并报送相关印证材料。董事会应建尽建方面,各级国有企业应建立董事会的企业全部建立董事会。外部董事占多数方面,各级国有企业应实现外部董事占多数的企业全部实现外部董事占多数。落实重要子企业董事会职权方面,涉及重要子企业的17户省属企业集团层面均出台关于落实重要子企业董事会职权的方案。保障经理层依法行权履职方面,集团公司层面19户一级企业均出台董事会授权管理制度。

## 六、山西省国资委监管企业建立和完善经营业绩考核体系情况

认真学习贯彻国务院国资委思路做法，紧紧围绕国资国企改革中心任务，服务、推动山西省高质量发展，推动省属企业经营业绩考核的科学性和有效性不断提升。

总体思路。以习近平新时代中国特色社会主义思想为指导，深入贯彻党的二十大精神及中央、省委经济工作会议要求，坚持稳中求进工作总基调，完整、准确、全面贯彻新发展理念，树立以“效益＋现金”为中心的考核理念，坚持“全面对标、全面预算、全级次分类”基本原则，着力提升国有资本运行效率，提高国有资本回报水平，加大国有资本创新力度，进一步做强做优做大国有资本和国有企业，为山西省高质量发展贡献力量。

指标体系。针对不同功能定位、不同行业类别、不同发展阶段的企业，突出不同考核重点和指标要求，“一企一策”、分层分类设置差异化的考核指标，加强对企业的正向引导激励和负向约束。投入产出指标主要考核企业经济效益，指标包括利润总额、净资产收益率、经济增加值、吨煤成本等。提质增效指标主要围绕提升企业核心竞争力，指标包括全员劳动生产率、研发经费投入强度、资产证券化、自由现金流等。对标挖潜指标主要引导省属企业从营业现金比率、经济增加值率、营业收入利润率、总资产周转率、成本费用利润率、两金占流动资产比重、盈余现金保障倍数、现金流动负债比率、已获利息倍数、速动比率等10项指标中，围绕短板选择6项，纳入经营业绩考核体系。限制约束指标主要对债务等风险防控指标进行负向约束，包括资产负债率、融资压降额等。只扣分，不加分，最多扣减20分。重点把控指标主要对扭亏减亏、投资管理、资产管理、数智化管理等当前重点关注和强化的工作加强考核引导。其中，投资管理突出对省属企业新建项目开工率、续建项目复工率、年度投资完成率“三率”进行考核，加强政策引导。重点任务指标推动落实省委、省政府各项决策部署是考核工作的重要导向。该部分主要涉及山西省两会、政府工作报告及省委、省政府主要领导批示指示等对企业有明确要求的事项，每户企业1～4项。

考核导向。一是强调投入产出。发挥国企“压舱顶梁”作用，强调资本绝对回报，利润总额增速不低于山西省GDP增速，引导省属企业不断提高净资产收益率。省属煤炭企业考核吨煤成本指标，改进原先只考核原煤生产成本的简单方法，按照原煤、商品煤两个维度进行约束，统计口径与省能源局、省统计局等机构保持一致，商品煤吨煤成本口径乘以销量，直接换算煤炭企业利润，促进高质量发展。二是强调提质增效。全面提升全员劳动生产率，“一企一策”设置证券化指标，增设自由现金流指标，引导企业抑制盲目投资，将资本性开支控制在自身造血机能范围以内，全面提高经营业绩的“含金量”。其中，对经营性现金流和投资性现金流分别测算、分类考核，投资性现金流与省属企业投资计划相一致，经营性现金流原则上不低于上年水平。三是强调对标挖潜。对照国务院国资委《企业绩效评价标准值》，明确省属企业所在行业考核目标值，按照优、良、中、低、差分档计分。企业对比自身过去三年加权平均水平有提高，按照超出比例差异化计分，鼓励企业超越自我、不断发展。出台有关制度办法，在省属企业总部对标的基础上，指导推动二级、三级直至全级次企业开展对标考核。四是强调风险防控。把资产负债率作为考核的重要指标，把压降带息负债作为考核的重要导向，将企业合理投资作为明细项列入考核指标，区别存量负债和新增负债，存量负债必须刚性下降，确保不发生流动性风险。按照“减亏就是增盈”的思路，鼓励企业真抓实干。五是强调创新驱动。建立省属工业企业研发投入刚性增长机制，依据《企业绩效评价标准值》，按照梯度设置考核目标值，低于行业均值的企业研发经费投入强度增幅高于其他企业。探索开展对研发费用分类视同利润加回，对获得国家、省科学技术进步奖和技术发明奖的省属企业，给予考核额外加分奖励。六是强调刚性兑现。强化考核结果应用，提高考核结果区分度，确保考核结果客观准确反映企业考核期间的经营业绩水平，充分激发企业内生活力和发展动力，引导企业在提高发展质量效益的同时，积极支持服务国家和省级战略。考核指标、计分规则全文下发，以“财务报表”为依据的指标占比80%以上，有效减少人为主

观因素干扰,体系清晰,计算简单,企业可根据考核指标完成情况实现自主打分,促进考核公开公平公正。

## 七、山西省国资委监管企业负责人考核与选人用人机制改革情况

### (一)负责人考核与选人用人

2020 年以后,按照山西省委安排部署,山西省国资委监管省属企业领导班子全部由山西省委组织部管理。

### (二)人才队伍建设

坚持党管人才,完善人才工作体制机制。一是完善省属企业人才工作机制。健全党管人才领导体制和工作机制,调整省国资委党委人才工作领导小组成员,印发《省国资委党委人才工作领导小组工作规则》《省国资委党委人才工作领导小组办公室工作细则》,指导省属企业健全完善人才工作制度,充实人才工作力量,不断完善党委统一领导的人才工作格局。二是健全山西省属企业人才制度体系。印发《中共山西省国资委委员会人才工作领导小组 2022 年工作要点》,制定《省属企业人才工作指引》,进一步指导省属企业做好新时代人才工作。印发《省属企业高层次人才专项服务机制》《省属企业人才问题协调解决工作机制》,进一步整合人才服务资源,健全人才服务体系,提升人才服务水平。三是完善党委联系服务专家制度。持续做好党委联系服务专家工作,调整省国资委党委联系服务专家名单,经省国资委党委会议研究审议通过,确定 689 名党委联系服务专家调整补充人员名单,不断促进党委联系服务专家工作制度化、科学化、常态化。

加强统筹协调,全面提高人才队伍素质。一是强化企业人才队伍培养。组织省属企业开展干部教育培训规划实施总结评估工作,系统梳理各省属企业 2018—2022 年干部教育培训规划实施情况,总结经验,发现问题,不断增强企业干部教育培训的统筹性针对性实效性。组织省属企业 2300 余名人才工作者参加清华大学继续教育学院《新时代干部与人才培养工作高质量发展线上研讨会》《终身教育赋能人才培养专题线上研讨会》,就干部与人才培养工作的实践与思考进行主题分享和交流研讨。组织省管企业 200 余名领导班子成员参加"做好碳达峰碳中和工作,推进企业高质量发展网上专题班",切实增强企业领导干部推动绿色发展的本领;参加省管领导干部学习贯彻党的二十大精神专题研讨班,增强学习宣传贯彻大会精神的政治自觉、思想自觉和行动自觉。组织举办省属企业党务干部暨人才工作者培训班、省属企业专职外部董事专业化能力提升培训班,培训人员 170 人次,着眼建设一支适应新时代要求的高素质专业化人才队伍,为省属企业全方位高质量发展提供智力支持。二是稳抓高端人才集聚。结合省属企业实际,围绕企业产业优势,指导省属企业立足高质量转型发展精准引才、合理用才,2022 年,18 户省属企业引进各类高层次人才 117 人,引进博士毕业生 23 人,为全方位推进省属企业高质量发展提供大量人才储备。开展"面向社会公开征集外部董事人才库人选"工作,经省国资委党委会议研究审议通过,确定 25 名入库人选名单,进一步拓宽外部董事来源渠道,充实省属企业外部董事人才库。三是搭建人才交流平台。推动"十二大基地建设"深化省校合作,组织省属企业参加"人到山西好风光"人才宣传周活动,16 户省属企业提供招聘需求近 200 人;组织省属企业开展省校合作大学生实习实训工作,6 户省属企业接收实习实训大学生 11 人,打通校企合作通道,搭建学生实践平台。对各市国资委监管企业干部队伍情况进行调研,统计分析各市国资委监管企业三支人才队伍情况和挂职需求情况,进一步加大对各市国资监管工作的指导支持和协调服务。

强化督导考核,夯实人才工作基础。一是组织开展"唯帽子"问题治理工作。组织各市国资委、各省属企业开展"唯帽子"问题治理工作,印发《人才工作"唯帽子"问题治理工作方案》,成立省国资委党委"唯帽子"问题治理工作专班,督促各市国资委、各省属企业开展"唯帽子"问题治理工作。抽调人员赴山西焦煤、太重集团、交控集团、建投集团、云时代 5 户省属企业开展现场检查,形成国有企业专项检查报告,进一步推动人才工作"唯帽子"问题治理落到实处。二是抓实年度人才工作专项考核。开展 2021 年省属企业人

才工作专项考核，提出省属企业人才工作专项考核等次建议，经省国资委党委会议研究审议后报省委人才办，确定2021年度各省属企业人才工作专项考核等次。其中，晋能控股集团有限公司等5户企业评定为“优秀”，山西焦煤集团有限责任公司等11户企业评定为“良好”，山西云时代技术有限公司等2户企业评定为“一般”。三是扎实做好基础工作。组织省属企业现任领导人员、专职外部董事195人开展任职回避事项报告工作；组织各省属企业按照干部管理权限，对所属企业3419人的回避事项进行摸排，进一步规范企业领导人员履职行为，营造公平公正人才发展环境。组织省属企业对1980年以后出生的中层正职人员和1985年以后出生的中层副职人员进行摸底统计，并对其学历、年龄等结构进行分析，充分了解掌握企业优秀年轻干部情况，为科学选人用人奠定基础。组织开展2021年度公有制企业经营管理人才、专业技术人才统计报表填报工作。截至2021年底，18户省属企业三支人才队伍36.38万人，其中经营管理人才15.26万人、专业技术人才19.44万人（在经营管理岗位上的有9.46万人）、高技能人才11.14万人。

## 八、山西省国资委监管企业党的建设和廉政建设情况

山西省国资委坚持以习近平新时代中国特色社会主义思想为指导，以学习宣传贯彻党的二十大精神为主线，坚决贯彻落实全面从严治党永远在路上、党的自我革命永远在路上的重大政治要求，深入贯彻落实党中央及省委重大决策部署，坚决维护和加强党的全面领导，将全面从严治党、从严治企贯穿省国资国企改革发展监管和党建全过程，坚定推动全面建设清廉国企走深走实，有效以全面从严治党和高质量党建引领保障企业高质量发展。

### （一）始终坚持旗帜鲜明讲政治，永葆国企政治本色

持之以恒贯彻落实习近平总书记关于国有企业改革发展和党的建设重要论述，不断提高政治判断力、政治领悟力、政治执行力，深刻领悟“两个确立”的决定性意义，自觉把“两个维护”内化于心、外化于行，坚决做习近平新时代中国特色社会主义思想的坚定信仰者、有力传播者、忠实实践者。一是全面强化政治理论学习。坚持读原著、学原文、悟原理，组成党委讲师团开展覆盖200万余人次的“新思想在山西”专题宣讲，持续在学深悟透、融会贯通上下功夫，在宣传教育、宣讲阐释上掀热潮。多次列席旁听企业党委中心组学习，督促企业不断提高学习质量和水平。二是深入实施“第一议题”制度。坚持把习近平新时代中国特色社会主义思想，特别是习近平总书记关于国有企业改革发展和党的建设重要论述，作为党委“第一议题”，组织开展27次全面系统、及时跟进的学习贯彻，始终沿着习近平总书记指引的方向踔厉奋发、勇毅前行。三是系统贯彻党的二十大精神。组织全系统收听收看党的二十大开幕盛况，多次召开党委（扩大）会议学习精神、研究落实措施，制定省国资系统《学习宣传贯彻党的二十大精神的实施方案》《学习贯彻党的二十大精神宣讲工作方案》，持续掀起全系统党的二十大精神学习贯彻热潮。四是全面强化政治监督。深入贯彻省委《关于加强政治监督的实施意见》，制定《贯彻落实〈关于建立健全抓落实工作机制进一步提高执行力的实施意见〉实施细则》，严格落实省国资委机关重点工作周跟踪督办机制，有效发挥省国资系统“13710”工作制度督办平台作用，在清单式管理、常态化实施上下功夫，在对账监督、跟踪监督上见成效。五是严肃党内政治生活。强化对企业民主生活会的指导，省国资委党委班子成员全覆盖分赴企业现场督导2021年度民主生活会和“清廉国企”专题民主生活会，有力督促企业查摆问题的整改。六是牢牢把握意识形态话语权。全面落实意识形态工作责任制，切实落实党委书记第一责任人和党委领导班子对意识形态领域工作的主体责任，开展意识形态工作督查，每季度对省属企业意识形态领域、网络意识形态领域形势进行分析研判。

### （二）始终坚持“两个一以贯之”，持续完善公司治理

持之以恒贯彻落实“两个一以贯之”要求，毫不动摇坚持党对国有企业的全面领导，持续把党的领导融入公司治理各环节，进一步明晰党组织在决策、执行、监督各环节的权责，不断推动党的领导组织化、制度化、具体化，不断发挥党的领导和现代企业制度治理

的双重优势。一是强化在完善公司治理中加强党的领导。深入贯彻省委《关于省管企业在完善公司治理中加强党的领导的意见》,组织企业开展制度规定“立改废释”,不断理顺各治理主体权责边界,不断健全议事决策机制。动态从严开展党委前置清单的审批,开展前置清单落实情况监督检查,确保党委领导作用的有效发挥。二是强化全过程全覆盖“三重一大”决策监督。强化实时动态监管,进一步健全完善“三重一大”决策和运行监管平台,持续对企业议题的决策和执行进行动态监管。强化实地督导检查,全覆盖开展企业“三重一大”决策情况的督导检查,系统、深入监督党委会、董事会、经理层议事规则和“三重一大”决策规定的落实情况,监督重大事项的执行情况。三是强化党建工作责任制与生产经营责任制联动。坚持党建工作与生产经营同部署、同检查、同考核,制定《2022年度省属企业党建工作责任制考核指标》,印发《关于进一步加强党建工作责任制考核强化结果运用的通知》,从严开展2021年度党建工作责任制考核和党委书记抓基层党建工作述职评议考核,有效推动党建考核结果与省属企业领导班子和领导人员综合考核结果挂钩,与省属企业经营业绩考核结果挂钩。四是强化党建工作与生产经营深度融合。深入探索融合方式方法,将经济工作中项目管理的手段和方法引入党建工作,开展2021年党建工作项目化实施成效评估验收,配发优秀项目汇编,强化经验交流。大力推动2022年党建工作项目化,采取“课题式设计、项目式管理、工程式推进、台账式督查、绩效式考核”的形式,全力推动党建工作与生产经营融合互促。

**(三)始终坚持抓基层强基础固根本,做实党建基础工作**

牢固树立大抓基层的鲜明导向,坚持从最基本的东西抓起,从基本组织、基本队伍、基本制度严起,着力找准基层党组织服务生产经营、凝聚党员职工的着力点,不断推动党建工作理念创新、机制创新、手段创新,全力将基层党组织打造成团结群众的核心、教育党员的学校、攻坚克难的堡垒。一是加强标准化规范化建设。调整理顺党组织隶属关系,进一步掌握党组织底数,根据企业改革实际情况,及时调整理顺企业党组织隶属关系。及时做好换届提醒,加强对换届工作的跟踪指导,全力推动基层党组织全面进步、全面过硬。二是常态化实施党建品牌创建。深入开展“一企业一品牌、一支部一特色”创建活动,推动企业认真学习《“一企一品”国企党建特色品牌优秀案例汇编》《山西省省属企业基层党支部组织生活创新案例》的经验做法,持续打造具有山西特色、国企特点的省属企业党建品牌。三是全力实施党支部“过筛子”。开展党支部“过筛子”行动,对标基本组织健全、基本队伍建强、基本功能发挥、基本制度执行、基本保障强化、基本责任扛起的标准,组织全系统党支部逐一“过筛子”,有效提炼经验做法、补齐短板弱项、完善制度举措。四是发力举办示范培训班。坚持党务工作人员和生产经营人员“联学联训”,举办基层党组织书记示范培训班、组织部长示范培训班、党务干部暨人才工作者培训班,持续扩大参训人员覆盖面,提升课程设置针对性,有效把示范培训做成提升履职能力、提高工作质量的重要抓手。五是大力选树先进典型。认真总结近年来企业党建工作成效,通过层层推荐,按照“五好”“五化”标准,选树命名一批红旗党委、标杆党支部(党总支),持续发挥先进典型的示范引领作用,推行形成争当先进的良好局面。

**(四)始终坚持从严治党从严治企,全面建设清廉国企**

坚决落实省委关于全面建设清廉山西的决策部署,自觉把全面建设清廉国企责任牢牢扛在肩上,系统开展“四责协同”落实、治理效能提升、监督体系完善、“三不”一体深化、作风建设提升、廉洁文化品牌建设等“六大工程”,坚定不移推动全面从严治党从严治企,全力营造风清气正政治生态和干事创业良好氛围。一是压紧压实主体责任。严格贯彻《党委(党组)落实全面从严治党主体责任规定》和省委关于全面建设清廉山西的行动方案,制定省国资委党委落实全面从严治党主体责任年度任务安排,召开党风廉政建设和反腐败工作会议,与18户企业党委全部签订目标责任书,在各清廉单元中率先制定《全面建设清廉国企实施方案》,成立包含企业“一把手”的领导小组,制定2022年工作要点,有效贯通党委主体责任、书记“第一责任人”责任、班子成员“一岗双责”和纪委监督责任,牢牢抓紧责任制这个“牛鼻子”。二是坚持激励约束并重。健全容错纠错机制，制定《山西省省属企业经营投资与重大决策尽职合规免责实施办法（试行）》，明确经营投资与重大决策尽职合规免责事项清单，组织政策宣传解读，有效营造鼓励创新、担当实干的良好环境。突出对“关键少数”的监督，制定《关于省国资委党委加强对省属企业“一把手”和领导班子监督的工作措施》，有效贯通党内监督和国资监管。全面强化监督检查，全覆盖开展清廉国企建设专项调研督导，开展省管企业经营管理工作规定和省管企业领导人员经营管理行为“九个严禁”落实情况检查，有效推动清廉国企建设各项任务落实落地。三是有序推动示范创建。制定《山西省清廉国企建设示范单位创建管理办法（试行）》《山西省清廉国企建设示范单位考评指标（试行）》《山西省清廉国企建设示范单位考评操作手册》，进一步明确清廉国企建设标准，进一步激发企业内生动力，推动示范单位创建。

（撰稿人：杨天博）

# 内蒙古自治区

## 一、内蒙古自治区国有资产监督管理工作综述

2022 年，内蒙古自治区国资国企系统坚持以习近平新时代中国特色社会主义思想为指导，深入贯彻党的十九大、十九届历次全会和二十大、二十届一次全会精神，认真落实自治区党委、政府和国务院国资委的工作要求，落实“疫情要防住、经济要稳住、发展要安全”的要求，突出抓好稳增长、促改革、强监管、防风险、强党建，推动国资国企各项工作取得新成效。

### （一）积极稳增长

克服疫情反复和大环境趋紧的不利影响，采取有针对性的措施，推动企业稳生产、稳经营。截至 2022 年底，监管企业资产总额 8933.05 亿元，比上年增长 8.26%；营业收入 2659.04 亿元，比上年增长 2.03%；利润总额 65.96 亿元。金山二期、上海庙电厂和“引绰济辽”、呼和浩特新机场快速路等重大项目加快建设。开展 11 宗探矿权、90 亿吨煤炭资源转股工作，加快清收整合煤炭资源。

### （二）集中促改革

组织开展国企改革三年行动“百日攻坚”，完成 80 项改革任务，在国家评估中取得良好成绩。中国特色现代企业制度不断健全完善，“党建入章”实现全覆盖，各级企业实现董事会应建尽建、外部董事占多数。推行任期制契约化管理，深化管理人员竞争上岗和末位调整，新进员工全部公开招聘。“三供一业”分离移交等历史性难题基本解决，重点亏损子企业、“两非两资”企业完成治理任务，独立核算企业亏损面由 30.4%降至 24.7%。推动布局优化，组建文旅投资、新能源运维公司。推动盟市加快重组整合，一级企业数量由 290 户减少至 81 户。

### （三）合力强监管

提升监管的针对性，权责事项由 3 张清单优化整合为“多表一单”。开展阳光采购专项行动，利用大数据监管平台建立“招采数据画像系统”等业务系统。强化合规管理、预算管理、审计监督，规范各级子企业设立程序，落实企业重大经营风险报告制度。加强专项监督，对企业开展融资性贸易等 39 项违规经营投资问题开展核查并追责问责。制定《区属国有企业委托监管办法》，加强对委托监管企业国有资产的监督管理，推动盟市基本完成集中统一监管。

### （四）全力强党建

把学习贯彻党的二十大精神作为主线，掀起学习宣传热潮。实施自治区国资委党委班子成员基层党建联系点制度和党建联建共建活动，班子成员经常性深入联系点开展调研指导。举办首届书画摄影展和“企业杯”篮球比赛，为企业搭建交流互动平台。强化党建考核与经营业绩考核“双挂钩”，考核评价结果按 15%计入企业负责人经营业绩考核得分。推进“最强党支部”建设全面提质升级，深化党建引领基层治理。

统筹推进巡视巡察、以案促改工作等重点任务，严肃查处重点领域重点环节廉洁问题。履行社会责任，疫情期间捐赠物资6225.2万元，减免房屋租金1.95亿元，减免通行费近8亿元。

## 二、内蒙古自治区国有资产总量与结构分析

表1　2022年内蒙古自治区国有企业指标

| 项　目 | 金　额(亿元) |
|---|---|
| 资产总额 | 30708.29 |
| 所有者权益 | 12813.80 |
| 国有资产总量 | 11905.62 |
| 营业收入 | 3713.93 |
| 利润总额 | 72.11 |
| 净利润 | 29.91 |
| 归属于母公司所有者的净利润 | 3.83 |
| 应交税金总额 | 196.33 |
| 实际上缴税金总额 | 199.67 |

表2　2022年内蒙古自治区国有企业户数情况

| 2021年户数(户) | 2022年户数(户) | 比上年增长(%) |
|---|---|---|
| 3238 | 3516 | 8.59 |

表3　2022年内蒙古自治区国有资产按地区分布情况

| 地　区 | 国有资产(亿元) | 占国有资产总量比重(%) |
|---|---|---|
| 自治区属企业汇总 | 2992.51 | 25.14 |
| 盟市企业汇总 | 8913.11 | 74.86 |
| 呼和浩特市 | 732.62 | 6.15 |
| 包头市 | 1135.72 | 9.54 |
| 乌海市 | 263.32 | 2.21 |
| 赤峰市 | 1784.73 | 14.99 |

续表

| 地　区 | 国有资产(亿元) | 占国有资产总量比重(%) |
|---|---|---|
| 通辽市 | 822.37 | 6.91 |
| 鄂尔多斯市 | 1618.55 | 13.59 |
| 呼伦贝尔市 | 979.60 | 8.23 |
| 巴彦淖尔市 | 493.19 | 4.14 |
| 乌兰察布市 | 460.74 | 3.87 |
| 锡林郭勒盟 | 246.16 | 2.07 |
| 兴安盟 | 139.08 | 1.17 |
| 阿拉善盟 | 237.03 | 1.99 |
| 合　计 | 11905.62 | 100 |

表4　2022年内蒙古自治区国有资产按行业分布情况

| 行　业 | 国有资产(亿元) | 占国有资产总量比重(%) |
|---|---|---|
| 农林牧渔业 | 904.67 | 5.21 |
| 工业 | 3451.56 | 19.89 |
| 建筑业 | 2240.53 | 12.91 |
| 交通运输业 | 922.19 | 5.31 |
| 仓储业 | 34.55 | 0.2 |
| 商贸业 | 269.40 | 1.55 |
| 房地产业 | 649.15 | 3.74 |
| 信息传输、软件和信息技术服务业 | 26.99 | 0.16 |
| 社会服务业 | 7910.17 | 45.58 |
| 教育文化广播业 | 409.78 | 2.36 |
| 科学研究和技术服务业 | 264.53 | 1.52 |
| 金融业 | 171.62 | 0.99 |
| 其他行业 | 100.70 | 0.58 |
| 合　计 | 17355.83 | 100.00 |

注：表中数据为汇总数，未进行合并抵扣。因数据四舍五入，各分项数据之和与合计数据有偏差。

表5　2022年内蒙古自治区国有资产按经营规模分布情况

| 经营规模 | 国有资产（亿元） | 占国有资产总量比重（%） |
|---|---|---|
| 大型企业 | 3133.02 | 18.05 |
| 中型企业 | 2259.45 | 13.02 |
| 小型企业 | 7720.69 | 44.48 |
| 微型企业 | 4242.67 | 24.45 |
| 合　计 | 17355.83 | 100.00 |

注：表中数据为汇总数，未进行合并抵扣。

## 三、内蒙古自治区国有资本保值增值综合分析评价

表6　2022年内蒙古自治区国有企业地区和行业国有资本保值增值情况

| 地　区 | 国有资本保值增值率（%） | 行　业 | 国有资本保值增值率（%） |
|---|---|---|---|
| 呼和浩特市 | 98.8 | 农林牧渔业 | 102.63 |
| 包头市 | 99.15 | 工业 | 102.74 |
| 乌海市 | 100.26 | 建筑业 | 99.93 |
| 赤峰市 | 100.57 | 交通运输业 | 93.73 |
| 通辽市 | 100.86 | 仓储业 | 99.22 |
| 鄂尔多斯市 | 101.24 | 商贸业 | 104.67 |
| 呼伦贝尔市 | 100.14 | 房地产业 | 99.78 |
| 巴彦淖尔市 | 99.02 | 信息传输、软件和信息技术服务业 | 103.95 |
| 乌兰察布市 | 65.9 | 社会服务业 | 100.32 |
| 锡林郭勒盟 | 99.43 | 教育文化广播业 | 99.81 |
| 兴安盟 | 98.84 | 科学研究和技术服务业 | 106.98 |
| 阿拉善盟 | 98.03 | 金融业 | 102.8 |
|  |  | 其他行业 | 99.08 |

## 四、内蒙古自治区国资委监管企业改革发展情况

### （一）国企改革三年行动全面收官

组织召开国资系统“百日攻坚”动员部署会和调度会，对重点难点改革任务列出清单、挂图作战、销号管理，全口径、一体化按月调度汇总监管企业和盟市的改革量化指标数据107项，开展两轮全覆盖地毯式督查督导，聘请三方机构对监管企业和盟市三年行动完成情况开展两次考核评估，完成三年行动实施方案的改革任务80项，在国家考核中两次获评B级。举办全区国企改革三年行动演讲比赛，编发国企改革三年行动工作简报44期，召开三年行动新闻发布会，大力宣传推广改革典型经验，营造典型引路、比学赶超的良好氛围。

### （二）完善中国特色国有企业现代公司治理

制（修）订董事会年度工作报告、加强应建尽建企业日常管理、差异化落实董事会职权工作方案等制度文件，推动各级监管企业实现应建尽建，并动态调整应建范围，59户重要子企业全部实现落实董事会各项权利。区本级集中统一监管完成率100%，制定《区属国有企业委托监管办法》强化委托企业监管，推动盟市基本完成集中统一监管工作。推动监管企业经理层全面实现任期制和契约化管理，落实员工公开招聘、管理人员竞争上岗、末等调整和不胜任退出等市场化用工制度，实行竞争上岗的管理人员占比65.2%，末等调整或不胜任退出的比例8.4%。深化对标行业一流管理提升行动，430项对标重点任务全部完成，累计修订完善923个管理制度、开展119个内部管理标杆创建活动。

### （三）市场化经营机制进一步健全完善

2022年，压减法人98户，三年累计压减法人285户，压减比例32.3%，节支超过5亿元，将管理层级严格控制在三级以内。全区剩余的354户公司制企业全部完成改制任务，实现剥离国有企业办社会职能解决历史遗留问题全面收官。推动环保技术有限公司纳入国家“科改示范企业”充实扩围名单，包头稀土研究院在国家评估中被评为“优秀”。严格新设二级、四

级参控股子企业和三级参控股子企业的报批及备案程序。巩固"总部机关化"专项治理成果，监管企业总部部门机构压减幅度27.7%，员额减少23.1%，新设企业严格按照要求规范称谓，控制内设部门和人员数量。全年实施混合所有制改革项目18项，引进增量资本45.8亿元；制定办法推动企业集团开展差异化管控，指导包钢、电力、水投集团制定实施差异化管控方案。

## 五、内蒙古自治区国资委监管企业并购重组与完善法人治理结构情况

落实自治区"十四五"国有资本布局优化和结构调整规划，印发实施《区属国有资本布局结构调整规划方案》。完成内蒙古能源集团重组任务，形成煤电一体化、风光储一体化发展格局。为贯彻落实"双碳"战略目标，紧紧抓住国家建设沙漠风电光伏新能源大基地的重大战略机遇，完成能源结构转型，实现自治区新能源全产业链发展，新组建内蒙古智慧运维新能源有限公司。为加快推进自治区文化和旅游业供给侧改革，做大做强做优文旅产业，引领带动全区旅游产业高质量发展，新组建内蒙古文化旅游投资集团有限公司。为落实国家优化区域开放布局要求，加快推进高水平对外开放，谋划组建内蒙古国贸集团有限公司。为进一步提高自治区公路交通投资建设经营能力，解决同质化经营问题，增强市场化融资能力，避免多头作战、多头融资，谋划整合重组内蒙古高速公路集团有限责任公司和内蒙古公路交通投资发展有限公司。

坚持"两个一以贯之"，推动在完善公司治理中加强党的领导组织化、制度化、具体化，实现"党建入章"100%全覆盖，自治区国资委监管企业集团层面及59户重要子企业实现"前置研究事项清单"全覆盖。修订完善区属国有企业董事会规范运作办法、董事会和董事评价办法、外部董事履职指南、董事会年度工作和重大事项向自治区国资委报告等制度文件，自治区国资委监管企业集团层面和各级子企业全部实现董事会应建尽建；外部董事人才库入库专家数量61人，明确14户企业外部董事召集人，实现外部董事占多数，并制定印发《监管企业外部董事选聘和管理办法》，举办监管企业外部董事党的建设和履职尽责专题培训班。全面建立董事会向经理层授权的管理制度，纳入应建尽建范围的16户监管企业集团层面、189户各级子企业全部建立董事会向经理层授权的管理制度，有力保障经理层在授权范围内的履职自主权；全面推行经理层成员任期制和契约化管理，覆盖全区1095户企业2748人。大力推行管理人员竞争上岗，末等调整和不胜任退出，截至2022年底，自治区国资委监管企业、地市级国有企业竞争上岗率和末等调整比例分别为65.2%、61.2%和8.4%、5.9%，新进员工公开招聘比例100%。

## 六、内蒙古自治区国资委监管企业建立和完善经营业绩考核体系情况

### (一)完善考核分配工作体系

修订形成《自治区国资委出资监管企业负责人经营业绩考核办法》，构建短期目标与长远发展有机统一的考核体系；强化对"两利四率"的考核运用，制定利润较上年增幅不低于地区GDP增速的目标；推进差异化功能分类考核，将调整优化产业布局、对标管理提升、"两非两资"清退处置等纳入重点工作目标；执行工资总额预算管理，对监管企业2022年度工资总额预算进行核准或备案，完成自治区国资委系统17户监管企业2021年度职工薪酬调查统计。

### (二)提升考核分配监管效能

通过中介机构对企业含重点工作任务指标在内的全部考核目标完成情况进行专项审计，确保专项审计与日常监管相衔接。将企业研发费用视同利润加回，其中较上年增量部分按照150%加回；对"科改示范企业"实施工资总额单列管理；指导监管企业集团公司完成对所出资企业全面开展中长期激励梳理评估，支持符合条件的企业统筹运用各种中长期激励"工具箱"。起草印发《内蒙古自治区国资委出资监管企业负责人薪酬扣减实施细则》，修订《自治区直属国有企业负责人履职待遇、业务支出管理办法》，对15户企业给予考核扣分、9户企业负责人给予薪酬扣减。

## 七、内蒙古自治区国资委监管企业负责人考核与选人用人机制改革情况

### （一）加强企业领导班子和董事会建设

为国资公司、基建投资公司、储备粮公司3家公司公开选配4名经理层成员（3正1副），完成国资公司、产权交易中心党委换届工作。调整配备监管企业外部董事，集团层面100％实现外部董事占多数。组织制定《自治区国资委出资监管企业董事会、董事评价办法》《自治区国资委监管企业董事会工作规则（试行）》。

### （二）强化干部教育培训管理考核监督

举办外部董事党的建设和履职尽责专题培训班。选拔4名优秀年轻干部担任自治区国资委机关正处级领导职务，修订、制定自治区国资委机关年度综合考核、平时考核、绩效考核办法和方案。制定《自治区国资委机关内设机构主要职责规定》《委领导班子成员配偶、子女及其配偶经商办企业禁业范围》，修订《干部请销假管理规定》。

### （三）推进新时代人才工作创新发展

建设国有企业人才库，入库管理人才、专业技术人才、技能人才12.1万人。征集重点产业急需紧缺高层次人才岗位150个，在“草原英才”活动周上进行集中发布。各监管企业年内招聘高校应届毕业生1503人，社会公开招聘经营管理、专业技术、技能人才1369人，引进优秀工程师17人。组织修订机械、化工、冶金、建材、劳动安全专业职称评审条件，开展年度评审。加强优秀骨干人才跟踪扶持培养，申报获批人才项目11个、获支持资金50万元，发放“草原英才”滚动支持资金218万元。

## 八、内蒙古自治区国资委监管企业党的建设和廉政建设情况

### （一）准确领会党中央和自治区党委全面从严治党部署要求

结合疫情防控实际，采取线上线下相结合方式，开展党委会“第一议题”学习22次、中心组学习研讨13次，指导推动国资国企系统企业各级党组织理论学习中心组集体学习研讨、举办报告会、开办培训讲座、组织宣讲，不断增强各级党组织和党员干部落实全面从严治党的思想自觉、政治自觉和行动自觉。

### （二）全面加强党风廉政建设组织领导

召开党委会30次，其中研究党风廉政建设工作20次。组织召开党风廉政建设和反腐败工作会议，印发2022年国资监管、国企改革发展党建工作要点，制定年度重点任务督办台账，并通过开展廉政谈话、述职评议等方式及时掌握监管企业领导班子、领导干部廉洁从政情况。对发生重大违纪违法案件企业，扣发企业领导班子成员的绩效年薪和任期激励收入，层层传导压力，进一步压实企业党风廉政建设工作责任。

### （三）建立健全党风廉政建设制度体系

制定《关于加强对“一把手”和领导班子监督的工作方案》《“一把手”权力清单、负面清单》，自治区国资委党委领导班子成员带头践行党风廉政建设各项规定要求。制定《国资委党委工作规则》《国资委党委议事决策事项清单》《国资委“三重一大”事项决策制度》《国资委党委党务公开工作方案》，权力运行更加程序化和公开透明。印发《自治区国资委监管企业党支部（党总支）参与重大事项决策工作规则（试行）》，规范国企党支部（党总支）参与企业重大事项决策。

### （四）大力加强廉洁文化建设

组织党员干部观看专题警示教育片，开展廉政专题讲座和“一份廉政家书”教育活动，成功举办“我们的新时代”理论微视频大赛、第七届“中国梦·劳动美”国企职工喜迎党的二十大Vlog大赛等系列活动，营造良好廉政文化氛围。深入开展党内政治生活庸俗化交易化问题专项治理，制定工作方案和重点任务推进台账、自查自纠台账、问题查处台账等3本台账，组织监管企业整治“回头看”问题772个；推动党员干部制定措施4.55万条、整改问题5万余个，签订“十一严禁”承诺书5.5万人，建章立制320项。

### （五）大力推进党风廉政建设和反腐败斗争

制定《党支部标准化建设工作指导手册》，举办3

期监管企业基层党组织书记示范培训班和意识形态综合素质提升示范班，监管企业1238个党支部达到“最强党支部”建设标准、占比45.03%；打造精品示范点20个，形成精品示范基地2个，疫情期间各企业设立党员责任区4783个、党员示范岗8102个，29677名党员参与社区志愿服务。认真落实中央八项规定精神，大力纠治“包装式”“一刀切式”落实和“指尖上的形式主义”等形式主义官僚主义问题，坚持厉行勤俭节约，防止享乐主义、奢靡之风反弹回潮、隐形变异。组织开展自治区国资委党委第四轮巡察，派出3个巡察组对6家企业开展常规巡察，发现问题265项，移交线索31条，督促立行立改问题15个，并配合做好自治区党委第六轮、第十轮和涉粮专项巡视整改工作。吸取重大违规违纪案件教训，完善国资监管机制、改进监管方式、增强监管效能。国资国企系统全年受理信访举报825件，立案253件，挽回经济损失3529.01万元。

（撰稿人：武正帅）

# 辽宁省

## 一、辽宁省国有资产监督管理工作综述

2022年，辽宁省国资国企深入学习贯彻党的二十大精神，坚持稳字当头、稳中求进的工作总基调，全面加强党的领导，统筹疫情防控和国企改革发展，国有企业经济平稳运行。其中，14户省属企业累计实现营业收入885.6亿元，比上年增长0.5%；利润总额22.9亿元，比上年增长24.8%。一是国有资本布局不断优化，省属企业完成投资158亿元。鞍钢集团重组凌钢集团有序推进。31对央地企业合作项目落地资金32.67亿元。省属企业持续推进压缩法人户数和管理层级工作，管理层级三级以内占比93.31%。二是国企改革持续深化，全面完成国企改革三年行动。市场化经营机制进一步健全，省属各级企业经理层成员任期制和契约化管理实现全覆盖。三是科技创新能力持续提升。制定推进省属企业打造原创技术策源地工作方案。推动能源控股集团抚顺电机、辽控集团轻科院通过“揭榜挂帅”在变频智能一体机、关键原材料等领域开展联合攻关。推动落实《省属企业数字化转型行动计划(2021—2023年)》，有序推进能源控股集团“数字工厂”、交投集团交通行业数字化转型、机场集团智慧机场等项目。四是国资监管不断强化，完善投资备案管理制度，强化企业投资事前监管和事中事后服务监督，全流程防范投资风险。加强企业资本性支出管理，对不符合主业发展要求、风险防控不到位的5个投资项目暂缓备案。应收账款审计整改完成率88%，整改金额77.2亿元，追责问责69人次。切实增强考核针对性引导性，差异化确定不同功能企业考核侧重，“一企一策”完善考核体系，坚持激励和约束并重，强化主业盈利能力考核，突出创新驱动和重点任务导向，有效发挥考核指挥棒作用，引导企业高质量发展。五是综合监督联动作用充分发挥。持续推进业务监督、综合监督和责任追究“三位一体”出资人监督机制。开展企业房产出租转租、融资性贸易、检验检测类业务弄虚作假、粮食购销领域腐败、跨境腐败等问题整治工作，提高企业合规经营水平。构建“一平台、三系统、十二模块”数字+监管模式，扎实推进辽宁国资国企在线监管服务平台建设。六是国企党的建设切实加强，扎实推进国企党的政治建设，坚持“第一议题”制度，深入学习宣传贯彻党的二十大精神，加快推进党建经营深度融合。制定《关于推进省属企业党建工作与生产经营深度融合的措施(试行)》《关于加强混合所有制企业党建工作的若干措施(试行)》，开展党建工作责任制考核和省属企业党委书记抓基层党建述职评议。深化“强党建兴国企行动”。全力推进国企党风廉政建设，一体推进“三不腐”，全年立案243件，给予党纪政务处分193人，组织措施172人。

## 二、辽宁省国有资产总量与结构分析

截至2022年底，辽宁省地方国有企业资产总额30914.5亿元；所有者权益13397.2亿元；国有资产总量11897.9亿元；平均资产负债率56.66%；营业收入2839.3亿元；利润总额-119.8亿元，其中归属于母公司所有者的净利润-150.7亿元；实际上缴税金总额191.2亿元。

**表 1　2022 年辽宁省国有企业指标**

| 项　目 | 金　额(亿元) |
|---|---|
| 资产总额 | 30914.5 |
| 所有者权益 | 13397.2 |
| 国有资产总量 | 11897.9 |
| 营业收入 | 2839.3 |
| 利润总额 | -119.8 |
| 净利润 | -152.7 |
| 归属于母公司所有者的净利润 | -150.7 |
| 应交税金总额 | 196.3 |
| 实际上缴税金总额 | 191.2 |

2022 年,辽宁省纳入统计范围的各级地方国有企业 5535 户,比上年增加 458 户,增长 9.02%。

**表 2　2022 年辽宁省国有企业户数情况**

| 2021 年户数(户) | 2022 年户数(户) | 比上年增长(%) |
|---|---|---|
| 5077 | 5535 | 9.02 |

2022 年,辽宁省国有资产总量 11897.9 亿元,其中,省属企业国有资产总量 2295.9 亿元;地市企业(含市、县区属企业)国有资产总量 9602.0 亿元。

**表 3　2022 年辽宁省国有资产按地区分布情况**

| 地　区 | 国有资产(亿元) | 占国有资产总量比重(%) |
|---|---|---|
| 省属企业汇总 | 2295.9 | 19.30 |
| 地市企业汇总 | 9602.0 | 80.70 |
| 沈阳市 | 1756.1 | 14.76 |
| 大连市 | 3332.9 | 28.01 |
| 鞍山市 | 472.0 | 3.97 |
| 抚顺市 | 320.0 | 2.69 |
| 本溪市 | 24.8 | 0.21 |
| 丹东市 | 19.4 | 0.16 |
| 锦州市 | 409.9 | 3.44 |
| 营口市 | 737.0 | 6.19 |
| 阜新市 | 22.7 | 0.19 |
| 辽阳市 | 372.1 | 3.13 |
| 铁岭市 | 236.7 | 1.99 |
| 朝阳市 | 170.1 | 1.43 |
| 盘锦市 | 1538.6 | 12.93 |
| 葫芦岛市 | 189.8 | 1.60 |
| 合　计 | 11897.9 | 100.00 |

注:因数据四舍五入,各分项数据之和与汇总数据有偏差。

从行业分布上看,辽宁省国有资产主要分布在社会服务业、建筑业、房地产业、交通运输业、工业 5 个行业,合计占辽宁省国有资产总量的 91.26%。

**表 4　2022 年辽宁省国有资产按行业分布情况**

| 行　业 | 国有资产(亿元) | 占国有资产总量比重(%) |
|---|---|---|
| 农林牧渔业 | 295.3 | 2.48 |
| 工业 | 653.8 | 5.49 |
| 建筑业 | 1070.1 | 8.99 |
| 交通运输业 | 689.3 | 5.79 |
| 仓储业 | 28.3 | 0.24 |
| 商贸业 | 8.4 | 0.07 |
| 房地产业 | 776.0 | 6.52 |
| 信息传输、软件和信息技术服务业 | 2.7 | 0.02 |
| 社会服务业 | 7670.6 | 64.47 |
| 教育文化广播业 | 82.0 | 0.69 |
| 科学研究和技术服务业 | 91.9 | 0.77 |
| 金融业 | 156.8 | 1.32 |
| 其他行业 | 373.0 | 3.13 |
| 合　计 | 11897.9 | 100.00 |

注:因数据四舍五入,各分项数据之和与合计数据有偏差。

从经营规模上看,辽宁省国有资产主要集中在大型企业,占辽宁省国有资产总量的 56.56%。

**表5 2022年辽宁省国有资产按经营规模分布情况**

| 经营规模 | 国有资产(亿元) | 占国有资产总量比重(%) |
|---|---|---|
| 大型企业 | 6729.8 | 56.56 |
| 中型企业 | 1985.4 | 16.69 |
| 小型企业 | 2037.5 | 17.13 |
| 微型企业 | 1115.4 | 9.37 |
| 合计 | 11897.9 | 100.00 |

注:因数据四舍五入,各分项数据之和与合计数据有偏差。

## 三、辽宁省国有资本保值增值综合分析评价

2022年,辽宁省国有资本保值增值率98.12%,其中,省属企业国有资本保值增值率99.05%、地市企业国有资本保值增值率97.89%。从行业看,仅建筑业、科学研究和技术服务业实现国有资本保值增值。

**表6　2022年辽宁省国有企业地区和行业国有资本保值增值情况**

| 地区 | 国有资本保值增值率(%) | 行业 | 国有资本保值增值率(%) |
|---|---|---|---|
| 辽宁省 | 98.12 | 农林牧渔业 | 99.64 |
| 省属企业 | 99.05 | 工业 | 98.19 |
| 地市企业 | 97.89 | 建筑业 | 100.46 |
| 沈阳市 | 96.26 | 交通运输业 | 95.26 |
| 大连市 | 97.60 | 仓储业 | 98.65 |
| 鞍山市 | 98.29 | 商贸业 | 65.98 |
| 抚顺市 | 100.25 | 房地产业 | 98.25 |
| 本溪市 | 91.89 | 信息传输、软件和信息技术服务业 | 92.98 |
| 丹东市 | 76.11 | 社会服务业 | 98.34 |
| 锦州市 | 97.83 | 教育文化广播业 | 97.75 |
| 营口市 | 97.37 | 科学研究和技术服务业 | 100.69 |
| 阜新市 | 94.60 | 金融业 | 86.89 |
| 辽阳市 | 97.50 | 其他行业 | 97.98 |
| 铁岭市 | 100.89 | | |
| 朝阳市 | 98.18 | | |
| 盘锦市 | 100.96 | | |
| 葫芦岛市 | 93.96 | | |

## 四、辽宁省国资委监管企业改革发展情况

2022年,辽宁省国资委深入学习贯彻党的二十大精神,坚决贯彻党中央、国务院以及省委、省政府决策部署,坚持稳字当头、稳中求进的工作总基调,统筹疫情防控和国资国企改革发展、安全稳定和党的建设。开展辽宁省国企改革三年行动全面督查评估并全面完成整改,实现高质量收官。扎实推进辽宁沈阳区域性国资国企综合改革试验。截至2022年底,14户省属企业实现营业收入886.8亿元,利润总额22.8亿元。

### (一)优化调整国有经济布局结构

一是加快推进项目建设。辽水集团辽干工程、大伙房输水二期二步工程,能源控股集团南票和康平风电及光伏项目等重大项目开工建设,省属企业完成年度投资158亿元。其中,交投集团全年投资近100亿元,全面开工建设沈山高速改扩建项目、沈白铁路项目等重大基础设施建设。二是持续深化央地合作。鞍钢集团重组凌钢集团有序推进。31对央地企业合作项目全部制定方案,落地资金32.67亿元。积极协调中国中铁、中国铁建、中国华电等央企与省政府签署战略合作协议,多领域多层次深化央地合作。三是深入实施“瘦身健体”。加大“两非”“两资”处置力度,省属企业累计减少法人户数175户,其中,亏损企业、资不抵债企业73户,空壳企业38户,剔除本年度新划入企业,省属企业管理层级三级以内占比93.31%。四是不断提升科技创新能力。出台《推进省属企业打造原创技术策源地工作方案》。能源控股集团抚顺电机、辽控集团轻科院通过“揭榜挂帅”,在变频智能一

体机、关键原材料等领域开展联合攻关。推动落实《省属企业数字化转型行动计划(2021—2023 年)》,有序推进能源控股集团“数字工厂”、交投集团交通行业数字化转型、机场集团智慧机场、辽勤集团“辽生活”智慧综合服务平台等项目。省属企业全级次、全账户开通银企直连业务,实现交易数据监测全覆盖。

### (二)推进体制机制类改革重点任务

一是全面落实“两个一以贯之”。修订省属企业党委前置研究讨论重大经营管理事项清单示范文本,进一步规范党委前置研讨程序和事项。具体指导和推动省属企业在完善公司治理中进一步加强党的领导,确保党的领导全面融入公司治理各环节。董事会运作进一步规范,省属各级企业 100%实现董事会应建尽建和外部董事占多数,100%建立董事会向经理层授权管理制度,66 户重要子企业 100%落实董事会职权。二是进一步健全市场化经营机制。在 474 户省属各级企业与 1442 名经理层成员全部签订合同契约、实现全覆盖的基础上,开展两轮检查和“回头看”,全面提升任期制和契约化管理整体水平。省、市部分企业市场化选聘经理层成员 170 人。各级国有企业管理人员竞争上岗、末等调整、不胜任退出等制度加快建立。沈鼓集团引入国投招商基金、实施员工持股增资 20 亿元,同步深化经营体制改革,强化技术创新,探索“产业战略自信＋国家产业基金协同＋市场化机制赋能”的混合所有制改革新路径。三是加快建立市场化激励约束机制。对工程咨询集团、体育集团等 9 户企业实施工资总额预算备案制管理,充分赋予企业内部分配自主权。交投集团艾特斯公司、城乡建设集团建筑设计研究院等 10 户科技型企业,因企制宜开展岗位分红、超额利润分享等中长期激励。

### (三)主动服从服务辽宁省发展大局

一是积极化解重大风险。持续开展辽宁省国有企业债务风险动态监测及月调度,排查到期债券风险,债务风险总体可控。组织省属企业采取股权质押担保,有力支持辽宁省农信系统资源整合。推动辽控集团与东方资产公司合作,通过设立 SPV 收购省内部分城商行不良资产 50.69 亿元,积极化解城商行风险。指导金控集团盘活不良资产,通过加强内控制度建设,防范经营风险。依法推进华晨集团司法重整,积极争取债权人和各方面支持,协调省市财政按时兑付企业职工债权 8.28 亿元。进一步转换重整工作机制,切实担负起专班办公室职责,协调沈阳市、省法院发挥好“双主导”作用。全年为 3504 户小微企业和个体工商户减免房租总额 1.18 亿元,完成清理拖欠中小企业账款任务,全力做好助企纾困工作。二是全力保障产业安全。辽水集团加快推进辽干防洪提升工程等重点防洪、供水项目,保障辽宁省生活用水、工业用水和粮食生产安全。辽粮集团进一步优化省储粮布局,完成省级储备粮轮换 33.3 万吨,有效维护辽宁省粮食安全。能源控股集团拓宽资源渠道,提升煤炭保供能力,保供稳价减少销售收入 16 亿元。三是主动服务生态建设。全面落实“双碳”目标要求,建成清洁能源发电项目总装机容量 55.54 万千瓦。辽水集团助力构建辽宁省绿色低碳循环发展体系,与阜新市合作建设彰武草原生态综合治理工程,加快发展方式绿色转型。城乡建设集团承揽乡村振兴项目 50 余项,积极推进昌图高标准农田、开原美丽乡村等重点工程。四是狠抓企业安全稳定。深入开展“万件化访行动”和护航党的二十大百日攻坚行动,能源控股集团、辽控集团等企业一把手亲自调度,加大案件化解力度,稳控重点群体。省属企业“万件化访行动”案件化解率 93%,未发生重特大安全生产事故,为护航党的二十大胜利召开作出积极贡献。

### (四)多措并举提升国资监管效能

一是不断完善国资监管制度机制。完善投资备案管理制度,强化企业投资事前监管和事中事后服务监督,全流程防范投资风险。加强企业资本性支出管理,对不符合主业发展要求、投资能力不足、风险防控不到位的 5 个投资项目暂缓备案。应收账款审计整改完成率 88%,整改金额 77.2 亿元,追责问责 69 人次。配合省委组织部形成省属企业总会计师管理暂行办法。二是切实增强考核针对性引导性。差异化确定不同功能企业考核侧重,针对各企业的管理短板和经营痛点,“一企一策”完善考核体系,坚持激励和约束并重,强化主业盈利能力考核,突出创新驱动和重点任务导向,有效发挥考核“指挥棒”作用,引导企业高质量发展。三是充分发挥综合监督联动作用。

持续推进落实业务监督、综合监督和责任追究"三位一体"出资人监督机制,强化各业务领域事中、事后监管,全年印发国资监管提示函25份,约谈、通报各1次,及时处置发生的问题和风险。开展企业房产出租转租、融资性贸易、检验检测类业务弄虚作假、粮食购销领域腐败等问题整治工作,不断提高企业依法合规经营水平。扎实推进辽宁国资国企在线监管服务平台建设,构建"一平台、三系统、十二模块"数字+监管模式,提升监管效能。

## 五、辽宁省国资委监管企业并购重组与完善法人治理结构情况

### (一)重组整合

辽宁省国资委围绕优化企业功能定位,做强做精主责主业,积极推动企业内部同质化整合。辽渔集团实施海洋捕捞板块两家公司重组整合,有效提升海洋捕捞板块的专业化、现代化程度。推进将以承担内部服务功能为主的动力公司和修缮公司进行合并,形成内部公共服务中心,统筹调配劳务用工、能源供应、后勤保障等内部资源,有效压缩成本、提升公共服务效率和质量。辽水集团开展内部4家监理公司整合工作。整合完成后,辽水咨询可统筹调度各方优质资源,充分提高企业的核心竞争力、提升管理效率、实现规模效益。

### (二)完善法人治理结构

一是加强董事会制度建设,落实董事会职权。2021年11月,印发《省属企业规范董事会建设工作指引》,明确省属企业董事会及其专门委员会的组成结构、功能定位及职责权限,董事的职责和权利义务,以及董事会和董事的监督管理等,为董事会规范建设及运行提供政策遵循。同月,印发《董事会评价办法》,推动董事会依法行权,按章履职,引导董事会积极发挥定战略、作决策、防风险作用。2022年1—6月,指导企业进一步厘清董事会与经理层权责边界,完善权责事项清单,推动重要子企业全面落实中长期发展决策权,经理层成员选聘权、业绩考核权、薪酬管理权,职工工资分配管理权和重大财务事项管理权等6项职权。截至2022年底,141户省属各级企业100%实现董事会应建尽建,100%建立董事会向经理层授权管理制度,66户重要子企业100%落实董事会职权。各级企业累计出台修订董事会制度448项,选配职工董事85人,设立董事会专门委员会98个。二是强化外部董事队伍建设,推动外部董事占多数。坚持"优进绌出、动态管理",持续扩充外部董事人才库,建立外部董事人才库共享机制。2022年5月,经资格审查、党委会审议、函商有关单位意见和人选公示等环节,完成面向社会公开选聘外部董事人选入库工作,将可选派人选扩充至252人。自2022年7月起,开展外部董事年度履职考核评价,加强外部董事监督管理。截至2022年底,14户省属一级企业选派外部董事49人次,各级子企业选派外部董事513人次,128户各级企业实现外部董事占多数,占比98.46%。

## 六、辽宁省国资委监管企业建立和完善经营业绩考核体系情况

2022年,辽宁省国资委以习近平新时代中国特色社会主义思想为指导,深入学习贯彻党的二十大精神,坚持贯彻落实习近平总书记关于东北、辽宁振兴发展的重要讲话和指示精神,全面贯彻国家、省决策部署,强化高质量发展导向,扎实做好考核工作。

### (一)持续优化考核机制

贯彻落实省委、省政府要求,重新修订《考核办法》,持续优化考核制度体系。一是突出"一企一策"考核体系。差异化确定不同功能企业考核侧重;强化问题导向和目标导向,"一企一策"确定行业发展和短板考核指标。二是突出创新驱动考核引领。制定《省属企业科技创新经营业绩考核奖励加分细则》,扩大科技创新奖励加分范围和分值;新增研发费用100%考核加回;新增任期科技人才工作奖励加分措施。三是突出国家战略、重点任务考核导向。将国家及省重大专项任务、国企改革三年行动等重点改革任务纳入考核,建立能源节约和生态环境保护经营业绩考核机制。

### (二)"一企一策"开展差异化考核

结合企业不同功能、不同行业、不同经营短板和

重点任务实施差异化考核，每户企业均有单独的考核体系。一是差异化考核共性指标，不同功能企业设置不同共性指标考核权重。二是差异化考核个性指标。每户企业差异化考核行业特色指标，竞争类企业侧重考核提升核心竞争力行业指标、功能类企业侧重考核服务辽宁省战略、社会保障类指标。三是差异化开展短板考核。对每户企业在盈利能力、应收账款回款、成本控制、劳动效率、财务风险控制等方面差异化考核短板弱项指标。四是差异化考核国有资本运营公司，强化资本回报和重点工作考核导向。

## 七、辽宁省国资委监管企业选人用人机制改革情况

2022年，辽宁省国资委深入推进省属企业三项制度改革，持续深化经理层成员任期制和契约化管理。5月，印发《关于持续推进省属企业经理层成员市场化管理的通知》，要求企业对全部经理层成员2021年"一案两书"等进行自我评估。转发《经理层成员任期制和契约化管理契约文本操作要点》，要求企业做细做实关键环节，提高契约文本规范化、标准化、精准化程度，加快经理层成员市场化管理"从有形到有神"的转变。6—9月，开展签约质量大检查，发现问题474个，要求企业限期整改。坚持"成熟一户推进一户"原则，鼓励具备条件的企业率先市场化选聘经理层成员。截至2022年底，463户省属各级企业1392名经理层成员100%完成任期制和契约化签约，11户各级企业市场化选聘经理层成员15人。不断完善国资国企在线监管服务平台人才模块，对14户省属企业12.6万余名在籍员工实施实名制全周期动态监管，重点关注核心关键人才7912人。建立高层次人才流失预防预警工作机制，实施重点人才重点管理，建立省级以上人才流失预警即时报告、"一人一报告"制度，对高层次人才动态监测，建立高层次人才流动季度报告制度。积极开展"手拉手"以才引才专项行动，建立海外引才工作月报告制度。组织省属企业提供海外引才岗位需求信息，申请专业领域12个、专业人才11人。积极发挥国有企业稳就业"压舱石"作用，动员省属企业累计为退役士兵提供就业岗位85个。组织省属及各市企业参与2022年度高校毕业生就业招收工作，实际到岗人数1252人。

## 八、辽宁省国资委监管企业党的建设和廉政建设情况

### （一）切实加强国有企业党的政治建设

一是落实"两个维护"制度机制。心怀"国之大者"，坚定捍卫"两个确立"，做到"两个维护"，坚持用习近平总书记关于国有企业改革发展和党的建设重要论述统领全部工作，认真学习贯彻《中共中央政治局关于加强和维护党中央集中统一领导的若干规定》精神，坚持"第一议题"制度和跟进督办制度，把提高政治判断力、政治领悟力、政治执行力体现到贯彻落实党的路线方针政策的实际行动上，教育和引导党员增强"四个意识"、坚定"四个自信"、做到"两个维护"。二是推动学习贯彻党的创新理论走深走实。健全不忘初心、牢记使命长效机制，认真落实重点任务清单。推进"两学一做"学习教育常态化制度化，每季度转发"两学一做"学习教育安排，跟进学好用好《习近平谈治国理政》（第四卷）、习近平新时代中国特色社会主义思想有关辅导读本等。认真抓好国有企业三年行动首要任务集中培训，深入学习贯彻习近平总书记关于国有企业改革发展和党的建设的重要论述，坚持用党的创新理论武装头脑指导实践推动工作。省属企业全年举办各类集中培训班866个，培训党组织书记2595人，培训党务人员4168人。三是严格落实意识形态工作责任制。开展网络安全周、政务新媒体清理整顿、网站（账号）规范管理等工作，持续开展网站、新媒体内部资料库涉政类敏感信息清理，着力清存量、防增量。开展意识形态安全和文化安全风险滚动排查，建立重大网络舆情风险清单，动态更新台账。部署开展国资国企系统不良信息集中清理整治行动。

### （二）深入学习宣传贯彻党的十九届六中全会和党的二十大精神

一是推进党史学习教育常态化长效化。组织学习宣传贯彻党的十九届六中全会精神省委宣讲团报告会，抓实党委理论学习中心组、党支部"三会一课"、

青年理论学习小组"三个载体"的学习,与省委党校联合组织372名省属企业中层正职管理人员学习贯彻党的十九届六中全会精神线上培训。召开党史学习教育总结会议,深化国资国企系统"对标先进企业、对话国企英雄"主题活动,在省国资委机关开展"弘扬国企先进精神　讲好辽宁国企故事"微演讲,并向省属企业延伸。进一步深化"我为群众办实事"实践活动,加大对中小微企业和个体工商户纾困帮扶力度,推动省属企业为市场主体减免租金超过1.1亿元,惠及小微企业和个体工商户3431户。二是做好党的二十大代表推荐和宣传引导工作。严格标准程序,严肃政治纪律,认真做好党的二十大代表推荐提名、初步人选考察和公示工作,省(中)直企业2人当选为党的二十大代表并光荣参加党的二十大。开展"喜迎党的二十大　争做贡献促振兴"系列活动,组织指导交投集团、辽渔集团、机场集团、辽勤集团、辽控集团布设"美丽辽宁"公益广告宣传点位1572处。三是精心组织党的二十大精神学习宣讲。印发《省国资委党委关于推动省(中)直企业基层党组织和广大党员认真学习宣传贯彻党的二十大精神的通知》,组织党的二十大精神省委宣讲团报告会,组织"百万党员大宣讲"活动,省国资委党委第一时间组织召开传达学习贯彻党的二十大精神会议,原文传达学习党的二十大报告,召开省国资委学习宣传贯彻党的二十大精神专题培训会,省国资委领导班子结合省属企业调研开展党的二十大精神宣讲。截至2022年底,国资国企系统开展党的二十大精神宣讲903场,受众5.5万人。

### (三)坚持和加强党对国有企业的全面领导

一是在完善公司治理中加强党的领导。印发《关于省属企业在完善公司治理中进一步加强党的领导的通知》,开展省属企业在完善公司治理中加强党的领导情况"回头看"。修订印发《省属企业党委前置研究讨论重大经营管理事项清单示范文本(试行)》,指导和督促14户一级企业和66户重要子企业修订完善本企业党委前置研究讨论事项清单,规范落实党委前置把关的程序要求,并形成相对稳定运行模式。二是推进党建与生产经营深度融合。印发《关于发挥国有企业党组织政治功能和组织功能推动党员干部下沉基层加强防疫工作的通知》,41户省(中)直企业5359名党员下沉到社区(村)参加疫情防控工作。构建具有国企特色的"党建+"实践模式,制定印发《关于推进省属企业党建工作与生产经营深度融合的若干措施(试行)》。开展混合所有制企业党建工作调研,制定印发《关于加强省属混合所有制企业党建工作的若干措施(试行)》。在企业改革重组、化解过剩产能、处置"僵尸企业"等工作中,注重发挥党组织思想政治工作优势,引导职工群众理解改革、支持改革、参与改革。三是加强党建载体创新。以省级党支部标准化规范化建设示范点为平台,开展特色党建品牌创建活动,100户企业创建"一企业一特色",297个支部创建"一支部一品牌"。持续推进"共产党员先锋工程",引导党员在生产经营、国企改革、疫情防控等任务中创先争优、攻坚克难。截至2022年底,省属企业设立党员先锋岗2823个、党员责任区2101个、先锋工程项目716个、志愿服务队(突击队)1113个、党员创新工作室46个。

### (四)推进落实年度基层党建重点任务

规范组织设置调整,2022年成立党组织203个,调整撤销党组织177个,成立临时党组织11个。抓好党组织换届,定期督促提醒,完成换届党组织1201个。加强党支部标准化规范化建设,组织2021年度基层党组织组织生活会和民主评议党员,省属企业2556个基层组织41766名党员参加。组织对2428个党支部评估定级,其中,"好"的支部1222个、"较好"的支部1118个、"一般"的支部47个。省属企业有25个党支部被省委组织部命名为"辽宁省党支部标准化规范化建设示范点"。开展清查整治突出问题规范党务工作专项活动和不合格党员处置情况调研,15户省属企业2932个基层党组织排查整改各类问题63个。收缴2021年度党费,开展党费专项审计和党费公示。组织省(中)直企业党内统计培训、半年报和全年报。抓好党员发展工作,调度统计党的十八大以来省(中)直企业党员发展情况,印发2022年度党员发展指导性计划,组织2期党员发展对象集中培训班,全年发展新党员2868人。贯彻落实《中国共产党党徽党旗条例》,组织省(中)直企业各级党组织学习培训、自检自查、督查指导、问题整改、整改复查等工作,为企业各级党组织统一购买、发放党徽545枚、党旗7544面。

**(五)持续推动全面从严治党向纵深发展**

一是落实全面从严治党和抓党建工作责任。组织召开 2022 年度省(中)企业党建工作会议,印发《2022 年省(中)企业党建工作要点》《深化"强党建兴国企行动"工作方案》。召开省国资委机关暨省属企业党风廉政建设和反腐败工作会议,开展 2021 年度党建工作责任制考核和党组织书记抓基层党建述职评议,抓好述后问题整改和评议考核成果运用。二是强化警示教育。系统分析国资国企领域典型案例,研究制定《省国资国企党员领导干部警示教育制度》《省国资国企开展以案促改工作办法》,推进警示教育和以案促改常态化、制度化、规范化。组织省国资委中层以上干部和省属企业主要领导干部 100 余人观看祁玉民案件庭审视频节选,组织省国资委和省属企业党委领导班子成员 60 余人赴辽宁省反腐倡廉展览馆观看"辽宁正风肃纪反腐展览"。发送"廉政周提醒"39 期 900 余份、"案例月通报"12 期,多措并举切实提升警示教育效果。三是一体推进"三不腐"。持续深化粮食购销领域腐败问题专项治理,从快从严从实查处省委粮食专项巡视等移交问题线索 12 件,立案 5 件。严肃查处靠企吃企、设租寻租、内外勾结侵吞国有资产等问题,驻委纪检监察组和各省属企业纪委全年接收信访举报 412 件次,比上年减少 50%;立案 243 件,比上年增长 23.4%,实现信访举报、办案数量"一降一升";给予党纪政务处分 193 人,组织措施 172 人。

(撰稿人:杨冰莹)

# 大连市

## 一、大连市国有资产监督管理工作综述

2022 年,大连市国资委系统坚持以习近平新时代中国特色社会主义思想为指导,以迎接党的二十大和学习贯彻党的二十大精神为主线,全面贯彻"疫情要防住、经济要稳住、发展要安全"的要求,按照大连市委、市政府关于市深化国资国企综合改革的决策部署,围绕当好新时代东北振兴发展的"跳高队"、"辽沈战役"的急先锋、加快大连"两先区"建设和实现"三年过万亿"目标,凝聚改革合力,发扬斗争精神,统筹推进常态化疫情防控,全力推动大连市国资国企改革和三年行动改革任务圆满收官。截至 2022 年底,大连市国资委出资企业资产总额 3067.07 亿元,比上年增长 5.30%;负债总额 1777.56 亿元,比上年增长 12.94%;累计实现营业收入 321.34 亿元,比上年增长 1.55%;累计实现利润总额-44.9 亿元,比上年增亏 14.18 亿元;实际上缴税金总额 18.74 亿元,比上年增长 13.68%。

**(一)国企改革三年行动高质量圆满收官**

召开大连深化国资国企改革工作会议、涉改企业主要负责人述职大会、4 次大连市深化国资国企改革领导小组会议,研究国企改革相关工作,推动国企改革三年行动决战收官。对大连市 88 项改革任务实行清单化管理、项目化落实、工程化推进,全面盘点,对标补差,每周进行督办考核。完成 238 户"企业经理层任期制和契约化管理""中国特色现代企业制度"两个专项检查评估,企业经理层任期制和契约化管理全部整改完毕。

**(二)大连市市属国企战略性重组、专业化整合成效明显**

精准推进战略重组。围绕城市发展战略和国有资本功能定位,按照产业相近、行业相关、主业相同的原则,制定市属国有企业战略性布局优化总体方案和若干产业集团组建实施方案,推动国有资本向城市基础设施、公共服务、科技转化、海洋经济、高端装备、文化旅游、现代农业等领域集中。推进市属国有企业系统性重构,先后组建 9 家企业集团和 1 家金融资本运营公司,市属国有企业由 35 户整合为 20 户。推进文化类企业整合,制定文化类企业整合方案,完成大连出版社、音像出版社划转到文产集团等工作。精确实施分类监管。印发《关于确定大连市国资委监管企业分类名单的通知》,按照主营业务类型、资产属性等指标,将重组后的 17 户监管企业按照功能类、竞争类和公益类重新界定为 8 户竞争类企业、5 户功能类企业、4 户公益类企业。深入推进国企"瘦身健体"。推进企

业清理退出不具备优势的非主营业务(企业),2022年底减少法人户数49户,清理退出"两非""两资"企业37户,推动技术、人才、资金等各类资源要素向优势企业的核心主业集中。全年通过产权交易机构累计盘活各类资产5.69亿元。

### (三)企业高质量发展扎实推进

积极开展建设世界一流双示范行动。深入落实关于加快建设世界一流企业的决策部署,经过企业申报、专家评审、征求意见等环节,大连华锐重工集团股份有限公司纳入国务院国资委"世界一流专精特新示范企业"。积极推动企业加强对外交流合作。大连重工装备集团有限公司和瓦房店轴承集团有限责任公司分别向中国宝武钢铁、上海中船三井等上海地区企业提供优势产品;大连公共交通建设投资集团有限公司继续推进与上海申通轨道交通研究咨询有限公司合作的标准化建设项目;大连国际机场集团有限公司加快推进春秋航空大连基地建设。推动大连重工装备集团有限公司与沈阳化工大学开展"基于多物理场模型的矿热炉设备多样化技术研究"博士后课题合作;推动瓦房店轴承集团有限责任公司联合中国科学院金属研究所、东北大学、沈阳工业大学等共同承担国家重点研发计划"高性能电机绝缘轴承技术"项目。积极引导企业拓展广东地区业务,累计供货合同金额近5亿元。加强指导监管企业推进重大工程建设。大连英歌石科学城项目纳入国家重大项目库获得双通过,总建筑面积39万平方米实验室项目启动建设;大连新机场建设预可研经国务院、中央军委批复同意;地铁5号线试运行;梭鱼湾足球场建设进入收尾阶段;大连农渔产业集团有限公司"盐田滩涂资源经营权转让项目"顺利签约;氢能产业"大连模式"示范项目开工建设;"绿电点亮大连"工程成为大连市夜晚一道亮丽风景线。

### (四)企业创新能力持续增强

加大科技研发投入。截至2022年底,大连市属国有企业研发投入13.66亿元,研发投入强度4.27%;其中,5户工业企业研发投入13.02亿元,研发投入强度6.18%。当年新认定高新技术企业6户,累计获得认定高新技术企业28户。推动落实科技创新联动机制。推进校企合作。大连市国资委与大连理工大学建立合作机制,先后举办专题研讨会3期;大连市水务集团有限公司、大连冰山集团有限公司首批设立"博士研究生联合培养创新服务区";加强重点实验室、技术中心等平台建设,企业的国家、省、市级产业技术创新联盟、创新联合体、公共研发平台51个。推进市属国有企业打造原创技术策源地。将推动打造原创技术策源地工作纳入大连市深化国资国企改革领导小组工作职责,加强研讨交流,促进各项工作落实。科技创新成果不断涌现。瓦房店轴承集团有限责任公司国家轴承工程技术研究中心有限公司被纳入最新一批"科改示范企业"名单;大连检验检测认证集团有限公司下属大连锅炉压力容器检验检测研究院有限公司被纳入"全省国有企业科改示范行动"企业名单;大连重工装备集团有限公司研制的"铁路敞车翻车机系统"被评为省单项冠军产品;瓦房店轴承集团有限责任公司制定的《滚动轴承零件黑色氧化处理技术规范》填补行业空白,"高承载、长寿命多列串联推力滚子轴承研发及应用"项目获得科技进步奖二等奖。

### (五)国有企业服务保障城市质量明显提升

城市运营保障顺畅。大连国际机场集团有限公司作为2022年东北地区唯一的国际空运货物入境口岸,累计货邮吞吐量12.7万吨,旅客吞吐量636.8万人次,妥善处置旅客涉阳事件241起;大连公共交通建设投资集团有限公司公交、有轨电车和地铁全年完成客运量6.21亿人次。重大民生保障有力。大连洁净能源集团有限公司强化生产运行"一盘棋"管理,完善热源、热网及用热三级调度体系建设,确保冬季供暖稳定运行;大连市城市建设投资集团有限公司实施的"智慧停车"项目极大缓解中心城区停车难题,恒大"保交楼"项目实现"保交楼、保民生、保稳定"的目标任务;大连市水务集团有限公司年供水总量41945万吨,出厂水、管网水水质合格率100%;大连检验检测认证集团有限公司设立大检医学实验室,疫情期间承担大连市30%~40%的核酸检测任务;大连农渔产业集团有限公司重点推进农产品稳价保供体系构建、粮食仓储贸易、农产品品牌打造、农村基础设施建设等,利用大连特色海珍品优势,开展标准提升工程;大连康养产业集团有限公司启动大连蔚蓝葵英颐养院、大连蔚蓝武昌养护院和大连市殡仪馆优化升级改造项目，深化殡仪馆公司和墓园公司改革，提升养老服务能级，完善殡葬公共服务体系建设。城市人民生活水平不断提升。大连文化旅游发展集团有限公司坚持项目立企，"海上游大连"、大连宾馆修缮利用、动物园基础设施提升改造等30个项目扎实推进；大连市水务集团有限公司完成营城子污水处理厂达标改造任务和英那河水库资产并购项目，启动引洋入连工程等；大连体育产业集团有限公司积极探索中国特色足球发展路径，打造足球改革发展示范城市；大连文化产业集团有限公司全新创排的交响音舞诗画《时代颂》，以群众喜闻乐见的形式宣传党的二十大精神，杂技《蒲公英·远方——蹬伞》获得第十一届中国杂技最高奖金菊奖。

### （六）国资监管效能进一步提高

大力转变监管职能。出台国资管理指导意见，充分发挥大连市国有资本投资运营有限公司作用，修订《大连市国资委权责清单（2022年版）》《大连市国资委授权放权清单（2022年版）》，明确出资人监管权责边界，依法赋予企业更多经营自主权，充分发挥大连市国有资本管理运营有限公司市场化、专业化作用，提高国有资本运营效率。建立风险管控机制。建立企业债务风险定期报告制度，完成国资监管平台二期第一阶段建设，有效提高实时动态监管和风险预警能力。加强企业投资监管。出台《大连市国资委监管企业投资项目负面清单（2022年版）》，对投资项目实行分类、分级监管；制定《关于进一步做好重组过渡期市属国有企业投资管理有关工作的通知》，明确重组过渡期内企业投资监管流程。推进集中统一监管。大连市属党政机关经营性国有资产集中统一监管比例99.97%。开展控股金融子企业、参股金融类企业、国有企业基金情况调查，"一企一策"化解债务风险。积极做好小微企业及个体工商户租金减免工作，监管企业减免租金7882万元。全系统未发生安全生产重大以上事故。

## 二、大连市国有资产总量与结构分析

截至2022年底，大连市国有企业（不含金融企业）942户（含三级以下企业），其中一级企业134户（市属国企13户、区市县管理企业121户）。资产总额6938.40亿元，比上年增长7.42%；负债总额3382.85亿元，比上年增长12.30%；累计实现营业收入451.22亿元，比上年增长2.66%；累计实现利润总额−58.76亿元，比上年增亏34.73亿元；实际上缴税金总额30.78亿元，比上年增长4.41%。

截至2022年底，大连市国有资产总量3255.61亿元，从隶属关系分布看，市属企业国有资产总量1076.75亿元，占比33.07%，区县企业国有资产总量2178.86亿元，占比66.93%；从经营规模分布看，大型企业资产总量2071.73亿元，占比63.64%，中型、小型、微型企业分别占比10.51%、14.1%、11.75%。

**表1　2022年大连市国有企业指标（不含金融）**

| 项　目 | 金　额（亿元） |
|---|---|
| 资产总额 | 6938.40 |
| 所有者权益 | 3555.55 |
| 营业收入 | 451.22 |
| 利润总额 | −58.76 |
| 净利润 | −62.69 |
| 归属于母公司所有者的净利润 | −58.17 |
| 应交税金总额 | 29.89 |
| 实际上缴税金总额 | 30.78 |

**表2　2022年大连市国有企业户数情况**

| 2021年户数（户） | 2022年户数（户） | 比上年增长（%） |
|---|---|---|
| 996 | 942 | −5.42 |

**表3　2022年大连市国有资产按地区分布情况**

| 地　区 | 国有资产（亿元） | 占国有资产总量比重（%） |
|---|---|---|
| 市属企业汇总 | 1076.75 | 33.07 |
| 监管企业 | 1066.30 | 32.75 |

续表

| 地　区 | 国有资产(亿元) | 占国有资产总量比重(%) |
|---|---|---|
| 非监管企业 | 10.45 | 0.32 |
| 县区企业汇总 | 2178.86 | 66.93 |
| 中山区 | 16.53 | 0.51 |
| 西岗区 | 12.34 | 0.38 |
| 沙河口区 | −1.97 | −0.06 |
| 甘井子区 | 189.28 | 5.81 |
| 旅顺口区 | 311.79 | 9.58 |
| 普兰店区 | 187.12 | 5.75 |
| 瓦房店市 | 24.23 | 0.74 |
| 庄河市 | 187.81 | 5.77 |
| 长海县 | 17.06 | 0.52 |
| 金普新区 | 627.24 | 19.27 |
| 高新区 | 83.93 | 2.58 |
| 长兴岛经济技术开发区 | 523.51 | 16.08 |
| 合　计 | 3255.61 | 100.00 |

**表4　2022年大连市国有资产按行业分布情况**

| 行　业 | 国有资产(亿元) | 占国有资产总量比重(%) |
|---|---|---|
| 社会服务业 | 2961.54 | 90.97 |
| 交通运输业 | 181.56 | 5.58 |
| 房地产业 | 53.46 | 1.64 |
| 金融业 | 16.84 | 0.52 |
| 建筑业 | 13.99 | 0.43 |
| 教育文化广播业 | 11.45 | 0.35 |
| 其他行业 | 6.48 | 0.20 |
| 工业 | 5.37 | 0.16 |
| 仓储业 | 3.85 | 0.12 |
| 农林牧渔业 | 0.93 | 0.03 |
| 商贸业 | 0.12 | 0.00 |

续表

| 行　业 | 国有资产(亿元) | 占国有资产总量比重(%) |
|---|---|---|
| 科学研究和技术服务业 | 0.02 | 0.00 |
| 合　计 | 3255.61 | 100.00 |

**表5　2022年大连市国有资产按经营规模分布情况**

| 经营规模 | 国有资产(亿元) | 占国有资产总量比重(%) |
|---|---|---|
| 大型企业 | 2071.73 | 63.64 |
| 中型企业 | 342.15 | 10.51 |
| 小型企业 | 459.18 | 14.10 |
| 微型企业 | 382.55 | 11.75 |
| 合　计 | 3255.61 | 100.00 |

## 三、大连市国有资本保值增值综合分析评价

截至2022年底，大连市国有企业国有资本保值增值率97.82%。分地区看，大连市属国有企业国有资本保值增值率95.11%，区县企业国有资本保值增值率99.32%；分行业看，农林牧渔业、金融业、建筑业保值增值率排前三位，分别为101.31%、100.14%、99.36%，教育文化广播业、工业、科学研究和技术服务业排后三位，分别为83.86%、71.65%、52.65%。

**表6　2022年大连市国有企业地区和行业国有资本保值增值情况**

| 地　区 | 国有资本保值增值率(%) | 行　业 | 国有资本保值增值率(%) |
|---|---|---|---|
| 大连市企业 | 97.82 | 农林牧渔业 | 101.31 |
| 市属企业 | 95.11 | 金融业 | 100.14 |
| 国资监管企业 | 95.28 | 建筑业 | 99.36 |
| 非国资监管企业 | 78.25 | 仓储业 | 98.97 |
| 县区企业 | 99.32 | 社会服务业 | 98.39 |
| 中山区 | 103.32 | 交通运输业 | 94.59 |

续表

| 地　区 | 国有资本保值增值率(%) | 行　业 | 国有资本保值增值率(%) |
|---|---|---|---|
| 西岗区 | 88.05 | 其他行业 | 93.53 |
| 沙河口区 | 0 | 商贸业 | 88.00 |
| 甘井子区 | 100.03 | 房地产业 | 87.48 |
| 旅顺口区 | 99.53 | 教育文化广播业 | 83.86 |
| 普兰店区 | 97.98 | 工业 | 71.65 |
| 瓦房店市 | 96.14 | 科学研究和技术服务业 | 52.65 |
| 庄河市 | 99.90 | | |
| 长海县 | 99.24 | | |
| 金普新区 | 100.43 | | |
| 高新区 | 87.44 | | |
| 长兴岛经济技术开发区 | 100.03 | | |

## 四、大连市国资委监管企业改革发展情况

### (一)中国特色现代企业制度更加成熟定型

大连市属国有企业全部构建起中国特色现代企业制度的整体框架,一级监管企业和重要子企业制定党委前置研究讨论重大事项清单户数100%。大连市属国有企业公司章程进一步修订完善,全面落实"两个一以贯之",把党的领导融入公司治理的各个环节,实现制度化、规范化、体制化。

### (二)市场化经营机制进一步健全

经理层任期制和契约化管理不断加强。一级监管企业和各级子企业全部建立经理层成员任期制和契约化管理制度,企业管理人员竞争上岗、末等调整和不胜任退出制度进一步落地实施。企业三项制度改革提速发力。建立全员绩效考核制度的企业占比100%,各级企业新进员工全部实行公开招聘;建立以经营业绩定薪酬、论英雄的国企负责人考核体系,出台《大连市国有企业负责人经营业绩考核暂行办法》《大连市国有企业负责人薪酬管理办法》,与17户一级监管企业签订经营业绩责任书。

### (三)混合所有制改革持续深化

出台《大连市国有企业混合所有制改革操作指引(试行)》,建立混合所有制改革工作库,积极推动瓦房店轴承集团有限责任公司、大连高佳化工有限公司混合所有制改革工作。推进企业协调解决上市工作中涉及的土地、房产等事宜,畅通股改等审批事项通道,加快上市进程。大连盐化集团有限公司通过市场化方式收购上市公司獐子岛15.46%股权,成为其第一大股东。

## 五、大连市国资委监管企业并购重组与完善法人治理结构情况

### (一)推进市属国有企业系统性重构

制定市属国企战略性布局优化总体方案和若干产业集团组建实施方案,推动国有资本向城市基础设施等七大领域集中。推进市属国有企业系统性重构,先后组建9家企业集团和1家金融资本运营公司,大连市属国有企业由35户整合为20户。

### (二)加强重组整合企业法人治理结构建设

对重组整合企业组建方案进行审核,指导企业规范领导班子、党委会、董事会、监事会、经理层机构和职数设置。对重组整合后企业法人治理结构情况进行调研,摸清底数,协同大连市委组织部,全面完成董事会配备工作。编印《中国特色现代企业制度文件汇编》,指导企业全面建立完善党委前置研究讨论、全面落实董事会职权、董事会规范运作等基础制度。市属国有企业董事会实现应建尽建。董事会应建尽建比例100%,董事会向经理层授权管理制度比例100%,各级子企业制定董事会向经理层授权管理制度比例100%。加强外部董事选聘和管理,向一级监管企业委派外部董事50人。

### (三)依法落实董事会权力

落实经理层选聘权,实行外部董事占多数,落实董事会薪酬考核权;建立健全"三重一大"事项清单,保证董事会职权透明化、清单化。

### (四)保障经理层依法行权履职

依法明确董事会对经理层的授权原则、管理机制、事项范围、权限条件等主要内容,充分发挥经理层经营管理作用。指导重组企业全面建立董事会向经理层授权的管理制度,健全授权事前、事中、事后管理机制,充分发挥经理层经营管理作用。

## 六、大连市国资委监管企业建立和完善经营业绩考核体系情况

结合大连市实际,修订《大连市市属国有企业负责人经营业绩考核暂行办法》。一是坚持目标导向,针对大连市国有企业盈利能力与全国行业平均水平差距大的问题,考核重点聚焦提升企业经营效益,争取用2年左右时间基本达到或超过全国行业平均水平,全年实现利润总额增长10%;二是指标选取上,科学设置可量化、可校验、可对标的考核指标,突出不同考核重点,引导企业从盈利能力、资产质量、债务风险、经营增长等方面找差距、补短板;三是强化结果运用,与企业负责人任用、薪酬管理挂钩,年度经营业绩考核结果为D级的,不得领取绩效年薪,连续两个年度为D级的,实施调岗、免职等处理;四是指标提取上,突出"两利四率"等效益效率指标,以引导企业加快推进高质量发展,进一步提高经营效益和运营效率。

## 七、大连市国资委监管企业负责人考核情况

进一步完善对标考核体系,合理精准确定企业考核目标。结合市属企业产业发展战略布局和重点任务要求,"一企一策"差异化考核,建立严格的考核和目标体系,不断提升管理水平和竞争力,实现以业绩考核倒逼经营业绩提升,以实绩论英雄,激发企业内生动力和发展活力。将考核结果与企业负责人薪酬分配挂钩,通过薪酬与考核的密切联动机制,体现业绩升、薪酬升,业绩降、薪酬降。与企业签订2022年、2023年经营业绩责任书,明确考核指标及目标值,力争通过考核手段引导企业快速提升经营业绩,赶超行业平均水平,实现国有企业高质量发展,为大连市经济建设发展作出更大的贡献。

## 八、大连市国资委监管企业党的建设和廉政建设情况

### (一)始终把思想政治建设摆在首位

大连市国资委系统学习贯彻习近平总书记重要讲话和重要指示批示精神的"第一议题"制度基本实现全覆盖。认真学习贯彻党的二十大精神,组织全系统干部职工收听收看党的二十大报告,召开学习贯彻党的二十大精神国资系统宣讲报告会。各级党组织通过理论学习中心组学习、中层领导干部大会和全体干部大会等形式掀起学习热潮。召开国资系统党史学习教育总结大会,举办全系统党的十九届六中全会培训班、大连市国资委系统领导干部国企党建专题培训班,进一步增强思想政治素质。

### (二)加强党对国有企业的领导

指导企业制定党委前置研究讨论重大经营管理事项清单,把党的领导融入公司治理各环节。推进基层党组织落实"三亮三比三评"党建项目建设,使基层党组织的战斗堡垒作用和党员先锋模范作用在企业生产经营一线充分发挥。制定下发《关于推进党建工作与生产经营深度融合的指导意见》,修订《大连市国资委系统国有企业党建工作考核办法》,推动建立党建工作与生产经营一体考核制度。召开党组织书记抓基层党建述职评议考核大会,综合评定党建工作。

### (三)加强党风廉政建设

一是落实全面从严治党职责。大连市国资委党委坚持把管党治党与中心工作同谋划、同部署、同落实。修订《大连市国资委党委履行全面从严治党主体责任领导小组及办公室组成人员和相关职责》《大连市国资委党委党的建设工作领导小组及办公室组成人员和相关职责》,制定《2022年度大连市国资委党委履行全面从严治党主体责任工作计划》。党委班子成员常态化落实与分管部门开展履职谈话和廉政谈话有关制度,对分管部门干部的日常廉洁自律、改进工作作风情况及时督促提醒。进一步完善常态化监督检查机制,将选人用人作为日常监督的重点。二是加强党风廉政建设。召开全系统警示教育大会,全面落

实大连市委书记在大连市领导干部警示教育大会上的讲话精神，深刻剖析近年来大连市国资委系统查处的违纪违法典型案例，观看警示教育片《十年歧路》《失手的青春》，以案为鉴、以案促改。举办大连市国资委系统企业纪检监察业务培训班，提升监督管理能力。组织开展党风廉政建设问卷调查和涉改企业党组织书记提醒谈话，稳定企业干部职工思想；企业各级党组织紧密联系实际，研究制定贯彻落实方案，明确任务、责任和措施，把党风廉政建设渗入企业的重点领域、关键部位，持续净化市国资委系统政治生态。

（撰稿人：王祎峰）

# 吉林省

## 一、吉林省国资委监督管理工作综述

2022年，面对严重疫情冲击和经济下行等多重压力挑战，吉林省国资委坚持以习近平新时代中国特色社会主义思想为指导，以迎接学习贯彻党的二十大为主线，全面贯彻“疫情要防住、经济要稳住、发展要安全”的要求，按照省委、省政府和国务院国资委决策部署，统筹疫情防控和国资国企工作，推动国资国企改革发展取得新的重要进展和明显成效。

### （一）企业运行总体保持平稳态势

指导企业全力稳生产、稳经营、稳市场。截至2022年底，纳入统计范围的11户一级监管企业资产总额4973.6亿元，比上年增长3.55%；所有者权益总额1798.2亿元，比上年增长5.04%。全年实现营业总收入617.7亿元，比上年增长3.86%；利润总额−3.87亿元，比上年亏损10.67亿元；上缴税费26.1亿元，比上年增长12.72%。

### （二）布局优化和结构调整取得实效

持续强化监管企业在重大基础设施和民生保障领域的主力军作用，全年完成高速公路、高速铁路、水利工程等重大项目投资184亿元。积极培育孵化战略性新兴产业和优势特色产业项目，全年战略性新兴产业投资20亿元，较2019年增长16倍；工业企业研发费用支出8.35亿元，较2019年增长68%。发起设立各类基金12支，总规模54亿元，重点投向新材料、生物医药等新兴产业。

### （三）国企改革三年行动圆满收官

按照“可衡量、可考核、可检验、要办事”的总体要求，抓重点、补短板、强弱项，突出系统集成、协同高效，持续完善中国特色现代企业制度和以管资本为主的国资监管体制、健全企业市场化经营机制，国企改革三年行动实现圆满收官，监管企业治理效能、活力效率显著提高。

### （四）重点企业改革取得重大突破

吉盛公司深化改革方案已经省政府常务会议审议通过，分拆重组和债务处置加快推进。吉林森工重整工作取得积极进展，企业各项业务步入正轨。吉粮集团重整工作取得实质性进展。吉粮进出口公司重整计划执行完毕，粮食进出口特许经营资质得以保留，与战略投资人九富城投集团签订股份转让协议。大成集团停产3年后实现复工复产。

### （五）积极防范化解企业重大风险

进一步加强企业内控、合规、风控一体化管理体系建设。实施企业投资全周期监管，探索开展在线监管，严禁非主业、超能力投资行为。严控金融衍生业务风险，加强融资担保管理，对资产负债率超过重点监管线的企业进行约谈，下发监管提示意见（函）。协调金融机构帮助企业解决融资问题，妥善处置到期债务10笔合计65.9亿元。

### （六）国资国企抗疫彰显责任担当

2022年，省国资委党委系统企业1787个基层党组织参与疫情防控，11118名党员干部奋战在防疫一线，累计下沉54446人次，捐款捐物3752万元。各监管企业累计减免房租2764.76万元，惠及691户小微企业和个体工商户；减免通行费10.15亿元，惠及车辆6773.93万辆次；挖掘工作岗位近1000个，积极维护全省“稳就业”大局。

## 二、吉林省国有资产总量与结构分析

**表1　2022年吉林省国有企业指标**

| 项　目 | 金　额(亿元) |
|---|---|
| 资产总额 | 25825.99 |
| 所有者权益 | 9835.85 |
| 国有资产总量 | 9138.72 |
| 营业总收入 | 1714.22 |
| 其中:营业收入 | 1681.69 |
| 利润总额 | 0.53 |
| 净利润 | -24.44 |
| 归属于母公司所有者的净利润 | -66.41 |
| 应交税金总额 | 90.02 |
| 实际上缴税金总额 | 81.62 |

**表2　2022年吉林省国有企业户数情况**

| 2021年户数(户) | 2022年户数(户) | 比上年增长(%) |
|---|---|---|
| 3604 | 3658 | 1.50 |

**表3　2022年吉林省国有资产按地区分布情况**

| 地　区 | 国有资产(亿元) | 占国有资产总量比重(%) |
|---|---|---|
| 省属企业汇总 | 1668.44 | 18.26 |
| 地市企业汇总 | 7470.28 | 81.74 |
| 长春地区 | 3497.28 | 38.27 |
| 吉林地区 | 1179.53 | 12.91 |
| 松原地区 | 1005.63 | 11.00 |
| 四平地区 | 240.19 | 2.63 |
| 辽源地区 | 297.82 | 3.26 |
| 通化地区 | 541.57 | 5.93 |
| 白城地区 | 160.80 | 1.76 |
| 白山地区 | 273.83 | 3.00 |
| 延边地区 | 249.18 | 2.73 |
| 长白山管委会 | 24.45 | 0.27 |
| 合　计 | 9138.72 | 100.00 |

**表4　2022年吉林省国有资产按行业分布情况**

| 行　业 | 国有资产(亿元) | 占国有资产总量比重(%) |
|---|---|---|
| 农林牧渔业 | 336.84 | 3.69 |
| 工业 | 387.42 | 4.24 |
| 建筑业 | 1303.89 | 14.27 |
| 交通运输业 | 1163.83 | 12.74 |
| 仓储业 | 48.66 | 0.53 |
| 商贸业 | -30.08 | -0.33 |
| 房地产业 | 467.51 | 5.12 |
| 信息传输、软件和信息技术服务业 | 22.98 | 0.25 |
| 社会服务业 | 5077.62 | 55.56 |
| 教育文化广播业 | 10.88 | 0.12 |
| 科学研究和技术服务业 | 100.55 | 1.10 |
| 金融业 | 241.39 | 2.64 |
| 其他行业 | 7.23 | 0.08 |
| 合　计 | 9138.72 | 100.00 |

**表5　2022年吉林省国有资产按经营规模分布情况**

| 经营规模 | 国有资产(亿元) | 占国有资产总量比重(%) |
|---|---|---|
| 大型企业 | -1469.79 | -16.08 |
| 中型企业 | 1808.22 | 19.79 |
| 小型企业 | 7073.27 | 77.40 |
| 微型企业 | 1727.02 | 18.90 |
| 合　计 | 9138.72 | 100.00 |

## 三、吉林省国有资本保值增值综合分析评价

表6　2022年吉林省国有企业地区和行业国有资本保值增值情况

| 地　区 | 国有资本保值增值率(%) | 行　业 | 国有资本保值增值率(%) |
|---|---|---|---|
| 吉林省国有企业 | 99.18 | 吉林省国有企业 | 99.18 |
| 省属企业 | 98.88 | 农林牧渔业 | 99.46 |
| 地市企业 | 99.24 | 工业 | 106.88 |
| 长春地区 | 99.72 | 建筑业 | 99.33 |
| 吉林地区 | 100.20 | 交通运输业 | 97.21 |
| 松原地区 | 98.31 | 仓储业 | 92.77 |
| 四平地区 | 98.68 | 商贸业 | —45.5 |
| 辽源地区 | 99.37 | 房地产业 | 97.36 |
| 通化地区 | 98.50 | 信息传输、软件和信息技术服务业 | 98.84 |
| 白城地区 | 96.79 | 社会服务业 | 100.43 |
| 白山地区 | 98.33 | 教育文化广播业 | 100.35 |
| 延边地区 | 98.12 | 科学研究和技术服务业 | 95.71 |
| 长白山管委会 | 79.62 | 金融业 | 94.18 |
| | | 其他行业 | 88.58 |

## 四、吉林省国资委监管企业改革发展情况

到2022年底，随着国企改革三年行动的圆满收官，省国资委监管企业改革发展取得显著而深刻的变化。

### （一）中国特色现代企业制度更加成熟定型

推动党的领导全面融入公司治理各环节，12户一级监管企业和42户重要子企业全部制定党委前置研究讨论事项清单，党委会议事规则更加完善、决策流程更加规范。聚焦专业尽责、规范高效董事会建设，12户一级监管企业和95户各级子企业董事会实现应建尽建。成立外部董事管理运行中心，建立兼职外部董事人才库，对13户企业外部董事进行调整。11户一级监管企业和79户重要子企业全部实现外部董事占多数。建立外部董事年度报告和专项报告相结合的"双报告"制度。邀请省人大、省政协、省纪委监委和省委组织部参与监管企业董事会工作评价质询取得良好效果。制定董事会授权管理指引，已建立董事会企业全部建立董事会向经理层授权工作机制，经理层依法行权履职得到充分保障。

### （二）布局优化和结构调整取得明显成效

立足服务保障全省"一主六双"高质量发展战略，以"十四五"国资国企发展规划为引领，坚持巩固国有资本对重大基础设施和民生保障领域的主力军作用，着力提升国有资本对战略性新兴产业和优势特色产业的引领带动作用。2022年，吉高集团集桓、蒲烟、烟长高速加快推进，运营高速公路总里程达到4315千米，全省中东西三大板块实现高速连通。铁投公司沈白高铁（吉林段）全线开工。水投集团中部城市引水一期工程正式运营、二期工程进入收尾阶段。富奥股份、一汽富维聚焦"轻量化、电动化、智能及网联化"，千亿级汽车零部件产业集群加快打造。吉能集团通榆60万千瓦风电项目实现部分并网发电。农投集团18万亩高标准农田工程化试点项目加快推进。吉旅控股长白山和平旅游度假区项目部分运营。吉林森工集团泉阳泉矿泉水7万吨柔性生产线和10万吨桶装水项目投产。长白山森工编制完成全国森林碳汇试点建设实施方案。

### （三）三项制度改革更深层次破冰破局

全力打破经营机制僵化、利益相对固化、管理行政化现状，推动建立现代化、市场化经营机制。全级次监管企业实现经理层成员任期制和契约化管理。三项制度改革在"能下、能出、能减"上实现突破，截至2022年底，全级次企业管理人员竞争上岗、末等调整或不胜任退出人数占比分别达到81.03%、10.27%。全级次企业全员绩效考核覆盖率100%，新进员工全面实行公开招聘。13户不同层级企业实施多种形式激励措施。通过改革，监管企业劳动生产率由2019年的7.4万元/（人·年）增加到2022年的18.7万元/（人·年）；人事费用率由2019年的18.32%下降到2022年的14.23%。

## 五、吉林省国资委监管企业并购重组与完善法人治理结构情况

在监管企业主业总体上不交叉、部分企业处于脱困关键阶段、整合空间较小的情况下，着力推进企业内部业务整合，加快“僵尸企业”和“两非”“两资”企业清理处置。截至2022年底，清理退出非主业子企业51户，以及不符合企业主业且长期不分红的17户参股股权；共完成55户“僵尸企业”处置任务。

## 六、吉林省国资委监管企业建立和完善经营业绩考核体系情况

修订《吉林省国资委出资企业负责人经营业绩考核暂行办法》，明确五大导向：一是突出质量效益。引导企业在扭亏脱困、提质增效上下功夫，强化重点亏损子企业治理。二是突出布局结构。引导企业发挥战略规划引领作用，切实在布局优化和结构调整上取得实效。三是突出创新驱动。引导企业不断加大研发投入，进一步提高核心竞争力。四是突出分类考核。对不同功能和类别的企业，合理设置考核指标及权重，实施分类和差异化考核。五是突出激励约束。严格落实企业负责人经营业绩考核同激励约束机制相结合的考核制度，实现业绩升、薪酬升，业绩降、薪酬降。

在保持业绩考核连续性的基础上，不断优化经营业绩考核指标体系。一是将经营业绩考核与企业战略定位和发展方向有效结合，考核企业“十四五”规划和专项计划的落实情况。二是加大对科技创新的激励力度，引导企业把价值创造纳入企业负责人经营业绩考核，对企业科技投入、战略性新兴产业培育等按规定比例视同利润或给予考核加分。三是强化长期价值导向，实行年度考核与任期考核相结合、考核结果与奖惩相挂钩的考核制度。四是突出党建引领，把党建工作纳入出资企业负责人经营业绩考核，根据党建工作考核结果，按20%权重计算得分。

## 七、吉林省国资委监管企业负责人考核与选人用人机制改革情况

规范企业领导人员选任管理，制定《吉林省国资委党委管理企业领导人员管理办法》。一是坚持党管干部原则。充分发挥党组织在企业选人用人工作中的领导和把关作用，确保党对企业干部人事工作的领导权和对重要领导人员的管理权。比如，在有序推进董事会选聘经理层成员工作中，强调党委要在确定标准、规范程序、参与考察、推荐人选等方面发挥作用。二是发挥市场机制作用。丰富和完善市场化选任方式，明确将公开遴选作为选拔任用企业领导人员方式之一，明确对经理层人员的选拔任用可以采取竞聘上岗、公开招聘和委托推荐等方式，进一步扩大选人用人视野。三是坚持问题导向。围绕解决企业选人用人机制创新不够、“能上不能下”等问题，着重完善企业领导人员退出机制，明确企业领导人员因到龄、任(聘)期届满、健康原因、离职学习、不适宜担任现职和自愿辞职等退出的方式和相关要求，特别是细化因不适宜担任现职退出的具体情形。四是坚持简便易行、有效管用。从企业实际出发，该规范的严格规范，该简化的尽量简化，该留有空间的留有空间，努力提高制度的精准性、有效性和可操作性。2022年，选拔配备企业领导人员13人，企业领导班子年龄、专业、经历等结构进一步优化。

## 八、吉林省国资委监管企业党的建设和廉政建设情况

### (一)突出抓好政治建设

高标准迎接宣传贯彻党的二十大精神，坚持把学懂弄通做实习近平新时代中国特色社会主义思想作为首要政治任务，各监管企业党委组织理论中心组学习133次，落实“第一议题”制度415次。组织开展“学习贯彻二十大、国资监管进行时”为主题的知识测试、线下竞赛、主题征文等系列活动，举办系统企业宣讲报告会，开展“喜迎二十大·国企跟党走”理论答题登高和“放歌新时代·国企好声音”评选活动。以“七讲七进”为载体，深入基层宣讲党的创新理论200余次，组织省内典型人物到监管企业示范宣讲37场，3万余名党员职工观看收听。

### (二)加强干部队伍建设

实施“专业能力提升计划”，针对董事长、总经理、董事(外部董事)、党委专职副书记等企业领导人员，

坚持分层分类精准培训，先后举办专题培训班4期和国资大讲堂6期，培训各级企业领导人员2000余人次。选派15名优秀年轻干部赴央企挂职锻炼。

**（三）创新推动组织建设**

大力推进党建工作和生产经营深度融合，广泛开展“支部立项”攻坚活动，监管企业604个党支部立项1225个，提升经济效益2.65亿元。《“支部立项”抓实企业BTX建设》被评为全省“基层建设年”创新实践十大最佳案例，《“支部立项”激活企业基层“红细胞”》在《国企》杂志上作为封面头条刊载。吉林森工集团和水投集团典型案例入选《全省“基层建设年”宣传报道选编》。在全国率先推行企业党委专职副书记履责考核，形成经理层成员与副书记精准分类的考核体系。

**（四）持续推进全面从严治党**

坚持加强党性教育“不想腐”、扎紧制度笼子“不能腐”、强化案件查办“不敢腐”的思路，以案为鉴、以案促改，一体推进“三不腐”。综合运用廉政会议、法律培训、现场参观等形式开展警示教育，驰而不息纠治“四风”。扎实推进省委巡视反馈问题整改，认真开展涉粮购销领域专项整治。始终保持反腐高压态势，系统反腐败斗争取得压倒性胜利并全面巩固，风清气正的政治生态得到重塑。

（撰稿人：徐晓春　刘　阳）

# 黑龙江省

## 一、黑龙江省国有资产监督管理工作综述

2022年，黑龙江省国资委深入学习贯彻习近平总书记关于国有企业改革发展和党的建设重要论述，坚决贯彻落实党中央、国务院和省委省政府决策部署，坚持稳中求进工作总基调，落实“疫情要防住、经济要稳住、发展要安全”的要求，高效统筹疫情防控和企业改革发展，攻坚克难、真抓实干，实现国企改革三年行动圆满收官，各项工作取得积极成效。

**（一）经营业绩再创新高**

黑龙江省地方国有企业实现营业收入2076亿元，首次突破2000亿元，比上年增长13.4%；利润总额54亿元，比上年增长55.2%；实际上缴税金总额146亿元，比上年增长53.4%。其中，省国资委出资企业实现营业收入1424亿元，增长18.5%；利润总额42亿元，增长57.6%；实际上缴税金总额117亿元，增长74%，首次突破100亿元，占黑龙江省税收收入的6.8%。

**（二）服务社会彰显担当**

按照新阶段疫情防控政策，及时调整相关措施，助力复工复产、纾困解难。黑龙江省国资委及出资企业组织3万余名干部职工参与疫情防控，累计派出医护人员2万余人次，全年疫情防控形势平稳。通过房租减免、降费让利、投资带动、账款支付等多种方式，支持帮助中小企业协同发展，累计对9486户受疫情影响的中小微企业和个体工商户减免房租2.21亿元。龙煤集团原煤产量比上年增长8.47%，主供电厂煤炭库存平均可用37天，处于历史高位水平，应急储备煤炭库存89万吨，成为黑龙江省煤电保供“压舱石”。出资企业吸纳农民工就业23.9万人次，市（地）招录应届高校毕业生比上年增长29.5%。

**（三）规划引领高质量发展**

加大现代化产业体系规划建设力度，制定出台黑龙江省地方国有企业振兴专项行动方案，出台发展数字经济、生物经济、冰雪经济、创意设计和推进“双碳”发展5个指导意见，出资企业“四个经济”资产规模61亿元，实现营业收入28亿元。建立新业态项目储备库，谋划新业态项目71个，总投资561亿元。加大项目建设投资力度，出资企业全年完成投资304亿元，其中百大项目16个、投资134亿元。加大科技创新力度，出台打造原创技术策源地的实施意见，2022年出资企业研发经费投入21.8亿元，比上年增长22.3%，获得专利464件。加大亏损企业治理力度，对黑龙江省地方国有亏损企业开展“解剖式”分析，73户重点亏损子企业全部完成治理任务，与2019年决算亏损额比，减亏15.2亿元。

**（四）监管效能有效提升**

出台实施出资企业监督检查暂行办法、出资企业

问题整改监督闭环管理办法,形成问题发现、核查、整改、问责工作闭环。国资国企在线监管系统基本建成,对企业"三重一大"决策、投资和项目管理、财务管理、产权管理、考核分配、国企改革、党建、责任追究等重点业务和关键环节开展实时动态监管,建立横向到边、纵向到底的信息化监管体系。出台出资企业项目投资"十问"对照检查机制,对计划投资的396个项目进行备案管理,26个项目纳入特别监管,对24个未达备案标准的投资项目暂不予备案。围绕"两利四率",完善企业负责人经营业绩考核,形成"1+7"框架体系,引导企业实现"两增一控三提高"。强化风险防范,动态监控124项系统风险,守住不发生系统性风险底线,党的二十大和黑龙江省党代会期间的信访维稳实现零登记。加大专项整治力度,开展开发区腐败专项整治"回头看",挽回经济损失2292万元,全面完成涉粮领域腐败专项整治任务,开展清理整顿"国皮民骨"民企挂靠专项行动,128户企业全部完成整改。

## 二、黑龙江省国有资产总量与结构分析

**表1　2022年黑龙江省国有企业指标**

| 项　目 | 金　额(亿元) |
|---|---|
| 资产总额 | 22115.80 |
| 所有者权益 | 10013.57 |
| 国有资产总量 | 9563.83 |
| 营业收入 | 2194.91 |
| 利润总额 | 31.71 |
| 净利润 | 10.37 |
| 归属于母公司所有者的净利润 | -0.38 |
| 应交税金总额 | 143.36 |
| 实际上缴税金总额 | 148.77 |

**表2　2022年黑龙江省国有企业户数情况**

| 2021年户数(户) | 2022年户数(户) | 比上年增长(%) |
|---|---|---|
| 3381 | 3612 | 6.83 |

**表3　2022年黑龙江省国有资产按地区分布情况**

| 地　区 | 国有资产(亿元) | 占国有资产总量比重(%) |
|---|---|---|
| 省属企业汇总 | 1695.43 | 17.73 |
| 地市企业汇总 | 7868.40 | 82.27 |
| 哈尔滨市 | 4008.71 | 41.92 |
| 齐齐哈尔市 | 542.91 | 5.68 |
| 牡丹江市 | 523.86 | 5.48 |
| 佳木斯市 | 566.33 | 5.92 |
| 大庆市 | 712.20 | 7.45 |
| 鸡西市 | 135.36 | 1.42 |
| 双鸭山市 | 417.54 | 4.37 |
| 伊春市 | 215.11 | 2.25 |
| 七台河市 | 233.98 | 2.45 |
| 鹤岗市 | 183.85 | 1.92 |
| 黑河市 | 128.92 | 1.35 |
| 绥化市 | 190.59 | 1.99 |
| 大兴安岭地区 | 9.05 | 0.09 |
| 合　计 | 9563.83 | 100.00 |

注:因数据四舍五入,各分项数据之和与汇总数据存在偏差。

**表4　2022年黑龙江省国有资产按行业分布情况**

| 行　业 | 国有资产(亿元) | 占国有资产总量比重(%) |
|---|---|---|
| 农林牧渔业 | 371.26 | 3.04 |
| 工业 | 1126.91 | 9.23 |
| 建筑业 | 1492.64 | 12.23 |
| 交通运输业 | 1419.03 | 11.62 |
| 仓储业 | 109.14 | 0.89 |
| 商贸业 | 26.37 | 0.22 |
| 房地产业 | 2164.64 | 17.73 |
| 信息传输、软件和信息技术服务业 | 20.91 | 0.17 |
| 社会服务业 | 5188.12 | 42.49 |

续表

| 行　业 | 国有资产（亿元） | 占国有资产总量比重（%） |
|---|---|---|
| 教育文化广播业 | 0.93 | 0.01 |
| 科学研究和技术服务业 | 107.98 | 0.88 |
| 金融业 | 175.71 | 1.44 |
| 其他行业 | 5.51 | 0.05 |
| 合　计 | 12209.15 | 100.00 |

注：表中数据非合并口径，为合计口径。

**表5　　2022年黑龙江省国有资产按经营规模分布情况**

| 经营规模 | 国有资产（亿元） | 占国有资产总量比重（%） |
|---|---|---|
| 大型企业 | 1898.37 | 15.55 |
| 中型企业 | 5264.65 | 43.12 |
| 小型企业 | 2145.18 | 17.57 |
| 微型企业 | 2900.95 | 23.76 |
| 合　计 | 12209.15 | 100.00 |

注：表中数据非合并口径，为合计口径。

## 三、黑龙江省国有资本保值增值综合分析评价

**表6　　2022年黑龙江省国有企业地区和行业国有资本保值增值情况**

| 地　区 | 国有资本保值增值率（%） | 行　业 | 国有资本保值增值率（%） |
|---|---|---|---|
| 黑龙江省 | 100.10 | 农林牧渔业 | 100.59 |
| 省属企业 | 100.76 | 工业 | 101.87 |
| 哈尔滨市 | 99.73 | 建筑业 | 100.68 |
| 齐齐哈尔市 | 100.53 | 交通运输业 | 99.23 |
| 牡丹江市 | 99.47 | 仓储业 | 98.26 |
| 佳木斯市 | 100.48 | 商贸业 | 103.69 |
| 大庆市 | 102.75 | 房地产业 | 101.06 |
| 鸡西市 | 98.52 | 信息传输、软件和信息技术服务业 | 103.99 |
| 双鸭山市 | 98.97 | 社会服务业 | 100.16 |
| 伊春市 | 101.31 | 教育文化广播业 | 78.36 |
| 七台河市 | 98.48 | 科学研究和技术服务业 | 102.50 |
| 鹤岗市 | 98.86 | 金融业 | 96.26 |
| 黑河市 | 98.07 | 其他行业 | 91.79 |
| 绥化市 | 98.86 | | |
| 大兴安岭地区 | 76.20 | | |

## 四、黑龙江省国资委监管企业改革发展情况

国企改革三年行动实现圆满收官，省级97项台账、市（地）748项台账、省国资委出资企业766项台账任务全面完成，3轮“十周攻坚战”胜利告捷，基本实现“三个明显成效”预期目标。

### （一）中国特色现代企业制度更加成熟定型

公司制改革全面完成。全面建立完善党委前置研究事项清单，党的领导有机融入公司治理。董事会建设“1＋N”制度框架基本建成，符合条件的地方国企全面实现董事会应建尽建，黑龙江省引入外部董事1380余人，基本实现外部董事占多数。双鸭山、伊春、大兴安岭等地规范党组织议事规则，制定外部董事考核评价办法和履职行为规范，全面提升外部董事履职效能。

### （二）市场化经营机制普遍建立

全面推行经理层成员任期制和契约化管理，完成三项制度改革评估，省国资委出资企业全员绩效考核覆盖率、新进员工公开招聘比例100%，管理人员竞争上岗比例78.11%，管理人员末等调整和不胜任退出比例4.69%，浮动工资占比42.3%。出台超额利润分享实施办法，推进28户企业开展中长期激励。黑河市制定国有企业领导人员选拔任用办法和员工招聘办法，建立公开平等竞争择优的市场化招聘制度。

### (三)混合所有制改革积极稳妥推进

黑龙江省累计完成混合所有制改革和股权多元化企业80户,引入资本超过38亿元。交易集团参与建立东北区域国企混合所有制改革项目推介专区。鸡西市引进中国建材集团组建中建材黑龙江石墨新材料公司,致力打造石墨产业链龙头企业。七台河市通过增资扩股,引入深圳上市公司玉禾田集团,推动市城投环境服务公司等老企业焕发新活力。

### (四)重点企业改革不断深化

龙江森工集团全面理顺实验林场体制,加快完善现代企业制度,全年营业收入登上100亿元台阶,比上年增长18.26%。龙煤集团改革攻坚促进质效提升,利润突破30亿元,创历史新高,全面完成欠地方税补缴任务12亿元。

### (五)改革专项工程稳步推进

完成“双百企业”“科改示范企业”综合改革台账任务。实施“央地百对协作”,纳入对接名单的25户地方企业中,19户企业取得实质性进展。

## 五、黑龙江省国资委监管企业并购重组与完善法人治理结构情况

### (一)并购重组

全面调研摸底,沟通协调央企、省直部门、出资企业、市地国资监管机构、民营企业等,积极研究谋划组建新业态公司。围绕航空货运、数字安全、信息技术组建黑龙江省航空货运发展有限公司、黑龙江省数字安全运营有限公司、黑龙江用友网络科技有限公司3个新业态公司。形成生态环保集团组建方案、省航空产业投资集团组建方案、设立龙江航空融资租赁公司的研究报告、龙江水务调研分析报告、整合市(地)城投资产的研究报告、亚布力旅游投资集团组建方案等6个方案或报告。指导交易集团加快主业优化布局和结构调整,组建黑龙江自然和生态资源交易中心、黑龙江国资国企改革发展研究院,填补黑龙江省国资领域空白。

### (二)完善法人治理结构

出资企业集团及各级子企业董事会应建尽建,全部实现外部董事占多数。6户集团公司、50户子企业开展落实董事会职权。建立外部董事例会、信息报告制度,召开出资企业董事会向省国资委报告、外部董事履职报告会议,开展年度及任期考核评价。加强外部董事队伍建设,调整选派外部董事4人,成立出资企业专职外部董事党支部,董事会规范运作、董事科学履职水平持续提升。10户集团公司、203户子企业建立董事会向经理层授权管理制度、总经理向董事会报告工作机制。10户集团公司、409户子企业经理层实行任期制和契约化管理。

## 六、黑龙江省国资委监管企业建立和完善经营业绩考核体系情况

一是持续完善考核制度体系。形成以《出资企业负责人经营业绩考核办法》为核心,以年度和任期2个配套实施方案,科技创新、数字化转型和招商引资、资本运营、混合所有制改革4个奖励加分细则,1个特殊事项管理清单为重点的“1+7”框架体系。二是突出差异化考核。重点围绕“两利四率”“一对一”设置考核指标。在分类考核的基础上,根据企业行业特点、发展阶段、短板弱项,为每户企业量身打造个性化的改革指标、发展指标、短板指标,进一步提升考核的精准性。三是更好发挥目标的引领作用。首次对全员劳动生产率实施对标考核,同时要求利润总额年度考核目标不低于黑龙江省经济增速,任期考核目标与“十四五”发展规划挂钩,倒逼企业跳起摸高,连续2年企业申报利润目标比上年增长超过10%。四是进一步强化考核的约束作用。规定对发生重大生产安全事故、恶性生态环境事件、重大群体上访事件、重大法律诉讼风险、重大经营风险、虚报财务数据等情形,经认定造成重大不良影响或国有资产损失的,视情节给予扣分、降级直至扣减全部绩效年薪,引导企业进一步筑牢底线思维,压实企业防范化解各类风险隐患的主体责任。

## 七、黑龙江省国资委监管企业党的建设和廉政建设情况

### (一)不断推进党的政治思想建设

督促指导各企业党组织严格落实“第一议题”和

理论中心组学习、"三会一课"制度，推动出资企业各级党委进行"第一议题"学习320余次、理论中心组集体学习2256次、党支部"三会一课"学习9200余次。印发出资企业理论学习中心组学习列席旁听办法，督促推动出资企业167个党委按计划高质量开展理论中心组集中学习，提升理论学习质效。督促企业各级党组织持续巩固"为群众办实事"成效，推进解决基层和职工群众急难愁盼问题3566项。印发学习贯彻党的二十大精神和省第十三次党代会精神宣讲工作方案，举办系统企业学习党的二十大精神推动国企党建高质量发展专题培训班。印发宣传思想和意识形态工作要点，组织出资企业开展意识形态风险点排查，建立网络舆情监测联动机制。扎实推进精神文明建设，组织开展省国资委系统企业首届精神文明先进单位评选，授予51个单位省国资委系统企业文明单位（标兵）称号。持续加强先进典型培育选树，先后推荐20多个单位及个人获省级表彰，指导企业选树一批"龙江楷模""龙江好人""龙江最美退役军人"先进典型。

**（二）着力抓实抓好基层党建重点工作**

制定印发2022年度党建工作要点、出资企业党委书记2022年度抓党建和党风廉政建设责任清单，全面压实基层党建责任。开展基层党建重点任务"擂台赛"活动，督促推动年度党建重点任务抓实落靠。开展出资企业党委书记2021年度抓基层党建工作述职评议考核工作，指导752个基层党组织逐级开展述职评议考核，推动层层明责、履责。修订完善出资企业党建责任制考核评价办法，精准开展2021年度党建责任制考核，及时约谈提醒排名靠后的企业党委书记，严格兑现班子成员薪酬奖惩。印发《关于进一步完善落实改革任务事项的通知》，先后两轮督促指导企业针对改革台账有关党建重点任务全面开展自检自查；督导10户出资企业集团和50户重要子企业全部健全完善公司章程、党组织议事规则和前置研究讨论重大事项清单，具备条件的二级以下企业党组织分别结合实际建立完善议事规则和前置研究讨论事项清单，进一步明确党组织职责权限。

**（三）持续提高党的组织建设水平**

持续夯实基层党组织建设，调整理顺基层党组织89个，组织新申报并验收合格标准化党支部698个，基层党组织累计标准化率81%。推动13个任期届满的基层党组织完成换届选举。指导各企业调整配备各级党组织书记124人次，通过线上线下培训党组织书记和党务人员1.87万人次。指导企业各级党组织常态化开展"领导干部上讲台""党课开讲啦"活动，企业各级领导干部2630余人次上讲台讲党课，47个党课参加黑龙江省"党课开讲啦"活动评选展播。实施"企业党建拓展深化年"活动，220余个企业党建品牌得到进一步深化实化，"强堡垒、争先锋、促改革"专项行动和"提质增效党员先行"主题实践活动持续深入开展，新选树企业基层党建示范点18个，进一步强化典型示范引领作用，激发党建工作活力。持续推进干部队伍建设，2022年调整选任出资企业班子成员和外部董事10人，出资企业调整选用各级干部750余人次。印发《年度培训计划》，开办国资e学堂，举办国资讲堂和各类培训班30余期，培训干部11300余人次。推进"雄鹰"培养工程和"雏鹰"培育计划，联合省委党校针对企业经营管理人才开展1个主题班次、2个专题班次的集中培训。开展"企业家导师制"培养工作，成立10个导师组对接培养首批入库人员。印发《关于对"一把手"和领导班子监督实施办法》，班子成员与各级"一把手"和领导干部谈心谈话910人次。持续加强高素质人才队伍建设，成立人才工作领导小组，制定人才工作重点任务清单，召开企业人才工作会议，部署推进人才工作。组织企业积极推荐各类优秀人才参加评先评优，3人被推荐为第十八届中国青年女科学家奖和黑龙江省青年科技候选人，向省委组织部推荐认定高层次人才16人，向省人社厅推荐黑龙江省高技能人才专家库人选36人，推荐5个高技能人才牵头的省级技能大师工作室项目。

**（四）指导推进统战群团工作**

组织举办学习贯彻《中国共产党统一战线工作条例》宣讲报告会，统战代表人士参加辅导学习150余人。推进企业无党派人士政治面貌认定，完成第一批系统企业无党派人士认定71人。做好党外人士的推荐选拔工作，先后向省委统战部推荐无党派重点人士6人，推荐民主党派省级层面代表人士13人，推荐省知联会理事候选人18人、会员人选36人，建立系统企业党外知识分子人才储备库,指导系统企业建成11个党外人士建言献策工作室,涵盖党外代表人士240余人,该做法分别获得全国、黑龙江省统战工作实践创新成果奖。

**(五)深入推进党风廉政建设**

召开党建暨党风廉政建设工作会议,印发党建和党风廉政建设任务清单、责任清单。实施"清廉国企建设工程",部署开展"靠企吃企"专项整治和深化"国皮民骨"清理整治行动,聚焦项目投资等6个方面重点,累计排查整治"靠企吃企"问题703个,清理"国皮民骨"企业34户,给予党纪政纪处分154人,完善制度机制167个,挽回经济损失4890余万元。加强警示教育,开设"清风国资"专栏刊发党风廉政建设信息和视频84期,组织观看《反腐败无禁区》警示教育专题片、参观省廉政教育基地,进一步强化党员干部廉洁从业意识。按干部管理权限,对出资企业启动第一轮巡察工作。全力支持驻委纪检监察组和企业纪委监督执纪,立案603件,处分574人,"三不腐"建设一体推进取得较好成效。开展2021年度政治生态建设成效考核,对排名靠后的2户企业负责人进行约谈提醒;研究制定2022年度出资企业政治生态建设成效考核有关指标细则,推动企业政治生态建设持续巩固提升。

(撰稿人:赵东亮)

# 上海市

## 一、上海市国有资产监督管理工作综述

2022年,上海市国资国企全面贯彻党的二十大和市第十二次党代会精神,统筹推进疫情防控、改革发展和党的建设各项工作,高质量完成国企改革三年行动和上海区域综改试验三年任务,为上海经济社会发展和城市安全稳定作出积极贡献。

**(一)克难奋进高效统筹,全力稳住经济发展基本盘**

上海市国资国企坚决落实"疫情要防住、经济要稳住、发展要安全"总要求,积极投身防疫抗疫,同时确保上海重大工程建设不停歇、重点企业产能和供应链不中断,为城市运行和经济发展提供有力支撑。一是全力打赢大上海保卫战。保障方舱医院、隔离点建维,保供民生防疫物资不中断,保证城市重大工程建设不停歇。全系统抗疫一线建立临时党团组织198个,成立党团员突击队1500余支,12.86万名在职党员到社区报到,对外支援疫情防控工作逾180万人次。二是助力企业纾困复产。出台上海市国有企业减免小微企业和个体工商户房屋租金实施细则,上海市国资国企积极作为,拓展减免范围,免租总额132.47亿元,惠及承租人9.60万户。金融企业累计投放各类贷款2551.59亿元,减费让利4.55亿元,惠及企业34.48万户,累计投资防疫债券524.40亿元。落实稳岗就业政策,全面完成2022届高校毕业生的招聘工作,签约高校应届毕业生21299人,招录人数比上年增长6.91%。三是聚力经济恢复重振加速。健全完善稳增长促发展长效机制,定期分析研判,全年安排投资8480亿元,比上年增长18.33%,全力跑出经济恢复重振加速度。6家企业入围2022年《财富》"世界500强",数量保持全国地方国资第一;5家企业进入全球行业排名前三;8个企业品牌入围2022年"亚洲品牌500强",16家企业进入"中国企业500强"。

**(二)聚焦中心服务大局,全面落实重大战略任务**

准确把握新时代新征程国有企业战略定位,主动服务融入国家战略和全市重大任务,进一步推动国有资本和国有企业做强做优做大。一是服务融入国家战略。出台助力浦东新区高水平改革开放打造社会主义现代化建设引领区的若干政策措施,在工资总额管理及中长期激励等方面实现突破。加快建设自贸区临港新片区,依托东方芯港、生命蓝湾等特色园区加速集聚前沿产业。持续推动长三角一体化高质量发展,深化长三角产权市场一体化建设,积极推进西岑科创中心、水乡客厅建设。高标准高质量服务保障第五届进博会,持续放大进博会溢出效应。上海交易团国资分团达成意向采购金额194亿元,在全市交易分团保持领先。推进第三轮央地战略合作,完成"1+6+30"合作框架签约。二是强化重点产业引领功能。聚焦"3+6"重点产业加大布局,全年安排战新产业投

资约968.89亿元，其中三大先导产业205.91亿元。上海集成电路二期基金运作方式进一步优化，人工智能算法创新、场景赋能实体成效初显，生物制药、化学药、中药研发、高端医疗器械等产业链关键领域加快创新突破。三是服务城市核心功能。人民城市建设方案8个专项行动91项重点任务全面完成，8个市属国企总部在内的25个重大功能性项目导入"五个新城"。积极参与旧区改造和本市重大工程建设，形成"四个一批"(减量一批、收储一批、保留一批、更新一批)市、区、企联动工作机制，142幅存量土地资源盘活利用。

### (三)创新驱动数字赋能，切实提升核心竞争力

充分发挥国有企业创新主体作用，以体制机制改革为牵引，完善创新体系，搭建创新平台，推动国有企业实现质量变革、效率变革、动力变革。一是不断完善科技创新体系。市属国企创新使命责任书签约实现全覆盖，前两批31家签约企业完成目标自评，5家企业完成创新转型专项评价。出台国资收益支持项目管理实施细则，全年支持创新17.06亿元。创新平台加快建设，3家企业完善国家重点实验室重组方案，4家企业积极申报全国重点实验室。上海生物医药前沿创新中心有序推进，致力打造政、产、学、研、资和园区高度集成的创新孵化平台。二是深入推进数字化转型。开展数字化转型评估，以数字化转型为引擎推动系统企业转型发展，90%的重点子企业在主要或关键单项业务实现数字化。积极探索数据资产化路径，加快建设上海数据交易所，试点数据供应商登记挂牌，完成全国首笔数字人民币交付购买数据产品。三是有序实施品牌发展战略。建立健全市场、技术、设计、推广四位一体的品牌建设工作体系，国有企业标杆品牌矩阵初步形成。上海首座以全面展示老字号文化为核心的公共文化空间——华山263老字号品牌馆建成开放，"回力"老字号品牌打造数字市场运营新范本。

### (四)管好国资放活国企，稳步提升国资监管能级

围绕以"管资本"为主加快转变国资监管职能，坚持授权与监管相结合、放活与管好相统一，切实提高监管的系统性、针对性、有效性。一是平台公司改革进一步深化。优化平台公司功能，完善平台公司投决会授权和资本运作跟踪指导机制。组建成立全国首个省级国有资本母基金——上海国有资本投资母基金，完成首期募资200亿元，为服务国家战略、深化国企改革、引领产业发展聚势赋能。二是监管信息化、法治化进一步强化。上线上海市国资国企在线监管服务平台，对96家本市地方国有控股上市公司进行价值画像分析评估。全国首创产权登记人工智能审核、人工智能统计应用。推动线上线下企业服务大厅集约化标准化建设。持续推动国资监管立法工作，完成上海市国有资产监督管理政策法规汇编(2022版)，加强监管企业法治建设、深化合规管理。持续完善国资智库建设，开展市国资委系统企业优秀课题成果评选。三是重点领域监管能级进一步提升。开展"控股不控权"、存续企业等专项审计和监督检查。制发基金份额评估管理工作指引，填补基金份额评估政策空白。优化评估备案授权管理，完成企业国有资产评估项目备案22项，评估增值额152亿元、增值率75.26%。四是风险防范处置进一步加强。全面风险预警系统持续优化，359户重点子企业纳入集团风险预警监测范围，建成"1+1+N"风险预警指标体系，形成事前风险指标预测、事中风险边界管控和事后风险应对的闭环式风险预警管理机制。五是国资监管一盘棋效应进一步显现。健全"直接监管+委托监管+指导监管+受托监管"国资管理体系，完善全市国资监管"一盘棋"。制发委托、指导监管领域服务清单，聚焦产权管理、产业基金等热点难点问题，持续强化专项服务。

## 二、上海市国有资产总量与结构分析

2022年，上海市地方国有企业实现营业收入38062.65亿元；利润总额2450.90亿元；资产总额280085.30亿元，比上年增长6.6%。

表1　2022年上海市国有企业指标

| 项　目 | 金　额(亿元) |
| --- | --- |
| 资产总额 | 280085.30 |
| 所有者权益 | 59927.87 |

续表

| 项　目 | 金　额(亿元) |
| --- | --- |
| 国有资产总量 | 36043.26 |
| 营业收入 | 38062.65 |
| 利润总额 | 2450.90 |
| 净利润 | 1930.93 |
| 归属于母公司所有者的净利润 | 1649.38 |
| 应交税金总额 | 2378.23 |
| 实际上缴税金总额 | 2372.53 |

2022年,上海市地方国有企业总数15192户,比上年增长3.0%。

**表2　2022年上海市国有企业户数情况**

| 2021年户数(户) | 2022年户数(户) | 比上年增长(%) |
| --- | --- | --- |
| 14749 | 15192 | 3.0 |

从国有资产隶属关系分布来看,上海市地方国有企业国有资产总量36043.26亿元,其中市属企业国有资产28054.12亿元、区属企业国有资产总量7989.14亿元,分别占比77.8%、22.2%。

**表3　2021年上海市国有资产按隶属关系分布情况**

| 隶属关系 | 国有资产(亿元) | 占国有资产总量比重(%) |
| --- | --- | --- |
| 上海市地方国有企业 | 36043.26 | 100.0 |
| 市属企业 | 28054.12 | 77.8 |
| 区属企业 | 7989.14 | 22.2 |

从行业分布来看,上海市地方国资总量的92.4%集中在前20个行业,83.2%集中在商务服务业、房地产业、道路运输业、货币金融服务、资本市场服务、汽车制造业、保险业、批发业、公共设施管理业、水的生产和供应业等前十大行业。

**表4　2022年上海市国有资产按行业分布情况(前10个)**

| 行　业 | 国有资产(亿元) | 占国有资产总量比重(%) |
| --- | --- | --- |
| 商务服务业 | 29035.52 | 31.6 |
| 房地产业 | 20009.06 | 21.8 |
| 道路运输业 | 7665.98 | 8.3 |
| 货币金融服务 | 6987.95 | 7.6 |
| 资本市场服务 | 3351.02 | 3.6 |
| 汽车制造业 | 2735.94 | 3.0 |
| 保险业 | 2355.99 | 2.6 |
| 批发业 | 1532.70 | 1.7 |
| 公共设施管理业 | 1420.38 | 1.5 |
| 水的生产和供应业 | 1322.41 | 1.4 |
| 前10个行业小计 | 76416.96 | 83.2 |
| 合　计 | 91853.32 | 100.0 |

注:表中数据为合计数,非合并数。因数据四舍五入,各分项数据之和与合计数据存在偏差。

从资产经营规模看,大型、中型、小型、微型企业国有资产经营规模分别为19574.20亿元、32710.96亿元、22238.13亿元、17330.03亿元,分别占上海地方国有资产总量的21.3%、35.6%、24.2%、18.9%。

**表5　2022年上海市国有资产按经营规模分布情况**

| 经营规模 | 国有资产(亿元) | 占国有资产总量比重(%) |
| --- | --- | --- |
| 大型企业 | 19574.20 | 21.3 |
| 中型企业 | 32710.96 | 35.6 |
| 小型企业 | 22238.13 | 24.2 |
| 微型企业 | 17330.03 | 18.9 |
| 合　计 | 91853.32 | 100.0 |

注:表中数据为合计数,非合并数。

## 三、上海市国有资本保值增值综合分析评价

2022年,上海市市属及14个区国有资本全部实现保值增值。其中,市属企业国有资本保值增值率101.4%。

表 6　2022 年上海市国有企业地区和行业国有资本保值增值情况

| 地　区 | 国有资本保值增值率(%) | 行　业 | 国有资本保值增值率(%) |
|---|---|---|---|
| 市属企业 | 101.4 | 商务服务业 | 99.9 |
| 黄浦区 | 102.6 | 房地产业 | 102.7 |
| 长宁区 | 104.0 | 货币金融服务业 | 108.2 |
| 静安区 | 99.8 | 道路运输业 | 99.3 |
| 普陀区 | 102.3 | 资本市场服务业 | 108.1 |
| 徐汇区 | 101.2 | 汽车制造业 | 102.6 |
| 虹口区 | 103.5 | 保险业 | 106.8 |
| 金山区 | 98.7 | 批发业 | 105.4 |
| 浦东新区 | 101.1 | 公共设施管理业 | 101.2 |
| 奉贤区 | 98.3 | 水的生产和供应业 | 107.6 |
| 杨浦区 | 100.9 | | |
| 嘉定区 | 100.7 | | |
| 闵行区 | 100.4 | | |
| 青浦区 | 99.9 | | |
| 宝山区 | 100.4 | | |
| 松江区 | 100.7 | | |
| 崇明区 | 99.1 | | |

## 四、上海市国资委监管企业改革发展情况

聚焦综改试验、国企改革三年行动，务实功、出实招、求实效，持续加强组织领导和统筹协调，不断完善上海市深化国资国企改革工作合力推进机制，改革举措有力有序，改革成效更加显著。

### （一）国有企业改革三年行动顺利收官

全面完成区域性综改试验、国有企业改革三年行动，连续 3 年在国务院国资委开展的国企改革三年行动重点改革任务评估中获评 A 级。

### （二）有序推进专项改革

市国资国企（集资集企）改革工作推进领导小组统揽全局、协调各方，全年 64 项重点改革全面完成。持续推进八大专项行动、“双百企业”“科改示范企业”改革。在全国“双百企业”“科改示范企业”评估中，2 家企业获评全国“标杆”，1 家企业获评“优秀”。4 家企业获评国务院国资委“公司治理示范企业”。

### （三）上市公司质量稳步提升

持续开展上市公司质量提升专项行动，强化上市公司资本运作，优化上市公司国有股权管理机制和市值管理绩效评价体系，搭建上市公司股权监测系统。全年首发上市、股权收购、资产重组等资本运作项目合计 15 个，资本运作资金近 800 亿元。截至 2022 年底，上海地方国有控股上市公司 96 家，总市值 2.34 万亿元，国有股市值近 1 万亿元。

## 五、上海市国资委监管企业并购重组与完善法人治理结构情况

### （一）战略性重组和专业化整合深入开展

数据集团、农投集团、上海东方枢纽集团、康养集团等一批新产业集团组建完成。文旅产业、出租车行业重组整合。加快推进上海联交所集团化改革，全年交易规模取得历史性突破，达到 3639.46 亿元，全国碳市场累计成交规模突破 100 亿元。城镇集资集企综合改革有序推进，上海供销社深化城镇集体资产集中统一监管，上海联社调整优化轻工集管中心管理关系。

### （二）中国特色现代企业制度更加成熟

出台市属国有企业在完善公司治理中加强党的领导的意见，开展“党建入章”“前置程序”落实情况“回头看”检查，各监管企业和 788 家二级及以下企业党委全部完成“前置清单”制定。加强董事会建设，完善外部董事管理、评价及董事会工作规则等制度文件。

### （三）完善企业法人治理结构

深化公司治理研究，拓宽链源渠道，推动 16 名外部董事参加资格认定。梳理岗位需求，形成外部董事委派建议，落实全面实现董事会外部大于内部要求。探索研究专职外部董事选任工作机制。落实中办、国办文件精神，形成上海市国有企业监事会改革的初步实施方案。

## 六、上海市国资委监管企业建立和完善经营业绩考核体系情况

激励约束机制更加精准有效。修订监管企业法定代表人任期经营业绩考核评价方案,实施正向激励,健全完善与经营业绩、公司贡献强挂钩的激励约束机制。30 家企业 187 个项目在经营业绩考核中适用视同于利润和单列政策。经理层成员任期制契约化管理实现全覆盖。先后出台国有科技型企业中长期激励实施办法、深化监管企业工资决定机制改革意见,有效激发企业创新发展内生动力。4 家企业实施上市公司股权激励计划,20 家监管企业选聘职业经理人 114 人。

## 七、上海市国资委监管企业负责人考核与选人用人机制改革情况

### (一)选优配强企业领导班子

完善市管企业领导班子和领导人员任期综合考核评价体系,出台《市管国有企业干部人才队伍建设专项评价办法(试行)》。对 9 家监管企业开展 2019—2021 年市管企业任期综合考核评价。

### (二)加强干部人才队伍建设

指导企业制定"五年专项规划+三年行动计划+一年实施方案"的年轻干部队伍建设规划体系。开展干部人才队伍建设专项评价,使命责任书签约全覆盖。开展系统"三能机制"改革转型行动推进情况梳理。

### (三)激发干部队伍动力活力

推动年轻干部管制锻炼,启动 2022 年系统年轻干部跨企业、跨系统、跨地区交流挂职;推荐 7 名年轻干部参加 2022 年度"五个一批"交流培养。做好干教培训工作,完成 2022 年中组部"一校五院"和市委党校培训学院选调;举办"国资骐骥"高潜人才训练营、第 15 期企业高级别经营管理者研修班、第 17 期系统青年干部培训班。成立上海国资系统青联,搭建国资青年人才聚集平台。加大专业领军人才引进和培养力度,传导聚才引才压力,夯实海外高层次人才引进责任。加强产业工人队伍建设,高级工及以上职工人数 10023 人。

## 八、上海市国资委监管企业党的建设和廉政建设情况

坚持以高质量党建引领高质量发展,推动国资国企改革发展与党的建设同频共振,着力提升党建工作科学化、规范化、精细化水平。

### (一)全面贯彻党的二十大精神

围绕党的二十大精神、上海市第十二次党代会精神等内容,开展联组学习、专家辅导、集体研讨等专题学习。组织动员系统各级党组织积极开展形式多样的学习宣传活动,开展"坚定跟党走　喜迎二十大"等主题宣传活动。完成习近平新时代中国特色社会主义思想在上海的生动实践课题研究,课题成果《深化国资国企改革　充分发挥"四个力量"作用》在主流媒体上刊发。

### (二)压实管党治党责任

召开 2022 年上海市国资国企领域全面从严治党暨警示教育大会。实施市管企业领导人员政治建设考察,政治建设电子档案逐步建立。对 16 名市管企业正职领导人员开展政治素质测评和考察。落实中央巡视整改"回头看"要求,落细市委专项巡视及巡视"回头看"整改。提前完成三年巡察督导任务,对 30 余家企业(含二级及以下企业)开展现场督导。健全意识形态工作责任体系,开展意识形态工作责任制实施细则执行情况评估。

### (三)加强党的建设

完善党建考核评价体系,完成 9 家监管企业党建考核,确保党委发挥作用体制机制进一步健全。持续推进沪外企业党建联建,累计在全国 37 个主要城市建立基层党组织近 5500 个,覆盖党员 8.5 万人。开展第二轮上海国企党建品牌创建评选工作,选树"上海国企党建工作品牌"100 个和"上海国企党建文化品牌"100 个。

### (四)凝聚力量展现形象

上线"上海国资"微信公众号和视频号、"上海国企青年"微信公众号,壮大国资新媒体矩阵,全年发布推文 5869 条,总阅读量 1858 万次。开展"海外员工看

中国""上海国企直播间"等主题宣传活动，更好地展示国资形象。命名首批10个市国资委系统爱国主义教育基地，持续开展"红色文化进国企"活动，"红色基因挖掘传播与开发""上海国企开放日"等项目入选上海市100个"强国复兴有我"群众性主题宣传教育重点项目。统筹推进统战、老干部、工青妇、信访、安全生产和模范机关创建等工作。

（撰稿人：叶　晴）

# 江苏省

## 一、江苏省国有资产监督管理工作综述

2022年，江苏省国有企业（含金融、文化企业，下同）实现营业收入20749.2亿元、利润总额1791.1亿元、净利润1357.5亿元、归属于母公司所有者的净利润1056.9亿元，分别比上年增长5.9%、−9.8%、−11.0%、−10.2%。省国资委监管企业年末资产总额23064.5亿元、负债总额14960亿元、所有者权益8104.5亿元、归属于母公司的所有者权益5849.6亿元，分别比上年增长7.8%、8.3%、7.0%、7.5%；全年实现营业收入4442.8亿元、利润总额415.8亿元、净利润345.6亿元，分别比上年增长11.9%、−17.6%、−15.9%；应交税金总额225.7亿元，比上年下降2.4%。部分省国资委监管企业受疫情影响亏损，近半数省国资委监管企业利润保持10%以上增幅。

### （一）国资支撑作用更加突出

坚持多措并举、多点发力，在稳投资、稳就业等方面发挥重要作用，彰显国资国企的使命担当。以重大项目带动区域经济大发展。指导监管企业用好金融政策红利，大力推进基础设施建设，无锡完成投资1100亿元，超额完成年度投资任务。各地推动一批打基础、利长远的项目落地，发挥用投资促增长的带动作用。以纾困解难助力疫情防控。各地国资国企全面落实助企各项政策，省市国有企业全年减免房租25.44亿元，惠及4万余家服务业小微企业和个体工商户。全力保障重要防疫物资、民生物资稳定通畅，泰州坚决做好水、气等生产生活必需品应急保供，按期完成方舱医院建设，全力支持抗疫。以扩大招聘规模稳住就业基本盘。深挖岗位潜力、拓宽招聘渠道，省市国企首次大规模组团招聘，全年招聘26202人，比上年增长33%，超出国务院国资委下达指标10个百分点，极大地缓解经济下行背景下高校毕业生就业难的问题，得到社会广泛点赞。

### （二）国资布局结构整体优化

各地国资国企聚焦功能定位，优化国有资本布局，上下协调联动发展，更好地服从服务于经济社会发展大局。重组整合持续加速。苏州以市域一体化发展为目标，在七大领域实施市、区两级资源重组整合，助力经济高质量发展。盐城出台实施意见，加力推进布局优化和资源整合。转型升级持续加快。徐州市属国有资本进一步向高端装备与智能制造业等关键领域集中，全力打造链主企业。南通强化基金"链式思维"，重点布局生物医药、先进制造业等领域，吸引优质项目落地。常州实施"532"发展战略，积极推动市场化转型。各地大力推进"两非""两资"清理，"瘦身健体"提质增效。央地合作持续加码。扬州吸引中航工业沈飞601所落户，带动区域航空产业实现从"点"到"面"的实质性飞跃。无锡主要领导挂帅，推动央地合作18个项目落地。

### （三）国资监管效能显著提升

江苏在省级层面第一个出台《关于全面加强国有企业监管的意见》，在省国资监管历史上第一次形成"1+N"监管制度体系，在省属企业第一次推行外派财务监督专员制度，各地也参照省里做法，采取有力措施推动监管事业迈出新步伐。配套措施进一步健全。宿迁修订完善国资监管制度51项，形成一体化闭环监管链条。两个设区市推行财务部门负责人委派制度，规范企业财务管理。经营性国有资产集中统一监管进一步推进。各地坚持高位推动、系统推进，全面实现集中统一监管。淮安成立领导工作小组，推动完成市县两级经营性国有资产移交。监管职能进一步理顺。常州市国资委实现独立设置、独立运行，为全面实现设区

市国资委单独设立迈出重要一步。泰州、连云港全力推动所辖县(区)成立国资办党(工)委,理顺党组织关系,实现三项职能统一。风险防范效能进一步提升。南通市、县(市、区)两级全部成立国有企业资金安全委员会,强化对国有企业投融资监管。连云港建立国有企业债务统计分析预警系统,动态监测风险。徐州出台债务压降十条措施,强化过程监测。监管闭环管理进一步完善。各地实施问题整改监督闭环管理,加强违规经营投资责任追究。镇江构建形成发现问题、整改落实、检查验收、问责追责的问题整改闭环机制。

## 二、江苏省国有资产总量与结构分析

2022年底,江苏省国有企业(含金融、文化企业,下同)资产总额272389.0亿元、负债188412.5亿元、所有者权益83976.5亿元,分别较年初增长9.4%、10.4%、7.2%;国有资产总量72615.5亿元,较年初增长7%。其中,省国资委监管企业资产总额23064.5亿元、负债14960亿元、所有者权益8104.5亿元,分别较年初增长7.8%、8.3%、7%;国有资产总量4679.8亿元,较年初增长6.8%。

**表1　　2022年江苏省国有企业指标**

| 项　目 | 金　额(亿元) |
|---|---|
| 资产总额 | 272389.0 |
| 所有者权益 | 83976.5 |
| 国有资产总量 | 72615.5 |
| 营业收入 | 20749.2 |
| 利润总额 | 1791.1 |
| 净利润 | 1357.5 |
| 归属于母公司所有者的净利润 | 1056.9 |
| 应交税金总额 | 1326.1 |
| 实际上缴税金总额 | 1376.7 |

2022年,江苏省纳入企业国有资产统计户数11967户,比上年增加912户,增长8.2%。其中,省国资委监管企业1506户,比上年增加27户,增长1.8%。

**表2　　2022年江苏省国有企业户数情况**

| 2021年户数(户) | 2022年户数(户) | 比上年增长(%) |
|---|---|---|
| 11055 | 11967 | 8.2 |

**表3　2022年江苏省国有资产按地区分布情况**

| 地　区 | 国有资产(亿元) | 占国有资产总量比重(%) |
|---|---|---|
| 省属企业汇总 | 7215.3 | 9.9 |
| 地市企业汇总 | 65400.2 | 90.1 |
| 南京市 | 9472.5 | 13.1 |
| 无锡市 | 3973.2 | 5.5 |
| 徐州市 | 4344.5 | 6.0 |
| 常州市 | 5134.3 | 7.1 |
| 苏州市 | 9403.4 | 12.9 |
| 南通市 | 5944.0 | 8.2 |
| 连云港市 | 2711.9 | 3.7 |
| 淮安市 | 4596.3 | 6.3 |
| 盐城市 | 6531.2 | 9.0 |
| 扬州市 | 3048.1 | 4.2 |
| 镇江市 | 3307.7 | 4.6 |
| 泰州市 | 5095.8 | 7.0 |
| 宿迁市 | 1837.3 | 2.5 |
| 合　计 | 72615.2 | 100.0 |

注:表中数据由于四舍五入,合计数与表1的"国有资产总量"不等。

**表4　2022年江苏省国有资产按行业分布情况**

| 行　业 | 国有资产(亿元) | 占国有资产总量比重(%) |
|---|---|---|
| 社会服务业 | 34840.8 | 48.0 |
| 房地产业 | 9680.8 | 13.3 |
| 建筑业 | 9061.8 | 12.5 |
| 金融业 | 7190.7 | 9.9 |
| 交通运输业 | 3799.1 | 5.2 |
| 工业 | 3269.7 | 4.5 |

续表

| 行　业 | 国有资产（亿元） | 占国有资产总量比重（%） |
| --- | --- | --- |
| 商贸业 | 979.6 | 1.3 |
| 科学研究和技术服务业 | 901.5 | 1.2 |
| 仓储业 | 763.1 | 1.1 |
| 农林牧渔业 | 760.2 | 1.0 |
| 教育文化广播业 | 720.7 | 1.0 |
| 信息传输、软件和信息技术服务业 | 333.1 | 0.5 |
| 其他行业 | 314.1 | 0.4 |
| 合　计 | 72615.5 | 100.0 |

表 5　2022 年江苏省国有资产按经营规模分布情况

| 经营规模 | 国有资产（亿元） | 占国有资产总量比重（%） |
| --- | --- | --- |
| 大型企业 | 10805.8 | 14.9 |
| 中型企业 | 17539.6 | 24.1 |
| 小型企业 | 30318.8 | 41.8 |
| 微型企业 | 13951.3 | 19.2 |
| 合　计 | 72615.5 | 100.0 |

## 三、江苏省国有资本保值增值综合分析评价

2022 年，江苏省国有资本实现保值增值，国有资本保值增值率 101.49%，比上年减少 0.65 个百分点。省属企业国有资本保值增值率 106.45%，比上年减少 0.49 个百分点；其中，省国资委监管企业国有资本保值增值率 105.97%，比上年减少 1.51 个百分点。地市企业国有资本保值增值率 100.95%，比上年减少 0.79 个百分点。

表 6　2022 年江苏省国有企业地区和行业国有资本保值增值情况

| 地　区 | 国有资本保值增值率（%） | 行　业 | 国有资本保值增值率（%） |
| --- | --- | --- | --- |
| 省属企业 | 106.45 | 金融业 | 107.1 |
| 地市企业 | 100.95 | 商贸业 | 106.6 |

续表

| 地　区 | 国有资本保值增值率（%） | 行　业 | 国有资本保值增值率（%） |
| --- | --- | --- | --- |
| 南京市 | 100.9 | 教育文化广播业 | 104.2 |
| 无锡市 | 102.8 | 信息传输、软件和信息技术服务业 | 102.7 |
| 徐州市 | 100.3 | 建筑业 | 101.8 |
| 常州市 | 101.6 | 科学研究和技术服务业 | 101.4 |
| 苏州市 | 100.6 | 社会服务业 | 101.2 |
| 南通市 | 101.6 | 工业 | 101.2 |
| 连云港市 | 100.8 | 房地产业 | 101.1 |
| 淮安市 | 100.1 | 交通运输业 | 100.9 |
| 盐城市 | 100.0 | 农林牧渔业 | 100.4 |
| 扬州市 | 98.7 | 仓储业 | 98.8 |
| 镇江市 | 100.7 | | |
| 泰州市 | 102.5 | | |
| 宿迁市 | 102.2 | | |

## 四、江苏省国资委监管企业改革发展情况

### （一）国企改革三年行动高质量圆满收官

认真贯彻落实党中央、国务院部署和省委、省政府要求，全面实施国企改革三年行动，全力推动各项改革任务落实落地，国企改革三年行动高质量圆满收官。在地方国企改革三年行动重点改革任务阶段性评估中，江苏省第三次被评为 A 级，受到国务院国企改革领导小组办公室通报表扬。7 户企业案例入选国企改革三年行动综合典型和专项典型经验成果。注重高位推动。省委、省政府始终将国企改革三年行动作为一项重大政治任务精心谋划、周密部署、统筹推进，把国企改革三年行动列入省委常委会工作要点、省委深改委工作重点、省政府年度十大重点任务。省委、省政府主要领导多次作出批示指示，提出明确要求，帮助省属企业推进解决提请省政府协调的 77 个事项。省国企改革领导小组两次组织召开专题会议，研究部署国企改革三年行动高质量收官有关事项。坚持系统推进。省

国企改革领导小组办公室坚持系统思维,发挥统筹协调作用,建立每月三次调度的工作机制,打造“一把手”抓改革工程。各牵头单位积极主动作为,参与单位全力支持配合,加快工作进程,涉及多部门参与的 82 项改革任务全部高质量完成。强化督促考核。省国资委将省属企业落实国企改革三年行动改革任务情况纳入省属企业年度高质量发展综合考核。2022 年上半年,省国企改革领导小组办公室对各设区市和省属企业落实国企改革三年行动改革任务情况进行全面评估。2022 年,《江苏省国企改革三年行动实施方案(2020—2022 年)》被省委列入规范性文件评估;省审计厅对实施方案落实情况开展专题审计。加大宣传引导。全年累计报道江苏国资国企改革 150 余篇次,更新门户网站改革信息 800 余条;“学习强国”学习平台推送江苏省国资国企信息 50 余条。录制大型改革政策解读节目《黄金时间——改革政策 e 解读》,解读国企改革政策举措。参加江苏省“奋进新江苏　建功新时代”系列主题新闻发布会,发布江苏国企十年来发展改革成效。在“江苏国资”微信公众号大力宣传江苏省国资国企改革发展典型案例。持续开展“学抓促”专项工作,编印《国企改革三年行动案例集》,形成一批标志性成果。

#### (二)服务江苏省大局战略支撑作用充分发挥

安全保供展现硬核担当。省国信集团、徐矿集团不讲条件、应发尽发、稳发满发,以全省 12.4%的电力装机供应全省 14%的用电量。省惠隆公司等 4 户省属企业高质量完成 320 万吨应急煤炭储备任务。农垦集团夏粮总产量连续 4 年超过 5.5 亿千克,省内粮种市场贡献率超过 50%。苏粮集团夏粮小麦收购量超过 118.5 万吨、粮油进口量超过 50 万吨,分别比上年增长 20%、43%。江苏水源完成首次向河北、天津应急调水出省 7000 万立方米的任务,全年累计抽水超过 32 亿立方米。投资拉动提供强力支撑。获批政策性开发性金融工具 230 亿元,占江苏省比重 49%。省属企业全年实现投资 1360.4 亿元,占江苏省重大项目投资的 21%,比上年增长 19.2%,一批基础性、支撑性、引领性的重大项目加快实施,为省属企业长远发展提供强大后劲。省铁路集团积极推进北沿江高铁等一批重点项目开工建设,在建项目投资总额 2445 亿元,取得重大历史性突破,“轨道上的江苏”主骨架加快形成,为未来一个时期江苏省发展大局和企业自身发展打下坚实基础。省港口集团太仓集装箱四期等一批专业化码头建成投用。东部机场集团同步推进 6 家成员机场实施改扩建工程。服务国家战略更加积极主动。中江国际集团中阿产能合作示范园首家入园企业顺利投产。海企集团中欧(亚)班列全年开行 1973 列,比上年增长 9.6%,再创新高。

## 五、江苏省国资委监管企业并购重组与完善法人治理结构情况

#### (一)国有经济布局结构持续优化

推动国有资本向重要行业和关键领域集中。组织编制省属国资“十四五”发展规划和专项行动方案,形成“1+N”规划体系,推动省属国资优先布局江苏省重大战略和基础领域、建设江苏省公共服务网络。2022 年,省属企业新增投资 1360.38 亿元,主要集中在基础设施、能源资源、现代服务业、战略性新兴产业等领域。系统推进战略性重组和专业化整合。编制《“十四五”江苏省国资系统国有资本布局优化和结构调整规划》,积极推动国有资本战略性重组和专业化整合。成功组建省储备粮管理公司,划转 7 家省级涉粮企业、并购 6 家市县储备库点,推动江苏省省级储备粮集中管理、规模存储,增加企业资本金,有力保障江苏省粮食安全。有序推进省种业集团、省康养集团组建工作。省属企业集团内部全年实施专业化整合 12 次。将江苏交控、省海企集团、省农垦集团、汇鸿集团、苏盐集团、弘业股份、苏豪投资等省属国企股东所持省信保集团股权以非公开协议方式转让给省国信集团,将省国信集团持有的省电影发行放映公司股权无偿划转给省国金集团,推动省内资源整合。持续提升国有企业自主创新能力。抓紧抓实 7 户“科改示范企业”改革,推动 5 户全面参照“科改示范企业”做法实施综合改革,打造一批国有科技型企业创新“尖兵”。在地方 2022 年度“科改示范企业”评估中,通行宝公司、联环药业集团被评为“标杆”,南京工艺装备、威拉里公司、威孚高科、现代路桥、南京智慧交通被评为“优秀”。省高投集团围绕进口替代、“强链补链”、“专精特新”、“卡脖子”技术等开展投资,完成投资项目超过 400 个,投资

金额 165.07 亿元，在上述关键科技领域投资占比超过 90%。国有企业"瘦身健体"提质增效。实施主业投资与非主业投资分类管控，引导企业聚焦主业、做强做精主业，建立非主业投资窗口指导制度。持续清理"两非""两资"，列入清单的企业全部完成清理。开展重点亏损子企业专项治理，重点亏损企业 56 户，较 2020 年基数减少 125 户，压降 69.06%；亏损金额 10.09 亿元，较 2020 年基数压降 54.48%，超额完成目标任务。压减小微企业 74 户，小微企业占比 22%，比 2020 年基数减少 209 户，压减 14 个百分点。

### (二)中国特色现代企业制度不断完善

把党的领导融入公司治理各环节，实现制度化、规范化、程序化。省属企业集团层面全部制定党委前置研究讨论重大事项规程，重要子企业全部制定党组织前置研究讨论重大经营管理事项清单。省属企业集团层面及重要子企业全部完成党建工作进章程。省属企业党委专职副书记全部进入董事会。加强董事会建设，落实董事会职权。印发《关于进一步加强省属企业专职外部董事管理有关工作的通知》等文件。省属企业集团及各级子企业全面实现董事会应建尽建、配齐建强，省属企业集团及应纳入外部董事占多数的子企业 100%实现董事会中外部董事占多数。出台《江苏省国资委差异化落实省属企业董事会职权方案》，规范推进省属企业集团层面差异化落实董事会职权。推动省属企业差异化落实子企业董事会各项职权，重要子企业落实董事会职权占比 100%。保障经理层依法行权履职。省属企业集团及已建立董事会的各级子企业全部建立董事会向经理层授权的管理制度，并落实到位。持续开展对标世界一流管理提升行动。江苏租赁、无锡一棉入选公司治理示范企业。江苏交控作为唯一一家地方国有企业在国务院国资委对标世界一流采购交易管理体系推进会上作交流。

## 六、江苏省国资委监管企业建立和完善经营业绩考核体系情况

### (一)科学实施差异化分类考核

创新考核方式方法，统筹省属企业肩负的经济属性、政治属性和社会属性，对照国有资本战略定位和发展目标，根据省属企业行业分布跨度大、体量规模差距大、发展阶段差异大的特点，运用分类方法，差异化设置指标。印发《关于对省属企业公益性业务实施分类核算和分类考核的通知》(苏国资〔2022〕75 号)，既牢固树立经营业绩优先导向，又侧重考核国企在疫情防控、能源保供服务大局方面的工作进展，提高考核精准性。

### (二)合理确定 2022 年度省属企业经营业绩考核目标

完整、准确、全面贯彻新发展理念，牢记"国之大者"，坚持稳字当头、稳中求进，重点考核省属企业经营业绩、深化改革、服务大局、风险防控、创新能力和科学管理等取得的成效，围绕省属企业年度中心工作"一企一策"分类设定 2022 年度企业负责人经营业绩个性指标，形成共性与个性相结合的考核指标体系。

### (三)扎实做好省属企业负责人薪酬测算确定

以省属企业专项审计报告及相关资料为基础，对省属企业 2021 年度经营业绩考核结果进行审核确认。突出以人民为中心思想，做好省属企业主要负责人薪酬标准测算工作，明确各企业负责人薪酬涨幅不得高于本企业职工工资涨幅。根据中央企业综合绩效评价办法，开展省属企业第三方综合绩效评价试点工作，有效推动企业补短板、强弱项，实现高质量发展。建立健全薪酬管理责任追究机制，会同省有关部门印发《关于受党纪政务处分的省属企业负责人薪酬扣减实施细则(试行)》(苏国资规〔2022〕2 号)，切实加强省属企业负责人薪酬管理。

## 七、江苏省国资委监管企业负责人考核和选人用人机制改革情况

2022 年，江苏省国资委动真碰硬，通过加强省属企业综合考核力度与省属企业经理层成员任期制契约化管理，不断推动监管企业负责人考核与选人用人机制改革，加快打造堪当现代化建设重任的高素质国有企业领导人员队伍。

### (一)不断完善国有企业综合考核评价体系

综合考核试行以来，省属企业综合考核工作稳健开展，取得较为显著的成效，受到方方面面的充分肯定，省属企业领导人员的动力、活力、潜力深度激发，压力传导形成的干事创业氛围更加浓厚，企业干部担当精神更加昂扬。在综合考核中，把握好四点原则：一是在制度设计上，坚持突出国企特色。制定文件时，始终坚持一条总的原则，就是注意把握好国有企业有别于党政机关和高校的特殊属性，更加突出对企业经营质效的考核，避免对企业的考核出现“行政化”“机关化”的倾向。二是在指标设置上，充分考虑企业差异。在研究指标设置时，注重体现企业差异化功能定位和主业特点，力求平衡好企业水平性存量指标和发展性增量指标的关系，努力提高考核的精准性。三是在工作衔接上，注意保持前后连贯。既着眼于建立一套全新的综合考核体系，又注重与原有工作的系统衔接。在领导班子和领导人员年度综合考核时，充分运用过去民主测评、个别谈话等实践做法，把历年民主测评结果，作为确定班子和成员优秀等次条件的重要参考。四是在组织实施上，注重加强分析预判。针对省属企业开展综合考核过程中可能遇到的一些新情况新问题，注重边起草文件边超前研判，加强风险点摸排和防范，力争考核结果科学公正，让各方认可。通过发挥综合考核指挥棒作用，充分将省属企业领导人员调动起来，企业经营质效总体更加趋好，重点难点任务推进更加有力，国企党建要求落实更加主动，企业领导人员担当精神更加昂扬。

### (二)推动经理层任期制契约化管理

在党管干部的大原则下，江苏省国资委不断深化国企改革，抓住三项制度改革的“牛鼻子”，推动在省属企业集团层面开展经理层成员任期制契约化管理，着力打破国有企业管理人员“能上不能下”“能进不能出”等顽疾，激发国有企业体制机制活力、提升企业市场化与现代化经营水平，促进国有企业高质量发展。一是制定《省属企业集团经理层成员任期制和契约化管理工作事项及分工清单》《国有企业推行经理层成员任期制和契约化管理操作指南》，确保任期制契约化管理不走样，提升和保障契约文本的科学性、规范性。二是突出董事会作用发挥，由董事会对经理层成员的经营业绩进行考核，指导企业根据岗位职责和分工设置经理层成员的共性指标和个性指标，层层压紧压实责任，省国资委负责指导督导集团公司，各企业集团负责审核把关下级子企业，全面实现经理层成员任期制契约化管理全覆盖。三是狠抓成果运用，着力在“实化”上见成效，通过明确任职期限、岗位职责、签订并严格履行聘任协议和业绩合同等契约、刚性考核和兑现等要求，强化经理层成员的责任、权利和义务，突出强调考核结果不仅影响收入的“能增能减”，更影响职务的“能上能下”。通过大力推行经理层成员任期制和契约化管理，各省属企业建立更加成熟定型的薪酬管理、经营业绩考核制度，有效提升治理能力和治理效能，进一步推动国有企业领导人员敢担当、能担当、会担当。

## 八、江苏省国资委监管企业党的建设和廉政建设情况

### (一)以实际行动迎接党的二十大胜利召开，掀起学习宣传贯彻党的二十大精神热潮

召开学习习近平总书记重要讲话精神座谈会，加强企业党委理论学习中心组学习规范化制度化建设，实施巡学旁听全覆盖。制定落实“第一议题”制度具体细则，每半个月编发1期《“第一议题”学习参考》，服务保障全系统各级党组织跟进学习新思想、对标对表作决策。委企同步制定跟进督办制度，坚决落实中央和省委重大决策部署，确保督查督办事项按时完成。组织省属企业推荐选举出席党的二十大代表，港口集团黄强当选。及时召开宣传贯彻会议，举办中青年干部专题读书班，制定并落实“八个聚力”的宣传贯彻举措。制定《省国资委系统舆情应对与应急处置办法》，成立舆情工作专班，委企联动加强宣传舆论阵地管控。召开省属企业宣传思想工作会议，出台加强和改进思想政治工作的实施意见，开展“强国复兴有我　江苏国企风采”主题宣传，制作展播《江苏国企大学习·二十大报告一起读》系列微视频，获得良好反响。

### (二)党组织战斗堡垒作用和党员先锋模范作用充分彰显，在急难险重任务中奋勇争先、担当作为

省属企业成立“党员突击队”“党员先锋岗”3679

个，在交通卡口、封控一线等重点防控区域成立临时党支部308个。各级党组织始终牢记“国之大者”，发动党员干部职工千方百计抓好疫情期间民生物资市场保供，助力打赢“上海保卫战”。面对疫情反复和经济下行严峻考验，各级党组织动员广大党员干部献计献策、深挖潜力、稳健经营，全力稳增长。广大党员积极参加“揭榜挂帅”“赛马”等活动，首次评选命名“优秀班组”100个和“优秀班组长”100人，累计评比表彰“两优一先”代表700余人。

**（三）实施基层党建“五聚焦五落实”深化提升行动，企业基层党组织建设基础不断夯实**

深化基层党支部“标准＋示范”建设，推动基层党支部建设提档升级。分两期举办2022年度省属企业党员发展对象培训班，907名发展对象考核通过率100%。累计投入5500万元，新建党群活动阵地275个、改造升级798个，增配“习近平总书记著作”“跟着习近平总书记读经典”专题书柜2650个。开展规范党务工作自查和督查，“一企一单”下发问题提示函，省属企业全部按时整改到位。组织全系统开展党建“新”调研活动，形成优秀调研成果60篇。

**（四）加强干部人才队伍建设，各类人才干事创业氛围更加浓厚**

配合省委组织部高标准做好省属企业领导人员选配工作，完成任免36人次，办理完成企业年轻干部选派专项预审26户次。印发《江苏省省属企业外部董事履职指引》，成立外部董事党支部，外部董事履职尽责更加规范。召开省属企业人才工作会议，出台《关于加强推进省属企业人才发展的若干措施》，为企业培养引进人才提供一系列有含金量的政策。省属企业积极申报国家重大人才工程，入选数创历史新高。

**（五）持续正风肃纪反腐，廉洁国企建设取得新成效**

拍摄制作两部警示教育专题片，召开国资系统领导干部警示教育大会。省属企业开展警示教育1000余场次，受教育5.1万人次。以《关于全面加强国有企业监管的意见》为主文件及10余个配套文件先后出台，形成更加成熟定型的国资监管“1＋N”制度体系。指导督促2户涉粮企业抓好省委巡视反馈问题整改。2022年，省属企业党委对135户子公司党组织开展巡察，基本实现全覆盖。坚决支持配合省纪委查处有关企业原领导人员违纪违法问题。省属企业各级纪检监察机构，查办案件89件，给予党纪政务处分52人。

**（六）建立完善党建工作责任制，企业党委积极履行全面从严治党主体责任**

出台《省属企业党建工作责任制实施办法（试行）》，制（修）订完善配套文件6个，初步形成党建工作“1＋N”制度体系。完善抓党建述职评议考核机制，分层次召开省属企业党组织书记抓基层党建述职评议会。坚持真述严评实考，把述职评议会开成发现问题、解决问题的推进会。建立“提出建议—整改落实—跟踪督导—结果运用”全过程闭环机制，认真抓好党的建设成效评价考核揭示问题整改，及时推动问题“清零”。

（撰稿人：朱浩天）

# 浙江省

## 一、浙江省国有资产监督管理工作综述

2022年，浙江省各级国资监管机构和国有企业坚决贯彻党中央、国务院和省委、省政府决策部署，突出稳进提质、除险保安、塑造变革，着力承担好责任、发挥好功能、发展好企业，统筹疫情防控与国资国企工作，以超常规力度和举措推动国有经济运行稳中有进、进中提质，推动国资国企改革发展和党的建设取得新成效，有力服务全省经济社会发展大局。

**（一）聚焦稳进提质，国有经济稳中向好**

浙江省国资委组织省属企业开展稳进提质九大攻坚，压责任、强比拼，各地国资委也采取一系列针对性措施，全力推动国有经济运行企稳回升。一是经营

指标趋稳向好。2022年,省市两级国资委履行出资人职责监管企业实现营业收入2.33万亿元、利润总额947亿元,分别比上年增长6.9%、−5.2%;年末资产总额7.49万亿元、净资产2.28万亿元,分别比上年增长13.4%、11.9%。其中,省国资委履行出资人职责监管企业营业收入1.66万亿元,增长4.3%;利润总额470亿元,剔除承担能源保供成本、合资铁路重组并表、房租减免等因素,增长15.6%;资产总额2.06万亿元、净资产7700亿元,分别增长9.8%、11.3%。二是项目投资提速提效。抢抓政策窗口期、机遇期,推进省属企业扩投资争项目攻坚,入库重点项目95个,完成固定资产投资1059亿元。13个项目获政策性开发性金融工具投放126亿元,占全省的19.3%。六横公路大桥、甬舟铁路、通苏嘉甬铁路、嘉兴机场等一批重大项目开工建设,杭州西站、杭州机场三期、湖杭高铁、杭金衢高速改扩建等工程建成投运,杭州国家版本馆、南宋德寿宫遗址博物馆等项目高质量交付。三是税费等贡献明显提升。全省国企实际上缴税金总额1281.8亿元,比上年增长21.3%。省国资委履行出资人职责监管企业实际上缴税金总额349亿元,比上年增长18.0%;上缴国有资本收益46.3亿元,比上年增长17.3%。

### (二)聚焦服务大局,国企功能作用充分发挥

聚焦中国式现代化和浙江"两个先行"宏伟蓝图,找准国资国企发力点、突破口,发挥国企主力军、"压舱石"作用。一是共富探路迈出新步伐。系统谋划实施浙江国资国企勇当共同富裕示范区建设主力军新行动,推动省属企业"一企一策"抓好落实。省国资委牵头的1项标志性成果、1项重点工作、2项重大改革纳入全省共同富裕系统架构2.0版。开展国资国企服务共同富裕最佳实践评选,确定首批最佳实践案例20个,其中杭钢集团"共建生态产品价值实现快车道"、物产中大集团"国企养老服务新模式"2个案例入选全省共同富裕最佳实践。二是助推山区26县发展扎实有效。坚持项目投资与产业合作并举,加大省属企业在山区26县基础设施、产业发展、民生服务等领域投资,入库重点项目291个,总投资超过2800亿元。举办省属企业与26县合作项目对接会,集中签约项目19个,签约金额857亿元。三是保供保畅全力以赴。发挥国企支撑托底作用,加强煤电油气运等基础保障和医药民生物资等稳价保供,促进交通物流畅通高效、产业链供应链安全稳定。四是纾困解难有力有效。落实国企助力纾困解难促进全省经济平稳运行22条政策,坚决扛起减房租、稳就业等责任。全省国资监管企业减免房租超过71亿元,受惠租户超过26.6万户;招录应届高校毕业生1.4万余人,比上年增长43.6%。省属企业清偿中小企业欠款1.6亿元,总体清偿率91%;落地四川50个结对村帮扶资金1571万元。

### (三)聚焦转型升级,高质量发展基础更加扎实

完整准确全面贯彻新发展理念,着力谋战略、强创新、促协同,壮大企业高质量发展新动能。一是战略引领发展。扎实开展省属企业"促转型、调结构、优布局、强发展"大讨论大谋划大行动。省国资委加强总体设计,制定未来5年发展战略纲要和"345大行动"清单。各企业紧扣31项问题清单开展大讨论,紧盯痛点堵点谋战略、谋发展,进一步明晰战略定位,优化战略布局,提升竞争优势。二是绿色低碳发展。出台省属企业碳达峰实施方案,开展能源绿色低碳转型、工业绿色低碳发展等六大行动,着力打造碳达峰国企样板。省能源集团开发上线全国首个省级碳普惠应用"浙江碳普惠",入选全省绿色低碳转型典型案例。三是强化安全发展。建立省属企业首批安全生产专家团队139人,评选安全生产示范项目10个,开展企业安全生产互查,筑牢安全发展底线。

### (四)聚焦监管赋能,国资监管体制机制更加完善

着力构建系统完备、科学规范、运行高效的国资监管体系,促进监管数字化、专业化、体系化、法治化。一是智慧国资监管大场景基本建成。迭代完善浙里国资运营监管应用"1+3+N"体系架构,获评全省数字经济系统最佳应用,列入全省数字化改革"一本账"S2的6个子场景全部上线运行。二是全省国资监管大格局积极构建。统筹完善省国资委领导班子成员联系点、国资监管大格局协作互动交流组制度,建立指导监督地方国资监管事项清单,加强条线指导和上下联动,形成系统合力。深化经营性资产统一监管,省市两级统一监管覆盖面均在99.2%以上,均高于全

国水平。浙江产权交易所建成数字化交易平台“浙交汇”，助力实现全省国有资产交易“一个平台、一网通办、一体监管”。三是重点事项监管不断加强，修订省国资委授权放权清单，对省属企业本级放权13项、科改示范企业所在省属企业本级放权3项、“两类公司”试点企业授权9项，更好地实现放活与管好相统一。出台省属企业投资管理、主业管理、采购管理、参股管理、合规管理、法治国企建设、财务队伍建设、大宗贸易和金融衍生业务高质量发展等一批监管制度，着力强化重点领域重点事项监管。四是综合监督和追责工作深化开展。持续完善业务监督、内审监督、监事会监督、责任追究“四位一体”工作机制，促进各类监督有机贯通、形成合力。开展省属企业综合监督工作、境外省外资产管控情况等专项检查，维护国有资产安全。

## 二、浙江省国有资产总量与结构分析

2022年，浙江省（含宁波市，下同）上报国有企业17849户，比上年增长13.9%；年末资产总额283019.6亿元，比上年增长17.4%；所有者权益76050.1亿元，比上年增长15.4%，其中归属于母公司的所有者权益68250.7亿元，增长14.6%。实现营业收入33042.9亿元，比上年增长9.1%；利润总额1674.1亿元，比上年下降7.8%；实际上缴税金总额1281.8亿元，比上年增长21.3%；平均总资产报酬率1.2%，平均净资产收益率（含少数股东权益）1.8%。

**表1　2022年浙江省国有企业指标**

| 项　目 | 金　额（亿元） |
|---|---|
| 资产总额 | 283019.6 |
| 所有者权益 | 76050.1 |
| 国有资产总量 | 62601.9 |
| 营业收入 | 33042.9 |
| 利润总额 | 1674.1 |
| 净利润 | 1289.0 |
| 归属于母公司所有者的净利润 | 1036.6 |
| 应交税金总额 | 1221.1 |
| 实际上缴税金总额 | 1281.8 |

**表2　2022年浙江省国有企业户数情况**

| 2021年户数（户） | 2022年户数（户） | 比上年增长（%） |
|---|---|---|
| 15672 | 17849 | 13.9 |

2022年底，浙江省国有资产总量62601.9亿元，比上年增长9.1%。

从地区分布看，省级企业国有资产总量8667.7亿元，比上年下降23.9%，占比13.8%，比上年减少5.9个百分点。其中，省国资委监管企业国有资产总量4305.2亿元，增长6.8%，占比6.9%；省级部门企业国有资产总量4362.5亿元，比上年减少40.7%，占比7.0%。市县企业国有资产总量53934.3亿元，比上年增长16.9%，占比86.2%，比上年增加5.9个百分点。其中，杭州和宁波占全省的36.6%。

从各市情况看，杭州市以13635.4亿元排第1位，宁波市以9239.0亿元排第2位，两市合计约占市县企业国有资产总量的42.4%，占全省企业国有资产总量的36.6%。绍兴、嘉兴、湖州、温州、金华、台州、丽水、衢州和舟山9个市企业国有资产总量均在1000亿元以上，分别为5480.7亿元、5335.2亿元、5249.6亿元、4585.9亿元、2813.6亿元、2746.6亿元、1707.7亿元、1694.0亿元和1446.6亿元，合计占全省企业国有资产总量的49.6%。从各市增长情况看，增加最多的是杭州市、宁波市，分别增加1828.2亿元、1326.8亿元，比上年增长15.5%、16.8%；其次是湖州市、嘉兴市，分别增加1292.4亿元、636.8亿元，分别增长32.7%、13.6%。

从行业分布看，社会服务业、房地产业、交通运输业、工业和建筑业是浙江省国有资产总量的主体。社会服务业以拥有全省57.4%的国有资产总量居各行业之首；其次是房地产业，拥有全省12.9%的国有资产总量；再次是交通运输业、工业和建筑业，分别占比8.9%、5.6%和5.3%，5个行业合计占全省企业国有资产总量的90.1%。金融业、商贸业和教育文化广播业分别占比3.8%、2.0%和1.2%，科学研究和技术服务业，农林牧渔业，信息传输、软件和信息技术服务业，仓储业和其他行业等合计占全省企业国有资产总量的2.9%。

从企业规模看，小微企业占七成以上。2022年，浙江省国有企业小型企业国有资产总量52667.4亿元，占比48.2%；微型企业32976.3亿元，占比30.1%，两者合计占全省国有企业的78.3%。中型企业国有资产总量16842.8亿元，占比15.4%，次于微型企业；大型企业国有资产总量6888.1亿元，占比6.3%，占比最低。

**表3　2022年浙江省国有资产按地区分布情况**

| 项　目 | 国有资产(亿元) | 占国有资产总量比重(%) |
|---|---|---|
| 省级企业汇总 | 8667.7 | 13.8 |
| 省国资委监管企业 | 4305.2 | 6.9 |
| 省级部门企业 | 4362.5 | 7.0 |
| 市县企业汇总 | 53934.3 | 86.2 |
| 杭州市 | 13635.4 | 21.8 |
| 宁波市 | 9239.0 | 14.8 |
| 绍兴市 | 5480.7 | 8.8 |
| 嘉兴市 | 5335.2 | 8.5 |
| 湖州市 | 5249.6 | 8.4 |
| 温州市 | 4585.9 | 7.3 |
| 金华市 | 2813.6 | 4.5 |
| 台州市 | 2746.6 | 4.4 |
| 丽水市 | 1707.7 | 2.7 |
| 衢州市 | 1694.0 | 2.7 |
| 舟山市 | 1446.6 | 2.3 |
| 合　计 | 62601.9 | 100.0 |

**表4　2022年浙江省国有资产按行业分布情况**

| 行　业 | 国有资产(亿元) | 占国有资产总量比重(%) |
|---|---|---|
| 社会服务业 | 62811.4 | 57.4 |
| 房地产业 | 14065.4 | 12.9 |
| 交通运输业 | 9711.6 | 8.9 |
| 工业 | 6172.8 | 5.6 |
| 建筑业 | 5784.5 | 5.3 |

续表

| 行　业 | 国有资产(亿元) | 占国有资产总量比重(%) |
|---|---|---|
| 金融业 | 4156.2 | 3.8 |
| 商贸业 | 2189.3 | 2.0 |
| 教育文化广播业 | 1340.5 | 1.2 |
| 科学研究和技术服务业 | 899.2 | 0.8 |
| 农林牧渔业 | 823.7 | 0.8 |
| 信息传输、软件和信息技术服务业 | 767.8 | 0.7 |
| 仓储业 | 343.2 | 0.3 |
| 其他行业 | 309.3 | 0.3 |
| 合　计 | 109374.7 | 100.0 |

注：表中数据为汇总数据，不考虑合并抵消因素。

**表5　2022年浙江省国有资产按经营规模分布情况**

| 经营规模 | 国有资产(亿元) | 占国有资产总量比重(%) |
|---|---|---|
| 大型企业 | 6888.1 | 6.3 |
| 中型企业 | 16842.8 | 15.4 |
| 小型企业 | 52667.4 | 48.2 |
| 微型企业 | 32976.3 | 30.1 |
| 合　计 | 109374.7 | 100.0 |

注：表中数据为汇总数据，不考虑合并抵消因素。

## 三、浙江省国有资本保值增值综合分析评价

2022年，浙江省国有企业实现利润总额1674.1亿元，比上年下降7.8%；净利润1289.0亿元，比上年下降9.5%；归属于母公司所有者的净利润1036.6亿元，比上年下降6.5%。从相对指标来看，平均总资产报酬率1.23%；平均净资产收益率(含少数股东权益)1.81%，全省国有企业国有资本保值增值率101.39%。

2022年，省级企业实现利润总额1207.5亿元，比上年下降2.6%，市县企业实现利润总额466.6亿元，比上年下降19.0%。

从11个地市利润排名情况看，丽水市比上年上升

3 位，嘉兴市比上年上升 1 位，湖州市、台州市比上年下降 1 位，金华市比上年下降 2 位，宁波市、衢州市、舟山市和绍兴市比上年保持不变，杭州市依旧保持第 1 位。

从各地相对获利能力看，杭州市最强，净资产收益率（含少数股东权益）2.59%；其他各市净资产收益率都在 1%以下，其中绍兴市、金华市、舟山市、温州市和台州市净资产收益率小于 0。

从各地区情况看，省级企业国有资本保值增值率 106.7%，其中，省国资委监管企业国有资本保值增值率 105.3%、省级部门企业国有资本保值增值率 108.0%。在 11 个地市中，杭州市以 102.3%的国有资本保值增值率居各市首位，湖州市和衢州市分别以 101.9%和 100.9%紧随其后，除绍兴、台州、金华、温州和舟山 5 个市国有资本保值增值率低于 100%以外，其他各市均实现保值增值。

从行业情况看，商贸业保值增值率最高，达到 109.1%；其次是金融业，信息传输、软件和信息技术服务业，保值增值率分别为 106.5%、105.4%；再次是科学研究和技术服务业、工业、教育文化广播业，保值增值率分别为 104.7%、103.3%、101.9%。除仓储业、农林牧渔业和其他行业以外，其他各行业均实现保值增值。

从单户企业看，浙江省 17849 户国有及国有控股企业中，实现国有资本保值增值的企业 8854 户，占比 49.6%，比上年减少 2.5 个百分点，其中，实现国有资本增值的企业 8192 户，占比 45.9%；实现国有资本保值的企业 662 户，占比 3.7%。未能实现保值增值的企业 8995 户，占比 50.4%。

**表 6　2022 年浙江省国有企业地区和行业国有资本保值增值情况**

| 地　区 | 国有资本保值增值率(%) | 行　业 | 国有资本保值增值率(%) |
|---|---|---|---|
| 省本级企业 | 106.66 | 商贸业 | 109.09 |
| 省国资委监管企业 | 105.28 | 金融业 | 106.54 |
| 省级部门企业 | 108.03 | 信息传输、软件和信息技术服务业 | 105.44 |
| 市县企业 | 100.48 | 科学研究和技术服务业 | 104.73 |
| 杭州市 | 102.27 | 工业 | 103.25 |
| 湖州市 | 101.94 | 教育文化广播业 | 101.87 |
| 衢州市 | 100.85 | 社会服务业 | 101.17 |
| 嘉兴市 | 100.46 | 建筑业 | 100.96 |
| 宁波市 | 100.22 | 房地产业 | 100.30 |
| 丽水市 | 100.12 | 交通运输业 | 100.02 |
| 舟山市 | 99.52 | 农林牧渔业 | 99.62 |
| 温州市 | 99.42 | 仓储业 | 98.36 |
| 金华市 | 98.70 | 其他行业 | 96.51 |
| 台州市 | 98.41 | | |
| 绍兴市 | 98.39 | | |

## 四、浙江省国资委监管企业改革发展情况

### (一)国企改革三年行动任务圆满完成

对照浙江省国企改革三年行动 56 项任务清单，强化月跟踪、季评估、年督查，全力抓好三年行动高质量收官，全面完成三年行动各项改革任务，基本实现“三个明显成效”预期目标，在全国总结评估中获评 A 级。浙江省列入“科改示范行动”“双百行动”企业全部获评“标杆”“优秀”，是 2021 年度全国唯一双优省份。

### (二)杭州区域综改成效特色明显

围绕“党建引领、市场导向、区域协同、数字赋能，创新推进共同富裕示范区建设”特色要求，细化落实杭州区域综改任务清单 95 项，形成改革力度较大、体现浙江特色、具有推广示范意义的首批标志性成果 15 个。打造全国首只区域综改基金和千亿级杭州创新基金，提升区域国资国企改革发展能级。杭州区域综改经验入选国务院国资委“学先进、抓落实、促改革”典型。

### (三)企业重组和混改上市有序实施

逐家明确省属企业主业目录,聚焦主责主业优化布局结构,成立省自然资源集团、省种业集团,筹建省康养集团。抓好深化混改专项行动,出台省属企业混合所有制改革操作指引,完善巨化、二轻集团混合所有制改革方案,首次开展5家企业混合所有制改革后评价。省属企业新增混合所有制改革项目134个,引入社会资本308亿元。把上市作为混合所有制改革重要手段,全省国企新增上市公司7家。省属上市公司向市场直接融资、并购重组注入资产378亿元,证券化率71.6%。

### (四)数字化改革攻坚纵深推进

实施省属企业数字化改革攻坚、数字经济发展行动,围绕重点攻坚赛道,加快场景建设、应用贯通,赋能产业升级、智能制造。燃气安全"一网智防"、"急客通"施救在线、供应链金融综合服务、数字普惠金融4个项目入选浙江省数字化改革最佳应用,"山乡共富小助手"获得浙江数据开放创新应用一等奖。浙江云计算数据中心开服运营,"华昌液压油缸未来工厂"入选省级未来工厂。

### (五)科技创新赋能企业发展

成立浙江国资国企创新联合会,研究完善省科创投资集团组建方案,"一企一策"抓好省属企业制造业高质量发展和科技创新行动任务书落实。省属企业研发投入88亿元,比上年增长26%,其中重点制造与创新类企业研发投入49亿元,研发投入强度3.67%。白马湖实验室、省飞机复合材料技术创新中心、省中医药创新发展联合体等重大创新平台相继获批设立。全省国企13个项目纳入浙江省首台(套)产品工程化攻关项目名单。省属企业24个项目入选"尖兵""领雁"研发攻关计划立项清单,3家入选第三批"雄鹰行动"培育企业,新增省级以上高能级创新平台26个,新获批省级双创示范基地4个。

## 五、浙江省国资委监管企业并购重组与完善法人治理结构情况

### (一)指导推进企业并购重组

推进省级农业板块重组整合,由省农发集团牵头,无偿划入省农业农村厅下属13家涉农企业,整合组建省种业集团,打造现代农业"浙江芯",助推农业农村现代化进程。央地合作完成省级天然气管网重组,国家管网公司与浙江省能源集团通过"不同比例增资+股权转让",将浙江省天然气开发有限公司更名为国家管网集团浙江省天然气管网有限公司,重组后股权比例为国家管网占51%、省能源集团占49%,有效发挥"全国一张网"运营优势。落实地勘事企分离工作要求,剥离省地勘局下属17家涉改单位的经营职能以及部分资产,规范整合所属地质勘查事业单位所办企业,新设组建省自然资源集团,由省国资委履行出资人职责。

### (二)持续完善法人治理结构

省属企业全面完成"外大于内"董事会建设,全面实现经理层成员任期制和契约化管理、董事会向经理层授权管理,进一步落实董事会考核分配职权。开展董事会及董事评价,组织开展对16家省属企业2021年度董事会运行和董事履职情况评价,并以"一企一意见"形式反馈企业董事会运行改进建议,首次对兼职外部董事履职确定"优秀"等次,进一步激励兼职外部董事担当作为。

## 六、浙江省国资委监管企业建立和完善经营业绩考核体系情况

### (一)优化完善新型考核分配体系

修订、印发浙江省省属企业负责人经营业绩考核与薪酬核定办法,以"承担好责任、发挥好功能、发展好企业"为总要求,构建"4+2"高质量发展考核指标体系,突出科技创新、服务大局、"一企一策"、党建考核,实现考核对象由"班子"向"班长"转变,考核周期由"短"向"长"转变。研究制定关于进一步落实省属企业董事会考核分配职权的实施意见(试行),明确省国资委和企业董事会职责权限,进一步扩大企业自主权,以体制机制重塑激发内生动力。

### (二)发挥考核监管效能

从严做好省属企业领导人员履职待遇和业务支出管理,规范做好国有资本经营预算工作,牢牢树立

过紧日子思想，缩减不必要开支。扎实推进数字化考核系统开发工作，在系统信息化功能开发的基础上进行数字化功能迭代升级，推进开发业绩考核、薪酬分配、企业年金、履职待遇与业务支出四大模块功能，加强考核监管动态性和全过程性。

#### （三）指导企业探索中长期激励

推动企业探索灵活的中长期激励，审核批复康恩贝集团股票期权计划方案，激励对象首次覆盖经营管理团队、核心骨干人员等。指导有意向的3家上市公司研究制定股权激励计划。加强研究新型激励方式，推进中长期激励企业培育计划，指导省属企业用足用好用透各类中长期激励工具。

#### （四）统筹开展2021年度考评等级工作

汇总分析2021年度省属企业考评等级指标得分情况，形成考评等级结果。2021年度考评等级A级企业3家，$A^-$级企业3家，B级企业10家。

### 七、浙江省国资委监管企业负责人考核与选人用人机制改革情况

#### （一）持续加强监管企业负责人考核改革

做好省属企业领导班子和领导人员年度综合绩效考核，进一步突出服务全省重大战略、推动转型升级、加快创新驱动、统筹协调发展等方面工作的正向激励。全面落实省属企业董事会考核分配职权，实施任期考核为主与年度预考相结合模式，推动省属企业构建现代产业体系，将考核分配制度优势转化为高质量发展动力。推进新任期考核方案制定，指导17家企业制定新任期考核建议方案。

#### （二）着力推进选人用人机制改革

出台省属企业中层领导人员选拔任用工作实施办法，推动干部队伍系统性重塑。全面推进落实市场化选人用人机制，省属企业管理人员竞争上岗、末等调整或不胜任退出人数比例达国务院国资委年度评估要求。协助省委组织部完成领导人员选配调整工作31人次，做好21名领导人员兼职事项、160名关键岗位人员任免备案审核。

#### （三）不断加强人才队伍建设

建立省属企业重点人才工作推进例会制度，解决人才问题短板103项。实施省属企业人才“提峰造能”等三大行动，引育E类以上高层次人才814人，国家级重点人才项目入选数与历年存量相当。省人才发展集团牵头成立省人才发展服务联盟，推动构建省级人才发展服务市场化体系。

### 八、浙江省国资委监管企业党的建设和廉政建设情况

#### （一）党的政治建设不断加强

坚持把学习贯彻习近平新时代中国特色社会主义思想作为首要政治任务，不折不扣贯彻落实习近平总书记关于国有企业改革发展和党的建设重要论述，确保习近平总书记重要指示和党中央决策部署在国资国企一贯到底、落实落地。特别是党的二十大胜利召开后，全省国资国企迅速兴起全面学习宣传贯彻热潮，以“五学五讲五落地”全覆盖学习培训、全方位宣讲宣传、全系统组织落实。深刻领悟“两个确立”的决定性意义，坚定不移把“两个确立”作为最大的政治、最大的大局、最大的原则，增强“四个意识”、坚定“四个自信”、做到“两个维护”，切实把思想和行动统一到党的二十大精神上来，把智慧和力量凝聚到党的二十大确定的各项任务上来，引导广大党员干部职工在中国式现代化和浙江“两个先行”新征程中干事创业、建功立业，以实际行动诠释对党的绝对忠诚。

#### （二）国企党建走深走实

抓好“全企一体、双融共促”工程大推进大落实，创新国企党建整体推进、一体落实机制，建立党建合创服务发展机制，促进党建工作与生产经营深度融合。严格落实省属金融文化企业党委前置研究重大事项报告制度，促进党的领导更好地融入公司治理。加强全省国企党务工作队伍建设，出台省属企业党建工作责任制考评细则，完善在浙央企党建工作机制，实现县级国企党建归口管理，推广应用党建标准化工作手册2.0版，促进基层党建标准化规范化科学化。

**(三)国资国企新风尚积极培育**

紧扣"忠诚、担当、奋斗、创新、清正",率先在全国国资国企系统开展"浙里国资国企新风尚"培育,开展省属企业党委书记谈新风尚活动,发动全省国资国企广大党员干部职工人人参与新风尚实践、人人共享新风尚成果。选树全省"最美国企奋斗者"20人,4名省属企业干部获评全省担当作为好干部。

**(四)清廉国企建设扎实推进**

突出"全覆盖无盲区零容忍",实施为期一年的全省国企反腐倡廉专项行动,开展国企领域突出问题专项治理"回头看",构建清廉国企建设"5+N+1"评价指标体系。推动巡视巡察上下联动,积极配合省委对9家省属企业巡视工作,在3家省属二级企业开展提级、交叉巡察,抓好巡视巡察、"七张问题清单"问题整改,持续净化企业政治生态。驻省国资委纪检监察组被评为"浙江省纪检监察工作先进集体",6家省属二、三级企业获评"浙江省清廉建设基层成绩突出单位"。

(撰稿人:江　翀)

# 宁波市

## 一、宁波市国有资产监督管理工作综述

2022年,宁波市国资委始终坚持以习近平新时代中国特色社会主义思想为指导,全面深入贯彻落实党的二十大、省市党代会精神,推动"十四五"提质倍增专项行动攻坚突破,实现国资国企改革发展和党的建设再开新局面、再上新台阶、再创新佳绩,以高质量发展成果有力支撑宁波现代化滨海大都市建设。

**(一)经济效益创历史新高**

截至2022年底,宁波市国有企业资产总额和所有者权益分别为31506.24亿元和11137.01亿元;实现营业收入2489.80亿元,比上年增长22.62%;利润总额126.26亿元,比上年下降8.15%。其中,13家直接监管市属企业资产总额和所有者权益分别为6310.57亿元和2510.00亿元;累计实现营业收入和利润总额分别为1193.67亿元和99.75亿元,分别增长28.82%和22.12%,均创历史新高且增速高于省属企业和杭州市属企业。

**(二)有效投资放量提速**

截至2022年底,市、县两级国有企业固定资产投资实际完成1738.87亿元,完成率107.54%。市属企业有效投资完成1027.32亿元,完成率120.44%,其中固定资产投资累计完成710.23亿元,完成率117.68%。投资总额和分项指标均超出全年计划17个百分点。各区(县、市)及开发园区国有企业完成固定资产投资1028.64亿元,完成率101.50%。

**(三)融资创新持续推进**

截至2022年底,市属企业直接融资比重37.02%,综合融资成本比重4.17%。各市属企业累计发行专项债178亿元;政策性开发性金融工具获批额度95.69亿元,占比65.89%。开展国企盘活存量资产专项行动,宁波市国企累计完成项目盘活处置71个,回收(融资)资金64.2亿元。成立存量资产盘活及REITs推进工作专班,建立宁波市国有企业资产证券化和REITs盘活项目储备库,推动宁波市水务环境集团有限公司污水处理、宁波交通投资控股有限公司杭州湾跨海大桥REITs申报发行工作。

**(四)产业升级主动发力**

国际会议中心建成投用,环城南路西延、西洪大桥等城市快速路建成通车,通苏嘉甬铁路、甬舟铁路加快建设,轨道交通7号线和8号线一期、市域铁路象山线和慈溪线、六横公路大桥一期等开工,葛岙水库建成蓄水。建立市属企业与中央企业、省属企业谋划合作项目库,全年参与或谋划合作项目21个。甬江实验室、鲲鹏产业园、软件产业园、模具产业园等在建项目进度和智造产业园等谋划项目的落地速度加快。完成极氪智能电动汽车项目签约及出资,战略投资甬矽电子二期、泰睿思微电子、荣芯半导体等新兴产业。组建全国领先的数字产业综合投资运营平台宁数科创集团,"城市大脑"、"产业大脑"、宁波市大数据中心平台建设和运营日趋完善,市超算中心一期建成投用。

## 二、宁波市国有资产总量与结构分析

表 1　2022 年宁波市国有企业指标

| 项　目 | 金　额(亿元) |
|---|---|
| 资产总额 | 31506.24 |
| 所有者权益 | 11137.01 |
| 国有资产总量 | 9971.98 |
| 营业收入 | 2489.80 |
| 利润总额 | 126.26 |
| 净利润 | 83.26 |
| 归属于母公司所有者的净利润 | 46.14 |
| 应交税金总额 | 120.46 |
| 实际上缴税金总额 | 105.64 |

表 2　2022 年宁波市国有企业户数情况

| 2021 年户数(户) | 2022 年户数(户) | 比上年增长(%) |
|---|---|---|
| 1545 | 2031 | 31.46 |

表 3　2022 年宁波市国有资产按地区分布情况

| 地　区 | 国有资产(亿元) | 占国有资产总量比重(%) |
|---|---|---|
| 市本级汇总 | 3352.42 | 33.62 |
| 监管企业 | 1948.17 | 19.54 |
| 非监管企业 | 671.24 | 6.73 |
| 部门出资企业 | 278.54 | 2.79 |
| 功能园区汇总 | 392.70 | 3.94 |
| 高新区 | 56.75 | 0.57 |
| 杭州湾新区 | 335.95 | 3.37 |
| 省属企业汇总 | 733.01 | 7.35 |
| 县市区企业汇总 | 6619.56 | 66.38 |
| 镇海区 | 379.16 | 3.80 |
| 海曙区 | 548.64 | 5.50 |
| 奉化区 | 448.50 | 4.50 |
| 慈溪市 | 844.50 | 8.47 |

续表

| 地　区 | 国有资产(亿元) | 占国有资产总量比重(%) |
|---|---|---|
| 宁海县 | 679.40 | 6.81 |
| 鄞州区 | 602.32 | 6.04 |
| 北仑区 | 958.36 | 9.61 |
| 余姚市 | 869.95 | 8.72 |
| 象山县 | 837.10 | 8.40 |
| 江北区 | 451.63 | 4.53 |
| 合　计 | 9971.98 | 100.00 |

注:国有资产总量指国有企业净资产剔除民营股东权益后属于国有的净资产部分。

表 4　2022 年宁波市国有资产按行业分布情况

| 行　业 | 国有资产(亿元) | 占国有资产总量比重(%) |
|---|---|---|
| 农林牧渔业 | 170.93 | 1.71 |
| 矿采业 | 24.15 | 0.24 |
| 制造业 | 45.21 | 0.45 |
| 电力、热力、燃气及水的生产和供应业 | 323.37 | 3.24 |
| 建筑业 | 602.25 | 6.04 |
| 批发和零售业 | 146.67 | 1.47 |
| 交通运输、仓储和邮政业 | 476.36 | 4.78 |
| 住宿和餐饮业 | 24.09 | 0.24 |
| 信息传输、软件和信息技术服务业 | 26.05 | 0.26 |
| 金融业 | 123.67 | 1.24 |
| 房地产业 | 2017.42 | 20.24 |
| 租赁和商务服务业 | 4693.38 | 47.08 |
| 科学研究和技术服务业 | 112.89 | 1.13 |
| 水利、环境和公共设施管理业 | 1034.32 | 10.37 |
| 居民服务、修理和其他服务业 | 13.41 | 0.13 |
| 教育 | 23.91 | 0.24 |

续表

| 行　业 | 国有资产(亿元) | 占国有资产总量比重(%) |
|---|---|---|
| 卫生和社会工作 | 5.13 | 0.05 |
| 文化、体育和娱乐业 | 108.77 | 1.09 |
| 合　计 | 9971.98 | 100.00 |

注:国有资产总量指国有企业净资产剔除民营股东权益后属于国有的净资产部分。

**表5　2022年宁波市国有资产按经营规模分布情况**

| 经营规模 | 国有资产(亿元) | 占国有资产总量比重(%) |
|---|---|---|
| 大型企业 | 6349.04 | 63.66 |
| 中型企业 | 1019.64 | 10.23 |
| 小型企业 | 1467.73 | 14.72 |
| 微型企业 | 1135.57 | 11.39 |
| 合　计 | 9971.98 | 100.00 |

注:国有资产总量指国有企业净资产剔除民营股东权益后属于国有的净资产部分。

## 三、宁波市国有资本保值增值综合分析评价

2022年,宁波市各级国资监管机构加快向管资本为主转型,以数字化改革为牵引,进一步提升国资监管的信息化水平,监管的规范性、针对性、有效性、及时性大幅提高,确保国有资本保值增值。

**表6　2022年宁波市国有企业地区和行业国有资本保值增值情况**

| 地　区 | 国有资本保值增值率(%) | 行　业 | 国有资本保值增值率(%) |
|---|---|---|---|
| 市本级企业 | 102.99 | 农林牧渔业 | 99.29 |
| 监管企业 | 103.55 | 矿采业 | 103.97 |
| 非监管企业 | 100.45 | 制造业 | 101.73 |
| 部门出资企业 | 99.96 | 电力、热力、燃气及水的生产和供应业 | 102.29 |
| 功能园区 | 100.81 | 建筑业 | 98.82 |
| 高新区 | 102.35 | 批发和零售业 | 104.70 |
| 杭州湾新区 | 100.56 | 交通运输、仓储和邮政业 | 99.89 |
| 省属企业 | 104.02 | 住宿和餐饮业 | 108.80 |
| 县市区企业 | 99.18 | 信息传输、软件和信息技术服务业 | 102.09 |
| 镇海区 | 101.37 | 金融业 | 106.86 |
| 海曙区 | 100.25 | 房地产业 | 99.58 |
| 奉化区 | 95.61 | 租赁和商务服务业 | 101.42 |
| 慈溪市 | 98.76 | 科学研究和技术服务业 | 102.74 |
| 宁海县 | 96.63 | 水利、环境和公共设施管理业 | 99.05 |
| 鄞州区 | 99.02 | 居民服务、修理和其他服务业 | —334.9 |
| 北仑区 | 101.50 | 教育业 | 100.7 |
| 余姚市 | 100.89 | 卫生和社会工作 | 96.56 |
| 象山县 | 96.40 | 文化、体育和娱乐业 | 97.79 |
| 江北区 | 101.00 | | |

## 四、宁波市国资委监管企业改革发展情况

### (一)提升专业监管水平

完善内部审计工作领导机制,加强企业内审工作监督指导,落实落细企业内部审计"一把手"负责制。制定出台《市属企业审计整改管理办法》,切实抓好巡视巡察、审计等发现问题整改。成立市属企业违规经营投资责任追究工作领导小组,制定出台《国资监管责任约谈工作规则》等制度,进一步健全责任追究制度和

工作规则体系。推动构建国资监管大格局，建立健全宁波市统一、全覆盖的经营性国有资产统计监测体系。加大市县国资“一盘棋”联动，在国有存量资产盘活、减免国有房屋租金等方面提高工作向心力。完善区(县、市)国资指导监督工作，推动做好国企改革顶层设计。

### (二)升级数字化监管平台

迭代升级宁波国资综合监管平台，启动市属企业大额资金监控预警系统建设，国资监管日常工作在线化率90%以上。完善阳光采购平台建设，启用采购平台主平台，市属企业采购项目实现“应上尽上”。加快国资国企一体化国企侧管理平台建设，完成顶层架构设计、系统调研、采购招标，并进入开发建设阶段。

### (三)推进数字化改革落地

全面推进国资国企“1+13+N”数字化改革布局落实落地，形成有影响力的数字化改革和数字经济成果60余项。“宁波国资大脑”入选国务院国资委国企改革三年行动典型案例，商贸集团“数智菜篮子”应用场景入选浙江国资国企“一件事”最佳改革案例，多家市属企业数字化应用入选宁波市数字化改革“最系列”标杆应用。

## 五、宁波市国资委监管企业并购重组与完善法人治理结构情况

### (一)锚定市场化经营机制目标，国有企业活力不断激发

修订完善混合所有制改革操作指引，制定差异化管控指导意见，实现优化股权结构与优化治理结构、转换经营机制相结合。组织开展混合所有制改革后评价，实现以“评”促“质”目标。聚力打造“三江汇海”特色混合所有制改革品牌，3批8家企业入围，相关企业实现活力和绩效双提升。扎实开展对标一流工作，6家竞争类市属企业制定对标任务110个，任务完成率100%。

### (二)锚定资产证券化率目标，证券化水平持续提高

构建“国改基金+政府产业基金+企业市场化基金”的国资基金群，全年完成出资46.5亿元，投资项目148个。新组建100亿元规模的让利性基金和30亿元规模的境外股权投资基金，联合市地方金融监管局成立“凤凰行动”投资基金。宁波市水务环境集团有限公司制定整体上市方案，宁波市文化旅游投资集团有限公司完成创源股份并购，宁波通商集团有限公司与宁波精达控股股东签署股权收购协议，宁波市属国有控股上市公司增至6家，宁波市达到9家，资产证券化率提升至40.23%。加强上市培育后备库企业管理，8家市属企业入选2022年度宁波市拟上市企业培育库，其中青凤库3家、雏凤库5家。

## 六、宁波市国资委监管企业建立和完善经营业绩考核体系情况

完善市场化薪酬分配机制，印发企业负责人绩效考评细则，强化保基本重激励，突出争先进位创优，形成宁波特色考评体系。13家竞争类子企业完成中长期激励实施方案，同步在多家企业开展项目跟投、超额利润分成等试点。

## 七、宁波市国资委监管企业负责人考核与选人用人机制改革情况

完成董事会应建尽建，8家市属一级企业董事会实现外部董事占多数，“外大于内”董事会结构成效明显。出台董事会工作规则等一系列制度文件，董事会建设制度体系更加健全。13家市属一级企业和141家各级子企业完成董事会向经理层授权，完成率分别为100%和99.3%，有效激发经理层活力和动能。经理层成员任期制和契约化工作全面完成，管理人员竞争上岗比例54%，末等调整和不胜任退出比例4.19%，员工100%实现公开招聘。

## 八、宁波市国资委监管企业党的建设和廉政建设情况

深化“锋领国企”建设，持续打造国企党建“升级版”，党对国有企业的领导更加有力，党建基层基础更加巩固，管党治党责任更加强化。

**(一)强化创新理论武装**

成立党委理论学习中心组巡听旁听工作小组11个,提高中心组学习制度化、规范化水平。制定学习贯彻党的二十大精神系列活动方案,全面推进“锋领国企”工程。修订党组织片组活动管理办法,搭建央地国企党建工作交流平台。成立“党建合创·WE来引领力”和“党建合创·数智先锋”党建联建平台,促进党建与业务深度融合。

**(二)打造党建联建平台**

加强市区(县、市)联动,推动建立归口统一、责任明晰、有机衔接的国企党建管理体制。评选国企优秀党建品牌19个,建成党群服务中心11个,“双强”党组织比例92.05%。与市委统战部联合主办“甬同心·跟党走”党外人士走进国资国企共话“四个自信”系列活动,拓宽党外人士为国企改革发展建言献策通道。

**(三)聚力人才队伍建设**

全力推进国家级引才工程申报工作,指导宁波市国有企业成功申报国家级引才计划17人,数量居全省各地市国资系统首位。轨道交通集团成功申报全省人才发展体制机制综合改革试点(宁波市3家、国有企业1家、全省国有企业5家)。全年新增浙江青年拔尖人才、甬江青年引才工程、市领军和拔尖人才等各类高层次人才76人;新建省级博士后工作站4座、市级院士工作站1座,省级高技能人才工作室1家,与高校科研院所共建校企合作中心(实训基地)8家。

**(四)坚持抓基层打基础**

落实“管资本就要管党建”要求,加强市区(县、市)联动,推动建立归口统一、责任明晰、有机衔接的国企党建管理体制。评选19个国企优秀党建品牌,建成11个党群服务中心,“双强”党组织比例92.05%。加强统战工作,与市委统战部联合主办“甬同心·跟党走”党外人士走进国资国企共话“四个自信”系列活动,建立国资国企与党外人士的感情纽带,拓宽党外人士为国企改革发展建言献策通道。

**(五)深化全面从严治党**

召开市属企业清廉国企建设工作会,签订责任书,层层压实责任。围绕“五个进一步”,深入开展国企反腐倡廉全覆盖无盲区零容忍专项行动,着力解决国企领域普遍性、高发性问题。召开清廉国企建设现场交流推进会,交流经验做法,研究部署重点工作。坚持以案为鉴,强化党员干部职工纪律规矩意识。加强国企廉洁文化建设,推荐选树清廉建设先进典型6个。

(撰稿人:沈妮妮)

# 安徽省

## 一、安徽省国有资产监督管理工作综述

2022年,安徽省国资委坚持以习近平新时代中国特色社会主义思想为指导,深入学习贯彻党的二十大和习近平总书记系列重要讲话指示批示精神,衷心拥护“两个确立”,忠诚践行“两个维护”,坚决贯彻落实安徽省委、省政府和国务院国资委决策部署,大力实施省属企业“提质扩量增效”等六大行动,纵深推进全面从严治党,引领保障省属企业高质量发展迈上新台阶,为安徽省经济社会发展大局贡献国资国企力量。

**(一)坚持把高质量发展摆在首位,勇当安徽省经济社会发展的“主力军”**

积极应对外部复杂环境挑战,出台省属企业稳增长19项措施,帮助省属企业协调解决重大问题和需求55项,推动经济运行保持在合理区间。2022年,省属企业资产总额首次突破2万亿元,达到22305.1亿元,比上年增长12.8%;实现营业收入10263.3亿元、利润总额739.6亿元;完成投资2108.7亿元,比上年增长9.8%;年末平均资产负债率57.02%,持续保持在较低水平;海螺集团、铜陵有色连续4年入围“世界500强”。国企社会贡献有力彰显,全年实际上缴税金总额620.1亿元,比上年增长10.8%;成功举办安徽省与中央企业合作发展座谈会,连续9年超额完成“四个2000亿”目标任务;省属企业减免

房租4.5亿元，减免高速公路通行费37.5亿元；录用员工1.5万人，比上年增长8%，其中应届高校毕业生增长39%。

**(二)全面完成国企改革三年行动，在重点领域和关键环节取得明显成效**

国企改革三年行动顺利收官，安徽省129项重点任务全部完成，在全国国企改革三年行动推进会上作经验交流，省属企业2篇案例入选2022年国企改革三年行动改革攻坚案例集，海螺集团改革案例入选地方11个典型案例。重大战略重组和专业化整合加快推进，军工集团与中国兵装战略重组进入实施阶段，新一轮安徽省港航资源整合启动实施，通航集团组建运营，数字安徽公司及羚羊工业互联网平台公司成立。中国特色现代企业制度不断完善，全面完成企业党委前置研究讨论事项清单制定或修订，省属企业集团及符合条件的887户子企业实现董事会应建尽建，纳入范围的23户省属企业集团及802户子企业实现外部董事占多数，已建董事会企业全部建立董事会向经理层授权的管理制度。三项制度改革向深层次突破，省属企业集团及1450户子企业经理层成员全部实行任期制和契约化管理，新聘任管理人员竞争上岗比例、末等调整和不胜任退出人数占比，高于全国平均水平。

**(三)大力实施创新强企战略，产业转型升级迈出坚实步伐**

研究制定《安徽省推进国有企业打造原创技术策源地的实施意见》，省属企业30项关键核心技术和产品攻关清单中8个取得突破性进展、17个取得重要进展，省属企业37项科创成果获得2021年度省科学技术奖，获奖数量占安徽省总数的11.6%。加快布局战略性新兴产业，出台实施《推动省属企业布局新兴产业行动计划》，全年完成新兴产业投资402.8亿元，比上年增长90.7%，大众安徽首台预量产新能源车型下线，皖维集团PVA光学薄膜等新材料项目建成投产。大力推动传统产业高端化、智能化、绿色化发展，支持龙头企业向产业链高端迈进，培育打造链长企业，海螺集团获得第七届中国工业大奖；大力推动省属企业数字化转型和工业互联网建设，新建成智能工厂和数字化车间24个，羚羊工业互联网平台入选国家级“双跨”平台；“一企一策”指导企业实施碳达峰行动。

**(四)强化系统思维和整体推进，国有资产资本化证券化实现良好开局**

稳妥推进混合所有制改革，首次举办安徽省国有企业混合所有制改革项目推介会，涉及项目99个、计划引资规模约470亿元，省属企业混合所有制企业户数占比71.9%。加大上市挂牌和直接融资力度，铜冠铜箔首发上市，海螺集团并购海螺环保，省属企业控股上市公司增至24户，资产证券化率突破50%；交控集团成功发行108.8亿元公募REITs项目，创全国发行规模最大纪录。2022年，省属企业直接融资1104亿元，创历史最高水平。组建运营省级国资股权投资基金7只，已组建运营或设立中子基金31只，认缴规模358亿元，计划引入社会资本225亿元。推动省属国有资本投资运营公司做大做强，完成交控集团、能源集团改组为国有资本投资公司工作，省属企业“两类公司”增至4户。划转省属企业部分股权至“两类公司”，4户企业资产总额、年度完成投资占省属企业比重分别提升至34.8%、55.8%。

**(五)切实加强和改进监管方式，国资监管效能持续提升**

开展创建一流国资监管机构行动，聚焦创新监管理念和手段实施措施14项，着力提升专业化、体系化、法治化监管水平。强化授权放权，发布《安徽省国资委授权放权清单(2022年版)》，授权放权事项较2019年版增长40%，成为全国授权放权事项最多的清单之一，对上市公司、混合所有制改革企业实施差异化监管。强化合规管理，开展省属企业“合规管理建设年”活动，印发实施《省属企业合规管理指引》，推动省属企业设立合规管理委员会，加强重要领域、关键环节、重点人员合规管理，防范化解类金融、贸易、投资等业务风险，守住不发生重大风险的底线。强化监督追责，加强对企业重大决策、投资、担保、招投标的监督检查，强化总会计师、外部董事监督作用，抓好违规经营投资责任追究，对审计移送及国资监管发现的问题线索进行核查督办，追责问责100余人。强化长三角协同，倡议建立长三角“一市三省”国资委政策文件定期交换机制，联合沪苏浙印发《长三角产权交易共同市场建设方案》,统筹推进长三角产权交易市场一体化,推介项目200宗、涉及挂牌金额26亿元。

**(六)全面加强党的领导和党的建设,以高质量党建引领保障高质量发展**

紧紧围绕迎接学习宣传贯彻党的二十大这条主线,开展“国企姓党·江淮柱石”系列学习教育活动,推动国企党建工作走深走实。把党的政治建设摆在首位,坚持“第一议题”制度,组织召开现场会深入学习贯彻习近平总书记视察马钢、试乘江汽新能源汽车时的重要讲话指示精神。压紧压实管党治党政治责任,出台《省国资委党委全面从严治党主体责任清单》《省属企业党建工作责任清单》,开展政治监督谈话、党建述职评议和全面从严治党专项检查,推行党建考核结果与业绩考核和绩效薪酬“双挂钩”。建强抓实基层党组织,开展省属企业“基层党组织建设质量提升年”活动,积极创建“红色柱石党支部”,新培育30个基层党建“领航”品牌。出台《加强省属企业混合所有制企业党建工作的指导意见》,分类抓好绝对控股、相对控股和参股企业党建工作。深入开展“三个全面”专项行动,在连续3年开展违规问题专项整治的基础上,2022年开展省属企业“全面清底、全面整改、全面规范”专项行动,排查问题整改完成率94%,建章立制1099项。纵深推进党风廉政建设和反腐败工作,紧盯重点领域、重要环节、关键少数,严肃查处违纪违法案件,驻委纪检监察组受理信访举报件数连续4年呈下降态势,省属企业政治生态总体向上向好。

## 二、安徽省国有资产总量与结构分析

**表1　2022年安徽省国有企业指标**

| 项　目 | 金　额(亿元) |
|---|---|
| 资产总额 | 88087.5 |
| 所有者权益 | 36803.1 |
| 国有资产总量 | 31480.7 |
| 营业收入 | 14145.1 |
| 利润总额 | 937.2 |
| 净利润 | 703.4 |
| 归属于母公司所有者的净利润 | 383.2 |
| 应交税金总额 | 829.4 |
| 实际上缴税金总额 | 883.2 |

**表2　2022年安徽省国有企业户数情况**

| 2021年户数(户) | 2022年户数(户) | 比上年增长(%) |
|---|---|---|
| 5022 | 5779 | 15.1 |

**表3　2022年安徽省国有资产按地区分布情况**

| 地　区 | 国有资产(亿元) | 占国有资产总量比重(%) |
|---|---|---|
| 省属企业汇总 | 5262.0 | 16.7 |
| 省级非监管企业汇总 | 140.5 | 0.4 |
| 地市企业汇总 | 26078.1 | 82.8 |
| 合肥市 | 4833.5 | 15.4 |
| 淮北市 | 920.3 | 2.9 |
| 亳州市 | 1104.9 | 3.5 |
| 宿州市 | 1291.2 | 4.1 |
| 蚌埠市 | 1559.5 | 5.0 |
| 阜阳市 | 1417.7 | 4.5 |
| 淮南市 | 959.2 | 3.0 |
| 滁州市 | 3038.5 | 9.7 |
| 六安市 | 2139.6 | 6.8 |
| 马鞍山市 | 1474.4 | 4.7 |
| 芜湖市 | 2024.6 | 6.4 |
| 宣城市 | 1377.1 | 4.4 |
| 铜陵市 | 847.4 | 2.7 |
| 池州市 | 587.6 | 1.9 |
| 安庆市 | 1788.9 | 5.7 |
| 黄山市 | 713.7 | 2.3 |
| 合　计 | 31480.6 | 99.9 |

注:由于四舍五入,合计数与表1中国有资产总量数据不等,且比重合计不等于100%。

表 4　2022 年安徽省国有资产按行业分布情况

| 行　业 | 国有资产（亿元） | 占国有资产总量比重（%） |
|---|---|---|
| 农林牧渔业 | 228.9 | 0.73 |
| 工业 | 1830.1 | 5.81 |
| 建筑业 | 2687.5 | 8.54 |
| 交通运输业 | 1604.1 | 5.10 |
| 仓储业 | 43.4 | 0.14 |
| 商贸业 | 186.6 | 0.59 |
| 房地产业 | 1456.9 | 4.63 |
| 信息传输、软件和信息技术服务业 | 1.2 | 0.00 |
| 社会服务业 | 21972.2 | 69.80 |
| 教育文化广播业 | 59.3 | 0.19 |
| 科学研究和技术服务业 | 10.5 | 0.03 |
| 金融业 | 1077.9 | 3.42 |
| 其他行业 | 322.2 | 1.02 |
| 合　计 | 31480.8 | 100.00 |

注：由于四舍五入，合计数与表 1 中国有资产总量数据不等。

表 5　2022 年安徽省国有资产按经营规模分布情况

| 经营规模 | 国有资产（亿元） | 占国有资产总量比重（%） |
|---|---|---|
| 大型企业 | 14988.0 | 47.6 |
| 中型企业 | 5866.1 | 18.6 |
| 小型企业 | 8961.1 | 28.5 |
| 微型企业 | 1665.6 | 5.3 |
| 合　计 | 31480.8 | 100.0 |

注：由于四舍五入，合计数与表 1 中国有资产总量数据不等。

## 三、安徽省国有资本保值增值综合分析评价

表 6　2022 年安徽省国有企业地区和行业国有资本保值增值情况

| 地　区 | 国有资本保值增值率（%） | 行　业 | 国有资本保值增值率（%） |
|---|---|---|---|
| 合肥市 | 101.8 | 农林牧渔业 | 100.7 |
| 淮北市 | 105.2 | 工业 | 112.0 |
| 亳州市 | 100.7 | 建筑业 | 100.0 |
| 宿州市 | 99.1 | 交通运输业 | 105.1 |
| 蚌埠市 | 100.9 | 仓储业 | 99.7 |
| 阜阳市 | 101.0 | 商贸业 | 103.2 |
| 淮南市 | 101.8 | 房地产业 | 102.7 |
| 滁州市 | 103.7 | 信息传输、软件和信息技术服务业 | 88.5 |
| 六安市 | 101.5 | 社会服务业 | 99.3 |
| 马鞍山市 | 101.0 | 教育文化广播业 | 51.1 |
| 芜湖市 | 102.4 | 科学研究和技术服务业 | 106.2 |
| 宣城市 | 99.9 | 金融业 | 105.1 |
| 铜陵市 | 100.9 | 其他行业 | 103.6 |
| 池州市 | 100.6 | | |
| 安庆市 | 77.7 | | |
| 黄山市 | 101.3 | | |

## 四、安徽省国资委监管企业改革发展情况

以实施国企改革三年行动为主线，推动重点领域和关键环节改革取得积极进展，截至 2022 年底，安徽省国企改革三年行动 129 项重点改革任务全面完成，重要领域和关键环节改革形成一批标志性成果和特色经验做法，为国资国企高质量发展注入强劲动能。

安徽省国企改革获评A级，获全国通报表扬。

**(一)国有经济布局优化结构调整步伐加快**

印发实施《推动省属企业布局新兴产业行动计划》，开展新材料产业巩固提升等“六大工程”，全年完成新兴产业投资402.8亿元，比上年增长90.7%。召开“高端化、智能化、绿色化”发展现场推进会，海螺集团获得第七届中国工业大奖。与中央企业签订合作项目150个，投资规模2988.9亿元，比上年增长92.1%。

**(二)混合所有制改革积极稳妥深入推进**

省属企业集团层面混合所有制改革和股权多元化企业6户，各级子企业中混合所有制占比72.2%。发起设立母子规模150亿元的混合所有制改革基金，首次举办安徽省国有企业混合所有制改革项目推介会，集中推介项目99个、涉及引资规模470亿元。印发《省国资委党委关于加强省属企业混合所有制企业党建工作的指导意见》。

**(三)三项制度改革不断走深走实**

省属企业集团公司全部建立对子企业经理层成员任期制和契约化管理制度，各级子企业经理层签约比例100%。省属企业管理人员竞争上岗占比57.6%，新聘任管理人员竞争上岗比例89%，管理人员末等调整和不胜任退出占比5.1%。省属企业4户科技型子企业实施股权和分红激励。

**(四)科技创新攻关体系建设取得新成果**

出台深化省属企业科技创新体制机制改革的若干举措，推动实现主业领域研发机构、科技成果转化和申报、科技人才评价和激励“三个全覆盖”。省属企业“尖30”关键核心技术和产品攻关清单中8个取得突破性进展、17个取得重要进展。省属企业37项创新成果获得2021年度省科学技术奖，占安徽省总数的11.6%。省属企业研发投入强度3.08%。省属企业拥有国家和省级等技术研发平台160余个。

**(五)国有资产资本化证券化系统推进**

省属企业控股上市公司增至24户，资产证券化率突破50%，全年直接融资超过1000亿元。千亿规模的7只省级国资股权投资基金成功组建，截至2022年底，已组建运营或设立中子基金31只，认缴规模358亿元，引入社会资本225亿元。实施交控集团、能源集团改组为国有资本投资公司试点，划转10户省属企业部分股权至“两类公司”，省属4户“两类公司”资产总额占比提升至34.8%。

**(六)探索差异化监管取得新进展**

差异化落实董事会职权，制定《深入推进省属企业董事会规范化差异化建设举措》，推进139户重要子企业全面落实董事会职权。差异化授权放权，发布《安徽省国资委授权放权清单(2022年版)》，针对国有资本投资运营公司，“双百企业”、“科改示范企业”及特定企业，其他省属企业开展分类授权放权。差异化核算考核，印发《省属企业公益类业务分类核算和分类考核改革实施方案(试行)》，选择13户子企业开展分类核算。差异化管控混合所有制改革企业，制定实施《关于省属国有相对控股混合所有制企业差异化管控的指导意见(试行)》。以实施国企改革三年行动为主线，推动重点领域和关键环节改革取得积极进展，安徽省国企改革三年行动总体任务完成率92.8%，在全国国企改革三年行动重点改革任务评估中获评A级。

**(七)围绕国有经济布局优化和结构调整，强化规划引领**

一是全面完成规划编制。对照《安徽国资系统“十四五”国有资本布局优化和结构调整规划》《安徽省省属企业“十四五”发展规划》两本规划的目标要求，指导28户省属企业完成“十四五”规划编制，并汇编成册，指导16个地市国资委做好规划编制工作。组织指导省属企业完成三年滚动规划编制。二是推动省属企业布局新兴产业。印发实施《推动省属企业布局新兴产业行动计划(2022—2025年)》，谋划实施“六大工程”，推出“六个一批”路径举措，持续推动省属企业加快布局十大新兴产业，加快推进优势资源向新兴产业集聚。截至2022年底，省属企业新兴产业完成投资402.8亿元，比上年增长90.7%。

**(八)围绕打造原创技术策源地，强化科技创新**

一是出台支持政策。研究起草《安徽省推进国有企业打造原创技术策源地的实施意见》，推动省属企业加强基础性、紧迫性、前沿性、战略性、颠覆性原创技术研究，加快打造具有重要影响力的原创技术策源地。印发实施《省国资委关于深化省属企业科技创新体制机制改革的若干举措》，提出省属企业实现主业领域研发机构、科技成果转化和申报、科技人才评价和激励“三个全覆盖”，切实深化科技创新体制机制改革，加快科技成果转化应用体系建设。二是加强关键核心技术和产品项目攻关。完成“尖 20”项目科技创新专项资金部门评价工作。按月调度“尖 30”项目进展，组织专家评审会，完成 2 亿元省属企业科技创新专项资金分配。省属企业 37 项成果获得 2021 年度安徽省科学技术奖，其中 1 项成果获得技术发明奖一等奖、3 项成果获得科学技术进步奖一等奖、11 项成果获得科学技术进步奖二等奖、22 项成果获得科学技术进步奖三等奖。三是支持科技创新协同攻关。深化与中科大协同创新，共建“一院一中心”。与滨湖科学城对接，谋划推动在大科装共建省属企业产业创新中心。推动“产学研”合作，重点推动海螺集团、省能源集团与中科大共建碳中和研究院，海螺集团与中科大、中建材等共建省水泥工业二氧化碳捕集转化应用创新联合体、省能源集团与合肥综合性国家科学中心能源研究院共建能源协同创新中心，支持皖维集团以市场化方式组建先进功能膜材料研究院公司，淮北矿业股份有限公司等合资设立淮北矿业绿色化工新材料研究院有限公司，支持叉车集团以“安徽省智能工业车辆产业创新中心”为抓手，与哈工大、合工大等单位组建智能网联工业车辆创新联盟。四是推动省属企业申报国家重点实验室。召开专题会议，赴淮河能源集团专题调研，积极帮助协调解决淮河能源集团申请优化升级现有“深部煤炭开采与环境保护”国家重点实验室工作中存在的困难和问题，积极推动海螺集团与南京工业大学合作建设材料化学工程全国重点实验室、安徽皖维高新材料股份有限公司等组建高性能聚乙烯醇材料工程国家重点实验室。

**(九)围绕构建“2+3+N”发展格局，强化数字化转型和工业互联网建设**

一是做好数字化转型和工业互联网建设相关工作。通过组织召开“三化”现场会，对标学习调研科大讯飞等行业优势企业，按季度跟踪督促省属企业落实两个《行动计划》确定的目标任务，省属企业数字化转型和工业互联网建设取得显著成效。海螺集团建成投运全国型材行业工业互联网平台，叉车集团 FICS 工业互联网平台服务企业超过 300 家。截至 2022 年底，建成智能工厂 8 座、数字化车间 16 个，打造“5G+工业互联网”融合应用 18 个、数字化转型示范项目 40 个，设备和系统上云 59.95 万台(套)，形成一批工业互联网应用解决方案。海螺集团“双碳”互联平台、铜陵有色全流程智能运输系统入选国家双化协同典型案例，港航集团“芜湖港智慧港口建设案例”被中央网信办纳入“2022 数字科技企业双化协同典型案例”，海螺集团入选全国首批“数字领航”企业。二是推动省属企业与“羚羊”平台深入对接。按照省政府专题会议纪要第 70 号任务分工，2022 年 1 月和 7 月组织省属企业开展对接羚羊工业互联网平台赋能数字化转型研讨培训活动。淮北矿业孙疃煤矿利用羚羊平台声纹监测分析技术进行地面变电所主变压器运行状态在线监测、故障智能诊断试点。淮河能源集团通过“羚羊”平台完成首次应用成熟度评估诊断。铜陵有色与羚羊公司合作建设集团大数据中心系统，资金投入约 1050 万元。江汽集团与羚羊平台合作，打造企业级智能客服系统，总投资 378 万元。皖北煤电与羚羊平台开展工业环网网络建设合作，项目总投资 1688.88 万元。三是推动省属企业网络安全和安可替代工作。常态化开展 IPv6 升级改造，省属企业网站一级页面 IPv6 支持率 100%。制定印发《关于做好深化安全可靠应用省属企业替代工作的通知》。四是大力推动省属企业软件正版化工作。适时调整省属企业软件正版化工作小组成员单位，通过谈判以 5～6 折的价格将杀毒软件、福昕 PDF、中望 CAD 等软件产品新增加入正版软件采购平台。认真做好五年一度的推进使用正版软件国家部际联席会议对 8 户省属企业软件正版化工作检查，杀毒软件、操作系统、办公软件等使用正版率 100%，居全国省属企业前列，在检查结果通报会上受到部际联席会议办公室表扬。

**(十)围绕服务保障重大战略，强化合作发展**

一是积极推动省属企业融入长三角一体化发展。督促省属企业积极谋划长三角一体化合作项目，按月完成长三角一体化平台填报工作。组织 8 户省属企业参加长三角地区国资国企联席会，省国资委主要负责人出席会议并讲话。及时统计报送赴沪苏浙学习考察对接重要事项。按照要求向省长三角办报送“新时期省属企业参与服务长三角一体化发展的现状、问题和建议”研究课题。向国务院国资委报送“积极探索国资监管跨区域合作　更好服务长三角一体化发展”典型案例。二是加强“一带一路”建设。督促省属企业认真抓好境外投资计划落实，截至2022年底，海螺集团、铜陵有色、江汽集团等8户省属企业累计在境外投资项目19个，投资额23.09亿元，完成投资16.69亿元，完成年度投资72%。2022年9月13日，国家主席习近平在《哈萨克斯坦真理报》发表署名文章，指出“已建成的札纳塔斯100兆瓦风电、江淮汽车生产线、奇姆肯特炼厂现代化改造等大型战略项目，为哈萨克斯坦经济社会发展提供强大助力，实实在在造福了两国人民”。着力加大境外投资风险防范和安全保护工作，组织开展省属企业贯彻落实省海外领事保护“五进”专项行动和境外安全保护工作督导专项行动，印发《省国资委关于落实有关专项行动方案工作的通知》，组织省属企业全面开展自查。积极引导省属企业扩大对外产能合作，组织23户省属企业组建省属企业交易分团，参加第五届中国国际进口博览会，累计完成乳制品、肉制品和农产品意向合同签订5500万美元。三是抓好军民融合发展工作落实。督促相关省属企业贯彻落实《省国资委关于推进军民融合深度发展实施方案重点任务落实的通知》要求，深入推进军品科研生产领域“民参军”深度发展和军民融合法治建设工作，完成省国资委2022年度军民融合考核自评报告和支撑材料准备工作。积极协调省国控集团，服务保障合肥国家实验室，购置深空探测实验室北京区域科研场所。统筹抓好省委军民融合办、省国资委2022年度军民融合重点任务清单落实，推动年度工作落地落实。完成报送省委军民融合办军民融合信息6篇。积极协助推荐徽商集团红府超市作为东部战区陆军新型军营超市合作商，推进省属企业军民融合发展战略的保障作用发挥。四是持续推动省属企业支持皖北全面振兴。按季度调度省属企业58个皖北签约项目进展情况。2022年，建成投资项目15个，完成投资额47.47亿元；正在建设项目23个，涉及投资1154.54亿元；前期研究项目20个，涉及768.67亿元。港航集团涡河航道一体化开发、淮北矿业集团甲醇综合利用、省交控集团亳蒙高速公路、省投资集团利辛县2021年棚户区改造等18个项目按计划顺利开工。

## 五、安徽省国资委监管企业并购重组与完善法人治理结构情况

### (一)战略性重组持续深化

以战略性重组和专业化整合为抓手，推进国有经济布局优化和结构调整，加快建设一流企业。江汽集团与德国大众战略合作落地见效，大众安徽首台预量产新能源车型下线。安徽军工集团与中国兵装集团重组落地实施，加快打造“百亿军工”。省通航集团、数字安徽公司组建运营。安徽省新一轮港航资源整合稳步推进。省盐业集团改组为省生态环境产业集团。省粮食产业集团、大黄山文旅控股集团组建有序推进。

### (二)进一步完善法人治理结构

中国特色现代企业制度加快完善。省属企业集团及子公司党委全部完成党委前置研究事项清单制定。一是全面完成省属企业集团层面外部董事建设全覆盖。认真分析省属企业董事会建设现状，进一步拓宽外部董事来源渠道。经履行相关程序，选聘3名专职外部董事和5名兼职外部董事，调整2名专职外部董事和2名兼职外部董事的任职企业，并指导推动省属企业选举职工董事，基本完成省属企业集团公司层面规范董事会建设全覆盖。印发《安徽省省属企业外部董事选聘和管理办法》《安徽省省属企业外部董事报告任职企业要情管理暂行办法》《安徽省省属企业董事会和董事评价暂行办法》，进一步规范省属企业外部董事履职行为。二是扎实推进出资人委派总会计师工作。全面梳理委管领导班子企业总会计师缺额情况，认真摸排委派总会计师合适人选，向皖维集团、徽商集团2户企业委派总会计师，进一步扩大委派总会计师覆盖面。三是持续深化省属企业职业经理人制度试点。指导省属企业结合行业特点和企业实际，积极开展职业经理人制度试点，研究制定《深化华安证券股份有限公司职业经理人制度试点工作

方案》，进一步深化职业经理人制度改革，完善任期制契约化管理机制。

## 六、安徽省国资委监管企业建立和完善经营业绩考核体系情况

2022 年 9 月，印发《进一步调整完善省属企业负责人经营业绩考核的若干政策》，切实发挥经营业绩考核的激励约束作用，进一步加强省属企业经营绩效、发展目标和新兴产业布局的考核力度，鼓励支持省属企业主动作为、应变克难，全力服务安徽省经济社会发展大局。一是强化党建考核结果与业绩考核结果和薪酬兑现挂钩。将党建考核与经营业绩考核和绩效薪酬挂钩，综合考核中党建考核得分按 20%权重折算后计入业绩考核综合得分；党建考核为一般等次的业绩考核不得进入 A 级，较差等次的业绩考核不得进入 B 级。在省属企业负责人薪酬制度改革政策范围内，对党建考核排名前 5 名企业的负责人增加 5%年度绩效薪酬，党建考核排名后 3 名企业的负责人扣减 5%年度绩效薪酬。二是强化经营绩效对标考核。进一步加强总资产报酬率、营业收入利润率、资本保值增值率等经营绩效指标的对标考核，指标行业对标较上年升档的，或者处于优秀水平且较上年提高的，给予加分奖励，引导企业拉高标杆争先进位。三是强化新兴产业布局发展考核。根据企业战略性新兴产业实际完成的投资额和产值的增量、增幅综合排名情况给予考核加分奖励，鼓励支持省属企业加快新材料、新能源汽车、高端装备制造、绿色环保、数字经济等战略性新兴产业布局发展。四是强化创新发展考核。鼓励企业加大研发投入，积极开展基础研究和应用基础研究，加快强化原创技术研发供给，努力打造原创技术策源地，对年度研发经费投入增速 15%以上的给予加分奖励。支持企业与高校、科研院所、产业链上下游企业、人才团队等组建体系化任务型创新联合体，加快建设一批高水平新型研发机构，成功引进培育高层次人才、培育“115 产业创新团队”、创建省级及以上创新平台的给予加分奖励。支持工业企业通过自行实施、技术许可、作价投资等方式推进成果转化，对承担关键核心技术攻关任务并实现产业化、扩大首台（套）装备和首批次新材料应用的给予加分奖励；非工业类企业通过科技创新实现主业领域新产品、新业态、新模式应用推广和信息化数字化建设的给予加分奖励。

## 七、安徽省国资委监管企业负责人考核与选人用人机制改革情况

### （一）组织开展省属企业领导班子和领导人员综合考核

通过查阅材料，并结合工作台账、统计数据、平时了解掌握的情况以及巡视、人民来信反映问题查核情况等进行综合研判，对省属企业履行党建职责部分考核指标进行评分。牵头成立考核组 2 个，对煤炭设计院等 8 户省属企业和徽商职业学院 2021 年度领导班子和领导人员履行发展和党建工作职责情况进行综合考核，进行个别谈话 342 人，实地查看职能部门 9 个、子公司及基层单位（实训中心）10 个。在纵横比较、分析研判的基础上，及时汇总第三方评价、民主测评、省直有关部门等评分结果，进行量化计分和综合分析，提出等次建议。经履行相关程序后，研究确定省属企业领导班子的领导人员综合考核等次。及时向相关企业反馈考核结果，对考核中发现的主要问题督促企业整改落实。对综合考核评价为“优秀”等次的省属企业领导人员进行通报表扬。

### （二）加强省属企业领导人员队伍建设

2022 年，调整省国资委党委管理的企业领导人员 39 人次，其中正职领导人员 10 人。严格执行纪委书记交流任职规定，大力推进同一岗位任职时间较长领导人员交流轮岗，交流任职 11 人。加大优秀年轻干部培养选拔力度，8 名“75 后”干部进入委管班子、企业领导班子，其中 2 人担任总经理。指导省旅游集团、省盐业集团完成党委按期换届工作，实现企业党委、纪委班子的正常更替和过渡。

### （三）加强省属企业领导人员教育培训

选调 29 名省属企业主要负责人参加省委举办的“党的十九届六中全会精神研讨班”，组织 4735 名省属企业中层经营管理人员参加党的十九届六中全会

精神网络专题培训班,组织 199 名省属企业领导班子成员参加做好碳达峰碳中和工作,推进企业高质量发展网上专题班,举办省属企业中层以上经营管理人员学习贯彻党的二十大精神集中轮训班、省属企业外部董事和董事会秘书履职能力提升培训班,切实提升省属企业领导人员履职能力和水平。

## 八、安徽省国资委监管企业党的建设和廉政建设情况

2022 年,安徽省国资委党委和省属企业各级党组织坚持以习近平新时代中国特色社会主义思想为指导,认真贯彻落实党的十九大、十九届历次全会和党的二十大、二十届一中全会精神,衷心拥护"两个确立"、忠诚践行"两个维护",深入贯彻落实中央决策部署及省委工作要求,认真履行管党治党政治责任,着力加强省属企业党的领导和党的建设,推动实现省属企业高质量发展,持续巩固全国第一方阵、中部领先和长三角比较优势地位。

### (一)坚决践行"两个维护",做到"总书记有号令、党中央有部署,安徽见行动、国资国企当先锋"

一是坚持"第一议题"制度。及时跟进学习习近平总书记重要讲话和指示批示。全年召开党委会议 39 次,学习贯彻习近平总书记关于国企改革三年行动、打造原创技术策源地、勇当现代产业链链长、建设世界一流企业等重要讲话和指示批示 67 件次。省属企业各级党组织普遍建立"第一议题"制度,集团党委学习 1800 余件次。二是以最高标准迎接学习宣传党的二十大。印发《关于迎接党的二十大胜利召开组织开展"国企姓党、江淮柱石"群众性主题宣传教育活动的方案》《省国资委党委迎接党的二十大庆祝建党 101 周年有关安排活动的通知》,指导省属企业结合实际组织开展形式多样的群众性宣传教育活动。组织开展省国资系统喜迎党的二十大主题阅读朗诵大赛,推荐省属企业两个代表队参加安徽省比赛并分别获得二等奖、优秀奖,省国资委获得优秀组织奖。印发《省国资委党委关于学习宣传贯彻党的二十大精神的实施方案》《省国资系统学习宣传贯彻党的二十大精神的工作方案和任务清单》《省国资系统学习贯彻党的二十大精神宣讲工作实施方案》等,深入开展"大学习、大宣传、大贯彻",推动党的二十大精神在省国资系统落地见效。三是深入学习领会习近平总书记关于国有企业改革发展和党的建设重要论述。认真学习《习近平总书记关于国有企业改革发展和党的建设论述摘编》《习近平关于发展国有经济论述摘编》等,及时学习习近平总书记省部级主要领导干部专题研讨班重要讲话精神和《习近平谈治国理政》(第四卷),依托省国资委党委党校开展专题培训。组织省属企业在马钢集团召开现场会,重温学习习近平总书记视察马钢时的重要讲话指示,巩固拓展马钢与中国宝武战略重组成果。四是认真贯彻落实党中央及省委决策部署。制定《落实省委〈贯彻落实习近平总书记系列重要讲话指示批示和考察安徽重要讲话指示工作规则〉重点举措》,建立工作闭环,定期开展"回头看"。认真办理习近平总书记关于境外疫情防控、能源保供的指示批示等"政治要件"。坚决落实党中央提出的"疫情要防住、经济要稳住、发展要安全"要求,深入实施提质扩量增效行动、"2215"投资行动、布局新兴产业行动、国企改革三年行动、国有资产资本化证券化行动、创建一流国资监管机构"六大行动",认真落实省国资系统防范化解重大风险"1+9"工作方案,安徽省国有企业主要经济指标运行在合理区间。开展党的十九届六中全会和省第十一次党代会精神学习培训和集中宣讲,实施《贯彻〈省委关于深入学习宣传贯彻党的十九届六中全会精神的决定〉的若干举措》《贯彻落实省第十一次党代会重点任务分工方案》《贯彻落实〈省委关于加强新一届省委班子政治建设的决定〉精神的若干举措》,推动省国资委牵头和参与事项的落实。五是切实加强省属企业党的领导。落实《关于国有企业在完善公司治理中加强党的领导意见》,持续推动省属企业集团全面完成"党建入章",集团层面全部实现党委书记、董事长"一肩挑",专职副书记应配尽配并进入董事会,修订完善党委前置研究事项清单。

### (二)敢于动真碰硬,切实履行全面从严治党政治责任

一是认真落实主体责任。动态完善《省国资委党委全面从严治党主体责任清单》,明确省国资委党委

13 项责任和班子成员 60 项具体责任。坚持全面从严治党与改革发展工作同谋划、同部署、同推进、同考核，去年以来党委会议专题研究全面从严治党工作议题 68 项，构建形成“年初有部署、季度有督查、半年有调度、年末有考核”的党建工作推进机制。发挥考核指挥棒作用，将党建考核结果同业绩考核挂钩，明确省属企业综合考核结果为“一般”的，业绩考核不得评为 A 级，“较差”的不得评为 B 级，倒逼压紧压实省属企业党委管党治党责任。二是强化一把手“第一责任”和班子成员“一岗双责”。省国资委党委主要负责人敢于较真儿碰硬，逢会必讲全面从严治党，指名道姓通报 23 户省属企业 69 个管党治党突出问题，当面约谈 12 户企业党委书记。其他班子成员落实“一岗双责”要求，把全面从严治党作为常态化包保联系重要内容，指导督促联系企业和分管处室管党治党工作。三是推动主体责任与监督责任协同贯通。建立省国资委党委与驻委纪检监察组面对面会商、重要情况通报、线索联合排查、人员处分沟通、联合监督执纪 5 项协作机制，全年开展定期会商 2 次和专题会商 3 次，通报情况，研究工作。联合召开省国资系统党风廉政建设和反腐败工作会议，部署推进全面从严治党工作。

**（三）夯实基层基础，不断提升基层党建工作水平**

一是推动基层党建工作落实落细。印发《2022 年省属企业党的建设工作要点》，明确 7 个方面党建任务，压实党建责任。印发《省属企业 2022 年度基层党建工作“三个清单”》《徽商职业学院 2022 年度基层党建工作“三个清单”》，指导各单位对照问题清单、任务清单和责任清单落实整改。二是开展“基层党组织建设质量提升年”活动。从基本组织、基本队伍、基本制度 3 个方面拓展基层党组织标准化规范化建设成效，推进党建与生产经营深度融合，建强一批基层组织，建优一支基层党员干部队伍，打造一批基层党建品牌。三是推进党建工作“领航”计划。新增 8 个基层党组织入选省国资委党委基层党建工作“领航”计划示范库，并推荐参评安徽省基层党建工作“领航”计划；新增 22 个基层党组织入选省国资委党委基层党建工作“领航”计划培育库。四是突出抓好相关重点工作。研究制定《关于加强混合所有制企业党建工作的指导意见》，推进混合所有制企业党建工作。印发《关于开展“具有人财物重大事项决策权且不设党委的独立法人企业的党支部（党总支）对企业重大事项进行集体研究把关”试点工作的通知》，在总结 6 户企业试点经验基础上起草形成《安徽省国有企业党支部（党总支）对企业重大事项进行集体研究把关工作指引（试行）》。五是不断规范基层党建工作。严把党员“入口关”，印发《省属企业 2022 年度发展党员指导性计划》，分解党员年度发展指标，督查各省属企业发展党员指导性计划执行情况。开展党务工作突出问题、高校毕业生组织关系、境外党建工作摸排等工作，排查问题并落实整改。

**（四）坚持党管干部党管人才，着力加强企业领导人员和人才队伍建设**

一是选优配强企业领导班子和领导人员。完成 3 户省国资委党委管理领导班子企业党委换届，调整 4 户企业党委专职副书记，从省纪委监委、省政府办公厅、省委管理领导班子企业选拔优秀年轻干部担任 5 户企业纪委书记，向 2 户省属企业委派总会计师，调整充实企业经理层成员 16 人，同一岗位任职时间较长领导人员交流轮岗 11 人，领导人员退出领导岗位 7 人。二是加大优秀年轻干部培养选拔力度。提拔或进一步使用“70 后”年轻干部 10 人，从省委管理领导班子企业选拔 2 名 45 岁以下优秀年轻干部担任委管领导班子企业总经理。三是推进外部董事占多数全覆盖。制定《省属企业外部董事选聘和管理办法》，从省属企业外部董事人才库中选聘 7 人担任外部董事，实现省属企业集团层面外部董事占多数全覆盖。四是切实加强人才队伍建设。坚持以新型研发机构促进人才队伍建设，指导建好建强省属企业省级及以上博士后科研工作站 28 个、重点实验室 7 个、工程（技术）研究中心 35 个、企业技术中心 69 个、技能大师工作室 47 个。大力引进海内外各类人才，省属企业围绕“高精尖缺”引进省外海外高层次人才 164 人，其中省外 155 人、海外 9 人。指导省属企业健全完善人才职业生涯发展职务职级体系，改变传统的由基层员工到行政管理的单一发展通道模式，畅通人才双向职业发展通道。建立党委联系人才工作制度，省国资委党委成员每人联系服务 2 名省属企业高层次人才，帮助解决实际问题。

**(五)落实"一改两为"要求,扎实推进改作风办实事优环境**

一是提振"忠诚尽职、奋勇争先"的精气神。结合巩固党史学习教育成果,深入挖掘省属企业红色资源和光荣传统。明确省属企业"十四五"期间主要经营指标年均增速不低于8%,及时纠正淮北矿业集团"十四五"规划"躺平式"指标问题。强化年度经营预算刚性约束,引导企业"跳起来摘桃子"。二是用心用情做好群众信访工作。实施《省国资委领导班子成员接待群众来访和阅批群众来信制度》,坚持每月公开接访。组建信访事项督查专班2个,深入重点企业驻点推动工作落实。将信访工作纳入基层党建考核,作为省属企业领导班子和领导人员年度考核和述职评议内容,对信访工作评议"好"与"较好"合计得票率不足90%的,抓基层党建述职评议综合评价不得确定为"好"等级,年度考核不得确定为"优秀"等级,并与经营业绩考核和绩效年薪挂钩。三是扎实为企业解难题办实事。健全常态化包保联系机制,开展包保联系4轮,梳理企业问题和需求清单137项,帮助解决82项,提请省经济运行调度工作专班协调解决9项。聘请中介机构为企业开展政策咨询服务,申报争取政策奖补资金1.9亿元。四是积极推动省属企业履行社会责任。2022年,省属企业为7780户中小微企业和个体工商户减免房屋租金2.71亿元,做到应免尽免;支付民营企业中小企业账款3000万元,实现动态清零。20户省属企业与20个欠发达乡镇结对,谋划基础设施建设和产业帮扶项目37个,投资规模超过2亿元,实施中18个,投入资金5530万元。推动省属3户煤炭企业和能源集团扎实做好能源保供工作。开展"暖民心、促就业"行动,推动省属企业录用新员工11626人,比上年增长22%,其中应届毕业生6955人,增长63%;组织国有企业为高校毕业生提供见习岗位5501个。

**(六)聚焦突出问题,扎实推进巡视审计整改和专项整治**

一是认真抓好巡视和审计整改。截至2022年底,省国资委党委承担的中央及十届省委巡视整改任务全部完成;十届省委巡视省属企业反馈的1058个问题已完成或基本完成1049个,推进中9个。切实加强对省属企业审计整改的指导监督,2021年对9家省属企业主要负责人任职期间经济责任审计发现的244个问题整改完成218个、基本完成13个、序时推进13个,完成率94.7%,追责问责184人次,修订完善制度227项。二是接续开展专项整治。在连续3年开展专项整治基础上,2022年部署开展"全面清底、全面整改、全面规范"专项行动,截至2022年底排查存量问题5929个,整改完成率97.02%;新发现问题493个,整改完成率81.14%。制定实施《2022年省属企业境外腐败治理工作举措》。组织相关省属企业开展"利用佣金中介费牟取私利""境外恶性竞争""违反财经纪律侵吞公款""违规投资经营""违规获取境外身份"等突出问题整治。三是推进粮食购销领域腐败问题专项治理。省国资委党委召开专题会议5次,主要负责人5次到农垦集团和旅游集团所属粮食集团调研检查,督促企业自查自纠并抓好涉粮板块专项巡视整改。四是开展低效无效闲置资产清退处置专项行动。排查确认省属企业所属低效无效资产企业102户,涉及资产总额95亿元,全部清退处置完毕。

**(七)深化反腐败斗争,着力营造风清气正的政治生态**

一是锲而不舍纠治"四风"。坚持每季度开展作风督查,派出作风督查组9个,采取听取汇报、个别谈话、明察暗访、查看有关资料和财务凭证等方式,对省国资委机关、徽商职业学院和27户省属企业集团本部及33家子企业进行现场督查,发现16个方面问题,要求企业限期整改。截至2022年11月,查处省国资系统违反中央八项规定精神问题47起,处理64人,给予党纪政务处分27人,并及时通报曝光典型案例。二是切实追究违规经营投资责任。建立健全违规经营投资追责工作制度体系,印发《省属企业违规经营投资问题线索查处工作指引》《关于加强省属企业违规经营投资责任追究工作的通知》,围绕审计移送以及国资监管发现的问题线索,督促指导企业开展核查调查与追责处理,认定国有资产损失金额2.07亿元,追责问责324人。三是严肃查处违纪违法案件。紧盯重点领域、重要环节、关键少数,支持各级纪检监察机构监督执纪问责。2022年以来,驻委纪检监察组办理信访举报645件,采取谈话、查询、调取等措施271次,初步核实32件,立案28件,给予党纪政务处分24

人，收缴违纪违法款297.43万元，清退有关人员违规持股分红191.99万元。四是突出抓好国资监管制度建设。制定实施《省属企业合规管理指引》《加强省属企业内控体系建设的意见》《省属企业主业管理办法》《关于加强省属企业内部审计监督工作的实施意见》《省属企业禁入限制人员信息管理办法》《省国资系统领导干部插手干预重大事项记录暂行办法》《关于建立省属企业经营投资合规免责事项清单的通知》等制度。

（撰稿人：束　斌）

# 福建省

## 一、福建省国有资产监督管理工作综述

2022年，福建省国资系统认真贯彻"疫情要防住、经济要稳住、发展要安全"重要要求，深入实施"提高效率、提升效能、提增效益"行动，推动国资国企改革发展和党的建设工作取得新的成效。截至2022年底，省属企业资产总额22765.73亿元，全年累计实现营业收入5091.24亿元、利润总额66.71亿元，省港口集团、能化集团、三钢集团、电子集团、厦门港务5家省属企业入围"中国500强"。

### （一）改革重组纵深推进

一是国企改革三年行动顺利完成。省级层面82项改革任务、107项量化指标完成率100%，改革序时进度、质量成效均达到评估要求。二是战略性重组和专业化整合取得新进展。港口集团完成股权下划，能化集团重大石化项目加快布局，水投集团完成水务资产划转，大数据集团组建方案获批实施，船舶集团加快脱困转型，东南汽车、新龙马汽车资产重组顺利推进。三是国企改革专项工程成效显著。开展对标世界一流企业等专项行动，厦门钨业被国务院国资委评为"国有企业公司治理示范企业"，三钢集团被选树为管理提升标杆企业，港口集团"大法务"管理模式被评为标杆项目。创新开展"八闽国企综合改革专项行动"，抓好32家试点企业，培育一批新的改革样板。四是国有资本证券化扎实推进。省属企业权属上市公司增至21家，竞争性业务资本证券化率86.42%。上市后备梯队持续扩容，20家省属企业成为省重点上市后备企业。

### （二）投资项目支撑有力

坚持不懈抓项目促投资，所监管企业连续3年投资超过1000亿元，实现逆势增长，新兴产业投资年均增速超过30%。一是项目建设持续加快。认真贯彻落实习近平总书记关于"实施好福建古雷乙烯等大型能源合作项目"重要指示精神，省能化集团和沙特基础工业公司总投资400亿元的中沙古雷乙烯项目获批建设，福厦高铁、兴泉铁路铺轨全线贯通，"闽投1号"深远海养殖平台顺利下水，永泰抽水蓄能电站建成投产。二是项目对接持续深化。成功举办省国资系统与泉州产业合作对接会，积极参与闽商大会、数字峰会、海交会、投洽会等重大招商活动，现场签约项目25个，总投资689亿元。三是项目储备持续加强。建立涵盖100家中央企业、100家省市地方国有企业的项目库，入库项目80个，形成接续发展的良好局面。

### （三）社会责任更加彰显

交通服务保障方面，建成高速公路通车总里程6156千米，路网密度居全国第三位。形成铁路运营总里程4381千米，路网密度是全国平均水平的2倍。优化全省沿海港口建设运营布局，集装箱吞吐量占全省的75%。省属企业每年为福建省铁路承担运营亏损超过40亿元，免征高速公路通行费38亿元。能源保供稳价方面，累计建成天然气管网1027千米，年供气53.45亿立方米，保障全省80%以上的天然气供应。主动承担电煤价格上涨压力，年发电超过220亿千瓦·时，保障全省电力能源供应。水利建设服务方面，牵头推进34个县城乡供水一体化建设，建成水务管网8500千米，占全省的70%。扎实做好与金门通水，累计向金门供水超过2340万吨，日均供水2.14万吨，占金门民生及工业需水量的75%。稳就业惠民生方面，坚持做好稳岗就业，疫情期间不减员不降薪，年新增就业人数近3万人。推进乡村振兴，挂钩帮扶联

系点52个,产业帮扶项目32个,累计投资212.27亿元。疫情防控服务保障方面,率先建设以福建健康码为基础标识的省疫情防控一体化服务平台,经验做法被《新闻联播》推广;在防疫物资供应、防疫车辆保障、方舱医院建设、居民生活必需品保供等方面发挥"主力军"作用,累计为中小微企业和个体工商户减免租金16.31亿元、惠及租户5万户。

**(四)监管效能持续提升**

一是监管手段方式不断优化。研究出台所出资企业"三重一大"决策、重大经营风险事件报告、内部审计监督等国资监督制度,增强监督系统性。及时调整优化考核机制,突出分类考核,进一步提升对企业考核的针对性、有效性。二是法治国企建设全面推进。在全国率先制定出台《关于进一步深化法治国企建设的意见》,印发《所出资企业合规管理办法》,着力打造全覆盖全链条的合规管理体系。进一步加强企业法律风险管理,健全法治工作组织体系,为建设一流企业筑牢法治基础。三是重点领域风险防控有力有效。落实金融业务报告制度,推动严格规范经营,完善企业债务风险动态监测预警机制,筑牢企业债务风险"防火墙"。优化资产交易评估流程,加强对重大投资、收购民企、协议转让事项的审核。开展担保事项管理、会计信息质量真实性等专项审计,强化对商贸业务日常监督。2022年,省国资委下发监管提示函12份,对违反非主业投资决策审核程序、投资项目风险等情形,及时提示风险、压实责任。

## 二、福建省国有资产总量与结构分析

截至2022年底,福建省纳入国有资产统计范围的国有及国有控股企业(含厦门市,以下简称国有企业)10321户,比上年增加926户;资产总额82783.81亿元,比上年增长17.17%;所有者权益26988.47亿元,比上年增长19.64%;归属于母公司的所有者权益20938.62亿元,比上年增长20.91%;全年实现营业收入33341.15亿元,比上年增长16.79%;利润总额596.34亿元,比上年下降23.43%;净利润417.73亿元,比上年下降26.00%;归属于母公司所有者的净利润216.56亿元,比上年下降28.40%。

**(一)企业户数有所增加**

2022年,福建省纳入国有资产统计范围的国有及国有控股企业10321户(含厦门市),比上年增加926户。其中,省级监管企业2071户,增加51户;省级非监管企业272户,增加2户;地市企业7978户,增加873户。

**(二)资产分布相对集中**

从隶属关系看,福建省国有企业资产主要分布在省、市两级国资委监管企业,两级监管企业资产总额64536.08亿元,占比77.96%。其中,省级监管企业资产总额22765.73亿元、占比27.50%,地市监管企业资产总额41770.35亿元、占比50.46%。非监管企业资产总额18247.72亿元,占比22.04%。其中,省级非监管企业资产总额471.71亿元、占比0.57%,地市非监管企业资产总额17776.01亿元、占比21.47%。从行业分布看,福建省国有企业资产总额行业分布排名前三位的是房地产业、社会服务业、建筑业。其中,房地产业资产总额31849.04亿元,占比26.10%(未进行差额抵销,下同);社会服务业资产总额31162.17亿元,占比25.53%;建筑业资产总额13482.95亿元,占比11.05%。3个行业资产总额合计76494.16亿元,占全省国有企业的62.67%。

**(三)营业收入持续增长**

2022年,福建省国有企业营业收入33341.15亿元,比上年增长16.79%。从隶属关系看,全省国有企业营业收入主要分布在省、市两级国资委监管企业,两级监管企业营业收入31757.84亿元,占比95.25%。其中,省级监管企业营业收入5091.24亿元、占比15.27%,地市监管企业营业收入26666.60亿元、占比79.98%。非监管企业营业收入1583.31亿元,占比4.75%。其中,省级非监管企业营业收入121.69亿元、占比0.37%,地市非监管企业营业收入1461.62亿元、占比4.38%。从行业分布看,全省国有企业营业收入行业分布排名前三位的是商贸业、社会服务业、工业。其中,商贸业营业收入25260.88亿元,占比59.02%;社会服务业营业收入6720.58亿元,占比15.70%;工业营业收入5076.67亿元,占比11.86%。3个行业营业收入合计37058.13亿元,占全省国有企业的86.58%。

**（四）利润总额比上年下降**

2022年，福建省国有企业实现利润总额596.34亿元，比上年下降23.43%。从隶属关系看，福建省国有企业利润总额主要分布在省、市两级国资委监管企业，两级监管企业实现利润总额556.86亿元，占比93.38%。其中，省级监管企业利润总额66.71亿元、占比11.19%，地市监管企业利润总额490.15亿元、占比82.19%。非监管企业利润总额39.48亿元，占比6.62%。其中，省级非监管企业利润总额7.92亿元、占比1.33%，地市非监管企业利润总额31.56亿元、占比5.29%。从行业分布看，全省国有企业利润总额行业分布排名前三位的是房地产业、社会服务业、商贸业。其中，房地产业利润总额426.96亿元，占比32.90%；社会服务业利润总额304.63亿元，占比23.47%；商贸业利润总额237.90亿元，占比18.33%；3个行业利润总额合计969.48亿元，占全省国有企业的74.70%。

**（五）国有企业资产运营存在的主要问题**

一是企业总体规模偏小，竞争能力不强。2022年，福建省国有企业资产总额及营业收入均有增长，但总体规模偏小，对企业扩大再生产和提升市场整体竞争力造成一定制约。2022年末，全省国有企业户均总资产8.02亿元，户均净资产2.61亿元。其中，省级监管企业户均总资产10.99亿元，较上年户均总资产增长3.48%；户均净资产2.29亿元，基本与上年持平，户均资产增长幅度小。全省国有企业户均营业收入3.23亿元。其中，省级监管企业户均营业收入2.46亿元。优化资源配置、扩大企业规模、促进国有企业在优势行业的发展是提高福建省国有企业综合竞争力和盈利能力的关键。二是资产利用效率不高，资产周转速度偏低。全省国有企业平均总资产周转率0.43次，平均流动资产周转率0.82次，处于较低水平，主要是"两金"占用水平过高，影响企业资产的流动性和收益水平，加大企业短期偿债风险。截至2022年底，全省国有企业应收账款及存货余额21168.21亿元，比期初16045.89亿元增加5122.32亿元，增长31.92%。三是总体负债水平略有上升，少数企业财务风险较大。2022年底，全省国有企业负债总额55795.34亿元，比上年增长16.02%，部分企业债务负担沉重。受新冠疫情影响，市场需求萎缩，叠加国内外大环境影响，部分企业盈利能力受到较大冲击，整体效益下滑，进一步增大债务负担和风险。

**表1　2022年福建省国有企业指标**

| 项　目 | 金　额(亿元) |
|---|---|
| 资产总额 | 82783.81 |
| 所有者权益 | 26988.47 |
| 国有资产总量 | 20509.84 |
| 营业收入 | 33341.15 |
| 利润总额 | 596.34 |
| 净利润 | 417.73 |
| 归属于母公司所有者的净利润 | 216.56 |
| 应交税金总额 | 1082.95 |
| 实际上缴税金总额 | 1100.36 |

**表2　2022年福建省国有企业户数情况**

| 地　区 | 2021年 | 2022年 | 比上年增长(%) |
|---|---|---|---|
| 福建省合计 | 9395 | 10321 | 9.86 |
| 省级企业汇总 | 2290 | 2343 | 2.31 |
| 省级监管企业 | 2020 | 2071 | 2.52 |
| 省级非监管企业 | 270 | 272 | 0.74 |
| 地市企业汇总 | 7105 | 7978 | 12.29 |
| 福州市 | 625 | 769 | 23.04 |
| 厦门市 | 3443 | 3784 | 9.90 |
| 漳州市 | 531 | 614 | 15.63 |
| 泉州市 | 896 | 944 | 5.36 |
| 三明市 | 228 | 247 | 8.33 |
| 莆田市 | 233 | 316 | 35.62 |
| 南平市 | 309 | 349 | 12.94 |
| 龙岩市 | 365 | 385 | 5.48 |
| 宁德市 | 407 | 492 | 20.88 |
| 平潭综合实验区 | 68 | 78 | 14.71 |

**表 3　2022 年福建省国有资产按地区分布情况**

| 地　区 | 国有资产（亿元） | 占国有资产总量比重(%) |
|---|---|---|
| 省级监管企业汇总 | 2286.53 | 11.15 |
| 省级非监管企业汇总 | 217.65 | 1.06 |
| 地市企业汇总 | 18005.67 | 87.79 |
| 福州市 | 4180.46 | 20.38 |
| 厦门市 | 4389.56 | 21.40 |
| 漳州市 | 1504.96 | 7.34 |
| 泉州市 | 3342.17 | 16.30 |
| 三明市 | 857.88 | 4.18 |
| 莆田市 | 850.41 | 4.15 |
| 南平市 | 772.81 | 3.77 |
| 龙岩市 | 1047.61 | 5.11 |
| 宁德市 | 596.96 | 2.91 |
| 平潭综合实验区 | 462.85 | 2.26 |
| 合　计 | 20509.85 | 100.00 |

注:由于四舍五入,合计数与表 1 中“国有资产总量”数据不一致。

**表 4　2022 年福建省国有资产按行业分布情况**

| 行　业 | 国有资产（亿元） | 占国有资产总量比重(%) |
|---|---|---|
| 农林牧渔业 | 220.02 | 0.49 |
| 工业 | 3719.17 | 8.33 |
| 煤炭工业 | 117.25 | 0.26 |
| 石油和石化工业 | 0.00 | 0.00 |
| 冶金工业 | 664.15 | 1.49 |
| 建材工业 | 91.41 | 0.20 |
| 化学工业 | 439.10 | 0.98 |
| 森林工业 | 17.45 | 0.04 |
| 食品工业 | 107.06 | 0.24 |
| 烟草工业 | 0.00 | 0.00 |
| 纺织工业 | 10.35 | 0.02 |
| 医药工业 | 79.87 | 0.18 |
| 机械工业 | 210.91 | 0.47 |
| 汽车工业 | 82.65 | 0.19 |
| 军工工业 | 118.29 | 0.26 |
| 电子工业 | 581.25 | 1.30 |
| 电力工业 | 476.82 | 1.07 |
| 市政公用工业 | 723.13 | 1.62 |
| 其他工业 | 100.66 | 0.23 |
| 建筑业 | 5139.73 | 11.51 |
| 交通运输业 | 4882.37 | 10.93 |
| 铁路运输业 | 141.84 | 0.32 |
| 道路运输业 | 4150.85 | 9.29 |
| 水上运输业 | 382.23 | 0.86 |
| 航空运输业 | 138.16 | 0.31 |
| 仓储业 | 357.84 | 0.80 |
| 商贸业 | 1939.37 | 4.34 |
| 房地产业 | 11057.78 | 24.76 |
| 信息传输、软件和信息技术服务业 | 170.38 | 0.38 |
| 社会服务业 | 14996.20 | 33.58 |
| 教育文化广播业 | 166.88 | 0.37 |
| 科学研究和技术服务业 | 508.70 | 1.14 |
| 金融业 | 1345.80 | 3.01 |
| 其他行业 | 155.99 | 0.35 |
| 合　计 | 44660.20 | 100.00 |

注:按照行业分类统计,差额表不参与汇总,无法按照会计报表编制进行合并抵消,各行业合计数大于全省国有资产合计数。

表 5　2022 年福建省国有资产按经营规模分布情况

| 经营规模 | 国有资产（亿元） | 占国有资产总量比重（%） |
| --- | --- | --- |
| 大型企业 | 5844.95 | 13.09 |
| 中型企业 | 11642.69 | 26.07 |
| 小型企业 | 16451.18 | 36.84 |
| 微型企业 | 10684.00 | 23.92 |
| 合　计 | 44660.20 | 100.00 |

注：按照行业分类统计，差额表不参与汇总，无法按照会计报表编制进行合并抵消，各行业合计数大于全省国有资产合计数。

## 三、福建省国有资本保值增值综合分析评价

表 6　2022 年福建省国有企业地区国有资本保值增值情况

| 地　区 | 国有资本保值增值率（%） |
| --- | --- |
| 福州市 | 101.31 |
| 厦门市 | 102.62 |
| 漳州市 | 101.54 |
| 泉州市 | 101.14 |
| 三明市 | 100.30 |
| 莆田市 | 100.93 |
| 南平市 | 101.38 |
| 龙岩市 | 100.31 |
| 宁德市 | 103.02 |
| 平潭综合实验区 | 98.87 |

表 7　2022 年福建省国有企业行业国有资本保值增值情况

| 行　业 | 国有资本保值增值率（%） |
| --- | --- |
| 农林牧渔业 | 99.49 |
| 农业 | 97.88 |
| 林业 | 100.70 |
| 畜牧业 | 93.27 |
| 渔业 | 351.84 |
| 工业 | 100.57 |
| 煤炭工业 | 101.61 |
| 石油和石化工业 | -1.00 |
| 冶金工业 | 100.36 |
| 建材工业 | 97.05 |
| 化学工业 | 93.97 |
| 森林工业 | 97.91 |
| 食品工业 | 101.20 |
| 烟草工业 | -1.00 |
| 纺织工业 | 95.53 |
| 医药工业 | 113.39 |
| 机械工业 | 94.63 |
| 汽车工业 | 93.57 |
| 军工工业 | 95.14 |
| 电子工业 | 99.22 |
| 电力工业 | 111.80 |
| 市政公用工业 | 100.41 |
| 其他工业 | 100.50 |
| 建筑业 | 101.29 |
| 交通运输业 | 101.32 |
| 铁路运输业 | 100.03 |
| 道路运输业 | 100.98 |
| 水上运输业 | 104.46 |
| 航空运输业 | 99.93 |
| 仓储业 | 105.97 |
| 商贸业 | 108.04 |
| 房地产业 | 104.10 |
| 信息传输、软件和信息技术服务业 | 99.62 |
| 电信业 | -1.00 |
| 社会服务业 | 102.83 |
| 教育文化广播业 | 104.69 |

续表

| 行　业 | 国有资本保值增值率(%) |
|---|---|
| 科学研究和技术服务业 | 102.59 |
| 金融业 | 104.42 |
| 其他行业 | 101.01 |

## 四、福建省国资委监管企业改革发展情况

### (一)圆满完成国企改革三年行动

在党的二十大之前基本完成各项改革任务,完成进度超过全国平均水平,实现高质量圆满收官。在中国特色现代企业制度、国有经济布局结构、市场化经营机制、党的领导党的建设等重点领域和关键环节取得新突破。高速集团、建工集团、三钢集团改革经验入选国务院国资委典型案例集。

### (二)深入开展重点领域专项治理

推动省属企业完成98项"一非两资"项目和80户重点亏损子企业专项治理工作;推动企业进一步压缩管理层级,提高管理效率和运营决策效率,累计压减管理层级334户,除港口集团受重组整合影响仍有少数五级管理企业外,其余15家所出资企业管理层级均控制在四级以内。

### (三)积极参与重大招商活动

发挥省属企业产业链招商的作用,组织省属企业参加数字峰会、第20届海峡创新成果交易会、第七届世界闽商大会、第21届投洽会等。在各重大招商活动签约项目3个,总投资96.7亿元,并纳入全省重大项目跟踪协调机制,推动项目落实落地;协调、指导省属企业与地市国资委在第20届海创会设立国企创新馆,展现"大国资"形象和风采,获得海创会组委会颁发的优秀组织奖。

### (四)推进企业数字化转型

加快推进《福建省属国有企业数字化转型工作方案(2021—2023)》落地见效,将数字化转型工作确定为省国资委本年度重点工作进行考核;连续4年举办"福建省国资系统数字化转型论坛";培育选树创新场景和案例。在全省国资系统开展数字化转型应用场景和典型案例征集评选,从中遴选出数字基础设施建设、经营管理数字化转型、产业数字化、数字产业化、数字化生态五类40个创新应用场景和典型案例并公开发布。所监管企业系统100%完成数字化转型诊断,17家集团公司全面完成转型规划的制定。

### (五)全面推进依法监管

率先出台《关于进一步深化法治国企建设的意见》《所出资企业合规管理办法》,进一步督促企业健全完善法治工作和合规管理制度体系,为加快建设一流企业筑牢坚实法治基础。完善重大风险报告制度,提高企业风险早发现、早预警、早处置的能力。创新探索出资人审计制度,加强对企业内部审计的指导。完善债务风险日常动态监测预警机制,分类管控不同行业企业资产负债率。开展境外企业专项整治行动,有效防范境外经营风险,严防境外国有资产流失。

## 五、福建省国资委监管企业并购重组与完善法人治理结构情况

### (一)深入推进整合重组

省国资委与各地持股平台完成港口集团股权下划,全省港口资源整合第二阶段工作圆满收官。能化集团组建完成,在石化、新能源等领域项目投资布局逐步展开。水投集团全面完成水务资产股权划转工作,加快城乡供水一体化建设。船舶集团重组成效显现,脱困转型加快推进。大数据集团组建实施方案经省委常委会审议通过,加快福建省数字经济产业发展。医药集团成建制划转至省国资委直接管理,着力培育生物医药产业。

### (二)完善法人治理结构

推动党的领导融入公司治理,指导督促17家所出资企业和46家重要子企业结合实际制定党委前置研究讨论重大经营管理事项清单,完善党委会、董事会、经理层议事规则和程序。坚持和完善"双向进入、交叉任职"的领导体制,140家国有独资、全资及绝对控股企

业实现党委书记、董事长“一肩挑”。着力推进人事管理和基层党建由一个领导分管，有条件地实现一个部门统一负责的要求。加强规范董事会建设，制定出台《所出资企业董事会工作规则》《所出资企业董事会和董事评价办法》等制度，17家所出资企业及各级子企业董事会应建尽建100%。建立外部董事人才库，面向社会公开选拔102名专业人才进入外部董事人才库。完成首批15名专职外部董事的选派，举办董事履职培训，通过线上线下教学，提高董事履职能力。

## 六、福建省国资委监管企业建立和完善业绩考核体系情况

### (一)强化党建工作考核

将党建工作指标从管理绩效评价的二级指标中分离出来，提升为经营业绩考核的一级指标，构建党建工作、经济效益和管理绩效“三位一体”综合绩效考核机制，加大党建工作考核力度，提高党建工作考核权重，实现党建考核与企业负责人经营业绩考核有机衔接、党建考核结果与企业负责人薪酬紧密挂钩，以高质量党建引领和保障企业高质量发展。

### (二)突出差异化分类考核

根据行业特点、发展阶段和生产经营实际等情况，将16家商业一类企业划分为工业、建筑业和信息技术服务业企业、商贸和社会服务业企业、交通运输业企业以及国有资本投资、运营公司等类型，进一步突出不同考核重点，实行差异化分类考核，建立3个基本指标、2个分类指标和1个个性指标的“三二一”指标体系，持续增强业绩考核的科学性、合理性和精准化。

### (三)强化正向激励导向

牢固树立“干好干坏不一样”导向，进一步健全完善业绩考核加减分事项，对企业贯彻落实党中央、国务院决策部署和省委、省政府工作要求，工作成效显著、贡献突出的，以及在科技创新、表彰奖励、完成专项任务及资本证券化、人才引进和人才培育等方面取得突出成绩的，给予考核加分奖励，有效激发企业家干事创业的内生活力动力，引导企业在全省经济社会发展中更好地发挥主力军、“排头兵”作用。

## 七、福建省国资委监管企业负责人考核与选人用人机制改革情况

### (一)优化班子结构

坚持把政治标准贯穿干部选拔任用全过程，切实把好选人用人关，配合省委组织部调整配备24名省管企业领导干部。深化党管干部原则与市场化选人用人机制有机结合，印发《福建省国资委所出资企业权属企业推行职业经理人制度操作指引》，支持所出资企业合理增加企业经理层市场化选聘比例，各级企业职业经理人121人。

### (二)完善监督机制

加强对企业领导人员的监督，配合省委组织部完成2021年度省管企业领导班子年度考核，持续落实所出资企业主要负责人述职述廉述党建制度。落实省委巡视要求，加强对干部选拔任用工作的民主监督，配合省委组织部完成2021年度省管企业选人用人“一报告两评议”工作，对企业重要岗位4名负责人开展复核工作，进一步规范企业干部选拔任用行为，防止和纠正用人上的不正之风。

### (三)强化培养锻炼

大力培养选拔优秀年轻干部，用好干部挂职交流制度，选拔省国资系统29名年轻干部参与援藏援疆、驻村帮扶、科技服务团、平潭挂职等工作，赴基层一线锻炼，增长才干。深入开展“健全国有企业培养选拔优秀年轻干部常态化工作机制”课题研究，尝试探索提级管理等干部选育管用新模式。

## 八、福建省国资委监管企业党的建设和廉政建设情况

### (一)压实党建工作责任

修订企业负责人经营业绩考核指标体系，将党建工作上升为一级指标，考核权重由5.7%提高至15%，常态开展企业党建工作考核、基层党组织书记抓党建述职评议考核，层层落实全面从严治党主体责任。推动16家所出资企业及其41家重要子企业全部建立完善“第一议题”制度，构建传达学习、研究部署、贯彻落实、跟踪督办、

报告反馈的工作闭环,促进习近平总书记重要讲话重要指示批示精神在国资系统落地生根。推进党的领导融入公司治理,与省委组织部联合出台在完善公司治理中加强党的领导的16条措施,推动法人企业全面完成将党建工作要求写入公司章程,实现"双向进入、交叉任职"领导体制和党委(党组)书记、董事长"一肩挑"全覆盖。

#### (二)深化基层基础建设

加强基层党组织建设,省属企业2757个党组织基本做到"应建尽建""应换尽换",打造坚强战斗堡垒。连续4年开展"达标创星"活动,创建"六好"党建示范点39个,形成党支部"五小工作法""工地党建"等一批特色品牌案例。中国武夷"党旗飘扬在海外"入选国务院国资委2022年国企品牌建设典型案例"双百榜",省七建公司"创新'7432'新模式、激发项目党建新活力"获评省新时代党建优秀案例。探索书记"项目挂帅"制度和"链上党建"模式,建立"党员创新室""党代表工作室",设立党员先锋岗1245个,确定党员责任区6020个,充分发挥党员先锋模范作用。

#### (三)持续加强正风肃纪反腐

深入开展案件警示教育,深刻吸取教训,营造风清气正的政治生态。扎实开展粮食购销领域腐败问题专项整治,处置涉粮线索10件,党纪政务处分3人,协助地方监委留置4人。落实省国资委党委与驻委纪检监察组协调机制,健全定期交流、问题线索移送等制度,协同开展境外企业、混合所有制企业监督和内部巡察。坚持"三个区分开来",指导15家所出资企业建立容错纠错机制,为12名受到失实举报的干部澄清正名,进一步激励党员干部干事创业、尽职担当。

(撰稿人:吴竞东)

## 厦门市

### 一、厦门市国有资产监督管理工作综述

2022年,厦门市国资国企系统坚持以习近平新时代中国特色社会主义思想为指导,深入学习贯彻习近平总书记在福建考察时的重要讲话精神和致厦门经济特区建设40周年贺信重要精神,认真贯彻"疫情要防住、经济要稳住、发展要安全"重要要求,深入实施"提高效率、提升效能、提增效益"行动,推动国资国企改革发展和党的建设工作取得新的成效。

#### (一)经济效益较快增长

2022年,厦门市国企资产和营收再创历史新高。10家市级企业和1家区级企业营业收入超过100亿元,其中厦门建发集团有限公司营业收入突破8000亿元;6家市级企业利润总额超过10亿元。厦门市国有企业以占全省国企(非金融类)不到30%的资产总额,贡献超过70%的营业收入和超过60%的利润。在取得良好效益的同时,厦门市国有企业积极发挥"稳定器""压舱石"作用,为厦门市经济发展作出积极贡献。16家市属国有企业承接重点建设项目244个,完成投资额1097.96亿元,占厦门市重点项目完成投资额的44.89%;全年实际上缴税金总额(在厦口径,下同)178.90亿元,占厦门市一般公共预算收入的11.98%;实现批发零售销售额17908.12亿元,占厦门市批零销售总额的47.44%;实现贸易进出口额3710.02亿元,占厦门市进出口总额的40.21%;实现劳动生产总值1289.58亿元,占厦门市GDP总量的20.20%。

#### (二)服务大局彰显担当

在疫情防控、民生保障、招商引资、纾困减负、产业帮扶等领域勇于负重,充分展现国有企业使命担当。助力中小企业纾困解难,发布《关于厦门国资国企稳增长促发展助力中小企业纾困解难有关事项的通知》,推出4个方面36条举措,为17272户小微企业和个体工商户减免租金11.01亿元。扎实做好民生保障,承担厦门市100%的蔬菜批发供应、100%的地铁客运服务、98.92%的公交客运服务、98.8%的管道天然气供应、88.68%的垃圾处理量和全省80.19%的飞机起降服务、80.7%的航空旅客吞吐量和86.2%的航空货邮吞吐量。积极推进东西部协作和乡村振兴,推动建发集团纸箱厂、国贸控股天然石膏建材、轻工集团葡萄酒等项目加快落地,发动国贸控股等6家企业赴闽宁镇参与结对帮扶,完成社会帮扶资金120万

元。坚持做好稳岗就业，下发《关于进一步做好2022年度高校毕业生就业岗位开发工作的通知》，15家所出资企业和2家集体企业提供就业岗位2.7万个，实际招聘1.5万人，提供援藏就业岗位15个。

### （三）品牌价值持续提升

厦门国贸控股集团有限公司继续入围世界品牌实验室发布的2022年度"世界品牌500强"排行榜，是福建省唯一上榜企业。厦门建发集团有限公司、厦门国贸控股集团有限公司和厦门象屿集团有限公司3家国企蝉联2022年《财富》"世界500强"榜单，排名均跃居前160位。厦门建发股份有限公司、厦门国贸集团股份有限公司、厦门象屿股份有限公司、厦门路桥工程物资有限公司4家企业入围"中国企业500强"。厦门轻工集团有限公司《实现从中国制造到世界品牌的跨越》和厦门象屿集团有限公司《计利天下、相与有成》案例入选国务院国资委"100个国有企业品牌建设典型案例和100个优秀品牌故事"。

## 二、厦门市国有资产总量与结构分析

截至2022年底，厦门市国有及国有控股企业（以下简称国有企业）资产总额23539.12亿元，比上年增长16.85%；负债总额16009.07亿元，比上年增长16.19%；所有者权益7530.05亿元，比上年增长18.27%，其中归属于母公司所有者权益4836.23亿元，增长16.91%；营业收入23795.37亿元，比上年增长13.57%；利润总额375.63亿元，比上年下降2.44%。

**表1　2022年厦门市国有企业指标**

| 项　目 | 金　额(亿元) |
|---|---|
| 资产总额 | 23539.12 |
| 所有者权益 | 7530.05 |
| 国有资产总量 | 4389.56 |
| 营业收入 | 23795.37 |
| 利润总额 | 375.63 |
| 净利润 | 261.13 |
| 归属母公司所有者的净利润 | 119.07 |
| 应交税金总额 | 744.52 |
| 实际上缴税金总额 | 756.75 |

续表

**表2　2022年厦门市国有企业户数情况**

| 2021年户数(户) | 2022年户数(户) | 比上年增长(%) |
|---|---|---|
| 3443 | 3784 | 9.90 |

注：以上户数为纳入国有资产统计报表范围的所有国有及国有控股企业。

厦门市下设思明、湖里、海沧、集美、同安、翔安6个区。从国有资产地区分布情况看，市属国企国有资产总量3826.84亿元，占比87.18%，区属国企国有资产总量562.72亿元，占比12.82%。

**表3　2022年厦门市国有资产按地区分布情况**

| 地　区 | 国有资产(亿元) | 占国有资产总量比重(%) |
|---|---|---|
| 市属企业汇总 | 3826.84 | 87.18 |
| 区属企业汇总 | 562.72 | 12.82 |
| 思明区 | 41.14 | 0.94 |
| 湖里区 | 232.81 | 5.30 |
| 海沧区 | 73.93 | 1.68 |
| 集美区 | 125.49 | 2.86 |
| 同安区 | 45.16 | 1.03 |
| 翔安区 | 44.19 | 1.01 |

从行业分布看，厦门市企业国有资产分布的行业前五位是房地产业、社会服务业、商贸业、交通运输业和金融业，分别占单户国有资产合计数的42.99%、28.79%、8.69%、6.84%和4.08%，合计占比91.39%。

**表4　2022年厦门市国有资产按行业分布情况**

| 行　业 | 国有资产(亿元) | 占国有资产总量比重(%) |
|---|---|---|
| 农林牧渔业 | 13.39 | 0.10 |

续表

| 行　业 | 国有资产(亿元) | 占国有资产总量比重(%) |
|---|---|---|
| 工业 | 500.39 | 3.65 |
| 建筑业 | 487.29 | 3.55 |
| 交通运输业 | 938.11 | 6.84 |
| 仓储业 | 27.61 | 0.20 |
| 商贸业 | 1192.04 | 8.69 |
| 房地产业 | 5894.84 | 42.99 |
| 信息传输、软件和信息技术服务业 | 51.87 | 0.38 |
| 社会服务业 | 3947.06 | 28.79 |
| 教育文化广播业 | 40.10 | 0.29 |
| 科学研究和技术服务业 | 51.94 | 0.38 |
| 金融业 | 559.93 | 4.08 |
| 其他行业 | 7.36 | 0.05 |
| 合　计 | 13711.92 | 100.00 |

注:表中的合计是单户国有资产的简单加总,不是指报表合并的国有资产数。

从企业经济规模看,厦门市国有资产主要集中在大中型企业。截至2022年底,大中型企业811户,占总户数的21.43%,大中型企业单户国有资产总量6952.35亿元,占厦门市2022年末单户国有资产总量的50.71%;小微型企业2973户,占总户数的78.57%,小微型企业单户国有资产总量6759.57亿元,占厦门市2022年末单户国有资产总量的49.30%。

**表5　2022年厦门市国有资产按经营规模分布情况**

| 经营规模 | 国有资产(亿元) | 占国有资产总量比重(%) |
|---|---|---|
| 大型企业 | 2564.82 | 18.71 |
| 中型企业 | 4387.53 | 32.00 |
| 小型企业 | 2783.68 | 20.30 |
| 微型企业 | 3975.89 | 29.00 |
| 合　计 | 13711.92 | 100.01 |

注:表中的合计是单户国有资产的简单加总,不是指报表合并的国有资产数;表中数据由于四舍五入,分项合计不等于100。

国有资产总量与结构分析表明,厦门市国有资产数量继续保持增长的趋势,国有企业所有者权益稳步提高,总体上看,厦门市国有企业克服国内外复杂经济形势的不利影响,国有企业保持稳中有进、进中向好发展态势。

## 三、厦门市国有资本保值增值综合分析评价

截至2022年底,厦门市国有企业归属于母公司的所有者权益4836.23亿元,比上年增加699.47亿元,比上年增长16.91%。国有资产总量4389.56亿元,比上年增加701.41亿元,比上年增长19.02%。从2022年国有企业统计汇总数据看,除海沧区外,厦门市和其他各区的国有企业全部实现国有资本保值增值;除农林牧渔业和教育文化广播业外,其他各行业也都实现国有资本保值增值。

**表6　2022年厦门市国有企业地区和行业国有资本保值增值情况**

| 地　区 | 国有资本保值增值率(%) | 行　业 | 国有资本保值增值率(%) |
|---|---|---|---|
| 厦门市 | 102.62 | 农林牧渔业 | 88.70 |
| 市属企业 | 102.96 | 工业 | 102.12 |
| 区属企业 | 100.21 | 建筑业 | 102.80 |
| 思明区 | 101.08 | 交通运输业 | 102.81 |
| 湖里区 | 100.35 | 仓储业 | 105.37 |
| 海沧区 | 96.04 | 商贸业 | 112.36 |
| 集美区 | 101.11 | 房地产业 | 106.52 |
| 同安区 | 101.37 | 信息传输、软件和信息技术服务业 | 106.93 |
| 翔安区 | 103.76 | 社会服务业 | 105.34 |
| | | 教育文化广播业 | 96.26 |
| | | 科学研究和技术服务业 | 103.45 |
| | | 金融业 | 106.29 |
| | | 其他行业 | 88.23 |

## 四、厦门市国资委监管企业改革发展情况

2022年，厦门市委、市政府立足厦门市经济社会发展大局，高位谋划、统筹部署，以完善企业领导人员管理体制为抓手激发活力动力，以实施战略性重组和专业化整合为抓手优化国资布局，以高标准加强党的建设为抓手筑牢国企"根""魂"，着力破解国有企业大而不强、大而不优、同质化等问题，推动国资国企改革发展和党的建设各项工作取得新的重要进展和显著成效。

### （一）优化布局调整结构，形成匹配服务厦门新发展战略需要的国资布局

推动市属国有企业和国有资产的重组整合，将21家企业优化整合为16家，推动国有资本向厦门市重要行业、关键领域和优秀团队集中集聚，打造新经济、临空产业等产业发展平台，以及轨道、交通、市政、片区等重大基础设施的开发建设和运营平台，为服务厦门新发展战略、打造新发展格局节点城市夯实国企产业基础。一是深耕供应链发展支撑国内国际双循环。厦门建发集团有限公司、厦门国贸控股集团有限公司和厦门象屿集团有限公司3家"世界500强"企业加速全球化布局战略，与全球大多数国家和地区优质活跃客户建立业务往来，为国内外超过10万家企业提供供应链服务，贸易伙伴遍及全球223个国家和地区，钢铁、煤炭、纸浆、纺织品、橡胶、粮食等经营规模和效益稳居行业第一梯队。二是打造国际性综合交通枢纽提升城市竞争力。厦门港务控股集团有限公司、厦门象屿集团有限公司等企业聚焦推动港口高质量发展目标，加快港口转型升级步伐，做大做强国际集装箱干线港，持续拓展厦门口岸综合物流服务能力，全年新增集装箱班轮航线14条，完成集装箱吞吐量1243.47万标准箱，比上年增长3.22%。三是构建先进制造业平台引领发展动能转换。厦门海翼集团有限公司并入厦门国贸控股集团有限公司后，净资产增长67.8%，旗下上市公司厦门厦工机械股份有限公司当年实现扭亏为盈。厦门国贸控股集团有限公司、厦门金圆投资集团有限公司、厦门象屿集团有限公司、厦门轨道建设发展集团有限公司等企业积极参与柔性显示屏产业投资，天马第六代柔性AMOLED生产线成功实现首批产品出货国际品牌客户，天马8.6代新型显示面板生产线项目全面开工。四是做强旅游会展经济赋能服务业成长。厦门建发集团有限公司、厦门国贸控股集团有限公司、厦门翔业集团有限公司等企业紧抓疫情防控窗口期和后疫情时期，迅速恢复办展办会，推动厦门市全年办展数量首度进入全国前三。厦门建发集团有限公司、厦门翔业集团有限公司等企业持续提升酒店管理水平和品牌效应，下属佰翔酒店集团和厦门建发旅游集团股份有限公司双双入围"中国饭店60强"。五是打造区域性金融中心助推两岸融合发展。厦门金圆投资集团有限公司管理资产规模超过7600亿元，"一行两会"牌照更加齐全。厦门国贸控股集团有限公司整合内部金融服务业务资源，积极打造"产业＋金融"一体化商业模式。象屿集团"屿链通"数字供应链金融服务平台获评2022年中国物流与采购联合会"中国物流与供应链金融"优秀案例。厦门建发集团有限公司下属新兴产业投资公司排"中国最受GP关注的母基金"第三位，在管资产超过200亿元。

### （二）积极拓展融资渠道，参与并助力厦门市投融资体制机制改革和模式创新

抓住重组整合有利契机，积极做大资产规模，多维度拓展资金融通渠道，有效提升企业投融资能力，为服务城市开发建设大战略提供更多有力支撑。一是创新融资方式助力城市建设。厦门轨道集团有限公司湿地公园、海沧中心及后村3个TOD项目顺利入市，厦门火炬集团有限公司承接的同翔高新城PPP项目开工，厦门安居集团有限公司"中金厦门安居REIT"项目成功发行。重组整合后，厦门安居控股集团有限公司信用等级提升至AAA级，厦门经济特区房地产开发集团有限公司成功发行由厦门轨道建设发展集团有限公司担保的公司债券，厦门翔业集团有限公司新机场银团贷款中标利率首次低于2%。二是发挥基金作用助力产业发展。通过承接管理产业引导基金和国企战略发展基金，协同助力厦门市产业转型升级发展。其中，产业引导基金由厦门金圆投资集团有限公司作为出资代表并承接管理，截至2022年底在管子基金75只（规模1251亿元）、大基金6只（规模3114亿元），累计投资厦门项目391项次，投资金额

271亿元;国企战略发展基金由厦门国有资本运营有限公司作为出资代表,设立建发普洛斯基金等6只子基金,规模合计168亿元。三是加强资本运作提升上市公司质量。支持上市公司平台充分利用融资手段和并购功能,助力主业强优发展。通过投资收购,新增国有控股上市公司1家。截至2022年底,市属国有控股上市公司(非金融类)12家,其中A股8家、H股4家,总市值1483.98亿元。

**(三)全面推进国企改革三年行动,有效激发企业发展的内生动力和活力效率**

全面完成国企改革三年行动主体任务,三年行动以来累计出台各项制度规范33项,重点领域及关键环节改革向纵深推进。一是董事会实现应建尽建。市属各层级企业董事会应建尽建,市属全级次企业"外部董事占多数"比例为99.81%,轻工集团和资本运营公司等2家企业实现集团层面外部董事占多数,累计选聘并向出资企业委派专(兼)职外部董事15人。完成外部董事2021年度考核评价,有力提升所出资企业外部董事建设规范化、科学化水平。二是市场化经营机制更加健全。全面推广职业经理人制度,各层级企业通过市场化选聘的职业经理人1316人,占全部经理层人数的54.02%,其中厦门建发集团有限公司等4家企业试点推行集团层面职业经理人,累计聘任14人,按制度规定退出4人。建立健全人员能上能下、能进能出,薪酬能增能减的中层负责人管理机制,2022年末管理人员竞争上岗比例97.62%,不胜任退出比例6.11%,高于全国平均水平。员工公开市场化招聘率100%。三是混合所有制改革深入推进。制定印发《厦门市市属国有企业混合所有制改革操作指引》,进一步规范企业混合所有制改革流程。批复厦门古龙食品有限公司和厦门市政环能股份有限公司混合所有制改革方案,推动厦门象屿股份有限公司引入招商局集团和山东港集团两家战略投资者,预计募集金额35亿元。截至2022年底,按穿透口径计算,市国资委出资企业子企业混合所有制改革户数占比73.29%。四是自主创新能力逐步提升。印发《关于推进厦门市国资国企创新发展的指导意见》,着力推动市属国有企业加大创新投入力度;支持设立国有企业创新投资基金和申请国家成果转化引导基金及省、市创新引领基金,发挥基金功能助推创新发展。五是改革专项行动取得新成效。厦门国贸控股集团有限公司、厦门象屿集团有限公司在国务院国资委"双百行动"评估中获评"优秀",厦门建发集团有限公司入选国务院国资委"国有重点企业管理标杆创建行动标杆企业",厦门市政环能股份有限公司入选福建省国资委发起的"八闽综合改革专项行动"。

**(四)强化国有资产监管,有力保障国资国企平稳健康安全发展**

坚持"放活"与"管好"齐抓、监管与服务并重,做到管资本与管党建相结合、履行出资人职责与履行国资监管职责相结合、党内监督与出资人监督相结合,在监管中服务好企业发展,在服务中履行好监管责任。一是切实提升国资监管系统性时效性。推进"智慧国资"监管平台建设,实现市、区两级国资监管机构和所监管企业全覆盖。加强授权放权管理,批复厦门翔业集团有限公司改组为国有资本投资公司,对其进行一揽子授权。印发《2022年厦门市国资国企法治建设工作要点》,开展市属国企"合规管理年"活动。二是开展国有资产专项巡察盘活闲置资产。开展厦门市国有资产管理使用情况专项巡察,摸底所出资企业闲置资产存量319.92万平方米,推动盘活去化300.19万平方米,盘活去化率93.83%,有力释放发展潜能。三是落实企业纪检监察机构负责人统一管理。改革企业纪委领导人员管理体制,实行经营权与监督权分离,市属国有企业纪委书记(纪检监察组组长)人事关系、薪酬待遇、考核评价与所在企业脱钩,实行统一管理、统一薪酬、统一考核,确保企业纪委履职独立性。

## 五、厦门市国资委监管企业建立和完善经营业绩考核体系情况

起草《所出资企业主要负责人经营业绩考核办法》《所出资企业负责人分类考核分层激励操作指引》《所出资企业负责人薪酬管理办法》等配套制度,借鉴中央企业"一利五率"并结合厦门市国企实际情况,完善高质量考核指标体系,并根据企业的战略定位和发展目标及企业领导人员的选任方式、岗位职责和履职特点,

突出不同考核重点，设置不同考核指标及权重，合理拉开考核结果的差距，体现薪酬兑现的强激励、硬约束。

灵活开展多种方式的中长期激励，建发股份、国贸股份等6家上市公司开展核心骨干员工股权激励计划，象屿金象、卫星定位等3家混合所有制企业实施员工持股计划，国升基金等10家企业采用超额利润分享机制实现风险共担、成果共享，建发新兴等3家企业通过项目跟投实现员工中长期利益与项目风险捆绑。

## 六、厦门市国资委监管企业负责人考核与选人用人机制改革情况

### （一）完成企业负责人经营业绩考核和薪酬核定

一是完成企业负责人2021年度经营业绩考核工作。19家被考核企业中，有16家企业考核等级获评A级，2家企业获评B级，1家企业未参与评级。二是完成企业负责人2019—2021年任期经营业绩考核工作。19家被考核企业中，除厦门国有资本运营有限责任公司未参与评级，其他18家企业均获评A级。三是根据2021年度和2019—2021年任期考核结果，兑现绩效年薪和任期激励收入。2022年，市属国有企业负责人147人，平均年度薪酬136.36万元，比上年增长33.12%。企业负责人薪酬增长与效益增长保持同步，增幅较大主要是由于企业负责人2019—2021年任期激励收入在2022年集中兑现。

### （二）创新企业领导人员管理体制机制

建立完善市属国有企业领导人员管理机制“1+3”政策体系，对市委、市委组织部、履行出资人职责机构党委和国企党委的干部管理权限进行划分，明确将经营班子副职中的职业经理人、重要中层岗位负责人等下放由企业党委研究、董事会聘任管理，赋予国企党委、董事会更多选人用人权，推进企业纪委书记统筹管理，实现国企经营权和监督权分离，构建起放活和管好并重、赋权与监督结合的国有企业领导人员管理体制。

### （三）加大国企人才选聘力度

开展“人才服务月”系列活动，指导国企开展“国资骐骥”招才引智、“政策助力”人才政策宣讲、“国资精进”人才培养等活动，通过多元化引才、人才交流、培训等活动，广泛公开招收各层次人才，推动更多人才留厦就业。印发《关于厦门国资国企稳增长促发展助力中小企业纾困解难有关事项的通知》（厦国资办〔2022〕155号），要求国有企业带头不裁员或少裁员，不得随意毁约。深耕校企合作助力引才，组织市属国企参加2022年春季毕业生招聘工作启动仪式暨厦门理工学院专场招聘会，开展“勇往直前”厦企人才开放日活动。下发《关于进一步做好2022年度高校毕业生就业岗位开发工作的通知》，确保国有企业新增岗位按不低于50%的比例专项用于招聘应届高校毕业生。

### （四）规范国企干部监督管理

一是推进国企干部规范化管理。根据市属国有企业领导干部分类管理机制，进一步完善干部管理权限，优化国企干部管理，精简国企干部人事工作事项审批流程，使企业在干部调配和使用方面更加灵活。开展市属国企干部管理事项调研，进一步规范内设机构和领导职数管理，调整优化7家市直管国有企业内设机构和下属子企业设置，探索建立“为发展配备干部”的导向机制，“靠制度选任干部”的选拔机制。二是做好国资系统领导干部配偶、子女及其配偶经商办企业管理。配合组织部指导市属国企规范领导干部经商办企业管理，15家市属国企均已结合企业实际及其廉政风险排查点出台禁业范围相关制度，并组织开展梳理排查。三是提升国资国企干部队伍力量。结合实际制定《2022年厦门市国资系统教育培训方案》，与市委组织部联合举办厦门市2022年市属国有企业高级经营管理人员培训班，组织开展党组织书记、入党积极分子、党员发展对象、宣传干部、国资监管机构人员培训班17期，进一步提升国资系统党员干部的基本知识体系、知识结构、综合素养及复合型能力。

## 七、厦门市国资委监管企业党的建设和廉政建设情况

### （一）强化思想政治引领，牢记“国企姓党”的政治本色

把学习贯彻习近平新时代中国特色社会主义思

想作为长期政治任务,持续学习宣传贯彻党的十九届六中全会精神,深入开展"习近平总书记致厦门经济特区建设40周年贺信重要精神"大学习、大讨论活动,巩固拓展党史学习教育成果,引导国资系统广大党员干部群众更好地牢记嘱托、勇担使命,促进能力大提升、作风大转变。严格落实意识形态工作责任制及网络意识形态工作责任制,组织开展"强国复兴有我""未成年人关爱保护月""诚信兴商宣传月"等主题宣传活动,推进市属国企参加厦门市第三届党员微视频大赛的组织工作,深入挖掘基层党员党组织的先进事迹,举办市国资系统宣传思想工作(意识形态工作)培训班,筑牢意识形态主阵地,维护网络意识形态安全。

**(二)强基固本,提升国企党建基础**

加强统筹谋划部署,根据国有经济布局优化和结构调整实施方案的要求,对涉及股权划转的国企基层党组织进行党组织划转,组织开展市属国有企业年度党建工作综合考核、市属国有企业和相关集体企业党委书记抓基层党建述职评议考核、市属国有企业全面从严治党主体责任落实情况检查,形成一级抓一级、层层抓落实的工作局面。出台《以高质量党建引领国有企业高质量发展　推动党的建设与生产经营深度融合的指导意见》,指导国有企业把党建工作的着眼点和落脚点放在提高企业效益、增强企业竞争力、实现国有资本保值增值上,进一步推进党的建设与生产经营深度融合。开展清查整治突出问题规范党务工作,及时排查治理将党务工作事项外包、安排非党员从事党务工作等突出问题,推进全面从严治党向基层延伸。扎实做好党员发展工作,印发《厦门市国资系统流动党员管理工作试点方案》《关于开展市国资委劳务派遣工发展党员试点工作方案》,指导国有企业加强党员发展程序的规范性,持续优化党员队伍结构,推进流动党员规范化管理。2022年,计划发展党员781人,完成发展党员421人。深化党建品牌创建,下发《关于持续深化党建品牌培育工作的通知》,推动基层党组织坚持把服务生产经营作为党建品牌创建的价值导向,持续深化培育具有厦门国企特色的基层党建品牌。深化近邻党建工作,积极构建共建共治共享的城市基层治理格局,推动国资系统各级企业、国企物业公司、各级文明单位、全体干部职工积极参与到"近邻党建先进社区""先进小区党支部"的创建工作中。持续推动党员到社区报到服务,国资系统党员到所在社区报到15052人,市属国企党员参加社区组织志愿服务活动15880余人次。

**(三)深化廉洁文化建设,涵养风清气正政治生态**

围绕市纪委《关于国企廉洁风险问题及对策研究报告》和厦门市国有企业党风廉政建设工作会议精神,对关键领域和重点环节存在的监管薄弱地带进行全面梳理,出台相关制度7项,不断完善风险防控制度机制。以"常态化工作机制+月度性集中宣传"综合推进廉洁文化建设,制定《关于加强厦门市国有企业廉洁文化建设的意见》《厦门市国有企业廉洁文化宣传月工作方案》,将每年3月确定为"厦门市国企廉洁文化建设月"。以"喜迎二十大廉洁谱新篇"为主题,组织开展廉洁教育"七个一"活动,开展线上线下廉洁专题培训及廉洁宣传警示片学习活动400余场,覆盖党员干部群众超过3万人,召开廉政专题研讨座谈近200场,组织参加党风廉政法规知识测试3.6万人。坚持问题导向,以推动党的建设与生产经营深度融合为主题开展政治监督,将政治监督融入日常工作,突出工作重点,注重监督实效,进一步推动国有企业高质量发展。

(撰稿人:龚　健)

# 江西省

## 一、江西省国有资产监督管理工作综述

2022年,面对疫情反复冲击的严峻形势和艰巨繁重的改革发展任务,江西省国资国企系统坚持以习近平新时代中国特色社会主义思想为指导,以迎接党的二十大和学习贯彻党的二十大精神为主线,全面落实省委、省政府各项决策部署,推动国资国企改革发展和党的建设各项工作迈出新步伐、取得新成效。

**(一)经济运行平稳向好,有效发挥经济"稳定器"作用**

一是经济效益筑底企稳。截至2022年底,江西省国有企业资产总额74722亿元、净资产30527亿元,分别比上年增长13.5%、14.2%。全年实现营业收入12063亿元、利润总额392亿元、上缴税费369亿元,分别较2020年增长36.7%、8.9%、25.2%。江铜集团实现营业收入5040亿元、利润90.5亿元,利润继续保持两位数以上的增长。江钨集团实现利润总额8亿元,比上年增长168%,再创重组以来最好业绩。新余市属国有企业各项指标实现近年最好。鹰潭国有资产总额、国有资本收益增幅全省第一。二是投资拉动作用突出。2022年,省属企业完成投资首次突破千亿元,达到1002亿元,比上年增长10.8%。省投资集团投资金额201亿元,投资规模创新高。宜春指导所属企业与宁德时代、国轩高科等企业组建合资公司,配合支持全市重大项目落地。江铜集团总投资128亿元的江铜(上饶)工业园区建成后,可实现年营业收入270亿元,利税总额22亿元。省盐业集团新盐钙生产线、纯碱二期、小苏打生产线投产,带动集团全年实现利润5亿元,比上年增长1.5倍。三是社会贡献明显提升。全省国有企业(含驻赣央企)实现增加值占全省第二产业增加值的22%,上缴税费占全省税收收入的20%,营业收入、利润总额分别占全省规模以上工业企业的43%、28%;减免租金11亿元,惠及小微企业和个体工商户4.3万户;职工人数32.8万人,比上年新增职工超过5000人。省水投集团全力保障供水区域内121万名城乡居民生产生活饮水。省建工集团高效组织、高质量提前完成贵溪经开区方舱医院抢建。省军工集团供应超过2万发增雨火箭弹抗旱防灾。长天集团成立江西省医疗健康投资有限公司和投入运营江西长天医养中心,积极支持健康江西建设。

**(二)扎实推进"三年行动",国资国企改革成势见效**

一是市场化经营机制健全完善。在全国率先实现经理层成员任期制和契约化管理全覆盖,集团层面87名、各级子企业1987名经理层成员100%签订任期经营业绩责任书、年度经营业绩责任书和岗位聘任协议。集团层面11名、各级子企业180名经理层实行职业经理人制度。三项制度改革在更大范围实现突破,全面实施以劳动合同管理为关键、以岗位管理为基础的市场化用工制度,普遍落实企业内部竞争上岗机制,畅通员工进出流动通道。监管企业新进员工公开招聘率、劳动合同签订率100%,2701名管理人员实现竞聘上岗,4.42%的管理人员实行末等调整或不胜任退出。二是中国特色现代企业制度持续完善。全面落实"两个一以贯之",推动党的领导与完善公司治理深度融合,18户监管企业及所属重点子企业全部制定党委前置研究重大事项清单。系统规范董事会建设,实现董事会应建尽建,按要求实现外部董事占多数,面向社会公开遴选建成80余人外部董事人才库,董事会运行质量大幅提升。充分激发经理层活力,全面落实董事会向经理层授权制度,建立总经理向董事会报告工作机制,不断健全完善权责法定、权责透明、协调运转、有效制衡的法人治理机制。三是改革专项工程取得实效。"百户国企混改攻坚行动"全面收官,指导推动101户国有企业完成混合所有制改革,成功引入90亿元社会资本。国企改革"双百行动"、"科改示范行动"等专项改革行动全面完成,江铜集团被评为"双百企业"A级,新余国科等4家企业新纳入"科改示范企业"名单。深入实施对标一流管理提升行动,15家出资监管企业的572项重点提升任务全面完成。江铜集团、江铃集团被国务院国资委评为管理标杆企业,新钢集团信息化智能化系统被评为管理标杆项目。

**(三)主动落实重大战略部署,高质量发展迈出更大步伐**

一是科技创新不断加力。建立重大科技项目"揭榜挂帅"常态化机制,发布22个重大技术需求榜单,推动省国资委监管企业研发投入143.23亿元,全年研发经费比上年增长超过15%,占全省规模以上企业研发投入的25%以上。江铜集团、省投资集团、江钨集团、省建材集团、国泰集团等企业9项成果获得2021年度江西省科学技术进步奖。全年中国瑞林公司科技类和工程类项目获奖68项。全省国有企业拥有国家级创新平台14个、省级创新平台89个、高新技术企业117家。二是提质增效成果显著。2022年,江西省国资委监管企业提质增效增利 38.8 亿元，三项费用增速低于营业收入增速 0.5 个百分点，“两金”占流动资产比重下降 3.3 个百分点。省港口集团提高电站运行效力、稳健推进多元经营，经济指标实现逆势上扬。省咨询投资集团加强业务板块抱团发展，新签合同额比上年增长 55%，全年实现利润总额 1.1 亿元。三是国有资本配置效率有效提升。成功打造以江西国控为主体的万亿级省级产业投资大平台、千亿级大基金，实现新钢集团与中国宝武联合重组，相继组建省公共资源交易集团、省地质建设投资集团、省人才发展集团。南昌市将市属国企由“9＋1”整合重组为“4＋2”，成为全省首个国资总额突破 1 万亿元大关的设区市。上饶市将原有“1＋10”融资平台公司整合为“1＋3”，全力推进市场化运行。萍乡市构建多元业务、产业链较完备的“1＋5＋N”国有企业框架布局。四是产业转型升级持续推进。认真贯彻落实国家“双碳”政策和数字经济“一号发展工程”的要求，出台省国资委出资监管企业数字化转型专项行动方案，成立双碳课题小组，大力发展绿色产业和数字经济。省建材集团推进绿色制造体系构建，新增 6 家省级“绿色工厂”。省水投集团数字孪生峡江入选水利部先行先试项目。省咨询投资集团成立碳中和创新中心，组建全国碳市场能力建设(成都)中心江西基地。省融资担保集团设立赣财再担保公司和赣财数字担保公司，积极助力全省深化发展与改革双“一号工程”。

**(四)全面履行国资监管职责，国资监管系统性实效性切实提升**

一是监管职能不断优化。修订印发《江西省国资委权力和责任清单(试行)》，编印《国有资产监督管理与国有企业改革文件选编》，全面梳理形成科学系统、精简高效的国资监管制度体系。印发《江西省国资委2022 年度指导监督地方国资工作计划》，统筹规划年度对各设区市国资监管指导工作，推进各级监管机构上下贯通、协调联动。二是监管体系更加健全。牵头制定《2022 年度省属国有企业综合考核实施方案》，将 25 家省属国有企业全面纳入省委综合考核体系，全力构建对标一流、创先争优考核评价机制。加快建设全省国资国企在线监管系统，上线运行“三重一大”在线监管系统并定期进行监测通报。宜春市初步形成“遵照总体原则、突出行业特点、符合宜春实际”的考核指标体系。上饶市大力推进国企“阳光采购”工作，搭建市级国企阳光采购平台。萍乡市聚焦重点领域和关键环节出台多项制度，健全国资监管体系。三是风险防范不断加强。集中用 1 个半月时间对省属国有企业贯彻落实“三重一大”等决策制度突出问题开展全面排查，对排查的 331 个问题实行清单式整改。全面建立风险管理、风险排查和重大风险事项报告制度，实现责任追究制度和体系全覆盖。2022 年，省国资委监管企业通过法律方式为企业挽回经济损失 13.75 亿元，开展追责项目 51 个，追责 259 人次。省铁航集团推进混合所有制企业差异化管控、风险准备金制度，加强混合所有制企业监管。九江市建成涵盖市、县、区经营性国有资产信息化监管平台，有效消除权力寻租空间。赣州市聚焦违规投资入股、经商办企业，违规借贷和违规插手干预工程等三类突出问题开展集中治理。

## 二、江西省国有资产总量与结构分析

**表 1　2022 年江西省国有企业指标**

| 项　目 | 金　额(亿元) |
|---|---|
| 资产总额 | 74722 |
| 所有者权益 | 30527 |
| 国有资产总量 | 28154 |
| 营业收入 | 12063 |
| 利润总额 | 392 |
| 净利润 | 298 |
| 归属于母公司所有者的净利润 | 213 |
| 应交税金总额 | 385 |
| 实际上缴税金总额 | 369 |

**表 2　2022 年江西省国有企业户数情况**

| 2021 年户数(户) | 2022 年户数(户) | 比上年增长(%) |
|---|---|---|
| 4184 | 4800 | 14.7 |

**表 3　2022 年江西省国有资产按地区分布情况**

| 地　区 | 国有资产（亿元） | 占国有资产总量比重(%) |
|---|---|---|
| 省属企业汇总 | 4557 | 16.2 |
| 地市企业汇总 | 23597 | 83.8 |
| 南昌市 | 3099 | 11.0 |
| 九江市 | 1646 | 5.8 |
| 景德镇市 | 1202 | 4.3 |
| 萍乡市 | 1810 | 6.4 |
| 新余市 | 480 | 1.7 |
| 鹰潭市 | 737 | 2.6 |
| 赣州市 | 3363 | 11.9 |
| 宜春市 | 3457 | 12.3 |
| 上饶市 | 4094 | 14.5 |
| 吉安市 | 1299 | 4.6 |
| 抚州市 | 2410 | 8.6 |
| 合　计 | 28154 | 100.0 |

**表 4　2022 年江西省国有资产按行业分布情况**

| 行　业 | 国有资产（亿元） | 占国有资产总量比重(%) |
|---|---|---|
| 农林牧渔业 | 1099 | 3.9 |
| 工业 | 2000 | 7.1 |
| 建筑业 | 5876 | 20.9 |
| 交通运输业 | 2061 | 7.3 |
| 仓储业 | 28 | 0.1 |
| 商贸业 | 288 | 1.0 |
| 房地产业 | 4516 | 16.0 |
| 信息传输、软件和信息技术服务业 | 100 | 0.4 |
| 社会服务业 | 10204 | 36.2 |
| 教育文化广播业 | 227 | 0.8 |
| 科学研究和技术服务业 | 362 | 1.3 |
| 金融业 | 1108 | 3.9 |
| 其他行业 | 285 | 1.0 |
| 合　计 | 28154 | 100.0 |

**表 5　2022 年江西省国有资产按经营规模分布情况**

| 经营规模 | 国有资产（亿元） | 占国有资产总量比重(%) |
|---|---|---|
| 大型企业 | 4918 | 17.5 |
| 中型企业 | 7678 | 27.3 |
| 小型企业 | 10880 | 38.6 |
| 微型企业 | 4677 | 16.6 |
| 合　计 | 28154 | 100.0 |

## 三、江西省国有资本保值增值综合分析评价

2022 年，江西省国有资本保值增值率 100.7%，省属企业国有资本保值增值率 102.8%，设区市企业国有资本保值增值率 100.4%，省属企业国有资本保值增值情况优于市属企业国有资本。

**表 6　2022 年江西省国有企业地区和行业国有资本保值增值情况**

| 地　区 | 国有资本保值增值率(%) | 行　业 | 国有资产保值增值率(%) |
|---|---|---|---|
| 南昌市 | 100.4 | 农林牧渔业 | 99.9 |
| 九江市 | 99.8 | 工业 | 102.9 |
| 景德镇市 | 100.5 | 建筑业 | 100.8 |
| 萍乡市 | 101.8 | 交通运输业 | 100.2 |
| 新余市 | 97.3 | 仓储业 | 97.9 |
| 鹰潭市 | 101.2 | 商贸业 | 103.6 |
| 赣州市 | 100.5 | 房地产业 | 100.4 |
| 宜春市 | 100.0 | 信息传输、软件和信息技术服务业 | 103.5 |
| 上饶市 | 100.2 | 社会服务业 | 100.6 |
| 吉安市 | 100.5 | 教育文化广播业 | 103.0 |
| 抚州市 | 100.7 | 科学研究和技术服务业 | 102.5 |
|  |  | 金融业 | 102.5 |
|  |  | 其他行业 | 102.7 |

## 四、江西省国资委监管企业改革发展情况

江西省国资国企坚决贯彻落实党中央、国务院和省委、省政府关于国企改革三年行动的决策部署，锚定“作示范、勇争先”目标定位，按照“可衡量、可考核、可检验、要办事”的工作要求，精心组织、统筹实施、重点突破、全面夯实，加快推动各项改革任务落地见效，重点领域和关键环节改革成果丰硕。截至2022年底，江西省三年行动整体改革任务全面完成。在2021年上半年、2021年度、2022年度评估中连续3次获评全国A级，稳居全国“第一方阵”。

### (一)经营性国有资产集中统一监管历史性收官

坚决贯彻落实党中央、国务院关于政企分开、政资分开、政事分开、事企分开改革要求，全面排查省市经营性国有资产管理运营情况，印发《关于全面推进省直机关和事业单位经营性国有资产脱钩移交集中统一监管的实施方案》，分类分级全面推进省市经营性国有资产脱钩移交集中统一监管，健全完善集中统一、分类监管、授权明确、权责一致的国有资产监管体系。在完善相关省管(重点)企业监管体制的同时，省级层面75户一级法人企业、470亿元经营性资产纳入集中统一监管，迎来历史性收官，市级层面集中统监管率由82%跃升至100%。

### (二)三项制度改革深层次破局

以全面推行经理层成员任期制和契约化管理为突破口，推动省属企业全面建立市场化经营机制。全力位推进落实员工公开招聘、全员绩效考核，管理人员竞争上岗、末等调整或不胜任退出等市场化改革举措，全面实施以劳动合同管理为关键、以岗位管理为基础的市场化用工制度，普遍落实企业内部竞争上岗机制，畅通员工进出流动通道。监管企业新进员工公开招聘率、劳动合同签订率100%，2701名管理人员实现竞聘上岗，4.42%的管理人员实行末等调整或不胜任退出，实现三项制度改革以来最大范围、最深层次的系统性突破。

### (三)混合所有制改革稳步推进

研究制定《“百户混改攻坚行动”回头看专项行动工作方案》，重新梳理盘点参与“百户混改攻坚行动”的混合所有制改革企业运营发展状况，指导推动101户国有企业完成混合所有制改革，成功引入社会资本90亿元。推进混合所有制企业向上市公司转型，三年来全省新增国有控股上市公司8家。2022年，江西国科科创板、江盐股份IPO过会。出台《江西省国资委关于国有控股混合所有制企业差异化管控若干措施(试行)》，积极探索对国有控股混合所有制企业实施有别于国有独资公司、国有全资公司的差异化管控。

## 五、江西省国资委监管企业并购重组与完善法人治理结构情况

### (一)国有经济布局优化和结构调整迈出重大步伐

积极推动省属国企与央企合作，支持中国稀土集团整合江铜稀土资源，助推南方八省稀土资源整合提速，并成功推动中国稀土集团上市公司迁址江西赣州，助力提升稀土资源掌控力和国际影响力。大力推动新钢集团与中国宝武完成联合重组，协调省政府与中国宝武签署战略合作框架协议，加速新余钢铁集团有限公司转型升级，推动中国宝武钢铁集团有限公司“ 基五元”产业在江西的发展布局，助推江西钢铁产业结构优化和创新发展。组织开展出资监管企业“两非”“两资”清理和“压减”工作“回头看”等专项行动，进一步集中资源做强做精主业，推动完成541户“僵尸企业”处置工作，累计盘活闲置资产近50亿元。持续深化国有资本投资运营公司改革，以省属企业股权为纽带，将江西国控打造成万亿规模投资运营平台，跻身国内“第一方阵”。以万亿大平台为依托，紧扣全省“2+6+N”产业布局，设立省、市、县三级联动的千亿产业基金，坚持市场化方向，增强国企发展动能。深入实施“央企入赣”，三年来招商引资中央企业在赣投资项目103个，计划投资总额1935.21亿元。

### (二)中国特色现代企业制度更趋完善

全面落实“两个一以贯之”，推动党的领导与完善公司治理深度融合，各出资监管企业及所属重点子企业全部制定党委前置研究重大事项清单。推动100%出资监管企业实现董事会“应建尽建”及外部董事占

多数，100％出资监管企业集团和重要子企业制定党委前置研究讨论重大经营管理事项清单、建立董事会向经理层授权管理制度，实现党的领导深度融入公司治理、董事会规范建设高效运转、经理层依法行权履职。按要求实现外部董事占多数，面向社会公开遴选78名各类优秀人才组建外部董事人才库，董事会运行质量大幅提升。充分激发经理层活力，全面落实董事会向经理层授权制度，建立总经理向董事会报告工作机制，不断健全完善权责法定、权责透明、协调运转、有效制衡的法人治理机制。印发《省国资委推广完善中国特色现代企业制度改革项目实施方案》，指导推动市（县、区）属国有企业进一步规范和完善法人治理结构，建立健全产权清晰、权责明确、政企分开、管理科学的现代企业制度。组织做好国有企业对标一流管理提升行动，指导各企业集团高质量完成对标提升行动目标，推动新余国科、江铃集团被评为“全国国有企业公司治理示范企业”。

## 六、江西省国资委监管企业建立和完善经营业绩考核体系情况

### （一）创新重塑负责人考核评价体系，实施综合考核

2022年，在江西省委综合考核工作的统一部署下，江西省国资委创新重塑监管企业负责人考核评价体系，设置3张“考卷”，督促企业全面履行“三个责任”。高质量发展成效“考卷”坚持业绩导向，重点考核企业经营业绩、财务绩效、创新驱动、转型升级、国企改革和重大专项任务6个方面内容，督促企业全面履行经济责任；加强党的建设成效“考卷”深化党建引领，重点考核企业政治建设、思想建设、组织建设、党风廉政建设和民主法治建设情况，督促企业全面履行政治责任；满意度评价“考卷”坚持人民至上，从省领导、省直有关部门、履行出资人职责的机构和企业职工等层面360度评价企业，督促企业全面履行社会责任。

### （二）优化完善考核方式方法，科学精准考核

按照“科学精准、进位赶超、刚性兑现”的原则，江西省国资委在坚持以往行之有效做法的基础上，对2022年度考核方式方法进行优化完善。一是建立“两个赛道”，细化分类考核。2022年考核改变过去商业一类和商业二类企业“同台竞技”的做法，细化“赛道”，将商业一类和商业二类企业分开考核，突出不同考核重点，设置不同权重，确定差异化考核标准，最终根据考核情况分类排名。二是引入“赛马”机制，优化计分机制。改变过去期初定目标的做法，2022年主要经济效益指标考核期初不定目标，期末全凭业绩说话，指标计分看绝对水平，更突出相对增长，按绝对水平和相对增长高低计分。同类企业既比增量、更比增速，进一步激发企业不进则退、慢进也是退的危机感、紧迫感。三是全面绩效评价，引导进位赶超。专设行业对标指标（财务绩效），从盈利能力、资产质量、债务风险、经营增长4个维度与全国同行业优秀水平全面对标、综合评价，看行业的排名情况，更突出行业排名的改善情况。对标国务院国资委发布企业分类绩效评价标准值，引导企业锚定行业标杆，检视不足，持续改进进位赶超。四是实现“三个挂钩”，强化结果运用。将考核排位与企业管理层级、领导人员的选拔调整和绩效年薪强挂钩，实现座次、奖惩、荣誉、待遇与考核结果同向，以考促干、以考促建、以考促优。

## 七、江西省国资委监管企业负责人考核与选人用人机制改革情况

### （一）加强企业领导班子和领导人员的考核评价

组织开展8户省管企业2021年度领导班子和领导人员年度考核及政治素质考察，15户省出资监管企业董事会和董事、监事会主席考核工作，形成考核评价报告，经报请委党委会研究同意，2户省管企业领导班子被评为“优秀”、5户省管企业领导班子被评为“良好”、1户省管企业领导班子被评为“一般”；7名企业领导人员被评为“优秀”，31人被评为“称职”，2人被评为“不称职”。4户省属国有企业董事会被评为“好”；11户省属国有企业董事会被评为“较好”。2名专职外部董事和7名兼职外部董事被评为“优秀”，6名专职外部董事和2名兼职外部董事被评为“称职”。协助省委组织部对7户省管重点企业开展2021年度领导班子和领导人员考核及政治素质考察工作。

### (二)开展选人用人专项整治

为坚决纠正选人用人不正之风,更好地推动省属国有企业改革发展和党的建设,按照省委、省政府部署要求,配合省委组织部从2022年9月初开始,历时4个月,在23家省属企业(含省农信联社)集中开展选人用人和员工招录突出问题专项整治。整治分学习提高、自查自纠、集中整改、评估总结4个阶段进行,聚焦党的领导缺失、执行干部选任资格条件和程序不严格等8个方面问题、33种现象,努力做到举一反三、系统施治,追根溯源、标本兼治。各省属国有企业查摆选人用人和员工招录突出问题644个,制定整改措施1349条。在此基础上,草拟《关于进一步规范省属国有企业选人用人和员工招聘录用工作的意见》。

## 八、江西省国资委监管企业党的建设和廉政建设情况

持续深入学习贯彻习近平总书记全国国有企业党的建设工作会议重要讲话精神,巩固拓展党史学习教育成果,全力做好"后半篇文章",夯实基层党建基础,提升党建工作质量。

### (一)深入学习宣传贯彻党的二十大精神

把学习宣传贯彻党的二十大精神作为首要政治任务,精心组织实施,运用各类平台载体和多种渠道方式深入开展学习宣传和教育培训。全省国资国企系统组织集中收听收看党的二十大开幕式1734场,组织党的二十大宣讲报告121场,专题培训班218期,迅速在全系统掀起学习宣传贯彻党的二十大精神的热潮。

### (二)深化党的政治建设

坚持把党的政治建设摆在首位,推动出资监管企业全部建立"第一议题"制度、跟进督办制度和践行"不忘初心、牢记使命"长效机制。江西省国资委系统落实"第一议题"学习1500余件次。推动15家出资监管企业、75家重要子企业、所属633家子企业完成党建入章和制定党委前置研究事项清单,企业党委"把方向、管大局、促落实"的领导作用得到有效发挥。扎实做好中央八项规定十周年"回头看"和招投标领域、领导司机管理等专项监督检查,深入开展纪检监察建议整改、涉粮专项巡视整改和"吃公函"整治等专项治理,坚持把讲政治的要求体现到各项工作中。

### (三)巩固党建提质增效成果

狠抓"三个基本"建设,实现智慧党建系统在省属企业全覆盖,2027个党组织完成"三化"建设,完成率98.5%。贯彻落实《省属国企党建示范攻坚暨"一企一品"建设行动计划》,推进国企党建"一企一品"建设。各省属企业结合企业实际和行业特点,找准党建服务生产经营的着力点,不断梳理提炼、精心擦亮党建品牌。江铜集团构建以《新时代江铜党的建设工程实施纲要(2020—2024)》为主要内容的新时代大党建体系;江西国控集团坚持以党建领航定向、启航赋能、护航助力,形成"党建贯穿式"风控体系品牌;省建材集团实施党员揭榜挂帅"出题领题解题破题"特色党建活动等。扎实开展中组部点题的铜产业链党建试点工作,江铜集团组建铜产业链党委,制定完善试点工作方案。在铜产业链指导委员会的指导下,全面开展铜产业链党建试点工作调研,初步形成调研报告。省出资监管企业、中央驻赣企业全年发展产业工人党员862人、高知识群体党员85人、高层次人才党员6人。

### (四)纵深推进全面从严治党

召开2022年江西省国资委系统全面从严治党工作会议和2次全面从严治党专题会议,制定全面从严治党年度任务安排,进一步凝聚纵深推进全面从严治党的共识和力量。将落实全面从严治党情况纳入省属国企年度综合考核,全方位推进从严治党、从严监管。严格落实企业领导人员公务回避制度,分类做好105人次政治谈话,不断完善监督机制,制衡权力运行。结合省纪委省监委通报指出的"五个方面十个不"问题及巡视自查、巡视期间发现的问题,推动7个方面问题取得阶段性成效,推动3个方面问题建立长效机制。深刻吸取重大违规违纪案件教训,在反省、剖析针对性制定整改措施的基础上,统筹部署"三个大排查"。专门成立整改督查落实办公室,开展钉钉行动抓整改。系统梳理形成"2+N"整改方案中2643项整改举措完成1685项。不断加大追责问责力度,

全年省国资委及其监管企业开展追责项目 51 个，追责 259 人次，挽回损失 1439.2 万元。

（撰稿人：曾红梅）

# 山东省

## 一、山东省国有资产监督管理工作综述

2022 年，山东省国资监管系统和国有企业坚持以习近平新时代中国特色社会主义思想为指导，全面深入学习宣传贯彻党的二十大精神，锚定“走在前、开新局”，迎难而上、砥砺奋进，统筹推进稳增长、抓创新、促改革、调结构、防风险、严监管等重点任务，推动各项工作取得新成效，在国企改革三年行动重点改革任务地方整体评估中，山东省排在 A 级第一位。

## 二、山东省国有资产总量与结构分析

截至 2022 年底，纳入国有资产统计范围的山东省国有及国有控股企业（以下简称国有企业）资产总额 193813 亿元，比上年增长 15.81%；负债总额 132260 亿元，比上年增长 15.56%；所有者权益 61553 亿元，比上年增长 16.35%；国有资产总量 48034 亿元，比上年增长 18.16%。2022 年，实现营业收入 39818 亿元，比上年增长 15.79%；利润总额 1412 亿元，比上年减少 23.3%；净利润 879 亿元，其中归属于母公司所有者的净利润 96 亿元；实际上缴税金总额 2017 亿元，比上年增长 22.47%；全年平均职工人数 152.8 万人。

**表 1　2022 年山东省国有企业指标**

| 项　目 | 金　额（亿元） |
|---|---|
| 资产总额 | 193813 |
| 所有者权益 | 61553 |
| 国有资产总量 | 48034 |
| 营业收入 | 39818 |
| 利润总额 | 1412 |
| 净利润 | 879 |
| 归属于母公司所有者的净利润 | 96 |
| 实际上缴税金总额 | 2017 |

2022 年，山东省国有企业 17677 户，比上年增加 2588 户，增长 17.15%。

**表 2　2022 年山东省国有企业户数情况**

| 2021 年户数（户） | 2022 年户数（户） | 比上年增长（%） |
|---|---|---|
| 15089 | 17677 | 17.15 |

从隶属关系分布看，青岛、潍坊、济南 3 个市国有资产总量规模较大，分别为 10072 亿元、6715 亿元、4546 亿元，分别占比 20.97%、13.98%、9.46%。16 个市中，青岛市国有资产总量居 16 个市之首，国有资产总量最少的是枣庄市，为 691 亿元。

**表 3　2022 年山东省国有资产按地区分布情况**

| 地　区 | 国有资产（亿元） | 占国有资产总量比重（%） |
|---|---|---|
| 省级企业汇总 | 6296 | 13.11 |
| 地市企业汇总 | 41738 | 86.89 |
| 济南市 | 4546 | 9.46 |
| 青岛市 | 10072 | 20.97 |
| 淄博市 | 1948 | 4.06 |
| 枣庄市 | 691 | 1.44 |
| 东营市 | 928 | 1.93 |
| 烟台市 | 2672 | 5.56 |
| 潍坊市 | 6715 | 13.98 |
| 济宁市 | 1689 | 3.52 |
| 泰安市 | 1386 | 2.89 |

续表

| 地　区 | 国有资产(亿元) | 占国有资产总量比重(%) |
|---|---|---|
| 威海市 | 1987 | 4.14 |
| 日照市 | 998 | 2.08 |
| 临沂市 | 2240 | 4.66 |
| 德州市 | 1526 | 3.18 |
| 聊城市 | 919 | 1.91 |
| 滨州市 | 1896 | 3.95 |
| 菏泽市 | 1528 | 3.18 |
| 合　计 | 48034 | 100.00 |

从国有资产总量行业分布情况看，主要集中在租赁和商务服务业，房地产业，交通运输、仓储和邮政业，建筑业，制造业。其中，租赁和商务服务业国有资产总量 16543 亿元，占比 34.44%；房地产业国有资产总量 6306 亿元，占比 13.13%；交通运输、仓储和邮政业国有资产总量 5285 亿元，占比 11%；建筑业国有资产总量 4819 亿元，占比 10.03%；制造业国有资产总量 2912 亿元，占比 6.06%。

**表 4　2022 年山东省国有资产按行业分布情况**

| 行　业 | 国有资产(亿元) | 占国有资产总量比重(%) |
|---|---|---|
| 农林牧渔业 | 303.88 | 0.63 |
| 采矿业 | 2392.16 | 4.98 |
| 制造业 | 2911.50 | 6.06 |
| 电力、热力、燃气及水的生产和供应业 | 1407.92 | 2.93 |
| 建筑业 | 4818.94 | 10.03 |
| 批发和零售业 | 765.28 | 1.59 |
| 交通运输、仓储和邮政业 | 5285.20 | 11.00 |
| 住宿和餐饮业 | 44.90 | 0.09 |
| 信息传输、软件和信息技术服务业 | 330.77 | 0.69 |
| 金融业 | 2564.74 | 5.34 |

续表

| 行　业 | 国有资产(亿元) | 占国有资产总量比重(%) |
|---|---|---|
| 房地产业 | 6306.02 | 13.13 |
| 租赁和商务服务业 | 16543.23 | 34.44 |
| 科学研究和技术服务业 | 312.91 | 0.65 |
| 水利、环境和公共设施管理业 | 2736.27 | 5.70 |
| 居民服务、修理和其他服务业 | 754.64 | 1.57 |
| 教育 | 40.98 | 0.09 |
| 卫生和社会工作 | 40.49 | 0.08 |
| 文化、体育和娱乐业 | 382.84 | 0.80 |
| 公共管理、社会保障和社会组织 | 91.48 | 0.19 |
| 合　计 | 48034.15 | 100.00 |

从经营规模分布情况看，山东省国有企业大型企业 471 户，国有资产总量 10215 亿元，占比 21.27%；中型企业 2045 户，国有资产总量 10061 亿元，占比 20.94%；小型企业 5492 户，国有资产总量 16574 亿元，占比 34.51%；微型企业 9669 户，国有资产总量 11184 亿元，占比 23.28%。

**表 5　2022 年山东省国有资产按经营规模分布情况**

| 经营规模 | 国有资产(亿元) | 占国有资产总量比重(%) |
|---|---|---|
| 大型企业 | 10215 | 21.27 |
| 中型企业 | 10061 | 20.94 |
| 小型企业 | 16574 | 34.51 |
| 微型企业 | 11184 | 23.28 |
| 合　计 | 48034 | 100.00 |

## 三、山东省国有资本保值增值综合分析评价

2022 年，山东省企业国有资本保值增值率 100.19%。从隶属关系看，省级企业国有资本保值增值率 100.23%，市及市以下企业国有资本保值增值率 100.18%。从行业分布看，除住宿和餐饮业，农林牧渔

业，卫生和社会工作，电力、热力、燃气及水的生产和供应业，水利、环境和公共设施管理业等少数行业未实现国有资本保值增值外，其他各行业均实现国有资本保值增值。

表6　2022年山东省国有企业地区和行业国有资本保值增值情况

| 地　区 | 国有资本保值增值率(%) | 行　业 | 国有资本保值增值率(%) |
|---|---|---|---|
| 省级企业 | 100.23 | 农林牧渔业 | 96.08 |
| 地市企业 | 100.18 | 采矿业 | 113.01 |
| 济南市 | 101.33 | 制造业 | 104.34 |
| 青岛市 | 99.91 | 电力、热力、燃气及水的生产和供应业 | 99.46 |
| 淄博市 | 102.42 | 建筑业 | 101.01 |
| 枣庄市 | 97.14 | 批发和零售业 | 101.73 |
| 东营市 | 99.92 | 交通运输、仓储和邮政业 | 100.49 |
| 烟台市 | 99.95 | 住宿和餐饮业 | 82.31 |
| 潍坊市 | 100.23 | 信息传输、软件和信息技术服务业 | 106.02 |
| 济宁市 | 102.37 | 金融业 | 104.77 |
| 泰安市 | 103.71 | 房地产业 | 102.63 |
| 威海市 | 99.74 | 租赁和商务服务业 | 100.00 |
| 日照市 | 99.09 | 科学研究和技术服务业 | 102.46 |
| 临沂市 | 98.47 | 水利、环境和公共设施管理业 | 99.86 |
| 德州市 | 97.84 | 居民服务、修理和其他服务业 | 101.24 |
| 聊城市 | 100.52 | 教育 | 100.79 |
| 滨州市 | 97.52 | 卫生和社会工作 | 97.07 |
| 菏泽市 | 99.6 | 文化、体育和娱乐业 | 102.72 |
|  |  | 公共管理、社会保障和社会组织 | 101.54 |

## 四、山东省国资委监管企业改革发展情况

### （一）现代企业制度更加成熟完善

制定《省属企业在完善公司治理中加强党的领导的意见》，各级省属企业全面制定党委研究决定、前置研究讨论和其他事项“三张清单”，建立并严格实施“第一议题”制度，推动加强党的领导与完善公司治理相统一。加强董事会规范化建设，省属一级企业和重要子企业全部建立董事会专门委员会，已建立董事会的各级企业全面建立董事会向经理层授权的管理制度及总经理向董事会报告的工作制度。制定《省属企业外部董事履职指南》，组织外部董事能力素质提升活动，建立外部董事召集人制度，全方位提升外部董事履职能力。

### （二）市场化经营机制加快形成

研究制定《深化省属企业混合所有制改革的指导意见》，指导省属企业分层分类推进混合所有制改革。持续提升资产证券化水平，出台《关于规范省属企业并购上市公司的指导意见》《省属控股上市公司价值管理的指导意见》，2022年新增4户上市公司，省属控股上市公司49户，资产证券化率超过60%。在全国率先制定《关于建立省属企业三项制度改革长效机制的意见》，组织实施三项制度改革效能评估，省属企业员工市场化公开招聘率、全员绩效考核覆盖率均100%，管理人员竞争上岗占比84.3%，末等调整或不胜任退出人数占比4%。实施经理层成员任期制和契约化管理“深化提升攻坚”行动，实现省属各级企业全覆盖。

### （三）国有资本布局结构持续优化

建立三年发展规划逐年滚动动态调整工作机制，指导省属企业编制新一轮三年（2022—2024）滚动发展规划，确保国家和省级重大战略任务纳入其中。坚持“心无旁骛攻主业”，高质量完成398户企业非主业资产清理整合任务。发挥稳定经济运行“顶梁柱”作用，指导省属企业深度参与山东省“三个十大”行动，2022年完成固定资产投资2226.1亿元，比上年增长16.8%。持续优化国有资本布局结构，大力度推进专业化整合，组建省环保集团、省体育集团、省电子口岸公司等一批特色优势企业。推动联合重组企业“深度融合”，实现资源优化配置，发挥协同聚合效应。山东重工中重卡、发动机、变速箱产销量蝉联全球第一；山东能源煤炭产量居全国第3位，跃居“世界500强”第

69 位;山东港口货物吞吐量跨越 16 亿吨、稳居世界第 1 位;山东高速运营高速公路里程 8266 千米,居全国同行业首位。

### (四)企业科技创新能力不断增强

坚持对标一流,推动企业创新驱动高质量发展。省委、省政府高规格召开山东省国有企业创新驱动高质量发展工作会议,印发《关于国有企业创新驱动高质量发展的十条意见》,锚定"走在前、开新局",聚焦重点任务,加快国有企业创新驱动高质量发展。深入开展全面对标一流质效提升工程,印发《省属企业全面对标一流质效提升工程行动方案》,推动建立寻标、对标、创标工作机制,加快建设世界一流企业,4 户企业进入"世界 500 强"。加大创新激励力度,提高省属企业研发支出视同利润加回比例,对承担国家重点研发计划和省重点研发计划的,分别按 2 倍、1.5 倍视同利润加回。2022 年,省属企业研发投入 425.8 亿元,研发投入强度 1.95%。规划建设山东国资科创基地、省属企业科技创新关键资源信息协同平台,深入实施科技创新"揭榜挂帅",推动省属企业 31 个项目对外发布榜单。

### (五)重大基础设施建设持续推进

主动服务黄河流域生态保护和高质量发展、绿色低碳高质量发展先行区建设。山东能源渤中海上风电项目实现并网发电,成为"十四五"规划中五大海上风电基地的首个并网发电项目;山东能源推进储煤项目建设,新增 580 万吨政府可调度储备能力;山东机场济南国际机场二期改扩建工程加快推进;山东发展"吉电入鲁"100 万千瓦新能源项目顺利并网;山东铁投雄商、济滨、津潍高铁项目开工建设,黄东联络线提前 3 个月建成通车;山东土地在全国率先发布乡村振兴"五化"标准体系,助力打造乡村振兴齐鲁样板;山东健康建成国家级医药应急物资储备中心;山东水设牵头编制《山东省级水网先导区建设实施方案》,承担市县现代水网规划 40 余项。

### (六)国有资产监管效能不断提升

制定《山东省国资委履行多元投资主体公司股东职责办法》《出资人派员列席省属企业董事会会议制度(试行)》,规范履行股东职责有关程序。出台《关于加强省属企业财务管理推动高质量发展的意见》,实施完善财务管控体系、规范财务基础管理、严格财务风险管控、加强财务人才支持、强化财务工作监督"五大工程"。国资监管信息化建设模式迈向体系化,始终将国资监管信息化作为转变履职和优化管资方式的重要手段,超前谋划、主动作为,以"1+N"①目标任务为统揽,体系化推进国资监管信息化工作,截至 2022 年底,国资国企在线监管系统中包含"三重一大"、责任追究、财务、产权、投资、党建等业务模块 35 个,监管业务的"线上"运行进一步推动业务流程再优化和工作效能的再提升。

### (七)防范化解重大风险力度持续加大

出台《省属企业高风险业务管控暂行办法》,严格执行到期债务按月滚动报送和偿付风险提前报告制度,优化完善债务风险预警监测指标体系。开展省属企业内部审计工作效能评估,推进国有平台治理整顿工作。修订《省属企业境外国有资产监督管理办法》《境外国有资产监督检查工作规程》,开展境外亏损企业综合监督检查。制定《省属企业违规经营投资问题线索查处工作指引》《省国资委国资监管责任约谈工作规则》,完善责任追究体系。组织省属企业专项安全生产督导检查 6 次,整改问题隐患 2000 余个。组织开展 2022 年度省属企业网络意识形态风险、意识形态领域风险排查。优化省属企业突发敏感舆情平台,举办突发敏感舆情实战化演练,2022 年舆情数量比上年降低 20%。

## 五、山东省国资委监管企业并购重组与完善法人治理结构情况

### (一)监管企业并购重组

2022 年,山东省国资委持续优化国有资本布局结构,组建省环保集团、省体育集团、省电子口岸公司等一批特色优势企业。推动联合重组企业"深度融合",

① "1+N":"1"为国资国企在线监管平台,"N"为以该平台为依托建设的多个业务模块。

实现资源优化配置，发挥协同聚合效应。

**（二）完善法人治理结构**

2022年，山东省国资委以习近平新时代中国特色社会主义思想为指导，贯彻“两个一以贯之”要求，加快建立中国特色现代企业制度，全面加强党的领导，不断完善法人治理结构，在党的领导融入公司治理、加强董事会建设、提升外部董事履职能力、全面实施任期制和契约化管理等重点工作方面，取得扎实成效。

一是深入推动党的领导和完善公司治理相统一。以推进“党建入章”为抓手，指导省属企业全面修订公司章程，明确企业党组织的职责权限、机构设置、运行机制、基础保障等重要事项，全面深入落实党组织在公司治理中的法定地位。印发《关于省属企业在完善公司治理中加强党的领导的意见》，在全面梳理分析省属企业党委前置研究讨论事项运行情况的基础上，进一步明晰省属企业党委决定、前置研究讨论的重大事项并规范完善相关要求和程序，更加聚焦“四个是否”。推行“双向进入、交叉任职”领导体制，省属企业党委书记、董事长全部由一人担任，符合条件的党员总经理担任党委副书记并进入董事会。督导省属企业在制定党委研究决定事项、前置研究讨论事项和负面事项清单基础上，全面修订董事会、总经理办公会议事规则和议事清单，有效厘清企业党组织和其他治理主体的权责边界。省属企业及符合条件的各级子企业全部完成“党建入章”，各省属企业全部制定“三张清单”，符合条件的子企业全部制定前置研究讨论重大事项清单，企业重大经营管理事项决策前由党组织前置研究讨论成为刚性约束。

二是持续加强董事会建设。印发《关于开展规范省属企业董事会建设情况自查整改的通知》《关于加强省属企业董事会建设有关工作的通知》，指导督促企业通过开展全面自查和重点整改，切实提升董事会建设质量、落实董事会各项职权。逐户指导省属企业按照《省属企业公司章程范本》全面修订公司章程，24户省属企业完成修订工作。开展省属企业董事会2021年度工作评价，加强日常监管。研究出台《出资人派员列席省属企业董事会会议制度（试行）》，探索列席董事会现场会议，促进董事会规范有效运作。加强现场检查和定期抽查，强化对省属企业，特别是重要子企业董事会运行情况的现场检查、定期抽查，根据每月抽查、检查情况，逐户指导督促企业整改提升。截至2022年底，26户省属一级企业及1680户已建立董事会的各级子企业全面建立董事会向经理层授权的管理制度及总经理向董事会报告的工作制度，各项董事会建设任务完成率均100%。179户重要子企业全部建立董事会专门委员会，落实董事会职权6项。

三是全面推行经理层任期制和契约化管理。按照企业应推尽推、人员全覆盖要求，针对南郊集团等4户新设企业，加强现场调研和政策指导，消除思想包袱，指导企业“一企一策”制定任期制和契约化管理实施方案，实现省属一级企业全面推行，确保覆盖率保持100%。制定《省属企业经理层成员任期制和契约化管理工作自查要点及评价标准》，召开工作座谈会，进一步明确目标任务和工作要求。制定《关于建立省属企业三项制度改革长效机制的意见》，持续打造市场化人事管理制度。强化典型示范，开展经理层成员任期制和契约化管理参考示例征集活动，精选21户省属企业65项改革案例印发省属企业学习借鉴。印发《关于做好省属企业经理层成员任期制和契约化管理契约兑现有关事项的通知》，以严格考核、刚性兑现确保任期制和契约化管理取得实效，把真抓实改、防止“数字改革”“纸面改革”的要求落到实处。截至2022年底，在26户省属一级企业、2806户子企业全面推行经理层成员任期制和契约化管理，经理层成员6279人（含职业经理人474人）全部签订契约，明确聘任期限、业绩指标、退出条款等内容，企业经理层活力得到有效激发，灵活高效市场化经营机制进一步巩固。

四是深化实施现代企业制度示范工程和对标世界一流管理提升行动。圆满完成现代企业制度示范工程改革任务，34户“示范工程”企业累计完成改革任务531项（2021—2022年），任务完成率100%。印发《关于深入开展现代企业制度示范工程创建公司治理示范企业的通知》，组织各市国资委、有关省属企业开展公司治理示范企业创建活动，明确创建企业名单，发挥示范企业引领带动作用。深入推进对标世界一流管理提升行动，督促指导省属企业按照对标工作方案和"对标提升工作清单",集中力量推进管理体系和管理能力建设,推动对标提升行动落实落地。组织开展管理提升标杆创建活动,评选出标杆企业22家、标杆项目27个、标杆模式5个,及时总结管理提升成效,发挥标杆带动作用。

## 六、山东省国资委监管企业建立和完善经营业绩考核体系情况

### (一)优化经营业绩考核体系

按照高质量发展要求,修订《山东省省属企业负责人经营业绩考核办法》,突出质量和效益,增强业绩考核的精准度和有效性,考核指标包括体现效益规模的利润总额、净利润和体现发展质量的净资产收益率、营业收入利润率指标,同时将全员劳动生产率纳入考核范围,积极引导企业提高人均劳动效率,省属企业经营绩效考核指标体系不断健全。

### (二)用活业绩考核内在动力机制

锚定"稳增长"彰显责任担当,发挥省属企业"压舱顶梁"作用,突出目标引领,以山东省经济增速为基准线实行目标竞标,目标增幅只有高于山东省经济增幅,且增幅排在省属企业中位数以上,才能进入A级;目标增幅低于中位数的为第二档,完成考核目标可进入B级;其他的为第三档,考核最高为C级。

### (三)完善科技创新激励保障机制

围绕支持科技创新这一重点任务,鼓励省属企业加大重点科研项目的攻关力度,提高重大科研项目技术攻关的利润加回,对承担关键核心技术攻关项目或国家重点研发计划的,按研发费用2倍视同利润加回;对承担国家重点研发计划子项目或省重点研发计划的,按研发费用1.5倍视同利润加回,努力推动省属企业关键核心技术"攻下来"、原始创新"强起来"、科技成果"用起来"。

### (四)健全"双招双引"考核机制

修订《关于对省属企业高质量双招双引考核的实施意见》,在增加奖励名额、鼓励企业积极引进海外人才和青年人才、建立健全上下联动激励机制3个方面予以优化,以考核为推动力,引导企业加快转型升级培育新兴产业,为省属企业高质量发展持续赋能。

### (五)强化战略支撑作用发挥

围绕服务山东省发展战略,聚焦山东重点任务,对在"十大创新"、"十强产业"、"十大扩需求行动"、抢险应急等工作中作出突出贡献的省属企业,给予加分奖励;对商业类企业中公益性业务实行分类核算、分类考核,引导企业积极承担省委、省政府交办的粮食储备、煤炭储备等公益性业务,推动省属企业在构建新发展格局中发挥积极作用。

## 七、山东省国资委监管企业负责人考核与选人用人机制改革情况

### (一)聚焦健全考核机制,突出高质量发展引领导向

一是优化经营业绩考核体系。按照高质量发展要求,突出质量和效益,增强业绩考核的精准度和有效性,推动省属企业经营绩效考核指标体系不断健全。二是推动完善按业绩贡献决定薪酬的分配机制,省属企业全员绩效考核覆盖率保持100%,管理人员浮动薪酬占比超过60%,各级管理人员年收入平均差距2倍。三是长效激励约束机制加快完善。17户省属控股上市公司实施股权激励,10户科技型企业实施股权和分红激励,约300户非上市公司探索超额利润分享、项目跟投等多种方式的中长期激励。

### (二)突出政治标准,建设高素质专业化企业领导人员队伍

一是始终坚持党管干部原则。认真落实国企领导人员"二十字"要求,选人用人严把政治关、能力关、廉洁关。全年提交省国资委党委书记专题会议研究干部事项29次,省国资委党委会议研究干部议题23次,涉及领导人员120人次,新选拔任用企业领导人员39人,新调整配备企业正职领导人员10人,其中党委书记、董事长5人。顺利完成深圳东华、上海齐鲁等5户企业管理体制调整和山东地勘领导班子移交。二是抓紧抓实年轻干部选育管用。"一人一策"制定培养方案,明确培养方向和培养措施,做好年轻干部

常态化配备，2022年新选拔"80后"班子正职1人、副职6人，委管企业领导人员中"80后"干部9人，班子平均年龄普遍下降1～2岁，结构更加优化。三是从严从实加强干部监督管理。印发《关于加强省国资委党委管理领导班子企业总经理助理级职务备案管理的意见》《关于规范省国资委党委管理领导班子企业领导班子成员分工的通知》，规范总助级职务管理，提升领导班子运转效率和整体功能。加强选人用人监督，对4户企业开展选人用人专项检查，反馈问题90余项。

#### （三）落实"人才强企"，着力打造省属企业人才高地

一是深入实施党委书记人才工作项目。确立人才工作项目35个，4个项目纳入山东省重点关注项目库，37户省属企业全部成立人才工作领导小组。二是强化自主培养。实施山东省经营管理人才培养工程，连续3年开展"雏鹰"人才挂职实训工作，累计入库1027人，派出410余人，"雏鹰"人才品牌影响力显著提升。加大省属企业工程师队伍培育力度，联合省委组织部等九部门印发《卓越工程师培育专项行动实施方案》，举办首届"齐鲁工程师"培训班，组织9户企业申报工程硕博士培养改革试点。三是提升引才效能。创新人才使用机制，指导省属企业借助外脑突破关键核心技术，支持省属企业申报各类人才工程，5人入选国家级人才工程，18人入选泰山产业领军人才，1人获评山东省第六批科技副职工作先进个人，2名泰山产业创新领军人才期满评估为"优秀"。

### 八、山东省国资委监管企业党的建设和廉政建设情况

#### （一）坚定理想信念，坚持把政治建设摆在首位

一是强化理论武装。省属国资国企全面建立实施"第一议题"制度，2022年省国资委党委开展"第一议题"学习37次，党委理论中心组学习13次。自觉用习近平总书记重要讲话和重要指示精神统领工作、校准航向、凝聚力量。全面建立贯彻落实习近平总书记重要指示批示精神和党中央重大决策部署跟进督办制度，切实提高政治判断力、政治领悟力、政治执行力。二是做实做细政治监督。印发《山东省国资委党委巡察整改工作成效评估暂行办法》，规范巡察工作开展。完成4户委管企业党委巡察，对4户委管企业巡察整改成效开展评估。三是强化责任追究体系建设。印发《山东省省属企业违规经营投资问题线索查处工作指引》《山东省国资委国资监管责任约谈工作规则》，完善制度体系。运用提示函和责任约谈等工作机制，处置各类问题线索16件。四是落实境外国资监督检查工作。

#### （二）健全责任链条，逐级压紧压实管党治党责任

落实全面从严治党主体责任，召开专题党委会听取党委成员履行全面从严治党责任情况，通报省国资国企纪检监察机构监督检查审查调查情况，做好政治生态分析和研判。严格落实全面从严治党主体责任清单，每半年召开一次党委会专题研究全面从严治党工作。扎实做好省属企业党建工作责任制考核，围绕6个一级指标、18个二级指标，综合述职评议、日常考核、集中考核、加分项等要素，结合省纪委监委、省委组织部反馈意见，形成考核结果。逐级开展省属企业党组织书记履行全面从严治党责任和抓基层党建工作述职评议，层层压实责任，抓好问题整改。安排副厅级以上干部带队，对企业党委落实主体责任情况开展督导检查。

#### （三）夯实基层基础，提升基层组织建设水平

推动党建强基、品牌、头雁、对标、激励"五大工程"深化提升，扎实推进党支部评星定级管理，省属企业完成评星定级的党支部12062个。其中，五星级党支部2135个，占比17.7%；四星级党支部6662个，占比55.2%；对三星级及以下党支部要求企业通过制定领导包保、对标提升等措施加以整改提升，形成后进赶先进、先进更前进的良好氛围。严格执行党的组织生活制度，指导企业高质量完成2021年度基层党组织组织生活会和民主评议党员有关工作，提升基层党组织凝聚力和战斗力。落实2022年发展党员指导计划，举办发展党员培训班10期，培训发展对象1400余人。创新国资国企培训模式，山东文旅山东省乡村振兴齐鲁样板研究院挂牌省委党校"山东乡村振兴干部

学院教学研究基地""中共山东省国资委党校泰安教学基地",山东人才集团泰山高级经理研修院挂牌"山东国资党员干部培训基地",进一步汇聚优质资源,提升培训质效。

**(四)持续正风肃纪,不断加强党风廉政建设**

严格落实中央八项规定精神和省委实施办法,组织开展"违规发放津贴补贴、福利"专项整治;按照省纪委监委部署要求,深入开展三类"四风"突出问题靶向纠治、"酒杯中的奢靡之风"专项整治、违规建豪宅问题清理整治。精准有力开展监督执纪问责,省国资国企纪检监察机构(不含宣传文化口企业)运用监督执纪"四种形态"处理2056人次,"四种形态"分别占75.1%、18.1%、4.4%、2.4%。一体推进不敢腐、不能腐、不想腐,深入开展粮食购销领域腐败问题专项整治、商务接待专项整治;研究制定《关于进一步加强省属企业党风廉政建设和反腐败工作的二十条措施》《省属企业违规经营投资问题线索查处工作指引》等制度;全面加强新时代廉洁文化建设,组织观看警示教育片,发放《廉洁自律提示卡》,指导省属企业打造廉洁文化品牌。认真落实"三个区分开来"要求,制定《国有企业领导人员履职行为容错纠错正面清单》,激励党员干部担当作为,营造风清气正政治生态。

(撰稿人:张　超)

# 青岛市

## 一、青岛市国有资产监督管理工作综述

2022年,青岛市国资委坚持以习近平新时代中国特色社会主义思想为指导,紧紧围绕学习贯彻党的二十大精神,深入落实习近平总书记对山东、对青岛工作的重要指示要求,完整、准确、全面贯彻新发展理念,在国务院国资委、省国资委的关心和支持下,全面贯彻市委、市政府的部署,认真落实市委"作风能力提升年"要求,积极匹配城市发展战略,围绕青岛市24条重点产业链积极推动市直企业参与城市更新和城市建设重点任务,国企改革三年行动实现高质量收官,深入推进区域性国资国企综合改革试验,稳妥有序推进混合所有制改革,完成外部董事占多数并启动职业经理人制度改革,不断健全法人治理结构,逐步完善国有企业市场化经营机制,持续提高国资监管水平,切实履行好出资人职责,为青岛市稳定经济运行提供有力支撑。

**(一)突出抓好稳增长**

按照稳定经济运行就是服务青岛市大局的思路,青岛市国资系统深入贯彻"稳字当头、稳中求进"要求,建立常态化疫情防控机制、稳增长调度工作机制,落实国家、省、市保市场主体稳经济增长有关部署,实施三大稳增长抗疫情考核激励措施,统筹推动市直企业疫情防控和生产经营工作。建立服务企业工作机制,形成"事要解决"实事项目清单,清单化推进历史沿革问题得到有效解决,服务企业高质量发展。青啤集团、国信集团、饮料集团等企业效益实现逆势稳步增长,市直企业整体营业收入持续保持两位数增长。

**(二)积极匹配城市发展战略**

实施分类考核压实责任,争取专项资金压实保障,清单管理压实进度,全力实施市直企业匹配城市战略"双千亿"工程,推动百个重大产业投资项目、城市更新和城市建设项目,总投资额4952.8亿元,年度完成投资652.72亿元,超额完成年度投资计划,海尔路—银川路立交主桥等城市更新项目提前竣工,国信1号、奇瑞乘用车等产业项目如期落地,为青岛市城市品质提升和重点产业发展贡献力量。

**(三)持续深化国企改革**

国企改革三年行动实现高质量收官,在国务院国企改革领导小组办公室组织的评估中再次获得最高评价A级。深入推进综改试验,清单化推进具体改革任务100%完成。完成26名专职外部董事选派工作,启动海湾集团、饮料集团职业经理人改革试点,重组设立青岛人才发展集团,实施"1037"方案全面落实

《山东省人民政府办公厅印发关于抓好保居民就业、保基本民生、保市场主体工作的十条措施的通知》，创新开展市直企业能力提升述职问询，青岛多项做法入选国家国企改革三年行动典型案例。

### （四）加强国资监管

深入开展专项治理，提升企业风险防范意识，规范经营投资行为；落实建立市直企业综合监督体系提升监督治理效能的指导意见，构建各类监督主体统筹衔接的国有资产大监督工作机制；督促市直企业做好违规经营投资责任追究工作，全面履行责任追究职责，加快构建业务监督、综合监督、责任追究三位一体监督体系。出台市国资委履行多元投资主体公司股东职责暂行办法、公司章程制定管理暂行办法、公益性业务分类核算指导意见、资产评估管理工作指引等，进一步完善国资监管制度体系。

### （五）夯实党建基础

组织国资系统深入学习宣传贯彻党的二十大精神，进一步统一思想行动，凝聚改革发展力量。落实“作风能力提升年”活动部署，坚持以上率下“学”，坚持问题导向“干”，坚持结果导向“赛”，不断营造“实字当头干字为先”的务实干事氛围。组织召开2021年度市直企业党委书记履行全面从严治党责任和抓基层党建工作述职评议会议，推进清廉企业建设，压实全面从严治党责任。深入开展“强党建、兴国企”行动，推进党建工作与企业生产经营深度融合。

## 二、青岛市国有资产总量与结构分析

2022年，青岛市国有企业统计年报汇编各级次国有独资、国有控股企业3507户，资产总额41938.87亿元，负债总额29966.77亿元，平均资产负债率65.57%（不含金融类），所有者权益11972.10亿元，国有资产总量10072.36亿元，营业收入5204.19亿元，利润总额104.95亿元。

### （一）资产总额分布与构成情况

2022年，青岛市国有企业资产总额41938.87亿元，比上年增长11.48%。其中，市属企业资产总额22687.07亿元，增长3.51%，占青岛市资产总额的54.10%；区（市）监管企业资产总额19251.8亿元，增长22.46%，占青岛市资产总额的45.90%。青岛市国有企业资产构成中，非流动资产24159.31亿元，占资产总额的57.61%；流动资产17779.56亿元，占资产总额的42.39%，流动资产中，应收款项和存货“两金”占比39.11%，比上年上升6.11个百分点。总体看，青岛市国有企业应进一步加强资金、成本的管控，切实提高资金的使用效率。

### （二）国有资产分布与构成情况

2022年，青岛市国有企业国有资产总量10072.36亿元，按隶属关系分，市属企业国有资产总量3938.59亿元，占比39.1%；区（市）国有资产总量6133.77亿元，占比60.9%。

### （三）所有者权益构成情况

截至2022年底，青岛市国有企业所有者权益11972.10亿元，比上年增长13.49%。其中，归属于母公司的所有者权益10437.42亿元，增长14.91%；少数股东权益1534.68亿元，增长4.68%。归属于母公司的所有者权益增速快于少数股东权益，国有权益增加。

### （四）营业收入基本情况

2022年，青岛市国有企业实现营业收入5204.19亿元，比上年增长37.76%。其中，市属企业实现营业收入3022.48亿元，增长17.56%；区（市）监管企业营业收入2181.71亿元，增长80.78%。市属企业中，投资类企业营业收入占比60.57%，金融类企业占比16.37%，制造类企业占比13.41%，公共服务类企业占比7.87%，文化类企业占比1.15%，其他企业占比0.63%。总体看，营业收入主要源自投资、金融、制造类企业，合计占营业收入的90.35%。

### （五）利润总额基本情况

2022年，青岛市国有企业实现利润总额104.95亿元，比上年下降57.00%。其中，市属企业实现利润总额97.74亿元，下降35.31%；区（市）监管企业实现利润总额7.21亿元，下降92.25%。

表1　2022年青岛市国有企业指标

| 项　目 | 金　额(亿元) |
|---|---|
| 资产总额 | 41938.87 |
| 所有者权益 | 11972.10 |
| 国有资产总量 | 10072.36 |
| 营业收入 | 5204.19 |
| 利润总额 | 104.95 |
| 净利润 | 40.02 |
| 归属于母公司所有者的净利润 | 2.53 |
| 实际上缴税金总额 | 249.57 |

表2　2022年青岛市国有企业户数情况

| 2021年户数(户) | 2022年户数(户) | 比上年增长(%) |
|---|---|---|
| 3076 | 3507 | 14 |

表3　2022年青岛市国有资产按隶属关系分布情况

| 隶属关系 | 国有资产(亿元) | 占国有资产总量比重(%) |
|---|---|---|
| 市属国有企业 | 3938.59 | 39.10 |
| 区(市)国有企业 | 6133.77 | 60.90 |
| 合　计 | 10072.36 | 100.00 |

表4　2022年青岛市国有资产按行业分布情况

| 行　业 | 国有资产(亿元) | 占国有资产总量比重(%) |
|---|---|---|
| 农林牧渔业 | 27.33 | 0.27 |
| 工业 | 644.88 | 6.40 |
| 建筑业 | 1269.97 | 12.61 |
| 交通运输业 | 754.59 | 7.49 |
| 仓储业 | 10.17 | 0.10 |
| 商贸业 | 75.44 | 0.75 |
| 房地产业 | 2446.96 | 24.29 |
| 信息传输、软件和信息技术服务业 | 41.52 | 0.41 |
| 社会服务业 | 3670.34 | 36.44 |
| 教育文化广播业 | 91.04 | 0.90 |
| 科学研究和技术服务业 | 58.93 | 0.59 |
| 金融业 | 942.44 | 9.36 |
| 其他行业 | 38.76 | 0.38 |

表5　2022年青岛市国有资产按经营规模分布情况

| 经营规模 | 国有资产(亿元) | 占国有资产总量比重(%) |
|---|---|---|
| 大型企业 | 7268.07 | 72.16 |
| 中型企业 | 1657.32 | 16.45 |
| 小型企业 | 736.66 | 7.31 |
| 微型企业 | 410.30 | 4.07 |
| 合　计 | 10072.36 | 100.00 |

## 三、青岛市国有资本保值增值综合分析评价

### (一)国有资本保值增值分析

2022年,青岛市国有企业国有资本保值增值率102%,市属国有企业国有资本保值增值率100%,区(市)国有企业国有资本保值增值率103%。从青岛市国有资产涉及的13个行业看,信息传输、软件和信息技术服务业,房地产业,建筑业,金融业,仓储业,工业,社会服务业,教育文化广播业8个行业实现保值增值,商贸业、科学研究和技术服务业、农林牧渔业、交通运输业未实现保值增值。

### (二)青岛市国有企业综合绩效评价分析

企业盈利能力分析。2022年,青岛市国有企业净资产收益率0.36%,比上年减少2.69个百分点;总资产报酬率1.15%,比上年减少1.29个百分点;营业收入利润率1.1%,比上年减少4.96个百分点;成本费用利润率1.91%,比上年减少4.77个百分点。综合分析,青岛市国有企业总体受2022年疫情影响,盈利能力比上年下滑较大。

企业债务风险分析。2022年，从流动比率变化情况看，青岛市国有企业流动比率1.70，与上年持平；从经营收益支付债务利息的能力看，已获利息倍数1.15倍，比上年有所下降；从资产负债率变化情况看，资产负债率65.57%，比上年减少0.47个百分点。总体看，青岛市国有企业资金流动性比较平稳，偿债能力有所提高。

经营增长分析。2022年，从经营增长指标情况看，青岛市国有企业营业利润增长率－73.37%；从利润增长能力看，利润总额增长率－57%；研发经费投入强度0.59%，比上年增加0.12个百分点。总体看，青岛市国有企业创新能力有所提高，需进一步提升企业资本积累能力和经济发展能力。

**表6　2022年青岛市国有企业地区和行业国有资本保值增值情况**

| 地　区 | 国有资本保值增值率(%) | 行　业 | 国有资本保值增值率(%) |
|---|---|---|---|
| 青岛市国有企业 | 102 | 农林牧渔业 | 89.51 |
| 市属国有企业 | 100 | 工业 | 104.11 |
| 区(市)国有企业 | 103 | 建筑业 | 105.18 |
| | | 交通运输业 | 81.69 |
| | | 仓储业 | 105.06 |
| | | 商贸业 | 96.48 |
| | | 房地产业 | 106.14 |
| | | 信息传输、软件和信息技术服务业 | 115.02 |
| | | 社会服务业 | 101.79 |
| | | 教育文化广播业 | 100.20 |
| | | 科学研究和技术服务业 | 92.71 |
| | | 金融业 | 105.14 |
| | | 其他行业 | 95.96 |

## 四、青岛市国资委监管企业改革发展情况

2022年，青岛市锚定高质量收官工作目标，继续深入推进国企改革三年行动。坚持问题导向、目标导向、效果导向，通过月报表、季调度、半年总结、年度评估等方式，加强统筹协调和调度督导，推进各项改革任务落实落地，实现国企改革三年行动圆满收官。

### （一）加强日常调度督导

组织市属企业每月采集数据、填报“地方国企改革量化指标采集表”，包括改革统计指标194项，全面准确掌握工作进度；组织月例会，及时传达上级部署要求，明确工作安排；每季度调度三年行动工作台账进展情况，督促加快推进重点改革任务。

### （二）开展三年行动“回头看”

按照上级部署要求，组织开展国企改革三年行动“回头看”，督导市属企业落实改革主体责任，按照“制度健全、动作到位、效果显著”的要求，对标实施方案和工作台账开展全面自查，进一步查漏补缺、补齐短板，确保各项改革任务全面完成。

### （三）组织开展专项督查

对19户市属企业落实推进国企改革三年行动重点改革任务情况进行核查，现场检查企业工作情况并将检查情况逐户书面反馈市属企业，建立整改工作总台账，指导督促企业及时整改、逐项销号，切实提升改革质量。

### （四）国企改革三年行动圆满收官

对照三年行动的总体要求，全面梳理工作情况，系统总结青岛市工作任务完成情况，形成《青岛市国企改革三年行动总结报告》（青企改办〔2022〕12号），进一步提炼标志性成果，汇总梳理国企改革三年行动以来制度文件及相关工作资料，形成自评估总结，圆满完成上级评估验收工作。三年行动期间，国务院国企改革领导小组办公室对全国37个地方（包括省、自治区、直辖市和计划单列市等）国企改革三年行动情况组织专项评估3次，青岛市均获得最高评价A级。

## 五、青岛市国资委监管企业并购重组与完善法人治理结构情况

### (一)青岛市国资委新组建市直企业青岛人才发展集团

为贯彻落实中央和省委、市委人才工作会议精神,破解当前青岛市国有人力资源企业力量散、业务单、引领作用弱的痛点,以国有企业链接政府、社会、市场三方资源,进一步提升青岛市人才工作市场化、专业化水平,在更高层级、更大规模、更快效率上助力青岛建设成为新时代吸引集聚人才的高地,根据《中华人民共和国公司法》等法律法规,青岛市国资委协同青岛市委组织部在学习借鉴山东省经验做法,充分调研论证和征求意见的基础上,起草形成《关于组建青岛人才发展集团的组建方案》(以下简称《组建方案》),2022 年 5 月 31 日,青岛市国资委主任办公会议研究通过《组建方案》。6 月 27 日,青岛市国资委提交青岛市第十七届人民政府第 6 次常务会议审议,根据会议研究讨论意见修改完善《组建方案》,并按程序提交市委常委会会议研究。8 月 1 日,十三届市委第 19 次常委会会议审议通过《组建方案》。9 月 27 日,青岛市人民政府印发《关于组建青岛人才发展集团有限公司的通知》,组建青岛人才发展集团有限公司,列市直企业管理。市委组织部负责业务指导,市国资委代表市政府履行出资人职责。

### (二)加强制度建设,构建董事会制度体系

坚持以建章立制为重点,持续推进外部董事配套管理制度、探索董事会授权管理制度、规范企业内部决策运行规则建设。一是健全完善外部董事管理制度。出台《市直企业董事会和董事评价暂行办法》(青国资委〔2022〕178 号),梳理市直企业外部董事管理暂行办法、考核评价办法、履职行为规范、专职外部董事薪酬管理办法、兼职外部董事工作补贴管理暂行办法等制度规定,编制《青岛市国资委外部董事工作手册》,为外部董事依法行权履职提供政策依据。二是探索市直企业董事会授权管理制度。指导 19 家市直企业及 140 户重要子企业建立董事会授权管理制度、授权工作方案、授权事项清单,探索实施董事会向董事长、总经理授权管理机制,提升企业决策运营质量和效率。印发《关于市属企业落实子企业董事会职权有关事项的通知》(青国资委〔2022〕56 号),以及市属企业落实子企业董事会职权工作要点、重要子企业落实董事会职权工作指引(试行),指导市直企业以重要子企业为突破口,健全完善授权管理机制,落实子企业董事会六项重点职权。三是建立健全企业内部决策运行规则。指导 19 家市直企业贯彻落实《市直企业董事会工作规则》,健全党委前置研究讨论程序、董事会议事规则、专门委员会工作细则、经理层议事规则等,厘清党组织、董事会、经理层权责边界,实行董事会集体审议、独立表决、个人负责的决策机制,确保公司治理各责任主体依法规范运行。

### (三)夯实组织基础,完善董事会组织架构

坚持以国企改革三年行动为抓手,着力督促市直企业抓好董事会组织建设和董事会人员队伍建设,实现董事会应建尽建、配齐建强。一是强化董事会建设督导落实。2022 年 4 月,开展"董事会建设专题督导月"活动,对 19 家市直企业董事会建设工作逐家现场督导,指导企业健全完善董事会组织、制度和运行机制。从 5 月起利用两个月时间,组织实施"每周轮流抽查",对市直企业集团及所属子企业董事会建设工作实行连续抽查,督促市直企业全面完成董事会建设工作任务。二是建立董事会应建范围日常管理调整机制。5 月,城投集团、红星化工集团、旅游集团、市政空间集团 4 家市直企业新增应建董事会子企业 3 户,调减应建董事会子企业 11 户。11 月,海发集团、国信集团等 8 家市直企业新增应建范围子企业 44 户。截至 2022 年底,19 家市直企业、集团应建范围 472 户子企业全部建立董事会并配齐建强董事会组成人员。

### (四)加强队伍建设,优化外部董事人员结构

一是建立首批专职外部董事队伍。积极拓展外部董事来源,8 月,配合市委组织部从市直企业和市直经济部门懂经济、熟悉企业的领导人员中选拔领导干部 26 人,放弃原有身份,转任为专职外部董事。8 月 15—17 日,举办专职外部董事任前集体谈话暨岗前培训会议,邀请省属企业外部董事代表、高校专家教授

对外部董事进行岗前培训。首批专职外部董事于8月底前全部赴企业履职。二是建立专职外部董事委托管理机制。创新出台《专职外部董事委托管理保障工作方案(试行)》(青国资委〔2022〕126号),统筹专职外部董事劳动和工资关系管理、社会保险和医疗待遇、党组织和工会关系、教育培训、退休后管理服务,以及资金使用管理等安排,建立起系统性的专职外部董事托管保障机制。三是优化兼职外部董事队伍。对兼职外部董事履职情况进行全面调研,征求市直企业和专职外部董事召集人意见,全面分析市直企业董事会人员专业构成,研究提出兼职外部董事优化调整建议,经市国资委党委专题会议研究,对兼职外部董事进行全面优化调整,在市直企业建立起"3+3+N"的董事会人员组成结构,形成以专职为主、兼职为辅的外部董事队伍,为董事会科学运行、有效制衡奠定良好基础。

### (五)夯实行权基础,畅通董事会运行机制

一是建立外部董事履职保障机制。2月,召开市直企业董事会秘书座谈会,印发《市属企业外部董事履职保障重点工作安排》,建立外部董事履职信息沟通机制、参与决策保障机制、调研问询机制、服务保障机制4项工作机制,全面有效支持外部董事在市直企业行权履职。二是健全外部董事日常管理机制。制定《市直企业外部董事履职记录制度(试行)》(青国资委〔2022〕44号),印发《关于健全完善外部董事履职工作台账的通知》,建立外部董事履职记录制度和履职工作台账。加强外部董事培训,分别于1月、8月组织开展兼职外部董事、专职外部董事岗前培训。探索实施列席董事会制度,从9月开始,到13家市直企业列席董事会,现场观察外部董事履职情况和董事会运行情况。初步建立起外部董事日常履职记录、会议列席观察、业务培训、履职报告、年度考核的日常管理机制,有效保障和规范外部董事行权履职。三是重构经理层管理机制。以全面推行经理层任期制契约化管理为抓手,促进经理层管理机制深度转变。19家市直企业集团层面101名经理层、768户子企业1113名经理层全部签署"两书一协议",实行任期制契约化管理。四是探索推行职业经理人制度改革试点。8月,印发《青岛市市直企业推行职业经理人制度改革工作方案(试行)》(青国资委〔2022〕56号),本着先试点后推开的思路,启动市直企业职业经理人制度改革试点。9月28日,市委组织部、市国资委印发《关于同意青岛饮料集团有限公司开展职业经理人制度改革试点的批复》(青国资委〔2022〕154号),批准青岛饮料集团开展职业经理人制度改革。

### (六)加强典型推广,提升典型标杆引领作用

一是培树董事会建设典型。8月,组织开展董事会建设典型案例征集活动,从董事会组织建设、人员配备、运行机制、工作环节衔接等多个角度筛选出10个典型案例,在"资通青岛"微信公众号开设"董事会建设典型案例"专栏,陆续予以刊发,指导市属企业以典型案例为标杆,推动市属企业董事会建设日趋规范。二是做好典型推荐工作。海发集团、青啤股份入选全国公司治理示范企业。海湾集团、澳柯玛控股集团、红星化工集团入选全省公司治理示范企业。

## 六、青岛市国资委监管企业建立和完善经营业绩考核体系情况

青岛市国资委始终紧紧锚定国资改革发展目标和市委、市政府部署要求,多次对市直企业考核办法进行修订完善,考核体系不断迭代升级,导向作用显著增强,为企业高质量发展注入动力。

### (一)坚持正确导向

积极对接出资人考核导向要求,切实履行国企"三大责任"。坚持党建统领,加强国有企业党的建设,突出效益优先,提升价值创造能力,对照青岛市经济社会发展目标,更好地服务区域经济社会发展。将安全生产、环境保护、守法合规经营等作为工作底线和红线要求,推进国资国企改革发展中心任务,确保在重点领域取得突破。

### (二)压实目标责任

建立完善全员覆盖的绩效目标责任制,逐级分解到人,层层传递责任。深化差异化考核,从所属企业职能出发,分类明确任务要求,着力增强考核的精准度和匹配度。抓住"契约化管理"这一"牛鼻子",逐级建立业绩目标责任书制度,传递责任、传导压力,形成

"一把手负总责,谁主管谁负责,一级抓一级,层层抓落实"的目标责任体系。

**(三)规范决策程序**

充分发挥企业党委在业绩考核中"把方向、管大局、保落实"作用,对考核原则、目标要求、薪酬分配原则和标准等,进行前置研究讨论。注重发挥董事会作用,牢牢把握出资人导向,健全董事会考核机制,履行好董事会考核经营层的职责,指导监督经营层做好对各级企业和员工的考核工作。

## 七、青岛市国资委监管企业负责人考核与选人用人机制改革情况

青岛市国资委立足国资国企改革发展大局,坚持市场化、法治化方向,聚焦考核引导,强化责任传导,不断深化考核机制改革,推动企业业绩实现逆势快速增长,高质量发展取得新成效。

**(一)在提高"针对性"上下功夫,压实企业发展责任**

从国有企业所肩负的重大历史使命出发,强化对经济、政治、社会三大责任的考核评价。一是强化经济责任,聚力实现国有经济质效双升。按照市场规则,构建管资本为主的指标体系,重点关注资本投向、资本回报和资本风险控制。分档设置企业经营业绩目标,将主业创造价值与考核计分、结果评级紧密结合,形成"赛跑"机制,以业绩论英雄,推动企业落实好国有资产保值增值责任。二是强化政治责任,全力匹配城市发展战略。制定出台《关于完善分类考核机制支持市属企业更好匹配城市发展战略的实施意见》等,对多个重大战略投资项目实施清单管理,进行量化考核,引导企业提高政治站位,担当落实好市委、市政府重大决策部署。三是强化社会责任,助力服务城市民生保障。将市属企业特别是公益服务类企业履行社会责任情况,与经营业绩考核和市属企业领导班子考核挂钩,激发企业履行社会责任积极性。

**(二)在提高"精准性"上下功夫,推动企业聚焦主责主业**

根据国有资本的战略定位和发展目标,并根据企业发展阶段、行业特点和经营短板等,实施差异化考核。一是分类设置指标。对商业一类企业,重点考核企业经济效益、资本回报水平和市场竞争能力;对商业二类企业,重点考核资本回报和国有资本保值增值,并对保障城市经济运行和完成市委、市政府专项任务等情况实施量化考核;对公益类企业,重点考核产品服务质量、成本控制、营运效率和保障能力,适度降低经济效益指标考核权重和回报要求。二是重视补足短板。根据企业经营管理情况,选取短板指标纳入考核。注重提升企业自主创新能力,加强研发投入、科技成果产出和转化等指标的考核,重点工业企业2025年末研发投入比率不得低于4%或行业优秀值。三是全面对标先进。积极对标世界一流企业,针对企业管理弱项、技术短板和绩效差距,构建行业横向对标与历史业绩纵向对标相结合的多维评价体系。引导企业瞄准国际先进水平、行业最高标准,积极进位争先;瞄准历史业绩最好水平,努力做大做强。青啤集团等重点企业主要指标处于行业优秀水平。

**(三)在提高"约束性"上下功夫,确保企业发展目标落实**

全面梳理工作机制和流程,围绕完善决策程序、落实经营责任等关键环节进行规范和完善,提高考核刚性约束。一是实施契约化管理。市国资委与市属企业主要负责人签订经营业绩责任书,企业董事长与其他班子成员签订业绩责任书,明确目标任务和奖惩机制,确保责任层层传递。二是明确红线、底线、高压线。将企业基层党建工作纳入考核,以党建促发展,对基层党建和全面从严治党成效突出的,考核时加分加薪。对生产经营中出现问题的,及时约谈提醒,跟踪整改落实。对发生安全责任事故、环境污染责任事故、重大舆情的,与业绩考核结果直接挂钩,给予扣分、降级或一票否决处理。三是加强监督检查公示公开。组织开展专项检查,对企业负责人薪酬管理市场化改革落实情况进行复核。督导企业在本企业网站对企业负责人薪酬信息进行公示,在市国资委网站上通过链接方式统一进行披露,接受社会监督。

## 八、青岛市国资委监管企业党的建设和廉政建设情况

### （一）压实企业管党治党主体责任

一是印发《关于进一步完善“第一议题”制度和党组织前置研究讨论事项清单制定有关工作的通知》，督促企业进一步修订完善“第一议题”制度，组织所属子企业修订完善前置研究讨论事项清单，切实发挥好党组织“把方向、管大局、保落实”的作用。二是组织召开2021年度市直企业党委书记履行全面从严治党责任和抓基层党建工作述职评议会议，组织各企业党委负责人逐一现场述职发言，并开展现场测评。会后，逐一汇总计算测评结果，形成反馈意见并进行反馈，要求企业认真制定整改清单，明确抓基层党建突破项目选题。督促市直企业指导所属企业党组织书记做好述职评议工作，1400余名党组织书记进行述职，接受基层党组织和党员群众监督。三是参加国务院国资委“高质量党建引领国企改革三年行动弘扬企业家精神激励担当作为”专题交流调研会议，青岛市作为唯一一个副省级城市代表在会上发言，交流汇报相关经验做法，国务院国资委给予充分肯定。

### （二）着力夯实基层党建工作基础

一是组织召开市直企业和委管驻青企业基层党建工作重点任务推进会，印发实施《2022年度市直企业和委管驻青企业基层党建工作重点任务清单》，部署年度基层党建工作4个方面16项重点任务，组织企业深入开展“强党建、兴国企”行动，推进党建工作与企业生产经营深度融合，把党建优势转化为创新优势、竞争优势、发展优势。组织市直企业做好党务清查相关工作，摸排存在问题，明确改进措施，限期整顿到位，切实提升基层党建工作水平。二是推动市直企业特色党建阵地建设全覆盖。组织市直企业分层分级建成一批特色党建阵地，打造党组织展现风采、开展工作、服务党员群众的重要平台载体。28户市直企业有特色党建阵地28个，形成“一企业一特色、一企业一阵地”工作格局。三是调动发挥基层党组织和党员作用。指导市直企业做好第四轮市级社区党建联络员选派工作，25户市直国有企业党委推荐联络员25人，分别与市南区、市北区等5区1市的25个城市社区进行结对共建，结合青岛市疫情防控要求，开展“双报到”工作。四是举办2021—2022年度青岛国资系统争创“青岛市五星级基层党组织”擂台赛。7月20日，市委组织部主办、市国资委党委承办，组织市直企业和驻青国企开展2021—2022年度青岛国资系统争创“青岛市五星级基层党组织”擂台赛，经过前期层层选拔，45个来自企业生产、科研、营销等基层一线的党支部（党总支）参加比赛，绝大部分党组织书记亲自带头登台述讲，展示青岛国资系统基层党组织一心向党、积极向上的时代风采，本次大赛按照成绩评选出前20个优秀基层党组织，代表国资系统参加市级复评。五是开展党员能力提升专题培训。举办市直企业和委管驻青企业党员能力提升专题培训班，组织市直企业和委管驻青企业党建部门主要负责人参加培训，通过课堂讲授、座谈讨论、现场观摩等形式，围绕加强企业党的建设、从严治党、清廉建设、政治经济形势分析、党建引领产业发展等多方面内容进行学习研讨，切实提升企业党务干部综合素质和履职能力。

### （三）深化市直国有企业清廉建设工作

一是会同市纪委监委机关、市民营经济局联合印发《深入推进企业领域清廉建设的实施方案》，市国资委党委向市直企业印发《关于认真开展清廉国企建设的通知》，成立市国资委推进企业领域清廉建设工作领导小组，推进各企业党委切实履行主体责任，把清廉国企建设纳入企业改革发展和党建工作通盘考虑、一体推进。二是编发《清廉国企》专刊5期，刊发青啤集团等市直企业清廉建设交流材料7篇，打造企业领域清廉建设典型和经验交流平台，不断凝聚思想共识。会同市纪委宣传部等撰写“‘清廉建设’在身边”（企业领域）宣传脚本，并在蓝睛等相关新闻媒体平台宣传推广，“青岛市紧盯重点领域关键环节织密监督网络护航国企发展”相关做法被《中国纪检监察报》刊发。三是与市纪委监委机关联建青岛市企业廉洁教育馆，推动打造青岛市国有企业数字化清廉建设示范点，教育引导市直企业加强党风廉政和作风纪律建设。四是按照市纪委要求，印发《关于抓好〈关于锲而不舍纠“四风”树新风监督推动中央八项规定精神落实的工作方案〉贯彻落实工作的通知》，协助市纪委监

委驻市国资委纪检监察组每月调度汇总企业纠“四风”树新风监督推动中央八项规定精神落实工作情况,推动企业夯实党风廉政建设和反腐败工作主体责任。

(撰稿人:孟靖雯)

# 河南省

## 一、河南省国有资产监督管理工作综述

2022年,河南省国资国企系统深入贯彻习近平总书记关于国有企业改革发展和党的建设的重要论述,以迎接党的二十大和学习贯彻党的二十大精神为主线,全面落实“疫情要防住、经济要稳住、发展要安全”重大要求,按照省委、省政府决策部署,大刀阔斧促改革、革故鼎新谋发展、锻造能力强作风,办成一批大事、攻克一批难事、成就一批新事,实现“全面决胜、整体出彩”,国资国企发展站在新的历史起点上。

### (一)经济运行“压舱”“顶梁”

经营效益稳中见好。贯彻落实稳经济一揽子政策,出台“稳运行20条”,锚定全年目标实行“月对标、季排名”。截至2022年底,省市两级企业资产总额5.2万亿元;全年实现营业收入8474亿元,比上年增长15.1%;利润335.1亿元。其中,省管企业资产总额3.6万亿元,增长28.3%;营业收入5998.2亿元,增长13.3%;利润208.4亿元;上缴税金408.5亿元,增长25.4%。减亏提质有力有效。省管企业盘活处置“两非”“两资”205项,回笼资金93.6亿元;89户重点亏损子企业完成扭亏任务。省管企业全员劳动生产率比上年增长0.5%,工业企业成本费用比上年下降0.9%,“两金”占用比上年下降4.4%。河南能源集团纳入亏损源治理的20家单位全部扭亏,比上年减亏近10亿元。“三个一批”提速扩量。省管企业在建项目316个,全年完成投资1485亿元,安钢集团电磁新材料等90个项目开工,河南水投集团贾鲁河治理工程等151个项目稳步推进,河南铁建投集团济郑高铁濮郑段等75个项目竣工。郑州市属企业围绕地铁项目等完成投资近400亿元,成为国家中心城市建设的重要力量。濮阳、三门峡、南阳等地聚焦“两新一重”领域,实施一批支撑性引领性项目。稳定大盘倾力尽责。省管企业向省内发运电煤2620.1万吨、让利64.5亿元,减免4582户中小微企业和个体工商户房租4.9亿元。免征高速通行费19.2亿元,解决滞销蔬菜近100万千克。省农信社、中原再担保集团、中原农险公司、河南农信担保公司等发挥自身优势,精准开展金融惠农支小服务。河南铁建投集团、河南文旅投集团与建业集团开展合作,中豫建投集团、河南资产设立纾困基金,中原银行加大“保交楼”贷款支持力度,助力河南省房地产市场稳定。

### (二)国企改革重点突破

法人治理结构持续完善。省管企业全部制定党委重大事项决策权责清单,党委前置研究成为常态。全国首家制定外部董事履职“一措施一指引”,为30户企业配备外部董事39人。集团及各级子企业董事会应建尽建,外部董事占多数、董事会向经理层授权管理实现全覆盖。豫地科技集团、中州集团等“事转企”企业初步建立现代企业制度。市场化机制不断健全。集团及各级子企业全部实现经理层成员任期制和契约化管理,新选聘职业经理人70人。全面推进中层管理人员“四制”改革,末等调整或不胜任退出552人。新进员工公开招聘比例100%。出台实施中长期激励指导意见,符合条件的企业全部建立中长期激励机制。河南资产市场化改革经验叫响全国,人均管理资产9.3亿元、利税1500万元,居全国同行业前列。混合所有制改革稳妥推进。省管企业各级子公司混合所有制改革比例超过50%。河南交投集团与瑞茂通公司组建河南物产集团,挂牌半年多实现营业收入315亿元。硅烷科技登陆北京证券交易所,平煤神马集团旗下A股上市公司4户,资产证券化率55%。秋乐种业成为河南育种行业第一股。洛轴公司出让43.3%股权,引入外部战投并实施员工持股。专项改革取得实效。河南资产新入选“双百企业”,豫信电科集团新入选“科改示范企业”,河南省入围“双百企业”数量居中部六省第一。“对标管理提升行动”

取得积极成效，河南能源集团三门峡戴卡轮毂公司获评“全国公司治理示范企业”。

**(三)布局结构持续优化**

重组整合纵深推进。完成14户企业重组、3户企业更名、3户企业退出，在信用增进、现代物流、医学检测、汽车投资、港口运营等领域组建一批专业化子公司，省管企业布局结构实现全方位整体性优化。新交投集团资产规模超过6000亿元、管辖通车总里程6097千米。中豫信增公司成立半年获得3个AAA评级，为省管企业和地方企业提供流动性资金支持41亿元。郑州、开封、安阳、三门峡等地重组挂牌一批重点领域龙头企业。转型发展蓄势成势。实施国资国企数智赋能三年行动，河南“国资云”正式上线。平煤神马集团推动三大核心产业延链强链，“中国尼龙城”入选国家首批战略性新兴产业集群培育工程。豫信电科集团超聚变服务器产值突破230亿元，年产10亿片中小透镜项目加速落地。河南航投集团布局航空经济全产业链，航空仿真制造跻身行业第一方阵。洛阳国宏与宁德时代合作建设新能源电池生产基地，打造新能源产业集群。科技创新支撑有力。出台省管企业人才新政20条，加快组建创新投资集团，打造创新人才“蓄水池”和创新成果“转化器”。省管企业研发投入持续提升，工业企业研发投入强度2.5%，创历史新高。省管规模以上工业企业研发活动覆盖率超过90%。平煤神马集团重组炼焦煤国家重点实验室，多项芯片硅料技术打破国外垄断。河南能源集团推动建设“两院四中心”，22个科研项目达到国际领先水平。开放合作扩面提质。央地合作“云签约”活动新签项目307个，引进资金2743.7亿元，中国国际速递、中资特种物流等中央企业重要子公司落户河南。“中豫号”班列实现“五统一”管理，全年开行1713班，成为河南省“陆上丝绸之路”主平台。卢森堡货航在郑货运量10.6万吨，“双货航”助力畅通国内国际双循环，“空中丝绸之路”不断做强做大。河南机场集团建成华中最大航空货运区，货邮保障能力中部第一。河南投资集团积极推动“俄气入豫”，河南国际集团、河南资源集团、豫地科技集团积极开拓非洲、中亚等海外市场。

**(四)风险防控扎实有力**

债务风险有效防范。不断健全“防”的机制，出台投资监管办法，从源头严控投资风险；开展债务风险全面排查，完善多部门风险信息共享和监测预警机制；加强债券发行审核管理，提高中长期债务比重，防范短期流动性风险。持续增强“化”的能力，严格落实“631”债务偿还机制，用好中豫信增公司、省企信保基金两大化险工具。河南能源集团改革重生取得重大成果，全年实现利润超过50亿元，创近10年最好水平，带动全省金融环境改善，省管企业全年发行债券573.8亿元，比上年增长35.2%；平均资产负债率比上年减少0.4个百分点，首次降至全国平均线以下。安全责任全面落实。坚持“从头”提升安全理念、“到脚”抓实现场管理，压实从企业主要负责人“最先一公里”到基层生产一线“最后一公里”责任链条，以最高标准、最严要求、最顶格问责确保万无一失，省管企业全年未发生重特大安全生产事故。企业大局总体稳定。全方位全覆盖排查不稳定因素，对省管企业23项重大隐患逐一建立台账，上级交办的220件积案妥善化解，用心、用情、用法解决职工合理诉求，最大限度息诉息访。党的二十大期间国资国企系统实现“零事故、零上访、零干扰”，得到省领导批示肯定。

**(五)监管效能有效提升**

监管方式进一步优化。全国首家以省委、省政府两办名义印发《健全以管资本为主的国有资产监管体制工作方案》，加快构建省管企业“2+N+X”架构。智能化国资监管服务平台开通运行，“一屏通览、一触即知、一网统管”的监管新模式初步形成。动态优化授权放权清单，做到既放活又管好。资本运作进一步强化。组建河南资本集团，支持其与中金集团合作打造百亿级基金管理平台。豫资控股集团推进与中建材合作设立500亿元规模的碳中和基金，汽车产业投资集团助力奇瑞汽车生产基地落户开封。中原证券投行业务获评全国A类，河南农开公司新设立涉农基金近10只，累计省管企业管理基金130余只，规模近2000亿元。洛阳、新乡、济源等地做强做大国有资本投资运营公司，安阳、鹤壁、焦作等地通过设立基金“以投助引”布局新兴产业。基础管理进一步筑牢。省级层面及多数地市实现经营性国有资产集中统一监管,国资监管大格局加速成型。做好制度立改废释纂,现行有效国资监管规范性文件89件。首次出台主业管理制度,推动企业资金资源向主责主业聚焦。修订完善经营业绩考核及工资总额管理办法,实施分类考核和差异化管理。规范企业担保行为,消减超限担保。南阳、信阳、驻马店等地监管制度更加健全。问责力度进一步加大。修订违规经营投资责任追究实施办法,明确10类84种责任追究情形,全年处置省管企业违规经营投资问题线索97条,下发提示函21份,约谈企业8户,通报典型案例6起,追责问责13人次。平顶山、许昌等地构建违规经营责任追究工作体系。

### (六)国企党建全面加强

理论武装持续强化。把学习宣传贯彻党的二十大精神作为首要政治任务,推出"国企读报告"等活动,组织成立省管企业宣讲团,形成四级联动宣讲格局,深入一线开展分众化、互动化宣讲,推动党的二十大精神进车间、进班组、进头脑。开展"机关+企业"小组巡听旁听,省国资委党委理论学习中心组被列入全省理论学习中心组学习示范班,10户企业党委被推荐为全省"第一议题"学习示范点和理论学习中心组学习示范班。省管企业选手在全省"党的创新理论万场宣讲进基层"大赛中再次获得一等奖。基层基础更加巩固。指导培育50个党支部增强政治功能和组织功能,积极争创"五星"党支部。选树第二批标准化党支部示范点100个,累计建成标准化党支部9300多个、基层党建活动阵地近4000个。全国首家出台加强和改进混合所有制改革企业党建工作指导意见。创新开展省国资委机关党支部与省管企业、地市国资监管机构的党支部"双联双促"活动。意识形态持续向好。严格落实意识形态工作责任制,优化舆情处置"1+2+N"机制,处置舆情41起。开展"喜迎二十大、国资见担当"活动,推出"大省国企的项目担当""阔步新征程、国企当先锋"等系列报道。"国企改革新答卷"专题报道获国务院国资委高度肯定,"河南国资"新媒体指数稳居全国地方国资前三位。河南能源集团"八一采煤队"当选"年度感动中原十大人物(集体)"。党风廉政建设更加有力。深入开展"能力作风建设年"活动,推动"13710"全覆盖,省国资委作为省直单位代表进行综合发言。推进清廉国企建设,开展全业务全流程廉洁风险排查,对省管子企业实施穿透式监督,发现问题92个,下发提示函8份。落实中央八项规定精神,组织开展专项检查。完成对河南粮投集团巡察,省管企业内部巡察开展率85%。持续深化以案促改,有序推进粮食购销领域腐败问题等专项整治,始终保持惩治腐败高压态势。

## 二、河南省国有资产总量与结构分析

表1　2022年河南省国有企业指标

| 项　目 | 金　额(亿元) |
|---|---|
| 资产总额 | 84402.5 |
| 所有者权益 | 30368.4 |
| 国有资产总量 | 26799.0 |
| 营业收入 | 10886.8 |
| 利润总额 | 332.3 |
| 净利润 | 200.3 |
| 归属于母公司所有者的净利润 | 99.4 |
| 应交税金总额 | 622.4 |
| 实际上缴税金总额 | 603.2 |

表2　2022年河南省国有企业户数情况

| 2021年户数(户) | 2022年户数(户) | 比上年增长(%) |
|---|---|---|
| 7439 | 8483 | 14 |

表3　2022年河南省国有资产按地区分布情况

| 地　区 | 国有资产(亿元) | 占国有资产总量比重(%) |
|---|---|---|
| 省属企业汇总 | 5722.81 | 21.35 |
| 地市企业汇总 | 21076.17 | 78.65 |
| 郑州市 | 5559.15 | 20.74 |
| 洛阳市 | 2150.40 | 8.02 |
| 许昌市 | 1734.96 | 6.47 |
| 开封市 | 1221.27 | 4.56 |

续表

| 地　区 | 国有资产（亿元） | 占国有资产总量比重（%） |
| --- | --- | --- |
| 商丘市 | 947.41 | 3.54 |
| 南阳市 | 1099.43 | 4.10 |
| 平顶山市 | 1161.47 | 4.33 |
| 信阳市 | 1186.96 | 4.43 |
| 新乡市 | 689.88 | 2.57 |
| 三门峡市 | 942.85 | 3.52 |
| 周口市 | 885.57 | 3.30 |
| 驻马店市 | 941.27 | 3.51 |
| 安阳市 | 643.85 | 2.40 |
| 焦作市 | 596.74 | 2.23 |
| 漯河市 | 493.06 | 1.84 |
| 鹤壁市 | 389.56 | 1.45 |
| 济源产城融合示范区 | 220.02 | 0.82 |
| 濮阳市 | 212.33 | 0.79 |

注：数据由于四舍五入，存在总计与分项合计不等的情况。

**表4　2022年河南省国有资产按行业分布情况**

| 行　业 | 国有资产（亿元） | 占国有资产总量比重（%） |
| --- | --- | --- |
| 农林牧渔业 | 842.39 | 1.97 |
| 工业 | 4861.21 | 11.35 |
| 建筑业 | 5339.63 | 12.47 |
| 交通运输业 | 4315.00 | 10.08 |
| 仓储业 | 52.12 | 0.12 |
| 商贸业 | 445.33 | 1.04 |
| 房地产业 | 4224.52 | 9.87 |
| 信息传输、软件和信息技术服务业 | 108.38 | 0.25 |
| 社会服务业 | 19999.81 | 46.71 |
| 教育文化广播业 | 393.93 | 0.92 |
| 科学研究和技术服务业 | 273.65 | 0.64 |
| 金融业 | 1599.72 | 3.74 |
| 其他行业 | 356.08 | 0.83 |
| 合　计 | 42811.76 | 100.00 |

注：表中数据为汇总口径，未进行合并抵消，包含重复计算因素。数据因四舍五入，存在总计与分项合计不等的情况。

**表5　2022年河南省国有资产按经营规模分布情况**

| 经营规模 | 国有资产（亿元） | 占国有资产总量比重（%） |
| --- | --- | --- |
| 大型企业 | 7731.44 | 18.06 |
| 中型企业 | 8544.74 | 19.96 |
| 小型企业 | 18163.05 | 42.43 |
| 微型企业 | 8372.52 | 19.56 |
| 合　计 | 42811.76 | 100.00 |

注：表中数据为汇总口径，未进行合并抵消，包含重复计算因素。数据因四舍五入，存在总计与分项合计不等的情况。

## 三、河南省国有资本保值增值综合分析评价

**表6　2022年河南省国有企业地区和行业国有资本保值增值情况**

| 地　区 | 国有资本保值增值率（%） | 行　业 | 国有资本保值增值率（%） |
| --- | --- | --- | --- |
| 郑州市 | 100.40 | 农林牧渔业 | 167.07 |
| 洛阳市 | 98.30 | 工业 | 103.25 |
| 许昌市 | 109.37 | 建筑业 | 100.14 |
| 信阳市 | 98.65 | 交通运输业 | 100.55 |
| 平顶山市 | 99.92 | 仓储业 | 99.94 |
| 开封市 | 100.56 | 商贸业 | 106.32 |
| 南阳市 | 99.54 | 房地产业 | 100.14 |
| 三门峡市 | 93.13 | 信息传输、软件和信息技术服务业 | 102.01 |
| 驻马店市 | 99.97 | 社会服务业 | 101.44 |

续表

| 地　区 | 国有资本保值增值率(%) | 行　业 | 国有资本保值增值率(%) |
|---|---|---|---|
| 周口市 | 100.73 | 教育文化广播业 | 101.99 |
| 商丘市 | 108.42 | 科学研究和技术服务业 | 105.26 |
| 安阳市 | 98.44 | 金融业 | 102.83 |
| 新乡市 | 99.53 | 其他行业 | 93.81 |
| 焦作市 | 101.81 | | |
| 漯河市 | 96.93 | | |
| 鹤壁市 | 113.21 | | |
| 济源产城融合示范区 | 113.03 | | |
| 濮阳市 | 100.53 | | |

## 四、河南省国资委监管企业改革发展情况

2022 年是国企改革三年行动收官之年，河南省国资委聚焦重点改革任务，实施高质量收官行动，坚持体系化统筹、机制化推进、清单化落实、精细化破题，着力补齐短板、做足成色、提升亮点。截至 2022 年底，省管企业全面完成各项改革任务，涌现河南能源改革重生、洛轴集团专项改革等一批新的改革样本。市场化经营机制方面，中层管理人员“四制”改革基本完成，管理人员竞争上岗的人数比例 72.01%，末等调整或不胜任退出 552 人；集团公司及各级子企业经理层成员全部实现任期制和契约化管理，新进员工公开招聘比例 100%，实施全员绩效考核的企业户数占比 100%。混合所有制改革方面，制定监管企业 2022 年混合所有制改革意向名单，支持国有资本与民营资本“双向奔赴”、优势互补、共赢发展；对 21 户省管企业和 41 户子企业开展混合所有制改革总结评估，平煤神马集团所属联合盐化公司、河南投资集团所属河南资产管理公司入选国家第四批混合所有制改革试点。专项改革方面，河南资产管理公司和豫信电子科技集团分别新增入选“双百企业”“科改示范企业”，“双百企业”和“科改示范企业”分别扩增到 8 户和 3 户。平煤开封炭素获评“双百行动”标杆企业，郑煤机和河南油气获评“双百行动”优秀企业。河南投资集团数字化智能化管理项目入选“标杆项目”，洛轴公司和洛单集团麦斯克公司入选“标杆企业”；河南能源戴卡轮毂公司获评“全国公司治理示范企业”。

2022 年，省管企业统筹推进疫情防控与生产经营，整体呈现稳中见好、稳中提质态势，为稳定全省经济大盘起到“稳定器”“压舱石”作用。截至 2022 年底，省管企业资产总额 3.6 万亿元、净资产 8578.9 亿元，分别比上年增长 28.3%、16.6%；资产负债率减少 0.4 个百分点，首次降至全国国有企业平均线以下。全年实现营业收入 5998.2 亿元，比上年增长 13.3%；利润 208.4 亿元、净利润 111.3 亿元；上缴税金 408.5 亿元、实现增加值 1212.4 亿元，分别比上年增长 25.4%、5%。其中平煤神马集团、河南能源集团分别盈利 63.9 亿元、50 亿元，为近 10 年最好水平。

## 五、河南省国资委监管企业并购重组与完善法人治理结构情况

### (一)并购重组

按照创新布局一批、重组整合一批、清理退出一批、重点培育一批的“四个一批”总思路，完成 14 户省管企业重组、3 户企业更名、3 户企业退出。依托相关企业组建中豫信增公司、河南物产集团等一批专业化子公司，基本完成新一轮省管企业战略重组夯基垒台、架梁立柱任务，国有资本布局结构实现全方位整体性优化。一是聚焦“十大战略”，“方面军”作用更加凸显。围绕实施“十大战略”，组建新交投集团，形成交通产业发展强引擎；组建豫信电科集团，打造数字产业发展新名片；组建河南文旅投集团，成为河南省文旅文创产业发展新支柱。二是聚焦体制改革，“排头兵”姿态更加突出。落实“重塑性改革、结构性优化、功能性再造”要求，推进河南检验集团、豫地科技集团、中州集团 3 户“事转企”企业资源整合，建立健全现代企业管理体系，加快实现从“改头换面”到“脱胎换骨”的根本转变。三是聚焦资源整合，“顶梁柱”地位更加稳固。以新组建的中豫港务集团为依托，推动全省中欧班列“六统一”；组建中豫港口集团，统筹整合全省港口、航道资源，谋划豫货出海和海货入豫

新通道。四是聚焦补齐短板，“主力军”阵型更加完整。重组河南水投集团，补强“水工省队”弱项，全面推进重大水利工程和现代水网建设；组建种业集团、农投集团、储备粮集团，补齐粮食龙头企业短板，筑牢粮食安全基石；组建中豫信增公司，填补国有工具类公司空白。

### （二）完善法人治理

落实《关于省管企业在完善公司治理中加强党的领导的实施方案》要求，省管企业及重要子企业党委全部制定党委重大事项决策权责清单和党委前置研究讨论重大经营管理事项清单。制定《省管企业董事会和董事评价办法》，构建“企业内部评价＋出资人评价＋日常评价”多维度评价体系。全国首家出台《关于进一步规范和加强外部董事履职管理的若干措施》《省管企业外部董事履职指引（试行）》等外部董事履职系统化管理制度，累计委派专兼职外部董事 46 人。开展商业二类省管企业外部董事履职情况专项检查，对部分外部董事工作推进不力的予以提醒。

## 六、河南省国资委监管企业建立和完善经营业绩考核体系情况

### （一）持续完善制度体系

出台《省政府国资委关于实施中长期激励的指导意见》，鼓励企业统筹运用国有控股上市公司股权激励等方式强化正向激励，有效激发骨干员工积极性，增强企业活力、提升效率。

### （二）精准实施考核评价

完成 2021 年度考核评价清算，督促未实现国有资本保值增值的企业制定整改措施，综合绩效评价结果为中等及以下的企业做好改善提升。按照“稳中求进、积极有为”原则制定 2022 年度业绩考核目标，与目标较低的企业“一对一”沟通，利润总额目标提升 35.2 亿元。实施 2022 年度考核目标过程监测，对企业目标完成情况预评估，对评估结果不理想的企业提出预警，对评估结果较好的鼓励适度调高年度目标。对照现行考核规定和要求，对部分新组建企业开展摸底调研，做好“量身定制”考核指标和考核目标准备工作。

### （三）加强收入分配管理

根据考核结果确定 2021 年度企业负责人薪酬标准，督促企业及时兑现，做好薪酬备案及信息披露。完成 2021 年度企业工资总额清算，24 户监管企业工资总额 301.1 亿元，比上年减少 3.8%。其中商业一类企业工资总额 263.7 亿元、商业二类 29.9 亿元、公益类 7.5 亿元，工资总额与经济效益基本同向。

## 七、河南省国资委监管企业负责人考核与选人用人机制改革情况

### （一）扎实做好企业年度考核

配合省委组织部开展省管企业领导班子和省管干部 2021 年度综合考核工作，研究起草有关企业考核报告，提出考核等次建议，8 户监管企业获评“优秀”。

### （二）深入推进人才队伍建设

出台《关于加快建设省管企业人才新高地的若干措施》，通过优化“引育用”全链条打造人才资源“富矿”。启动首批省管企业高层次人才认定工作，向省人社厅推荐人选 35 人（B 类人才 5 人、C 类人才 28 人、D 类人才 2 人）。实施首批省国资委机关与省管企业 13 名干部双向挂职。认真做好 2022 年度“中原英才计划（育才系列）”推荐申报、第五届中国·河南招才引智创新发展大会参会、第十六届高技能人才评选表彰活动推荐、河南省发展研究奖评审专家库人选推荐、享受省政府特殊津贴人员推荐以及开展人才工作中“唯帽子”问题治理等工作。

## 八、河南省国资委监管企业党的建设和廉政建设情况

### （一）强化理论武装

严格贯彻党委“第一议题”和理论中心组学习制度，遴选上报“第一议题”学习示范点和理论学习中心组学习示范班 10 个。创新开展“机关＋企业”小组巡听旁听，指导企业优化集体学习研讨流程，提高学习质效。充分发挥“学习强国”平台作用，在省委宣传部

组织架构下的21个党组织中,人均积分和参与度排名始终保持第一,省管企业选手在全省党的创新理论宣讲大赛中再次获得一等奖。

### (二)夯实基层基础

建强基本组织。累计建成标准化党支部9300多个、基层党建活动阵地近4000个,选树第二批标准化党支部示范点100个;指导50个过硬党支部开展"五星"创建,高标准打造一批党员先锋作用强、服务改革成效好、促进发展实绩优的标杆党支部;完善换届提醒督促机制,指导6户省管企业集团党委和1677个基层党组织完成换届;开展省国资委机关与省管企业、地市国资监管机构党支部联建,全面推进企业内部、企业之间、企业与社区基层党组织结对共建。建强基本队伍。加大从生产经营一线、产业工人、青年骨干和高知群体中发展党员的工作力度,年度完成党员发展计划3700人;深入实施"双培养一输送",指导企业从党员中培养业务骨干9117人,从业务骨干中发展党员3398人,从党员业务骨干中培养党支部书记2884人。健全基本制度。在全国首家出台《关于加强和改进混合所有制企业党的建设工作的意见(试行)》,因企施策积极探索混合所有制改革企业党建工作的新路径新方法新体系。

### (三)守好意识形态阵地

严格落实意识形态工作责任制,优化舆情处置"1+2+N"应对机制,针对重点企业实施"一企一策",负面舆情均实现管控及时到位、处置有力有效。开展"喜迎二十大、国资见担当"活动,推出"人省国企的项目担当""阔步新征程、国企当先锋"等系列报道。推出"国企改革新答卷"专题报道19期,得到国务院国资委充分肯定。河南能源"八一采煤队"当选"2021年度感动中原十大人物(集体)"。制定实施《省政府国资委党委关于加强新时代省管企业文化建设的指导意见》。广泛开展精神文明创建活动,5家企业获评"全国文明单位",7家企业被评为省级文明标兵。

### (四)加强党风廉政建设

强化不敢腐的震慑,组织开展"两违规"、中央八项规定精神"过一遍"、粮食购销、招投标、境外企业利用佣金中介费牟取私利等系列专项整治,给予党纪政务处分568人次,扣减薪酬42人次,禁入限制3人次,采取谈话提醒、书面检查等措施16人次。扎牢不能腐的笼子,组织省管企业开展全业务、全流程的廉洁风险排查,排查廉洁风险点1150个,制定防控措施1771个。编制《清廉国企建设廉洁风险排查资料汇编》,推动企业把廉洁从业要求融入生产经营全过程,构建风险明确、责任明晰、措施有力的廉洁风险防控机制。增强不想腐的自觉,编印《以案释纪说法》,持续开展警示教育,引导党员干部筑牢拒腐防变思想防线;全面推进清廉国企建设,出台《关于加强新时代省管企业文化建设的指导意见》,营造"以清为美、以廉为荣"廉洁文化氛围。

(撰稿人:李　刚)

# 湖北省

## 一、湖北省国有资产监督管理工作综述

2022年,湖北省国资国企坚决贯彻党中央关于"疫情要防住、经济要稳住、发展要安全"的重要要求,坚决落实省委、省政府部署安排,高效统筹疫情防控和国资国企工作,顶压奋进、克难攻坚,推动国资国企改革发展取得新的进展和明显成效,为湖北省经济社会发展稳定提供有力支撑。

### (一)坚持苦干实干,全力以赴打赢"稳增长"攻坚战

资产规模逐步壮大。2022年,湖北省国资监管企业资产总额6.46万亿元,比上年增长10.5%,其中,省属企业资产总额2.04亿元,增长10.53%,省市"千亿骨干国企"增至14户。营业收入快速增长。湖北省国资监管企业实现营业收入7593.06亿元,比上年增长20.9%,其中,省属企业增长32.47%,增幅居全国首位。5家地方国企进入"中国企业500强",实现历史突破。财税贡献明显提升。在湖北省减税降费1200亿元的情况下,湖北省国资监管企业累计上缴税

费433.59亿元，比上年增长21.4%。省属企业累计上缴国有资本收益16.09亿元，比上年增长243.6%；调入省级一般公共预算5.1亿元，比上年增长264%。

**（二）坚持全面发力，推动国企改革三年行动圆满收官**

湖北省国资国企按照"可衡量、可考核、可检验、要办事"工作要求，统筹推进、挂图作战，全面完成改革主体任务66项，基本实现"三个明显成效"预期目标。湖北省典型经验做法5次在全国交流发言，6个案例入选国务院国企改革办典型案例，5户企业入选国务院国企改革办标杆企业名单，省属国资国企改革经验在全国地方国资委负责人会议上作交流，受到国务院国资委高度肯定。湖北省国企改革三年行动取得一系列重大成果，中国特色现代企业制度更加成熟定型，地方国有企业集团公司及其重要子企业"党建入章"全面完成、董事会实现应建尽建，全面建立董事会向经理层授权管理制度，外部董事占多数基本实现；国有经济布局和结构进一步优化，推动国有资本向优势企业、优势领域集聚，武汉市将31家出资企业重组整合为11家，宜昌市将13家出资企业整合为6家，黄石、十堰、荆州、鄂州等地组建一批主业突出的优势企业集团；三项制度改革破冰破局，推进经理层成员任期制和契约化管理全覆盖，省属企业实施末等调整或不胜任退出的管理人员占比5.46%。出台《超额利润分享机制操作指引》《在创新领域开展跟投试点的意见》等文件，支持和鼓励企业灵活开展多种方式的中长期激励。

**（三）坚持动能转换，科技创新取得积极成效**

研发投入持续加大。强化政策保障，明确在经营业绩考核计算经济效益指标时，将研发费用分类视同净利润加回。2022年，省属企业研发经费投入25.5亿元，比上年增长51.85%。创新平台功能逐步发挥。长江产业集团领衔建设江夏实验室，与中科院武汉病毒所合作开发信使核糖核酸疫苗中试平台；湖北交投集团参与隆中实验室建设，组建湖北智慧交通研究院；湖北农发集团参与湖北洪山实验室共建，承担动物种业产业化、生猪新品系培育等任务；宜昌兴发集团牵头组建湖北三峡实验室，推动磷石膏综合治理和磷化工产业转型升级；襄阳与武汉光电工研院合作设立襄阳光电研究院和创业投资基金，孵化培育一批高新技术企业。企业自主创新能力明显增强。湖北文旅集团"一部手机游湖北"项目获得全国最佳文旅科技应用项目奖；中南建筑设计院探索建筑业数字化转型—建筑全生命周期管理，推动实现"一模到底、无图建造"，编制全国首个建筑工程三维模型标注；鄂州花湖机场全过程全专业采用5G、智慧道面等15类数字建造新技术，获得国际国内各类奖项23项。

**（四）坚持主动作为，在服务湖北省发展大局中展现使命担当**

谋划实施一大批重大项目。湖北省国资监管企业坚持把项目投资作为稳住湖北省经济"大盘"的重要手段，全年累计完成固定资产投资2263.54亿元，比上年增长27.2%，其中省属企业和武汉市新增固定资产投资均超过700亿元，十堰、随州、黄石等地增速超过50%。积极服务湖北省高质量供应链物流体系建设。牵头引进2家"世界500强"企业与湖北省合资组建2家供应链企业，推动湖北港口集团等企业积极开展供应链和内外贸易业务，湖北国贸集团营业收入增长200%以上，有力服务湖北省打造自主可控、安全可靠的产业链供应链。落实各项纾困解难政策。省市国企累计为中小微企业和个体工商户减免房屋租金11.02亿元，减免各类通行费30.41亿元，湖北省农商行对小微企业减免利息7.78亿元，湖北银行为各类市场主体净增贷款373亿元。央地合作招商成效明显。成功承办第七届湖北省与中央企业项目对接洽谈会，与40家央企签订重大项目协议93个，投资总额5753亿元。全年新建、续建央企合作项目582个，累计完成投资1863.71亿元。

**（五）坚持管好放活，在转变职能中优化监管提升效能**

监管制度持续健全。围绕《关于深化省属国资国企改革的实施意见》，先后修订完善出台主业和投资管理、经营业绩考核、薪酬管理、工资总额、董事会建设、融资和资金管理等20多个制度办法。对国资监管权责清单进行动态调整，将69项监管事项精简为38项。优化企业投资监管方式，取消对省属企业年度投资计划、重大投资项目审批,全面授权企业依法依章程自主决策主业投资项目,切实增强企业经营自主权。集中统一监管取得重大进展。将省直党政机关和公益一类事业单位79户企业脱钩划转至有关省属企业,整合省级培疗机构、健康养老资产筹建湖北健康养老集团,整合湖北省水利资产资源筹建湖北水利发展集团,省属金融和文化企业首次纳入国资报表统计范围,湖北省经营性国有资产集中统一监管率100%。重点领域风险防控不断加强。强化资产负债率刚性约束,湖北省国资监管企业平均资产负债率降至65.4%,较全国平均水平低2.3个百分点。发布省属企业主业目录和投资负面清单。强化企业债务融资和资金监管,定期监测湖北省国有企业债券风险情况,组织开展国有投融资平台公司地方政府隐形债务排查,守住不发生重大风险的底线。

**(六)坚持强"根"铸"魂",企业党的领导党的建设得到全面加强**

姓党为民本色更加彰显。湖北省国资国企坚持以习近平新时代中国特色社会主义思想为指导,深入贯彻落实党的二十大和省第十二次党代会精神,推动党中央决策部署和省委、省政府工作要求转化为国资国企的生动实践。湖北广电、《湖北日报》等企业充分发挥主流媒体主力军主渠道主阵地作用,高质量策划完成一批重大主题报道,为湖北加快建设全国构建新发展格局先行区营造良好舆论氛围。基层基础不断夯实。深化"四级同述同评同考"机制,推动党建工作任务项目化、清单化,大力推进党支部标准化规范化建设,广泛开展"争创示范基层党组织,争当改革先锋模范"活动。湖北联投集团全力铸造"红领500强"基层党建品牌矩阵,一企业一品牌、一支部一特色、一党员一宣言,引领干部职工创先争优。清廉国企建设走深走实。围绕重点领域扎实开展企业违规借贷、违规担保、违规出租出借房产、融资性贸易、企业出资不实、参股企业"只投不管"、审计问题整改不到位等"十个专项整治",大力推动整改落实,逐个解决影响企业健康发展的顽瘴痼疾。全面开展政治生态分析研判工作,有效净化企业发展环境和政治生态。

## 二、湖北省国有资产总量与结构分析

截至2022年底,湖北省国有企业资产总额8.9万亿元,比上年末增长21.61%,资产总额增长的主要原因是:经营性国有资产集中统一监管,划转企业户数增加、财政注资、企业债务增加等。

**表1　　2022年湖北省国有企业指标**

| 项　目 | 金额(亿元) |
|---|---|
| 资产总额 | 89009.83 |
| 负债总额 | 60336.27 |
| 所有者权益总额 | 28673.56 |
| 国有资产总量 | 24693.57 |
| 营业总收入 | 8692.99 |
| 利润总额 | 565.10 |
| 净利润 | 445.38 |
| 归属于母公司所有者的净利润 | 311.37 |
| 应交税金总额 | 517.34 |
| 实际上缴税金总额 | 493.85 |

截至2022年底,湖北省全级次汇编国有企业5802户,比上年增加651户。其中,省本级企业1940户、市(州)县(区)本级企业3862户。

**表2　　2022年湖北省国有企业户数情况**

| 2021年户数(户) | 2022年户数(户) | 比上年增长(%) |
|---|---|---|
| 5151 | 5802 | 12.64 |

截至2022年底,湖北省全级次汇编国有企业年初国有资本权益总额21433.40亿元,2022年国有资本权益净增加3254.98亿元,确认年末国有资本及权益24693.57亿元,2022年末企业国有资产总量增幅较大,主要是因为追加投资、无偿划入、会计调整、清产核资增加、资产评估增加、经营积累等因素带来的国有资产总量增加。

**表 3　2022 年湖北省国有资产按地区分布情况**

| 地　区 | 国有资产（亿元） | 占国有资产总量比重(%) |
|---|---|---|
| 省级企业汇总 | 3717.61 | 15.05 |
| 地市级企业汇总 | 20975.96 | 84.95 |
| 武汉市 | 7533.64 | 35.92 |
| 宜昌市 | 2046.24 | 9.76 |
| 襄阳市 | 1845.32 | 8.80 |
| 黄石市 | 1779.62 | 8.48 |
| 黄冈市 | 1466.28 | 6.99 |
| 荆州市 | 1108.40 | 5.28 |
| 随州市 | 789.79 | 3.77 |
| 十堰市 | 781.12 | 3.72 |
| 荆门市 | 756.67 | 3.61 |
| 咸宁市 | 735.87 | 3.51 |
| 孝感市 | 749.08 | 3.57 |
| 恩施州 | 617.74 | 2.94 |
| 鄂州市 | 242.43 | 1.16 |
| 潜江市 | 212.75 | 1.01 |
| 仙桃市 | 157.45 | 0.75 |
| 天门市 | 136.90 | 0.65 |
| 神农架林区 | 16.67 | 0.08 |

从行业分布看，湖北省国有企业国有资产总量主要分布在社会服务业、建筑业、交通运输业、房地产业、金融业等行业。其中，社会服务业国有资产总量 15471.78 亿元，占比 62.66%；建筑业国有资产总量 3764.55 亿元，占比 15.25%；交通运输业国有资产总量 1723.03 亿元，占比 6.98%；房地产业国有资产总量 1466.66 亿元，占比 5.94%；金融业国有资产总量 1007.96 亿元，占比 4.08%。上述 5 个行业国有资产总量合计占比 94.90%。

**表 4　2022 年湖北省国有资产按行业分布情况**

| 行　业 | 国有资产（亿元） | 占国有资产总量比重(%) |
|---|---|---|
| 农林牧渔业 | 423.74 | 1.72 |
| 工业 | 319.80 | 1.30 |
| 建筑业 | 3764.55 | 15.25 |
| 交通运输业 | 1723.03 | 6.98 |
| 仓储业 | 15.25 | 0.06 |
| 商贸业 | 8.15 | 0.03 |
| 房地产业 | 1466.66 | 5.94 |
| 社会服务业 | 15471.78 | 62.66 |
| 教育文化广播业 | 141.72 | 0.57 |
| 科学研究和技术服务业 | 120.58 | 0.49 |
| 金融业 | 1007.96 | 4.08 |
| 其他行业 | 230.34 | 0.93 |
| 合　计 | 24693.56 | 100.01 |

注：由于四舍五入，合计数和表 1 中的"国有资产总量"不一致。

从经营规模分布看，大型企业国有资产总量 15881.91 亿元，占比 64.32%；中型企业国有资产总量 3598.05 亿元，占比 14.57%；小微型企业国有资产总量 5213.60 亿元，占比 21.11%。

**表 5　2022 年湖北省国有资产按经营规模分布情况**

| 经营规模 | 国有资产（亿元） | 占国有资产总量比重(%) |
|---|---|---|
| 大型企业 | 15881.91 | 64.32 |
| 中型企业 | 3598.05 | 14.57 |
| 小微型企业 | 5213.60 | 21.11 |
| 合　计 | 24693.56 | 100.00 |

注：由于四舍五入，合计数和表 1 中的"国有资产总量"不一致。

## 三、湖北省国有资本保值增值综合分析评价

截至 2022 年底，湖北省全级次汇编国有企业年初国有资本权益总额 21433.40 亿元，按照国有资本

保值相关规定，剔除客观增减因素后的年末国有资本及权益总额21826.25亿元，平均国有资本保值增值率101.83%，比上年减少1.34个百分点。

表6　2022年湖北省国有企业地区国有资本保值增值情况

| 地　区 | 国有资本保值增值率(%) |
|---|---|
| 湖北省国有企业 | 101.83 |
| 省级国有企业 | 100.76 |
| 地市级国有企业 | 102.03 |
| 武汉市 | 101.05 |
| 黄石市 | 102.55 |
| 十堰市 | 100.56 |
| 荆州市 | 99.60 |
| 宜昌市 | 108.27 |
| 襄阳市 | 103.36 |
| 荆门市 | 101.23 |
| 鄂州市 | 101.05 |
| 孝感市 | 92.13 |
| 黄冈市 | 107.68 |
| 咸宁市 | 100.49 |
| 恩施州 | 100.37 |
| 随州市 | 100.31 |
| 天门市 | 102.51 |
| 仙桃市 | 105.79 |
| 潜江市 | 101.50 |
| 神农架林区 | 99.78 |

## 四、湖北省国资委监管企业改革发展情况

### (一)湖北省国企改革三年行动实施情况

湖北省国企改革三年行动主体任务全面完成，实现高质量圆满收官。湖北省推进国企改革三年行动的相关典型经验做法在全国交流发言4次，9个案例入选国务院国企改革办典型案例，3户企业入选国务院国企改革办标杆企业名单，2户企业入选国务院国企改革办公司治理示范企业名单；推进省属企业改革重组的做法在地方国企改革三年行动推进会、2022年地方国资委负责人年中工作会议上得到国务院国资委主要负责人肯定，并在2023年地方国资委负责人会议上作经验交流。通过实施国企改革三年行动，湖北省国有企业发展质效得到明显提升。2022年末，湖北省国资监管企业资产总额6.46万亿元、所有者权益2.23万亿元，分别比2019年末增长78.95%、74.22%。2022年，实现营业总收入7593.06亿元、利润总额476.32亿元，分别比2019年增长104.85%、59.56%。其中，省属国企资产总额20421.65亿元、所有者权益5719.14亿元，分别增长77.86%、52.44%；2022年，实现营业总收入2854.13亿元、利润总额77.35亿元，分别增长147.56%、44.69%。湖北联投集团、湖北交投集团、武汉金控集团、武汉城建集团、兴发集团5家地方国有企业入围“中国企业500强”，湖北文旅集团、湖北港口集团双双首次跻身“中国服务业企业500强”，均实现历史性突破。

### (二)上市融资情况

截至2022年底，湖北省国有控股上市公司23户，其中省属企业控股上市公司9户。省属国有控股上市公司通过资本市场债务融资209.48亿元，湖北交投集团下属楚大高速债务融资23.5亿元，湖北宏泰集团下属天风证券债务融资175.98亿元；武汉市国有控股上市公司通过资本市场债务融资43亿元，武汉投控集团下属武商集团、中百集团、华工科技3家上市公司债务融资共计30亿元，武汉城投集团下属武汉控股公司债务融资13亿元；宜昌市国有控股上市公司通过资本市场融资42.1亿元，其中可转债融资28亿元，定向增发融资14.1亿元。兴发集团2022年通过公开发行可转换公司债券募集资金28亿元。安琪酵母2022年完成自2010年来首次非公开发行工作，发行股份数3665万股，募集资金14.1亿元。

## 五、湖北省国资委监管企业并购重组与完善法人治理结构情况

### (一)大力推进战略性重组和专业化整合

2022年，湖北省省属企业战略性重组和专业化整

合全面完成。坚持“突出主业主责、注重国企功能、聚焦创新发展”原则，采取“巩固加强一批、创新发展一批、内部整合一批”等方式，大力推进省属企业战略性重组和专业化整合，省属国资国企实现整体性重构，干成多年想干没有干成的大事。省委、省政府出台湖北交投集团、湖北联投集团等10户企业改革实施方案，涉及改革重组企业间的77项资产权属变更登记全部完成。推动形成公路、铁路、港口、机场一体化运营的“四张网”，补齐产业发展、金融投资、农业农垦、国际贸易四个短板，巩固文化旅游、建筑施工、产权交易、工程设计四大行业，省国资委负责日常监管的28户一级企业整合为10户，基本上实现“一主业一主体”。积极推动省属和武汉市属国有企业筹资100亿元，参与中国信科集团股权多元化改革。推动湖北交投集团、湖北联投集团等省属企业与2家“世界500强”供应链企业和有关中央企业共同合资组建湖北国控供应链集团和湖北楚象供应链集团，助力湖北打造自主可控、安全可靠的产业链供应链。推动组建湖北水利发展集团、湖北健康养老集团、湖北自然资源管理公司，抓紧补齐流域综合治理、健康养老、自然资源开发利用等重要领域产业短板。通过改革重组，湖北省国有企业的功能定位更加明确、服务国家战略和湖北省重大战略更加坚决有力，为努力建设全国构建新发展格局先行区、推动湖北高质量发展作出重要贡献。

### (二)进一步完善公司治理

新一轮省属国资国企改革落地后，健全完善9户改革重组省属企业公司法人治理结构，重点推进第一届董事会建设，实现外部董事过半的要求。研究出台《省属企业董事会规范运作办法》《省属企业外部董事管理办法》，编制《省属企业外部董事履职指南》，明确董事会功能定位、职责权限、决策机制以及与其他治理主体的关系，构建外部董事选聘、履职、追责、退出等管理闭环。

## 六、湖北省国资委监管企业建立和完善经营业绩考核体系情况

### (一)制度顶层设计系统构建

按照省属国资国企改革“监管统一规则、经营统一评价”的要求，修订完善省属企业负责人经营业绩考核、薪酬管理和工资总额管理办法，对考核分配制度进行系统构建，其中《省属企业负责人经营业绩考核办法》《省属企业负责人薪酬管理办法》以鄂政办发〔2022〕47号文印发。一是突出目标体系建设。构建“两衔接、三结合”业绩考核目标体系，即与企业财务预算、发展规划深度衔接，中长期发展规划与短期经营目标相结合、共性质量效益指标与个性分类指标相结合、高质量发展与风险防控相结合的考核目标体系。二是突出分级分类管理。按照市场竞争类、功能保障类、金融服务类和文化类企业实施差异化考核，分类确定考核重点、考核指标及其权重。授予董事会对经理层的考核和薪酬分配权。三是突出科技创新驱动。提高重大科技攻关视同利润加回比例，对承担国家、省重点研发计划的研发费用分别按2倍、1.5倍视同利润加回，对科技创新取得较大成果的给予加分奖励。四是突出服务湖北省战略。将省属企业完成省委、省政府交办任务完成情况纳入考核指标体系，对服务湖北省区域发展布局或承担重大专项任务取得突出成绩的，给予加分奖励。

### (二)经营业绩考核导向凸显

一是精准设定目标。按照“两结合、一对标”原则科学精准确定2022年及2022—2024年任期经营业绩目标，年度业绩考核目标与省国资委年度工作总体目标、企业年度预算目标紧密结合，任期业绩考核目标与省委、省政府确定的省属企业改革实施方案紧密结合，强化行业对标，“一企一策”完善考核指标，2022年度净利润目标值比上年基数增长39%。二是精准实施考核。对照省属企业经营业绩考核责任书，依据经审计并经审核的企业财务决算报告和经审查的统计数据，严格按照考核办法及实施方案对2021年度和2019—2021年任期经营业绩进行考核。统筹考虑疫情对企业生产经营产生的影响，将企业防疫支出、减免租金全额视同利润，对受疫情冲击较大的文旅、机场等企业，适当考虑因疫情造成生产经营利润损失部分，确保年度及任期经营业绩考核结果更加公平合理。三是精准运用结果。严格根据年度及任期经营业绩考核结果，兑现企业负责人绩效年薪及任期激励收入，对年度A级企业、任期业绩优秀企业和科技创

新突出贡献企业予以表彰通报。其中,2021 年度经营业绩考核 A 级企业 9 户,2019—2021 年任期业绩优秀企业 9 户,2019—2021 年任期科技创新突出贡献企业 5 户。

## 七、湖北省国资委监管企业负责人考核与选人用人机制改革情况

改革重组后,13 家省属企业(不含文化类企业)领导人员 112 人,其中,1 家省管企业部分经理层成员实行职业经理人制度。一级企业及各级子企业开展管理人员竞争上岗 2709 人。全面推行经理层成员任期制和契约化管理,签订岗位聘任协议和经营业绩责任书(年度和任期),强化考核的刚性兑现和刚性退出,充分调动经理层成员的积极性和主动性。

## 八、湖北省国资委监管企业党的建设和廉政建设情况

### (一)坚持政治建企,全面加强党对国有企业的领导

一是推动"第一议题"有效落实。深化"思想引领、学习在先"机制,督促考核企业"第一议题"制度落实情况,引导企业各级深刻领悟"两个确立"的决定性意义,坚决做到"两个维护"。二是推动党的领导作用充分发挥。聚焦国企改革三年行动,推动企业集团层面"党建入章"完成率 100%、二级及以下企业"应入尽入"完成率 99.2%,集团和重要子企业 100%制定完成党委前置事项清单,确保党的领导落实到企业治理各环节。三是做好党的二十大和湖北省十二次党代会党代表相关工作。组织召开归口管理企业工作部署会,举办代表履职培训会,完成湖北省第十二次党代会大型企业代表团会务组织任务,国企系统 9 人推选为党的二十大代表,49 人选举为湖北省十二次党代会代表。

### (二)聚焦重点任务,不断提升国企基层党建工作质量

一是全面建强企业基层党组织。指导新挂牌省属企业集团层面做好第一次党代会筹备工作。修订完善《国有企业党支部标准化规范化建设工作手册》,推进企业党支部标准化规范化建设。在省属企业开展规范党务工作清查整治,4958 个基层党组织全部完成清查整治任务。二是积极推进党建与生产经营深度融合。广泛开展"争创示范基层党组织、争当改革先锋模范"活动,4 次组织观摩交流。开展党建理论研究,企业 25 个课题受省委党建办表彰。推动企业党建考核与经营业绩考核"双融互促",督促企业兑现党建考核和薪酬、任用紧密挂钩。三是扎实做好党员教育管理。全年发展党员 4815 人,党内统计工作被通报表彰为良好等次(最高等次)。持续做好"党的关怀月月送""光荣在党 50 年"纪念章发放工作。全力支援社区疫情防控工作,企业对口联系 339 个社区,党员参与人数 3 万余人。五是压紧压实党建责任。制定基层党建工作任务清单、问题清单、承诺清单"三张清单"。组织召开 2021 年度省属企业党委书记抓基层党建工作述职评议会。对排名靠后的 2 家企业负责人进行谈话提醒,有力传导责任压力。

### (三)聚焦清廉国企,推动全面从严治党向基层延伸

一是抓廉洁教育。印发《湖北省国有企业廉洁教育工作指引》,完善廉政教育内容体系。《考评推动　示范带动　湖北省清廉国企建设形成"一盘棋"格局》被《湖北纪检监察信息》刊用。分批开展"清廉国企示范点"培育,43 家企业参与创建活动。二是抓考核考评。制定清廉国企建设工作清单和考评细则,召开湖北省市州清廉国企建设评价述职会议暨工作推进会。在省清廉湖北建设协调会议上,省国资委作题为《强化考核　压实责任　为企业高质量发展保驾护航》的交流发言。三是抓监督整治。开展政治生态研判,加强关键少数和企业"一把手"监督,运用"第一种形态"情形 157 次。开展违规借贷,违规担保,融资性贸易,审计问题整改不到位,对参股企业"重投资轻管理",高风险境外投资,违规出租出借房产,出资不实,产权变更不及时,企业负责人履职待遇、业务支出和薪酬发放等"十项专项整治",切实堵塞漏洞。

### (四)聚力统战群团,不断汇聚改革发展工作力量

一是加强企业统战工作。深入开展"爱企业、献

良策、做贡献”活动，省国资委“六项行动”扎实推进民族团结进步创建工作在民族团结进步工作会上作书面交流。二是协调做好工会工作。举办“永远跟党走，先模说成长”事迹报告会，协办“产业工人培训班”，不断提高产业工人技能。三是扎实推进团青工作。加强团组织和团员系统维护管理，开展“喜迎二十大、永远跟党走、奋进新征程”主题教育实践活动，做好省十五次团代会企业26名代表选举工作。

## 九、湖北省国资委深化央地合作情况

### （一）举办重大央地对接活动

2022年8月9日，湖北省以省政府名义在武汉举办“携手打造中部地区战略支点　建设全国构建新发展格局先行区——第七届湖北省与中央企业项目对接洽谈会”。活动取得丰硕成果，湖北省人民政府与40家中央企业签订重大合作项目协议93个，投资总额5753亿元。湖北省人民政府与航天科工、中国大唐、国家电投、东风公司4家中央企业签署战略合作协议。中国三峡武汉科创园、中铁建长江投资有限公司、中国电建集团华中区域总部、中国电建装备集团有限公司、中国能源建设集团华中区域总部、中能建绿色建材有限公司、中国南水北调集团江汉水网建设开发有限公司7家中央企业在武汉落户揭牌。

### （二）全面推动央地交流沟通

一是推动高层互动。组织完成省主要领导会见三峡集团、国家能源集团、中国联通、东风公司、中国电建等中央企业负责人活动，以及调研走访三峡集团、东风公司、中国信科等活动，组织省领导会见航空工业集团负责人活动，协调推进领导议定重大事项落实。二是加强横向交流。强化省央企合作办与各中央企业的联系沟通。省国资委领导调研中车、中石化、中铁等中央企业在鄂重点企业。中国电信湖北公司、中国东航武汉公司、中建三局、国家电投湖北公司等20多家中央企业来省国资委访问交流。三是推进项目对接。协助推进武汉市“建设大武汉　共创英雄城”、黄石市“央地合作　共赢未来”、央企省企鄂州行、央企省企恩施行等系列招商签约活动。组织在鄂央企、省企及市州200余人参加东风公司“走进岚图”品鉴会活动，推动岚图汽车品牌宣传和市场开拓。协助中国兵器所属特能集团、中铁隧道局等央企与省属企业开展合作。

### （三）持续深化央地战略合作

湖北省大力支持中央企业加大在鄂项目投资和战略布局。2022年，湖北省政府与航天科工、中国大唐、国家电投、中国联通、东风公司5家中央企业签署战略合作协议。2020—2022年，累计29家中央企业与湖北省人民政府签署战略合作协议，重点合作项目及自投自建项目1163个，投资总额16551亿元。其中，战略性新兴产业项目496个，投资额6954亿元；重大基础设施项目407个，投资额7382亿元；现代服务业项目221个，投资额1920亿元。项目落地不断加快，1163个项目开工（含完工）973个，开工率83%，累计完成投资额4138亿元。29家中央企业在鄂新增各类机构70多家。

### （四）扎实推进集中签约项目落实

湖北省高度重视第七届湖北省与中央企业项目对接洽谈会上93个签约项目的落实落地工作。一是加强调研督办，建立工作机制。省国资委成立督导组赴市州专题调研，深入一线察看项目现场，组织地方政府部门和项目负责人面对面座谈交流，督促建立“五个一”项目服务机制，每月跟踪项目进展。二是梳理困难问题，加强研究分析。全面收集93个项目请求支持事项56个，逐条分析研究，实行清单管理，主要涉及项目审批核准、新能源指标、抽蓄项目纳规、“三区三线”调整、用地指标、资金保障、配套政策、电力卡口、征地拆迁、争取支持等10多个方面。三是压实各级责任，强化要素保障。将56个事项逐一明确责任部门，以省央企合作办名义转发省（市）23个单位部门，推动省（市）上下联动，央地双向对接，加强协调督办和情况上报，确保“事事有回音、件件有着落”。工作推进落实情况专报省委、省政府主要领导。截至2022年底，93个签约项目开工58个，开工率62.4%，累计完成投资金额425.5亿元。

（撰稿人：周　健　彭方中　邱　爽　曾　俊　刘双武　李小龙　柳　睿　邱文凯　刘熙敏）

# 湖南省

## 一、湖南省国有资产监督管理工作综述

2022年,湖南省国资国企坚定不移沿着习近平总书记指引的方向前进,永葆“闯”的精神、“创”的劲头、“干”的作风,坚持党建引领,立足主责主业,深化改革创新,统筹发展安全,国有资产监督管理工作取得积极成效。

### (一)国有经济多项指标再创新高

坚持稳中求进工作总基调,坚决贯彻新发展理念,监管企业发展质效不断提升。截至2022年底,湖南省国资系统监管企业资产总额8.08万亿元,所有者权益3.36万亿元;实现营业收入9166.95亿元,利润总额499.47亿元。其中,省属监管企业资产总额1.65万亿元,营业收入5931.62亿元,利润总额288.30亿元,主要经济指标均创历史最高。

### (二)国有资产监管体制持续优化

健全完善国资监管体制,优化监管方式手段,专业化、体系化、法治化监管优势有效发挥。主动推行职能转变。强化出资人监督职责,停止省国资委项目审批,加大对违规经营投资的追责问责力度。市(州)国企中,常德市深化国资监管机构职能转变,修订监管事项清单、重点监管事项负面清单、授权放权事项清单;衡阳市国资委主动调整内设机构和相关职能,将13个内设机构撤并2个,取消审批备案权限1项,下放7项、授权8项,赋予企业更大的经营自主权。健全国资监管制度体系。印发《监管企业“十严禁”规定》,在投资、担保、拆借资金、融资性贸易等10个方面作出严格规定,为监管企业经营行为画出红线。印发《关于加强对监管企业事前、事中、事后监管的通知》,加强全过程监管,形成监管闭环。着力构建国资监管大格局。加强对市(州)国资监管工作的指导,省政府出台《关于构建全省国资监管大格局的意见》,统筹推进全省国有资本布局优化和结构调整、深化改革、强化管理、创新发展。省国资委推进信息化与监管业务深度融合,完成国资国企在线监管大数据系统建设并上线运行。推进“国资云”项目建设,第一批完成常德、岳阳、衡阳、郴州、怀化5个市签约。市(州)国企中,娄底、湘潭、益阳、株洲等加快建设市级国资国企在线监管系统,以信息化手段提升监管效能。

### (三)防范化解重大风险能力稳步提升

湖南省国资委加强企业内部审计监督,3年轮审1次,实现内部审计全覆盖;对重大投资项目、重大风险领域实施重点审计,每年至少审计1次。全面清理企业银行账户13000多个,启动实时监测分析。全面清理融资性贸易,坚决整改非主业贸易问题。梳理企业重大司法诉讼案件,与省高院建立日常沟通联络机制,联合省检察院、省工商联等九部门建立涉案企业合规第三方监督评估机制。开展安全生产专项整治三年行动等活动,进行安全风险点、危险源大排查大整治,全年未发生重特大安全生产事故、群体性和大规模上访事件。

## 二、湖南省国有资产总量与结构分析

表1　2022年湖南省国有企业指标

| 项　目 | 金　额(亿元) |
|---|---|
| 资产总额 | 80824.15 |
| 所有者权益 | 33584.53 |
| 营业收入 | 9166.95 |
| 利润总额 | 499.47 |
| 净利润 | 424.22 |
| 归属于母公司所有者的净利润 | 342.72 |
| 实际上缴税金总额 | 476.61 |

表2　2022年湖南省国有企业户数情况

| 2021年户数(户) | 2022年户数(户) | 比上年增长(%) |
|---|---|---|
| 3937 | 4162 | 5.72 |

**表 3　2022 年湖南省国有资产按地区分布情况**

| 地　区 | 国有资产（亿元） | 占国有资产总量比重(%) |
|---|---|---|
| 省属国有企业汇总 | 4971.26 | 15.89 |
| 省属监管企业 | 4938.01 | 15.78 |
| 省属非监管企业 | 33.25 | 0.11 |
| 市(州)企业汇总 | 26324.05 | 84.11 |
| 长沙市 | 6696.85 | 21.40 |
| 株洲市 | 2013.27 | 6.43 |
| 湘潭市 | 1643.19 | 5.25 |
| 衡阳市 | 1754.04 | 5.60 |
| 邵阳市 | 1460.84 | 4.67 |
| 岳阳市 | 2603.34 | 8.32 |
| 常德市 | 3653.81 | 11.68 |
| 张家界市 | 375.44 | 1.20 |
| 益阳市 | 619.30 | 1.98 |
| 郴州市 | 2455.55 | 7.85 |
| 永州市 | 1125.96 | 3.60 |
| 怀化市 | 987.86 | 3.16 |
| 娄底市 | 630.41 | 2.01 |
| 湘西州 | 304.20 | 0.97 |
| 合　计 | 31295.31 | 100.00 |

**表 4　2022 年湖南省国有资产按行业分布情况**

| 行　业 | 国有资产（亿元） | 占国有资产总量比重(%) |
|---|---|---|
| 农林牧渔业 | 447.17 | 1.43 |
| 工业 | 1155.50 | 3.69 |
| 建筑业 | 9302.74 | 29.73 |
| 交通运输业 | 423.37 | 1.35 |
| 仓储业 | 73.19 | 0.23 |
| 商贸业 | 187.37 | 0.60 |
| 房地产业 | 5809.11 | 18.56 |
| 信息传输、软件和信息技术服务业 | 48.37 | 0.15 |
| 社会服务业 | 13387.72 | 42.78 |
| 教育文化广播业 | 70.34 | 0.22 |
| 科学研究和技术服务业 | −13.77 | −0.04 |
| 金融业 | 260.11 | 0.83 |
| 其他行业 | 144.09 | 0.46 |
| 合　计 | 31295.31 | 100.00 |

**表 5　2022 年湖南省国有资产按经营规模分布情况**

| 经营规模 | 户数（户） | 户数比重（%） | 国有资产（亿元） | 占国有资产总量比重(%) |
|---|---|---|---|---|
| 大型企业 | 129 | 3.10 | 1358.70 | 4.34 |
| 中型企业 | 672 | 16.15 | 9462.46 | 30.24 |
| 小型企业 | 1542 | 37.05 | 14089.20 | 45.02 |
| 微型企业 | 1819 | 43.70 | 6384.95 | 20.40 |
| 合　计 | 4162 | 100.00 | 31295.31 | 100.00 |

## 三、湖南省国有资本保值增值综合分析评价

### （一）扣除客观增减因素后国有资本保值增值率 101.19%

2022 年，湖南省国有企业年初国有资本及权益总额 28704.92 亿元（年初国有资本及权益总额比上年末 27925.14 亿元增加 779.78 亿元，系期初数调整及企业户数变动所致），年末国有资本及权益总额 31194.76 亿元，增加 2489.84 亿元，增长 7.98%。其中，客观因素增加 2908.54 亿元，经营积累 793.28 亿元；客观因素减少 760.58 亿元，经营减值 451.41 亿元。扣除客观增减因素后的国有资本保值增值率 101.19%，比上年减少 0.21 个百分点。

### （二）国有资本保值增值率结构分析

按隶属关系看，省属国有企业国有资本保值增值

率103.02%，比上年增加0.28个百分点；市(州)企业国有资本保值增值率100.83%，比上年减少0.28个百分点；全省14个市州中有怀化、湘潭、湘西州、永州4个市(州)未实现国有资本保值增值。

**表6　2022年湖南省国有企业地区和行业国有资本保值增值情况**

| 地　区 | 国有资本保值增值率(%) | 行　业 | 国有资本保值增值率(%) |
|---|---|---|---|
| 全省国有企业 | 101.19 | 农林牧渔业 | 101.58 |
| 省属国有企业 | 103.02 | 工业 | 104.64 |
| 省属监管企业 | 103.05 | 建筑业 | 100.16 |
| 省属非监管企业 | 99.73 | 交通运输业 | 93.13 |
| 市(州)企业 | 100.83 | 仓储业 | 99.20 |
| 长沙市 | 101.14 | 商贸业 | 123.41 |
| 株洲市 | 105.75 | 房地产业 | 102.26 |
| 湘潭市 | 92.23 | 信息传输、软件和信息技术服务业 | 113.00 |
| 衡阳市 | 102.46 | 社会服务业 | 101.12 |
| 邵阳市 | 101.21 | 教育文化广播业 | 98.56 |
| 岳阳市 | 101.66 | 科学研究和技术服务业 | 110.00 |
| 常德市 | 101.05 | 金融业 | 96.76 |
| 张家界市 | 100.02 | 其他行业 | 100.27 |
| 益阳市 | 101.54 | | |
| 郴州市 | 101.18 | | |
| 永州市 | 99.65 | | |
| 怀化市 | 98.73 | | |
| 娄底市 | 104.56 | | |
| 湘西州 | 98.55 | | |

**(三)当年国有资本主要变动因素分析**

一是政府投入、资产评估及经营积累等因素增加权益3701.82亿元。其中，客观因素增加2908.54亿元，占本年增加权益的78.57%，主要是国家、国有单位直接或间接追加投资1096.52亿元，无偿划入1072.13亿元，资产评估增加18.92亿元，清产核资增加20.33亿元，产权界定增加3.02亿元，资本(股本)溢价414.31亿元，债权转股权9.55亿元，税收返还0.20亿元，减值准备转回0.70亿元，会计调整167.50亿元，中央和地方政府确定的其他因素增加105.36亿元；主观因素增加即经营积累增加793.28亿元，占本年国有资本及权益增加的21.43%。二是消化潜亏挂账、资本(股票)折价及经营亏损等因素减少权益1211.98亿元。其中客观因素减少760.58亿元，占本年减少权益的62.75%，主要是经国家专项批准核销1.54亿元，无偿划出289.86亿元，资产评估减少0.13亿元，清产核资减少84.73亿元，产权界定减少14.17亿元，消化以前年度潜亏和挂账减少30.98亿元，企业按规定上缴利润48.49亿元，资本(股本)折价13.92亿元，中央和地方政府确定的其他因素减少276.76亿元；主观因素减少即经营减值451.41亿元，占本年国有资本及权益减少的37.25%。

## 四、湖南省国资委监管企业改革发展情况

**(一)全面完成改革任务**

国企改革三年圆满完成，涉及省属监管企业1561项改革任务、14个市(州)665项改革任务全面完成，在国务院国企改革办组织的三次评估中均为A级。健全市场化经营机制。监管企业全部实施管理人员竞争上岗、末等调整和不胜任退出制度。完善市场化薪酬分配机制，坚持薪随岗变、易岗易薪，收入分配向关键岗位核心人才倾斜。加强企业负责人绩效考核，将净资产收益率、全员劳动生产率、专项改革任务等作为企业负责人绩效考核重要内容。加快解决历史遗留问题。梳理企业历史遗留问题128个，提请召开省政府专题会议30次，印发会议纪要20个，有效解决企业历史遗留问题90个。大力推进划拨土地作价出资(入股)。在全国率先出台《省属国有企业原划拨土地作价出资(入股)管理办法(试行)》，加快盘活划拨土地闲置资产。截至2022年底，批复158宗6.44平方千米划拨土地作价出资(入股)处置申请。

### (二)有效提升经营质效

深入开展降本增效专项活动,三项费用比上年下降10.6%,其中销售费用、财务费用分别下降16.6%、13.5%。狠抓"两金"压降,监管企业"两金"比上年下降1.5%,占流动资产比重减少2.9个百分点。全面完成监管企业364亿元高利率贷款降利率任务,全年节约财务费用2.1亿元。市(州)国企中,株洲全面置换高息债务24亿元,新增融资综合资金成本4.75%,比上年减少0.28个百分点;常德市属企业新融资业务基本做到一年期利率控制在4%以下,五年期利率控制在4.95%以下。

### (三)全力推进项目建设

湖南省国资委监管企业43个项目列入2022年省重点建设项目,涉及投资额4527亿元,累计完成投资1994亿元。重大产业项目方面,重点推进中联智慧产业城、湘钢高速线材生产线、涟钢中高牌号硅钢生产线等达产达效,轻盐衡碱项目、海利永兴基地等加快推进;重大基础设施项目方面,重点推进机场改扩建工程、岳阳铁水集运煤炭储备、犬木塘水库工程等加快建设,长赣铁路、京港澳耒宜段扩容、洞庭湖重点垸堤防加固工程等加快实施。市(州)国企中,长沙市属国企完成项目投资额600亿元,全面完成年度投资计划;怀化指导企业推动重大项目建设31个,涉及投资270亿元;永州全力抓好湘江西岸、永州陆港等重点项目建设。

### (四)有序建设一流企业

湖南省国资委制定《关于监管企业加快建设世界一流企业的若干措施》,首批推动钢铁集团等3户企业创建世界一流企业,华菱线缆等5户子企业创建世界一流"专精特新"企业,重点提升自主创新能力、增强战略管理能力、突出价值创造、培育知名品牌、塑造优秀企业文化,拉开建设一流企业的序幕。

### (五)大力推动科技创新

湖南省国资委研究制定《关于推进省属国有企业打造原创技术策源地的实施意见》,明确六大工作重点、六大支持举措。加大研发投入,省属监管企业研发经费投入强度2.82%,高于全国省级监管企业平均水平1.67个百分点。与高等院校、院士团队深度合作,通达电磁能、中创空天、高创翔宇、卓创精材、天创精工、博云新材、中南智能等一批重大科研成果加快落地。实施重点智慧场景建设"N"拓展计划,水利、水电、交通、粮食等行业数字化转型示范场景建设取得突破。市(州)国企中,长沙市属国企研发经费投入比上年增长91%;郴州推动湖南有色氟化工程技术中心、南方石墨碳材料研究院等一批创新平台加快落地;岳阳市属国企与高校科研院所深度合作,探索资源、资金、技术和项目互利互赢的新型合作模式。

## 五、湖南省国资委监管企业并购重组与完善法人治理结构情况

### (一)国有资本布局结构持续优化

推动重组整合。湖南省国资委按照"自上而下、积极稳妥、统筹协调、分步实施"的原则,合并重组10户一级企业,组建建设集团、农业集团、有色集团、旅游集团、兴湘集团;分拆发展集团,合并新设医药集团;完成长丰集团合并司法重整;对监管企业之间有关资产资源进行专业化整合。此轮改革重组涉及资产近5000亿元、职工近8万人,分别占监管企业资产总额、职工总数的1/3。通过深化改革重组,监管企业户均资产由543亿元提高到760亿元、户均营业收入由220亿元提高到300亿元、户均利润由13亿元提高到15亿元。市(州)国企中,郴州组建人才集团、文旅集团、新能源集团、矿业集团;邵阳完成市国投与市宝城投的重组整合,成立邵阳产业发展集团;湘潭整合组建城市综合运营、产业投资及上市运作、金融担保3家专业集团。深化内部改革。重点加强制度建设,省属监管企业围绕价值创造、制度流程、责任落实、管理闭环、竞争激励约束监督机制建立,出台或修订管理制度20000多个,初步形成分级分类、结构合理、运行有效的制度体系。优化企业集团总部机构,规范设置价值创造主链、服务链、保障链部门。大力推进压层级、减法人,省属监管企业管理层级原则上控制在三级以内,减法人工作按计划有序推进。扩大开放合作。湖南省国资委与军工央企共同主办"三航"产业发展论坛,助推省政府与中国电子信息产业集团、中

国稀土集团、中国铁建股份有限公司、中国联通签署战略合作协议。参与筹备全省首届旅发大会、民革中央助力现代化新湖南建设招商大会等重大活动，先后组织22户中央企业、16户省企参会参展。市(州)国企中，郴州与央企省企对接合作新增签约项目43个，协议投资1321亿元；张家界市国资委全力服务全省首届旅发大会，央企省企在张家界支持项目28个，总投资约20亿元。

### (二)法人治理结构进一步完善

纳入改革范畴的省属监管企业集团全部制定党委前置研究讨论重大经营管理事项清单。省国资委纳入改革范围的一级企业集团及所属子企业全部实现董事会应建尽建，符合条件的17户企业集团、212户子企业全部实现外部董事过半，配备专、兼职外部董事47人，走在全国前列。

## 六、湖南省国资委监管企业建立和完善经营业绩考核体系情况

全面推进三项制度改革，全员绩效考核覆盖率100%，省属监管企业87名集团经理层人员、2078名子企业经理层人员全部签订"两书一协议"，管理人员竞争上岗率、末等调整率分别为88.2%、4.8%。市场化选聘6名专职外部董事，64户子企业开展职业经理人选聘工作。

## 七、湖南省国资委监管企业负责人考核与选人用人机制改革情况

进一步完善省属监管企业负责人绩效考核办法，把"十四五"规划指标分解到每个年度、落实到每户企业，构建以党建工作、核心经济指标、重点工作、"一票否决"事项为主的"3520"考核指标体系。选优配强企业领导班子，打造政治强、专业精、作风优的干部人才队伍。建好"三支队伍"，选拔"英培计划"人才88人，其中硕士、博士61人，清华大学、北京大学毕业生12人。组织开展"百名工匠传薪火"活动，评选表彰100名优秀国企工匠。组织推荐8户企业12名年轻干部，到地方挂职科技副县长。发挥企业共青团作用，19户企业团委组建青年突击队293支、6238名团员青年投身疫情防控第一线。

## 八、湖南省国资委监管企业党的建设和廉政建设情况

### (一)强化理论武装

深入学习宣传贯彻党的二十大精神，部署安排省国资委系统各级党组织近18万名党员学习讨论，开展宣讲500余场。坚持"第一议题"制度学习，省国资委党委学习40多次、企业集团党委421次、分(子)公司党组织1.58万次，确保党中央部署到哪里，国资国企就跟进贯彻到哪里。旗帜鲜明开展意识形态领域斗争，强化宗教、统战、互联网等阵地管理。

### (二)促进党建融合

全面落实"两个一以贯之"，湖南省国资委深入开展"党建深化融合年"活动，持续深化"千名书记联项目""万名党员先锋行"活动，全年书记联项目2760个、创建党员先锋岗4712个、建立党员责任区1996个、党员立项攻关1459个，创效20亿元以上。

### (三)全面从严治党

推进清廉国企建设，重点聚焦金融活动、涉砂涉矿、工程建设、粮食购销、融资性贸易等领域，持续整治"风腐一体"问题。深化治理领导干部违规收送红包礼金问题，省国资委系统146人主动向"清风账户"上交红包礼金130万元。审理自办和企业纪委查办案件34件，处分监管企业中层以上管理人员54人，其中撤职以上重处分11人。督促省属企业狠抓巡视审计问题整改，其中6户企业巡视反馈521个问题，整改率98%；6户企业审计指出问题214个，整改率94%。市(州)国企中，长沙开展"一企业一品牌""一支部一特色"创建活动，新发布市管国企党建品牌12个，授牌"党员示范岗"350个；张家界建强干部人才队伍，推荐交流到市直部门、市属企业任职，激发队伍活力；常德出台《市属监管企业领导班子后备干部选拔、培养、使用和管理办法》，调整、补充配备企业领导正职人员5人，班子结构得到优化。

(撰稿人：陈　斌)

# 广东省

## 一、广东省国有资产监督管理工作综述

2022年，广东省国资委坚持以习近平新时代中国特色社会主义思想为指导，深入贯彻党的十九大和十九届历次全会精神，以迎接党的二十大和学习贯彻党的二十大精神为主线，全面贯彻“疫情要防住、经济要稳住、发展要安全”重要要求，坚决落实省委、省政府和国务院国资委工作部署，高效统筹疫情防控和经济社会发展，统筹发展和安全，全力推进国资国企改革发展和党的建设各项工作取得新的成效，为广东省经济社会发展作出积极贡献。

### (一)经营指标实现新提升

2022年，面对疫情反复、三重压力持续显现等超预期因素给经济运行带来的严重影响，特别是大宗原材料价格上涨、电子消费市场不畅等给生产经营带来的前所未有困难，广东省国资国企迎难而上顶压前行，经济效益实现筑底企稳。截至2022年底，广东省地方国资监管企业资产总额16.27万亿元，居全国地方监管企业第3位，比上年增长9.26%。其中，省国资委监管企业资产总额2.38万亿元，增长4.46%；地市国资监管企业资产总额13.89万亿元，增长10.12%。广东省地方国资监管企业实现营业收入3.59万亿元，比上年增长10.82%；利润总额2239.32亿元，居全国地方监管企业第2位，比上年下降17.20%；净利润1609.24亿元，比上年下降18.73%；实际上缴税金总额2437.79亿元。其中，省国资委监管企业实现营业收入6520.82亿元、增长15.89%，利润总额278.14亿元、下降2.93%，净利润196.57亿元、增长2.93%，实际上缴税金总额259.23亿元；地市国资监管企业实现营业收入29437.67亿元、增长9.76%，利润总额1961.18亿元、下降18.89%，净利润1412.67亿元、下降21.05%，实际上缴税金总额2178.56亿元。

### (二)布局优化获得新进展

一是布局结构不断优化。不断强化省属企业主业管理，全面完成86户二级及以下企业整合、152户小规模企业“升规”，清退处置377户“两非”“两资”，积极推进铁投集团珠三角公司划转工作。对省属企业在战略性新兴产业、制造业等重点领域和重点项目布局情况以及碳达峰实施情况开展多项专题调研，研究起草制造业当家行动方案、省属企业碳达峰工作方案，推进产业向制造业等实体经济发展、向绿色低碳化发展。2022年，广东省地方国资监管企业归属于母公司的净资产43543.76亿元，主要分布在社会服务业、房地产业、交通运输业、工业四大行业，占比85.41%。其中，省属企业归属于母公司的净资产6978.18亿元，主要分布在交通运输业、社会服务业、工业、建筑业四大行业，占比93.03%。省属企业新增发电装机容量约210万千瓦、铁路运营里程约440千米，投资运营的高速公路里程7974千米，机场客运量约占广东省的58%，资产总额约80%集中在基础性、公共性、平台性、引领性等重要行业和关键领域。二是科技创新持续强化。深入贯彻《关于推进国有企业打造原创技术策源地的意见》和国家及省创新工作的部署要求，以产业技术需求为牵引，建立省属企业重点研发项目库，与省科技厅联合开展“省属国有企业技术创新”专项，16个研发项目获1.87亿元支持；引导企业持续加大研发投入，省属企业研发投入强度2.03%，其中工业企业研发投入强度3.62%，制造业企业研发投入强度3.33%；推动企业创新发展，省属企业新增“专精特新”企业10家。三是数字化转型加快推进。成立省属企业数字化转型协同创新联盟，全面完成“粤企云”等基础设施和“粤数通”移动办公平台等应用系统建设，实现三级国资监管系统互联互通。

### (三)监管效能迈上新台阶

一是监管方式不断创新。认真落实以管资本为主加强国有资产监管的要求，持续健全完善监管体制机制，出台《省属企业重大经营风险报告工作规则》《省属企业违规经营投资问题线索查处工作指引(试行)》等制度性文件，进一步健全违规经营投资责任追究工作体系，圆满完成省直党政机关和事业单位经营

性国有资产集中统一监管试点工作。出台《省属企业董事会工作规则》,厘清省国资委与省属企业董事会的权责边界,强化董事会"定战略、作决策、防风险"的功能定位。成立省属企业数字化转型协同创新联盟,全面完成"粤企云"等基础设施和"粤数通"移动办公平台等应用系统建设,实现三级国资监管系统互联互通。二是提质增效深度发力。出台《省国资委助力稳经济稳增长政策措施》,成立调度工作专班,建立"一周一调度、半月一研判、每月一分析"工作机制,全力做好"稳经济、稳增长"工作。省属 17 户一级企业和 140 户重要子企业 100%"一企一策"优化完善党委前置研究清单。省属企业承担的 98 个省重点项目年度计划投资额 1068.38 亿元,占广东省重点项目年度计划投资额的 11.87%,截至 12 月底累计完成投资 1351 亿元,占全年计划的 126.45%,环北部湾广东水资源配置工程等重大项目加快实施,中芯种业集团组建、琼州海峡港航资源一体化等重点工作有序推进。组织省属企业用好国家政策性开发性金融工具,签约 33 个项目,占广东省签约项目数的 13.31%;签约金额 281.68 亿元,占广东省总投放金额的 24.49%。完成广新控股集团轻工城项目土地置换,置换后物业价值由 1.47 亿元提升至 10 亿元。三是风险防范扎实推进。加快推进全面风险管理体系和内部审计监督体系建设,建立健全重大经营风险管控机制,扎实开展融资性贸易排查整改、国有企业境外治理专项工作,跟进重大经营风险事件处置,狠抓检查和审计查出问题整改。健全债务风险监测"三防"体系,省属企业资产负债率保持在合理水平。深入推进成本控制三年行动,启动"两金"管控专项工作。开展"合规管理强化年"专项行动,5 家省属企业通过 GB/T 35770 国家标准认证。统筹抓好安全生产、信访维稳和疫情防控,省属企业未发生较大以上安全事故,疫情平稳可控,整体形势安全稳定,省国资委在省安全生产和消防工作考核中被评为"优秀"。

**(四)服务能力展现新作为**

一是积极协调地市联动合作。聚焦重难点问题,组织广东省范围产业对接招商引资活动,推动省属企业、珠三角市属企业加大投资力度,省属企业合作意向 152 条,投资规模 2175 亿元。加强地市联动合作,省属企业在粤东西北地区新增项目 39 个、投资金额 1324.55 亿元。环北部湾广东水资源配置工程等重大项目加快实施,中芯种业集团组建、琼州海峡港航资源一体化等重点工作有序推进。二是积极融入城市治理。积极推进广物控股集团在穗土地开发打包方案落地,批复吉山等地块收储,有序推进交通集团高速公路沿线土地盘活,签订萝岗立交交储协议,提出同乐检查站、新桥立交、宝安立交地块"一揽子"盘活方案。组织省国资系统开展驻镇帮镇扶村工作,派出第一书记 75 人、工作队员 170 人。75 家省属企业、驻粤中央企业投入驻镇帮扶资金超过 4.41 亿元。结合国资系统重点任务落实行动措施,与省农业农村厅、省乡村振兴局、省工商联联合印发《2022 年"千企帮千镇万企兴万村"行动要点的通知》,组织指导省国资系统"千企帮千镇万企兴万村"行动。三是高起点保障和改善民生。组织国资国企助力抗击新冠疫情,组建工作专班全力支援香港抗疫,抽组 1 万余名党员干部职工成立支援广州抗疫队伍。疫情期间,能源集团高站位重奉献,在省内火电厂亏损的情况下全力以赴保障供电。推动省属企业累计减免房屋租金 11.45 亿元。进一步释放就业岗位,扩大高校毕业生等重点就业群体招收规模,省属企业招聘就业 44262 人,其中高校毕业生 11917 人。

**(五)国企党的建设取得新成效**

深入贯彻新时代党的建设总要求,持续推动党的领导党的建设全面加强。一是理论武装持续强化。高质量抓好党的二十大代表和省十三次党代会代表推荐选举工作,迅速掀起学习宣传贯彻党的二十大精神热潮。严格落实"第一议题"等制度,印发《〈习近平谈治国理政〉第四卷专题学习培训方案》《关于推动党史学习教育常态化长效化的实施方案》,扎实推动学习贯彻习近平新时代中国特色社会主义思想走深走实。二是政治建设不断加强。全力配合十三届省委第一轮常规巡视。严格执行省委坚决落实"两个维护"十项制度机制,抓实政治要件闭环办理制度,跟进督办政治要件 73 项,围绕 25 个专题开展"大学习、深调研、真落实",示范带动省属企业建立跟进督办工作台账,切实推动中央、省委各项决策部署末端落实。强化意识形态工作责任落实,开展三轮意识形态领域安全隐患排查整治，意识形态领域保持安全稳定。三是党建基础持续夯实。深入实施基层党建三年行动，持续深化"五聚焦五提升"模范机关创建，制定规范党务工作长效机制，深入开展"一企一品"创建活动。建立"一月一调研、一季一调度、半年一督查、一年一考核"工作机制，组织挂点联系基层党组织工作，全覆盖开展党组织书记述职评议考核和省属企业落实党风廉政建设责任制情况考核。四是全面从严治党纵深推进。紧盯"关键少数"，强化政治监督，层层压实省属企业各级党组织管党治党政治责任。严格落实中央八项规定精神，查处、追责、曝光、整改"四管"齐下，推动省属企业严格执行"铁规矩"。建立巡察整改"1+5+N"工作机制。深化以案促改，摄制警示教育片，汇编严重违纪违法人员忏悔录，加强对省国资委机关和省属企业干部职工的警示教育、纪律教育，切实筑牢拒腐防变思想防线。

## 二、广东省国有资产总量与结构分析

2022年末，广东省地方国资监管企业资产总额162662.06亿元，比上年[①]增长9.26%；累计实现营业收入35958.49亿元，比上年增长10.82%；利润总额2239.32亿元，比上年下降17.20%；归属于母公司所有者的净利润708.80亿元，比上年下降24.66%。

**表1　　2022年广东省国有企业指标**

| 项　目 | 金　额(亿元) |
|---|---|
| 资产总额 | 162662.06 |
| 所有者权益 | 59180.26 |
| 国有资产总量 | 42071.19 |
| 营业收入 | 35958.49 |
| 利润总额 | 2239.32 |
| 净利润 | 1609.24 |
| 归属于母公司所有者的净利润 | 708.80 |
| 应交税金总额 | 2550.45 |
| 实际上缴税金总额 | 2437.79 |

注：表中数据为广东省地方国资监管企业数据。

2022年末，广东省地方国资监管企业户数有所增加。地方国资监管企业18394户，比上年增加3148户，其中广东省国资委监管企业2841户（不含广轻，其中一级企业集团17户）、地市国资监管企业15553户。

**表2　　2022年广东省国有企业户数情况**

| 2021年户数(户) | 2022年户数(户) | 比上年增长(%) |
|---|---|---|
| 15246 | 18394 | 20.65 |

注：表中数据为广东省地方国资监管企业数据。

2022年末，广东省地方国资监管企业资产仍主要集中在珠江三角洲地区，珠江三角洲地区9个地市资产总额132797.78亿元，占比81.64%。省属企业、广州和深圳合计资产总额119510.44亿元，占比73.47%。特别是广州和深圳的国资监管企业，两个中心城市作为广东省区域经济发展的龙头，呈现不断加快发展的态势。

2022年末，广东省地方国资监管企业国有资产总量维持高速增长的态势。广东省地方国资监管企业国有资产总量42071.19亿元，较年初的39266.26亿元增加2804.93亿元，增长7.14%。其中省属企业国有资产总量6895.22亿元，增长16.40%，地市国资监管企业国有资产总量35175.97亿元，增长5.50%。

**表3　2022年广东省国有资产按地区分布情况**

| 地　区 | 国有资产(亿元) | 占国有资产总量比重(%) |
|---|---|---|
| 省国资委监管企业汇总 | 6895.22 | 16.39 |
| 地市国资监管企业汇总 | 35175.97 | 83.61 |
| 广州市 | 10723.06 | 25.49 |
| 深圳市 | 12714.52 | 30.22 |
| 珠海市 | 2476.65 | 5.89 |
| 汕头市 | 261.14 | 0.62 |
| 佛山市 | 2644.79 | 6.29 |

① 比上年是以2022年数据对比同一报表的上年同期数，而非上年度统计数据，下同。

续表

| 地　区 | 国有资产（亿元） | 占国有资产总量比重(%) |
|---|---|---|
| 韶关市 | 109.59 | 0.26 |
| 河源市 | 207.51 | 0.49 |
| 梅州市 | 235.42 | 0.56 |
| 惠州市 | 653.15 | 1.55 |
| 汕尾市 | 94.54 | 0.22 |
| 东莞市 | 1264.57 | 3.01 |
| 中山市 | 579.77 | 1.38 |
| 江门市 | 957.21 | 2.28 |
| 阳江市 | 94.41 | 0.22 |
| 湛江市 | 448.39 | 1.07 |
| 茂名市 | 462.43 | 1.10 |
| 肇庆市 | 630.76 | 1.50 |
| 清远市 | 241.5 | 0.57 |
| 潮州市 | 113.55 | 0.27 |
| 揭阳市 | 76.31 | 0.18 |
| 云浮市 | 186.69 | 0.44 |
| 合　计 | 42071.19 | 100.00 |

注:表中数据为广东省地方国资监管企业数据。

2022年末,在国民经济13个行业分类中,广东省地方国资监管企业的国有资本主要分布在社会服务业、交通运输业、房地产业、工业和金融业5个行业。单户表相加这5个行业的国有资产总量85626.07亿元,占广东省地方国资监管企业的91.57%。

**表4　2022年广东省国有资产按行业分布情况**

| 行　业 | 国有资产（亿元） | 占国有资产总量比重(%) |
|---|---|---|
| 农林牧渔业 | 240.12 | 0.26 |
| 工业 | 9295.21 | 9.94 |
| 建筑业 | 4056.08 | 4.34 |
| 交通运输业 | 17850.80 | 19.09 |
| 仓储业 | 691.37 | 0.74 |
| 商贸业 | 1390.23 | 1.49 |
| 房地产业 | 16660.91 | 17.82 |
| 信息传输、软件和信息技术服务业 | 422.27 | 0.45 |
| 社会服务业 | 35910.91 | 38.41 |
| 教育文化广播业 | 176.51 | 0.19 |
| 科学研究和技术服务业 | 827.31 | 0.88 |
| 金融业 | 5908.24 | 6.32 |
| 其他行业 | 74.58 | 0.08 |
| 合　计 | 93504.55 | 100.00 |

注:表中数据为广东省地方国资监管企业数据;数据由单户表相加得出,不考虑差额表影响。

**表5　2022年广东省国有资产按经营规模分布情况**

| 经营规模 | 国有资产（亿元） | 占国有资产总量比重(%) |
|---|---|---|
| 大型企业 | 19453.42 | 20.80 |
| 中型企业 | 22923.52 | 24.52 |
| 小型企业 | 31158.93 | 33.32 |
| 微型企业 | 19968.68 | 21.36 |
| 合　计 | 93504.55 | 100.00 |

注:表中数据为广东省地方国资监管企业数据;数据由单户表相加得出,不考虑差额表影响。

## 三、广东省国有资本保值增值综合分析评价

2022年,广东省地方国资监管企业国有资本保值增值率101.63%,比上年减少1.11个百分点。其中,省属企业国有资本保值增值率102.01%、地市国资监管企业国有资本保值增值率101.56%。分行业情况看,13个国民经济行业中有10个行业实现国有资本保值增值。分地市情况看,21个地市中有11个地市实现国有资本保值增值。

表6　2022年广东省国有企业地区和行业国有资本保值增值情况

| 地　区 | 国有资本保值增值率(%) | 行　业 | 国有资本保值增值率(%) |
|---|---|---|---|
| 广东省合计 | 101.63 | 广东省合计(不考虑差额) | 103.27 |
| 省国资委监管企业 | 102.01 | 农林牧渔业 | 130.40 |
| 地市国资监管企业 | 101.56 | 工业 | 105.76 |
| 广州市 | 100.90 | 建筑业 | 102.38 |
| 深圳市 | 102.94 | 交通运输业 | 100.72 |
| 珠海市 | 98.84 | 仓储业 | 101.18 |
| 汕头市 | 97.80 | 商贸业 | 110.56 |
| 佛山市 | 100.54 | 房地产业 | 104.79 |
| 韶关市 | 99.95 | 信息传输、软件和信息技术服务业 | 96.15 |
| 河源市 | 98.37 | 社会服务业 | 102.92 |
| 梅州市 | 99.10 | 教育文化广播业 | 99.50 |
| 惠州市 | 110.62 | 科学研究和技术服务业 | 106.57 |
| 汕尾市 | 100.25 | 金融业 | 103.88 |
| 东莞市 | 102.30 | 其他行业 | 98.49 |
| 中山市 | 101.05 | | |
| 江门市 | 100.41 | | |
| 阳江市 | 99.74 | | |
| 湛江市 | 99.39 | | |
| 茂名市 | 99.71 | | |
| 肇庆市 | 103.03 | | |
| 清远市 | 101.24 | | |
| 潮州市 | 99.79 | | |
| 揭阳市 | 100.00 | | |
| 云浮市 | 99.68 | | |

注:表中数据为广东省地方国资监管企业数据。

## 四、广东省国资委监管企业改革发展情况

### (一)以优服务为目标,持续优化国有经济布局

一是优化资源整合资本运作。强化国资国企功能定位,推动企业更加聚焦主责主业,发展壮大实体经济,加快调存量、优增量,推动国有资本配置效率和整体功能稳步提升,推动国有经济在事关经济命脉、国计民生的重要行业和关键领域聚焦发力。先后接收省直各类经营性国有资产37家,省级经营性国有资产集中统一监管比例100%。资本运营取得重大突破,省属企业控股上市公司开展并购重组逾200亿元、股权融资逾70亿元,广新控股集团下属星湖科技成功并购伊品生物成为生物发酵行业领导者;省属企业控股上市公司增至27家,其中建工集团成为广东省首家实现整体上市的省属企业,粤海控股集团下属永顺泰在深圳证券交易所主板首发上市,广新控股集团下属纬达光电实现从佛塑科技分拆上市。建工集团下属广东建科院创业板上市获深圳证券交易所受理。完善上市后备库,后备企业由25户增加至50户,壮大"专精特新"企业群体,省建院、省城规院完成混合所有制改革和员工持股,为IPO打下基础。二是积极推动科技自立自强。企业数字化转型提档,"数字国资"建设提速,完成全国国资国企在线监管省级平台建设,实现与国务院国资委以及省内地市国资委之间的"网络通""数据通",加快监管业务模块建设,企业组织机构、"三重一大"、财管、投资等管理功能陆续上线运行,出台《广东省省属国资国企数字化转型行动方案(2022—2025)》。建立省属企业科技创新信息数据库及重大科研项目库,初步梳理248项重点技术成果及74项重大技术需求项目,与科技厅联合开展2022年度广东省重点领域研发计划"省属国有企业技术创新专项"项目,省属企业研发项目获1.87亿元支

持。三是全面发挥国有经济战略支撑作用。省属企业资产总额约80%集中在基础性、公共性、平台性、引领性等重要行业和关键领域。2022年广东省地方国资监管企业实现营业收入3.59万亿元，居全国地方监管企业第3位。推进脱贫攻坚与实施乡村振兴战略有机衔接，建立驻镇帮镇扶村联络机制，以实地调研、召开座谈会、工作联络群等形式，掌握工作队进驻后工作开展情况，协助解决实际问题。75家省属企业、驻粤中央企业投入驻镇帮扶资金超过4.41亿元。

**(二)以管资本为牵引，构建专业化、体系化、法治化国资监管体系**

国企改革三年行动的深入实施，为企业高质量发展提供强劲动力，有力提升国有经济服务国家和省重大战略的能力。一是企业规模持续提升。截至2022年底，广东省地方国资监管企业资产总额16.27万亿元，比上年增长9.26%。地方国资监管企业4家入围《财富》"世界500强"，14家入围"中国500强"，32家企业资产、6家企业营业收入超过1000亿元。二是战略支撑作用充分发挥。按照国企改革三年行动有关部署和要求，研究制定推进国有经济布局优化和结构调整的实施方案，出台"十四五"省属国有资本布局优化和结构调整规划，推进国有经济布局优化和结构调整，推动省属国有资本80%以上聚焦战略安全、产业引领、国计民生、公共服务等功能。基础设施建设方面，筑起纵横交错的轨道交通网、高速公路网、机场航空网、港口航运网、天然气管网和水安全保障网，承担"5+4"机场群、广汕汕铁路、南沙大桥、深中通道等一批重大工程，推动实现"市市通高铁""县县通高速"，助力大湾区基础设施互联互通。"5+4"机场群建设加速推进，白云机场旅客吞吐量居全国第1位；省属企业投资运营的高速公路里程7962千米，约占广东省高速公路总里程的78.44%；主导和参与建设的高快速铁路已通车里程占广东省的48%；参与投资的天然气主干管网约1550千米，占广东省天然气主干管网的42.7%；可控发电装机容量占广东省的20%；运营粤港澳水路航线20条，市场占有率95%。民生保障方面，在水资源配置、环保综合整治、水田垦造等重大民生工程中担当"主力军"，承建的珠三角、粤东和环北部湾广东水资源配置工程惠及广东省6200万人，练江流域环保综合整治惠及430万人，完成水田垦造79.27平方千米。产业引领方面，发起设立粤澳基金，累计投资项目27个，实现投资规模210.64亿元，支持带动澳门经济产业适度多元发展；推动TCL华星光电t9等制造业项目落户广东，极大增强半导体产业链自主可控能力；与宝武集团共同组建中南钢铁公司，经营业绩创历史最好水平，为广东钢铁工业高质量发展打造新引擎；组建广东种业集团、军工集团，重组天合国际融资租赁有限公司等特殊定位的新公司，服务国家重大战略和区域协调发展战略。三是社会责任更显担当。省属企业在抗击新冠疫情中冲锋在前，超常规完成口罩机研发生产任务，疫情期间减免高速公路通行费约100亿元，累计减免租金超过16亿元。在脱贫攻坚、乡村振兴、抢险救灾、稳就业、电力保供中勇挑重担，尽显国企担当。

**(三)以市场化为导向，打造机制完备、活力充盈的现代国企**

一是稳慎开展混合所有制改革。制定《省属企业资本运营行动方案》，明确省属企业资本运营的工作目标和任务，资本运作项目取得重大突破。通过基金、首发上市、整体上市、并购重组、员工持股等多种路径分类推进混合所有制改革，着力解决企业发展问题，确保混合所有制改革取得实效。做精做实国企改革"双百行动"、"科改示范行动"，广东省"双百企业"20家、"科改示范企业"19家，数量均居全国第1位，5家"双百企业"被国务院国资委评为标杆企业。二是持续完善公司治理。健全完善制度体系，出台《省属企业董事会工作规则》，明确董事会运行规范并指导企业修订完善议事规则，制定董事会和外部董事考核评价办法。配强外部董事，推动落实子企业扩充外部董事来源加强外部董事队伍建设，统筹兼职外部董事人才储备建立人才库。三是大力推进市场化选人用人。加强经理层任期制和契约化管理抽查检查，突出考核目标科学合理设置，考核结果刚性兑现，进一步压实经理层成员经营管理责任，充分激发经理层活力动力。开展省属企业董事长、总经理挂点推动子企业三项制度改革攻坚专项行动，印发《省属企业深化三项制度改革工作指引》，选编三项制度改革优秀案例，指导省属企业集团细化管理人员竞争上岗、末等调整和不胜任退出实施细则，有效推动"三能"机制落实落细。

## 五、广东省国资委监管企业并购重组与完善法人治理结构情况

### （一）推进战略性重组和专业化整合

集团层面，坚持“横向合并纵向联合”，开展高速公路、建筑工程、铁路投资、商贸流通和外贸企业板块重组整合，完成5组11户省属企业集团层面战略性重组；子企业层面，突出“先外后内进退协同”，推进企业集团之间业务板块专业化整合和企业集团内部专业化整合，完成招投标、建筑关联、清洁能源、电子制造、汽贸、民爆和固废危废等7个业务板块19户子企业跨集团专业化整合，完成企业内部86户二级及以下整合，进一步提升省属企业主业集中度和竞争力。全面完成975户省属“僵尸企业”处置、377户“两非”“两资”清退处置、19户重点亏损子企业治理，推动152户规下企业全部实现上规升级，推动企业更加聚焦主责主业。剥离企业办社会职能和解决历史遗留问题工作全面收官，完成广东省70.86万户职工家属区“三供一业”等改革和73.2万名退休人员社会化管理工作。

### （二）持续完善法人治理结构

省属17户一级企业和140户重要子企业100%“一企一策”优化完善党委前置研究清单。出台《省属企业董事会工作规则》，纳入应建范围的495户省属企业100%建立董事会并实现外部董事占多数，140户重要子企业100%差异化落实董事会职权，已建立董事会的企业100%建立向经理层授权管理制度。广新集团、环保集团所属宏大控股公司、粤海集团所属永顺泰公司3户企业入选国务院国资委国有企业公司治理示范创建企业。理顺南方电网股权关系并推动完善治理结构，出台《广东省省属国有相对控股混合所有制企业差异化管控指引（试行）》，完成54户省属二级企业混合所有制改革，引入资金195亿元。以专项检查和常态化抽查检查为抓手，持续完善经理层成员任期制和契约化管理，省属企业经理层成员签约率100%。出台《省属企业市场化薪酬分配工作指引》，引导企业建立健全市场化薪酬分配机制；出台《省属企业中长期激励工作指引（试行）》，梳理股权激励、增量奖励、专项奖励等16种激励方式，着力推动1020户企业实施各种方式中长期激励，覆盖面占比超过50%。

## 六、广东省国资委监管企业建立和完善经营业绩考核体系情况

### （一）完善考核实施细则

出台《广东省省属企业负责人高质量发展经营业绩考核实施细则（2022版）》，主要聚焦落实经济责任，强化经营成果考核；突出争创一流，强化作用地位考核；突出转型升级，完善科技创新、关注事项考核；突出企业不同特点，强化差异化考核；增设“直通车”激励，推动企业力争上游。对不同功能定位、行业领域、发展阶段的企业实行差异化分类考核，按照企业功能定位分类设置考核指标，对省属企业负责人推动高质量发展实施“一企一策”差异化考核。

### （二）持续优化对标体系

进一步优化省属企业年度经营业绩考核主业对标行业，17户省属企业33个主业，在参照中国证券监督管理委员会及国内各大券商定期推出上市公司行业分类进行对标的基础上，借鉴申万宏源研究所最新修订的申万行业分类，按实际情况调整相关省属企业的主业对标行业，对标行业更加契合省属企业主业，引导企业对标行业龙头，检视差距，不断增强核心竞争力。

### （三）推进绩效评价工作

首次开展省属企业综合绩效评价工作，参照《中央企业综合绩效评价管理暂行办法》《中央企业综合绩效评价实施细则》，聘请广东久其软件有限公司对省属企业经营数据进行分析，形成省属企业绩效评价测算结果。结合企业对绩效评价测算结果的报告，对企业年度绩效情况进行评价，并将结果反馈省属企业。督促省属企业针对绩效评价结果暴露的问题，制定整改措施，全面优化升级，实现高质量发展。

## 七、广东省国资委监管企业负责人考核与选人用人机制改革情况

以全面推行经理层任期制和契约化管理为切口，

着力推动省属企业深化三项制度改革，构建新型经营责任制。

**(一)做实做细经理层成员任期制和契约化管理，有效激发经理层成员活力动力**

在经理层成员100%落实任期制和契约化管理基础上，制定考核评估要点，开展专项行动检查评估，突出契约文本规范程度和完备程度、审查业绩目标制定是否具备挑战性，抓实考核结果刚性兑现。加大常态化抽查检查力度，经理层成员任职须签署“两书一协议”，清楚自己“要干什么”“有什么权利”“干好干坏有什么后果”，切实提升任期意识、岗位意识和权责意识。

**(二)实施改革攻坚行动，推动省属企业三项制度改革不断深入**

加强制度设计和政策宣传贯彻，印发《省属企业深化三项制度改革工作指引》《省属企业市场化薪酬分配工作指引》《省属企业中长期激励工作指引(试行)》《省属企业三项制度改革评估办法(试行)》等，形成内容完备、操作性强的三项制度改革工作指引。强化统筹推动，召开三项制度改革攻坚动员大会、重点任务推进会等，组织专题解读和实务培训，编印省属企业三项制度改革案例，加强进展较慢企业跟踪督办，着力解决不想改、不敢改、不会改问题。压实改革责任，将三项制度改革纳入2022年度省属企业负责人经营业绩考核。

**(三)狠抓考核兑现，省属企业“三能”机制有效落实**

省属企业普遍建立健全考核评价与激励约束挂钩的制度规定、总部与所属企业员工常态化交流和轮岗等机制，强化竞争性选拔和公开招聘，抓实全员绩效考核和结果运用，鼓励企业对经理层、管理人员考核结果进行强制分布，末等调整。部分企业主动实施“赛马”机制，强制末等比例、强化综合研判，市场化选人用人力度持续增强。2022年省属企业集团及各级子企业新聘任管理人员中竞争上岗人数比例分别为75%、85.55%，82.35%的集团和68.14%的各级子企业开展末等调整和不胜任退出，市场化经营机制逐步落地生效。广新集团、粤海集团2户企业三项制度改革经验入选国务院国资委国企改革简报。

## 八、广东省国资委监管企业党的建设和党风廉政建设情况

**(一)党的建设**

旗帜鲜明讲政治抓政治，坚决做到“两个维护”，更加强化党对国有企业的全面领导。一是学思践悟习近平总书记思想入脑入心。高质量开展迎接党的二十大、省第十三次党代会召开各项工作，扎实推动学习贯彻党的二十大精神走深走实。省国资委党委带头开展落实“第一议题”、党委中心组集中学习研讨，开展学习贯彻全国国企党建工作会议精神“回头看”工作，示范带动广大党员干部不断增强“四个意识”、坚定“四个自信”、做到“两个维护”。二是党委领导作用发挥持续加强。坚持在完善公司治理中加强党的领导，推动省属企业集团党委和重要子企业党委100%制定党委前置研究讨论事项清单，各级党委着力谋全局、议大事、抓重点，把好企业改革发展政治方向。三是维护意识形态安全。推出“稳经济国企在行动”“国企改革三年行动”“国企担当在‘疫’线”等系列报道，努力讲好国资国企故事，树立国资国企良好形象。紧紧抓住网上意识形态安全这个重点，开展意识形态安全排查整治和专项清理整治。紧盯重大事件、突发情况、社会热点，加强舆情监测，及时发现和加强跟踪涉国资国企的舆情事件，维护省属企业舆情稳定。四是贯彻执行高效有力。立项督办落实习近平总书记重要讲话和重要指示批示73项，在服务服从国家战略、广东省大局中坚决做到“两个维护”。各级党组织和广大党员在疫情防控、乡村振兴、电力保供等各项工作中勇挑重担、冲锋在前。

树立大抓基层鲜明导向，持续推动党建与生产深度融合，更加夯实党建引领企业改革发展基层基础。坚持把抓基层打基础作为长远之计和固本之策，持续提升基层党组织政治功能和组织功能。一是深入实施基层党建三年行动计划。深入贯彻国有企业基层组织工作条例，配合制定《国有企业党支部规范化建设指导标准》，开展规范党务工作专项整治行动，制定规范党务工作长效机制，联合制定省属境外企业党组织建设指导性文件，推动党的组织党的工作实现全面覆盖。二是持续推动党建与生产经营深度融合。聚

焦党建引领企业重大任务落实，深入开展“一企一品”创建活动，各企业结合自身生产经营实际开展党建特色品牌创建，交通集团深中通道、建工集团珠三角水资源配置工程等项目创新开展党建工作，带动广大党员职工攻坚克难、担当作为，推动重大项目顺利进行。三是深化“五聚焦五提升”模范机关创建活动。组织开展“奋进新征程、建功新时代，以模范机关创建实际成效迎接党的二十大胜利召开”主题实践活动，持续深化“一支部一品牌”建设，扎实开展“党员先锋岗”实践活动，引导机关党支部和党员骨干围绕国企改革发展、国资监管等重点难点问题集中发力、攻坚克难，各项工作取得积极进展和成效。

牢牢抓住责任制，进一步强化主业意识，更加强化齐抓共管、合力攻坚的大党建工作格局。一是党建责任制有效落实。全面落实下级党组织向上级党组织报告党建工作制度，落实班子成员挂点联系基层党组织制度，全覆盖开展党组织书记述职评议考核工作，推动全面从严治党落实落地。二是中央驻穗企业党建工作全面强化。定期组织中央驻穗企业、省属企业工作交流，建立向国务院国资委定期汇报制度，全年完成1637名党员发展工作，完成5家驻穗央企整建制转接、14家驻穗央企换届，下拨党费640万元。三是统战宣传群团工作全面推进。企业思想政治工作持续推进，成立广东欧美同学会国企分会，组织开展团员青年座谈会、“青马班”，有力引导留学人员、团员青年等群体团结奋斗，2个集体和1名个人获评全国“两红两优”，1名个人获评“全国青年岗位能手”。

### （二）党风廉政建设

扎实抓好党风廉政建设日常工作。一是组织考核督导，压实管党治党责任。深入实施《省国资委党委落实全面从严治党主体责任清单》，健全完善工作机制，组织开展省属企业落实党风廉政建设责任制考核，配合省党廉办做好省属企业党委主要负责人述责述廉工作，综合运用谈话提醒、督导检查、民主生活会、巡视巡察整改等方式，层层压实省国资系统各级党组织管党治党政治责任。二是坚持不懈纠“四风”树新风。立案审查15宗，分4批通报典型案件10宗13人次。国企改革三年行动专项巡察推动整改“纸面改革”“数字改革”问题38项。三是扎实推进重点领域专项治理。认真落实省纪委工作部署，深入推进违规决策擅自对外投资担保问题专项治理，排查违规投资、担保项目54项，督促整改问题293个，追责问责2人，建立健全规章制度678项。聚焦省属企业购买服务业务中的“靠企吃企”问题组织开展专项整治，配合省纪委开展国有企业境外腐败治理调研，推动虚拟货币“挖矿”活动清零和粮食购销领域腐败问题治理等专项工作取得实效。四是加强党性党风党纪教育。认真开展纪律教育学习月活动，筹备党章党规党纪教育培训班和警示教育大会，协同驻委纪检监察组摄制警示教育片《脱轨的人生》，汇编《省属国资国企严重违纪违法人员忏悔录》，深化以案示警、以案促改、以案促治。

持续巩固深化政治巡察。一是有的放矢发挥巡察“利剑”作用。组建6个巡察组对12家省属二级企业党组织开展违规决策擅自对外投资担保问题专项巡察，发现主要问题306项，移交问题线索7条。二是做好巡察“后半篇文章”。落实巡察整改“1＋5＋N”工作机制，组织各省属企业党委书记召开巡察整改专题会议，压紧压实整改责任，部署巡察整改“回头看”专项检查，推动2021年巡察反馈问题整改率超过90％，梳理印发13个方面38种表现形式问题清单，指导督促企业自查自纠、标本兼治。三是持续提升规范化法治化正规化水平。协助省委巡视办编制完善《国资国企政治巡察监督指引》，以省委巡视开展巡察工作专项检查为契机，全面梳理检视工作差距，并深入整改。

严肃违规经营投资责任追究。一是推进责任追究组织体系建设，实现专责机构全覆盖。推动省国资委监管的18家省属企业设立或明确责任追究专责机构；21个地市国资委均设立或明确承担责任追究职能的部门或岗位。二是健全完善制度机制，加强责任追究工作规范性、操作性。制定《关于进一步做好省属企业违规经营投资责任追究工作的通知》《广东省属企业违规经营投资问题线索查处工作指引（试行）》，配套常用表格和参考文书26项，形成完善的责任追究制度体系。三是严肃查处问题线索，发挥震慑作用。重点跟踪督办的23条涉嫌违规责任追究线索均已立案，办结8宗，追责11人次。通过巡察、审计、专项检查移交涉嫌违规责任追究问题线索11条，发现一起、查处一起。四是加强队伍建设,加强信息化支撑。配齐配强责任追究队伍,与巡察人才库贯通融合建立省国资系统责任追究人才库476人。推动禁入限制人员信息管理平台的应用,在"数字国企"大框架下开发违规投资经营责任追究信息化平台。

(撰稿人:林　薇)

# 深圳市

## 一、深圳市国有资产监督管理工作综述

2022年,深圳市国资委坚持以习近平新时代中国特色社会主义思想为指导,深入学习贯彻党的二十大精神,抢抓"双区"驱动、"双区"叠加、"双改"示范等重大战略机遇,坚决履行"服务大局、服务城市、服务产业、服务民生"职责使命,坚定不移深化改革,持之以恒推进高质量发展,各项工作取得新成效。国企改革三年行动实现高质量收官,再次获评A级,得到国家通报表扬,全年超过30项改革经验、典型案例在全国全省推广。

### (一)深耕主业、稳中有进,推动国资国企高质量发展迈上新台阶

坚持稳中求进主基调,千方百计提质增效稳增长,主要经济指标再创历史新高,市属企业总资产突破5万亿元关口,营业收入突破1万亿元关口,85%的净资产集中到以基础设施公用事业为主体、金融和战略性新兴产业为两翼的"一体两翼"领域。投控公司成为深圳国资首家资产规模万亿级企业,特区建发、资本集团总资产突破1000亿元,全系统"千亿骨干国企"增至10家,市属国资上市公司增至37家,国有经济规模实力、战略支撑作用显著提升。

### (二)决战决胜、提质提效,推动国企改革三年行动走在全国前列

深圳综改试验在完善政策、破解难题、健全机制、做强企业"四个一批"上取得显著成效,第二批标志性成果在全国推广。5家"双百企业"以全优成绩通过评估,深国际等3家企业跻身全国22个"改革标杆",居全国第1位。"科改示范企业"从2家增至7家,先行示范作用充分彰显。

### (三)砥砺前行、不惧艰难,全力以赴履行"城之重器"职责使命

全年完成在深圳投资2280亿元,打造岗厦北"深圳之眼"等城市新地标,努力把深圳建设得更加繁荣昌盛、欣欣向荣。坚持"人民至上、生命至上",在疫情防控最紧要关头,为全市果蔬粮油稳价保供、水电气供应、重点人群转运、防疫酒店运营、支援香港抗疫等提供最坚实、最可靠保障,7万余名干部职工闻令而动、逆行出征,奔赴最艰险、最需要的地方支援抗疫,用勇气和奉献诠释国资国企"姓党为民"政治本色。

### (四)牢记使命、固本夯基,推动党的领导党的建设全面加强

第一时间掀起学习宣传贯彻党的二十大精神热潮,在全面学习、全面把握、全面落实上下功夫,转化为指导实践、推动工作的强大力量。始终坚持和加强党对国有企业的全面领导,国企党建"1+N"制度体系更加完善,企业党委"把方向、管大局、保落实"的领导作用持续加强,"一企一品"党建品牌创建亮点纷呈,全面从严治党向纵深推进,重点领域监督取得新进展,高质量党建对高质量发展的引领保障作用不断增强。

## 二、深圳市国有资产总量与结构分析

截至2022年底,深圳市国有企业总资产53648亿元,所有者权益总额20018亿元,营业收入11785亿元,利润总额1149亿元,净利润849亿元,其中归属于母公司所有者的净利润374亿元。

表1　　2022年深圳市国有企业指标

| 项　目 | 金　额(亿元) |
|---|---|
| 资产总额 | 53648 |
| 所有者权益 | 20018 |
| 国有资产总量 | 12794 |

续表

| 项　目 | 金　额(亿元) |
| --- | --- |
| 营业收入 | 11785 |
| 利润总额 | 1149 |
| 净利润 | 849 |
| 归属于母公司所有者的净利润 | 374 |
| 应交税金总额 | 1074 |
| 实际上缴税金总额 | 950 |

表2　2022年深圳市国有资产按地区分布情况

| 地　区 | 国有资产(亿元) | 占国有资产总量比重(%) |
| --- | --- | --- |
| 市属企业汇总 | 9403 | 73.5 |
| 区属企业汇总 | 3312 | 25.9 |
| 前海管理局 | 1123 | 8.8 |
| 南山区 | 600 | 4.7 |
| 龙岗区 | 312 | 2.4 |
| 福田区 | 284 | 2.2 |
| 宝安区 | 273 | 2.1 |
| 罗湖区 | 152 | 1.2 |
| 龙华区 | 152 | 1.2 |
| 光明区 | 148 | 1.2 |
| 坪山区 | 115 | 0.9 |
| 深汕合作区 | 69 | 0.5 |
| 盐田区 | 50 | 0.4 |
| 大鹏新区 | 35 | 0.3 |
| 三大文化集团 | 79 | 0.6 |
| 合　计 | 12794 | 100.0 |

注:由于四舍五入原因,分项与汇总数据不一致。

深圳市国有资产主要集中于基础设施及公用事业,分布在社会服务业、园区和地产业、交通运输业、工业和金融业五大行业,社会服务业主要是人才保障房、投资与资产管理等企业;园区和地产业主要是产业园区和房地产开发企业;交通运输业主要是地铁、机场、港口和高速公路等企业;工业主要是电力、供水、燃气等公用事业企业;金融业主要是证券、担保、小额贷等企业。五大行业国有资本总量占比92.6%。

表3　2022年深圳市国有资产按行业分布情况

| 行　业 | 国有资产(亿元) | 占国有资产总量比重(%) |
| --- | --- | --- |
| 社会服务业 | 4078.4 | 31.9 |
| 园区和地产业 | 3918.1 | 30.6 |
| 交通运输业 | 2513.2 | 19.7 |
| 工业 | 876.1 | 6.9 |
| 金融业 | 451.1 | 3.5 |
| 信息技术服务业 | 267.0 | 2.0 |
| 其他行业 | 689.9 | 5.4 |
| 合　计 | 12793.8 | 100.0 |

注:由于四舍五入原因,表中合计数与表1并不一致。

截至2022年底,深圳市国有资产总量12794亿元,较年初增加572亿元。其中,大型企业国有资产总量9617亿元,占比75.2%;中型企业国有资产总量1959亿元,占比15.3%;小型企业国有资产总量1196亿元,占比9.3%;微型企业所占比重较小。

表4　2022年深圳市国有资产按经营规模分布情况

| 经营规模 | 国有资产(亿元) | 占国有资产总量比重(%) |
| --- | --- | --- |
| 大型企业 | 9617 | 75.2 |
| 中型企业 | 1959 | 15.3 |
| 小型企业 | 1196 | 9.3 |
| 微型企业 | 22 | 0.2 |
| 合　计 | 12794 | 100.0 |

## 三、深圳市国有资本保值增值综合分析评价

2022年,深圳市国有企业经营效益保持平稳,整体国有资本保值增值率102.8%。其中,社会服务业保值增值率107.4%,保值增值水平最高;工业、园区和地产业、科学研究与技术服务业等9个行业的保值增值率超过平均值。

表 5　2022 年深圳市国有企业行业国有资本保值增值情况

| 行　业 | 国有资本保值增值率(%) |
|---|---|
| 社会服务业 | 107.4 |
| 农业 | 107.3 |
| 科学研究与技术服务业 | 107.1 |
| 金融业 | 105.9 |
| 工业 | 105.5 |
| 园区和地产业 | 103.9 |
| 商贸业 | 103.9 |
| 建筑业 | 103.5 |
| 仓储业 | 103.2 |
| 交通运输业 | 97.2 |
| 信息技术服务业 | 93.2 |
| 教育文化广播业 | 75.5 |

## 四、深圳市国资委监管企业改革发展情况

### (一)坚持稳中求进,高质量发展基础更加稳固

紧紧围绕稳住全市经济基本盘,多措并举拓市场、控成本、增投资、提效益。主要指标再创新高。截至 2022 年底,市区两级国企、国有文化企业总资产 5.4 万亿元,全年实现营业收入 1.2 万亿元、利润总额 1149 亿元。其中,市属企业总资产 4.9 万亿元,增长 3.2%;营业收入 1.1 万亿元,增长 6.1%,利润总额 1105 亿元。区属企业总资产 4343 亿元,比年初增长 10.4%;营业收入 377 亿元,比上年增长 24.2%;利润总额 55 亿元。集体企业总资产增至 2662 亿元,比上年增长 6%。企业经营稳中向好。地铁、深圳港、燃气等 11 家企业营业收入增速超过 20%;特区建发、重投等 4 家企业利润总额增速超过 100%,投控公司"世界 500 强"排名升至第 372 位、提升 24 位,能源、国信等 5 家企业入围"中国 500 强"。对全市经济贡献稳步提升,完成政府专项债发行 196 亿元、占全市专项债总数的 30%,支持一般公共预算 108 亿元,人才安居、投控、特区建工等企业积极参与防范化解重点房企债务风险。组织开展"菁英聚鹏城"校园招聘活动,提供就业岗位 9000 余个。发展动能加速集聚。强化央地合作,形成深化深圳与央企高质量合作阶段性成果,助力深圳打造产业发展新引擎。强化市区协同,与各区累计开展战略合作项目 117 个,携手宝安打造新桥东"工业上楼"示范样本,联合坪山组建高新区投资发展集团。强化企业协同,举办"走进国企、协同发展"系列活动,圆满承办海博会,推动全球招商大会签约项目全部落地。强化资源盘活,累计完成 1997 万平方米国有存量土地和房产确权,扭亏或清退亏损企业 130 家,增利近 7 亿元。强化战略谋划,系统编制加快建设世界一流企业、打造原创技术策源地相关文件,前瞻提出"国企敢干"、促进深港合作、强化"双招双引"系列硬举措,积蓄高质量发展新动能。

### (二)锐意改革攻坚,国资国企改革走在前列

以三年行动为总牵引,推动国资国企改革全面发力、多点突破、纵深推进。国企改革三年行动高质量收官。坚持"系统化推进、清单化举措、穿透式操作、定量化督办、典型性推广",扎实开展改革提质提效集中攻坚行动,推动各项改革"量质齐升",三年行动 107 项量化指标、118 项台账任务全面落实,制(修)订改革文件 50 余件,指导直管企业完善制度 1200 余件,国资国企体制机制实现系统性重塑。优秀改革成果竞相涌现,投控公司被誉为"新国企改革典型样板"、入选"学抓促"典型经验,机场"卓越党建"模式、深国际"八能"改革等 6 项成果入选全国三年行动案例集,重投、深高速等 16 项改革经验在全省推广,地铁、智城等 4 家企业获评"广东省管理标杆",深环科技、深水生态等 5 家企业新增纳入"科改示范企业"。市场化经营机制更加灵活高效。深能燃控等企业混合所有制改革顺利完成,市属企业混合所有制比例 81.6%。全面落实"两个一以贯之",党的领导与公司治理相统一不断巩固深化,前置事项清单全面制定并落地见效,各级企业实现董事会应建尽建、外部董事占多数,全面建立董事会向经理层授权管理制度,投控、建科院入选全国"公司治理示范企业"。深入推进三项制度改革,各级企业实现 100%市场化公开招聘、100%全员绩效考核,符合条件的各级子企业长效激励约束机制建设实现 100%全覆盖,以经理层成员任期制和契约

化管理为核心的新型经营责任制基本建立，职业经理人队伍初具规模，中层管理人员竞争上岗、末等调整和不胜任退出全面推行，综合考核评价机制、薪酬总额管理机制持续优化完善，深国际“能下”“能出”改革经验在全国推广。国资监管体制持续健全完善。坚持优监管与增活力相统一，出台加强国有资产监管和国有企业规范运行促进高质量发展若干措施，坚定不移优监管、强规范、促发展。持之以恒压缩产权层级、优化管理幅度链条，全面开展规范性文件集中清理，指导深业、地铁等4家企业试点建立合规管理体系，健全审计整改、责任追究、投资后评价工作机制，持续优化系统完备、科学规范的监管体系。着力以信息化提升监督效能，监督稽查管理、资源性资产租赁、重大资源开发等平台上线运行，阳光采购智慧监督平台在全国推广。国资集资改革深入推进。坚持全市“一盘棋”，出台指导推动区属国资国企深化改革“10＋3”方案，以创建“综改试验示范城区”为牵引，加快构建市区改革上下贯通新格局。持续健全集体资产监管“1＋N”制度体系，创新打造集体经济发展和监管数字化平台，成功举办集体经济改革发展论坛，持续优化立体多元全链条国企集企合作模式，促成合作项目100余个。各区改革发展亮点纷呈，南山探索构建创新链全周期服务体系，宝安优化调整国资监管权责清单、强化分类监管，龙华组建数据公司探索“数字国资”新路径，罗湖大力推进重组整合打造优势企业，福田、盐田、龙岗、光明、坪山、大鹏、深汕、前海等在完善市场化机制、拓展产业空间、推动集体企业转型等方面成效显著。

**(三)紧扣城市发展战略，国资布局实现整体性优化**

聚焦“双区”建设所急所需，调整存量结构，优化增量投向，持续提高国有资本配置效率和整体功能。国资规划体系持续完善。找准主攻领域，按照“深圳所需，国资所能”原则，聚焦新一代信息技术、数字经济、生物医药、海洋经济等领域，以重大项目和平台建设为支撑，加快突破制约产业链发展的瓶颈问题。构建协同机制，主动对接发展改革、工业和信息化、规自等主管部门，系统梳理全市产业发展关键要素供给问题，与中央企业、科研院所、协会商会深化合作，提升产业集群化发展水平。完善服务体系，优化“科技园区＋科技金融＋人才服务＋场景应用＋平台支撑”全要素创新生态链，快速集聚硬核科技资源，强化源头创新、产业转化能力。新赛道、新领域布局全面提速。围绕深圳“20＋8”产业集群，研究编制战略性新兴产业实施方案，修订完善深业、地铁、深圳港等企业主业目录，强化新兴产业前瞻布局。光明科学城发展建设公司揭牌成立，海洋科技集团顺利组建，电子元器件和集成电路国际交易中心正式运营，前海农交所实现试运营，养老托育、海洋资源交易等功能平台加快筹建，振业积极布局企业公寓新赛道。特发重庆光缆、神州飞航、烟台柳鑫等入选国家级专精特新“小巨人”企业。市场化资本运作扎实开展。全面实施“上市公司＋”战略，控股兆驰股份，战略入股华南城等企业，提升上市公司质量改革实践经验在国务院国资委提升上市公司运行质量专题调研视频座谈会上向全国推介。接续发力推动市属国企发行公募REITs，鹏华深圳能源作为全国首单清洁能源公募REITs成功发行，红土深圳安居REITs项目作为全国首批保障性租赁住房公募REITs成功发行，并获评全国盘活存量资产、扩大有效投资典型案例。深入实施基金群战略，充分发挥市属国企在产业、经验、人才方面的优势，聚焦科技创新和产业培育，构建全方位、全周期、全链条的多功能科技金融服务体系。运营管理覆盖企业全生命周期的6000亿级基金群，累计投资项目超过6000个，投后上市企业超过400家，推动鲲鹏深圳综改子基金正式运作。积极支持民营经济发展，平稳发展基金累计支持473家民营企业679亿元，有效增加经济韧性，维护产业链稳定，缓解民营企业流动性困难，获得社会各界广泛好评。

**(四)厚植沃土，持续强化硬核科技创新**

创新机制研究深入推进。起草市属企业打造原创技术策源地有关实施方案，出台实施《关于健全市属国企科技成果转化收益分配机制的指导意见(试行)》，有关举措纳入深圳综合改革试点后续清单授权事项；研究编制《市属国企在创新领域开展跟投试点的实施方案》，推动建立市场化跟投机制。创新驱动发展战略全力实施。全年科技研发投入62亿元，比上年增长33%，创新型企业研发投入强度增长至

6.1%，新增国家级高新技术企业51家，比上年增长77%。研究出台全国国资首个指导国企科技成果转化收益分配的专项文件，打通科技成果转化全链条。河套深港科技创新合作区创新资源加快集聚，引进科研机构近80家，深圳国资国企产业创新中心导入科技项目5批次23个。特发集团入选“中国电子信息百强”，智城、地铁、特区建工等企业获得广东省科学技术奖。城安院城市安全风险监测预警重点实验室通过验收，巴士集团智能化客流系统入选中央网信办典型案例，清研院获得科技部全国颠覆性技术创新大赛最高奖，人才安居樟坑径项目成为全国首个高层混凝土集成建筑示范工程。“科改示范行动”加快推进。成功推荐城交中心、深环科技、市政院、深水生态、赛易特5家企业入选新一批“科改示范企业”名单；指导建科院等7家“科改示范企业”制定2022—2025年改革方案及任务台账；组织“科改示范企业”经验交流会，系统总结经验做法。

**(五)坚持以人民为中心，全面践行“四个服务”**

坚决履行“服务大局、服务城市、服务产业、服务民生”职责使命，更好发挥国有经济战略支撑作用。城市建设更加有效有为。全年承担重大项目150个，完成投资1038亿元，占全市总量的1/3。地铁12号线、14号线、16号线和6号线支线建成开通，运营里程增至547千米、跃居全国第4位。深江铁路、深汕铁路全面开工，深大城际、深惠城际等项目加快推进。机场新开通纽约等6条国际货运航线，国际货邮吞吐量连续三年增速超过20%。珠三角水资源配置工程深圳段全线贯通，外环高速二期正式通车，小漠国际物流港口岸对外开放，宝安环境治理示范基地危废二期项目建成投产，海洋新城围填海一期完成验收，深圳湾超级总部基地C塔项目完成地下工程，深圳港东港区、平盐铁路电气化改造、龙华能源生态园等项目开工，深中通道、香蜜湖新金融中心、机场三跑道、天然气储备与调峰库二期、黎光物流园、小梅沙海洋世界等一批重大项目加快推进。产业支撑更加高质高效。全面落实深“30条”系列措施，全年减租降费27亿元、惠及市场主体24万家次。坚持金融服务实体经济本源，深创投年度投资企业上市数量34家、创历史新高，天使母基金投资初创项目671个、培育“潜在独角兽”企业114个。市场服务体系不断健全，深圳数据交易所揭牌成立，推出9项技术规范、61个交易场景，交易金额超过12亿元，覆盖省市超过20个。深圳征信服务公司正式运营，“深i企”平台注册用户超过270万家、实现全市商事主体全覆盖，深圳港完成国际航行船舶保税LNG首单加注，智城集团“一网统管”“一网协同”有力支撑数字政府建设，交易集团“政府采购”“招标投标”指标获得全省营商环境评价第一名。公共服务更加优质便利。机场连续6年获得“最佳机场奖”，旅客满意度测评全球第一。环水集团全国首推供排水管理进小区、覆盖城中村9036个。燃气集团扎实推动“瓶改管”，新增管道气用户45万户。巴士、东部公交积极拓展定制服务，打通市民出行“最后一公里”。人才安居累计筹建保障性住房18万套，服务市民13万人。深业集团在10个区布局养老托育项目57个、老佛爷百货等商业项目开业运营。深农集团畅通构建农产品“全国保供一张网”，深粮控股获得“粮安中国突出贡献奖”，食品物资集团为35万名师生提供食材集采集配保障。地铁、机场等3项成果入选国家品牌建设“双百案例”，巴士集团获评“全国质量标杆”，环水、深农、深高速等14家企业获得全国品牌故事大奖。服务全局更加坚决有力。积极融入共建“一带一路”和区域协同发展战略，全力开展6个省11个市帮扶协作。深圳港高效运营喀什综合保税区，实现进出口贸易201亿元，比上年增长726%。特区建发深哈产业园探索“飞地经济”新模式，被国家发展改革委列为对口合作典型全国推广。免税集团海南离岛免税业务取得新突破，营业收入比上年增长148%。深国际“湾区号”中欧班列累计运送货物576万箱，有效拓展欧亚国际物流新通道。投控深越公司年产值12亿美元，成为境外经贸合作新风景。疫情防控众志成城。新冠疫情发生以来，深圳国资国企在系统内构建最严密的防控体系，在全市构建最有力的保障体系，在全国率先推出国有物业免租降费等举措，全力服务打好打赢疫情防控人民战争、总体战、阻击战。迅速组建城服公司，打造专业化、体系化、建制化防疫队伍。日清日结抓好疫情防控调度，统筹推动“电子哨兵”实现全市重点场所全覆盖，高效保障5个跨境接驳站运营，开通跨境接驳线路12条，累计转运车次近37万班次、涉疫人员230余万人次，全程实现“零差错”“零感染”。开通“供港物资海上快线”，累计运送生鲜食品和生活用品44余万标准箱。全力做好重点隔离场所保障，提供医学隔离场所15处、隔离房超1.4万间。高效运营会展北等4家国际酒店，筹备客房9000余套，累计接待14万余人。

## 五、深圳市国资委监管企业并购重组与完善法人治理结构情况

### （一）主动谋划，大力推动企业开展市场化并购

攻坚克难推进战略性并购重组，构建高质量现代产业体系。战略入股兆驰股份。统筹指导资本集团通过协议受让方式取得电视代工及LED芯片行业龙头兆驰股份控制。推动恒实科技控股权收购。指导智城集团启动通过“协议受让＋认购非公开发行股份”方式控股国内领先的智能大数据综合解决方案提供商和运营商恒实科技。

### （二）不断完善国企法人治理结构

完善公司治理制度体系。深入推进压缩产权层级、优化管理幅度链条工作，探索建立企业法人总量平衡机制。牵头负责国企改革三年行动量化指标25项圆满完成，率先高质量全覆盖完成公司经理层任期制和契约化管理。全年先后开展两轮任期制和契约化管理“回头看”专项检查及整改督导，改革经验在广东省国资委改革推进会上作分享推介。筑牢重点领域“监督网”。围绕监管重点难点，统筹开展债务审计、投资担保问题治理、控股不控权专项检查、表外资产专题调研、股份合作公司专项检查等系列监督检查，有效堵塞风险漏洞。全面加强境外投资廉洁风险防控，制定市属企业境外风险防控工作指引。深化公共资源交易领域廉洁风险防控，全年监督项目6.7万宗，成交金额1669亿元，节资额215亿元，节资率14.5%。印发市属企业党员领导干部、纪检监察干部“双九条”行为规范，从严抓好自身建设。强化企业合规建设。研究制定合规建设三年行动方案和工作指引，推动实现合规管理体系全覆盖。健全审计整改、责任追究、投资后评价工作机制，持续优化系统完备、科学规范的监管体系。着力以信息化提升监督效能，监督稽查管理、资源性资产租赁、重大资源开发等平台上线运行，阳光采购智慧监督平台在全国推广。

## 六、深圳市国资委监管企业建立和完善经营业绩考核体系情况

### （一）持续优化企业领导人员考核分配体系，牵引企业高质量发展

优化完善考核评价机制。将企业党建专项考核纳入企业负责人年度考核体系，构建党建专项考核与业绩考核相衔接、与考核结果相挂钩的联动机制。分类精准考核。有效发挥考核“指挥棒”作用，深化分类改革，结合企业实际“一类一策”“一企一策”，突出不同考核重点，紧扣企业发展阶段和管理短板不足，精细化、设置差异化考核指标与权重，客观评价企业价值创造成果，牵引企业统筹好市场和功能两大属性。强化赛马机制。助推企业管理提质增效，直管企业负责人考核综合考虑企业经营难度等因素，合理拉开薪酬差距，考核等次实行$A^+$、A等级比例控制，并对$A^+$等级企业负责人给予荣誉表彰；企业高管人员考核在授权董事会行使职能的前提下，实行考核结果强制分布，考核结果与薪酬分配紧密挂钩、实现合理差异化。突出正向激励。弘扬优秀企业家精神。对企业负责人考核成绩突出的予以通报表扬；组织开展特殊贡献奖励评选，对在“双统筹”、“创新与发展”、资本运作方面作出突出贡献的企业负责人及团队予以一定奖励，充分激发企业内生动力和活力。“机制＋系统”双轮驱动。智慧国资绩效系统全面上线试运行，深化“管理建在制度上、制度建在流程上、流程建在系统上、系统建在数据上”理念，在全国率先打造国资国企“数字画像、全景可视”一体化的智慧绩效管理平台，30家直管企业全部完成上线试运行，项目获评中国信息协会“2022数字政府　创新成果与实践案例”。

### （二）坚持薪效联动，分类实行薪酬总额管理机制

强化薪酬总额管理。按照“效益决定、效率调节、

效能对标、水平调控”的要求,科学编制直管企业年度薪酬预算策略。突出效益导向,鼓励企业挑战更高业绩。引入效能市场对标,牵引企业持续提升投产效率;引入水平调控,引导企业落实共同富裕要求。突出分类管理,落实“战略支撑”“创新驱动”导向,进一步加大对重大战略项目、人才引进、创新激励所需薪酬资源的支持保障力度;支持初创培育期企业采取“以产定投”方式合理确定薪酬预算,鼓励部分经济效益年度间波动较大的企业实行薪酬预算周期制管理。加强薪酬执行监督。按照“前端适度放开、过程动态监测、后端清算整改、压实企业责任”要求,构建规范有序的薪酬管理闭环。探索建立分级预警机制,对效益与薪酬执行不同向、不匹配、不同步情形,视情况及时采取警示、约谈等纠偏措施;开展金融企业薪酬管理专题调研,推动市属金融企业薪酬管理与国家政策有效衔接;召开规范市属企业薪酬管理工作会议,指导企业进一步规范内部收入分配秩序;与中介机构、财务总监等组成联合工作组,对企业2021年度薪酬预算执行情况进行清算。优化内部分配秩序。梳理企业薪酬考核制度框架,督导企业建立健全科学合理的考核分配体系。指导相关直管企业进一步优化完善薪酬管理制度,引导企业内部处理好公平与效率的关系,推动构建公平合理、规范有序的收入分配格局。

#### (三)坚持业绩优先,不断深化“增量业绩决定增量激励”的激励约束机制改革

开展行业市场调研。学习借鉴华为、平安、万科等标杆企业和中央企业、兄弟省市国资国企典型经验做法,积极与国务院国资委汇报沟通,结合深圳国资国企改革实践,制定市属企业深化激励约束机制改革相关制度文件。优化“增量业绩决定增量激励”长效激励约束机制。积极探索完善生产要素由市场评价贡献、按贡献决定报酬的机制,不断优化健全与企业市场地位和业绩贡献相匹配、增量业绩决定增量激励的长效激励约束机制,同时强化激励与约束并重、权利与义务对等,建立“差额勾回、效能控制、清算回拨、递延捆绑”约束机制。推进企业探索长效激励约束机制建设。在参照相关政策要求及兄弟省市经验做法并结合深圳市改革探索实践基础上,遵循“差异化、个性化、成熟一家推进一家”原则,推动市场竞争类企业长效激励扩面提质,支持符合实施条件的市场化程度较高、处于充分竞争领域的下属企业探索构建长效激励约束机制,有序指导符合条件的股权投资类、房地产类企业依法依规探索实施员工跟投机制。

### 七、深圳市国资委监管企业负责人考核与选人用人机制改革情况

#### (一)健全完善企业领导人员管理制度体系

出台《深圳市国资委党委管理的企业有关人员任职试用期考核办法(试行)》,进一步完善市属国企有关人员试用期管理和考核制度,提高选人用人规范化水平。研究出台《深圳市属国有企业退休领导人员关心关爱工作指引(试行)》,指导市属国企做好退休领导人员服务管理、关心关爱工作。

#### (二)推进任期制和契约化管理等改革举措落地

在市属各级企业经理层成员任期制和契约化管理全覆盖基础上,按照“可衡量、可考核、可检验、要办事”标准,扎实开展任期制和契约化管理“回头看”专项检查,开展两轮资料审核,完成29家一级企业、102家子企业契约文本审核工作,“一企一单”督导落实整改工作。积极推动企业开展管理人员竞争上岗、末等调整或不胜任退出工作,督导企业及时填报相关数据。2022年3月,深圳市属国企推进经理层任期制和契约化管理相关做法在广东省国资委改革推进会上作经验推介。

#### (三)有序开展企业领导人员队伍建设

有序开展职业经理人市场化选聘,先后完成深高速、赛格集团等委管企业经理层成员市场化选聘,按照职业经理人模式管理。严格落实职业经理人刚性考核,落实考核结果刚性运用,参与完成振业集团、天健集团、高新投、万和证券等企业职业经理人试用期考核工作,推动振业集团对1名试用期考核不合格经理层成员实行“市场化退出”,有效发挥职业经理人队伍作用。截至2022年底,16家一级企业建立针对所属商业类子企业职业经理人制度,11家一级企业、190家子企业开展职业经理人市场化选聘。

**（四）加强人才政策顶层设计，统筹做好市属国企人才工作**

聚焦国资国企战略和重点领域、重点产业发展需要，加大"高精尖缺"人才引进力度，指导城安院、智城集团等企业制定重点引才清单，引进专业人才300余人。落实国家青年人才申报工作部署，组织市属企业符合申报条件的青年人才摸底排查、组织动员，积极做好申报辅导工作。发挥国资引才优势，参与深圳引才"软环境"建设，组织地铁、机场、巴士、人才安居等市属国企推动"鹏城优才卡"服务项目落地。组织开展"菁英聚鹏城"市属国企2022校园招聘活动，践行国企就业引领担当，扛起"就业"和"人才"两面大旗。

## 八、深圳市国资委监管企业党的建设和廉政建设情况

**（一）强"根"铸"魂"，全面加强党的建设**

牢牢把握新时代党的建设总要求，把党的领导党的建设贯穿深圳国资国企改革发展全过程。把学习贯彻党的二十大精神作为首要政治任务。组织广大干部职工认真收看学习习近平总书记在党的二十大上的报告，第一时间召开市国资系统传达贯彻党的二十大精神会议，印发关于认真学习宣传贯彻党的二十大精神的通知和实施方案，成立宣讲团赴企业和基层一线开展现场宣讲，切实把这件大事抓紧抓好抓出成效。重点加强党的思想政治建设。始终把党的政治建设摆在首位，严格落实市委"两个维护"十项制度机制，印发政治要件闭环落实工作指引，研究形成国资国企政治生态分析报告。筑牢意识形态"防火墙"，完成国企网络媒介"政治性表述错误"大排查，在直管企业全面建立应急预案机制。全面加强国有企业党的领导和党的建设。出台《关于进一步加强国有资产监管和国有企业规范运行促进高质量发展的若干措施（试行）》，分解形成国资监管"70条"等170项任务清单，为全系统落实有关工作提供制度依据。为期两个多月累计开展现场督导186次，调阅检查企业资料3700多份，新增市国资委层面制度7项，各直属企业新增制度430项、修订制度209项，将国资监管相关要求制度化、规范化、长效化。党员干部精神面貌焕然一新，信访积案化解和重复访治理取得积极成效，舆情监测处置机制不断优化，安全生产责任制有效落实，全年未发生较大及以上生产安全事故。党组织标准化规范化建设持续加强，"第一议题"、"三会一课"、主题党日、民主评议党员、党费收缴等制度落实落细。着力加强党的组织建设。出台国企党建质量提升分类指导系列文件，开展"相对控股混合所有制企业党建研究"等课题研究，探索高质量党建引领高质量发展有效形式。干部学院入选全国党性教育干部学院名录，完成深圳国企党建研究会注册登记，着力打造各级各类国企的"深圳之家"。坚持以机关党建带动国企党建，组织开展"雏鹰计划"示范培训班等系列活动，深圳市国资委获评"市直机关第二批模范机关创建工作先进单位"，相关处室获得深圳综合改革试点突出贡献奖、"工人先锋号"等荣誉。

**（二）持之以恒，纵深推进党风廉政建设**

坚定不移加强国有企业党风廉政建设和反腐败工作，着力营造风清气正干事创业环境。推动政治监督具体化精准化常态化。深入开展国资国企政治生态分析研判，形成分析报告31份，梳理突出问题331项、整改措施390项。坚持抓早抓小，全系统组织开展提醒谈话1538次、警诫谈话5次。坚定扛起疫情防控监督责任，统筹开展产业园区、民生保障、物资供给等关键场所检查4273处，督促整改问题1429项。全面加强市委巡察整改督导，推动巡察巡检上下联动贯通。一体推进不敢腐、不能腐、不想腐。紧盯招标采购、工程建设等重点领域，全年立案120宗，党纪政务处分54人。紧盯公款吃喝、公车私用、滥发津补贴等突出问题，查处违反中央八项规定精神问题4起4人。组织开展"以案促改"专题民主生活会，确保改全面、改到位、改彻底。健全监督体制机制。优化党委领导、纪委统筹的"大监督"体系，持续向二、三级企业拓展延伸。探索构建国资国企"纪巡审"贯通协同工作机制，打造事前事中事后"全周期"监督闭环。加快建立市委提级巡察、市国资委党委巡检、各企业党委内部巡检上下联动工作机制，严格巡察审计发现问题整改，力争实现直管和重点子企业巡察巡检工作全覆盖。全面加强廉洁文化建设。深入开展"廉洁合规圳行动"主题公益宣传活动，传递廉洁合规正能量。突出抓好国资国企纪律教育学习月活动，组织各级党组

织"一把手"讲授党风廉政专题党课1555次、覆盖3.2万人。面向3万余名领导干部员工家属发放《清廉家风建设倡议书》,分级分类开展警示教育311场。

(撰稿人:杨　冰)

# 广西壮族自治区

## 一、广西壮族自治区国有资产监督管理工作综述

2022年,广西壮族自治区国资国企坚持以习近平新时代中国特色社会主义思想为指导,以迎接党的二十大和学习贯彻党的二十大精神为主线,全面贯彻"疫情要防住、经济要稳住、发展要安全"重要要求,坚决落实中央和自治区决策部署,攻坚克难、苦干实干,推动国资国企改革发展和党的建设各项工作取得新的成绩,为自治区经济社会发展作出积极贡献、提供有力支撑。

### (一)扎实推进提质增效稳增长

自治区国资国企迎难而上、顶压前行,千方百计抓好提质增效稳增长,在自治区经济社会发展中发挥"排头兵""领头羊"作用。截至2022年底,自治区国资委系统企业资产总额4.8万亿元,比上年增长10.4%;营业收入9019亿元,比上年增长2.3%;利润总额91亿元,比上年下降66.4%;实际上缴税金总额317.5亿元,比上年增长5.3%。其中,自治区国资委监管国有企业资产总额2.4万亿元,增长12.9%;营业收入7171亿元,下降0.5%;利润总额57亿元,下降74.4%;实际上缴税金总额238.1亿元,增长4.1%。自治区农信社资产总额1.2万亿元,比上年增长7.4%;营业收入478亿元,比上年增长0.2%;利润总额72.1亿元,比上年增长4.5%。广投集团、农垦集团、北投集团、交投集团、广旅集团实现营业收入和利润"双增长",汽车集团、玉柴集团实现扭亏为盈,柳钢集团实现第四季度减亏;监管企业154户子企业实现扭亏,扭亏金额34亿元;149户子企业实现减亏,减亏金额49亿元。

### (二)企业竞争力不断提升

广投集团连续3年入围"世界500强",广投集团、柳钢集团、北港集团、交投集团、北投集团、玉柴集团6户企业入围"中国企业500强",柳钢集团排名世界钢企第18位,柳工机械排名世界工程机械行业第15位,北部湾港排名国内港口前十强,玉柴船电动力产品占市场份额的40%、居行业第1位,汽车集团新能源物流车细分市场占有率全国排名第2位。各地市国有企业加快市场化转型发展步伐,不断提升竞争力。

### (三)重大项目加快推进

2022年,监管企业完成固定资产投资1827亿元,比上年增长9.3%,创历史新高。南崇铁路、南宁国际空港综合交通枢纽工程和9条高速公路竣工,交投集团、北投集团新增高速公路通车里程700千米,助力自治区高速公路通车里程突破8000千米、实现"县县通高速"。北港集团建成全球首个自动化智慧码头,现代物流集团冷链物流园区建成运营,广投集团成功竞得区内首批页岩气探矿权、获批海上风电示范项目、建成运营中国—东盟数字产业园,柳工智能国际工业园和挖掘机智慧工厂项目开工建设。河池、贵港、崇左、北海市固定资产投资增长20%以上。

### (四)融资能力不断提高

北投集团首次获得国际评级,国际评级企业4户。监管企业累计发行各类债券900亿元,融资成本进一步下降。广投集团发行资产支持证券22.8亿元,北投集团发行双向回报中期票据10亿元利率创历史新低,交投集团发行中资境外美元债券3亿美元,农投集团发行首只乡村振兴公司债券。柳州、钦州、河池、防城港、贺州市、中马钦州产业园区国资办积极争取债券、信贷资金支持企业发展。

### (五)出口增长势头强劲

各企业抢抓RCEP重大机遇,积极拓展海外市场。柳工集团海外整机销售2万多台,实现海外收入81亿元,比上年增长35.5%。玉柴集团、现代物流集团、广投集团、农投集团、交投集团出口销售收入增速

超过20%。汽车集团新能源轻型物流车首次进入美国、日本市场。林业集团高端绿色家居产品进军欧洲市场。钦州市、中马产业园用足用好外贸政策，进出口贸易快速增长。

### （六）开放合作不断深化

各企业抢抓RCEP实施机遇，北港集团、柳工集团、玉柴集团、南南铝加工海外市场表现亮眼。开展粤桂、桂沪、桂琼国资国企合作，在乡村振兴、消费扶贫、产业合作方面取得新进展。举办2022年广西“央地合作”重点产业合作对接会，签约金额2386亿元，自治区党委书记给予肯定性批示。南宁机场国际货邮吞吐量突破7万吨，比上年增长220%，增速居全国第1位。北港集团完成“双7”战略目标，北部湾港新开通国内外航线11条。各地市国资委高度重视开放合作，积极推进有关合作项目落实落地。

## 二、广西壮族自治区国有资产总量与结构分析

**表1　2022年广西壮族自治区国有企业指标**

| 项　目 | 金　额（亿元） |
|---|---|
| 资产总额 | 65418.89 |
| 所有者权益 | 21581.96 |
| 国有资产总量 | 18720.02 |
| 营业收入 | 10468.07 |
| 利润总额 | 60.59 |
| 净利润 | −5.58 |
| 归属于母公司所有者的净利润 | −60.39 |
| 应交税金总额 | 357.76 |
| 实际上缴税金总额 | 357.89 |

**表2　2022年广西壮族自治区国有企业户数情况**

| 2021年户数（户） | 2022年户数（户） | 比上年增长（%） |
|---|---|---|
| 6324 | 6931 | 9.60 |

**表3　2022年广西壮族自治区国有资产按地区分布情况**

| 地　区 | 国有资产（亿元） | 占国有资产总量比重（%） |
|---|---|---|
| 省属企业汇总 | 5052.64 | 26.99 |
| 地市企业汇总 | 13667.38 | 73.01 |
| 南宁市 | 2295.87 | 12.26 |
| 柳州市 | 2700.76 | 14.43 |
| 桂林市 | 1079.31 | 5.77 |
| 梧州市 | 686.21 | 3.67 |
| 北海市 | 413.46 | 2.21 |
| 防城港市 | 354.56 | 1.89 |
| 钦州市 | 469.25 | 2.51 |
| 贵港市 | 541.95 | 2.90 |
| 玉林市 | 1259.02 | 6.73 |
| 百色市 | 850.05 | 4.54 |
| 贺州市 | 782.73 | 4.18 |
| 河池市 | 590.91 | 3.16 |
| 来宾市 | 627.94 | 3.35 |
| 崇左市 | 761.29 | 4.07 |
| 中国—马来西亚钦州产业园区管理委员会 | 254.06 | 1.36 |
| 合　计 | 18720.02 | 100.00 |

**表4　2022年广西壮族自治区国有资产按行业分布情况**

| 行　业 | 国有资产（亿元） | 占国有资产总量比重（%） |
|---|---|---|
| 农林牧渔业 | 954.80 | 2.82 |
| 工业 | 2128.35 | 6.29 |
| 建筑业 | 5838.26 | 17.25 |
| 交通运输业 | 2383.69 | 7.04 |
| 仓储业 | 601.18 | 1.78 |
| 商贸业 | 771.16 | 2.28 |
| 房地产业 | 3862.98 | 11.41 |

续表

| 行　业 | 国有资产(亿元) | 占国有资产总量比重(%) |
|---|---|---|
| 信息传输、软件和信息技术服务业 | 63.97 | 0.19 |
| 社会服务业 | 14228.69 | 42.04 |
| 教育文化广播业 | 202.70 | 0.60 |
| 科学研究和技术服务业 | 101.20 | 0.30 |
| 金融业 | 2628.18 | 7.77 |
| 其他行业 | 81.32 | 0.24 |
| 合　计 | 33846.48 | 100.00 |

注:表中数据为合计数,未合并抵扣。

**表 5　2022 年广西壮族自治区国有资产按经营规模分布情况**

| 经营规模 | 国有资产(亿元) | 占国有资产总量比重(%) |
|---|---|---|
| 大型企业 | 4050.98 | 11.97 |
| 中型企业 | 10810.42 | 31.94 |
| 小型企业 | 13087.26 | 38.67 |
| 微型企业 | 5897.83 | 17.43 |
| 合　计 | 33846.48 | 100.00 |

注:表中数据为合计数,未合并抵扣。

## 三、广西壮族自治区国有资本保值增值综合分析评价

**表 6　2022 年广西壮族自治区国有企业地区和行业国有资本保值增值情况**

| 地　区 | 国有资本保值增值率(%) | 行　业 | 国有资本保值增值率(%) |
|---|---|---|---|
| 省属企业 | 99.61 | 农林牧渔业 | 123.42 |
| 地市企业 | 100.68 | 工业 | 95.95 |
| 南宁市 | 100.75 | 建筑业 | 102.28 |
| 柳州市 | 100.76 | 交通运输业 | 98.40 |
| 桂林市 | 99.93 | 仓储业 | 107.34 |
| 梧州市 | 103.12 | 商贸业 | 104.15 |
| 北海市 | 98.10 | 房地产业 | 100.78 |
| 防城港市 | 100.58 | 信息传输、软件和信息技术服务业 | 94.47 |
| 钦州市 | 101.20 | 社会服务业 | 100.09 |
| 贵港市 | 101.05 | 教育文化广播业 | 103.51 |
| 玉林市 | 99.53 | 科学研究和技术服务业 | 109.42 |
| 百色市 | 96.09 | 金融业 | 101.80 |
| 贺州市 | 112.94 | 其他行业 | 93.10 |
| 河池市 | 105.04 | | |
| 来宾市 | 99.29 | | |
| 崇左市 | 96.61 | | |

## 四、广西壮族自治区国资委监管企业改革发展情况

**(一)决战决胜国企改革三年行动,实现高质量圆满收官**

自治区国资国企锚定改革三年行动目标,盘账对表、靶向攻关,自治区本级 191 项改革任务全面完成,16 户区直国有企业全面完成改革任务。中国特色现代企业制度更加成熟定型。区直企业集团层面及所属子企业董事会应建尽建全面完成,全面实现外部董事占多数,全面完成经理层成员任期制和契约化管理。印发区直企业董事会工作细则,全面规范董事会建设。广投集团、融桂物流集团、柳州五菱汽车 3 户企业入选国家“公司治理示范企业”。市场化经营机制进一步健全。三项制度改革全面破冰破局,全面推行员工公开招聘、管理人员竞争上岗、末等调整和不胜任退出制度,经理层成员任期制覆盖率、市场化公开招聘率、全员绩效考核覆盖率 100%,48 户企业实

行各类中长期激励政策，自治区国有企业市场化经营机制不断完善。混合所有制改革积极稳妥深化。出台深化国有企业混合所有制改革实施方案，推进混合所有制改革企业深度转换经营机制。开展对股权结构不合理的混合所有制企业整改。各级混合所有制改革企业中，非国有资本持股比例合计超过1/3的企业户数占比64.2%，引入社会资本21亿元。柳工集团主业实现整体上市，南化股份资产重组获证监会审批。宏桂集团发起设立混改基金。

**(二)大力推动科技创新，企业创新能力持续增强**

制定实施推动监管企业科技创新发展的意见、加快区直国有企业科技创新发展三年行动方案，明确企业科技创新的目标任务和重大举措，加快推进科技创新"六大工程"。研发经费投入不断增加。2022年，监管企业研发经费投入119亿元、比上年增长13.1%，研发投入强度1.67%、比上年提高0.2个百分点。积极争取区直企业19个项目列入2022年自治区科技创新重大专项、资金支持近2亿元，推动31个企业科技创新项目列入2023年国有资本经营预算。区直企业研发投入占自治区全社会研发投入比重超过1/2，创新平台占比1/3，科技成果占比1/4，科技人才占比1/4。各地市研发经费投入大幅增长，比上年平均增长68.6%。科技创新联动机制成效明显。自治区国资委建立与科技、发改、工信、农业农村、商务等部门联动工作机制，形成"国资委推荐、行业部门审核、项目属地管理"科技项目推进机制，争取到各部门的大力支持。入选"科改示范企业"增加至9户，数量居全国省级国资委第3位。广西路桥集团、柳工欧维姆公司连续两年被评为全国标杆、优秀"科改示范企业"。自治区国资委"科改示范行动"工作被国务院国资委评为"优秀"，在自治区党委十二届五次全会暨自治区经济工作会议上得到充分肯定。各地市广泛凝聚共识、形成合力，推动科技创新步伐不断加快。科技创新成果持续涌现。区直企业在2021年广西壮族自治区科技进步奖中获奖45项、占比20%以上，其中一等奖3项、占比13.6%，玉柴集团、柳工集团获得科技创新奖。北投集团平南三桥项目获得"中国钢结构金奖"年度杰出大奖。柳工欧维姆碳纤维斜拉索材料与构造协同防火技术达到国际领先水平。玉柴集团国内排量最大、马力最大燃氢发动机以及国六二代发动机点火成功。南南铝加工全国首台(套)气垫炉成功启用。林业集团在全国首次实现胶合板自动连续平压生产。

**(三)深入推进国有资本布局优化和结构调整，现代化产业体系加快建设**

引导企业优化国有资本布局，推动产业体系升级发展，在建设现代产业体系上发挥领头雁作用。推动传统产业升级改造。积极争取自治区政府和有关行业部门支持，推动农垦集团打造现代一流食品企业、广旅集团发挥龙头企业作用助推文旅强区建设，支持北港集团打造西部陆海新通道"主力军"，支持汽车集团整合新能源板块建成新能源汽车基地。推动战略性重组和专业化整合。推动组建广西供应链服务集团、农机服务集团，会同有关部门组建广西金控集团、平陆运河集团、水利发展集团、广西产投资本运营公司等。推动资源配置效率提升。完成有关厅局所属10户脱钩企业划转接收工作，自治区层面集中统一监管比例99.1%。推动完成不具备竞争优势、缺乏发展潜力的非主营业务和低效无效资产企业处置240户，完成"僵尸企业"出清171户。聚焦企业土地、房产等加大资产盘活力度，盘活金额超过100亿元，北港集团推进闲置楼宇盘活，广旅集团通过打造"南宁之夜"项目带动存量资产。

**(四)健全以管资本为主的监管体制，有效提升国资监管效能**

坚持授权与监管相结合，放活与管好相统一，发挥专业化体系化法治化监管优势，进一步增强和发挥国有资本整体功能。健全完善国资监管制度。制定实施关于进一步深化法治国企的实施意见、关于加强企业专项业务动态监管的意见。强化章程在公司治理中的基础作用，健全完善授权放权动态调整机制。突出质量效益导向，优化考核内容，完善企业薪酬分配机制，充分发挥考核"指挥棒"作用。实行重大风险事件报告制度，规范企业内控体系建设，开展企业内部审计质量评估，切实提升企业合规经营和风险防范水平。扎实开展专项整治活动。深入开展区直企业融资性贸易腐败问题专项整治，累计挽回经济损失

11.4亿元,清收逾期应收账款超过116亿元。修订区直企业投资管理办法及负面清单、融资担保管理办法及负面清单,规范投资、融资担保行为。推动453户四级以下企业管理层级压缩至三级以内。扎实抓好巡察、审计反馈问题整改,指导有关企业妥善做好重大风险案件处置。北港集团对下属各级企业应收款项开展穿透式专项审计,督促收回逾期应收款项3.8亿元。强化国资监管协同。加强出资人监管与纪检监察、巡视监督、审计监督、社会监督等各类监督有效贯通、相互协同。联合自治区党委政法委推动政法机关服务国资国企,与自治区高级法院联合成立司法与国资监管联络办公室,有效提升涉企案件处置效率,累计协调结案的案件标的119.9亿元,挽回和避免经济损失39.1亿元。与自治区审计厅共同推动完成企业贸易风险事项、国有资产管理等3个专项审计调查。全面建成国资国企在线监管系统和资金运行在线监管系统,提升国资监管针对性、有效性。各级国资委不断完善机构设置,大力培养选拔优秀年轻干部,加大机关干部轮岗交流,更好适应服务国资国企改革发展的需要。

## 五、广西壮族自治区国资委监管企业并购重组与完善法人治理结构情况

### (一)并购重组

2022年,广西区直企业之间未实施战略性重组;实施专业化整合160次,涉及266户企业;新组建公司57户。推动区直集团所属房地产企业之间通过资产重组、股权合作、资产置换、无偿划转、战略联盟、联合开发等方式,将业务向优势企业集中。支持汽车集团整合新能源板块建成新能源汽车基地。完成广西供应链服务集团有限公司组建工作。完成对7户科研院所进行优化整合。推动有关资产划转至广旅集团,打造世界旅游目的地龙头企业。起草广西金融控股集团组建方案并报自治区党委、政府。推动自治区工信厅、科技厅支持打造工业投资和产业投资的市场化、专业化企业集团。支持北港集团、交投集团、北投集团参与组建平陆运河建设发展有限公司。会同国务院国资委做好新设央企调研论证工作并形成调研报告。与自治区水利厅等有关部门共同研究组建广西水利发展集团。

### (二)完善法人治理结构

一是董事会实现应建尽建全面完成。按照《关于中央企业加强子企业董事会建设有关事项》《关于进一步推动国有企业董事会配齐建强有关事项的通知》精神,指导监管企业梳理确定董事会应建尽建范围,并根据实际动态调整,子企业董事会应建名单和动态调整名单均经过集团董事会研究。动态调整汽车集团、机场集团董事会应建尽建和外部董事占多数名单。一级企业层面及各级子企业已建立董事会户数占应建尽建户数的100%,全面完成国企改革三年行动目标任务。二是加快委派外部董事,推动董事会配齐建强。2022年6月,通过与自治区党委组织部反复研究,多次调整集团层面外部董事委派方案,最终于6月底前全部配齐集团层面外部董事,实现外部董事占多数。截至2022年底,在职的区直企业专职外部董事11人,兼职外部董事19人,总会计师兼外部董事14人。各企业集团也加快向子企业委派外部董事,截至2022年底,各级子企业全部配齐外部董事,各企业集团向各级子企业委派外部董事400多人,实现外部董事占多数。三是董事会运作进一步规范。2022年7月,印发《自治区直属企业董事会工作细则(试行)》,16户监管企业集团董事会按要求设立战略投资、提名、薪酬与考核、审计与风险4个专门委员会,并完善董事会及专门委员会议事规则,外部董事根据专业特长进入各专门委员会担任主任或委员。企业设立董事会办公室和董秘,专委会成员配备规范,并明确服务支撑部门,董事会运作逐步规范有效。广投集团、广西融桂物流集团、柳州五菱汽车工业公司3户企业入选国务院国资委“公司治理示范企业”。四是外部董事履职能力进一步提升。完成16户企业董事会及外部董事2021年度考核,完善外部董事考核评价。对柳工集团、玉柴集团、汽车集团外部董事任期届满进行考察,配备新一届外部董事人选。加强外部董事沟通联系,2022年3月起专职外部董事参加自治区国资委半月例会,并汇报企业有关情况;6月委派外部董事召集人,自治区领导参加外部董事集体任职谈

话；8月召开外部董事座谈会，进一步明确加强外部董事管理的措施和办法。制定外部董事培训计划，统筹全年培训安排，对专职外部董事及企业董事会工作人员、董秘等进行轮训，选派区直企业外部董事给各集团子企业和市国资委外部董事进行授课培训。

## 六、广西壮族自治区国资委监管企业建立和完善经营业绩考核体系情况

2022年，自治区国资委立足新发展阶段，贯彻新发展理念，持续完善经营业绩考核体系，引导企业做强主责主业，加强风险防控和对标一流锻长板、补短板，在全面落实国有资本保值增值的同时促进经济稳增长，考核指挥棒作用有效发挥。2021年度经营业绩考核为A级的企业为：广西交通投资集团有限公司、广西投资集团有限公司、广西柳州钢铁集团有限公司、广西北部湾投资集团有限公司、广西农垦集团有限责任公司、广西北部湾国际港务集团有限公司。自治区国资委主要从以下方面着手完善经营业绩考核体系：一是优化考核办法。修订完善企业负责人经营业绩考核办法，进一步突出党建引领作用，强化党建考核结果与企业负责人考核、薪酬直接挂钩。在年度考核方案中增加绩效评价指标，强化行业对标考核管理。调整优化更具针对性的考核指标，围绕创新驱动、盈利能力、资产质量、运营管理、风险控制五大类"一企一策"设置指标。二是设置高质量发展考核指标。围绕自治区党委、政府部署和自治区国资监管会议要求，坚持以质量效益为核心的考核导向，"一企一策"确定考核指标，研究确定具有挑战性的2022年度业绩目标。在突出归属于母公司所有者的净利润、净利润、经济增加值等质量效益指标考核的同时，强化风险约束考核，把加强资产负债管控、应收款项管理、严禁违规贸易业务和投资担保、亏损企业治理等列入考核内容。三是引导企业创新争优。将研发费用视同业绩利润，对核心技术攻关的研发投入加倍视同业绩利润；统筹考虑企业承担的经济责任、政治责任、社会责任，客观评价企业负责人经营业绩，持续引导打造一批龙头标杆企业。

## 七、广西壮族自治区国资委监管企业负责人考核与选人用人机制改革情况

### （一）科学规范开展2021年度企业负责人经营业绩考核工作

科学规范开展2021年度企业负责人经营业绩考核工作，业绩考核结果作为对企业领导班子综合评价和选拔任用干部的重要依据。进一步加强经营业绩考核结果在企业负责人综合考核评价中的运用，对于连续两个年度业绩考核结果为D级或任期业绩考核结果为D级，且无重大客观原因的，根据干部管理权限对企业负责人予以调整或提出调整建议。

### （二）全面推进16户监管企业全面实行经营层成员任期制和契约化管理

制定区直企业集团经理层成员任期制和契约化管理工作方案，印发操作指引，召开专题推进会，全面部署推动企业开展集团任期制和契约化管理工作，截至2022年6月底，监管企业各级企业全面完成经理层任期制和契约化管理。

## 八、广西壮族自治区国资委监管企业党的建设和廉政建设情况

### （一）坚持强"根"铸"魂"，党的政治建设不断加强

一是深入学习宣传贯彻党的二十大精神。党的二十大召开前配合做好党的二十大代表推选，自治区国资委党委系统3名代表赴京参会，协助自治区党委做好代表参会准备、服务等各项基础工作。党的二十大召开后，多措并举开展党的二十大精神宣传贯彻落实，开展各类宣讲14场次，覆盖3000余人。及时研究制定印发《委党委贯彻落实〈中共广西壮族自治区委员会关于深入学习宣传贯彻党的二十大精神奋力开创新时代壮美广西新局面的决定〉的实施意见》，深入推动党的二十大期间习近平总书记参加广西代表团讨论时提出"五个更大"重要要求在国资国企系统落实落地，组织各级党代表、党务工作者、基层优秀党员开展宣讲，持续推进党的二十大精神进自治区国资委党校课堂、进项目一线、进车间班组、进职工群众。二

是推动落实"第一议题"制度。落实习近平总书记视察广西"4·27"重要讲话一周年"回头看"工作，向自治区党委报送《自治区国资委党委关于贯彻落实自治区党委召开的习近平总书记视察广西"4·27"重要讲话发表一周年座谈会精神的报告》，完成自治区党委"回头看"实地督查迎检工作，自治区国资委党委落实情况得到自治区党委督查室肯定。三是推动贯彻落实"三要"重点工作。制定印发《自治区国资国企力戒形式主义，推动"疫情要防住、经济要稳住、发展要安全"落实工作方案》，查摆梳理出需重点整治的6个方面16个具体问题，形成一批看得见的工作成果，相关工作得到"三要"专班通报表扬。四是落实自治区领导点评意见反馈问题整改。印发《2021年度自治区国资委党委书记抓基层党建工作述职和推动落实党风廉政建设主体责任述责述廉评议反馈问题整改工作方案》，落实自治区领导在抓基层党建工作述职评议会和推动落实党风廉政建设主体责任述责述廉评议会上的讲话精神，抓好反馈问题整改工作。五是完成自治区党委巡视自治区国资委党委各项工作。高标准、严要求完成自治区党委第三巡视组进驻自治区国资委巡视各项任务，组织召开巡视进驻见面会和动员会，起草方案、讲话、自治区国资委党委工作汇报等各类材料，牵头提供各类台账资料。

**(二)完善顶层设计，推动党建工作与生产经营深度融合**

一是进一步完善考核评价机制。首次分开独立组织抓基层党建和推动落实党风廉政建设主体责任述职评议，述职内容更精细、重点更聚焦、评议更科学公正。进一步完善党建工作考核机制。按照自治区国资委党委统一部署，将党建工作考核与其他各类考核统筹推进，对标国务院国资委党建工作责任制考核要求，不断完善党建工作考核办法。进一步修订完善2022年度党建工作考核细则，优化精简考核内容，加大抓党建促生产经营考核力度。二是科学高效统筹部署年度工作任务。推动全面从严治党抓手更加精简可操作性。首次分开印发自治区国资委党委抓基层党建工作要点和党风廉政建设工作要点，推动落实全面从严治党各项任务更加精准、更有成效。组织召开自治区国资委党委系统2022年度党建宣传工作会议和自治区直属企业党风廉政建设和反腐败工作暨警示教育会议，系统部署国资国企系统年度基层党建工作和党风廉政建设重点工作。三是推动各级党组织班子成员联系基层协调解决实际问题。及时印发《自治区国资委党委办公室关于调整党委班子成员联系基层党组织安排的通知》，确保自治区国资委党委班子成员每年到联系点专题调研不少于2次。指导各区直企业认真落实领导联系党支部制度，各企业领导班子成员到联系点专题调研600余次，协调解决问题近2000个。四是高质量完成国企改革三年行动党建任务。推动各企业党组织全面落实"两个一以贯之"，把加强党的领导与完善公司治理统一起来，结合实际优化细化党组织前置研究重大经营管理事项清单，切实解决党组织前置研究重大经营管理事项清单机械套用、脱离实际、上下一般粗、运行不畅等问题。除个别涉外资的特例企业，各级法人企业100%完成"党建入章"工作。

**(三)以"五基三化"建设为契机，基层组织建设持续巩固**

一是制定方案部署落实。按照自治区党委统一部署和自治区党委组织部具体要求，制定印发《落实〈自治区基层党建"五基三化"攻坚年行动方案〉工作措施和责任清单》，分为六大行动、10个方面22条具体措施，具体责任分解到自治区国资委党委班子成员和每个企业及企业党委负责人，推动国资国企系统基层党建"五基三化"攻坚行动走深走实。二是阶段性评估研判助推加快工作进度。结合基层党组织"两化"建设收官工作，组织3个督导调研组深入16个企业最基层、最偏远90个基层党组织开展督导调研，实地发现问题，组织分析研判。三是编制指导企业基层党建和党风廉政建设工作基础教材。编制《自治区国资委党委企业党务基础工作指导手册》《自治区国资委党委系统基层党组织标准化规范化建设成果汇编》，推动标准化规范化"两化"建设有据可依。四是有序推进相关党建基础工作。根据自治区党委深改重点任务安排，会同自治区党委组织部就落实《关于加强和改进混合所有制企业党建工作的若干措施》情况开展调研，并形成专题报告。会同自治区党委组织部开展规范党务工作清查整顿、境外机构党建工作等多项专项工作。加强完善自治区国资委党委党校建设和提升，党校主体搬迁至南宁，形成“一主体、二分校”初步格局，克服疫情影响统筹推进各主体班次培训。全年开办企业党委书记党性教育培训班等各类班次25期，培训约7800人次。组织召开国企党建研究专委会2022年度第一次委员大会，印发国企党建研究专委会2022年度课题立项通知。五是党建理论研究取得丰硕成果。组织开展党委前置研究相关重点课题研究，自治区国资委党委、广投集团党委联合开展“广西区直国有企业党组织前置重大经营管理事项的实践与探索”课题研究。自治区国资委党委、北港集团党委党建课题“新发展格局背景下海外跨国混合所有制企业党建工作初探”以最高分获得2021年广西党建研究会研究课题一等奖。

**（四）聚焦廉洁从业，大力推进“清廉国企”建设**

一是不断夯实清廉国企建设顶层设计。制定印发《关于推进清廉国企建设的实施方案》，明确加强对各级国有企业“一把手”监督等10个方面工作重点，将发现问题、整改问题、解决问题贯穿清廉国企建设始终。研究制定《自治区直属企业领导人员任职回避和公务回避暂行规定（试行）》《企业领导人员亲属在本企业任职情况统计表》等6个配套表格，从基础抓起，摸清“一把手”和领导班子廉洁从业风险的底数，填补企业监督空白点。研究制定《自治区直属国有企业受党纪政务处分等情形相关负责人薪酬扣减工作指引》，增强受党纪政务处分决定执行工作的严肃性、权威性。二是构建清廉国企建设“一盘棋”格局。自治区直属企业、各设区市国资委根据清廉国企建设实施方案，结合本企业和本地实际制定推进细案，推动清廉国企建设与各项业务工作协同推进。部分驻桂央企借鉴自治区清廉国企建设做法，主动将清廉建设作为本企业一项经常性工作加以落实，共同构建包括自治区国资委、直属企业、驻桂央企和设区市国资委“横向到边、纵向到底”的清廉国企建设格局。强化府院联动，推动重审历年积案96件，挽回经济损失18.75亿元。自治区党委统战部和自治区工商联与自治区国资委建立信息互通机制，清廉国企与清廉民企协同推进。三是强化清廉国企建设各项工作措施。强化以案示警，抓压力传导，组织国资国企领导人员深刻剖析宏桂集团原党委书记、董事长何有成案件原因，深刻吸取教训，引导企业领导人员算好政治、经济、自由等“人生七笔账”，将压力传导到“关键少数”。邀请自治区纪委领导讲授“全面从严管党治企，推进清廉国企建设”课程，自治区国资国企系统约2000名“一把手”和班子成员参训，推动全面从严治党压力向基层传导。针对国有企业资金密集、项目汇集、资源富集、资产聚集，突出抓好“一把手”决策、用权、追责三个关键环节，形成工作闭环。抓风险管控预警，加强对监管企业重大项目投资、重大项目建设、大额资金调度、招投标等重点领域和关键环节廉洁风险防控能力建设，强化合规经营。抓在线监管系统建设，截至2022年底，资金运行在线监管系统、综合分析系统、“三重一大”决策和运行管理系统、合同及法律诉讼系统、改革和投资系统、党建和思想宣传管理系统已经上线，实时在线监管的针对性有效性初步显现。四是扎实开展重点领域突出问题专项治理。坚持问题导向，认真贯彻落实自治区领导在2021年度设区市党委书记和自治区有关工委（党委）书记推动落实党风廉政建设主体责任述责述廉评议会上的点评意见，以及在自治区党委审计委员会第六次会议上对加强国资监管提出的5点要求（区直企业管理层级、应收账款、担保、贸易、境外投资5个方面问题），扎实开展重点领域突出问题专项治理、推动清廉国企建设抓手实化具体化。

**（五）突出问题导向，深入开展专项巡察**

一是制定推动巡察工作常态化制度化。制定印发《自治区国资委党委巡察工作暂行办法（试行）》，对巡察机构设置与职责、专项巡察内容、被巡察出资企业党组织的配合与整改等方面进行全面规范。是全国较早出台国企党组织巡察办法的省级国资委。由各监管企业党委成立巡察组，对所属二、三级子企业开展专项巡察全覆盖，推动企业内部巡察工作常态化制度化开展。扎实开展重点领域突出问题专项治理，有效化解一批顽瘴痼疾。二是组织开展“推进清廉国企建设、规范国企经营管理”专项巡察。派出6个巡察组分别进驻柳钢集团、农垦集团、交投集团、宏桂集团、林业集团、柳工集团，开展为期1个月的专项巡察。坚持问题导向，重点巡察“一把手”监督、清廉国企建设、企业管理层级、应收账款、对外担保等领域问题,发现六大类219个问题。把“当下改”与“长久立”结合起来,做到清单管理、集中整改、建章立制标本兼治,整改完成率86%,取得阶段性成效。

(撰搞人:刘晓军)

# 海南省

## 一、海南省国有资产监督管理工作综述

2022年,海南省国资系统深入学习贯彻习近平总书记关于国有企业改革发展和党的建设的重要论述,坚决贯彻落实党中央、国务院决策部署和省委、省政府工作要求,克服疫情、经济下行压力等多重超预期冲击,迎难而上、奋发进取,推动国资国企改革发展和党的建设各项工作迈上新的台阶。截至2022年底,省国资委监管企业资产总额4060.4亿元,比上年增长14%;实现营业收入753.7亿元,比上年增长26.7%;在全国国企效益比上年下降5.1%的大形势下,海南国企逆势增长,实现利润总额37亿元,比上年增长24.9%(加上可视作利润加回的研发投入2.3亿元、减免房屋租金2.6亿元等,利润总额41.9亿元,超额完成全年40亿元目标任务);累计上缴税费65.6亿元,比上年增长78.8%。

### (一)全力推动国有经济持续稳定增长,为稳住海南省经济大盘提供有力支撑

一是运行调度有力有效。落实省委、省政府“双统筹”工作部署,加强对省属企业指标运行情况调度分析,出台省属企业稳经济大盘举措18条。各省属企业特别是龙头企业自加压力、攻坚克难,以超常规的手段冲刺全年目标任务。营业收入方面,海南控股比上年增长94.1%,新增营业收入89.3亿元。海垦集团营业收入305.2亿元,比上年增长21.5%(并购因受年底疫情、反垄断调查没完成等因素影响未完成,影响部分收入)。海钢集团、海南金城、海南渔业、海南联合、海南华盈等5家企业增幅超过100%。海南旅投比上年增长37.8%。利润总额方面,海垦集团比上年增长54.9%,海南交投比上年增长122.2%,海南盐业、海南金城、海南联合、海南高速、海南交投、海南粮油、海南水务增幅超过100%。部分行业、部分企业克服疫情直接冲击带来的困难,超额完成任务。2021—2022年,海南省离岛免税店销售额从601.7亿元下降到487.1亿元,省属国企离岛免税店销售额从40亿元增加到78亿元。海南省建筑业产值下降3.3%,省属国企建筑业产值比上年增长5.5%。海汽集团完成营业收入7.4亿元,比上年增长1.1%;实现利润0.5亿元,比上年增长181.4%。海控能建营业收入从2021年的11.2亿元增加至2022年的37.8亿元,利润1.1亿元。二是项目投资再创新高。落实省委、省政府“将投资油门踩到底”的工作要求,围绕全年投资284亿元目标任务,推动复工复产,加速实现满产达产。全年完成投资354.8亿元,较中期调整后的年度投资计划330.7亿元超额完成24.1亿元,完成率107.3%。海南控股等9家企业达成或超额完成年度投资任务。琼海博鳌机场封关运作项目顺利封顶,成为首个封顶的自贸港封关运作项目。南渡江迈湾水利枢纽工程实现主体工程完工,天角潭水利枢纽工程主坝工程基本封顶,琼西北供水工程全线动工、顺利推进。环岛旅游公路加快建设,超额完成年度投资计划,省属企业投资3个驿站陆续启动建设。环热带雨林国家公园旅游公路、海口羊山大道至定安母瑞山公路(定安至琼海段)两个2023年省重点(重大)项目提前开工建设。三是国有经济战略支撑作用进一步彰显。海南控股紧紧围绕“三大定位”,机场板块岛内外航线规模恢复至2019年疫情前水平,区域综合开发板块加快向市场化转型,免税销售额比上年增长119%,贸易业务比上年增长14倍。海垦集团采取市场化手段对职工自营种植端营业收入进行整合,夯实热带特色高效农业产业基础,实现资产总额1114.7亿元,比上年增长23.5%,成为省属企业中第二家资产规模突破1000亿元企业。海南旅投旅游商业板块迅速崛起,营业收入比上年增长73.4%,大健康板块快速启动。海建集团围绕建筑施工、建筑产业化、城市更新三大主业提质降本增效。海钢集团加快构建

绿色建材产业链。海南金林在儋州、白沙等地通用机场建设取得阶段性成果，通航主业实力持续增强。海南金城等省属企业抓住机遇大力发展安居房产业，开工建设安居房超过6500套。海南商发成立以来各项工作加快推进。物流集团积极谋划新海陆岛物流园、海南省物流管理信息系统等重大项目。海南交投成为海南省高速公路及附属设施项目业主，海南路桥成为海南省国省道项目业主，待开工项目总投资1459亿元，未来三年年均投资486亿元。海南华盈下属海南信投成为省信创工程主要承接单位，参股的航芯半导体项目被誉为海南战略性新兴产业破局性、引擎式项目。

**（二）全力推动国有经济布局优化和结构调整，资源配置效率全面提升**

一是布局结构进一步优化。推动国有资本向自贸港建设四大主导产业、重要基础设施、民生保障等重点领域聚焦，推动海南商发、省物流集团挂牌运营。省政府原则同意省交通集团组建与里程费改革同步推进。省属企业参股的航芯半导体、通航飞机芯片制造、海底数据中心等高新技术产业项目等抓紧谋划推进。二是资本运作取得突破。支持省属国资国企把资本运作作为做强做优做大的重要抓手，海南发展股份完成首轮定向增发，海南控股续发全国首单省级人才租赁住房REITs，获得1.56倍超额认购。海南橡胶拟收购中化持有的HAC公司36%股权，同步对其他股东所持34.8%股权发起要约收购，收购完成后约占全球橡胶产业市场规模22%，将成为全球最大的天然橡胶全产业链集团，海汽集团公告注入海旅免税板块。各企业备案债券融资257亿元（含中期票据）、5亿美元，实际使用债务融资64亿元、3亿美元。海垦集团成功发行全国首单自由贸易港专项公司债8亿元，海南旅投注册发行首期公司债10亿元，并创造海南省主体"AA+"信用债票面利率2.89%的历史最低纪录。三是存量资产盘活取得突破。省国资委统筹国资系统资源，向亟待扶持的企业注入资产，提高企业注册资本金，帮助降低资产负债率、增强融资能力。将所持海南港航26.9%股权无偿划转给海南路桥。将近年来国有资产收益、国有资本金预算向海南金城倾斜，将所持监狱集团和欣升公司整体产权无偿划转海南金城，支持其收回海口港集团、海运总公司及马村港管理权。海南联合增资扩股工作基本完成，海垦集团将增资10亿元。通过上述注入资产举措，海南路桥注册资金从3亿元增加至20亿元及以上，负债率从85%降到50%以下。海南金城开发建设能力显著增强，在建安居房规模超过3000套。引导和推动省属企业以股权运作为纽带，通过土地集中、资金协同、项目共建、购销合作，实现资源整合、抱团取暖。各企业签订合作协议71份、合作项目67个，涉及项目总投资金额超过200亿元。在省住建厅、省资规厅、海口市政府的大力支持下，推动出台支持国有闲置存量土地建设安居房、"安居房+安置房"、城市更新等政策，探索省属企业闲置房产、土地、职工老旧小区盘活开发新路径。四是历史遗留问题加快解决。依法依规、动真碰硬开展省属托管企业处置，1126家托管企业到海南华盈集中攻坚，完成处置核销80%，预计挖掘资产超过10亿元。持续开展"两非""两资"清理，全面完成17家省属二级及以下企业"处僵治困"年度工作，涉及资产7.3亿元、负债1.1亿元。开展亏损子企业专项治理，分类明确减亏措施和计划。开展账外资产专项清理，通过排查清理出账外资产55.5亿元，尚未评估定价、金额暂不明确的房产、车位和土地资产面积超过1000万平方米。

**（三）全力推动与驻琼中央企业、与市县等各方合作，招商导入平台功能进一步发挥**

一是中央企业服务机制更加完善。争取省委、省政府支持，建立驻琼中央企业闭环服务机制和入琼中央企业信息共享机制，推动解决优惠政策享受等一批实质性问题。落实央企各项政治待遇，年初分配发展党员指标中中央企业占比54.9%，推荐1名驻琼中央企业领导当选党的二十大代表，22名驻琼中央企业领导分别当选省第八次党代会代表、省七届人大代表，17名驻琼中央企业领导当选八届省政协委员。二是合作广度深度不断拓展。推动新增11家中央企业与省政府达成或深化战略合作，累计55家。省国资委与中化集团签署战略合作协议，围绕种业、天然橡胶等领域开展战略合作；与招商银行总行签署战略合作协议，深化政银合作、银企合作。报经省委、省政府批准组建海南国资研究院，首批聘请国内知名专家15

人。省国资委与临高县政府开展政企合作交流，与定安县开展战略合作回头看，与屯昌县政府签署战略合作协议。海南省企业联合会、海南省企业家协会顺利转隶，省国资委成为主管单位。三是合作项目加快落实落地。圆满完成中国通航无偿划转海南省整体接收工作，实现“中”字头企业直接划入海南“零的突破”。计划3年引进中央企业100家，实际引进超过300家。各项指标近两年在全国排名前三。截至2022年底，驻琼中央企业总数696户，资产总额7753.2亿元、营业收入4899.9亿元，分别比上年增长20%、17.2%。驻琼中央企业25个项目纳入省重点项目，总投资1317.5亿元，2022年计划投资251.5亿元，实际完成投资303.9亿元，超计划21%，提前完成“百家央企进海南”三年行动目标(不少于20个重点产业项目落地、总投资不少于1200亿元)。

**(四)全面加强国资监管，监管专业化、体系化、法治化水平明显提高**

一是法治国企建设深入推进。推进《海南自由贸易港企业国有资产条例》起草工作，组织两次立法专家论证会进行多轮修改，报省政府审议。起草并推动省政府印发《海南省政府性收购重大资产管理办法》。出台省属企业合规管理办法、董事会工作规则、公司章程指引等基本制度。规范和完善企业内部审计监督、财务决算审计、违规经营投资责任追究问题线索管理等制度。推进11家省属企业配备总法律顾问。协调涉国企重大案件24宗，涉案标的额19.8亿元，挽回经济损失7.4亿元，避免28平方千米国有土地被收回、被征用、被执行等风险。二是省属经营性国有资产集中统一管理取得重大突破。16家单位移交企业260家，涉及总资产311.8亿元(按各省直部门2021年财务快报数据)，占清查摸底总资产的98.1%，特别是与资产规模较大、多年没有达成共识的省交通厅、省地质局、省林业局等单位签订移交协议，解决国有资产长期游离在国资监管范围之外的问题。三是监管能力不断增强。进一步提高财务监测工作质量和效率，每月定期编报《财务快报》。持续上线国资国企在线监管系统，实现24家国资监管机构和739家各级国有企业全覆盖，数据采集交换等15个系统上线，信息化手段监管效能初步显现。

**(五)积极履行政治与社会责任，在关键时刻体现国资国企重要担当**

疫情期间，省国资委机关、34家中央企业、22家省属企业闻令而动、主动请战、逆行出征，派出人员20427人，其中通过省国资委直接派出志愿者14批1551人，积极参与方舱医院、集中隔离点建设和一线防控。海汽集团保障车辆2.2万辆次，运送人员45.6万人次，机场集团保障医疗、离琼及滞留旅客航班3093架次、42.7万人次，省属企业捐款45.5万元，捐赠物资27.1万件(含中央企业)，折资1976万元。为海南省打赢抗疫攻坚战发挥重要作用。疫情期间省属企业及各市县国企累计减免房屋租金超过2亿元，受惠小微企业、个体工商户超过4000家。为提振后疫情时期海南省经济，省国资委扎实开展“万名干部下企业”活动，收集企业反映各类问题425个，解决331个，问题解决率77.9%，收集问题数量和问题解决率在省直10个工作组中排名第一。全系统累计选派141人参与139个乡村振兴点帮扶工作。超额完成免税品销售企业促农民工就业专项行动。省属企业招录毕业生完成率178.4%，充分展现国企力量与担当。

## 二、海南省国有资产总量与结构分析

表1　　2022年海南省国有企业指标

| 项　目 | 金　额(亿元) |
|---|---|
| 资产总额 | 10194.5 |
| 所有者权益 | 3961.0 |
| 国有资产总量 | 3556.7 |
| 营业收入 | 977.6 |
| 利润总额 | 54.1 |
| 净利润 | 41.5 |
| 归属于母公司所有者的净利润 | 27.4 |
| 应交税金总额 | 72.4 |
| 实际上缴税金总额 | 91.0 |

表2　2022年海南省国有企业户数情况

| 2021年户数(户) | 2022年户数(户) | 比上年增长(%) |
|---|---|---|
| 1512 | 1903 | 25.9 |

表3　2022年海南省国有资产按地区分布情况

| 地　区 | 国有资产(亿元) | 占国有资产总量比重(%) |
|---|---|---|
| 省属企业汇总 | 1893.6 | 53.2 |
| 市县企业汇总 | 1663.1 | 46.8 |
| 海口市 | 634.2 | 18.0 |
| 三亚市 | 442.2 | 12.6 |
| 儋州市 | 82.7 | 2.3 |
| 保亭县 | 5.6 | 0.2 |
| 定安县 | 3.7 | 0.1 |
| 东方市 | 0.3 | 0 |
| 乐东县 | 5.1 | 0.1 |
| 屯昌县 | 10.6 | 0.3 |
| 文昌市 | 3.6 | 0.1 |
| 白沙县 | 49.4 | 1.4 |
| 昌江县 | 2.2 | 0.1 |
| 临高县 | 23.9 | 0.7 |
| 陵水县 | 70.3 | 2.0 |
| 琼海市 | 52.1 | 1.5 |
| 琼中县 | 15.7 | 0.4 |
| 万宁市 | 93.7 | 2.7 |
| 五指山市 | 1.0 | 0 |
| 澄迈县 | 166.8 | 4.7 |
| 合　计 | 3556.7 | 100.0 |

表4　2022年海南省国有资产按行业分布情况

| 行　业 | 国有资产(亿元) | 占国有资产总量比重(%) |
|---|---|---|
| 第一产业 | 835.1 | 23.5 |
| 第二产业 | 515.3 | 14.5 |
| 第三产业 | 2206.3 | 62.0 |
| 合　计 | 3556.7 | 100.0 |

表5　2022年海南省国有资产按经营规模分布情况

| 经营规模 | 国有资产(亿元) | 占国有资产总量比重(%) |
|---|---|---|
| 大型企业 | −153.0 | −4.4 |
| 中型企业 | 1030.6 | 29.0 |
| 小型企业 | 1933.7 | 54.4 |
| 微型企业 | 745.4 | 21.0 |
| 合　计 | 3556.7 | 100.0 |

## 三、海南省国有资本保值增值综合分析评价

表6　2022年海南省国有企业地区和行业国有资本保值增值情况

| 地　区 | 国有资本保值增值率(%) | 行　业 | 国有资本保值增值率(%) |
|---|---|---|---|
| 海口市 | 101.5 | 农林牧渔业 | 101.1 |
| 三亚市 | 99.6 | 工业 | 104.9 |
| 儋州市 | 101.9 | 建筑业 | 101.5 |
| 保亭县 | 96.9 | 交通运输业 | 100.1 |
| 定安县 | 98.6 | 仓储业 | — |
| 东方市 | — | 商贸业 | 102.7 |
| 乐东县 | 97.9 | 房地产业 | 101.0 |
| 屯昌县 | 99.2 | 信息传输、软件和信息技术服务业 | 103.1 |
| 文昌市 | 63.7 | 社会服务业 | 104.7 |
| 白沙县 | 100.0 | 教育文化广播业 | 101.2 |
| 昌江县 | 102.6 | 科学研究和技术服务业 | 97.2 |
| 临高县 | 99.9 | 金融业 | 117.0 |
| 陵水县 | 100.1 | 其他行业 | 82.0 |
| 琼海市 | 101.2 | | |
| 琼中县 | 99.3 | | |
| 万宁市 | 99.5 | | |
| 五指山市 | 99.6 | | |
| 澄迈县 | 100.2 | | |

## 四、海南省国资委监管企业改革发展情况

省国资委按照国企改革三年行动高质量收官要求,针对短板弱项,实施"百日攻坚计划",召开改革推进会64场次,通过靶向督导、现场质询、"学抓促"、培训辅导、量化考核等扎实举措压实责任、推动工作,国企改革三年行动43项主体任务全部完成,4家"双百企业"、3家"科改示范企业"、8家对标提升行动企业改革任务均完成年度目标。入选国务院国资委标杆企业1家(海汽),新增科改示范企业1家(海南控股所属智宇科技)。19家省属一级企业及31家重要子企业建立中国特色现代企业制度,实现董事会应建尽建、专职外部董事占多数,各级企业全面制定党委(党组)前置研究讨论重大经营事项清单,完成公司制改革;各企业实现经理层成员任期制和契约化管理,部分具备条件的企业探索"3+2"中长期激励制度,市场化经营成效渐显;省政府常务会议原则通过交通投融资体制改革和交通集团组建方案,各方面就改革方向达成共识。水利水务投融资改革方案和省水投集团组建方案经过进一步修改完善,再次上报省政府;推动省属企业加大科技创新力度,鼓励海建集团、海南水务、海南咨询和农垦设计院申报省级高新技术企业,4家子企业成功过审,省属企业投入研发经费2.8亿元,比上年增长4.8%,在海南省打赢科技创新三年翻身仗评比中,省国资委连续两年获评"优秀"。

## 五、海南省国资委监管企业并购重组与完善法人治理结构情况

### (一)国企战略性重组工作取得重要成效

围绕自贸港建设战略全局,推动组建海南国际商业航天发射有限公司(已成立)、现代物流集团(已注册)、省信息产业投资集团;接收中国通航产业集团,实现"中"字头企业直接划入海南"零的突破";海垦集团海胶股份并购央企和盛公司,并购完成后天然橡胶收入占全球的22%。

### (二)公司制改革工作全面完成

19家省属一级企业及31家重要子企业董事会建设取得实质性进展,董事会应建尽建、专职外部董事占多数,从试点探索进入全面推进阶段。各级企业全面制定党委前置研究讨论重大经营管理事项清单。2022年全面完成公司制改革各项工作。

## 六、海南省国资委监管企业建立和完善经营业绩考核体系情况

坚持考核结果与薪酬分配挂钩,确保薪酬刚性兑付。2022年,出台超额利润分享实施意见、中长期激励指导意见,25家具备条件的企业探索"3+2"中长期激励制度,市场化经营成效渐显。19家重点监管企业职工人均工资8.54万元,比上年增长16.99%,超额完成增幅不低于11%的目标。

## 七、海南省国资委监管企业负责人考核与选人用人机制改革情况

17户省级国资委所监管一级企业建立对所属各层级子企业经理层成员任期制和契约化管理的制度,其中14户建立针对所属商业类子企业职业经理人相关制度。纳入有关试点和专项工程的企业均建立市场化用工机制,新进员工公开招聘率100%。

## 八、海南省国资委监管企业党的建设和廉政建设情况

2022年,海南省国资委全力加强党对国有企业的领导,强化全面从严治党和党风廉政建设,为国资国企改革发展提供坚强政治保证。

### (一)党的政治建设进一步加强

以学习贯彻党的二十大精神为主线,落实"第一议题"制度,开展省八次党代会精神等中心组学习12次,开展习近平总书记重要论述培训900多场次。

### (二)国有企业党的领导体制不断健全

健全党建工作考核、评价、整改等工作机制,严肃认真开展24家省属企业党组织书记抓基层党建工作述职评议考核,2名党组织书记因未完成年度生产经营指标被降低考核等次。推动16家企业党组织开展

换届工作，整治软弱涣散党组织103个。专题研究意识形态工作，创建思想政治工作示范点4个。省国资委被评选为省直机关第三批“创建文明单位示范点”。

### （三）党建基层基础扎牢夯实

连续6年实施党建工作10项举措，连续3年打造省国资系统百家党建示范点，基层党组织标准化规范化建设水平明显提高。在全系统评选“海南自贸港国企党建品牌”10个，党建品牌培育走在海南省前列。党员典型事迹片《最后一笔党费》获得第十六届全国党员教育电视片观摩交流活动优秀作品二等奖。强化新闻宣传“两微平台”新媒体建设，在中央与海南省级媒体刊发新闻宣传稿件376篇，海南国资国企知名度、美誉度和关注度持续提高。

### （四）党建工作与生产经营进一步融合

印发公司章程指引，在制度层面明确党组织在公司法人治理结构中的定位、权责和工作方式，省属企业普遍落实“双向进入、交叉任职”领导体制，符合条件的9家重点监管企业全部落实党委书记、董事长“一肩挑”。聚焦企业改革发展，构建“政、企、社、银”等多元化党建共建机制，开展党建联建共建活动1900余次，结成对子216个、签订协议1209份。机场集团从海航回归国资系统后，坚持以党建为引领，确保各项工作的顺利过渡。

### （五）党管干部、党管人才力度加大

树立重实干、重实绩、重担当的导向，选拔任用企业领导班子成员12人，轮岗交流10人。其中，抓好省属企业“一把手”的调整配备，交流调整“一把手”5人，提拔或进一步任用6人，因不适宜担任现职免去“一把手”职务1人。2名省属企业负责人获得海南省有突出贡献优秀专家奖。落实稳就业、保就业措施，牵头举办夏季秋季两场校园专场招聘活动，承办“百场万岗　四城同办”长沙站校招活动等，超额完成应届高校毕业生招录、免税行业农民工就业等专项行动目标任务，国资国企对优秀人才吸引力显著增强。

### （六）全面从严治党主体责任有效落实

紧盯关键少数，常态化开展纪律教育，组织集体廉政谈话260余场次、任前廉政谈话960余人次。创新纪律教育方式方法，用身边事教育身边人。组织旁听原企业领导人员庭审，并指导召开以案促改专题民主生活会严肃查处违规违纪行为，2022年度省国资委系统受理各类举报件253件，了结174件，立案34件，实施提醒谈话1447人次、诫勉谈话60人次、函询27人次，给予党纪处分39人、组织处理48人，督促收回借款1100余万元。

### （七）凝聚形成纪、巡、审监督合力

印发《海南省国资委党委巡察工作流程（暂行）》《海南省国资委党委巡察工作实施办法》，为开展巡察工作打下基础，启动并完成八届省委期间省国资委党委第一轮巡察工作，对巡察发现海南水务津补贴发放过程存在不合规行为，责令其立行立改，涉及退款金额47万元。将省委第二巡视组巡视反馈省国资委党委的42个问题细化为80个问题，并全部整改完毕；印发《省属企业违规经营投资责任追究问题线索督办工作办法》《关于加强违规经营投资责任追究问题线索台账管理和档案管理工作的通知》，对1名企业领导人员进行组织处理，不断搭建违规经营投资责任追究体系建设，提升管理工作科学化、规范化、系统化水平；印发《海南省国资委国资监管提示函工作规则（试行）》，下发2份监管提示函，规范提示企业风险问题；印发《关于进一步规范和完善省属国有企业内部审计监督工作的通知》，从13个方面指导企业全面完善内部审计领导机制和管理架构，提高内部审计工作质量和效果，并向各省属重点监管企业分别下发19份年度财务决算审计整改工作通知，涉及问题186项。

（撰稿人：孔　爱）

# 重庆市

## 一、重庆市国有资产监督管理工作综述

2022年，重庆市国资系统认真落实“疫情要防住、经济要稳住、发展要安全”要求，积极应对各种超预期

因素冲击，主动进、大力改、扎实干，各项工作取得新进展。

### (一)经济运行态势回稳向好

2022年，重庆市国有企业实现营业收入6668.3亿元，利润总额552.1亿元，净利润462.1亿元。其中，市、区(县)两级国有企业净利润分别占比67.5%、32.5%。市国资委监管企业中产业类企业经营业绩表现不俗，制造业企业利润总额50.7亿元，比上年增长2.2%，增速高于重庆市规模以上工业1.5个百分点；商贸物流类企业利润总额24.6亿元，比上年增长50%。

### (二)经济运行质量明显改善

2022年，重庆市国有企业强管理、控成本、提效率，各项指标得到明显改善。净资产收益率1.52%，比上年增加0.74个百分点；全员劳动生产率34.3万元/(人·年)，比上年增长20.8%；非金融国有企业年末平均资产负债率55.5%，比上年末减少1.6个百分点，降至历史低点，债务风险可控在控，其中市级国有企业年末资产负债率54.6%，比上年减少0.5个百分点，区(县)级国有企业年末资产负债率56%，比上年减少1.6个百分点。

### (三)企业社会贡献突出

2022年，重庆市累计社会贡献总额2828.0亿元，比上年增长21%；实现劳动生产总值1696.8亿元，比上年增长7.9%；实际上缴税金总额400.3亿元，比上年增长1.6%，占重庆市税费收入2461亿元的16.3%，比上年增加2.4个百分点，重庆农商行、重庆银行、重庆化医集团、重庆水务环境集团、重庆渝富控股集团、重庆高速集团、重庆建工集团、重庆三峡银行、两江产业发展集团9户企业税收贡献突破10亿元；全年平均职工人数42.2万人，比上年增加1.4个百分点，其中市国资委监管企业助力稳就业，新招录员工10814人，比上年增长12.2%。

## 二、重庆市国有资产总量与结构分析

截至2022年底，重庆市国有企业资产总额91193.8亿元，比上年增长9.8%；负债总额59062.3亿元，比上年增长8.7%；所有者权益32131.5亿元，比上年增长11.8%。从地区分布看，市、区(县)两级国有企业年末资产总额分别占比53%、47%，分别比上年增长6%、14.3%；年末负债总额分别占比60%、40%，分别比上年增长6.2%、12.6%；所有者权益分别占比42%、58%，分别比上年增长11.8%、5.6%。

表1　　2022年重庆市国有企业指标

| 项　目 | 金　额(亿元) |
|---|---|
| 资产总额 | 91193.8 |
| 所有者权益 | 32131.5 |
| 国有资产总量 | 29373.9 |
| 营业收入 | 6668.3 |
| 利润总额 | 552.1 |
| 净利润 | 462.1 |
| 归属于母公司所有者的净利润 | 402.0 |
| 实际上缴税金总额 | 400.3 |
| 劳动生产总值 | 1696.8 |

2022年，纳入国有资产统计范围的重庆市全级次国有企业4027户，比上年减少147户，主要原因是重庆能源集团完成改革重组，不再纳入重庆市国有企业统计范围。从隶属关系看，市、区(县)两级国企户数分别占比49%、51%，其中市国资委监管企业户数1529户，占比38%；从经营规模看，大型企业、中型企业、小微企业分别占比3%、17%、80%；从经济类型看，国有及国有控股企业(含国有实际控制企业)占比99.9%，企业化管理事业单位占比0.1%；从产业类型看，第一产业、第二产业、第三产业分别为155户、1121户、2751户，分别占比4%、28%、68%。

表2　　2022年重庆市国有企业户数情况

| 2021年户数(户) | 2022年户数(户) | 比上年增长(%) |
|---|---|---|
| 4174 | 4027 | —3.52 |

2022年末，重庆市国有资产总量29373.9亿元，较年初增长13.8%。从隶属关系看，市、区(县)两级

国有企业国有资产总量分别占比37%、63%,分别为10802.1亿元、18571.8亿元。

**表3　2022年重庆市国有资产按地区分布情况**

| 地　区 | 国有资产（亿元） | 占国有资产总量比重(%) |
|---|---|---|
| 重庆市汇总 | 29373.9 | 100.0 |
| 市级企业 | 10802.1 | 36.8 |
| 市国资委监管企业 | 6729.0 | 22.9 |
| 市级部门监管企业 | 4073.2 | 13.9 |
| 区县监管企业汇总 | 18571.8 | 63.2 |
| 万州区 | 541.2 | 1.8 |
| 涪陵区 | 1129.3 | 3.8 |
| 渝中区 | 175.5 | 0.6 |
| 大渡口区 | 271.5 | 0.9 |
| 江北区 | 638.8 | 2.2 |
| 沙坪坝区 | 629.4 | 2.1 |
| 九龙坡区 | 469.4 | 1.6 |
| 南岸区 | 768.5 | 2.6 |
| 北碚区 | 356.2 | 1.2 |
| 綦江区 | 813.5 | 2.8 |
| 万盛经开区 | 340.5 | 1.2 |
| 大足区 | 1104.2 | 3.8 |
| 渝北区 | 360.8 | 1.2 |
| 巴南区 | 592.1 | 2.0 |
| 黔江区 | 356.5 | 1.2 |
| 长寿区 | 711.8 | 2.4 |
| 江津区 | 841.8 | 2.9 |
| 合川区 | 563.3 | 1.9 |
| 永川区 | 545.4 | 1.9 |
| 南川区 | 507.0 | 1.7 |
| 璧山区 | 525.7 | 1.8 |
| 铜梁区 | 449.6 | 1.5 |
| 潼南区 | 416.3 | 1.4 |
| 荣昌区 | 343.8 | 1.2 |

续表

| 地　区 | 国有资产（亿元） | 占国有资产总量比重(%) |
|---|---|---|
| 开州区 | 547.5 | 1.9 |
| 武隆区 | 781.6 | 2.7 |
| 梁平区 | 100.5 | 0.3 |
| 城口县 | 591.1 | 2.0 |
| 丰都县 | 364.2 | 1.2 |
| 垫江县 | 287.3 | 1.0 |
| 忠县 | 287.9 | 1.0 |
| 云阳县 | 261.5 | 0.9 |
| 奉节县 | 262.2 | 0.9 |
| 巫山县 | 272.7 | 0.9 |
| 巫溪县 | 146.3 | 0.5 |
| 石柱土家族自治县 | 289.4 | 1.0 |
| 秀山土家族苗族自治县 | 372.3 | 1.3 |
| 酉阳土家族苗族自治县 | 283.4 | 1.0 |
| 彭水苗族土家族自治县 | 271.8 | 0.9 |

从国民经济行业分布看,国有资产总量主要集中在社会服务业,建筑业,房地产业,交通运输、仓储和邮政业,金融业,以及电力、热力、燃气及水的生产及供应业等行业,合计占比91.5%。

**表4　2022年重庆市国有资产按行业分布情况**

| 行　业 | 国有资产（亿元） | 占国有资产总量比重(%) |
|---|---|---|
| 农林牧渔业 | 580.2 | 1.3 |
| 采矿业 | 165.6 | 0.4 |
| 制造业 | 875.6 | 1.9 |
| 电力、热力、燃气及水的生产及供应业 | 1219.1 | 2.7 |
| 建筑业 | 10550.7 | 23.1 |
| 批发和零售业 | 419.4 | 0.9 |
| 交通运输、仓储和邮政业 | 5287.8 | 11.6 |

续表

| 行　业 | 国有资产（亿元） | 占国有资产总量比重(%) |
| --- | --- | --- |
| 住宿和餐饮业 | 112.1 | 0.2 |
| 信息传输、软件和信息技术服务业 | 69.7 | 0.2 |
| 金融业 | 1467.7 | 3.2 |
| 房地产业 | 6333.9 | 13.8 |
| 租赁和商务服务业 | 13349.3 | 29.2 |
| 科学研究和技术服务业 | 187.7 | 0.4 |
| 水利、环境和公共设施管理业 | 3644.2 | 8.0 |
| 居民服务、修理和其他服务业 | 708.0 | 1.5 |
| 教育 | 91.4 | 0.2 |
| 卫生和社会工作 | 80.0 | 0.2 |
| 文化、体育和娱乐业 | 593.9 | 1.3 |
| 合　并 | 29373.9 | — |
| 合　计 | 45736.2 | 100.0 |

注：表中“合计”是按单户企业汇总；“合并”是集团内进行合并抵消后汇总。

## 三、重庆市国有资本保值增值综合分析评价

2022年末，重庆市扣除客观增减因素之后的国有资本权益总额26198.2亿元，平均国有资本保值增值率101.5%，比上年增加0.6个百分点，实现国有资本保值增值。市国资委监管企业国有资本保值增值率100.8%，比上年增加3.1个百分点，主要原因是重庆能源集团上年淘汰落后产能计提大额减值损失拉低基数，以及当期重庆能源集团出表，从而保值增值率大幅提升；区县国资监管企业101.6%，比上年减少0.3个百分点；市级部门监管企业国有资本保值增值率101.9%，比上年增加0.1个百分点。

**表5　　2022年重庆市国有企业地区国有资本保值增值情况**

| 地　区 | 国有资本保值增值率(%) |
| --- | --- |
| 重庆市 | 101.5 |
| 市级企业 | 101.2 |
| 市国资委监管企业 | 100.8 |
| 市级部门监管企业 | 101.9 |
| 区县监管企业 | 101.6 |
| 万州区 | 102.8 |
| 涪陵区 | 101.6 |
| 渝中区 | 101.0 |
| 大渡口区 | 100.5 |
| 江北区 | 100.5 |
| 沙坪坝区 | 101.3 |
| 九龙坡区 | 101.3 |
| 南岸区 | 109.0 |
| 北碚区 | 101.3 |
| 綦江区 | 102.5 |
| 万盛经开区 | 99.9 |
| 大足区 | 101.4 |
| 渝北区 | 103.0 |
| 巴南区 | 100.9 |
| 黔江区 | 100.8 |
| 长寿区 | 113.4 |
| 江津区 | 100.3 |
| 合川区 | 101.4 |
| 永川区 | 101.4 |
| 南川区 | 101.1 |
| 璧山区 | 101.5 |
| 铜梁区 | 108.4 |
| 潼南区 | 101.4 |
| 荣昌区 | 99.5 |
| 开州区 | 99.6 |
| 武隆区 | 100.2 |
| 梁平区 | 98.1 |
| 城口县 | 81.7 |
| 丰都县 | 100.8 |

续表

| 地　区 | 国有资本保值增值率(%) |
| --- | --- |
| 垫江县 | 101.0 |
| 忠县 | 100.2 |
| 云阳县 | 99.5 |
| 奉节县 | 100.0 |
| 巫山县 | 99.7 |
| 巫溪县 | 119.6 |
| 石柱土家族自治县 | 96.3 |
| 秀山土家族苗族自治县 | 100.4 |
| 酉阳土家族苗族自治县 | 101.2 |
| 彭水苗族土家族自治县 | 102.8 |

从行业分布看，批发和零售业、住宿和餐饮业未实现保值增值，主要原因是重庆对外经贸集团改革重组，消化大量历史潜亏；2022年下半年新冠疫情静默居家对住宿和餐饮业影响较大。

表6　2022年重庆市国有企业行业国有资本保值增值情况

| 行　业 | 国有资本保值增值率(%) |
| --- | --- |
| 农林牧渔业 | 120.3 |
| 采矿业 | 108.3 |
| 制造业 | 105.1 |
| 电力、热力、燃气及水的生产及供应业 | 102.8 |
| 建筑业 | 101.6 |
| 批发和零售业 | 96.6 |
| 交通运输、仓储和邮政业 | 100.3 |
| 住宿和餐饮业 | 95.7 |
| 信息传输、软件和信息技术服务业 | 103.1 |
| 金融业 | 104.7 |
| 房地产业 | 101.1 |
| 租赁和商务服务业 | 101.6 |
| 科学研究和技术服务业 | 104.5 |
| 水利、环境和公共设施管理业 | 101.8 |
| 居民服务、修理和其他服务业 | 101.4 |
| 教育 | 101.5 |
| 卫生和社会工作 | 103.3 |
| 文化、体育和娱乐业 | 101.6 |
| 合　并 | 101.5 |
| 合　计 | 101.8 |

注：表内“合计”是按单户企业汇总；“合并”是集团内进行合并抵消后汇总。

## 四、重庆市国资委监管企业改革发展情况

### (一)改革破题作用有力发挥

改革三年行动如期高质量收官，重庆市国资系统坚持把改革三年行动作为一项重大政治任务，精心组织、压实责任、挂图作战、打表推进，全面完成94项重点改革任务，推动新时代国企改革取得一系列标志性成果。推动重点企业改革“突围”，能源集团引入战略投资者华润集团，完成重庆市历史上规模最大、情况最复杂、涉及利益面最广、制约因素最多、操作难度最大的司法重整，资产负债率降至48%。粮食集团完成市场化重组改革，走出一条不通过司法程序的市场化重组新路。开展上市公司发展质量提升行动，设立运作上市成功专项奖励，重庆银行发行130亿元A股可转债充实资本，登康口腔上市获证监会预审会通过，军工集团完成上市前引战及股份制改造。发挥国资基金引领撬动作用，聚焦智能网联新能源汽车、新一代信息技术、高端装备等战略性新兴产业完成投资82亿元。

### (二)国企科技创新发力见效

深入开展“科改专项行动”，重庆水泵厂、登康口腔等28户国家级、市级“科改企业”深化市场化改革、加快打造科技创新尖兵，实现利润总额14.7亿元、较

改革前增长45.4%。建立"产学研用"协同机制，推动国企与高校、科研院所缔结产学研合作联盟，在科技攻关、人才培养、成果转化等方面开展深度合作。加强关键核心技术攻关，出台打造原创技术策源地具体措施，承担国家级重大科技项目19项。庆铃集团推出多款氢燃料电池汽车，联合博世完成重卡电驱桥开发。四联集团"大口径三通波纹管调节阀"实现首台(套)应用。

### (三)服务大局充分展现国企担当

坚决落实重大专项任务，重庆市属国企承接保交楼稳民生、高标准农田改造、维护稳定特殊项目等出资和筹资超过200亿元。助力疫情防控，积极主动应对疫情，国企建方舱、保供、保畅、保运转作出重要贡献。助力市场主体纾困，减免中小微企业房屋租金7.8亿元，惠及承租户2.3万户。对中小企业无争议欠款保持动态清零。助力乡村振兴，安排国有资本经营收益及国企捐赠支持区县乡村振兴3.8亿元。助力稳就业，新招录员工10814人，比上年增长12.2%。

### (四)安全底线全方位筑牢

防范化解债务风险，重庆市和区县全面建立债务风险防控"631"机制，按期兑付各类债券、无一例公开债券违约。防范化解安全生产风险，扎实开展"安全大检查、百日大整治、迎接二十大"专项行动，排查整改安全生产问题隐患23.7万余个，生产安全责任事故总量比上年下降11.1%。防范化解信访稳定风险，深入推进"减存、控增、防变、强基"工程，化解海州建材职工住房征收等一批信访积案。

### (五)国资监督效能持续提升

提速国资大数据监管服务平台建设，优化升级企业财务、投资、产权、"三重一大"决策制度运行平台，完成债务债券、大额资金、决策管理等平台建设，上线试运行境外监管、金融信息等子系统。强化问题整改，督促企业整改内控问题115项，整改审计、监事会发现问题1137项。建立经营投资免责事项清单机制，激励担当作为、干事创业。

## 五、重庆市国资委监管企业并购重组与完善法人治理结构情况

### (一)并购重组

2022年，重庆市国资委围绕防范化解重大风险和深化供给侧结构性改革，有效推进企业战略性重组和专业化整合，进一步优化国有经济布局，促进企业高质量发展。一是完成重庆能源集团司法重整。通过司法重整，重庆能源集团成功化解债务危机和经营危机，资产负债率由127%降至48%，巨额历史潜亏一次性消化，"三类人员"费用、生态修复责任等沉重历史包袱全部剥离，富余人员全部得到妥善安置，战略投资者华润集团将全面赋能，经营、投资、融资等能力将全面修复并进一步增强，保障重庆市能源供应的重要平台功能作用得到夯实。二是整合融资担保机构。2022年，兴农融资担保集团通过非公开协议转让退出所持区县兴农担保公司股权5宗，涉及金额6971万元；进一步优化国有金融资源配置效率，提高市属国有担保公司整体抗风险能力。三是实施大环保产业整合。重庆水务环境集团通过并购重组重庆环卫集团、环投集团，业务布局从原有的供排水、固废处置、危废处置，延伸至乡镇污水处理、环境检测监测等领域。整合后，重庆水务环境集团资产规模提升至近900亿元，营业收入150亿元，成为西部地区综合实力最强、业务布局最广的国有环保产业集团。四是重庆高速集团完成航发集团整合。聚力航道运输和水电资源开发，保障重庆市航道运输和清洁能源生产，进一步强化国有企业公共服务领域的战略保障作用。五是推动一批企业内部专业化重组。市农投集团顺应农食品消费升级趋势，实施冷链物流、肉业、渔业资源整合，壮大现代农食品产业，保障重庆市"菜篮子"安全。市地产集团对土地整治板块、物业管理和房屋拆迁板块等所属12家子企业实施专业化重组，进一步提高产业集中度。重庆投资咨询集团完成工管公司与工程设计院的合并重组，组建碳管家公司，稳步推进五环建管公司与投资咨询公司的整合重组，进一步完善子公司全过程咨询产业链条。

### (二)完善法人治理结构

2022年,重庆市国资委深入贯彻落实"两个一以贯之",不断推动重庆市国有企业提升现代化治理水平,促进中国特色现代企业制度更加成熟定型。一是顺利收官国企改革三年行动重要任务。完成符合条件的35户重庆市属国有重点企业及669户子企业董事会应建尽建,30户重庆市属国有重点企业及581户各级子企业(除实行执行董事制和按规定可以不"外大于内"的企业)全部实现董事会"外大于内",两项工作完成率均100%;持续开展落实董事会职权工作,指导试点子企业落实中长期发展决策权、经理层成员选聘权等6项董事会重点职权,切实保障子企业董事会发挥"定战略、做决策、防风险"作用。二是持续强化制度体系建设。制定印发《重庆市属国有重点企业董事会工作规则》《重庆市属国有企业董事会和董事评价办法》,完成重庆机场集团等6户企业章程修改及重庆设计集团、重庆土交所2户新设企业章程、"三重一大"制度审批工作。三是从严开展各项监督管理工作。开展重庆市属国有企业"三重一大"制度执行情况检查,实地抽查重庆机电集团等9户企业,发现问题35项,及时下发工作通报给予企业指导;开展重庆市属重点国有企业"控股不控权"专项治理工作,从"加强党的建设、决策机制保障、关键人员管理、财务资金管控、主要业务运行"5个方面着手,企业全级次自查,市国资委实地抽查,对发现的问题切实整改,加强国有企业股权管理,提升控股企业治理能力和管控水平;印发《重庆国资大数据监管服务平台决策管理子系统建设方案》,按计划推动决策管理子系统建设工作,为进一步提升智能监管水平奠定基础。四是树立企业治理先进典范。选树重庆渝富控股集团等6户企业董事会建设典范和11户公司治理典型案例,向国务院国资委报送企业的成功实践和特色做法,在重庆市国有企业中营造争优创先的良性竞争氛围。

## 六、重庆市国资委监管企业建立和完善经营业绩考核体系情况

2022年,重庆市国资委以《市属国有重点企业主要负责人经营业绩考核暂行办法》(渝国资发〔2018〕3号)为依据,按照高质量发展目标要求,实施市属重点国有企业负责人经营业绩考核。

### (一)实行分类考核和差异化考核

商业一类企业主要考核经济效益、国有资本保值增值、市场竞争能力和防风险能力。商业二类企业在考核经济效益、国有资本保值增值能力的同时,增加对保障地方经济运行、发展前瞻性战略性产业等功能性业务和专项任务完成情况的考核。公益类企业视建设和运营阶段情况考核投资目标或运营目标,兼顾考核经济效益、国有资本保值增值能力,适时引入社会评价。对科技进步要求高的企业,重点关注自主创新能力的提升,加强研发投入、科技成果产出和转化等指标的考核。对生态环境类公益企业,加强绿色发展、生态修复等指标的考核。对粮食储备类企业,加强对涉粮企业粮食安全的考核,引导企业进一步落实粮食安全责任。对固定资产成新率较低的企业,加大对固定资产投资的考核,引导企业扩大再生产,提高持续发展能力。对于特殊发展阶段和重大结构调整期的企业,根据企业功能定位、改革目标和发展战略,"一企一策"确定考核指标和考核方式。

### (二)突出"三大变革"

质量变革指标主要考核企业的发展质量、资本回报、财务绩效评价等,以提升企业核心价值为原则确定。效率变革指标和动力变革指标主要考核企业营运质量、营运效率、风险控制、科技创新、改革发展和社会评价等,以提升企业持续发展能力、创新能力、综合管理能力为原则确定。一是贯彻落实国务院国资委"两利四率"考核要求,加强利润总额、净利润、营收利润率、研发投入强度、全员劳动生产率、资产负债率考核,引导企业提高核心竞争力。二是落实创新驱动发展要求,加大创新考核力度,将新产品销售率、研发投入强度作为工业企业必考指标,引导企业加强科技创新。三是加大对现金流的考核,对有息负债、应收账款高企企业考核经营活动现金流量,引导企业强化现金流理念。

### (三)完善业绩考核体系

一是出台《关于加强市属国有重点企业境外业绩

考核与薪酬分配工作的指导意见》，完善市属重点国有企业境外业绩考核与薪酬分配工作；出台《市属国有重点企业深化劳动、人事、分配三项制度改革评估办法(试行)》，指导企业加快构建市场化机制健全、岗位职级设置科学、劳动用工规范、激励约束有效、工效联动紧密的三项制度体系；修订完善《关于市属国有重点企业领导人员受到党纪政务处分涉及职务岗位调整和薪酬扣减工作办法(试行)的通知》，规范市属重点国有企业领导人员业绩考核与薪酬兑现工作。二是继续将财务绩效评价全面纳入业绩考核指标体系，并将对标结果逐户进行分析，引导每户企业找出差距，补足短板。在制定年度业绩考核指标时，对营业利润率、应收账款周转率等财务指标实行对标考核，不再下达具体目标值，而是对照绩效评价标准值制定计分细则，考核得分由企业完成值所处对标行业的档位决定，推动企业对标行业先进，加快建设一流企业。三是将国企改革三年行动方案任务纳入业绩考核，将改革成果纳入业绩考核中，规定改革评估为D的企业经营业绩不能评为A级，持续提升企业活力效率，实现管理人员能上能下、员工能进能出、收入能增能减。

### (四)优化财务绩效评价细则

一是鼓励企业担当作为。对参与市国资委安排的公益性捐赠、积极承担政府指令性任务、推进供给侧结构性改革、化解市属国企重大风险作出重大贡献的企业，在绩效评价中加大加分力度，鼓励企业积极履行社会责任，发挥国企担当。二是完善扣分机制。对安全、环保、稳定、质量、经营、投资、金融、债务等领域存在重大风险，以及对重大风险应对处置不力，由市委、市政府、市国资委或其他有关市级部门协调资金的，以及在内部控制、经营管控中存在突出问题的企业，在绩效评价中加大扣分力度，下调业绩考核等级，督促企业严格风险防控，及时化解重大风险。

## 七、重庆市国资委监管企业负责人考核与选人用人机制改革情况

### (一)有序推进企业班子建设

一是常态化开展班子综合分析研判。继续对企业班子运行和领导人员履职情况进行全覆盖综合分析研判，对重庆旅游集团、重庆对外经贸集团、市农投集团等班子回访调研，根据分析研判情况提出班子建设建议报市领导和市委组织部。二是稳步实施班子优化调整。完成重庆股权服务集团班子组建，以及重庆联交所集团、重庆土地交易所、市农投集团、重庆进出口担保公司等委托管理企业班子调整配备，新提拔委托管理企业领导人员6人，其中“80后”干部2人。配合市委组织部完成重庆农商行、重庆三峡银行、重庆机场集团、重庆建工集团等市管企业班子调整配备。三是持续从严干部管理监督。制定《市国资委党委领导与干部谈心谈话工作清单》《市属国企领导人员受到党纪政务处分涉及职务岗位调整和薪酬扣减执行工作办法》等制度。完成企业领导班子和领导人员2021年度综合考核和2018—2020年任期综合考核。督促委托管理企业制定完善禁业范围，对配偶、子女及其配偶经商办企业情况开展“自查自纠”。梳理研究企业领导人员兼职和总法律顾问等有关职务设置情况，严格领导人员兼职审批。督促市储备粮公司、市农投集团落实选人用人问题整改。开展混合所有制企业委派人员管理专项监督。

### (二)全面完成国企改革任务

一是全面完成董事会“外大于内”改革任务。为企业集团选配67人次兼职外部董事，督促指导各级子企业推进外部董事占多数，除实行执行董事制和按规定可以不“外大于内”的企业外，30户市属国企集团和581户各级子企业全部实现董事会“外大于内”，制定《市属国有企业董事会和董事评价办法》。二是全面完成经理层任期制和契约化管理改革任务。督促指导32户市属国企集团和1167户各级子企业全部推行经理层任期制和契约化管理，对推行情况开展专项督查调研。制定《市属国有企业推行职业经理人制度操作指引》，35户各级子企业选聘职业经理人92人。三是深入推进市场化用工改革。大力推行管理人员竞争上岗、末等调整、不胜任退出等制度，各级企业管理人员竞争上岗的人数占新聘任管理人员总数的47%，末等调整或不胜任退出人数占比1%。

**(三)加快实施人才强企战略**

一是完善人才工作制度体系。制定《加强市属国企经营管理人才队伍建设的指导意见》《市国资委党委联系服务专家措施》《市属国有重点企业人才发展指数工作方案(试行)》,起草形成新形势下全面加强人才强企战略的新举措,配合市委组织部制定卓越工程师集聚行动传承专项计划。二是大力引育高层次人才。市属国企新入选重庆英才计划 29 人、团队 6 个,累计新建国家级人才平台 5 个、市级 10 个,其中,博士后科研工作站国家级 3 个、市级 4 个,国家级高技能人才培训基地 2 个,市级技能大师工作室 5 个、青年专家工作室 1 个。"一企一册"梳理高层次技术技能人才名单 5000 余人。加大优秀青年人才储备,引进"双一流"高校毕业生 520 余人、海外人才 170 余人,其中博士 26 人,硕士研究生以上占 70%。三是强化人才培训培养。举办十九届六中全会精神专题培训 2 期,240 余名企业集团领导全覆盖参训。举办第 10 期市属国企领导人员进修班,中高层经营管理人才参训 40 人。首次在中国大连高级经理学院举办中青年干部中长期经营管理培训(EMT),48 名企业年轻中层干部和市国资委机关干部参训。

**(四)认真做好机关人事工作**

优化机构设置,经市编委同意,市国资委机关增设巡察办,增加处级领导职数 2 人。选拔市国资委机关处长 3 人、副处长 8 人,处长副处长试用期满转正 17 人,职级晋升干部 73 人,接收选调生 6 人和军转干部 2 人,完成遴选公务员入职手续 12 人。1 名市国资委领导交流提任市属国企集团主要领导,1 名处长交流提任市属国企集团副职领导,1 名干部交流企业工作。安排 4 名选调生到酉阳挂职锻炼,34 名干部参加各类调训,开展机关素质能力提升讲堂 4 期。

## 八、重庆市国资委监管企业党的建设和廉政建设情况

2022 年,市属国企各级党组织坚持以习近平新时代中国特色社会主义思想为指导,认真学习贯彻党的二十大和市第六次党代会精神,全面落实新时代党的建设总要求和新时代党的组织路线,以党的政治建设统领党的建设各项工作,深化落实全国国企党建会精神,切实在完善公司治理中加强党的领导党的建设,引领保障国企高质量发展取得新成效。截至 2022 年底,市属国有企业有基层党组织 4881 个,其中党委 387 个、党总支 240 个、党支部 4254 个,党员 70733 人。

**(一)始终突出把政治建设放在首位**

认真学习贯彻习近平总书记关于"政治方向是党生存发展第一位的问题"的重要论述,坚决拥护"两个确立",坚决做到"两个维护",不断提高"政治三力",筑牢政治忠诚。注重从政治上抓工作,自觉在党和国家工作大局下想问题、做工作,把牢稳进增效、稳中提质方向,以更加敢闯敢干、唯实争先的奋进姿态,纵深推进融入和服务"一带一路"、成渝地区双城经济圈、西部陆海新通道建设等重大战略,全力打好国企改革三年行动收官战,坚决扛起疫情防控责任,切实把"两个维护"体现在履好职责、做好工作的实效上。增强政治担当,建立习近平总书记重要指示批示精神和中央重大决策部署国资国企贯彻落实台账,明确 6 个方面 110 项贯彻措施,动态跟踪问效,开展督查督办,推动落实落地。严肃党内政治生活,高质量召开党史学习教育专题民主生活会和组织生活会。持续开展讲大话、做假账、不担当、乱作为等问题纠治,36 户市属重点国企开展政治生态分析研判,持续深入肃清重大违规违纪案件恶劣影响和流毒,市属国企政治生态整体向好。

**(二)深入学习宣传贯彻党的创新理论和党的二十大精神**

突出把学习贯彻习近平新时代中国特色社会主义思想和党的二十大精神作为首要政治任务,组织全体党员干部职工第一时间收听收看党的二十大开幕会,研究部署 173 场次党的二十大精神"进国企"宣讲工作。坚持党委会"第一议题"及时传达,中心组"常设议题"深入研讨,开展理论学习中心组学习新思想、党的二十大精神等 449 次,引领示范各级党组织和广大党员干部职工持续深入学习,扎实推动党的创新理论和党的二十大精神进企业、进车间、进班组、进头脑。紧扣迎接学习宣传贯彻党的二十大工作主线和

新时代新征程新重庆国企改革发展实践，谋划“奋进新征程　建功新时代”国企在行动系列宣传，市属国企在市级主流媒体开展宣传报道超过4000篇次。严格落实意识形态工作责任制，按照“两微一网一端”、论坛讲座、展馆场所等6个类别开展摸底清查，建立健全市属重点国有企业意识形态阵地管控台账，压实重点群体管控责任，稳妥处置涉企网络舆情28起，有力维护意识形态领域安全。

**(三)落实落细国企党建重点任务**

高质量完成党的二十大代表推荐提名和市第六次党代会代表选举工作，全覆盖组织市国企系统7441个党支部、137577名党员参与推荐提名，认真研究推荐党的二十大代表候选人推荐人选39人，市国资系统当选党的二十大代表5人。市国资委党代表会议选举产生市国资委党委出席市第六次党代会代表169人，代表结构符合市委要求，充分体现先进性和广泛代表性。深化落实党对国有企业的全面领导，深入贯彻落实公司治理中加强党的领导举措“18条”，全覆盖推进1508户市属重点国企及所属企业完成新一轮章程修订和工商备案，1170户市属重点国企及所属企业细化完善党委研究决定重大事项、前置研究讨论重大经营管理事项“两张清单”。市属重点国企全部实现党委书记、董事长“一肩挑”，党员总经理兼任党委副书记，99.2%的党委成员进入董事会、经理层、监事会，党的领导融入公司治理确保国企改革发展的正确政治方向和有力推进。持续推动基层党建提质增效，接续开展“落实条例、提升质量”“深化国企党建提质”等专项行动，按照市委统一部署，36户市属重点国企开展书面调研、问卷调查，8户市属重点国企及11户二、三级企业参加座谈调研、走访调研，研究形成国企党建提质行动8个方面23条重点措施。

**(四)扎实推动基层党组织战斗堡垒建设**

深入学习贯彻习近平总书记关于“党的基层组织是党在社会基层组织中的战斗堡垒，是党全部工作和战斗力的基础”的重要论述，树立大抓基层、大抓支部的鲜明导向。坚持“四同步、四对接”，同步国企改革发展新建撤并划转党组织597个，1621个党组织按期换届。推进“四强四好”党支部建设，市属重点国企党委择优申报创建对象249个，6户企业结合自身实际细化调整评价标准，经企业初步评审后，申请评审命名“四强四好”党支部223个。常态化开展主题党日6.4万次、“三会一课”15.08万次，设立一线党员责任区1.2万个、党员示范岗1.8万个，有力推动党建融入企业生产经营。300余支疫情防控党员突击队动态备勤，24个国企重点创新项目党员项目负责人占比94%、党员骨干占比71%，彰显广大党员先锋模范作用。国企党支部书记示范培训班、党员专题培训班培训589人，企业各级党组织轮训党员12.24万人次。坚持“双培养一输送”，全年新发展党员3873人，党员年龄结构、学历结构持续改善。

**(五)压紧压实全面从严管党治党责任**

认真贯彻落实习近平总书记关于“全面从严治党、加强党的建设在国企没有特殊、没有例外，只能加强、不能削弱”的重要指示，建立并落实全面从严治党责任清单、年度任务清单、季度履责报告，推动“两个责任”落实落地。持续深化中央巡视整改，针对国企改革可复制经验较少，新增改革创新举措7项，累计29项，获国家部委肯定。持续深化市委巡视整改，推动579项整改措施取得新进展。落实全系统巡察工作会议精神，高质量推进六届市委任期内市国资委党委第一轮对4户集团党委巡察工作，22户集团党委对55户所属企业党组织开展政治巡察。一体推进“三不腐”，办理问题线索738件，运用“四种形态”处理736人次，立案审查173件191人；持续开展违规招投标、物资采购、投资并购等14个专项治理，开展违规经营投资责任追究216项、处理责任人314人次，完善国资监管制度机制11项；围绕王义昭案组织开展“以案四说”警示教育402场次、覆盖2.4万人次，教育引导党员干部知敬畏、存戒惧、守底线。国企管党治党宽松软状况得到根本扭转，反腐败斗争取得压倒性胜利并全面巩固。

**(六)注重发挥国企统战和群团组织作用**

企业广大党外代表人士认真学习贯彻党的二十大、全国两会和中央统战工作会议精神。2人作为台盟主委会换届人选考察，8人推荐到市知联会、欧美同学会作为理事人选，2名市属重点国企中层干部参加第十四批市级党外代表人士实践锻炼。重庆化医集团等5户企业建立党外代表人士建言献策工作室，担任市人大代表、政协委员的党外代表人士提出建议提案20件，区县人大代表、政协委员建议提案73件。坚持党建带群建，组织召开市国资委团代表会议，选举产生68名市国资委团工委出席市第六次团代会代表。推选市国资委出席市第六次妇代会代表17人，积极开展"青春倡廉·企业在行动"等5项活动。1500名团干部参加市团校"市国企系统青马工程暨团青骨干培训班"，各企业为重庆市大学生提供实习"扬帆计划"岗位612个，新发展团员278人，1人获评全国青年岗位能手标兵，2个团组织、2名个人获得市级"两红两优"表彰。

（撰稿人：梁峻豪）

# 四川省

## 一、四川省国有资产监督管理工作综述

2022年，四川省国资国企系统坚持以习近平新时代中国特色社会主义思想为指导，深入学习贯彻党的二十大和四川省委十二届二次全会等系列重要会议精神，坚定不移推动高质量发展，国有经济实现逆势增长，国资国企各项工作取得重要进展和显著成效。截至2022年底，四川省地方国有企业资产总额163296.85亿元，实现营业收入19984.19亿元、利润总额1248.26亿元、实际上缴税金总额1284.76亿元，分别比上年增长23.86%、21.71%、－0.32%、17.4%。其中，省本级资产总额2.44万亿元，增长13.92%；实现营业收入6766亿元，增长19.71%；利润总额176亿元，下降22.36%；实际上缴税金总额256亿元，增长24.9%。一是聚力改革攻坚。中国特色现代企业制度有效落实、市场化机制更加健全、混合所有制改革取得新突破；"1＋6"重大专项改革取得明显成效。截至2022年底，国企改革三年行动圆满收官，86项改革任务全部完成。二是优化布局结构。完善四川省国资国企三级规划体系，聚焦主责主业、产业转型、创新发展、服务重大战略优化调整布局，推动国有资本有序进退、优化结构、合理配置。三是提升监管质效。加强国资监管体系建设，突出重点领域关键环节监管，推进法治合规建设，开展违规经营投资责任追究，不断提升监管质量效益。四是注重党建引领。强化政治建设，及时跟进学习习近平总书记最新重要讲话精神，切实把拥护"两个确立"、落实"两个维护"贯彻到国资国企工作全过程各方面。进一步夯实基层党建基础，加强领导班子和人才队伍建设，狠抓党风廉政建设，坚定以高质量党建引领高质量发展。五是履行社会责任。全力保市场主体保就业，制定助力中小企业纾困解难措施18条；指导企业全力以赴做好能源保供，积极助力乡村振兴和抗震救灾等工作，展现国资国企良好形象。

## 二、四川省国有资产总量与结构分析

截至2022年底，四川省地方企业国有资产统计报表汇编企业12253家，比上年增长27.3%；资产总额163296.85亿元，比上年增长23.86%；负债总额110668.20亿元；所有者权益52628.65亿元，归属于母公司的所有者权益45846.80亿元，比上年增长25.81%；年末国有资产总量45463.46亿元，国有资本保值增值率101.11%；实现营业收入19984.19亿元，比上年增长21.71%；利润总额1248.26亿元，比上年下降0.32%；净利润896.67亿元，归属于母公司的净利润346.21亿元，比上年下降25.83%；应缴税金总额1303.51亿元，实际上缴税金总额1284.76亿元。

表1　　2022年四川省国有企业指标

| 项　目 | 金　额(亿元) |
| --- | --- |
| 资产总额 | 163296.85 |
| 所有者权益 | 52628.65 |
| 国有资产总量 | 45463.46 |
| 营业收入 | 19984.19 |
| 利润总额 | 1248.26 |
| 净利润 | 896.67 |

续表

| 项　目 | 金　额(亿元) |
|---|---|
| 归属于母公司所有者的净利润 | 346.21 |
| 应缴税金总额 | 1303.51 |
| 实际上缴税金总额 | 1284.76 |

**表 2　2022 年四川省国有企业户数情况**

| 2021 年户数(户) | 2022 年户数(户) | 比上年增长(%) |
|---|---|---|
| 9625 | 12253 | 27.3 |

从隶属关系看,省本级国有资产总量 6043.41 亿元,占比 13.29%;成都市国有资产总量 15421.78 亿元,占比 33.92%;省本级与成都市合计占全省的 47.21%。其他 20 个市(州)国有资产总量合计占四川省的 52.79%,其中宜宾市、泸州市、绵阳市、眉山市、达州市、凉山州、南充市、遂宁市、乐山市、德阳市超过 1000 亿元,国有资产总量的地区分布状况与各地区经济发展水平基本一致。

**表 3　2022 年四川省国有资产按地区分布情况**

| 地　区 | 国有资产(亿元) | 占国有资产总量比重(%) |
|---|---|---|
| 省属企业汇总 | 6043.41 | 13.29 |
| 市(州)企业汇总 | 39420.05 | 86.71 |
| 成都市 | 15421.78 | 33.92 |
| 宜宾市 | 3347.63 | 7.36 |
| 泸州市 | 2199.06 | 4.84 |
| 绵阳市 | 2116.78 | 4.66 |
| 眉山市 | 1809.17 | 3.98 |
| 达州市 | 1465.55 | 3.22 |
| 凉山州 | 1464.23 | 3.22 |
| 南充市 | 1363.84 | 3.00 |
| 遂宁市 | 1358.35 | 2.99 |
| 乐山市 | 1298.05 | 2.86 |
| 德阳市 | 1256.45 | 2.76 |
| 自贡市 | 953.70 | 2.10 |
| 雅安市 | 941.94 | 2.07 |
| 巴中市 | 843.39 | 1.86 |
| 资阳市 | 776.87 | 1.71 |
| 内江市 | 746.32 | 1.64 |
| 广元市 | 690.59 | 1.52 |
| 广安市 | 666.47 | 1.47 |
| 攀枝花市 | 470.89 | 1.04 |
| 阿坝州 | 127.39 | 0.28 |
| 甘孜州 | 101.60 | 0.22 |
| 合　计 | 45463.46 | 100.00 |

从行业分布看,社会服务业的国有资产总量 23835.86 亿元、占比 52.43%,为行业总量中最高;除社会服务业外,7 个行业国有资产总量超过 1000 亿元,分别是建筑业 5700.48 亿元、房地产业 4490.38 亿元、交通运输业 3827.70 亿元、金融业 2078.93 亿元、工业 1561.41 亿元、商贸业 1348.28 亿元、农林牧渔业 1190.97 亿元;以上 8 个行业的国有资产总量合计占比 96.86%;其他行业中,仓储业,教育文化广播业,科学研究和技术服务业,信息传输、软件和信息技术服务业的国有资产总量超过 100 亿元,分别占四川省的 1.27%、0.74%、0.70%、0.25%,卫生、体育和娱乐等其他行业 82.32 亿元,占比 0.18%,为行业总量中最低。

**表 4　2022 年四川省国有资产按行业分布情况**

| 行　业 | 国有资产(亿元) | 占国有资产总量比重(%) |
|---|---|---|
| 社会服务业 | 23835.86 | 52.43 |
| 建筑业 | 5700.86 | 12.54 |
| 房地产业 | 4490.38 | 9.88 |
| 交通运输业 | 3827.70 | 8.42 |
| 金融业 | 2078.93 | 4.57 |
| 工业 | 1561.41 | 3.43 |
| 商贸业 | 1348.28 | 2.97 |

续表

| 行　业 | 国有资产（亿元） | 占国有资产总量比重（%） |
|---|---|---|
| 农林牧渔业 | 1190.97 | 2.62 |
| 仓储业 | 577.20 | 1.27 |
| 教育文化广播业 | 335.25 | 0.74 |
| 科学研究和技术服务业 | 320.00 | 0.70 |
| 信息传输、软件和信息技术服务业 | 114.30 | 0.25 |
| 卫生、体育和娱乐等其他行业 | 82.32 | 0.18 |
| 合　计 | 45463.46 | 100.00 |

从经营规模看，大型企业国有资产总量28359.68亿元，占比62.38%，中型企业国有资产总量7029.67亿元、小型企业国有资产总量8201.88亿元、微型企业国有资产总量1872.23亿元，分别占四川省国有资产总量的15.46%、18.04%、4.12%。

**表5　2022年四川省国有企业按经营规模分布情况**

| 经营规模 | 国有资产（亿元） | 占国有资产总量比重（%） |
|---|---|---|
| 大型企业 | 28359.68 | 62.38 |
| 中型企业 | 7029.67 | 15.46 |
| 小型企业 | 8201.88 | 18.04 |
| 微型企业 | 1872.23 | 4.12 |
| 合　计 | 45463.46 | 100.00 |

## 三、四川省国有资本保值增值综合分析评价

截至2022年底，四川省国有资产总量45463.46亿元，比上年增长26.09%，由生产经营产生的经营净积累431.35亿元，国有资本保值增值率101.11%，比上年减少1.17百分点。省属企业国有资本保值增值率100.32%。市（州）企业国有资本保值增值率101.24%，13个市（州）企业实现国有资本的保值增值，攀枝花市最高，为108.11%，其次为泸州市104.80%、宜宾市103.00%。8个市（州）企业未实现保值增值，分别是内江市99.97%、达州市99.80%、遂宁市99.77%、巴中市99.75%、自贡市99.73%、南充市99.10%、乐山市98.39%、阿坝州98.24%。13个行业中实现保值增值9个，最高为商贸业127.97%，其次为科学研究和技术服务业108.09%，金融业107.92%，建筑业103.68%，信息传输、软件和信息技术服务业102.54%，房地产业101.25%，社会服务业100.57%，仓储业100.15%，农林牧渔业100.08%；未实现保值增值的行业4个，分别是教育文化广播业99.71%，交通运输业95.99%，卫生、体育和娱乐等其他行业93.73%，工业73.34%。

**表6　2022年四川省国有企业地区和行业国有资本保值增值情况**

| 地　区 | 国有资本保值增值率（%） | 行　业 | 国有资本保值增值率（%） |
|---|---|---|---|
| 省属企业 | 100.32 | 商贸业 | 127.97 |
| 市（州）企业 | 101.24 | 科学研究和技术服务业 | 108.09 |
| 攀枝花市 | 108.11 | 金融业 | 107.92 |
| 泸州市 | 104.80 | 建筑业 | 103.68 |
| 宜宾市 | 103.00 | 信息传输、软件和信息技术服务业 | 102.54 |
| 眉山市 | 102.31 | 房地产业 | 101.25 |
| 甘孜州 | 101.97 | 社会服务业 | 100.57 |
| 成都市 | 101.32 | 仓储业 | 100.15 |
| 凉山州 | 100.85 | 农林牧渔业 | 100.08 |
| 资阳市 | 100.76 | 教育文化广播业 | 99.71 |
| 雅安市 | 100.53 | 交通运输业 | 95.99 |
| 广安市 | 100.50 | 卫生、体育和娱乐等其他行业 | 93.73 |
| 德阳市 | 100.44 | 工业 | 73.34 |
| 广元市 | 100.40 | | |
| 绵阳市 | 100.10 | | |
| 内江市 | 99.97 | | |
| 达州市 | 99.80 | | |

续表

| 地　区 | 国有资本保值增值率(%) | 行　业 | 国有资本保值增值率(%) |
|---|---|---|---|
| 遂宁市 | 99.77 | | |
| 巴中市 | 99.75 | | |
| 自贡市 | 99.73 | | |
| 南充市 | 99.10 | | |
| 乐山市 | 98.39 | | |
| 阿坝州 | 98.24 | | |

## 四、四川省国资委监管企业改革发展情况

### (一)持续推进重点领域改革

聚焦重点领域和关键环节改革攻坚、创新突破，推动出台《关于进一步推动国有企业高质量发展的若干措施》(简称"国资十条")，全力以赴推进国企改革三年行动高质量收官，86项改革任务全部完成。蜀道集团重组整合、川煤集团破产重整等4项改革案例入选国企改革三年行动案例集。7户"双百企业"、7户"科改示范企业"、100户"天府综改企业"改革取得突破。中国特色现代企业制度落地落实。党的领导与公司治理有机统一，党建与生产经营有机融合，党建入章实现"应入尽入"，党委书记与董事长"一肩挑"实现"应挑尽挑"，董事会"应建尽建"，集团层面专职外部董事配备实现全覆盖。市场化经营机制不断健全。省属企业经理层成员任期制和契约化管理、公开招聘人员占新进员工比例、全员绩效考核均100%，新聘任管理人员竞聘上岗人数占比97.12%。混合所有制改革积极稳妥推进。出台省国资委所出资企业深化混合所有制改革实施意见，着力推动机制转换、法人治理结构完善，四川省地方国企混合所有制改革比例39%，其中省属企业混合所有制改革比例62%。

### (二)全力以赴优化布局结构

健全完善四川省三级国资规划体系，加快产业结构和发展动能转换，国资国企战略支撑、产业引领作用进一步增强。聚焦服务重大战略优布局调结构。围绕"一带一路"建设加快四川国资国企海外布局，蜀道集团承建的"世界第一跨径悬索桥"——土耳其1915恰纳卡莱大桥建成通车，川投集团尼泊尔马相迪河流域梯级水电站等一批项目推动"四川建造""四川品牌"加速"走出去"；围绕成渝地区双城经济圈建设，推动成渝经济圈ETF基金上市，举办"川渝国企高竹新区行"，集中签约项目34个、签约金额超过1000亿元；围绕"五区共兴"战略，深化"国企市州行"，与雅安、广元等8个市(州)新签重大项目投资协议165个、签约金额5394.35亿元；深化银企合作，签约授信8755亿元。聚焦产业转型发展优布局调结构。制定引领推动绿色低碳优势产业高质量发展实施方案，加大绿色低碳优势产业投资布局，川投集团等企业投资建设水、风、光伏和抽水蓄能、燃气发电项目近200亿元，华西集团推进西南地区首个零碳示范园区建设；围绕发展先进制造业，加大电子信息制造强链补链、高端装备制造、先进材料研发制造等投资布局，省属企业制造业营业收入比上年增长20%；聚焦创新发展优布局调结构。出台省属企业"十四五"科技创新规划和数字化转型指导意见，省属企业研发经费投入比上年增长50.7%。成功承接清华控股系企业，华海清科在科创板成功上市，成为四川省地方国有控股第一家科创板上市公司。蜀道集团发布全国首个智慧高速地方标准，"蜀都号""天府号"智轨列车启动试跑。华西集团组建智能装备集团，研制的"空中造楼机"达到国内第一、国际领先水平。

## 五、四川省国资委监管企业并购重组与完善法人治理情况

### (一)实施重组整合优化资源配置

"1+6"重大专项改革取得明显成效。蜀道集团持续推进内部产业整合，下属14个子集团专业化整合完成13个，"1+1>2"的融合式聚变效应持续显现，成为支撑四川省立体交通体系建设的万亿级领航企业。川煤集团通过司法重整、深化改革实现涅槃重生。生态环保集团成为全国首家业务覆盖气、水、固全要素污染治理的省级生态环保企业；省属旅游资产整合加快推进，安逸酒店集团品牌形象稳步提升；川航集团成功引

入五粮液集团实施增资扩股50.48亿元;省机场集团完成九寨黄龙机场、巴中恩阳机场等市(州)民航机场整合;四川发展做实生态环保、先进材料、生物医药、航空航天四大实体产业板块,资产规模、营业收入、利润分别占直接出资企业比例的57%、69%、62%。

### (二)健全完善公司法人治理结构

推动中国特色现代国有企业制度建设,把党的领导融入公司治理,省属企业集团"决策前置""党建入章"等均100%,党建工作纳入企业年度经营业绩与负责人薪酬考核;地方国企一级企业"党建入章"、党组织书记与董事长"一肩挑"均100%。规范董事会建设,印发《四川省省属企业董事会和董事评价办法》,出台《关于在加强国资监管中更好发挥外部董事作用的若干措施》,制定外部董事履职服务保障"两个清单",全面落实省国资委派员列席董事会制度,董事会"1+N"制度体系更加完备。截至2022年底,外部董事人才库130人,省属企业集团实现外部董事"全覆盖"。

## 六、四川省国资委监管企业建立和完善经营业绩考核体系情况

### (一)精准实施分类考核

锚定提质增效和改革攻坚,实施更具针对性的考核。坚持稳中求进,研究确定更具挑战性的2022年度和第六任期考核目标。聚焦利润总额和净资产收益率双提高,对利润总额目标值实行分档管理,净资产收益率以行业平均值为目标进行对标考核。突出"提效益、控成本、防风险、促创新"考核导向,强化成本管控和风险防控,专项考核资产负债率、成本费用占营业收入的比重、成本费用利润率、应收账款周转率等指标,引导企业降成本、降两金、控亏损、控风险;突出改革转型,专项考核国企改革三年行动方案落实情况,围绕四川省"1+6"国企重大专项改革发展重点任务,考核蜀道集团、机场集团等企业整合发展情况;鼓励企业科技创新,对科研类企业考核科研经费增长率、重大科研项目立项数等指标。

### (二)完善配套激励措施

完善中长期激励制度。按照国务院国资委上市公司股权激励、科技型企业股权和分红激励、"双百企业"超额利润分享指引等文件,借鉴海康威视等企业推行中长期激励实践案例,研究出台《四川省省属监管企业实施中长期激励的指导意见(试行)》,提出"3+3"(国有控股上市公司股权激励、国有科技型企业股权和分红激励、国有控股混合所有制企业员工持股、超额利润分享机制、跟投机制、虚拟股权激励)政策工具箱,明确每种激励工具的实施条件、适用范围、激励对象和激励方案管理等操作要点,为企业实施中长期激励提供政策依据和制度支撑。针对监管企业中上市公司和科技型企业少、普遍净资产收益率不高的现状,明确虚拟股权激励方式,支持企业灵活采取多种方式加强激励,激发员工多创造价值的原动力。截至2022年底,60余户子公司实施多种形式的中长期激励。

### (三)加强人工成本管控

强化企业人工成本投入产出效率和净资产收益率对标管理,引导企业提升劳动效率和经济效益,对人工成本投入产出效率低于行业50分位值和净资产收益率低于行业平均值的企业工资总额按利润增幅的80%进行调控。加强人工成本动态监控。每季度根据企业财务快报,向人工成本异常的企业下发提示函,督促集团公司加强行权能力建设,认真履行对下属子公司的监管职责,加大对集团本部及子公司人工成本支出、工资总额预算执行情况的动态监控。探索更加灵活高效的工资总额管理方式,鼓励创新,对纳入全国百户"科改示范行动"的企业、"天府综改行动"的科技型企业以及企业化管理的事业法人单位,实施工资总额单列管理,对"双百企业"川航集团实施工资总额周期制管理。

## 七、四川省国资委监管企业国资监管情况

坚持在监管中服务好企业发展、在服务中履行好监管责任,推动国资监管效能进一步提升。加强国资监管体系建设。推动国资监管制度"立改废",对省国资委成立以来的规范性文件进行系统梳理,编印《国资监管政策法规汇编(2004—2022)》。出台《省国资委权力和责任清单(2022年版)》,建立"权责清单运行图谱",形成"一单一表一图谱"权责体系,进一步厘清

省国资委和监管企业权责边界。加强投资监管，修订省属企业投资监督管理暂行办法、负面清单，以及特别监管类和重点关注类投资项目备案流程及"红线"清单，完善外部专家管理、投资管理监督检查等7个配套制度。加强产权监管，按照"应进必进、能进则进、进则规范、操作透明"要求，高标准推进西南联合产权交易所建设，四川省企业国有资产交易项目成交3242宗，增值24.77亿元。加强财务监管，建立财务总监工作报告制度和财务月报制度，修订省属企业融资担保和借款管理指导意见，推进省属企业债务风险监测预警系统建设，强化债务风险全过程监督。加快建设国企阳光采购平台，华西集团、能投集团等企业上线招采700多亿元，有效降低企业成本、助力企业廉政建设。强化法治合规建设。国资国企重要制度、重要经济合同、重大决策合法合规性审查率实现"3个100%"，加强涉法涉诉案件管理，全年帮助企业避免或挽回经济损失44.08亿元。全面推进国企合规管理，四川发展成为全国首家通过合规管理"双认证"的地方国企。强化内部审计监督和责任追究。出台《省属企业违规经营投资问题和线索委内移送办理工作规则》，开展"三重一大"制度建设及执行、境外国有资产监督管理、长期亏损子公司(投资项目)3个专项审计。持续构建全省国资监管大格局。建成全省国资监管"一张网"，四川国资国企在线监管平台涵盖"三重一大"决策运行、大额资金动态支出、财务、产权、投资、科技创新等32个业务监管系统2800多个指标，省属企业及21个市(州)国资委全部接入使用。

## 八、四川省国资委监管企业党的建设和廉政建设情况

### (一)深入开展宣传教育

四川省国资国企通过举办"喜迎二十大　建功新时代"等系列主题活动，满腔热忱迎接党的二十大胜利召开；党的二十大召开后，第一时间抓学习宣传贯彻，开展各类宣讲5700多场次，覆盖干部职工15万余人次，迅速掀起学习贯彻热潮，推动党的二十大精神在国资国企系统落地生根、开花结果，持续增强政治判断力、政治领悟力、政治执行力。

### (二)夯实基层党建基础

高质量完成四川省企业系统出席党的二十大和省第十二次党代会代表推选工作。制定《关于省属监管企业在完善公司治理中加强党的领导的工作措施》，出台加强省属企业基层党组织建设十条措施、加强省属企业党务工作人员队伍建设八条措施，开展党务工作突出问题清查整治。启动实施四川天府国企党建示范引领工程，开展省属企业基层党建工作对标检视整改、国有企业"四心一高"基层思想政治工作示范点建设，川商投集团2个党建工作案例入选国务院国资委2022年度"国企党建创新优秀案例"。

### (三)狠抓党风廉政建设

深入开展滥发薪酬奖金、盲目扩张业务、企业领导人员破规擅权、家属违规经商办企业等专项整治，狠抓巡视巡察和审计反馈问题整改，扎实推进"五粮春"系列案以案促改，查处靠企吃企，设租寻租、权钱交易、利益输送等违法违纪案件235件，党纪政务处分210人，移送司法17人，挽回经济损失10.6亿元，形成有力震慑。

## 九、四川省国资国企干部队伍建设情况

### (一)加强省国资委机关干部队伍建设

从基层公开遴选公务员5人，接收安置军转干部3人，公开招聘事业单位人员1人，较好地改善队伍结构。积极推动干部任职交流，先后晋升一级、二级巡视员各1人，推荐提任3名干部到省管企业任职，平职交流3名干部到其他省直部门和企业任职，协助办理1名干部调外交部工作，有效地激发队伍活力。着眼新时代治蜀兴川要求，先后组织146名干部职工参加疫情防控工作网络培训，推荐16人次机关干部参加各级党校(行政学院)和专题班的培训。依托省属企业布局优化和结构调整等9个方面改革任务，选派1名干部到基层乡镇锻炼，接收2名优秀基层选调生到机关顶岗锻炼。

### (二)加强企业人才队伍建设

加强外部董事队伍建设，完成新一批9名外部董事人选入库，外部董事人才库130人。注重优选优配，完成18名外部董事配备，专职外部董事实现全覆

盖，超过30%的企业配备2名专职外部董事。落实“国资十条”创新政策，研究起草打造国企人才发展创新高地十条措施，形成省属企业高层次人才目录清单。印发省属企业人才工作要点，将人才工作考核纳入党建考核重要内容。持续推进重点人才工程。创新实施科技型企业家培育计划，并将其纳入省人才办重点培训项目。举办国有企业完善公司法人治理结构专题班、第四期国企党务人才和经营管理人才“双向培养”示范班等专题培训，全年示范调训学员200余人；开展知名高校研究生国企实践活动，吸引10余所省内外高校的300余名硕博士研究生到国企实习实践。联合多所高校共同举办夏季毕业生系列招聘活动，发布国企招聘岗位目录，组织300余户在川中央企业、省市属企业开展招聘，累计招录9300余人。

（撰稿人：张永海　李　威）

# 贵州省

## 一、贵州省国有资产监督管理工作综述

2022年，贵州省国资委深入贯彻党的二十大和省第十三次党代会精神，坚决贯彻落实中央和省委决策部署，始终坚持稳中求进工作总基调，以高质量发展统揽全局，全力稳生产、稳经营、稳投资、防风险，有力保持高质量发展的良好态势，为全省经济社会发展大局作出国资贡献。

### （一）企业生产经营持续向好

2022年，贵州省国资系统监管企业累计实现营业收入5503.98亿元，比上年增长14.06%；利润总额1080.75亿元，比上年增长14.27%。全省国资系统监管企业累计实现税金869.69亿元，比上年增长19.56%；劳动生产总值2390.24亿元，比上年增长16.65%。

### （二）固定资产投资稳中有效

2022年，贵州省国资委27户监管企业（独资控股企业18户、参股企业9户，不含托管企业6户）固定资产投资累计完成619亿元，投资计划完成率96.47%，比上年增长18.24%，有效投资和工业投资占比持续扩大，主业类项目占比96.1%，工业类项目占比58.6%，比上年大幅提高，整体呈现主业更加聚焦、结构更加优化等特点。

### （三）国企改革取得重要突破

全力打好国企改革三年行动收官战，坚持盘账对表、靶向攻关，集中力量提升改革成效，国企改革六大类34项改革任务全面完成。《贵州国资国企推动改革走深走实　实现生产发展新突破》《贵州国企全面实现经理层成员任期制和契约化管理》等经验材料获国务院国资委采用推广，贵州省国资委、贵州盘江煤电集团有限责任公司、中国贵州茅台酒厂（集团）有限责任公司3个典型改革案例入选国务院国资委《改革攻坚案例集》，为国资国企改革发展贡献贵州方案、贵州模式、贵州智慧。

### （四）国资监管效能明显增强

监管制度更加健全，出台《贵州省国有企业融资管理暂行办法》《贵州省国资委监管企业国有资产评估管理暂行办法》《贵州省国资委监管企业货物服务采购管理办法（试行）》等规范性文件，有效填补监管漏洞，监管企业融资、资产评估、采购等行为不断得到规范。监管手段更加丰富，智慧监管平台不断完善，企业综合数据、运营态势逐步实现“一键调取”“一屏总览”。集中统一监管推进有力，第二批省级经营性国有资产集中统一监管稳妥推进，集中统一监管比例99.5%，超过全国平均水平。各市（州）经营性国有资产集中统一监管比例总体为98.41%。

### （五）国资国企担当充分彰显

物资保供到位，贵州磷化（集团）有限责任公司提前超额完成工业和信息化部下达的磷肥保供任务。贵州盘江煤电集团有限责任公司、贵州乌江能源集团有限责任公司、国电投贵州金元集团股份有限公司全力保障煤电供应，供应量较往年大幅提升。贵州航空有限公司圆满完成党的二十大、冬奥会、援沪医疗队返黔等重要航班保障任务。纾困解难有力，省国资委监管企业累计为8449户小微企业和个体工商户减免租金3.11

亿元。疫情防控主动,自2022年全省疫情发生以来,省国资委监管企业组建青年突击队150余支、团员青年2300余名投身战"疫",省管企业累计捐款6642.8万元。乡村振兴有效,全年66户企业参与全省乡村振兴定点帮扶,直接投入资金2.22亿元,发展项目383个。

### (六)国有企业党建质量不断提升

坚定不移加强党对国有企业的全面领导,持续加强和改进党的建设各项工作,坚持在完善公司治理中加强党的领导,不断巩固深化国有企业基层党建质量提升三年行动计划、党支部标准化规范化建设等工作成果,始终坚持以严的态度抓牢党风廉政建设和反腐败工作,基层基础不断夯实,党的建设质量不断提升,党建引领发展成效不断显现。

## 二、贵州省国有资产总量与结构分析

截至2022年底,贵州省国有企业2697户,年末资产总额100388.56亿元,所有者权益38619.54亿元。全年实现营业收入7094.97亿元,利润总额961.59亿元,实际上缴税金总额998.96亿元。

**表1　2022年贵州省国有企业指标**

| 项　目 | 金　额(亿元) |
|---|---|
| 资产总额 | 100388.56 |
| 所有者权益 | 38619.54 |
| 国有资产总量 | 36770.72 |
| 营业收入 | 7094.97 |
| 利润总额 | 961.59 |
| 净利润 | 635.43 |
| 归属于母公司所有者的净利润 | 304.79 |
| 应交税金总额 | 934.46 |
| 实际上缴税金总额 | 998.96 |

**表2　2022年贵州省国有企业户数情况**

| 2021年户数(户) | 2022年户数(户) | 比上年增长(%) |
|---|---|---|
| 2732 | 2697 | -1.28 |

截至2022年底,贵州省企业国有资产总量36770.72亿元。从隶属层级看,省属企业国有资产总量8471.36亿元,占比23.04%。其中,省国资委监管企业国有资产总量6047.97亿元,占比16.45%;市(州)企业国有资产总量28299.36亿元,占比76.96%。从各市情况看,贵阳市、遵义市、毕节市、黔南州、铜仁市、黔西南州、六盘水市、安顺市、黔东南州、贵安新区国有资产总量分别为6518.12亿元、3649.86亿元、3381.38亿元、2810.05亿元、2379.36亿元、2222.55亿元、2209.66亿元、1911.20亿元、1711.62亿元、1505.55亿元。

**表3　2022年贵州省国有资产按地区分布情况**

| 地　区 | 国有资产(亿元) | 占国有资产总量比重(%) |
|---|---|---|
| 省属企业汇总 | 8471.36 | 23.04 |
| 省国资委监管企业 | 6047.97 | 16.45 |
| 市(州)企业汇总 | 28299.36 | 76.96 |
| 贵阳市 | 6518.12 | 17.73 |
| 遵义市 | 3649.86 | 9.93 |
| 毕节市 | 3381.38 | 9.20 |
| 黔南州 | 2810.05 | 7.64 |
| 铜仁市 | 2379.36 | 6.47 |
| 黔西南州 | 2222.55 | 6.04 |
| 六盘水市 | 2209.66 | 6.01 |
| 安顺市 | 1911.20 | 5.20 |
| 黔东南州 | 1711.62 | 4.65 |
| 贵安新区 | 1505.55 | 4.09 |
| 合　计 | 36770.72 | 100.00 |

从行业分布看,社会服务业占比40.88%,居各行业之首;其次是建筑业,占比16.06%;再次依次是金融业、商贸业、房地产业、交通运输业、工业,分别占比9.20%、8.38%、7.73%、7.13%、5.71%,5个行业合计占比38.15%。农林牧渔业、教育文化广播业、科学研究和技术服务业、仓储业、软件和信息技术服务业、其他行业分别占比3.32%、0.67%、0.30%、0.13%、0.09%、0.40%,合计占比4.91%。

表 4　2022 年贵州省国有资产按行业分布情况

| 行　业 | 国有资产（亿元） | 占国有资产总量比重（%） |
|---|---|---|
| 社会服务业 | 15031.05 | 40.88 |
| 建筑业 | 5905.76 | 16.06 |
| 金融业 | 3382.06 | 9.20 |
| 商贸业 | 3081.91 | 8.38 |
| 房地产业 | 2842.63 | 7.73 |
| 交通运输业 | 2620.68 | 7.13 |
| 工业 | 2100.69 | 5.71 |
| 农林牧渔业 | 1219.81 | 3.32 |
| 教育文化广播业 | 244.56 | 0.67 |
| 科学研究和技术服务业 | 109.69 | 0.30 |
| 仓储业 | 49.36 | 0.13 |
| 软件和信息技术服务业 | 34.48 | 0.09 |
| 其他行业 | 148.05 | 0.40 |
| 合　计 | 36770.73 | 100.00 |

注：由于四舍五入，合计数与表 1 中"国有资产总量"数据不等。

从企业规模看，大型企业国有资产总量 14993.17 亿元，占比 40.77%；中型企业国有资产总量 9663.34 亿元，占比 26.28%；小型企业国有资产总量 7869.08 亿元，占比 21.40%；微型企业国有资产总量 4245.12 亿元，占比 11.54%。

表 5　2022 年贵州省国有资产按经营规模分布情况

| 经营规模 | 国有资产（亿元） | 占国有资产总量比重（%） |
|---|---|---|
| 大型企业 | 14993.17 | 40.77 |
| 中型企业 | 9663.34 | 26.28 |
| 小型企业 | 7869.08 | 21.40 |
| 微型企业 | 4245.12 | 11.54 |
| 合　计 | 36770.71 | 99.99 |

注：由于四舍五入，合计数与表 1 中"国有资产总量"数据不等；"占国有资产总量比重"不等于 100%。

## 三、贵州省国有资本保值增值综合分析评价

从各地区情况来看，省属企业国有资本保值增值率 106.20%，其中，省国资委监管企业国有资本保值增值率 108.72%。在市（州）企业中，贵阳市、遵义市、铜仁市、黔西南州、毕节市、贵安新区实现保值增值。从行业分布情况看，13 个行业中，5 个行业实现保值增值，工业保值增值率最高，为 120.58%，其余 4 个实现保值增值的行业分别为教育文化广播业、软件和信息技术服务业、农林牧渔业、社会服务业，保值增值率分别为 113.14%、106.05%、100.67%、100.47%。

表 6　2022 年贵州省国有企业地区和行业国有资本保值增值情况

| 地　区 | 国有资本保值增值率（%） | 行　业 | 国有资本保值增值率（%） |
|---|---|---|---|
| 省属企业 | 106.20 | 工业 | 120.58 |
| 省国资委监管企业 | 108.72 | 教育文化广播业 | 113.14 |
| 市（州）企业 | 99.55 | 软件和信息技术服务业 | 106.05 |
| 贵阳市 | 100.02 | 农林牧渔业 | 100.67 |
| 遵义市 | 101.17 | 社会服务业 | 100.47 |
| 铜仁市 | 101.28 | 房地产业 | 99.82 |
| 黔西南州 | 100.54 | 建筑业 | 99.59 |
| 毕节市 | 100.11 | 金融业 | 99.08 |
| 贵安新区 | 100.08 | 交通运输业 | 99.04 |
| 黔南州 | 99.87 | 商贸业 | 98.84 |
| 安顺市 | 97.52 | 仓储业 | 98.78 |
| 六盘水市 | 96.48 | 科学研究和技术服务业 | 96.09 |
| 黔东南州 | 95.30 | 其他行业 | 97.84 |

## 四、贵州省国资委监管企业改革发展情况

### （一）中国特色现代企业制度更加成熟

在完善公司治理中加强党的领导。全面落实习近平总书记关于坚持党对国有企业的领导必须一以贯之、建立现代企业制度必须一以贯之的重要指示要求，立足在完善公司治理中加强党的领导，全

面明确全省国企党委(党组)在决策、执行、监督等各环节的权责和工作方式,"党建入章""一清单三规则"修订等工作全面完成,党组织在公司治理中的法定地位和作用得到持续巩固。董事会建设全面加强,经理层行权得到有力保障。全面建立董事会向经理层授权的管理制度,落实总经理对董事会负责、向董事会报告的工作机制,经理层依法行权履职得到充分保障;监管企业董事会应建尽建、外部董事占多数等方面全面实现 100%。贵州酒店集团有限公司、贵州黔通智联科技股份有限公司成功入选国务院国资委地方国有企业公司治理示范企业名单。公司制改革全面完成。统筹推进各履行出资人职责机构、省国资委监管企业、各市(州)国资监管机构所属全民所有制企业的公司制改革。截至 2022 年底,487 户需要改制的企业如期全面完成公司制改革。

**(二)三项制度改革有效落实**

管理人员能上能下升降通道有效"打通"。推动监管企业经理层成员全面实行任期制和契约化管理,全面建立管理人员竞聘上岗、末等调整和不胜任退出等机制,严格树立"竞争"导向,科学研判"末等""不胜任"的具体情形,倡导"能者上、平者让、庸者下"的用人机制。2022 年,100 户集团公司及各级子企业实施管理人员末等调整和不胜任退出,占比 12.79%;调整或退出管理人员 238 人,占比 3.9%。员工能进能出用工机制全面"深化"。推动监管企业建立符合现代企业制度要求的劳动用工制度,全面实现公开招聘常态化,建立校园招聘、社会招聘等多渠道公开招聘机制,2022 年公开招聘比例 99.99%。全面实行全员绩效考核,形成员工能进能出常态机制。

**(三)混合所有制改革稳妥推进**

积极稳妥推进混合所有制改革工作,实现国有资本和民营资本优势互补、共同发展。按"非穿透式"口径,在监管企业各级子企业中,混合所有制企业 112 户,占比 14.81%。上市工作稳步推进。贵州黔通智联科技股份有限公司、瓮福(集团)有限责任公司等重点企业上市工作有序推进。中国振华电子集团有限公司下属贵州振华风光半导体股份有限公司成功在上海证券交易所科创板上市。差异化管控机制逐步形成。研究制定《贵州省国资委关于国有相对控股混合所有制企业差异化管控的工作指引(试行)》,对相对控股混合所有制企业实施有别于国有全资、绝对控股企业的差异化管控,建立健全以管资本为主的监管体制,明确国有股东与相对控股企业的权利和责任边界,规范国有股东行为。指导贵州省黔晟国有资产经营有限责任公司、贵州磷化(集团)有限责任公司下属相对控股混合所有制企业探索差异化授权、"一企一策"制定章程,优化管控模式、创新经营机制,不断提升经营活力和效率。

**(四)企业科技创新步伐加快**

2022 年,监管企业中重点工业制造类企业研发投入强度 4.52%,比上年增加 1.99 个百分点。监管企业国家级创新平台 18 个(其中国家企业技术中心 5 个)、省级创新平台 94 个。贵州钢绳(集团)有限责任公司主导起草国际标准 2 项,实现钢丝绳设计软件等核心技术的原创性突破。贵州乌江能源集团有限责任公司"窄陡型向斜水平井地质导向技术"成功入选自然资源部《矿产资源节约和综合利用先进适用技术目录》。贵州磷化(集团)有限责任公司全球首创磷矿伴生氟碘硅资源回收利用并实现商业化运营。3 户企业获得省级科技进步奖二等奖,7 户企业获得省级科技进步奖三等奖。

**(五)国企改革专项工程不断深化**

推荐贵州中南交通科技有限公司、遵义钛业股份有限公司、珠海经济特区龙狮瓶盖有限公司入选"科改示范企业",至此,贵州省有"双百企业"4 户、"科改示范企业"4 户。

## 五、贵州省国资委监管企业并购重组与完善法人治理结构情况

**(一)战略性重组和专业化整合深入推进**

围绕"四化"领域,全面启动新一轮战略性重组和专业化整合。顺利组建贵州习酒投资控股集团有限责任公司,稳妥推进贵州民航产业集团有限公司、贵州能源集团有限公司组建,国有资本布局整体更优。新组建的公司中,贵州习酒投资控股集团有限责任公

司旨在以中高端白酒生产为重点，推动白酒产业实现集群式发展，打造具有行业影响力的全国中高端白酒企业，壮大贵州酱香酒品牌舰队。贵州民航产业集团有限公司整合贵州省机场集团有限公司和贵州航空投资控股集团有限责任公司，推动贵州省民航规模化、产业化、专业化发展，促进枢纽机场、支线机场和航空公司运营等专业核心业务更加突出。贵州能源集团有限公司整合贵州盘江煤电集团有限责任公司和贵州乌江能源集团有限责任公司，围绕建设新型综合能源基地和打造西南地区煤炭保供中心战略定位，着力打造千亿级全国清洁能源供应商和全国一流能源企业。将 8 户控股企业部分股权划转至贵州省黔晟国有资产经营有限责任公司，壮大国有资本投资运营公司规模，更好地发挥其服务新型工业化、国资国企改革等资本投资运营作用。

### (二)优势产业集群加快布局

新兴产业、优势产业占比大幅提升。云上贵州大数据(集团)有限公司稳妥完成对贵阳大数据交易所的优化重组。贵州盐业(集团)有限责任公司深化校企合作，盐药融合迈出新步伐。贵州省黔晟国有资产经营有限责任公司通过新动能基金加大战略性新兴产业投资布局，撬动投资 170.5 亿元。贵州磷化(集团)有限责任公司加强与宁德时代公司全方位合作发展新能源电池及材料。贵州盘江煤电集团有限责任公司、贵州乌江能源集团有限责任公司加快推动煤矿智能化技改。

### (三)企业法人治理结构全面完善

统筹推进董事会应建尽建、规范运行，切实保障经理层依法行权履职，企业法人主体实现尽职归位，内部监督实现同向发力。创新推进董事会成员实现外大于内。出台《贵州省国资委监管企业外部董事管理暂行办法》等制度，从建立专家库、选拔任用、管理服务、考核评价、薪酬待遇、工作规则等方面作出明确规定，填补贵州省外部董事工作的政策空白。截至 2022 年底，342 户纳入外部董事占多数范围的企业全面实现“外大于内”。大力加强董事会建设落实董事会职权。统筹推进董事会应建尽建、规范运行，将 2022 年确定为“监管企业董事会建设规范年”，通过抓好制度建设、机构设置、授权管理、管理服务、作用发挥、工作指导“六个规范”，全面提升董事会规范化专业化水平，加快建设专业尽责、规范高效的董事会。截至 2022 年底，监管企业中 367 户纳入董事会应建范围的企业全面实现应建尽建。保障经理层依法行权履职。印发《省国资委监管企业董事会建设规范年实施方案》，部署具体措施任务 38 项，对规范授权管理、保障经理层依法行权履职等工作作出安排，监管企业董事会向经理层授权的工作方案和管理制度、董事会向经理层授权清单、经理层向董事会报告工作制度全面建立，经理层成员任期制和契约化管理全面推行，实现激励与约束相统一，经理层谋经营、抓落实、强管理执行力持续提升。

## 六、贵州省国资委监管企业建立和完善经营业绩考核体系情况

### (一)考核指标体系持续完善

引入专业第三方机构，按照“突出代表性、注重可比性、体现差异性”原则，采用数据对比分析、反向测评验证、专家论证评估等方式，对考核指标进行跟踪问效，通过问效结果“一企一策”调整优化指标选取，对处于脱困期企业针对性选取“营业现金比率”作为考核指标，对负债高企业选取“资产负债率”作为考核指标，精准实现补短板、强弱项的激励导向。

### (二)考核工作机制优化创新

设立特殊管理事项清单，在商业类、公益类企业中发挥考核的负面约束力。如“两利四率”专项考核促使负债规模大、还债压力大的企业在发展中保警戒、有敬畏、守红线，有效控制债务风险。“以渣定产”专项考核让磷化工企业对产能、产量的把控进入全新的科学预测阶段。研究出台《省国资委监管企业科技创新工作考核办法》，强化科技创新考核激励。将研发投入强度、扩大首台装备和首批次新材料应用等因素纳入经营业绩考核测算，促使企业开展产业链技术攻关，争当产业链链长，推动科技创新这个“关键变量”转化为企业高质量发展的“最大增量”。

### (三)薪酬分配体系导向明确

突出价值创造推行薪酬与业绩双对标，紧盯企业

效益,加强工资总额预算管理,做到薪酬与业绩贡献挂钩、与企业效益挂钩,实现"业绩升、薪酬升,业绩降、薪酬降"。印发相关通知,督促监管企业打破"平均主义",合理拉开分配差距,推动薪酬分配向关键技术核心岗位、高技能人才和一线苦脏险累岗位倾斜。

### (四)中长期激励稳步开展

指导监管企业对所出资企业中长期激励进行梳理评估,其中实施中长期激励的各级子企业3户。

## 七、贵州省国资委监管企业负责人考核与选人用人机制改革情况

### (一)企业干部队伍质量有力提升

将2022年确定为"选人用人工作提升年",明确25条具体工作措施,推动监管企业选拔任用优秀干部1232人、重点培养年轻干部1811人。建立分析研判机制,半年一次对企业领导人员履职状况开展综合分析研判,提出"进退留转"工作建议。着力加强监管企业董事会建设,为监管企业配备外部董事88人次。大力推进央地互派干部挂职交流,助力实现贵州企业与中央企业优势互补、共同发展。

### (二)人才强企战略深入实施

全面落实中央、省委关于人才工作的安排部署,出台《关于推动监管企业人才工作高质量发展的实施细则(试行)》《监管企业人才工作提质年实施方案》等文件,将2022年确定为"监管企业人才工作提质年",实施"八方聚才""倾心留才""人人成才""人尽其才"四大行动,监管企业落实人才工作经费预算2.2亿元,举办培训4098班次,累计培训35.1万人次,推动监管企业引进人才6721人,人才资源总量10.75万人,比上年增长11.97%,人才规模进一步壮大。监管企业研究生学历人才数量、高级职称人才数量、高技能人才数量分别比上年增长26.74%、38.95%、12.02%,人才工作质量得到有效提高。

### (三)人才发展体制机制改革深入推进

推动监管企业建立健全人才发展体制机制,对经营管理、专业技术、技能、党务四类人才打通交流通道,拓宽各类人才发展空间。推动监管企业梳理制定松绑赋权、授权事项、评价改革"三项清单",积极探索开展向科技人才松绑赋权、向用人主体放权授权、改革人才评价方式三项改革工作,努力破除人才发展体制机制桎梏,促进人才活力充分释放。推动监管企业将经营管理人才薪酬与业绩利润挂钩,让薪酬与工作实绩"双对标",激励人尽其才、才尽其用。

## 八、贵州省国资委监管企业党的建设和廉政建设情况

### (一)党的领导全面加强

始终把学习贯彻习近平总书记关于国有企业改革发展和党的建设重要论述贯穿工作始终,持续加强和改进党的建设各项工作。扎实开展"党的二十大精神大学习大落实"活动,引导国资系统广大党员干部职工全面学习、全面把握、全面落实党的二十大精神,累计开展党的二十大精神宣讲6162场次,覆盖受众49万余人次。制定下发《2022年全省国企党建重点任务清单》《省国资委党委2022年工作要点》,不断推进国企党建提质增效。

### (二)基层基础不断巩固

不断巩固深化国有企业基层党建质量提升三年行动计划、党支部标准化规范化建设工作成果,深入开展基础党务突出问题集中整治,党的组织和工作从有形覆盖向有效覆盖提升。2022年,各企业动态消除党员"空白班组"82个、"大支部"13个;评选命名系统示范党支部304个,推荐入选省级示范党支部13个;累计打造党建品牌或子品牌280余个,开展产业链供应链创新链党建和党建联建共建试点97个。

### (三)全面从严治党纵深推进

始终坚持以"严"的态度抓牢党风廉政建设和反腐败工作,始终以更严的基调、更严的措施、更严的氛围,持续加大正风肃纪反腐工作力度。严格落实省政府"改进作风、狠抓落实年"各项工作要求,扎实开展自查自纠和问题整改,推动机关作风转变。部署开展"小切口、深层次"监管专项行动,采取"帮""督"结合的方式解决一批企业存在的突出问题和困难,国资国企良好政治生态更加巩固。

(撰稿人:胡亚男)

# 云南省

## 一、云南省国有资产监督管理工作综述

2022年，云南省国资委坚持以习近平新时代中国特色社会主义思想为指导，深入学习贯彻党的二十大和十九届历次全会精神以及习近平总书记考察云南重要讲话精神，认真贯彻落实云南省第十一次党代会和省委十一届二次、三次全会精神，在省委、省政府坚强领导下，坚持稳中求进工作总基调，全力在稳运行、推改革、促发展、防风险、严监管、强党建上出实招、求成效，为云南省经济社会发展和稳定作出积极贡献。截至2022年底，云南省国有企业资产总额68349.07亿元，比上年增长6.83%；所有者权益22672.70亿元，比上年增长1.9%；营业收入10250.30亿元，比上年增长2.4%；利润总额－108.73亿元，与上年相比下滑严重；实现利税总额170.04亿元，比上年下降59.84%；实际上缴税金总额340.86亿元，比上年下降8.71%；固定资产投资额2557.40亿元，比上年下降2.69%。

## 二、云南省国有资产总量与结构分析

表1　　2022年云南省国有企业指标

| 项　目 | 数　量 |
|---|---|
| 资产总额(亿元) | 68349.07 |
| 所有者权益(亿元) | 22672.70 |
| 国有资产总量(亿元) | 18178.11 |
| 营业收入(亿元) | 10250.30 |
| 利润总额(亿元) | －108.73 |
| 净利润(亿元) | －194.39 |
| 归属于母公司所有者的净利润(亿元) | －213.88 |
| 应交税金总额(亿元) | 364.43 |
| 实际上缴税金总额(亿元) | 340.86 |
| 国有资本保值增率(%) | 98.83 |

表2　　2022年云南省国有企业户数情况

| 2021年户数(户) | 2022年户数(户) | 比上年增长(%) |
|---|---|---|
| 6668 | 7424 | 11.34 |

表3　2022年云南省国有资产按地区分布情况

| 地　区 | 国有资产(亿元) | 占国有资产总量比重(%) |
|---|---|---|
| 省级企业汇总 | 5964.30 | 32.81 |
| 监管企业 | 5144.42 | 28.30 |
| 非监管企业 | 819.88 | 4.51 |
| 州市国有企业汇总 | 12213.81 | 67.19 |
| 昆明市 | 4345.73 | 23.91 |
| 红河哈尼族彝族自治州 | 964.52 | 5.31 |
| 保山市 | 948.77 | 5.22 |
| 曲靖市 | 777.92 | 4.28 |
| 大理白族自治州 | 777.12 | 4.28 |
| 昭通市 | 636.72 | 3.50 |
| 玉溪市 | 556.59 | 3.06 |
| 普洱市 | 556.41 | 3.06 |
| 楚雄彝族自治州 | 532.81 | 2.93 |
| 文山壮族苗族自治州 | 517.65 | 2.85 |
| 临沧市 | 329.10 | 1.81 |
| 滇中新区 | 328.43 | 1.81 |
| 德宏傣族景颇族自治州 | 289.47 | 1.59 |
| 西双版纳傣族自治州 | 278.84 | 1.53 |
| 丽江市 | 182.60 | 1.00 |
| 怒江傈僳族自治州 | 124.77 | 0.69 |
| 迪庆藏族自治州 | 66.36 | 0.37 |

表 4　2022 年云南省国有资产按行业分布情况

| 行　业 | 国有资产(亿元) | 占国有资产总量比重(%) |
| --- | --- | --- |
| 农林牧渔业 | 454.57 | 2.50 |
| 工业 | 622.36 | 3.42 |
| 建筑业 | 2493.66 | 13.72 |
| 交通运输业 | 1029.33 | 5.66 |
| 仓储业 | 14.8 | 0.08 |
| 商贸业 | -30.85 | -0.17 |
| 房地产业 | 454.37 | 2.50 |
| 信息传输、软件和信息技术服务业 | 20.42 | 0.11 |
| 社会服务业 | 12618.38 | 69.42 |
| 教育文化广播业 | 125.19 | 0.69 |
| 科学研究和技术服务业 | 86.67 | 0.48 |
| 金融业 | 271.74 | 1.49 |
| 其他行业 | 17.46 | 0.10 |
| 合　计 | 18178.11 | 100.00 |

表 5　2022 年云南省国有资产按经营规模分布情况

| 经营规模 | 国有资产(亿元) | 占国有资产总量比重(%) |
| --- | --- | --- |
| 大型企业 | 12564.38 | 69.12 |
| 中型企业 | 2631.70 | 14.48 |
| 小型企业 | 2075.55 | 11.42 |
| 微型企业 | 906.48 | 4.99 |
| 合　计 | 18178.11 | 100.00 |

## 三、云南省国有资本保值增值综合分析评价

2022 年底，云南省企业国有资产总量 18178.11 亿元，较年初增加 758.29 亿元，增长 4.35%。其中，国有资本权益增加 2813.91 亿元，主要是国家、国有单位直接或追加投资增加 733.03 亿元，无偿划入增加国有资本 1391.33 亿元，资产评估增加 132.55 亿元，产权界定增加 10.71 亿元，资本(股本)溢价 135.90 亿元，债权转股权 10.33 亿元，中央和地方政府确定的其他因素增加国有资本 50.90 亿元，会计调整 56.42 亿元，经营积累 278.15 亿元；国有资本权益减少 2055.61 亿元，主要是无偿划出 991.80 亿元，产权界定减少 105.33 亿元，按规定已上缴利润 80.98 亿元，经营减值 481.15 亿元。考虑客观因素增减变动，云南省国有资本保值增值率 98.83%，离实现保值增值差 1.17 个百分点。

2022 年底，省级国有企业国有资产总量 5964.30 亿元，较年初增加 122.94 亿元，增长 2.1%，国有资本保值增值率 99.36%，高于云南省平均水平 0.53 个百分点，其中，省国资委监管企业国有资产总量 5144.42 亿元，较年初增加 503.99 亿元，增长 10.86%，国有资本保值增值率 99.05%；州市国有企业国有资产总量 12213.81 亿元，较年初增加 635.35 亿元，增长 5.49%，国有资本保值增值率 98.57%。

从云南省国有资产的分布情况看，省级企业国有资产总量占云南省的 32.81%，其中，省国资委监管企业国有资产总量占省级企业的 86.25%；州市企业国有资产总量占云南省的 67.19%，其中昆明市企业国有资本占州市企业的 35.58%。

表 6　2022 年云南省国有企业地区和行业国有资本保值增值情况

| 地　区 | 国有资本保值增值率(%) | 行　业 | 国有资本保值增值率(%) |
| --- | --- | --- | --- |
| 省级企业 | 99.36 | 农林牧渔业 | 95.59 |
| 丽江市 | 105.68 | 工业 | 95.68 |
| 怒江傈僳族自治州 | 101.04 | 建筑业 | 101.39 |
| 昭通市 | 100.65 | 交通运输业 | 98.18 |
| 玉溪市 | 100.44 | 仓储业 | 98.38 |
| 普洱市 | 100.27 | 商贸业 | -1.00 |
| 西双版纳傣族自治州 | 100.20 | 房地产业 | 98.50 |
| 楚雄彝族自治州 | 100.00 | 信息传输、软件和信息技术服务业 | 97.27 |
| 大理白族自治州 | 99.90 | 社会服务业 | 98.42 |

续表

| 地　区 | 国有资本保值增值率(%) | 行　业 | 国有资本保值增值率(%) |
|---|---|---|---|
| 曲靖市 | 99.08 | 教育文化广播业 | 105.23 |
| 昆明市 | 98.95 | 科学研究和技术服务业 | 104.70 |
| 迪庆藏族自治州 | 98.87 | 金融业 | 108.34 |
| 临沧市 | 98.74 | 其他行业 | 99.37 |
| 文山壮族苗族自治州 | 98.59 | | |
| 保山市 | 98.52 | | |
| 德宏傣族景颇族自治州 | 97.11 | | |
| 红河哈尼族彝族自治州 | 95.56 | | |
| 滇中新区 | 85.96 | | |

## 四、云南省国资委监管企业改革发展情况

### (一)全力推动各项改革工作

三年行动圆满收官。对重点工作实行项目化、清单化管理，建立日常调度、督查督办、考核评价工作机制，先后召开专题会10余次，2次对省属企业和16个州(市)全覆盖开展现场督导，发出督办函或提示函48份，推动三年行动整体任务完成率100%。

"瘦身健体"成效明显。开展"瘦身健体"提质增效"百日攻坚"专项行动，"一企一策"梳理明确任务清单。截至2022年底，云南省国有企业"三供一业"分离移交全面完成，49.68万名退休人员全部实现社会化管理；全面完成纳入处置范围的229户"僵尸企业"处置，企业历史包袱沉重的状况得到有效改善。

企业发展质量进一步增强。开展"对标找差距推动高质量发展"专项行动，指导省属企业查找问题465条，制定整改提升措施662条，云天化股份和华联锌铟被国务院国资委评为标杆企业。印发《云南省国资委关于建设国际国内一流企业的实施意见》，组织开展"双示范"行动并取得积极成效。加强战略引领，组织开展生产制造关键环节全数字化改造，助推省属企业数字化积极转型。组织云锡控股、能投集团等5户"双百企业"在深度转换经营机制、激励约束机制等方面率先实现突破，能投集团被国务院国资委评为标杆企业，云天化股份股权激励、云锡控股集团化管控、贵金属集团创新体系建设等改革经验在云南省范围复制推广。列入"科改示范行动"的南天信息全面完成各项改革任务，市场影响力持续扩大，2022年居IDC全球金融科技百强第39位，居IDC《中国银行业IT解决方案市场份额》第4位。

企业创新能力进一步提升。制定《关于提升国有企业自主创新能力的实施意见》，推动企业持续加大研发投入力度，健全完善产学研协同创新体制机制，省属企业有国家级和省级以上平台162个，建立"双创"平台60个。指导贵金属集团创建稀贵金属云南实验室，培育稀贵金属功能材料制造业创新中心。

### (二)进一步加强投资监管

健全制度建设。充分学习借鉴国务院国资委和其他地区经验做法，先后组织研究制定《云南省省属境外企业综合治理方案》《关于省属企业金融投资监督管理有关事宜的通知》等一系列规范性、指导性文件，进一步完善制度体系建设，扎实制度的笼子，为省属企业改革发展各项工作提供依据和指引。进一步压实省属企业三个主体责任，进一步构建起以"管资本"为主的监督管理体系，聚焦全过程监管，满足新形势新阶段新格局下的国企发展需求。

加强统筹谋划。为防止盲目决策投资、非主业投资、债务风险过大，确保省属企业投资效益，云南省国资委围绕"一企一策"的产业发展布局，组织召开投资管理办法及实施细则政策解读会、省属企业投资监管工作专题会、投资计划评审专家沟通协调会等，对新修订和印发的省属企业投资监督管理办法和实施细则进行解读，总结经验教训，分析存在的问题及原因，开展投资监管工作的经验交流，部署2022年度投资监管重点工作任务。

## 五、云南省国资委监管企业并购重组与完善法人治理结构情况

### (一)并购重组

进一步调整优化国有资本布局结构。推动国有资

本向重要行业和关键领域集中,省属企业完成战略性新兴产业60.49亿元,云天化集团10万吨磷酸铁、能投集团40万吨有机硅等一批重点项目建成投产。推进昆钢控股与宝武集团战略重组,重组设立绿色能源、健康产业、绿色环保、城市更新四大产业集团,成立云南龙港实业集团,推动能投集团整合重组省电力配售公司、煤炭产业集团整合重组鑫国煤矿等6对煤矿,推进企业内部资源整合取得新进展。初步开展理顺省级储备粮管理体制机制实现政策性和经营性职能分开有关工作,进一步理顺省级政府储备粮管理体制机制。

大力推进企业上市工作。进一步梳理和细化工作方案和企业情况,分层分类、"一企一策"、分步分阶段重点推进云天化集团下属重庆玻纤及工投集团下属博浩生物的IPO项目审批相关材料报送工作。云天化集团下属重庆玻纤于2022年9月21日通过深圳证券交易所创业板上市委员会审核,待深圳证券交易所完成补充资料审核并公告后即进入注册环节,推进工投集团博浩生物、地矿集团云南黄金IPO工作。

稳妥有序推进央地合作。制定央企入滇落地项目对接联系表,安排专人负责不定期与各中央驻滇企业联系,加强与央企的沟通协调,争取签署一批落地项目,推动战略合作协议落地见效。截至2022年底,58个项目开工建设39个,完成投资700余亿元。

### (二)完善法人治理

加快完善现代企业制度,不断提升董事会规范化建设水平。一是加强董事会规范化建设。抓好《省属企业董事会规范化建设工作指南(试行)》的贯彻执行,对省属企业董事会规范化建设情况全面开展检查,反馈检查中发现的问题,督促企业及时抓好整改。制定下发《关于省属企业加强子企业董事会建设有关事项的通知》,指导监督各省属企业进一步规范子企业董事会建设,落实董事会职权。省属企业纳入董事会应建尽建范围的896户企业全部建立董事会,129户重要子企业落实董事会职权。督促指导各省属企业开展董事会换届工作,届期已满的11户企业完成董事会换届工作。二是加强外部董事队伍建设。云南省属企业专职外部董事18人;兼职外部董事专家库成员90人,聘任14人在企业任职。省属企业集团层面应实现外部董事占多数的12户企业均实现外部董事占多数;其余4户企业配备2～3名外部董事。对兼职外部董事履职情况开展评价,推动外部董事进一步履职尽责,勤勉工作。截至2022年底,外部董事在履职中投反对票、弃权票、暂缓表决事项86项,提示风险事项74项,提出意见建议208条,职能作用显著增强,有效打破省属企业内部人员控制,有力促进董事会各项职权落到实处。三是完善董事会授权管理制度。制定下发《省属企业董事会授权管理指引》,确保授权合理、可控、高效,在提高效率、增强经营活力的同时,有效防范风险。推动各企业全面建立董事会授权管理制度。截至2022年底,16户省属企业和896户各级子企业均建立董事会向经理层授权管理制度,同时建立经理层向董事会报告的工作机制,并切实抓好组织实施。

完善市场化经营机制,有效激活经理层活力。一是加大市场化选聘力度。按照市场化选聘、差异化薪酬、契约化管理、市场化退出原则,建立职业经理人制度,推进省属企业经营管理人才职业化、市场化、专业化,研究制定《省属企业职业经理人管理办法》,积极支持二、三级企业扩大市场化选聘范围和数量,截至2022年底,省属企业各级子企业职业经理人总数291人。各省属企业将内部竞聘、校园招聘和社会招聘有效结合,切实人才引进工作,省属企业2022年引进各级管理人员及专业人才3480人。二是全面推行经理层成员任期制和契约化管理,建立健全经营管理人员退出机制。对省属企业推行经理层成员任期制和契约化管理改革情况进行全面"回头看"检查,对集团层面和各级子企业经理层成员签订的契约文本,监督指导查缺补漏,提高改革质量。截至2022年底,省属企业各级经营管理人员3322人,全部实现任期制和契约化管理。持续推动三项制度改革,省属各级企业管理人员竞争上岗3800多人,末等调整或不胜任退出570多人,100%实行全员绩效考核;加快推进中长期激励机制,34户具备开展中长期激励条件的子企业中26户实施激励,累计激励1687人次。

## 六、云南省国资委监管企业建立和完善企业经营业绩考核情况

2022年,云南省国资委坚持贯彻新发展理念,不断完善考核分配制度体系,明确"指挥棒"导向,创新

工作机制，在体系化构建制度、保障科技创新等方面不断取得新成效。

### （一）经营业绩考核制度体系不断健全完善

同步启动《云南省省属企业负责人经营业绩考核暂行办法》《云南省省属企业负责人薪酬管理暂行办法》的修订工作。在经营业绩考核办法修订中，压降规模速度指标权重，提高质量效益指标权重，让经营业绩考核得分真正反映企业的发展质量和水平。在薪酬管理办法修订中，将企业党风廉政建设、改革发展、安全生产等专项工作结果，通过加扣分的形式反映在调节系数中，直接影响企业负责人薪酬。修订出台《云南省省属企业保障农民工工资支付工作考核办法》，办法适用对象更多，考核内容更全，加扣分规定更加细化。印发《云南省国资委关于进一步加大对长期应收款清收力度有关事项的通知》，体现激励与约束并重，对于造成长期应收款清收困难或应当承担相关责任的人员，将清收应收款作为主要考核指标；各企业可在绩效薪酬中设置应收账款专项奖励。印发《云南省国资委党委关于省属企业违反收入分配管理制度有关情况的通报》，明确对违规发放通信费用、统筹外费用、津补贴等事项的整改要求及标准，解决以往制度执行难的问题。

### （二）从严从实抓好考核分配各项重点工作

一是据实进行省属企业经营业绩考核。在2021年度经营业绩考核中，对3户企业的非经常性损益进行还原，真实反映企业生产经营成果。认真研判4户特殊省属企业的经营目标，“一企一策”签订2022年度经营业绩考核责任书。二是严格省属企业负责人薪酬管理。在2021年度负责人薪酬分配中，扣减拖欠职工工资的6户省属企业负责人绩效年薪30余万元；对工资总额超发的1户省属企业主要负责人和分管负责人扣减绩效年薪81%，合计29.6万元；对3户省属企业领导班子年度考核评价等次为“一般”“较差”或党风廉政考核结果为“基本合格”“不合格”的直接扣减绩效年薪60余万元；对受到党纪政务处分的负责人薪酬实行双重扣减。三是统筹省属企业工资总额管理。对3户超发工资企业，严格按照工资总额管理相关办法进行处理，并扣减1户企业相关负责人绩效年薪。工资总额更多向高层次人才等倾斜，出台新的措施：对符合条件的科技型企业，将核心技术攻关团队的工资总额单列管理；对科技成果转化奖励实行工资总额单列管理；对符合条件高层次科技人才的薪酬，按照不超工资总额5%据实核算、单列管理。四是整治收入分配秩序。在省属企业收入分配自查自纠工作的基础上，对5户企业及1名专职外部董事违反收入分配管理制度有关情况进行通报，退回违规发放津补贴70余万元；根据全面审计结果，核实省属企业是否存在虚增营业收入和利润事项，对1户企业负责人薪酬进行部分扣回。五是积极开展中长期激励。根据国务院国资委关于中央企业在创新领域开展跟投试点的意见精神，云南省国资委出台《关于在创新领域开展跟投试点工作有关事项的通知》，确定1户企业4个项目率先开展跟投试点；云南省委深改委将省属企业控股上市公司限制性股权激励作为第一批改革试点经验，进行全省复制推广，云南省国资委及时总结相关经验，推介给相关国有控股上市公司。

## 七、云南省国资委监管企业负责人考核与选人用人机制改革情况

### （一）企业负责人考核

按照云南省委统一部署，成立由云南省国资委领导、各处室负责人、各省属企业100人组成7个调研考核组，对23户省属企业展开领导班子和领导人员年度考核评价、党风廉政建设责任制检查考核、党委书记抓基层党建述职评议实地考核、领导干部政治素质考察、省属企业选人用人工作“一报告两评议”、《干部选拔任用工作监督检查和责任追究办法》等4个文件贯彻落实情况检查、领导班子和领导人员任期考核、专职外部董事履职评价等8个方面内容的检查考核工作。经综合评定，4户省属企业领导班子被评为“优秀”，16户被评为“良好”，3户被评为“一般”；45名省属企业领导人员被评为“优秀”，144人被评为“称职”。

### （二）选人用人机制改革

一是加大干部教育监督工作力度。抓好干部教育培训。加强与省委组织部、云南工业干部学院的沟通协调，优化培训资源，制定《2022年省属企业重点培训班次计划》。在中山大学、华为公司举办经营管理人员能力提升研修班，在工院举办省属企业巡察工作培

训班,与省工信厅联合在上海交通大学举办"卓越企业家"研修班。强化干部监督工作。深入推进省属企业境外腐败专项治理工作,对省属国有企业中层管理人员涉外事项进行全面摸底统计,排查3070人,涉及境外事项的274人,摸清底数,促进企业管理人员依法履职、秉公用权、廉洁从业,自觉接受组织监督。全面完成清理规范省属企业干部职工及其亲属经商办企业行为专项整治工作。对委管企业选人用人工作开展年度检查,对省属企业干部人事档案审核工作进行全面检查评估,提高企业选人用人和档案管理工作质量。二是深化分配体制改革。指导督促各省属企业健全市场化分配机制,以岗位职责为基础、绩效贡献为依据,合理确定不同岗位的薪酬水平,建立中长期激励体系,注重向关键岗位、核心骨干人才、急需紧缺人才和作出突出贡献的人才倾斜,充分调动人才干事创业积极性。能投股份、南天信息等4户企业实施员工持股工作。

## 八、云南省国资委监管企业党的建设和廉政建设情况

### (一)着力强化思想引领,践行"两个维护"坚决有力

一是持续深化理论武装。省国资委党委和省属企业党委分别落实"第一议题"制度22次、793次。组建宣讲团,深入开展党的二十大精神的学习宣传贯彻。对省属企业党委中心组学习列席旁听全覆盖。组织《习近平谈治国理政》一至四卷等学习研讨1.4万次,党员干部讲党课3.3万次。推动党史学习教育常态长效,帮助解决群众困难问题6.2万个。二是扎实抓好云南省国企改革发展大会精神落实。聚焦省委书记指出的5个方面问题和提出的管理、发展、脱困、改革要求,及时召开省属企业工作部署会,印发《抓党建促省属国有企业改革发展行动方案》分工方案,迅速统一国资国企思想行动。三是牢牢掌握意识形态工作领导权。印发年度宣传思想工作计划和要点。指导省属企业党委认真落实意识形态工作责任制,风险防范机制进一步建立健全,新闻宣传持续加强。

### (二)着力完善法人治理结构,党的领导全面加强

一是顶层设计不断强化。配合省委组织部制定《关于云南省国有企业在完善公司治理中加强党的领导的实施意见》《党建引领省属国有企业高质量发展若干措施》。二是深入推动党的领导融入公司治理,省属企业1618个公司全部完成"党建入章"。党委前置研究讨论重大经营管理事项清单全部建立实行。集团层面实现党委书记、董事长"一肩挑"。

### (三)着力深化强基固本,党建基础持续夯实

一是组织体系稳步构建。省属企业党组织实现"应建尽建",党员"空白车间"全部消除。按期换届465个,创建申报"云岭先锋红旗党支部"10个,整改提升软弱涣散党组织21个。发展党员4000人。配备专兼职党务干部1.5万余人,开展培训178期。建立支部工作联系点169个,157名省管干部帮带527次,"智慧党建"深入推进。二是党建工作与生产经营有效融合。坚持把党的组织活动与企业改革发展融为一体,做到生产经营议题在各级党组织会议中制度化设置,党员突击队和党员示范岗等在各企业常态化建立,党建带群建扎实开展,"党员一带三"等活动大力推行,党组织和党员在国企改革三年行动、防风化债等工作中的"两个作用"充分发挥。三是党建工作"查、补、强"专项行动较真碰硬。大力推行一线工作法,聚焦党建重点任务落实,以"查"弱项、"补"短板、"强"优势为导向,组建129个小组全覆盖调研督导,下发《提示函》17份,解决倾向性问题176个,转发小而实做法13个。四是"云岭国企党旗红"品牌创建百花齐放。围绕政治引领好、治理结构好、领导班子好、基层基础好、发展质量好、党风廉政好6条标准,扎实开展"云岭国企党旗红"等18个党建品牌创建并取得阶段成效,中宣部"学习强国"学习平台等连续报道。

### (四)着力保持高压态势,风清气正政治生态稳步重构

一是扎实推进"清廉国企"建设。扎实开展"清廉国企提升年"活动,协同开展以"小"见严纠"四风"、优化营商环境监督治理、"小切口"整治民生领域问题专项行动。深入推进制度执行、境外腐败治理、境外企业综合治理和经营投资损失调查处理等专项整治,大力加强"阳光工程"建设,全面推行黑名单制度,一批影响企业健康发展的顽瘴痼疾得到有效化解。二是

始终保持反腐倡廉高压态势。坚决支持纪检监察机构履行职责。国资国企纪检监察机构立案296件，处分283人，留置32人。深入推进“四风”问题整治。查处违反中央八项规定精神问题37起，处理80人，通报15起。三是充分发挥综合监督作用。持续加大省国资委常态化监督力度，督导整改问题239个。指导省属企业组建巡察组54个，巡察企业63户，整改问题319个。积极推进纪检、审计、社会等监督体系构建，加强信息共享，监督合力进一步凝聚，监督实效稳步提升。四是突出警示教育常态长效。以段文泉案件为镜鉴，扎实开展“讲廉洁、知敬畏、转作风、防风险、促发展”以案为鉴、以案促改专项行动。与驻委纪检监察组联办“筑牢理想信念根基、守住拒腐防变防线”党性教育专题培训，培训省属企业45岁以下班子成员和部门负责人758人。全面推行党委书记廉政提醒谈话。五是积极构建“合力抓”工作格局。认真抓好《纪检监察机关派驻机关工作规则》的学习贯彻，进一步摆正工作定位。建立并严格落实党委与纪检监察的工作协同推进机制。

（撰稿人：任　哲）

# 西藏自治区

## 一、西藏自治区国有资产监督管理工作综述

2022年，面对需求收缩、供给冲击、预期转弱三重压力持续加大，新冠疫情冲击的严峻形势，西藏自治区国资监管系统和国有企业坚持以习近平总书记关于国有企业改革发展和党的建设的重要论述为统领，把迎接党的二十大和学习宣传贯彻党的二十大精神作为工作主线，全面贯彻自治区第十次党代会精神，认真贯彻西藏自治区党委书记关于“明确所有权、放活经营权、强化管理权、落实监督权、规范处置权”的重要指示和在自治区国资委调研时的重要讲话精神，贯彻区人民政府主席关于国有企业“五个聚焦”要求，锚定“四件大事”“四个确保”，聚焦“四个创建”“四个走在前列”，全力以赴抗击疫情，坚定不移深化改革，多措并举推进高质量发展，为全区经济社会发展和和谐稳定作出积极贡献。

截至2022年底，自治区国资系统监管企业资产总额3377亿元，比上年增长2.3%；净资产1211.4亿元，与上年持平；全年实现营业收入305.6亿元，比上年下降30.9%；累计亏损1.6亿元，比上年下降106.3%；上缴税费15.7亿元，比上年下降2.1%。西藏自治区政府国资委监管企业（不含按金融实业分离方案处于过渡期的区投资公司，共10户）资产总额872.5亿元，比上年增长3.8%；净资产327.2亿元，比上年增长2.3%；平均资产负债率62.5%，比上年增加0.6个百分点；全年剔除减免房租3.4亿元后，累计实现营业收入161.4亿元，累计亏损1.3亿元，实际上缴税金总额5.9亿元。

## 二、西藏自治区国有资产总量与结构分析

**表1　2022年西藏自治区国有企业指标**

| 项　目 | 金　额(亿元) |
|---|---|
| 资产总额 | 5276.5 |
| 所有者权益 | 1672.0 |
| 国有资产总量 | 1534.0 |
| 营业收入 | 405.9 |
| 利润总额 | 5.9 |
| 净利润 | 1.6 |
| 归属于母公司所有者的净利润 | 6.8 |
| 应交税金总额 | 33.9 |
| 实际上缴税金总额 | 31.1 |

**表2　2022年西藏自治区国有企业户数情况**

| 2021年户数(户) | 2022年户数(户) | 比上年增长(%) |
|---|---|---|
| 1053 | 1103 | 4.75 |

表 3 2022 年西藏自治区国有资产按地区分布情况

| 地　区 | 国有资产（亿元） | 占国有资产总量比重(%) |
|---|---|---|
| 省属企业汇总 | 826.1 | 53.85 |
| 地市企业汇总 | 707.9 | 46.15 |
| 拉萨市 | 477.6 | 31.13 |
| 日喀则市 | 87.7 | 5.72 |
| 林芝市 | 41.6 | 2.71 |
| 山南市 | 36.5 | 2.38 |
| 那曲市 | 16.0 | 1.04 |
| 昌都市 | 40.4 | 2.63 |
| 阿里地区 | 8.1 | 0.53 |
| 合　计 | 1534.0 | 100.00 |

表 4 2022 年西藏自治区国有资产按行业分布情况

| 行　业 | 国有资产（亿元） | 占国有资产总量比重(%) |
|---|---|---|
| 农林牧渔业 | 63.2 | 4.12 |
| 工业 | 150.0 | 9.78 |
| 建筑业 | 84.7 | 5.52 |
| 交通运输业 | 10.6 | 0.69 |
| 仓储业 | 5.1 | 0.33 |
| 商贸业 | 6.9 | 0.45 |
| 房地产业 | 378.0 | 24.64 |
| 信息传输、软件和信息技术服务 | 5.4 | 0.35 |
| 社会服务业 | 353.6 | 23.05 |
| 教育文化广播业 | 31.0 | 2.02 |
| 科学研究和技术服务业 | 8.3 | 0.54 |
| 金融业 | 436.0 | 28.47 |
| 其他行业 | 1.2 | 0.08 |
| 合　计 | 1534.0 | 100.00 |

表 5 2022 年西藏自治区国有资产按经营规模分布情况

| 经营规模 | 国有资产（亿元） | 占国有资产总量比重(%) |
|---|---|---|
| 大型企业 | 721.0 | 47.00 |
| 中型企业 | 196.0 | 12.77 |
| 小型企业 | 531.0 | 34.62 |
| 微型企业 | 86.0 | 5.61 |
| 合　计 | 1534.0 | 100.00 |

## 三、西藏自治区国有资本保值增值综合分析评价

表 6 2022 年西藏自治区国有企业地区和行业国有资本保值增值情况

| 地　区 | 国有资本保值增值率(%) | 行　业 | 国有资本保值增值率(%) |
|---|---|---|---|
| 省属企业 | 100.01 | 农林牧渔业 | 47.71 |
| 地市企业 | 93.61 | 工业 | 100.61 |
| 拉萨市 | 101.81 | 建筑业 | 101.02 |
| 日喀则市 | 60.24 | 交通运输业 | 55.95 |
| 林芝市 | 95.96 | 仓储业 | 86.80 |
| 山南市 | 104.07 | 商贸业 | 102.27 |
| 那曲市 | 106.24 | 房地产业 | 103.45 |
| 昌都市 | 105.05 | 信息传输、软件和信息技术服务 | 102.32 |
| 阿里地区 | 124.60 | 社会服务业 | 99.66 |
| | | 教育文化广播业 | 95.10 |
| | | 科学研究和技术服务业 | 106.10 |
| | | 金融业 | 102.38 |
| | | 其他行业 | 101.70 |

## 四、西藏自治区国资委监管企业改革发展情况

### (一)中国特色现代企业制度进一步完善

全面贯彻"两个一以贯之",各级企业全部制定党委前置研究事项清单,党委"把方向、管大局、保落实"领导作用有力彰显。监管企业公司制改革全面完成,董事会应建尽建、外部董事占多数基本实现,董事会授权管理制度全面建立,董事会职权试点工作取得积极成效,董事会作为经营决策主体地位的作用更加突出。

### (二)加快"两非""两资"退出

印发《区属国有企业处置低效无效资产实施方案》,形成区属国有企业低效无效资产处置清单,通过清算注销、股权转让、整合等方式,完成股权处置17项、实物资产处置21项。"处僵治困"主体任务全面完成。

### (三)三项制度改革大范围深层次破冰破局

以经理层成员任期制和契约化管理为核心的新型经营责任制基本建立,经理层签约实现全覆盖,2022年监管企业开展竞争上岗的管理人员占比79%,实施末等调整和不胜任退出的管理人员占比3.19%。国有企业退休人员社会化管理移交全面完成,新增退休人员常态化移交机制基本建立,企业活力效率进一步提升。

### (四)混合所有制改革积极稳妥推进

2022年,监管企业开展混合所有制改革项目5个,引入社会资本1.4亿元。混合所有制企业加快转换经营机制,监管企业控股上市公司发展质量持续提高。

## 五、西藏自治区国资委监管并购重组与完善法人治理结构情况

### (一)制定国资国企改革"一揽子"政策举措

落实西藏自治区党委书记关于国资国企"明确所有权、放活经营权、强化管理权、落实监督权、规范处置权"的要求,研究制定推动国有企业规范经营高质量发展实施方案,重点推进厘清产业集团产权关系、金融资本和实业资本分离、经营性国有资产集中统一监管、国有经济布局优化和结构调整、国资国企提质增效专项行动5项任务。出台《关于新时代推进国有经济布局优化和结构调整的实施意见》《西藏国资国企提质增效推动高原经济高质量发展专项行动方案(2022—2024年)》,编制《西藏自治区"十四五"时期国资国企改革发展规划》,推动国有资本向关系民生、重点基础设施、重要行业和关键领域集中。

### (二)战略性重组整合有序推进

根据自治区党委、政府决策部署,制定《区财政厅、政府国资委出资企业金融资本、实业资本分离监管方案》《自治区党政机关和事业单位经营性国有资产集中统一监管方案》,履行政府审核程序中。有序稳妥推动自治区国有藏医药企业整合重组工作。

### (三)大力推进公司制改革

根据《关于印发西藏自治区区属国有企业公司制改革工作实施方案的通知》(藏政办发〔2020〕28号)要求,明确将18家自治区党政机关40户全民所有制企业纳入公司制改革范围。区属40家全民所有制企业中,36户完成公司制改革,完成率90%,其中西藏自治区政府国资委监管企业完成率100%。压减企业法人户数33户,提升管理层级8户,企业管理层级控制在三级以内,集团管控能力明显增强。

## 六、西藏自治区国资委监管企业建立和完善经营业绩考核体系情况

一是印发《关于进一步深化三项制度改革有关事项的通知》,指导各企业全面推行三项制度改革,深化全员绩效管理,树立目标导向,层层传导压力。监管企业全部制定深化三项制度改革的工作方案并稳步实施推进,改革工作取得初步成效。二是印发《委监管企业经营目标和重点项目动态考评流动授旗亮牌管理办法(试行)》及实施细则,采取季度和年度考核方式,盯季度、保年度,加强经营业绩过程监督,有力促进监管企业聚焦经营目标和重点项目,确保监管企业年度经营目标任务完成。三是印发《西藏自治区政府国资委监管企业外部董事薪酬分配管理实施方案(试行)》,建立健全外部董事激励约束机制,提高外部董事履职尽责能力。四是根据企业经营实际,对年度

经营目标进行调整。西藏自治区国资委在深入调研的基础上，要求企业提高政治站位，主动加压，深度挖潜。为确保经营目标实现，根据企业受疫情及外部环境变化影响程度，对企业履行政治责任、社会责任，减免 9 个月的租金视同营收利润加回，根据每家企业受疫情影响以及生产经营状况，统筹考虑。

## 七、西藏自治区国资委监管企业负责人考核与选人用人机制改革情况

### (一)进一步推进监管国有企业选人用人机制改革

制定印发《关于印发〈区国资委监管企业推行职业经理人制度的实施方案〉的通知》。2022 年，监管一级企业在职职业经理人 7 人、各级子企业在职职业经理人 37 人。

### (二)推进经理层成员任期制和契约化管理

在牢牢把握改革正确原则和方向的基础上，认真研究操作指引，制定出台《区国资委监管企业经理层成员任期制和契约化管理的方案(试行)》，坚持监管企业经营班子应推尽推、破除身份管理，签订聘任协议和业绩合同。2022 年，9 户监管一级企业经理层成员 34 人、153 户各级子企业经理层成员 292 人全部实现任期制和契约化管理。

## 八、西藏自治区国资委监管企业党的建设和廉政建设情况

### (一)加强党的领导，坚定坚决做到“两个维护”

把学习宣传贯彻党的二十大精神和习近平新时代中国特色社会主义思想作为首要政治任务，不断提高政治判断力、政治领悟力、政治执行力，深刻领悟“两个确立”的决定性意义，坚定坚决做到“两个维护”。组织召开自治区国资委系统全面从严治党工作会议组织和企业基层党组织书记抓党建述职会议，半年专题研究部署一次自治区国资委系统全面从严治党工作，不断深化“定责、履责、考责、问责”四位一体的全面从严治党工作责任体系建设。集团公司实现“党建入章”和党委前置研究讨论程序 100%覆盖，子企业“党建入章”率 99%，压实党建责任，企业党委“把方向、管大局、保落实”的领导作用得到发挥，企业领导人员管党治党意识不断增强。

### (二)加强理论武装，坚持不懈用习近平新时代中国特色社会主义思想凝心聚魂

严格落实“第一议题”和理论中心组学习、“三会一课”制度，在学懂弄通做实习近平新时代中国特色社会主义思想上下功夫，坚持用习近平新时代中国特色社会主义思想统一思想、统一意志、统一行动。2022 年，自治区国资委党委组织理论中心组、与企业党委联学等各类学习 10 次，参加学习 500 人，交流发言 70 余人次；企业党组织理论中心组等各类学习 517 余次，参加学习 1 万余人次，交流发言 3000 余人次；自治区国资委机关党委和党支部组织各类学习 110 次，参加学习 1600 余人次，交流发言 100 余人次，切实做到学思践悟、细照笃行，不断夯实理论基础、丰富知识储备。

### (三)加强作风建设，始终以“严”的基调强化正风肃纪

突出抓好“五亮五抓”活动，建立绩效流动红旗和黄牌警告制度、建立红色清单督办制度、一票否决制度、蹲点调研制度、通报销号制度和督察检查制度等转作风抓落实的工作机制。深入开展“五强五优”活动，抓两头带中间，补短板树典型，坚持党的一切工作到支部，充分发挥基层党组织战斗堡垒作用和党员先锋模范作用。

### (四)加强廉政建设，努力从源头预防和减少腐败案事件

梳理监管企业违纪违法案例印发自治区国资委系统各级党组织学习，机关党支部和企业各级党组织组织党员干部职工参观廉政教育基地、观看反腐倡廉专题片等 700 余次，受教育 1 万余人次，筑牢纪律红线和底线意识。提升科技监管能力，建成监管企业大额资金支出监测系统，实时掌握监管企业大额资金支出情况，及时督促整改违规违纪违法行为，努力提高监管及时性。

(撰稿人：刘梦钰娇)

# 陕西省

## 一、陕西省国有资产监督管理工作综述

2022年，面对复杂严峻的外部环境和艰巨繁重的改革发展任务，陕西省国资系统坚持以习近平新时代中国特色社会主义思想为指导，认真学习宣传贯彻党的二十大精神，贯通落实习近平总书记来陕西考察重要讲话重要指示，始终坚持稳中求进工作总基调，完整准确全面贯彻新发展理念，按照省委、省政府的决策部署，全力以赴稳增长、调结构、推改革、优监管、强党建，企业改革发展和党的建设取得新的成效。

### （一）运行质效大幅提升

2022年，陕西省国资委监管企业累计实现营业收入1.61万亿元、比上年增长11.5%，利润总额895.4亿元、比上年增长36.6%，净利润651.4亿元、比上年增长43.3%，劳动生产总值3381.9亿元、比上年增长18.1%，已交税费1433.9亿元、比上年增长38.6%。在全国省级国资监管系统中，营业收入、利润总额、净利润、资产总额、所有者权益分别排第5位、第5位、第4位、第9位、第5位，稳居第一方阵。省属企业累计完成固定资产投资1429.5亿元，比上年增长11.9%，主业投资集中度连续4年保持在99%以上。西安外环高速南段公路全线通车，西安咸阳国际机场三期东航站楼主楼钢结构完工、北二跑道实现贯通，引汉济渭秦岭输水隧洞全线贯通。市属企业固定资产投资比上年增长13.4%。延安大力推进企业外出招商74次，对接项目115个，落地投资7.85亿元。汉中强化稳增长考核，重点项目投资完成年度计划的110.3%。

### （二）竞争实力持续增强

省属企业实施战略性新兴产业投资项目180个，总投资202.8亿元。电子八英寸线建设项目通过国家发展改革委“窗口指导”批复；陕药集团积极推进疫苗项目，抢占生物医药主赛道；中陕核13家医疗机构康养转型项目建成运营；秦川高档工业母机创新基地项目开工建设；陕西氢能运营平台成功组建，全省氢能全产业链发展迈出实质性步伐。省属企业研发经费投入226.9亿元，比上年增长38.5%；研发投入强度1.41%，比上年增加0.28个百分点，在全国31个省级地区中从第21位跃升至第13位。省属企业累计授权专利20477件，延长石油集团、有色集团获得第七届中国工业大奖。秦创原建设累计开展企校协同研发项目157个，孵化科技公司16家，启动成果转化项目9个。省属企业在数字化转型方面全年投入经费18亿元，比上年增长超过50%。陕建、法士特在国务院国资委地方国企数字化转型工作研讨会上作经验交流；延长石油集团“5G+智能化建井”项目获得工业和信息化部“绽放杯”5G应用征集大赛一等奖；西部机场建成国内首条智慧跑道，实现场道病害智能监控与精准维护；陕旅集团白鹿原影视城景区被评为国家旅游科技示范园区；会展中心顺利举办第六届丝博会；粮农集团获国家级种子企业育繁推许可，实现陕西“零的突破”，高端面粉市场份额居全国第二位。

### （三）体制机制不断优化

陕西省各级企业董事会应建尽建，外部董事占多数基本实现，圆满完成国企改革三年行动。成功组建陕西轨道交通集团，全省轨道交通建设实现“一盘棋”发展。西安市完成4组9户企业重组整合，监管企业由18户调整至13户，国有资本进一步向优势企业聚集。德银股份在香港联交所主板上市，华达股份创业板IPO首发过会。环球印务（7.4亿元）、延长国际（2.8亿港元）增发成功。陕煤股份收购彬长、神南矿业（347亿元），陕建股份收购陕西七建（4.8亿元），优质资产不断向上市公司集中。渭南市深入实施“龙门计划”，选定4户市属企业进行重点上市培育。省、市国有企业管理人员竞争上岗人数占比分别为40.2%、52.9%，2022年度末等调整和不胜任退出人数占比分别为4.7%和4%，7869名各层级国有企业经理层成员全面实现任期制和契约化管理，200余户国有企业实施多种形式的中长期激励约束机制，累计激励1万余人次。省、市两级综改工作密切协同，推进综改工作不断走深

走实，规模50亿元的综改基金完成注册登记，培育风电产业集群、航空工业自控所深化改革、打造“千亿陕鼓”、培育分布式能源取得积极进展。长安汇通积极参与西安交大所属企业改革、经营性国有资产集中统一监管，高效承接处置企业股权资产，全年完成项目投资83亿元，所投的天润科技在北交所成功上市，新设产业引导基金8只，撬动社会资本61.9亿元。

**(四)国企责任充分彰显**

陕西省国资系统积极履行社会责任，为全省经济社会稳定发展作出积极贡献。全年累计生产煤炭2.78亿吨、比上年增长11.4%，生产原油1130.1万吨、比上年增长0.9%，发电1002.5亿千瓦·时、比上年增长20.7%，生产天然气75.8亿立方米、比上年增长6.2%，全面完成能源资源保供稳价任务，粮、油、水、运供给安全可靠，满足群众需求，保障全省经济社会平稳发展，省属企业累计发布就业岗位2.73万个，招聘高校毕业生1.87万人，社会招聘0.83万人。省属企业加大民营企业中小企业欠款化解力度，累计清偿欠款约4000万元；对符合条件的市场主体房租应免尽免，累计减免中小微企业房租4.6亿元，惠及市场主体7630户。各市(区)国资委监管企业累计减免房租7.4亿元，惠及主体16450户。联合省总工会建成陕西乡村振兴消费帮扶电商平台，举办线上线下展销活动，鼓励企业把职工餐厅、员工福利和企业商务活动等需求纳入消费帮扶范围，国企合力团累计消费帮扶产品3.76亿元。移民搬迁消费帮扶工作入选全国消费帮扶助力乡村振兴优秀典型案例。陕果集团签订果品销售合同金额29.2亿元，实现销售额12.68亿元，有效带动农民增收。省属企业通过省红十字会、省慈善协会等渠道对外捐款4.76亿元，向社会捐赠各类防疫物资折合人民币1.39亿元。

**(五)工作质效不断提升**

陕西省各级国资监管机构牢牢把握出资人定位，围绕优化国资监管、确保国有资本保值增值目标，以管资本为主加强国有资产监管。聚焦“管资本为主”的要求，坚持管资本与管党建、履行出资人职责与履行国资监管职责、党内监督与出资人监督相结合，制定关于进一步加强省属企业监督管理工作的实施意见，明确新时代加强省属企业监管的目标任务、重点内容、监督方式和组织保障。省级经营性国有资产集中统一监管接收工作基本完成，66户企业完成工商变更登记，12户企业签订移交协议，整体工作完成率90.8%。产权登记系统全面建成并投入运行，2876户企业完成信息登记，国有资本分布及结构底数更加清晰。制定省属企业董事会评价办法、国资监管督办工作办法等国资监管制度，进一步健全完善国资监管制度体系。严格遵循公司法行权履职，33户省属企业公司章程修改完成，企业治理进一步完善。省级国资在线监管系统累计接入31户企业180个系统，实现数据通、业务通。西安智慧国资监管平台正式上线运行，实现国家、省、市在线监管系统互联互通和数据交换共享。

**(六)党的领导更加有力**

陕西省国资委党委班子成员深入企业一线宣讲党的二十大精神，企业各级党组织扎实开展党的二十大精神宣传宣讲、专题培训、学习研讨6000余场次，全力推动党的二十大精神在国资系统落地生根，引导系统广大干部职工以实际行动捍卫“两个确立”、践行“两个维护”。全面深化“第一议题”“对标对表”“跟进督办”等制度，构建传达学习、研究部署、贯彻落实、跟踪督办的工作闭环，真抓实干把党中央重大决策部署和省委要求落到实处。聚焦解决关键核心技术“卡脖子”问题，在13户企业以党员为骨干开展“揭榜挂帅”“赛马”活动和产业链供应链创新链党建“两项试点”，着力打造党建与生产经营深度融合的陕西国企样板。大力推进企业基层党支部标准化、规范化建设，陕煤经验做法上升为全省标准。扎实开展作风建设专项行动和清廉国企建设，全系统排查作风问题2966项，整改到位2227项，整改完成率75%。

## 二、陕西省国有资产总量与结构分析

2022年，陕西省国资系统深入落实“疫情要防住、经济要稳住、发展要安全”重要要求，高效统筹疫情防控和改革发展，企业生产经营呈现“总体平稳、进中向好、质效提升”态势，主要指标创历史同期最好水平，实现国有资本的保值增值，国有经济的竞争力、创新力、控制力、影响力和抗风险能力进一步增强。

截至2022年底，陕西省国有企业资产总额80455.69亿元，比上年增加8686.50亿元，增长12.10%。全年实现营业收入20419.13亿元，比上年增加2804.96亿元，增长15.92%。利润总额1351.60亿元，比上年增加347.46亿元，增长34.60%。实际上缴税金总额1712.36亿元，比上年增加511.67亿元，增长42.61%。固定资产投资2862.37亿元，比上年增加397.42亿元，增长16.12%。

**表1　2022年陕西省国有企业指标**

| 项　目 | 金　额(亿元) |
| --- | --- |
| 资产总额 | 80455.69 |
| 所有者权益 | 22550.09 |
| 营业收入 | 20419.13 |
| 利润总额 | 1351.60 |
| 净利润 | 1035.47 |
| 归属于母公司所有者的净利润 | 560.88 |
| 应交税金总额 | 1659.55 |
| 实际上缴税金总额 | 1712.36 |
| 固定资产投资 | 2862.37 |

截至2022年底，陕西省国有企业7558户，比上年底增加606户，增长8.72%。从隶属关系看，省级企业3573户，比上年增加163户，增长4.78%，其中，省国资委监管企业3164户，增长5.22%；省级非监管企业408户，增长1.24%。市级以下3986户，增长12.54%。从盈亏状况来看，盈利企业4214户，比上年增加306户，增长7.83%；亏损企业3344户，增加300户，占比44.24%。

**表2　2022年陕西省国有企业户数情况**

| 2021年户数(户) | 2022年户数(户) | 比上年增长(%) |
| --- | --- | --- |
| 6952 | 7558 | 8.72 |

2022年，陕西省企业国有资产总量16601.29亿元，比上年增加1478.36亿元，增长9.78%。省属企业国有资产总量6951.05亿元，比上年增加381.46亿元，增长5.81%，占比41.87%。其中，省国资委监管企业6204.60亿元，增加245.12亿元，增长4.11%，占比37.37%；省属非监管企业746.45亿元，增加136.34亿元，增长22.35%，占比4.50%。市属企业9650.25亿元，增加1096.90亿元，增长12.82%，占比58.13%。在市属企业中，西安市企业国有资产总量占比最大，占全省国有资产总量的38.24%。

**表3　2022年陕西省国有资产按地区分布情况**

| 地　区 | 国有资产(亿元) | 占国有资产总量比重(%) |
| --- | --- | --- |
| 省属企业汇总 | 6951.05 | 41.87 |
| 省国资委监管企业 | 6204.60 | 37.37 |
| 省属非监管企业 | 746.45 | 4.50 |
| 市属企业汇总 | 9650.25 | 58.13 |
| 西安市 | 6349.09 | 38.24 |
| 宝鸡市 | 282.01 | 1.70 |
| 咸阳市 | 349.21 | 2.10 |
| 铜川市 | 63.41 | 0.38 |
| 渭南市 | 251.06 | 1.51 |
| 延安市 | 467.30 | 2.81 |
| 榆林市 | 1090.90 | 6.57 |
| 汉中市 | 235.44 | 1.42 |
| 安康市 | 210.44 | 1.27 |
| 商洛市 | 137.51 | 0.83 |
| 韩城市 | 133.29 | 0.80 |
| 杨凌示范区 | 80.60 | 0.49 |
| 合　计 | 16601.29 | 100.00 |

从行业分布来看，工业占国有资产总量比重最大，国有资产总量4501.94亿元，占比27.12%，其中，煤炭工业、石油和石化工业、化学工业占比较大，国有资产总量分别为1514.36亿元、507.44亿元、860.84亿元；其次是交通运输业，国有资产总量2483.45亿元，占比14.96%。

表4　2022年陕西省国有资产按行业分布情况

| 行　业 | 国有资产(亿元) | 占国有资产总量比重(%) |
|---|---|---|
| 工业 | 4501.94 | 27.12 |
| 煤炭工业 | 1514.36 | 9.12 |
| 石油和石化工业 | 507.44 | 3.06 |
| 冶金工业 | 224.81 | 1.35 |
| 化学工业 | 860.84 | 5.19 |
| 机械工业 | 268.70 | 1.62 |
| 电力工业 | 401.94 | 2.42 |
| 建筑业 | 2218.21 | 13.36 |
| 交通运输业 | 2483.45 | 14.96 |
| 物流业 | 80.14 | 0.48 |
| 金融业 | 1432.86 | 8.63 |
| 房地产业 | 2849.12 | 17.16 |
| 社会服务业 | 1914.29 | 11.53 |
| 其他行业 | 1121.28 | 6.75 |
| 合　计 | 16601.29 | 100.00 |

从经营规模来看，大型企业国有资产总量6415.83亿元，占比38.65%；中型企业国有资产总量4295.03亿元，占比25.87%；小型企业国有资产总量5604.46亿元，占比33.76%；微型企业国有资产总量285.97亿元，占比1.72%。

表5　2022年陕西省国有资产按经营规模分布情况

| 经营规模 | 国有资产(亿元) | 占国有资产总量比重(%) |
|---|---|---|
| 大型企业 | 6415.83 | 38.65 |
| 中型企业 | 4295.03 | 25.87 |
| 小型企业 | 5604.46 | 33.76 |
| 微型企业 | 285.97 | 1.72 |
| 合　计 | 16601.29 | 100.00 |

## 三、陕西省国有资本保值增值综合分析评价

截至2022年底，陕西省企业国有资本保值增值率102.56%，实现国有资本保值增值。

从隶属关系来看，省属企业保值增值率104.52%。市属企业保值增值率101.16%，其中宝鸡、铜川、渭南、榆林、汉中、安康6个市实现国有资本增值，保值增值率分别为100.42%、102.05%、100.29%、118.23%、104.92%、100.33%；西安、咸阳、延安、商洛、韩城、杨凌6个市(区)出现国有资本减值。

分行业看，国有资产总量在2000亿元以上且实现国有资本增值的主要有：工业4501.94亿元，国有资本保值增值率107.91%；建筑业2218.21亿元，保值增值率101.11%。工业行业中，国有资产总量较大的行业分别是：煤炭行业1514.36亿元，国有资本保值增值率133.84%；化学工业860.84亿元，国有资本保值增值率98.24%；石油和石化工业507.44亿元，国有资本保值增值率95.76%；电力工业401.94亿元，国有资本保值增值率110.32%；冶金工业224.81亿元，国有资本保值增值率64.62%，机械工业268.70亿元，国有资本保值增值率99.45%。

表6　2022年陕西省国有企业地区和行业国有资本保值增值情况

| 地　区 | 国有资本保值增值率(%) | 行　业 | 国有资本保值增值率(%) |
|---|---|---|---|
| 省属企业 | 104.52 | 工业 | 107.91 |
| 监管企业 | 104.37 | 煤炭工业 | 133.84 |
| 非监管企业 | 105.97 | 石油和石化工业 | 95.76 |
| 市属企业 | 101.16 | 冶金工业 | 64.62 |
| 西安市 | 99.93 | 化学工业 | 98.24 |
| 宝鸡市 | 100.42 | 机械工业 | 99.45 |
| 咸阳市 | 92.02 | 电力工业 | 110.32 |
| 铜川市 | 102.05 | 建筑业 | 101.11 |
| 渭南市 | 100.29 | 交通运输业 | 98.06 |
| 延安市 | 95.02 | 物流业 | 98.03 |
| 榆林市 | 118.23 | 金融业 | 101.16 |
| 汉中市 | 104.92 | 房地产业 | 99.98 |
| 安康市 | 100.33 | 社会服务业 | 102.40 |

续表

| 地　区 | 国有资本保值增值率(%) | 行　业 | 国有资本保值增值率(%) |
|---|---|---|---|
| 商洛市 | 98.74 | 其他行业 | 102.19 |
| 韩城市 | 97.59 | | |
| 杨凌示范区 | 98.62 | | |

## 四、陕西省国资委监管企业改革发展情况

### (一)国企改革三年行动圆满收官

按照"可衡量、可考核、可检验、要办事"的工作要求,推动全省国企改革三年行动各项任务高质量收官。印发《陕西省深化国资国企改革三年行动2022年工作要点》,明确重点改革任务,压实工作责任。赴市(区)国资委和部分省属、市属各级企业调研国企改革三年行动相关工作,查找存在问题、指导督促整改,确保改革穿透基层。对12个市(区)国企改革三年行动完成情况进行检查评估,通过提醒函方式将存在问题下发各市(区)国资委并抄送所在市(区)人民政府。编发《陕西国企改革简报》13期,宣传推广典型案例40余篇。陕西交控、烽火电子等改革经验案例在全国推广。

### (二)混合所有制改革上市持续发力

一是混合所有制改革方面,严格按照国企改革三年行动要求,省属企业完成33个混合所有制改革项目,引入非公资本25.46亿元。二是上市工作方面,陕汽控股集团德银天下(HK.02418)在香港联交所主板挂牌上市,陕西电子集团华达股份创业板IPO首发过会。

### (三)区域性综改试验取得积极进展

省国资委围绕"五个高地"建设目标,以项目为抓手,深化央地合作,推动区域内央省市三级国资国企"一盘棋"协同发展。一是设立省市国资委综改试验工作专班,具体负责统筹推进综改试验工作。二是围绕风电装备制造、航空航天发动机配套服务等领域,赴驻地央省市国有企业开展调研70余次,宣传贯彻综改试验政策,储备"一盘棋"合作项目125项。三是选择航空工业集团西安飞行自动控制研究所作为综改试验示范单位,探索科研院所改制、科技成果转化落地、军民融合和建立国有企业市场化激励机制4个方面的新路径、新模式。四是举办"走进中车　共创未来"央省市企业交流活动,推动省属企业与央企、民营企业合作交流。

## 五、陕西省国资委监管企业并购重组与完善法人治理结构情况

### (一)重组整合

一是组建陕西轨道交通集团有限公司。以陕西铁路集团和西安轨道交通集团为基础,打破省市行政壁垒,新成立集团实行"省属市管"的模式运行,由陕西省国资委和西安市国资委履行出资人职责,为全国交通类国企改革领域首家。陕西轨道交通集团有限公司成立后,充分发挥规模优势、协同优势和整体效能优势,按照全省轨道交通线网规划,以"联网、补网、强链"为重点,加快推动全省高速铁路、城际铁路、市域(郊)铁路、城市轨道交通"四网融合"。以轨道交通为主的"投资—建设—运营—服务—经营"全产业链逐步形成,助力全省综合交通运输体系建设,建设交通强省,推进陕西经济社会高质量发展。二是研究省属农业、水利企业重组整合相关事宜,并上报重组整合方案。

### (二)法人治理

一是加强公司章程管理。结合国资国企改革要求及省属企业实际,对陕煤集团、西部机场、陕汽控股等7户企业公司章程进行全面梳理和修改。对企业各治理主体的功能定位、职责权限、议事规则、决策程序及工作机制等进行统筹设计和统一规范,重点将国资监管要求转化为股东意志在章程中予以明确。截至2022年底,省属企业基本完成公司章程修改工作。二是深化董事会规范建设。首次召开省属企业董事会年度工作报告会,选取8户省属企业董事长代表董事会报告2021年度工作。首次开展董事会建设专项检查,选取13户省属企业现场检查,梳理汇总6类12项共性问题,逐户下发书面反馈意见,提出整改要求。出台《省属企业董事会评价办法(试行)》,围绕"评什么、谁来评、如何评、怎么用"4个关键点,对开展董事会年度评价的工作原则、评价内容和方式、评价结果运用进行系统设计。推进董事会专门委员会建设,对机构设置、人

员配备、职责划分等提出明确要求。截至2022年底,27户省属企业建立专委会,并按规定配备人员。严格董事会会前报告和会后备案,调整优化工作流程,牵头对全年148次董事会会议的1066项议案进行提前关注,对其中394项议案提出意见建议并适度介入,企业采纳率97.2%,比上年增长24.8%。在关注董事会决策事项的同时,逐户列席董事会会议,现场交流反馈董事会运行存在的主要问题和工作建议,加强业务指导和有效监管。组织召开董事会建设重点改革任务推进会和评估工作部署会,建立月督办机制,严把数据报送质量关。34户一级集团、1034户各级子企业董事会应建尽建比例100%。三是推进董事履职管理。分2次组织董事向省国资委书面报告半年和年度履职情况,并汇编成册,增强董事报告意识和履职责任心。选取法人治理、规划发展、财务监管、资本运营、薪酬考核等方面的法律法规和规范性文件,汇编成《省属企业董事履职法规政策选编》,为董事合规决策提供政策依据。组织外部董事召开工作座谈会,采取主题分享、现场调研、案例分析等形式,解读政策,交流经验,反馈问题,做好外部董事履职支撑和服务保障。

## 六、陕西省国资委监管企业建立和完善经营业绩考核体系情况

### (一)开展2021年度目标责任综合考核及确定2022年度经营业绩考核指标

会同省委组织部联合印发通知,成立16个考核组,组织企业开展目标责任完成情况总结分析,有序开展现场考核。对受疫情影响严重、行业特点突出、承担重大专项任务的企业开展下沉式考核。严格甄选企业加分扣分项目,抓好稳增长、防风险、改革创新和党的建设等重要工作落实落地,表彰5户经营业绩优秀企业及15户A级企业。综合考虑宏观经济增速和我省经济运行状况,聚焦价值创造和资本回报,更加关注创新驱动、深化改革、风险防控等高质量发展导向,全面完成2022年度经营业绩考核指标确定工作,与33户省属企业签订责任书。2022年度利润总额目标值575亿元,较2021年度目标值(394.29亿元)增长60%,20户企业增幅超过基准值15%以上,8户企业超过10亿元;13户企业净资产收益率指标达到历史最好水平。

### (二)强化政策牵引推进考核对标评价体系建设

贯彻落实国务院国资委考核分配工作会议精神,组织省属企业、各市(区)国资委召开省国资委系统考核分配专题会议,明确考核分配工作重点和相关政策要求,强化政策牵引,严肃制度执行,指导提升考核分配工作水平,发挥考核分配对系统整体工作的促进作用。按照"行业匹配、指标筛选、标准确定、科学运行"的思路,聚焦"十四五"陕西国资八大产业链,对10户试点企业开展对标评价。通过建立对标评价指标库、对标评价体系及方法论,强化行业对标和穿透分析在考核指标设置、目标设定的应用,精准引导企业抓重点、补短板、强弱项。

### (三)完善优化2023年度及任期考核工作

进一步优化创新考核工作和指标体系,更加突出高质量发展导向,实施"一企一策"差异化考核。一是服务中省战略工作要求。落实中省决策部署,统筹考虑省属企业经营管理、项目投资、创新发展、深化改革、风险防控等重点工作任务考核指标,系统推进企业改革发展稳定。二是突出经营指标的精准性。坚持质量第一、效益优先,持续优化经营指标,从规模总量、价值创造、盈利回报、运营管理等多个维度设置经营指标,分类施策,提高指标"含金量"。三是优化调整考核指标权重。竞争类企业经营指标占60%权重,重点考核利润总额或归属于母公司所有者的净利润、净资产收益率;公共服务类和功能类企业经营指标占40%权重,重点考核利润总额,同时设置成本控制或运营效率指标,引导企业持续提升盈利能力和投入产出效率。较大幅度增加重点工作任务考核指标及权重,扩大指标覆盖面,体现指标均衡性,减少考核的波动性,使考核指标体系更加科学精准、系统全面。

## 七、陕西省国资委监管企业负责人考核与选人用人机制改革情况

### (一)加强企业领导班子建设

严格对照国有企业领导人员"二十字"标准,端正选人用人导向,严格标准、健全制度、规范程序,切实

加强企业领导班子和干部队伍建设，2022年调整8户企业17名领导人员，其中到龄退休6人、交流总会计师2人、调整补充9人，32名企业领导人员转任咨询员（其中省管干部11人），配合省委组织部调整5户企业39名领导人员，领导班子结构得到进一步优化。陕西省国资委主要领导对8户企业新任领导人员进行任前谈话，分管领导对3户企业领导人员，就职工反映情况和工作中的苗头性、倾向性问题，进行提醒谈话。按照考核评定标准，对32户省属企业61名正职领导人员、269名副职领导人员进行年度考核等次评定，提出等次评定建议报省委组织部同意后，下发至各企业。

### （二）持续推行省属企业集团及各级子企业经理层成员任期制和契约化管理及外部董事占多数

落实国企改革三年行动要求，印发《关于推进省属企业经理层成员任期制和契约化管理的通知》，截至2022年6月，省属企业集团和1855户各级子企业全面实施经理层成员任期制和契约化管理。聘任36人担任29户省属企业外部董事，省属企业集团和866户各级应建董事会子企业全面实现外部董事占多数。

### （三）加强企业人才队伍建设

抓好高层次人才队伍建设，指导省属企业与高校、西咸新区沣西新城建立联络机制，推进秦创原“校招共用”引才。推荐5名国家高层次人才特支计划人选，推荐陕西省首席技师12人。开展“高层次人才发展资金”资助工作，对省属企业140名个人和31个项目予以支持。举办第五届陕西省国有企业职工技能大赛，承办陕西选调生政策宣讲暨人才招聘推介会。接收3名博士服务团人员到省属企业工作。选派3名企业优秀干部赴西藏阿里援藏。

## 八、陕西省国资委监管企业党的建设和廉政建设情况

### （一）党的建设

一是坚持政治首位，始终把牢企业改革发展正确方向。省国资委班子成员深入企业宣讲党的二十大精神，系统各级党组织扎实开展党的二十大精神宣传宣讲、专题培训、学习研讨6000余场次。组织召开深化学习贯彻习近平总书记来陕西考察重要讲话重要指示精神座谈会。全面深化“第一议题”“对标对表”“跟进督办”等制度，构建传达学习、研究部署、贯彻落实、跟踪督办的工作闭环，及时跟进学习习近平总书记最新重要讲话和重要指示批示，突出抓好省属国有企业以高质量党建引领保障高质量发展的若干措施的落实执行，真抓实干把党中央重大决策部署和省委要求落到实处。二是坚持“两个一以贯之”，推动党的领导有机融入公司治理。坚持党的领导与完善公司治理相统一、专项督导和报备审核相结合，分层分类评估设立党委的316户二级企业前置清单运行效果，逐户反馈意见，督促完善提升，制度化、规范化推进党的领导融入公司治理。逐户审核全部422户二级法人企业党建入章情况，全面推进党建进章程向二级及以下法人企业延伸。配合完成5户企业39名企业领导人员调整，稳妥推进33名人员转任咨询员，推进省属企业集团及1855户子企业、5505名经理层成员全面实行任期制和契约化管理、866户设立董事会企业全部实现外部董事占多数，从制度规定、组织架构、干部配备、决策机制上确保企业党的领导融入公司治理。三是坚持全面从严，逐级压紧压实管党治党政治责任。制定党委落实全面从严治党主体责任清单，抓好监管企业党委责任清单和年度工作安排报备审核，层层传导压力，推动责任落实。开展年度党建目标责任考核和党委书记抓党建述职考评，见人见事点评反馈，从严从实推动整改。逐户与企业党委书记谈心谈话，督促履行管党治党第一责任。扎实开展作风建设专项行动和清廉国企建设，全系统排查作风问题2966项，整改到位2227项。四是坚持强基固本，持续夯实基层党建工作基础。深入14户企业调研督导，纠偏差、补短板，推动企业党建工作提质效、上水平。扎实推进党务工作事项外包清查，集中整治突出问题165项。及时理顺19户企业党组织关系，指导陕建等6户企业完成换届，督促16户省属企业、19户驻陕央企4158名退休党员移交社区应交尽交。举办基层党支部示范培训班，抓严“三会一课”制度落实，大力推进企业基层党支部标准化、规范化建设，陕煤经验做法上升为全省标准。推动陕煤、有色等13户企业以党

员为骨干开展“揭榜挂帅”“赛马”活动和产业链供应链创新链党建“两项试点”，破解关键核心技术“卡脖子”难题，打造党建与生产经营深度融合陕西国企样板。五是坚持协调各方，用心用力做好统战群团工作。落实中省统战部长“两个会议”精神，指导全年统战重点工作。做好省级民主党派换届人选推荐、企业建言献策收集、防范化解重大风险隐患排查和无党派人士代表身份认定工作，组织开展“喜迎二十大、同心跟党走”主题教育活动。组织“两红两优”评选表彰工作，15 个团委、30 个团支部、40 名团干部、50 名团员受到表彰。组织企业共青团开展“喜迎二十大、永远跟党走、奋进新征程”知识竞赛。指导 6 户企业团委完成第一次换届选举。举办国资系统第三届职工健身运动会，44 家单位近 2000 名运动员参赛。开展 2022 年度全国青年安全生产示范岗创建活动。组织申报抗美援朝老战士救济金、困难军转干部关爱基金及个案救助 46 人。开展“陕西最美退役军人”评选推荐。

**(二)廉政建设**

2022 年，省国资委监管省属企业纪检监察机构聚焦国资国企改革发展大局，坚守职责定位、忠诚履职尽责，持之以恒正风肃纪反腐，纪检监察工作取得新进展新成效，为陕西国资国企高质量发展提供有力保障。一是两责协同、一体落实更加到位。各企业党委认真落实主体责任，企业纪委切实履行监督专责，“两个责任”有效贯通，同频共振、同向发力，粮食购销领域和涉水领域腐败问题专项治理扎实推进、成效显著，国资系统党风廉政建设和反腐败工作持续向纵深发展。二是案件查办、以案促改更加有力。各省管企业集团本级受理信访举报 931 件，谈话函询 173 件，初核 123 件，立案 58 件，处分 71 人，移送检察机关 1 人，释放出全面从严、越来越严的信号。开展警示教育 2860 多次，教育党员干部 10.2 万余人次；下发纪检监察建议书 138 份，督促制定制度 792 项，充分发挥案件查办治本功能。三是纠治“四风”、树立新风更加有效。紧盯元旦、春节、五一、端午、中秋、国庆等重要时间节点强化监督，通报典型案例及时警醒，全年累计向党员干部职工发送提示短信微信 6.4 万余条次；围绕深化公务用车、办公用房、“吃公函”等重点问题开展明察暗访，全年查处违反中央八项规定精神案件 22 件，处分 22 人。四是固本培元、廉洁氛围更加浓厚。各省属企业新建各类廉洁文化示范点 67 个，延长石油集团反腐倡廉教育基地被省纪委监委命名为“陕西省廉政教育基地”。拍摄廉洁文化微电影、微视频和警示教育片 305 部，9 部受到省纪委监委等部门表彰，2 部向中央纪委推荐参评。在第四届全国“玉琮杯”清廉微电影微视频大赛中，省国资委系统 3 部作品获奖，陕西煤业化工集团被评为优秀组织单位。五是落实规则、自身建设不断加强。省国资委党委、驻省国资委纪检监察组联合召开省国资系统座谈会推动《纪检监察机关派驻机构工作规则》学习贯彻，各企业纪委、监察专员办对标落实《纪检监察机关派驻机构工作规则》要求，集团层面出台各类内控制度 123 项，全系统培训纪检监察干部 1.9 万余人次，干部履职能力水平持续提升。

(撰稿人：郭航空)

# 甘肃省

## 一、甘肃省国有资产监督管理工作综述

2022 年，面对新冠疫情跌宕起伏和经济下行压力持续加大等多重压力挑战，甘肃省国资国企坚持以习近平新时代中国特色社会主义思想为指导，深入贯彻落实习近平总书记关于国有企业改革发展和党的建设的重要论述、对甘肃重要讲话重要指示批示精神，全面落实党中央、国务院决策部署和国务院国资委工作部署，按照甘肃省委、省政府工作要求，扎实推进国资国企改革发展和党的建设各项工作，取得明显成效。

**(一)积极应对困难挑战提质增效稳增长，为全省经济社会发展提供重要支撑**

全面贯彻“疫情要防住、经济要稳住、发展要安全”的要求，积极应对困难挑战，想方设法提升经营质量效益，实现稳定增长，为全省经济增长发挥重要支撑作用。经济运行稳定增长。坚持周监测、月调度，分行业、分企业研判经济形势，指导省属企业有效应对市场变化，及时调整经营策略，优化产品结构，全面

提质增效，努力实现稳产增产。截至2022年底，甘肃省国资系统监管企业资产总额2.77万亿元，比上年增长9.32%；甘肃省国资委监管的31户省属企业实现营业总收入9032.51亿元、比上年增长15.07%，利润总额191.22亿元、比上年下降2.5%，净利润131.19亿元、比上年下降7.59%，应交税费总额244.66亿元、比上年增长5.17%，已缴税费总额251.45亿元、比上年增长14.32%，在全省经济社会发展中充分发挥“压舱石”和“主力军”作用。项目拉动作用突出。把项目建设作为增强企业发展后劲、助力全省稳增长的主要抓手，坚持新建项目抓开工、在建项目抓进度、储备项目抓前期，推动形成更多实物工作量。2022年，省属企业完成固定资产投资(含房地产、PPP、无形资产)1194.96亿元、比上年增长8.92%，其中，产业类项目投资409.61亿元、增长31.42%，46个省列重大项目完成投资718.55亿元，完成年度投资计划的112.68%。全力保障央地合作项目加快实施，截至2022年底，近两年签约的204个央地合作项目开工157个，累计完成投资1416亿元，39个项目建成投产。全面加强风险防控。严格落实省属企业债务风险日常监测、重大风险报告等机制，强化负债规模与资产负债率双重管控，将资产负债约束情况纳入企业经营业绩考核，推动企业有效防范化解债务风险。督促省属企业突出实业、聚焦主业，严控非主业投资，严禁超越财务承受能力盲目举债投资。强化分级分类监管，对高负债子企业实施穿透式管理，对存在一定风险的企业进行重点监管，对存在较大风险的企业实施特别监管。截至2022年底，省属企业资产负债率65.01%，比全国国资系统监管企业低2.09个百分点，比全国地方监管企业低2.89个百分点，风险总体可控在控。

**(二)决战决胜国企改革三年行动，重点领域和关键环节改革攻坚取得新的更大突破**

甘肃省市两级国资监管机构和国有企业同向发力、靶向攻关，扎实推动国企改革三年行动各项任务落地落实，如期实现“三个明显成效”目标。中国特色现代企业制度更加成熟定型。修订《省属国有企业重大决策事项清单指引》，推动省市国有企业集团及重要子企业全面建立各治理主体权责清单、党委会前置研究讨论重大经营事项清单。制定董事会建设“1+19”制度体系，规范董事会议事规则和运行流程，省市国有企业全部实现董事会应建尽建，各省属企业集团公司和97.6%的市州企业实现外部董事占多数。分级落实董事会职权，健全授权放权事项动态调整机制，董事会定战略、作决策、防风险的能力明显增强。深入开展对标一流管理提升行动，金川集团入选全国管理提升标杆企业，兰石重型装备公司入选全国公司治理示范企业，金川集团镍盐公司入选全国“专精特新”企业。市场化经营机制加快完善。持续深化三项制度改革，构建管理人员能上能下、员工能进能出、收入能增能减的“三能”机制，省市国有企业全面完成经理层成员任期制和契约化管理，市场化选聘职业经理人385人。2022年，省属和市州企业分别有78.1%、75.6%的新任管理人员实行竞争上岗，4.4%、6.4%的管理人员实行末等调整。深入推进薪酬分配制度改革，修订省属企业经营业绩考核与薪酬管理办法，强化业绩与薪酬挂钩的效益效率导向，8户具备条件的企业实施中长期激励，激励企业核心骨干员工1189人，有效激发企业内生动力活力。支持具备条件的企业探索超额利润分享、骨干员工跟投等机制，推动构建企业与员工利益共同体。混合所有制改革稳步推进。坚持“三因三宜三不”原则，积极引入产业链上下游非公资本参与国有企业改革，截至2022年底，省属企业累计引入各类投资者900多家，引进社会资本530多亿元，混合所有制企业户数占比57.8%，较2019年末提高15.9个百分点。注重引入持股比例超过1/3的非公战略投资者，构建符合现代企业管理基础的股权结构，近三年来省属企业累计引入非公股东193家、非公资本79.42亿元，54%的实质混合所有制改革企业非公股东持股比例超过1/3。积极探索混合所有制改革企业差异化管控，围绕企业规划投资、资产处置、人事管理等经营管理事项分类细化权责，合理授权放权，赋予企业更多依法依规自主经营空间。2022年，省属企业60%以上的营业收入、80%的利润来自混合所有制企业。

**(三)加快推进布局优化和结构调整，国有资本配置效率明显提升**

坚持以深化供给侧结构性改革为主线，持续调整存量结构、优化增量投向，大力推动国有资本布局优化和结构调整。传统产业改造提升步伐加快。大力推进有色冶金、装备制造、煤炭化工等传统产业“三化”改造,省属企业全年实施传统产业“三化”改造项目396个,完成投资142.16亿元,比上年增长1.77倍。白银集团阴阳极板产品实现全流程自主生产,兰石集团石油装备智能制造示范工厂等应用场景获工业和信息化部表彰,甘肃药业集团普安制药、甘肃公交建集团博睿重装、甘肃建投集团装工科技等6户企业被认定为省级绿色工厂,甘肃科技集团兰州助剂厂化工一车间等8个车间被认定为省级数字化车间,甘肃能化集团煤炭交易系统全年完成线上交易3500多万吨。特色优势产业和新兴产业不断壮大。深入开展省属企业国有资本布局优化和结构调整“6+1”行动,大力推动新材料、煤基、新能源及装备制造、文旅、中医药、现代农业等特色优势产业率先发展。2022年,省属企业实施161个重点项目,完成投资215.5亿元。甘肃国投集团、金川集团与金昌市联合设立首期规模10亿元的产业投资基金,助推新能源、新材料产业发展。甘肃农垦集团、甘肃药业集团加大产品推广运营,品牌影响力不断提升。产业链供应链韧性和安全水平不断提升。带头落实甘肃省产业基础高级化产业链现代化攻坚战“1+N+X”政策体系,13户省属链主企业带动24条产业链延链、补链、强链,巩固提升石油炼化、有色冶金2个2000亿级产业集群,强链升级数字智能、新材料、农产品加工及食品等5个1000亿级产业集群,培育壮大兰州新区精细化工园等8个百亿级产业园区。2022年,省属企业实施产业链重点项目90个,完成投资110亿元。酒钢集团探索形成产业链“1115”模式(1条产业链、1个方案、绘制1张产业图谱,建立配套企业、技术攻关、行业对标、重点项目和关键环节补短板5个清单),白银集团、甘肃国投集团等合力推进甘肃德福20万吨高档电解铜箔项目建设,甘肃水投公司围绕优质供水、达标排水等积极延伸产业链。科技创新赋能发展不断强化。深入实施“强科技”行动,不断强化研发投入刚性考核、视同利润加回等激励约束。2022年,省属工业企业投入研发经费105.6亿元,比上年增长15.6%,省属工业企业研发投入强度2.62%,其中,甘肃科技集团、丝绸之路信息港公司等8户企业超过3%,省属企业新产品产值、“三新”业务收入分别比上年增长18.4%、45.9%。深入推进省属企业打造原创技术策源地,聚焦细分领域打造“专精特新”中小企业、专精特新“小巨人”企业和制造业单项冠军企业,新增甘肃科技集团膜科院等6户“专精特新”企业,金川集团、酒钢集团、兰石集团、甘肃公交建集团、甘肃药业集团等5户省属企业联合各类创新主体组建5个创新联合体。深入推进产学研用协同创新,对99项重大科研项目、35项“卡脖子”技术联合攻关,兰石集团商用高温气冷堆核电站新燃料运输容器等3项技术攻关取得初步成效,金川集团高品质镍钴基高温合金开发及生产示范技术等19项重大科研项目取得明显进展。

**(四)以管资本为主加快转变职能,国资监管效能实现新提升**

牢牢把握管资本与管党建相结合、履行出资人职责与国资监管职责相结合、党内监督与出资人监督相结合的职能定位,持续转变监管职能、优化监管方式、完善监管机制,专业化、体系化、法治化监管水平明显提升。国资监管制度体系更加完备。严格落实“三张”清单动态评估调整机制,采取个别访谈、召开座谈会、查阅资料等方式,全面评估授权放权清单执行情况,分层分类对剩余16户省属企业持续开展授权放权,指导省属企业对所属子企业同步开展授权放权,做到层层“松绑”,全面激发各层级企业活力。修订完善《省政府国资委规范性文件管理办法》,分规划投资、财务监督、产权管理、国企改革与公司治理等8类对85件规范性文件进行整理汇编,基本形成科学系统、精简高效的以管资本为主的国资监管制度体系。经营性国有资产集中统一监管积极稳妥推进。在全面完成省直部门97户企业集中统一监管改制脱钩工作的基础上,梳理41个省级党政机关、事业单位管理的282户企业经营性国有资产,采取脱钩划转、市场化出清及维持现行管理体制等形式分类推进处置,兰州饭店、北京丰瑞宾馆等5户企业转企改制脱钩划转甘肃文旅集团,引洮一期工程资产脱钩划转甘肃水投公司,省属高校所属企业资产部分划转国有资本投资运营公司进行集中统一监管。2022年底,省级经营性国有资产集中统一监管率99%以上,市州层面97%以上。国资监管效能不断增强。修订省属企业违规经营投资责任追究、境外国有资产监督管理等制度，不断规范国资监管和企业经营投资行为。充分发挥财务总监、外部董事等国有股权代表的监督作用，完善重大决策事项财务总监联签、向出资人报告工作等机制，组织财务总监、专职外部董事进行年度述职，不断规范日常管理和考核。搭建连接国务院国资委、覆盖省属企业和市州国资监管机构的国资监管信息系统，加强对省属企业重大决策事项的动态监测，有效提高监管工作效率。加强事中事后监管，建立省属企业董事会决策事项报告制度，及时发现和纠正违规经营投资等行为。

**（五）积极主动履行社会责任，充分展现国资国企担当作为**

坚决服从服务国家和全省战略全局和发展大局，推动国有企业在实施乡村振兴战略、生态环保、能源保供、帮助中小企业纾困解难等工作中主动担当作为，贡献国资国企力量。积极助力乡村振兴。认真履行归口管理职责，组织召开中央定点帮扶企业、归口管理企业助力乡村振兴产业帮扶工作座谈会，持续协调服务和督促推动11户定点帮扶中央企业、归口管理的48户中央在甘企业和31户省属企业加大产业、就业、消费等帮扶力度。截至2022年底，11户定点帮扶中央企业和归口管理的79户中央在甘企业投入帮扶资金4.7亿元，实施帮扶项目942个，建设扶贫车间73个，培育合作社180个，消费帮扶5.53亿元，帮助解决就业及劳务输出3.8万人，为甘肃省深入实施乡村振兴战略作出积极贡献。带头落实纾困解难政策。认真落实稳经济一揽子政策措施，研究制定稳定省属企业经济运行和助力中小企业纾困解难的26条措施，省属企业全年为6561户小微企业和个体工商户减免房租2.86亿元，助力500余户供应链上下游中小企业融资205亿元。甘肃公航旅集团、甘肃电投集团、甘肃长城建设集团等11户省属企业腾出1000多套住房保障医护和隔离人员。靖煤集团、窑煤集团、甘肃电投集团积极承担迎峰度夏、迎峰度冬能源保供任务，完成日产煤炭4.7万吨保供目标，电力机组应开尽开、稳发满发。甘肃药业集团全力以赴保障止咳类药品宣肺止嗽合剂生产，日产量由6.5万盒提升至8.7万盒。深入推进生态环保和安全稳定工作。严格落实能耗“双控”制度，认真做好节能减排、污染防治、“三废”治理等工作，省属企业全年“三废”全部实现达标排放。督导省属企业严格落实安全风险等级管控和隐患排查治理双重预防工作机制，有效降低生产安全风险。2022年，省属企业未发生较大以上安全生产事故。积极参与平安甘肃建设，定期排查化解矛盾纠纷，持续加大清欠中小企业账款和农民工工资力度，圆满完成党的二十大等重要节点维稳安保任务，甘肃省国资委被评为平安甘肃建设、全省党委（党组）履行国家安全责任制“优秀”单位，全省信访工作考核“全面达标、成绩突出”单位。

## 二、甘肃省国有资产总量与结构分析

截至2022年底，甘肃省国有企业资产总额31564.51亿元，比上年增长9.09%；完成营业收入11446.97亿元，比上年增长15.12%；实际上缴税金总额292.46亿元，比上年增长11.08%；利润总额178.79亿元，比上年下降10.00%；净利润105.84亿元，比上年下降24.26%。

**表1　　2022年甘肃省国有企业指标**

| 项　目 | 金　额(亿元) |
|---|---|
| 资产总额 | 31564.51 |
| 所有者权益 | 10377.28 |
| 国有资产总量 | 9403.12 |
| 营业收入 | 11446.97 |
| 利润总额 | 178.79 |
| 净利润 | 105.84 |
| 归属于母公司所有者的净利润 | 87.82 |
| 应交税金总额 | 288.17 |
| 实际上缴税金总额 | 292.46 |

截至2022年底，甘肃省国有企业3727户，比上年增加442户，比上年增长13.46%。

**表2　　2022年甘肃省国有企业户数情况**

| 2021年户数(户) | 2022年户数 | 比上年增长(%) |
|---|---|---|
| 3285 | 3727 | 13.46 |

截至2022年底，甘肃省国有企业国有资产总量9403.12亿元。其中，省级企业资产总量4969.14亿元，占比52.85%；地市企业资产总量4433.98亿元，占比47.15%；兰州市国有企业资产总量1437.61亿元，占比15.29%。

**表3 2022年甘肃省国有资产按地区分布情况**

| 地　区 | 国有资产（亿元） | 占国有资产总量比重(%) |
|---|---|---|
| 省级企业汇总 | 4969.14 | 52.85 |
| 地市企业汇总 | 4433.97 | 47.15 |
| 兰州市 | 1437.61 | 15.29 |
| 兰州新区 | 831.22 | 8.84 |
| 天水市 | 257.41 | 2.74 |
| 酒泉市 | 278.48 | 2.96 |
| 张掖市 | 282.94 | 3.01 |
| 平凉市 | 177.19 | 1.88 |
| 定西市 | 211.10 | 2.24 |
| 嘉峪关市 | 80.40 | 0.86 |
| 白银市 | 148.83 | 1.58 |
| 金昌市 | 67.19 | 0.71 |
| 陇南市 | 124.30 | 1.32 |
| 庆阳市 | 72.32 | 0.77 |
| 甘南州 | 55.47 | 0.59 |
| 临夏州 | 314.82 | 3.35 |
| 武威市 | 94.69 | 1.01 |
| 合　计 | 9403.12 | 100.00 |

注：由于四舍五入，合计数与表1中"国有资产总量"不等。

从行业分布情况来看，社会服务业国有资产总量最大，为2351.77亿元，占比25.01%；其次依次是交通运输业、工业、建筑业、房地产业和金融业，分别占比18.78%、16.35%、15.45%、11.67%和7.11%。

**表4　2022年甘肃省国有资产按行业分布情况**

| 行　业 | 国有资产（亿元） | 占国有资产总量比重(%) |
|---|---|---|
| 农林牧渔业 | 145.89 | 1.55 |
| 工业 | 1537.70 | 16.35 |
| 建筑业 | 1452.66 | 15.45 |
| 交通运输业 | 1766.27 | 18.78 |
| 仓储业 | 89.86 | 0.96 |
| 商贸业 | 94.43 | 1.00 |
| 房地产业 | 1096.89 | 11.67 |
| 信息传输、软件和信息技术服务业 | 16.78 | 0.18 |
| 社会服务业 | 2351.77 | 25.01 |
| 教育文化广播业 | 85.65 | 0.91 |
| 科学研究和技术服务业 | 90.80 | 0.97 |
| 金融业 | 668.89 | 7.11 |
| 其他行业 | 5.53 | 0.06 |
| 合　计 | 9403.12 | 100.00 |

从经营规模分布情况来看，大型企业国有资产总量6524.54亿元，占比69.39%；中型企业国有资产总量1317.75亿元，占比14.01%；小型企业国有资产总量1230.86亿元，占比13.09%；微型企业国有资产总量329.97亿元，占比3.51%。

**表5　2022年甘肃省国有资产按经营规模分布情况**

| 经营规模 | 国有资产（亿元） | 占国有资产总量比重(%) |
|---|---|---|
| 大型企业 | 6524.54 | 69.39 |
| 中型企业 | 1317.75 | 14.01 |
| 小型企业 | 1230.86 | 13.09 |
| 微型企业 | 329.97 | 3.51 |
| 合　计 | 9403.12 | 100.00 |

## 三、甘肃省国有资本保值增值综合分析评价

从地区来看，甘肃省国有资本保值增值率102.40%，实现国有资本的保值增值。临夏州、张掖市、金昌市、陇南市、天水市实现国有资本增值，甘南州国有资本减值最大。

从行业来看，商贸业，工业，建筑业，社会服务业，信息传输、软件和信息技术服务业，社会服务业，教育文化广播业，科学研究和技术服务业，金融业，其他行业实现保值增值，信息传输、软件和信息技术服务业保值增值率最高，仓储业减值最大。

**表6　2022年甘肃省国有企业地区和行业国有资本保值增值情况**

| 地　区 | 国有资本保值增值率(%) | 行　业 | 国有资本保值增值率(%) |
| --- | --- | --- | --- |
| 甘肃省国有企业 | 102.40 | 农林牧渔业 | 98.74 |
| 兰州市 | 99.70 | 工业 | 109.24 |
| 兰州新区 | 97.84 | 建筑业 | 104.04 |
| 白银市 | 99.08 | 交通运输业 | 98.70 |
| 定西市 | 99.36 | 仓储业 | 85.04 |
| 甘南州 | 95.17 | 商贸业 | 112.16 |
| 嘉峪关 | 97.37 | 房地产业 | 99.49 |
| 金昌市 | 100.04 | 信息传输、软件和信息技术服务业 | 113.65 |
| 酒泉市 | 97.74 | 社会服务业 | 102.05 |
| 临夏州 | 191.69 | 教育文化广播业 | 102.41 |
| 陇南市 | 100.71 | 科学研究和技术服务业 | 108.36 |
| 平凉市 | 95.23 | 金融业 | 101.98 |
| 庆阳市 | 98.17 | 其他行业 | 101.06 |
| 天水市 | 100.55 | | |
| 武威市 | 97.44 | | |
| 张掖市 | 102.08 | | |

## 四、甘肃省国资委监管企业改革发展情况

### (一)国企改革三年行动高质量收官

聚焦"三个明显成效"目标，坚持"月调度、季通报、半年评估、年度考核"推进机制，召开全省国企改革三年行动推进会、座谈会3次，一体推动全省国企改革三年行动任务落实落地。全面启动高质量收官工作，制定《关于切实抓好国企改革三年行动高质量收官有关事项的通知》《比学赶超　补短板　锻长板　提质效　高质量收官国企改革三年行动工作方案》，明确攻坚收官具体措施39项，成立4个工作组实地检查督导，全面推动国企改革三年行动高质量收官。深入开展"学先进、抓落实、促改革"活动，高平台推广国资国企改革典型经验，先后4次在全国交流经验做法，90多个改革案例和信息被中央改革办和国务院国企改革领导小组推广，《甘肃推动国有资本向重要行业关键领域集中》在中央深改委《改革情况交流》刊发。

### (二)持续推动改革专项任务落地落实

全面完成"综改示范行动"收尾工作，对54户示范企业进行考核评估。制定"科改示范行动"综合改革方案，细化明确2022—2025年重点改革任务108项，指导省属企业加快科技成果转换，充分激发企业创新潜能。全面推进国有企业公司制改革，推动省市212户全民所有制企业全部完成公司制改革，进一步夯实国有企业独立市场主体地位和法律基础。全面推进对标一流管理提升行动，33户省属企业1253项重点任务完成1250项，完成率99.76%。全面推进"总部机关化"专项治理，33户省属企业545项治理任务全部完成，压减集团总部机关管理机构10.55%，精简管理人员11.66%，新增授权放权183项，下放审批备案事项237项，省属企业总部定位更加清晰，组织体系持续优化，发展活力不断增强。

### (三)全面完成省属企业办社会职能分离移交

全力推进21户省属企业全部完成维修改造工作和清算报告审核工作，协同省财政厅完成兰州市范围省属企业职工家属区"三供一业"清算验收，占总户数的85%。协调兰州市全面完成兰州饭店、省工

信厅等5户移交企业的退休人员社会化管理移交工作。按照国有企业办医疗机构深化改革要求，推动酒钢兰泰医院移交兰州兰大一院。扎实推进培训疗养机构改革，全面完成省属企业涉及的5个培训疗养机构改革任务，基本实现培训机构精干高效，资源配置使用效率明显提升，管理制度和监督机制不断完善的目标。

## 五、甘肃省国资委监管企业并购重组与完善法人治理结构情况

### (一)深入推进战略性重组和专业化整合

整合省市国有港口物流企业组建甘肃国际物流集团，打造面向"一带一路"的港口物流龙头企业，全年物流收入、货物吞吐量、货运班列数均实现两位数增长，实现"1+1>2"的效果。组建国家管网甘肃天然气管网公司，推动"地方管网融入国家管网"，保障国家能源供输安全。甘肃能化集团推动上市公司靖远煤电并购窑煤集团，窑煤集团完成主业资产证券化，实现省属煤电板块主业资产整体上市。陇神戎发重组普安制药，实现甘肃药业集团优质资产整体上市。甘肃新业公司、甘肃工程设计研究院与华润环保科技公司共同出资组建甘肃环保集团，有效促进甘肃环保产业结构调整和优化升级。甘肃工程咨询集团深化内部资源和业务整合，搭建新业务培育硬件平台，挂牌成立兰州新区工程检测中心，加快推进子企业检测、鉴定、监理、实验等非主业资源整合，加快做大做强新业务。

### (二)持续完善公司法人治理结构

完成新一轮省属企业章程及各治理主体议事规则审核修订，指导省属企业全面建立以公司章程为基础，"三重一大"决策制度为重要载体，党委、董事会、经理层等议事规则为重点，投资、产权、财务、人事等管理制度为支撑的内部制度体系。截至2022年底，省属企业及1200户各级子企业全部完成公司章程修订。全面推进规范董事会建设，省属企业570户子企业实现董事会应建尽建，其中，517户子企业实现外部董事占多数。持续加强董事会授权管理，制定《省属企业董事会授权管理办法》，推动省属企业及所属570户已建立董事会的各级子企业全部建立董事会授权管理制度。持续加强董事会规范运作，印发《省属企业董事会工作规则(试行)》，健全完善董事会日常召开情况报告检查机制，有效规范董事会建设运行。深入推进高素质专业化外部董事队伍建设，制定《省属企业外部董事人才库人选专业资格认定规程》，面向全国公开选聘外部董事人才库人选51人，对省属企业推荐的38名专职外部董事人选和22名兼职外部董事人才库人选进行资格认定，全年向省属企业委派外部董事27人。

## 六、甘肃省国资委监管企业建立和完善经营业绩考核体系情况

按照效益增速高于全省经济增速的总体要求，坚持考核目标分档管理，确定2022年工业总产值"保8争10"，利润总额120亿元的考核目标。不断健全高质量发展考核指标体系，构建以"两利四率"为主要指标的考核体系，围绕"两增一控三提高"目标，推动省属企业实现量的合理增长和质的稳步提升。认真落实"分类核算、分类考核"要求，针对不同功能定位、行业领域、发展阶段的企业突出不同考核重点，不断优化差异化功能分类考核方式，对机场集团、水投公司2户企业开展分类考核试点。持续深化对标考核，全面对标行业一流先进企业，倒逼省属企业努力提升档位，提升行业水平。全面落实董事经营业绩考核职权，厘清经营业绩考核权责边界，规范董事会对经理层及副职负责人考核工作，形成职责明确、流程清晰的运行机制。全力保障省属企业服务全省经济社会发展，将省属企业承担的煤炭、电力保供、重大基础设施建设等任务对经营业绩有重大影响的特殊事项列入管理清单，作为确定考核指标和核定结果的重要参考依据，在考核中给予相应支持政策。

## 七、甘肃省国资委监管企业负责人考核与选人用人机制改革情况

### (一)持续优化企业负责人考核效能

坚持定量考核与定性评价相结合，综合运用多维

度测评、个别谈话、听取意见、综合分析等方法进行综合考核评价。坚持将政治标准作为省属企业负责人考核的统揽和主线，正反向两个方面开展政治素质测评，政治素质考核得分按10%的权重计入年度考核得分。突出推动高质量发展的鲜明导向，坚持领导班子年度考核优秀等次原则上从推动国企改革和服务高质量发展比较突出的企业中产生，领导人员从业绩突出、担当作为、职工群众认可度高的干部中产生。不断加大平时考核力度，将平时考核结果作为评定年度考核等次的重要依据，占考核综合得分40%的权重，平时考核低于90分的取消年度考核评优资格。注重党建责任制考核，强化考核结果运用，将省属企业领导班子和领导人员年度考核结果与领导班子建设和领导干部选任用、培养教育、管理监督、激励约束、问责追责相结合，并与省属企业领导人员业绩考核与薪酬相挂钩。严格执行干部选任"四必核"等制度，全年随机抽查、重点查核拟任用人选个人有关事项7次23人，查核一致率91.3%，比上年增加1.64个百分点。

### （二）不断创新完善选人用人体制机制

始终坚持党管干部、德才兼备、以德为先原则，以重品行、重实绩、重基层、重储备为导向，积极探索完善企业领导人员管理机制。深入开展选人用人问题专项整治，树立"能者上、平者让、庸者下"的用人导向，营造激励广大干部职工干事创业的良好氛围。大力弘扬企业家精神，15户省属企业、9名企业领导人员被甘肃省委、省政府表彰为先进企业、优秀企业家。深入推进省属企业人才培育工程，分层分类培训经营管理、党务工作、专业技术和技能人才9.8万人次。建立与中央企业、行业先进企业合作培养机制，会同甘肃省委组织部选派29名企业年轻干部到中央企业和发达省份企业挂职锻炼。推动省属企业不断优化引才用才留才环境，通过"社会实践+毕业引进"方式与53所省内外高校建立就业实践基地。2022年，省属企业组织或参加专场招聘会511场，引进本科以上学历人才5826人，高层次和急需紧缺人才903人，先后对619名高层次和急需紧缺人才实行协议工资、项目工资，对227名人才给予特殊奖励。

## 八、甘肃省国资委监管企业党的建设和廉政建设情况

### （一）全面加强党的政治建设

把抓党建、强党建作为重大政治责任，持续深入推进全国国企党建会精神及30项重点任务落实，国有企业党的领导党的建设全面加强。全面落实"第一议题"制度，深入学习贯彻党的二十大精神，印发《国企改革三年行动以来习近平总书记关于国有企业改革发展和党的建设重要论述和有关会议精神材料汇编》，先后举办企业领导人员和机关副处级以上干部十九届六中全会专题研讨班2期和企业基层党组织书记和党务骨干示范培训班3期。不断完善党史学习教育常态化常效化机制，推进习近平新时代中国特色社会主义思想进企业、进厂矿、进车间、进班组，广大干部职工坚定拥护"两个确立"、坚决做到"两个维护"的思想和政治自觉不断增强。

### （二）持续推动党建工作与生产经营深度融合

扎实开展党建与生产经营融合不够专项整治，18户企业的经验做法被"学习强国"等刊载推广，3户企业在全国党建研究会上被评为党建与生产经营深度融合的典型案例。深入开展党建融入生产经营典型创建活动，打造酒钢集团东兴铝业党委等20个典型案例。严格落实抓基层党建工作述职考核等制度，持续推进党支部建设标准化和"四抓两整治"，扎实开展软弱涣散基层党组织整顿"回头看"等专项行动，推动省属企业基层党组织全面进步、全面过硬。制定《关于加强混合所有制企业党建工作的指导意见》，加强混合所有制企业和驻外机构党建工作，确保国有企业发展到哪里，党的建设就跟进到哪里。

### （三）持之以恒推进全面从严治党

认真落实全面从严治党主体责任，召开党风廉政建设和反腐败工作会议，以"严"的基调、"严"的措施、"严"的氛围深入推进全面从严治党责任落实。大力推进警示教育，通过组织退休老同志讲廉政党课、致省属企业党员领导干部及家属一封信等多种方式，筑牢拒腐防变的思想防线。健全完善常态化长效化排查化解廉洁风险机制，深入开展以案促改促建促治，

狠抓巡视巡察、审计反馈等各类问题整改，持续在建制度、压责任、防风险、抓治理上下功夫，强化对权力集中、资金密集、资源富集等重点领域和“三重一大”事项的监督。严肃查处靠企吃企、关联交易、设租寻租、利益输送等问题，一体推进不敢腐、不能腐、不想腐的体制机制不断完善，为省属企业改革发展营造风清气正的良好环境。积极支持和配合驻委纪检监察组开展执纪监督问责，精准运用“四种形态”处置331人次，挽回经济损失450万元。

（撰稿人：魏代虎）

# 青海省

## 一、青海省国有资产监督管理工作综述

2022年，青海省国资委坚持以习近平新时代中国特色社会主义思想为指导，深入学习贯彻习近平总书记考察青海重要讲话精神，全面履行国有资本出资人、国资监管和国企党建三项职责，全力攻坚国企改革三年行动，坚定不移做强做优做大国有资本和国有企业，企业效益稳中向好，国有资本保值增值，省属监管企业经营效益创历史最好水平，国有企业“稳定器”作用充分发挥。

### （一）加强专业化体系化法治化监管

制定印发《青海省国资委出资企业重大法律纠纷案件管理办法》《青海省省属监管企业法治宣传教育的第八个五年规划（2021—2025年）》，加强国资委监管职责，提高企业依法经营管理水平。修订印发《青海省政府国资委监管权责清单（2021年版）》。建成省级国资国企在线监管平台。推进监管企业全面实现信息公开，督促企业结合实际建立或修订资金内控管理制度，健全审计机构，重要环节重点领域监督明显加强。成立监督追责处室，健全监督追责体系，强化违规责任追究和落实，事前、事中、事后的全流程监管机制逐步形成。

### （二）有效发挥两类公司功能作用

指导督促两户试点企业健全台账，扎实落实改革任务。对两户企业实施单独授权，发挥好两类公司功能作用。国有资本投资公司改革试点企业三江集团建立投前管理、投中管理、投后管理、融资管理、风控管理、协同管理的“6M”管控模式；国有资本运营公司改革试点企业省国投公司对控股子企业实现经营性授权放权清单式管理，基本形成“母—子”企业间权责边界清晰、分级分类监管的管控模式。

### （三）切实加强各类风险管控

聚焦债务风险，制定加强资产负债约束实施意见等制度，建立债务风险防范化解工作专班，编制企业风险防控政策汇编，对省属监管企业基本情况进行持续摸底完善，开展地方国有融资平台公司风险排查，对监管企业有息债务、财务指标等情况进行月分析月报告。对负债率较高的企业及时下发风险防范提示函，持续做好后续债务风险管控工作，确保稳妥化解债务风险。

### （四）推进经营性国有资产集中统一监管

成立省级经营性国有资产集中统一监管工作领导小组，会同省财政厅对省级党政机关和事业单位经营性国有资产进行调查摸底，召开三次集中统一监管领导小组工作会议，专题安排部署相关工作。制定印发《青海省省级党政机关和事业单位经营性国有资产集中统一监管总体方案》，分批确定划转企业名单，明确工作要求及步骤，截至2022年底，省级经营性国有资产集中统一监管率96.45%，较改革初的54.72%增加41.73个百分点，集中统一监管后省属监管企业资产总量5156.83亿元。

### （五）加强对地方国资监管工作的指导

发挥省深化国有企业改革领导小组办公室作用，定期掌握地方推进国企改革三年行动实施进展。组织召开地方国资委工作会议，传达国务院国资委有关工作会议精神，分享改革工作经验。在组织的各类培训、会议中将8个市（州）国资委纳入参训范围，省国资委印发的公开文件同步抄送地方国资委参考。海南、果洛、玉树等地国资委派员在省国资委各处室进行短期轮训，掌握推动改革和监管的方式方法。

## 二、青海省国有资产总量与结构分析

2022年，青海省国有企业克服疫情冲击，保持良好运行态势，纳入统计范围的1054户地方国有企业资产总额10103.55亿元，比上年增长3.47%。所有者权益(净资产)4107.71亿元，比上年增长7.74%。

**表1　2022年青海省国有企业指标**

| 项　目 | 金　额(亿元) |
|---|---|
| 资产总额 | 10103.55 |
| 所有者权益 | 4107.71 |
| 国有资产总量 | 3789.27 |
| 营业收入 | 1416.53 |
| 利润总额 | 240.46 |
| 净利润 | 209.04 |
| 归属于母公司所有者的净利润 | 145.90 |
| 应交税金总额 | 121.03 |
| 实际上缴税金总额 | 117.59 |

**表2　2022年青海省国有企业户数情况**

| 2021年户数(户) | 2022年户数(户) | 比上年增长(%) |
|---|---|---|
| 940 | 1054 | 12.1 |

**表3　2022年青海省国有资产按隶属关系分布情况**

| 隶属关系 | 国有资产(亿元) | 占国有资产总量比重(%) |
|---|---|---|
| 省属企业汇总 | 2752.28 | 72.63 |
| 省国资委监管企业 | 1976.90 | 52.17 |
| 省直部门(含委托监管企业) | 775.38 | 20.46 |
| 市州企业汇总 | 1036.98 | 27.37 |
| 市州国资委监管企业 | 580.76 | 15.33 |
| 市州部门监管企业 | 456.22 | 12.04 |
| 合　计 | 3789.26 | 100.00 |

注：由于四舍五入，合计数与表1中"国有资产总量"数据不等。

**表4　2022年青海省国有资产按行业分布情况**

| 行　业 | 国有资产(亿元) | 占国有资产总量比重(%) |
|---|---|---|
| 农林牧渔业 | 91.82 | 2.42 |
| 工业 | 842.58 | 22.24 |
| 建筑业 | 157.47 | 4.16 |
| 交通运输业 | 1010.95 | 26.68 |
| 仓储业 | 5.25 | 0.14 |
| 商贸业 | 18.56 | 0.49 |
| 房地产业 | 99.35 | 2.62 |
| 信息传输、软件和信息技术服务业 | 0.02 | — |
| 社会服务业 | 1504.84 | 39.71 |
| 教育文化广播业 | 9.64 | 0.25 |
| 科学研究和技术服务业 | 13.73 | 0.36 |
| 金融业 | 29.01 | 0.77 |
| 其他行业 | 6.06 | 0.16 |

**表5　2022年青海省国有资产按经营规模分布情况**

| 经营规模 | 国有资产(亿元) | 占国有资产总量比重(%) |
|---|---|---|
| 大型企业 | 2456.32 | 64.82 |
| 中型企业 | 213.31 | 5.63 |
| 小型企业 | 894.54 | 23.61 |
| 微型企业 | 225.11 | 5.94 |
| 合　计 | 3789.28 | 100.00 |

注：由于四舍五入，合计数与表1中"国有资产总量"数据不等。

## 三、青海省国有资本保值增值综合分析评价

2022年末，青海省地方国有企业所有者权益(净资产)4107.71亿元，比上年增长7.74%。归属于母公司的所有者权益3869.12亿元，比上年增长8.21%。年末国有资产总量(国有资本及权益)3789.27亿元，剔除政府追加、核减投资及无偿划入、划出等客观增减因素后，国有资本保值增值率103.14%。其中，省国资委监

管企业净资产 2238.30 亿元,占比 54.49%,年末国有资本及权益 1976.90 亿元,占比 52.17%,剔除客观因素后,国有资本保值增值率 106.19%;省直部门(含委托监管)企业净资产 783.23 亿元,占比 19.07%,国有资本及权益 775.38 亿元,占比 20.64%,剔除客观因素后,国有资本保值增值率 100.23%;市州国资委监管企业净资产 589.88 亿元,占比 14.36%,国有资本及权益 580.76 亿元,占比 15.33%,剔除客观因素后,国有资本保值增值率 100.98%。市州部门监管企业净资产 496.29 亿元,占比 12.08%,国有资本及权益 456.22 亿元,占比 12.04%,剔除客观因素后,国有资本保值增值率 99.22%。

**表 6　2022 年青海省国有企业地区和行业国有资本保值增值情况**

| 地　区 | 国有资本保值增值率(%) | 行　业 | 国有资本保值增值率(%) |
|---|---|---|---|
| 青海省国有企业 | 103.14 | 农林牧渔业 | 100.37 |
| 省国资委监管企业 | 106.19 | 工业 | 114.3 |
| 省级非监管企业 | 100.23 | 建筑业 | 102.21 |
| 市(州、县)国有企业 | 100.21 | 交通运输业 | 99.39 |
| 西宁市 | 99.82 | 仓储业 | 99.12 |
| 海东市 | 102.56 | 商贸业 | 104.78 |
| 海西州 | 99.59 | 房地产业 | 99.88 |
| 格尔木 | 99.52 | 信息传输、软件和信息技术服务业 | 55.19 |
| 海南州 | 98.41 | 社会服务业 | 100.41 |
| 海北州 | 99.93 | 教育文化广播业 | 98.33 |
| 黄南州 | 97.69 | 科学研究和技术服务业 | 99.22 |
| 果洛州 | 93.07 | 金融业 | 99.94 |
| 玉树州 | 78.66 | 其他行业 | 99.07 |

## 四、青海省国资委监管企业改革发展情况

国企改革三年行动实施以来,青海省国资委深入学习贯彻党的二十大精神和习近平总书记关于国有企业改革发展和党的建设重要论述,全力推动国企改革三年行动各项改革任务的落实,补短板强弱项,顺利完成国企改革三年行动确定的主体任务,为省属监管企业高质量发展提供坚强支撑。

### (一)党的建设与生产经营深度融合

推动《国企改革三年行动党建先行方案》落实,牢固树立以企业改革发展成果检验党组织战斗力的鲜明导向,注重引导企业基层党组织坚持把服务生产经营不偏离,提高企业效益、增强企业竞争实力,实现国有资本保值增值作为工作的出发点和落脚点。创新实施"国企党建'四五'计划行动"党建项目、分专题组织监管企业党建工作现场观摩推进会,培育"双强双优"(领导班子强,党员队伍强;支部党建优、工作业绩优)基层党支部,各企业党委通过设立党员责任区、党员示范岗、党员突击队、党员服务队等,引导党员创先争优、攻坚克难,争当生产经营的能手、创新创业的模范、提高效益的标兵、服务群众的先锋,基层党组织在一线生产经营管理工作中"做堡垒""唱主角"的意识日益强烈,有力促进企业党建与生产经营工作同频共振、双促共赢。

### (二)中国特色现代企业制度更加成熟完善

党的领导全面融入公司治理,董事会建设由试点向应建尽建全面推开。集团及建立董事会的子企业全部实现外部董事占多数,探索性推进集团董事会向重要子企业落实 6 项重要职权、向经理层授权放权,企业层面授放权改革大范围推进,权责清晰、协调运转、有效制衡的公司治理机制加快形成。

### (三)市场化经营机制不断健全

集团及各级子企业经理层成员任期制和契约化管理实现从无到有,"两书一协议"从改革初的形似实现神形兼备。竞争上岗、管理人员末等调整和不胜任退出、员工市场化招聘等制度的实施,有效解决队伍活力不足、工作动力不强等紧要问题,"进入国企,就端上'铁饭碗'""干多干少一个样"等陈旧观念被打破。

### (四)国企改革专项工程带动发展

鼓励 4 户承担专项改革企业大胆探索推进改革,

要求企业集团公司大力支持所属示范企业改革，做到政策应享尽享。省国投公司将低碳基金确立为授权放权改革示范企业，在主营投资权限、工资总额机制等方面给予制度倾斜，董事会 6 项重点职权全面落实，实现“股东会—董事会—经理层”三级授权管控。推动低碳基金公司率先突破 KPI 内控模式改革，实现整体经营效益全员负责制。支持低碳基金公司用好、用活经营性授(放)权实施细则，快速提升企业市场化业务开发能力、有效提升企业间合作投资水平、逐步提升企业投资管理能力和员工业务能力。西矿集团、盐湖股份聘请专业第三方机构对企业改革基础进行诊断，制定符合企业发展状况和需求的改革方案和台账，全面落实董事会职权，支持企业技术创新，实施中长期激励机制和具有企业特色的科研人员创新激励机制，改革推动发展效应逐步显现。

### (五)国企科技创新能力有所提高

印发《关于促进省属国有企业创新发展的实施意见》等文件支持企业自主创新，提高科技研发能力。修订省属国有企业负责人经营业绩考核办法，将科技投入作为年度经营业绩考核指标进行考核，引导企业提高科技投入水平。指导各企业制定符合企业产业特点的科技创新管理、技术人员考评管理、科技项目管理、知识产权管理办法等相关制度，健全创新体系，促进产业发展。监管企业研发投入从 0.9%提高至 1.2%，逐年实现增长。盐湖股份、西矿集团等企业技术工艺均有突破。

### (六)对标世界一流管理形成自有管理体系

监管企业从整体对标、项目对标角度，选择 52 户企业设置 572 项指标开展战略、组织、运营、财务管理等 8 个领域对标，平均完成进度 97%以上，企业管理能力和管理水平明显提升，西矿集团连续多年入围“中国企业 500 强”，盐湖股份、物产集团分别入围“中国制造业 500 强”“中国服务业 500 强”。

### (七)国企改革三年行动成果实现制度化

党的领导和党的建设、董事会向经理层授权、外部董事占多数等改革成果纳入公司章程。聚焦在完善公司治理中加强党的领导、加强董事会建设发挥董事会作用、健全市场化经营机制、鼓励技术创新、强化追责监督和鼓励企业领导人员担当作为等方面的重点要求、共性经验，省国资委制定、修订完善相关制度，为更好履行出资人职责、监管职责和党的建设职责奠定扎实基础。

## 五、青海省国资委监管企业并购重组与完善法人治理结构情况

### (一)并购重组

聚焦盐湖资源、清洁能源、生态旅游、农牧业等领域，以省属国有企业及国有资产为整合范围，利用新设主体、吸收整合、股权划转等方式对省属国有企业、自然资源、闲置资产进行整合，构建起集资源优势、产业引导、资本运营于一体的“4＋5＋1”(即聚焦产业“四地”建设＋突出五个优势产业＋深化一家资本运营平台改革)的产业布局，依托盐湖资源、旅游高地、清洁能源、生态农牧等产业新设组建相应企业主体，整合省属企业交通建设、水利水电、物流商贸、房建设计、矿产资源等板块，实现“一企一业”聚焦主业发展，全力消除同质化竞争问题。进一步强化国有资产管理平台功能，整体承接省属国有企业重组整合剥离的低效无效资产，通过战略性重组和专业化整合进一步促进省属国有企业聚焦主业，打通资本运作路径。拟定由青海省交通控股集团有限公司吸收合并青海湖旅游控股集团有限公司、青海省公路桥梁建设集团有限公司两户企业，战略性重组和专业化整合工作稳步推进。

### (二)完善法人治理结构

一是健全完善政策体系。制(修)订出台《青海省省属出资企业外部董事选聘和管理办法》《青海省省属出资企业董事会和董事评价办法》，为实现外部董事占多数、加强外部董事选聘、管理、评价提供政策依据。二是加快推进外部董事占多数。按照内外部董事“3＋4”“4＋5”的结构，根据企业主营业务、发展规划和现有董事会成员专业结构、履职经历等合理搭配企业外部董事，向控股的监管企业董事会委派专职外部董事 1 人、兼职外部董事 8 人，外部董事按照有关规

定进入董事会下设的专委会。督促指导各监管一级企业加快所属各级子企业外部董事占多数的推行工作。三是提升外部董事履职能力。针对部分外部董事履职经验不足的问题,组织召开外部董事聘任大会,由省国资委有关处室负责人对外部董事进行政策讲解和履职培训;将外部董事培训纳入全省高层次人才培训计划,由省级财政专项拨款组织开展外部董事履职能力提升培训班,对有关政策进行解读,聘请经验丰富的高层次央企外部董事讲授履职要求和经验,提升外部董事的履职能力。四是开展外部董事的专项考核。对履职满一年的2名专职外部董事和34名兼职外部董事开展年度考核,通过查阅资料、测评打分、谈心谈话等方式进行客观评价,确定考核评价等次。五是强化评价结果运用。指导监管企业按照《青海省省属出资企业董事会和董事评价办法》《省属出资企业专职外部董事薪酬管理办法》的有关要求,根据考核评价等次确定专兼职外部董事的薪酬。

## 六、青海省国资委监管企业建立和完善经营业绩考核体系情况

### (一)聚焦质量效益,经营考核引领作用不断增强

充分发挥考核指挥棒作用,引入"两利四率",统筹防范风险、创新驱动、供给侧结构性改革等多个维度,强化"赛跑机制",科学确定年度及任期经营业绩考核目标,引导企业高质量发展,6户企业主要指标主动挑战历史最好水平。坚持经营业绩考核目标完成情况动态监测,督促各企业坚持目标不动摇,全力推进生产经营各项工作。2022年,企业利润、收入稳步增长,资产负债率、成本费用总额比上年下降,考核的正向激励作用有效发挥。

### (二)坚持业绩导向,全面推进全员绩效考核

一是为确保国有资产保值增值责任落实到各级企业负责人和基层单位,压力传递到各个岗位,激励约束覆盖到广大员工,印发关于加强监管企业全员绩效考核工作的通知,督促企业建立健全全员绩效考核制度,实施"工作有标准、管理全覆盖、考核无盲区、奖惩有依据"的全员绩效考核,全员绩效考核覆盖面100%。二是出台关于落实监管企业董事会考核分配职权的实施意见,科学厘清省国资委与董事会等治理主体对考核分配工作的职责边界和履职方式,推动监管企业切实担负起本企业考核分配工作的主体责任,做好对各级企业和员工的考核分配工作。

### (三)聚焦关键人才,激励机制进一步健全

按照"提低、扩中、限高"要求,聚焦关键岗位、核心人才激励,统筹运用各类中长期激励政策,强化业绩考核和激励水平"双对标",实现激励与约束相统一。一是灵活开展多种方式的中长期激励。经过全面梳理,确定符合条件的5户企业开展超额利润分享,1户企业实施员工跟投,充分激发职工的积极性、主动性、创造性,有效吸引和保留关键核心人才。二是加大科技创新激励保障。对工业企业和科研技术要求高的企业,将科技投入作为年度经营业绩考核指标进行考核;在核算年度考核的利润总额及相关指标时,将企业研究开发支出视同利润予以加回。对考核期内取得重大科技成果的企业,给予加分奖励。对企业承担重大专项任务、重大科技创新项目、人才引进等特殊情况支付的工资总额,在年度工资总额预算方案中单列,不纳入工资总额核算基数。

### (四)坚持问题导向,建立三项制度改革评估机制

制定《青海省国资委监管企业三项制度改革评估实施方案》,从聚焦管理人员下不来、员工出不去、薪酬差距拉不开等重点难点问题,制度建设、机制运行、改革成效三方面,建立三项制度改革成效评估体系。深入企业通过座谈、查阅资料、抽查重要子企业等形式,全面掌握企业薪酬分配工作情况,指导企业构建完善三项制度改革考核评价体系,强化全员考核评价。

## 七、青海省国资委监管企业负责人考核与选人用人机制改革情况

### (一)企业负责人考核分配工作

一是做好企业负责人经营业绩考核和薪酬兑现工作。组织完成2021年及第四任期(2019—2021年)

企业负责人经营业绩考核工作，合理确定并下发2022年企业负责人经营业绩考核目标。根据经营业绩考核结果，核定并兑现企业主要负责人年度薪酬、任期激励收入，做好《薪酬手册》填报和薪酬披露。配合国务院国资委开展省属出资企业薪酬调查工作，组织企业报送省国资委系统监管企业年度职工薪酬调查问卷。二是健全市场化收入分配机制。全面深化工资总额决定机制改革，根据企业功能性质定位、行业特点和市场对标，按照工效联动原则，对监管企业2021年度工资总额执行情况进行清算，确定2022年工资总额预算基数；综合考虑劳动生产率和人工成本投入产出率、职工工资水平市场对标等情况，对监管企业2022年工资总额预算进行核准及备案；积极探索实施中长期激励，进一步推动工资总额分配向业绩好、投入产出率高的企业倾斜，向关键岗位和核心人员倾斜。

### （二）选人用人机制改革

一是统筹谋划配强配齐企业领导班子。深入贯彻落实新时代党的组织路线，严格按照“二十字”要求选任企业领导人员，注重年轻化、知识化、专业化干部队伍建设，加大监管企业之间管理人员选拔交流力度。完成4名委管企业领导人员提拔任用的推荐考察工作；能投集团、化工集团、青鹏集团等4户委管企业领导班子专业结构、年龄结构得到优化提升。发扬历史主动精神，运用省国资委党委对省属企业领导人员日常履职和企业生产经营成效更熟悉的优势，向省委组织部提出省管企业领导班子建设的思路建议。二是组织实施选人用人“一报告两评议”工作。赴青运集团、路桥公司、物产集团、青化集团等企业开展2021年度选人用人工作“一报告两评议”，专项督导巡视反馈选人用人问题整改情况和干部人事档案专项审核情况，梳理分析评议结果，查找薄弱环节，提出整改内容，持续营造风清气正的选人用人环境。组织举办外部董事、董事长履职能力提升培训班和“推动国有企业、国有经济高质量发展”研讨班。三是会同省考核办开展监管企业2021年度目标责任（绩效）考核工作。组织完成委管企业考核工作，并与省管企业考核结果共同印发考核结果通报。

## 八、青海省国资委监管企业党的建设和廉政建设情况

### （一）突出抓好细化安排，扎实推进党建任务落实

自觉把上级党委各项重大制度性安排和具体部署要求作为关键内容、硬性任务，认真统筹谋划、科学部署安排，扎实推动全年重点工作任务高起点开局、高标准推进。一是统筹谋划、系统推进。结合上级党委部署要求，研究制定《2022年省国资委监管企业党建工作要点》等一系列文件，系统性对企业年度党建工作进行细化部署安排，提出推动党的五大建设和促进党建工作与生产经营深度融合等重点方面的目标任务，做到明确目标不放松、分解责任抓落实。二是责任上肩、措施落地。制定印发《2022年度监管企业党委落实全面从严治党主体责任任务安排》，从企业党委、基层党组织2个层面明确12条具体措施，全面推动从严治党向纵深发展，有效提升企业党的建设质量，切实为企业实现高质量发展提供坚强政治和组织保证。召开党建工作推进会议，从推动落实强“根”铸“魂”、守正创新、固本培元、正风肃纪、建章立制等任务方面，对企业深入推动落实年度重点工作提出明确要求，进一步增强企业党委做好党建工作的责任感和使命感。三是全面部署、从严考核。组织召开监管企业党的建设暨党风廉政建设工作会议，要求监管企业党委坚决贯彻落实党中央和省委、省政府决策部署，切实把党建工作成效加速转化为企业发展内生动力。安排企业党委书记报告年度“党建账”，自觉接受上级党委机关和广大党员干部职工的评议，营造党建年终大考真述、真评、真考的严肃氛围。

### （二）突出抓好聚力铸“魂”，扎实推进党的政治建设

坚持把党的政治建设作为根本性建设，始终在思想上、行动上主动与党中央和省委对标看齐，进一步增强“四个意识”、坚定“四个自信”、做到“两个维护”，确保企业改革始终沿着正确方向前行。一是高标准落实首要任务。始终坚持把落实“第一议题”制度作为推进学习贯彻习近平新时代中国特色社会主义思

想往深里走、往实里走的务实举措，持续对企业党委会、理论中心组学习会等五类党内会议执行“第一议题”的学习内容、学习方式和具体要求进行细化明确。在此基础上，指导企业各级党组织持续修订完善“第一议题”制度，要求做到吃透精神、把握实质、精准落实，有效推动企业各级党组织和广大党员形成对照总书记重要讲话及指示批示精神谋划改革发展、推动生产经营、完成重大任务的思想自觉和行动自觉。二是高站位坚持党的全面领导。深入推动落实《国企改革三年行动党建先行方案》，在持续巩固拓展改革成效的基础上，安排企业党委开展“一则两单”等重大制度联审联修工作，更好地实现党的领导与公司治理有机统一；会同省委组织部联合印发《关于加强和改进混合所有制企业党建工作的若干措施》，全力拓展党的组织覆盖广度、全力提升党的工作覆盖深度；印发《关于扎实做好国务院国资委国企改革三年行动督导检查迎检工作的通知》，采取实地督导、面对面检查、一对一指导等多种形式，对企业推动落实国企改革党建领域各项重点任务进行全方位评估审查，确保各项工作深入穿透、落实到位。

**(三)突出抓好守正创新，扎实推进党的思想建设**

按照中央、省委统一部署，教育引导企业广大党员干部职工持续深入学习习近平新时代中国特色社会主义思想，自觉把“两个维护”作为最高政治原则和根本政治规矩，不断提高政治判断力、政治领悟力、政治执行力。为迎接党的二十大和省第十四次党代会胜利召开，全面展示企业党建成果，制定印发《“奋进新征程　建功新时代”青海国企党建引领改革发展系列主题宣传报道工作方案》，在《青海日报》连续刊发三江集团耕耘在广袤田野里的“北斗”拖拉机、西钢集团党建催生“自救”实招、西矿集团一个党支部发起的企业“突围路”、能源集团以高质量发展引领“智慧矿山”等稿件，全面展现青海国企党建引领改革发展的生动局面。督导企业持续举办党的思想建设现场观摩会，学习交流党的思想建设工作典型经验做法，各监管企业先后召开思想建设现场观摩会议，达到学习借鉴、交流成果的目的，促进基层党组织党建工作质量和水平的持续提升。

**(四)突出抓好强基固本，扎实推进党的组织建设**

深入贯彻省委、省委组织部关于基层组织建设的一系列新部署、新要求，围绕深层次推动落实《中国共产党国有企业基层组织工作条例(试行)》，着力在提升“两个全面覆盖”质量水平上狠下功夫，有力推进基层党组织全面进步、全面过硬。一是做好项目申报实施。在系统梳理五年来国企党建工作的基础上，研究设计国企党建“三基三创”项目，经评审后被列入2022年度省级党建项目。国资系统党建项目连续两年被评选为省级重点项目。项目从“建强基本组织、推进理念创新”“建好基本队伍、推进机制创新”“健全基本制度、推进手段创新”3个层面入手，着力推进企业基层组织体系建设成果更加巩固、成效更加明显。党建项目在企业各级党组织深入推动落实，并取得阶段性成效。二是规范党员发展转接。印发《关于认真做好2022年发展党员工作的通知》，在深入分析研判基层党组织入党申请人、党员发展现状和变化趋势的基础上，坚持自上而下、自下而上，突出重点人群、重点领域，精准分解发展指标，确保党员发展结构更趋优化、党员质量不断提高，并根据企业变动及时做好党组织转接工作。

**(五)突出抓好正风肃纪，扎实推进党的作风纪律建设**

紧紧围绕企业党建工作和改革发展实际，进一步强化管党治党意识，层层传导压力，压紧压实责任，推动全面从严治党要求不断向基层延伸，有力护航企业持续健康稳定发展。贯彻落实省委《关于进一步弘扬优良作风加快建设现代化新青海的若干措施》，从3个方面要求企业党委找准找实作风建设的问题短板，全力推动企业作风建设取得扎实成效。研究制定《推动监管企业党建领域减负增效的若干措施》，从6个方面制定21条具体减负措施，切实解决困扰企业基层党建工作的形式主义问题，更好地为基层干部松绑减负，激励广大干部担当作为。印发《关于监管企业“转作风、勇争先”作风建设行动实施方案的通知》，要求企业不折不扣抓整治，确保作风建设行动得实效、见成果。

(撰稿人：康　蓉)

# 宁夏回族自治区

## 一、宁夏回族自治区国有资产监督管理工作综述

2022年，宁夏回族自治区国资国企系统深入学习宣传贯彻党的二十大精神、习近平新时代中国特色社会主义思想、习近平视察宁夏重要讲话和重要指示批示精神及宁夏第十三次党代会精神，持续深化国资国企改革发展，全面加强党的领导党的建设，胜利完成国企改革三年行动收官，积极履行经济、政治、社会责任，在全区发展大局中展现“勇于挑大梁、敢于扛重任”的国资担当。企业资产总额10533.5亿元，比上年增长4%；净资产3272.7亿元，比上年增长5.4%；营业收入1793.6亿元，比上年增长18.1%；利润145.8亿元，比上年增长70.6%，增幅居全国地方国企第3名；劳动生产总值688.9亿元，比上年增长15.1%；上缴税费209.8亿元，比上年增长52%，占财政收入的45%，创近年来最好水平。区属企业中层管理人员竞争上岗占比98%、140户经营性国有资产集中统一监管率99%、开展区属企业类金融业务专业化整合对9个类金融牌照实现一体化协同化运营3项工作受到国务院国企改革领导小组通报表扬，中央电视台一套《晚间新闻》、《人民日报》、《经济日报》对宁夏国企改革三年行动、国企经济运行、数字宁夏建设予以报道。

### （一）聚焦落实“两个一以贯之”，中国特色现代企业制度更加成熟定型

坚持加强党的领导和完善公司治理相统一，厘清治理主体权责边界，完善企业制度体系，形成权责法定、权责透明、协调运转、有效制衡的公司治理机制。一是党的领导深度融入公司治理。出台《关于全区国有企业在完善公司治理中加强党的领导的实施意见》《自治区属国有企业党支部（党总支）参与重大问题决策工作指引（试行）》，进一步明确和规范党组织在企业决策、执行、监督各环节的权责和工作方式。制定区属国有企业党委研究讨论重大经营管理事项清单示范文本，区属企业集团及重要子企业全部制定前置事项清单，并结合实施情况，对清单内容进一步量化、细化，党组织前置研究程序更加规范。二是董事建设质量明显提升。符合条件的7户区属企业集团及62户各级子企业实现董事会应建尽建，同步建立董事会动态调整机制。应实现外部董事占多数的7户区属企业集团及47户各级子企业全部实现外部董事占多数。面向社会公开征集外部董事人选，建立外部董事人才库，向7户区属企业集团委派兼职外部董事21人、专职外部董事4人，外部董事的专业多元化、能力互补性持续优化，董事会结构更加科学合理。各企业不断完善董事会及专门委员会议事规则、董事会授权管理办法等制度，结合企业实际和董事会运行情况，分类有序落实董事会各项权利，优先做实董事会重大经营决策权，董事会“定战略、作决策、防风险”的作用有效发挥。三是有效保障经理层依法行权履职。建立董事会的企业全部制定董事会向经理层授权管理制度，依法保障经理层行权履职，有效激发经理层动力活力。建立健全授权后的定期跟踪、评估调整机制，确保授权科学、合理、可控，依法合规保障经理层自主经营权。四是公司制改革全面完成。自治区国资委监管企业、地市及区直党政机关和事业单位所属全民所有制企业公司制改革全部完成，改制企业市场主体地位得到加强，中国特色现代企业制度不断完善，市场化经营机制加快形成。

### （二）聚焦提高配置和运行效率，国有资本布局结构加快优化调整

认真贯彻落实新时代推进国有经济布局优化和结构调整的意见精神，调整存量结构，优化增量投向，持续提高国有资本配置和运行效率。一是政策制度不断完善。出台《关于新时代推进国有经济布局优化和结构调整的实施意见》及配套实施方案，编制《全区国资国企改革发展“十四五”规划》，推动国有企业聚焦主业实业，集约发展、集群发展，加快推进产业布局区域化、产业基础高级化、产业发展现代化。二是战略性重组和专业化整合深化推进。制定《自治区属国有企业重组改革方案》，对资源交叉分散、主营业务和

所处行业功能相近的企业、资产、股权进行整合,调整规范“两类”公司,推动国有资本向重要行业、关键领域和优势企业集中。银川市对市属企业实施新一轮重组改革,推动形成以通联、金控为主体的两大平台,以城投、产投等为主体的七大产业板块,构建“2+7+2+N”国资运营体系,一、二、三级企业户数分别压减80%、60%、40%以上。宁夏农垦对奶产业、草业、种业、服务业等20户主业相同的子企业实施兼并重组。宁夏国运对类金融业务开展专业整合,组建新共赢集团,九类金融牌照实现一体化、协同化运营。三是战略性新兴产业加快布局。抢抓“东数西算”战略机遇,组建数字宁夏建设运营有限公司。落实“六新六特六优”产业布局要求,加快布局符合区域发展战略的新兴产业、绿色低碳循环产业、优势特色产业,积极谋划实施具有较大发展前景、较强盈利能力的投资项目,其中29个项目纳入自治区重大基础设施建设项目清单,总投资额1271亿元,努力塑造国有企业新优势。四是企业“瘦身健体”成效明显。坚持有序进退,完成区属34户“两非”“两资”企业、24户“僵尸企业”出清和25户重点亏损子企业治理,处置低效无效资产4.1亿元、清理债务8.17亿元,企业主业更加突出、运营质量不断提升。累计压减企业法人户数67户,占比21.4%。国有企业“三供一业”分离移交及退休人员社会化管理全面完成,为企业轻装上阵、公平参与市场竞争创造有利条件。

**(三)聚焦激发创新活力,企业科技创新水平持续提升**

深入实施创新驱动发展战略,鼓励引导全区国有企业加大科技研发投入、培育创新载体主体、参与重大科技项目攻关,在打造科技创新高地中体现国企担当。一是政策环境不断改善。出台《自治区国有企业高质量发展实施意见》《关于实施科技强区行动提升区域创新能力的若干意见》《关于加快科技企业孵化器高质量发展的意见》及企业创新投入加计、工资总额单列等系列政策文件,制定《关于进一步推进区属企业创新发展的实施意见》《关于推进国有企业打造原创技术策源地的实施意见》,为推进企业科技创新创造良好政策环境。二是研发投入不断增加。在企业研发费用视同利润和科技创新成果给予奖励基础上,增加研发投入强度指标,细化创新成果奖励加分规则,鼓励企业加大科技创新投入。2022年,区属企业科技研发投入2.12亿元,比2020年增长2.9倍,区属工业企业研发投入强度1.8%。三是创新主体不断壮大。加强科技型企业梯次培育,先后培育国家高新技术企业1家、自治区创新型示范企业1家、自治区科技“小巨人”企业2家、自治区科技型中小企业15家,国有企业科技创新基础能力不断提升。宁夏农垦设立院士工作室2个、博士(专家)工作站4个,挂牌成立产业学院3个,有力支撑企业高质量发展。四是数字化转型不断加快。国有企业积极推进数字与产业的融合应用,大力发展数字交通、数字建筑施工、数字旅游、数字水务。宁夏建投搭建“智慧工地”平台,通过BIM技术和IOT技术,数字化展现项目施工管理过程各项业务,实现建筑实体数字化、生产要素数字化、管理过程数字化。宁夏交投加快发展大数据开发及服务业务,不断提高交通综合信息服务能力,全力打造宁夏智慧交通技术创新平台。五是创新成果不断涌现。国有企业形成的拥有自主知识产权的创新成果,成为自治区科技创新的重要支撑,在全区范围内形成鲜明的创新导向。国能宁煤400万吨/年煤间接液化成套技术创新开发及产业化项目获得国家科技进步奖一等奖,国能宁煤费托合成催化剂和CTL润滑油基础油成套技术,中色(宁夏)东方的钽、铌、铍等高新技术产品,天地奔牛首套年产1200万吨综采工作面超重型输送设备及综采设备,有力地促进行业技术进步、提升产品竞争实力、增强企业发展动能。

**(四)聚焦激发内生活力动力,市场化经营机制加速形成**

坚持以经理层成员任期制和契约化管理为突破点,在三项制度改革上深层次破冰破局,加快破除制约国企活力动力的桎梏藩篱,有效调动各方面的积极性、主动性和创造性。一是经理层成员任期制和契约化管理全面覆盖。区属企业集团及各级子企业经理层成员全部实现任期制和契约化管理,涉及经理层成员545人,中国特色现代企业制度下的新型经营责任制基本建立。企业集团加强子企业经理层成员业绩考核指标的指导把关,充分结合发展战略、经营预算、历史数据、行业对标等,科学设置考核指标,严格刚性兑现。二是三项制度改革深层次推进。区属企业开展竞争上岗管理人员1735人，占比98.2%；末等调整和不胜任退出管理人员265人，占比13%；新进员工除高层次人才、紧缺急需人才外，基本实现公开招聘。委托第三方机构开展三项制度改革成效评估，在制度建设、机制运行、改革成效等方面查找问题、持续改进、不断规范。三是中长期激励稳步开展。鼓励支持符合开展中长期激励条件的企业合理确定激励对象、激励方式和激励条件，能推尽推、加快推进。积极推进纳入国企改革“双百行动”、“科改示范行动”等有关试点和专项工程的企业，聚焦关键岗位核心人才，率先开展中长期激励。5户企业开展中长期激励，累计激励469人。

**（五）聚焦深度融合提高效率，混合所有制改革稳妥推进**

坚持“三因三宜三不”原则，按照完善治理、强化激励、突出主业、提高效率的要求，积极稳妥推进混合所有制改革。控股混合所有制企业近三年主营业务收入平均增长率21.7%，净资产收益率平均增长率5%。一是战略投资者高质量引入。注重引入高匹配度、高认同感、高协同性的战略投资者，调整优化企业股权结构，发挥各方股东优势，提高企业核心竞争力。引入国家能源集团宁夏煤业公司，对西部创业实施重组整合，推进宁东铁路与国家能源集团铁路一体化运营，融入全国大物流体系。宁夏交投联合自治区交通行业龙头民企共同投资设立4家混合所有制企业，累计引入民营资本14.95亿元，撬动固定资产投资175亿元，极大地促进“投融建管养运”一体化产业链协同发展。二是经营机制加快转换。对持股达到一定比例的非国有股东，通过章程约定使其享有董事席位，积极参与公司治理。国有股东依法将应由混合所有制企业自主决策的有关事项归位于企业股东会、董事会，按照出资协议和章程规范行使股东权利。根据国有资本持股比例、实际控制程度等，探索推行授权放权清单，实施有别于国有独资企业更加市场化的管控方式，促进混合所有制改革企业增强活力动力、提高效益效率。三是员工持股成效明显。重点推进科技型企业建立有利于自主创新和科技成果转化的中长期激励机制，激发科技人员的创新动力活力。4户混合所有制改革企业开展员工持股试点，累计激励464人。宁夏水投所属云澜科技公司通过实施员工持股，有效激发发展动能，近三年经营业绩翻倍增长，迅速成长为自治区高新技术企业、“专精特新”示范企业。

**（六）聚焦持续提升监管效能，专业化体系化法治化监管优势进一步彰显**

着力完善国资监管机制，优化监管方式手段，深化经营性国有资产集中统一监管，国资监管的系统性、针对性、有效性不断提高。一是授权放权力度持续加大。出台《自治区国资委以管资本为主推进职能转变方案》，依法取消下放对外担保、委托理财、对外捐赠等28项监管事项，探索将利润分配、亏损弥补等6项监管事项授权企业。持续推进权责清单动态调整，制定《自治区国资委授权放权清单（2022年版）》，针对区属企业、投资运营公司分别授权放权16项、20项，依法保障企业法人主体地位，赋予更多自主经营权。二是经营性国有资产实现集中统一监管。分类推进28个区直党政机关和事业单位所办的140户经营性国有资产集中统一监管，自治区工商类国有资产集中统一监管率99.1%。整合自治区粮食和物资储备局脱钩移交的3户企业组建宁夏粮食集团。宁夏国运整合18户脱钩移交企业组建宁夏水发集团，宁夏建投整合所属岩土工程公司及6户脱钩移交企业组建宁夏地质工程集团公司。对纳入集中统一监管范围的企业，指导企业深化改革，完善公司治理，优化资源配置，提升发展质量，彰显集中统一监管成效。三是监督机制不断健全。制定《自治区国资委监督稽查工作暂行办法》，健全完善业务监督、综合监督、责任追究“三位一体”国有资产出资人监督机制。覆盖区属企业、地市国资监管机构的责任追究组织体系、制度体系、工作机制全面建立。出台《关于深化自治区属国有企业内部审计监督工作的实施意见》，指导国有企业建立健全内部审计监督体系和工作制度。组织开展工程领域、会计信息虚假、境外投资、应收款项清欠、粮食购销领域等专项整治行动，开展类金融业务风险排查、PPP项目资金投入使用效果专项检查，先后下发整改通知22份、核查通报8份、提示函15份、督办函5份，80余名责任人受到党纪政务处分或组织处理,挽回经济损失5000余万元,有力维护国有资产安全。四是"一盘棋"监管格局初步形成。建立区属企业经济运行季度分析会制度、中央在宁企业以经营贡献为主要内容的统计分析制度,监管的精准性和有效性进一步提升。落实区属企业外部董事季度报告、企业董事会年度向国资委报告工作制度,强化股权代表股东意识,出资人合法权益得到有效维护。运用"大数据+监管"模式,建成全区国资国企在线监管平台,强化资产统计、综合评价和经济运行分析研判,国资监管信息化水平显著提高。加强对地市国资监管工作和国企改革三年行动的指导、监督和推动,指导监督有效、相互支持有力、沟通协调有方、共同发展有序的工作机制加快形成。五是风险防范能力明显提升。建立国有企业风险防控实时监测预警机制,利用信息化手段动态监测国企经济运行风险状况,建立风险防控台账,"一企一策"制定化解方案,从源头堵塞风险漏洞,做到风险苗头早发现、早处置,排查风险点50个,化解20个,牢牢守住不发生系统性风险的底线。把解决企业历史遗留问题作为推动企业高质量发展的重要抓手,深入开展国企改革发展和党的建设大调研,梳理各类问题28项,建立领导包抓机制,采取定人、定责方式精准对接服务化解24项,帮助企业解决实际困难和历史遗留问题。

## 二、宁夏回族自治区国有资本总量与结构分析

2022年末,宁夏回族自治区纳入国有资产统计范围的全区三级以上国有独资、国有控股和参股企业(以下简称宁夏国有企业)792户,属于地方政府履行出资人职责的国有资产总量2175.24亿元,比上年增长1.6%;户均占有国有资产2.75亿元,比上年减少0.23亿元。

**表1　2022年宁夏回族自治区国有企业指标**

| 项　目 | 金　额(亿元) |
| --- | --- |
| 资产总额 | 8130.78 |
| 所有者权益 | 2612.43 |
| 营业收入 | 526.52 |
| 利润总额 | 34.28 |
| 净利润 | 27.82 |
| 归属于母公司所有者的净利润 | 17.85 |
| 应交税金总额 | 32.85 |
| 实际上缴税金总额 | 27.65 |

**表2　2022年宁夏回族自治区国有企业户数情况**

| 2021年户数(户) | 2022年户数(户) | 比上年增长(%) |
| --- | --- | --- |
| 718 | 792 | 10.3 |

**表3　2022年宁夏回族自治区国有资产按地区分布情况**

| 地　区 | 国有资产(亿元) | 占国有资产总量比重(%) |
| --- | --- | --- |
| 区属国有企业汇总 | 1012.73 | 46.6 |
| 地市企业汇总 | 1162.52 | 53.4 |
| 银川市 | 724.50 | 33.3 |
| 石嘴山市 | 48.47 | 2.2 |
| 吴忠市 | 90.99 | 4.2 |
| 中卫市 | 73.64 | 3.4 |
| 固原市 | 102.67 | 4.7 |
| 宁东管委会 | 122.25 | 5.6 |
| 合　计 | 2175.25 | 100.0 |

**表4　2022年宁夏回族自治区国有资产按行业分布情况**

| 行　业 | 国有资产(亿元) | 占国有资产总量比重(%) |
| --- | --- | --- |
| 农林牧渔业 | 117.04 | 5.4 |
| 工业 | 94.48 | 4.3 |

续表

| 行　业 | 国有资产(亿元) | 占国有资产总量比重(%) |
| --- | --- | --- |
| 建筑业 | 43.46 | 2.0 |
| 交通运输业 | 573.96 | 26.4 |
| 仓储业 | 5.47 | 0.3 |
| 商贸业 | 3.40 | 0.2 |
| 房地产业 | 128.61 | 5.9 |
| 信息传输、软件和信息技术服务业 | 1.95 | 0.1 |
| 社会服务业 | 939.02 | 43.2 |
| 教育文化广播业 | 2.39 | 0.1 |
| 科学研究和技术服务业 | 9.72 | 0.4 |
| 金融业 | 248.73 | 11.4 |
| 其他行业 | 7.02 | 0.3 |
| 合　计 | 2175.25 | 100.0 |

表 5　2022 年宁夏回族自治区国有资产按经营规模分布情况

| 经营规模 | 国有资产(亿元) | 占国有资产总量比重(%) |
| --- | --- | --- |
| 大型企业 | 766.07 | 35.2 |
| 中型企业 | 281.00 | 12.9 |
| 小型企业 | 500.49 | 23.0 |
| 微型企业 | 627.68 | 28.9 |
| 合　计 | 2175.24 | 100.0 |

## 三、宁夏回族自治区国有资本保值增值综合分析评价

2022 年，宁夏国有企业国有资本保值增值率 100.9%，比上年增加 1.2 个百分点。其中，宁夏区属国有企业国有资本保值增值率 104.2%，比上年增加 3.9 个百分点；市县属企业国有资本保值增值率 98.2%，比上年增加 0.5 个百分点。

表 6　2022 年宁夏回族自治区国有企业地区和行业国有资本保值增值情况

| 地　区 | 国有资本保值增值率(%) | 行　业 | 国有资本保值增值率(%) |
| --- | --- | --- | --- |
| 区属国有企业 | 104.2 | 农林牧渔业 | 97.8 |
| 市县属企业 | 98.2 | 工业 | 99.3 |
| 宁东管委会 | 101.4 | 建筑业 | 110.7 |
| 银川市 | 97.6 | 交通运输业 | 100.2 |
| 中卫市 | 97.1 | 仓储业 | 95.3 |
| 吴忠市 | 99.4 | 商贸业 | 106.2 |
| 固原市 | 97.9 | 房地产业 | 100.8 |
| 石嘴山市 | 99.6 | 信息传输、软件和信息技术服务业 | 103.2 |
|  |  | 社会服务业 | 93.9 |
|  |  | 教育文化广播业 | 100.1 |
|  |  | 科学研究和技术服务业 | 94.7 |
|  |  | 金融业 | 100.1 |
|  |  | 其他行业 | 79.0 |

## 四、宁夏回族自治区国资委监管企业党的建设情况

2022 年，宁夏回族自治区国资委党委坚持以习近平新时代中国特色社会主义思想为指导，全面贯彻党的二十大和习近平总书记在党的二十届一中全会上的重要讲话以及自治区第十三次党代会精神，坚定不移贯彻全面从严治党战略方针，健全全面从严治党体系，深入推进新时代党的建设新的伟大工程，持之以恒推动全面从严治党向纵深发展，为国资国企改革提供坚强政治保证、组织保证和纪律保证。

### (一)强化政治建设，汇聚信仰忠诚力量

坚持把党的政治建设摆在首位，以党的创新理论凝心铸魂，引导企业广大党员干部职工深刻领悟“两个确立”的决定性意义，增强“四个意识”、坚定“四个自信”、做到“两个维护”，不断增强思想自觉和行动自觉。一是理论武装持续深化。建立健全“第一议题”制度和党委理论学习中心组巡听旁听制度，认真组织

实施党的创新理论学习教育计划，积极推行党委主抓学、中心组引领学、领导干部带头学、党支部跟进学、党员职工主动学“五级联动”学习机制，着力推进习近平新时代中国特色社会主义思想进企业、进车间、进班组、进头脑。自治区国资委党委召开党委会议35次、理论学习中心组学习11次，传达学习习近平总书记重要讲话和重要指示批示精神33次。二是学习宣传贯彻深入开展。积极举办宁夏国有企业职工书画摄影展、演讲比赛等“喜迎党代会、献礼二十大”系列庆祝活动，营造浓厚宣传氛围。制定印发深入学习宣传贯彻党的二十大精神和自治区第十三次党代会精神通知，深入推进习近平总书记视察宁夏重要讲话和重要指示批示精神“大学习、大讨论、大宣传、大实践”活动，国资国企系统举办各类宣讲会、报告会、专题辅导、培训班2600多场，教育培训党员职工10.4万余人次。三是意识形态不断巩固。认真落实意识形态工作责任制，修订完善《自治区属国有企业意识形态工作制度》，推进意识形态工作制度化规范化。全面加强意识形态阵地管理，举办专题培训班26期，审批讲座论坛和辅导报告9期，消除隐患苗头5个。深入学习贯彻《自治区党委贯彻落实〈中共中央关于加强新时代统一战线工作的实施意见〉》《自治区党委、人民政府贯彻落实〈中共中央国务院关于坚持我国宗教中国化方向做好新时代党的宗教工作的意见〉的实施意见》，制定5条具体贯彻举措，常态化开展“三化”治理，持续开展“传承党的百年光辉史基因、铸牢中华民族共同体意识”主题教育活动，民族团结进步创建工作取得新成效。

**(二)聚焦主责主业，主体责任逐级压实**

坚决扛牢全面从严治党的政治责任和主体责任，认真落实党委书记第一责任人职责，坚持述职述党建、评议评党建、考核考党建，推动管党治党责任和压力向企业层层传导，让敢抓敢管、严抓严管成为常态。一是压紧压实责任。召开党建暨党风廉政建设工作会议，制定全面从严治党“三个清单”、党风廉政建设和反腐败任务分工，压紧压实党委主体责任和纪委监督责任。深化运用“清单制＋责任制”，细化制定对“一把手”和领导班子监督措施，推动“第一责任人”扛起责任、抓好落实。扎实开展“国企党建质量深化拓展年”专项行动，大力实施国企党建“八大工程”，深化拓展“六化六提升”工程成果，党建工作质量和水平持续提升。二是突出关键少数。坚持年度述职述责述廉述法和抓党建述职评议考核制度，召开自治区国资委机关党支部书记和企业党委书记述职述责述廉述法和抓党建述职评议考核会议，强化企业党委书记履职尽责的政治担当。专题听取党建和党风廉政建设工作汇报，及时调整党建工作联系点，班子成员主动联系调研企业基层党组织56次，了解全面从严治党工作开展情况，指出存在问题，帮助指导企业加强全面从严治党工作。三是强化考评问效。会同党委组织部开展国企基层组织工作条例落实情况专项督查，发现解决问题43个。结合平时调研、互观互检和年度考核，采取明察暗访、随机抽查、专项检查等方式，对12户区属企业党建、党风廉政建设和反腐败工作进行考核，推动党建工作考核评价结果与领导班子综合考评、经营业绩考核相衔接，与企业领导人员薪酬相挂钩，给予“优秀”等次的宁夏建投、宁夏电投等5户企业经营业绩考核结果加2分奖励，评先选优看党建、绩效兑现看党建、干部选用看党建的导向更加鲜明。

**(三)夯实基层基础，重点任务落实有力**

认真贯彻新时代党的建设总要求和新时代党的组织路线，突出抓好基层党组织建设，坚持党管干部党管人才原则和市场化选人用人机制相结合，着力建设忠诚干净担当的高素质专业化干部人才队伍，为企业高质量健康发展提供坚强组织和人才保证。一是全面加强党的领导。认真落实在完善公司治理中加强党的领导的实施意见，制定区属国有企业党支部(党总支)参与重大问题决策工作指引，督促指导企业动态完善党组织决策清单和前置研究讨论清单，推动党的领导与公司治理有效结合、深度融合。建立董事会年度报告制度，召开区属国有企业董事会、股权代表评议会和外部董事述职报告会，更新自治区属国有企业兼职外部董事人才库，全面提升外部董事队伍质量和履职水平。二是全面加强“三基”建设。严格落实换届选举制度，督促宁夏煤业、中色(宁夏)东方等11户企业党委完成换届工作。坚持大抓基层的鲜明导向，持续推进党支部建设提升行动，不断加强党支部标准化规范化建设，打造基层党建示范点285个，建成“六有”党支部1363个，区属国有企业三星级以上基层党组织占比 53.1%。坚持把政治标准放在首位，举办 12 期发展党员对象培训班，培训党员发展对象 1360 人，发展党员 1080 人，处置不合格党员 91 人。深入实施干部政治能力提升和专业能力提升“两大工程”，培训基层党组织书记和党务工作人员 2800 余人，配齐配强基层党组织书记 287 人。扎实开展党务工作突出问题清查整治规范工作，梳理各类问题 3 个方面 88 个，逐一进行整改落实。三是强化干部和人才队伍建设。组织实施区属国有企业“青马工程”，确定 40 岁左右区属国有企业中层管理人员和权属公司班子成员 100 人，进行专题培训、党性教育、挂职锻炼和社会实践等，着力打造一支国企年轻后备力量。召开人才工作领导小组会议，制定人才工作考核指标，配强人才工作力量。推出国有企业人才赋能高质量发展专题，对 65 名优秀人才典型事迹进行展播，营造尊重人才、重视人才良好氛围。严格落实《区属国有企业领导尽职合规免责的意见》，建立健全容错纠错机制，解除各级党员干部和经营管理人才的后顾之忧。四是全面推进党建与生产经营融合发展。把党建工作融入“九个重点产业”、“十大项目工程”、“六新六特六优”特色产业、国企改革三年行动等重点任务之中，扎实开展创先争优活动，积极打造“五融入五提升”工程、“党建+项目”等党建工作品牌。宁夏旅投、宁夏交投等企业探索开展产业链、供应链、创新链党建，推动产学研、上下游、大中小企业开展党建联建共建，切实把党建优势转化为发展动能。2022 年 1—10 月，自治区国资委监管和统计资产企业实现营业收入 1420.34 亿元，比上年增长 21.3%；利润总额 122.77 亿元，比上年增长 52.6%；劳动生产总值 528.84 亿元，比上年增长 17.1%；上缴税费 179.82 亿元，比上年增长 54.9%，在全区经济社会发展中发挥“主力军”“压舱石”作用。

**（四）强化制约监督，源头治腐持续巩固**

坚持把“严”的主基调贯穿全面从严治党全过程，强化权力制约，推进源头治腐，切实筑牢思想道德防线。一是着力规范权力运行。认真贯彻落实中央《关于加强对“一把手”和领导班子监督的意见》（以下简称《意见》）和自治区《实施办法》，修订完善“三重一大”决策制度，贯彻落实民主集中制，坚持将各级党组织领导班子及“一把手”贯彻《意见》和《实施办法》情况纳入党委书记抓基层党建述职的重要内容，自觉接受干部职工评议和监督。二是扎实做好巡察工作。制定自治区属国有企业权属企业巡察工作暂行办法和巡察工作规划，探索建立“433”工作机制，启动实施自治区国资委党委第一轮巡察工作，对宁夏国运、宁夏旅投 2 户权属企业开展政治巡察，推动全面从严治党向基层延伸。三是持续纠正和整治“四风”。紧盯“四风”方面存在的苗头性、倾向性、隐蔽性问题，扎实开展企业违规收送红包礼金和不当收益及违规借转贷或高额放贷专项整治工作，深入整治损害党的形象、职工群众反映强烈的突出问题 2900 多个，群众满意度不断提升。紧盯重要节点，在元旦、春节、“五一”、国庆等节假日发送廉政提示短信 120 条。加强廉洁文化建设，大力推动社会主义先进文化和廉洁文化进企业活动，宁夏旅投、宁夏建投等企业建设廉政文化墙和廉政文件阵地，扎实开展群众性精神文明创建和家庭助廉活动，营造“以廉为荣、以贪为耻”的良好社会风尚。

**（五）深化“三不”一体推进，发展环境持续优化**

深入推进党风廉政建设和反腐败斗争，坚持不敢腐、不能腐、不想腐一体推进，推动严厉惩治、规范权力、教育引导紧密结合、协调联动。一是持续强化“不敢腐”的震慑。始终保持惩治腐败高压态势，严肃查处靠企吃企、设租寻租、关联交易、内外勾结侵吞国有资产的违纪违法问题，营造风清气正的改革发展环境。2022 年，自治区国资国企系统受理信访举报 236 件，函询 26 件，组织处理 139 人，给予党纪政务处分 29 人。针对查办案件发现的制度缺失、失灵问题，加快构建涵盖重大决策、违规责任追究、内控体系建设等监管制度体系，发挥治本作用。坚持以案促改，深入剖析案件原因，深刻吸取案件教训，用身边的事教育身边的人，发挥查办案件综合效应。二是扎牢“不能腐”的制度笼子。修订《自治区国资委授权放权清单（2022 年版）》，出台参股股权管理规定、监督稽查工作暂行办法、国资监管责任约谈工作规则，国资监管制度体系进一步完善。针对查办案件发现的制度缺失、失灵问题，加快构建涵盖重大决策、违规责任追究、内控体系建设等监管制度体系，发挥治本作用。

坚持以案促改,深刻吸取宁夏交投集团原总经理胡东升案教训,用身边的事教育身边的人。三是筑牢"不想腐"的思想防线。认真开展"廉政警示教育周"系列活动,通过参观反腐倡廉警示教育基地、观看廉政警示片、党支部书记讲廉政党课等形式,推动实现警示教育常态化,12 户区属国有企业开展警示教育、廉政知识测试等活动 2321 场次。适时组织开展"一把手"集体廉政谈话,国资国企系统组织集体廉政谈话 81 场次,开展任前廉政谈话 600 多人次。

(撰稿人:李　巍)

# 新疆维吾尔自治区

## 一、新疆维吾尔自治区国有资产监督管理工作综述

2022 年,新疆维吾尔自治区国资委深入学习贯彻党的二十大精神,深入贯彻落实习近平总书记视察新疆重要讲话和重要指示精神,全面贯彻国务院国资委和自治区党委、人民政府各项决策部署,着力抓改革、促发展、严监管、强党建,国企改革实现新突破,国资监管水平迈上新台阶,国有经济高质量发展迈出新步伐。

### (一)以强化顶层设计为引领,国有经济服务大局的能力进一步增强

自治区党委对国资国企工作的重视程度前所未有,对国企改革发展的推进力度前所未有,国资国企改革发展的良好环境前所未有,自治区党委书记部署、推动、指导制定《关于深化改革完善体系加快国有企业高质量发展的意见》及实施方案,并出席自治区国企改革发展推动会,明确新疆国企新一轮重塑性改革的 30 个任务、50 条措施、80 项清单,为新疆国企新一轮改革发展指明方向、确立路径;自治区领导倾心倾力、高位推动国资国企改革发展工作,极大地鼓舞和激励了广大国资国企干部攻坚克难、勇往直前的热情和干劲,国企改革走在全国前列,国有经济布局取得历史性突破,各项主要经济指标均创历史新高,新疆国有经济发展质量更高、成色更足,社会贡献率和影响力明显提升,为稳住新疆经济基本盘作出积极贡献。

### (二)以构建新疆特色现代产业体系为方向,国有经济布局结构进一步优化

一是产业短板填平补齐取得重大突破。聚焦发展"八大产业集群",积极补短板、聚集群,组建数字产业集团、国有资本运营研究中心公司、农村综合产权交易中心等一批专业化公司,推动组建亚新煤层气公司、检测集团、征信公司、通用直升机公司。二是优势资源开发利用取得重大进展。推动新疆国企参与疆内矿产、风光电等优势资源勘探开发,能源集团成功竞得轮台北等 4 个油气探矿权,新矿集团参与火烧云铅锌矿竞标获得优势,有色集团积极参与苦水湖锂矿矿权竞买,新投集团、国投公司等 3 家企业新增 2760 万吨/年煤矿项目成功纳入自治区"十四五"煤矿建设规划,新能源集团获得"疆电外送"第三通道百万千瓦风光储项目,边疆宾馆成功获批国家市场采购贸易方式试点。三是重大项目建设有力有效。坚持以项目促产业,推动能源集团石头梅一号 500 万吨/年露天煤矿一期续建、中泰集团 100 万吨/年 PVC 综合循环利用、新投集团 24 万吨/年聚酯类生物降解树脂续建、新业集团 8 万吨/年聚甲醛续建、机场集团 10 个新建及改扩建、水发集团 YEGS 二期工程等一批重点项目投资建设,全年开工项目 300 个,完成投资 386.38 亿元,比上年增长 29.5%。

### (三)以科技创新为动力,国企核心竞争力进一步提升

一是科技创新顶层设计完成构建。联合科技厅研究印发《关于进一步推进自治区区属国有企业创新发展的意见》,明确"十四五"末科技创新主要目标和 10 项重点任务,努力打造新疆国企创新策源地。二是科技创新能力建设加快提升。健全研发投入刚性增长机制,将研发投入纳入业绩考核体系,引导企业加大研发投入。区属工业企业研发投入 23.32 亿元,研发投入强度增长到 2.45%,比上年增加 1.66 个百分

点。三是科技创新平台加速搭建。区属工业企业全部组建研发机构，累计申请专利、开发新产品1600余件(项)，多项行业领先技术填补国内行业空白。新增各类创新平台19个、国家级高新技术企业和“专精特新”企业13家、各种专利545件，立项国家级、省级科技攻关项目49个，其中，中泰集团、有色集团等企业与高校、科研院所共建一批创新联合体。

**(四)以资本运作为抓手，国有资本配置效率进一步提高**

一是国有企业上市步伐加快。建立新疆维吾尔自治区国资系统“十四五”上市企业资源库，推动立新能源成功上市，培育拟上市企业9户、后备企业25户，有效放大国有资本功能。二是产业基金初见成效。自治区国资委指导金投公司发起设立新疆首只百亿规模产业引导基金，并整合设立2只子基金，其中，国有资本产业投资基金规模16.31亿元，投资化工新材料、新能源、文旅、乳业及拟上市公司等6个项目；文旅及消费基金规模5亿元，投资对疆文旅发展股份有限公司可转股债项目。三是公募REITs基金积极探索。交投集团确定明水(甘新界)至哈密高速公路项目作为基础设施公募REITs项目，明哈高速REITs项目进入最关键的攻坚阶段，特许经营权协议事项报自治区人民政府，项目公司、SPV公司进入设计阶段，发行方案、申报文件、资产重组、估值分析等工作均按计划推进。

**(五)以建设专业化体系化法治化监管体系为基础，国资监管效能进一步提升**

一是突出法治化，法治监管工作水平不断提升。完善国资监管法规制度体系，全年废止43项、修订3项、新出台11项，不断提高法治监管能力。强化法治国企建设，以开展“合规管理推进年”为抓手，推动企业将合规管理融入公司治理，加强企业法治建设考核评价，有力提升依法治企水平。在新疆169家单位法治建设考评中，自治区国资委并列第一。二是突出专业化，监管的针对性、有效性不断提升。聚焦监管到位不缺位，大力开展主业调整核定、压减法人层级、减亏治亏、盘活处置资不抵债企业、虚假贸易、违规投资6个专项治理行动，截至2022年底，年度78户企业层级压减完成，减亏治亏完成总体任务1/3的治理目标顺利实现，44户企业实现盘活处置，8家企业22个违规投资事项全部整改完毕。三是突出体系化，高效联动的监管体系不断健全。健全考核激励体系，修订完善监管企业负责人经营业绩考核、薪酬管理和工资总额管理办法，审批同意中泰化学开展股权激励，激发企业活力。建立地州国资国企综合绩效评价体系，从效益效率、产业发展、风险防范、经济结构及贡献4个维度选取12个可量化、可评价指标，月度排序、动态完善创全国先河。完善风险防控体系，深入开展“风险防控攻坚年”活动，坚持和完善风险研判委员会季例会制度，有效化解哈密商业银行等金融风险，建立“财务监督通知书”机制，主动揭露2021年财务决算中计提减值损失和大宗贸易风险涉及的35.6亿元问题，守住不发生系统性风险底线。加强监督体系建设，研究推动国资国企大监督格局建设，统筹出资人业务监督、综合监督与纪检监察监督力量，形成监督与责任追究闭环，累计印发警示函16份、提醒函2份，约谈56人次。

## 二、新疆维吾尔自治区国有资产总量与结构分析

截至2022年底，新疆国有企业资产总额28106.78亿元(不含金融企业)，比上年增长9.15%；所有者权益11336.90亿元，比上年增长8.33%；平均资产负债率59.66%，比上年减少1.62个百分点；营业收入5836.41亿元，比上年增长8.33%；利润总额187.45亿元，比上年增长2.12%；实际上缴税金总额194.85亿元，比上年增长26.27%。其中，区本级监管企业资产总额8068.45亿元，增长7.75%；所有者权益3264.75亿元，增长3.7%；平均资产负债率59.54%，下降1.7个百分点；营业收入4203.87亿元，增长5.76%；利润总额135.00亿元，增长0.33%；实际上缴税金总额110.26亿元，增长28.45%。

**表1　2022年新疆维吾尔自治区国有企业指标**

| 项　目 | 金　额(亿元) |
| --- | --- |
| 资产总额 | 28106.78 |
| 所有者权益 | 11336.90 |

续表

| 项　目 | 金　额(亿元) |
|---|---|
| 国有资产总量 | 10552.97 |
| 营业收入 | 5836.41 |
| 利润总额 | 187.45 |
| 净利润 | 145.34 |
| 归属于母公司所有者的净利润 | 84.95 |
| 应交税金总额 | 203.94 |
| 实际上缴税金总额 | 194.85 |

表2　2022年新疆维吾尔自治区国有企业户数情况

| 2021年户数(户) | 2022年户数(户) | 比上年增长(%) |
|---|---|---|
| 938 | 989 | 5.44 |

表3　2022年新疆维吾尔自治区国有资产按地区分布情况

| 地　区 | 国有资产(亿元) | 占国有资产总量比重(%) |
|---|---|---|
| 区属企业汇总 | 2626.33 | 24.89 |
| 地州市企业汇总 | 7926.64 | 75.11 |
| 乌鲁木齐市 | 2225.77 | 28.08 |
| 昌吉回族自治州 | 622.38 | 7.85 |
| 博尔塔拉蒙古自治州 | 456.36 | 5.76 |
| 伊犁哈萨克自治州 | 834.46 | 10.53 |
| 塔城地区 | 288.52 | 3.64 |
| 阿勒泰地区 | 506.88 | 6.39 |
| 克拉玛依市 | 274.47 | 3.46 |
| 吐鲁番市 | 28.59 | 0.36 |
| 哈密市 | 369.70 | 4.66 |
| 巴音郭楞蒙古自治州 | 859.85 | 10.85 |
| 阿克苏地区 | 820.61 | 10.35 |
| 克孜勒苏柯尔克孜自治州 | 64.39 | 0.81 |
| 喀什地区 | 405.99 | 5.12 |

续表

| 地　区 | 国有资产(亿元) | 占国有资产总量比重(%) |
|---|---|---|
| 和田地区 | 168.67 | 2.13 |
| 合　计 | 10552.97 | 100.00 |

表4　2022年新疆维吾尔自治区国有资产按行业分布情况

| 行　业 | 国有资产(亿元) | 占国有资产总量比重(%) |
|---|---|---|
| 农林牧渔业 | 715.42 | 6.78 |
| 工业 | 730.63 | 6.92 |
| 建筑业 | 502.59 | 4.76 |
| 交通运输业 | 1058.28 | 10.03 |
| 仓储业 | 36.93 | 0.35 |
| 商贸业 | 117.4 | 1.11 |
| 房地产业 | 710.27 | 6.73 |
| 信息传输、软件和信息技术协商服务业 | 2.73 | 0.03 |
| 社会服务业 | 6473.92 | 61.35 |
| 教育文化传播业 | 26.15 | 0.25 |
| 科学研究和技术服务业 | 17.73 | 0.17 |
| 金融业 | 138.92 | 1.32 |
| 其他行业 | 22.00 | 0.21 |
| 合　计 | 10552.97 | 100.00 |

表5　2022年新疆维吾尔自治区国有资产按经营规模分布情况

| 经营规模 | 国有资产(亿元) | 占国有资产总量比重(%) |
|---|---|---|
| 大型企业 | 6428.96 | 60.92 |
| 中型企业 | 1892.32 | 17.93 |
| 小型企业 | 1274.81 | 12.08 |
| 微型企业 | 956.88 | 9.07 |
| 合　计 | 10552.97 | 100.00 |

## 三、新疆维吾尔自治区国有资本保值增值综合分析评价

2022年,新疆维吾尔自治区国有企业国有资本保值增值率100.96%。

按产业结构划分,第一产业企业105户,国有资本保值增值率100.37%;第二产业企业212户,国有资本保值增值率103.80%;第三产业企业672户,国有资本保值增值率100.61%。

按企业规模划分,大型企业88户,国有资本保值增值率101.36%;中型企业177户,国有资本保值增值率100.61%;小型企业386户,国有资本保值增值率99.40%;微型企业338户,国有资本保值增值率100.71%。

按地区划分,自治区本级企业71户,国有资本保值增值率102.09%;乌鲁木齐市企业30户,国有资本保值增值率100.46%;昌吉回族自治州企业55户,国有资本保值增值率100.32%;博尔塔拉蒙古自治州企业90户,国有资本保值增值率102.72%;伊犁哈萨克自治州企业131户,国有资本保值增值率100.16%;塔城地区企业60户,国有资本保值增值率100.26%;阿勒泰地区企业56户,国有资本保值增值率98.65%;克拉玛依市企业31户,国有资本保值增值率102.65%;吐鲁番市企业39户,国有资本保值增值率102.69%;哈密市企业43户,国有资本保值增值率100.48%;巴音郭楞蒙古自治州企业145户,国有资本保值增值率99.93%;阿克苏地区企业75户,国有资本保值增值率100.75%;克孜勒苏柯尔克孜自治州企业29户,国有资本保值增值率99.62%;喀什地区企业94户,国有资本保值增值率100.16%;和田地区企业40户,国有资本保值增值率100.37%。

按行业划分,农林牧渔业105户,国有资本保值增值率100.37%;工业143户,国有资本保值增值率105.13%;建筑业69户,国有资本保值增值率101.88%;交通运输业47户,国有资本保值增值率99.06%;仓储业57户,国有资本保值增值率103.15%;商贸业55户,国有资本保值增值率100.12%;房地产业54户,国有资本保值增值率99.32%;信息传输、软件和信息技术协商服务业15户,国有资本保值增值率110.40%;社会服务业373户,国有资本保值增值率100.97%;教育文化传播业25户,国有资本保值增值率104.60%;科学研究和技术服务业26户,国有资本保值增值率115.82%;金融业11户,国有资本保值增值率99.98%;其他行业9户,国有资本保值增值率97.57%。

**表6　2022年新疆维吾尔自治区国有企业地区和行业国有资本保值增值情况**

| 地　区 | 国有资本保值增值率(%) | 行　业 | 国有资本保值增值率(%) |
|---|---|---|---|
| 自治区本级 | 102.09 | 农林牧渔业 | 100.37 |
| 乌鲁木齐市 | 100.46 | 工业 | 105.13 |
| 昌吉回族自治州 | 100.32 | 建筑业 | 101.88 |
| 博尔塔拉蒙古自治州 | 102.72 | 交通运输业 | 99.06 |
| 伊犁哈萨克自治州 | 100.16 | 仓储业 | 103.15 |
| 塔城地区 | 100.26 | 商贸业 | 100.12 |
| 阿勒泰地区 | 98.65 | 房地产业 | 99.32 |
| 克拉玛依市 | 102.65 | 信息传输、软件和信息技术协商服务业 | 110.40 |
| 吐鲁番市 | 102.69 | 社会服务业 | 100.97 |
| 哈密市 | 100.48 | 教育文化传播业 | 104.60 |
| 巴音郭楞蒙古自治州 | 99.93 | 科学研究和技术服务业 | 115.82 |
| 阿克苏地区 | 100.75 | 金融业 | 99.98 |
| 克孜勒苏柯尔克孜自治州 | 99.62 | 其他行业 | 97.57 |
| 喀什地区 | 100.16 | | |
| 和田地区 | 100.37 | | |

## 四、新疆维吾尔自治区国资委监管企业改革发展情况

国务院国企改革领导小组办公室先后两次将新疆国企改革三年行动完成情况评定为A级,成为西部12个省(自治区、直辖市)中唯一两获A级的地区。

### (一)国企改革三年行动全面推进

累计组织视频培训会20场、观摩交流会8次,召开新疆调度会10次、月例会17次。建立实地督导、跟踪问效、约谈函询等机制,成立12个督导调研组对27家区属企业、14个地州市进行"地毯式"实地督查评估,有力促进改革任务如期高质量完成。

### (二)治理制度建设不断夯实

发挥公司章程的基础性作用,全面规范公司章程制(修)订工作,推动将国企改革三年行动重点要求纳入公司章程,以章程为引领的企业内部制度体系日趋完善。区属国企公司制改制100%完成,与浙江、江苏并列全国第一梯队。

### (三)混合所有制改革稳妥推进

确立新疆产权交易所为新疆国企混合所有制改革信息发布平台,推动企业面向区内外引进高匹配度、高认同感、高协同性的战略投资者进行混合所有制改革。截至2022年底,区属各级企业中混合所有制企业305户,混合所有制改革率46%;118户各级混合所有制企业非国有资本持股比例合计超过1/3的占比62%。

### (四)"双百行动""科改示范行动"扎实推进

交建集团、蓝山屯河、西部黄金、美克化工等4家"双百企业"和"科改示范企业"雪峰科技在重点领域和关键环节改革率先取得突破,形成一批国资国企区域综合改革发展典型,在2022年度地方"双百企业""科改示范企业"评估中,蓝山屯河被评为"标杆",西部黄金和美克化工被评为"优秀"。

## 五、新疆维吾尔自治区国资委监管企业并购重组与完善法人治理结构情况

### (一)并购重组

自治区国资委研究制定《自治区区属国有企业重点产业集团组建及资产重组总体方案》,大力推进战略性重组和专业化整合,在优化布局结构、引领新疆特色现代产业体系上实现重大突破,有效发挥国有经济的产业引领支撑作用。其中,额河开发集团、伊河开发集团、水利水电勘测院、水投公司合并重组为水发集团;交投公司、交建集团、交建投公司合并重组为交投集团;国投公司、国合集团、边疆宾馆公司合并重组为商贸物流集团;推动雪峰科技完成重组玉象胡杨,文旅投集团整合三亚新疆大厦等6项资产并成功控股大西部旅游、江布拉克景区和库木塔格景区,金投公司整合昆仑维药等3家药企。通过实施一大批整合重组项目,加快培育壮大一批龙头骨干产业集团,力争形成"一企一业、一业一企"新格局,引领新疆特色现代产业体系建设。

### (二)完善法人治理结构

一是选优配强领导班子。围绕选拔忠诚干净担当的高素质专业化干部,积极参与新设重组企业领导班子配备,配合党委组织部完成水发集团、交投集团18名班子成员推荐考察任免等工作。根据《自治区国有企业领导人员管理规定》,逐一对企业领导班子进行分析研判,先后对新业集团、文旅投集团、边疆宾馆公司、金投公司4家企业12名领导人员进行考察任免。二是加强企业董事会建设。研究制定《自治区国资委监管企业董事会和董事评价办法》等,区属企业及292户子企业全部实现董事会应建尽建,外部董事占多数。

## 六、新疆维吾尔自治区国资委监管企业建立和完善经营业绩考核体系情况

2022年,新疆维吾尔自治区国资委持续深化区属监管企业业绩考核与分配制度改革。

### (一)确定企业年度和任期经营业绩考核目标

与21户监管企业签订年度和任期经营业绩考核责任书,在纵向提升的同时,注重与行业水平对标,因企施策,从监管企业科技发展能力、防风险能力、"两金"占比、管理短板和弱项等方面进行分类考核,引导监管企业实现高质量发展。

### (二)完善企业负责人经营业绩考核和薪酬管理办法

修订监管企业负责人经营业绩考核管理办法,突出创新发展、高质量发展考核导向,优化考核指标,引导监管企业积极履行经济责任、政治责任和社会责

任。配套修订监管企业负责人薪酬管理办法，建立健全与企业负责人选任方式相匹配、与功能定位相适应、与经营业绩紧密挂钩的差异化激励约束机制。

### （三）建立健全外部董事薪酬管理制度

制定印发《自治区国资委监管企业外部董事薪酬管理办法》，从专职外部董事薪酬结构、支付管理、福利待遇、履职待遇业务支出、兼职外部董事补贴等方面进行明确和规范，建立健全与外部董事管理相匹配的薪酬管理体系。

## 七、新疆维吾尔自治区国资委监管企业负责人考核与选人用人机制改革情况

### （一）积极推进企业领导人员管理体制改革

起草区属国有企业领导班子及领导人员管理划分标准，参与《加强和改进自治区区属国有企业领导人员管理工作意见》的起草，提出区属国有企业重组、整合过程中人员安置原则，指导企业稳妥推进。

### （二）严抓企业负责人考核工作

根据《2022 年自治区绩效考评工作方案》要求，自治区国资委作为绩效考评牵头单位之一，完成 2022 年度 14 户自治区国有企业绩效考核工作的审核汇总报送工作。配合自治区党委组织部，完成自治区党委管理企业 2022 年度领导班子和领导干部年度考核工作，组织实施自治区国资委党委管理企业领导班子和领导人员 2022 年度（绩效）考核工作，考核企业领导人员 43 人，其中正职 13 人、副职 30 人。

### （三）加强企业人才队伍建设

自治区国资委聚焦“八大产业集群”紧缺人才，制定《国资委党委关于加强和改进新时代人才工作的实施意见重点任务分工方案》。申报“天山英才”培养计划项目 59 个，“天池英才”引进计划 9 个，博士服务团岗位需求人选 12 人，博士后科研创新平台遴选建设项目 2 个。推荐自治区数字化人才培养人选 64 人，2022 年“西部之光”访问学者 3 人，完成专业技术人员职称申请审核 1185 份。经反复沟通对接，编制完成第十一批企业援疆干部人才需求计划，申报援疆岗位 29 个。推荐 20 名后备人才赴中央企业二、三级企业挂职锻炼。

## 八、新疆维吾尔自治区国资委监管企业党的建设和廉政建设情况

### （一）持续深化政治建设

坚决用习近平新时代中国特色社会主义思想统领工作、校准航向、凝聚力量，全面落实“第一议题”、党委中心组集中学习研讨等制度，切实学深悟透习近平新时代中国特色社会主义思想，深刻领会“两个确立”的决定性意义，增强“四个意识”、坚定“四个自信”、做到“两个维护”。建立健全贯彻落实党中央、自治区党委重大决策部署跟进督办制度，切实把党中央决策部署、习近平总书记重要讲话和重要指示批示精神，转化为深化国企改革、谋划国资布局、落实“十四五”规划的实招硬招。

### （二）持续筑牢思想根基

把学习宣传贯彻党的二十大精神、第三次中央新疆工作座谈会精神和自治区党委十届三次、五次全会精神作为重大政治任务，分级分类抓好学习宣传贯彻。先后举办学习贯彻党的十九届六中全会和自治区党委十届三次、五次全会精神专题培训班，习近平总书记视察新疆时重要讲话精神专题培训班，学习贯彻党的二十大精神专题培训班，6 批次基层党组织书记示范培训班，3 期党员发展对象培训班，推动各监管企业分层分级举办专题培训班 1200 余场次，培训人员 13.4 万余人次，切实筑牢“两个维护”的思想根基。

### （三）持续推动党的领导与公司治理相统一

切实发挥党组织领导作用，指导监管企业 305 家国有资本相对控股、参股的混合所有制企业党建工作基本要求进章程，监管企业集团公司层面 100％制定党委、董事会、经理层“三重一大”事项权责清单，国有企业政治优势、制度优势不断转化为治理效能。

### （四）持续夯实党建基层基础

研究起草《“五个好”党支部与“四个合格”党员创建指标细则》，深入实施“三基”建设工程，全年动态调

整、规范设置企业党组织 253 个,新成立党组织 272 个,理顺隶属关系党组织 210 个,按期换届党组织 624 个,规范配备班子成员党组织 526 个,消灭空白班组 215 个,推动区属国有企业党支部标准化规范化建设达标率 100%。深入推进"红心照国企　党旗映天山"新疆国企党建品牌创建,引导党员创先争优、攻坚克难,全年累计创建党员责任区 4539 个、建立党员示范岗先锋岗 5329 个、组建党员突击队 1053 个,引领带动各族职工立足岗位履职尽责,助力改革发展各项任务落实。

### (五)持续强化政治监督

常态化分析研判国资国企政治生态,加强对"一把手"的监督,对 8 名企业党委书记进行任前廉政谈话,约谈 15 名企业主要领导,实现对企业"一把手"政治监督谈话全覆盖。

### (六)持续推进政治巡察和巡视问题整改

高质量开展第二轮中央生态环保督察、国企改革重点任务落实情况督查等反馈问题"回头看",实地督导约谈,严格验收销号,做实做细整改"后半篇文章"。坚持发挥巡察利剑作用,对农牧投集团、雪峰科技 2 家企业党委开展巡察整改"回头看",发现问题 86 个、问题线索 3 条,推动企业完善制度措施 242 项。认真整改涉粮问题专项巡视反馈问题,配合派驻纪检组对 6 家相关企业进行核查,督促及时整改,并依法追责问责,努力营造风清气正的政治环境。

(撰稿人:李晟源)

# 新疆生产建设兵团

## 一、新疆生产建设兵团国有资产监督管理工作综述

2022 年,新疆生产建设兵团国资委党委以习近平新时代中国特色社会主义思想为指导,全面贯彻党的二十大和十九届历次全会、第三次中央新疆工作座谈会精神,认真学习贯彻习近平总书记调研新疆、兵团时讲话精神,深入落实兵团党委八次党代会及八届二次、三次和兵团企业高质量发展座谈会精神,聚焦新疆工作总目标和兵团职责使命,统筹疫情防控和经济社会发展,扎实推进兵团国资国企改革和高质量发展,各项工作取得较好成绩,多次得到兵团党委主要领导的肯定。

### (一)认真抓好思想政治理论学习

新疆生产建设兵团国资委始终将强化思想政治理论武装作为推动各项工作的"先手棋"去下,开展党的二十大、兵团第八次党代会及八届二次、三次全会学习宣传,并通过党组织书记宣讲党的二十大、主任专题会、学习交流会等形式,加强宣传引导,不断凝聚思想共识,从中深刻领悟"两个确立"的决定性意义,切实增强"四个意识"、坚定"四个自信"、做到"两个维护",从中深刻领会兵团党委大抓企业、大抓经济坚定决心,使之不断转化为兵团国资国企改革发展的实际行动,尤其是疫情期间,推动全员进入学习状态,开展线上培训 14 场次,形成各类学习研究成果 20 余万字,其中,修改 18 稿形成《兵团国有企业振兴行动方案》并经兵团党委常委会通过印发,16 个重点企业培育组建方案及有关配套文件初具雏形。

### (二)着力在稳经济促增长下功夫

新疆生产建设兵团国资委立足新发展阶段,完整、准确、全面贯彻新发展理念,服务构建新发展格局,围绕"六稳""六保",勇挑重担、锐意进取,积极应对美国制裁、新冠疫情冲击、大宗商品涨价等不利因素冲击,全力完成年度经营目标任务,助力兵团经济社会高质量发展。对标兵团、行业"十四五"规划,优化完善企业发展规划,使之细化分解到年度经营任务,对二级企业经营指标实行审核备案,过程中,以责任落实倒逼发展成效,层层签订任务书挂图作战,坚持月研判、季调度、兵团国资委领导包联企业等制度,用好律师、会计师事务所及外部董事第三方"智库"作用,半数以上党委会专题研究企业担保、投资等上报事项,先后约谈、调整工作推进不力企业领导 10 人次。

### （三）积极推进国资国企改革发展

按照“可衡量、可检验、可考核、要办事”工作要求，切实肩负起兵团党委企改办牵头抓总作用，推动改革全面发力，多点突破，重点领域关键环节改革任务全面完成，成果丰硕，与2019年同期相比，兵团国有企业资产总额、营业收入、利润总额分别增长26.11％、34.33％、128.4％，有关做法先后8次得到国务院国资委通报表扬。不断盘活存量，争取自治区、乌鲁木齐市支持，徕远广场盘活、东风路集资建房、五星大厦租赁纠纷等一批历时10年以上历史遗留问题得到化解，涉及金额17.65亿元；不断做大增量，推动新设企业用实际业绩证明存在价值，电力集团聚焦落实同区域同电价政策累计征收自备电厂农网还贷资金8.97亿元，胡杨基金完成首只子基金设立、能源集团煤炭资源承接加快推进，物流集团半年时间实现营业收入4.74亿元、利润5368万元；坚持“瘦身健体”，34户重点亏损子企业治理减亏全面完成，“去机关化”改革、“六定”工作成效明显，集团部门数量及管理人员压缩率均超过1/5，企业管理层级由改革前最长九级压缩到四级以内，国资公司《全力冲刺国企改革三年行动目标》和董事会建设等改革做法被纳入案例库在全国推广；坚持提质增效，推动设计院、天康生物苏州制药完成混改，国资公司所属神内食品、锦华农药获评兵团首批“专精特新”企业，兵团“科改示范企业”入选数位列西北省区第一。

### （四）引导国有企业向南布局发展

坚定坚决落实党中央关于兵团向南发展战略部署，大力推进布局向南、产业向南、总部向南，推动向南发展纳入业绩考核重要指标，兵团国资委及监管企业先后30余次赴南疆师市和新建项目区对接工作，主要领导推动召开三师、41团等南疆师市多场合作洽谈会，稳步推进各类合作项目37个，实现营业收入16.31亿元，南疆常驻干部职工1516人，其中开展业务1464人、访惠聚25人、挂职17人、向南办10人。其中，投资公司联合发起规模8亿元草湖纺织基金正式运作，所参与“和若铁路”全线贯通运营；国资公司积极向南疆师市提供物业和城建项目服务，投资6300万元与三师共同建设的“唐韵书苑”商住房项目奠基开工。兵团设计院承担系列产业园区产业、城镇（选址）、交通水利规划设计工作，切实为南疆师团基础设施建设提供优质高效的技术支持。新疆通航开辟阿拉尔至库车、阿拉尔至图木舒克2条短途航线，积极推进在第三师图木舒克市建立飞行训练基地事宜。电力集团向南疆投资1.4亿元推进草湖项目区农网改造及电力设施建设。能源集团投资项目8个，新建加油（气）站4座，完成投资3457万元。其间，注重发挥国资央企力量，先后5次赴国务院国资委拜访，南疆消费扶贫成交额6315万元，工装援疆签订合同金额2.1亿元。心怀“国之大者”，坚决扛起打赢疫情防控阻击战责任，兵团国资委机关1/3的人员主动值班值守，全系统500多名党员干部投身一线志愿服务，20人受到自治区党委组织部、兵团党委组织部通报表扬，累计为7328户小微企业和个体工商户减免各类房屋租金2.23亿元。

### （五）以高质量党建引领企业高质量发展

始终把党的政治建设摆在首位，兵师两级一级企业100％建立“第一议题”制度、关于贯彻落实党中央重大决策部署的跟进督办制度及践行“不忘初心、牢记使命”长效机制，不断提高政治站位、强化政治引领，增强政治能力。强化党建研究，兵团国资委报送的“以高质量党建引领兵团国有企业高质量发展”“加强党建工作推动国有企业生产经营典型做法研究”分别获得兵团党建研究会2021年度党建研究课题优秀成果一等奖和二等奖。全面加强党的“三基”建设，大力开展“作风建设提质增效行动”“抓作风　强能力　敢担当　快落实”等载体举措，持续锻造“三强三能”（政治意识强、纪律意识强、一流意识强，坐下来能写、站起来能讲、遇到事能干）干部人才队伍。推动国有企业党建工作责任制和生产经营责任制有效联动，实现党建工作考核结果与领导班子建设、干部选拔任用、领导人员薪酬，评先评优等挂钩，进一步压紧压实管党治党责任。加强干部人才队伍建设，严格落实“三个区分开来”，党员领导干部大胆干事创业的积极性充分调动，出台兵团管理一类企业管理有关规定，选拔一批干部畅通国有企业与党政机关交流任职通道。落实容错纠错机制，制定印发尽职合规免责事项清单，激励形成干事创业良好氛围。

## 二、新疆生产建设兵团国有资产总量与结构分析

截至2022年底，纳入统计范围的新疆生产建设兵团全级次国有及国有控股企业(以下简称兵团国有企业)1609户，资产总额6549.48亿元，比上年增长9.05%；负债总额4487.29亿元，比上年增长8.04%；所有者权益2062.19亿元，比上年增长11.31%。资产负债率68.51%，比上年下降0.98个百分点。全年实现营业收入2749.22亿元，比上年增长8.56%；利润总额27.16亿元，比上年下降48.31%。2022年末，兵团国有资产总量[①]1591.29亿元，较年初增长11.48%。

**表1　2022年新疆生产建设兵团国有企业指标**

| 项　目 | 金　额(亿元) |
|---|---|
| 资产总额 | 6549.48 |
| 所有者权益 | 2062.19 |
| 国有资产总量 | 1591.29 |
| 营业收入 | 2749.22 |
| 利润总额 | 27.16 |
| 净利润 | 9.20 |
| 归属于母公司所有者的净利润 | −5.02 |
| 应交税金总额 | 82.60 |
| 实际上缴税金总额 | 79.89 |

**表2　2022年新疆生产建设兵团国有企业户数情况**

| 2021年户数(户) | 2022年户数(户) | 比上年增长(%) |
|---|---|---|
| 1488 | 1609 | 8.13 |

从隶属关系来看，兵团国资委监管企业、第八师石河子市、第十一师、第三师图木舒克市和第四师可克达拉市国有资产总量合计占比60.49%，其中，兵团国资委监管企业国有资产总量209.58亿元，占比13.17%；第八师石河子市国有资产总量229.88亿元，占比14.45%；第十一师国有资产总量175.81亿元，占比11.05%；第三师图木舒克市国有资产总量172.64亿元，占比10.84%；第四师可克达拉市国有资产总量174.73亿元，占比10.98%。

**表3　2022年新疆生产建设兵团国有资产按隶属关系分布情况**

| 隶属关系 | 国有资产(亿元) | 占国有资产总量比重(%) |
|---|---|---|
| 第一师阿拉尔市 | 83.02 | 5.22 |
| 第二师铁门关市 | 98.91 | 6.22 |
| 第三师图木舒克市 | 172.64 | 10.84 |
| 第四师可克达拉市 | 174.73 | 10.98 |
| 第五师双河市 | 60.88 | 3.83 |
| 第六师五家渠市 | 56.26 | 3.54 |
| 第七师胡杨河市 | 85.43 | 5.36 |
| 第八师石河子市 | 229.88 | 14.45 |
| 第九师白杨市 | 112.44 | 7.07 |
| 第十师北屯市 | 25.53 | 1.60 |
| 第十一师 | 175.81 | 11.05 |
| 第十二师 | 72.17 | 4.54 |
| 第十三师新星市 | 27.65 | 1.74 |
| 第十四师昆玉市 | 6.76 | 0.42 |
| 兵团国资委监管企业 | 209.58 | 13.17 |
| 兵团直属企业 | −0.41 | −0.03 |
| 合　计 | 1591.29 | 100 |

从行业分布情况看，兵团国有资产主要集中在租赁和商务服务业、批发和零售业及制造业，其中，租赁和商务服务业国有资产总量600.89亿元，占比37.74%；批发和零售业国有资产总量164.29亿元，占比10.31%；制造业国有资产总量153.15亿元，占比9.62%；其他15个行业国有资产总量占比42.33%。

① 国有资产总量:指企业所有者权益中国有资本及其享有的权益额和其他国有资金的合计。

**表 4　2022 年新疆生产建设兵团国有资产按行业分布情况**

| 行　业 | 国有资产（亿元） | 占国有资产总量比重（%） |
|---|---|---|
| 农林牧渔业 | 142.02 | 8.93 |
| 采矿业 | 15.76 | 0.99 |
| 制造业 | 153.15 | 9.62 |
| 电力、热力、燃气及水的生产和供应业 | 80.02 | 5.02 |
| 建筑业 | 23.99 | 1.50 |
| 批发和零售业 | 164.29 | 10.31 |
| 交通运输、仓储和邮政业 | 142.26 | 8.91 |
| 住宿和餐饮业 | 9.62 | 0.60 |
| 信息传输、软件和信息技术服务业 | 2.53 | 0.15 |
| 金融业 | 37.93 | 2.36 |
| 房地产业 | 93.11 | 5.85 |
| 租赁和商务服务业 | 600.89 | 37.74 |
| 科学研究和技术服务业 | 16.48 | 1.03 |
| 水利、环境和公共设施管理业 | 40.19 | 2.52 |
| 居民服务、修理和其他服务业 | 70.43 | 4.42 |
| 教育业 | −2.32 | — |
| 卫生和社会工作 | 0.06 | — |
| 文化、体育和娱乐业 | 0.88 | 0.05 |
| 合　计 | 1591.29 | 100 |

**表 5　2022 年新疆生产建设兵团国有资产按经营规模分布情况**

| 经营规模 | 国有资产（亿元） | 占国有资产总量比重（%） |
|---|---|---|
| 大型企业 | 1316.91 | 82.76 |
| 中型企业 | 95.30 | 5.99 |
| 小型企业 | 114.91 | 7.22 |
| 微型企业 | 64.17 | 4.03 |
| 合　计 | 1591.29 | 100 |

## 三、新疆生产建设兵团国有资本保值增值综合分析评价

2022 年，新疆生产建设兵团企业国有资本保值增值率 99.25%。5 个师国有企业和兵团国资委监管企业实现保值增值，其中，第四师可克达拉市国有资本保值增值率 101.90%、第七师胡杨河市国有资本保值增值率 104.80%、第八师石河子市国有资本保值增值率 102.74%、第九师白杨市国有资本保值增值率 102.25%、第十一师国有资本保值增值率 100.64%、兵团国资委监管企业国有资本保值增值率 101.30%。

2022 年，兵团 8 个行业实现保值增值，分别是：建筑业国有资本保值增值率 138.04%，卫生和社会工作国有资本保值增值率 125.00%，科学研究和技术服务国有资本保值增值率 116.52%，制造业国有资本保值增值率 115.49%，信息传输、软件和信息技术服务业国有资本保值增值率 102.41%，房地产业国有资本保值增值率 101.32%，金融业国有资本保值增值率 101.31%，水利、环境和公共设施管理业国有资本保值增值率 101.08%。

**表 6　2022 年新疆生产建设兵团国有企业地区和行业国有资本保值增值情况**

| 地　区 | 国有资本保值增值率（%） | 行　业 | 国有资本保值增值率（%） |
|---|---|---|---|
| 第一师阿拉尔市 | 98.85 | 农林牧渔业 | 88.13 |
| 第二师铁门关市 | 99.49 | 采矿业 | 97.85 |
| 第三师图木舒克市 | 99.42 | 制造业 | 115.49 |

续表

| 地　区 | 国有资本保值增值率(%) | 行　业 | 国有资本保值增值率(%) |
|---|---|---|---|
| 第四师可克达拉市 | 101.90 | 电力、热力、燃气及水的生产和供应业 | 93.14 |
| 第五师双河市 | 95.05 | 建筑业 | 138.04 |
| 第六师五家渠市 | 87.11 | 批发和零售业 | 92.18 |
| 第七师胡杨河市 | 104.80 | 交通运输、仓储和邮政业 | 96.59 |
| 第八师石河子市 | 102.74 | 住宿和餐饮业 | 91.16 |
| 第九师白杨市 | 102.25 | 信息传输、软件和信息技术服务业 | 102.41 |
| 第十师北屯市 | 87.92 | 金融业 | 101.31 |
| 第十一师 | 100.64 | 房地产业 | 101.32 |
| 第十二师 | 96.42 | 租赁和商务服务业 | 99.27 |
| 第十三师新星市 | 99.40 | 科学研究和技术服务业 | 116.52 |
| 第十四师昆玉市 | 99.21 | 水利、环境和公共设施管理业 | 101.08 |
| 兵团国资委监管企业 | 101.30 | 居民服务、修理和其他服务业 | 93.88 |
| 兵团直属企业 | −5.43 | 教育业 | 98.71 |
| 兵团 | 99.25 | 卫生和社会工作 | 125.00 |
|  |  | 文化、体育和娱乐业 | 57.69 |

## 四、新疆生产建设兵团国资委监管企业改革发展情况

新疆生产建设兵团国资国企系统坚持以习近平新时代中国特色社会主义思想为指导，深入贯彻习近平总书记关于国有企业改革发展和党的建设重要论述精神，通过持续攻坚，改革红利加速释放。规模质量明显向好，截至2022年底，改革综合推进率100%，改革红利加速释放，兵团国有企业累计实现营业总收入、利润总额、资产总额较国企改革三年行动前的2019年分别增长27.87%、7.35%、12.8%，国资国企新变化、新突破、新成效持续涌现。信心干劲日趋提升，在始终做加法、做增量、做创新、增效益中，一批优势产业集团组建培育加速推进，兵团电力集团、中新建胡杨基金、兵团能源集团、兵团再担保公司、兵团文旅集团、中新建物流集团等一批产业集团先后挂牌并迈出实质性运营步伐。天业集团、天康生物、天润乳业、兵团设计院、兵团石油等一批企业聚焦主业，不断发展壮大，利润总额大幅提升，呈现生机蓬勃的改革发展局面，对外树立新形象，激发新活力。畅通党政机关与国有企业领导交流渠道，更是充实国资国企改革力量。活力动力不断激发，指导企业推进混合所有制改革，审核批复《兵团设计院集团公司公司章程》《天康制药(苏州)有限公司混合所有制及员工持股改革实施方案》，积极推进天康制药公司混合所有制改革及员工持股改革。起草《关于兵团国有企业公司制改革推进情况的汇报》《关于兵团国资委2021年度完善中国特色现代企业制度工作情况的报告》《关于兵团国资委所属企业重组整合有关情况的报告》《关于兵团经营性国有资产集中统一监管工作总结的报告》。印发《关于进一步深化兵团与中央企业合作发展协调服务工作机制的方案》，持续优化营商环境，为中央企业在兵团投资合作做好服务保障，促成一批重大项目在兵团落地生根，一批重大工程在兵团落地投产，产业体系更加完善，产业优势更加明显。

## 五、新疆生产建设兵团国资委监管企业并购重组与完善法人治理结构情况

### (一)加速培育组建优势产业集团

按照“盘活存量、做大增量，做强北疆、向南布局”的要求，统筹产业发展，加快国有企业战略重组整合。兵团电力集团、中新建胡杨基金、兵团能源集团、中新建物流集团等一批产业集团重组整合。天业集团、天康生物、天润乳业、兵团设计院、兵团石油等一批企业聚焦主业，不断发展壮大。

**(二)大力推进向南发展**

推动布局向南、产业向南、总部向南,落实兵团本级国有新设企业原则上在兵团南疆城市注册的要求。用好《兵团支持南疆师市工业发展措施》等政策举措,充分发挥上市公司产业带动作用,和若铁路全线建成通车,南疆师市农网升级改造等重大基础设施建设等项目加快建设。

**(三)积极推进央企合作**

积极争取中央企业产业新疆行动关于支持兵团方面举措,印发《关于进一步深化兵团与中央企业合作发展协调服务工作机制的方案》,持续优化营商环境,为中央企业在兵团投资合作做好服务保障,先后召开国资央企助力新疆高质量发展专题会、新疆与中央企业产业兴疆恳谈会,签订合作协议 25 个,涉及金额 1436.11 亿元,实现消费扶贫订单额 85 万元,工装援疆累计签订合同额 2.1 亿元。

**(四)进一步完善法人治理结构**

完善国有资产监管制度体系,深入开展制度体检、制度重塑工作,聚焦优化调整国有经济布局结构,建立健全中国特色现代企业制度,深化三项制度改革等重点改革任务落实,先后出台《兵团国资委监管企业投资监督管理办法》《兵团国资委权力和责任清单》等多项规范性文件,推动国资国企体制机制创新迈出坚实步伐,有效发挥国有资本投资、运营公司功能作用。加强国资监管组织体系建设,设立兵团国资国企改革发展研究服务中心,明确师市国资委专司国资监管职责,推动 13 个师市 85 个团场"因团制宜"探索设立团场国有资产管理公司,149 个团场财政局(所)加挂国资办牌子。

## 六、新疆生产建设兵团国资委监管企业建立和完善经营业绩考核体系情况

**(一)加强制度建设,不断完善制度体系**

修订完善《兵团国资委监管企业负责人经营业绩考核办法》《兵团国资委监管企业负责人薪酬管理办法》,配套出台实施方案,明确根据企业不同功能定位、行业特点和发展阶段,结合企业类别划分,强化对标激励,科学设置年度经营业绩考核指标及权重,实施差异化考核。出台《兵团国资委监管企业工资总额管理办法实施细则》,建立健全与劳动力市场基本适应、与国有企业经济效益挂钩的工资决定和正常增长机制。

**(二)优化考核指标体系,强化考核目标引领**

充分发挥考核分配指挥棒作用,强化正向激励,激发企业活力。按照企业发展与兵团国民经济发展速度相衔接、与兵团国民经济重要支柱地位相匹配、与高质量发展要求相适应的原则,确定企业负责人经营业绩总体目标。将人均利润率、归属于母公司所有者的净利润、经济增加值作为年度经营业绩主要考核指标,实施分档考核。将董事会授权管理、外部董事占多数、市场化用工和全员绩效考核等改革任务完成情况纳入考核体系,推动企业聚焦改革三年行动任务,在重要领域、关键环节取得实质性突破和进展。将向南发展、兵地融合、民族团结和党建工作等纳入考核体系,推动企业在注重经济效益的同时,更好地履行政治责任和社会责任。

**(三)加强监督检查,强化薪酬分配管理**

全面掌握监管企业工资总额预算执行情况,通过专项检查、中介机构专项审计等方式,开展对监管企业集团本部及其所出资企业 2021 年度、2022 年度工资总额预算情况的监督检查工作。通过检查,进一步规范企业薪酬分配行为,维护薪酬分配秩序,调节不合理的过高收入。

## 七、新疆生产建设兵团国资委监管企业负责人考核与选人用人机制改革情况

**(一)坚持党的领导,完善公司治理体系**

新疆生产建设兵团国资委党委积极适应监管企业改革发展新形势新任务新要求,按照全国国有企业党的建设工作会议提出的 30 项重点任务,认真落实将党建工作纳入企业章程、党委书记"一肩挑"、企业领导人员"双向进入、交叉任职"、党建工作"四同步、四对接"、进一步健全完善党委前置研究讨论事项清单等重点工作,使得党的领导融入公司治理各环节,

企业党组织内嵌到公司治理结构之中。

**(二)坚持党管干部原则与市场化选聘相结合,不断适应企业发展需求**

新疆生产建设兵团国资委监管企业领导人员任用一般由兵团党委组织部和兵团国资委党委按照干部管理权限,根据工作需要,提出调整配备动议,并就调整配备意向征求兵团党委主要领导和分管领导意见。积极探索党管干部原则与市场化选聘企业经营管理者相结合的有效途径,引入市场机制,公开面向社会聘任企业领导人员。

**(三)坚持年度班子考核与绩效考核同步,对企业领导班子进行综合评价**

监督年度班子考核与绩效考核同步安排,一并进行,结果共享。考核采取召开大会、测评评议、后备干部推荐、个别谈话、查阅资料等方式,对企业领导班子和班子成员进行全面考核。考核结束后,根据考核结果,逐一排查企业班子建设和生产经营中存在的问题,有针对性地提出意见建议,并形成综合考核报告,为选准用好企业领导人员提供第一手翔实的资料和参考依据。

**(四)坚持从严从实,强化选人用人监督**

突出落实政策规定、端正用人风气,切实加大监督力度。在干部选拔任用过程中,坚持“凡提四必”“五个不准”等要求,认真贯彻落实干部选拔制度,把好人选的政治关、品行关、作风关、廉政关,严格干部选拔任用每个环节工作,坚持规定环节做严做细做实,提高选人用人公信度,做到人岗相适,使干部的能力得到充分发挥。全面落实党委书记、纪委书记在考察人选廉洁自律结论性意见上“双签字”制度,坚决防止“带病提拔”。全面开展国有企业领导人员档案专项审核,集中时间对国有企业领导人员“三龄两历一身份”严格核实认定,维护干部人事档案工作的严肃性。

## 八、新疆生产建设兵团国资委监管企业党的建设和廉政建设情况

**(一)强化政治引领,凝聚思想共识**

2022 年,新疆生产建设兵团国资委党委始终将强化思想政治理论武装作为推动各项工作的“先手棋”,第一时间组织开展党的二十大、兵团第八次党代会及八届二次、三次全会学习宣传,及时跟进党中央决策部署和自治区党委、兵团党委重要会议和领导同志讲话指示批示精神,先后组织 27 次党委会、12 次党委理论中心组学习,并通过带头宣讲党的二十大精神、主任专题会、学习交流会、读书分享等形式,加强宣传引导,不断凝聚思想共识,尤其是疫情期间,推动全员进入学习状态,开展线上培训 14 场次,形成各类学习研究成果 20 余万字,修改 18 稿形成《兵团国有企业振兴行动方案》并经兵团党委常委会审议通过,16 户重点企业培育组建方案及有关配套文件初具雏形。

**(二)扭住重点任务,夯实基层基础**

坚持问题导向,以钉钉子精神抓基层、强基础、固基本,开展党建工作调研 10 次,梳理问题 12 条、发现亮点 14 个,做到“一企一策”强力推进;落实“四同步”“四对接”(党的建设和国有企业改革同步谋划、党的组织及工作机构同步设置、党组织负责人及党务工作者同步配备、党的工作同步开展,实现体制对接、机制对接、制度对接、工作对接)要求,及时为新设立的中新建物流集团建强组织,配齐队伍;巩固深化党支部工作联系点制度,建立各级党支部联系点 131 个,通过向先进企业对标管理、凝练党建品牌、建立企业党建智慧平台等方式,推动基层党建工作提档升级;强化党建工作责任制落实,抓好党组织书记抓基层党建述职评议,层层签订责任书,将基层党建纳入企业年度考核指标,与企业领导人员薪酬相挂钩,确保责任落实落地;牢牢把握宣传思想阵地,《兵团国资》创刊并印发 4 期,建立兵团国资委微信公众号,开设“学习贯彻二十大精神,兵团国资国企在行动”微信公众号专栏,为学习党的二十大精神营造浓厚氛围。

**(三)推动深度融合,助推改革发展**

把推动改革发展作为基层党建工作的出发点和落脚点,坚持围绕经营抓党建,抓好党建促发展,充分发挥企业各级党委“把方向、管大局、促落实”的领导作用,推动党建与企业生产生活相融合,组织企业开展“党旗映天山”“党旗飘在蓝天上”等载体活动,企业年度经济指标全面趋好;坚持把抓基层打基础作为长

远之计和固本之策，做到企业扩展到哪里，党组织和党建工作就开展到哪里，党员先锋模范作用和党支部战斗堡垒作用就彰显到哪里，以基层党建引领基层企业创新改革发展；坚持驻企服务打好头阵，聚焦“定规划、做计划、促协调、督落实”四项重点任务，月研判季调度、兵团国资委领导包联企业等制度持续推进，100户重点企业稳定兵团经济能力显著增强；坚持刀刃向内，全级次、常态化开展督导、考核、评估，整改结果全系统通报，推动国企改革三年行动完美收官，有关做法先后8次得到国务院企改办公开表扬。

**（四）落实全面从严治党责任制度**

组织召开监管企业党委书记抓基层党建述职评议会、2022年党建工作会议暨党风廉政会议和反腐败工作会议，监管企业党委书记就2021年履行抓党建第一责任人情况，从问题整改、工作亮点、问题原因和今年工作思路进行述职，兵团国资委领导进行点评，与会人员进行民主评议。会议一并组织签订本年度党建工作及党风廉政建设和反腐败工作责任书。纪检组组长就推进全年全面从严治党提出要求，兵团国资委领导就切实做好本年度党建及党风廉政建设和反腐败工作进行安排部署。

**（五）持之以恒正风肃纪**

加大党风廉政和反腐败工作教育力度，把反面典型警示教育摆在更加突出地位，切实增强“不想腐”的思想自觉。加强教育培训，使监管企业各级党组织和党员领导干部厘清主体责任和监督责任权责，提高党组织运用“四种形态”意识和能力。强化追究问责，综合审计、法律、巡视等力量，着力在构建大监管格局上下功夫，严格国有资产交易，推进“阳光国资”建设。建立和完善企业重大风险防范机制，严防企业投资、债务、法律等风险，强化实施监测预警，及时排查处置一批风险隐患。特别在抓好已有制度贯彻落实上下功夫。按照“三个区别开来”标准，认真落实容错纠错机制，为担当者担当、为负责者负责、为干事者撑腰，营造风清气正的改革发展环境。落实中央八项规定及其实施细则，严查收送电子红包、私车公养等隐形变异问题。

（撰稿人：陆文星）

2023
CHINA' S STATE-OWNED ASSETS SUPERVISION AND ADMINISTRATION YEARBOOK

中国国有资产监督管理年鉴

# 中央企业改革与发展

## 第四篇

# 中国核工业集团有限公司

**【基本概况】** 2022 年，中国核工业集团有限公司（以下简称中核集团）深入贯彻党的二十大精神和习近平总书记重要指示批示精神，完整、准确、全面贯彻新发展理念，落实“疫情要防住、经济要稳住、发展要安全”总体要求，克服困难挑战，抓好工作落实，实现全年改革发展的目标任务，连续 17 个任期获评国务院国资委业绩考核 A 级，连续 3 年成为全球唯一的核工业“世界 500 强”企业。

**【主要指标】** 2022 年，中核集团实现营业收入 2627.04 亿元，比上年增长 6.26%；利润总额 254.16 亿元，比上年增长 17.15%；净利润 205.05 亿元，比上年增长 20.11%。

**表 1　2022 年中国核工业集团有限公司主要经济指标**

| 项　目 | 2021 年 | 2022 年 | 比上年增长（%） |
|---|---|---|---|
| 资产总额（亿元） | 10250.80 | 11504.21 | 12.23 |
| 所有者权益（亿元） | 3235.53 | 3569.52 | 10.32 |
| 营业收入（亿元） | 2472.25 | 2627.04 | 6.26 |
| 利润总额（亿元） | 216.95 | 254.16 | 17.15 |
| 净利润（亿元） | 170.72 | 205.05 | 20.11 |
| 归属于母公司所有者的净利润（亿元） | 76.51 | 86.19 | 12.65 |
| 利税总额（亿元） | 437.18 | 417.63 | −4.47 |
| 应交税金总额（亿元） | 63.78 | 71.26 | 11.73 |
| 全员劳动生产率［万元/（人·年）］ | 56.04 | 68.57 | 22.36 |
| 净资产收益率（%） | 5.51 | 6.01 | 增加 0.50 个百分点 |
| 总资产报酬率（%） | 3.50 | 3.51 | 增加 0.01 个百分点 |
| 国有资本保值增值率（%） | 123.30 | 107.64 | 减少 15.66 个百分点 |

**【改革发展】** 2022 年，中核集团各单位压实收官责任，围绕见实效落实全部举措。全系统深入开展培训、问卷、督导工作，推动高质量收官并巩固深化改革成效。改革三年行动年度考核居央企第 5 位、军工央企第 1 位。科研院所改革持续深化，核动力院、原子能院、地研院纳入中组部党委领导下的院所长负责制改革试点。对标世界一流管理提升，形成内部管理标杆 45 个。加大“压减”力度，完成法人压减 226 户，超出年度计划 23%，法人总户数实现零净增。全面完成 23 家“两非”企业剥离，持续推进亏损微利企业治理。中国核电成为首批国务院国资委“公司治理示范企业”，5 家单位新增纳入国务院国资委第二批“科改示范企业”。中核国际成功复牌，中核汇能成功增资引战 75 亿元。精细化管理年专项行动扎实推进，形成一批精细化管理提升先进经验。中核集团改革成效得到中央领导和国务院国资委的肯定。《红旗文稿》《国资报告》等集中宣传介绍中核集团改革经验。

**【重大项目】** 核电保持积极安全有序发展。国务院 2022 年核准 10 台核电机组，达到近十年来的新高，其中，中核集团三门 3 号、4 号和漳州 3 号、4 号 4 台机组新获核准。核电新厂址开发和前期工作取得不错的成绩。控股在运核电机组 25 台、装机容量 2375 万千瓦，核准在建机组 13 台、装机 1375 万千瓦。提前实现全年发电任务，集团所有核电机组全年发电量预计 1850 亿千瓦·时，比上年增长 11%。核电建设、运行、新项目核准都保持领先。新能源装机容量 1538.75 万千瓦，新获新能源项目指标 1800 万千瓦，新签抽水蓄能 5330 万千瓦。“核水风光储”新型电力系统加快构建。

核工业产业链体系能力不断提升。铀矿全年地勘投入比上年增长 73%，找矿成果增长 3 倍以上，连续两年居全球第 2 位。全面完成核燃料生产供货任务，分离功成本低于国际市场价格，获得超过 1 万吨的分离功国际订单，CF 3 燃料组件批量生产并出口巴基斯坦。龙和中低放废物集中处置场全面建成投运，“北山一号”研制成功，公海铁联运体系正式启动运行。中国核建立足上海主动融入区域发展，服务重大工程和核电建设。核技术应用、装备制造等产业实现新的发展。

核技术应用产业行业影响力不断提升。6 项成果入选国家原子能机构核技术应用领域十件大事，核工业总医院、核工业四一六医院“国考”为 A 类，成功入围国家公立医院第一梯队。重点项目取得阶段性成果，科研创新平台有效运行，同位素原料多点布局，核特色医疗成色更足，核医疗装备加速推动，辐照应用加速布局，核应急医学救援能力不断提升。

**【走向海外】** 持续突破海外项目开发。成功签署阿根廷核电 EPC 合同，巴基斯坦 C—5 项目延付协议重要商务和技术问题全面达成一致意见并完成页签，亚洲首个 IAEA 放药及放射源协作中心落地中国同辐。

稳步推进境外项目工程。巴基斯坦 K—3 机组通过临时验收，“华龙一号”海外首个工程全面完工，K—2 机组顺利完成首次换料大修，CF 3 燃料组件顺利交付巴方投入使用。ITER—TAC1 项目完成第一阶段安装。罗辛铀矿生产稳定运营。

加大国际合作力度，积极参与双边多边活动。中核集团董事长与 IAEA 总干事视频会见共商小堆发展倡议、与全球核工业领袖在维也纳集团年会上共议核能发展未来。在第五届中国国际进口博览会期间举办“核创未来”主题论坛，与法国、韩国、俄罗斯、斯里兰卡、西班牙等国代表共议核能未来发展。在奥地利、俄罗斯等国举办“核创未来”主题展览，与全球核工业界分享中核发展成功经验。与法国电力集团联合开展核能发展政策研究、举办中法友好医院三十周年纪念活动，积极拓展中法务实合作。推动亚洲首个国际原子能机构放药及放射源协作中心（集团与机构第三个协作中心）成功落地中国同辐。推动与机构签署核数据实际安排和铀资源开发实际安排。积极向国际组织推荐免费专家和兼职专家，为全球核能治理贡献中国智慧。

**【重大创新】** 核能技术升级换代。将一体化闭式循环快堆核能系统设定为核能发展“三步走”战略第二步的最终目标，进一步明晰路线方案，深入开展反应堆、金属燃料、干法后处理关键技术研究，加速孵化国家科技重大专项。华龙后续机型反应堆及一回路、核岛系统、厂房总体布置等方案设计基本完成。大型高温气冷堆完成核岛和常规岛系统优化，形成安全分级优化建议清单。

高质量打造先进核能原创技术策源地。作为首批“重点支持类”策源地企业，中核集团主导的核领域唯一原创技术策源地获国务院国资委批复。依据实施方案全力打造先进核能原创技术策源地，在“强化原创技术供给、加速创新要素集聚、提升协同创新水平、促进原创成果转化、完善创新生态环境”等方面持续发力，围绕先进反应堆、先进核动力、先进核燃料循环、核技术应用和共性基础技术 5 个领域实施 13 项重点研发任务，取得新一代“人造太阳”受控核聚变研究装置等离子体电流突破 100 万安培等重大成果。

布局建设高水平研发平台。强化顶层谋划，系统推进、整体对接，3 个国家级研发平台通过评审，2 个国家原子能机构（CAEA）核技术研发中心成功获批。积极策划协调推动原子能院综合整治和能力提升，助力原子能院科研设施整改、提升和完善，研究推动其中长期发展战略和思路优化。专项部署西物院核聚变能发展战略，助力完成核聚变事业的顶层设计谋划，提升我国聚变能开发能力。

**【党建工作】** 党建融入中心成效日益凸显。牢固树立首责意识，集团党组发布党建引领保障重大工程建设的倡议书及重大工程领域加强党建工作指导意见。落实国企改革三年行动重点任务，党组书记在国务院国资委专题推进会进行经验交流，党的领导与党建工作成效获改革三年行动项职工认可度排名第一。在疫情防控、冬奥服务、区域市场开发等各项工作中发挥党建优势。组织会议、开展调研、加强督导，扎实稳妥推进境外党建与混合所有制党建工作。深入新华发电、中核汇能、通辽铀业、中核武汉、中国核建等单位集中调研，帮助解决实际问题。

扎实推进“精细化管理年”专项工作。全系统“精细化管理”摸底调查整体满意度 98%。开展精细化管理试点，派出专家组对 17 家试点单位进行现场指导。

工作成效纳入总部部门、成员单位绩效考核。举办各类精细化管理培训班、总部特训营和现场教学，培训覆盖5000余人次。大力推进课题和提案实践，开展京区单位改善大赛和全系统优秀改善项目评选，工作方案聚焦的精细化管理“六大领域”亮点纷呈，典型带动作用日益凸显，总部带头、全系统共同参与，“主动优化、持续改善”的文化氛围初见成效。

全面落实党建工作责任制。连续3年获评中央企业党建责任制考核A级。组织召开中核集团第九次党建工作会和二级单位党委书记述职评议会，发布工作年报。开展中核集团总部党支部、二级单位党建考核并逐一反馈考核意见，做好针对性指导。持续改进党建考核评价办法。

加强对基层党建工作的指导。调整党组成员党建责任区和联系点党支部，制定管理办法。定期召开中核集团党建工作领导小组会研究解决党建工作重点问题。加强中核集团党性教育基地建设。指导中国核电、中国宝原、原子能院等10家二级单位完成换届选举。指导成立知网临时党委，指导新华发电撤销新疆新华联合党委。

注重经验提炼及先进典型选树。评选产生中核集团2022年标准化建设示范党支部43个，编写“一支部一品牌”经验材料汇编。落实党史学习教育常态化长效化机制，系统总结提炼党创建和领导核工业发展的历史经验。主动承接中宣部弘扬伟大精神、国务院国资委党委全面从严治党研究课题，参加中组部重点课题座谈会、中管企业党委（党组）负责同志座谈会并作交流发言。

**【信息化与数字化建设】** 突出顶层设计，建立以打造“数字员工”为目标的数字化转型支撑体系。重构分层制度体系，建立健全信息中心管理制度，契合新发展需求；强化“业务＋IT”一体化团队，发挥业务牵引作用；强化集团公司IT专业力量，打造“管控＋服务”的治理能力；改革数字化转型工作模式，建立跟踪落实工作机制；浓厚数字化转型氛围，举办数字大讲堂，业务与数字化融合度逐步提升。

夯实基础能力，构建中核集团数字化转型发展底座。信息化专项工程建设取得阶段性进展，完成商网ERP项目筹备，统筹国家自主可控应用要求，科学论证技术路线选型分析，深化设计形成建设方案；打造核工业数据中心，并于年底投运；组织推动“核＋北斗”融合应用平台建设，发布《核工业北斗应用管理办法》和应用工作方案；推进共建共享平台建设，财务共享一期完成建设，实现自动对账、付款、审单等，可替代10%左右财务共享员工工作量，安全环保信息化基础平台完成建设，推广至156家成员单位，实现安环信息监控、安全生产监督评价等功能上线，初步形成安全环保“一套数”，绘制安全要素“一张图”。

聚焦产业创新，打造产业数字化新能力新模式。制定三年行动方案，识别产业链重点领域典型场景，优化评估体系遴选标杆示范；加快推动数字核电专项工程，中标国家能源局试点应用项目课题，核电安全生产管理实现数字化、自主化重大跨越；各产业领域数字化转型取得显著成效，1个项目获得国家级数字化大赛奖项，2个项目获得上级部委主办的数字化大赛奖项，4个项目入选上级部委组织遴选的优秀案例。11月9日，《人民日报》专题分享集团公司数字化转型实践。

完成党的二十大网络安全保障，推进安全运维精细化管理。全年重点做好冬奥会、两会、党的二十大等重要时期的网络安全保障工作，其间未发生网络安全事件，获得国务院国资委“冬奥网络安全卫士”表彰。深入推进关键信息基础设施安全保护，调整保护清单，编制发布管理制度，扎实开展数据中心网络安全能力建设。

**【履行社会责任】** 坚决扛起乡村振兴重大政治责任。协调各方资源大力推进定点帮扶工作，落实区域市场开发部与专业化公司、直属单位“对口联系”机制。党组成员多次赴现场调研督导乡村振兴及定点帮扶工作，发布首份乡村振兴责任报告。资金投入创历史新高，具有中核特色的帮扶机制及帮扶经验，被《国家乡村振兴简报》、《人民日报》、新华社、《光明日报》等多次刊载推广。成功在中央党校举办首次乡村振兴主题培训班，全年定点帮扶工作再上新台阶，连续5年获得国家定点帮扶成效考核最高等次评价“好”。

公众沟通与核科普宣传取得新突破。中核集团首个全产业链一体化数字展台制作验收，入选科工局申报喜迎党的二十大成就展模型库；连续7年举办高校学生课外“核＋X”创意大赛；举办首届“科普创星”

核科普大赛。与中广核、国电投、华能三大集团共同策划核能云博物馆。核工业科技馆、核动力院九〇九基地、核理化院王承书纪念馆入选2022年度科学家精神教育基地名单。

组织全系统加强安全环保培训宣传教育。与国务院国资委社会责任局联合开展安全质量周活动,在国务院国资委社会责任专刊作中核集团安全管理经验交流;开展"4·6"事故警示教育,组织全国安全生产月活动与"新安法知多少"网络知识竞赛,开展安全领导力、核安全文化建设等培训;组织《职业病防治法》宣传周和"六五环境日"宣传系列活动。

(撰稿人:杨涵雪)

## 中国航天科技集团有限公司

**【基本概况】** 2022年是党和国家历史上极为重要的一年,是航天事业发展史上具有标志性意义的一年。中国航天科技集团有限公司(以下简称集团公司)坚持以习近平新时代中国特色社会主义思想为指导,深入贯彻党中央重大决策部署和习近平总书记重要讲话、重要指示批示精神,坚决落实"疫情要防住、经济要稳住、发展要安全"的要求,着力推动"高质量、高效率、高效益"发展,统筹发展和安全,圆满完成全年改革发展建设任务,航天强国建设迈出坚实步伐。全年54箭157星(船/器)的宇航发射任务圆满完成,年发射次数突破50次大关。重大工程任务圆满完成,中国空间站全面建成,祝融号火星车创造我国星球车地外天体行走的新纪录,圆满完成北京2022年冬奥会和冬残奥会开闭幕式技术保障、冬奥火炬和雪车研制等工作。集团公司有力支撑国防装备现代化建设,全年战略、战术武器试验任务均圆满完成。维护国家主权、安全、发展利益的战略支撑能力大幅提升。在党的建设、科技创新、产业发展、深化改革、人才队伍建设等方面取得优异成绩。

2021年,集团公司获得全国五一劳动奖章、中国青年五四奖章、全国三八红旗手、"大国工匠"等全国级荣誉47项。其中,7人获得全国五一劳动奖章、2个集体获评全国工人先锋号、1人获评全国三八红旗手、2个青年集体(个人)获得中国青年五四奖章、1人获评全国优秀共青团干部、1个集体获得中国新闻奖一等奖、2人获评"大国工匠"年度人物、1人入选"大国工匠"。

**【主要指标】** 2021年,集团公司保持经济运行稳定,主要指标保持增长态势,实现利润总额275.7亿元,比上年增长7.44%;净利润252.9亿元,比上年增长8.77%;营业收入2991.2亿元,比上年增长6.80%;营业收入利润率9.2%,比上年增加0.1个百分点;全员劳动生产率57.1万元/(人·年),资产负债率比上年减少2.3个百分点,研发经费投入强度14.9%,完成年初国务院国资委和董事会下达的经营指标。集团公司连续18年保持中央企业考核A级,实现国有资本的保值增值。

**表1 2022年中国航天科技集团有限公司主要经济指标**

| 项目 | 2021年 | 2022年 | 比上年增长(%) |
|---|---|---|---|
| 资产总额(亿元) | 6086.9 | 6508.6 | 6.93 |
| 所有者权益(亿元) | 2977.2 | 3332.1 | 11.92 |
| 营业收入(亿元) | 2800.7 | 2991.2 | 6.80 |
| 利润总额(亿元) | 256.6 | 275.7 | 7.44 |
| 净利润(亿元) | 232.5 | 252.9 | 8.77 |
| 归属于母公司所有者的净利润(亿元) | 199.9 | 217.9 | 9.00 |
| 技术开发投入(亿元) | 426.3 | 444.5 | 4.27 |
| 利税总额(亿元) | 318.4 | 337.7 | 6.06 |
| 应交税金总额(亿元) | 61.8 | 84.8 | 37.22 |
| 全员劳动生产率[万元/(人·年)] | 50.7 | 57.1 | 12.62 |
| 净资产收益率(%) | 8.13 | 8.04 | 减少0.09个百分点 |
| 总资产报酬率(%) | 4.63 | 4.49 | 减少0.14个百分点 |
| 国有资本保值增值率(%) | 108.3 | 110.0 | 增加1.7个百分点 |

**【改革发展】** 2022年，集团公司立足新发展阶段，贯彻新发展理念，融入新发展格局，锚定高质量发展目标，全力推动各领域改革工作，集团公司改革三年行动计划总体进度超额完成国务院国资委工作要求，“3+1”改革基本完成。一是强化战略引领。编制发布《集团公司新时代改革发展指导意见》，研究部署未来三年改革的主攻方向、战略重点、任务举措，在更高的起点、更深的层次上系统谋划和统筹推进创造性、引领性改革。二是对标世界一流持续提升。完成国务院国资委统一部署的对标世界一流管理提升工作，全面取得136项工作举措的239项标志性成果。稳步推进世界一流示范企业创建，创建目标和创建任务达到或接近世界一流的指标占比由25%提高到59%。三是推进全面深化改革取得实效。国企改革三年行动高质量收官，集团公司7个领域77项改革任务全部提前完成，在国务院国资委年度中央企业改革三年行动重点任务考核结果中获评A级企业，排名居央企前列。集团公司“3+1”改革全面完成三年任务目标。中国乐凯等5家纳入“双百行动”“科改示范行动”试点企业，使集团公司“双百行动”“科改示范行动”试点单位的数量增至11家，有效发挥改革尖兵和示范引领作用。四是进 步完善法人治理结构。落实“两个一以贯之”，动态优化党组（党委）前置研究讨论重大经营管理事项清单，规范集团公司董事会运作，加强全级次“三重一大”决策管理。深化子企业董事会建设，扩大落实董事会职权试点范围。完善董事考核评价机制和董事会秘书工作机制。五是深化规章制度体系建设。全面推进规章制度建设三年计划任务完成，基本建成适应现代治理能力的规章制度体系。

**【重大项目】** 2022年，集团公司54箭157星（船/器）的宇航发射任务圆满完成，年发射次数和入轨总重量创历史新高。6次载人航天发射任务和2次返回任务圆满成功，中国空间站全面建成。祝融号火星车在火星表面行走近2000米，创造我国行星车地外天体行走新纪录。空间站应用与发展工程、探月工程四期、行星探测工程正式启动，卫星互联网系统启动建设。载人月球探测、重型火箭等关深阶段研制顺利完成，为加快建设航天强国奠定重要基础。陆地生态系统碳监测卫星等8型9星民用空间基础设施完成建设，有力支撑国民经济发展和社会生产生活。完成北京2022年冬奥会和冬残奥会开闭幕式技术保障任务，展示中央企业的责任担当。

2022年，集团公司加快推动重大投融资项目实施。乐凯新材发行股份购买川南能源、航天模塑资产并募集配套资金项目完成国务院国资委预核准和评估备案，策划发行证券约50亿元；中国卫通完成非公开发行股票再融资项目，募集资金21.54亿元；神软公司科创板上市方案获得上海证券交易所受理，策划上市融资5.5亿元，集团公司市场化配置资源能力持续增强，有力支撑产业发展。

强化产业发展战略引领，推动产业高质量发展。围绕卫星应用、无人机、膜材料、氢能等8个重点方向，以及长三角地区等3个重点区域，组织开展“8+3”战略研究及投资论证。围绕“一稳、两抓、六推进”重要举措，集中资源打造“航天+信息化+”产业发展“领头雁”，促进产业良性发展。加强培育产业创新发展动能，商业遥感卫星系统基础数据供给能力显著提升，天地一体化生态环境监测系统实现复制推广，国内领先地位进一步巩固；实现环保焚烧技术在大型央企炼化项目中的重要突破，打破国外企业对大型环保焚烧领域长期垄断的“卡脖子”局面；氢能应用关键装备实现国产化替代，积极开展氢液化工厂、加氢站、氢气泄漏检测等一系列市场化应用合作；成功研制直径3米新能源锂电铜箔核心装备阴极辊，再次填补国内行业技术空白；ECMO（体外膜肺氧合机）获批上市，为疫情防控作出积极贡献，填补该领域国内空白，为加快补齐我国高端医疗装备短板，实现高端医疗装备自主可控贡献力量。

**【走向海外】** 2022年，集团公司以高端产品出口和国际合作为抓手，持续推动国内国际双循环相互促进。大力推动遥感卫星、通信卫星等高端宇航产品出口，深化国际用户合作关系，成功拓展多项国际市场领域。成功举办“无人装备日”市场推介活动，有力扩展中国航天装备在用户中的影响力。进一步推动航天技术应用产业国际化高质量发展，组织开展集团公司航天技术应用产业与航天服务业国际化经营分析，按照卫星应用产业、电子信息与智慧产业等5个分类编制中英文两业国际适销产品手册。2022年航天技术应用产业国际化收入比上年增长9.9%。

集团公司加快推动标准国际化。集团公司主导制定的ISO 10813-4《振动台选择指南　第四部分：多轴振动环境试验设备》、ISO 21442《航天系统——控制工程通用要求》、ISO 23312《航天系统——航天器空间碎片减缓详细要求》、ISO 24477《真空技术　真空计　磁悬浮转子真空计的规范、校准和测量不确定度》等4项国际标准获批发布。截至2021年底，集团公司主导制定的国际标准37项，其中正式发布27项。

**【重大创新】** 2022年，集团公司加快推动科技创新引领，持续完善科技创新体系，优化创新项目管理，加大科技创新投入，推动科技成果转化，为实现航天科技更高水平自立自强持续努力。一是持续优化航天科技创新体系建设，中国航天科技创新研究院揭牌成立，集团公司科技创新体系进一步得到完善。完成对交通感知雷达技术研发中心等4个集团级民用或军民共用研发中心的试运行情况评估并转入正式运行，进一步健全民用产业技术创新体系。二是核心重要关键技术取得突破，完成亚轨道运载器的首次重复使用飞行，有力推动我国航天运输技术由一次性使用向重复使用的跨越式发展。500吨级液氧煤油发动机、130吨级可重复液氧煤油发动机整机试车均取得圆满成功，液体、固体动力支撑航天强国建设跃上新台阶。三是知识产权与科技成果管理成绩显著。累计专利申请量突破8.7万件，累计有效发明专利突破3.1万件，再创新高。航天技术自主创新水平实现更大跨越。

**【党建工作】** 2022年，集团公司深入推进党的建设伟大工程，全面从严治党向纵深推进。一是旗帜鲜明讲政治。以政治建设为统领，建立健全贯彻落实习近平总书记重要指示批示工作机制，严格落实“第一议题”制度和“回头看”督促检查机制。深入学习宣传贯彻党的二十大精神，持续用习近平新时代中国特色社会主义思想凝心铸魂，不断用党的创新理论统一思想、统一意志、统一行动。二是不断提升党的建设能力水平。层层压紧压实党建工作责任，更加突出围绕中心、服务大局的鲜明导向，以高质量党建引领助推保障高质量发展。推动意识形态工作落细落实，持续弘扬航天系列精神，提升新闻宣传的传播力影响力，不断夯实航天强国建设的思想和文化基石。三是持续深化党风廉政建设和“三不腐”一体推进。常态化开展政治监督，着力破解“一把手”监督和同级监督难题。坚持依规依纪依法完成线索处置，持续深化“四种形态”运用机制。充分发挥巡视利剑作用，实现巡视“回头看”全覆盖和全级次巡察全覆盖的收官。

**【信息化与数字化建设】** 2022年，集团公司积极推进数字航天建设，加快实施管理与科研数字化转型，持续提升企业数字化、网络化、智能化水平。一是信息化顶层设计和统筹管理能力加强。明确以科研生产数字化转型、经营管理信息化提升、新基建与网络安全体系建设为核心内容的信息化建设总体架构。发布《集团公司信息化能力与水平评价分析报告(2021年度)》，对集团公司信息化整体能力与水平、信息系统成熟度、薄弱环节进行系统评价。二是管理信息化提升工程三年行动计划全面收官。财务金融、人力资源、固定资产、主数据、统一门户、移动应用平台、商密网等15个项目上线应用；17个升级完善类项目基本完成建设，通过全级次应用大幅提升业务工作效率和数据管控能力，三年行动计划收官。三是科研生产数字化转型工作不断深入。完成“科研生产数字化转型专项行动计划”论证，开展新型数字化协同研制平台研发，支撑型号研制实现规划论证、研发设计、生产制造、试验测试和服务保障等活动的数字化开展和全方位协同。深入推进MBSE、数字孪生技术在型号/产品中的应用，有效提高型号立项、研发设计的质量与效率。

**【履行社会责任】** 2022年，集团公司全面落实习近平总书记关于乡村振兴工作重要指示和党中央、国务院总体部署，按照国务院国资委关于定点帮扶工作的相关要求，加大资源投入，深化帮扶举措，高质量完成在陕西省洋县、太白县，河北省涞源县的年度定点帮扶工作。集团公司领导深入一线对帮扶工作推进和责任落实情况进行督导，确保帮扶项目取得实效，切实履行各项帮扶职责。全年集团公司投入定点帮扶资金2000万元，选派6名挂职帮扶干部和驻村第一书记投身帮扶工作，培训县乡村基层干部和专业技术人员1399人次，完成消费帮扶2765万元，通过组织实施21个帮扶项目，全面支持帮扶县乡村特色产业发展壮大，促进脱贫人口稳定就业，改善脱贫地区基础设施条件，分层分类实施社会救助，推动定点帮扶再上新台阶，为早日实现乡村振兴战略目标持续贡献航天力量。

积极主动落实上级要求，将高标准完成全年安播保障任务作为头等大事，狠抓关键环节，强化责任落实，建立协调联动的工作机制，组织开展迎接党的二十大安播工作检查与应急预案演练等专项活动，全面落实重保期工作要求，持续把工作做实做细，确保北京冬奥会、冬残奥会、国庆等重要时段广播电视安全播出，完成党的二十大安播保障任务。

（撰稿人：张海磊）

# 中国航天科工集团有限公司

**【基本概况】** 中国航天科工集团有限公司（以下简称航天科工）是我国航天事业和国防科技工业的中坚力量，航天强国建设和国防武器装备建设的主力军，中国工业信息化发展的领军企业。2022年，航天科工以习近平新时代中国特色社会主义思想为指导，全面贯彻党的二十大精神，坚决落实习近平总书记重要指示批示精神和党中央、国务院、中央军委决策部署，聚焦主责主业，突出强军首责，坚持高质量发展，向着建设世界一流航天防务集团公司目标阔步前进。

**【主要指标】** 2022年，航天科工实现净利润167.49亿元，比上年增长0.84%；利润总额182.93亿元，比上年下降1.33%；营业收入利润率7.26%。获中央企业董事会评价“优秀”，获评中央企业负责人年度和任期经营业绩、党建责任制、改革三年行动4项考核A级，获评任期“业绩优秀企业”“科技创新突出贡献企业”；居《财富》“世界500强”第341位、世界军工百强第14位。

**表1　2022年中国航天科工集团有限公司主要经济指标**

| 项　目 | 2021年 | 2022年 | 比上年增长（%） |
|---|---|---|---|
| 资产总额（亿元） | 5073.24 | 5184.61 | 2.20 |
| 所有者权益（亿元） | 2151.66 | 2307.18 | 7.23 |
| 营业收入（亿元） | 2635.25 | 2513.88 | —4.61 |
| 利润总额（亿元） | 185.39 | 182.93 | —1.33 |
| 净利润（亿元） | 166.09 | 167.49 | 0.84 |
| 归属于母公司所有者的净利润（亿元） | 135.98 | 145.76 | 7.19 |
| 利税总额（亿元） | 218.88 | 240.71 | 9.97 |
| 应交税金总额（亿元） | 55.13 | 76.84 | 39.38 |
| 全员劳动生产率[万元/（人·年）] | 42.91 | 45.85 | 6.85 |
| 净资产收益率（%） | 8.27 | 7.51 | 减少0.76个百分点 |
| 总资产报酬率（%） | 4.36 | 3.71 | 减少0.65个百分点 |
| 国有资本保值增值率（%） | 108.86 | 108.32 | 减少0.54个百分点 |

**【改革发展】** 2022年，航天科工全面贯彻落实党中央、国务院和国务院国资委等关于国企改革三年行动的决策部署，如期完成改革三年行动73项任务，“双百企业”“科改示范企业”获评国务院国资委“标杆”“优秀”，三项制度改革成效获评央企“一级”。积极稳妥推进资源优化配置，组建集团公司档案馆、新闻中心并挂牌运行。培训疗养机构改革按批复全面实施。中国特色国有企业现代公司治理不断完善，子企业董事会应建尽建和外部董事占多数比例均保持100%，重要子企业全面落实董事会职权、具备条件子企业差异化落实董事会职权，集团选派外部董事监事全部专职化，各级子企业与经理层成员签订聘任协议和业绩合同户数、人数比例均保持100%，319户子企业建立董事会向经理层授权制度；实施中长期激励企业数比上年增长167%，覆盖人数比上年增长130%，企业活力效率进一步提升。

**【重大项目】** 2022年，航天科工成功设立航天智能院、航天科保等11个新平台，实现股权投资50.69

亿元；以市场化方式完成火箭公司、空间公司对外融资23.86亿元，巩固拓展商业航天领军地位；聚焦主责主业实现社会化融资50.6亿元，支撑优势产业快速发展。宏华集团战略重组至东方电气，实现合作共赢。混合所有制改革试点全面完成，社会引资37.23亿元。制定《高质量提升资产证券化水平指导意见》《提高上市公司质量工作方案》，促进上市公司发展质量提高。航天南湖首发上市获上海证券交易所审核通过，实现科创板设立以来集团公司首单关键性突破。

**【走向海外】** 2022年，航天科工积极克服不稳定不确定的国际局势和严峻复杂的境外疫情、暴恐袭击等不利影响，抢抓重点国家和地区发展新机遇，圆满完成境外市场推介、签约、验收、靶试等任务，多个国际化经营重点项目取得重大进展，国际化经营收入比上年增长3.98%。以《军贸高质量发展行动方案》为引领，军贸签约创历史新高，军贸业务跨入加速发展新阶段。积极服务"一带一路"建设，面向重点国际市场实现优势民用产品出口三连增，激光装备、工业基础件出口分别比上年增长35.9%、16%。安检设备中标牙买加援外项目，成功实现经援主渠道批量出口。跨境电子政务信息系统系列项目高质量履约，积极推进粤港澳大湾区融通建设与"一带一路"走深走实。进博会签约规模持续增长，珠海航展首次推出反无人机体系、首次设置专业技术能力展区，获得国家领导人高度肯定。

**【重大创新】** 2022年，航天科工持续推进高水平科技自立自强，创新体系和创新制度进一步完善。修订印发集团公司自主创新、科技成果转化、科技创新平台等多项管理规章，成体系完善集团公司创新制度。航天科工实验室挂牌试运行，复杂产品智能制造全国重点实验室获批，6个国防科技重点实验室立项，36个集团级创新平台完成组建。成功举办第二届战略科技创新前沿论坛。首次设立集团公司科技奖，授奖149项。首次获得军事技术发明一等奖，再次获得中国专利金奖，获得省部级科技奖60余项，其中特等奖1项。累计有效专利3.8万件，其中发明专利2.5万件。获评国务院国资委某工程"优秀组织单位"，5个团队、10名个人获突出贡献表彰。

**【党建工作】** 2022年，航天科工以习近平新时代中国特色社会主义思想为指导，深入学习贯彻党的二十大精神，全体干部职工坚决捍卫"两个确立"，增强"四个意识"、坚定"四个自信"、做到"两个维护"的思想自觉、政治自觉和行动自觉明显提高。一是迎接和学习宣传贯彻党的二十大各项工作有序推进。高质量完成党的二十大代表候选人推荐提名工作，3人当选并忠实履职。开展"建功新时代、喜迎二十大"系列主题活动和主题党日，系统推进主题教育，重磅发布新时代十年改革发展纪实文章。党的二十大胜利闭幕后，党组迅速召开扩大会传达学习，部署学习宣传贯彻任务，高质量开展集体学习、专题研讨、辅导培训，党组主要领导讲授第一课，党组成员赴基层宣讲，各级党组织开展形式多样的学习宣传活动，兴起学习宣传贯彻热潮。二是党的领导党的建设不断走深走实。严格执行"第一议题"制度，贯彻落实习近平总书记重要指示批示和党中央决策部署机制更加完善。出台《以高质量党建引领高质量发展指导意见》《深化"六大工程" 打造党建"铸剑"品牌实施方案》。坚持推进党建工作和科研生产经营深度融合，加强混合所有制企业党建工作，实施基层党支部书记综合素养和履职能力提升专项行动。大力弘扬伟大建党精神，传承航天精神，加强企业文化建设，宣传思想工作迈上新台阶。统战群团工作扎实开展，"青马工程"和青年精神素养提升经验在全国推广。三是干部队伍建设呈现新气象。强化干部队伍建设统筹谋划，编制年度计划，逐月研判干部队伍结构，中组部反馈的干部队伍统筹谋划满意度比上年增加8.9个百分点。总部部门和二级单位班子中45岁左右的占35.5%，二级单位班子中交流任职占66%。细化"一把手"和领导班子监督事项，全级次建立关键岗位细目，常态化排查2万余名关键岗位人员亲属经商行为。党组管理干部和优秀年轻干部轮训实现全覆盖。四是正风肃纪反腐持续发力。深入开展贯彻落实习近平总书记重要指示批示"回头看"专项监督，督促整改问题15项。中央巡视整改和军地联合监督检查反馈问题整改任务高质量完成。开展突出问题专项监督等18项监督检查，推动制（修）订相关制度173项。党组2018—2022年巡视规划和新一轮巡视工作全面完成，首次巡视总部，实现党组巡视、整改检查及“回头看”两个“全覆盖”。锲而不舍落实中央八项规定精神，保持执纪执法力度和反腐败高压态势，全系统处置问题线索457件，立案66件，给予党纪政务处分85人、组织措施260人，留置2人，挽回经济损失1706.1万元。创新运用“查析改治”机制，一体推进“三不腐”，精准提出纪检监察建议133项，促进更多监督成果转化为治理效能。出台意见加强新时代廉洁文化建设，18.7万余人次参加廉洁教育2900余场。保障监督体系和反腐败协调机制高效运行，“大监督”格局日益完善。

**【信息化与数字化建设】** 2022年是航天科工数字航天建设全面发力、积厚成势的一年，完成智慧企业平台和企业大脑三级单位应用覆盖、智能制造应用能力提升、网络性能提升和数据中心布局优化、“航天云”平台上线等年度景象目标。构建“1个信息中心+7个技术分中心”的技术支撑模式。以数字航天重点项目为牵引，完成37个集团级重点项目、270余个院所级项目年度建设任务。推进国家信息化和工业化融合管理体系贯标，50余家单位达到领域级（L3级）水平。强化系统建设的集团级统筹推进，完成科研生产、质量管理等9个集团级系统（子系统）上线运行，商密网移动工作平台“航天MOA”和公文等常用App在总部上线运行，业务数字化覆盖率超过75%。300余家单位将ERP作为核心系统，开展采购、销售、生产、项目、财务等核心业务管理，其中90%以上的单位实现业财一体化。制定集团级主数据标准3项，累计发布主数据255.62万条，比上年增长17.5%，各单位主数据贯标率超过90%。构建并动态维护数据资源体系，归集财务、风险监控等数据2亿余条，为相关业务领域提供丰富的数据资源，数据共享利用更加充分。入选工业和信息化部工业软件创新合作中心理事单位，承办首届国防科技工业“春雷杯”大型工业软件比赛，自主研发的MBSE软件作为大赛唯一指定软件。3款App获评工业和信息化部工业互联网App优秀解决方案。INDICS平台获得全国质量奖卓越项目奖，并作为军工行业唯一平台入选国务院国资委第一批中央企业行业领域公有云。

**【履行社会责任】** 2022年，航天科工始终坚持“地方所需，航天所能”，扛牢扛实巩固拓展脱贫攻坚成果与乡村振兴有效衔接的政治责任。2022年创新提出“规划引领、资金保障、项目支撑”的工作模式，发布《2023—2025年乡村振兴工作实施方案》，印发定点帮扶资金三年捐赠计划。快速完成职能调整和工作衔接，22个帮扶项目全面完成验收。全面完成资金投入、消费帮扶等国家乡村振兴局、国务院国资委重点考核任务，投入1789万元助力定点帮扶区县发展，无偿帮扶资金比上年提升51%，解决1024万元农产品销售问题，震灾捐款2000万元。与全国妇联及中国儿童少年基金会面向昆明东川区、曲靖富源县携手启动航天·筑梦“春蕾计划”公益项目，实施求学圆梦、女童科技素养提升、社会实践、牵手成长4个专项行动，打造国家级公益品牌，助力国家乡村振兴战略落地实施。在2022年度中央单位定点帮扶工作成效考核评价中获评“好”。

（撰稿人：袁晓健）

# 中国航空工业集团有限公司

**【基本概况】** 2022年，中国航空工业集团有限公司（以下简称航空工业集团）坚决贯彻习近平总书记重要指示批示精神和党中央、国务院决策部署，强力推进重大项目、着力赋能改革创新、不断增强发展动能，科研生产水平再创历史新高，安全生产态势向好，全面完成年度各项经营工作。

**【主要指标】** 2022年，航空工业集团实现净利润189.33亿元，比上年增长11.82%；利润总额231.75亿元，比上年增长7.12%。营业收入5550.62亿元，比上年增长6.94%。全员劳动生产率40.85万元/（人·年），比上年增长17.66%。

**表1　2022年中国航空工业集团有限公司主要经济指标**

| 项　目 | 2021年 | 2022年 | 比上年增长（%） |
|---|---|---|---|
| 资产总额（亿元） | 12383.23 | 12796.18 | 3.33 |
| 所有者权益（亿元） | 3973.87 | 4140.35 | 4.19 |

续表

| 项　目 | 2021 年 | 2022 年 | 比上年增长(%) |
|---|---|---|---|
| 营业收入(亿元) | 5190.36 | 5550.62 | 6.94 |
| 利润总额(亿元) | 216.35 | 231.75 | 7.12 |
| 净利润(亿元) | 169.32 | 189.33 | 11.82 |
| 归属于母公司所有者的净利润(亿元) | 55.16 | 102.78 | 86.33 |
| 技术开发投入(亿元) | 437.27 | 486.71 | 11.31 |
| 利税总额(亿元) | 395.25 | 526.28 | 33.15 |
| 应交税金总额(亿元) | 178.91 | 294.53 | 64.63 |
| 全员劳动生产率[万元/(人·年)] | 34.72 | 40.85 | 17.66 |
| 净资产收益率(%) | 4.36 | 4.71 | 增加 0.35 个百分点 |
| 总资产报酬率(%) | 2.39 | 2.32 | 减少 0.07 个百分点 |
| 国有资本保值增值率(%) | 104.54 | 105.11 | 增加 0.57 个百分点 |

**【改革发展】** 2022 年，航空工业集团高质量完成总部 7 个方面 111 项国企改革三年行动任务和二级单位 2230 项改革任务，党的领导党的建设得到根本性加强，中国特色现代企业制度更加完善，科技创新能力不断增强，航空产业布局结构实现整体优化，三项制度改革更大范围走深走实，企业核心竞争力和服务国家战略核心功能作用更加显著，为加快建设世界一流航空企业、如期实现建军百年奋斗目标提供强有力的支撑。

积极稳妥深化混合所有制改革。一是确定 17 家 2022 年混合所有制改革名单企业，持续加强顶层设计和整体规划管理。坚持"三因三宜三不"原则，按照完善治理、强化激励、突出主业、提高效率的要求，不断完善混合所有制改革思路、指导意见和操作手册。二是分类分层，稳妥有序推动混合所有制改革。2022 年，先后完成翔腾微电子、科泰克、新能源投资和中航红外 4 家公司混合所有制改革方案的批复；翔腾微电子、新能源投资和埃微航电完成混合所有制改革主体工作；安吉精铸完成第三轮融资。截至 2022 年底，近 30 家企业按照混合所有制改革政策和程序实施混合所有制改革，累计融资 190 多亿元。三是转换体制机制，提高国有资本配置效率。一些企业通过开展混合所有制改革，引入社会资本，优化治理结构，转换经营机制，总体上取得积极成效。中无人机于 2022 年 6 月 29 日在科创板成功 IPO 上市，企业效益明显提升。

坚持示范引领，国企改革"双百行动"、"科改示范行动"专项工程改革成效明显。一是关键性改革率先取得实质性突破。"双百企业""科改示范企业"率先完成董事会应建尽建、配齐建强、落实董事会职权、健全市场化经营机制等重点改革任务。二是"双百企业"实现"五突破一加强"，通飞、机载两家"双百企业"在国务院国资委 2022 年专项考核中获评"标杆"，中航国际获评"优秀"。三是"科改示范企业"大胆探索、锐意创新，推动核心关键技术取得突破。成飞、中航光电在 2022 年国务院国资委专项考核中获评"标杆"，凯天、洪都获评"优秀"。

进一步提升劳动、人事和分配三项制度改革效能。将"能上能下、能进能出、能高能低"融入干部管理、劳动用工、薪酬分配等工作，持续巩固改革成果，完善薪酬激励机制，提高市场化用工水平。2022 年，航空工业集团在国务院国资委中央企业三项制度改革评估中获得一级(A 类)，在国务院国资委"经理层成员任期制和契约化管理"专项考核排名位于前列。

**【重大项目】** 2022 年，航空武器装备科研生产加速向战斗力转化。多型装备批复立项，装备研制创新提速；构建高水平均衡生产，交付数量再创新高；聚焦维修业务拓展，培养新机维修能力；紧贴部队备战打仗，升级服务提升完好率。

全面完成 10 型民用航空器研制，航空应急救援四大装备体系建设取得重大进展。实现 AG600M、AC313A、AC332 等 3 型机首飞，AC352、AG50、HO300、AG100 等 4 型机取证。AG600M 完成"3 架机总装、3 架机首飞、三大类试验及 12 吨投汲水试验"年度任务。支撑 C919 成功取证，按期完成 ARJ21 飞机大部件批产交付任务。

**【走向海外】** 2022 年，航空工业集团稳妥应对各类风险挑战，境外完成投资总额 4.26 亿元，占总投资的1.05%。其中，固定资产投资项目5项，完成投资2.03亿元；股权投资项目3项，完成投资2.23亿元。2022年无海外收购与并购投资项目。联合天津市完成空客中国第二条A320总装线框架协议谈判，推动扩大工业合作。国际转包项目研制和交付全面满足客户需求。制定并实施《"空中丝路"计划行动方案》；持续做好航空装备海外交付和运营保障，马拉维2架新舟600交付；安哥拉新国际机场等区域航空枢纽项目进展顺利，埃及斋月十日城铁路建成通车，着力推进一批互联互通重点工程。服务国家战略，发布进一步加快军贸发展的党组决定和行动纲要，航空军贸市场开拓再创新高，全年出口交付额首次突破20亿美元。

**【重大创新】** 2022年，航空工业集团坚决贯彻落实国家创新驱动发展战略，持续落实《关于践行集团战略加快构建新时代航空强国"领先创新力"的决定》。召开新时代以来首次航空工业科技创新大会，总结新时代10年航空科技创新跨越实践，提出航空科技创新奋斗目标，部署未来5年重点任务，发布"航空工业科技创新五大行动"，是航空科技创新工作的里程碑。航空科技国家战略力量不断强化，强力推动航空科技创新体系建设，不断打造航空领衔的原创技术策源地，以国家高端航空装备技术创新中心为代表的一批国家级创新平台建设取得实质性突破。跨代装备及核心关键技术有效突破，新兴前沿技术赋能航空装备，高质量完成"1025专项"一期任务。专利质量国资委排名位列军工集团第一。获得2019—2021年任期中央企业"科技创新突出贡献企业"第二名。持续推进"科技+金融"政策落地，实施科技成果转化项目激励取得显著成效。

**【党建工作】** 2022年，航空工业集团抓牢抓实"大党建"。坚持典型带动，开展基层党建"示范·引领"专项工作。启动"1122"党建工作体系升级，全面修订党建工作考核评价办法，研究建立党建与业务"双融双促"制度机制。开展全面党建考核、党组织书记抓基层党建述职评议考核。召开党外代表人士座谈会，在军工央企中率先规范建立集团工会，开展青年精神素养提升工程。在国务院国资委年度党建考核中获评A级。

融合开展"大宣传"。深入学习宣传贯彻落实党的二十大精神，党组理论学习中心组第一时间开展集体学习，党组成员组成宣讲团赴各片区单位宣讲。深入学习贯彻习近平总书记给沈飞"罗阳青年突击队"回信精神。始终坚持党管意识形态，全面落实意识形态工作责任制。创新构建新闻宣传新模式，新媒体综合传播力稳居军工央企前列。

深入推进"大文化"。印发党组《关于加强先进文化力建设的决定》。聚焦装备发展和科技创新加大表彰和宣传力度。开展落实习近平总书记对罗阳同志因公殉职批示十周年系列活动。加强航空工业历史博物馆等航空文化地标建设，打造音乐剧《天蓝海蓝》等系列文化精品。成立航空工业集团品牌中心，发布军民机产品品牌命名规则，组织珠海航展等国内外展览展示。发布航史"十四五"规划，启动企事业单位史续编。

深入推进党风廉政建设和反腐败工作。扎实开展落实全面从严治党主体责任、推进党风廉政建设和反腐败工作约谈提醒，深入开展整治形式主义为基层减负工作，对照问题逐一分析研究并制定改进措施；严格落实《中共中央关于加强对"一把手"和领导班子监督的意见》，结合实际持续修订完善贯彻落实措施，切实加强对"一把手"和领导班子的监督实效。

中央巡视整改和巡视巡察不断强化。深化中央巡视整改，209项整改措施按时间节点全部落实。加强政治巡视巡察，开展常规巡视和巡视整改监督检查，实现巡视巡察和巡视整改监督检查"两个全覆盖"。完善制度，迭代升级"1121"巡视巡察工作体系。召开航空工业集团巡视巡察工作会议，总结经验，对未来5年工作作出规划和部署。

**【信息化与数字化建设】** 2022年，航空工业集团深入实施《航空工业集团"十四五"数字航空规划》，加快数字航空建设，形成航空工业集团数字航空领先实施示范，探索"应用上云、云上开发、云上运维"新模式，形成13个应用系统上云和数字航空典型能力示范；强化组织管理，成立"数字化转型办公室"，依托数字航空联盟，促进形成数字航空创新共建生态。提升网络应用安全防护能力，加强网络安全工作战略谋划和顶层设计，保障航空工业关键信息基础设施运行安全;扎实推进数据安全保护,降低网络安全风险。

**【履行社会责任】** 2022年,航空工业集团持续加强社会责任管理,发布《2021年航空工业集团社会责任报告》,建立常态化社会责任披露渠道,树立担当、负责的军工央企形象。持续做好乡村振兴工作,形成航空工业帮扶品牌,乡村振兴考核评价位列第一等次。开展对外捐赠审核备案,规范社会捐赠决策程序,指导全集团有效开展社会捐赠活动。组织开展河南水灾、四川地震专项捐赠。积极落实"工装援疆""央企进藏"等专项工作。推动"爱心·航空"公益品牌落地落实,重点打造提升"蓝粉笔""蓝天梦想"公益品牌知名度,积极向国务院国资委等上级机关报送推荐、分享交流。参与ESG工作体系标准制定,联合主办ESG中国论坛夏季峰会,航空工业集团成为ESG中央企业联盟单位,为军工央企第一家。

(撰稿人:王　恒)

## 中国船舶集团有限公司

**【基本概况】** 中国船舶集团有限公司(以下简称中国船舶集团)是按照党中央、国务院决策部署,由原中国船舶工业集团有限公司和原中国船舶重工集团有限公司于2019年11月联合重组成立的特大型国有企业,注册资本金1100亿元,主要从事海洋防务装备产业、船舶海工装备产业、科技应用产业和船海服务业。中国船舶集团作为新中国船舶事业的奠基者和引领者,在中国共产党的坚强领导下,伴随中国特色社会主义的蓬勃发展以及国家经济管理体制改革和对外开放的不断深化,先后经历重工业部船舶工业局、一机部船舶工业管理局、一机部第九工业管理局、三机部第九工业管理总局、第六机械工业部、中国船舶工业总公司、中国船舶工业集团和中国船舶重工集团等发展阶段;2021年12月,贯彻落实党中央、国务院决策部署,中国船舶集团总部从北京迁驻上海。截至2022年底,中国船舶集团拥有研发机构34家、国家级创新平台64家、上市公司12家以及境外单位56家,平均从业人员21.6万人。

中国船舶集团集中海军武器装备及船舶海工领域最具竞争优势的资源和力量,是我国海军武器装备建设和船舶工业发展的主力军;研制交付一大批海军主战装备,持续推进我国海军武器装备跨代跃升,为我国海军转型发展提供有力支撑;能够设计、建造符合全球船级社规范、满足国际通用技术标准和安全公约要求的各种船舶和海工装备;有效发挥装备制造优势,形成动力装备、机电装备、电子信息与智能装备、环境工程、新能源、新材料、医疗健康等应用产业和金融、投资、贸易、物流等船海服务业产业方向,打造"海装风电""风帆蓄电池""双瑞钛材"等众多行业知名品牌。

**【主要指标】** 2022年,中国船舶集团坚决贯彻党中央、国务院决策部署,一体落实"疫情要防住、经济要稳住、发展要安全"各项要求,经济效益再创历史新高。2022年,实现营业收入比上年增长1.36%,利润总额比上年增长0.33%,净利润比上年增长0.52%,经济效益再创历史新高。新接订单和手持订单全球市场份额均超过20%,居世界第一。应用产业实现营业收入再次突破1000亿元。船海服务业基本建成船舶物资采购交易管理新体系,节支率超过2%,不断赋能实业发展,对稳增长发挥重要作用。

**【改革发展】** 2022年,中国船舶集团一体推进重组整合与国企改革三年行动,全面深化改革成效明显。国企改革三年行动全面收官。重组整合加快推进,深入推进重庆、大连等地区公司区域化整合实体化改革。资产结构持续优化,实现市场化融资筹措资金83亿元;制定实施提高上市公司质量工作方案和加强平台型上市公司规范管理工作方案,开展低效无效资产处置及参股股权清理退出。三项制度改革成效显著,各级成员单位实现任期制和契约化管理全覆盖;全员劳动生产率增长13.4%,新实施中长期激励方案15个,出台工资总额"稳增长特别奖励",干部职工推动高质量发展的积极性主动性创造性不断提升。

**【重大项目】** 2022年,中国船舶集团坚持以推进重大项目建设为牵引,夯实发展后劲。6月17日,我国首艘弹射型航空母舰福建舰下水命名。船舶海工装备产业方面,大中型集装箱船、大型液化天然气船(LNG船)、超大型油船(VLCC)、汽车滚装船(PCTC)

等重点船型生产建造工作有序开展。应用产业方面，哈密十三间房100万千瓦风储一体化示范项目获得核准；完成蓝色海洋经济综合体总体方案研究，示范项目在葫芦岛、青岛落地；低温真空泵等11个项目打破国外垄断，全球首台单体产氢量2000立方米水电解制氢装备、18兆瓦海上风电机组等下线，10兆瓦海上风机批量装机，6兆瓦浮式风机实现示范应用。

**【走向海外】** 2022年，中国船舶集团积极开拓国际军贸市场，自主研制的高端海洋防务装备远销亚洲、非洲、拉美等国家；践行“一带一路”倡议，多个项目在“一带一路”沿线国家落地生效，各类产品出口到五大洲150多个国家和地区。中国船舶集团建造出口的潜艇、护卫舰、船坞登陆舰等军贸产品进展顺利；不断加大开放力度，利用参加国际展会、产品推介等方式，积极开展全方位的国际交流与合作，不断加强与三井、芬坎蒂尼、马士基、西门子、曼恩、瓦锡兰、麦基嘉等国外专业公司合资合作。

**【重大创新】** 2022年，中国船舶集团突出创新引领、聚合创新资源，推动关键领域锻长板补短板取得丰硕成果。国产首艘大型邮轮实现主发电机动车重大节点，天然气水合物钻采船实现下水；30万吨LNG双燃料动力超大型油船、20.9万吨纽卡斯尔型LNG双燃料动力散货船、4.99万吨甲醇双燃料动力化学品/成品油船等低碳动力船舶完工交付；大型集装箱船、汽车滚装船(PCTC)等全球市场份额领先，承接大型LNG船全球市场份额25.2%、实现历史性突破；油船、散货船、集装箱船、气体船空船重量平均降低1%～3%，油耗/气耗平均降低5%～9%，市场竞争力明显提升。自主研发的LNG燃气供气系统获批量订单，燃气轮机实现批量出口重大突破，500千瓦燃料电池系统完成船级社取证并实现交付。10万吨级智慧渔业大型养殖工船、第四代自升式风电安装船等海工装备实现交付，首套国产深水采油树在“南海七号”钻井平台完成安装。

**【党建工作】** 2022年，中国船舶集团把抓党建强党建放在突出重要位置，不断增强贯彻落实党中央重大决策部署的政治自觉和行动自觉。迎接和学习宣传贯彻党的二十大各项工作扎实开展。党建工作质量不断提升，党建质量提升三年行动实现收官，党建基础问题清零行动深入开展。干部人才队伍建设稳步推进，推进国家卓越工程师培养改革试点，新增国家万人计划科技领军人才1人、青年拔尖人才4人。党风廉政建设和反腐败工作持续深化。坚持“三不”一体推进。强化巡视整改监督和成果运用。

**【信息化与数字化建设】** 2022年，中国船舶集团持续加快推进信息化基础建设。编制实施“数智中船”信息化体系建设工程实施方案；积极推进厂所协同数字化研发设计平台建设应用。江南造船围绕重大装备数字化制造关键点开展攻关研究，研发形成“装、焊、检”一体化先进工艺装备群，实现产品制造工艺全过程升级。黄埔文冲中组立焊接机器人成功实现船体中组立构件的多机器人协同、自动连续焊接，并在行业内首次用于实船建造，整体技术处于国内先进水平。上海船舶工艺研究所开展船舶总装建造数字化提升技术研究，国内首次完成数字化船厂成熟度评价体系构建；围绕曲面分段拼板焊接、纵骨焊接、肋板焊接3个关键工艺环节，开展焊缝路径智能规划、智能焊接装备的自适应控制技术等技术攻关。

**【履行社会责任】** 2022年，中国船舶集团认真履行央企社会责任。持续扎实开展对云南省鹤庆县、勐腊县、丘北县的定点帮扶工作，投入无偿帮扶资金6019.2万元，引进帮扶资金207.3万元，招商引资4238万元，购买农副产品6995.5万元、帮助销售农副产品5490万元，实施帮扶项目46个，持续支持三县巩固拓展脱贫成果、加快推进乡村振兴。积极支持抗疫，面对2022年3月上海疫情，组建工作专班，捐物资、建方舱，助力打赢大上海保卫战。热心公益慈善，鼓励员工参加志愿者活动，关心关爱弱势群体，共建温暖和谐社区。

（撰稿人：郑礼建）

## 中国兵器工业集团有限公司

**【基本概况】** 2022年，中国兵器工业集团有限公司(以下简称兵器工业集团)坚持以习近平新时代中国特色社会主义思想为指导，深入学习贯彻习近平总书记重要指示批示精神，坚决落实党中央、国务院和中央军委决策部署，全面落实“疫情要防住、经济要稳住、发展要安全”的要求，坚持政治引领，牢记“国之大者”，坚持稳中求进，完整、准确、全面贯彻新发展理念，深入实施“1＋5”战略，坚持自立自强，突破核心关键技术，各项工作取得可喜成绩，连续19个年度、6个任期获评中央企业经营业绩考核A级。国企改革三年行动圆满收官，连续两年被国务院国资委评为中央企业改革三年行动重点任务考核A级企业。国际化经营取得新进展，持续巩固我国军贸行业“排头兵”地位，在全球73个国家和地区设立144家境外分子公司和代表处。在《财富》“世界500强”排名第136位。

**【主要指标】** 2022年，兵器工业集团整体规模、经济效益呈稳中有进、稳中向好的发展态势，实现营业收入5562.28亿元，利润总额240.76亿元，营业收入与利润总额均创历史新高，全员劳动生产率、技术开发投入等指标显著增长，发展质量不断提升、动能不断增强，国有资本持续稳定增值，全面完成提质增效稳增长任务。

**表1 2022年中国兵器工业集团有限公司主要经济指标**

| 项　目 | 2021年 | 2022年 | 比上年增长(%) |
|---|---|---|---|
| 资产总额(亿元) | 4861.21 | 5197.39 | 6.92 |
| 所有者权益(亿元) | 1988.48 | 2146.37 | 7.94 |
| 营业收入(亿元) | 5271.55 | 5562.28 | 5.52 |
| 利润总额(亿元) | 226.15 | 240.76 | 6.46 |
| 净利润(亿元) | 178.22 | 189.61 | 6.39 |
| 归属于母公司所有者的净利润(亿元) | 112.34 | 120.30 | 7.09 |
| 技术开发投入(亿元) | 200.87 | 226.35 | 12.68 |
| 利税总额(亿元) | 322.18 | 361.42 | 12.18 |
| 应交税金总额(亿元) | 121.50 | 141.91 | 16.80 |
| 全员劳动生产率[万元/(人·年)] | 31.63 | 41.33 | 30.68 |

续表

| 项　目 | 2021年 | 2022年 | 比上年增长(%) |
|---|---|---|---|
| 净资产收益率(%) | 9.48 | 9.17 | 减少0.31个百分点 |
| 总资产报酬率(%) | 5.26 | 5.18 | 减少0.08个百分点 |
| 国有资本保值增值率(%) | 108.01 | 108.50 | 增加0.49个百分点 |

**【改革发展】** 2022年，兵器工业集团坚决贯彻落实党中央、国务院关于国企改革三年行动的重大决策部署，坚持改革发展“一盘棋”，聚焦“三个明显成效”，牢牢把握改革正确方向，按照“可衡量、可考核、可检验、要办事”的要求，建立“目标引领、台账落实、信息反馈、迭代提升”纵横贯通的兵器特色“矩阵式”组织机制和“月度对标、专题推进、季度小结、年度考评”推进机制，通过“1＋60＋N”台账体系分解、“一图一表”动态评估，全面完成集团171项、子集团4425项改革举措，破除一批体制机制障碍，解决一批长期没有解决的难题，获评2022年度中央企业改革三年行动重点任务考核A级。一是坚持“两个一以贯之”，持续规范完善现代企业制度。细化健全党组讨论决定和前置研究讨论清单，强化党组研究把关，持续加强分类指导，出台《进一步推进在完善公司治理中加强党的领导向不同类型基层企业党组织延伸的工作指引》，明确差异化管理要求和程序机制，推动党的领导落实到不同类型企业。持续完善集团公司董事会运行机制和制度体系，聚焦职能定位，系统谋划“1＋5”发展战略，探索开展重大投资项目后评价，强化风险识别研判预警。推进子企业董事会规范运行，完善子企业董事会分层管理体系，上线运行子企业董事会运行信息系统实现数字化管理，全面开展子企业董事会和外部董事评价，强化考核评价促进外董履职，加速打造兵器特色高质量董事会。二是转换经营机制激发市场经营活力，确保三项制度改革协同落地。经理层严格落实董事会授权制度规范高效行权履职，进一步巩固任期制和契约化管理改革成效，严格考核刚性兑现，实现单位全覆盖、班子成员全覆盖、各级次全覆盖，系统落实职业经理人制度，激发经营活力。推进管理人

员竞争上岗、末等调整和不胜任退出，竞争上岗占比59.94%、管理人员末等调整和不胜任退出占比5.92%，累计80户子企业分类实施兵器"3＋N"中长期激励。兵器工业集团被国务院国资委评为中央企业三项制度改革评估一级(A类)企业。三是坚持以党内监督为主导，推动各类监督同向发力。健全以内部控制建设与监督为统领的"1＋N"内部控制制度体系，统筹推进综合治理专项行动和"合规管理强化年"工作，加大责任追究力度，坚持激励与约束相统一，加强职工代表大会制度建设，健全企业民主管理制度，持续提升大监督体系效能。四是推动重点专项改革任务取得实效。全面完成"双百行动"改革任务，北重集团、武重集团等2户"双百企业"开展一批项目"揭榜挂帅"，探索实施中长期激励，深化市场化经营机制改革取得积极进展。深化推进"科改示范行动"，"科改示范企业"扩围至7户，制定《关于进一步推进"科改示范企业"深化改革的指导意见》和"一企一策"综合改革方案，积极打造市场化改革"尖兵"和科技自主创新"头雁"。疏堵点、破难点，加快剥离不具备竞争优势、缺乏发展潜力的非主业、非优势企业(业务)专项工作，多措并举按期完成全部剥离任务，调结构、防风险，扎实开展新一轮"压减"工作，全年完成30户企业退出。

**【重大项目】** 2022年，兵器工业集团加强产业结构调整和业务布局优化，加快培育北斗应用、光电信息、新材料、高端装备等战略性新兴产业，产业规模200亿元，近三年年均增速26.4%，占民品制造业比重15.3%。组建微电子研究院有限公司，推动构建微电子领域研产一体化发展新模式。组建中兵北斗卫星通信有限公司，推动北斗应用进入更多行业标准体系，充分发挥北斗短报文通信特色服务优势，打造北斗短报文产业生态圈。工业金刚石产销规模位列全球第一，数控超重型立式车床、大口径厚壁无缝钢管、高端封装基板、高性能MEMS惯性器件、大尺寸光电倍增管、OLED微型显示器、宝石级培育钻石、红外光学玻璃等产品居细分行业先进地位。10家民品企业、4家军品企业入选工业和信息化部专精特新"小巨人"。截至2022年底，24家企业获此荣誉。

**【走向海外】** 2022年，兵器工业集团面对海外疫情不断反复、国际政治安全形势严峻复杂的形势，兵器工业集团迎难而上，国际化经营高质量发展取得新进展。军贸收入全面完成年度工作目标，继续保持军贸行业领先地位。增强战略资源保障能力，海外油田和矿山深挖设备潜能、加快产能释放，全年生产油气当量948万吨、铜金属8.1万吨、钴金属1.1万吨；深入推进"一带一路"重点项目，习近平主席见证签约的巴基斯坦拉合尔轨道交通橙线项目安全运行2周年，克罗地亚塞尼风电项目成功并网发电，蒙古矿山一体化服务项目恢复采矿生产；完成第五届进博会和珠海航展参展工作，进博会签约金额超过330亿元。深入开展涉外法治建设，全面加强境外人员安全保障，强化境外腐败治理，防范化解境外项目风险，保障国际化经营稳中有进。

**【重大创新】** 2022年，兵器工业集团打造国家战略科技力量，强化自主创新，兵器科技自立自强成果丰硕，机动突击、火力打击、智能弹药、防空反导、无人装备等重大成果竞相涌现，全年新产品产值837亿元，新产品贡献率占比38%。全年获得国防科学技术奖59项，其中一等奖9项；军事科学技术奖3项，其中一等奖1项、二等奖2项。关键核心技术攻关取得突出成效，重点工程圆满收官，在技术突破、样品样机、工程化验证、产业化应用等方面取得一批标志性成果，被国务院国资委授予优秀组织单位。持续加大科技创新投入，完善科技投入稳定增长机制，鼓励各单位多渠道筹措资金加大科研和研发投入力度，全年研发经费支出226.35亿元。聚焦新一代装备技术，突出原创技术和引领性技术牵引，强化基础性、前沿性、颠覆性技术研究，重构专业技术体系，打造具有突出鲜明跨代特征的新一代武器装备，为我军备战打赢提供更多更高水平非对称制衡的"杀手锏"。持续加强集团公司标准化管理，构建新一代标准体系，提升装备研制标准化水平。加强知识产权管理，全年申请专利6863件，授权专利3345件，累计有效专利突破21000件；东北工业集团、泸州北方、北方股份被评为国家知识产权示范企业，夜视院集团奥雷德公司等5家单位被评为国家知识产权优势企业，计算所、湖北新华光公司2件专利获得国家专利优秀奖。

**【党建工作】** 2022年，兵器工业集团突出政治引领，全面加强党的领导党的建设。坚持把习近平总书记重要指示批示作为党内政治要件，健全完善“第一议题”制度，组织开展习近平总书记重要指示批示精神再学习再落实再提升主题活动，真抓实干把习近平总书记关心关切的重大任务落实好完成好。坚持思想领航，开展“建功新时代，喜迎二十大”主题活动，高效推动实施98项重点任务，以实际行动迎接党的二十大胜利召开。全面深入学习宣传贯彻党的二十大精神，用党的创新理论武装头脑、指导实践、推动工作。强化基层基础，聚焦提质量、保安全、促发展，设立党员突击队、党员责任区、党员示范岗，持续开展党员创新工程，常态化开展“党旗在基层一线高高飘扬”活动，不断提升基层党组织政治功能和组织功能。坚持党管干部，突出政治素质，坚持事业为上、人事相宜，选优配强“一把手”，加强优秀年轻干部选育管用，大力开展青年素质提升工程，一批政治素质高、业务能力好、工作作风实的优秀骨干走上重要领导岗位。广泛开展向三代坦克副总师王哲荣同志学习活动，大力弘扬“把一切献给党”的人民兵工精神。筑牢桥梁纽带，体系化推进党建带工建带团建，群团组织政治性、先进性、群众性持续增强。持续推进“我为群众办实事”实践活动，切实解决职工急难愁盼问题和实际困难。全年集团公司29名个人、24个集体获得“全国五一劳动奖章”“中华技能大奖”“全国技术能手”“全国工人先锋号”等国家级荣誉称号和表彰。做深做实政治监督，制定27项政治监督任务的工作清单，推动习近平总书记重要指示批示精神和党中央决策部署落实见效。贯彻中央巡视工作方针，持续深化中央巡视反馈问题整改，实现内部巡视巡察全覆盖，巡视利剑作用进一步彰显。持续强化对各级“一把手”的审计监督，推动领导人员履职尽责、担当作为和规范用权。统筹整合监督力量，坚持以党内监督为主导，统筹推进各类监督力量贯通协同，形成上下贯通、左右联动、内外互动的大监督格局。

**【信息化与数字化建设】** 2022年，兵器工业集团扎实推进数字化转型管理体系建设，组织试点单位完成科研生产网与工控网络的安全交换试点建设工作，极大提升科研设计领域同工业生产领域的数据交换效率。稳步推进生产经营数字化升级，建立健全横向到边、纵向到底、全面协同的数字化智能化监管体系，基本实现集团管理信息化业务和数据中台的安全可控。智能化场景应用逐渐丰富，多家成员单位获得国家试点示范荣誉，一机集团入选2022数据要素驱动企业数字化转型优秀案例与示范项目名单，信息院集团北方自动控制技术研究所的“一站式大数据智能管理平台”入选工业和信息化部2022年大数据产业发展试点示范项目，2家单位入选工业和信息化部2022年工业互联网平台创新领航应用案例，6家单位入选2022年全国智慧企业建设创新案例。顺利完成北京冬奥会和冬残奥会网络安全保障工作，获评国务院国资委“优秀冬奥网络安全卫士”，完成党的二十大期间网络安全保障工作，受到主管部门的高度认可。

**【履行社会责任】** 2022年，兵器工业集团深入学习贯彻习近平总书记关于“三农”工作的重要论述，坚决落实党中央、国务院关于巩固拓展脱贫攻坚成果同乡村振兴有效衔接的决策部署，弘扬伟大的脱贫攻坚精神和人民兵工精神，真心真情真帮真扶做好云南省红河县、黑龙江省甘南县两个定点帮扶县助力乡村振兴工作，在产业发展、人才振兴、文化传承、医疗保障、消费帮扶以及农村基础设施建设等方面持续发力，取得显著帮扶实效，红河帮扶案例入选国家乡村振兴局典型案例（第一批），乡村振兴工作连续多年获得国务院国资委评级“好”。坚定践行“绿水青山就是金山银山”的理念，论证实施碳达峰行动方案，统筹推进绿色低碳发展，全面完成环境保护综合提升行动，制定碳达峰行动方案并入选《中央企业社会责任蓝皮书（2022）》。秉承高度的责任感，积极参与赈灾救危工作，保障人民群众的生命和财产安全，全年向社会捐赠6716万元。积极服务经营区域，持续推动企业所在地社区的建设和发展，实现企地和谐发展，为构建和谐社会贡献兵器力量，社会责任报告获得中国社会科学院最高评级。

（撰稿人：李　琰）

## 中国兵器装备集团有限公司

**【基本概况】** 中国兵器装备集团有限公司（以下简称兵器装备集团）成立于1999年7月，由原兵器工业总公司改组而成，前身可以追溯到第五机械工业部、兵器工业部、国家机械工业委员会，是中央直接管理的国有重要骨干企业，是国防科技工业的核心力量，是国防建设和国民经济建设的战略企业，是我国最具活力的军民结合特大型军工集团之一，肩负“强军报国、强企富民”神圣使命，连续14年跻身《财富》“世界500强”榜单。

经过多年改革发展，兵器装备集团形成以军品为根本、以汽车为支柱、以战略性新兴产业为支撑的产业群。军品主要覆盖单兵班组装备、末端防御装备、机动压制装备、先进弹药、反恐处突等领域，广泛装备陆、海、空、火箭军、武警、公安等国家所有武装力量，发挥着重要的基础性和战略性作用。汽车形成整车、零部件、营销服务、汽车金融等全产业链布局，自主品牌国内领先，建立“六国十地”研发布局，研发实力保持行业第一。在光电信息、新材料、绿色低碳、高端装备制造等领域拥有多个“专精特新”冠军企业。

**【主要指标】** 截至2022年底，兵器装备集团资产总额4112.98亿元，所有者权益1523.06亿元；全年实现营业收入2921.36亿元，比上年增长2.06%；利润总额135.62亿元，比上年增长22.25%；净利润116.79亿元，比上年增长22.10%，净利润、经济增加值分别完成国务院国资委考核目标的101.56%、113.21%，主要经营指标均完成国务院国资委年度目标。

**表1　2022年中国兵器装备集团有限公司主要经济指标**

| 项　目 | 2021年 | 2022年 | 比上年增长(%) |
|---|---|---|---|
| 资产总额(亿元) | 3923.15 | 4112.98 | 4.84 |
| 所有者权益(亿元) | 1400.17 | 1523.06 | 8.78 |
| 营业收入(亿元) | 2862.30 | 2921.36 | 2.06 |
| 利润总额(亿元) | 110.94 | 135.62 | 22.25 |
| 净利润(亿元) | 95.65 | 116.79 | 22.10 |
| 归属于母公司所有者的净利润(亿元) | 47.51 | 68.25 | 43.65 |
| 技术开发投入(亿元) | 153.48 | 165.35 | 7.73 |
| 利税总额(亿元) | 302.75 | 321.47 | 6.18 |
| 应交税金总额(亿元) | 202.67 | 203.79 | 0.55 |
| 全员劳动生产率[万元/(人·年)] | 43.20 | 46.40 | 7.41 |
| 净资产收益率(%) | 7.10 | 7.99 | 增加0.89个百分点 |
| 总资产报酬率(%) | 3.42 | 3.75 | 增加0.33个百分点 |
| 国有资本保值增值率(%) | 106.96 | 108.78 | 增加1.82个百分点 |

**【改革发展】** 2022年，兵器装备集团全面完成国企改革三年行动115项任务，中国特色现代企业制度更加成熟定型，布局优化和结构调整深入推进，市场化经营机制健全完善，发展活力效率持续激发，在2021年度中央企业改革三年行动考核中获评A级。军工专业化整合专项组被国防科工局授予第二届国防科技工业突出贡献奖。

深入推进三项制度改革落地见效，在国务院国资委2021年度中央企业三项制度改革评估中，获得最高评价一级A类。始终坚持把经理层成员任期制和契约化管理作为健全市场化经营机制的“牛鼻子”，干部能上能下机制进一步健全。积极构建与经济规模、劳动效率挂钩联动的动态用工管理机制，用工市场化改革成效明显。完善企事业单位领导班子成员薪酬管理办法，建立荣誉表彰管理规定，实现物质激励和精神激励有机结合。推动中长期激励机制扩面提质，中长期激励工作从“应做尽做”迈向“量质兼优”。

**【重大项目】** 2022年，兵器装备集团积极策划“1025工程”二期项目，13个项目被纳入攻关计划，承担任务数量超过央企平均水平。完成云南西仪工业股份有限公司与重庆建设工业(集团)有限责任公司重大资产重组，是兵器装备集团成立以来规模最大的资本市场重组项目，也是首次实施的核心军品资产证券化。标的资产评估增值30亿元，净资产增长超过

400％，上市公司市值增长3倍，实现大幅扭亏为盈，发展质量明显改善。

积极推进军品智能化投资布局，成立杭州智元研究院，积极推动对外专业化整合，推进兵器装备集团与安徽省以无偿划转形式整合安徽军工集团。自主汽车板块完成长安新能源B轮融资、长安新能源股权回购，实现对长安新能源控股，推动阿维塔科技项目融资，新成立辰致科技有限公司，打造国内一流线控底盘科技公司。

**【走向海外】** 2022年，兵器装备集团国际业务收入完成260亿元，比上年增长36.8％，首次突破200亿元，创历史新高。长安汽车自主品牌整车全年出口15万辆，比上年增长40％，在中国汽车行业出口稳居第4位；在多国排名“数一数二”，形成“两大四小”市场集群，其中中东、拉丁美洲市场突破5万辆级，巴基斯坦、东南亚市场突破1万辆级。

**【重大创新】** 2022年，兵器装备集团构建“13481”科技创新体系，发布《重塑科技创新体系，系统推进科技企业集团转型（2022—2025年）行动方案》。形成兵器装备集团“1＋2＋2”重点实验室先期布局方案，军事科研重点实验室获批并成功运行，长安汽车智能汽车安全技术全国重点实验室正式批复。

设立关键核心技术研究资金，一期批复项目14项。2022年，新获国防科工局等渠道批复立项10项，国拨经费超过1.5亿元。获得第23届中国专利奖（国际奖项）3项，其中“混合动力汽车及其发动机启动控制方法”获得中国专利银奖、UNI－T汽车外观专利获得第23届中国外观设计银奖，实现新突破。在中央企业专利质量排序中首次跻身A档。获得省部级科技奖励25项，其中一等奖3项、二等奖10项。专利申请量7833件，比上年增长72％；发明专利申请量5497件，比上年增长89.2％。全年研发投入165.35亿元，比上年增长7.73％；研发投入强度5.66％，比上年增加0.3个百分点。

**【党建工作】** 2022年，兵器装备集团始终把政治建设摆在首位，严格落实“第一议题”制度，严格请示报告制度，确保高质量发展不偏航。深化国有企业党建工作会议成果，以“一强化七融合”推动在完善公司治理中不断加强党的领导。坚决贯彻习近平强军思想和把民族汽车搞上去的指示批示精神，新质新域领域装备研发取得重大进展，长安汽车销量创近五年新高。深入学习贯彻党的二十大精神，实现党的二十大精神进家入户、入脑入心。坚持大抓基层导向，强化党组织政治功能和组织功能，探索开展以项目为纽带的联合党建新模式，深化“233”五星党支部创建，创新开展党建联建共建项目435项，在科研生产党支部推行对标一流“挂图作战”，党建融入中心工作不断闯出新路子、取得新成效。

深入开展靠企吃企6个专项整治并开展“回头看”，开展“严肃财经纪律、依法合规经营”综合治理专项行动、健全内控机制专项行动，完成各类问题整改1562个。组织开展靠企吃企专项检查，聚焦采购、销售、投资等重点领域，发现问题111个，移交信访举报及问题线索29件。全年办结靠企吃企问题线索59件，立案18件，给予开除党籍、留党察看等处理处分31人次，移交司法机关和地方监委8人，始终保持零容忍震慑不变、高压惩治力量常在。开展尹家绪案件警示教育730余场次，各级领导班子成员、中层干部、关重岗位员工参加人数4.5万人。深入学习《中央企业靠企吃企案件警示录》《集团公司典型案件警示录》，形成以案示警长效机制。持续强化财务“末端防控”，推动开展“违反财经纪律侵吞公款”专项整治，深挖“风腐一体”和改头换面“四风”问题。严肃查处违反中央八项规定精神问题5起，给予撤销党内职务等处理处分14人。制定《新时代中国兵器廉洁文化建设的实施方案》，传承发扬人民兵工优良作风，开展各类廉洁文化建设活动864场次，11.9万人次参加，不断涵养新风正气。深化运用全系统近三年政治生态评价数据和“雷达图”，优化政治生态评价12项指标。2022年，兵器装备集团政治生态测评97.6分，比上年提升0.9％。

**【信息化与数字化建设】** 2022年，兵器装备集团统筹制定《中国兵器装集团有限公司数字化转型行动计划总体方案（2022－1.0版）》，构建“两横两纵两网一云”数字化底座总体架构。全力推进国资监管系统、财务共享系统、投资系统等项目建设，重点风险监管业务实现信息化全覆盖，特品运输安全保卫监管平台实现24家单位在途监管；安全环保系统实现5家单位在线监控，22家重点排放单位环保数据实时监测；着力打造商密网“龙腾网”网络体系，推进网上报销、差旅平台的推广和应用。

构建面向多品种大批量定制生产的智能制造技术体系，提升优质、高效、柔性制造能力。军品领域，有序推进数字化示范车间、智能制造生产线示范工程等6项试点示范。汽车和战略性新兴产业领域，以数字孪生技术构建数字化工厂，长安汽车制造设计周期缩短30%、制造效率提升20%，设备联网率95%。搭建“六国十地”全球数字化协同研发平台，建立多学科综合数字化建模仿真体系。重庆长安汽车股份有限公司、重庆青山工业有限责任公司等单位入选2022年度工业和信息化部智能制造示范工厂揭榜单位及工业互联网App优秀解决方案。建立西南智慧数据工程与超算中心，长安汽车大数据中心能力进一步提升。搭建长安汽车数据资产目录管理系统，形成数据资产110余条，提升数据治理整体水平。

**【履行社会责任】** 2022年，兵器装备集团克服疫情影响，党组主要领导深入帮扶一线调研，专项研究落实乡村振兴工作，直接投入定点帮扶资金4500万元，较脱贫攻坚阶段增长12.5%。立足地方所愿、群众所需、企业所能，实施帮扶项目28个，助推定点帮扶云南省泸西县、砚山县产业兴旺、生态宜居、乡风文明、治理有效、生活富裕。开展江西吉水县对口支援工作，投入200万元用于城镇道路建设和提升治安防控能力，提高全面推进乡村振兴的效力效能。

2022年8月，兵器装备集团所属长安汽车等在渝单位积极助力支持重庆森林火灾扑救工作，在灾情第一时间，紧急组织力量，火速奔赴一线，驰援灭火行动，捐赠1000万元助力灾后恢复重建工作。9月，四川甘孜藏族自治州泸定县发生6.8级地震，造成重大人员伤亡和财产损失。兵器装备集团第一时间响应国务院国资委动员号召、全力以赴投入抗震救灾工作，直接捐赠资金2000万元和10台长安凯程F70皮卡汽车（价值约200万元）支援地方抗震救灾和灾后重建工作，充分践行军工央企责任担当。

（撰稿人：赵　安）

## 中国电子科技集团有限公司

**【基本概况】** 中国电子科技集团有限公司（以下简称中国电科）是经国务院批准，在原信息产业部直属46家电子类科研院所及26户企业基础上组建而成的由中央直接管理的国有重要骨干企业，是国务院授权的投资机构，2002年3月1日挂牌运营。2015年2月，中共中央、国务院决定，成立中国电科董事会。2017年12月，中国电科完成公司制改制，更名为中国电子科技集团有限公司。2021年6月，经国务院批准，中国普天信息产业集团有限公司整体并入中国电科。

作为我国军工电子主力军、网信事业国家队、国家战略科技力量，中国电科在电子装备、网信体系、产业基础、网络安全等领域占据行业主导地位，肩负着支撑科技自立自强、推进国防现代化、加快数字经济发展、服务社会民生的重要职责。中国电科拥有包括47家国家级科研院所、17家上市公司在内的700余家企事业单位，在职员工22万余人，其中55%为研发人员，拥有41个国家级重点实验室、研究中心和创新中心。成立以来，中国电科经营绩效一直位居中央企业前列，连续18年获评中央企业经营业绩考核A级，6个任期业绩考核A级，连续多年入选《财富》“世界500强”，2022年居第233位。

**【主要指标】** 2022年，中国电科实现营业收入3756.74亿元，比上年增长5.02%；利润总额321.88亿元，比上年增长12.91%；净利润290.75亿元，比上年增长10.61%；研发经费投入568.76亿元，比上年增长5.41%。

**表1　中国电子科技集团有限公司主要经济指标**

| 项　目 | 2021年 | 2022年 | 比上年增长（%） |
|---|---|---|---|
| 资产总额（亿元） | 5450.51 | 5941.69 | 9.01 |
| 所有者权益（亿元） | 2655.98 | 3011.49 | 13.39 |

续表

| 项　目 | 2021 年 | 2022 年 | 比上年增长(%) |
|---|---|---|---|
| 营业收入(亿元) | 3577.17 | 3756.74 | 5.02 |
| 利润总额(亿元) | 285.07 | 321.88 | 12.91 |
| 净利润(亿元) | 262.87 | 290.75 | 10.61 |
| 归属于母公司所有者的净利润(亿元) | 138.81 | 179.30 | 29.17 |
| 应交税金总额(亿元) | 119.83 | 127.44 | 6.35 |
| 全员劳动生产率[万元/(人·年)] | 45.66 | 48.21 | 5.58 |
| 净资产收益率(%) | 10.41 | 10.26 | 减少 0.15 个百分点 |
| 总资产报酬率(%) | 5.87 | 5.92 | 增加 0.05 个百分点 |
| 国有资本保值增值率(%) | 108.64 | 109.09 | 增加 0.45 个百分点 |

**【改革发展】** 2022 年,中国电科全面深化改革,推动重点领域和关键环节改革攻坚突破,全面提前完成国企改革三年行动任务,强军兴军、科技创新、生产经营等主要指标再创历史最好水平。一是中国特色现代企业制度更加成熟定型。全面落实"两个一以贯之"要求,推进党的领导与公司治理有机统一。实现集团本部和 77 家重要子企业 100%全面制定党委(党组)前置事项清单。287 家应建董事会子企业 100%实现应建尽建,286 家应实现外部董事占多数子企业 100%全面实现。完成 17 个领域 158 项制度"立改废"工作,推动中国特色现代企业制度和市场化经营机制长效化制度化。二是业务布局和结构调整不断深化。面向关系国家安全和国民经济命脉的战略必争领域,分别成立产业基础研究院、芯片技术研究院,优化重组光电研究院,聚力破解"卡脖子"难题战略所需。综合运用一体化运行、委托管理、独立运行等方式推动科研院所管控模式调整。大力推动各类资源向主责主业集中,提升资源整合能力,国博电子、萤石网络科创板挂牌上市。深入推进与中国普天的战略能力统筹、产能资源共享、技术产品共用,重组红利加速释放,整体竞争优势不断增强。三是改革专项工程成效显著。国企改革专项实现扩围,13 家成员单位入选"双百企业""科改示范企业"名单。年度改革任务全面完成,在国务院国资委专项考核中,5 家企业获评"标杆"、1 家企业获评"优秀"、4 家企业获评"良好",改革专项工程企业的引领示范和带动突破作用凸显。多项成果入选 2022 年(首届)国有企业深化改革实践成果名单,获得特等奖 2 项、一等奖 6 项、二等奖 14 项。全面提前完成对标世界一流企业专项行动任务,管理体系和管理能力现代化水平稳步提升。四是混合所有制改革稳妥推进。用好用足国企改革"双百行动"、"科改示范行动"及混合所有制改革试点等政策机遇,通过引入战略投资者、员工持股等多种方式,分层分类推进混合所有制改革,推进集成电路装备、机器人、半导体材料等领域混合所有制改革探索,推动经营机制转换,提升与社会资本合作的质量和效率。截至 2022 年底,"非穿透式"口径混合所有制企业 179 户,占全级次子企业的 32%。五是三项制度改革激发内生活力。立足科技型企业特点,打出精准化激励、差异化分配、市场化选人用人"组合拳"。加大收入分配向科研核心骨干倾斜力度,分类差异化的工资总额决定机制更加完善。扩大中长期激励实施范围,累计开展中长期激励的子企业 137 家,实施科技成果转化股权激励 25 项。扎实推进"三青"人才计划和"四航"人才工程,海外引才工作成效获中央企业人才工作会议通报表扬。

**【重大项目】** 2022 年,中国电科坚定履行"军工电子主力军"使命,以强军兴军为首要责任,统筹推进重大军工任务,成体系实施重大工程,全力支撑重大演习演练、重大军事活动保障任务。聚焦空间站在轨建造重大任务,从元器件、单机、分系统、系统等各方面,为精准入轨、高速对接、天地通信、超长续航、舱外作业提供关键支撑,完成神舟十四号、问天舱、梦天舱、神舟十五号等历次航天发射保障任务。持续加强总体设计、整机研发、数字制造等核心能力,高标准、成体系打造实战管用的侦察预警、电子对抗、通信导航等领域利器,新域新质比重不断增加,助力我军战略威慑能力持续壮大。无人智能装备建设快速发展,加快大中小微无人机协同发展,成体系推进系统和装备研制,加速形成适应复杂多变环境的应用能力。高质量完成国产大飞机C919通信导航系统、数据链系统、客舱核心系统等研制任务，北斗全球航班追踪、高通量卫星通信等产品实现首飞验证。完成冬奥会期间赛区通信、智慧交通、疫情防控等20项数字化保障任务，助力北京冬奥会、冬残奥会成功举办。担当“网信事业国家队”职责，承建首个“东数西算”工程国家级枢纽节点项目，分行业分领域打造整体数字化解决方案，在智慧农业、数字水利、智慧民航、智能制造、金融科技、智慧文博等领域加速培育一批数字化转型标杆，有力支撑数字公共服务普惠化、数字社会治理精准化。

**【走向海外】** 2022年，中国电科加快融入以国内大循环为主体、国内国际双循环相互促进的新发展格局，利用国际国内两个市场、两种资源创新发展，有力服务“一带一路”建设。成功中标柬埔寨暹粒机场空管工程，民航空管系统技术实现从“卡脖子”到“走出去”的突破。津巴布韦空管二次雷达等项目成功落地，推动“一带一路”基础设施互联互通。主导完成平方千米阵列射电望远镜(SKA)国际大科学工程的首台天线样机和伺服控制系统研制，创新提出空间网架构设计方案，为推进全球重大基础科学研究贡献力量。成体系推动先进电子装备“走出去”，推进网络安全、无人作战等系列化出口产品体系建设，高端装备批量出口能力取得新突破。

**【重大创新】** 2022年，中国电科践行“国家战略科技力量”使命，发挥科技创新主体作用，开展原创性引领性科技创新，高质量完成国家重大攻关工程任务，取得一批世界一流、国内领先的重大科技成果。一是聚力打好关键核心技术攻坚战，聚焦航空、高铁、通信等关键领域实战应用，构建核心元器件自主可控的技术体系和产品谱系，在多个领域实现国产化替代。突破大尺寸硅外延、碳化硅单晶等材料制备切割技术，初步具备全系半导体材料自主研发制造能力，率先发布新一代8英寸碳化硅晶片产品。微波毫米波、太赫兹等测试仪器取得新突破，打破高端通信测试国外长期垄断。工艺制造加速从单点替代到整线突破，极限保底能力明显增强。加快前沿颠覆性技术攻关，全球首创类脑异构融合学习框架，局部学习算法准确率国际领先。二是产业基础支撑能力加速提升，0.35$\mu m$光刻机完成整机集成和应用验证，离子注入机实现全谱系发展，8英寸化学机械抛光(CMP)设备全面覆盖国内主流集成电路生产线。在数字主线、系统设计、生产制造等领域打造多款国内领先的工业软件产品，硅基光电子设计工具填补了国内空白。全产业链布局汽车芯片，微控制器芯片(MCU)等14款产品入选国家级目录，车载电力电子器件为一线车企提供百万级批量供货。氮化镓功率管、声表滤波器等产品有力支撑国家5G建设。三是加快建设高水平科技创新平台。统筹研究院所、创新中心和实验室优势布局，积极融入国家创新体系，推动产学研用深度合作。推进国家重点实验室、国防科技重点实验室等国家级创新平台优化重组，第一批3个国家重点实验室、4个国防科技重点实验室纳入新序列。国家第三代半导体技术创新中心建设实体化运行，携手五省六市协同攻关，初步形成“核心+基地+网络”的创新格局。聚焦工业软件、航空电子、汽车芯片、新一代通信网络等战略必争领域，设立十大技术发展研究中心，抢占新兴领域发展制高点。

**【党建工作】** 2022年，中国电科贯彻新时代党的建设总要求，坚持党的领导，加强党的建设，纵深推进全面从严治党，党建引领保障高质量发展取得明显成效。突出抓好党的二十大精神学习宣传贯彻，以集中传达学习、邀请中央宣讲团授课辅导、深入基层宣讲等形式，推动集团上下统一思想和行动，深刻领悟“两个确立”的决定性意义，坚决做到“两个维护”，切实将党的二十大决策部署转化为服务强国强军事业的生动实践。实施青年精神素养提升工程、青年马克思主义者培养工程，杰青宣讲团获评中宣部2022年“基层理论宣讲先进集体”。持续在完善公司治理中加强党的领导，制定《中共中国电子科技集团有限公司党组关于加强混合所有制企业党建工作的指导意见》，混合所有制企业党组织覆盖率90%。扎实推进党风廉政建设，按照“全周期”管理理念、“地毯式”整改方式，对问题集中的单位开展巡视“回头看”、提级专项巡视，针对重大风险开展专项督察；驰而不息纠正“四风”，持续健全整治形式主义官僚主义的工作机制。

**【信息化与数字化建设】** 2022年，中国电科深化推进“数智电科”建设，推动全集团“网络通、数据通、业务通、监管通”。明确集团公司管理数字化、产品创新数字化、生产制造智能化、装备服务敏捷化、集团数字产业、数据"智"理体系、数字技术创新应用和新一代数字基础设施等方面建设任务。完善国资监管信息体系建设，推进国产化替代。深入推进企业管理信息化建设，强化企业对业务、财务、合同、信用等信息的监测力度，实现横向到边、纵向到底的实时在线监管，全面提升集团管控信息化水平。推进网络安全防护纵深防御体系走深走实，强化常态化、体系化、实战化网络安全防护能力。实施国防科技工业数智转型专项工程，加强数字化研制及协同信息化能力建设，积极推动科研生产数字化转型。

**【履行社会责任】** 2022 年，中国电科积极发挥数字技术优势，聚焦国家粮食安全、水安全总体战略，成体系推出智慧农业解决方案，打造数字水利示范工程，围绕粮食种植、储备、销售和流域治理、洪灾预防等关键环节，提供"一站式"数字化应用服务。推进制造业数字化转型，打造智能物联云平台，接入汽车、能源、化工和医疗等行业设备超过 460 万台，助力 80 余万家企事业单位提质增效。铸造第三代半导体中国"芯"的典型经验和特色做法入选《中央企业社会责任蓝皮书(2022)》。突破基于活性复合粒子的空气消毒技术，成功研制系列空气消毒机产品，广泛应用于机关、企业、学校、医院、科研院所、部队和家庭，取得良好防疫效果。围绕数字乡村信息基础设施、乡村治理、产业发展、惠农服务四大领域，实施数字乡村"四新工程"，帮助定点帮扶县持续巩固拓展脱贫攻坚成果，叙永县特色柑橘产业融合发展新模式相关做法入选国家乡村振兴局优秀帮扶案例。集团公司定点帮扶工作连续 3 年获得中央农村工作领导小组最高评价"好"。

（撰稿人：蒋晓琳　李小余）

## 中国航空发动机集团有限公司

**【基本概况】** 中国航空发动机集团有限公司(以下简称中国航发)是中央直接管理的军工企业，2016 年 8 月 28 日成立，注册资本金 500 亿元。下辖 27 家直属企事业单位，有 3 家主板、1 家科创板上市公司，在职员工 7.2 万余人，拥有包括 7 名院士、200 余名国家级专家学者在内的一大批高素质、创新型科技人才，具有较强的科研生产能力以及较为完整的军民用航空发动机、燃气轮机研发制造体系与试验检测能力。2022 年，中国航发全面贯彻落实党的二十大精神，坚决贯彻习近平总书记对航空发动机事业的重要指示批示精神，深入贯彻落实党中央、国务院、中央军委决策部署，锐意进取、团结奋斗，科研生产呈现多点突破、整体提升的良好态势，改革创新、党的建设等各项工作取得新的重要进展。集团获评 2021 年度和 2019—2021 年任期中央企业负责人经营业绩考核 A 级，获评任期业绩优秀企业、科技创新突出贡献企业。

**【主要指标】**

**表 1　2022 年中国航空发动机集团有限公司主要经济指标**

| 项　目 | 2021 年 | 2022 年 | 比上年增长(%) |
|---|---|---|---|
| 资产总额(亿元) | 2024.2 | 2106.3 | 4.1 |
| 利润总额(亿元) | 35.2 | 37.7 | 7.1 |
| 净利润(亿元) | 28.3 | 31.5 | 11.3 |
| 利税总额(亿元) | 49.7 | 62.9 | 26.6 |
| 应交税金总额(亿元) | 14.5 | 25.2 | 73.8 |
| 净资产收益率(%) | 2.7 | 2.7 | 与上年持平 |
| 总资产报酬率(%) | 2.1 | 2.0 | 减少 0.1 个百分点 |

**【改革发展】** 2022 年，中国航发坚决贯彻落实党中央、国务院关于国企改革的重大决策部署和国务院国资委国企改革三年行动工作要求，全面完成改革三年行动举措任务，主业更加聚焦、效益稳步提升、机制不断完善。深入贯彻"两个一以贯之"，法人治理机制持续完善，董事会运行不断规范。国企改革"双百行动"、"科改示范行动"任务顺利完成，中国航发商发全面完成"双百行动"第二阶段(2021—2022 年)任务，市

场化经营机制进一步健全；航空材料公司科创板首发上市通过审核。常态化推进“压减”工作，全级次法人企业户数较集团成立之初压减 66.5%，工作经验在国资央企系统推广。10 户“两非”企业剥离任务全部完成，10 户高负债子企业负债率压降至管控线以下。加快世界一流企业建设，发布实施方案。

统筹开展资本运作，使用现金、实物资产、独享资本公积等对中国航发商发、长江等子企业增资 33 亿元；全年实现外部权益性融资 15 亿元，发行集团首笔 9 亿元可交换债券，有效支撑主业发展。中国航发商发增资扩股及上市工作有序开展，确定员工股权激励方案。持续推动落实中国航发组建方案，黎阳发动机公司股权划转工作取得重大突破。提高上市公司质量，加快治理水平提升，航发动力、航发控制获评信息披露工作 A 类。

深化劳动、人事、分配三项制度改革，不断提升市场化经营水平。一是扎实推进管理人员能上能下。深化推行任期制和契约化管理，突出差异化指标设计与考核应用，大力推进公开招聘、竞争上岗等选人用人机制改革，持续激励管理人员队伍担当作为。二是持续推进员工能进能出。开展“降用工总量、控人工成本”专项行动，多渠道畅通人员出口，用工规模持续精简，人力资源效能持续提升。深入实施急需紧缺人才自主培养计划，不断提升人才引进市场化、多样化、精准化水平。三是持续深化收入能增能减。建立业绩考核挂钩、经济效益联动、效率对标调节的工资总额决定机制，探索工资总额备案管理。接续实施重点型号项目预期成果奖励，强化正向激励牵引，“揭榜挂帅”解决“卡脖子”问题。深入开展科技型企业股权激励，积极构建知识、创新等要素参与分配的中长期激励机制。

**【重大项目】** 2022 年，中国航发以 2022 年党组 1 号文件吹响加快研制的冲锋号，一切工作向加快聚焦、向加快用力。军用航空发动机方面，多项重点型号研制取得突破性进展。民用航空发动机方面，长江系列大涵道比涡扇发动机和 AEP500 大功率民用涡桨发动机完成多项地面重要试验，研制工作按计划稳步推进；AES100 民用涡轴发动机全面开展适航符合性验证工作，并确定首家用户；AEP100 中小功率涡桨发动机、AEF100 小推力涡扇发动机、AES20 小功率涡轴发动机开展部件和整机验证，并同步开展市场推广工作。燃气轮机方面，“三轻一重”燃机累计运行超过 2.7 万小时，AGT－110 重型燃机在深圳调峰电厂运行，对保障我国能源安全具有重要意义。

**【走向海外】** 2022 年，中国航发深入贯彻落实“走出去”战略，积极响应国家“一带一路”倡议，2022 年产品出口量实现较快增长，先进产品出口取得突破，出口产品谱系进一步完善。统筹兼顾疫情防控和国际合作需求，借助中俄、中法等政府间民用航空领域合作平台以及企业间战略合作机制等渠道，通过线上、线下交流相结合，积极寻求国际合作新机遇，有序推进各项合作取得新成效。

**【重大创新】** 2022 年，中国航发持续优化科技创新顶层设计，发布加快科技创新 22 条举措，积极打造原创技术策源地。扎实开展基础预研，重大专项基础研究第一批 11 项牵头项目全部完成研究和预验收工作，第二批 23 项牵头项目通过里程碑节点考核。设立集团基础预研管理中心，加强全生命周期统筹管理。持续加大自主研发投入，聚焦科研生产任务急需和未来航空动力技术发展开展创新项目研究。加强前沿科技布局，统筹谋划推进前沿动力发展。进 步扩大产学研合作规模、拓宽技术合作渠道，搭建科技创新协同平台，推进集团级联合技术中心（UTC）试点建设。中国航发运营管理体系（AEOS）初步建成，发布体系文件 940 份、集团标准 2740 项，基本覆盖运营管理主要流程和活动，体系建设全面转入推广应用阶段。全年获国防科技奖 19 项；申报发明专利 3199 件，比上年增长 7%。

**【党建工作】** 2022 年，中国航发强化政治引领，坚决贯彻落实习近平总书记重要指示批示精神，严格落实“第一议题”制度，巩固完善“70＋N”长效机制，深入开展“回头看”主题活动，忠诚捍卫“两个确立”、做到“两个维护”。加强理论武装与理想信念教育，以学习宣传贯彻党的二十大精神为主线，深化党组（党委）中心组学习研讨，深入推进“学创新理论、解发展难题”专项行动、“两个铸牢”形势教育、“铸心文化”建设、青年精神素养提升工程，有效凝聚广大干部职工的意志力量。推动党建与业务深度融合、同频共振，深入实施党建“铸心”工程，组建627支“铸心”新长征党员突击队推进型号攻坚，深化“党建+质量”等专项行动解决重难点问题，开展“为航发尽责、为专项建功”主题劳动竞赛、青年创新大赛“百团大战”、“铸心”联建共建等活动支撑创新创效。中央电视台、《人民日报》等媒体多次报道集团党建实践，全年获得全国五一劳动奖章、全国青年文明号等省级以上荣誉108项。

纵深推进全面从严治党，政治生态向上向好。完善“大监督”格局，建立纪检监察、巡视巡察、审计三类监督贯通协同机制，聚焦习近平总书记指示批示强化政治监督，针对型号研制、物资采购等重点领域深化专项监督，紧盯“一把手”和领导班子履职尽责情况及时跟进监督，监督效能持续提升。坚持以“严”的基调强化正风肃纪反腐，持续巩固中央八项规定堤坝，严肃查处违反中央八项规定精神问题；保持惩治腐败高压态势，完成靠企吃企问题整治“回头看”，精准运用“四种形态”查处违纪违法人员。加强装备领域廉洁建设，出台重大专项领域“十条禁令”；大力推进新时代廉洁文化建设，加强“微腐败”问题警示教育。巩固中央巡视反馈问题整改成果，实现第二轮内部巡视全覆盖。

**【信息化与数字化建设】** 2022年，中国航发加强数字化转型顶层设计，开展“数智航发”一期项目论证，编制数字化转型实施方案，建立统一IT架构和数据资产目录，优先建设集团“统建”平台等17个项目。实现AEOS全景平台上线运行，有力支撑体系建设和落地应用，覆盖5500余名用户、1.2万余份体系文件。在131个车间推进生产现场数字化转型“最后一公里”，建成7条数字化生产线和智能单元，加快航空发动机制造模式转变。提升在线监管能力，完成集团在线监管平台升级，实现与国务院国资委国资监管系统联动。

**【履行社会责任】** 2022年，中国航发多措并举助力乡村振兴，向湖南、贵州、陕西等地派出驻村干部17人，通过参加央企消费帮扶行动、开展定点帮扶等方式，采购少数民族地区和脱贫地区农产品1487万元。积极履行央企责任，向四川泸定地震灾区捐款1000万元，在“工装援疆”行动中从新疆纺织企业采购各类工装200余万元，在重点合作高校捐资设立“心智”励业金和“心动”校园菁英人才联合培养基地。深入落实碳达峰碳中和战略部署，发布集团碳达峰行动方案和“十四五”节能减排工作方案，加快发展方式绿色转型。高质量发布年度社会责任报告，获得中国企业社会责任报告评级专家委员会五星评级、中国社会责任百人论坛“责任管理奖”，社会责任发展指数位列军工行业三强。

（撰稿人：吴思冉）

## 中国融通资产管理集团有限公司

**【基本概况】** 中国融通资产管理集团有限公司（以下简称中国融通集团）是中央管理的商业类国有独资公司。经营范围主要包括房地产、农业、酒店及旅游业、商业服务、资源开发、科技服务、医疗健康、安保服务、文化教育、人才服务、金融及保险服务等领域。

2022年，中国融通集团以迎接宣传贯彻党的二十大为主线，坚决贯彻习近平总书记对公司重要指示批示精神，落实“疫情要防住、经济要稳住、发展要安全”的要求，有力有序推动公司建设发展取得新进展，党的领导党的建设深入推进，高质量发展迈出坚实步伐，为军服务保障体系加速构建，履行社会责任取得新成效。连续4年获得国务院国资委中央企业经营业绩考核“出色完成”评价，获得首个任期（2019—2021）“业绩优秀企业”称号；在中组部、国务院国资委党委对中管企业领导班子2019—2021年任期综合考核评价中，集团公司领导班子获评“优秀”。

**【主要指标】** 2022年，中国融通集团利润总额、营业收入全面完成国务院国资委考核目标及稳增长目标。全年实现利润总额70.59亿元，比上年增长15.9%；实现营业收入347.93亿元，比上年增长59.64%。

**【改革发展】** 2022年，中国融通集团坚持将深化改革与组建发展同谋划、同部署、同落实，全力抓好各项改革举措落实落地，全面完成国务院国资委考核任务 9 项、台账任务 64 项，获评国务院国资委 2022 年度中央企业改革三年行动重点任务考核 A 级。

加快建设现代企业治理体系。建立健全"三重一大"决策制度，印发决策事项权责清单，细化各决策主体权责界面，持续完善公司治理机制。推进董事会建设，印发《加强子公司董事会建设落实董事会职权工作方案》，8 家二级子公司实现董事会实质化运行。开展对标世界一流管理提升行动，38 项任务清单全部完成。

加大三项制度改革力度。推进经理层成员任期制和契约化管理，印发《子公司任期制和契约化管理办法》，推进经理层成员实现任期制和契约化管理。制定实施差异化薪酬激励措施，收入分配逐步向贡献大、业绩优的单位和人才倾斜。试点开展子公司班子副职竞争性选拔和职业经理人选聘工作，有效丰富选人用人路径，市场化选人用人机制取得突破。

全面建立市场化运营机制。接收运营一体筹划，基本实现资产当年接收当年盘活、改革剥离的企事业单位当年划转当年转轨运营。推进旅发公司成员酒店一体化改革，大幅压缩班子职数，推动扭亏减亏。

防范化解重大风险。部署开展"严肃财经纪律、依法合规经营"综合治理，开展物资处置、"两金"占用、资产租赁等专项审计。一体化推进依法治企、合规管理、权益维护等工作，以"法治融通"50 项建设指标为抓手，全面深化"治理完善、经营合规、管理规范、守法诚信"的法治央企建设。成功处置一批重大法律纠纷案件，维护国有资产合法权益。落实国务院安委会"十五条"措施，加大本质安全改造，狠抓重点领域安全风险隐患排查整治，清退关停资产租赁项目 233 个、改造提升 378 个，有力推动专项整治"三年行动"圆满收官。

**【党建工作】** 2022 年，中共中国融通集团党组深入贯彻习近平总书记在全国国有企业党的建设工作会议上的重要讲话精神，持续推进铸魂、强基、育人、凝心、融合、清风"六大工程"，以高质量党建引领保障企业高质量发展。

有序开展迎接和贯彻党的二十大各项工作。深入开展"三学三悟担使命、献礼党的二十大"学习实践活动，督促指导各子公司梳理组建成果，提出转入常态化运行思路举措。制定学习宣传贯彻方案，召开党组理论学习中心组学习研讨和专题宣讲暨动员部署会，在《中国融通报》、官网、微信公众号开设专题专栏，推动党的二十大精神入脑入心。

学习贯彻习近平总书记重要指示批示精神。推进习近平总书记重要指示批示精神再学习再落实再提升主题活动，开展 30 项推进措施落实情况"回头看"，制定工作实施办法，构建贯通协同督查机制。严格落实"第一议题"制度，印发《关于推动党史学习教育常态化长效化工作的通知》《新时代加强和改进思想政治工作的意见》，进一步夯实思想理论武装基础。

进一步加强基层党组织建设。动态完善基层党组织设置，8 家二级子公司完成"两委"选举。印发《关于进一步加强区域管理公司党委、纪委建设的意见》等制度办法，分片区举办标准化规范化党支部建设现场观摩会，实现区域内分支机构党组织负责人全覆盖。

不断深化干部和人才队伍建设。召开首次人才工作会议，印发《党组关于加强人才队伍建设的十条措施》，建立人才发展专项资金，获批成为首批国家工程硕博士培养改革试点企业，获批设立博士后科研工作站；组织各类培训班 32 期，"融通大讲堂"5 期，参训人员 7000 余人次，成功举办首届职业技能大赛。

扎实推进党风廉政建设和反腐败工作。印发《关于健全完善中国融通集团监督体系的实施意见》，成立集团公司监督委员会，构建以党内监督为主导、各类监督贯通协调的监督体系；对 5 家子公司党委开展常规巡视，组织 3 家子公司完成 17 家所属单位内部巡察，对集中整改进展情况进行督导检查；出台加强廉洁文化建设措施 30 项，依托"融通 i 学堂"App 建成廉洁文化学习教育专区，开展经常性学习教育，着力打造"清风融通"。

**【信息化与数字化建设】** 2022 年，中国融通集团聚焦数字化转型与高质量发展，持续完善信息网络基础设施和重要信息系统建设。

推进业务系统建设。开发上线国资监管、战略投资、资金管控等40个应用系统，初步实现总部业务信息化支撑；全方位推进各子公司主营业务运营系统建设，开发上线融寓、融旅、副食品筹措等99个业务系统；以资产台账和租赁台账数据为试点，推进“租赁数据”业务贯通工作。

推动数据资源贯通。纵向打通国务院国资委、集团总部、各子公司“三重一大”决策、大额资金支付、投资项目管理、监督追责事项等12类数据应用；以“财、资、信”等系统为重点，拓展数据对接范围，横向联通总部层面资产和运营业务数据；数据治理平台上线试运行，强化数据统一归集。

**【履行社会责任】** 2022年，中国融通集团坚决扛起央企担当，在防疫救灾、援疆援藏、公益捐赠等方面发挥积极作用。

保障疫情防控。紧急驰援上海疫情保卫战，积极调度资源，组织驻沪酒店承接援沪医疗队、政府机关和隔离点保障任务，协调租赁单位参与保障上海市场大米、蔬菜、猪肉供应，组建医疗团队为方舱医院提供援助，为打赢上海疫情阻击战贡献融通力量。

做好援疆援藏工作。持续做好援疆建疆工作，开展“融链·丝路电商物流产业园”开发建设，为新疆地区少数民族群众提供就业岗位；发挥驻疆医院作用，保障当地群众和军人军属生命健康；疫情期间所属酒店保障隔离人员1.9万人次。首次承担对口援藏任务，积极做好支援西藏自治区昌都市类乌齐县工作，支持当地经济社会发展和民生改善。

开展公益捐赠。向中国退役军人关爱基金会捐赠2000万元，定向用于“致敬英烈”公益项目；向四川省甘孜藏族自治州泸定县地震受灾地区捐赠2000万元，支援抗震救灾和灾后重建工作。2022年，累计对外捐赠5500余万元。

落实租金减免工作。认真落实国家扶持政策，印发《中国融通集团2022年服务业小微企业和个体工商户房租减免实施方案》，向服务业小微企业和个体工商户累计减免租金20.6亿元，惠及终端承租户超过3.2万户。

（撰稿人：吉　军）

## 中国石油天然气集团有限公司

**【基本概况】** 中国石油天然气集团有限公司（以下简称中国石油）是国有重要骨干企业和全球主要的油气生产商和供应商之一，是集国内外油气勘探开发和新能源、炼化销售和新材料、支持和服务、资本和金融等业务于一体的综合性国际能源公司。2022年，在世界50家大石油公司综合排名中居第3位，在世界500强排名中居第4位。

**【主要指标】** 2022年，面对复杂严峻的形势、艰巨繁重的能源安全保障和改革发展稳定任务，中国石油在以习近平同志为核心的党中央坚强领导下，坚持稳中求进、顶压前行，经受住世纪疫情、油价巨幅震荡、洪涝灾害等重大考验，战胜国际风云变幻诸多风高浪急的挑战，取得令人瞩目的发展成就，创造历史、铸就辉煌，为党和国家事业发展作出重要贡献。

**表1　2022年中国石油天然气集团有限公司主要经济指标**

| 项　目 | 2021年 | 2022年 | 比上年增长（%） |
|---|---|---|---|
| 资产总额（亿元） | 41924 | 43951 | 4.8 |
| 归属于母公司的所有者权益（亿元） | 19902 | 21188 | 6.5 |
| 营业收入（亿元） | 28073 | 34000 | 21.1 |
| 利润总额（亿元） | 1665 | 2669 | 60.3 |
| 净利润（亿元） | 1003 | 1804 | 79.9 |
| 归属于母公司所有者的净利润（亿元） | 622 | 1418 | 128.0 |
| 实现税费（含境外）（亿元） | 3980 | 5305 | 33.3 |

**【改革发展】** 国企改革三年行动圆满收官。公司治理“六大体系”持续优化完善，总部国际化建设取得重要进展，海外业务管理体制改革调整到位，四大

业务板块高效协同、资源共享、一体化统筹作用和整体效益逐步显现，新能源、新材料、装备制造事业部相继组建。三项制度改革稳步推进，经理层成员任期制和契约化管理全面落地，管理人员竞争上岗和不胜任退出机制有序运行，薪酬结构优化平稳实施。厂办大集体改革、宝石花医疗深化改革、“两非”剥离任务、宾馆酒店和培训疗养机构改革等全面完成。

**【重大项目】**

1. 油气和新能源。

国内油气业务。油气勘探取得重大战略性突破 4 项和重要发现 15 项，发现和落实 9 个亿吨级、9 个千亿立方米级规模储量区；新增探明石油地质储量 86216 万吨、天然气地质储量 6845 亿立方米。生产原油 10500 万吨、天然气 1455 亿立方米，分别比上年增长 1.8%、5.6%；油气产量当量 22090 万吨，比上年增产 800 万吨，创历史新高。

天然气销售。国内销售天然气 2178 亿立方米，比上年增长 6%，其中终端销量 496.3 亿立方米，增长 6.9%，市场份额重回 60%以上，实现销量与份额双增长。高质量完成供暖季、迎峰度夏以及北京冬奥会等重点时段保供任务。

新能源。战略布局取得新突破，规模化发展全面提速。2022 年，获取清洁电力并网指标 1020 万千瓦，新增地热供暖面积 1006 万平方米，新增高纯氢产能 1500 吨/年。首支“绿氢”火炬点燃北京冬奥会赛场。新能源开发利用能力 800 万吨标准煤。

油田技术服务。全力保障油气增储上产，建成投用工程作业智能支持中心，完成二维地震采集作业 3.8 万千米，三维地震采集作业 8 万平方千米，钻井进尺 3147 万米，压裂工作量 7.1 万层段，测井作业 99460 井次。

2. 炼化销售和新材料。

炼油与化工。战略布局和转型升级取得重大突破，中国石油一次性投资建设规模最大的炼化一体化项目广东石化全面建成，吉林石化和广西石化大乙烯项目开工建设。2022 年，国内加工原油 16490 万吨，生产成品油 10574 万吨、乙烯 742 万吨，销售化工产品 3735 万吨。截至 2022 年底，中国石油国内拥有大型炼化一体化企业 8 家，千万吨规模炼厂 14 个。

新材料开发与应用。新材料提速工程取得显著成果，2022 年生产新材料产品 85.5 万吨，比上年增长 56.3%；开发化工新产品 119 个牌号，医用聚烯烃、溶聚丁苯橡胶（SSBR）、负极焦等多个产品形成工业产能。

成品油销售。成品油拓市营销成效明显，综合能源服务站数量较快增长，全国首款加油机器人投入商用。2022 年，中国石油实现国内销售成品油 10423 万吨，建成加氢站（综合能源服务站）23 座，增设充换电站 280 座。截至 2022 年底，中国石油国内运营加油站总数 22655 座。探索“油品＋商品＋服务”营销模式，实现非油收入 277.6 亿元。

**【走向海外】** 国际油气业务。在全球 32 个国家和地区开展油气业务。油气勘探获多项重要油气发现，巴西阿拉姆世界级大油田雏形展现，落实乍得和尼日尔两个亿吨级油气富集区；实现油气权益产量当量 10233 万吨，其中原油 7704 万吨、天然气 317.5 亿立方米，连续 4 年稳产 1 亿吨以上；西北、西南跨国油气管道输送原油 2128 万吨、天然气 510 亿立方米。

国际贸易。持续优化进口原油资源，推动进口管道气增供，优化现货 LNG 采购，签署中俄原油、中俄远东天然气购销协议。积极拓展海外份额油气销售渠道，统筹抓好成品油和化工产品出口，多措并举助力产业链顺畅运行。2022 年，中国石油完成贸易量 4.3 亿吨，保供降本增效职责有效履行。

**【重大创新】** 2022 年，中国石油关键核心技术攻关取得实质进展，两个原创技术策源地建设加快推进，超深超高压天然气勘探开发理论与技术、一键式人机交互 7000 米自动化钻机、聚 α—烯烃连续清洁生产成套技术等实现新突破。重大基础研究十年行动计划启动实施。知识产权管理办公室和 3 个支持中心组建成立，4 家新型研究院稳步启航，中国石油科协组建成立，提高油气采收率实验室入选首批 20 家国家重点实验室。牵头制定的国际标准 6 项、修订的国际标准 2 项正式发布。申请国内外专利 6862 件，获得授权专利 2625 件，获得第 23 届中国专利奖银奖 3 项、优秀奖 5 项。

**【支持和服务】** 2022 年，中油工程承担国内外油气田地面、炼油化工、油气储运等重点工程项目 81

项，获得国家优质工程金奖3项，跻身ENR国际十大油气工程承包商前三。装备制造企业推进设备改造和技术进步，石油装备产品出口至全球80多个国家和地区，宝石机械一键式人机交互7000米自动化钻机、7000型电驱压裂橇入选工业和信息化部与国家能源局首台（套）重大技术装备目录。海外大区公司按照新体制新机制，综合协调作用有效发挥。各研究咨询及服务机构围绕公司主业发展和提质增效，着力发挥支撑作用，取得新的工作成效。

**【资本和金融】** 2022年，中油资本发挥牌照齐全优势，积极推动产融结合向纵深发展，绿色金融租赁、新能源特色保单等一批新业务落地。昆仑资本基本建立市场化的治理结构和运行制度，紧密围绕新能源、新材料、新技术领域的产业投资取得多个突破，首个成果转化项目顺利启动，实现良好开局。

**【党建工作】** 2022年，中国石油把政治建设放在首位，严格落实"第一议题"制度，召开学习贯彻习近平总书记致大庆油田贺信精神三周年座谈会、贯彻习近平总书记重要指示批示精神座谈会暨第五届石油精神论坛，推动党史学习教育常态化长效化，"两个维护"更加自觉。推进基层党建"三基本"建设和"三基"工作有机融合，基层党组织战斗力执行力进一步提升。加强党风廉政建设和反腐败工作，强化"关键少数"监督，持续纠"四风"树新风，完成新一轮巡视巡察全覆盖，企业整治生态持续向好。1个单位获得全国五一劳动奖状，8人获得全国五一劳动奖章，12个集体被评为"全国工人先锋号"，大庆油田刘丽获选2021年"大国工匠年度人物"。截至2022年底，中国石油有基层党组织31582个，党员总数489507人，全年发展党员8575人。

**【信息化与数字化建设】** 2022年，中国石油"数智中国石油"建设有序推进，信息化补强工程全面启动，昆仑ERP系统单轨平稳运行。956100统一客服电话系统试运行效果良好，全球共享服务体系更加完善，专业云生态系统有力支撑主营业务发展，14家数字化转型试点取得一批重要成果，云网融合基础设施加快推进，网络安全防护体系进一步构筑。

**【履行社会责任】** 2022年，中国石油投入乡村振兴和社会公益资金6.66亿元，覆盖28个省份240个村，开展各类项目860个，派出挂职干部、驻村第一书记及工作队队员694人；海外涉及国家15个，援助项目220个。在定点帮扶10个县投入帮扶资金2.12亿元，实施项目93个。先后向北京、新疆、四川、内蒙古捐赠1.12亿元现金和防疫物资，助力防疫和赈灾工作。在17所高校设置"中国石油奖学金"，惠及在校学子685人；持续开展"旭航"助学项目，设立"旭航"班59个，资助家庭困难学生2894人。

（撰稿人：任洁江）

## 中国石油化工集团有限公司

**【基本概况】** 中国石油化工集团有限公司（以下简称中国石化）的前身是成立于1983年7月的中国石油化工总公司。1998年7月，按照党中央关于实施石油石化行业战略性重组的部署，在原中国石油化工总公司基础上重组成立中国石油化工集团公司，2018年8月，经公司制改制为中国石油化工集团有限公司。中国石化是特大型石油石化企业集团，注册资本金3265亿元，董事长为法定代表人，总部设在北京。中国石化对其全资企业、控股企业、参股企业的有关国有资产行使资产受益、重大决策和选择管理者等出资者的权利，对国有资产依法进行经营、管理和监督，并相应承担保值增值责任。

中国石化主营业务范围包括：实业投资及投资管理；石油、天然气的勘探、开采、储运（含管道运输）、销售和综合利用；煤炭生产、销售、储存、运输；石油炼制；成品油储存、运输、批发和零售；石油化工、天然气化工、煤化工及其他化工产品的生产、销售、储存、运输；氢气、太阳能、风能、地热新能源产品的生产、销售、储存、运输；新能源汽车充换电业务及相关服务；石油石化工程的勘探、设计、咨询、施工、安装；石油石化设备检修、维修；机电设备研发、制造与销售；电力、蒸汽、水务和工业气体的生产销售；技术、电子商务及信息、替代能源产品的研究、开发、应用、咨询服务；自营和代理有关商品和技术的进出口；对外工程承包、招标采购、劳务输出；国际化仓储与物流业务等。

截至2022年底，中国石化是中国最大的成品油和石化产品供应商、第二大油气生产商，是世界第一大炼油公司、第二大化工公司，加油站总数居世界第2位，居2022年《财富》“世界500强”第5位。

**【主要指标】** 2022年，国内外形势接连发生超预期变化，全球经济增长动能衰减，地缘政治波动加剧，油气价格宽幅震荡，市场需求大幅降低，中国石化生产经营遭遇前所未有的巨大挑战。面对严峻复杂局面，中国石化坚持以习近平新时代中国特色社会主义思想为指导，以“牢记嘱托、再立新功、再创佳绩，迎接学习贯彻二十大”为主线，全力稳运行拓市场、谋创新促发展、抓改革强管理、防风险守底线，全年实现营业收入3.37万亿元、比上年增长20.8%，利润总额1203亿元、比上年增长3.2%，净利润950亿元、比上年增长7.9%，圆满完成国务院国资委“两利四率”指标要求，经营业绩创历史最好水平、保持中央企业前列。

**【改革发展】** 2022年，中国石化多措并举促改革，企业管理效能持续彰显。全面完成深化改革三年行动，重点改革攻坚任务成效显著，易捷公司、镇海炼化、石化机械公司获评优秀“双百企业”，催化剂公司连续2年获评标杆“科改示范企业”。全面落实“两个一以贯之”，子企业董事会实现应建尽建，经理层成员任期制和契约化管理实现全覆盖，30户企业建立职业经理人制度。对标世界一流管理提升行动任务全面完成，加快建设世界一流企业实施方案制定发布，战略型集约化财务管控体系建设取得实质性进展，审计体制机制改革持续深化，公司管理能力和水平有效提升。稳妥应对乌克兰危机、疫情反复、全球通胀、油价震荡等各方面影响，守住不发生系统性风险的底线，合规管理水平显著提升。

**【重大创新】** 2022年，中国石化自立自强抓创新，科技攻关成果不断涌现。高质量推进国家战略科技攻关任务，国内首条万吨级48K大丝束碳纤维全国产化生产线建成投产，自主旋转地质导向钻井系统整体达到国际先进水平，POE、PVA光学膜、高等规聚1-丁烯、氦气提取、高温导热油等“卡脖子”技术取得重大突破，特深层油气勘探开发及工程、老油田大幅度提高采收率、页岩油气地质工程一体化、规模化绿电制绿氢、原油直接裂解制乙烯等关键核心技术攻关取得新进展。持续加强基础研究到工业应用的贯通式创新，成为国务院国资委首批原创技术策源地企业、氢能应用产业链链长。全年申请专利10136件，获授权专利7502件；7件专利获得第23届中国专利奖，其中获得金奖1项，连续4年在中央企业专利质量排名中居首位，专利综合优势保持中央企业领先。积极推进数字化转型专项行动计划落地，以“工业互联网+”、人工智能等10余项国家试点示范项目引领行业数智化发展。

**【生产经营】** 2022年，中国石化全力以赴保运行，生产经营质量显著提升。国内上游大力落实七年行动计划，石油探明储量再上2亿吨，油气产量当量创历史新高。境外上游净利润和现金流实现“两个200亿”奋斗目标，经营业绩创近年来最好水平。炼油狠抓贸易、储运、生产三方协同，紧贴市场推进一体运行优化，产业链韧性充分彰显。化工全方位统筹优化原料、装置、产品结构，三大合成材料高附加值产品比例稳中有升，煤化工提质增效势头良好。油品销售有效应对市场消费大幅下降压力，全力承接配置资源、提高集采统采比例，有力稳住产业链运行、守住市场份额。炼油销售、化工销售、催化剂、石油工程、炼化工程等业务均取得较好经营业绩。

**【转型发展】** 2022年，中国石化产业结构调整加快推进。重点油气产能建设项目加快推进，东营原油库迁建工程顺利投产，百万吨级CCUS项目投入商业运营，LNG接收站和储气库建设扎实推进。镇海一期、九江芳烃全面投产，海南乙烯建成中交，古雷炼化一体化项目实现商业运营，一批补链延链项目和化工新材料项目加快推进。新疆库车绿氢示范工程主体建成，建设和运营加氢站数量居全球首位，风电、光伏、地热等发展势头良好，成功组建国内首个碳全产业链科技公司。与卡塔尔签署27年LNG长约、列入中阿首脑峰会成果，与英力士签署一揽子合作协议，成功进入泰国成品油终端市场。

**【党建工作】** 2022年，中国石化聚焦学习贯彻党的二十大和习近平总书记视察胜利油田重要指示精神，系统研究当前和未来一个时期重点任务，明确提出新征程上中国石化的新使命新任务，部署实施高质量发展行动，动员广大干部员工满怀信心谱写中国式现代化石化新篇章。扎实开展"牢记嘱托、再立新功、再创佳绩，迎接学习贯彻二十大"主题行动，锚定45项重点任务不放松，众志成城打赢生产经营攻坚战、科技创新突围战、深改行动收官战、疫情防控阻击战、安全生产保卫战，公司上下一盘棋应变局本领显著提升，搞好中国石化的志气、骨气、底气极大增强，捍卫"两个确立"、做到"两个维护"的思想自觉、政治自觉、行动自觉极大增强。

**【履行社会责任】** 2022年，中国石化积极履行社会责任，"党和人民好企业"形象更加彰显。千方百计筹措能源资源，持续提升供暖季天然气供应总量，护航亿万家庭温暖过冬。积极探索央企特色助力乡村振兴模式，定点帮扶成效考核连续5年获评"好"。出色完成"飞扬"火炬牵头量产，高纯氢点亮"鸟巢"主火炬，服务保障北京冬奥工作赢得各方点赞。在抗击疫情、抢险救灾等急难险重任务中冲锋在前，多次立功受奖。深入实施"春蕾加油站""司机之家""爱心驿站"等公益项目，减免房租为中小企业和个体工商户纾困解难，农民工工资得到充分保障，民企清欠实现全面清理，"工装援疆"行动受到国务院国资委肯定。

（撰稿人：单新东）

## 中国海洋石油集团有限公司

**【基本概况】** 2022年，中国海洋石油集团有限公司（以下简称中国海油）深入学习贯彻习近平新时代中国特色社会主义思想和党的二十大以及中央经济工作会议精神，认真贯彻落实习近平总书记重要指示批示精神和党中央、国务院重大决策部署，积极应对新冠疫情、国内经济下行、国际形势突变等严峻复杂挑战，勇担使命，笃行实干，紧紧抓住国际油价上行的有利时机，统筹疫情防控和生产经营，统筹发展和安全，全力推动增储上产、企业改革、科技创新、风险防范、党的建设等各项重点工作，公司生产经营业绩再创历史最好水平，为保障国家能源安全和国民经济稳增长贡献海油力量。

一是油气勘探开发再创佳绩。2022年，中国海油坚持以寻找大中型油气田为目标，国内近海获商业和潜在商业发现21个，成功评价含油气构造30个，国内新增石油探明地质储量3.28亿吨，新增天然气探明地质储量1450亿立方米。油气总产量1.2亿吨油当量，创历史新高。渤海油田保持国内第一大原油生产基地，南海东部油田产量跨上2000万吨新台阶，海外油气大幅增产16%，实现国内国外双丰收。国内原油、天然气分别比上年增产339万吨、27亿立方米，国内原油增量占全国原油总增量的61%，增量占比连续4年居国内首位，保障国家能源安全"主力军"作用更加凸显。

二是专业技术服务水平及作业能力不断提升。2022年，中海油服良好的经营业绩得到资本市场认可，获得2022杰出品牌形象奖等多项大奖，自主研发的"璇玑"旋转导向及随钻测井系统实现进尺"千·百万"（千井次作业、百万米钻井进尺）里程碑，建成并投产首条该系统智能加工生产线，标志着我国高端油气钻井技术实现重大跨越；攻克235℃超高温大满贯、205℃高温电成像等28项电缆测井关键核心技术，实现大规模商业化应用。海油工程实施大型工程项目53个，"11+3"产能建设任务10个项目提前完工，累计提前工期255天；圆满完成亚洲第一深水导管架"海基一号"建设任务，推动我国深水超大型导管架成套关键技术和安装能力达到世界一流水平。海油发展持续聚焦主责主业，坚持做强做优做特，持续提升"技术+装备/产品+服务"的一体化服务能力，提高采收率业务核心能力显著增强，国内燃气、石化产品实现"双百万吨"销量里程碑。

三是炼化产业不断优化升级。中海炼化实施惠州石化质量升级、大榭石化四期、大榭石化聚丙烯等升级改造项目，"宜油则油，宜化则化"步伐得到持续加速。延伸发展战略性新兴产业，加快由传统炼油和大宗化工原料生产向高端化、差异化的化工产业转型升级；积极推动传统加油站向油气电氢综合能源站转型，累计投运综合能源站61座；围绕海洋原油特色资源发展高端化工产品，以"中海油36—1"重交道路沥青、"海疆润滑油"等为代表的产品得到行业和市场高度认可。中海化学加快推进化工新材料业务布局，丙烯腈项目顺利建成投产；积极响应国家化肥保供稳价要求和乡村振兴及绿色农业发展战略，克服困难全力增产增销；在国内首创“通过政企合作实现去中间环节的农企直供模式”，实现农民减负增效、企业增利；扎实做好钾肥进口和国储投放工作，完成中央化肥保供稳价任务，多次得到中央部委和地方政府肯定。

四是天然气及发电业务持续为国内稳定贡献清洁能源。中国海油积极推进天然气产供储销体系建设，统筹推进天然气基础设施建设和布局优化，充分发挥公司天然气产业链一体化优势，为建设能源强国，努力实现能源发展和绿色、低碳目标协同共进。2022年，公司实现LNG进口量2669万吨；天然气销量614亿立方米，市场份额居全国第2位。气电集团充分发挥天然气保供“压舱石”作用，全力做好全球LNG资源获取工作；开工建造12艘LNG运输船，增强国际贸易灵活性和可靠性。坚定履行天然气与电力保供社会责任，对广东、浙江、福建、海南四省兜底保供，积极响应周边省份和华北地区保供需求，获得国家部委和地方政府赞誉。大力推进储气能力建设，基础设施支撑保障能力不断增强。

五是新能源产业培育步伐稳步推进。中国海油持续推进新能源领域布局及技术研究，积极发展海上风电，择优发展陆上风光等产业，努力实现经济建设与生态环境和谐统一。2022年，海上风电累计投运82.5万千瓦，发电5.74亿千瓦·时，完成绿电替代3.04亿千瓦·时。积极探索研究形成海上风电与海上油气、天然气发电融合发展核心策略，制定形成《海上风电与油气田融合发展安全标准》等多个融合发展方案。公司“海南CZ 7”海上风电示范项目获得海南省核准并完成投资决策，北部湾综合能源开发方案获得地方政府认可，国内海上首个千万吨级二氧化碳封存示范工程大亚湾区CCS/CCUS集群联合研究项目高效启动，文昌深远海浮式风电示范项目组装工作有序推进，首个深远海浮式风电平台——“海油观澜号”完成浮体总装，蓬莱清洁能源综合利用项目取得进展，甘南“牧光互补”项目工程建设积极推进，绿色低碳生产新格局加快构建。

六是金融服务板块支撑集团公司稳健发展。金融服务板块依托集团产业发展，不断深化产贸融结合，持续加强风险管控，积极创新服务模式，拓展服务网络，优化信息系统，努力打造金融服务品牌，金融资产质量和盈利能力持续提高。

公司在2022年《财富》“世界500强”企业排名第65位；控股的中国海洋石油有限公司在2022年全球能源企业250强排名第11位、全球油气公司品牌价值50强第13位。公司主要经营业绩指标居中央企业前列，连续18年、6个任期获评国务院国资委中央企业负责人经营业绩考核A级。

**【主要指标】** 2022年，中国海油生产原油9156万吨、天然气371亿立方米，其中国内生产原油5204万吨、天然气253亿立方米；加工原油3564万吨，生产成品油1462万吨、乙烯206万吨、化肥367万吨；进口LNG 2669万吨，天然气发电218亿千瓦·时。实现营业收入11083.12亿元，利润总额2313.90亿元，净利润1703.54亿元；利税总额2191.64亿元。截至2022年末，公司资产总额15133.53亿元，净资产10302.42亿元，资产负债率控制在31.92%，比上年末下降3.83个百分点；全员劳动生产率583.13万元/(人·年)，总资产报酬率16.60%，国有资本保值增值率120.28%。

**表1　2022年中国海洋石油集团有限公司主要经济指标**

| 项　目 | 2021年 | 2022年 | 比上年增长(%) |
|---|---|---|---|
| 资产总额(亿元) | 13299.68 | 15133.53 | 13.8 |
| 所有者权益(亿元) | 8544.58 | 10302.42 | 20.6 |
| 营业收入(亿元) | 8186.76 | 11083.12 | 35.4 |
| 利润总额(亿元) | 1201.14 | 2313.90 | 92.6 |
| 净利润(亿元) | 875.56 | 1703.54 | 94.6 |
| 归属于母公司所有者的净利润(亿元) | 592.36 | 1142.72 | 92.9 |
| 利税总额(亿元) | 1006.40 | 2191.64 | 117.8 |
| 应缴税金总额(亿元) | 974.69 | 1736.26 | 78.1 |
| 全员劳动生产率[万元/(人·年)] | 354.74 | 583.13 | 64.4 |

续表

| 项　目 | 2021 年 | 2022 年 | 比上年增长(%) |
| --- | --- | --- | --- |
| 净资产收益率(%) | 10.65 | 18.08 | 增加 7.43 个百分点 |
| 总资产报酬率(%) | 9.63 | 16.60 | 增加 6.97 个百分点 |
| 国有资本保值增值率(%) | 109.48 | 120.28 | 增加 10.80 个百分点 |

**【改革发展】**　2022 年，中国海油按照国务院国资委的部署安排，扎实推进国企改革三年行动，公司竞争力、创新力、控制力、影响力、抗风险能力切实增强，为加快建设中国特色国际一流能源公司提供强劲的发展动能。截至 2022 年底，集团改革三年行动实施方案 72 项改革任务 130 个改革举措、所属单位 1045 项改革任务全面完成，在国务院国资委考核中获评 A 级。完善中国特色现代企业制度，不断推进公司治理体系和治理能力现代化，公司获评国务院国资委“国有企业公司治理示范企业”、董事会工作评价考核 A 级。加快产业布局优化结构调整，公司桶油完全成本在国内外同行业中保持领先地位，成本费用利润率创七年来最好水平；加快培育绿色低碳产业，江苏盐城“绿能港”等一批绿色低碳项目建成投产，规模化获取海南东方、福建漳州等海上风电资源。积极稳妥推进混合所有制改革，中国海洋石油有限公司成功实现红筹回 A，中国海油所属 5 家控股上市公司构建起以油气主业为核心、专业公司协同发展的上市公司格局；积极创新混合所有制改革模式，推动垦利油田群、“乌石 17－2”油田群合作开发项目，树立“中中合作”新典范。“瘦身健体”提质增效，中国海油实际运行的各级实体企业压缩至 300 余户；提前完成“两非”剥离、“两资”清理任务，先后退出盐化工、煤化工等非主业非优势业务，持续“瘦身健体”；加强参股公司管理，完善投管退长效管理机制；推进退休人员社会化管理工作，实现剥离国有企业办社会职能解决历史遗留问题全面收官。深化国有资产监管体制改革，集团总部管控模式优化调整为“战略＋核心运营”，明晰集团与业务板块、所属单位功能定位和权责界面，实施差异化的授权放权；推进总部机构精简优化，将总部部门由 17 个精简至 13 个，总部编制压减 20%。推进国企改革专项工程，推动海油发展天津院、常州院、海油工程深圳水下技术公司“小切口、大布局”开展“科改示范行动”。海油发展天津院在国务院国资委改革专项考核评估中获评“标杆”，海油发展常州院入选“科改示范企业”改革样本；推动中海油服、海油发展安技服公司“强体魄、增活力”深化“双百行动”。中海油服和海油发展安技服公司入选国务院国资委《改革样本：国企改革“双百行动”案例集》，在国务院国资委改革专项考核评估中均获评“标杆”。

**【重大项目】**　2022 年，中国海油国内上游在建项目 47 个，建成投产项目 18 个，新增国内上游高峰产能 944 万吨，提前投产累计 207 天，额外贡献产量 26 万吨油当量，累计贡献产量 85 万吨油当量。累计完成钢材加工量 37.7 万吨，比上年增长 12%，投入船舶 2.2 万船天。其中，亚洲第一超深水导管架平台陆丰 15－1“海基一号”于 2022 年 9 月 30 日建成投产，中国海油完整掌握深水超大型导管架平台制造、安装的成套关键技术，构建中深水区开发新模式；我国最长煤层气长输管道神木－安平煤层气管道工程提前 5 个月建成投用，打通晋陕地区天然气外输通道，为京津冀地区天然气保供提供新的助力，对践行碳达峰碳中和目标意义重大；乐东 22－1 和锦州 31－1 两个示范项目顺利投产，我国自主研发的首套深水和浅水水下生产系统均实现从“0”到“1”的突破。2022 年，国内中下游在建项目 16 个，完成考核里程碑 72 项，项目运行总体平稳，基本实现全年工程建设任务。其中，全球最大 6 座 27 万立方米江苏 LNG 储罐成功气压升顶，浙江 LNG 二期项目获得 2022 年度国家优质工程奖，盐城“绿能港”一期工程获评 2022 年度央企十大超级工程。

**【走向海外】**　2022 年，中国海油深入实施国际化发展战略，持续深化对外合作，优化全球业务布局，业务遍及六大洲 40 多个国家和地区。能源合作和资源获取进一步深化，全年海外原油产量 3952 万吨、天然气产量 118 亿立方米。中海油服重塑市场与国际业务系统职能，海外市场开拓厚积薄发，在中东市场获得多份钻井平台服务长期合同，合同金额约 140 亿元；中标伊拉克东巴格达南油田32口井钻井总包项目和艾哈代步油田修井机日费项目，在加拿大斩获大额度钻完井一体化服务合同，增产业务在印度尼西亚实现重要突破，物探业务重返东南亚市场，公司开启印度尼西亚区域全业务发展新征程。海油工程在亚太、中东非洲、美洲欧洲3个重点区域市场，着力推动海上油气田工程总包、陆上油气田地面工程建设、大型平台和浮体设施EPC等7项海外业务建设；交付壳牌企鹅FPSO项目，全面系统掌握系列化船型FPSO建造和总装能力；交付加拿大LNG项目26个模块，模块化制造能力得到国际市场广泛认可；承揽巴油P79上部模块建造项目，入围巴油FPSO EPC总承包商资格，拿到进军南美浮体市场的入场券。海油发展坚持"聚焦主业，倚内拓外"的发展策略，在中东、非洲、北美等区域取得积极进展，米桑改扩建项目、加拿大检维修项目，为油田增产稳产保驾护航；海龙品牌电潜泵、化学药剂成功"出海"。气电集团发挥自身LNG资源优势，积极拓展天然气板块海外业务空间，择机采购优质长期资源。2022年，完成北极2项目、马石油项目、卡塔尔项目、维吉项目长期LNG资源购销协议签署，为保障国内用气奠定坚实基础。国际运力建设不断加强，公司招标建造12艘LNG运输船，增强国际贸易灵活度。中海油国贸聚焦资源获取和市场开拓"两个突破"，充分发挥全球营销网络优势，着力推动"销贸用储运融"一体化转型，全面开启加快建设世界一流企业新征程。2022年，实现油品贸易量1.14亿吨，经营管理取得较好业绩。

**【重大创新】** 2022年，中国海油全面落实创新驱动发展战略，全力打好关键核心技术攻坚战，自主创新能力持续提升。不断完善关键核心技术攻关体系，分4批布局关键核心技术攻关，在多个重要领域实现从"0"到"1"的突破，初步建成覆盖"水面、水中、水下、井下"的海洋油气技术和装备体系。原创技术策源地建设取得积极进展，围绕海上油气资源勘探开发关键领域，梳理"卡脖子"技术图谱，编制形成策源地实施方案并通过部委审核，确立攻关八大子领域的总体布局。科技支撑增储上产，"七年行动计划"重大科技专项稳步实施。2022年，支撑新增探明储量原油3.08亿吨、天然气585亿立方米，实现产量4335万吨油当量，为公司成为我国油气增储上产的"主力军"提供坚强科技支撑。科技助力转型升级和低碳发展，持续推进LNG产业链技术创新，全面推动超大型储罐投用；加快新能源和CCUS技术攻关及示范，开展新型浮式风电基础研究等；进一步拓展炼化产业科技成果工业化应用，原油/重油直接制化学品（DPC）碱催化技术达到国际领先水平，我国首创柴油吸附分离技术首次实现百万吨级和成套技术全流程应用。持续优化完善科技创新体系，编制实施海洋工程技术研发中心建设方案，完成"十四五"科技和网信规划滚动预测，不断增强规划引领作用；持续完善前瞻基础研究布局，编制基础研究十年计划；稳步推进创新平台建设，积极融入以国家实验室为核心的国家科研体系；推动海洋油气高效开发、海洋天然气水合物2个国家重点实验室重组，海洋油气勘探国家工程研究中心获批转入新序列管理；完成中国海油液化天然气与低碳技术重点实验室的评估认定，集团级重点实验室体系实现从上游向中游板块拓展；优化科研资源配置及管理职能，加快整合中下游领域科技资源，探索制定深水工程技术中心建设方案，成立中国海油科学技术协会，聚焦勘探开发主战场筹建2个院士工作站，组建知识产权研究与运营中心。深化科技体制机制改革，编制发布中国海油科技体制机制改革三年攻坚方案；深入推动以"项目长负责制"为核心的科研管理新模式，以研究总院为试点启动"赛马制"科研攻关制度；搭建"海油众创"直通平台并优选出100项首批实施项目，有效拓展创新渠道、释放众创活力。进一步强化奖励体系及评价机制构建，持续开展科信管理制度体系细则制（修）订，切实提高集团科信管理效能。2022年，中国海油科研投入103亿元，公司被国务院国资委评选为2019—2021年任期"科技创新突出贡献企业"；发布国际标准1项、国家标准6项、行业标准5项、团体标准3项、企业标准107项；获授权专利1986件，其中发明专利809件。

**【党建工作】** 2022年，中国海油各级党组织将学习宣传贯彻党的二十大精神作为当前及今后一个时期的首要政治任务抓好抓实，推动党的二十大精神落实到公司党的建设、改革发展、生产经营全方位、各环节。始终坚守政治忠诚。扎实开展"建功新时代，喜迎二十大”主题活动，大力推进“三大工程、一个行动”，全面启动“四个中心”建设，把习近平总书记“4·10”殷切嘱托转化成团结奋斗的自觉行动，中国海油油气净产量、销售收入和净利润等主要指标均创历史新高，极大增强海洋石油人“碧海丹心、能源报国”的志气、骨气、底气，增强捍卫“两个确立”、做到“两个维护”的思想自觉、政治自觉、行动自觉。始终强化政治功能。扎实开展党的二十大精神学习宣传贯彻，全系统上下广学深学树牢政治意识，实干笃行坚定能源报国初心，把牢政治信仰总开关；不断完善党建责任考核体系，深入实施“融合深化工程”，扎实开展支部达标升级，不断增强党组织政治功能和组织功能；开展青年素养提升工程，庆祝建团百年系列活动，凝聚磅礴青春力量。始终压实政治责任。深入贯彻习近平总书记关于全面从严治党的重要论述，深入贯彻落实总书记在十九届中央纪委六次全会上的重要讲话和全会精神，坚决履行全面从严治党主体责任，深入推进党风廉政建设和反腐败斗争，“两个责任”落实更加有力；严明政治纪律政治规矩，严肃党内政治生活，一体推进“不敢腐、不能腐、不想腐”，惩防治理效能显著提升；不断深化政治巡视，实现所有二级单位党委巡视全覆盖，巡视利剑作用更加彰显；以“钉钉子精神”持续整治形式主义、官僚主义，以永远在路上的执着持之以恒推进作风建设，新风正气更加充盈，为中国海油高质量发展迈出坚实步伐提供坚强保证。

**【信息化建设】** 2022年，中国海油深入贯彻习近平总书记关于网络强国的重要思想，持续加快数字化转型智能化发展步伐，圆满完成以“智能油田”“智能工程”“智能工厂”为代表的国资委数字化转型示范建设，集团信息化工作取得丰硕成果。稳步推进数字化基础设施建设，开展集团SDN智能骨干环网建设，深入推进IPv6内网改造，加强集团专网建设管理，拓展完善海油云平台基础支撑能力；全力实施北斗三年行动计划，集团整体北斗覆盖率88%；持续推进有限天津、海南、上海等单位5G专网建设应用，强化生产厂区网络支撑能力。统筹推动数字化转型工作，高效完成6家数字化转型示范工程建设，加快培育若干个数字化转型新场景；“秦皇岛32－6”、东方气田群等智能油气田运行平稳，恩平油田首次实现台风模式生产，天津临港基地建成我国首个海洋工程装备数字化智能制造基地，惠州石化建成国内首个“双频5G＋工业互联网”智能炼厂；稳步实施“恩平10－2”等一批海上平台少人化、无人化和智能化建设项目，海上平台无人化率13.6%；工业和信息化部工业互联网标识解析项目顺利通过国家验收。全面推进数据治理，编制修订数据规范和管理制度文件，促进业务流程规范化；正式启动经营管理数据治理，全面实施勘探开发数据治理工作，实现业务数据源头采集常态化。加强管理信息化应用，完成集团ERP系统技术升级；推进供应链数字化平台建设，启动财务一体化数智平台建设，财务共享实现海外业务上线；海油商城累计交易额超过1万亿元；强化国资在线监管系统应用拓展，审计、监督、巡视巡察等信息化系统日趋完善；加强疫情防控信息化支持服务，有力保障疫情防控期间公司生产经营和员工居家办公。强化网络安全管理，深入开展网络安全检查检测和专项整治，有效组织完成突发海外网络安全事件应急处置；优化集团网络安全体系顶层设计，推进集团安全运营中心、跨境数据安全保护等重点项目实施，开展国务院国资委能源工业互联网平台工控安全态势感知接入，提高防范化解重大网络安全风险能力。

**【履行社会责任】** 2022年，中国海油积极履行社会责任，始终坚持以人民为中心，全力建设“理想信念坚定、共同愿景美好、职业发展清晰、福利保障完善、安全管理先进”的人本理念践行示范中心，推动公司发展成果与员工和社会共享。2022年，公司以中国海油公益基金会为平台，在公益事业上倾情投入，持续助力乡村振兴，投入帮扶资金超过1.3亿元，扎实做好5个县市的定点帮扶以及西藏尼玛县的对口支援工作，探索打造乡村振兴样板新标杆，在中央单位定点帮扶工作考核中连续5年获最高评价“好”。积极参与社会公益慈善事业，中国海油公益基金会被评为“AAAA级社会组织”。以构建和谐矿区、和谐企业、和谐社会为目标，全面推动中国海油青年志愿者工作向规范化、社会化、品牌化发展，打造并维护“蔚蓝力量”志愿服务品牌。广大“蔚蓝力量”青年志愿者积极践行蔚蓝承诺，积极投身疫情防控志愿服务，开展社会公益、生态文明和环境保护等志愿活动，充分彰显能源央企的大爱与担当。积极践行“服务社会、创造和谐、造福于民”的承诺，建立与社区定期沟通交流机制，认真倾听当地政府和社区居民的合理化建议，新建项目环境和社会影响评估比例100%。始终以开放姿态融入全球，秉持共商、共建、共享的原则，深化拓展与“一带一路”沿线国家在产业链各领域的务实合作，与所在国政府、合作伙伴和当地民众共创机遇、共谋发展，带动当地就业，增进民生福祉，形成相互促进、相得益彰的合作共赢格局，为促进全球可持续发展、构建人类命运共同体作出海油贡献。

（撰稿人：万友元）

## 国家石油天然气管网集团有限公司

**【基本概况】** 国家石油天然气管网集团有限公司（以下简称国家管网集团）是国有资本控股、投资主体多元化的有限责任公司，注册资本金5000亿元，2019年12月9日正式挂牌成立，主要从事油气干线管网及储气调峰等基础设施的投资建设和运营，负责干线管网互联互通和与社会管道联通，以及全国油气管网的运行调度，定期向社会公开剩余管输和储存能力，实现管网基础设施向用户公平开放，促进加快形成上游油气资源多主体多渠道供应、中间统一管网高效集输、下游销售市场充分竞争的“X＋1＋X”油气市场体系，提升我国油气能源供应保障能力，更好保障国家能源安全和经济安全。截至2022年底，国家管网集团运营管道10.11万千米，其中天然气管道5.47万千米、原油管道2.14万千米、成品油管道2.50万千米，管网覆盖全国30个省（自治区、直辖市）和香港特别行政区，拥有储气库8座、LNG接收站7座；资产总额9219亿元，资产负债率36.1%。

**【主要指标】** 2022年，国家管网集团坚决贯彻习近平总书记关于“疫情要防住、经济要稳住、发展要安全”重要指示精神，直面世纪疫情延宕反复、全球多重危机叠加等严峻挑战，全面落实中央企业提质增效专项行动部署，统筹做好生产经营、改革发展、党的建设和疫情防控等各方面工作，取得优异经营绩效。全年实现主营业务收入1122亿元、比上年增长11.2%，净利润319亿元，比上年增长7.2%；税费204亿元，净资产收益率5.4%，全员劳动生产率277.5万元/（人·年），国务院国资委“两利四率”考核指标均超额完成。全年管输天然气2055亿立方米、原油24873万吨、成品油7896万吨，分别比上年增长7.3%、1.0%、1.9%；LNG加工量1457万吨，气化入网增长10.2%；储气库注采气量53.7亿立方米，比上年增长26.7%；主营业务除LNG跑平大势外全部跑赢大势。

**【改革发展】** 2022年，国家管网集团深入践行创新发展理念，坚持把改革创新摆在公司发展全局的核心位置，努力向改革要活力、向创新要动力。坚持以市场化方式推进省级管网融入，浙江省网正式纳入公司管理，与黑龙江、山东等地方的省网合作顺利推进，在打通“全国一张网”堵点上取得新进展。坚持“以我为主”推进管网重组整合遗留问题解决，完成与中国石化9座原油站场及附属设施的资产交割，完成中国石油31条再议支线收购，管网基础设施结构功能得到提升，“全国一张网”构建取得新进展。持续深化内部改革，按照“一张网、一中心、一公司”的管控准则，蹄疾步稳推进“市场化、专业化、区域化、共享化”内部整合协同改革试点，“1＋6＋1”油气调控一体化改革平稳实施，注册成立山东省公司，“运维中心—作业区”两级管理试点形成可复制的经验，华北、华东两个区域市场经营中心开张运营，管道运营企业机构总量压减8%，建设项目管理分公司整合新气管道公司顺利进行，智网数科公司、共享运营公司、工程质量监督检验公司相继成立，财务垂直管理有序进行，运营型管控初具雏形，改革三年行动高质量收官，对标世界一流管理提升行动扎实推进，公司内生活力和发展动力有效激发。

**【重大项目】** 2022年，国家管网集团认真贯彻党中央关于全面加强基础设施建设的重大部署，统筹推进重大工程建设。坚持战略规划引领，建立以五年规划为统领、以天然气“全国一张网”发展规划等为支撑的“1＋4”滚动规划体系，带动管网投资适度超前安排，全年完成投资1263亿元，比上年增长32％，国有企业的经济“稳定器”“压舱石”作用充分彰显。迎难而上推进工程建设攻坚，克服疫情汛情造成大量焊接机组停工、管材物资断供的巨大影响，协调地方政府打通绿色通道，用好国家部委例会工作机制，保证重点项目建设进度，贯彻落实习近平总书记视察山东重要讲话精神的具体行动——东营输油站迁建工程一次投产成功，中俄东线天然气管道工程南段（安平—泰兴）、董家口—东营原油管道、东北地区最大天然气枢纽压气站——沈阳联络压气站正式投运，川气东送管道增压工程（二期）全面完成，中俄东线天然气管道工程长江盾构隧道提前1年贯通，西气东输四线、西气东输三线中段等能源大通道工程打火开焊，一批储气库和LNG接收站项目加速推进，全年完成可研项目63个，总里程8639千米，完成焊接里程3557千米，具备投产条件里程2797千米，焊口无损检测一次合格率98.2％，超额完成年度任务。

**【重大创新】** 2022年，国家管网集团贯彻科教兴国战略，加快构建科技创新生态体系，强化科技攻关组织，完善揭榜挂帅、闸门式管理机制，十大重点研究任务取得积极进展，大型天然气管网在线仿真软件、高钢级管道环焊缝失效机理等研究取得阶段性成果，设备设施国产化替代多点开花，成功申报国家重点研发计划项目3项，全国重点实验室申报进展顺利，管网标准体系初步建成，新立项国际标准2项，制定国家标准2项，申请发明专利188件，科技成果转化创效近3亿元。扎实推进数字化转型，建立形成具有管网特色的流程架构，完成流程开发及阶段试运行，上线制程管理平台，健全数据治理体系并形成统一数据湖，“工业互联网＋安全生产”应用试点取得成效，资产完整性管理、合同归集等系统项目建成投用，数字赋能作用初步显现。坚决落实“双碳”战略，“双碳”计划有序推进，甲烷排放管控、放空回收试点、节电优化等取得新成效，在役管道混氢输送、超临界二氧化碳管输技术攻关稳步推进，非金属管道、非常规介质管输等基础前沿技术启动探索，形成多项新能源技术国标草案。

**【党建工作】** 2022年，国家管网集团学习宣传贯彻党的二十大精神取得初步成效，广大党员干部员工对“两个确立”决定性意义的领悟更加深刻，“两个维护”更加坚决，用习近平新时代中国特色社会主义思想和党的二十大精神武装头脑、指导实践、推动工作的思想自觉和行动自觉更加坚定。党的领导和党的建设全方位加强，党建工作“做出特色、走在前列、形成品牌”取得积极进展，各级党组织和党员队伍作用有效发挥，引领保障管网高质量发展的红色引擎更加强劲，首次参加中央企业党建责任制考核实现开门红。高质量完成习近平总书记重要指示批示精神再学习再落实再提升活动，深化运用“学思践悟验”党建工作五步法推动“第一议题”走深走实，党员干部队伍的政治判断力、政治领悟力、政治执行力持续增强。党组（党委）加强自身建设的十项举措落实到位，引领带动全集团党的建设质量不断提升。加强各级领导班子和干部队伍建设，完成全集团人才盘点，重点站队长岗位纳入集团公司管理，选拔交流集团公司关岗人员、直属单位领导班子力量得到增强，干部队伍结构得到优化。做好宣传思想工作，以“夯基行动”带动形势任务教育扎实有效开展，基层准军事化管理试点成效明显，管网改革故事登上中央电视台《对话》栏目，《求是》《人民日报》刊发管网文章，凝聚起在新时代新征程上团结奋斗、建功管网的强大精神力量。推进基层党建专业化分工、标准化建设、网络化集成，选树集团公司第一批“标杆党支部”，深化拓展“六共建五创优”活动，基层战斗堡垒不断筑牢。弘扬工匠精神，成功举办首届输油气工大比武，营造基层员工比学赶超、争做贡献的浓厚氛围。保持正风肃纪反腐高压态势，高质量完成巡视全覆盖，驰而不息反“四风”树新风，制定实施整治形式主义突出问题为基层减负的“二十条措施”，坚持“三不”一体推进、标本兼治深化反腐败斗争，营造风清气正的政治生态。

**【油气能源保供】** 2022年，国家管网集团完善市场经营体系，统筹建“中台”与强“前台”，上线开放服务和管容交易平台，推广“一票制”联运结算，推出“储运通”新产品，搭建客户经理体系，开展首次管输服务集中受理和客户现场撮合，利用进博会做好市场推介，全年新增托运商47家、上下载点46个，原油管道对外开放增输690万吨，成品油管道加大联运扩距、完成第三方资源入网第一单，与国际大型能源托运商实现直接商务合作，撬动全国天然气上游和下游市场主体分别增至35家和超过3000家。落实冬季天然气保供调度协调主体责任，积极应对国际能源价格高企、进口LNG和中亚气大幅下降等不利局面，突出强化组织领导，动态研判市场需求与资源供给，密切跟踪和协调上游企业增产增购增供，推动入网资源比上年刚性增长7.4%。立足管网超前做好冬季保供工作，有效实施“冬夏一体化”保供模式，巩固拓展迎峰度夏战果，提升关键设备运维水平，畅通“俄气进京”等通道，提前组织储气库超进度注气，采购充足的应急资源，主力LNG接收站具备全天候靠泊接卸能力，提升应急储备气至8亿立方米、储气库工作气量至28.9亿立方米、管网冲峰能力至8.8亿米$^3$/天，牢牢掌握冬季保供主动权。坚持做足应急准备，加强与上级部委和上游企业对接，做细做实冬季保供方案，逐项靠实地方政府和上游企业的“压减”清单，狠抓合同执行，强化预案演练，做好高峰期平稳有序供气各项准备，确保高质量完成天然气冬季保供任务。

（撰稿人：牛立圆）

## 国家电网有限公司

**【基本概况】** 国家电网有限公司（以下简称公司）成立于2002年12月29日，是中央直接管理的国有独资公司，以投资建设运营电网为核心业务，是关系国家能源安全和国民经济命脉的特大型国有重点骨干企业。公司经营区域覆盖我国26个省（自治区、直辖市），供电范围占国土面积的88%，供电人口超过11亿人。公司在2022年《财富》“世界500强”排名第3位，连续18年获评国务院国资委业绩考核A级，连续10年获标准普尔、穆迪、惠誉三大国际评级机构国家主权级信用评级，连续7年居中国500最具价值品牌第1位，连续5年居全球公用事业品牌50强榜首。

**【主要指标】** 截至2022年底，公司资产总额4.91万亿元，营业收入3.56万亿元，实现利润792.8亿元，资产负债率55.4%。全年发展总投入5609亿元。累计完成电网投资4.55万亿元，建成特高压输电工程31项，110(66)千伏及以上输电线路长度、变电（换流）容量分别较2012年增长70%、110%，跨省跨区输电能力2.6亿千瓦、提高1.8倍，并网装机容量20亿千瓦、提高1.3倍。完成售电量5.44万亿千瓦·时，比上年增长5.2%。公司经营区风电、光伏装机容量超过6亿千瓦，位居全球第一，新能源利用率保持在97%以上。

**【改革发展】** 加强党的领导，完善中国特色现代企业制度。建立以公司章程为基础，由党组工作规则、董事会议事规则、董事长专题会议规则、总经理办公会议规则、“三重一大”事项决策管理办法和权责清单、党组前置研究讨论清单等构成的“1＋N”公司治理新制度体系，从制度上机制上保障党组领导作用充分发挥。加强董事会规范运行和董事履职监督指导，制定落实子企业董事会职权工作方案及操作指引，225家应建子企业全部规范建立董事会，并实现配齐建强和外部董事占多数。

落实“一体四翼”发展布局，全方位推动布局结构优化。持续强化主责主业，跨省跨区输电能力提高，进一步提升电网本质安全水平。加快培育战略性新兴产业，打造电力看经济、电力助应急等大数据应用典型成果800余项，服务国家发展改革委、工业和信息化部、生态环境部、应急管理部等10余个部委，“电e金服”帮助产业链上下游、中小微企业获得普惠金融服务近3000亿元。绿电交易“e—交易”平台专区受到国家发展改革委、国家能源局等政府主管部门的充分肯定。全面打造原创技术策源地，实现高水平科技自立自强。全面提升需求牵引能力，为促进能源清洁低碳转型提供国网方案，建立高效能研发投入与保障体系，对长线研究和基础前瞻研究团队予以长期、持续、稳定资金支持。全面提升源头供给能力，为高水平科技自立自强贡献国网智慧，在特高压直流输电、光储一体机、柔性变电站、工业芯片设计、IGBT等领域取得一大批原创性成果。全面提升资源配置能力，为打造原创技术策源地筑牢国网基石，建立20个国家级实验室，与清华大学等5所知名高校成立联合研究院，牵头30余家企业、高校及社会组织成立全球首个新型电力系统技术创新联盟，充分聚合资源攻克关键核心技术。

高质量完成国企改革三年行动。2022年如期完成国务院国资委目标要求，推动取得一大批卓有成效的改革成果，实现三年行动圆满收官。国务院国资委于2023年发布2022年度中央企业改革三年行动重点任务考核结果，国家电网有限公司获评A级。

**【重大项目】** 建成白鹤滩—江苏、白鹤滩—浙江特高压直流等一批重点工程，开工川渝联网、武汉—南昌特高压交流等工程；建成川藏、藏中、阿里联网"电力天路"，全面完成新一轮农网改造升级、机井通电、"三区三州"等电网建设任务，助力脱贫攻坚和兴边富民，西藏电力农电部获评"全国脱贫攻坚楷模"。

推进配电网建设。优化完善中心城市负荷中心网架结构，高质量推进35个城市国际一流城市配电网建设。2022年，公司全口径系统平均供电可靠率99.896%，比上年增加0.0241个百分点；系统平均停电时间9.10小时/户，比上年减少2.11小时/户，下降18.8%。

服务区域协调发展和乡村振兴。与江苏、山东、浙江等16个省(自治区、直辖市)党委政府会谈会见，与西藏、青海、宁夏、黑龙江、辽宁5个省(自治区)政府签订战略合作协议，召开辽宁、四川重大电网工程项目推进会，加快京津冀、长三角等地区电网发展，制定实施援疆援藏重点任务，为区域重大战略实施注入新动力。落实乡村振兴战略和城市更新行动部署，大力实施农村电网巩固提升工程和城市配网更新改造工程，建成乡村电气化项目3388项、受益群众987万人。公司连续5年在中央单位定点帮扶工作考核中被评价为"好"，各省公司在地方乡村振兴考评中全部被评价为"好"。

**【走向海外】** 服务共建"一带一路"。2022年，公司深入贯彻中央决策部署，积极推进国际化发展和"一带一路"建设。国际业务稳中有进，效益突出。所有境外项目安全稳定、无一亏损，持续保持稳健良好的发展局面。截至2022年底，公司投资和参与运营10个国家和地区13个能源网项目，境外资产3480亿元，国际工程承包、装备出口累计合同额超过500亿美元。

国际市场开拓取得新成果。境外优质资产规模持续扩大，巴西CPFL公司完成CEEE输电公司股权要约收购和巴西恩耐肯水电站股权增持项目交割，巴控公司实现2022年3个扩建项目全部提前建成投运。国际产能合作不断深化，土耳其凡城项目顺利投运，签约德国海上风电柔性直流送出项目和印度尼西亚高级智能计量系统投建营一体化项目，在孟加拉国、沙特阿拉伯、巴基斯坦中标新的总承包项目，带动国内技术、标准、装备一体化"走出去"。

境外资产安全稳健运营。稳健运营能源网项目13个，保持全部盈利、无一亏损。巴西美丽山特高压输电一期、二期特许权项目分别保持安全稳定经济运行五周年和三周年，巴基斯坦默拉直流输电线项目投入商业运营一周年。境外项目经营成果回收力度持续加大。

能源电力国际合作稳步推进。与周边国家电网互联互通项目稳定运行，2022年中俄完成交易电量47亿千瓦·时，比上年增长15%，累计交易电量超过420亿千瓦·时。编写完成《中俄能源合作投资指南(中国部分)》，作为重要成果在第四届中俄能源商务论坛上发布。稳妥推进中尼、中缅联网项目。

为参与全球能源治理作出贡献。举办驻华使节"步入国家电网"等国家重大涉外活动，获得外交部、国务院国资委、各驻华使节的充分肯定和高度评价。举办2022能源电力转型国际论坛，是近年来全球能源电力领域影响力最大的年度盛会。参与世界经济论坛、B20、全球可持续电力合作组织(GSEP)、亚太电协等高端国际组织的合作交流，与国际同行开展合作，持续发出"国网声音"，讲好"国网故事"。

**【重大创新】** 2022年，公司坚持创新驱动发展，以加快实现高水平科技自立自强为目标，围绕新型电力系统建设，加强关键核心技术攻关，在大电网安全、新能源消纳、数字转型、电网运维检修技术等领域，取得一批具有引领性、战略性、支撑性的重大科技创新成果。获得中国电力科学技术奖68项、省(自治区、直辖市)科学技术奖励247项，评审授予公司科学技术奖199项。

技术攻关工作。推进特高压套管和分接开关关键核心技术攻关与工程应用。研发继电保护领域FPGA芯片、14纳米高端控制芯片。±1100千伏直流输电通道防雷、高精度光声光谱检测仪研制等技术取得突破。自主研制35千伏/5兆瓦全碳化硅电力电子变压器。建成投运国内首条35千伏公里级超导电缆示范工程。世界首个县域级100%新能源新型电力系统启动送电。世界首个35千伏柔性低频输电示范工程整体投运。

实验研究体系建设。国家级实验平台建设方面，开展全国重点实验室优化整改工作，推进野外观测站建设，加强国家工程研究中心建设，做好国家能源研发创新中心建设工作。公司级实验平台建设方面，推动公司实验体系优化整合，推进实验条件项目建设，谋划公司系统科技观测研究体系建设。

国家双创示范基地建设。将双创工作融入公司发展全局，推进国家双创示范基地建设。服务国家“六稳”“六保”，贯彻落实国家就业优先战略要求，推动创新创业带动就业，优化电力营商环境，服务“稳企业”“稳就业”。深化双创线上平台和线下载体建设运营，提升对融通创新、基层创新的服务能力和带动作用。坚持“人人都是创新主体”的理念，通过举办双创活动，构建内外共创共赢的良好创新生态。

技术标准工作。落实《国家标准化发展纲要》，开启技术标准工作新征程。推动成立中电联电力区块链标准化技术委员会，组建公司电力低碳技术标准专题工作组。牵头立项国际标准50项，发布19项，创历史最高水平；发布国家标准120项、行业标准350项、团体标准329项、企业标准204项。获得中国标准创新贡献奖项目奖3项(连续7届获得一等奖)，以集团公司名义获得组织奖(央企中首次)，获奖数量和等级名列中央企业第一；蝉联电力创新奖(标准类)唯一大奖。深化技术标准战略布局和体系建设，发布《公司技术标准发展纲要》及专项行动计划，完成新型电力系统技术标准体系专项规划。

**【党建工作】** 2022年，公司落实新时代党的建设总要求和新时代党的组织路线，提升管党治党水平。党的建设提质登高。实施“旗帜领航·提质登高”行动计划，持续深化“党建+”工程，广大党员在急难险重任务中冲锋在前，始终让党旗在一线高高飘扬。推进党建标准化规范化建设，直属(总部)党委、31家二级单位党委完成换届选举。公司系统19人当选党的二十大代表。

意识形态工作加强。公司意识形态领域主基调自信自强，大环境清新清朗，总体态势向上向好。规范新媒体短视频作品制作，开展电力保供等主题传播，各方点赞国家电网，“张北的风点亮北京的灯”“点亮阿里”形成公众记忆。健全新闻应急处置机制，没有发生重大舆情事件。

全面从严治党纵深推进。党组巡视工作走深走实，完成对27家省级公司供电服务专项检查，二级单位党委实现对所属单位巡察全覆盖。紧盯“关键少数”强化政治监督，加强个人重大事项报告管理。深化靠企吃企问题整治。坚持严的基调，强化惩治震慑和制度约束，公司系统立案2215件，严肃查处职务违法犯罪案件。队伍凝聚力增强。

推进“旗帜领航·组织登高”工程，持续加强“四优五过硬”领导班子和干部队伍建设，完成二级单位领导班子和领导人员首个任期综合考核。树立正确用人导向，一批敢担当善作为的好干部得到提拔重用。

实施人才培养“三大工程”，新评选中国电科院院士2人、首席专家35人、国网工匠20人、青年托举人才200人。为职工办实事，开展职工心理援助，健全多层次保障体系。7家单位、23人分别获得全国五一劳动奖状、奖章，27个集体被授予“全国工人先锋号”。

**【履行社会责任】** 2022年，公司贯彻落实党的二十大精神，把握公有制经济根本属性，融入经济社会发展大局，推进中国特色企业责任理论研究和实践探索，构建从理论到实践的企业责任新体系，通过坚定履行政治、经济、社会“三大责任”，建设具有中国特色国际领先的世界一流企业，为中国式现代化建设赋动能、作贡献。公司作出“五个不动摇”“五个统筹好”“六个更加注重”“八个始终坚持”“六个坚定不移”的重大战略部署，统筹好“三大责任”是“五个统筹好”的首要内容。在“五个统筹好”战略布局下，国家电网公司突破西方企业责任理论架构局限，探索具有国资央企特色、能源行业特色的新责任观，通过开展理论研究与实践探索，创新构建以“为中国式现代化赋动能作贡献”为责任统领，以“政治责任、经济责任、社会责任”为责任支柱，以20项重点责任、3项首要责任为责任内容，以统筹推进为根本方法的"三大责任"体系。围绕"三大责任"体系落实，国家电网公司坚持系统观念，守正创新、统筹推进，科学确定责任定位、全面落实责任内容，探索形成具有国网特色的"三大责任"实践新模式。深刻把握中国式现代化的中国特色、本质要求和重大原则，不折不扣落实党中央、国务院关于能源电力发展决策部署，坚决扛牢、优先履行"保证电力供应、保障能源安全、促进绿色转型"三项首要责任，建设具有中国特色国际领先的能源互联网企业，为中国式现代化赋动能、作贡献。

（撰稿人：杨　迪　王春娟　邓慧都　赵　杨）

# 中国南方电网有限责任公司

**【基本概况】** 2022年，中国南方电网有限责任公司（以下简称公司）坚持将迎接保障和学习贯彻党的二十大贯穿始终，推动党的二十大精神在南方电网落地生根；坚持将统筹疫情防控与生产经营、统筹发展和安全贯穿始终，服务保障经济社会大局稳定；坚持将贯彻落实稳中求进工作总基调贯穿始终，加快建设世界一流企业。把推动高质量发展摆在首位，以稳求进、以进固稳，改革三年行动全面收官，科技创新成果丰硕，发展质量效益稳步提升，一流企业建设迈出新的坚实步伐。全网统调最高负荷2.23亿千瓦，比上年增长3.05%；完成售电量12626亿千瓦·时，比上年增长2.1%；西电东送电量2156亿千瓦·时；用电营商环境持续优化，现代供电服务体系基本建成，深圳、广州、佛山、东莞入选"获得电力"标杆城市，粤港澳大湾区供电可靠性国际领先；公司连续16年、4个任期获评国务院国资委经营业绩考核A级，连续3年获评国务院国资委党建责任制考核A级，在《财富》"世界500强"排名第89位。

**【主要指标】** 2022年，公司营业收入7646.58亿元，比上年增长13.88%；利润总额161.68亿元、净利润120.59亿元，分别比上年增长19.92%、20.54%；资产总额11451.15亿元，资产负债率61.46%。

**表1　2022年中国南方电网有限责任公司主要经济指标**

| 项　目 | 2021年 | 2022年 | 比上年增长(%) |
| --- | --- | --- | --- |
| 资产总额(亿元) | 10819.16 | 11451.15 | 5.84 |
| 所有者权益(亿元) | 4192.24 | 4413.25 | 5.27 |
| 营业收入(亿元) | 6714.49 | 7646.58 | 13.88 |
| 利润总额(亿元) | 134.83 | 161.68 | 19.92 |
| 净利润(亿元) | 100.04 | 120.59 | 20.54 |
| 归属于母公司所有者的净利润(亿元) | 84.11 | 101.94 | 21.20 |
| 技术开发投入(亿元) | 36.43 | 43.20 | 18.58 |
| 利税总额(亿元) | 328.40 | 401.90 | 22.38 |
| 应交税金总额(亿元) | 237.34 | 302.10 | 27.29 |
| 全员劳动生产率[万元/(人·年)] | 66.07 | 72.81 | 10.20 |
| 净资产收益率(%) | 2.42 | 2.80 | 增加0.38个百分点 |
| 总资产报酬率(%) | 2.63 | 2.66 | 增加0.03个百分点 |
| 国有资本保值增值率(%) | 101.88 | 102.98 | 增加1.10个百分点 |

**【改革发展】** 2022年，公司国企改革三年行动考核排名中央企业第一，国企改革"双百行动"、"科改示范行动"专项考核蝉联中央企业第一。《国企改革三年行动简报》刊发公司典型改革经验17篇，数量居中央企业第一。中国特色现代企业制度更加成熟定型。成功召开公司首次股东会议，规范建立公司董事会。首创并全面推广不同治理结构公司治理范本7种，公司和深圳局被评为国务院国资委首批"国有企业公司治理示范企业"。法人层级治理更加优化，总部管控事项在2021年下降53%的基础上继续下降12%，1/3重大经营事项由管理型行权转变为治理型行权，治理型行权流程从"线下"迁移至"线上"，大幅提升行权效率。制度简明化专项行动圆满收官。专业化整合有效推进，按照"一企一策"完成54家装备制造类大集

体企业市场化退出、业务剥离或转型；南网供应链集团整合全网物资业务；南网数字集团整合内外数字化资源，全力支撑数字电网建设和数字化转型；南网鼎元公司整合全网工业物业加快推进；南网科技公司整合全网电源侧试验检验业务。“两资”“两非”剥离任务全面完成，解决历史遗留问题全面收官。法人“压减”、“处僵治困”长效机制有效运转。云南电网与云南农垦集团签署合作协议，贵州电网推动兴义地方电网融合发展破冰。任期制和契约化管理不断深化，能上能下形成常态，构建员工市场化退出“红黄牌”机制，能进能出有序推进，能增能减取得实效。南网储能公司、南网科研院、云南电力试验研究院、南网互联网公司4家企业入选第二批“科改示范企业”。南网储能公司2022年9月登陆上海证券交易所，成为国内首个主营抽水蓄能业务的上市公司，实现近五年来A股最大规模重组融资。南网科技公司连续两年获得国务院国资委“科改示范行动”评估最高标杆评级。南方区域电力市场启动试运行，全国统一电力市场体系率先在南方区域落地。南方（以广东起步）现货市场连续结算运行超过1年，区域调频辅助服务市场实现“五省区全覆盖”结算运行，跨省备用辅助服务市场启动试运行。发布全国首个区域绿色电力交易规则，南方区域绿色电力累计交易规模突破40亿千瓦·时，累计核发绿证超过1.5亿千瓦·时。市场化电价形成机制不断完善，电网代理购电实施平稳有序。大力推动竞争性业务改革，广州电力设计院与南网能源院完成重组整合，公司纳入改革范围的7家装备制造企业全部完成业务剥离或退出。

**【重大项目】** 2022年，公司投产大湾区背靠背工程、深圳中西部通道工程等广东目标网架第一阶段项目，大湾区东西部实现柔性互联，有效解决深圳、广州局部暂态电压稳定问题。全面投产闽粤联网工程，实现广东与福建两省电网异步互联。按期投运对澳输电第三通道工程，满足澳门“十四五”期间社会用电需求。全力推进新能源项目配套送出工程，汕尾甲子、阳江青洲三海上风电等新能源项目按期并网。提前投产梅州、阳江抽水蓄能电站，创造主体工程最短工期纪录。实现广西南宁、肇庆浪江、梅蓄二期、惠州中洞抽水蓄能主体工程开工，同期在建规模480万千瓦。规划茂名电白、柳州鹿寨等10个抽水蓄能新建站点，总装机容量1200万千瓦。高质量推进智能配电网建设，建成深圳福田、珠海横琴、广州知识城等高可靠性示范区。全面铺开农网巩固提升工程，正式投运独龙江乡35千伏联网工程，独龙族群众彻底告别“电力孤岛”。投产中央投资农网5780项、边防部队重点项目16项，统筹加快推进新型城镇化和现代农村电网示范区建设21个。

**【走向海外】** 2022年，公司与澜湄国家跨境电力贸易31.81亿千瓦·时。积极参与“一带一路”建设，重点加强与周边国家电网互联互通，积极拓展东南亚、拉美电力投资，牵头澜湄合作机制建设，不断拓宽对外交流合作渠道，公司国际影响力和竞争力得到持续提升。中缅联网项目成功签署供电框架协议，并纳入澜湄合作第七次外长会成果。缅北民生供电项目完成邦康110千伏缅甸段工程施工，项目境内段和缅甸段全线建成贯通。中老500千伏电力贸易框架协议在中老两国领导人会晤见证下完成签署。公司与老挝国家电力公司签署115千伏联网购售电协议。老挝南塔河水电站通过115千伏联网线路向云南送电，成功实施中老第一阶段双向电力贸易，2022年出口中国电量超过8300万千瓦·时。老挝国家输电网项目列入国家战略性项目，与中老500千伏联网项目同时纳入2022年12月中老两国领导人会晤见签项目清单并写入《中老联合声明》。智利KILO直流输电项目全力打造典范之作、品牌之作，顺利完成反垄断审查，组建项目联营公司，签署换流站EPC合同。

**【重大创新】** 2022年，公司全面参与国家科技创新2030—“智能电网”重大项目组织策划。积极对接科技部、国家能源局，选派专家全程参与实施方案编制和预算工作。实施打造原创技术策源地专项行动，印发《南方电网公司打造原创技术策源地专项行动方案（2022—2025年）》。承接国务院国资委原创技术研发投入统计课题研究，推动公司原始创新体系的构建。统筹布局新型电力系统构建与分析技术、电力人工智能与数字孪生、先进前沿储能等四大领域15个子领域原创技术方向，2022年部署原创技术重大项目70余项，投资总额超过6亿元，占比超过15%。圆满完成国务院国资委一期攻关5项攻关任务，推进国务院国资委二期攻关9项攻关任务，完成世界首台兆瓦级漂浮式波浪能发电装置主体结构建造，并提前进入下水调试；攻克柔直换流阀用干式直流电容器全国产化技术，研制样机并通过第三方型式试验及阀组级试验。与怀柔实验室共建新型电力系统研究中心。完成央企首单专利开放许可交易签约。成功举办第十八届中国南方电网国际技术论坛。

**【党建工作】** 2022年，公司制定实施公司党组关于全面深入学习贯彻党的二十大精神为中国式现代化作贡献的决定。制定落实“两个维护”八项机制，落实“第一议题”机制工作规则，健全向党中央请示报告事项清单，开展习近平总书记重要指示批示精神再学习再落实再提升主题活动，确保总书记有指示、中央有部署，公司见行动、落实见成效。探索构建南方电网党建管理体系，相关研究成果获得中央企业党建政研会2022年度优秀课题一等奖。坚持大抓基层、大抓支部鲜明导向，开展推动全面从严治党主体责任向基层延伸传导专项督查，持续推动竞争性、大集体、县级供电、混合所有制等四类企业党建质量提升。按照好干部标准和国有企业领导人员“二十字”要求，牢固树立选人用人正确导向，统筹加强领导班子和干部队伍建设，公司选人用人工作总体评价“好”率首次100%。坚持党管人才，出台“南网人才30条”，实施“南网高层次人才引进和特殊支持计划”，设置公司首席科学家及科学家工作室，首次面向全球发布引才公告，申报海外高端人才43人，引进国家人才计划专家8人，入选人数居央企前列。不断健全完善大监督体系，出台加强和改进监督工作的意见，如期完成巡视全覆盖任务，以党内监督为主导，进一步推动各类监督协同贯通、形成合力。印发实施公司党组加强新时代廉洁文化建设的重点举措，推动建设干部清正、企业清廉、政治清明、风气清朗的“清廉南网”。中央巡视反馈问题和“靠企吃企”专项整治发现问题基本整改到位，国家经济责任审计、特高压专项审计按要求完成整改。完善和出台落实中央八项规定精神、规范饮酒、整治形式主义为基层减负等一系列制度、举措。全覆盖开展专项督查，深入开展“强国复兴有我”“建功新时代，喜迎二十大”主题宣传，公司6项成果入选中央“奋进新时代”主题成就展，《最美冬夜》首次获得中国新闻奖。研究出台公司党组加强和改进思想政治工作的有关举措，开展员工思想动态线上调研，为员工提供专业的心理咨询服务1223人次。完善公司文化理念，大力培育“知行合一”的执行力文化。统一战线重要法宝作用持续发挥，1人获得中国侨界贡献奖一等奖（2022年中央企业唯一获奖）。产业工人队伍建设改革成果显著，公司入选全国“十大产业百家企业深化产业工人队伍建设改革专项行动”，实施全国“十四五”引领性劳动竞赛——“粤港澳大湾区新型电力系统建设”劳动竞赛。坚持党建带团建，开展庆祝建团100周年活动，扎实开展青年精神素养提升工程，青年发展规划（2019—2022年）圆满收官，完成2000名“青马学员”培养目标，25个集体和7名个人获得团中央表彰。

**【信息化与数字化建设】** 2022年，公司完成全域物联网顶层设计，构建统一“物联＋视联”能力，“面向新型电力系统的电力全域物联网平台建设与应用”获得2022世界物联网大会金奖；“南网智瞰”获得第三届中国工业互联网大赛领军组第一名；基于人工智能平台研发缺陷识别算法47项。数字输电大规模推广，建成网级统一机巡系统，实现线路通道数字化23.8万千米、无人机自动巡检110万千米，220千伏以上线路全覆盖。数字变电推进标准化，99.5%变电站实现无人值守。累计建设或改造智能台区、智能配电房1.9万座，全网配电自动化有效覆盖率83.6%。深化“南网在线”应用，全面实现“刷脸办电”“一证办电”，互联网业务比例保持在98%以上。建成电网管理平台等核心业务平台，承载90%以上电网管制业务在线化。上线云景平台一期，覆盖全业务域，贯通“网省地县所”，融合战略运行管控平台、生产指挥中心、供应链服务调配中心，实现“数字运营一张图”。移动应用“掌上南网”上线。着手建设“东数西算”核心节点——贵安中心，南网公有云入选首批国资行业云。“云、智、传奇”系列产品体系初步形成，“伏羲”实现公司中国专利金奖“零的突破”，生态合作伙伴40余家，智能传感量产规模4.59万套；系统打造“1＋3＋N”数据产品体系和“赫兹数智”数据品牌；联合国税总局研发“税电指数”。新增上线配电运行监控指挥、客户工单预警等300个数据产品，扩展乡村振兴、小微企业景气指数等50个服务数字政府产品。公司获得国家数据管理能力成熟度评估最高五级。建立数据交易管理机制，实现场内数据交易“零的突破”。

**【履行社会责任】** 2022年，公司制定实施服务经济稳定重点举措27条，完成固定资产投资1250亿元。多措并举助力中小企业纾困解难，降低用电成本10.2亿元，减免房租1.4亿元，“欠费不停供”涉及8.7亿元，无分歧民企欠款实现“零拖欠”。服务乡村振兴和新能源汽车下乡战略，公司充电基础设施乡镇覆盖率92%。搭建海南全岛“一张网”平台，实现全岛充电基础设施互联互通。主动服务稳岗扩就业，新提供岗位近6600个。“知行书屋”入选全国首批帮扶典型案例，公司连续5年获得中央单位帮扶工作考核最高评价“好”。发布公司碳达峰行动方案，制定各省级新型电力系统建设方案，推进新型电力系统示范区建设35项，建成中央企业绿电消费规模最大的零碳总部基地，成立广州可再生能源结算服务公司。公司2021年度社会责任报告首次获得最高评级“五星佳”，国务院国资委领导出席公司社会责任报告发布会暨社会责任日（国企开放日）活动启动仪式并给予高度肯定。

（撰稿人：冷裕波）

## 中国华能集团有限公司

**【基本概况】** 中国华能集团有限公司（以下简称中国华能）创立于1985年，是经国务院批准成立的国有重要骨干企业，注册资本金349亿元，主营业务包括电源开发、投资、建设、经营和管理，电力（热力）生产和销售，金融、煤炭、交通运输、新能源、环保相关产业及产品的开发、投资、建设、生产、销售，实业投资经营及管理。截至2022年底，中国华能拥有二级单位58家、三级企业480余家，上市公司5家（分别为华能国际、内蒙古华电、新能泰山、华能水电、长城证券），员工12.5万人。率先在发电行业中进入“世界500强”企业，2022年排名第215位。累计17次获得年度经营业绩考核A级、6次获得中央企业负责人任期考核A级，为中央发电企业中次数最多。获评2021年度中央企业党建工作责任制考核A级、中央企业董事会“优秀”等级、中央企业改革三年行动重点任务考核A级。

中国华能坚持以习近平新时代中国特色社会主义思想为指导，认真贯彻党中央决策部署，站在为党和国家事业筑牢“两个基础”、发挥“六个力量”的高度，提出“领跑中国电力、争创世界一流”的战略愿景，以及聚焦“三个引领”（一个发展目标，加快建设世界一流企业；一个发展主题，着力推动高质量发展；一个发展方向，大力推进绿色低碳转型）、做到“六个坚持”（坚持推进绿色发展，坚持突出价值创造，坚持强化科技创新，坚持深化企业改革，坚持抓好风险防控，坚持党建引领保障）、实现“六个新领先”的“三六六”发展战略，明确奋进新征程、实现新领先的总要求、基本路径、战略导向和战略任务，坚定实施“三六六”发展战略，奋力实现“3855”发展目标（2025年发电装机达到3亿千瓦左右，新增新能源装机8000万千瓦以上，合并营业收入超过5000亿元，非化石能源占比达到50%）。截至2022年底，中国华能可控装机超过2.2亿千瓦，低碳清洁能源装机占比41.6%。煤炭产能超过1亿吨/年。供热面积超过10亿平方米，是国内最大的民生供热企业。

**【主要指标】**

**表1　2022年中国华能集团有限公司主要经济指标**

| 项　目 | 2021年 | 2022年 | 比上年增长（%） |
|---|---|---|---|
| 资产总额（亿元） | 13409.0 | 14151.9 | 5.5 |
| 所有者权益（亿元） | 3662.0 | 4117.7 | 12.4 |
| 营业收入（亿元） | 3867.3 | 4245.5 | 9.8 |
| 利润总额（亿元） | 143.0 | 227.2 | 58.9 |
| 净利润（亿元） | 100.0 | 161.2 | 61.2 |
| 归属于母公司所有者的净利润（亿元） | 51.4 | 75.7 | 47.2 |
| 技术开发投入（亿元） | 101.6 | 130.0 | 27.9 |
| 利税总额（亿元） | 411.1 | 583.1 | 41.8 |

续表

| 项　目 | 2021 年 | 2022 年 | 比上年增长(%) |
|---|---|---|---|
| 应交税金总额(亿元) | 345.0 | 376.2 | 9.0 |
| 全员劳动生产率[万元/(人·年)] | 97.0 | 111.6 | 15.1 |
| 净资产收益率(%) | 2.53 | 4.14 | 增加 1.61 个百分点 |
| 总资产报酬率(%) | 2.88 | 3.38 | 增加 0.50 个百分点 |
| 国有资本保值增值率(%) | 106.60 | 106.69 | 增加 0.09 个百分点 |

**【改革发展】** 2022 年，中国华能认真落实“可衡量、可考核、可检验、要办事”的工作要求，扎实推进国企改革三年行动，按照以“三方案”(改革三年行动实施方案、年度重点任务、组织推动方案)为支撑的改革路线图，强化学习、领导、推进、考评、宣传贯彻“五机制”。截至 2022 年底，中国华能全面完成 6 个改革领域、27 项改革任务、105 项具体举措，实现经理层成员任期制和契约化管理全覆盖，外部董事占多数的子企业、新进员工公开招聘、员工绩效考核比例均 100%，全员劳动生产率保持行业领先。完善总部权责事项清单，向二级单位授放权 151 项。改革做法入选《中央企业经验举措 20 条》，被选树为央企改革“大典型”。落实国务院国资委国企改革“双百行动”、“科改示范行动”工作部署，聚焦治理机制、用人机制、激励机制持续发力攻坚，西安热工院连续两年获评“科改示范行动”标杆企业，是能源行业唯一一家。资本公司、新能泰山获评“双百行动”优秀企业。

**【重大项目】** 2022 年，中国华能抢抓“沙戈荒”大基地开发机遇，取得库布齐沙漠鄂尔多斯南部 1200 万千瓦新能源开发权。陇东能源基地第二批 278 万千瓦新能源获得核准，上都风电基地实现并网 120 万千瓦。山东半岛北、海南临高、浙江岱山等 141 万千瓦海上风电项目取得核准，汕头勒门、浙江苍南 2 号等 89.4 万千瓦海上风电项目开工。新能源核准(备案)突破 7000 万千瓦，投产近 1300 万千瓦，装机突破 5000 万千瓦，创历史最好水平。国家科技重大专项石岛湾高温气冷堆实现双堆初始满功率运行，昌江核电二期 3 号机组开始核岛安装，霞浦压水堆一次性取得 4 台百万千瓦机组“路条”。澜沧江西藏段、澜沧江云南段、雅江中游三大多能互补基地纳入国家“十四五”可再生能源和电力发展规划。

**【走向海外】** 2022 年，中国华能坚持绿色为主、绿地优先，坚持“危地不往、乱地不去”，落实“三线一区”布局，深耕国别市场，推进风电、光伏等新能源项目开发，推动重大水电项目合作，服务共建绿色“一带一路”。截至 2022 年底，中国华能境外参与投资和管理项目容量 620 万千瓦。

**【重大创新】** 2022 年，中国华能高效灵活煤电及 CCUS 全国重点实验室获批国家首批“全国重点实验室”。牵头承担国家项目课题 40 多项，居行业首位。牵头组建电力基础设施网络安全技术创新联合体及信创实验室。牵头研制的世界首台 2.7 兆瓦串列式双风轮风机成功下线。大面积(>3500 平方厘米)钙钛矿光伏组件效率超过 18.5%，保持国际领先。自主可控大功率水电调速器、励磁和继电保护系统投运，标志着我国水电核心控制系统软硬件首次实现全国产化。研制出国际领先的水电深厚覆盖层智能振冲关键装备。世界首个非补燃压缩空气储能电站——江苏金坛盐穴压缩空气储能项目投产。完成世界首个 150 万吨/年 CCUS 示范工程自主设计。全球首套煤电耦合熔盐储热示范工程成功投运。新型 $CO_2$ 连续监测技术在 35 台机组上成功示范。华能睿渥 DCS 安全可靠性获国际认证。授权专利 11629 件，比上年增长 83%；发明专利授权 1217 件，比上年增长超过 3 倍；获得中国专利奖优秀奖 3 项，是唯一进入国务院国资委专利质量排名 A 档的发电集团。发布国际标准 6 项，获得省部级以上科技奖 63 项，均创历史最好水平。对标一流管理提升 26 项重点任务全面完成，获得国家级管理创新成果奖 35 项；集团公司、澜沧江公司获评中央企业公司治理示范企业。

**【党建工作】** 2022 年，中国华能扎实开展“喜迎二十大、奋进新征程”主题实践，以及“建功新时代、喜迎二十大”习近平总书记重要指示批示精神再学习再落实再提升主题活动。认真落实“第一议题”制度，推动习近平总书记重要指示批示和党中央决策部署在公司落地生根。全覆盖开展党建责任制考核和党组织书记抓基层党建述职评议考核。开展庆祝建团100周年"八个一"系列活动，实施青年精神素养提升工程。深入推进"党建引领深化年"专项行动，在重要产业、重点领域、重大项目中大力实施"党建引领+"，创建党员示范"区岗队组"1.1万余个。十九届中央巡视反馈问题基本整改到位，国家审计整改完成率96.7%。扎实开展形式主义、官僚主义专项监督，深入纠治"四风"。稳妥推进疏解北京非首都功能相关工作。开展领导班子和领导人员任期综合考核评价，加大干部交流和优秀年轻干部选拔培养。3个集体获得全国五一劳动奖状，4名个人获得全国五一劳动奖章，3个集体获评"全国工人先锋号"，1人获评"全国技术能手"，4人获评"大国工匠"。4个集体获得全国和行业技能竞赛团体一等奖，13名个人获得全国和行业技能竞赛个人一等奖。

**【信息化与数字化建设】** 2022年，中国华能深入贯彻落实党中央、国务院关于促进数字经济和实体经济融合发展的战略决策，制定数字化转型行动计划实施方案。火电统一安全生产平台在116家电厂上线。新能源智慧运维平台接入容量4740万千瓦，上线应用功能75项。全国首台（套）接入调度系统参与实时响应调节的虚拟电厂——华能浙江虚拟电厂正式投产。瑞金二期、石洞口一厂智慧电厂系统上线运行。率先建成我国发电领域基础设施网络安全体系。伊敏露天矿成为国家级智能化示范煤矿。电力网络安全靶场获批国家级靶场。华能云获批国务院国资委"发电行业智能工业云"。上海电商入选"2022产业链供应链数字经济十大杰出案例"。长城证券智慧生态平台入选证监会"首批金融科技试点"。

**【履行社会责任】** 2022年，中国华能印发《关于巩固拓展脱贫成果助力乡村振兴做好新发展阶段帮扶援助工作的意见》《2022年度消费帮扶行动工作方案》，在承担帮扶任务地区加大资金投入，以助力产业、人才、文化、生态、组织振兴促进乡村振兴。直接投入无偿帮扶资金4211.6万元、有偿帮扶资金320万元；引进无偿帮扶资金284万元、有偿帮扶资金500万元。选派8名优秀干部赴定点帮扶地区挂职或担任第一书记。2022年，累计帮扶救助脱贫不稳定、边缘易致贫、生活困难等家庭3689户，奖励和资助学生628名；累计培训基层干部2818人、乡村振兴带头人435人、各类专项技术培训2173人次、就业技能培训250人。在新疆阿合奇县，发展沙棘深加工，年销售额3000万元；在榆林横山区，开发"横山羊"系列产品，年产值14.6亿元。在华能电子商城开设消费帮扶专区，累计购买消费帮扶产品10957万元。南疆沙棘产业帮扶案例入围《中央企业助力乡村振兴蓝皮书》。中国华能连续5年获评中央单位定点帮扶工作考核最优等级，连续多届获得民政部颁发的"中华慈善奖"，获得全球契约中国网络"实现可持续发展目标企业最佳实践（消除贫困和促进繁荣）"表彰，总部及所属企业在多省市获评先进单位、先进个人。

2022年，中国华能始终把保障国家能源电力安全作为重大政治责任，不讲条件、不计代价发电供热。面对疫情冲击，涉疫地区近百家基层单位实施全封闭管理，保障能源电力安全稳定供应。发电量7911亿千瓦·时，比上年增长2.13%；火电、水电、风电及综合利用小时行业对标第一；煤炭产量突破1亿吨，比上年增长16.7%；供热量4.87亿吉焦，比上年增长7.36%。没有发生因缺煤或重大设备故障导致的停机事件，环保排放绩效行业最优；圆满完成党的二十大、冬（残）奥会、迎峰度夏（冬）等重要时段保障任务，华能保供工作得到上级主管部门和地方政府充分肯定。

（撰稿人：孟令海　纪春启）

## 中国大唐集团有限公司

**【基本概况】** 中国大唐集团有限公司（以下简称中国大唐）成立于2002年12月29日，是中央直接管理的国有特大型能源企业，2017年10月改制为国有独资公司，注册资本金370亿元。截至2022年底，资产总额8494.49亿元，在役及在建资产分布在全国32个省（自治区、直辖市）和香港特别行政区，以及境外的缅甸、柬埔寨、老挝等国家和地区。所属二级单位43家、派出机构4个，拥有三级单位345家，职工9.1万人。主要业务覆盖电力、煤炭、金融、海外、煤化工、能源服务等领域。发电总装机容量17059万千瓦，清洁能源装机容量占比40.96%。自2010年起，连续13年入围“世界500强”。

迈入“十四五”发展新时期，中国大唐坚持以习近平新时代中国特色社会主义思想为指导，完整、准确、全面贯彻新发展理念，服务构建新发展格局，提出“1264”总体发展战略，做出“两步走”的战略安排①，全面开启“二次创业”新征程，奋力开创高质量发展新局面，在以中国式现代化推进中华民族伟大复兴的伟大进程中贡献大唐力量。

**【主要指标】** 2022年，中国大唐实现营业收入2526.74亿元，比上年增长12.62%；利润总额108.56亿元，净利润67.08亿元，归属于母公司所有者的净利润12.22亿元，期末资产负债率71.98%，主要经济效益指标均明显优于上年同期。EVA完成-44.67亿元，营业收入利润率3.82%，研发投入强度3.01%，发电设备等效可用系数92.7%，全员劳动生产率96.83万元/(人·年)，各项考核指标均完成国务院国资委下达考核目标。获取新能源建设指标3262.73万千瓦，比上年增长26.26%。电源项目核准备案2838万千瓦，比上年增长4.74%；开工1272万千瓦，比上年增长29.38%；投产782.5万千瓦，比上年增长110.87%。

**表1　2022年中国大唐集团有限公司主要经济指标**

| 项　目 | 2021年 | 2022年 | 比上年增长(%) |
|---|---|---|---|
| 资产总额(亿元) | 8299.18 | 8494.49 | 2.35 |
| 所有者权益(亿元) | 2009.22 | 2379.88 | 18.45 |
| 营业收入(亿元) | 2243.64 | 2526.74 | 12.62 |
| 利润总额(亿元) | -210.16 | 108.56 | — |
| 净利润(亿元) | -241.62 | 67.08 | — |
| 归属于母公司所有者的净利润(亿元) | -183.13 | 12.22 | — |
| 技术开发投入(亿元) | 4.57 | 7.43 | 62.58 |
| 利税总额(亿元) | -77.07 | 262.59 | — |
| 应交税金总额(亿元) | 142.03 | 230.37 | 62.20 |
| 全员劳动生产率[万元/(人·年)] | 49.62 | 96.83 | 95.14 |
| 净资产收益率(%) | -10.94 | 3.06 | 增加14.00个百分点 |
| 总资产报酬率(%) | -0.45 | 3.36 | 增加3.81个百分点 |
| 国有资本保值增值率(%) | 102.60 | — | — |

**【改革发展】** 2022年，中国大唐以国企改革三年行动为牵引，蹄疾步稳推进重点领域改革，改革质效和运营效率稳步提升，扎实推进国企改革三年行动高质量收官，在2021年完成70%任务目标基础上，先后召开2次改革领导小组会议和2次全系统推进会，制定印发“一台账、两清单”，建立月度推进、区域协作等工作机制，开展专项督导，上半年如期完成三年行动主体任务，截至2022年底，64项改革任务和319项改革举措全部落实到位，中国特色现代企业制度和市场化经营机制不断完善，各级企业“我要改”的氛围更加浓厚，经营发展动力活力不断增强，改革红利不断释

① “1264”发展战略：“1”即打造“绿色低碳、多能互补、高效协同、数字智慧”的世界一流能源供应商的发展愿景；“2”即“两个转型”战略路径——实现从传统电力向绿色低碳能源企业、向国有资本投资公司的“两个转型”；“6”即“六电六业”中心任务——加快做强做优煤电、风电、光伏、水电、气电、核电“六种电力”，协同发展电力、煤炭及煤化工、金融、环保、商贸物流、新兴产业“六种产业”；“4”即“四强”“四优”评价标准——创新力强、竞争力强、发展力强、抗风险力强、市场布局优、产业结构优、资产质量优、人才队伍优。“两步走”：第一步，到2025年，发电装机规模在2.1亿千瓦以上，清洁能源装机占比达到50%；煤炭产能达到5000万吨；营业收入较2022年增长20%；利润总额200亿元左右，建设世界一流能源供应商取得重大进展，基本实现从传统电力向绿色低碳能源企业、向国有资本投资公司的“两个转型”，实现创新力强、竞争力强、发展力强、抗风险力强、市场布局优、产业结构优、资产质量优、人才队伍优的“四强四优”目标。第二步，到2035年，成为美丽中国建设领军企业、世界一流能源供应商。

放。在国务院国资委2022年度中央企业改革三年行动重点任务考核中位列A级企业第17名。

**【重大项目】** 2022年，中国大唐准确把握“双碳”部署要求，加快绿色低碳转型步伐。2022年，制定“碳达峰”行动方案，明确目标路径和专项任务。大力发展新能源，核准2344万千瓦，与上年相比基本持平；开工1070万千瓦，比上年增长58.16%，年度开工首次突破1000万千瓦，首批风电光伏基地项目全部开工建设；投产438万千瓦，比上年增长74%。清洁能源占比41.96%，近两年累计提高3.71个百分点。有序发展清洁高效煤电，开工4个项目合计534万千瓦。实施煤电“三改联动”项目84个，增加调峰能力1680兆瓦、供热能力1676万吉焦/年，单位发电二氧化硫、氮氧化物排放量分别下降13.6%、9.4%，保持行业领先。有序推进燃机项目建设，245.2万千瓦项目在广东、海南夏、冬两季用电高峰投产发电。积极发展新业态，在吉林投产我国北方最大的风光储一体化项目，在湖南、湖北建成所在省单站容量最大的集中式电化学储能电站。

**【走向海外】** 2022年，中国大唐坚持“控风险、提效益、加力度”原则，主动把握“双碳”战略机遇，积极融入“一带一路”建设，服务企业海外发展。截至2022年底，拥有柬埔寨、缅甸、印度尼西亚等国家“一网两水三火”项目，装机容量105万千瓦，在建项目2×225兆瓦。中国大唐积极拓展国际化业务，在泰国、印度尼西亚、圣普等地开展环保工程和技术援助项目。2022年，境外资产总额275.69亿元，营业收入139.78亿元，利润总额5.34亿元，在役项目全部实现盈利。集团公司党组书记、董事长邹磊出席第19届中国—东盟博览会开幕式，应邀在庐山全球商界领袖大会作主旨发言，积极为全球能源治理、后疫情时代可持续发展贡献“中国智慧”“大唐方案”。

**【重大创新】** 2022年，中国大唐着力加强科技创新对高质量发展的支撑作用，聚焦“双碳”目标，以“锻长板、补短板、优存量、升品质”为方向，持续完善“224”创新体系，开展重大科技项目研究，获得行业一等奖等具有创新性和突破性的科技成果5项，取得显著的经济和社会效益。截至2022年底，新增专利授权1155件，累计授权专利11637件。新立项国家推荐性标准2项，行业标准21项，团体标准25项，其中系统内主编14项。联合发布IEC 62862－3－1《槽式太阳能光热发电站设计总体要求》、IEC 62862－4－1《塔式太阳能光热发电站设计总体要求》、ISO 24239：2022《火电厂腐蚀控制工程全生命周期通用要求》3项国际标准。

**【党建工作】** 2022年，中国大唐认真贯彻落实新时代党的建设总要求，全面推进“两年强基、三年提升”工程，以高质量党建引领保障高质量发展。创新理论武装不断强化，坚持以习近平新时代中国特色社会主义思想凝心铸魂，全面学习、全面把握、全面落实党的二十大精神。加强思想政治建设，从严规范执行第一议题制度，开展解放思想、“二次创业”大学习大讨论，持续学深悟透习近平新时代中国特色社会主义思想。抓基层打基础，完善抓党建“五个体系”，推进基层党委规范化、党支部标准化建设，达标率分别为100%、93.7%。开展“党建引领＋”项目2198个，促进党建与生产经营深度融合。

始终保持反腐败高压态势，加强重点领域监督，深入整治安全生产、燃料物资等领域“靠企吃企”问题。坚持不懈治“四风”树新风，开展整治形式主义“回头看”和“转变作风、马上就办”主题实践活动，集中排查整改“躺平”“看客”“蛮干”三种心态。新风正气不断充盈，违纪问题大幅减少，立案件次、处分人次分别比上年下降34.4%、42.9%。

**【履行社会责任】** 2022年，中国大唐完成能源电力保供任务。中国大唐位于北京周边的15家发电企业承担首都50%以上的电力供应任务，同时承担“三北”地区10个省(自治区、直辖市)的民生供热任务。在北京冬奥会及冬残奥会、党的二十大、迎峰度夏、迎峰度冬期间，累计完成发电量5885亿千瓦·时，供热量30896万吉焦，保障1.63亿平方米供热区域热源稳定，确保电力、热力安全可靠供应。

中国大唐胸怀“国之大者”，积极打造“三扶三真，五位一体”特色帮扶体系。坚持扶持、扶志、扶智、真心、真情、真金白银，打造各类乡村振兴示范村31个，开创“组团式”教育帮扶模式，打造产业赋能乡村振兴路径，拓展美丽乡村建设和消费帮扶的途径，拓宽脱贫群众就业的通道，奠定党建引领乡村振兴的基础，彰显中国大唐勇担政治使命的央企担当。相关工作得到国务院国资委多次月度通报表扬；帮扶体系等经验亮点在《中央企业社会责任援扶工作专刊》上刊发。

（撰稿人：郭振天）

# 中国华电集团有限公司

**【基本概况】** 中国华电集团有限公司（以下简称中国华电）是2002年底国家电力体制改革时组建的国有独资发电企业，是国务院国资委监管的特大型中央企业，也是中央直管的国有重要骨干企业。公司主营业务为电力生产、热力生产和供应；与电力相关的煤炭等一次能源开发以及相关专业技术服务。拥有电力、热力、煤炭、科工、金融等产业板块。资产及业务分布在全国31个省（自治区、直辖市）以及俄罗斯、印度尼西亚、柬埔寨、越南、孟加拉国等“一带一路”沿线国家。控股6家上市公司，职工9.3万人。截至2022年底，中国华电资产总额10272亿元，电力、热力板块装机容量1.91亿千瓦，其中清洁能源装机占比47.2%，年发电量6000亿千瓦・时以上，年供热量4亿吉焦以上，是国内最大的天然气发电运营商，在国内同类型企业中水电装机最多，拥有全国首座水力发电站、全国第一家流域水电开发公司、全国首批超超临界百万千瓦机组、全国首个9H燃气冷热电三联供项目、国内首批近海深水区海上风电等一批示范电源项目。煤炭板块保供产能5860万吨/年，拥有我国电力企业自主开发建设的第一座千万吨级特大型矿井等4个千万吨级煤矿，配套建设船舶运力34.8万载重吨、港口吞吐能力9250万吨。科工板块拥有国家级火力发电检测、分布式能源技术、燃气轮机监测诊断及运维服务技术中心等多个科技创新平台，在国内率先构筑起覆盖煤电、燃机、水电、风电等电力全谱系“华电睿”系列工控产品，有力促进能源电力固链补链强链。被称为“中国争气机”的我国首台全国产化F级50兆瓦重型燃气轮机在华电广东清远投入商业运行，填补我国自主燃气轮机应用领域空白。自主设计生产制造的首套1200标准立方米/小时碱性电解槽制氢设备成功下线、首台（套）新型高效穿越式岸桥全球首发。金融板块拥有8家机构，取得财务公司、信托公司、证券、保险经纪、保理、融资租赁等6种金融（或类金融）牌照。公司连续10年获评国务院国资委年度经营业绩考核A级，连续11年上榜《财富》“世界500强”，连续3年登上中国500最具价值品牌排行榜，连续9年获得联合国全球契约最佳实践奖，在2022年“中国能源企业低碳发展贡献力50强榜单”排名第一位。

**【主要指标】** 2022年，中国华电坚持以习近平新时代中国特色社会主义思想为指导，认真学习宣传贯彻党的二十大精神，全面贯彻“疫情要防住、经济要稳住、发展要安全”的重要要求，坚决贯彻落实党中央、国务院决策部署，统筹发展和安全，扎实做好能源保供、转型发展、提质增效、改革创新等各方面工作，持续加强党的建设，加快推动高质量发展，各项工作稳中有进、持续向好，超额完成国务院国资委“两利四率”“两增一控三提高”考核目标。实现利润总额208亿元，比上年增长175.0%；净利润140亿元，比上年增长453.7%；资产负债率69.9%；营业收入利润率6.61%，比上年增加4.4个百分点；全员劳动生产率118万元/（人・年），比上年增长28.6%；研发经费投入强度3%，比上年增加0.25个百分点。完成发电量6495亿千瓦・时，比上年增长1.42%；供热量4.42亿吉焦，比上年增长7.93%；煤炭产量5428万吨，比上年增长1.3%。完成投资1143亿元，比上年增长24.8%；新增发电装机容量1204万千瓦。供电煤耗291.6克/（千瓦・时），比上年降低1.2克/（千瓦・时）。

**表1　2022年中国华电集团有限公司主要经济指标**

| 项　目 | 2021年 | 2022年 | 比上年增长（%） |
|---|---|---|---|
| 资产总额（亿元） | 9481 | 10272 | 8.4 |
| 所有者权益（亿元） | 2848 | 3093 | 8.6 |
| 营业收入（亿元） | 2764 | 3035 | 9.8 |
| 利润总额（亿元） | 76 | 208 | 175.0 |

续表

| 项　目 | 2021 年 | 2022 年 | 比上年增长(%) |
|---|---|---|---|
| 净利润(亿元) | 25 | 140 | 453.7 |
| 归属于母公司所有者净利润(亿元) | 24 | 69 | 184.5 |
| 技术开发投入(亿元) | 76 | 91 | 19.7 |
| 利税总额(亿元) | 315 | 475 | 50.6 |
| 应交税金总额(亿元) | 290 | 334 | 15.3 |
| 全员劳动生产率[万元/(人·年)] | 92 | 118 | 28.3 |
| 净资产收益率(%) | 0.9 | 4.8 | 增加 3.9 个百分点 |
| 总资产报酬率(%) | 2.9 | 4.0 | 增加 1.1 个百分点 |
| 国有资本保值增值率(%) | 108.3 | 104.5 | 减少 3.8 个百分点 |

**【改革发展】** 2022 年，中国华电决战决胜国企改革三年行动，对照“三个明显成效”目标，狠抓改革三年行动台账落实，各项改革任务全面完成。公司获评 2021 年度和 2022 年度国务院国资委国企改革三年行动考核 A 级，并被国务院国资委评为“国有企业公司治理示范企业”，关于董事会建设、构建多元激励体系等改革经验在《国企改革三年行动简报》刊发，3 篇改革典型案例入选国企改革三年行动案例集。“科改示范企业”国电南自和“双百企业”江苏公司、华电重工在国务院国资委 2021 年度和 2022 年度专项考核评估中均获评“标杆”或“优秀”。市场化经营机制进一步健全，经理层成员任期制和契约化管理实现全覆盖，管理人员竞争上岗、末等调整和不胜任退出、新进员工市场化招聘比例均高于央企平均水平。对照“产品卓越、品牌卓著、创新领先、治理现代”的世界一流企业总要求，制定方案，明确措施，加快建设世界一流能源企业。推进对标世界一流管理提升行动，全面完成对标提升重点任务，命名 12 家直属单位、38 家基层企业为争创一流先进企业，命名 19 家直属单位为对标管理提升标杆企业。印发深化“三型三化 551”世界一流财务体系和能力建设的意见、指引和评价标准。进一步推动直属单位董事会配齐建强，中国华电派出的外部董事专职化比例 87.3%，符合条件的 292 户子企业全部实现外部董事占多数。深化法治华电建设，通过案件处置避免或挽回损失 11.35 亿元，公司系统新发案件数量和金额连续实现“双降”。深入开展“合规管理强化年”工作，强化重点领域合规风险排查治理，创新开展一体化管理信息平台试点建设。积极配合国家审计，抓好立行立改。

**【重大项目】** 2022 年，中国华电绿色发展加快推进，全年核准电源项目 5072 万千瓦，其中风光电 4642 万千瓦，取得风光电建设规模 5311 万千瓦，均创历史最高水平。牵头开发的内蒙古 1200 万千瓦、甘肃 1100 万千瓦两个大基地项目获得国家发展改革委批复，取得“疆电外送”三通道新疆负责的新能源基地项目开发权。加快发展海上风电，海南取得 60 万千瓦开发权，浙江核准 7.5 万千瓦。金上直流送出工程取得国家发展改革委核准，金中龙盘水电站列入国务院扎实稳住经济“一揽子”政策措施，完成预可研报告审查，江苏赣榆 LNG 接收站项目取得国家核准批复。加大力度推进水电、火电、新能源工程建设，全年开工 2825 万千瓦、投产 1082 万千瓦；其中，新能源开工 2625 万千瓦，投产 705 万千瓦，均创历史最高纪录。发电行业首个百万千瓦抽水蓄能项目福建周宁抽蓄电站提前 5 个月实现全容量投产，金沙江上游清洁能源基地首座电站苏洼龙水电站 4 台机组实现高质量投产，新能源大基地青海德令哈、新疆昌吉项目和西藏最大光伏保供项目那曲色尼光伏电站顺利并网发电，湖南平江首台百万千瓦超超临界燃煤发电机组正式投产。广东清远 9F 燃机工程项目获得中国建筑工程鲁班奖，云南梨园、广州增城项目获得国家优质工程奖，天津军粮城六期、广州万博分布式能源站等项目获得中国电力优质工程奖，福建尤溪汤川风电项目获得国家水土保持示范工程。

**【走向海外】** 2022 年，中国华电坚持以“四轮驱动”推动“合力出海”，克服全球疫情影响，加快推进国际业务绿色低碳转型，助力共建“一带一路”。全年国际业务收入 198.5 亿元、利润 38.1 亿元，营业收入利润率 19.2%。境外在运装机 351 万千瓦，新投产容量

70万千瓦；实现发电量113亿千瓦·时，比上年增长5.13%。柬埔寨西港项目实现一年“双投”，中国华电成为柬埔寨最大的发电运营商。印度尼西亚巴厘岛电厂圆满完成G20峰会保电工作，受到中国驻印度尼西亚大使馆表彰。充分利用CDM机制在欧洲市场完成37.73万吨碳核准减排量交易。“燃气蒸汽联合循环电站技术—经济指标计算和分析程序”等5项成果获得俄罗斯国家级专利证书。柬埔寨西港、额勒赛项目取得我国国家知识产权局实用新型授权专利3件。建设完成境外服务管理信息系统，通过信息化手段管理出国员工相关工作。与兄弟央企建立境外中方员工联防联保机制，与牵头国别企业积极对接，加强联络交流。完成境外应急指挥中心系统建设，并通过国务院国资委系统建设小组阶段性验收。

**【重大创新】** 2022年，中国华电突出创新主体地位，狠抓关键核心技术攻关，争当原创技术策源地和现代产业链链长。主动承担国家重大攻关任务，2项国家发展改革委“揭榜挂帅”项目、5项“1025专项”二期攻关项目、3项工业和信息化部人工智能“揭榜挂帅”项目成功获批，2项国家重点研发计划项目通过科技部验收，圆满完成国家发展改革委AK项目攻关任务。成立氢能技术研究中心，推进氢能核心材料产线落地投产，自主设计生产制造的首套1200标准立方米/小时的碱性电解槽制氢设备和气体扩散层产品成功下线。自主研发的国内首台(套)新型高效穿越式岸桥全球首发，入选国务院国资委中央企业科技创新成果推荐目录。全年累计获得授权专利2574件，其中发明专利295件，发布技术标准13项。“一种基于信息融合的智能变电站数据可靠性识别方法”获得中国专利金奖，“大型煤电机组多元协同深度节能关键技术研究及应用”获得电力创新大奖。深化央企联合攻关，中国华电在中央企业创新联合体工作会议上作典型交流。自主研制的国内首套F级燃气轮机TCS在江苏戚墅堰电厂成功投运，在国内率先实现燃气—蒸汽联合循环发电机组全站控制系统国产化和一体化。国内首台(套)自主知识产权G50重型燃机在华电广东清远公司成功并网发电。“华电睿”系列电力工控系统累计实现集团内示范推广应用132台(套)，签订集团外合同近100个，入选国务院国资委“2022年国有企业数字技术十大典型成果”，攻关团队获评国务院国资委“突出贡献团队”。加强协同创新，加入5G和高端分析测试仪器两个创新联合体，推进矿山5G应用攻关。

**【党建工作】** 2022年，中国华电坚持党的领导，加强党的建设，认真学习宣传贯彻党的二十大精神，坚持和完善“第一议题”制度，在完善公司治理中加强党的领导。制定印发《关于深入学习宣传贯彻党的二十大精神的意见》，明确“四抓三聚五推进”总体安排以及22项具体安排，迅速兴起学习宣传贯彻党的二十大精神热潮，以高质量党建引领保障高质量发展。党组书记带头面向公司系统开展宣讲，实现直属单位和基层企业集中宣讲全覆盖。组织7800余名党员干部收听收看国资国企系统宣讲报告会，开展“小板凳”宣讲、黄土地“流动喇叭”、新能源工地课堂等特色宣讲活动。党组会及时跟进学习贯彻习近平总书记在党的二十大、中央经济工作会议、中央财经委员会会议等重要指示批示精神76项。坚持服务生产经营不偏离，不断推动党建工作与生产经营深入融合。开展党建联建共建、“岗区队”创建、抓党建促乡村振兴系列活动，深入推进党建工作提质增效。守正创新构建具有华电特色的思想政治工作五大体系。召开公司人才工作会议，遴选首批“科技创新领军人才”“科技创新青年领军人才”和“华电工匠”。落实国务院国资委促就业工作会议精神，招录毕业生比上年增长32%。组织“聚绿色动能、助双碳目标”劳动竞赛，开展产业工人队伍建设改革提升行动，完成青年精神素养提升试点工作，举办“赓续血脉　逐梦追光”红色档案展、“喜庆二十大　奋进新征程”文艺演出。连续3年登上中国500最具价值品牌排行榜。落实“一岗双责”加强党风廉政建设。持续深化中央巡视整改，优化“两个清单”，完善长效机制，开展两轮内部巡视。深化以案为鉴、以案促治，进一步加强电煤管理和采购等重点领域廉洁风险防控，开展新能源项目、招标采购、火电生产物资管理、煤炭生产运销、法律合规等5个专项整治。持之以恒落实中央八项规定精神，毫不松懈纠“四风”树新风。

**【信息化与数字化建设】** 2022年，中国华电深入实施数字化转型行动，印发中国华电数字化转型2025

行动方案，研究形成数字区域、数字流域和数字新能源试点建设方案，推动区块链+碳资产管理平台、数字电厂、智能煤矿、智能供热等数字化项目建设工作。开展数据标准化工作，完成安全可控区域新能源远程集控系统示范项目建设，开发应用"人防+技防"的工程建设安全管理"天眼"监控系统。"安全风险智能管控"项目获得工业和信息化部第五届"绽放杯"5G应用征集大赛全国总决赛二等奖，"燃机智慧运维云平台"入选工业和信息化部2022年大数据产业发展试点示范项目，"5G在发电厂输煤栈桥机器人智能巡检系统中的应用"被中电联评为2022年电力5G应用创新典型案例，"自主可控区块链技术（长安链）与物资采购电商平台的融合研究应用"获得电力创新大奖，2项成果入选年度物联网"新技术、新产品、新应用"成果，3家国家首批智能化示范煤矿通过内部验收。

**【履行社会责任】** 2022年，中国华电坚决履行能源保供责任，圆满完成党的二十大、全国两会、北京冬奥会、迎峰度夏等重点时段能源保供和安全稳定任务，有力保障7.82亿平方米面积居民安全取暖，积极应对西南高温干旱、四川泸定地震和贵州严峻保供形势，全力保障电力供应，收到国家发展改革委、国家能源局、生态环境部和多个地方党委政府的表扬和感谢信180余份。全年未发生较大及以上安全生产事故，电力、科工板块实现人身零事故。完成煤电机组"三改联动"70项。获评2020—2021年度全国"安康杯"竞赛活动优秀组织单位。高标准完成中央生态环保督察涉及问题整改，圆满完成重点时段空气质量保障任务，全年未发生较大及以上环保事件。打造生态文明示范工程，西藏DG水电站建成投运世界海拔最高的智慧鱼道，金上流域建成国内第一座水电流域生态环保展示馆。制定完善碳达峰行动方案，开展碳排放管理提升专项行动，万元产值碳排放较2020年下降12.8%。牵头编制的碳监测技术规范由国家能源局批准实施，填补行业标准空白。落实国务院联防联控机制疫情防控优化措施，及时优化公司疫情防控方案。向新疆、内蒙古、四川、云南、陕西等地捐助4216万元支持疫情防控和抗震救灾。巩固拓展脱贫攻坚成果，全年投入帮扶资金1.6亿元，其中，向定点帮扶的新疆阿图什市和乌恰县投入无偿帮扶资金3221万元、向对口支援的新疆喀什市和青海都兰县投入无偿帮扶资金1050万元；采购和帮助销售脱贫地区农副产品8322万元，其中，在两个定点帮扶县消费帮扶1799万元。选派挂职和驻村帮扶干部105人，在25个省（自治区、直辖市）的110个县（市）开展帮扶工作，重点围绕特色产业发展、民生设施改善、基层人才培养、内生动力提升等方面接续推进脱贫地区发展和群众生活改善，圆满完成国家和地方政府安排的各项帮扶任务。连续4年获评中央单位定点帮扶工作成效考核最优等次"好"，公司系统6个集体、12名驻村干部获得省级帮扶工作先进荣誉，13个乡村振兴案例入选2022年电力建设行业优秀案例。

（撰稿人：刘　超）

# 国家电力投资集团有限公司

**【基本概况】** 2022年，国家电力投资集团有限公司（以下简称国家电投）坚定不移地落实党中央、国务院各项决策部署，迎难而上，经营业绩再创新高，全球最大的清洁能源发电企业基础进一步巩固，新兴产业全面落地，改革创新持续深化；学习贯彻党的二十大精神，优化调整"2035一流战略"和"十四五"规划，为极不平凡的2022年递交一份极为重要的答卷。

**【主要指标】** 2022年，国家电投质量效益指标全面提升。截至2022年底，国家电投管理装机容量2.32亿千瓦，其中清洁能源装机容量1.55亿千瓦，占比66.75%。控股装机容量2.12亿千瓦，其中清洁能源装机容量1.4亿千瓦，占比65.87%。全年完成发电量6639亿千瓦·时，新能源发电量继续保持发电集团第一。实现营业收入3633.9亿元、利润总额274.3亿元、净利润193.4亿元、归属于母公司所有者的净利润50.0亿元，净利润增幅高于利润总额增幅。资产负债率69.9%，比上年减少3.9个百分点，圆满完成国务院国资委降杠杆管控目标，提前完成集团公司"十四五"规划的降负债目标。全年研发投入强度3.68%，比上年增加1.07个百分点。全员劳动生产率115.41万元/(人·年),比上年增长20.16%。"两利四率"指标顺利实现"两增一控三提高",圆满完成国务院国资委考核目标和"稳增长"任务。资产总额、利润总额、净利润、营业收入利润率、净资产收益率首次均排名四大发电集团第一。利润总额高于央企平均水平4.6个百分点。居2022年《财富》"世界500强"第260位,比上年提升33位。

**表1　2022年国家电力投资集团有限公司主要经济指标**

| 项　目 | 2021年 | 2022年 | 比上年增长(%) |
|---|---|---|---|
| 资产总额(亿元) | 14911.2 | 15818.0 | 6.08 |
| 所有者权益(亿元) | 3901.4 | 4760.1 | 22.01 |
| 营业收入(亿元) | 3323.1 | 3633.9 | 9.35 |
| 利润总额(亿元) | 108.1 | 274.3 | 153.75 |
| 净利润(亿元) | 43.5 | 193.4 | 344.60 |
| 归属于母公司所有者的净利润(亿元) | -11.9 | 50.0 | — |
| 技术开发投入(亿元) | 86.7 | 134.9 | 55.59 |
| 利税总额(亿元) | 298.1 | 509.5 | 70.92 |
| 应交税金总额(亿元) | 258.8 | 318.1 | 22.91 |
| 全员劳动生产率[万元/(人·年)] | 96.05 | 115.41 | 20.16 |
| 净资产收益率(%) | 1.19 | 4.45 | 增加3.26个百分点 |
| 总资产报酬率(%) | 2.85 | 3.85 | 增加1.00个百分点 |
| 国有资本保值增值率(%) | 108.89 | 103.20 | 减少5.69个百分点 |

**【改革发展】** 2022年,国家电投改革管理硕果累累。圆满完成国企改革三年行动攻坚任务,居2021年度中央企业系统考核第一,集团公司董事会在国务院国资委考评中首次获评"优秀",所属3家"双百企业"、2家"科改示范企业"专项考核成绩均为"标杆"或"优秀"。持续完善与国有资本投资公司相适应的组织体系和运作机制,完成核能总部入鲁,推动综合智慧能源产业创新中心成为科技创新公司,组建综合智慧能源科技有限公司,成立铝业协同中心、抽蓄中心、资本运营中心、经济运行支撑中心、安全运行监控中心和技术监督中心,原有的产业创新中心也逐步开始发挥作用。建立用工计划与工资总额联动机制,促进全员劳动生产率提升10%。中国电力和上海电力上市公司股权激励方案获国务院国资委批准。国核铀业创新医用同位素研发生产项目列为央企首批跟投试点。二、三级企业在改革管理上作出许多全新的探索。

**【重大项目】** 2022年,国家电投履行国家重大使命成效显著。核电重大专项方面,"国和一号"示范工程1号机组一回路冷态水压试验圆满完成,标志着工程从单设备单系统调试转入联合调试阶段,实现"国和一号"的重大里程碑。依托"国和一号"获批能源电力央企首个现代产业链链长,攻关形成一批重点创新成果,建立共性技术研发行业平台,与各地方"链主制"协同推进,打造百家单位产业链联盟;2022年,全国核准的10台核电机组中,6台采用CAP 1000技术,莱阳核电一次性取得6台国和系列核电机组前期工作许可,实现历史性突破。重燃重大专项方面,集团公司组织全产业链攻坚克难,通过52项试验验证攻克94项关键核心技术,在国内首次建立完整有效的重燃自主研制体系,300兆瓦级F级重型燃气轮机首台样机提前1个月启动总装;重燃整机零部件52898个,其中35599个关键零部件均为国内首次自主研制,有效填补我国重燃产业链空白,引领带动产业链上下游整体能力提升,得到党和国家有关领导的表扬肯定。能源工业互联网专项工程方面,建成覆盖4000余家电力、煤炭、石油、天然气等领域的国有企业能源工控网络安全态势感知大数据平台,能源企业预警平台上线运行并接入国务院国资委相关终端,有力支撑国家能源系统安全监管和决策。完成上级攻关任务方面,科技攻关一期任务高质量完成,二期任务数量和涉及领域均在一期项目上翻番,自主研发的一批重要成果得到推广应用,连续两年获得国务院国资委科技创新考核加分。

**【走向海外】** 2022年,国家电投境外新能源项目多点开花。境外业务涵盖47个国家和地区,其中"一带一路”沿线国家 38 个，拥有境外发电装机容量 868.3 万千瓦，其中水电 234.3 万千瓦、风电 153.8 万千瓦、光伏 104.8 万千瓦、煤电 313.6 万千瓦、气电 61.8 万千瓦，清洁能源占比 63.9%；境外在建电力装机容量 258 万千瓦；在执行的电力工程总承包项目 9 个，电站咨询设计、运维培训及其他服务项目总计 30 余项。成功获取匈牙利托卡伊 20 万千瓦光伏项目开发权；土耳其胡努特鲁混合电站、乌兹别克斯坦咸海光伏治沙、巴西圣西芒水光氢混合能源等一批重点项目取得积极进展。

**【重大创新】** 2022 年，国家电投创新见效成果突出。突破一批国内外领先的核心技术，新兴产业创新成效显著，形成用户侧智慧能源 1.0—4.0 的顶层设计及路径，构筑覆盖源、网、荷、储各环节 19 个方面、61 个类别的坚实技术基础，支撑产业创新取得重要突破。构建氢能制、储、输、加、用全产业链，自主化燃料电池投入商运，“氢腾”品牌在北京冬奥会等重要舞台亮相服务，PEM 制氢技术水平国内领先；全球最大功率“容和一号”铁—铬液流电池首条量产线投产；国内首台百吨级纯电交流驱动自卸车在南露天煤矿应用；“换电重卡—电池银行—换电站运营”三位一体运营模式实践成果获得第五届 APEC ESCI 最佳实践奖智慧交通类别金奖；国内率先研发的高温水洗颗粒制备移动生产线投产。建设一批引领性创新示范工程，全球最大的可再生能源制氢合成氨项目——大安项目开工；国内首套 10 万吨级燃机烟气碳捕集项目——长兴岛 CCUS 项目实现投产试运行；国内首例光伏直流电直供电解铝项目——昆明阳宗海项目建成投运。传统产业创新多点发力、效果凸显，IBC 电池量产平均效率 24.2%，钙钛矿叠层电池实验室效率突破 30%，国内首条光伏组件回收中试线综合回收效率 92%，光伏生态环境效应研究成果达到国际领先水平；“御风系统”独家创新能力得到认可，成功为北京冬奥会提供预报服务；水电智能远程运维技术成功入选国际水电协会展示案例。形成一批有行业影响力的创新成果，主编 ISO 和 IEC 国际标准各 1 项，全年发布团体及以上标准 132 项，获得中国专利金银奖各 1 项，全年申请专利 4829 件，专利数量质量双提升。建设一批国内领先的创新平台，投运国内首个光伏储能实证实验平台，完成首个整年度户外实证和数据发布。与东南大学共建的发电装备安全运行与智能测控国家工程研究中心正式获批并进入实质建设阶段。打造粤港澳大湾区国家技术创新中心智慧能源分中心、新型电力系统全国重点实验室分室及清洁能源融通创新发展平台。成立山东省先进核能技术创新中心。

**【党建工作】** 2022 年，国家电投党建引领持续加强。集团公司党建工作考核连续 3 年获评 A 级。认真学习宣传贯彻党的二十大精神，制定学习宣传贯彻方案和宣传、培训专项工作方案，党组成员带头深入基层宣讲，带动全系统形成学习宣传贯彻党的二十大精神的浓厚氛围。探索开展立体式多层次全方位党组织联建共建，总部 21 个部门（中心）党支部与 63 家二级单位党组织全面开展结对共建，推动新兴产业落地见效；27 家区域牵头单位与区域内各单位、与相关政府职能部门定期开展联建共建，有力推动集团公司“省为整体”落地见效。以党建协同助推业务协同，解决企业改革发展重大问题 188 项，攻坚卡脖子技术难题 136 项，推动创新技术研发 200 项，提质增效工作 245 个，助力项目开工落地 402 个。

**【信息化与数字化建设】** 2022 年，国家电投加快建设“数字国家电投”，以数字化转型驱动集团治理能力提升、产业生产方式和运营模式变革，助力集团公司建设世界一流企业。全球司库赋能数智化转型。国家电投全球司库系统“天玑壹”是集团公司覆盖境内外、金融资源集约化管理和资金全流程管控的工作平台，央企首创的理念内涵先进、管理手段标准的集团“五化”（一体化、数字化、集约化、专业化、国际化）司库管理模式，具备组织架构、金融科技、全球化集约、专业化运作、国际化创新的领先优势。国家电投全系统 3200 多家单位、17000 多个用户通过司库系统开展资金管理和办理金融业务，超万亿元融资规模、融资成本全部实现在线监控，日均 600 多亿元资金实现在线实时归集，创造性实现全集团金融资源管理的“五个一”目标，即一个工作平台、一个监控平台、一个运营平台、一个资金池、一个支付钱包。统一组织建设 ERP 再上新台阶。国家电投 ERP 系统建设广泛吸收国内能源企业 ERP 优秀建设成果与 SAP ERP 系统最佳实践，形成集团公司业务蓝图，通过集中部署的建设模式，与集团公司JYKJ、财务共享、法务管理、采购管理、燃料管理、电力营销等八大系统集成，实现集团统建系统数据互联互通，构建集团公司业财一体化运行的统一经营管理平台。2022年，ERP系统建设完成36家二级单位ERP系统蓝图设计、系统开发、数据收集和上线准备，涵盖火电、水电、新能源、核电、制造等多业态，建设全集团统一ERP系统向前迈进关键一步。"建木云"数据中台释放数据要素价值。建立健全集团统一的数据标准和模型，打造决策分析典型场景应用，实现风、光、火、水、核、煤炭、铝业、环保等全产业数据汇聚，推动数据安全有序开放共享和应用。数据治理方面，通过构建基于边缘计算的物联采集能力，提出一套数据治理的标准和方法论，开发一套能够预测及诊断设备的健康状态的无故障场站预警应用，可实现设备故障预警准确率85%以上，促进被动式运维转化为主动式检修。通过大数据分析及机器学习等技术能力，数字化还原光伏电站真实运行性能，进一步发掘潜在发电量，直接创造经济价值。2022年9月8日，国家电投产业数据中台项目成功入选工业和信息化部公布的2022年大数据产业发展试点示范项目名单，成为行业大数据应用领域"工业大数据应用方向"试点示范项目。

**【融合协同】** 2022年，国家电投融合协同成绩斐然。县域开发方面，集团公司进入430个县，天枢平台接入200多个"三网融合"示范项目，累计导流用户超过1万人，与京东、阿里在农产品上行、智慧园区等领域持续深化跨界合作。上下游产业协同方面，与合作伙伴共同发力新型储能新赛道，投运全国单体最大的独立储能电站，在储能领域形成新源智储、融和元储等具有较强综合竞争力的品牌，其中新源智储入选"科改示范企业"，获得"国家高新技术企业"认定。产金融合方面，国氢科技完成B轮融资，成为氢能领域首个市场估值超过100亿元的独角兽企业。融投业务方面，投运装机超过1500万千瓦，全年实现综合收益14亿元，降低集团公司负债率1.28个百分点；与金融机构设立300亿元"雪炭行动"绿色融资低成本资金池。绿色产业融入生态文明建设方面，集团公司光伏治沙模式纳入《全国防沙治沙规划（2021—2030年）》（送审稿），乌兰布和、磴口30万千瓦先导项目实现投产。大客户合作方面，与中国融通、中国中铁、辽宁交投合作取得突破。与中铝集团合作阳宗海绿色铝产业园项目成功投运，与中远海运就5万吨/年绿色甲醇项目达成合作意向，与恒基兆业联合中标深圳福田129个区属公共建筑智慧能源项目。

**【履行社会责任】** 2022年，国家电投积极履行央企社会责任。坚决做好稳增长工作，存量资产提质增效贡献利润56亿元；落地能源保供专项债、清洁能源补贴等各项政策资金1700亿元，多争取近300亿元；SDSJ关键指标中，15项指标实现"保二争一"；全面完成双亏治理收官；完成59项、167亿元资产处置；充分发挥国资央企稳经济大盘"压舱石"作用。按照习近平总书记"绝不拉闸限电"重要指示，全力以赴做好能源保供工作，切实扛起能源央企社会责任，做到煤电机组应开尽开、设备稳定可靠、煤炭增产增存，保供火电机组发电量3747亿千瓦·时，比上年增加2.1个百分点。创新能源保供新模式，大力实施"雪炭行动"，保定、苏州、深圳、湖州、兰考综合智慧零碳电厂均并网投运，切实发挥保供作用。与中煤集团实施"煤炭+煤电"专业化整合，为中央能源企业优势互补、产业融合提供样板。核能供暖、风电供暖、生物质供暖等项目，为各地保电供暖工作提供绿色转型发展的成功案例。圆满完成党的二十大、迎峰度夏、迎峰度冬、冬奥会等重大保电工作，川渝等区域保供关键时段实现机组100%开机，保供关键指标优于国家部委考核目标值，得到国家发展改革委等有关部委和上海、河北等24个地方政府的肯定与表扬。坚决完成疫情防控重点任务，主动承接国务院国资委"1014专项"工作，作为土耳其国别牵头单位，组织实施4架次商业包机，接返在土中央企业滞留员工800余人；面对疫情防控严峻形势，未发生聚集性疫情，勇担疫情防控期的保供职责，为多个城市的正常运营提供有力支撑。坚决贯彻落实乡村振兴战略，超额完成中央企业定点帮扶工作任务，投入定点帮扶资金7499.6万元，消费帮扶5122.7万元，引入帮扶资金686.5万元。推进"绿电+乡村振兴+生态"融合发展，以清洁能源推进生态建设与惠民富农良性互促。2022年，贵州金元"农光互补+合作社"项目、黄河公司"光伏羊"项目获评全球最佳减贫案例。通过"生态光伏+储能+蓄热"清洁供暖一体化，解决青海贵南县农牧民群众3万余人的供电、供暖、污水和垃圾处理等问题。

（撰稿人：姜力祺）

## 中国长江三峡集团有限公司

**【基本概况】** 2022年是党和国家历史上极为重要的一年，也是中国长江三峡集团有限公司（以下简称中国三峡集团）总部搬到武汉后第一个完整年，极为特殊、极其重要、极不平凡。中国三峡集团以习近平新时代中国特色社会主义思想为指导，围绕迎接学习宣传贯彻党的二十大这条主线，深入学习贯彻习近平总书记对集团公司重要讲话指示批示精神，积极应对疫情形势严峻复杂、长江来水极度偏枯、原材料价格持续高企、资本市场大幅波动等多重超预期因素冲击，生产经营形势保持总体稳定，主要效益指标继续位居央企前列。连续多年获得中央企业负责人经营业绩考核A级，被国务院国资委授予2019—2021年任期“业绩优秀企业”和“科技创新突出贡献企业”。

白鹤滩水电站全部机组投产发电，世界最大清洁能源走廊全面建成，巩固“世界水电看中国、中国水电看三峡”的引领地位。新能源装机约3200万千瓦，其中海上风电装机容量近500万千瓦、跃居国内第一。共抓长江大保护累计完成投资近1000亿元，重点推进管网攻坚战和“城市智慧水管家”，探索城镇治污资源化、市场化商业模式，投运污水处理能力426万立方米每天，建设及投运雨污管网长度1.8万千米。国际业务逆势增长，发电量、营业收入再创新高，巴基斯坦卡洛特水电站全面投产发电，三峡国际被国际评级机构授予相当于我国国家主权级的信用评级。国企改革三年行动圆满收官，在年度考核中获评A级，“双百行动”“科改示范行动”获得“三标杆一优秀”；科技创新成果丰硕，全球领先的16兆瓦海上风机等重大创新成果竞相涌现；党建引领作用充分发挥，施工区“大党建”等特色品牌持续拓展，连续3年在中央企业党建考核中获评A级，连续4年在中央单位定点帮扶工作成效评价中获得最高等次“好”。

**【主要指标】** 2022年，中国三峡集团完成发电量3837.8亿千瓦·时，比上年增长5.62%；实现营业收入1462.59亿元，比上年增长7.52%；利润总额510.54亿元，比上年下降15.34%。截至2022年底，集团可控装机容量12471.67万千瓦，其中清洁能源装机占比96.29%。截至2022年底，中国三峡集团资产总额12687.80亿元，比上年增长9.92%；净资产收益率7.40%，国有资本保值增值率107.05%。2022年，中国三峡集团坚持稳中求进工作总基调，成功克服多个超预期因素影响，统筹推进保供应、稳增长、促投资、防风险、惠民生等各项工作，生产经营形势保持总体稳定，主要效益指标继续居中央企业前列。

**表1　2022年中国长江三峡集团有限公司主要经济指标**

| 项　目 | 2021年 | 2022年 | 比上年增长(%) |
|---|---|---|---|
| 资产总额(亿元) | 11543.11 | 12687.80 | 9.92 |
| 所有者权益(亿元) | 5547.36 | 5904.86 | 6.44 |
| 营业收入(亿元) | 1360.27 | 1462.59 | 7.52 |
| 利润总额(亿元) | 603.05 | 510.54 | —15.34 |
| 净利润(亿元) | 502.45 | 425.28 | —15.36 |
| 归属于母公司所有者的净利润(亿元) | 324.75 | 245.51 | —24.40 |
| 技术开发投入(亿元) | 41.53 | 44.62 | 7.44 |
| 利税总额(亿元) | 722.02 | 649.21 | —10.08 |
| 应交税金总额(亿元) | 219.57 | 223.93 | 1.99 |
| 全员劳动生产率[万元/(人·年)] | 383.08 | 308.16 | —19.56 |
| 净资产收益率(%) | 9.72 | 7.40 | 减少2.32个百分点 |
| 总资产报酬率(%) | 6.86 | 5.59 | 减少1.27个百分点 |
| 国有资本保值增值率(%) | 108.14 | 107.05 | 减少1.09个百分点 |

**【改革发展】** 2022年，中国三峡集团深入学习贯彻习近平总书记关于国有企业改革发展和党的建设

的重要论述精神，深入贯彻落实国企改革三年行动各项决策部署，全面压实改革责任，推动改革三年行动各项任务圆满收官。

改革在重要领域和关键环节取得实质性突破，一是中国特色现代企业制度更加成熟定型，实现党的领导全面融入公司治理，充分发挥党组织“把方向、管大局、保落实”，董事会定战略、作决策、防风险和经理层谋经营、抓落实、强管理的职能作用。深入推动董事会应建尽建范围内的子企业实现董事会配齐建强、外部董事占多数、建立向经理层授权管理制度全覆盖，全面依法落实董事会各项职权。2022 年，中国三峡集团和所属中国长江电力股份有限公司获评国有企业公司治理示范企业。二是积极稳妥深化混合所有制改革，2022 年所属上海勘测设计研究院有限公司成功引进 6 家战略投资者，引入非公有制资本持股比例 19.26%，有效放大国有资本功能，实现各种资本取长补短、共同发展；坚持“以混促改”，进一步推动所属三峡国际能源投资集团有限公司（以下简称三峡国际）等混合所有制企业深度转换经营机制，促进管理全面升级，2022 年三峡国际被权威国际评级机构授予相当于我国国家主权级信用评级。三是推动创新体制机制变革，2022 年进一步建立健全科技创新支持保障政策，探索实施“揭榜挂帅”等机制，持续深化创新平台建设，不断提升自主创新能力。2022 年，中国三峡集团获评中央企业 2019—2021 年任期“科技创新突出贡献企业”称号，居中央企业第 7 位，发电中央企业第 1 位。四是持续深化三项制度改革，2022 年管理人员竞争上岗比例、末等调整和不胜任退出比例、员工退出比例相比改革三年行动前大幅提升；持续推动经理层成员任期制和契约化管理实现高质量全覆盖，深入实施上市公司股权激励和科技型企业岗位分红激励，激发干部职工干事创业积极性。在中央企业 2021 年度三项制度改革考核中获评一级（A 类）。五是深入推进“双百行动”“科改示范行动”等改革专项行动，推动相关典型做法和改革经验在集团内扩点成面，充分发挥改革示范引领突破带动作用，在国务院国资委 2021 年度专项考核中，集团公司所属 3 户“双百企业”和 1 户“科改示范企业”获评“三标杆一优秀”等次，总体成绩居中央企业第 2 位。

**【重大项目】** 2022 年，中国三峡集团始终坚持质量第一、安全至上，高标准、高质量推进国内外重点项目，实现一系列重大节点目标。水电工程方面，白鹤滩水电站、长龙山抽水蓄能电站实现全部机组投产发电；金沙重组项目取得证监会核准文件，具备交割条件；湖北清江等 10 个抽水蓄能电站获得核准；浙江天台抽水蓄能电站项目投资决策经中国三峡集团董事会决议通过，是中国三峡集团“十四五”投资建设的首个抽蓄项目。新能源方面，承担国家第一批大基地项目基本开工建设，内蒙古库布其“沙戈荒”新能源大基地项目成功获批，山东昌邑 30 万千瓦海上风电项目全容量并网，内蒙古鄂尔多斯纳日松光伏制氢产业示范项目开工建设。长江大保护方面，重点区域建设项目稳步推进，累计完成投资近 1000 亿元，安徽无为城乡污水处理一体化 PPP 项目全面转入商业运营，“城市智慧水管家”新模式在安徽六安、湖北宜昌、湖南岳阳等城市加快推进。国际投资方面，巴基斯坦卡洛特水电站全面投产发电，墨西哥光伏等一批并购项目完成交割。

**【走向海外】** 截至 2022 年底，中国三峡集团境外电力资产总额超过 250 亿美元，境外可控装机容量超过 1260 万千瓦，境外业务主要类型为水电、风电、太阳能等清洁能源投资开发及建设运营，境外资产主要分布在葡萄牙、西班牙、巴西、秘鲁、巴基斯坦、老挝、几内亚等国家，133 个境外子企业分布在亚洲、欧洲、南美洲和非洲约 30 个国家和地区。

2022 年，中国三峡集团新增境外资产约 13 亿美元，新增境外可控装机容量约 157 万千瓦，新增项目重点分布在西班牙、墨西哥、巴基斯坦等国家，新成立亚非绿色能源投资有限公司，负责开拓除巴基斯坦以外的亚洲和非洲市场区域。中国三峡集团所属中国水利电力对外有限公司连续 33 年入围《工程新闻纪录》（ENR）全球最大 250 家国际工程承包公司榜单，2022 年排名第 128 位；连续 25 年入围 ENR 全球最大 225 家国际工程设计公司榜单，2022 年排名第 132 位。

2022 年，中国三峡集团在德国、西班牙、葡萄牙、希腊、卢森堡、巴基斯坦、埃及、约旦、巴西、哥伦比亚、秘鲁、老挝实施各类社会责任项目超过 40 个，总资金约4000万元(含当地政策框架下的公益慈善项目)。中国三峡集团所属三峡国际深入践行ESG理念,积极开展ESG管理,海外社会履责成果突出,荣膺由中国社会责任百人论坛发起的2022年度"责任金牛奖项·海外履责奖"。

**【重大创新】**

1. 管理创新。

2022年,中国三峡集团深入贯彻党中央、国务院创新驱动发展战略部署,切实落实国务院国资委关于对标世界一流管理提升相关要求,充分发挥管理创新效能,进一步提升集团公司经营管理能力和水平。一是实现管理创新制度化。制定《管理创新办法》,建立管理创新"项目化管理"长效机制,实现管理创新从评审奖励向项目立项、过程培育、评审奖励、推广应用全过程管理转变。二是落实管理创新项目化。组织开展中国三峡集团首次管理创新项目立项,项目立项488项;按照"聚焦主责主业,着眼先进创新,体现三峡特色"方针,评选中国三峡集团管理创新重点项目52项,建立季度专题会工作机制,组织落实重点项目过程培育。三是大力推进管理创新成果推广应用。注重管理创新成果在集团公司内外部推广,围绕水电精品工程标准体系、流域梯级电站远程集控管理、流域梯级水库联合调度、新能源智慧电站运营管理、疫情下国际工程建设管理、长江大保护智慧水管家模式、信息化与数字化等业务领域,评审奖励35项管理创新成果,并推动管理标杆范式在集团公司内部推广;积极组织对外申报创奖,1项管理创新成果获得中国电力企业联合会2022年度电力创新奖(管理类)大奖,多项成果获得中国企业联合会电力企业管理创新论文大赛、中国电力设备管理协会设备管理创新成果等行业级重要奖励。

2. 科技创新。

2022年,中国三峡集团深入实施创新驱动发展战略,聚焦国家重大需求,积极发挥在清洁能源、长江生态环保创新发展中的引领作用,以重大工程为载体,以引领行业科技进步为目标,持续加大科技攻关力度,科技创新工作取得显著成效,被国务院国资委评为"科技创新突出贡献企业"。一是积极承担重大科研任务。获批16项国家级重点科技项目,获财政资金支持近2亿元。其中,科技部国家重点研发计划3项,国务院国资委中央企业攻关工程6项,国家发展改革委"揭榜挂帅"项目1项,国家发展改革委关基项目1项,水利部重大科技项目计划5项。二是重大创新成果竞相涌现。"自主可控的大型可编程逻辑控制器(S·CTG)"在三峡左岸电站12号机组顺利投运并实现"零缺陷"稳定运行,项目首次实现700兆瓦混流式水轮发电机组LCU自主可控,形成可复制的水电站机组LCU自主可控方案,总体技术达到国内领先水平。"全面国产化自主可控核心系统水轮发电机组调速器"在全球单机容量最大的白鹤滩百万千瓦机组中成功示范应用。"额定短路开断电流170千安发电机断路器成套装置"在白鹤滩水电站正式挂网运行,标志着百万千瓦水电机组配套的高压电气设备实现全面国产化。"全球单机容量最大的16兆瓦海上风电机组样机"在福建三峡海上风电国际产业园成功下线,并入选2022年度央企十大国之重器,创造海上风电装备新标杆。"乌兰察布风光储一体化场站项目"由电网调度直控模式切换为场站调度集控模式,是全国首套适用于大规模风光储一体化电站的智慧联合集控系统。"全业态智慧水务调度系统"在安徽六安"水管家"建成,为国内首个自主研发的"业态全覆盖、数据全监视、操作全远控"的智慧水务调度系统。"新概念水厂——凤凰桥污水处理厂"二期正式投运,以"还市民一座花园"为目标建设环境友好型水质净化厂。国内首个大型绿色零碳数据中心——"三峡东岳庙数据中心建设项目"一期投产。全球载电量最大的纯电动游轮"长江三峡1号"投入运营。全球首艘新一代2000吨级海上风电安装平台"白鹤滩号"和国内首艘"运输+起重"一体化深远海海上风电施工船"乌东德号"交付使用。国内首艘内河氢燃料电池动力工作船"三峡氢舟1号"开工建造。全球首条1吉瓦·时钠离子电池生产线如期建成、产品成功下线。中国三峡集团持续加大科技成果总结力度、积极开展科技奖励活动,2022年有53项成果获省部、行业学(协)会科技奖项,2项成果获国际奖项,其中,乌东德水电站获得菲迪克工程项目高度赞扬奖,向家坝水电站获得第三届高混凝土坝国际里程碑工程奖。"大坝混凝土长期性能演变与耐久性保障关键技术"探明大坝混凝土宏观性能长期发展规律，提出宏观性能演变的两阶段性能演变模型，研发在役大坝混凝土耐久性修复提升新材料和新装备，形成大坝混凝土原位修复成套技术，成果应用于三峡、白鹤滩、乌东德等20多个国家重大水利水电工程，并推广至桥梁、核工业等领域，经济、社会、生态环保等综合效益巨大。"适应长江洪水时空演变的水库群防洪精准调控关键技术"创建一整套适应长江洪水时空演变的水库群防洪精准调控理论与方法体系，解决"洪水演变智能模拟—防洪库容精准调控—洪水资源协同利用—调度运行智慧决策"4个方面的关键技术难题，构建长江干支流洪水"时空演变分期分类—智能模拟"的全景预测体系。"复杂环境条件下海上风电机组地基基础设计关键技术及应用"构建复杂环境条件下海上风电机组地基基础创新结构体系，研究成果填补台风、深厚软土、浅覆盖层、海冰等复杂环境条件下海上风电场设计和工程实践空白。"梯级开发背景下长江上游重要鱼类资源保护关键技术及应用"围绕长江上游重要鱼类关键栖息地保护、物种增殖和资源养护开展攻关研究，突破多种长江上游重要鱼类人工繁育关键技术，为重要鱼类自然种群维持奠定应用基础，人工繁育关键技术推广为武汉"先锋1号"新品种开发提供重要支撑，具有重要的科技引领和示范作用。"长江经济带城镇排水系统效能提升关键技术与工程应用"研制适合于复杂环境下的排水管道缺陷精准检测装备，实现排水管道检测设备的国产化和产业化，研发适合于特殊条件下的排水管道缺陷成套非开挖修复方法，开发适合于全过程管控的排水管道数字化系统及应用平台，实现管道探测、检测、设计、施工与验收、运营等全过程数字化管控。三是重大技术装备获得新突破。6项技术装备入选能源领域首台(套)。在国家能源局公布的2021年度能源领域首台(套)重大技术装备清单中，中国三峡集团有"1000兆瓦混流式水轮发电机组""10兆瓦海上风力发电机组""国产抗台风半潜浮动式海上风力发电系统成套装备""并网友好型风光储场站群智慧集控与运维系统""适用于新能源电站惯量和调频支撑的兆瓦级飞轮储能系统""海上风电柔性直流输电成套装备"6项技术装备入选，占总量(75项)的8%，居发电央企第一。积极申报能源领域首台(套)。开展2022年度能源领域首台(套)申报评选及推荐报送工作，中国三峡集团向国家能源局提出重大技术装备申请16项，其中，中国三峡集团推荐"600转每分钟，350兆瓦抽水蓄能机组成套设备"等13项，通过四川省能源局推荐"ZHN10—30 170千安发电机断路器成套装置"等2项，通过东方电气推荐"13兆瓦海上风力发电机组"1项。四是科技成果首次入选中央企业科技创新成果推荐目录。"大型工业可编程智能控制器""抗台风半潜浮动式海上风力发电系统成套设备""±400千伏海上风电柔性直流输电系统"3项科技成果入选国务院国资委发布的中央企业科技创新成果推荐目录(2022年版)，也是中国三峡集团科技成果首次入选该目录。

**【党建工作】** 2022年，中国三峡集团在以习近平同志为核心的党中央坚强领导下，在习近平新时代中国特色社会主义思想的科学指引下，坚持以高质量党建引领保障高质量发展，党建工作取得良好成效。一是深入学习宣传贯彻党的二十大精神。开展"建功新时代　喜迎二十大"群众性主题实践活动，谋划部署学习宣传"十个一"工作安排，印发《全面贯彻党的二十大精神　为推进中国式现代化作出三峡贡献的决定》，党组领导深入基层宣讲13场次，组织基层党组织累计开展"三会一课"、主题党日3000余次，在全集团开展大学习、大讨论、大落实，推动党的二十大精神在中国三峡集团落地生根。二是深化党建工作体系建设。坚持"两个一以贯之"，推动811家子企业完成党建入章应入尽入，规范党组和子企业前置研究清单及决策程序，有效保障党的领导融入公司治理。完善党建工作责任、落实、保障、评价工作机制，推动层层压紧压实党建责任，初步形成以"15684"为核心内容的"高质量党建引领保障高质量发展"工作体系。三是强化党的组织体系建设。开展基层党组织建设对标提升行动，推动242个基层党组织按期换届，累计消除132个空白班组，对近三年进入公司的3567名党员档案进行核查，有力夯实基层基础，着力打通"最后一公里"。围绕产业链、创新链、供应链开展施工区"大党建"、精益党建、党建引领指数体系等创新做法，推进党建工作与生产经营深度融合，以改革发展成果检验党建工作成效。四是大力弘扬践行"三峡精神"。

在习近平总书记致信白鹤滩水电站首批机组投产发电等重要节点开展主题活动，推动习近平总书记指示批示见行见效。白鹤滩水电站全面投产发电，白鹤滩建设者团队被评为“央企楷模”。集团亮相《新闻联播》45次，三峡品牌形象、影响力和美誉度持续提升。

**【信息化与数字化建设】** 2022年，在习近平新时代中国特色社会主义思想和党的二十大精神的科学指引下，中国三峡集团聚焦主责主业，深入推进“智慧三峡”建设，数字化转型成效显著。一是数字赋能生产，促进业务提质增效。围绕电力生产、新能源开发、长江生态环保等重点业务，持续推进数字化与业务深度融合。通过加快建设“数字孪生三峡”，不断优化工业互联网平台，试点建设甘肃武威光晟、协合光伏智能场站，自主研发国内首个“业态全覆盖、数据全监视、操作全远控”的城市水管家智慧调度平台，有效提升生产运营效率。二是支撑经营管理，促进治理效能提升。有序开展人力资源系统、新一代司库系统、生产综合管理系统、法律与合规管理系统等信息系统建设或升级改造，数字化基本覆盖经营管理及国资监管的各个领域，支撑集团管控能力与管控效率大幅提升。三是畅通数据资源，充分发挥数据价值。基本建立数据管理制度，不断提升数据采集、应用及共享能力。升级大数据平台，实现对IT和OT数据的实时、周期性采集和统一存储；深入建设清洁能源工业互联网平台，实现对集团生产运营信息的全方位监测、分析和展示。四是夯实数字基础，打造融合坚实底座。数字基础设施建设全面覆盖各分支区域，为生产运营提供基础保障。深化系统上云，三峡私有云平台正式投运，搭载完整的自主可控基础资源生态，为各类业务系统提供充足的底层资源环境。持续推进IPv6规模化部署，完成27个集团级应用系统的双栈适配改造。五是构筑安全屏障，全面保护大国重器。持续优化网络安全技防体系，开展网络安全风险专项排查，提升网络安全应急能力，确保全年未发生重大网络安全事故。中国三峡集团重要时期网络安全保障工作受到公安部等国家部委高度肯定。六是聚焦创新实践，助推技术驱动发展。持续开展自主可控应用实施，深入开展关键核心技术攻关，自主研发的大型工业可编程智能控制器试点投运。统筹推进北斗应用，全面开展授时设备改造，有序启动一批北斗试点示范项目。

**【履行社会责任】** 2022年，中国三峡集团深入学习贯彻党的二十大精神，认真贯彻落实习近平总书记对中国三峡集团重要讲话指示批示精神，积极履行社会责任，充分发挥“六大作用”，奋力实施清洁能源和长江生态环保“两翼齐飞”，在央企总部率先设立社会责任职能部门，坚决发挥好在履行企业社会责任方面的表率作用。2022年，中国三峡集团先后荣获第十七届人民企业社会责任奖、首届内蒙古慈善奖、责任金牛奖等奖项。一是大力发展清洁能源。不断擦亮清洁能源底色，构建水电为基、海陆同进、风光并举、多能互补的清洁能源业务体系，坚决当好绿色水电开发引领者。白鹤滩水电站全部机组投产发电，世界最大清洁能源走廊全面建成。新能源业务有效拓展，总装机约3200万千瓦。二是全力保障能源供应。全集团发电量连续7个月创历史同期新高，圆满完成北京冬奥会、迎峰度夏、党的二十大等重要时期电力保供任务。面临保供压力，全集团最大日发电量超过13亿千瓦·时。可再生能源发电量稳居世界第一。三是充分发挥枢纽效益。枯水期为下游补水324.61亿立方米；面对长江流域丰枯急转、夏秋连旱历史罕见极端气候，开展2次抗旱补水及1次压咸潮调度，累计补水约56亿立方米，为缓解流域旱情、压制长江口咸潮、保障航道畅通、改善沿江地区取水条件作出积极贡献。梯级水库开展6类17次生态调度，三峡枢纽航运通过量超过1.59亿吨，向家坝升船机通过货物169万吨，均创历史新高。四是参与共抓长江大保护。坚持深化水环境全域系统治理，复制推广“城市智慧水管家”模式，全面打响管网攻坚战，新增雨污管网长度5700千米，新增污水处理能力每日147万吨。持续加强长江流域珍稀特有动植物多样化保护，全年放流长江珍稀特有鱼类230万尾，保护珍稀植物1380种。五是助力乡村全面振兴。严格落实“四个不摘”和“三个转向”要求，全年投入帮扶资金4亿元，助力4个定点帮扶县乡村全面振兴。持续做好援疆援藏援青工作，全年实施援扶项目20个，多层次全方位助力民族融合和边疆繁荣稳定。全年投入资金1.7947亿元，统筹做好三峡库区和金沙江库区移民后续工作，助力建设宜居宜业和美库区。全年帮助销售农产品 9660.15 万元，助力脱贫农户增加收入、遏制返贫风险。实施履责项目 333 项，惠及全国 102 个县(市、区)。六是积极投身社会公益。第一时间捐赠 5000 万元支援四川泸定抗震救灾；先后向内蒙古自治区、贵州省、武汉市、兰州市等地捐赠 4788 万元支持打赢疫情防控阻击战；联合新兴际华实施人工耳蜗项目，帮助 250 多名听障患者重获新“声”；在金沙江库区捐资 2000 万元实施“三峡光明行动”，让近 1 万名白内障患者重见光明。

(撰稿人：孙春雨)

# 国家能源投资集团有限责任公司

**【基本概况】** 国家能源投资集团有限责任公司(以下简称国家能源集团)于 2017 年 11 月 28 日正式挂牌，是经党中央、国务院批准，由中国国电集团公司和神华集团有限责任公司联合重组成立的中央骨干能源企业，是国有资本投资公司改革、创建世界一流示范企业、国有企业公司治理示范的试点企业，2022 年《财富》“世界 500 强”排名第 85 位。拥有煤炭、电力、运输、化工等全产业链业务，在煤炭绿色开发、煤电清洁高效、运输物流协同一体、现代煤化工高端多元、新能源创新发展等领域取得全球领先业绩。截至 2022 年底，员工总数 31.1 万人，资产总额近 2 万亿元，煤炭产能 6.5 亿吨/年，发电总装机 2.9 亿千瓦，自营铁路 2708 千米，港口吞吐能力 2.9 亿吨/年，煤化工油化品产能 2939 万吨/年，其中煤制油品产能 531 万吨/年。拥有中国神华、龙源电力 2 家 A+H 上市公司，国电电力、长源电力、英力特、龙源技术、西部创业 5 家 A 股上市公司，1000 余家生产单位，12 家科研院所，20 家科技企业，产业分布在全国 31 个省(自治区、直辖市)以及 10 多个国家和地区。重组以来，集团连续获评中央企业负责人经营业绩考核 A 级，获评 2019—2021 年任期考核 A 级，2019 年度、2020 年度、2021 年度中央企业党建责任制考核 A 级，2019—2021 年任期科技创新突出贡献企业，2020 年度、2021 年度董事会考核“优秀”，2021 年度央企改革三年行动重点任务考核 A 级，实现“1+1>2”的重组成效。

**【主要指标】** 2022 年，国家能源集团完成煤炭产量 6 亿吨、煤炭销量 7.9 亿吨、发电量 1.14 万亿千瓦时、供热量 4.98 亿吉焦、铁路运量 4.7 亿吨、两港装船量 2.5 亿吨、航运量 2.4 亿吨、含主要中间品的化工品产量 2934 万吨，完成国务院国资委“两利四率”考核目标，多项生产经营指标再创历史最好水平。

**表 1 2022 年国家能源投资集团有限责任公司主要经济指标**

| 项 目 | 2021 年 | 2022 年 | 比上年增长(%) |
|---|---|---|---|
| 资产总额(亿元) | 18976 | 19445 | 2 |
| 所有者权益(亿元) | 7793 | 8151 | 5 |
| 营业收入(亿元) | 6908 | 8152 | 18 |
| 利润总额(亿元) | 888 | 1101 | 24 |
| 净利润(亿元) | 618 | 809 | 31 |
| 归属于母公司所有者的净利润(亿元) | 4588 | 4882 | 6 |
| 技术开发投入(亿元) | 128 | 163 | 27 |
| 利税总额(亿元) | 1880 | 2533 | 35 |
| 应交税金总额(亿元) | 992 | 1432 | 44 |
| 全员劳动生产率[万元/(人·年)] | 120 | 127 | 6 |
| 净资产收益率(%) | 8.15 | 9.61 | 增加 1.46 个百分点 |
| 总资产报酬率(%) | 6.36 | 7.09 | 增加 0.73 个百分点 |
| 国有资本保值增值率(%) | 109.05 | 104.6 | 减少 4.45 个百分点 |

**【改革发展】** 2022 年，国家能源集团锚定“三个明显成效”目标，高质量完成国企改革三年行动 74 项任务，国企改革“双百行动”、“科改示范行动”专项改革获评国务院国资委“双标杆、双优秀”。实施“领先、

创先、争先、培先、优化”五个世界一流企业创建专项行动，着力提升子分公司“五项能力”，对标世界一流管理提升获国务院国资委考核满分。推动专业化整合和资本布局优化，信息、港口、航运产业化整合初步到位，内蒙古分部实体运作、开局良好，龙源电力登陆A股，科环集团完成退市，控股上市公司总市值显著增长。

坚持“两个一以贯之”，稳步推进企业治理现代化，加强子公司董事会建设，508家子公司全部实现应建尽建和外部董事占多数，建立两级外部董事人才库。完善职位职级、全员绩效考核、薪酬激励三大体系，健全“4567”KPI考评体系，管理人员竞聘上岗率提升至63.5%，二级单位与考核挂钩的浮动工资占比提高至65%。

加强亏损企业治理，统筹“六个扭亏”，亏损面下降至13.22%，创历史最好水平。积极配合审计署经济责任审计，集团总部和58家子分公司自觉接受检查，强化立行立改和分类整改。深入开展“合规管理强化年”，建设内控风险合规监督一体化管理体系，重点领域风险有效防控。

**【重大项目】** 2022年，国家能源集团制定实施稳住经济“一揽子”政策措施29条，集中开工3批40个、总投资超过2100亿元项目，增加优质煤炭资源储备接续，增加产能稳定社会预期，建设支撑保障性电源，加强可再生能源多元快速发展，牵头开发宁夏腾格里、甘肃巴丹吉林2400万千瓦大基地，新能源开工2557万千瓦、投产1180万千瓦，水电在建1000万千瓦以上，可再生能源装机占比31%、比上年提高2.3个百分点，为实现“双碳”目标和转型发展打下基础。

内蒙古、新疆、宁夏、陕西等重点区域发展取得突破，新街台格庙矿区总规、探矿权分立、产能置换方案获得批复，鹰骏一矿获得核准，塔然高勒煤铀互不影响和权益保护协议达成一致；哈密能源集成创新基地项目列规工作加快推进，红沙泉、准东、黑山等煤矿增加产能2200万吨/年，获取300万千瓦“疆电外送”通道配套新能源资源；稳妥推进宁夏煤业注资，成功并购西部创业，“宁电入湘”中卫300万千瓦光伏项目开工，推进采煤沉陷区600万千瓦新能源基地建设；与榆林市政府签署项目开发协议，大保当煤矿探矿权转让加快推动、完成合资公司注册，神府—河北南网特高压通道配套200万千瓦新能源基地积极推动。建设“两高一低”工程，印度尼西亚爪哇7号、锦界三期获得国家优质工程金奖，宿迁二次再热项目获得中国土木工程詹天佑奖。

**【走向海外】** 2022年，国家能源集团构建“大协同+专业化”国际业务发展体系，形成集团总部、平台公司、专业公司、咨询公司“四位一体”发展模式。能源合作取得突破，俄罗斯扎舒兰煤矿动工建设，俄煤直采渠道成功打通，中蒙跨境铁路签订协议；全年进口煤2343万吨，比上年增长2.5%；境外新能源储备资源超过280万千瓦。在中国同希腊、南非、印度尼西亚建交周年之际，推出一批外宣和跨文化传播项目，参与纪录片《人类碳足迹》在联合国教科文组织展映。

**【重大创新】** 2022年，国家能源集团国家煤炭清洁高效利用科研攻关、原创技术策源地建设、国家级科研攻关任务实施成效显著，9项国家重点研发计划项目通过验收，2项获评“优秀”。参与5家全国重点实验室组建，与科研机构、高校深化合作，创新生态加快优化。世界首次开发验证40兆瓦燃煤锅炉35%比例混氨燃烧技术，国务院国资委“1025专项”70兆帕氢气压缩机研制成功，煤矿无人巡视工作面、煤直接液化二代技术、重载铁路货车智能“状态修”技术、大功率氢能动力调车机车等取得成效，费托合成催化剂技术实现成果转化和推广，大规模风光互补制—储—输—用氢系统综合示范工程服务冬奥会，泰州电厂50万吨级CCUS示范项目进入主体施工。全年获得授权专利3809件、比上年增长45.6%，获得中国专利金奖1项，主导发布国际标准3项，获得省(部)级及行业级科技奖励126项。

**【党建工作】** 2022年，国家能源集团深刻领悟“两个确立”的决定性意义，坚决做到“两个维护”，坚持不懈用习近平新时代中国特色社会主义思想凝心铸魂，常态化长效化开展党史学习教育，不断提高政治判断力、政治领悟力、政治执行力。把学习宣传贯彻党的二十大精神作为首要政治任务，制定坚决维护以习近平同志为核心的党中央集中统一领导的意见和贯彻党的二十大精神、加快世界一流企业建设的实施意见，深入开展“建功新时代、迎接二十大”主题活动，提出“八常”理念要求，明确“六个担当”职责使命，广泛开展“五个一批”活动，组织各类宣讲约 1.2 万场，举办专题培训班 1057 场。

严格落实“第一议题”，健全完善落实习近平总书记重要指示批示精神的传达学习、贯彻落实、跟踪督办、报告反馈工作机制，召开习近平总书记视察榆林化工一周年推进会再动员再部署，清单化抓实 29 条举措和 278 项重点任务，连续六年开展“社会主义是干出来的”岗位建功行动，宁夏煤业主题教育基地入选首批 100 家央企爱国主义教育基地。

扎实构建“大党建”工作格局，修订完善党建工作责任制和党组织书记抓党建“述评考”等有关制度，推动基层党建创新三年行动，加强党建统领型总部建设，深化“奋进十四五”党员先锋队、党员示范岗创建，不断提高党委领导力、支部战斗力、干部执行力，大渡河公司水电值长徐博海在泸定地震时坚守岗位的感人事迹引起广泛反响，党建引领保障企业发展作用充分发挥。

选优配强子分公司领导班子，完成年轻干部工程三年行动，重点基层企业班子中“80 后”干部占比 25%，全系统管理人员末等调整和不胜任退出 1196 人。实施人才强企战略，加强人才建设顶层谋划，加大高端人才引进力度，继续推进首席师评聘，开展校企联合培养，毕业生“稳就业”目标任务超额完成。

深入贯彻全面从严治党战略方针，召开全面从严治党专题党组会 2 次，听取党组成员“一岗双责”履职情况汇报。统筹中央巡视整改和党组巡视整改，开展 12 家子分公司党委巡视“回头看”。一体推进“三不”机制建设，持续深化“一案三查三推进”，全年处置问题线索 1159 件，立案 268 件，处理处分 1202 人。深入贯彻中央八项规定及其实施细则精神，落实正负面清单和系列制度规定，查处“四风”问题 22 件，处理处分 28 人。

**【信息化与数字化建设】** 2022 年，国家能源集团深入实施数字化转型行动计划，统一规划部署，分类分步实施，全面提升数字化转型赋能水平。煤矿智能化建设实现“5 个 100%”目标，火电 iDCS 系统成功运行，新能源“一区域一集控”应用推广，智慧化工 20 个自主研发建设系统整体上线，铁路机车自动驾驶累计开行 54 万千米。“一网三平台”建设全面推进，新 ERP 系统业财数据联动和应用水平持续提升，基石系统深度赋能一体化运营，煤炭交易网、电力交易网、国能 e 购、国能招标网助力企业管理升级。

**【履行社会责任】** 2022 年，国家能源集团接续奋进乡村振兴，9 个县帮扶投入资金 3 亿元，连续 5 年获得国家乡村振兴局、国务院国资委最高等次评价，两项案例入选第三届全球减贫最佳案例。严格落实中小企业清欠和小微企业减免房租政策，向四川泸定地震灾区、新疆、内蒙古等抗疫救灾紧急捐款 1.37 亿元。关心关爱职工群众，累计发放慰问金 8951 万元、大病救助金 1990 万元。集团 RISE 品牌战略和 CE・CE 社会责任指标体系成功发布，集团品牌价值比上年增长 25%，社会责任管理和 ESG 创新实践成为央企标杆。

2022 年，国家能源集团以煤炭保能源安全，自产煤连续 15 个月保持 5000 万吨水平，煤炭产量突破 6 亿吨，核增优质煤炭产能 3600 万吨/年，疆煤出区 674 万吨，蒙煤南下比上年增长超过 4 倍，进口煤 2343 万吨，煤炭销量约占全国的 18%，电煤供应量占全国的 25%。以煤电保电力稳定，以不到全国 11%的装机容量贡献全国约 14%的发电量，深化电厂稳库提库，提升顶峰能力，火电非停比上年降低 42%，供热总量居全国第一，高质量完成党的二十大、两奥等重大活动，迎峰度夏、迎峰度冬等重要时段，东北、川渝等重点区域能源电力保供任务。发挥一体化优势，优化完善“年方式、月计划、周平衡、日调度”管控模式，推动运输物流协同一体、安全畅通，核心区日调出运量突破 107 万吨，一体化供应链辐射范围延伸 2500 千米以上。模范执行国家煤炭价格政策，带头签约履行电煤中长期合同“3 个 100%”，为煤电供热企业大幅让利。落实国务院安委会“十五条”硬措施，实施集团安全生产“六十条”举措，安全生产专项整治三年行动取得扎实成效，中央企业安全生产提升年行动深入推进，全年事故起数、伤亡人数实现“双下降”，安全环保形势总体稳定。抓实疫情防控“四方责任”落地，保持生产经营平稳运行、高效运转，重大项目、重点工作持续推进，全系统没有发生影响生产经营的聚集性疫情。

（撰稿人：张　巍）

# 中国电信集团有限公司

**【基本概况】** 中国电信集团有限公司(以下简称中国电信)是中央直接管理的国有特大型通信骨干企业,注册资本金2131亿元,资产总额10466.42亿元,主要经营固定电话、光纤宽带和IPTV(交互式网络电视)、移动通信、云计算、卫星通信、物联网、量子、互联网接入及应用等综合信息服务。拥有中国电信股份有限公司、中国通信服务股份有限公司、新国脉数字文化股份有限公司、北京辰安科技股份有限公司等上市公司4家;在战略性新兴领域拥有总部直管专业公司17家;在全国设立省级分公司31个、地市分公司338个,服务网点延伸至乡镇;在全球68个国家和地区设立机构或项目部。服务各类用户12.6亿户,其中,移动用户3.9亿户、宽带和IPTV用户3.6亿户、物联网用户4.0亿户、固定电话用户1.1亿户。2022年,集团营业收入5863.48亿元,通信主业营业收入4484亿元,利润总额339.39亿元,企业盈利达到历史最好水平。

中国电信连续10年及3个任期获评中央企业负责人经营业绩考核A级,获得中管企业领导班子2019—2021年任期综合考核评价"优秀",获评2019—2021年任期"科技创新突出贡献企业";自2017年开展中央企业党建工作责任制考核以来连续5年获评A级;纪检监察组被中央纪委国家监委评定为2021年度履职考核等次"优秀";在2021年中央企业董事会综合考核评价中被评为"优秀";获评2022年度中央企业改革三年行动重点任务考核A级;连续5年在中央单位定点扶贫成效考核中获评最高等次。

**【主要指标】** 2022年,中国电信坚持用习近平新时代中国特色社会主义思想武装头脑、指导实践、推动工作,坚持稳中求进的工作总基调,落实"疫情要防住、经济要稳住、发展要安全"的要求,全面实施云改数转战略,全年生产经营各项目标任务全面完成,重点领域布局全面完成,企业高质量发展取得新成效。

**表1　2022年中国电信集团有限公司主要经济指标**

| 项　目 | 2021年 | 2022年 | 比上年增长(%) |
|---|---|---|---|
| 资产总额(亿元) | 9897.70 | 10466.42 | 5.7 |
| 所有者权益(亿元) | 5642.39 | 5796.37 | 2.7 |
| 营业收入(亿元) | 5392.23 | 5863.48 | 8.7 |
| 利润总额(亿元) | 302.07 | 339.37 | 12.4 |
| 净利润(亿元) | 220.37 | 254.06 | 15.4 |
| 归属于母公司所有者的净利润(亿元) | 124.82 | 138.62 | 11.1 |
| 技术开发投入(亿元) | 182.45 | 200.21 | 9.7 |
| 利税总额(亿元) | 424.71 | 449.91 | 5.9 |
| 应交税金总额(亿元) | 122.97 | 114.85 | -6.6 |
| 全员劳动生产率[万元/(人·年)] | 55.64 | 59.93 | 7.7 |
| 净资产收益率(%) | 4.14 | 4.44 | 增加0.30个百分点 |
| 总资产报酬率(%) | 3.42 | 3.53 | 增加0.11个百分点 |
| 国有资本保值增值率(%) | 103.90 | 104.60 | 增加0.70个百分点 |

**【改革发展】** 2022年,中国电信认真贯彻落实党中央、国务院关于实施国企改革三年行动的决策部署和国务院国资委相关工作要求,2022年底完成全部改革举措94项,实现胜利收官,推动企业改革发展取得良好成效。一是完善公司治理,推动中国特色现代企业制度全面落地。把党的领导融入公司治理各环节,完成集团公司和各级已设党委分子企业的前置研究事项清单制定工作。135家应建董事会范围内子企业全面建立董事会,实现外部董事占多数,建立董事会向经理层授权制度。积极推进数字化治理,构建全集团子企业治理全视图。深入开展对标世界一流管理提升行动,清单任务100%完成,企业管理体系和管理能力稳步提升。二是深化供给侧结构性改革,赋能经济社会高质量发展。持续深入推进政企改革,推动集

成队伍下沉和属地能力建设；依托翼支付平台，与中国中化、中粮集团等14家中央企业共同打造中央企业新消费平台；专业公司改革提速发力，云公司股权多元化取得实质性突破，大数据和AI(人工智能)中心实现公司化运作，快速提升市场化水平。三是加大研发体制机制改革，建立首席专家池、实施技术总师制、建立博士后工作站、完善科技人才荣誉奖励，为人才提供干事创业平台和环境。四是深入推进国企改革"双百行动"、"科改示范行动"等改革专项工程，激发重点企业改革创新活力。针对改革试点企业，"一企一策"指导制定实施方案，加大授放权力度，给予资源和政策倾斜。互金公司和中国通服在国务院国资委"双百行动"专项考核中均获评"优秀"。云公司、安全公司、物联网公司成功入围国务院国资委"科改示范行动"名单，科技创新能力显著加强。五是持续推进三项制度改革，以市场化经营机制迸发新动力。"干部能上能下"方面，所属各级企业经理层全面实现任期制和契约化管理，完善领导人员考核机制，加大优秀年轻干部和科技型干部选拔力度。"人员能进能出"方面，适应科技型企业建设需要，大力引进科技类优秀毕业生和"云改数转"领域高端科技人才，全面落实员工业绩考核机制和市场化退出机制。"薪酬能增能减"方面，持续优化工资总额与企业发展量、质强挂钩机制，薪酬分配重点向一线倾斜、向科技创新倾斜、向"云改数转"重点业务倾斜，推动企业高质量发展。

**【重大项目】** 云网建设方面，持续深化共建共享，5G基站规模达到100万站，实现乡镇及以上区域连续覆盖、发达行政村有效覆盖；强化5G专网部署，建设5G定制网项目超过1000个，满足行业客户对灵活性、可管理性、定制化的需求。推进千兆光网建设，10 G PON端口累计达到740万个，政企OTN覆盖扩展到345个城市，千兆规模保持行业领先。进一步加快天翼云建设，积极落实国家"东数西算"工程，持续优化"2＋4＋31＋X＋O"的算力布局，在长三角、粤港澳等区域中心节点打造天翼云4.0自研多AZ能力，"一城一池"覆盖超过240个城市，聚焦港澳及亚太区域推进天翼云出海，为客户提供集约高效、超低时延的分布式云服务。

科研开发方面，全面完成基础研究(R)、应用技术研发(D)和运营式开发(O)研发体系布局，围绕云和云网融合、安全、AI、量子等主要方向布局技术研发，持续加大投入。围绕关键共性技术、云网融合、网信安全等领域设立13项重点研究课题并取得突破，其中全光网在业界率先实现400G大容量长距离传输，5G核心技术专利获得第二十三届中国专利奖银奖，机器视觉编解码方面获得国家标准创新贡献二等奖，5G＋/6G方面在3GPP R18牵头立项数进入全球运营商前二。整合设立13条研发链，针对重点研发链制定产业图谱和技术图谱，指引研发方向，由链长单位牵头集中攻关。天翼云4.0算力分发网络平台"息壤"入选"2022年度央企十大超级工程"；利用自研安全能力建成云网边端的安全基础设施能力，安全能力池覆盖150多个城市；建成全国最大的合肥量子城域网；建成一张全球最大、泛在、全覆盖的扁平化绿色全光网络，获选2022年乌镇世界互联网大会"领先科技成果"。在专利及国际标准等方面取得突破，2022年公司国内发明专利和PCT专利申请分别为上年的1.4倍和2倍。

重大项目投资方面，引入中国电科、中国电子、中国诚通、中国国新4家中央企业作为战略投资者，顺利完成天翼云增资引战。围绕集团发展战略、聚焦重点领域，有序开展股权投资，在云计算、网络安全、5G行业应用、数字生活、数字政府等领域加大资本生态布局。重大基金投资方面，设立中电信私募基金管理有限公司，为设立自主管理基金、直接服务集团生态布局创造条件。加大央地合作力度，投资综改试验(深圳)基金，更好地服务粤港澳大湾区建设；与成都市政府签署战略合作协议，积极推动数字经济(成都)产业基金筹备，通过投资赋能、投业联动，助推产数业务快速发展。

**【走向海外】** 2022年，中国电信积极拓展海外业务，助力"一带一路"建设。2022年，海外业务收入和净利润等指标达到预期目标，海外业务结构进一步优化，DICT业务加速创新转型，境外企业治理体系和治理能力跃上新台阶。境外分支机构方面，在境外64个国家和地区设立分支机构，完成对德国、亚太、日本等境外子企业增资；中国电信参与投资的"海外产业基金"由筹备阶段正式进入运营阶段，首个投资项目印度尼西亚数据中心全面启动建设。网络建设方面，截至2022年底建成境外传输节点128个，其中“一带一路”方向102个；国际及港澳台地区骨干传输中继达到106.7T，其中“一带一路”方向达到44.8T；完成亚洲直达海缆施工，PEACE海缆一期交付。通过参与产业基金，启动印度尼西亚绿地数据中心项目实施。海外重点项目方面，菲律宾第3家运营商项目于2022年9月14日顺利通过第3次菲政府网络验收测试，各项网络指标均优于验收要求。截至2022年底，实现菲律宾全国商用城市707个，人口覆盖率73.3%，累计激活用户数近1500万人，移动用户数937万人，移动市场份额5.8%。建成基站6311个，租、购、建光缆超过3.7万千米，在菲基站建设量、光纤网络铺设公里数均超过当地另外两家运营商同期建设规模的总和，充分展现“中国速度”和“中国质量”，得到菲律宾行业监管部门的好评。

**【重大创新】** 2022年，中国电信认真贯彻创新驱动发展战略，持续打造科技型企业，以科技创新为引领，推动高质量发展。一是聚焦重点技术方向加大科技攻关，核心技术取得突破。在云计算领域，攻克软硬一体、大规模集群调度、云操作系统、数据库等多项关键技术，构建全栈信创云产品体系。在AI领域，攻克算力调度、视频接入、模型量产等技术难题，建成搭载四级算力的星河AI平台，形成业界首个10亿参数城市治理大模型。在安全领域，研发“云堤”平台，攻击防护能力达到10Tbps；研发量子密码安全平台，量子密话全国首发并规模商用。在网络方面，攻克大带宽射频前端算法、关键器件创新、资源公平共享、体验一致等难题，建成全球最大5G共建共享网络，自主研发的新一代云网运营系统实现云网融合能力解耦开放，推出卫星和移动业务共享的“天地翼卡”。二是积极承担国家科技任务，建设高水平科技创新平台。承担云计算原创技术策源地、云网基础设施安全国家工程研究中心建设工作，合作共建“光纤光缆先进制造与应用技术全国重点实验室”。三是开展高水平的产学研合作，与清华大学、北京大学、电子科技大学、北京邮电大学、中科院等10余家高校和科研院所签署战略合作协议，成立联合研发机构，面向6G、未来网络、云计算、安全、量子信息等领域开展联合研发。与国家实验室开展项目合作研发。与华为和中兴开展云网核心能力战略合作，并联合发布合作创新成果。主导的全球云网宽带产业协会(WBBA)正式运营。

在管理创新方面，中国电信组织各级单位积极参与管理创新和质量管理(QC)小组活动，涌现一批获得中国质量协会、中国企业联合会、中国通信企业协会等单位表彰的优秀成果。2022年，中国电信有33个成果被评为信息通信行业企业管理现代化创新优秀成果，4个成果被审定为全国企业管理现代化创新成果；80个QC小组被评为信息通信行业优秀质量管理小组，10个QC小组被评为全国优秀质量管理小组，1个小组获得国际质量管理小组会议(ICQCC)金奖。

**【党建工作】** 2022年，中国电信以高度政治责任感和历史使命感，做好迎接和学习宣传贯彻党的二十大工作。坚持“第一时间”，党的二十大开幕当天，全集团广大党员干部通过多种方式积极收听收看党的二十大会议盛况，下午党组专题组织学习交流，并对学习宣传贯彻工作作出安排部署；党组以上率下，发挥示范引领作用，开展专题学习研讨，党组书记在集团专题研修班上讲授第一课，党组成员深入基层一线开展宣讲；广泛开展宣传宣讲，集团公司举办学习宣传贯彻党的二十大精神专题研修班，开展集中学习研讨，实现集团各单位21级及以上领导干部参加学习全覆盖，举办线上学习专题班，组织集团全体党员参加学习，各级党组织分层分级抓好学习和集中培训，不断创新宣传宣讲方式，推动党的二十大精神进基层、进班组。

持续加强基层党组织建设，开展第二批“示范党支部”创建；落实“四同步四对接”，新设立机构全部建立党组织；认真落实“三会一课”等基本制度，加强党员教育管理。推动基层党建工作与生产经营深度融合，与地方党组织围绕产业链供应链创新链开展“党建翼联”主题实践活动；创新“党建+”工作机制，组织广大党员在疫情防控、“双奥”保障和数字化转型、国家云建设等重大任务中创优争先、攻坚克难；评选表彰优秀共产党员，激励党员发挥先锋模范作用。

**【信息化与数字化建设】** 中国电信坚持以客户为中心，以云网自智建设为抓手，全面推动云网运营数字化转型，高效支撑产业数字化业务发展。一是基本建成新一代云网运营系统。完成5GC、IP、全光网三大网络控制器的全面部署，初步建成集团云网资源融合底座，对外发布云网自智白皮书以及昆仑平台；推动全网客户数据跨域集中管理，初步构建集约的核心客户数据要素底座，实现31个省（自治区、直辖市）跨域融合受理和查询。二是大数据和AI能力水平快速提升。持续推进数据中台建设，自研PaaS底座，推进AI四级算力建设，打造云边协同的AI通用平台，实现全网千台GPU算力统一纳管和5000+算法入驻算法仓；助力政府反诈工作，研发107个AI反诈模型，累计检出号卡768.5万个。三是提前完成业务上云阶段性目标。2022年超进度完成全网业务平台上云33%，将110多个合作伙伴统一纳入翼龙技术底座，实现开发成本降低30%；推动技术体系由“七国八制”转变为“统一底座”，提升核心技术安全自主掌控能力。四是持续强化数字化转型赋能。以数字化手段持续推进电费等费用压降，累计节省费用32.4亿元；建设公众全业务OAO能力，拉通线上线下，OAO线上订单日均超过2万笔；建设政企标品快速加载能力，实现集团和省公司业务甩单支撑，提升政企订单支撑效率；强化大单深度支撑，5G定制网预建设模式开通时长从90天减至13天。

**【履行社会责任】** 2022年，中国电信勇担央企责任，不断为经济社会和环境的可持续发展注入新动能。一是实施“1248”双碳行动计划，通过共建共享及各项节能举措减少温室气体排放超过1300万吨；打造低碳数字化平台，为客户提供节能降碳、生态保护等新型解决方案；在青海打造全国首个“零碳数据中心”，实现PUE低于1.2。二是赋能经济社会数字化转型，打造重点领域5G行业应用和各类场景应用；推进以政务云为核心的数字政府建设，打造社会治理平台；强化智慧服务能力，全年综合满意度行业领先。三是健全网络和信息安全工作机制和安全能力体系；完成四川泸定等地的抗震救灾通信保障，圆满完成党的二十大、北京冬奥会等重大活动通信保障工作；强化供应商管理，保障供应链安全；强化合规和风险管理，多措并举防范化解重大风险。四是关心关爱员工，保护员工权益，关爱员工生活，帮助员工提升能力，努力实现员工与企业共同成长。五是服务乡村振兴，有序推进定点帮扶、行业帮扶，推进普遍服务，做实做细适老产品和服务，让不同人群共享数字化发展成果；热心社会公益，96家“爱心翼站”被中华全国总工会评为“最美工会户外劳动者服务站点”。

（撰稿人：董银玉）

## 中国联合网络通信集团有限公司

**【基本概况】** 中国联合网络通信集团有限公司（以下简称中国联通）全面承接新时代赋予的新使命，锚定“数字信息基础设施运营服务国家队、网络强国数字中国智慧社会建设主力军、数字技术融合创新排头兵”的企业定位，实施“强基固本、守正创新、融合开放”战略，立足“大联接、大计算、大数据、大应用、大安全”五大主责主业，全面挺进数字经济主航道。

筑牢数字信息基础设施，全力打造5G、宽带、政企、算力四张精品网，部署5G中频基站100万个，建成全球规模最大、带宽最高、速率最快的5G共建共享网络，获得世界宽带论坛“年度最佳数字家庭运营商”奖。增强创新动能，研发投入143.8亿元，科技创新人才占比超过30%。跑出持续深化改革，提升现代化治理能力，充分发挥混合所有制改革先行优势，推动中国特色现代企业制度和市场化经营机制长效化制度化，不断提升公司治理体系和治理能力现代化水平。

**【主要指标】** 2022年，中国联通实现营业收入3561.6亿元，比上年增长8.2%；利润总额184.9亿元，比上年增长36.1%，净利润146.1亿元，比上年增长44.3%。资产总额6834.9亿元，比上年增长9.0%；所有者权益3608.9亿元，比上年增长4.3%；资产负债率47.2%，比上年增加2.4个百分点。

表 1 2022 年中国联合网络通信集团有限公司主要经济指标

| 项 目 | 2021 年 | 2022 年 | 比上年增长(%) |
| --- | --- | --- | --- |
| 资产总额(亿元) | 6270.2 | 6834.9 | 9.0 |
| 所有者权益(亿元) | 3458.5 | 3608.9 | 4.3 |
| 营业收入(亿元) | 3291.2 | 3561.6 | 8.2 |
| 利润总额(亿元) | 135.9 | 184.9 | 36.1 |
| 净利润(亿元) | 101.2 | 146.1 | 44.3 |
| 归属于母公司所有者的净利润(亿元) | 31.9 | 65.6 | 105.9 |
| 研发经费投入(亿元) | 132.3 | 143.7 | 8.6 |
| 利税总额(亿元) | 182.1 | 228.6 | 25.5 |
| 应交税金总额(亿元) | 72.6 | 78.1 | 7.7 |
| 全员劳动生产率[万元/(人·年)] | 57.9 | 65.0 | 12.3 |
| 净资产收益率(%) | 3.0 | 4.1 | 增加 1.1 个百分点 |
| 总资产报酬率(%) | 2.4 | 3.0 | 增加 0.6 个百分点 |
| 国有资本保值增值率(%) | 102.7 | 104.9 | 增加 2.2 个百分点 |

**【改革发展】** 2022 年,中国联通国企改革三年行动高质量收官,完成 10 个方面 130 项改革任务。2022 年度获评中央企业改革三年行动重点任务考核 A 级企业。公司治理能力有效提升,党的领导融入公司治理更加规范化、制度化,联通 A 股公司连续 2 年获评国务院国资委董事会建设"优秀",子公司董事会实现 100%应建尽建,配齐建强,外部董事 100%占多数。

深化"双百行动""科改示范行动"专项改革,发挥市场化改革和提升自主创新能力的示范引领作用。4 家企业在 2022 年度专项考核中取得 3 个"标杆"、1 个"优秀"的成绩。推进布局优化和结构调整,聚焦工业领域及重点垂直行业,组建九大行业十大军团,新设 8 家产互公司,逐步打造成为服务国家和地方数字经济建设的核心力量。

深入实施人才强企,充分激发企业活力。实施"新兴产业干部工程",持续加强梯队建设,全面落实任期制和契约化管理,员工激励机制改革持续深化,实施第 2 期限制性股票激励计划;二级机构正副职 45 岁左右人员占比 27.7%。实施"科创人才集聚、青年人才引育、能力自主培养"等重点人才工程;通过校园招聘、社会招聘引进人才 1.3 万余人,比上年增长 20%,获评行业内唯一"2022 年全球最佳雇主"。实施结构性人工成本政策,支持人才结构转型升级,助力市场和创新双轮驱动。

**【重大项目】** 2022 年,中国联通持续打通信息"大动脉",积极推进 900MHz 频段重耕,持续加大乡村 5G 网络覆盖广度,以数字乡村弥合城乡"数字鸿沟"。推进"双千兆"网络协同发展,继续扩大千兆光网覆盖范围。落实"东数西算"战略,打造"5+4+31+X"云网边一体化梯次布局体系,推动数据中心绿色发展,入选年度国家绿色数据中心 2 家。

强化企业科技创新主体地位,促进创新要素集聚。投入核心技术攻关专项经费 12 亿元。承担实施国务院国资委 2022 年度攻关任务 39 项,组织实施集团核心技术攻关任务 65 项,围绕自主可控、前瞻性研究、专精特新能力打造,在下一代网络、网信安全、人工智能、大数据、区块链、5G 应用等多个领域开展攻关,复杂极端环境第五代移动通信技术、全域交通智能融合感知系统、SDN 广域网关等多项成果处于国际先进水平或填补行业空白,相关成果获得 2022 年中国电子学会、通信学会等科技进步奖一等奖 3 个、二等奖 3 个、三等奖 4 个。获得 2022 年世界互联网领先科技成果奖、2022 世界人工智能大会一等奖、中国专利银奖等多项荣誉。

**【走向海外】** 2022 年,中国联通依托丰富的国际海陆缆资源,建成健壮、通达、弹性、安全、敏捷的国际新型数字信息基础设施。持续强化海陆缆建设顶层设计,优化海缆登陆站规划布局,统筹北美、欧洲等重要方向海缆建设,畅通中西亚、东南亚、南亚和欧洲方向国际海陆缆通道。东西互济、南北互备、海路协同、健壮通达的全球大联接能力进一步提升。

聚焦五大主责主业,以专业的通信资源整合、服务能力,为公众提供丰富的国际漫游产品、服务;为

"走出去"的各行各业，特别是金融、制造、能源矿产、交通物流、政府媒体、商业零售和互联网等行业企业，提供优质体验、专精特新、自主可控、安全可信的产品服务以及端到端的综合数字化解决方案。

**【重大创新】** 科技创新方面。组织制定《科技创新指导意见》，优化科技委，聘任16名院士担任特聘专家，成立科协，研发人员占比超过6.6%，科创人员占比超过30%；投入近3000万元的专项人工成本激励优秀科研团队；与多个实验室及研发头部单位开展生态合作。被国务院国资委授予"科技创新突出贡献企业"称号，并将中国联通在科技创新体系改革方面的一系列创新举措作为央企先进典型，以专报形式呈送国务院。

管理创新方面。湖南省分公司"电信企业助力乡村振兴的数字化服务体系建设"、北京市分公司"国有通信企业基于三效驱动的三项制度改革管理"、5G共建共享工作组"共建共享区块链赋能5G新发展开创跨企业数字化管理合作新格局"（与中国电信合作）、集团市场部"通信企业集团全国一体化跨省通用的电子身份认证创新体系构建"获得2022年度中国企业联合会颁布表彰的国优奖项。

**【党建工作】** 党的建设方面。以迎接和学习宣传贯彻党的二十大为主线，持续强化党的领导，不断加强党的建设。围绕新战略学习、宣贯、落地，充分发挥思想引领、组织推动、文化培育、作风保障作用，为推动实现高质量发展提供坚强政治保证和组织保证。

反腐倡廉工作方面。坚持"三不腐"一体推进，始终保持反腐败斗争高压态势，信访举报较上年同期下降29%，政治生态持续向好。组织开展新战略落地专项监督，推动保障党中央重大决策部署、集团战略规划落实落细。全面部署"严肃财经纪律、依法合规经营"综合治理专项行动，深入开展廉洁风险防范大排查，推动专项以案促改，把监督执纪执法成果转化为治理效能。

**【信息化与数字化建设】** 2022年，中国联通深入推进数字化转型行动计划2.0，十大标志性成果全面达成，科技创新力度不断加大，内网安全逐步强化。智慧大脑持续升级，将AI技术、云计算和大数据能力与业务、网络、管理、服务结合，形成"1555N"（一云底座、五大中台、五大运营平台、五大App、N个场景）的数字化能力体系，迭代优化企业级数据治理和流程治理管理办法，为数字化转型夯实坚实基础。

**【履行社会责任】** 2022年，中国联通圆满完成北京冬奥会和冬残奥会、党的二十大等国家重大活动通信保障任务，获得北京冬奥会、冬残奥会突出贡献集体奖。支撑通信大数据行程卡顺畅平稳运行近800天，累计查询超过100亿次，下线后及时删除用户数据，依法保障个人信息安全。坚持把巩固拓展脱贫攻坚成果同助力乡村振兴有效衔接起来，持续做优做强定点帮扶工作，连续4年考核评价为"好"。加快推进数字乡村建设，平台覆盖行政村超过24万个。多措并举落实"双碳"战略，依托共建共享等手段，全年节约运营成本超过300亿元，减少碳排放超过1000万吨。坚决助力中小企业纾困解难，不折不扣落实"中小微企业宽带和专线平均资费再降10%"的工作要求，全年累计让利6.4亿元，减免房租超过2亿元。加大人才引进力度，助力稳就业，进一步增加校招和社招规模，新录用员工近1.3万人。全年累计为灾区建设、困难群众、乡村帮扶等捐款2.4亿元。

（撰稿人：李　盈）

## 中国移动通信集团有限公司

**【基本概况】** 中国移动通信集团有限公司（以下简称中国移动）是按照国家电信体制改革总体部署，于2000年组建成立的中央企业。中国移动作为首批创建世界一流示范企业之一，致力于推动信息通信技术服务经济社会民生，面向国内国际两个市场提供信息服务，成为全球网络规模最大、客户数量最多、营业收入规模领先，同时创新能力、品牌价值、公司市值和盈利水平排名前列的电信运营企业。2022年1月5日，中国移动有限公司在A股上市，成为"红筹公司回归A股主板上市第一股"。中国移动连续18年、6个任期获评中央企业负责人经营业绩考核A级，连续6个任期获评国务院国资委业绩优秀企业，连续2个任期获评国务院国资委科技创新突出贡献企业，连续22年入围《财富》"世界500强",2022年排名第57位。

**【主要指标】** 2022年,中国移动以习近平新时代中国特色社会主义思想为指导,紧密围绕迎接党的二十大和学习宣传贯彻党的二十大精神这条主线,坚决贯彻中央决策部署,深入实施创世界一流"力量大厦"发展战略,创建世界一流信息服务科技创新公司迈出坚实步伐,营业收入良好增长,利润总额在高基数基础上再创新高,为中央企业稳增长和稳定宏观经济大盘作出积极贡献。截至2022年底,中国移动总连接规模超过29亿个,内地移动客户、家宽客户、政企客户规模分别为9.7亿个、2.4亿个、2320万个,物联网卡客户数超过10.6亿个。拓展5G网络客户、5G套餐客户分别达到3.3亿个、6.1亿个。上市公司收入结构更加均衡稳健,除个人市场外的家庭、政企、新兴市场收入占主营业务收入比重39.8%,业务创新动能强劲,数字化转型收入占主营业务收入比重25.6%。

**表1　2022年中国移动通信集团有限公司主要经济指标**

| 项　目 | 2021年 | 2022年 | 比上年增长(%) |
|---|---|---|---|
| 资产总额(亿元) | 21466 | 22880 | 6.6 |
| 所有者权益(亿元) | 15041 | 16441 | 9.3 |
| 营业收入(亿元) | 8509 | 9390 | 10.4 |
| 利润总额(亿元) | 1624 | 1757 | 8.2 |
| 净利润(亿元) | 1260 | 1369 | 8.6 |
| 归属于母公司所有者的净利润(亿元) | 944 | 990 | 4.9 |
| 技术开发投入(亿元) | 307 | 339 | 10.4 |
| 利税总额(亿元) | 2118 | 2257 | 6.6 |
| 应交税金总额(亿元) | 494 | 500 | 1.2 |
| 全员劳动生产率[万元/(人·年)] | 94 | 108 | 14.2 |
| 净资产收益率(%) | 8.7 | 8.7 | 与上年持平 |

续表

| 项　目 | 2021年 | 2022年 | 比上年增长(%) |
|---|---|---|---|
| 总资产报酬率(%) | 8.0 | 8.0 | 与上年持平 |
| 国有资本保值增值率(%) | 108.6 | 108.6 | 与上年持平 |

注:表中国有资本保值增值率数据为上报值。

**【改革发展】** 2022年,中国移动完成国企改革三年行动,优化组织运营模式,不断增强企业核心竞争力。一是深化三项机制改革。完善现代企业治理机制,推动党的领导融入公司治理制度化,推进子企业董事会100%应建尽建、外部董事100%占多数比例;健全市场化用人机制,纵深推进经理层成员任期制和契约化管理,依法合规推进员工能进能出;实施超额奖励和分层分类专项奖励,推进中长期激励机制建设。二是加快专项改革突破。积极稳妥深化子企业混合所有制改革,扎实开展"科改示范行动"、国企改革"双百行动",推动芯昇科技完成首轮战略投资引入,探索推进员工持股。新增设计院、智慧家庭运营中心、互联网公司3家国务院国资委"科改示范行动"试点单位。推进网格化运营升级,建强倒三角支撑团队,区县分公司网格等一线人员占比超过90%。

**【重大项目】** 2022年,中国移动系统打造以5G、算力网络、能力中台为重点的新型信息基础设施,畅通经济社会信息"大动脉"。一是打造全球规模最大5G网络。累计开通5G基站超过128万站,实现全国市县城区、乡镇基本连续覆盖,重要园区、热点区域、发达农村等有效覆盖。传输光缆2594万皮长千米,光纤到户覆盖6.1亿住户,其中千兆宽带覆盖2.6亿住户。二是开创性部署泛在融合算力网络。落实国家"东数西算"工程,制定算力网络总体策略,投产超大型数据中心40余处,打造全国20毫秒、省域5毫秒左右、地市1毫秒的三级算力时延圈。丰富拓展算力应用,促进算力逐步成为方便快捷、即取即用的社会级服务。三是创新建设业界标杆级能力中台。落实国家"上云用数赋智"行动,打造具有运营商特色、中国移动特点的能力中台,提供统一封装、灵活调用的能力服务。上台人工智能、大数据等近900

项共性能力，全年累计调用次数超过1600亿次，对内支撑公司精确营销、精准服务、精细管理，持续提升公司数智化运营管理水平，对外赋能千行百业数智化转型。

**【区域发展】** 2022年，中国移动服务区域发展战略，支撑建设京津冀国家技术创新中心雄安中心，设立中国移动(雄安)智慧城市科创中心；支持建设长三角一体化算力集群，助力打造长三角5G全球标杆城市群；牵头成立粤港澳大湾区5G产业联盟，建设粤港澳千兆光网城市群；建设5G SA核心网西南大区核心网，完成成渝高铁沿线网络覆盖。支撑共建“一带一路”，国际传输总带宽123T，全球网络资源能力覆盖“一带一路”沿线60多个国家和地区，在中国香港、新加坡、英国、德国等热点区域布局数据中心资源。国际/港澳台漫游服务覆盖264个方向，与超过900家运营商达成合作，为全球1000余家企业客户提供跨境信息化解决方案。

**【重大创新】** 2022年，中国移动深化创新驱动发展，聚力推进科技专项任务，支撑国家高水平科技自立自强。一是开展关键核心技术攻关。成功研发自主可控的物联网芯片和物联网操作系统，高性能转发和匹配组件关键指标与国际水平对齐，突破业界首个网络智能化预训练基础大模型构建技术。二是牵头建设5G创新联合体。联合20余家中央企业在近30个技术领域开展攻关，在石化、电力、矿山等多个行业实现融合创新突破。三是建设原创技术策源地。5G—A标准立项数、6G高质量论文居全球运营商首位，发布全球首个6G网络架构，突破6G十余项关键技术，创新提出并建立完整的“体系化人工智能”理论体系。四是打造移动信息现代产业链链长。绘制产业链图谱，首批10条子链汇聚上千家产业重要伙伴。构建移动信息产业链共同体，共谋需求、共编战队，开展技术攻关。设立“链长基金”，为400余家企业提供产业链供应链金融服务。

**【信息化与数字化建设】** 2022年，中国移动创新构建“连接+算力+能力”新型信息服务体系，打造高质量信息服务供给。一是助力美好生活提质。着力提升产品能力，推广咪咕视频、移动认证、视频彩铃等产品服务，5G冬奥、元宇宙世界杯等热点赛事营销破圈出彩。创新家庭信息服务(HDICT)一体化解决方案，拓展“全千兆+云生活”价值空间。推进全球通、动感地带、神州行三大品牌迭代升级，深入开展“让客户最多跑一次”行动，加快适老化和无障碍改造。二是支撑产业转型提速。实施“9one计划”，建设工业互联网、教育、医疗等行业平台，累计打造超1.8万个5G行业商用案例。大力发展移动云业务，进入国内云服务商第一阵营。布局发力车联网，落地车路协同项目超过150个。三是促进数字治理提效。打造甘肃、黑龙江、沈阳、保定等标杆性数字政府项目，为近200个地市提供司法、应急、水利等政务信息化解决方案。

**【党建工作】** 2022年，中国移动围绕迎接保障党的二十大和学习宣传贯彻党的二十大精神主线，把加强党的领导、全面从严治党、推进党的建设贯穿改革发展全过程。一是认真做好党的二十大迎接保障和学习宣传贯彻工作。组织召开全集团动员部署会，制定印发学习宣传贯彻工作方案。分层分级举办党的二十大精神专题轮训班，深入开展宣传宣讲，推动党的二十大精神进基层、全覆盖。二是加强党的政治建设。开展习近平总书记重要讲话和重要指示批示精神再学习再落实再提升主题活动，推动“第一议题”常态化、机制化，完善学习研讨、贯彻落实、督导推动、跟踪问效工作机制，做到学思想和学方法结合、学习和落实结合。三是深化党业融合。发布星火党建品牌，“党建和创”覆盖共建单位超过7万家，“和格行动”实现网格党的工作100%覆盖，推动党的政治优势延伸到基层“最后一公里”。四是纵深推进全面从严治党。深化纪检监察体制改革，探索构建横向到边、纵向到底“大监督”工作格局。深化嵌入式廉洁风险防控机制建设，深入落实中央八项规定及其实施细则精神，营造良好政治生态。

**【履行社会责任】** 2022年，中国移动坚持以人民为中心，扎实履行中央企业职责使命。一是推进信息利企惠民。中小微企业宽带和专线平均资费同比下降均超过10%，惠及超过750万家企业。二是筑牢网络安全屏障。圆满完成北京冬奥会、全国两会等重大通信和网络安全保障任务，做好抗洪、抗震等通信保障。强化关键信息基础设施安全防护，健全数据安全治理体系。全力支撑打击治理电信网络诈骗，2022 年拦截诈骗电话 4.2 亿次，封堵涉诈网址超过 260 万条。三是推进数智乡村振兴计划。2022 年无偿捐赠帮扶资金 3.5 亿元，消费帮扶金额 4.7 亿元。实施七大乡村数智化工程，为全国脱贫地区网络信息服务投入资金超过 200 亿元，建设数智乡村达标村 29 万个，连续 5 年在中央单位定点帮扶考核中获得最高等次评价。四是深入实施“C 2 三能——碳达峰碳中和行动计划”，全集团单位电信业务总量综合能耗和单位电信业务总量碳排放分别比上年下降 14%和 15%，运用数智化手段助力全社会碳减排 2.6 亿吨。

（撰稿人：郝　峰　薛　颖）

## 中国电子信息产业集团有限公司

**【基本概况】** 中国电子信息产业集团有限公司（以下简称中国电子）是以网信事业为主责主业的中央企业，公司母体成立于 1989 年 5 月，由原电子工业部直属企业划拨组建，历经多次企业重组。2022 年，中国电子认真贯彻落实习近平新时代中国特色社会主义思想和党的二十大精神，围绕服务国家战略，确立打造国家网信事业核心战略科技力量的使命愿景，统筹发展以重构计算产业体系为核心、集成电路为基础、网络安全为保障、数据应用为目标、高新电子为高地的重点业务布局。截至 2022 年底，中国电子拥有上市公司 19 家，并表企业 663 家，员工 21 万余人，业务遍布全国，产品和服务涉及全球六大洲 60 多个国家和地区，连续 12 年入围《财富》“世界 500 强”。

**【主要指标】** 2022 年，中国电子资产总额 4216.2 亿元，比上年增长 6.9%；营业收入 2712.7 亿元，比上年减少 2.5%；利润总额 31.0 亿元，比上年减少 39.7%；研发经费投入 128.1 亿元，比上年增长 11.7%；全员劳动生产率 24.27 万元/（人·年），比上年增长 5.9%。

**表 1 2022 年中国电子信息产业集团有限公司主要经济指标**

| 项　目 | 2021 年 | 2022 年 | 比上年增长（%） |
|---|---|---|---|
| 资产总额（亿元） | 3944.1 | 4216.2 | 6.9 |
| 所有者权益（亿元） | 1190.5 | 1579.1 | 32.6 |
| 营业收入（亿元） | 2781.3 | 2712.7 | −2.5 |
| 利润总额（亿元） | 51.4 | 31.0 | −39.7 |
| 净利润（亿元） | 19.0 | 3.8 | −80.0 |
| 归属于母公司所有者的净利润（亿元） | −10.2 | −33.7 | — |
| 研发经费投入（亿元） | 114.7 | 128.1 | 11.7 |
| 利税总额（亿元） | 144.2 | 112.8 | −21.8 |
| 应交税金总额（亿元） | 92.8 | 81.8 | −11.9 |
| 全员劳动生产率［万元/（人·年）］ | 22.91 | 24.27 | 5.9 |
| 净资产收益率（%） | 1.67 | 0.27 | 减少 1.4 个百分点 |
| 总资产报酬率（%） | 2.70 | 1.84 | 减少 0.86 个百分点 |
| 国有资本保值增值率（%） | 103.48 | 107.88 | 增加 4.4 个百分点 |

**【改革发展】** 一是高质量完成国企改革三年行动各项任务。落实“两个一以贯之”，在坚持党的领导下建设现代企业制度，在完善公司治理中加强党的领导，符合董事会应建标准的 253 户子企业实现授权管理机制 100%全覆盖；完成“两非”企业剥离任务，推动 90 户“两资”企业清理退出；成立央企首家数据产业集团，赋能数字政府建设和行业数字化转型；完善市场化经营机制，累计对 88 户企业、8100 多人实施中长期激励。获评中央企业改革三年行动重点任务考核 A 级。二是积极稳妥推进混合所有制改革。推进中国电子有限公司第二轮混合所有制改革引资，引资近 190 亿元，有力保障集团公司重大战略项目实施；所属企业华大半导体有限公司等多家企业混合所有制改革和股权融资进展顺利。北京华大九天科技股份有

限公司和贵州振华风光半导体有限公司首发上市，成功登陆资本市场。三是平稳完成集团总部机构调整。着眼提升服务国家战略能力和总部战略引领能力，调整优化集团总部组织机构，总部部门由原来的 18 个精简到 13 个，实现机构、职能、流程、岗位、人员平稳衔接，加快打造价值型能效型总部。四是加大人才培养和引进力度。举办中国电子 2023 届全球校招宣讲大会，面向海内外高校招聘优秀毕业生 1 万余人，推出“未来科学家”计划，在半导体、关键软件等领域与知名高校开展工程硕博联合培养，57 个项目入选教育部第一期供需对接就业育人项目。

**【重大项目】** 一是务实推进重大专项。聚焦打造网信领域原创技术策源地和现代产业链链长，开展关键核心技术攻关，网络安全领域聚焦三大方向，取得技术成果 43 项，应用到 50 余款产品中；集成电路领域开展研发任务 32 项，实现芯片顺利流片 5 款、芯片投入应用 2 款。二是扎实推动信创工程实施。行业信创、金融信创中标金额大幅增长，飞腾 CPU、麒麟操作系统综合市占率稳居前列。组建能源、交通、农业、教育等 15 个行业纵队，推进重点领域市场。在保障重大项目实施中，打造一批标杆项目。三是推动专业领域布局。与重点行业用户联合创新，实现典型场景的应用适配，与兄弟央企联合打造首个中央企业全栈式自主可控超大型数字化系统。建设电子元器件和集成电路国际交易中心，着力保障网信产业链供应链安全稳定。

**【重大创新】** 一是技术产品持续丰富。发布嵌入式 CPU 飞腾腾珑 E 2000，并在风电等领域实现商用；发布星光麒麟万物智联操作系统，发起国内首个桌面操作系统开源根社区 openKylin（开放麒麟）；发布中国电子云 CECSTACK 5.0 和仓海 CeaStor 分布式存储系列产品；推出金融级数字底座“源启”；MCU、高端电源管理等 40 余款芯片在国产主力车型上应用；研制集中式网络安全应急指挥平台，保障北京冬奥会、冬残奥会实现“零事故”。二是技术创新成果不断涌现。实施联合创新项目 55 个，全年累计突破关键核心技术 67 项，打造标杆场景 23 个，首次实现水电机组核心控制系统全国产化，首套国产化掘进设备 SCADA 系统下线运行；3 项联合创新成果入选 2022 年国有企业数字技术十大典型成果；全年申请专利 3239 件，其中发明专利 1993 件。三是技术创新平台建设成效显著。中电工业互联网有限公司获批国家级跨行业跨领域工业互联网平台，麒麟软件有限公司获批国家级企业技术中心，中国长城科技集团股份有限公司获批国家级知识产权优势企业，中电金信数字科技集团有限公司等企业获批国家级技术创新示范企业，12 家企业获批国家级专精特新“小巨人”企业。四是管理创新积极推进。“中央企业以‘三链’为核心的网信业务发展”获评全国企业管理现代化创新成果一等奖。

**【党建工作】** 一是喜迎党的二十大、贯彻党的二十大精神。深入开展“建功新时代，喜迎二十大”习近平总书记重要指示批示精神再学习再落实再提升主题活动。通过个人自学、专家讲学、集体研学、上下联学等形式，推动全系统学习贯彻党的二十大精神走向深入，深刻领悟“两个确立”的决定性意义，增强“四个意识”、坚定“四个自信”、做到“两个维护”。二是强化党的创新理论武装。认真贯彻落实“第一议题”“首要议题”要求，在全系统开展理论学习中心组学习质量专项提升行动，坚持用党的创新理论武装头脑、指导实践、推动工作。三是加强党的全面领导。把党的领导融入公司治理各环节，把企业党组织内嵌到公司治理结构之中，充分发挥党委（党组）“把方向、管大局、保落实”的领导作用，支持董事会、经理层依法履职。四是加强基层基础。圆满完成直属党委、纪委关系隶转和换届选举。加强混合所有制改革企业、境外机构党建工作指导，推动基层党支部规范化建设，在全系统开展基层思想政治工作示范企业评选工作。五是加强党风廉政建设。强化反腐败威慑力，精准运用“四种形态”，企业政治生态得到持续净化。完成巡视全覆盖目标，围绕专项治理对 6 家企业党组织开展专项巡视。

**【信息化与数字化建设】** 一是推进数据治理工程实施。布局数据安全与数据要素化体系性研究与实践，形成制度、技术、市场相融合的技术产品体系和工程方案，并在德阳、徐州、浙江省公安厅等城市和单位基本完成体系性验证。二是加强数字政府建设。以数字广东网络建设有限公司（以下简称数字广东）

为样板，不断提升数字政府服务能力，并积极向省、自治区、直辖市拓展。数字广东打造的粤省事民生服务平台惠及1.81亿人，粤商通涉企服务平台实现1350万个活跃市场主体全覆盖，粤政易协同办公平台覆盖近260万名省、市、县、镇、村五级公职人员。三是推进数字化流程变革。加快运营监控中心、财务共享平台、人力资源共享平台、金融投资共享平台、供应链共享平台、客户共享平台“一中心五平台”建设，打通企业管理关键环节，实现流程再造，推动集团公司数字化转型。司库平台实现银企直连、6200个账户资金可视，财务云上线企业350余户。

**【履行社会责任】** 2022年，中国电子向定点帮扶县(市)直接投入帮扶资金2800万元，实施帮扶项目30个。发挥网络安全与信息化产业技术优势，打造“数字镇安”县域治理数字化项目，推进临高县防返贫信息化建设，创新数字乡村帮扶模式，有效衔接乡村振兴发展。疫情期间，所属企业上海积塔半导体有限公司以搭建帐篷等方式驻厂工作，全力稳产保供。四川甘孜藏族自治州泸定县发生6.8级地震，中国电子向灾区捐款1000万元，帮助灾区人民共渡难关。

(撰稿人：叶　松)

## 中国第一汽车集团有限公司

**【基本概况】** 中国第一汽车集团有限公司(以下简称中国一汽)是国有特大型汽车企业集团。经过六十九年的发展，建立东北、华北、华东、华南、西南等五大生产基地，构建全球化研发布局，拥有红旗、解放、奔腾等自主品牌和大众(奥迪)、丰田等合资品牌，累计产销汽车超过5400万辆，销量规模位列中国汽车行业第一阵营。中国一汽下设总部单位29个，分公司5家、全资子公司9家、控股子公司3家、参股公司5家。截至2022年底，员工总数12.0万人，资产总额5963.7亿元。

**【主要指标】** 2022年，中国一汽受疫情肆虐、供应链短缺和销售渠道开工率不足等因素严重影响，面对严峻的生产和消费形势，中国一汽按照“高质量、强创新、增能力、防风险”工作总要求，以非常时期的非常战法、非常精神，夺取疫情防控和生产经营的最优成果，在销量和收入有所下降的情形下，继续保持利润增长，并再创“十三五”以来新高。全年实现整车销量320.4万辆，比上年下降8.5%；营业收入5898亿元，比上年下降16.4%；利润490亿元，比上年增长1.6%。中国一汽连续14年在国务院国资委中央企业经营业绩考核中获评A级，在2019—2021年任期中央企业负责人经营业绩考核中被评为A级且排名第一。在中国500最具价值品牌中，中国一汽2022年品牌价值4075.4亿元，排名第9位，连续19年位居汽车行业最具价值品牌榜首。在2022年《财富》“世界500强”排行中，以1094亿美元的营业收入位居榜单第79名。

**【改革发展】** 2022年，中国一汽大刀阔斧深化改革，以改革创新催生发展新活力，着力构建中国特色现代企业制度，深化改革不断闯关破局，取得显著成效。在2021年度中央企业改革三年行动重点任务考核中获评A级，所属“双百企业”获评“优秀”。

坚持在完善公司治理中加强党的领导，着力构建法人内部治理新机制；全面落实“两个一以贯之”，大力推进“四化”，实现党的领导有机融入公司治理。加强董事会建设，构建以《董事会议事规则》为核心，以《董事会授权管理办法(试行)》等6项制度为基础的“1+6+N”董事会运行制度体系，有力保障董事会功能作用发挥；强化外部董事智库作用发挥，建立“三开放、三交流”机制，强化外部董事与经理层、业务部门、分子公司的交流，建立董事意见建议跟踪台账，实现外部董事意见建议100%反馈，整改措施100%落地。在管理体制改革上突出管干结合、分类管控，正确处理“管”“放”“督”的关系，确保责权利对等平衡。

加强干部队伍建设，扎实推进经理层成员任期制和契约化管理、实施年轻干部培育工程、实施年轻干部代理负责机制。发布中国一汽“擎·才”人才战略，着力培养造就“数量翻番、能力过硬、成果倍增”的创新主力军；探索多元化人才引进模式，实施“探针计划”、打造人才共通共用机制；采取“训+战”结合、联合创建“红旗学院”、大力推进产学研深度融合、工程硕博士联合培养等方式，培养高层次科技人才。创新共建共创共担共享机制，以绩效考核为指挥棒。精准分类，全面实施“以客户为中心”的考核体系；以薪酬分配为杠杆，采取利润分成、阶梯薪酬、任期激励、股权分红等多种激励模式；全面落实“惠员工”战略，打通员工职业晋升通道，畅通“员工心声吧”等诉求渠道，打造中国一汽事业发展与员工成长命运共同体。

**【重大项目】** 2022年，中国一汽围绕汽车产品技术研发、产业转型升级和绿色智能制造等相关业务领域，加大新能源及智能网联投资，构建新发展格局。为支撑红旗、解放、奔腾自主品牌高质量跃迁式发展，重点开展红旗品牌C 095、C 001车型项目、新能源智能网联创新试验基地建设项目、蔚山工厂水性漆改造项目等，解放品牌广汉基地项目、重型换代桥技术升级项目、16L发动机建设项目等，奔腾品牌D 511、NAT衍生车型项目等。为实现一汽－大众、一汽丰田合资品牌高效益转型增长，重点开展一汽－大众VW 491/0 CN_K项目、VWAEROB车型项目、奥迪AU 316/2 CN_B项目等，一汽丰田新能源工厂建设项目、一汽丰田TNGA发动机项目等。围绕战略引领和创新驱动，重点打造新增长点，形成新的业务发展格局，做到以整车业务发展为牵引，强化核心技术自立自强，优化产业链和供应链及培育新兴业务，开展奥迪一汽PPE项目、时代一汽动力电池合资项目、一汽模具热成型股权投资项目、一汽弗迪动力电池合资项目、一汽解放燃料电池合资项目等。

**【走向海外】** 2022年，中国一汽实现汽车出口3.7万辆，比上年增长55%。红旗品牌实现出口5100辆，比上年增长88%。在欧洲市场，红旗登陆挪威初战告捷，跻身细分市场前3名，完成荷兰、瑞典渠道开拓，实现欧洲高端市场快速突破；在中东市场，以沙特阿拉伯为核心带动周边，先后完成海湾六国渠道全覆盖，多市场联动发力，成功实现销量翻倍增长；在东南亚市场，成为越南、柬埔寨等市场豪华品牌新选择；红旗出海累计实现海外17国、22个旗舰店的渠道覆盖。解放品牌实现出口2.2万辆，比上年增长47%。商用车产品出口结构持续优化，六代产品出口成功突破1万辆；重点市场成效显著，成功打造南非、坦桑尼亚等6个规模化市场；基地布局快速推进，墨西哥等4个KD(散件组装)项目顺利投产；中亚、蒙古国边贸出口首次突破1000辆；央企联合出海有力推进，成功为中国铁建等多个海外重点项目提供工程用车，并与中机、建发等企业在哥伦比亚、尼日利亚等市场成功开展海外仓合作。奔腾品牌实现出口8616辆，比上年增长36%。在中东市场，以沙特阿拉伯为中心，实现区域内市场多点联动，实现品牌传播声量持续提升；在东欧市场，积极把握市场机遇，快速扩展终端渠道，市场占有率提升83%；新增卡塔尔、哈萨克斯坦等9个市场，全球网络布局实现进一步拓展。

**【重大创新】** 2022年，中国一汽坚决贯彻党中央创新驱动发展战略，充分发挥企业创新主体作用；坚定实施《创新·2030中国一汽阩旗(R. Flag)技术发展战略》，持续加大创新投入，加快打造原创技术策源地，为树立民族汽车品牌提供澎湃动力。加强前瞻性思考、战略性布局，全面扫描汽车产业前沿技术，聚焦“关难急卡”技术窄口，依托国家级的创新平台和省市重大技术专项的支持，突破自主空气悬架、重型整车超低轻量化等334项关键核心技术。多项成果突破国外垄断，耐低温动力电池、超低风阻驾驶室等85项关键技术在红旗、解放产品搭载应用。申请专利6487件，比上年增长36.4%；发明专利4869件，比上年增长78.4%；专利公开量汽车行业排名第一，授权量汽车行业排名第二。牵头1项ISO标准修订、牵头和参与13项国家标准、9项行业标准制(修)订；已发布的国家标准参与率64%；年度制(修)订集团企业标准1251项，深度参与高寒地区性能评价和智能网联汽车信息安全两项地区团体标准制定。在吉林省第四届专利奖评比中，获得金奖2项、银奖2项、优秀奖2项。

**【党建工作】** 2022年，中国一汽深入贯彻落实新时代党的建设总要求和新时代党的组织路线，持续推动全面从严治党向纵深发展。坚持把政治建设摆在首位，深刻领悟“两个确立”的决定性意义，以实际行动践行“两个维护”。全面学习贯彻党的二十大精神，及时跟进学习习近平总书记重要讲话和重要指示批示精神，不断增强政治判断力、政治领悟力、政治执行力。强化基层党组织政治功能和组织功能，深化中国一汽党委“先锋党建”品牌建设，开展“聚力转型攻坚先锋党建领航”立功竞赛和全员建功行动。深化“我为群众办实事”实践活动，落地“幸福一汽人”行动计划，解决一批急难愁盼问题。党风廉政建设和反腐败工作不断深化，加强对“一把手”和领导班子监督，一体推进“三不腐”，深入整治“靠企吃企”问题，持之以恒落实中央八项规定及其实施细则精神，不断深化纪检监察体制改革，坚决惩治贪污腐败，深化中央巡视反馈意见整改，高质量完成巡视巡察全覆盖，持续净化优化企业政治生态。

**【信息化与数字化建设】** 2022年，中国一汽制定“1164”数智化总体战法，建设“产品/服务、经营/管理的数字孪生体”，打造业务数智一体化战队，强化工作落实情况跟踪成效，建立完善长效工作机制，建设“数字一汽”，加速实现“双100”目标，全面推进数智化转型工作取得实效。

数智研发。构建基于数字孪生的多专业、一体化、全天候的在线协同开发平台，产品开发周期缩减6个月以上。在协同设计上，通过数字建模、虚拟现实等技术手段，打通概念设计、工程实现、试验试制等全流程，开发效率提升40%以上；在虚拟仿真上，实现电子样车、整车安全性、强度耐久性等数字孪生设计，仿真分析效率提升30%以上；在智能网联开发上，构建在环仿真、智能驾驶、智能人机交互、整车网络及网联等四大数字化开发平台，有效提升智能驾驶全功能全场景的测试和分析能力。

数智制造。以建设世界一流智能化工厂为目标，搭建汽车行业工业互联网平台，实现冲压、焊装、涂装、总装四大工艺全流程智能化生产，整车生准周期压缩7个月，订单交付周期缩短26%以上。在预防性维修上，基于5G+混合现实技术，集成生产信息、智能感知设备信息、生产辅助工具信息，实现生产场景实时模拟和设备预测性维护，减少被动停机时间20%以上；在AI装配检测上，运用智能辅助装配、超视觉高清质量检测、设备定位、多维视频监控等先进技术，显著提高生产效率和制造质量。

数智营销。创建客户生态云平台，构建覆盖客户消费全旅程的数字化触点，做到直达客户、赋能经销商，支撑企业端、经销商端和客户端一体化运营，线索到店率提升15%以上，单线索成本降低30%以上。在获取客户时，客户通过公众号、小程序、App等方式，全场景、沉浸式了解品牌理念、感受产品魅力、尊享品牌服务；在售后服务时，企业运用车联网、数字孪生实时建模，动态计算百亿级车联网数据，为客户安全出行保驾护航。

数智管理。引入TOGAF架构标准，将原有体系管理范围从流程、职责扩展到整个企业架构，强调系统性思考和局部分析相融合，对复杂事务进行立体的、全方位的表达；建立数据框架体系，通过数据对数字孪生后的业务模型进行优化与迭代。构建自主可控的全新一代ERP，实现经营全过程在线化、实时化、智能化，运营效率全面提升；创建“一汽EASY”专属协同办公平台，办公效率提升30%以上。

深化结构调整，大力推进新兴业务发展。着力突破新能源、智能网联汽车关键核心技术，加快企业结构调整和转型升级。红旗L4级自动驾驶车辆在海南、长沙示范运营，满分通过北京市自动驾驶商运牌照考试；解放J7达到L4级自动驾驶水平，在日照港、苏州高铁新城等固定区域实现商业运营。大力发展移动出行业务，覆盖全国30多个城市，T3出行市占率行业第二，旗妙出行加速打造政企出行服务第一品牌。以新能源智能汽车产业链为核心链，加快构建未来型智慧绿色城市汽车生态系统，创新实施“定制车+换电站+电池银行”融合发展模式，着力打造新能源智能网联产业发展新生态，“旗E春城 旗动吉林”项目在吉林省落地运营。

**【履行社会责任】** 2022年，中国一汽在“促进人·车·社会和谐发展”责任理念的指引下，紧密围绕企业基础责任、利益相关方责任和社会责任，不断强化责任管理，持续深化责任实践。中国一汽持续提高政治站位，强化组织领导，实现集团领导帮扶县调研全覆盖，2位班子成员先后3次赴定点县调研指导，加快推进乡村“五大振兴”落地见效；投入帮扶资金5940万元，实施各类帮扶项目40余个，定点帮扶及对口支援工作任务落实率100%；在基础教育领域累计投入资金超过1.4亿元，在脱贫地区开设“红旗梦想自强班”250个，累计资助高中生12500余人；创新策划开展“红旗梦想智慧领航计划”项目，引入名师资源，着重提升县域教师教研能力；携旗下品牌捐赠8000万元，重点支持长春市、吉林市疫情防控，积极回报社会；2022年9月，面对四川省甘孜州泸定县6.8级地震，紧急支援2000万元支持抗震救灾及灾后恢复工作，全力守护人民群众生命安全。社会责任工作得到上级和社会广泛认可，中国一汽帮扶工作连续6年获得中央单位定点帮扶工作成效考核最高评价"好"、责任管理案例入选国务院国资委主办的《中央企业社会责任蓝皮书(2022)》、责任实践案例入选2022中国汽车行业公益盛典"2022年度汽车行业公益典范优秀案例"。

（撰稿人：孟媛媛）

## 东风汽车集团有限公司

**【基本概况】** 东风汽车集团有限公司(以下简称东风公司)成立于1969年9月，主营业务为全系列商用车、乘用车、新能源汽车、军车、关键总成和零部件、汽车装备等。截至2022年底，东风公司员工12.7万人，其中研发人员超过1.6万人。53年来，东风公司产销汽车超过559万辆，累计纳税超过6000亿元。公司经营规模居中国汽车行业第3位、"中国制造业500强"第9位、"世界500强"第122位。

2022年，东风公司3项科技成果分别获得中国汽车工业科学技术进步奖一、二、三等奖。东风商用车摘得"2022钜轮奖·年度卓越重卡企业"大奖桂冠。2022年，东风公司在自主整车集团发明专利公开量和授权量中均位居榜首①，获得发明专利"双料冠军"，领跑中国车企，获得2022年中国汽车论坛"责任引领奖"。

**【主要指标】** 2022年，东风公司在疫情和缺芯影响产销超过50万辆的情况下，把稳经营大盘，销售汽车292万辆。结构调整成效显著，主要业务呈"四个上升"态势。自主乘用车销售68.5万辆，比上年增长32%；新能源汽车销售47万辆，比上年增长1.6倍。自主乘用车渗透率49%，高于行业5个百分点，整体居行业第4位，平台客户和网约车市占率居行业第1位；汽车出口24万辆，比上年增长58%；高端和高价值产品销量快速增长，自主高端乘用车岚图销量比上年增长1.8倍。攻克自主关键核心技术取得新成效，自主带芯零件备份率80%。

**表1　2022年东风汽车集团有限公司主要经济指标**

| 项　目 | 2021年 | 2022年 | 比上年增长(%) |
|---|---|---|---|
| 资产总额(亿元) | 4144.20 | 4017.00 | －3.07 |
| 所有者权益(亿元) | 1764.70 | 1896.25 | 7.45 |
| 营业收入(亿元) | 2728.73 | 2393.96 | －12.27 |
| 利润总额(亿元) | 198.69 | 141.28 | －28.89 |
| 净利润(亿元) | 140.49 | 112.25 | －20.10 |
| 归属于母公司所有者的净利润(亿元) | 92.96 | 81.51 | －12.32 |
| 技术开发收入(亿元) | 91.80 | 112.22 | 22.24 |
| 利税总额(亿元) | 272.60 | 202.10 | －25.86 |
| 应交税金总额(亿元) | 212.30 | 180.90 | －14.79 |
| 全员劳动生产率[万元/(人·年)] | 66.35 | 62.59 | －3.76 |
| 净资产收益率(%) | 8.30 | 6.13 | 减少2.17个百分点 |
| 总资产报酬率(%) | 5.04 | 3.73 | 减少1.31个百分点 |
| 国有资本保值增值率(%) | 110.64 | 109.02 | 减少1.62个百分点 |

**【改革发展】** 2022年，东风公司国企改革三年行动106项改革任务按要求如期完成，改革成果稳固化制度化，改革综合成效彰显。坚持"两个一以贯之"，把党的领导融入公司治理各环节。落实董事会职权，修订系列制度，推动各子企业董事会应建尽建和规范运行。成立公司治理部，发布治理提升行动"远航计划"，强化集团对子公司的穿透管理和合规管理。东风汽车股权变更，公司商用车业务整合迈出关键一步。智新科技、鼎新动力、东风(武汉)公司、东风乘用车发动机业务高质量完成专业化整合。东风汽车有限公司机关改革取得实质性进展。东风龙擎动力有限公司揭牌成立。全面完成第三轮任期制和契

① 数据来源：《2022年中国汽车专利数据统计分析》。

约化聘任，高管人员能上能下成为常态。加强科技人才的激励与培养，设立和评选首届“孟少农突出贡献奖”和“孟少农贡献奖”。全面实施工效联动，探索营销领域的高目标高激励机制。

**【重大项目】** 2022 年，东风公司乘势发展自主品牌乘用车事业，自主乘用车整体销售 68.5 万辆，比上年增长 32%，高于自主乘用车行业 10 个百分点，自主乘用车产品自信、技术自信、品牌自信和价值自信进一步增强。东风乘用车公司在先后遭遇缺芯、疫情、限电、高温等多种挑战的情况下，成功推出东风风神皓极、奕炫 MAX 2023 款、全新奕炫马赫版，重启二工厂，全年销量跨越 19 万辆，比上年增长 58.4%，跑赢大市，销量规模进入自主品牌乘用车前十。12 月 24 日，轮毂电机版东风风神 E 70 在(第 365 批)《道路机动车辆生产企业及产品公告》上公布，是全球第一个获得乘用车认证公告的轮毂电机车型，轮毂电机产业化进程迈入新的里程碑。8 月，发布豪华电动越野品牌猛士和品牌专属“M”标识体系，两款概念车——两门版的 M-Terrain Sport 和五门版 M-Terrain 全球首秀。东风自主品牌进入豪华车品牌领域，实现主流、高端、豪华全覆盖。东风自主开发的猛士智能越野架构 M-TECH 是中国第一个豪华电动越野技术的解决方案，在平台、动力、越野三大领域，打造行业领先的硬核技术集群，包括猛士滑板越野平台 MORA、猛士动力 MEGA-POWER、猛士越野全地形智能解决方案 M-ATS。

2022 年，东风公司销售新能源汽车 47 万辆，比上年增长 1.6 倍，增长率高于行业 67 个百分点。全面完成新能源车品牌、平台、商品、关键总成及核心技术资源布局。加强电子电气架构、车规级芯片、自主控制器、车载操作系统及智能驾驶、燃料电池汽车等开发，一批成果行业领先。自主打造行业首家新一代中央集中式、面向服务、软硬件解耦的 SOA(面向服务的架构)电子电气架构。加速发展新能源汽车，实施新能源“跃迁”战略，实现电芯资源近地化布局。同步发展充电和换电、纯电和混动产品，东风 EV 纳米 BOX、东风风神全新 E 70、岚图梦想家和追光、东风本田 e：NS1 和新享域混动版、东风日产艾睿雅、启辰 D 60EV、富康 ES 600 等 10 多款产品实现发布和上市销售。国内首款量产的全功率燃料电池汽车“东风氢舟”实现示范运营。有序促进 to B 端(面向企业的)市场份额行业领先，东风风神 E 70 网约车市占率行业第一。为应对芯片短缺，进行国产芯片替代和中长期布局，东风公司形成一套内部芯片保供应对方案，并以自主品牌乘用车、商用车为试点应用。搭建国产汽车芯片资源库，在全集团内推广应用，提升芯片国产化率。着眼长远，重点推进自主车规级芯片(MCU)的开发与应用，自主高端芯片 DF 30 实现流片，风神品牌自主带芯零件备份率 80%。为提高电芯技术竞争力和电池资源保供能力，积极推进电芯电池资源布局，东风公司联合东风鸿泰控股集团有限公司与欣旺达电动汽车电池有限公司成立电池合资公司，探索整车企业与电池企业的新型合作关系。

**【走向海外】** 2022 年，东风公司积极响应国家“一带一路”倡议，落实“走出去”发展战略要求，推动海外事业由“机会型”贸易向“阵地化”营销转型升级，实现跨越式发展。全年实现汽车出口 24 万辆，比上年增长 58%，跑赢行业大市、再创历史新高。核心自主实现新突破，东风风神出口汽车 6202 辆，比上年增长 7 倍；东风商用车出口 5016 辆，比上年销量翻番；东风柳汽乘用车实现销量 12.2 万辆，出口比上年增长 180%。高端电动车岚图成功导入欧洲成熟市场，3 个月实现汽车出口 1300 辆。

**【重大创新】** 2022 年，东风公司电子电气架构、车规级芯片、自主控制器、车载操作系统等开发水平整体进入第一阵营。系统完成“三电”产业化布局，形成年产 47 万套电机及驱动总成、30 万套电控、10 万套电池及 1000 套燃料电池生产能力。完成车规级 IGBT(绝缘栅双极型晶体管)封测开发和产业化，打破外企垄断。扁线电机在“岚图梦想家”量产搭载，为行业最早，开发的新一代高速扁线电机工况效率和 NVH 水平为国际领先。在 iD 2-120、iD 2-160、iD 2-200 实现量产的基础上，全新一代 iD 3 平台首款电驱动总成顺利下线。自主打造行业首家新一代电子电气架构(SOA)。首批搭载固态电池的东风风神 E 70 在全国六省十地开展示范运营，里程超过 50 万千米。4 月 8 日，一辆东风 L4 级 5G 自动驾驶车从雄安新区市民服务中心驶出，这是雄安新区智能网联汽车道路测试与示范应用的首条线路、首辆车辆。11月3日，中国首款，也是目前唯一一款全功率燃料电池乘用车“东风氢舟”交付广东省佛山市，以网约车、园区摆渡车、公务用车等多种方式进行示范运营。11月，东风悦享无人驾驶公交车纳入雄安公交线路，是全国首例将自动驾驶车辆纳入公交运营的案例。12月26日，49辆东风悦享智能网联公交车交付雄安新区。行业专家评价该整车性能达到国内领先、国际先进水平。12月28日，东风公司3项科技成果获得中国汽车工业科学技术进步奖。其中，以公司技术中心等为主要完成单位的“全功率燃料电池整车及系统关键技术开发与应用”获得一等奖，为中国汽车行业最高科技奖项；以东风商用车有限公司等为主要完成单位的“中重型商用车低碳智能关键技术研发及应用”获得二等奖；以东风日产乘用车公司等为主要完成单位的“新能源汽车动力总成减振关键技术及产业化”获得三等奖。东风品牌研发经费投入强度8.8%，持续增强研发实力。2022年，按自主整车集团统计，东风公司以6069件专利(比上年增长24.11%)在中国汽车发明专利公开量排名中位列第一；东风公司以2357件专利(比上年增长127.51%)在中国汽车发明专利授权量排名中位居榜首。氢能领域发明专利298件，位列国内主机厂第一，专利布局材料、核心零部件及整车，为我国氢燃料电池汽车产业自主发展奠定基础。东风公司构建“东风氢舟”“东风氢元”“东风氢芯”技术品牌，可提供氢燃料汽车全栈式解决方案。

**【党建工作】** 2022年，东风公司采取“9＋N”模式，成立由公司9名党委领导班子成员和东风党校专家组成的宣讲团分别到公司武汉、十堰、襄阳、广州、郑州等主要生产基地，组织开展学习贯彻党的二十大精神集中宣讲报告会。截至2022年底，公司宣讲团开展宣讲活动24场，覆盖所有直属党委。公司各级党组织开展宣讲270余场，累计参与3万余人次。服务指导20家直属党委聚焦战略重点、改革堵点、经营难点，确定党建重点项目70项。深化思想政治工作与企业文化建设。筹建东风汽车博物馆，同步设计马灯精神展厅。公司4个案例入选国务院国资委、湖北省党史学习教育优秀案例集。公司宣传思想工作做法经验先后在央企宣传思想工作联络组座谈会、国务院国资委新闻通气例会上作交流，在国务院国资委《宣传工作》专题刊发4篇，在中央企业排名进入前十。以党内立项课题为抓手，2022年围绕协同、增值、服务、营销、数字化等开展党内主题实践活动，下达课题58项，全年降本增效16.28亿元。

**【信息化与数字化建设】** 2022年，东风公司聚焦自主事业发展，明确“一个平台、两个旅程、三个贯通”数字化转型总体思路。打造一个平台，制定《东风数字平台规划方案》《东风数字平台建设及推进方案》，提出包括云底座和云服务的数字平台分层管控模式(云底座：统一规划，滚动建设，刚性管控；云服务：规划牵引，赋能导向，按需建设)，2022年8月、11月确认东风数字平台的建设策略、总体方案、推进方式和推进计划，12月正式启动。构建两个旅程，加速推进“七朵云”云服务试点，其中营销云、制造云以猛士科技、东创紫联为试点，推进课题和项目10余项。推进技术中心牵头建设研发云和智能汽车云，东风财务公司牵头建设金融云。聚焦公司“客户数字旅程”和“产品数字旅程”，总结行业最佳实践行动方式，借鉴行业成熟方法，提出“三九工作法”数字化转型推进思路。推进三个贯通，围绕数据的产生与拉通、汇聚与整合、共享与服务三个基本环节，发布《东风公司数据管理总纲》，并持续完善数据管理体系，逐步推动多品牌、多维度数据贯通，形成数据驱动公司业务发展的新动能。2022年8月，根据国务院国资委《国有企业数字化转型行动计划》要求，借鉴华为ODMM模型，从4个维度13个领域构建东风数字化转型行动指标体系，对公司30家单位开展自评和集中听证，摸清各单位数字化转型行动水平。通过行业对标，深入学习华为公司等标杆单位数据治理体系，从0到1推进筹建公司数字化架构委员会。建立架构委员会工作体制，明确工作职责和范围，制定系统架构评审方案，在立项申请、蓝图设计、移转上线三个节点开展架构评审。2022年，累计完成项目架构评审21个，逐步建立起架构评审工作机制。

**【履行社会责任】** 2022年，东风公司积极发挥中央企业带动作用，携手全价值链伙伴同心协力抗击疫情，守望相助谋发展。贯彻落实国务院常务会议精神，对商用车消费贷款采取延期还本付息及免息政策，办理贷款 19.42 万笔，涉及融资余额 242.4 亿元；采取有效措施帮助中小企业解“燃眉之急”，累计减免 1093 户小微企业和个体工商户租金 2926 万元；累计投放中小微企业贷款 191.46 亿元。积极落实乡村振兴战略，在 8 个县域开展产业扶贫，实施汽车产业消费协作项目，推动“东风汽车商城”落地县城，全年销售汽车超过 1.3 万辆，让客户享受购车实惠，增加地方税收，带动地方就业。5 月，经党中央、国务院审定，东风公司定点帮扶工作考核评价等次为“好”。

2022 年，东风公司重点在东风襄阳中学、东风柳汽希望小学等多个学校开展“润苗·点亮微心愿”活动，为 500 余名孩子送去东风人的关爱；举办“润苗·汽车梦想课堂”活动，累计为 20 所东风希望小学的 2000 名学生送知识、阔眼界。携二级单位开展对外捐赠项目 108 个，累计捐款 1.045 亿元，彰显中央企业责任与担当。5 月 8 日，由东风公司牵头建立的湖北省车规级芯片产业技术创新联合体在武汉启动运行，旨在打造全国领先、具备湖北特色的汽车芯片产业集群，实现关键核心技术自主可控，合力助推湖北经济、中国汽车芯片产业发展壮大。

2022 年，东风公司以落实新《中华人民共和国安全生产法》和“双碳”战略为契机，强化安全生产和节能减排目标管控，统筹推进“深化污染防治攻坚战”和“双碳”工作，全年累计对 27 个事业单元、52 个工厂开展 107 次安全环保督查，做到制造、物流、销售领域全覆盖，发现 970 项问题并督促整改落实。“安全生产专项整治三年行动”顺利收官，完成东风公司碳达峰行动方案编制，组织开展安全职业健康管理水平评价和节能环保水平评价，自主管理意识和改善意识得到强化。加强源头和过程管控，全面提升预防控制能力。开展安全隐患排查和专项整治，全年累计发现隐患 11885 项，整改 11519 项，整改率 96.92%。加强职业病危害治理，实施职业病危害治理项目 116 项，覆盖同类岗位 270 个，改善 1173 名员工作业环境。实施环境风险排查整治，识别环境风险点 503 个，逐一制定和落实管控措施，降低风险水平。

2022 年，东风公司 45.8%的二级单位社会责任工作水平处于“领先者”，比上年提升 8.7%。2022 年，东风公司社会责任发展指数居“中国企业 300 强”第 8 位，“国有企业 100 强”第 6 位，比上年排名均提升 1 位，达到历史最好水平。凭借《“东风梦想车”大赛：心怀责任，润美可持续发展之路》案例获得 2022 年中国汽车论坛“责任引领奖”，以生动实践彰显央企责任担当。获评“中国汽车行业公益典范”“责任金牛奖”“中国益公司”“公益慈善杰出企业”等。

（撰稿：陈　茜）

## 中国一重集团有限公司

**【基本概况】** 中国一重集团有限公司（以下简称中国一重）前身为第一重型机器厂，始建于 1954 年，是中央管理的涉及国家安全和国民经济命脉的国有重要骨干企业，国家创新型企业、国家技术创新示范企业，拥有国家工程研究中心、国家能源重大装备材料研发中心。

中国一重始终秉承“发展壮大民族装备工业，维护国家国防安全、科技安全、能源安全、产业安全和经济安全，代表国家参与全球竞争”的初心和使命，紧紧围绕钢铁、电力、石化、船舶、汽车、矿山、航天航空、深潜、军工等国民经济和国防建设需要，深耕实体经济，先后创造数百项第一，开发研制新产品 421 项，填补国内工业产品技术空白 475 项，为国民经济建设提供 500 多万吨重大技术装备。具备核岛一回路核电设备全覆盖制造能力，是中国核岛装备的领导者、国际先进的核岛设备供应商和服务商，是当今世界炼油用加氢反应器的最大供货商、冶金企业全流程设备供应商。

2022 年，中国一重认真学习贯彻习近平新时代中国特色社会主义思想和党的二十大精神，全面落实“疫情要防住、经济要稳住、发展要安全”的总体要求，聚焦建设“七个新一重”，加快推动转型升级，高质量发展高端装备制造及服务、新材料、军民融合产业，和“一带一路”沿线开发、地企融合、产融结合等新业务，努力打造成为产业结构合理、质量效益领先、创新动能强劲、安全保障有力，高端装备制造核心突出、军民深度融合、地企协同发展、“一带一路”共享的具有全球竞争力的世界一流产业集团。

【主要指标】

表1　2022年中国一重集团有限公司主要经济指标

| 项　目 | 2021年 | 2022年 | 比上年增长(%) |
|---|---|---|---|
| 资产总额(亿元) | 538.00 | 567.70 | 5.52 |
| 所有者权益(亿元) | 210.20 | 211.70 | 0.71 |
| 营业收入(亿元) | 418.60 | 446.50 | 6.67 |
| 利润总额(亿元) | 16.20 | 16.50 | 1.85 |
| 净利润(亿元) | 11.10 | 10.20 | −8.11 |
| 归属于母公司所有者的净利润(亿元) | 2.20 | 1.20 | −45.45 |
| 技术研发投入(亿元) | 9.60 | 9.90 | 3.13 |
| 利税总额(亿元) | 23.90 | 27.70 | 14.23 |
| 应交税金总额(亿元) | 13.50 | 18.10 | 34.07 |
| 全员劳动生产率[万元/(人·年)] | 35.61 | 38.09 | 6.96 |
| 净资产收益率(%) | 5.43 | 4.81 | 减少0.62个百分点 |
| 总资产报酬率(%) | 4.67 | 4.28 | 减少0.39个百分点 |
| 国有资本保值增值率(%) | 102.11 | 104.64 | 增加2.53个百分点 |

**【改革发展】**　一是深化改革三年行动胜利收官。改革任务均按期完成,"双百行动""科改示范行动"等改革专项工程取得重要成效,项目分红、"摘标+竞标"等中长期激励举措深化实施,进一步总结出提高上市公司质量举措55项、重大项目"四个体系"管理机制等多方面改革新硕果。中国一重成功入选国有企业公司治理示范企业,获评2021年度中央企业改革三年行动考核A级。二是制度体系优化有序推进。系统梳理制度体系和业务流程,全年制(修)订《公司规章制度与业务流程管理规定》《境外投资内部控制管理办法》《参股股权管理办法》等制度23项,企业管理基础不断夯实。三是人才发展机制改革深入实施。出台47条人才工作指导意见,建立高层次人才分类目录,人才政策得到制度性落地。成功引进2名国家级海外高层次人才。获批国家工程硕博士联合培养专项改革试点单位。

**【重大项目】**　核心制造产业方面,通过强化生产体系管控、推进专项质量提升、优化采购保供模式等,保障生产高效运行,提前3个月一次完成国家重大专项核反应堆压力容器水压试验。包揽全部3000吨级浆态床反应器,专Ⅶ压力容器、美孚锻焊反应器等重点项目按计划出产。签订UUV项目,高铬转子等高附加值产品实现批量化订货,激光落料线投入生产,高强钢制品、铝合金一体化成型液态模锻机等新产品获得市场认可,AGC缸单项冠军产品稳步推进,全年新开拓及产业链延伸转化订单比上年增长85%。

战略性新兴产业方面,风电叶片制造厂提前投产,风电装机能力350万千瓦以上,富拉尔基风场项目实现全容量并网,累计发电近6000万千瓦·时。黑龙江风电产业平台公司成立,取得年配置140万千瓦风能资源开发指标。逐步开辟大宗物料供应链新领域,探索推进再生资源供应链业务。

**【走向海外】**　截至2022年底,中国一重境外各级控股子公司6家,其中印度尼西亚4家、新加坡1家、德国1家。2022年,中国一重在全球冶金装备需求低迷情况下,主导产品冶金成套装备出口保持稳定,国际市场开发取得良好成绩。成功签订阿尔及利亚流体系统、AGC缸、高压水除鳞和冷却水等合同。首次签订巴西2200毫米炉卷轧机改造和转炉项目、美国铝板轧机项目。新产品新客户开发取得新突破,首次与印度最大的钢铁公司JSW公司签订1780毫米热连轧全线轴承座设备合同,在俄罗斯市场首次签订五米轧机支承辊合同,新开发马来西亚Alexindo钢厂、Lion钢厂,越南Pomina钢厂,印度UTTAM钢厂等客户。印度尼西亚德龙稳步推进生产经营,2022年生产镍铁77万吨,实现营业收入112亿元。

2022年,新开发巴基斯坦有色产品以及苏丹、缅甸、乌兹别克斯坦等12个国家农产品贸易领域,并持续巩固中东地区化工品进口渠道,国际市场资源获取能力稳固提升。分别从近15个国家进口金属、化工、农产品等大宗商品,涉及金额6.41亿美元,平衡双边贸易国家之间友好合作，为国家“一带一路”倡议的实施成效作出应有的贡献。

**【重大创新】** 一是科技创新体系完善构建初见成效。以布局打造大型铸锻件原创技术策源地为核心抓手，深化布局设计研发、制造基地技术转化、战略协作研发、协同客户应用技术服务“四大创新平台”，加快建设核电装备、冶金成套装备、风电装备、石油关键装备“四个创新联合体”，成功获批国家级企业技术中心及省级企业技术中心2个、省级工程技术研究中心2个。二是重大科研项目有效推动取得突破。“专项关键焊材工程化研制”等5项国家重大课题通过验收。积极承担科技部“揭榜挂帅”项目、工业和信息化部新材料重点平台项目。先后取得全球单重最大、直径最大、壁厚最大异形加氢筒体锻件成功研制等10项重点科技成果，有力突破“CFR600快堆埋弧焊焊接工艺技术”等12项关键核心技术，创新引擎为高质量发展持续加力。三是科技工作成果不断汇集。成功解决世界异形加氢筒体锻件等技术难题，成功开发正反向焊接和全位置分区焊接等新工艺，成功研制世界最大“2000吨级超大特厚锻焊结构深海模拟承压设备”等重大装备，首创炼钢炉渣多组分快速定量分析技术，填补国内技术空白。中国一重先后获得省部级科学技术奖4项，全年专利申请受理221件，被授予“国家知识产权示范企业”等称号。

**【党建工作】** 2022年，中国一重党委深入学习贯彻习近平新时代中国特色社会主义思想，认真贯彻落实党中央各项决策部署，以迎接和学习宣传贯彻党的二十大为主线，突出高质量党建引领保障高质量发展这一主题，着力加强党的政治建设、思想建设、组织建设、作风建设、纪律建设，优化干部人才队伍，各项工作取得新成绩。中国一重连续4年获评中央企业党建工作考核A级。2人当选党的二十大代表。《弘扬工匠精神、锻造“大国重器”》情景剧党课分别获得中央组织部、中央宣传部表彰，公司成功入选教育部等八部门联合设立的首批“大思政课”实践教育基地，“四五六”思想政治工作法入选国务院国资委优秀思想政治工作案例，党委理论中心组研究成果入选国务院国资委优秀理论研究成果名单。一是学习宣传贯彻党的二十大精神扎实推进。制定涵盖5个方面20条具体任务的《深入学习宣传贯彻党的二十大精神实施方案》，印发《关于认真学习宣传贯彻党的二十大精神　奋力推动“中国制造业第一重地”高质量发展的决定》，实现192个党支部、8400名党员职工学习教育全覆盖。二是思想引领持续深化。坚持不懈用习近平新时代中国特色社会主义思想凝心铸魂，印发《关于推动党史学习教育常态化长效化的实施意见》，常态化开展“四史”宣传教育110场次，持续开展“我为群众办实事”实践活动，143项“民生项目”全部完成。三是组织建设稳步筑牢。完善“1＋N”党建制度体系，动态优化基层党组织设置，建强基层党组织书记、党务干部、党员“三支队伍”，一批优秀年轻骨干担任基层党组织书记。开展各类培训班31期，培训党员3000余人次。坚持严把入口关，全年发展党员100人。四是党建品牌逐步创建。一体推进党建与生产经营“十个融合”，探索“党建＋安全生产”“党建＋科技创新”“党建＋优质服务”等融合模式，形成党建融入生产经营典型案例68个。组织开展习近平新时代中国特色社会主义思想实践课题研究，再添研究成果15项。深化“五创”工程，充分发挥“六室”驱动作用，新打造党员、巾帼创新工作室9个，完成基层创新课题271项、“百万一重杯”劳动竞赛攻克重难点项目287项。五是队伍建设不断加强。研究出台《关于加强和改进人才工作的指导意见》《中国一重高层次人才分类目录》。公司获批为国家工程硕博士联合培养专项改革试点单位。持续加强多岗位多渠道培养交流，推荐14名年轻骨干进行内外部挂职锻炼。六是管党治党全面从严。贯彻全面从严治党“两个责任”，逐级签订《党风廉政建设承诺责任书》。高质量完成一届任期内巡视巡察全覆盖任务目标。对公司重点工作“挂表督战”、科技创新、常态化疫情防控以及“严肃财经纪律、依法合规经营”综合治理、靠企吃企问题“回头看”等专项工作开展政治监督43次。七是活力动力有效激发。举办习近平总书记视察中国一重改革创新成就展和中国一重十年高质量发展成就展。深化精神文明建设，推进文化创新，发布中国一重“第一之道”企业文化。滚动推进暖心关爱、阳光活力、权益保障、素质提升“四大行动”，提高职工用餐补贴，启动健康一重计划，新建职工健康中心。

**【信息化与数字化建设】** 2022年，中国一重发挥各单位数字转型办公室作用，推进业务系统实施推广和深化应用工作。开展"揭榜挂帅"等技术攻关活动，围绕公司推进数字化转型过程中的关键核心技术，遴选出Genex16软件平台技术、UAP平台二次开发研究、CAP低代码开发平台研究、BI数据分析挖掘、IPv6协议在内网的应用5项技术攻关课题，按计划节点完成各阶段任务。推进信息系统安全等级保护测评工作，对照《GB/T 22240－2020 信息安全技术网络安全等级保护定级指南》对系统定级的相关要求，将"数据标准化管理平台"等9个业务系统定为二级，将"资金管理系统(N9)"定为三级，取得信息系统安全等级保护备案证明，完成现场测评工作，并取得测评报告。完成两化融合管理体系年度监督审核，在充分理解《信息化和工业化融合管理体系新型能力分级要求》的基础上，在两化融合管理评定平台完成自评估与监督审核申请，完成专家复核并通过审核，成为国家试点示范单位。积极开展业务交流并申报项目，与中国电子、华为、中冶赛迪等公司开展深入交流，积极谋划公司数字化转型方向、思路、实现路径及具体措施。向主管部门申报典型案例及试点示范，"一重新能源网络货运平台"纳入中央网信办2022年度数字科技企业双化协同典型案例名单，"一重在线"数字化协同办公平台获得IDC年度未来企业奖。

**【履行社会责任】** 2022年，中国一重认真贯彻党中央、国务院关于定点帮扶工作的决策部署，按照国务院国资委关于中央企业帮扶工作有关文件要求，切实将帮扶工作作为一项重要政治任务深入推进，圆满完成国资委组织开展的"央企消费帮扶兴农周"活动，在全公司范围内组织线上采购帮扶活动。全体党员干部职工广泛参与、爱心倾注，积极采购帮扶县优质农畜产品，一周之内采购金额90.88万元，充分缓解定点帮扶县农畜产品滞销难题，促进脱贫地区产业发展和脱贫群众稳定增收。向四川地震救灾捐款500万元，连续3年获得"责任金牛奖"，企业形象进一步提升。

帮扶安徽泗县巩固拓展脱贫攻坚成果同乡村振兴有效衔接，对定点帮扶县安徽省泗县投入无偿帮扶资金450万元，捐赠物资296万元。中国一重农机公司针对泗县拖拉机厂资金短缺，投入411万元解决该厂无资金购买原材料问题。购买20万元米面油等农产品捐赠给泗县脱贫户。对定点帮扶村投入无偿帮扶资金150万元，用于梅花鹿养殖和农机具购置。2022年定点帮扶工作任务全面完成。

（撰稿人：李玉龙）

## 中国机械工业集团有限公司

**【基本概况】** 2022年，中国机械工业集团有限公司（以下简称国机集团）以习近平新时代中国特色社会主义思想为指导，以迎接党的二十大和学习宣传贯彻党的二十大精神为首要政治任务，坚决贯彻落实党中央、国务院决策部署及国务院国资委工作要求，积极践行中央企业责任使命，坚持稳中求进工作总基调，完整、准确、全面贯彻新发展理念，积极服务和融入新发展格局，坚持"锻造国机所长、服务国家所需"，全力以赴攻坚克难，在稳增长、防风险、促改革、抓管理、强党建等多方面做了大量工作，为国机集团持续健康发展奠定良好基础。

**【主要指标】** 截至2022年底，国机集团资产总额3557.8亿元，比上年减少2.4%；所有者权益1171.1亿元，比上年减少6.9%。全年营业收入3439.2亿元，比上年减少7.2%；利润总额89.9亿元，比上年减少7.1亿元，减少7.3%；净利润67.7亿元，比上年减少4.9亿元，减少6.7%。研发经费投入94.2亿元，比上年增长8.2%，在科技研发与服务、先进装备制造、工程承包与供应链的三大主业的研发经费投入规模上均保持稳定增长。国有资本保值增值率103.3%，比上年增加0.1个百分点。

**表1　2022年中国机械工业集团有限公司主要经济指标**

| 项　目 | 2021年 | 2022年 | 比上年增长(%) |
|---|---|---|---|
| 资产总额(亿元) | 3644.1 | 3557.8 | －2.4 |
| 所有者权益(亿元) | 1257.9 | 1171.1 | －6.9 |

续表

| 项　目 | 2021年 | 2022年 | 比上年增长(%) |
|---|---|---|---|
| 营业收入(亿元) | 3705.5 | 3439.2 | -7.2 |
| 利润总额(亿元)* | 97.0 | 89.9 | -7.3 |
| 净利润(亿元)* | 72.6 | 67.7 | -6.7 |
| 归属于母公司所有者的净利润(亿元)* | 29.6 | 27.5 | -7.1 |
| 技术开发投入(亿元) | 87.0 | 94.2 | 8.2 |
| 利税总额(亿元)* | 207.8 | 201.4 | -3.1 |
| 应交税金总额(亿元) | 113.9 | 109.8 | -3.6 |
| 全员劳动生产率[万元/(人·年)]* | 32.4 | 34.1 | 5.2 |
| 净资产收益率(%)* | 5.8 | 5.8 | 与上年持平 |
| 总资产报酬率(%)* | 3.5 | 3.4 | 减少0.1个百分点 |
| 国有资本保值增值率(%) | 103.2 | 103.3 | 增加0.1个百分点 |

注:标*处数据剔除恒天处理历史遗留问题;“技术开发投入”为研发经费投入数据。

**【改革发展】** 一是国企改革三年行动高质量收官。2022年,国机集团围绕深化中国特色现代企业制度、推进布局优化和结构调整、强化市场化经营机制、提升科技创新能力、优化集团管控、抓好改革专项工程、持续深化党的领导和党的建设等方面,多措并举,在关键环节上取得阶段性丰硕成果。在国务院国资委关于中央企业所属“双百企业”“科改示范企业”2022年度专项考核中,国机集团下属7家“双百企业”“科改示范企业”全部被评为“标杆”或“优秀”。二是推进加快建设世界一流企业。国机集团积极组织开展与世界一流企业的对标研究,明确集团当前发展水平和所处位置;按照国务院国资委文件要求,组织开展世界一流专精特新企业申报工作;对照中办《关于加快建设世界一流企业的意见》,梳理研究相关目标任务,提出主要指标,研究提出具体举措,编制《国机集团加快建设世界一流企业实施方案》;全面完成对标世界一流管理提升行动清单任务,苏美达股份有限公司、中国联合工程有限公司入选国务院国资委“管理提升标杆企业”。三是获批成为国务院国资委第二批现代产业链链长。国机集团获批成为国务院国资委第二批现代产业链链长企业,开启集团助力提升中国农业机械产业链供应链韧性和竞争力的新篇章。组织召开农机装备高质量发展推进会,确立“提高农机装备水平,护航国家粮食安全”一条主线,联动推进“培育农机原创技术策源地、打造高端农机现代产业链链长、开展农机装备补短板”三大行动,认真落实“三张清单”的农机装备高质量发展思路。四是推进“十四五”“瘦身健体”专项。统筹推进集团资本布局优化和结构调整,全面开展“十四五”“瘦身健体”工作方案。2022年,国机集团制定“十四五”“瘦身健体”工作方案,成立领导小组及工作小组,确定工作目标、工作要求、调整退出企业名单及集中批复方案。2022年,集团“瘦身健体”工作完成113户。五是持续推进重组整合。推动国机工程集团实体化,基本完成中国机械工业建设集团有限公司、中国海洋航空集团有限公司、机械工业第六设计研究院有限公司等企业的股权注入工作。推动供应链服务业务资源整合,将中国成套工程有限公司重组注入国机海南发展有限公司,以进一步强化供应链集成服务,开拓农业产品国际合作。推动产融板块重组整合,推动并基本完成国机财务有限责任公司和中国一拖财务公司两家内部财务公司整合,构建统一资金管控平台;推动国机资本控股有限公司、国机融资租赁有限公司、国机商业保理有限公司实施产权整合,构建统一的产融业务管理平台。

**【重大项目】** 一是不断提升极限制造能力,以国之重器服务国家重大工程。国机重型装备集团股份有限公司自主研制的我国首台300兆瓦级F级重型燃气轮机样机关键部件通过鉴定,白鹤滩水电站8号机组特大型高端铸锻件投入使用,成功交付国内首件超超临界机组FB 2转子,研制首件Ni 3型核电汽轮机自主化低压焊接转子锻件,“华龙一号”示范工程ACP 1000主管道项目获得全国质量奖卓越项目奖,一系列重大装备成果为提升我国装备制造自主可控能力,保障产业链、供应链安全提供有力支撑。二是持续提升农机装备水平,护航国家粮食安全。积极承担国家发展改革委、农业农村部多项农机关键技术攻关任务，推动解决陡坡拖拉机、收获机械等装备研发难题，农机装备研发能力不断提升。一批农机新产品逐步推向市场，中国一拖集团有限公司"东方红"LF 2204、LZ 2604 重型动力换挡拖拉机批量上市，打破国外农机巨头在中国高端农机市场垄断局面；LW 3204 无级变速拖拉机填补多项国内技术空白；多功能大喂入量高效智能收获机，突破高效能脱粒清选等关键技术；首批"东方红"高端智能大马力拖拉机交付北大荒集团，开启批量化国产化替代的新篇章。中国农业机械化科学研究院集团有限公司的打捆机和青饲机、中国福马机械集团有限公司的手扶式插秧机和高速插秧机等主导产品市场竞争力和行业地位进一步巩固提升。三是持续培育国机特色优势装备产品，打造"专精特新"企业集群。中国福马机械集团有限公司新研发的人造板机械，打破宽幅、大产能规格锯切市场长期被国外垄断的局面，砂锯线产品占据国内 90% 以上的市场。中国地质装备集团有限公司的核心产品数字重力仪获得中央军委科学技术进步奖二等奖，两个型号的立轴岩心钻机刷新全国小口径钻探同类型钻孔钻进效率纪录。北京起重运输机械设计研究院有限公司的"客运脱挂架空索道"产品入选制造业单项冠军产品名单，被中国索道协会授予"北京 2022 冬奥会和冬残奥会赛场索道优秀供应商"称号。四是加快推动数字化转型。召开集团数字化转型推进大会，谋划数字化转型发展的目标和举措。"农机云"和"机械装备行业云"两个行业云平台获得国务院国资委批准。积极参与共建"数字进博"，被中国国际进口博览局授予"进博会数字展会合作伙伴"称号。如期完成司库信息系统建设阶段性工作目标，有效牵引推动集团数字化转型。积极筹划成立数科公司，努力抢占数字经济发展先机。五是服务行业智能化发展。国机智能科技有限公司筹建传感器国家工程研究中心广州分中心，布局工业互联网基础元器件业务。国机工业互联网研究院获批国家首批智能制造能力成熟度一类服务机构。六是进一步深化央地合作。与安徽省、江苏省等地方人民政府签署战略合作协议，深度参与安徽省世界制造业大会、四川省世界清洁能源装备大会等重大活动。积极参与国家版本馆建设，中国中元承担中央总馆文瀚阁、西安分馆文济阁两个项目前期决策阶段的可行性研究咨询工作，中国联合以全过程工程咨询方式服务杭州馆建设。

**【走向海外】** 2022 年，国机集团完成境外投资 6.04 亿元，涉及项目 24 个，占 2022 年投资总额的 6.94%。其中，固定资产投资项目 13 个，投资金额 4.67 亿元；股权投资项目 11 个，投资金额 1.38 亿元。国机集团境外投资主要围绕在落实国家"一带一路"建设以及工程承包领域相关投资。一是积极践行"一带一路"合作倡议。扎实做好中白工业园等重点项目建设运营工作，中白工业园入园企业总数 100 家，协议投资总额 13 亿美元，其中，新增入园企业 18 家，新增协议投资额超过 7000 万美元。习近平主席亲自揭牌的马尔代夫住房项目顺利完成三期移交，得到联合国大会主席的点赞。习近平主席出席上合峰会期间，中工国际工程股份有限公司与上合组织相关国家和企业签署化工、天然气、索道旅游设施等领域的合作协议，其中乌兹别克斯坦奥林匹克城项目于 11 月奠基，成为峰会成功召开后中乌两国落地的首个重大合作项目。二是一批重点基础设施项目投入运行。"中巴经济走廊"能源合作优先实施项目——巴基斯坦卡洛特水电站全面投入商业运营，作为巴基斯坦首个完全使用中国技术和中国标准建设的水电投资项目，将为该国经济发展提供强大动力；伊拉克巴士拉 650 兆瓦燃机联合循环电站整体投入商业运营，有效缓解伊拉克南部地区用电紧张问题，改善当地居民生活质量；科特迪瓦电网发展和改造项目顺利完成履约，获得业主和国际监理的高度认可，极大加强科特迪瓦与周边国家电网的互联互通；尼泊尔"国家荣誉工程"——博卡拉国际机场竣工，实现尼泊尔人民追求 40 多年的梦想，成为尼泊尔乃至整个南亚地区重要交通枢纽，该项目入选"2022 境外可持续基础设施项目"名单。三是坚持践行绿色发展理念。国机集团坚定不移贯彻新发展理念，全方位全过程推行绿色规划、绿色设计、绿色建设、绿色生产，为全球生态环境治理贡献国机力量。截至 2022 年底，国机集团在全球 30 多个国家建设总装机容量 7000 多兆瓦的水电站、2700 多兆瓦的光伏电站、200 多兆瓦的风电厂、50 多兆瓦的垃圾发电厂和总装机容量超过 4.8 兆瓦的沼气发电厂。四是积极开展援外业务。2022年,国机集团下属11家企业获得援外实施企业资格8项,进一步提升集团在工程承包领域的品牌影响力。援柬埔寨国家体育场项目连续入围2022年度杰出建筑结构奖及世界结构大奖;援赞比亚玉米粉加工厂项目先后获得业主和中国驻赞比亚使馆经商处盛赞。创新援外培训模式,中国农业机械化科学研究院集团有限公司获批国家援外培训项目16个,项目涉及农业、食品加工、高分子材料、环境治理和清洁能源等领域,刷新中国农机院援外项目年度承办纪录。

【重大创新】 2022年,国机集团强化央企使命担当与政治站位,积极打造国家战略科技力量,在建设高水平国家级科研平台、培育原创技术策源地、打造创新联合体、承担国家战略研究任务、抓好关键核心技术攻关、强化质量与资质管理等方面成绩突出。2022年,国机集团研发投入强度2.73%。在国务院国资委中央企业负责人经营业绩任期(2019—2021年任期)考核中获得科技创新突出贡献企业表彰。一是创新体系建设。国机集团坚持改革创新,积极推动国机集团国家级科研机构优化重组与转建,打造高水平研发平台。按照全国重点实验室重组要求,积极推进国机集团国家重点实验室在战略定位、重点方向、运行机制、资源配置等方面进行优化,集团6家全国重点实验室全部获得批复建设。2022年,新增省部级以上科技创新及服务平台30个,进一步夯实技术创新与产业发展基础。二是完成多项重大科技成果及产品。国机重型装备集团股份有限公司开展620℃超超临界燃煤发电机组高温转子锻件关键技术研究,实现大型FB 2钢高冶金质量、高强韧性能控制,FB 2大型转子锻件总体性能质量达到世界先进水平;国机重型装备集团股份有限公司突破大型商用航空发动机高温合金变截面复杂关键转动件制造技术、商用发动机C250风扇轴挤压制造技术、13吨级超大尺寸重型燃机涡轮盘锻件极限制造技术、新型高温粉末合金变截面大尺寸涡轮盘锻件等温锻造技术等多项关键技术,标志着航空发动机、重型燃机领域取得重大进展;中国重型机械研究院股份公司针对连铸生产多品种、多规格的特殊需求,创造性地将方坯、圆坯、板坯集中在一台连铸机上生产,攻克连铸机总体布置、辊列布置、二冷凝固计算等多项关键技术,属世界首台;中国一拖集团有限公司研发的国内首台220大马力混合动力拖拉机成功下线,整机国产化率在85%以上,实现200—300马力新能源拖拉机关键技术路线的突破;洛阳轴承研究所有限公司联合研发的风力发电机用高性能绝缘轴承已掌握高性能绝缘轴承优化设计技术、涂层制备技术、精密加工技术、试验评价及应用验证等多项关键技术,标志着高性能电机绝缘轴承的国产化取得重大进展;广州国机密封科技有限公司、广州机械科学研究院联合研制的海上钻井平台关键设备密封件产品,相关性能指标显著超过进口原件,整体技术达国外先进水平,突破国外对海上钻井设备密封件的垄断,保障钻井平台自主性及全球化运行能力;重庆材料研究院有限公司突破核电传感器设计、信号处理、温度计线性补偿等关键技术,实现关键传感器与仪表的自主化研制与产业化,相关产品成功应用于"国和一号"、霞浦快堆等示范工程,实现进口替代;合肥通用机械研究院有限公司的"一种高纯氯化锂的提取装置"专利获得第二十三届中国专利金奖,是近年来集团专利成果的重大突破;合肥通用机械研究院有限公司、中国电器科学研究院股份有限公司、洛阳轴承研究所有限公司、中国重型机械研究院股份公司、中国中元国际工程有限公司分别牵头的5个科研项目获得中国机械工业科学技术奖科技进步一等奖。三是专利、标准情况。2022年,申请专利2707件,其中发明专利1182件、PCT专利30件;获得专利授权2083件,其中发明专利540件。四是标准制定和论文情况。2022年,国机集团主持制(修)订国际、国家、行业或团体技术标准175项,其中国际标准2项、国家标准70项、行业标准56项、团体标准47项。参与制(修)订国际、国家、行业或团体技术标准301项,其中国际标准13项、国家标准98项、行业标准116项、团体标准74项。发表科技论文数量2883篇,其中,SCI 102篇、EI 110篇。

【党建工作】 2022年,国机集团坚持以习近平新时代中国特色社会主义思想为指导,始终把迎接党的二十大胜利召开和学习宣传贯彻党的二十大精神作为首要政治任务,引导党员干部深刻领悟"两个确立"的决定性意义,增强"四个意识"、坚定"四个自信"、做到“两个维护”，不断提高政治判断力、政治领悟力、政治执行力。一是迅速掀起学习宣传贯彻党的二十大精神热潮。在全面学习、把握、落实上下功夫，以“四个确保”“三个结合”为重点，第一时间在全集团范围内开展学习宣传贯彻党的二十大精神的一系列工作。集团党委发挥示范引领作用，迅速召开党委扩大会议，动员各级领导干部先学一步、学深一层。开展全系统党的二十大精神集中培训，全集团超过5万人次参加学习，凝聚起学习宣传贯彻落实党的二十大精神的强大合力。二是深入学习贯彻习近平新时代中国特色社会主义思想，用以武装头脑、指导实践、推动工作。深入开展“建功新时代，喜迎二十大”习近平总书记重要指示批示精神再学习再落实再提升主题活动，推动集团各企业开展党的十八大以来贯彻落实习近平总书记重要讲话和指示批示精神“回头看”。完善党委会议“第一议题”机制，形成传达学习、研究部署、贯彻落实、跟踪督办、报告反馈的工作闭环。三是持续加强党的领导党的建设，持续深化党建工作与生产经营融合提升。在完善公司治理中全面贯彻落实“两个一以贯之”，持续优化完善“三重一大”决策事项清单，厘清各治理主体权责边界。持续推动党建工作与生产经营“融合提升”专项行动，开展“聚焦主责主业，锻造国机所长”系列宣讲，增进学习交流和业务协同。推动“一企一工程”党建品牌创建活动，形成《案例汇编》。选树和培育基层示范党支部，总结提炼《基层党支部融合提升工作法案例汇编》。开展“落实‘十四五’规划，发挥党建引领作用”大讨论，召开基层党建工作“融合提升”经验交流会，营造党建工作与生产经营深度融合的浓厚氛围，激励党员干部职工立足岗位建功立业。四是强化政治监督，坚定不移正风肃纪反腐。聚焦“国之大者”“企之要者”“一把手”等“关键少数”强化政治监督，做实做细日常监督。紧盯“靠企吃企”、违规经营投资及各种风险背后的责任问题、作风问题、腐败问题，以“严”的基调、“严”的措施、“严”的氛围深入落实中央八项规定精神，持续深化中央巡视反馈问题整改，推动抓实审计整改，不断加大办案力度，坚定不移正风肃纪反腐；连续3年开展“制度建设年”专项行动，抓好集团党风廉政建设和反腐败规章制度“立改废释”和执行落实工作，扎紧扎牢正风肃纪反腐制度笼子；坚持一年一主题、每年有创新，持续深入开展以“六个一”为主要内容的“廉洁宣传教育月”活动，举办廉洁文化建设展览，开展廉洁文化建设专题调研，召开全面从严治党工作会议暨廉洁教育大会，不断加固拒腐防变思想堤坝，典型经验和特色做法被《学习时报》《党风廉政建设》和中央纪委国家监委网站推介。

**【信息化与数字化建设】** 一是加强信息化工作的顶层设计，编制完善“十四五”网络安全和信息化规划，建立健全网络安全和信息化制度。二是落实集团化管控和国资监管数字化智能化工作任务，完成涉密信息系统、司库系统（一期）、电子采购平台（一、二期）等7个系统建设，推动主数据平台上线应用，完成与集团管控类系统、财务系统和国资监管系统数据集成试点，不断提升集团国资监管应用深度和广度。三是贯彻落实《中华人民共和国网络安全法》等法规要求，持续推进集团重要信息系统网络安全等级保护工作；完善网络安全应急管理机制，定期开展网络安全应急演练和网络安全专项检查，圆满完成党的二十大等重要活动和重大节假日网络安全重点保障工作；组织开展2022年国家网络安全宣传周活动，不断健全网络安全保障体系。四是赋能产业协同创新发展，召开集团数字化转型推进大会，组织申报国务院国资委行业公有云，“农机云”“机械装备行业云”成功获批。牵头设立国机数科公司，全面统筹集团数字业务向平台经济发展。五是推进集团产业数字化、数字产业化转型升级，组织下属企业参加首届国企数字场景创新专业赛。倾力打造“数字进博”，助力集团被进博局授予“进博会数字展会合作伙伴”称号，不断培育集团发展新优势新动能。

**【履行社会责任】** 一是编制发布集团2021年社会责任报告（中英文版）。2022年8月5日，以现场加视频直播形式举行国机集团机械工业纪念日暨2021年社会责任报告发布会，发布集团2021年社会责任报告。这是集团对外发布的第12份社会责任报告，集中呈现2021年度履责实践和成效，再次获得金蜜蜂优秀企业社会责任报告长青奖二星级。二是责任案例入选国务院国资委年度中央企业社会责任蓝皮书。全面梳理集团在社会责任管理、海外履责、ESG、公益慈善、生态文明等方面的履责成效，《发挥国机所长　助力乡村振兴》入选《中央企业社会责任蓝皮书(2022)》，《秉承工匠精神　用匠心打造亮点工程——记国机集团CMEC阿根廷贝尔格拉诺货运铁路改造项目》入选《中央企业海外社会责任蓝皮书(2022)》。三是积极参加“大爱无国界”国际义卖活动。集团在保持自身持续发展的同时，积极履行社会责任，热心支持公益事业，彰显央企担当。2022年参加第14届“大爱无国界”国际义卖活动，携下属中国机械设备工程股份有限公司捐款100万元，为云南省金平县和麻栗坡县筹集善款，用于中小学校新建和改造热浴设施。四是加大帮扶力度，高站位推动定点帮扶工作。2022年，国机集团全面落实党中央、国务院决策部署，聚焦强产业、促振兴，助力河南省固始县、淮滨县和山西省平陆县、四川省广元市朝天区等4个定点帮扶县(区)巩固拓展脱贫攻坚成果上台阶、全面推进乡村振兴见实效。在4个定点帮扶县(区)投入各类帮扶资金4213.3万元，引进各类帮扶资金1.7亿多元；累计帮助建立帮扶车间18个，帮助1174个脱贫人口转移就业；培训乡村基层干部1125人次，培训乡村振兴带头人829人次，培训专业技术人才9336人次；扶持龙头企业15个，帮助培育新型农业经营主体58个，助力创建乡村振兴示范点6个，各项考核指标均实现超额完成。国机集团在2022年中央单位定点帮扶工作成效考核中被评为最高等次“好”。

(撰稿人：陈　明)

## 哈尔滨电气集团有限公司

**【基本概况】**　2022年，哈尔滨电气集团有限公司(以下简称哈电集团)认真学习贯彻习近平总书记重要讲话重要指示批示精神和党的二十大精神，全面贯彻党中央各项决策部署，锚定建设世界一流装备制造企业的发展目标，坚定高端化、智能化、绿色化的发展方向，坚持设备制造商、系统集成商、运维服务商“三商”发展定位，构建以新能源为主体的新型电力系统、绿色低碳的驱动系统、清洁高效的工业系统“三个系统”产业布局，实施“三步走”的工作安排，聚焦装备制造主责主业，立足发挥专业特长优势，团结奋斗，攻坚克难，锐意进取，努力建设具有全球竞争力的世界一流装备制造企业，为以中国式现代化全面推进中华民族伟大复兴作出积极贡献。

**【主要指标】**　2022年，哈电集团实现营业收入283.52亿元，比上年增长15.7%；利润总额6.01亿元，优于年度目标4.5亿元；净利润4.61亿元，优于年度目标4.4亿元；营业收入利润率1.8%，优于年度目标1.3个百分点；正式合同签约额381亿元，其中新型电力系统正式合同签约额272亿元、比上年增长30%，驱动系统正式合同签约额57亿元、比上年增长23%，工业系统正式合同签约额48亿元。

**表1　　2022年哈尔滨电气集团有限公司主要经济指标**

| 项　目 | 2021年 | 2022年 | 比上年增长(%) |
|---|---|---|---|
| 资产总额(亿元) | 685.53 | 718.40 | 4.79 |
| 所有者权益(亿元) | 187.20 | 204.54 | 9.26 |
| 营业收入(亿元) | 244.54 | 283.52 | 15.70 |
| 利润总额(亿元) | -42.84 | 6.01 | — |
| 净利润(亿元) | -42.39 | 4.61 | — |
| 归属于母公司所有者的净利润(亿元) | -27.60 | 1.84 | — |
| 技术开发投入(亿元) | 12.03 | 15.93 | 32.42 |
| 利税总额(亿元) | -31.72 | 19.35 | — |
| 应交税金总额(亿元) | 9.42 | 15.36 | 63.06 |
| 全员劳动生产率[万元/(人·年)] | -0.13 | 38.26 | — |
| 净资产收益率(%) | -20.42 | 2.35 | 增加22.77个百分点 |
| 总资产报酬率(%) | -6.24 | 1.08 | 增加7.32个百分点 |
| 国有资本保值增值率(%) | 81.37 | 101.87 | 增加20.5个百分点 |

**【改革发展】** 2022年，哈电集团坚持把改革作为解决矛盾、推动发展的关键一招，不断深化改革攻坚，破解体制机制障碍，扎实推进国企改革三年行动，大力改革体制、优化机制。按照责权利统一、人权事一致的原则，总部带头深化改革，明晰集团战略管控模式，明确总部“四个中心”功能定位及“八个核心”职能，压实企业市场开发和产业开发主体责任，总部部门和直属单位数量精简44.4%，内设机构数量精简38.6%，人员编制精简45.1%，重新梳理职责分工和业务流程，制定、修订和废止制度302项。制定集团党委关于进一步推进领导人员能上能下的意见，修订领导人员考核分配管理办法。全面推行经理层成员任期制和契约化管理，列入改革范围内的29家企业全部签订新一任期契约。围绕落实“双碳”目标任务，修订完善“十四五”战略和发展规划，建立绿色低碳转型指标体系，推进产业规划、专项规划、企业五年发展计划编制，建立集团发展规划、企业发展计划以及各子规划、专业规划联动的工作体系，实现战略、规划、计划预算、执行、考核纵向贯通。

**【重大项目】** 2022年，哈电集团全力抓好重大项目建设，白鹤滩水电站8台机组全部投产发电，各项指标均达到国际领先水平，提供主动力设备的第三艘航母“福建号”下水，习近平总书记在2023年新年致辞中提到福建舰和白鹤滩项目，哈电集团全体干部职工备受鼓舞、更加振奋。紧扣国务院国资委“两增一控三提高”要求，深化提质增效专项行动，实现规模效益“双增长”，超额完成国务院国资委考核目标。优化市场营销体系，加大市场开发力度，大型水电主机市场综合占有率连续4年领先，百万千瓦二次再热汽轮发电机组运行业绩实现突破，正式合同签约额381.4亿元，比上年增长19.2%。狠抓审计整改，40项整改任务均完成或取得阶段性成果。加强重大风险管控，扎实推进“合规管理强化年”工作，认真开展综合治理专项行动，进一步夯实发展基础。深入落实国务院安委会安全生产“十五条”重要举措和国务院国资委安全生产“六个从严”要求，开展隐患整治“回头看”和“百日清零行动”，全年未发生重伤及以上安全生产事故。

**【走向海外】** 2022年，哈电集团不断巩固传统优势，坚持做强自主品牌，在业务布局上，立足电力主业，争当产业链链长，打通国际电力项目开发、装备供应、工程承包及运维服务的上中下游全产业链，连续9年入围美国《工程新闻记录》(ENR)“全球最大250家国际承包商”百强榜单，2022年排名第85位。在国际化经营实践中，坚持以做强做优“中国制造”和“中国建造”为己任，勇于探索、敢为人先，建设一系列具有标志性意义的项目：苏丹吉利联合循环电站是中国第一个大型电站设备落地非洲的项目，苏丹麦洛维1750千米输变电项目是当时中国在海外建设线路最长的输变电项目；阿联酋迪拜哈斯彦项目是中东首个清洁燃煤电站，开中资公司首次以投融资和总承包模式进入中东电力市场的先例，2022年5月迪拜哈斯彦电站项目3号机组首次并网一次成功，项目取得又一重大阶段性进展。承建的印度尼西亚万丹67万千瓦燃煤电站项目首次投运即实现机组连续稳定运行245天的良好业绩，刷新哈电集团火电出口设备连续安全、稳定运行的多项纪录，其稳定性、可靠性和安全性在世界同等类型机组中处于领先；承建的迪拜哈斯彦项目属地环境保护案例获得2022年中国国际服务贸易交易会业态创新示范奖；签订塞浦路斯麦瑞260兆瓦联合循环项目4年运维及20年汽轮机检修服务合同，服务业务规模实现近5年最高水平。

**【重大创新】** 2022年，哈电集团党委出台关于加快推进科技创新发展的决定等制度安排，进一步完善科技创新体系建设，水力发电设备国家重点实验室、低碳热力发电技术与装备国家重点实验室通过科技部重组，在2个原创技术策源地方面着力推动350米高水头水力机械通用试验台和永磁电机试验台建设，统筹推进10项1025攻关项目、6项联合体攻关项目、24项国家级科研项目执行，围绕关键核心技术攻关、产业基础再造、数字化转型，加大科研投入力度，全年计划投资总额近30亿元。出台“十四五”科技创新发展规划，统筹推进14个领域116个技术研究方向、40个重点示范技术产品和24个重大专项科技攻关。研发经费15.2亿元，研发投入强度5.4%。

**【党建工作】** 2022年，哈电集团持续加强党的建设，引领保障作用持续增强，坚持以党的政治建设为统领，持续加强思想政治工作，举办“喜迎二十大　奋进新征程”非凡十年主题展览，担负起举旗帜、聚民心、育新人、兴文化、展形象的使命任务。坚持政治标准、业绩导向、廉洁红线、公开选拔、竞聘上岗，坚持党管干部原则与市场化选人用人机制相结合，公开选聘占比72.1%；加大年轻领导人员培养使用力度，“80后”在二级单位负责人中占比提高7.7个百分点。坚持党管人才，积极推进六项人才体制机制改革和十项重大人才工程。大力推进“三级书记抓质量”工作，推动各所属单位制定二级清单74项、三级清单450项，成立专班攻克百万千瓦汽轮机组技术质量问题及核主泵关键技术难题，有效提升产品质量、服务质量。开展以“走出困境、从我做起、干部带头、党员示范”为主题的党建载体工程，设立攻关立项530余项，有力解决生产经营重点难点问题。坚持推进全面从严治党，保障党的二十大决策部署在哈电集团贯彻落实，全面贯彻巡视工作方针，扎实开展中央巡视整改“回头看”和“再深化”工作，完成集团一届党委五年巡视巡察全覆盖任务。深入学习落实《纪检监察机关派驻机构工作规则》，自觉主动接受派驻监督。持之以恒纠“四风”树新风，大力整治形式主义、官僚主义。深入学习贯彻中央统战工作会议精神，出台集团党委加强新时代统一战线工作实施意见。坚持依靠职工办企业，建立集团统一的补充医疗保险制度，稳步提高企业年金缴纳比例。大力实施青年精神素养提升工程，青年队伍建设进一步加强。

**【信息化与数字化建设】**　2022年，哈电集团坚持通过数字化转型改造提升传统动能、培育发展新动能，加速推动技术体系向数智化迈进，引领带动电力装备制造业创新链、产业链、供应链向数字化、智能化、智慧化转变。出台“十四五”数智化规划、生产数字化专项规划，承担的工业和信息化部课题“2021年工业互联网创新发展工程——工业数字孪生管理系统”顺利通过中期评审，承担的工业和信息化部“超超临界安全阀试验平台建设项目”顺利通过鉴定，佳电股份大型车间入选工业和信息化部“智能制造标准应用试点项目”名单，电机公司的“先进过程控制”、锅炉公司的“供应链可视化”被工业和信息化部评定为2022年度智能制造优秀场景。

**【履行社会责任】**　2022年，哈电集团以习近平总书记重要讲话精神为指引，聚焦党中央、国务院安排部署，做好定点帮扶工作各项决策部署，继续按照“四不摘”工作要求，围绕乡村振兴发展战略，巩固拓展脱贫攻坚宝贵成果。以实际行动助力帮扶事业取得新进展。组织专题会4次，公司领导实地调研3次，完成督导3次，完成帮扶采购826万元，帮助销售22万元。组织“消费帮扶新春行动”“央企消费帮扶兴农周”活动，帮销85.4万元。有效巩固脱贫成果，严守不发生规模性返贫底线。

（撰稿人：王　齐）

## 中国东方电气集团有限公司

**【基本概况】**　2022年，中国东方电气集团有限公司（以下简称东方电气集团）坚持以习近平新时代中国特色社会主义思想为指引，全面贯彻党中央决策部署，认真落实国务院国资委工作要求，全力以赴谋增长、促转型、控风险、强党建，加快打造世界一流装备制造集团。

落实稳增长要求，克服疫情等超预期因素冲击，牢牢守住不发生系统性风险底线，推动2022年主要经济指标跑出“加速度”，新生效合同、营业收入、利润总额、净利润同比增长均接近或超过15%，达到历史最好水平。聚焦碳达峰碳中和目标，持续推进产业结构绿色低碳转型和数字化转型，坚持风光水核气煤“六电”并举，拓展氢能、储能、电力电子、油气钻采装备等产业，并向新能源材料、综合能源服务等产业链上下游延伸；强化国内产能布局与优化，全力满足能源项目建设和保供需求。重大科技创新项目取得突破，创新平台建设不断强化。

**【主要指标】**　2022年，东方电气集团实现营业收入593.32亿元，比上年增加100.68亿元，增长20.44%。利润总额33.04亿元，比上年增加4.19亿元，增长14.53%，主要经济指标站上历史新高度，高质量发展迈上新台阶。

**表1　2022年中国东方电气集团有限公司主要经济指标**

| 项　目 | 2021年 | 2022年 | 比上年增长(%) |
|---|---|---|---|
| 资产总额(亿元) | 1059.63 | 1302.87 | 22.96 |
| 所有者权益(亿元) | 384.95 | 450.28 | 16.97 |
| 营业收入(亿元) | 492.64 | 593.32 | 20.44 |
| 利润总额(亿元) | 28.85 | 33.04 | 14.53 |
| 净利润(亿元) | 26.24 | 29.70 | 13.17 |
| 归属于母公司所有者的净利润(亿元) | 15.48 | 17.25 | 11.44 |
| 研发费用投入(亿元) | 28.08 | 33.08 | 17.80 |
| 利税总额(亿元) | 47.06 | 56.53 | 20.10 |
| 应交税费总额(亿元) | 18.21 | 23.48 | 28.99 |
| 全员劳动生产率[万元/(人·年)] | 51.68 | 59.95 | 16.00 |
| 净资产收益率(%) | 7.05 | 7.11 | 增加0.06个百分点 |
| 总资产报酬率(%) | 3.03 | 3.06 | 增加0.03个百分点 |
| 国有资本保值增值率(%) | 107.30 | 108.40 | 增加1.10个百分点 |

**【改革发展】** 国企改革三年行动方面，东方电气集团加快推进“1532”改革工程，五大专项76项改革任务全面完成；围绕“一个闭环、六大环节”实施“PDCAEF”闭环管理，在优治理、激活力、提效率、强能力等方面取得成效；有关改革成效先后被《人民日报》、新华社等中央主流媒体宣传报道，形成敢于创新、特色鲜明、成效显著、广泛推广的东方电气改革品牌。混合所有制改革方面，落实混合所有制企业“三标配”，推动东方风电完成员工持股激励实施，及时总结混合所有制改革经验，形成“1234”混合所有制改革工作法则，获得中国管理科学学会2022年(首届)国有企业深化改革实践成果特等奖。

以推进深化三项制度改革攻坚和全面落实人才强企战略为重点，统筹做好人力资源管理各项工作。人才引进与培养方面，落实《“十四五”人力资源发展规划》，统筹实施六大人才工程，发布人才培养专项方案10项，分层分类明确培养目标、培养方式。实施人才领先战略，系统开展人才盘点，逐企逐专业编制《高层次人才引育图谱》，坚持多渠道引才，2022年引进急需紧缺行业领军人才及科研领域博士29人。劳动用工制度改革方面，发布《劳动用工管理规定》，落实用工总量与人力资源投入产出指标挂钩升降要求，强化用工总量管控监督评价机制。2022年全员劳动生产率(不含东方宏华)61.79万元/(人·年)，达到历史最好水平。干部人事制度改革方面，深化任期制和契约化管理机制，全面总结2020—2022年任期工作，系统部署2023—2025年任期制契约化管理工作，对照“十四五”规划发展指标，坚持“一业一策”“一企一策”“一阶段一策”，坚持“一人一契”压担子，提高任期契约的针对性、精准性、差异化。持续畅通干部能上能下通道，建立“能上能下”标准化长效化机制，2022年党组及各企业党委提拔晋升各级领导人员163人，市场化竞聘率65.6%，推进中层领导人员“全体起立、竞聘坐下”，实现近三年全覆盖，整体退出率10.7%。收入分配制度改革方面，印发《落实子企业董事会考核分配职权工作指引》，在建立董事会企业，实现经理层成员业绩考核和薪酬管理制度与结果审议“全覆盖”。完善薪酬差异化分配量化评价规则，建立薪酬综合差异系数、收入差距倍数双维度评价机制。持续推进中长期激励实施，累计实施激励计划24个，累计激励1788人，占在岗职工总数的8%，实现各类激励方式普遍覆盖。

**【重大项目】** 重大项目方面。国内首台F级50兆瓦重型燃气轮机示范机组实现首次点火并网成功，打破国外长期技术垄断。白鹤滩水电站左岸8台机组按期全部投产运行，重大部件和机组精品率100%，引领世界水电进入“百万单机时代”。“国和一号”蒸汽发生器全部按计划完成研制实现交付。第四代钠冷示范快堆一号机组核岛关键设备蒸汽发生器和过热器完成现场安装，为2023年并网发电奠定坚实基础。自主研制的13兆瓦风电机组成功下线，引领带动我国海上风电产业历史性跨越。搭载自主燃料电池的氢能公交累计运行超过2000万千米，百公里氢耗行业领先。亚洲最高水头 756 米长龙山抽水蓄能机组成功投运；国家首批光热示范项目哈密 50 兆瓦塔式光热项目实现 24 小时不间断发电；270 千瓦大功率燃料电池发动机系统研制成功；建成全球首个“二氧化碳＋飞轮”储能示范项目；提供透平发电机组的世界首个非补燃 60 兆瓦压缩空气储能电站投入商运；自主研制 BDO 高压化工屏蔽泵，打破国外长期垄断；首台“中国造”井场边界噪声不大于 55 分贝的超静音智能钻机交付非洲用户。

对外投资方面。服务“六电六业”产业布局开展。“六电”方面，风电板块为福建创新研究院项目、广东阳江制造基地项目及山东、福建等制造基地持续投资项目；太阳能板块为东方投资酒泉 50 兆瓦光储项目、浙江衢州 35 兆瓦农光互补项目等；核电板块为东方重机和东方武核能力提升项目；火电板块为所属制造型企业更新改造项目；气电和水电板块主要有东方汽轮机高温叶片试制项目、抽水蓄能制造能力提升项目等。“六业”方面，主要集中在新兴产业投资，包括数字化车间建设、创新及海外业务中心项目投资、先进制造产业基金等。

并购重组方面。在国务院国资委的指导和大力支持下，东方电气集团于 2022 年 7 月完成航天科工旗下宏华集团股权划转，实现能源装备领域央企间专业化整合，进入油气钻采装备领域，完善形成“六电六业”产业发展格局。采取强化战略引领、加强市场协同、优化管控体系、强化队伍建设、化解历史包袱等举措，持续推动宏华集团健康发展。

**【走向海外】** 2022 年，东方电气集团海外营业收入比上年增长超过 10％，利润贡献率超过 40％。获得阿塞拜疆 308 兆瓦和乌兹别克斯坦 500 兆瓦项目 EPC 总包项目，实现海外 100 兆瓦以上大型光伏总包项目突破；签订越南长海风机运维合同，首次进入海外海上风电服务市场；自主研发的陆地钻机核心设备成功打入科威特市场；中标世界最大的顺酐反应器装置、世界最大容量甲醇合成塔。在 ENR“全球最大 250 家国际承包商”中排名第 101 位，较 2021 年上升 22 位。

**【重大创新】** 重大技术创新方面。2022 年，东方电气集团研发经费投入 31.94 亿元，投入强度 5.67％。获得四川省科技进步奖一等奖 2 项、浙江省科技进步奖一等奖 1 项、省部级以上研发平台增加至 18 个，牵头的先进水电装备、氢能创新联合体获批四川省首批省级创新联合体，7 项装备产品被列入能源领域首台（套）重大技术装备名单，F 级 50 兆瓦重型燃气轮机入选 2022 年度央企十大国之重器，提供核心装备的白鹤滩水电站入选十大超级工程。国家级企业技术中心在全国 1744 家同类企业中排名第 7 位。

重要管理创新方面。开展对标提升行动，推进 890 项改善措施全面完成，从战略、组织、价值等九大领域选树 13 个标杆项目，固化成果，推动对标提升行动高质量阶段性收官。深入推进精益管理，印发《精益管理评价标准》，选树首批精益黑带项目标杆项目，推进实施精益改善项目和精益模块推进工作 560 项，培养精益带级人才 400 人，实现黑带人才“零的突破”，印发《班组建设模块推进作业指导书》，固化精益管理经验成果。

**【党建工作】** 2022 年，东方电气集团以深入学习宣传贯彻党的二十大精神为主线，创建“东方心”党建品牌，构建“1131N”党建工作体系，制定党建“三年攀高计划”，实施“夯基而上年”专项行动，党的建设质量巩固提升，2021 年度党建工作获评国务院国资委党委考核 A 级。深入开展习近平总书记重要指示批示精神再学习再落实再提升主题活动，持续优化学习部署落实督查机制。坚持“两个一以贯之”，创新制定《独立法人企业党支部（党总支）对重大事项进行集体研究把关的指导意见（试行）》，让党支部作用发挥有章可循。召开第九次党支部建设工作经验交流会议，总结提炼基层党建“十大典型案例”，选树第三批基层示范党支部，开展党支部标准化规范化建设统一达标验收，基层党建不断夯实。党建融入生产经营成效显现，深化“挂牌出题”“揭榜破题”“亮牌解题”工作机制，完成创先争优项目 463 项，确保白鹤滩水电站左岸机组、示范快堆机组、G 50 重型燃气轮机示范项目按期产出投运。

**【信息化与数字化建设】** 2022 年，东方电气集团加强数字化转型顶层设计，系统谋划重点工作任务。制定并印发《关于 2022—2025 年加快推进数字化转型工作的行动方案》《数字化转型行动计划(2023—2025)》,明确数字化转型目标、业务方向、能力建设、工作分工及组织保障,系统谋划未来3年研发设计、生产制造、经营管理、产品及服务、产业生态5个业务领域98项重点工作。

高质量推进智能制造转型。截至2022年底,东方电气集团累计完成数字化车间建设13个,4个车间达到A级。东方汽轮机建成的国内领先汽轮机叶片"黑灯产线",东方电机建成的发电装备行业首个定子冲片"绿色无人车间",在集团内率先达到智能制造成熟度3级(集成级)。东方研究院的"清洁能源装备制造工业互联网平台"、东方电机的"大型清洁高效发电设备智能制造示范工厂"、东方锅炉的"质量精准追溯"入选工业和信息化部2022年试点示范。"6+2"信息系统上线,经营管理数字化能力持续提升,财务共享、合同管理、采购管理、科研管理、质量管理、客户服务等系统建设实现企业全级次覆盖,采购、销售等业务与财务实现流程一体化,跨组织、跨业务流程全面打通,集团化管理的有效性和穿透力持续增强,风险控制能力持续提升。

**【履行社会责任】** 2022年,东方电气集团积极统筹疫情防控和生产经营,落实国务院国资委"双碳"工作部署,制定发布《东方电气集团碳达峰行动方案》,全力服务构建新型能源体系,为经济、社会、环境的可持续发展贡献不竭的"东方"力量。着力巩固拓展脱贫攻坚成果同乡村振兴有效衔接,全年定点帮扶投入2052.3万元,连续3年获评定点帮扶成效考核最优等次"好";坚持以人为本,畅通人才晋升渠道,致力打造让员工有归属感、幸福感的成长家园。

(撰稿人:李　媛)

## 鞍钢集团有限公司

**【基本概况】** 鞍钢集团有限公司(以下简称鞍钢集团)是中央直接管理的国有大型企业,是新中国第一个恢复建设的大型钢铁联合企业和最早建成的钢铁生产基地,为国家经济建设和钢铁事业的发展作出巨大贡献,被誉为"共和国钢铁工业的长子""新中国钢铁工业的摇篮"。鞍钢集团是"世界500强"企业,在中国东北、西南、东南、华南等地有九大生产基地,具备5300万吨铁、6300万吨钢的生产能力;是中国最具资源优势的钢铁企业,有效掌控位于中国辽宁、四川和澳大利亚卡拉拉的丰富铁矿和钒、钛资源;是世界最大的产钒企业,中国最大的钛原料生产基地,具备年产铁精矿5000万吨、钒制品4万吨和钛产品50万吨的生产能力。工业服务事业涵盖工程技术、化学科技、节能环保、信息技术、金融贸易和现代服务业等领域。

截至2022年底,鞍钢集团有在职员工164003人,在岗员工137766人;主体生产设备中烧结机23台、焦炉44座、高炉28座、转炉46座、连铸机44台、板材轧机48套、棒线材轧机13套、管材轧机6套、型材轧机8套。拥有热轧板、冷轧板、镀锌板、彩涂板、冷轧硅钢、重轨、无缝钢管、型材、建材、特钢(不锈钢)等完整的产品系列。产品广泛应用于铁路、建筑、汽车、机械、造船、家电、集装箱、石油石化、航空航天等数十个行业。

**【主要指标】** 2022年,鞍钢集团钢铁类企业生产生铁、粗钢、钢材分别为5357.24万吨、5564.90万吨、5228.47万吨,销售钢材5350万吨,其中出口钢材329.7万吨。生产铁精矿5260.58万吨,比上年增长5.55%。受国际关系、钢材需求减弱影响,铁矿石价格回归理性,2022年普氏62%铁矿石价格指数120.16美元/吨,比上年降低39.33美元/吨,下降24.7%。

2022年,鞍钢集团克服严峻形势带来的不利影响,落实"疫情要防住、经济要稳住、发展要安全"要求,为稳住经济大盘、促进经济社会平稳健康发展贡献力量,生产经营保持平稳运行。受钢铁行业供需失衡影响,钢铁行业下半年经营形势急剧变差,钢铁行业效益与上年相比明显下降。2022年,鞍钢实现营业收入3366.16亿元,比上年减少12.22%;实现报表利润总额、净利润和归属于母公司的净利润分别为80.14亿元、58.15亿元和40.90亿元,分别比上年减少56.38%、51.22%和49.50%。2022年末,资产总额4810.08亿元,负债总额3256.50亿元,所有者权益1553.58亿元。

**表1 2022年鞍钢集团有限公司主要经济指标**

| 项 目 | 2021年 | 2022年 | 比上年增长(%) |
|---|---|---|---|
| 铁精矿产量(万吨) | 4983.96 | 5260.58 | 5.55 |
| 烧结矿产量(万吨) | 7768.54 | 7862.24 | 1.21 |
| 球团矿产量(万吨) | 1396.65 | 1462.00 | 4.68 |
| 焦炭产量(万吨) | 1860.17 | 1803.57 | -3.04 |
| 生铁产量(万吨) | 5266.22 | 5357.24 | 1.73 |
| 粗钢产量(万吨) | 5565.33 | 5564.90 | -0.01 |
| 钢材产量(万吨) | 5225.38 | 5228.47 | 0.06 |
| 工业总产值(亿元) | 3194.52 | 2887.36 | -9.62 |
| 工业增加值(亿元) | 774.47 | 659.21 | -14.88 |
| 营业收入(亿元) | 3834.57 | 3366.16 | -12.22 |
| 营业成本(亿元) | 3565.56 | 3321.73 | -6.84 |
| 利润总额(亿元) | 183.72 | 80.14 | -56.38 |
| 净利润(亿元) | 119.22 | 58.15 | -51.22 |
| 资产总额(亿元) | 4961.87 | 4810.08 | -3.06 |
| 固定资产(亿元) | 1976.18 | 1982.57 | 0.32 |
| 流动资产(亿元) | 1439.38 | 1328.93 | -7.67 |
| 负债总额(亿元) | 3431.11 | 3256.50 | -5.09 |
| 流动负债(亿元) | 2381.25 | 1901.16 | -20.16 |

注:表中财务数据来自决算初稿,未经国务院国资委复审。

**【改革发展】** 2022年,鞍钢集团企业管理进一步加强。构建形成产业发展新格局。贯彻新发展理念,深化供给侧结构性改革,"六措并举"顺利完成鞍本重组,粗钢产能6300万吨,居国内第二位、世界第三位,形成"南有宝武、北有鞍钢"钢铁产业新格局。加快推动矿业大发展,集聚优势资源打造世界级铁矿资源开发企业,国内最大的单体井下矿西鞍山铁矿建设等18个项目被列入国家"基石计划",铁精矿产量持续保持国内第1位,居世界第5位,成为维护钢铁产业链供应链安全的"稳定器""压舱石"。

高质量完成国企改革三年行动。鞍钢改革三年行动119项任务、194项举措100%完成,实现高质量圆满收官。鞍钢集团工程技术有限公司获评"双百标杆企业",鞍钢集团矿业有限公司、攀钢积微物联获评"双百优秀企业"。3项改革案例入选《国企改革三年行动案例集》,三项制度改革、任期制契约化管理入选大连高级经理学院网络培训教学案例,鞍钢集团矿业有限公司入选三年行动"学抓促"典型,鞍本重组改革被国务院国资委列为三年行动标志性案例。

形成公司治理新局面。全面落实"两个一以贯之",推动制度优势更好转化为治理效能。集团完成股权多元化改革,健全完善党委会前置研究讨论清单、董事会决策清单、总经理办公会决策清单"三个清单",所属106户"应建企业"实现董事会建设、外部董事占多数"两个100%",34户子企业差异化落实董事会职权6项。

健全完善市场化经营机制。坚持业绩决定位置、效率决定用工、效益决定薪酬、市场决定机构,全面推行"两制一契",实施"双合同"管理。全集团374家单位996名经理层成员"一人一表"确定年度和任期目标,契约化考核100%覆盖;构建"人人担指标,人人争绩效"的岗位绩效体系,厂矿、作业区、班组、岗位四类指标有效衔接,考核结果与收入、岗位进退"双挂钩";推行薪酬分配高中低赛道"赛马",高、低赛道薪酬差异最高37%,干好干坏一个样的"大锅饭"变为多劳多得"责任田"。

打造"第三极"多元产业集群。鞍钢集团从跨周期调节战略角度出发,明确提出构建"双核+第三极"新发展格局,锚定新材料、现代供应链、节能环保、信息技术与绿色能源等战略性新兴产业,甄选优势企业,倾斜资源、优先培育,打造"第三极"多元产业集群。2022年,鞍钢集团多元产业①实现利润总额70多亿元,亏损企业明显减少,企业质量显著提升,形成一个产业龙头、多个行业领先企业以及数个专精特新"小巨人"企业组成的"第三极"多元产业集群。其中

① 多元产业:鞍钢集团多元产业主要由74个单元企业组成,按国民经济行业分类归纳为新材料、节能环保、绿色能源、现代供应链、贸易、产业金融、信息技术、工程建设及运维、城市服务等11个产业。

钒、钛产业作为"第三极""排头兵",钒产业成为行业卓越品牌、中国钒产业的引领者和组织者、全球钒产业的领军企业;钛产业作为国家战略的支撑者逐步成为国内最具竞争力的钛基础材料产业基地;碳材料、现代供应链以及节能环保等产业领域内培育出化学科技有限公司、德邻陆港现代供应链有限公司、绿源科技有限公司等一批在东北区域具有品牌影响力的优势企业。

**【重大项目】** 2022年,鞍钢集团聚焦数字鞍钢建设、科技创新等重点工作攻坚,累计完成固定资产投资176.46亿元,比上年增长13.87%。巩固优势产业核心地位,筑牢钢铁产业基础。积极开展炼钢总厂二分厂3号线转炉提效改造、冷轧硅钢厂新增取向硅钢产能等项目的前期论证工作;加快实施西昌钢钒钢钛共线可逆式轧机、攀钢钒热轧1450轧机技术升级改造、本钢特钢电炉升级改造工程等项目;攀钢钒5号、6号焦炉建成投产。充分发挥矿产资源优势,加快实施"三个一批""基石计划"项目。鞍钢集团列入"基石计划"项目18个,截至2022年底开工项目6个,其中西鞍山铁矿六大类40多个要件办理时间刷新国内新建矿山项目最快纪录。加大在新材料产业等战略性新兴产业方面的投资力度,确定把钒钛产业培育打造成为"第三极""排头兵",重点推进高端钛及钛合金生产线、攀长特钛特结合产线、3.5万吨高端钛及钛合金用海绵钛扩能、6万吨熔盐氯化法钛白等项目建设,推动攀长特钛特结合系列项目陆续建成投产。

切实推进绿色低碳转型,加快推进重点节能项目实施。鞍山钢铁本部能源集控中心、本钢板材180MWCCPP和攀钢钒100MW(一期)余热余能发电机组建成投运,二次能源发电比例56%,比上年提高5个百分点。全面推进超低排放改造,累计放行资金213亿元,完成改造项目320项,西昌钢钒率先完成全流程超低排放改造,打造绿色低碳发展标杆示范。矿山生态修复三年规划(2020—2022年)顺利完成,累计完成绿化复垦面积3700余万平方米,有效增加生态碳汇。

大力推进数字鞍钢建设,聚焦"产业数字化、数字产业化、数据价值化",实现新一代信息技术与制造业的融合发展。2022年,鞍钢集团实施数字鞍钢建设项目244项,项目总投资19亿元,累计41条产线完成智能化改造建设。在智慧管理层面,OA办公系统完成升级改造,全面预算系统部分功能上线运行,司库、人力资源系统改造等项目启动建设,国资监管、管控共享、集团监督类系统总数39个。在智慧运营层面,推进钢铁产业一体化经营与制造管理系统向本钢移植,完成差异分析、系统集成等47项具体任务,进入系统测试阶段,顺利完成板材基地上线运行。在智能制造层面,鲅鱼圈、西昌钢钒等钢铁智能制造示范基地初见雏形,攀钢"5G+"矿山远程穿孔采掘及无人运输等30个项目获评国家部委、行业协会试点示范。

制定钢铁+资源"双核"发展战略,2021年2月3日启动鞍钢矿业资产证券化项目,分为引战和重组上市两个阶段。通过资本运作加快推进资源产业发展,打造中国最大的铁矿石企业,助力鞍钢建设世界一流钢铁企业。2022年12月6日,鞍钢集团矿业有限公司、鞍钢集团与8家国有战略投资者签署增资协议及股东协议,成功引入权益资金67.1亿元,这是鞍钢集团矿业有限公司历史上首次引入外部股东。项目获得北京产权交易所2022年度金交易奖,获得新华社、《光明日报》、《中国证券报》等多家媒体的关注与肯定。

**【走向海外】** 2022年,鞍钢集团围绕"完善海外矿产资源保障、拓展海外钢铁产业基地、优化国际贸易网络、强化境外企业运行监管"四条主线,有序推动国际化经营迈上新台阶。一是聚焦重点,关注热点海外矿产资源项目、关注海外产业链发展机遇,研判项目资料,探索合作机遇,锻炼提升团队国际化项目驾驭能力;二是强化监管,将内控、合规、风险三要素嵌入境外企业监管体系,通过业务交流、现场调研,定期会议等形式,推动子企业国际化经营质量提升;三是优化布局,制定鞍本海外营销发展的基本原则,优化境外营销网络,完善钢材产品出口策划,积极应对贸易摩擦、调剂各基地出口品种及配额。截至2022年底,鞍钢集团境外企业32家,分布于亚洲、欧洲、美洲和大洋洲14个国家和地区,重点投资地域为澳大利亚西澳地区;主营业务涉及国际贸易、矿产资源开发、国际冶金工程技术服务、钢材深加工及投资服务等领域。鞍钢集团境外重点项目为卡拉拉项目,2022年生产铁精矿 731.6 万吨。2022 年，钢铁产品直接出口装船量 282.29 万吨；铁矿石进口到港报关量 3282.78 万吨，煤进口到港报关量 99.34 万吨。

**【重大创新】** 鞍钢集团科技创新工作坚持“四个面向”，履行高水平科技自立自强的使命担当，关键核心技术攻关取得显著成效，有序推进原创技术策源地建设，积极承担国家重大科技任务；研发经费投入稳步提升；积极开展低碳冶金技术开发，全球首套绿氢零碳流化床高效炼铁新技术示范项目在鲅鱼圈钢铁分公司开工建设；研发体系效能不断提升，组建 11 个联合研发技术团队；锚定“大国重器”一批关键技术和产品取得新突破，特厚高强度核电安全壳用钢、热轧抗氧化免涂层热成形钢、LP 变厚钢板等产品全球首发，高强耐磨过共析钢轨突破国外技术壁垒，成功开发国内宽幅最大的 0.1 毫米厚度“手撕钛”产品。

2022 年，获得专利申请受理 2477 件，PCT 国际专利申请 20 件，获得专利授权 1675 件；截至 2022 年底累计拥有有效专利 11192 件，其中有效发明专利 6296 件。2022 年，新材指数（SteelRanking）发布全球钢企技术竞争力分级评价排名，鞍钢集团居第 5 位，首次进入 A+行列，专利技术能力排名位居榜首。全年获得行业和省部级科技奖 37 项、主导发布 ISO 国际标准 2 项、《铁路道岔用钢轨》获得国家市场监督管理总局中国标准创新贡献奖、“一种利用化工废弃物制备高强度炼铁用焦炭的方法”专利获得第 23 届中国专利优秀奖、“基于低碱高硅球团的低碳排放高炉炉料解决方案及其应用”获得世界钢铁协会第 13 届“Steelie”低碳生产卓越成就奖，鞍钢集团成为中国唯一获奖企业。

**【党建工作】** 2022 年，鞍钢集团党委以习近平新时代中国特色社会主义思想为指导，认真学习贯彻党的十九大、十九届历次全会和党的二十大精神，坚决落实党中央、国务院决策部署，锚定加快建设世界一流企业目标，坚持和加强党的全面领导，坚定不移全面从严治党，取得 4 个标志性成果。一是首次实现“双 A”目标，鞍钢集团在中央企业负责人经营业绩考核中首次获评“A”，鞍钢集团党委在中央企业党建工作责任制考核评价中再次获评“A”；二是实现鞍本整合融合“1+1>2”，成为改革三年行动标志性案例；三是实现“基石计划”重要项目、国内最大单体地下铁矿山西鞍山铁矿开工建设，助力保障钢铁产业链供应链稳定；四是引进权益资金 67.1 亿元，顺利完成矿业引战工作，为进一步提升资产证券化率奠定坚实基础。十年来首次连续 3 年跑赢大盘，新鞍钢驶上高质量发展快车道，对外影响力和美誉度持续提升，广大职工对企业未来发展更加充满信心。

2022 年，鞍钢集团宣传思想文化工作更加扎实。构建大宣传工作格局，以“现场+云采访+直播+互动”新模式举办首次新闻媒体沟通会，全网阅读量超过 300 万次。举办“喜迎二十大、建功新鞍钢”大型主题“快闪”，成为集团首个“100 万+”现象级作品，观看量超过 2000 万次。联合摄制电影《钢铁意志》，组织 600 多份资料、130 多人参加影片宣传，相关报道 2 万多条。2022 年，主流媒体刊发鞍钢稿件 3.4 万篇次，比上年提高 12%，全网阅读量突破 3 亿人次；新媒体指数创历史新高，进入“中国企业 500 强”指数榜前 20 位，居国内同行业首位，新鞍钢故事更加深入人心。全力推进新时代鞍钢宪法理论与实践创新研究，深度总结提炼形成新时代鞍钢宪法新内涵，让鞍钢宪法始终成为鞍钢最响亮的名片。举办“同一个鞍钢、同一个梦想”网上主题展，推进多基地文化深度融合，阅读量超过 10 万次。严玲获评辽宁“时代楷模”，成为鞍钢集团第三位获此殊荣的先进典型。

2022 年，鞍钢集团党委坚决落实党中央决策部署，深入践行习近平总书记关于党的自我革命战略思想，坚持着眼党和国家发展大局、纪检监察工作全局、鞍钢改革发展布局，一刻不停正风肃纪反腐，汇聚起建设世界一流钢铁企业的强大力量。围绕“7531”战略目标和“双核+第三极”战略布局落地、国企改革三年行动、鞍本整合融合等强化政治监督，及时开展疫情防控检查、安全生产等专项监督，以有力监督保障党中央决策部署落实落地。坚持一体推进“三不腐”，开展“清廉工程”和备品备件采购专项治理，严肃查处工程建设、金融、招标采购等领域违纪违法问题，立案 490 件，处分 407 人，联合留置 10 人，以有力执纪执法巩固鞍钢反腐败斗争成果。严防“四风”问题反弹变异，着力纠治形式主义官僚主义问题，深入推进鞍钢廉洁文化建设，组织开展多项教育活动，以有力正风肃纪加固中央八项规定精神堤坝。2022年,鞍钢集团党风廉政建设取得三个明显成效:一是信访举报、问题线索分别比上年下降48%、37%,政治生态向好态势持续巩固;二是鞍钢集团全面从严治党问卷调查结果显示,职工群众对党委落实主体责任、党委书记履行"第一责任人"职责满意度99.2%,管党治党工作得到职工群众高度认可;三是监督出效益,通过查办案件挽回经济损失5988万元,比上年增长65%,实现国有资产"颗粒归仓"。

**【信息化与数字化建设】** 数字鞍钢建设赋能转型升级。2022年,聚焦"产业数字化、数字产业化、数据价值化",新放行项目总投资19亿元,累计41条产线完成智能化改造建设。召开第三届数字鞍钢现场推进会,发布智慧指数评价体系,举办首期"数字化人才培养"培训班。成功亮相全球工业互联网大会,发布创新成果3项,5G智慧炼钢场景广受好评。启动集团监管指标数据入湖、治理及分析展示工作,深挖数据价值。钢铁产业一体化经营与制造管理系统成功移植本钢,鲅鱼圈钢铁分公司、西昌钢钒等钢铁智能制造示范基地初步建成,鞍钢集团矿业有限公司建成数智管控中心,本钢积极推进无人行车、工业机器人等成熟场景应用。鞍山钢铁入选工业和信息化部大数据分析与集成应用重点实验室成员单位,攀钢"5G+"矿山远程穿孔采掘及无人运输等30个项目获评国家部委、行业协会试点示范,发布智能制造行业标准3项。推进全集团网络与终端准入管理平台统一部署,实现终端精准防护。汇聚防范风险强劲合力,完成国家重要时期网络安全保障及值班值守,增强态势感知平台日志对接和关联分析能力。首次参加并完成公安部组织的大规模网络安全攻防实战演习,整体主动防御能力得到检验及提升。

**【履行社会责任】** 2022年,鞍钢集团不断强化社会责任管理,认真践行中央企业责任担当,在乡村振兴和公益捐赠方面持续发力,对外捐赠资金8154万元,比上年增长10%,努力打造高质量的慈善事业实践标杆。2022年,投入新疆塔县、贵州盘州、辽宁1县3村(葫芦岛市建昌县、鞍山市岫岩县石灰窑村,朝阳市上桃村,本溪市桓仁县黑沟乡石虎子村)和四川5县7村(凉山彝族自治州盐源县格郎河村,喜德县达洛村,木里藏族自治县簸箕箩村;江油市清江村;攀枝花市盐边县岩门村、温泉乡道角村,米易县草场乡碗厂村)无偿帮扶资金4301万元,比上年增长2.2%,帮助受援地发展产业、改善民生;消费帮扶7366万元,比上年增长29.4%;广泛发动社会帮扶力量,引进外部资金8561万元,比上年增长694%;定向采购盘州煤炭55.4亿元,比上年增长38.8%,支持盘州煤炭支柱产业和地方经济发展。投入公益捐赠资金3853万元,比上年增长20.1%。其中为四川泸定抗震救灾和灾后重建工作捐款2000万元,帮助受灾群众尽快战胜困难、恢复生产生活;捐赠930万元用于集团公司各生产基地所在地公安烈士、英模、因公牺牲民警家庭等特殊群体救助及退役军人大病救助、生活困难帮扶和双拥共建等;捐赠923万元用于集团公司原附属企业大病和困难职工救助、基础设施援建、疫情防控等。

2022年,在实现环境污染事件为零的目标基础上,吨钢综合能耗、吨钢耗新水分别比上年降低1.49%、5.35%,二氧化硫、氮氧化物、烟(粉)尘、COD、氨氮排放量分别比上年降低14%、10%、12%、30%、14%,实现历史最好水平。一是推动污染防治攻坚战向纵深发展。全面推进超低排放改造,截至2022年底累计放行改造资金199亿元,完成改造项目320项。通过源头控制、分类治理、末端回用等措施,实现主厂区非汛期废水零排放。开展废油泥、废活性炭等危废内部处置研究,合规处置率100%。二是扎实稳妥推进碳达峰碳中和。发布鞍钢集团"低碳冶金路线图",编制《鞍钢集团有限公司碳达峰行动方案》。推动本钢180兆瓦CCPP、攀钢钒100兆瓦(一期)余热余能发电项目,鞍山钢铁鞍山区域能源集控中心项目建成投运。发布《鞍钢集团先进节能减碳技术清单(2022年版)》,全球首套具有完全自主知识产权的绿氢零碳流化床高效炼铁新技术示范项目在鲅鱼圈分公司开工建设。三是持续提升绿色鞍钢品牌形象。《践行社会责任 打造美丽鞍钢》宣传片在央视网、"国资小新"等媒体播出。矿山生态修复成果显著。本钢板材汽车用热轧高强度钢获评2022年国家绿色设计产品,齐大山矿获评省级"绿色工厂"。

(撰稿人:赵 艳)

# 中国宝武钢铁集团有限公司

**【基本概况】** 中国宝武钢铁集团有限公司(以下简称中国宝武)的前身为始建于1978年12月的上海宝山钢铁总厂,后经历宝山钢铁(集团)公司、上海宝钢集团公司、宝钢集团有限公司等不同发展阶段,于2016年12月与武汉钢铁(集团)公司实施联合重组后揭牌成立,经营国务院授权范围内的国有资产,开展有关国有资本投资、运营业务。2019年后,相继重组马钢(集团)控股有限公司(简称马钢集团)、重庆钢铁股份有限公司、太原钢铁(集团)有限公司(简称太钢集团)、新余钢铁集团有限公司(简称新钢集团)、中国中钢集团有限公司(简称中钢集团),托管重庆钢铁(集团)有限责任公司、昆明钢铁控股有限公司(简称昆钢公司)。中国宝武注册资本527.91亿元,资产规模1.33万亿元,是国有资本投资公司,被国务院国资委纳入中央企业创建世界一流示范企业;首次进入《财富》"世界500强"企业榜单前50强,2022年居第44位;在2022年《财富》杂志评选的最受赞赏的中国公司排行榜中居第5位。总部设在中国(上海)自由贸易试验区世博大道1859号。截至2022年底,在册员工262283人,在岗员工219610人(不含托管企业)。

2022年,中国宝武面对国内经济需求收缩、供给冲击、预期转弱三重压力持续加大,钢铁行业需求明显减弱、钢材价格低迷、原燃料成本高企、供应链物流不畅,特别是3月后新冠疫情高发频发对经济造成的持续反复冲击等情况,有效应对各种风险挑战和困难考验,全年经营业绩保持行业最优。研发投入率3.24%,专利申请5717件,其中发明专利4062件。二氧化硫、氮氧化物、化学需氧量排放总量分别为23854吨、56391吨、1570吨,分别比上年下降13%、8%、27%;吨钢综合能耗560千克标准煤,比上年下降4千克标准煤;万元产值能耗实绩992千克标准煤,比上年下降3%。对外捐赠2.51亿元。在2021年度中央企业负责人经营业绩考核中连续6年获评A级,2019—2021年任期考核A级。正式转为国有资本投资公司,担当新型低碳冶金现代产业链链长。国际三大评级机构标准普尔、穆迪、惠誉继续给予中国宝武全球综合性钢铁企业最高信用评级。

**【主要指标】** 2022年,中国宝武完成工业总产值(现行价格)8300.51亿元,工业销售产值8235.10亿元,资产总额13289.01亿元,营业收入11479.84亿元,利润总额312.65亿元,净资产收益率4.57%;铁产量11816.33万吨,钢产量13183.61万吨,商品坯材产量13135.23万吨,商品坯材销量13106.54万吨,出口钢材550.31万吨。

**表1　2022年中国宝武钢铁集团有限公司主要经济指标**

| 项目名称 | 2021年 | 2022年 | 比上年增长(%) |
|---|---|---|---|
| 资产总额(亿元) | 11170.84 | 13289.01 | 18.96 |
| 所有者权益(亿元) | 5423.30 | 5926.00 | 9.27 |
| 营业收入(亿元) | 9722.58 | 11479.84 | 18.07 |
| 利润总额(亿元) | 602.24 | 312.65 | —48.09 |
| 净利润(亿元) | 472.04 | 266.22 | —43.60 |
| 归属于母公司所有者的净利润(亿元) | 193.18 | 165.54 | —14.31 |
| 技术开发投入(亿元) | 297.04 | 340.45 | 14.61 |
| 利税总额(亿元) | 923.86 | 583.05 | —36.89 |
| 应交税金总额(亿元) | 469.00 | 389.48 | —16.96 |
| 企业劳动生产率[万元/(人·年)] | 90.64 | 69.52 | —23.30 |
| 净资产收益率(%) | 8.70 | 4.57 | 减少4.13个百分点 |
| 总资产报酬率(%) | 6.56 | 3.24 | 减少3.32个百分点 |
| 国有资本保值增值率(%) | 105.42 | 103.02 | 减少2.40个百分点 |

**【改革发展】** 2022年6月13日,国务院国资委下发通知,中国宝武等5家中央企业功能定位准确、资本运作能力突出、布局结构调整成效显著,正式转为国有资本投资公司,标志着中国宝武基本完成从产

业集团向国有资本投资公司的转型。一是完成三年改革行动。2022年,中国宝武加强子公司董事会建设,规范董事会运行,下属227家子公司董事会100%应建尽建;推进混合所有制改革,中钢洛耐科技股份有限公司在科创板挂牌上市,欧冶云商股份有限公司在创业板首次公开募股(IPO)获上市审核委员会会议通过;深化三项制度改革,管理人员竞争上岗比例59.90%,退出比例9.60%;实施中长期激励企业累计228户,其中实施科技型企业股权或分红激励企业10户、实施员工持股企业7户;推进专业协作管理变革,整合清退钢铁业"低小散"供应商408家;压减全资控股法人108户,清理退出长期不分红、持股比例低的参股企业46户;加快剥离企业办社会职能和解决历史遗留问题,完成集体法人处置538户;按期完成国务院国资委核定的44户"两非"(非主业、非优势)企业剥离任务,中国宝武被国务院国资委评为"央企压减工作标杆"。二是推进联合重组。10月16日,江西省国有资本运营控股集团有限公司与中国宝武签署《江西省国有资本运营控股集团有限公司与中国宝武钢铁集团有限公司之关于新余钢铁集团有限公司国有股权无偿划转协议》;11月9日,国务院国资委批复同意中国宝武与新余钢铁集团有限公司的联合重组;12月23日,新余钢铁集团有限公司完成工商注册变更登记,正式成为宝武大家庭中的一员。经国务院批准,12月21日,中国宝武与中钢集团实施重组,中钢集团整体划入中国宝武,不再作为国务院国资委直接监管企业;12月23日,中国宝武与中钢集团重组启动大会在北京和上海举行。

**【重大项目】** 1月7日,宝山钢铁股份有限公司下属宝钢湛江钢铁有限公司三号高炉点火投产。1月28日,宝钢德盛不锈钢有限公司精品不锈钢绿色产业基地项目2500立方米高炉点火,项目全面进入热负荷试车阶段。2月15日,宝钢湛江钢铁有限公司全氢零碳绿色示范工厂百万吨级氢基竖炉项目开工建设。2月25日,宁波宝新不锈钢有限公司年产6万吨高品质不锈钢光亮板项目开工建设,投运后,该公司可形成年72万吨不锈钢冷轧产能,其中光亮板18万吨。2月28日,昆钢公司环保搬迁转型升级项目昆钢新区二号高炉点火开炉,具备年产700万吨能力。4月22日,山西太钢不锈钢股份有限公司高磁感取向硅钢项目全线贯通,生产出首批18卷0.27毫米厚高磁感取向硅钢产品,成为国内第三家具备高磁感取向硅钢批量生产能力的厂家。5月24日,马鞍山钢铁股份有限公司北区10号焦炉点火烘炉。6月27日,宝武特种冶金有限公司特种冶金材料马鞍山基地项目开工建设,其中一期项目新建50吨电炉1座、50吨合金熔融炉1座,以及相关炉外精炼设备、模铸产线等,投产后可形成年产14.63万吨钢锭的生产规模,主要生产镍基合金、特种结构钢、特殊不锈钢、特级模具钢。6月28日,安徽宝镁轻合金有限公司年产30万吨高性能镁基轻合金及深加工项目开工建设,总投资123.50亿元,建设从矿石开采到镁合金生产制造及深加工应用的全镁产业链。9月13日,宝武集团鄂城钢铁有限公司宽厚板新增粗轧机项目热负荷试车,新增1台9000吨轧制力四辊可逆式轧机、1座1500平方米厚板冷床等。9月20日,兰州宝航新能源材料有限公司10万吨负极材料项目石墨化1—1炉热负荷试车。12月23日,马钢集团新特钢工程一期项目实现产线联动;太钢—山东鑫海不锈钢基地项目炼钢工序投产,太钢集团新增年产162万吨不锈钢生产能力,不锈钢产能迈入千万吨级规模;宝山钢铁股份有限公司取向硅钢产品结构优化二步工程开工建设。12月28日,安徽马钢矿业资源集团公司罗河矿一期500万吨/年扩能工程重负荷联动试车,项目总投资7.92亿元,开采范围为全矿床-600米以上矿体,资源储备量22528.74万吨。

**【走向海外】** 2022年,中国宝武着力加快"一带一路"国际化布局,推进海外产业布局投资项目落地,提升海外项目建设、资产运营能力,多元板块海外业务和投资布局稳步发展。4月29日,上海宝钢包装股份有限公司国际化发展重点项目柬埔寨宝钢制罐智能化铝制两片罐生产线项目开工建设。5月6日,中钢集团获喀麦隆政府授予的洛比铁矿项目采矿证,双方在喀麦隆首都雅温得举行采矿协议签字仪式。9月30日,宝武资源有限公司与赢联盟西芒杜控股公司(新加坡)就几内亚西芒杜铁矿北部区块项目合作事宜,在沪、京两地举行合作协议核心条款云签约仪式,参与几内亚西芒杜铁矿开发。12月20日,宝武资源有限公司六大海外战略项目之一利比里亚宝米(Bomi)项目出矿。12月23日，中国宝武与力拓集团成立澳大利亚西坡合资企业，共同开发位于西澳大利亚皮尔巴拉地区的西坡矿区，项目设计年产能2500万吨，平均品位62%。

**【重大创新】** 2022年，中国宝武研发投入率3.24%，专利申请5717件，其中发明专利4062件，研发投入强度、专利申请创历史新高。42项成果获得冶金科学技术奖，其中"欧冶炉熔融还原炼铁工艺技术研究"获得冶金科学技术奖唯一特等奖；马钢集团的"高速重载车轴产品研发及关键制备技术创新"、太钢集团的"笔头用易切削400系不锈钢关键技术研究与应用"等24个项目获得省部级科学技术奖；建成全球首个400立方米工业级低碳高炉——富氢碳循环氧气高炉，实现绿色低碳冶金技术重大突破。开展"卡脖子"核心技术攻关，关键装备用材研制能力得到提升，研发的大型运载火箭用合金、新一代发动机用高温合金，保障国家关键核心材料安全；突破薄膜型液化天然气船(罐)用不锈钢关键技术，解决基础材料"卡脖子"难题；研发的高低温韧性AISI 4145 H钻杆用钢，用于国家"深地一号"工程——塔里木盆地顺北深层油气田项目，钻井深度9300米，刷新亚洲纪录；通过液氢专用不锈钢产品认证，填补民用液氢压力容器用不锈钢空白。

2022年，中国宝武首次为国产航空母舰提供全规格、全品种钢材；保障霞浦二期、"国和一号"、陆丰核电关键核心材料供应；高温合金助力国内首个空间站建设；桥梁钢用于世界首座三塔四跨双层钢桁梁大桥——瓯江北口大桥，以及海上最大跨度深中通道(连接深圳市和中山市以及广州市南沙区的大桥)伶仃洋大桥；助力2022年北京冬季奥运会，向国家速滑馆"冰丝带"二氧化碳跨临界直冷制冰系统工程提供不锈螺纹钢筋材料，向国家雪车雪橇中心工程提供高耐腐蚀性、高韧性Q 355 NHD产品；向丰宁抽水蓄能电站一期工程提供关键核心材料高牌号无取向硅钢和高等级磁轭钢，确保北京冬季奥运会场馆实现100%绿电供应。

2022年，中国宝武聚焦高强度、高耐蚀、高效能，研发差异化产品，高焊接高成形超高强汽车用钢、新一代新能源车驱动电机用硅钢、铁路车辆用高强耐蚀不锈钢复合钢卷等一批产品实现全球首发。聚焦建筑、能源、交通等领域研究策划绿色材料综合解决方案，形成"宝武房"等82个解决方案。宝山钢铁股份有限公司首次在互联网上向全球发布3个减碳超过50%的宝钢汽车板零件。八钢公司成功开发新型耐腐蚀抽油杆钢，耐腐蚀性能提高4.4倍。

**【信息化与数字化建设】** 2022年，中国宝武深化生态圈统一信息基础设施建设，"宝之云"优化完成全国布局，工业互联网平台"宝联登"全面升级，大数据中心平台建设和应用全面提速。智慧制造向One Mill(一个工厂)和极致效率加速发展，启动万名"宝罗"(中国宝武机器人名称)上岗履职，近千名"宝罗"上岗。智慧服务加速向数据驱动的平台化服务模式演进，宝武装备智能科技有限公司"宝武智维云"、欧冶云商股份有限公司"生态运营平台"、欧冶工业品股份有限公司"欧贝平台"入选上海市服务型制造示范平台，宝武数据科技有限公司挂牌成立。以中国宝武全球司库系统、大数据审计、办公OA 4.0为代表的一批系统重构，实现寓管理于共享服务、数字赋能的穿透式监督。

**【履行社会责任】** 2022年，中国宝武担当新型低碳冶金现代产业链链长，着力打造有别于传统钢铁产业链的新型低碳冶金现代产业链，组建链长建设专家咨询委员会，构建体系化建设机制；投运全球首座富氢碳循环氧气高炉，固体燃料消耗下降30%，碳减排超过20%，是冶金行业首个实现工业化应用的低碳新工艺；启动首个开放式千万吨级CCUS(二氧化碳捕集、利用与封存)项目；推进极致能效，铁钢界面铁水温降下降15℃，炼钢出钢温度下降5℃，钢轧界面平均热装热送率提高10%，减少碳排放150万吨；加快开发绿色低碳能源，锁定绿色资源13.5吉瓦(发电装机容量，1吉瓦代表10亿瓦特)，启动绿电开发2.9吉瓦；举办全球低碳冶金创新论坛，为22个低碳冶金创新基金项目提供资助3875万元。欧冶云商股份有限公司率先发布钢铁行业环境产品声明标签，加速引领钢铁供应链绿色转型；华宝(上海)股权投资基金管理有限公司推动绿碳基金募投，完成投资16.03亿元；上海首个以绿色低碳创新及产业发展为特色的核心产业园区——宝武(上海)碳中和产业园挂牌。

2022年,中国宝武对外捐赠2.51亿元。其中,向西藏自治区、新疆维吾尔自治区定向捐赠6000万元,助力新冠疫情防控;在四川省泸定县9月5日发生6.8级地震后,及时伸出援助之手,向灾区捐款3000万元,支援抗震救灾和灾后恢复重建工作;1.07亿元乡村振兴对口援助资金全部落实到位(不含消费帮扶和引进帮扶资金)。颁发2022年度宝钢教育奖,全国98所高等院校的769名师生获奖。向中央援港项目竹篙湾及启德社区隔离设施项目供应钢材1.82万吨。凭借在责任组织、责任融合、责任沟通等方面的突出表现,入选"央企责任管理·先锋30指数",居第二名。中国宝武定点帮扶工作(2021年)被国务院扶贫开发领导小组、中央农村工作领导小组考核评价为最高等次"好",连续4年获此评价。

(撰稿人:张文良)

## 中国矿产资源集团有限公司

**【基本概况】** 中国矿产资源集团有限公司(以下简称中国矿产)于2022年7月19日在河北雄安新区注册成立,注册资本金200亿元,是经国务院批准组建的国有独资公司和国家授权投资机构,是中央直接管理的国有重要骨干企业,由国务院国资委代表国务院履行出资人职责。

中国矿产坚持以"保障资源安全、促进和谐发展"为使命,以"打造世界一流矿产资源综合服务企业,共建可持续未来"为愿景,以"聚源共享、惠利天下"为宗旨,立足"资源服务主力军、产业进化新平台、和谐生态贡献者"发展定位,秉持"瞰思寰宇·洞见资源·和谐生态"的经营理念,努力走出一条平台化、数智化、绿色化发展道路。在发展初期,中国矿产将坚持"开放协同、合作共赢"原则,致力于为中国钢铁行业提供安全稳定、可持续的原料供应服务和绿色、个性化的综合解决方案,与国内外铁矿石供应商、钢铁生产企业以及港口航运、贸易、金融等行业龙头企业建立密切的合作关系,并在绿色低碳生产制造、科技应用、矿产资源数字化智能化等领域与产业生态伙伴逐步深化合作,共同为推动产业生态和谐健康可持续发展、保障产业链供应链安全稳定而努力奋斗。

**【改革发展】** 自成立以来,中国矿产加快推进基础运行体系和总部管理架构建设,着力为承接国家重大任务、开展市场化运营夯实基础。一是全面落实国务院国资委"党建进章程"、党委(党组)书记和董事长"一肩挑"要求,逐步完成企业决策重大事项前置程序、党的领导融入公司治理各环节、内嵌到公司治理机构中等重点工作。二是按照国务院国资委关于中央企业总部机构设置有关要求,定位精干高效目标,科学制定集团总部机构设置、职能和人员编制方案,为集团运营奠定组织基础。三是切实将外部监管要求有效内化为制度约束和内控措施。梳理包含180项制度的公司制度体系框架,实现上级各项监管制度都有承接,截至2022年底完成《规章制度管理办法》《"三重一大"决策制度实施办法》《重大决策事项权责清单》等一批基础性重要制度的制定和发布。

**【重大项目】** 自2022年7月成立以来,中国矿产在有关部委、行业协会、上下游企业的大力支持下,扎实开展铁矿石代理采购,启动宁波舟山大宗商品储运基地建设和大数据平台构建等工作,实现开局稳、起步好的预期目标。在第五届上海进博会首次主办以"瞰思寰宇·洞见资源·和谐生态"为主题的矿产资源国际高峰论坛,围绕打造矿产资源供应链和谐生态深入研讨,达成广泛共识。与力拓、淡水河谷、必和必拓等国际矿企就共同构建长期稳定、和谐高效的产业链供应链,推进钢铁冶金原料绿色低碳应用和行业可持续发展等签订战略合作协议。

**【党建工作】** 自成立以来,中国矿产党组坚持以习近平新时代中国特色社会主义思想为指导,以迎接、宣传、贯彻党的二十大为主线,认真贯彻习近平总书记重要指示批示精神和党中央决策部署,在半年左右时间里实现各项工作稳健起步开局。一是把迎接党的二十大召开和学习宣传贯彻党的二十大精神作为重大政治任务。党的二十大胜利召开后,党组第一时间召开专题会议、党组理论学习中心组学习会议等,完整、准确、全面领会党的二十大精神。党组主要负责同志带头为全体党员干部作党的二十大精神专题辅导报告。党组及时研究制定学习宣传贯彻党的二十大精神工作方案，形成落实任务清单，研究提出具体举措，确保党的二十大决策部署在集团落地见效。党组班子带领全体党员干部赴香山革命纪念馆瞻仰学习，认真学习领会习近平总书记系列重要讲话精神和对中国矿产的批示精神，走好新时代赶考之路。二是加强政治理论学习，坚定践行“两个维护”。党组坚持发挥示范引领作用，通过党组会、中心组学习会、专题研讨会等多种形式，认真学习习近平新时代中国特色社会主义思想，及时跟进学习习近平总书记重要讲话和指示批示精神，在持续学懂弄通做实上下功夫，自觉用党的创新理论武装头脑、指导实践、推动工作。三是加强组织建设，充分发挥党组织战斗堡垒和党员先锋模范作用。在暂不具备成立直属党委的情况下，集团党组针对铁矿石代理采购工作在集团初创期的重要战略意义，组建铁矿石代理采购工作临时党支部，进一步增强代理采购工作队伍的凝聚力、战斗力，确保党建工作融入业务、助力中心工作。四是加强纪律建设，突出源头防范，筑起廉洁防线。出台《“三重一大”决策制度实施办法》《领导干部违规插手干预重要事项记录报告管理办法》等规章制度，规范权力运行。针对招标采购、项目建设、代理采购等重点领域，在对外合同中增加廉洁条款、向合作方发放廉洁告知书。党组会同纪检监察组研究建立引进人员廉政把关协同工作机制，把好选人用人的政治关、廉洁关。五是强化监督责任，集团监督体系初步建立。集团党组统筹纪检、审计、财务、法律风控等监督资源，从源头上加强对建章立制、完善工作机制的审核监督，形成监督合力。

**【信息化与数字化建设】** 中国矿产自成立初期就积极推进信息化建设，开发建成财务信息化系统，上线总账、往来核销、现金流量、财务报表、资产管理等12个模块，财务管控实现数字化起步。上线集团智慧办公系统，截至2022年底上线工作模块18个，保障集团与外部信息互通，有效支撑各部门工作开展。组织相关产品厂商开展方案交流，形成机房网络、桌面云、网络安全、国务院国资委公文系统和视频会议室建设方案，为后续工作推进奠定基础。

（撰稿人：闫山峰）

# 中国铝业集团有限公司

**【基本概况】** 中国铝业集团有限公司（以下简称中铝集团）成立于2001年，2017年12月16日由中国铝业公司改制更为现名。中铝集团是中央直接管理的国有重要骨干企业，主要从事矿产资源开发、有色金属冶炼加工、相关贸易及工程技术服务等，是全球最大的有色金属企业，氧化铝、电解铝、精细氧化铝、高纯铝、金属镓、铝用阳极供应量全球第一，铜业综合实力位列全国第一梯队，铝基新材料产销规模、锗金属产量和铅锌综合实力国内第一。

中铝集团总部设在北京。截至2022年底，集团注册资本255亿元，资产总额6250亿元，从业员工约13万人，全级次企业447户，拥有境内外上市公司6家，连续15年入选《财富》“世界500强”，2022年排名第139位。

2022年，中铝集团党组坚持以习近平新时代中国特色社会主义思想为指导，以迎接保障党的二十大胜利召开和学习宣传贯彻党的二十大精神为强大动力，全面落实党中央“疫情要防住、经济要稳住、发展要安全”的重要指示要求，全力以赴打好四大战役，超额完成各项目标任务，聚力实践高质量发展新模式取得新成效、实现新突破。

**【主要指标】** 2022年，中铝集团实现营业收入5175.98亿元，比上年降低0.2%；利润总额288.23亿元，比上年增长9.58%；净利润243.06亿元，比上年增长21.68%。营业收入利润率5.70%，比上年增加0.39个百分点；研发经费投入总额139.88亿元，比上年增长34.98%，研发经费投入强度（剔除贸易）3.50%，比上年增加0.47个百分点；全员劳动生产率64.92万元/（人·年），比上年提升7.98万元/（人·年）；资产负债率62.58%，较上年末下降0.73个百分点。

表 1　2022 年中国铝业集团有限公司主要经济指标

| 项　目 | 2021 年 | 2022 年 | 比上年增长(%) |
|---|---|---|---|
| 资产总额(亿元) | 6244.43 | 6250.20 | 0.09 |
| 所有者权益(亿元) | 2291.29 | 2338.76 | 2.07 |
| 营业收入(亿元) | 5186.48 | 5175.98 | －0.2 |
| 利润总额(亿元) | 263.04 | 288.23 | 9.58 |
| 净利润(亿元) | 199.75 | 243.06 | 21.68 |
| 归属于母公司所有者的净利润(亿元) | 90.23 | 114.18 | 26.54 |
| 技术开发投入(亿元) | 103.63 | 139.88 | 34.98 |
| 利税总额(亿元) | 454.36 | 479.21 | 5.47 |
| 应交税金总额(亿元) | 191.31 | 190.98 | －0.17 |
| 全员劳动生产率[万元/(人·年)] | 56.94 | 64.92 | 14.01 |
| 净资产收益率(不含少数股东)(%) | 9.02 | 10.84 | 增加 1.82 个百分点 |
| 总资产报酬率(%) | 6.05 | 6.22 | 增加 0.17 个百分点 |
| 国有资本保值增值率(%) | 130.23 | 138.59 | 增加 8.36 个百分点 |

注:2022 年国有资本保值增值率数据为上报国务院国资委数据。

**【改革发展】** 强化顶层设计建设一流企业。结合全球有色金属行业竞争态势和集团"十四五"战略规划纲要,构建世界一流有色金属企业评价指标体系,完善形成以创新领先、布局领先、规模领先、效率领先、产品和服务领先、品牌领先"六个领先"为主要目标、包含七大方面 32 项具体措施的《加快建设世界一流有色金属企业实施方案》。

加强治理体系和治理能力现代化建设。坚决落实"两个一以贯之",完成"三重一大"决策制度、董事会授权制度等制度修订工作。强化治理能力、提高治理效能,组织各级子企业制定五大类 17 项制度,以公司章程为核心的"1＋N"现代企业治理制度体系更加成熟定型。子企业董事会实现应建尽建,专职董事履职能力不断提升,企业治理效能持续增强。

实施专业化整合优化资本结构。成立国内有色行业最大的绿色低碳发展基金,整合青海省投电解铝,成功回购华云 50%股权,完成云铝并表、云铜增发、平果铝股权收购。深挖集团同质化业务,完成扁锭资产整合,铝用炭素和精细氧化铝业务实现市场化、专业化运营;中铜事业部改革,山西河津、河南上街、贵州企业完成一体化管理整合,机构及人员编制实现大幅优化。持续推进"两资""两非"治理,盘活 15 宗土地资产,全面完成 20 户"两非"企业剥离任务和 8 户民企挂靠国资整改任务,自加压力完成 17 户参股权处置。

深化三项制度改革激发内生动力。全面推进市场化改革,330 户企业、1295 名领导班子成员经营业绩实现精准考核、刚性兑现。依据 2021 年度考核结果,1 户战略单元领导班子获得 2 倍薪酬标准的市场化对标激励,13 家单位、39 人被否决年度业绩薪酬,刚性退出 13 人。健全完善市场化薪酬激励,共享改革发展成果,累计奖励 9.10 亿元、涉及 10.58 万人、人均奖励 8596 元;完成中铝股份限制性股票激励计划授予,纳入激励范围的核心技术人员、业务骨干和高技能人才 1032 人、占激励总人数的 85.6%,有效激发管理团队积极性。

**【重大项目】** 2022 年,中铝集团聚焦市场需求供应保障,统筹开展疫情防控和保产增产,累计 40 家企业干部职工驻厂保产,驻厂时间最长的青海分公司连续封闭运行近 3 个月。集团金属铅锌、精炼铜、铜铝加工材、电解铝、氧化铝等主要产品年均产能利用率分别达到 105.5%、105.4%、99.3%、92.6%、84.1%,分别比上年提升 17.2 个、0.1 个、8.2 个、7.5 个、1.0 个百分点,为畅通产业链供应链作出积极努力。

聚焦国防军工材料国产化替代,部署科技创新攻坚战,主动对接国家重大科技专项,攻克新一代铝锂合金全自动熔铸技术、2024 和 7075 民机薄板工业化制备技术,保障国产大飞机、"天宫"、"神舟"、"长征"等国家重大工程材料国产化供应。面对关键有色金属靶材主要依赖进口局面,加大超纯超高纯有色金属基础材料研发投入,5N 高纯铝、5N 高纯氧化铝、5N 高纯锌、5N 高纯镉、6N 高纯氮化铝、7N 高纯镓、8N

高纯锗、11N四氯化锗投放市场，为国家战略性新兴产业提供基础支撑。

调整能源结构加快绿色发展。编制印发集团再生金属"十四五"专项规划，提出集团再生铝铜发展目标、主要举措和重点项目。优化新能源项目立项决策机制，印发《集团新能源项目开发建设管理实施办法》，制定《新能源产业管理工作指导意见》。建立集团新能源产业项目库，宁东250兆瓦光伏等一批项目有序推进，云铝股份分布式光伏直供项目成功投运。电解铝清洁能源消纳比例47%，集团用能结构优化调整步伐稳健。

**【走向海外】** 2022年，中铝集团稳妥推进海外重大资源项目运营，几内亚博法项目克服政局动荡、疫情肆虐、围堵破坏等极端挑战，全年开采铝土矿1355万吨，比上年增长10.1%。着力破解战略性资源对外依存度过高的窘境，发挥集团海外资源开发和集中贸易优势，全年进口铝土矿3006万吨、蒙古国焦煤207.56万吨、铜精矿79.63万吨，有力保障铝铜及协同产业链安全发展。

**【重大创新】** 科技顶层设计更加完善。加快一流创新体系建设，中央研究院、专业研究院、领域技术中心、群众性创新平台四层次立体式科研体系更加完善，形成科技创新体系优化方案。落实党中央打造原创技术策源地要求，形成原创技术策源地实施方案，系统部署原创技术攻关任务258项，实施惰性阳极等一批前沿技术项目。深化科技创新体制机制改革，印发《科技研发管理办法》等管理制度7项，科技创新"1+8"制度体系全面出台。

关键核心技术取得突破。"12300"铝电解节能技术达到行业领先并实现推广应用。具有自主知识产权的大规格铝锂合金炉组成功投运，航空紧固件用铝合金丝/棒材全面通过考核验证，突破国家重点工程用铝、铜合金关键材料系列"卡脖子"问题。累计有16种民用航空铝材通过中国商飞工程批准，其中打破国际唯一垄断6种。赤泥综合利用率在10%以上，实现行业历史性突破。"东方三号"工业试验完成，铜钼高效分离技术实现生产应用，为国家发展战略性新兴产业提供材料支撑。

科技创新影响力不断提升。积极承担国家重大科技项目，有色金属强化冶金新技术全国重点实验室申报成功，GF重点实验室、有色金属绿色低碳创新联合体、国家铝产业计量中心建设有序推进，新增3家国家级企业技术中心、1家国家知识产权示范企业和5家优势企业，获得中国专利银奖和优秀奖各1项。

**【党建工作】** 坚持党建引领推动高质量发展。把喜迎保障和贯彻落实党的二十大作为首要政治任务，召开集团全级次党委书记专题研讨班，以"建功新时代、喜迎二十大"为主题深入贯彻落实习近平总书记"7·26"重要讲话精神。党的二十大召开后，第一时间召开中心组理论学习研讨，每周在"中铝大讲堂"开展全级次贯通宣讲，党组成员带头撰写心得体会、讲党课，努力有序推进贯彻党的二十大精神不断走向深入、见到成效。

持续提升党建工作质量。制定党建考核反馈整改措施和督办整改机制，出台"六化"党支部创建达标工作实施办法，开展"百十一"示范党组织工作。分类优化党建责任制考核方案，修订"两带两创"活动实施办法，制定党员"双提升"活动实施办法，评选表彰40个优秀创新创效项目。将党建带团建质量纳入党建考核，清单化推进青年精神素养提升工程，精心筹划组织国家级技能大赛等特色活动，评选职工创新工作室30个。

聚力打造过硬干部队伍。选优配强干部人才队伍，调整使用党组管理干部37人；建立首席科学家制度，完善科技人才体系，完成"钻石计划""明星计划"遴选。加大人才激励力度，建立"年度薪酬+价值创造分享+股权激励"的薪酬体系。全年安排科技人员激励单列工资1.06亿元。

全面从严治党走深走实。建立纪检监察组与党组沟通协调机制，推动政治监督具体化常态化。召开第29次警示教育大会。对68家党组织开展巡视"回头看"和专项巡视。完善"大监督"体系，整合监督力量，共享监督成果，形成监督合力。

**【信息化与数字化建设】** 推动数字化智能化转型发展。财务共享和资金管理中心系统实现互联互通，资金规模效应初显，司库规划有效落地，集团财务"一体两翼"转型实现里程碑式突破。国资监管信息化平台应用进一步深化，合规管理、审计管理等系统模块实现快速开发，境外应急指挥中心系统具备应用条件。广西华昇、包头铝业、迪庆有色和中铝瑞闽等企业智能化应用场景不断丰富，部分模块启动复制推广。牵头有色行业云申报工作，成为央企首批遴选出的行业云之一。制定集团总部网络安全管理细则，组织开展网络安全专项行动，集团网络安全防护水平进一步提升。

**【履行社会责任】** 2022年，中铝集团组织召开第六届降碳节，启动中铝集团社会责任指标体系研究项目，连续8年完成社会责任管理模块运行评估。集团第5次入围中国企业300强社会责任发展指数20强，排名第14位，居有色金属行业第1名，成为"中央企业ESG联盟"首批成员企业。环保投入39.96亿元，万元产值能耗比上年降低1.14%，温室气体排放量比上年减少167.44万吨。积极落实党中央纾困解难决策部署，全年为3394户中小企业减免房屋租金1.4亿元；多措并举接续乡村振兴，2022年制定实施帮扶和对口支援工作计划，提供乡村振兴、援青援藏、抗震救灾等捐赠资金4750万元。开展社会责任实践项目调研，增强履责品牌影响力，中铝几内亚获得2022年几内亚最佳社会责任矿企奖，秘鲁矿业获得2022年秘鲁矿业大会秘鲁卓越采矿奖。集团4个青年志愿服务队和4名青年志愿者获得省部级以上奖励。

（撰稿人：韩　露）

# 中国远洋海运集团有限公司

**【基本概况】** 中国远洋海运集团有限公司（以下简称中远海运）由中国远洋运输（集团）总公司与中国海运（集团）总公司于2016年重组而成，总部设在上海，是中央直接管理的特大型国有企业，总资产超过11000亿元，员工总数近14万人，其中船员5万人，在海外设有十大区域公司、1000多家企业和机构，拥有境内外11家控股上市公司。

作为国家战略坚定的执行者，中远海运坚持党建领航、价值领航、科技领航、全球领航，以打造全球领先的综合性物流供应链服务集团为企业愿景，以推进航运强国、深化"一带一路"建设为指引，主动顺应航运发展新趋势，持续做强做优航运主业，全力构建全球数字化供应链，积极践行大国船队的责任担当。截至2022年底，中远海运远洋航线覆盖全球160多个国家和地区的1500多个港口，运营各类船舶1395艘，合计运力11390万载重吨，排名世界第一。其中，集装箱船队规模居世界第4位；干散货船队、油气船队、特种船队规模均居世界第1位。集装箱码头总吞吐量居世界第1位。船舶代理、海工制造业务居世界前列。

中远海运成立以来，连续6年被评为国务院国资委考核A级企业，在2022年《财富》"世界500强"中排名第127位，较2021年提升104位，自2016年重组以来，排名提升338位，连续数年成为榜单中排名第一的国际化航运企业。2022年2月21日，在中央广播电视总台举办的第二届"中国品牌强国盛典"上，中远海运集团凭借在全力保障我国内外贸运输和全球供应链稳定中的突出表现和重要作用，获得十大"国之重器"品牌荣誉。

**【主要指标】** 截至2022年底，中远海运资产总额11142.58亿元，所有者权益5101.02亿元。全年实现营业收入6268.10亿元，利润总额1724.69亿元，净利润1269.52亿元。

**表1　2022年中国远洋海运集团有限公司主要经济指标**

| 项　目 | 2021年 | 2022年 | 比上年增长(%) |
|---|---|---|---|
| 资产总额(亿元) | 9761.51 | 11142.58 | 14.15 |
| 所有者权益(亿元) | 4164.93 | 5101.02 | 22.48 |
| 营业收入(亿元) | 5426.63 | 6268.10 | 15.51 |
| 利润总额(亿元) | 1355.07 | 1724.69 | 27.28 |
| 净利润(亿元) | 1050.35 | 1269.52 | 20.87 |
| 归属于母公司所有者的净利润(亿元) | 414.16 | 419.26 | 1.23 |
| 技术开发投入(亿元) | 42.47 | 64.64 | 52.22 |

续表

| 项　目 | 2021 年 | 2022 年 | 比上年增长(%) |
|---|---|---|---|
| 利税总额(亿元) | 1398.61 | 1781.36 | 27.37 |
| 应交税金总额(亿元) | 268.90 | 325.42 | 21.02 |
| 全员劳动生产率[万元/(人·年)] | 155.49 | 190.65 | 22.61 |
| 净资产收益率(%) | 28.88 | 27.40 | 减少 1.48 个百分点 |
| 总资产报酬率(%) | 15.74 | 17.50 | 增加 1.76 个百分点 |
| 国有资本保值增值率(%) | 124.10 | 121.25 | 减少 2.85 个百分点 |

注:表中数据为 2022 年决算报表数据。

**【改革发展】** 深入学习贯彻习近平新时代中国特色社会主义思想,特别是习近平总书记关于国有企业改革发展和党的建设的重要论述。中远海运党组始终把深入学习贯彻习近平新时代中国特色社会主义思想作为党组会和各级党委会第一议题、中心组学习首要内容。把学习贯彻习近平总书记对本行业 10 个方面重要指示批示精神作为重要政治责任、企业最大发展机遇,开展"建功新时代、喜迎二十大"习近平总书记重要指示批示精神再学习再落实再提升主题活动,始终保持企业改革发展正确政治方向;始终坚持用党的创新理论武装头脑,不断提高政治判断力、政治领悟力、政治执行力,自觉融入和服务国家战略,发挥大国重器作用,在"六稳六保",促进双循环,保障产业链供应链安全等方面体现使命担当。

推进完善中国特色现代企业制度建设。一是推动党的领导融入公司治理各环节。深化落实《关于中央企业在完善公司治理中加强党的领导的意见》,制定印发《关于境内直属单位在完善公司治理中加强党的领导的实施意见》,为集团直属单位在完善公司治理中加强党的领导提供制度保障。制定、修订集团"三重一大"决策事项和权责清单,构建"四规则、一清单"的法人治理制度和权责体系。重要直属单位均按要求修订完善党委前置研究讨论重大经营管理事项和"三重一大"决策事项权责清单。二是全面加强董事会建设,依法落实董事会职权。按照"管控上移、经营前移、一企一策"的原则,加快直属公司董事会建设和加大授权力度,逐步构建上下贯通、有机衔接的董事会建设制度体系。建设专业队伍,通过内部转任、外部引进等方式,不断拓宽外部董事来源渠道,掌握一批高素质专业化外部董事。集团下属公司董事会应建尽建和外部董事占多数完成率均 100%。加大授权力度,"一企一策"制定直属公司授权清单,2022 年更新至 4.0 版本。三是深入开展对标世界一流管理提升行动。以加强管理体系和管理能力建设为主线,紧密围绕确定的 9 项重点任务,深入开展对标提升工作。在国有重点企业管理提升标杆创建行动中,集团入选两家标杆企业,1 个标杆项目。集团受邀参加国有企业对标世界一流管理提升行动媒体通气会,分享对标管理的做法和经验,进一步发挥优秀企业示范带动作用。

推进布局优化和结构调整。一是聚焦主责主业,提升核心竞争力。积极推动"航运+港口+物流"经营模式创新,整合上下游产业链,提升全产业链综合服务能力。集团围绕"3+4"产业布局,主动对接国家战略,全面促进船队规模优化和航运产业集群战略落实。二是助力国内国际"双循环",保障产业链供应链稳定。积极参与重大区域经济建设,全力支持京津冀一体化、长三角一体化、长江经济带、粤港澳大湾区、西部陆海新通道、海南自贸港、浦东开发开放等区域发展战略,积极支持上海临港新片区打造对外改革开放新高地,加大临港新片区区域航运物流枢纽功能建设。琼州海峡港航一体化航运资源整合圆满完成。落实"六稳""六保",全力保障船舶运力投入和箱源供给。推出"陆改水""陆改铁"等替代模式和服务,解决客户的堵点痛点。发挥新技术优势,线上线下服务并行,为客户提供数字化供应链解决方案。2022 年集装箱外贸电商成交比上年增长 41.8%。三是全面贯彻新发展理念,深化数字化转型。努力构建覆盖全球的"集装箱航运、物流、港口"三位一体的全球数字化供应链服务生态。聚焦"一体化的全链路产品与服务、数字化赋能的智能运营、全球化的供应链生态圈"三大核心领域,通过智能化的产品组合和交付计划的数字化协同,为客户提供全流程可视的一站式供应链物流解决方案。全力推进交通强国试点项目，牵头打造行业第一个区块链联盟全球航运商业网络(GSBN)平台，在上海港上线完成首批通过区块链技术实现实时货运数据交换的试点应用，成功实现商业化运用。2022年区块链电子提单产品通过国际船东保赔集团的审核，纳入交通运输部2022年第一批标准化项目。推进5G技术与智慧港口建设深度融合。中国首个5G全场景应用智慧港口在厦门远海码头落地，实现对港口全业务场景的智慧赋能。四是全面落实科技领航战略，推动航运高质量发展。顺应绿色、低碳、智能发展新趋势，完成集团科技规划、数字化规划，明确发展路线图，建立科技与数字化创新管理体系。加大研发投入力度，强化科研平台建设，成立集团院士工作站，联合高校共建"水路交通安全"全国重点实验室，着力加强原创策源能力建设。发展绿色航运，积极开展LNG、甲醇、氨、电池等新能源在船舶上的应用，建造一批24000 TEU甲醇双燃料动力集装箱船，会同产业链上下游开展零碳船舶研究，推动绿色技术在集团的实践运用。打造专精特新"小巨人"企业，2022年3家企业被评为国家级专精特新"小巨人"企业。五是深化供给侧结构性改革，提升资产运营质量。集团持续推动剥离企业办社会职能，建立"压减"长效工作机制，累计压减法人户数750户，压缩法人层级两级；"两非"企业基本剥离进度达到100%，于2022年上半年提前完成全部"两非"企业剥离任务。

深化混合所有制改革。一是积极探索差异化管控，激发企业活力。全面落实"四同步""四对接"要求，梳理参股、混合所有制企业党建工作情况，针对绝对控股、相对控股等不同类型的集团境内参股、混合所有制改革企业进行分类指导。在确保建立授权项目风险防控体系的前提下，研究对混合所有制改革试点企业董事会进行充分、全方位授权，按照"一企一策"的方式，实现混合所有制改革试点企业应授皆授。二是稳妥推进混合所有制改革，提高企业经营效率。泛亚航运和宁波中远海运物流完成混合所有制改革工作，并同步实施员工持股。混合所有制改革后，员工积极性显著增强，企业效益稳步增长。中远海运物流有序推进混改引战后的各项工作。三是强化混合所有制改革全过程监督，有效防范风险。制定《中国远洋海运集团有限公司混合所有制改革工作流程指引(暂行)》，严格执行国有资产流转程序，强化事中跟踪监控。组织开展项目合法合规性分析、混合所有制改革总体方案及所涉及的改革改制重组等重大经营事项决策的风险评估。四是深化产融结合，提升资本运作能力。通过非公开募集资金、发行股份购买资产等方式，为主业发展提供资本支持，提升集团控股上市公司在资本市场中的活力。集团深化上市公司改革工作获得国务院国资委的认可，在2022年第四次改革三年行动月例会上作专题交流发言。

健全市场化经营机制。一是持续深化三项制度改革，建立健全"三能"机制。建立以岗位管理为核心的劳动用工制度，引入预算管理机制，将招聘计划与营业收入增长率、人均利润等效率指标挂钩，量出为入编制员工招录计划，进一步压缩总量、优化结构。强化经营业绩考核与企业负责人薪酬的刚性联动，构建以岗位价值为基础、以绩效贡献为依据的薪酬管理制度，严格按照考核结果兑现直属企业负责人薪酬。二是全面推行任期制契约化管理，有效激发内生动力。加快推进职业经理人制度，严格业绩考核与市场对标，实施契约化管理。全面推行经理层成员任期制和契约化管理。三是灵活开展中长期激励，持续焕发企业发展活力。集团除新并入的海峡股份外实现上市公司股权激励全覆盖，国家政策允许的3种股权激励方式，集团均有实践案例，实现核心骨干人才的个人利益与企业利益紧密捆绑。

形成以管资本为主的国有资产监管体制。集团明确审计监督重点，将促进形成更加成熟的中国特色现代企业制度、推动产业布局优化和结构调整、健全市场化经营机制、巩固混合所有制改革成果等重点改革任务作为审计重点关注内容，不断夯实改革成果。强化审计成果运用，用好考核"指挥棒"，通过审计考核与业绩考核挂钩，全面压实责任。建立审计部门抓总协调、同级职能部门协同督办、相应管理部门和被审计单位同步整改的"双整改、双督办、双促进"工作机制。扎实推进违规追责体系建设，建立覆盖全级次企业的追责工作体系。结合工作实际，修订违规追责基本制度、制定责任追究工作指引等配套制度；建立重大问题线索督办、管理提升建议书等7项工作机制。按照"三个区分开来"要求，出台《经营投资免责事项清单》，营造为干事创业者鼓劲儿撑腰的良好氛围。

在改革三年行动中全面发挥各级党组织作用。一是党组坚持把方向、管大局、保落实。集团党组超前研究、把关重大战略决策，打好疫情防控阻击战、率先复工复产，积极服务"六稳六保"。贯彻落实习近平总书记关于绿色低碳智能航运发展趋势重要指示精神，积极推动集团科技创新和数字化转型，始终保持企业改革发展正确方向。二是各级党委强党建、促融合、抓落实。各级党委围绕服务"六稳六保"、抓好疫情防控、促进改革发展，综合运用党建力量、党建方法、党建资源等，把党员组织起来、人才聚集起来、职工动员起来，以高质量党建引领保障高质量发展，推动国有企业三年行动各项任务落实落地。三是基层党支部强堡垒、重执行、当先锋。充分发挥基层党支部教育管理监督党员和组织宣传凝聚服务群众的主体作用，从总体目标、标准要求、具体任务、工作要求4个方面全面提升党支部标准化规范化建设质量，为完成国有企业改革三年行动各项工作提供坚强的政治和组织保证。

**【重大项目】** 顺应绿色、低碳、智能航运业发展新趋势，打造绿色低碳船队。贯彻落实习近平总书记致2021北外滩国际海运论坛贺信的重要指示精神，认真践行新发展理念，构建新发展格局。2022年，集团投资建造24000 TEU型甲醇双燃料集装箱船项目12艘，项目总投资29.50亿美元。组织推进700 TEU电动集装箱船产融合作项目，项目总投资约1.20亿元，船舶由中远海运重工建造。

助力海南自贸区建设，完成海南洋浦区域国际集装箱枢纽港扩建工程(一阶段)。贯彻落实习近平总书记2022年4月12日视察洋浦国际集装箱码头时的重要指示精神，中远海运积极推动洋浦国际集装箱枢纽港扩建工程项目落地。

推动琼州海峡港航一体化项目。2022年1月，南北岸49艘船舶实现统一运营管理。2022年3月，成立北岸子公司琼州海峡(广东)轮渡运输有限公司。2022年底，关键配套新海客运枢纽完成主体工程施工。

参与投资建设海南博鳌零碳示范区部分项目。2022年，海南省、住房和城乡建设部牵头推动海南博鳌零碳示范区项目，利用博鳌论坛展示平台，打造零碳示范样板和向世界展示中国绿色低碳发展理念、技术和实践的窗口。中远海运负责其中建筑绿色化改造、岛内分布式光伏发电一体化、运营智慧化等3个项目设计施工工作，中远海运实施部分总投资2.53亿元。

发挥科技引领作用，融入国家科研体系。2022年，中远海运组织所属单位积极参加工信部高技术船舶科研计划申报，牵头负责LNG装备技术基础与试验验证平台的"LNG船舶液货与机电模拟演练系统研制"、2030型绿色智能大型集装箱船的"绿色智能船舶排放监测与管控技术研究""绿色智能船舶协同研发平台技术研究"3个子项目；参研2030型大型LNG船、LNG装备核心系统、LNG装备技术基础与试验验证平台、2030型绿色智能大型集装箱船、2030型绿色智能沿海内河示范船等项目中的7个子项目。中远海运所属大连重工牵头工业和信息化部优选型极地环保运输船研制项目，开展极地船舶新能源动力应用及减排技术研究，攻克东北航道极地探冰和通信导航关键技术，提升极地航行保障能力。中远海运所属上海船研所、中远海运特运参研"船舶航行态势智能感知系统"项目，实现船舶航行环境信息的空间分析和航行态势的数字化重构，完成航行态势感知智能系统集成，并实现实船应用。

**【走向海外】** 中远海运高质量推动"一带一路"建设。2019—2022年，中远海运在"一带一路"沿线完成投资超过200亿元，连续多年在国家国际化评价中位列前三，其中在2021年联合国贸发会议跨国化指数TNI排名中居中央企业第1位。服务"一带一路"沿线地区。2022年，累计完成集装箱运输箱量1257万标准箱，完成散货运量7058万吨、能源运量6130万吨。中欧陆海快线内涵外延实现新突破，累计完成货量16万标准箱，其中比港主通道、里约卡辅助通道的里亚斯特通道完成货量同比继续保持增长。加强与战略合作伙伴的全球化、全流程合作。集团推动相关供应链产业链的深度融合，为客户打造个性化、定制化供应链物流解决方案，助力实体经济发展。2022年，中远海运基础货源比例持续提升，外贸直接客户占比 44.1%，比上年末增加 8 个百分点。

**【重大创新】** 全力推进全球数字化供应链体系建设。全球数字化供应链体系建设是集团以科技领航，数字化赋能，打造“世界一流的全球综合物流供应链服务生态”的重要抓手，是中远海运落实党的二十大报告提出“加快实施创新驱动发展战略，加快数字经济发展，加快建设交通强国、贸易强国、推动绿色发展”重要任务的关键举措。中远海运坚持“以客户为中心”，将全球数字化供应链建设定位为集团穿越行业周期、实现转型升级、高质量发展的最重要抓手，围绕产业链部署创新链、围绕创新链布局产业链，构建以集装箱运输为核心、覆盖全球的“航运、物流、港口”三位一体的全球供应链体系，形成为客户提供一站式物流解决方案的能力。2022 年，中远海运组建工作专班，协同海控完善、形成规划方案，并大力推进海控在业务架构、数字化组织、试点项目等方面的工作，重点做好产品中台、资源与运营中台、技术中台、客户中台、客户服务中台、客户前台等方面的跟踪管理，不断增强自身的供应链交付能力。

加强汽车运输模式创新，缓解中国出口汽车运输难的困境。中远海运下属中远海运特运利用纸浆船在中国出口流向有富余舱位的优势，创新运输服务模式，打造 48 尺可折叠商品车专用框架，将中国出口汽车运送至南美。自 2022 年 8 月“中远海运智慧”轮首航至 2022 年底，使用纸浆船通过框架箱运输汽车 24 个航次，合计运输汽车 23033 辆，缓解中国出口汽车运输难的问题，稳定我国汽车生产供应链，提升我国汽车产业链竞争力。

坚持顶层设计，推进科技机制体制改革。一是建立科技与数字化创新工作体系。二是做好顶层设计，印发“十四五”科技发展专项规划。三是打造科技制造事业群。四是联合创建全国重点实验室，形成水路交通科技自立自强、保障国家安全的战略科技力量。

主动拥抱变革，加快推进绿色低碳智能转型。探索节能环保船型及船队新能源动力升级方案，组织编制碳达峰行动方案，明确目标、战略路线、重点任务和重大项目，形成全方位系统化布局，支撑碳达峰目标实现。2022 年，集团新造船订单中新能源动力船舶占比 91%，在绿色、低碳发展道路上迈出坚实的步伐。智能航运方面，智能船项目开展面向中短期的数据价值提升和面向中长期的有条件自主航行核心技术攻关及示范。基于前期数据管理和标准研究，形成国际标准工作提案《智能船舶岸基数据管理技术要求》，通过中国国家标准委评审。

加大研发投入力度，提升科技创新能力。2022 年，中远海运研发投入强度比上年增长 42%，拥有有效专利 1992 件，其中有效发明专利 429 件，分别比上年增长 18.57%、21.88%；申请专利 839 件，获授权专利 407 件，其中发明专利申请 448 件，获授权发明专利 69 件，分别比上年增长 52.55%、33.88%、64.10%、200%。申请 PCT 等国际专利 4 件。获得省部级科技奖励 24 项，一级行业协会奖励 22 项。新增国家级专精特新“小巨人”企业 3 家、省级“专精特新”中小企业 7 家。

拓展基于区块链的全球航运商业网络平台功能。2022 年，扩大平台生态服务范围，新增会员 9 家。拓展产品应用，2022 年将无纸化放货产品推广至墨西哥、巴拿马等海外港口，国内主要港口使用率平稳保持在 90%以上。持续提升海运规则影响力，2022 年区块链电子提单在 ISO 通过国际标准立项，《区块链电子提单数据交互及业务流程》《基于区块链的港航集装箱信息交换平台及接口技术要求》两项行业标准在交通运输部立项。

推广 5G 智慧港口实践成果。扩大厦门远海智慧港口示范区的建设。完成厦门远海码头智能化改造，实现自动化岸边装卸、智能理货＋无人集卡水平运输＋自动化堆场＋智能闸口全流程全要素作业工艺的无缝衔接和协同作业。形成基于 5G 的传统码头自动化改造解决方案。无人集卡在港口开放式场景下，实现与有人集卡混行常态化作业，实现“5G＋车路协同”在港口的多个场景应用。推广复制 5G 智能解决方案。武汉阳逻实现岸边装卸＋智能理货＋无人集卡水平运输＋自动化堆场＋智能闸口全流程无缝衔接和协同作业。《厦门远海码头集装箱水平运输自动驾驶先导应用试点项目》被交通运输部列入第一批智能交通先导项目；牵头编制团体标准《港口无人驾驶集装箱车技术要求》发布，《港口无人驾驶集装箱车智能水平运输系统技术要求》完成立项。

**【党建工作】** 2022年,中远海运党组以习近平新时代中国特色社会主义思想为指导,把学习宣传贯彻党的二十大精神作为首要政治任务,落实习近平总书记对本行业本企业重要指示批示精神和党中央决策部署,胸怀"两个大局",坚持党的领导、加强党的建设,当好"大国船队",服务交通强国、贸易强国建设,以高质量党建引领保障企业高质量发展。

贯彻党的二十大精神全面深入。把学习宣传贯彻党的二十大精神作为首要政治任务,坚持早预热、早部署谋篇布局,开展"喜迎二十大、奋楫新航程"宣传活动。坚持全覆盖全层级系统推进,印发《关于认真学习宣传贯彻党的二十大精神的方案》和工作计划表,迅速掀起学习宣传贯彻热潮。党组第一时间传达学习党的二十大精神,连续两个月每周深入学习研讨。聚焦加快建设世界一流企业,围绕稳效益、深化改革、绿色低碳、数字化转型、党建领航等举办学习贯彻党的二十大精神专题研讨班,将党的二十大精神转化为集团推动改革发展、全面从严治党的实际行动。

践行"两个维护"坚定有力。坚持"第一议题"制度,强化政治统领,组织党组中心组理论学习27次,举办专题研讨班2次,开展党的十九届六中全会精神培训班4期,深刻感悟"两个确立"决定性意义,坚决做到"两个维护"。开展落实习近平总书记对本行业本企业重要指示批示精神情况"回头看"。学习贯彻习近平总书记考察海南洋浦小铲滩码头重要指示精神,开展"建功新时代、喜迎二十大"习近平总书记重要指示批示精神再学习再落实再提升主题活动。向党中央请示报告重大事项11次。坚持把方向、管大局、保落实,召开党组会43次,其中前置研究讨论重大经营管理事项44个。助力乡村振兴投入帮扶资金9091万元。

党建融合发展持续深化。坚持"两个一以贯之",制定集团境内单位在完善公司治理中加强党的领导的实施意见,符合条件的34家直属单位和127家三、四级企业全部实行董事长、党委书记"一肩挑",其中8家规模较大的直属单位配备党委专职副书记。修订中远海运"三重一大"决策事项和权责清单。推动党建融合责任压紧压实、党建融合任务落实落地、党建融合品牌持续深化。聚焦数字化转型、科技创新、绿色低碳、智能航运等关键领域,加大高层次紧缺人才引进力度,招录比例15%～20%。中远海运连续4年在国务院国资委党建责任制考核中获评A级。

全面从严治党纵深推进。聚焦"国之大者"深化政治监督,全面从严治党持续向纵深推进。中远海运纪检监察组围绕贯彻落实新发展理念、实施绿色低碳智能战略、保供稳链、安全生产部署落实、疫情防控等加强政治监督,有力推动党中央重大决策部署在中远海运落实落地。中远海运党组坚定扛起全面从严治党主体责任,全年召开9次党组会研究全面从严治党、党风廉政建设和反腐败工作,专题听取纪检监察组履行监督专责情况汇报。持续深化纪检监察体制改革,不断完善大监督格局,推动党建考核、纪检监察监督、内部巡视巡察、审计、财务监督检查等各类监督力量有机贯通、相互协调、共同发力。完成内部巡视巡察全覆盖,开展各类审计项目617项。深化政治巡视,2022年完成对4家党委的巡视,顺利完成5年内部巡视全覆盖,2022年巡视巡察发现问题1886个,问题线索17件。开展巡视整改"回头看"检查,持续巩固中央巡视整改和内部巡视整改成果。

宣传思想工作守正创新。开展"奋进新航程、建功新时代"重大主题访谈活动。制定《关于新时代加强和改进中远海运集团思想政治工作的实施意见》《中远海运集团"十四五"企业文化建设规划》《中远海运集团企业文化核心价值理念纲要(2022版)》等。《红色特展砥砺蓝色梦想》案例入选党史学习教育领导小组办公室主编图书。中远海运党组在中央企业思想政治工作会议作重点经验交流。编纂《波澜壮阔》航运百年图志、集团年鉴,参与交通运输部《大国海运》纪录片拍摄,与国家广电总局联手策划主旋律电视剧《中国船长》。中远海运获评中央广播电视总台十大"国之重器"品牌、新华社五十大"2022外国人喜爱的中国品牌"等。

开展全力服务"六稳""六保"、防疫抗疫保供保畅、共建"一带一路"、国企改革三年行动、绿色环保、科技创新、社会责任等主题宣传。2022年,在集团官微、视频号、海外社交平台账号等自有媒体刊发新闻及宣传稿件3600余篇。围绕集团中心工作,推动宣传视频化，2022年元旦开通集团微信视频号，全年制作刊发宣传视频185个。组织中央及省市媒体采访98次，境内外媒体刊发集团各类宣传稿件1.15万余篇。对接央视做好“喜迎二十大，一线展风采”系列宣传报道，央视新闻联播刊发喜迎二十大特别报道《勤于创造　勇于奋斗　以劳动托起中国梦》，采访远洋船长严正平。集团比港入选央视《领航》大型纪录片、《非凡十年：中国的十个维度》大型专题报道等。

引领群团工作凝心聚力。倾情做好疫情期间员工关心关爱工作，全力做好劳模、在岗员工、困难职工、船员家属、抗疫一线志愿者及确诊员工的后勤保障。深化开展送温暖活动，各级工会发放款物1466万元，慰问员工34494人次。大力弘扬劳模精神、劳动精神、工匠精神，开展“安康杯”劳动竞赛，各单位组织劳动竞赛680次，技术比武132场次。组织全系统船岸青年深入学习习近平总书记在中国共产主义青年团成立100周年大会上的重要讲话，开展“喜迎二十大、永远跟党走、奋进新征程”主题教育实践活动。开展全国青年安全生产示范岗创建和“安全生产月”活动，引领青年岗位建功。

“三不腐”一体推进。围绕贯彻落实习近平总书记对本行业本企业重要指示批示、党的十九届六中全会、中央纪委六次全会精神、疫情防控和安全生产部署等开展政治监督。印发《不断提高一体推进不敢腐、不能腐、不想腐能力和水平的意见》《中国远洋海运集团关于推进新时代廉洁文化建设的意见》，“三不腐”一体推进取得更多制度性成果和更大治理成效。持续深化以案促改、以案示警，通报违规公款吃喝典型案例，对中远海运党组管理干部开展集中警示教育。

**【信息化与数字化建设】** 建设数字化供应链。一是数字化供应链顶层规划基本成型，聚焦客户、资源、运营3个重点领域设计核心业务流程，设计客户中台、产品中台、资源及运营中台、客服中台、技术中台等重点支撑，确定11个数字化产品。二是以点带面推动数字化供应链落地，初步建立资源及运营中台、客户中台、客服中台、产品中台、技术中台以及数字化组织与运作机制作为重点支撑的运作模式，涵盖海运干线、驳船、铁路、拖车、仓储和报关等多环节资源。

打造数据基础设施及应用。一是建设数据治理体系，制定《中远海运集团系统构建指引》《中远海运集团数据治理指导意见》，以及数据标准、质量、安全、数据架构、主数据、元数据、采集和共享8个数据要素工作规范，成立数据治理工作组，建立集团级数据体系管理机制。二是推动数据赋能，开展管理驾驶舱、战略客户服务、对标数据库、纪检监察平台等数据应用建设。三是建设集团数据底座，应用湖仓一体化技术，建设覆盖各业务板块的数据采集、传输和汇聚的数据底座，支持集团和各板块以租户方式在线开发和应用。

持续推进集团统建系统建设。一是推进人事系统建设，完成iHR系统一阶段建设，启动二阶段项目，在一阶段基础全面推广，增加招聘、人才测评、员工自助等功能。二是推进财务系统建设，启动司库系统建设，开展前期调研工作和蓝图设计工作；启动久其报表系统升级项目建设，进行版本升级和功能提升。三是启动联网审计系统优化项目、社保系统优化项目、科创管理等集团统建系统建设。四是启动数字化协同办公平台建设，企业微信、视频会议、统一认证、企业微信与OA集成等应用上线使用，并推广至全集团。五是启动费控系统建设，并在集团总部及相关下属单位推广使用。

云计算建设及应用。随着国家相关部委近年来先后印发文件部署云计算应用工作，中远海运将云纳入“十四五”战略，制定《中远海运集团“十四五”云计算建设及应用总体方案》，印发《关于统筹开展集团中心云计算应用工作的通知》，启动集团中心云专有云池（一期）项目建设，完成5个试点项目上云，推动79个下属单位应用云化和系统集约，申报集团航运物流“万舸云”列入中央企业第一批行业云，推动IPv6改造和网络收敛等工作，为集团数字化转型业务应用灵活部署、快速迭代夯实基础、做好支撑。

网络和信息化安全。2022年，中远海运根据《中华人民共和国网络安全法》等有关政策法规要求和上级部委工作部署，严格贯彻网络安全党委党组责任制，按照“三化六防”理念，围绕“三个体系、三个支撑”,打造“三道技术防线”,逐级压实网络安全责任,全年印发《集团“十四五”网络安全专项规划》,二次修订发布《集团网络安全管理规定》,建立网络安全工作评价体系,推进三道技术防线建设工作,推动网络安全集约管理,并克服疫情影响,加班加点,圆满完成全国两会、党的二十大等10余次重大活动期间的集团网络安保等工作。集团全年未发生重大及以上网络安全事件,在年度国家网络攻防实战演习中获得“优异”成绩和防守单位先进个人评价,再次获得国家网络与信息安全信息通报工作先进单位、先进个人等表彰。

**【履行社会责任】** 2022年,中远海运深入学习贯彻习近平新时代中国特色社会主义思想,认真落实党中央、国务院各项工作部署,聚焦国家战略、民生需求,切实履行社会责任。

助力中小企业纾困解难。2022年,中远海运认真贯彻落实党中央、国务院关于助力中小企业纾困解难的工作部署,深刻认识到中小企业对稳定国民经济和促进社会发展的重要作用、当前面临的重大挑战,以及助力中小企业纾困解难、协同发展的重要意义,认真谋划和推动完成2022年服务业小微企业和个体工商户房屋租金减免工作。

扎实做好对口支援和定点帮扶。2022年,中远海运实施对外捐赠1.43亿元,其中,定点帮扶、对口支援和乡村振兴9800万元,涉及湖南省安化县和沅陵县、云南省永德县、西藏自治区昌都市洛隆县和类乌齐县,以及全国各地21个乡镇和行政村;境内公益慈善2754万元,包括向四川泸定地震灾区捐款2000万元,向各地防疫捐赠,助学、助老等;境外公益慈善1746万元,涉及北美洲、欧洲、非洲、亚洲等7个国家和地区,项目包括帮助当地弱势群体、社区服务、救灾、关护濒危动物等。2022年,中远海运在定点帮扶和对口支援5个县投入帮扶资金9091万元,实施项目59项;利用240.7万元结余资金开展帮扶项目4个。其中,巩固脱贫成果投入700万元,实施项目7个;产业振兴投入1405万元,实施项目10个;人才振兴投入3671万元,实施项目24个;文化振兴投入269万元,实施项目3个;生态振兴投入2989万元,实施项目15个;组织振兴投入77万元,11个党支部与定点帮扶各县建立共建关系。对照中远海运2022年定点帮扶和对口支援工作要点,无偿投入帮扶资金9091万元,完成112%;帮助引进资金1657.65万元,完成828%;培训基层干部479人次,完成479%;培训技术人员1986人次,完成1986%;购买及帮助销售农产品1370万元,完成153.67%;实施助学2608人次,完成217%。集团在4月公布的2021年度中央单位定点帮扶工作成效考核评价为“好”,位于中央单位第一梯队,在中央企业排名前30%。

促进中希交流,中远海运比港出让场地建设希腊水下博物馆。2022年5月17日,中远海运(比雷埃夫斯)港口有限公司与希腊文化和体育部在比港成功举行“希腊水下博物馆场地出让签约”仪式,中远海运比港向希腊文化和体育部提供约1.3万平方米的场地,用于建设希腊水下考古博物馆。

中远海运支持土耳其抗震救灾。2023年2月6日,土耳其发生两次7.8级地震,造成重大人员伤亡和财产损失。地震发生后,中远海运集团下属中远海运(欧洲)有限公司立即统筹协调内部资源,第一时间成立应急行动组,帮助受灾的当地员工共渡难关,同时积极组织其他地区员工捐赠保暖衣物、婴儿用品、妇女用品等,并及时转运至土耳其相关政府部门,传递中远海运“同舟共济”的企业精神。

中远海运向四川地震灾区捐赠救灾资金2000万元。2022年9月5日,四川省甘孜州泸定县发生6.8级地震,给当地及周边地区人民群众的生命财产造成重大损失。中远海运在全力保障救灾物资运输等工作的同时,第一时间通过中远海运慈善基金会向四川省慈善联合总会捐赠救灾资金2000万元,全力支持抗震救灾和尽快恢复灾区生产生活秩序。

中远海运“公益送”项目助力慈善组织对外捐赠。中远海运为支持中国境内社会组织开展国际人道主义救助活动,设立“公益送”公益物资运输平台项目,依托中远海运专业的物流运输能力,提供专业、高效、安全、无偿的物流援助。2022年,“公益送”项目先后为中国扶贫基金会捐助柬埔寨西哈努克城的1000辆共享单车、中国红十字会向汤加援助的260套净水设备提供公益免费运输支持。

抓好节能减排推动绿色发展。中远海运长期致力于践行新发展理念，积极响应国际海事组织有关航运业的绿色发展节能减排政策，围绕清洁能源、绿色船舶等开展联合攻关，推进绿色改造，推动绿色转型，构建智慧绿色航运新生态，为可持续发展作出企业应有的贡献。一是推动靠港船舶使用岸电。船舶靠港期间使用岸电可有效减少硫氧化物、氮氧化物、颗粒物等大气污染物，是实现节能减排的重要途径。集团积极推进落实交通运输主管部门牵头的渤海湾区域客滚船岸电推广试点工作、琼州海峡省际客滚船岸电专项工作、中国沿海散货船岸电专项工作、长江经济带船舶岸电推进机制，渤海湾客滚船、琼州海峡客滚船、沿海干散货船岸电改造和常态化使用取得实质进展和区域带动作用，形成绿色航运建设和推广机制。2022年，集团新建的44艘集装箱船、8艘散杂货船、4艘客滚船全部加装岸电设备。39艘集装箱船、84艘散货船、7艘客滚船完成岸电改装，港口加装32套。集团船岸企业累计用电5800万千瓦·时，累计减少二氧化碳排放5.22万吨，替代标准油1.25万吨，大力减少燃油消耗，助力行业推进绿色低碳转型。二是参与上海港一洛杉矶港绿色航运走廊项目。中远海运集运积极响应上海市和洛杉矶市发布的建设上海港—洛杉矶港绿色航运走廊的联合倡议，成为该项目的首批成员单位，考虑订造的4艘常规燃料16000 TEU集装箱船升级为甲醇双燃料动力，并考虑将OOCL的订单船和集运自有13800 TEU营运船也升级或改建为甲醇双燃料动力，力争在国际航运绿色低碳转型的发展进程中作出表率。三是研发建造纯电池动力零碳排放集装箱船。为助力上海国际航运中心建设，集团积极落实推动船舶装备低碳化转型要求，组织牵头研发建造700 TEU(万吨级)长江干线纯电池动力零碳排放集装箱船，以上海洋山港为始发港口，布局江海联运航线，采用换电模式实现全程纯电航行，助力上海港打造绿色智能航运示范及绿色零碳码头。中远海运发展协同上港集团合作推动长江口(太仓—洋山/外高桥)穿梭巴士电动化。通过电动化更新现有货运驳船，大幅减少油污及废气排放，实现长江口水域货物集并运输全程绿色零碳。

(撰稿人：翟　宇)

# 中国航空集团有限公司

**【基本概况】** 2022年，中国航空集团有限公司(以下简称中航集团)认真贯彻落实党中央、国务院决策部署，团结带领全体干部员工迎难而上、顽强拼搏，以迎接保障党的二十大胜利召开、学习贯彻党的二十大精神为主线，全面落实"疫情要防住、经济要稳住、发展要安全"总体要求，全力抓好安全生产、慎终如始严防疫情、努力应对经营困难、坚决防范各类风险、稳步推进深化改革、全面加强党的建设，各方面工作保持平稳有序态势。

在服务"国之大者"中展现政治担当。全力服务保障党和国家交办的各项重大运输任务，履行载旗航空和双奥航司使命担当，践行中央企业政治责任。举全集团之力奋战冬奥会、冬残奥会保障，创造性解决一系列保障难题，创造安全"零差错"、人员"零感染"、服务"零投诉"的优异成绩。服务保障党的二十大胜利召开，圆满完成会议航班保障任务。出色地完成乌克兰撤侨、人员接返、进博会等一系列重大运输任务。坚决落实上级部署，加快重点国际航线复航，针对国内局地突发疫情火速执行包机或加班运输，确保空中走廊始终畅通顺达。全力支持服务经济社会发展，为小微企业、个体工商户企业减免租金，做好招录应届毕业生工作，为"稳增长""稳就业"贡献力量。

以保持安全平稳态势体现责任担当。深刻认识行业安全形势，准确把握安全规律，从思想上始终把保证安全作为首要政治责任和头等大事抓紧抓实，从行动上全面践行安全发展理念、严格落实安全生产责任。认真贯彻国务院安委会安全生产"十五条措施"，制定并深入落实7个方面27项安全管理举措，对照民航局安全评估报告制定整改措施38条，深入开展安全大检查和安全隐患排查治理，顺利完成安全专项整治三年行动收官。深入开展全机队技术状态普查，提早部署航班换季准备工作，持续加强航班运行风险防控，完善应急会商组织和处置流程，强化重点航线安保评估，妥善处置多起空防威胁信息事件。着力推进人员作风建设，提升一线员工的安全意识和规章意识，大力整治人为因素不安全事件。

以慎终如始的态度抓好疫情防控。坚决贯彻落实党中央关于疫情防控的决策部署，严格落实主体责任、不断优化防控措施，确保防控工作的科学性、精准性、有效性。牢牢把住外防输入“五道防线”，严格落实“六个完全分开”措施，“一班一策”评估国际航班风险，统筹疫情防控、生产组织和旅客保障，降低疫情通过航空渠道传播的风险。加强对内部重点单位防控措施督查，扎实开展各类疫情防控培训，严防社会面疫情“倒灌”。千方百计解决员工队伍特别是广大飞行、乘务、地面一线员工实际困难，连续实施空勤飞行小时补贴和地面“两集中”人员特殊岗位补贴政策，切实把党中央、国务院对民航业的关心和支持落实到“保安全、保生产、保工资、保稳定”上来。

以顽强拼搏的意志稳住经营大盘。始终坚定控亏脱困的决心意志，科学统筹生产组织与疫情防控，最大限度降低疫情不利影响，保持经营基本盘的稳定。以“四个最大化”原则组织生产，坚持“长投”保生产基本盘稳定、“短调”保边际贡献最大，推进航班环、飞机环、机组环“三环”优化，升级京沪等“国航快线”6条，打造“随到随走”的优质服务品牌。积极维护客运市场秩序，严格舱位管控、细化两舱产品价格梯度，加强销售组织、创新定价工具、丰富产品组合。深化客货联动机制，巩固客机货班规模优势，客机货班行业占比近40%，有效分摊固定成本。提升大项成本管控精度，调整飞机引退节奏，争取飞机延迟交付和及时退出。强化内部融通，降低外部融资需求，推进债务置换。积极调整债务结构，加强资金统筹管控，全力推进国航非公开发行。

以持之以恒的韧劲提升服务水平。坚持以人民为中心的发展思想，锚定建设世界一流企业的战略目标，用好“三个导向”“三全方略”两个抓手，努力提升服务水平。深入开展民航服务规划实施年，推进完成7个大项、37个子项年度服务重点工作，发布新版服务标准管理总则等管理文件。推进休息室“凤庭荟”品牌合作，上线客舱“凤舞云端”新视觉方案，推出新版机上娱乐界面。打造“云飨中华”机上餐饮理念，国航餐饮口碑不断提升，持续推进“跨航司行李直挂”服务和城市航站楼筹备工作，保障“一市两场”“一场两区”平稳运行，枢纽中转竞争力进一步增强。全面投产运行全球地面航班保障平台，优化升级乘务员资质管理系统，成为华北地区首家实现乘务员训练和资质电子化运行的航空公司。实现国内“无纸化”服务全覆盖，在30个航站上线行李全流程跟踪业务。

**【主要指标】** 2022年，中航集团实现安全飞行108.5万小时；营业收入652.22亿元，比上年减少24.81%；利润总额−429.86亿元。

**表1　2022年中国航空集团有限公司主要经济指标**

| 项　目 | 2021年 | 2022年 | 比上年增长(%) |
|---|---|---|---|
| 资产总额(亿元) | 3253.35 | 3267.99 | 0.45 |
| 所有者权益(亿元) | 898.06 | 615.18 | −31.50 |
| 营业收入(亿元) | 867.39 | 652.22 | −24.81 |
| 利润总额(亿元) | −165.25 | −429.86 | — |
| 净利润(亿元) | −149.46 | −433.80 | — |
| 归属于母公司所有者的净利润(亿元) | −64.39 | −194.18 | — |
| 技术开发投入(亿元) | 2.16 | 2.52 | 16.36 |
| 利税总额(亿元) | −107.00 | −374.53 | — |
| 应交税金总额(亿元) | 60.45 | 52.11 | −13.81 |
| 全员劳动生产率[万元/(人·年)] | 35.04 | 10.34 | −70.49 |
| 净资产收益率(%) | −15.93 | −57.33 | 减少41.40个百分点 |
| 总资产报酬率(%) | −3.40 | −11.15 | 减少7.75个百分点 |
| 国有资本保值增值率(%) | 95.54 | 90.60 | 减少4.94个百分点 |

**【改革发展】** 2022年，中航集团贯彻落实国企改革三年行动“可衡量、可考核、可检验、要办事”的部署要求，全面完成改革三年行动任务41项、举措116条，取得一系列重要成果。中国特色现代企业制度更加

成熟定型，集团及具备条件的子企业全部制定党组（党委）前置事项清单，董事会应建尽建和外部董事占多数实现100%，普遍建立董事会向经理层授权的管理制度，9家重要子企业全面落实董事会职权。经理层成员任期制和契约化管理实现全面覆盖，三项制度改革实现深层次破冰破局，新进员工公开招聘比例、员工绩效考核覆盖率持续保持100%；实施以职务级别为基础的干部能上能下机制，管理人员竞争上岗和不胜任退出比例分别为37.3%和5.3%；强化考核激励机制，企业负责人绩效年薪兑现系数区间由0.75～1.18调整为0～1.6，提高非企业负责人浮动工资占比到60%～70%。航空货运物流混合所有制改革、"两非""两资"清退、压缩层级减少法人户数、剥离企业办社会职能等工作成果丰硕，"双百行动""科改示范行动"不断深化，党的领导党的建设全面加强，集团改革三年行动实现高质量收官，在国企改革三年行动2021年度考核中获评A级。

**【重大项目】** 2022年6月，中航集团首次编制完成成渝、粤港澳、长三角重点区域规划并履行内部审批程序。6月，中国国际货运航空有限公司完成股份制改造工作，更名为中国国际货运航空股份有限公司（以下简称国货航）；10月，批准国货航首次公开发行股票并上市方案。6月，中国航空（集团）有限公司完成西安机场股权转让工作，收回扣除税费的转让价款10.77亿元。8月，国航与英国罗尔斯·罗伊斯公司在北京成立民用航空发动机维修合资公司。9月，国航北京总队区域停车楼项目竣工完成总验收并投入使用。11月，完成云南空港飞机维修服务有限公司股权转让，收到股权转让款3388.92万元。12月，澳门航空股份有限公司完成减少注册资本14亿澳门元。12月，国航与山东省财金投资集团有限公司、山东高速集团有限公司和山东航空集团有限公司签署《关于山东航空集团有限公司之增资协议》。

**【走向海外】** 2022年，中航集团（国航股份）有客运航线449条，其中国际航线53条、地区航线7条、国内航线389条。通航国家及地区32个，通航城市166个，其中国际33个、地区3个、国内130个。通过与星空联盟成员的合作，将服务进一步拓展到184个国家（地区）的近1200个目的地。

**【重大创新】** 2022年12月，国航首架搭载Ka卫星通信系统的空客A 320空地互联飞机正式进入试运行阶段，实现基于高通量Ka频段卫星的机上Wi-Fi互联，使乘客在万米高空畅享高速率网络服务。中航集团创新工作管理平台于12月通过最终验收，平台电脑端和手机端上线运行。平台提供多项核心功能，为构建配置优化、运转高效、协同共进的创新生态提供有力支撑。成都富凯飞机工程服务有限公司研发的B 757飞机气象雷达改装技术和器材，实现自动前视风切变探测、双套雷达系统冗余备份相互切换功能，打破该项技术长期被国外公司垄断的局面，截至2022年底，项目成果应用于国内4家航空公司的10余架B 757飞机上，运行安全稳定可靠。"飞机地面燃油交输系统"获评2022年服贸会科技创新服务示范案例。

**【党建工作】** 扎实推进学习宣传贯彻党的二十大精神。组织开展系列主题活动，营造"喜迎二十大"的浓厚氛围。大会召开后，第一时间传达学习党的二十大精神，全面部署学习宣传贯彻工作，迅速兴起学习贯彻热潮，推动广大党员干部把思想和行动迅速统一到党的二十大的各项决策部署上来。

有序推进党建重点工作。巩固深化"第一议题"制度，不断增强"两个维护"的自觉性坚定性。系统开展基层党建专题调研，加强生产一线、境外机构党组织建设。健全完善思想政治工作体系，为安全生产筑牢思想基础。围绕中航集团成立20周年，组织开展"风华二十载、启航新征程"主题宣传活动。加强集团党内法规制度建设，提高"制度治党、依规治党"水平。多措并举助力青年成长成才，充分发挥劳模工匠创新引领作用。

着力加强干部人才队伍建设。系统加强干部选育管用，健全完善集团领导干部职务体系。推动干部人事制度改革，增强选人用人竞争性，切实推动领导干部能上能下。

纵深推进全面从严治党。紧盯党中央重大决策部署、安全生产责任、"两个责任"、巡视整改开展监督，加强对"一把手"、领导班子、重点难点问题的常态化监督，使之贯穿管党治党和公司治理全过程。推动各类监督贯通融合、成果共享，加快构建"大监督"格局。坚持一体推进“三不腐”，锲而不舍纠治“四风”，统筹抓好“靠企吃企”、境外反腐败治理、整治形式主义官僚主义和巡视“回头看”等工作，持续营造风清气正的发展环境。

**【信息化与数字化建设】** 2022 年，中航集团加强信息化数字化组织建设，成立中航集团信息化与数字化建设领导小组，统筹开展公司信息化与数字化的顶层设计、建设与管理，实现统一领导、科学决策和高效运作。重点围绕平台建设、能力建设、管理机制开展信息化数字化建设工作，加强集团信息安全体系建设和安全防护平台建设。围绕“可持续可管理”的安全运行理念，加速推动数据中心建设，加快 IT 基础资源布局调优，打造高质量 IT 运行体系和资源保障体系。强力推进平台建设，加强应用与数据联动，支持公司数字化转型。以价值交付为导向，推进对标世界一流管理举措提升的有效落地，推进各业务领域重点项目建设。搭建融合智能的企业级数据底座，深化数据服务，挖掘数据价值。

**【履行社会责任】** 巩固拓展脱贫攻坚成果。严格落实“四个不摘”要求，用心用情用力助力定点帮扶的广西壮族自治区昭平县、内蒙古自治区苏尼特右旗在脱贫“摘帽”的基础上巩固拓展脱贫成果，接续推进乡村振兴。2022 年，投入无偿定点帮扶资金 4000 万元，开展帮扶项目 25 个，组织员工购买帮扶地区农牧产品 5209 万元，帮助销售帮扶地区农特产品 730 万元，引进无偿帮扶资金 219.3 万元，培训基层干部 2331 人、乡村振兴带头人 590 人、技术人员 1535 人，开展长期志愿支教 3310 课时，选派 2 名挂职帮扶干部，1 名驻村第一书记，增派 5 名优秀青年赴帮扶地区支持工作。自 2017 年中央单位定点扶贫成效考核以来，连续 5 年获得最高等次“好”。

持续开展志愿服务和公益捐赠。秉持“奉献、友爱、互助、进步”的志愿服务理念，积极鼓励员工参加志愿服务和社会公益活动。在中航集团定点帮扶地区开展志愿支教，全年派出支教志愿者 16 人。持续开展“青年与春运同行”“青春正旺季”活动，组织各单位开展各类活动 1383 次，志愿服务时长 23178 小时，服务旅客 7.5 万余人次，覆盖青年 3 万余人次。助力北京冬奥会、冬残奥会服务保障，选派 197 人次志愿者参与赛事服务和候机楼转场保障工作，提供志愿服务 1497 小时。支援四川甘孜泸定地区抗震救灾及灾后重建，向四川省甘孜泸定受灾地区捐赠 500 万元。

推进生态公益保护项目。国航于 2021 年设立“国航长江生态保护基金”，2021—2022 年项目启动“携手国航　守护贡嘎”公益项目，在四川省甘孜藏族自治州地区围绕生物多样性保护开展巡护员能力提升、巡护员装备支持、生物多样性保护监测及宣传推广的公益活动。

创新推出绿色出行解决方案。2022 年，中航集团创新推出“净享飞行低碳行”旅客碳抵消产品，帮助旅客了解飞行过程中碳排放量，自主实现“碳中和”飞行，携手旅客共同守护美丽中国。9 月“净享飞行绿色出行项目”获得 2022 年服贸会绿色发展示范案例奖。

积极探索低碳飞行新技术。2022 年 10 月，国航在天津空客交付中心接收 A 350 宽体机，并使用国产 SAF 执行接收后的首次飞行，成为国内首家使用国产 SAF 交付宽体客机的航司。12 月，国货航使用国产可持续航空燃料完成国内首次货运航班商业运行。中航集团通过运营实践，积极推动可持续航空燃料国产化应用。

（撰稿人：丁　磊）

## 中国东方航空集团有限公司

**【基本概况】** 中国东方航空集团有限公司（以下简称中国东航）总部位于上海，是中国三大国有骨干航空运输集团之一，前身可追溯到 1957 年 1 月上海成立的第一支飞行中队。截至 2022 年底，中国东航资产总额 3730 亿元，员工 10 万余人，经营业务涵盖航空客运、航空物流、航空金融、航空地产、航空食品、融资租赁、进出口贸易、航空传媒、实业发展、产业投资等航空高相关产业。在建立起现代航空综合服务集成体系的基础上，中国东航全力打造“全服务航空、经济型航空、航空物流”三大主业，着力打造“东航技术、东航食品、东航科创、东航资本、东航资产”五大航空相关产业板块，致力于成为协同发展、智慧高效、安全优质、绿色环保的世界一流大型航空产业集团。

作为中国东航核心主业的中国东方航空股份有限公司(以下简称东航股份),是首家在纽约、中国香港、上海三地上市的中国航企,截至2022年底,全集团机队规模797架,其中东航股份机队规模778架,是全球规模航企中最年轻的机队之一,拥有规模大、商业和技术模式领先的互联网宽体机队。东航股份构建以上海和北京为主的"两市四场"双核心枢纽网络,借助天合联盟,通达全球184个国家和地区的1088个目的地,每年为全球超过1.3亿名旅客提供服务,旅客运输量排名全球前十。

承担中国东航航空物流核心主业的东方航空物流股份有限公司(以下简称东航物流)是全国首批、民航首家混合所有制改革试点企业,2021年6月,在上海证券交易所主板上市,助力中国东航成为首家实现航空客运和航空物流两项核心主业"双上市"的国有大型航空运输集团。截至2022年底,东航物流全货机规模15架,依托东航股份的客机腹舱以及自有全货机资源,东航物流有效构建国际跨境运输的时效安全优势,在稳定供应链、畅通产业链中发挥重要保障作用。

2022年,中国东航以高度的政治责任感,把迎接党的二十大胜利召开、学习宣传贯彻党的二十大精神作为贯穿公司全年工作的一条主线,坚持稳字当头、稳中求进,沉着应对疫情反复延宕、市场持续低迷、人民币贬值、油价高企等多种超预期不利因素影响,研究制定一系列稳定人心、提振信心、坚定决心的举措,有效防范化解重大风险,统筹推进疫情防控和安全生产、改革发展等各项工作。2022年,中国东航在多个领域获得荣誉。"云南临沧定点帮扶项目"在2022年世界非政府组织创新与发展峰会上获评"最佳体验公益产品项目","东航企业级数据模型"以排名第一的优异成绩获得中国数据建模大赛一等奖,"基于5G的智慧机务项目"获得第五届"绽放杯"5G应用征集大赛全国总决赛三等奖,中国东航成为全球第四家获IATA行李追踪全网络合规认证航空公司。

**【主要指标】** 2022年,中国东航实现营业收入659.72亿元,比上年减少21.55%;利润总额-319.64亿元。东航股份完成运输总周转量80.25亿吨千米、旅客运输量4251.05万人次,分别比上年下降38.49%、46.26%。安全飞行107.74万小时、起落44.58万架次,分别比上年降低40.18%、41.57%。

**表1　2022年中国东方航空集团有限公司主要经济指标**

| 项　目 | 2021年 | 2022年 | 比上年增长(%) |
|---|---|---|---|
| 资产总额(亿元) | 3694.66 | 3729.50 | 0.94 |
| 所有者权益(亿元) | 1103.05 | 972.39 | -11.85 |
| 营业收入(亿元) | 840.96 | 659.72 | -21.55 |
| 利润总额(亿元) | -82.39 | -319.64 | — |
| 净利润(亿元) | -62.18 | -334.36 | — |
| 归属于母公司所有者的净利润(亿元) | -17.62 | -172.16 | — |
| 利税总额(亿元) | -42.66 | -286.87 | — |
| 应交税金总额(亿元) | 78.66 | 66.37 | -15.62 |
| 全员劳动生产率[万元/(人·年)] | 46.27 | 19.46 | -57.95 |
| 净资产收益率(含少数股东权益)(%) | -5.54 | -32.22 | 减少26.68个百分点 |
| 总资产报酬率(%) | -0.27 | -6.85 | 减少6.58个百分点 |
| 国有资本保值增值率(%) | 98.50 | 87.73 | 减少10.77个百分点 |

**【改革发展】** 2022年是国企改革三年行动收官之年,中国东航按照"可衡量、可考核、可检验、要办事"的标准,高质量完成相关工作任务。2020—2022年,累计研究改革议题80余个,组织召开深改委会议22次,总结典型事例62个并加强交流推广。进一步完善治理体系,坚持"三重一大"决策机制,修订完善相关制度机制;健全董事会制度体系,推动董事会实质性、高效性运转,全面完成41户子企业董事会应建尽建,推进19户重要子企业落实董事会职权;健全董事会授权管理体系,提升子企业董事会运作质量;高质量开展信息披露和投资者关系工作。进一步深化

科技创新改革，形成科创三级管控模式，开展科创平台项目 90 余项，积极开展专利认证申请。进一步推进市场化经营机制，实现任期制和契约化管理全覆盖，建立不胜任工作员工市场化退出机制，深化分配激励改革，完善薪酬总额与效益联动机制。进一步明确深化改革任务方向，制定“加快建设世界一流企业实施方案”，建立责任落实机制。

**【运营管理】** 2022 年，中国东航牢记中央企业职责使命，坚决贯彻“疫情要防住、经济要稳住、发展要安全”总体要求，全力以赴做好各项工作。一是坚持强化理论武装，把学习贯彻习近平新时代中国特色社会主义思想持续引向深入，全面兴起学习宣传贯彻党的二十大精神热潮。集团党组认真落实“第一议题”制度，第一时间传达习近平总书记最新重要讲话和重要指示批示精神 155 篇次，开展党组会学习和中心组学习 82 次。坚持学用结合、知行合一，扎实开展“建功新时代、喜迎二十大”习近平总书记重要指示批示精神再学习再落实再提升主题活动。公司主要领导以主题党课形式宣讲党的二十大精神，党组成员深入基层，结合分管领域，广泛宣讲党的二十大精神；党组研究制定学习宣传贯彻方案，各级组织认真落实，开展形式多样、内容丰富的学习宣传贯彻活动，公司上下迅速兴起学习热潮。在总结“蓝天党小组”6 年成果经验基础上，空勤队伍联合组成“蓝天党建工作室”，持续深化基层党建创新，更好地把党的二十大精神带入基层、带进支部、带向蓝天。二是坚持强化安全管理，安全形势总体企稳回升。中国东航党组深刻领会习近平总书记“确保航空运行绝对安全，确保人民生命绝对安全”重要指示精神，坚决有力把习近平总书记关于民航安全系列重要指示批示贯穿到安全工作各方面、全过程。研究制定《关于深入贯彻落实习近平总书记重要指示精神　确保“两个绝对安全”的决定》，明确重点任务 13 项；制定“迎接党的二十大胜利召开”安全工作措施 18 条；扎实开展安全风险隐患排查治理，对运行单位开展督导 77 次，排查出的安全隐患和问题全部迅速完成整改。在迎接保障党的二十大胜利召开的关键阶段，实行安全管理“五个提级”。突出严密组织生产运行，严把机组派遣关、天气放飞关、适航放行关，着力构建有机协调的“运力环、飞机环、机组环”；突出重点规范安全管理，建立健全飞行、机务系统的周例会制度；突出管控安全裕度，坚持量力而行，杜绝超能力运行；突出运行人员心理干预，针对性开展技能培训，加大谈心谈话力度和人文关怀，确保队伍思想稳定；突出重点盯、盯重点，对机务系统、东航物流公司等单位实施安全督导调研。三是坚持强化稳增长举措，全力争取减亏控亏。受疫情持续影响，民航业成为特困行业。面对各种困难，公司采取一系列针对性举措，持续深化提质增效，既盯源头抓市场，又盯支出控成本，严控年度投资规模总量，确保资金用在最紧要的地方。航空客运方面，充分发挥营销作战指挥室的职能，调整优化航班近 40 万班次，降本增收近 40 亿元。初步建成台风式航班全周期管理平台。细化航班大面积调整流程，提升生产运行应急处置能力。加强自有销售渠道建设，“引荐人计划”用户总数 22.4 万人，有效带动机票收入；“前程万里”产品累计销售 5.5 万套；“差旅总管”投产 27 家，有力支撑两方集团客户服务。大力拓展代理渠道合作，收益制代理费机制上线，促进销售品质提升。航空货运方面，全力以赴抢抓货运市场机遇，全货机日利用率实现最大化，加密高收益货运航线，积极推进客货联动，提升腹舱利用效率；全力保障上海航空货运口岸正常运行，加快智慧货站建设；为精密仪器、生鲜冷链等高附加值业务提供综合物流解决方案。东航金控有限责任公司努力发挥融资功能，助力集团资金安全，积极开拓外部市场，创新金融交易业务新模式，完成全年经营目标。上海东航投资有限公司保持逆势上扬，较好地完成财务指标，工程管理、资产管理业务持续创新转型，有效输出高端品牌“云锦东方”。东方航空进出口有限公司充分调动全体员工积极性，实施销售激励，努力开拓第三方业务，在航材、报关、招标、综合商贸等传统业务均实现新增客户，实现经营效益企稳回升。东方航空食品投资有限公司积极克服疫情带来的极大经营压力，在巩固航空食品市场份额的同时积极拓展非航业务，推进集约化发展转型，常州集约化中心实现投产，完成全年减亏目标。东方航空传媒股份有限公司努力争取客户投放，强化精细管理，努力实现提质增效。东航实业集团有限公司创新设备租赁模式，新增物业项目，创新酒店产品，年营业收入和净利润实现双增长，超额完成净利润指标。东方航空产业投资有限公司聚焦集团战略开展对外投资，优化法荷航持股比例，入股海南国际碳排放权交易中心，落实管资本企业"一企一策"管控，实现较好投资收益。东航国际融资租赁有限公司积极落实非航业务整改要求，调整产业方向，进一步聚焦飞机融资项目，营业收入和利润总额保持稳定。四是坚持强化精细管理，基础管理持续得到夯实。公司多措并举推进精细化管理，管理效能、效率、效果进一步得到体现。严守资金安全，公司将防范化解资金风险作为重中之重，保持融资渠道畅通，积极争取各类补贴，用足用好纾困政策。深化业财融合，建立业财融合常态化机制，推进提质增效项目459项，实现增效23.87亿元；持续推进飞机减重节油项目，实施重型机高度层优化、飞机速度管控、国际航班动态成本指数运行，有效挖潜飞机性能，实现节油6.5万吨。全面清查资产，完成对集团资产的全面系统清查，花大力气摸清家底、找准问题，为清理低效投资、盘活存量资产、解决历史遗留问题打下良好的基础。夯实财务管理，司库项目按期完成建设投用，上线模块11个，实现全集团范围内资金"看得见、管得住、调得动"；完善预算定额体系，优化经营业绩考核手段，进一步强化预算刚性约束；严抓专项行动，全面开展"严肃财经纪律、依法合规经营"综合治理。强化风险管控，建立重大风险指标库，实现风险动态监测，加强风险识别、预警与处置能力；加大境外机构监管和风险应对力度；对工程建设等涉及大额资金管控、高风险业务实施常态化监督。推进法治建设与合规管理，召开全集团范围专题会议研究部署相关工作，坚持把依法经营、依法治企、依法维权贯穿公司工作的各方面、全过程。严格落实国务院国资委制定发布的《中央企业合规管理办法》，将依法合规治企作为企业一切活动必须遵循的底线和红线，将合法合规性审查作为重大决策事项的前置程序，全面开展合同专项检查、清查及整改工作，全年审核合同近2万份。五是坚持强化体系建设，运行服务品质稳步提升。以开展2022年"民航服务规划实施年"主题活动为抓手，扎实推进公司服务质量改进和服务品质提升。航班正常率95.42%，投诉量和投诉率有效降低。创新服务有明显突破，"一步到位"服务产品覆盖国内20个站点；空铁联运产品进一步升级，覆盖枢纽城市42个，通达火车站点680个，开通跨省际运输"空巴联运"100多条；空中快线产品开通航线33条，在21家机场设置专属值机柜台、17家机场设立相对固定行李转盘、专属安检通道、专属登机口；无陪儿童飞行可视化项目得到社会广泛好评。服务流程有改进，推进餐食机供品分级分类管控，开展机上食品安全及质量管控专项活动，修订服务奖惩管理办法，发布服务质量管理体系系列手册文件，启动东航VIS项目升级，排查服务偏差问题，提升品牌一致性。

**【党建工作】** 2022年，中国东航认真贯彻新时代党的建设总要求和新时代党的组织路线，始终把政治建设摆在首位，持续加强党的领导党的建设。一是聚焦组织体系建设。进一步推进党建工作与生产经营深度融合，在飞行员、安全员、乘务员教育培养过程中加强政治引领。推进党组织标准化规范化建设，进一步完善基层党建制度体系。二是聚焦干部队伍建设。坚持树立选人用人正确导向，进一步完善干部管理制度体系，加大干部交流和管理人员能上能下工作力度，进一步规范完善干部任免程序，不断提升选人用人工作质量。三是聚焦人才强企。加强党对人才工作的全面领导，进一步完善人才工作领导机制。坚持内部培养与外部引进相结合，进一步优化人才队伍结构。四是聚焦政治监督和反腐败工作。组织对5家集团下属单位党委开展巡视，实现对党组管理的单位党组织巡视全覆盖。围绕贯彻落实习近平总书记重要讲话精神和党中央、国务院决策部署以及党组要求，重点针对廉洁风险、作风建设、安全工作、选人用人等领域，及时跟进开展监督检查。加强对"一把手"和领导班子的监督，持续强化主体责任、监督责任共同发力。五是聚焦群团统战工作。完善大统战工作格局，制定统战工作实施意见。关心关爱广大员工，加大对困难员工的精准帮扶。关心年轻员工的成长，实施青年精神素养提升工程。助力乡村振兴，积极推动定点帮扶的相关产业项目。

**【履行社会责任】** 在防疫抗疫方面，中国东航坚持"动态清零"总方针和坚持"外防输入、内防反弹"总策略，助力打赢“大上海保卫战”，有力支援全国抗疫。2022 年，执行医疗物资运输任务航班 486 架次，运送各类医疗物资近 3300 吨；执行医疗队运输任务 161 架次，包括医护人员 21600 余人、相关物资近 900 吨。对国际航线实行“一线一方案”，严格落实国际航班机组在境外期间的全过程防疫措施，切实防范疫情通过航空运输渠道传播。严格贯彻国务院联防联控机制相关通知精神，落实国务院国资委、民航局及属地政府相关工作规定，统筹抓好疫情防控、安全生产和员工关爱。在定点帮扶方面，中国东航坚持以习近平新时代中国特色社会主义思想为指导，牢记习近平总书记给云南省临沧市沧源县边境村老支书们重要回信的殷殷嘱托和“富脑袋、富口袋”的谆谆教诲，高质量、高水平、可持续地开展在云南沧源、双江两县的定点帮扶工作。2022 年，累计投入无偿帮扶资金 4173 万元，通过航线支持的有偿帮扶资金 6400 万元，引进社会无偿帮扶资金 381 万元，培训当地各类干部人才 8774 人次，帮助转移群众就业 668 人，直接采购沧源、双江两县和其他脱贫地区农产品 3367 万元，帮助销售农产品 320 万元。

（撰稿人：石义刚）

## 中国南方航空集团有限公司

**【基本概况】** 中国南方航空集团有限公司（以下简称南航集团）前身为成立于 1991 年 2 月的中国南方航空公司。1993 年 1 月，更名为中国南方航空（集团）公司。1995 年 3 月，更名为南航（集团）公司，成立中国南方航空股份有限公司。1997 年 7 月，中国南方航空股份有限公司在中国香港、美国同时上市。2002 年 10 月，联合中国北方航空公司及中国新疆航空公司，组建新的中国南方航空集团公司。2003 年 7 月，中国南方航空股份有限公司在上海证券交易所上市。2017 年 10 月，中国南方航空集团公司由全民所有制公司改制为国有独资公司，更名为中国南方航空集团有限公司。2019 年 7 月，南航集团完成股权多元化改革，成为多元股东的央企集团。

2022 年，南航集团安全态势保持平稳。把守住安全底线作为迎接党的二十大的首要任务，扎实开展安全整治三年行动“巩固提升”工作，在“两抓一防”上下功夫，打好“强责任、控风险、抓过程”硬仗。深入推进安全七大体系建设，丰富系统治理工作抓手，动态管控主体责任和岗位责任清单，抓好管理干部责任落实，安全审计覆盖至厦航等单位，推动问题隐患动态“清零”。2022 年，全集团运输飞行 156 万小时，其中股份公司 116 万小时、厦航 39 万小时；通用航空 1.5 万小时；连续保持飞行安全 278 个月、空防安全 343 个月，安全品质明显提升，安全水平持续在中国民航保持领先地位。经营应对成效良好。制定落实经营应对方案、稳增长工作方案，全力抢抓收入、压降成本、盘活资源、争取政策，更大力度控亏、减亏。运行品质稳步提升。持续开展航班正常专项提升行动，2022 年南航航班正常率 95.45%，比行业平均水平高 0.47 个百分点；旅客整体满意度 4.688 分，比上年上升 5.9%；净推荐值 83.55%，比上年提升 8.99 个百分点。圆满完成党的二十大、全国两会、北京冬奥会、进博会等重要保障任务，得到上级的充分肯定。服务品牌持续提升。持续全力打造“南航 E 行”“客户尊享”“中转畅享”“行李优享”“亲情服务 360”“食尚南航”等六大服务名片。启动打造“五化”服务行动，推动“亲和精细”理念落地。在产品服务方面，创新丰富产品体系，上线立即升舱、特殊行李、宠物托运、退改无忧等各类服务产品。重点关注特殊旅客，建设特殊旅客服务协调中心，实现 7×24 小时全时段覆盖，100%响应，响应速度小于 5 小时。完善服务管控平台功能，健全服务弥补与授权制度体系，实施投诉集中处置模式，赋能一线员工快速处理旅客诉求。优化客票特殊处置规则，推出“疫出行”防疫政策查询平台。完成南航自主行李服务平台建设，研发“家乡味道”餐食新品 125 款。持续推进品牌经营战略，在中央媒体刊发稿件 1803 篇，根据救治新疆断臂男孩事件改编的电影《平凡英雄》成功上映。2022 年，南航旅客满意度比上年提升 5.9%，首次获得 Skytrax“中国最佳航司”奖，连续 5 年获得民航旅客服务测评（CAPSE）年度“最佳航空公司奖”，连续 12 年稳居工业和信息化部中国品牌力研究航空服务业第一品牌，在中央企业品牌建设对标中排名第14位。

**【主要指标】** 2022年，南航集团运输总周转量、旅客运输量、货邮运输量分别为164亿吨千米、6264万人次、133万吨。

**表1　2022年中国南方航空集团有限公司主要经济指标**

| 项　目 | 2021年 | 2022年 | 比上年增长(%) |
|---|---|---|---|
| 资产总额(亿元) | 3486.40 | 3363.19 | −3.53 |
| 所有者权益(亿元) | 990.18 | 784.87 | −20.73 |
| 营业收入(亿元) | 1024.85 | 885.13 | −13.63 |
| 利润总额(亿元) | −119.59 | −298.97 | — |
| 净利润(亿元) | −93.19 | −324.48 | — |
| 归属于母公司所有者的净利润(亿元) | −62.39 | −201.81 | — |
| 技术开发投入(亿元) | 7.24 | 8.95 | 23.62 |
| 利税总额(亿元) | −96.66 | −277.41 | — |
| 应交税金总额(亿元) | 65.79 | 59.86 | −9.01 |
| 全员劳动生产率[万元/(人·年)] | 38.00 | 22.39 | −41.08 |
| 净资产收益率(%) | −9.01 | −36.55 | 减少27.54个百分点 |
| 总资产报酬率(%) | −1.65 | −6.90 | 减少5.25个百分点 |
| 国有资本保值增值率(%) | 95.00 | 85.33 | 减少9.67个百分点 |

注：2021年国有资本保值增值率为批复数，2022年国有资本保值增值率为申报数。

**【改革发展】** 重大战略纵深推进。2022年，南航集团制定加快建设世界一流企业实施方案，明确建设世界一流的目标思路和任务举措。高质量建设北京枢纽，大兴机场市场份额(含厦航、河北航)53.7%。提升大湾区市场控制力，广深珠惠国内始发市场份额38.7%，比上年提升2.1个百分点。五大结构调整优化成效明显，B 737售后回租26架，A 380飞机退出运营5架，主动推迟新飞机交付7架，宽体机比例下降，机型种类(不含国产机)降至16种，人机比由2021年底的132降至2022年底的126。深入打造南航生态圈，完善配套机制，搭建产品线，实现生态圈利润10.7亿元，比上年增长7.3%。

深化改革取得突破。国企改革三年行动圆满收官，备案任务完成率100%，大力推动各项改革向下贯穿。任期制和契约化签约74家，其中国务院国资委口径59家。完善市场化经营机制，以辅收激励兑现到个人为抓手，推进薪酬总额贯穿最小价值创造单元。优化绩效考核体系，健全考核排名靠后员工的培训、转岗、清退机制。“机关化”问题专项整改向45家二级单位全面贯穿，分子公司职能部门人均服务效率提升21.8%，平均管理幅度提升22.3%。机务改革深入推进，基本完成14家分公司和1家子公司维修基地业务、资产、人员划转，技术分公司第三方业务收入比上年提高21.8%。“双百企业”“科改示范企业”综改备案任务完成率100%，加快推进“双百企业”上市工作，完成物流公司、通航公司改制，积极争取物流公司分拆上市政策豁免。董事会规范性、有效性持续提升，集团董事会年度考核进步较大，股份董事会加强ESG职能建设，“4+1+4”决策制度体系运行良好，应建尽建范围内子企业董事会设立100%，在26家子企业建立“制度+清单”式授权机制，完善董事履职支撑保障制度体系。推进“阳光采购”体系建设，落实“管办分离”，被八部委评选为全国供应链创新与应用示范企业。优化培训组织管理体系，推动考核分配一体化管理。成立项目管理委员会，构建公司项目管理制度体系和项目平台。提前完成对标世界一流管理提升十大领域53项备案任务。圆满完成国务院国资委“压减”法人任务，集团管理层级由五级压缩至四级。在国企改革三年行动2021年度考核中，南航获评A级；“双百企业”专项考核中，南航物流排名第一，获评“标杆”。

发展基础不断夯实。与湖南省人民政府、招商局集团、广东农垦集团等签订战略合作协议。紧跟各地机场“新改扩”规划建设进度，完成乌鲁木齐、深圳等基地总规编制，完成广州、深圳、武汉等地项目前期研究。优化不动产投资运营，制定不动产投资、航站楼进驻等8个资源配置标准，在广州、北京、河南、黑龙江货站等存量运营项目及华北产教融合实训基地新建项目中成功应用经营权转让模式。广州老机场规划调整取得突破，土地收储加快推进。开展“严肃财经纪律、依法合规经营”综合治理，排查整改重点问题19项，做好股权投资、控股不控权等专项治理及“合规管理强化年”工作，完成265家存量股权投资梳理。全面完成集团股权多元化增资资金注入航空主业，股份公司完成启航三期60.5亿元的股权融资，连续9年获得上海证券交易所信息披露A级评价。印发法治建设“十四五”规划，常态化开展风险辨识评估及重大风险应对落实情况跟踪。系统梳理知识产权管理现状，加大保护力度，研究管理机制。

**【重大创新】** 2022年，南航集团研究确定公司未来科技创新“六一四一”发展思路，即聚焦六大创新方向(航空领域重点应用软件、航空数据要素价值、先进智能航空装备、航空材料/关键零部件、生产/安装/组装/改装/维修新工艺、碳达峰碳中和技术)、构建一个创新生态(南航科技创新生态)、打造四大创新平台(民航维修工程技术研究中心、民航航空公司人工智能重点实验室、飞行安全研究院、明珠创新工作室)、转化一批科创成果。充分发挥四大创新平台作用，有序推动科技创新项目孵化，立项科技创新项目63项、预研项目22项。其中，“基于中国特色训练体系的国产高等级全自动飞行模拟机研制”项目以突破国外技术壁垒、摆脱国外技术依赖为目标，在业界引起强烈反响。2022年，集团新增授权专利128件，比上年提升80.3%，累计有效专利数432件，其中发明专利111件。获得8个省部级和一级行业协会科技奖项。其中，“大型航空公司部件维修管理体系的研究及应用”“航空公司运行智能决策管理的研究及应用”获得民航科学技术奖二等奖；“飞机维修智慧工场解决方案”获得中国工业互联网大赛领军组第10名(全国三等奖)；“航班智能恢复系统”入选第五届数字中国建设峰会“数字技术应用场景典型案例”；“基于民航CRM理论的维修质量管理研究与应用”获得中国质量技术奖二等奖；“5G+AR技术应用”成果获得第五届“绽放杯”全国总决赛优秀奖、第7届中国航空创新创业大赛全国30强。

**【党建工作】** 2022年，南航集团深入贯彻落实新时代党的建设总要求和全面从严治党战略方针，推动党建“六性”制度化、规范化、具体化，实现党建工作提质增效升级，连续5年在中央企业党建责任制考核中获评A级。一是认真学习宣传贯彻党的二十大精神。开展“建功新时代，喜迎二十大”主题活动，邀请中央宣讲团成员作专题宣讲，管理层以上全员轮训，在公司宣传平台开辟专栏，各单位采取“三会一课”、主题党日等形式广泛开展学习研讨，兴起学习宣传贯彻的热潮。二是党建基础不断夯实。推进子企业董事长、党委书记一肩挑，符合条件的子企业党组织成员进入董事会。制定集团组织人事制度管理工作指引，印发基层党委、党(总)支部职责清单和主要工作任务、清单，下发分公司、业务运营单位治理主体议事清单范本，优化“一企一策”“一企一评”党建考评机制，完善组织生活会等制度流程。有效开展宣传思想政治工作，开展“四个讲明”形势任务教育宣讲1.2万场，组织飞行、乘务、安保、机务、运控等重点群体谈心谈话14.2万人次。构建以意识形态责任制为纲，以社交媒体运营等舆论阵地管理为辅的“1+N”制度体系，开展舆论阵地意识形态问题集中清查整改，杜绝重大负面舆情。三是选人用人更加科学规范。突出选人用人政治标准，选人用人满意度连创新高。推动干部能上能下，修订《干部退出办法》，制定《改任非领导职务干部管理实施细则》，管理人员竞聘上岗比例67.2%，末等调整、不胜任退出比例10.1%，均高于央企平均值。常态化开展二级单位领导班子和干部队伍调研盘点，年轻干部比例提升至20.9%。制定印发“人才+项目”工作管理办法，实施“靶向引才”工程。完善领导干部报告个人有关事项工作机制，查核一致率大幅提升，印发《领导干部配偶、子女及其配偶经商办企业管理实施办法》及有关禁业范围，抓实常态化监督。四是正风肃纪反腐持续深入。不断强化政治监督，紧紧围绕党中央重大决策部署贯彻落实情况和航空安全、疫情防控开展常态化监督，持续落实加强对“一把手”和领导班子监督的各项具体措施，对失职失责行为严肃问责。深化“靠企吃企”专项整治，扎实开展境外腐败治理工作，巩固采购领域腐败集中整治成果，出台《采购工作监督办法》。持之以恒落实中央八项规定精神,坚决纠治享乐主义、奢靡之风,修订公务用车管理制度,突出整治形式主义、官僚主义,持续为基层减负。坚持不敢腐、不能腐、不想腐一体推进,运用到正风肃纪反腐各方面,加大案件审查调查力度,推动以案促改促治,大力加强廉洁文化建设。精准运用监督执纪"四种形态",全年各级纪检监察机构受理信访举报415件、初核229件、立案61件,运用"第一种形态"批评教育帮助248人次,给予党纪政务处分和公司处分49人次。持续深化中央巡视整改工作,完善巡视巡察联动机制,实现党组巡视全覆盖,出台《加强巡视整改和成果运用实施办法》,推动巡视整改工作落地见效。扎实开展经济责任审计和专项审计,印发《关于加强南航集团内部审计工作集中统一管理的若干规定》,持续完善违规经营投资责任追究体系。

**【信息化与数字化建设】** 2022年,南航集团稳步推进数字化转型,双中台建设取得明显成效,打造五大领域示范工程,完善公司流程架构,升级扩容大数据平台。切实加强网络安全治理,搭建自主可控适配测试中心,信息安全管理体系通过国际标准认证,杜绝重大网络安全事件。一是数字化转型管理体系。完善转型组织机制,激发企业创新活力,举办数据应用创新大赛,制定发布科技创新与数字化转型相关激励办法,实施云T数字化人才和DAMA数据管理人才培养计划,多名学员通过TOGAF企业架构师认证及DAMA数据治理工程师认证。二是生产经营数字化升级。推进研发设计数字化。通过DevOps(研发运维一体化平台)等工具提升研发设计效率和质量。推进生产运营智能化。以业务场景为驱动,提升对航班编排、调度和机务维修等场景的支撑能力。升级NPS运力网络管理平台,为航班编排、优化和效益测算提供更精准的决策支持。完善南航智行,为各单位提升协作联动效率提供移动化解决方案。引入AR工卡,完善工卡对步骤执行的反馈。正式发布南航e家4.0版本,打造公司统一的企业级移动办公平台。全新上线小e智能客服,其业务知识库涵盖行政管理、员工服务、综合保障、金融、财务、安全、运行等业务领域36个专题、3631个问题。推进用户服务敏捷化。建立高端客户经理专区和客户导购平台,支撑15万高端客户的专属客户经理开展一站式服务。强化全渠道退改服务,实现快速退改签。推进产业协同生态化。上线生态开放平台,丰富产品定制化组合,实现用户精准触达。三是数字技术创新应用。突破关键核心数字技术。积极推进科学技术部重点研发计划项目"航路规划大规模复杂动态图的数学建模及分布式计算",全面开展航路规划测试系统的研发工作,申请国家专利9件,形成航路规划系统的标准初稿4份。加快新型基础设施建设。建设研发云平台、开源PaaS(平台即服务)等技术平台,提供一站式算法建模服务。实现大数据分析平台扩容和一站式大数据管理及开发平台升级。强化数字技术平台建设。构建"云平台+双中台"应用架构模式,完成业务中心上线运营16个,为187个业务前端系统提供共享能力1500个,年度累计调用量超过100亿次。深化数据中台建设,完成数据分析场景12个,汇聚系统131个、数据1536 TB,为40多个系统提供数据服务230余项,活跃用户近2000人。发展壮大数字产业。强化北斗创新应用,打造资源人员监控调度平台,树立民航北斗智慧应用典型。推动5G在机务维修中的创新应用,打造航空特色平台型AR/VR产品。四是激活数据要素潜能。强化数据治理,成为民航业首家通过数据管理能力成熟度国标四级的企业。推进数据共享,上线数据资产管理平台,填补数据资产管理工具空白。释放数据价值,制定发布《对外数据服务激励管理办法》。五是重点领域数字化转型。着力建设数字化重点项目,进一步强化流程、数据、IT在安全、运行、营销、服务等业务领域的协同,支撑各业务板块数字化转型,释放转型红利。安全方面,完善i-ORCS运行风险管理系统建设,建立运行信息分类机制和信息发布渠道,持续提升运行风险管控能力。运行方面,搭建航班中心气象、情报模块,引入航班成本与收益、投诉、飞机限制等各类数据,开发预决策模块,提升运行决策能力。营销方面,通过营销平台打造客户经营专区,强化客户经营体系;推进生态圈建设,南航商城新增合作伙伴180家,上架生态圈合作产品2793款,支持合作伙伴直播销售南航生态圈产品573款。服务方面,整合运行、营销、服务数据,强化运行与服务联动机制;建立完善服务风险管理体系,提升服务管控能力。六是打造数字化转型示范工程,将数字化转型示范工程列为公司级策略推进。推动企业架构方法论在大运行、机务维修、协同办公、科技信息、服务管理五大示范工程的应用，强化流程、IT、数据的协同，强化业务战略与IT战略对齐，实现业务数字化、业务运营集成、业务模式创新的数字化转型示范效应。

**【履行社会责任】** 2022年，南航集团疫情防控有力有效。持续优化疫情防控机制，筑牢航空运输疫情防控屏障，严格落实高风险岗位人员闭环管理等措施，按照网格化要求加强员工管理，杜绝因员工违反规定造成社会面传播。做好人员备份和生产生活设施保障，确保生产不断、秩序不乱、安全平稳、运营有序。坚决完成重大运输保障任务，执飞包机30架次，接回境外滞留人员6500余人，获得上级的充分肯定。深化员工关心关爱，对乘务员、安全员设置薪酬兜底政策，向一线机务人员发放双补贴，优化飞行员小时费待遇，投入4311万元资金慰问一线员工和隔离人员等群体，深入开展员工心理健康关爱、双飞家庭关爱等工作。

南航秉持“绿色、和谐、创新”理念，将绿色发展融入生产经营全过程，有力有序推动碳达峰行动方案落地实施。通过飞机重量减重、优化飞机性能、提升航油效能管控、推进全流程数字化节油、航路优化和优化“航油E云”等方式，2022年南航吨千米油耗、吨千米碳排放均比上年降低2.7%；关注国内可持续生物燃油的商业化应用，2022年10月南航接收首次使用“中国制造”可持续航空燃料的宽体机。南航深化“绿色飞行”责任品牌，加大力度推广旅客“按需就餐”，引导旅客按需就餐，累计节约餐食超过735.1万份；全面推广“机组俭约随心餐”，在南航空勤队伍内弘扬杜绝浪费的机上饮食文化，减少机组餐食浪费约59.15万份。

2022年是实现巩固拓展脱贫攻坚成果同乡村振兴有效衔接的深化之年，南航选派69名挂职、帮扶干部负责帮扶工作，承担2个定点帮扶县、30个对口帮扶村的帮扶任务，直接投入帮扶资金7421.45万元，通过招商引资带动投资3.5亿元，完成固玛镇四中南航教学楼等项目。全年志愿服务参与25000人次，志愿服务时间7.7万小时。连续4年在中央单位定点帮扶考核中获评最高等次。

（撰稿人：张海峰　何　立）

# 中国中化控股有限责任公司

**【基本概况】** 中国中化控股有限责任公司（以下简称中国中化）是由中国中化集团有限公司与中国化工集团有限公司联合重组而成，于2021年5月8日正式揭牌成立，为国务院国资委监管的国有重要骨干企业，员工22万人。重组完成后，中国中化成为中央企业序列中唯一的化工企业。

中国中化业务范围覆盖生命科学、材料科学、石油化工、环境科学、橡胶轮胎、机械装备、城市运营、产业金融八大领域，是全球规模领先的综合性化工企业。旗下拥有扬农化工、安道麦、安迪苏、中化国际、鲁西化工、昊华科技等16家境内外上市公司，在全球超过150个国家和地区拥有生产基地和研发设施，以及完善的营销网络体系。居2022年《财富》“世界500强”第31位，化学品行业榜单第1位。

2022年，面对疫情冲击、俄乌冲突等复杂多变的外部环境，面对内部各类风险挑战、历史问题集中爆发等困难，中国中化始终按照党中央“疫情要防住、经济要稳住、发展要安全”的决策部署，公司全体干部职工以“战时状态”稳经营、强管理、防风险、促合规、保安全，努力完成各项年度目标任务。

生命科学板块，公司旗下先正达集团抓住全球粮食价格上涨的有利时机，优化定价策略，加强供应链管理，植保、种子等主要产品实现量价齐升，营业收入稳步增长。2022年，先正达集团实现销售收入2248亿元，比上年增长24%。

材料科学板块，公司下属中化国际芳纶产品实现质量突破，利润总额比上年增长30.4%；积极推进连云港基地建设，双氧水法环氧氯丙烷等装置顺利投产。蓝星公司国内有机硅业务积极克服能耗双控影响，利润总额比上年增加42.1亿元。昊华公司持续优化客户结构、抢抓机遇，主要产品高产稳产，全年实现利润总额比上年增长54%。鲁西集团产业链条持续拓展延伸，为后续可持续发展注入新动力。沧州大化把握国外TDI供给不足的市场机遇，扩大TDI出口份额，盈利水平大幅提升。

石油化工板块，公司下属中化能源积极应对新冠疫情和俄乌冲突等不利因素影响，多措并举稳经营，坚持产销一体化协同，但受下游需求拖累，原油、成品油贸易量比上年下降，炼厂原油加工量及产销规模收缩，各类化工品销售量也有所减少。

环境科学板块，两化环境科学业务通过深度整合持续激发内生动力，土壤修复、危废处置、工业废水处理、矿山工程等领域业务规模继续快速增长，截至2022年底，布局40个以上省级工业园区，并实现内部环保协同项目103个。

机械装备板块，装备公司克服疫情反复、经济下行影响，积极抓住市场机遇，全年新增订单139亿元，比上年增长15%。但受主要产品成本上涨等因素影响，整体经营压力仍然较大。

橡胶轮胎板块，倍耐力在全球乘用胎市场恢复性增长形势下，积极推进高价值战略和中国市场增长战略，利润总额比上年增长27%。PTG、风神轮胎紧抓全球工业胎市场需求增长机会，利润总额合计比上年增长122%。

城市运营板块，中国金茂面对市场整体下行压力，坚持"房住不炒"，加强销售和回款力度；严控债务规模，"三道红线"保持绿档。积极落实"保交楼、稳民生"要求，强化品质交付，交付房屋套数、质量满意度、客户满意度均创历史新高。

产业金融板块，中化资本坚决落实监管要求，推动业务转型升级、创新服务实体经济，进一步提升优势业务行业地位，加大服务集团主业力度、探索产融协同模式。

**【主要指标】** 2022年，中国中化累计实现营业收入11693.41亿元，比上年增长5.24%；利润总额334.85亿元，比上年下降6.21%；净利润221.09亿元，比上年增长1.66%；营业收入利润率2.61%，比上年减少0.81个百分点。

**表1　2022年中国中化控股有限责任公司主要经济指标**

| 项　目 | 2021年 | 2022年 | 比上年增长(%) |
|---|---|---|---|
| 资产总额(亿元) | 15356.21 | 15840.07 | 3.15 |
| 所有者权益(亿元) | 3888.51 | 3384.06 | −12.97 |
| 营业收入(亿元) | 11111.35 | 11693.41 | 5.24 |
| 利润总额(亿元) | 357.03 | 334.85 | −6.21 |
| 净利润(亿元) | 217.47 | 221.09 | 1.66 |
| 归属于母公司所有者的净利润(亿元) | −12.75 | −0.09 | −99.29 |
| 利税总额(亿元) | 724.2 | 555.6 | −23.28 |
| 应交税金总额(亿元) | 596.5 | 324.6 | −45.58 |
| 全员劳动生产率[万元/(人·年)] | 77.32 | 68.33 | −11.61 |
| 净资产收益率(%) | 5.56 | 6.42 | 增加0.28个百分点 |
| 总资产报酬率(%) | 3.77 | 3.69 | 减少0.08个百分点 |
| 国有资本保值增值率(%) | 103.25 | 实现保值 | — |

注：1. 2021年数据为2021年财务决算数据；
2. 经与国务院国资委财管运行局沟通，因受清产核资影响，国有资本保值增值率可表述为"实现保值"，不披露具体数据。

**【改革发展】** 2022年是中国中化成立后的第一个完整运行年度。公司立足实际、面向未来，结合国家战略需要和行业发展趋势，系统谋划长远发展，改革发展各项任务稳步推进。

"十四五"规划。中国中化瞄准促进我国农业高质量发展和加快化工新材料产业补短板的国家重大战略需求，积极承担中央企业产业使命，形成1个总体规划和六大类40个子规划，着力发展"10+5"条重点产业链，打造四大产业基地和20个专业化、特色化基地，加快发展电子、航空、新能源三大领域化工新材料相关产业。

国企改革三年行动。国企改革三年行动全面达到国务院国资委完成标准。推进完成重难点子任务

1073个，解决一批长期想解决而没能解决的历史问题，有力促进公司高质量发展。中国中化在2021年度中央企业改革三年行动考核中获评A级，入选国务院国资委行动案例。

混合所有制改革。以"两化"业务整合融合促进混合所有制改革，积极推进先正达集团、中化能源等二级公司在资产重组基础上，对接资本市场，增强募资能力；通过资产重组、分拆上市提升整体价值，中国金茂于2022年3月正式分拆金茂服务上市；探索混合所有制改革企业中长期激励改革，扬农化工于2022年实施上市公司股权激励，实现激励与约束有机结合。

人才队伍建设。坚持党管干部党管人才原则，坚决贯彻新时代党的组织路线，研究发布《中国中化"人才兴企计划"》。建立企业分级分类机制，理顺管理职级体系和对应关系；明确党组管理干部范围，选优配强领导班子，压实管理责任；加强科技人才队伍建设，评审产生科研高级专家30人，核心主业领域科技领军人才队伍初见规模；研究制定"国际化人才专项行动"，选派7人担任境外企业高管，派出16人赴境外企业工作。

**【重大项目】** 2022年，中国中化以战略引领、技术创新、协同增效的投资导向，努力将有限资源配置到重点战略领域，全年产业领域完成投资505亿元，比上年增长16%，完成年度投资计划的86.5%，投资发展成效显著。泉州基地丙烯腈、EVA、高性能炭黑等产业升级项目加快推进，固体蛋氨酸、聚醚多元醇等重大协同项目前期工作顺利开展；连云港基地全球首套双氧水法环氧氯丙烷、环氧树脂、苯酚丙酮、双酚A等碳三产业链系列装置顺利投产，PDH、PO、促进剂等项目有序推进；聊城基地双酚A一期产出合格产品，弥补了聚碳酸酯原材料空缺，有机硅、己内酰胺一尼龙6、新戊二醇等产业项目按计划推进。PVDF、电解液、高性能航空轮胎、高性能复合材料等一批重点项目开工建设，中化涪陵搬迁、南京安迪苏液体蛋氨酸、扬农瑞泰尼龙66、沧州大化双酚A、蓝星东大聚醚多元醇等项目顺利投产。

**【走向海外】** 境外投资方面。2022年，中国中化批准境外投资项目20个，总投资143.43亿元，分别涉及生命科学、材料科学、橡胶轮胎、勘探开发领域，主要包括先正达集团多个境外企业收购、化工事业部股权收购、蓝星公司埃肯新建生物碳中试装置、勘探开发公司存量油气项目必要投入等。通过对境外投资建立专门管理制度，增强境外投资决策的科学性和投资管理的有效性，明确境外投资负面清单，防范境外投资风险，保证境外投资效益。

2022年，中国中化第5年参加中国国际进口博览会，坚定支持对外开放，维护多边贸易体制，促进国内、国际两个市场融合互动。会上，与来自沙特阿拉伯、科威特、日本、新加坡、阿联酋、马来西亚等10余个国家和地区的50余家客户签订合作协议，采购高品质的能源化工产品，并在科技研发、生产数字化等方面开展合作，采购总额超过110亿美元，采购种类及协议数量均创历史新高。公司旗下海外企业与国内客户签订多笔供货协议，销售总额超过16亿美元，创历史新高。

**【重大创新】** 2022年，召开中国中化成立以来的首次科技大会，将科技创新作为实现公司高质量发展的唯一选择和头等大事。聚焦现代种业产业链链长和打造原创技术策源地两大使命，制定实施"十四五"科技发展规划，成立中央研究院，启动建设17个研究中心。2022年，中国中化在国务院国资委中央企业专利质量排序中居第2位。南通星辰"一种处理制备2，6一二甲酚的工艺污水的方法"等4件专利获得中国专利优秀奖。建成全球首套双氧水法环氧氯丙烷生产装置，引领行业绿色发展。自主开发的己内酰胺法尼龙66新工艺实现产业化，打破跨国公司对尼龙66关键原料己二腈的长期垄断。

**【党建工作】** 2022年，中国中化深入学习宣传贯彻党的二十大精神。通过党的二十大代表推选、参观"奋进新时代"主题成就展、举办"喜迎二十大 奋进新征程"系列活动等，营造喜迎党的二十大的浓厚氛围。党的二十大召开后，及时制定学习宣传贯彻方案，党组成员带头深入基层宣讲，各级党组织周密安排部署，多种形式组织学习宣贯，迅速掀起学习热潮。围绕贯彻党的二十大精神，持续加强政治建设，不断提高政治判断力、政治领悟力、政治执行力。系统谋划加强党的建设。研究制定高质量党建引领高质量发展的实施意见，系统谋划、全面提升公司党建工作水平。全新提出新时代中国中化“精气神”，为公司改革发展凝聚强大精神合力。广泛开展“攻坚克难、党旗飘扬”活动，充分发挥各级党组织和党员的作用。通过开展“融化心语”走基层专项活动等形式，促进思想融合、队伍融合、文化融合。持续抓好党风廉政建设和反腐败工作，不断加固中央八项规定堤坝，修订发布党组深入贯彻落实中央八项规定精神的《实施意见》，制定发布《八项禁令》。支持各级纪检监察组织加大办案力度，不断提升执纪办案质量，为中国中化发展提供有力的纪律保障和政治保证。

**【信息化与数字化建设】** 中国中化电商平台于2022年6月正式上线发布，整合系统近百家化工生产企业，涵盖8000多个产品及6万多个牌号，活跃企业客户超过8.6万家，年线上交易额突破1800亿元。发布“线上中化”数字化转型“十四五”规划方案，明确数字化转型建设的全景图和路线图。实施“智能工厂+智慧HSE”专项提升行动与年度评价。全年23项数字化转型实践成果获得省部级优秀奖项。

**【履行社会责任】** 2022年，中国中化定点帮扶内蒙古自治区赤峰市阿鲁科尔沁旗、林西县，甘肃省武威市古浪县，河北省石家庄市平山县，主要帮扶指标均实现比上年增长；承担对口支援西藏自治区日喀则市岗巴县和青海省海西州大柴旦行政区。通过聚焦对口援扶旗县资源禀赋和发展战略，把巩固拓展脱贫攻坚成果同乡村振兴有效衔接，扎实践行以产业帮扶和民生帮扶双轮驱动，重点发挥主业优势、助力产业振兴，利用现代农业技术服务平台模式的带动作用，在4个帮扶县总帮扶规模扩大至246.67平方千米，联农带农5000余户，助农年均亩产增收10%～30%。在中央单位定点帮扶考核中继续获评“好”，入围第十二届中华慈善奖候选名单。

（撰稿人：孙佩鑫）

## 中粮集团有限公司

**【基本概况】** 2022年，中粮集团有限公司（以下简称中粮集团）坚持以习近平新时代中国特色社会主义思想为指导，全面贯彻党的二十大精神，坚定拥护“两个确立”、坚决做到“两个维护”，深入学习贯彻习近平总书记关于国有企业改革发展和党的建设重要论述，坚决贯彻落实党中央、国务院决策部署和国务院国资委工作要求，紧紧围绕“市场化、国际化、防风险、高质量”工作主线，以“十四五”规划为指引，以国企改革三年行动、国有资本投资公司改革等重大改革任务为统揽，坚定聚焦主责主业，坚持市场化改革方向，充分发挥改革“关键一招”作用，集团管理水平不断提高，经营业绩再度实现超同期、超历史、超预算、超预期，在国际粮商中总资产排名第一、营业收入和利润均排名第二，连续28年入围《财富》“世界500强”，2022年排名第91位，维护国家粮食安全、服务国家宏观调控、保障粮油市场稳定的作用进一步彰显，国企改革三年行动实现高质量收官，以良好的改革成效助力企业高质量发展，加快建设具有全球竞争力的世界一流大粮商，为全面推进中国式现代化贡献“中粮力量”。

**【主要指标】** 2022年，中粮集团各项工作扎实推进，在稳定宏观经济大盘、维护国家粮食安全、推进高质量发展等方面取得显著成效。全年实现营业收入7414亿元，比上年增长11.5%；利润总额229亿元，净利润162亿元，均保持较高水平。

盈利能力提升方面，中粮集团前瞻筹划、科学调度，外抓机会、内强管理，全年经营业绩继续保持在历史高位。实现净利润162亿元，比上年增长1.9%；国有资本回报率10.79%，比上年增加1.16个百分点；主要盈利指标保持高位运行。

资产质量改善方面，中粮集团年末资产总额6956亿元，比上年增长1.4%，其中，总资产周转率1.07次、流动资产周转率1.65次、存货周转率2.84次，分别比上年加快0.09次、0.16次、0.28次；非正常类“两金”净值8874万元，较2019年底压降84%，完成国务院国资委专项“压控”目标。年末国有资本及权益总额1138亿元，比上年增加130亿元，国有资本保值增值率114.7%。

债务风险防控方面，中粮集团负债总额4800亿元，负债率69.01%，剔除政策性业务后为67.30%，完成国务院国资委 70.2%的管控目标。经过近年来“降杠杆、减负债”工作的持续发力，中粮集团负债率首次常态化回归至国务院国资委管控线（70%）之下，整体杠杆水平长期趋势基本夯实。

保持规模增长方面，2022 年中粮集团营业收入 7414 亿元，比上年增长 11.5%，其中农粮业务收入增长 14%、食品业务核心单品支撑收入增长 4%。

**表 1 2022 年中粮集团有限公司主要经济指标**

| 项目 | 2021 年 | 2022 年 | 比上年增长（%） |
|---|---|---|---|
| 资产总额（亿元） | 6860 | 6956 | 1.4 |
| 所有者权益（亿元） | 2031 | 2156 | 6.2 |
| 营业收入（亿元） | 6649 | 7414 | 11.5 |
| 利润总额（亿元） | 238 | 229 | －3.8 |
| 净利润（亿元） | 159 | 162 | 1.9 |
| 归属于母公司所有者的净利润（亿元） | 97 | 119 | 22.7 |
| 技术开发投入（亿元） | 8.4 | 9.0 | 7.1 |
| 利税总额（亿元） | 401 | 375 | 6.5 |
| 应交税金总额（亿元） | 243.0 | 212.5 | －12.6 |
| 全员劳动生产率［万元/（人·年）］ | 61.64 | 61.07 | －0.9 |
| 净资产收益率（%） | 8.03 | 7.75 | 减少 0.28 个百分点 |
| 总资产报酬率（%） | 4.35 | 4.20 | 减少 0.15 个百分点 |
| 国有资本保值增值率（%） | 109.2 | 114.7 | 增加 5.5 个百分点 |

**【改革发展】** 2022 年是国企改革三年行动的收官之年。中粮集团全面贯彻落实改革三年行动决策部署，锚定加快建设世界一流大粮商战略目标，按照“可衡量、可考核、可检验、要办事”的要求，扎实推进各项改革任务落实落地，公司治理体系更加健全完善，产业布局结构进一步优化，子企业董事会建设全面落地，经理层成员任期制和契约化管理实现全覆盖，市场化选人用人和考核激励深度激发企业活力，深化改革实现“三个明显成效”预期目标，改革专项工程取得良好成效，圆满完成改革三年行动目标任务，实现高质量收官。2022 年，集团成功入选国务院国资委“国有企业公司治理示范企业”。

深化混合所有制改革是国企改革的重要突破口。2022 年以来，中粮集团加快推动福临门公司“引入战略投资者”工作，紧紧围绕国家粮食安全战略和核心主业高质量发展要求，抓住福临门公司经营指标实现超同期、超历史的有利时机和条件，系统谋划、有序推进，与社保基金、中远海控、中国诚通国调基金、中国人寿资管、中国政企基金、中投公司、厚朴投资、淡马锡、亚赋资本等新老投资人签约，募集资金 210 亿元，是 2022 年度国内规模最大的私募股权融资项目，为集团强化资金实力、稳健资本结构、优化股东结构、完善公司治理注入新动能，为进一步做强做优做大国有企业、加快打造世界一流大粮商迈出坚实的一步。

为在落实改革三年行动中发挥示范引领作用，中粮集团扎实推进国企改革“双百行动”、“科改示范行动”改革专项工程，积极支持下属企业中粮酒业、大悦城控股参加“双百行动”，中粮科工参加“科改示范行动”，授权中粮酒业、大悦城控股和中粮科工董事会全面落实 6 项职权，并对中粮科工“科改示范行动”进行专门授放权，集团有关领导和相关闸口部门多次现场调研督导，支持并推动相关企业制定实施个性化、差异化综合改革方案，自我加压、主动作为、率先探索，在完善公司治理、深化市场化改革、探索中长期激励、激发科技创新动能等方面取得明显突破，发展质量显著提升，内生活力有效激发，在国务院国资委 2022 年度“双百企业”“科改示范企业”专项考核中，中粮酒业获评“标杆”、大悦城控股获评“优秀”、中粮科工获评“良好”。

2022 年，中粮集团扎实践行新时代党的组织路线，坚持“党管干部、党管人才”原则，紧紧围绕“市场化、国际化、防风险、高质量”工作主线，研究制定纵深推进人才强企战略的决定及 8 个配套规划（即“1＋8”文件），加强干部人才工作顶层设计，启动第二个“三年任期经营目标责任制”，全力打造政治过硬、适应新时代要求、具备领导世界一流企业能力的干部人才队伍，持续推动干部“能上能下”、人员“能进能出”、收入“能增能减”，有效激发广大干部员工干事创业的内生动力，为加快推动集团高质量发展提供坚强组织保证。

**【重大项目】** 2022年，中粮集团粮食内贸业务全力推进江苏靖江码头仓储项目，项目实施后将新增中转能力1400万吨，并带动沿江全区域仓储物流能力提升，增强中粮集团在粮食流通主通道及关键物流节点的掌控能力。面粉业务加工能力提升144万吨至772万吨，推进宝应、潍坊等9个项目建设，全部投产后面粉总产能将达到1408万吨，为尽早进入行业第一梯队奠定坚实基础。油脂业务积极稳妥论证连云港、昆明、东北内陆等加工项目，顺利推进成都18万吨精炼项目、东海10万吨筒仓和5万吨油罐项目、东莞24万吨筒仓项目、日照10.5万吨筒仓项目等仓储项目建设，进一步完善油脂在主要销区和物流节点的供应链。食糖业务筹划多年的沿海炼糖布局成功在漳州落地，唐山15万吨产能扩建项目按计划推进，项目建成后，炼糖产能将从188万吨提升到253万吨，持续巩固企业龙头地位。肉食业务陆续建成吉林松原生猪养殖11万头项目、内蒙古赤峰生猪育肥11万头项目、内蒙古赤峰屠宰100万头项目等规模大、效益好的项目，养殖产能提升至613万头，屠宰产能提升至450万头；与蒙牛合资的首个反刍料饲料厂18万吨产能在宁夏银川竣工投产。中粮福临门公司引入战略投资者项目于2023年2月落地，募集资金约210亿元，助推中粮集团打造多元均衡、安全稳定、更有韧性的供应链。

**【走向海外】** 2022年，中粮集团始终把“走出去”作为维护国家粮食安全、保障国内供应的战略支撑。一是持续提升国际化经营管理能力。全力以赴强内功、促协同、清“两非”、优税筹、防风险，强化大宗商品国内外、上下游、各品种的统筹研判，形成国内外一体化运营的业务模式，中粮集团下属中粮国际2022年运营层面利润总额4.39亿美元，比2018年增长3.39亿美元，步入自我“造血”的良性发展轨道。二是进一步完善全球战略布局。积极寻求在巴西、阿根廷、美西、乌克兰、俄罗斯等地布局机会，着力增强面向全球的资源配置和整合能力，2022年成功竞标巴西桑托斯港粮油码头25年的特许经营权，与巴西政府完成特许权受让的协议签署及项目公司设立等工作。项目实施后，对中粮集团提升巴西粮油资源掌控能力、促进巴西大豆供应链建设具有重要战略意义，升级改造后的中转能力将由350万吨提高至1400万～1700万吨。中粮集团海外中转能力3200万吨，加工能力2900万吨，年经营规模超过1亿吨，具备每年为国家进口6000万吨左右农产品的全链条组织能力。2022年，中粮集团依托全球贸易网络体系和粮源掌控体系，有力应对全球疫情、俄乌冲突、市场剧烈波动等挑战，进口大豆、玉米、小麦、食用油、食糖、棉花等重要农产品约5000万吨，进口规模占全国的31%，其中谷物占55%、大豆占21%，充分发挥国家进口主渠道作用，积极助力农产品供应链稳定畅通、自主可控。三是全力服务党和国家工作大局。2022年，有关部委下达习近平总书记批示的玉米和替代品进口多元化方案，中粮集团全力配合，成功打通巴西玉米输华通道；有关部委下达“十四五”期间构建巴西大豆进口供应链保障能力任务，中粮集团第一时间成立工作专班，牵头推进巴西大豆供应链建设，全面加强与有关企业在大豆贸易、中转、海运等方面的合作，积极扩大巴西产地大豆采购规模，全年采购851万吨，较2021年提升29%；有关部委下达玉米进口直接投放任务，中粮集团克服内外严重倒挂、进口严重亏损、货源组织困难等挑战，运用市场化方式积极采购，努力降低进口成本、保障国内供应；有关部委下达冻猪肉转储任务，中粮集团迅速行动、周密安排，有力克服时间紧、任务重、人手少等困难，圆满完成已下达的阶段性任务；继续做好大米进口、粮食对外援助、食糖国别进口等专项任务，受到有关部委和相关国家的充分肯定。四是多措并举防范化解重大风险。中粮集团积极应对俄乌冲突，在黑海运粮通道开启期间，通过各种方式将存货运出交战区；全面梳理涉乌合同，跟踪资产及存货情况，积极会同保险公司做好理赔工作；重点关注西方国家制裁的进展和具体措施，制定应急预案。加强各国农粮政策研判，密切关注国际经贸环境变化，持续跟踪各国家、地区、国际组织等进出口政策动向，及时研判变动趋势及风险情况，根据实际需要不定期开展专题研究；积极与上下游合作伙伴沟通，了解合作国别相关政策导向，及时掌握市场信息。持续防控境外舆情风险，加强内部舆情风险培训，强化外部传播渠道管理，与东道国媒体保持良好关系并进行有效引导，传播中粮集团“开放、融通、互利、共赢”的国际合作理念和社会责任价值观。认真做好境外合规防控，加强信息监测调研，关注境内外出口管制法律法规动向及行业制裁名单，对涉外业务法律风险作出重点合规提示；开展法律合规培训，强化境外风险防范意识，及时识别和防范合规风险；加强合规队伍建设，提升掌握运用国际规则的能力，妥善处置化解涉外合规事项。五是持续推动低碳农业和当地社区建设。坚持绿色低碳发展。2022 年，中粮集团下属中粮国际全球温室气体排放比上年降低 5.5%，工业生产能源强度比上年降低 3.4%，在全球第三方专业评估机构 Sustainalytics ESG(环境、社会和治理)评级报告中，中粮国际在全球 69 家农业类企业(含 ABCD)中蝉联冠军。得益于可持续发展成效突出，25 家银行给予中粮国际总额度 16 亿美元的低息贷款，其浮动利率较 Landmark Ⅱ分别下降 15bps（一年期 RCF 为 65bps）和 10bps(三年期 RCF 为 80bps)。中粮国际持续强化海外企业驻地社区服务，坚持投资海外企业驻地的社区教育和能力建设，助力民众生活质量提升，不断厚植企业海外发展基础。

**【重大创新】** 2022 年，中粮集团认真落实创新驱动发展战略，聚焦核心主业，构建“需求牵引、市场导向、产研协同”的科技创新体系，推动“产业链、创新链、价值链”深度融合，服务集团高质量发展。

加强核心技术攻关，解决“卡脖子”问题。自主研制的新型小麦磨粉机和高方筛在国内市场占有率 50%，与外资品牌产品分庭抗礼；集成稳态化全麦粉生产技术，在国内首次推出符合全谷物定义的全麦粉产品，产品保质期从 3 个月延长到 9 个月；掌握注射级药用蔗糖全套生产工艺，细菌内毒素含量等核心指标比肩国外竞品；突破燃料乙醇绿色生产关键技术，在国内首次实现废水和好氧污泥的双零排放，践行绿色发展理念。

深化创新体系建设，构建“一体化”生态。中粮集团通过加强组织领导，成立集团科技创新领导小组，由分管集团党组成员担任组长、相关职能部门、各专业化公司负责科技工作的班子成员任组员，形成常态化工作机制，进一步统筹资源、研究对策、督导落实；突出一线历练，中粮集团选派研发骨干到经营单位挂职，安排新入职科研人员赴基层实习，让科技人才深入一线了解业务、掌握需求，促进产研沟通协同、深度融合；搭建信息系统，对中粮集团研发项目实行全生命周期数字化、规范化管理，更好提升立项效率，强化节点把控，完善技术档案，保护知识产权。

持续巩固国家粮油食品科技战略的执行主体地位。截至 2022 年底，中粮集团积极承担政府科技项目，牵头“十四五”国家重点研发计划项目 3 项、参与课题 20 项，获批地方政府科技项目 75 项，在粮食污染物综合处理、粮食产后收储保质减损与绿色智慧仓储等领域实现一批关键技术突破和产业应用示范，为落实“藏粮于技”战略提供“中粮方案”。努力用科技之火点燃乡村振兴引擎，在西藏洛扎县开展青少年健康状况调查和配餐升级工程，摸索出一套适用于西部地区学生营养改善的工作范式；搭建科技特派员队伍，多次赴福建三明、云南勐海、广西河池、四川甘孜等地，开展茶园管理、畜禽养殖、品牌建设等方面的技术帮扶，有力带动区域特色农产品产业升级和价值提升。

**【党建工作】** 2022 年是党的二十大胜利召开之年，中粮集团以迎接和学习宣传贯彻党的二十大为主线，带头抓好学习培训、专题研究、宣传宣讲，深入开展“学习二十大，奋进新征程，我为中粮做贡献”专题活动，扎实推动中国式现代化的中粮实践，确保党的二十大作出的各项部署落实落地。持续巩固深化党史学习教育成果和全国国企党建会精神落实成果，坚持以高质量党建引领保障高质量发展，牢固树立“革命理想高于天”的价值追求，持续提高基层党组织建设标准化、规范化水平，着力锤炼“严起来、紧起来”的优良作风。紧紧围绕提高企业效益、增强竞争实力、实现保值增值等中心工作，持续推动党建工作“有形化”探索创新，打造出党建项目化管理、党建联盟、党员积分制等一批具有中粮特色的党建品牌，凝聚强党建、勇担当的强大合力，党建融入生产经营取得显著成效。大力弘扬劳模精神、劳动精神、工匠精神，举办全国行业职业技能竞赛、中粮集团职业技能竞赛和“五小”青年创客竞赛，汇聚各方发展向心力。2021—

2022年，集团连续两年在中央企业党建责任制考核中获评A级。

不断加大反腐倡廉工作力度。一是深入学习宣传贯彻党的二十大精神。不断深化分层次、全覆盖学习，切实增强学习贯彻自觉性、坚定性，结合监督执纪执法实践查摆突出问题，对标党的二十大部署和纪检监察职责，系统梳理归纳问题清单，推动党的二十大战略部署转化为务实有效的办法举措。二是做深做实政治监督、日常监督。聚焦保障国家粮食安全能力，增强"为国谋粮"的政治自觉，持续实践"提问题、查过程、看效果、促提升"的闭环机制，开展专题调研，重点围绕"三个如何相促进"的问题，督促集团做到市场化与履行"为国谋粮"核心使命相促进、国内农粮贸易加工内循环业务与国际粮源供应链和粮源掌控能力相促进、粮食加工贸易业务与金融工具手段相促进。聚焦"疫情要防住、经济要稳住、发展要安全"重大部署，现场检查专业化公司安全生产、卫生防疫，督促压实企业主体责任。聚焦"一把手"和领导班子主体责任，督促从政治上反思检视、查摆问题。聚焦中央巡视、审计发现问题整改，推动整改工作见真招求实效。三是坚持不懈纠"四风"树新风。坚持以"严"的基调强化正风肃纪，把作风建设贯穿监督执纪问责工作全过程，紧盯具有中粮业务特点的"四风"问题，坚决遏制不正之风。紧盯不担当、不作为，严肃查处履职过程中的官僚主义、形式主义等顽瘴痼疾。紧盯"风腐一体""由风及腐"问题，坚持"风腐同查同治"。四是持续深入推动"靠企吃企"专项治理。从政治高度把专项整治作为长期任务抓紧抓实，以查办案件为突破口，协同推进查办案件、防范风险、堵塞漏洞，促进权力公开透明运行，坚决斩断利益输送链条，推动"靠企吃企"问题整治取得更大成效。编印涉案人员忏悔书，召开案件分析通报会，开展警示教育活动，拍摄警示教育专题片，对"靠企吃企"问题持续加压，专项整治以来主动交代、上缴违规所得、退缴款项等若干。

**【信息化与数字化建设】** 2022年，中粮集团深入学习贯彻习近平总书记关于网络强国、数字中国和网信安全的重要论述，完整、准确、全面贯彻新发展理念，顺应数字技术与实体经济深度融合不断加深的发展趋势，着力把握新一轮科技革命和产业变革带来的战略机遇，结合集团实际，坚持党建统领、开拓创新、担当落实，全面加快实施"数智中粮"战略，高质量完成国资监管平台和"农粮E云"等项目建设，初步完成"十四五"信息化规划第一阶段各项任务目标，为"数智中粮"战略目标的实现奠定坚实的基础。

通过对标世界一流企业，继续补强集团集中管控系统短板。在五大集中管控域建设方面，先后完成国资监管、政策性储备物资监管系统等十余个综合管控系统，其中，政策性储备物资监管系统获得国务院国资委首届数字场景创新大赛二等奖；启动并完成司库、中粮E采、人力资源等管控系统部分功能建设，穿透覆盖各级企业的管理信息化领域，通过优化管理职能流程和强化需求响应效率，不断提高内部管理信息化水平。

两大中台建设方面，初步搭建中粮集团统一的数据中台，为集团及各专业化公司提供统一的数据采集、治理、存储、分析、预测等一体化服务，为职能部门与专业化公司提供坚实的数据基础；通过搭建技术中台形成一套适合中粮运维的系统设计、开发、部署、运维、信息安全技术解决方案。

基础设施建设方面，通过"中粮E云""中粮E网"的建设，初步实现"一云承载，一网通达，一端接入，一体安全"的集约化、高效灵活、安全可靠数字化基础设施平台服务，其中，"中粮E云"入选国务院国资委首批中央企业行业公有云，成为农林牧渔行业唯一公有云。

网络安全防护方面，连续3年参加公安部HW演习并取得优异成绩，2022年在90家参演中央企业防守单位中排名第25位。并以此为契机，构建以"技防+人防"为核心的常态化网络安全防护机制，圆满完成北京冬奥会、冬残奥会，以及党的二十大等重大活动的网络安全保障工作。

持续推动各专业化公司在商情、营销、制造、仓储、物流、地产及金融等核心领域的业务数字化转型。2022年，中粮集团各板块专业化公司均按既定目标完成本单位系统建设任务，打造如粮贸农业产业化平台、油脂粮易达深化应用、糖业智能糖库、中纺棉花数字商情、酒业"酒客通"、蒙牛数智物流、地产大运营系统以及资本会员生态平台等一批亮点信息化项目，助力业务创新发展。

**【履行社会责任】** 2022年，中粮集团扎实履行忠于国计、良于民生的责任担当，发挥专业优势、体系优势，保障国内需求、稳定市场，高标准服务国家宏观调控大局；严格落实“四个不摘”要求，充分发挥产业优势、品牌优势、渠道优势，大力开展产业、就业、消费、民生、科技、金融帮扶等，持续助力全面推进乡村振兴，推动建设宜居宜业和美乡村；全力抓好疫情防控保供、应急保供、重大活动保供，圆满完成北京冬奥会、全国两会、党的二十大、北京市党代会等保供任务，2020—2022年，中粮集团累计投入24万人次，保供大米、面粉/面条、食用油、乳制品、饮用水、生鲜肉、梅林罐头等2000余万吨、口罩861万只、酒精56万吨，捐赠款物7.7亿元，减免合作商户租金超过16亿元，交出抗疫保供合格的答卷。

（撰稿人：姚新宇）

## 中国五矿集团有限公司

**【基本概况】** 中国五矿集团有限公司（以下简称中国五矿）成立于1950年，是以金属矿产为核心主业、由中央直接管理的国有重要骨干企业，国有资本投资公司试点企业。旗下有上市公司8家，拥有以金属矿产、冶金建设、贸易物流、金融地产为“四梁”，以矿产开发、金属材料、新能源材料、冶金工程、基本建设、贸易物流、金融服务、房地产开发为“八柱”的“四梁八柱”业务体系，在全球率先打通从资源获取到勘探勘查、设计施工、采矿选矿、冶炼加工、贸易物流的全产业链通道。2022年，公司营业收入超过8900亿元，在“世界500强”中排名第58位。

2022年，中国五矿以建设具有全球竞争力的世界一流金属矿产企业集团为目标，围绕产业支撑实施“五大行动”、围绕治理现代打造“五型五矿”，全面推进国企改革三年行动落地见效。全年实现营业收入近9000亿元，主要经营指标均超额完成国务院国资委考核任务和年度预算目标。截至2022年底，中国五矿拥有成建制的研究设计机构14家，国家重点实验室等各类国家级科技研发平台45个，科技活动人员3万人，累计有效专利5.2万件，主编/参编国际国家标准1800余项，综合科技实力居中央企业前列。

**【主要指标】**

**表1　2022年中国五矿集团有限公司主要经济指标**

| 项　目 | 2021年 | 2022年 | 比上年增长（%） |
|---|---|---|---|
| 资产总额（亿元） | 10039.08 | 10563.40 | 5.2 |
| 营业收入（亿元） | 8501.56 | 8983.01 | 5.7 |
| 利税总额（亿元） | 448.81 | 473.32 | 5.5 |
| 国有资本保值增值率（%） | 114.3 | 112.5 | 减少1.8个百分点 |

**【改革发展】** 2022年，中国五矿以国企改革三年行动为契机，坚持常态化长效化有机统一，管理管控更加有力有效。一是健全顺畅治理体系。母子公司组织架构和权责界限进一步优化，纵向压缩管理层级至四级、股权层级至十级，法人户数比2016年压减441户；横向成立海外矿业委员会、房地产委员会，实现对海外矿业、房地产业务的统一管理，部分企业股权管理权错位问题逐步有序解决；“总部机关化”专项治理稳步推进，金属矿业生产运营调度会、重大工程建设项目运营调度会关键运营管控平台的作用更加凸显，内部业务协同规模再创新高。二是投资管理全过程覆盖。制定产业投资标准，事前压实目标、事中加强监管、事后强化考核，重点建设项目节约投资9.6亿元，22项低效股权清理处置。充分评估PPP项目长周期建设运营压力，建立PPP投运管理平台，加强运行监测和提级管控，完成292个存量项目自查自纠，确保投运质量进度总体可控。三是圆满完成专项整改整治。坚持高站位、实举措、严要求整改落实经济责任审计问题，立行立改65项，分阶段整改2项，追损挽损18亿元；全级次开展综合治理专项行动，11个专项任务一体推进，整治整改虚假会计信息、假冒国企、控股不控权、围标串标等问题，推动完善制度近

300项，进一步筑牢依法合规经营根基。四是优化选人用人机制。出台《中国五矿人才发展体制机制改革实施意见》，明确人才队伍建设的目标和路径，严把政治关、能力关、廉洁关；建立常态化干部考察机制，对二级单位领导班子和领导人员精准"画像"，解决"到了要提拔考察时才去谈话、去了解"的问题；建立动态干部库，两年一梳理，一年一调整，实现人选有进有出、"一池活水"；建立多层次人才培养机制，对初级管理岗位及以下干部开展"三个一批"调研，把"敢不敢扛事、愿不愿做事、能不能干事"作为识别干部的重要标准，通过使用一批、交流一批、培养一批，打破固有的干部层级和班子职数的条条框框，加大优秀年轻干部使用力度，中国五矿二级班子中年轻干部占比22%。五是发挥考核"指挥棒"作用。通过"五定操作法"建立新型经济责任制，通过出台推行领导人员任期制和契约化管理等方面的规范性文件、完善相关制度，优化细化经理层成员（含职业经理人）的选拔聘任、考核评价、薪酬激励、调整退出等具体标准及规则；梳理确定649户子企业、1933名经理层成员（含职业经理人）纳入改革范围；根据实际情况，差异化确定每个签约人的岗位、目标、权限及奖惩；创建"进步指数"考核体系，从"横向与同行比、纵向与同期比、环比与上月比、闪光比亮点、完成比速度"5个维度，体现到指标制定、目标确定、结果核定各环节；根据年度和任期考核结果从"签约"到"履约"，确保刚性兑现奖惩。

**【重大项目】** 2022年，中国五矿扩产项目有序推进，陈台沟铁矿、龙江石墨矿、金塞维尔改扩建、Ⅱ矿层卤水开采等在建项目进展顺利，邦巴斯第三球磨机项目建成交付，山达克铜矿成功续租。钢铁冶金领军地位进一步巩固，开发国际首个转炉全热回收工艺路线，打造国内首个氢基直接还原竖炉实验平台，继续引领钢铁冶金绿色低碳技术革新应用；建成投产山东临沂优特钢、太钢新钢硅钢等项目，有力推动地方新旧动能的转换。基本建设高新综大项目占比进一步提升，中标雄安高铁枢纽片区管廊、长春新材料产业示范园、柬埔寨金汇大厦综合体等一批百亿级和标志性工程，10项工程获得2020—2021年度中国建筑工程鲁班奖，23项工程获得国家优质工程奖；完成北京冬奥会、冬残奥会和第十九届地中海运动会赛事保障工作，承建的国家雪车雪橇中心"雪游龙"项目被习近平总书记誉为"造福人民的优质资产"，承建的阿尔及利亚奥兰体育场擦亮"中国建造"名片。贸易物流全力保供稳价，曹妃甸亿吨级国际矿石中心精混产量同比提升43%，五矿标准粉成功入选大商所铁矿石期货交割品牌；防城港、连云港混矿基地巩固拓展下游8家长单客户，撬动上游10国45万吨货源，成为国内最大的铜精矿混矿产品供应商；果断出手推动LME镍价回归理性，成功取得国家粮食和物资储备局镍、钽铌、锰系产品采购收储资格。五矿资本加快业务结构调整，产融协同规模同比增长25%，创新金融、地产、建设"三方联动"处置模式，压降重点关注类项目规模91亿元。地产业务打出工抵、运营、调价等组合拳去库存，法治化市场化承接恒大顺德项目，实施以销定产、有保有压，土地投资强度处于健康区间；开辟福建南安产业园区等新模式，向城市综合运营商稳步转型发展。

**【走向海外】** 2022年，中国五矿创新性搭建"五矿有色联合技术研究中心"，启动矿业人才引进、培养、交流、使用与回归安置工作，为邦巴斯和金塞维尔配置"中国因素"人才100多人；所属五矿资源以党的领导融入公司治理为改革契机，将"中国式治理管理融入国际化矿业公司"，将原澳洲墨尔本总部搬迁到北京，委派中方党员干部担任董事长、首席执行官、人力、财务等关键职务，进一步加强对采购、销售、运营领域管理管控，特别是带动中国制造"走出去"，国企改革三年行动以来实现中国制造矿山设备出口海外超过3.2亿美元；成功拿下越南和发榕橘钢铁二期、哈萨克斯坦阿赛乐米塔尔焦炉等境外项目，持续深耕"一带一路"取得丰硕成果；坚持"两头在外、两头上锁、封闭循环、大进大出"经营方针，与淡水河谷、嘉能可等矿业巨头深度合作，签订937万吨铁矿石、192万吨锰矿、72万吨铬矿长协和40万吨级港口建设选矿项目；按照钢铁冶金八大部位、19个业务单元，打造世界第一国家队最强阵容，建成宝钢湛江钢铁、台塑越南河静钢厂、柳钢防城港基地、马来西亚关丹联合钢铁等一批全球瞩目的全流程绿地项目，承担马钢铁前一体化智慧管控中心、河钢氢能源开发和利用工程等一批绿色化智能化前沿标杆示范项目，牢牢占据技术尖端、产业链高端。

**【重大创新】** 2022年，中国五矿主动对接党中央打造原创技术策源地战略部署，制定五大原创技术策源地建设实施方案，成功获批战略性矿产资源开发利用、循环经济关键技术与装备等22个国家重点专项，“1025专项”一期3项攻关任务圆满收官、二期成功获批4项攻关任务；所属国家战略稀有矿产高质开发技术创新中心列入科技部重点推荐名单，海洋矿产资源开发国际联合研究中心高分通过科技部考核评估，“硅基材料制备技术”“工业环境保护”两大国家工程研究中心顺利战略转型，新获批2个国家认定企业技术中心，国家级科技平台达到45个，战略科技力量不断增强；组建“中央研究院＋科技型企业重点学科”科技创新体系，建立首席科学家、首席技术专家、首席技师和特级技师制度，推进工程硕博士培养改革首批试点，创新“揭榜挂帅”“基础研究经费包干”等机制，首次设立青年科技基金项目，落实重大攻关任务研发投入考核还原及工资总额单列，充分调动科研人员积极性主动性；中国五矿的“在线高压水射流喷砂表面清理系统”获得第23届中国专利金奖，100余项成果获得省部级和重要行业协会科技奖，数十项成果入选国务院国资委、自然资源部、工业和信息化部科技成果推广目录，累计有效专利5.2万件，累计入选国家知识产权示范和优势企业28户，全年科技成果转化收入360亿元，市场科技、效益科技步入良性轨道。

**【党建工作】** 2022年，中国五矿将迎接和学习宣传贯彻党的二十大精神作为全年工作主线，纳入中国五矿党建工作年度要点、宣传工作年度任务清单，在全系统党组织中深入开展“建功新时代、喜迎二十大”习近平总书记重要指示批示精神再学习再落实再提升主题活动，在全体职工中深入开展“强国复兴有我”群众性主题宣传教育活动，在全系统团组织和团员青年中开展“喜迎二十大　永远跟党走　奋进新征程”主题教育活动；通过落实“第一议题”制度、开展集中学习、参观“奋进新时代”主题成就展、邀请中央党校专家授课、配发学习辅导资料、举办党的二十大精神专题讲座和网络培训班、党组成员带头赴基层开展宣讲工作、举办主题展览等形式，深入学习宣传贯彻习近平总书记在党的二十大期间和党的二十大前后发表的重要讲话精神，教育引导广大党员干部职工把坚持世界一流的使命担当、坚持自主创新的引领作用、坚持问题导向的工作思维、坚持精益求精的品质坚守、坚持敢于胜利的奋斗精神这“五大核心要义”作为习近平新时代中国特色社会主义思想在中国五矿的具体运用、生动实践；进一步优化完善中国五矿创造性构建的“三清单一流程”，党组织更加稳固地嵌入公司治理结构之中，党的领导更加有效地融入公司治理各环节；创新工作方式和工作机制，实施制度化、清单化、标准化、特色化和信息化等“五化”工作法，推动党建工作提质升级，以“五个融入”促进党建与生产经营深度融合，以“党旗飘扬、党徽闪光”行动为总品牌，打造党建品牌矩阵，以“党建＋”为手段，着力推进党建＋国企改革等项目，助力打造国企改革“五矿模式”；规范党的干部选用程序，坚持组织选人、制度选人，党组在确定标准、规范程序、参与考察等方面强化领导和把关作用，在沟通酝酿环节建立书记专题会机制并严格落实有关程序要求；加大干部双向交流力度，推进干部职务上下、员工能进能出、收入能增能减，激发高质量发展内生动力；一体推进不敢腐、不能腐、不想腐，聚焦金融、工程建设和金属矿业等领域问题深挖细查，加大与地方纪委监委的协作配合力度，严肃查处重点案件；组织开展全集团警示教育月活动，召开全集团警示教育大会，集中学习《中央企业靠企吃企案件警示录》，邀请中央纪委国家监委同志讲授专题党课；制定印发廉洁文化建设任务分工方案，明确2022年重点工作39项，推动建立统筹协调机制和督促抓好任务落实；开通“清风五矿”微信公众号，动态刊发廉洁文化、典型案例、政策解读等内容，营造浓厚廉政氛围。

**【信息化与数字化建设】** 2022年，中国五矿以“连接、共享、赋能”理念打造“数字化企业大脑”，为企业高质量发展提供强有力的支撑。以司库体系、采购管理平台建设为牵引，加快推进物流、供应链流、资金流、票据流、合同流、人才流等领域自上而下构建平台体系，有效穿透、闭环管理、推动实现“一屏观全局”“一览管全域”；通过“采购监管要素标准化、采购监管方式智能化、采购监管流程闭环化”方式，开展采购监控平台建设，实现采购运行状态全面感知、隐患精准预警、问题智能发现、指令智能推送；通过将物联网、人工智能、数字孪生等新一代数字化技术与现代矿山开发技术融合，实现矿井开拓、采掘、运输、洗选、安全保障、生态保护、生产管理等全过程智能化运行，打造本质安全、绿色高效的智慧矿山；将云计算、大数据、物联网、BIM、GIS等技术运用于基本建设领域，实现从设计咨询到施工运维的全过程应用，推动工程建设提质增效。

中国五矿所属中国恩菲利用“大数据＋人工智能”技术成功开发“ICC垃圾焚烧炉智能控制系统”和“多组分、高精度火焰温度数字化动态分析系统”，显著提升固废处理行业的智能操作和智慧管控水平；所属中冶南方的“智慧高炉解决方案”实现炉料、气流、炉型、炉热、安全等方面的可视化，动态展示整个生产过程中炉内状态的实时变化，提供直观的评价和提示界面，实现“智能感知—智能分析—智能决策—智能执行”的科学闭环；所属中冶武勘自主研发时空信息云平台，打造智慧应用数字基座，为各行各业提供智慧化应用，如智慧工厂、智慧城市、智慧园区等。

**【履行社会责任】** 2022年，中国五矿认真贯彻落实党中央、国务院关于接续推进脱贫攻坚成果同乡村振兴有效衔接的各项决策部署，坚决扛稳扛实“四个不摘”责任，按照“精准、特色、长效”三大原则，扎实有序推进对6个定点帮扶县和1个对口支援县的帮扶工作。克服疫情不利影响，坚持对七县开展全覆盖调研；紧密围绕“五大振兴”向定点帮扶的六县投入无偿援助资金5267.1万元，发挥企业优势特长投入有偿帮扶资金4.4亿元，引入无偿援助资金1350万元；购买全部脱贫地区农产品3373.7万元，帮助销售809.7万元；培训各类干部人才4816人次，中国五矿投资项目招用脱贫人口2055人。北京冬奥会、冬残奥会举办期间，完成多个场馆、运维、配套设施工程建设和后勤保障工作，所属上海宝冶组建350余人的运营保障团队，在国家雪车雪橇中心完成塔台播报、医疗配合、遮阳帘收放、车辆接驳等服务保障任务。面对疫情反复持续冲击，坚决贯彻落实党中央在不同阶段因时因势作出的决策部署，坚决扛起央企担当，完成境外接返工作，牵头包机24架次、联合包机16架次、接返4800余人；奋力驰援上海等地方抗疫，13家子企业先后投入6.4万人次，高质量完成132个防疫工程项目建设任务。2022年9月5日，四川省甘孜州泸定县发生6.8级地震后，中国五矿第一时间向灾区捐款2000万元，并组织所属在川企业迅速行动，全力驰援四川泸定抗震救灾。

（撰稿人：王　迎）

# 中国通用技术(集团)控股有限责任公司

**【基本概况】** 中国通用技术（集团）控股有限责任公司（以下简称集团）是中央直接管理的国有重要骨干企业，成立于1998年，是在6家原外经贸部直属企业基础上组建的国有独资公司。2006年以来，集团先后重组5家中央企业和一批地方骨干企业。2018年12月，集团公司获批成为国有资本投资公司试点企业。截至2022年底，集团境内经营机构657家，境外机构91家，职工总数9.7万人，拥有沈机股份、环球医疗、中国医药、中纺标4家上市公司。

2022年，在以习近平同志为核心的党中央坚强领导下，集团上下深入学习贯彻习近平总书记重要讲话和指示批示精神，以迎接和学习宣传贯彻落实党的二十大为工作主线，坚决落实党中央、国务院决策部署和国务院国资委工作要求，全面落实“疫情要防住、经济要稳住、发展要安全”的总体要求，坚持和加强党的全面领导，坚持稳中求进工作总基调，深入贯彻新发展理念，锚定制造强国战略主支撑、健康中国战略生力军、“一带一路”建设主力军战略定位，聚焦稳增长、强创新、提质效、防风险，迎难而上、埋头苦干，改革三年行动圆满收官，“1699战略体系”扎实推进，服务国家战略、服务人民美好生活展现新担当，高质量发展取得新成效，党的领导党的建设得到新加强，集团改革发展党建各项工作迈上新台阶。被国务院国资委授予2019—2021年任期“科技创新突出贡献企业”称号；在国企改革三年行动中被评为A级企业；在2022年度中央企业改革三年行动重点任务考核中被评为

A级企业；在2021年度中央企业党建考核中获评A级。

【主要指标】 2022年，集团全面完成国务院国资委“两利四率”指标“两增一控三提高”目标任务，实现利润总额59.58亿元、净利润43.26亿元，均比上年实现大幅增长；营业收入1830.17亿元，比上年增长6.4%；营业利润率3.12%，比上年增加1.90个百分点；研发经费投入强度1.22%，比上年增加0.12个百分点；全员劳动生产率32.19万元/(人·年)，比上年增加3.82万元/(人·年)；资产负债率67.86%。

**表1 2022年中国通用技术(集团)控股有限责任公司主要经济指标**

| 项　目 | 2021年 | 2022年 | 比上年增长(%) |
|---|---|---|---|
| 资产总额(亿元) | 2480.17 | 2775.24 | 11.90 |
| 所有者权益(亿元) | 804.91 | 892.03 | 10.82 |
| 营业收入(亿元) | 1720.58 | 1830.17 | 6.37 |
| 利润总额(亿元) | 20.19 | 59.58 | 195.10 |
| 净利润(亿元) | 0.37 | 43.26 | 11591.89 |
| 归属于母公司所有者的净利润(亿元) | －13.32 | 20.22 | — |
| 技术开发投入(亿元) | 18.92 | 22.36 | 18.18 |
| 利税总额(亿元) | 64.97 | 111.46 | 71.56 |
| 应交税金总额(亿元) | 67.63 | 73.71 | 8.99 |
| 全员劳动生产率[万元/(人·年)] | 28.37 | 32.19 | 13.46 |
| 净资产收益率(%) | 0.05 | 5.10 | 增加5.05个百分点 |
| 总资产报酬率(%) | 2.10 | 3.55 | 增加1.45个百分点 |
| 国有资本保值增值率(%) | 102.40 | 104.80 | 增加2.40个百分点 |

注：相关指标为集团年度财务决算数据；2022年国有资本保值增值率为决算申报数，暂未获得国务院国资委相关批复。

【改革发展】 2022年，集团按照“可衡量、可考核、可检验、要办事”的标准，高质量完成国企改革三年行动各项任务，国有资本投资公司试点改革持续深化，“三个明显成效”逐步显现。集团改革三年行动圆满收官，97项台账任务全面完成。一是中国特色现代企业制度建设深入推进。各产业子集团、直属二级公司党委工作规则、重大事项决策权责清单制(修)订实现全覆盖，党的领导在完善公司治理中得到不断加强。完成196家各级企业董事会规范建设，权责法定、权责透明、协调运转、有效制衡的公司治理机制得到进一步夯实。大力加强二级公司专职董监事行权履职能力保障和队伍建设，对31名集团专职董监事进行考核评价，激励专职董监事更好履职；建立集团外部专家董事库和集团控股上市公司独立董事库，入库人员57人。制定重要子企业董事会行权能力评价指引，按照“应授尽授、能给尽给”的原则实行差异化、精准化授放权，基本实现产业子集团、直属二级公司落实董事会职权全覆盖。二是不断深化国有资本投资公司试点改革。落实国务院国资委关于央企专业化整合部署，积极参与检验检测业务专业化整合，助力组建检验检测产业国家队。持续完善三级管控架构体系，5家产业子集团全部组建完成并实现机构、职能、制度、功能“四个到位”，国有资本投资公司试点改革取得新突破、新成效；全面深化三项制度改革，经理层成员任期制和契约化管理人数及企业户数实现全级次全覆盖，涉及542家企业1257人；坚持选人用人市场化改革，对中国医药等9家二级单位26个经理层岗位进行公开选聘，“三能”机制进一步健全，有效激发干部人才队伍干事创业的精气神；创新激励模式，中纺绿纤公司实施莱赛尔纤维综合降本增效分红激励方案。三是专项试点改革取得新突破。“双百企业”沈阳机床三项制度改革经验在《人民日报》刊发推广；中纺标在北京证券交易所正式挂牌交易，成为纺织品检测领域北京证券交易所第一股。“科改示范企业”中仪英斯泰克在国务院国资委考核中获评“优秀”。集团推荐环球医疗成为国务院国资委“公司治理示范创建企业”。

【主业发展】 机床装备业务。一是产业布局持续优化，对机床板块继续增资83亿元，实施技改投资18.4亿元；二是科技创新体系建设逐步完善，集团机床工程研究院在沈阳、大连、上海、天津成立研究分院，组建集团高端数控机床重点实验室，与国家自然科学基金委员会共同出资 1.1 亿元设立高端数控机床联合基金，联合大连理工大学、中南大学等十余所高校启动基础研究工作 6 项；三是关键核心技术攻关取得新突破，大型高精度五轴龙门加工中心设计方法等 60 多项关键核心技术取得重要突破，获得授权发明专利 31 件，服务国家重点领域装备制造的能力持续提升；四是产业链建设取得进展，首批布局子链建设 9 条，以产业链建设带动 1200 余家企业发展，初步构建起产业链供应链体系。持续发挥“数控机床产业技术创新战略联盟”作用，行业影响力持续提升。

新材料业务。持续推进新溶剂法纤维素纤维产业化，年产 6 万吨项目顺利开车，国内市场占有率 38%，稳居第一；产品质量稳步提升，优等品率 97.6%，比上年提高 8 个百分点；综合能耗指标优于标杆企业奥地利兰精公司。万吨级复合纺丝产业化项目完成全部生产线安装，销量增长 50%。

医药医疗器械业务。集团在全国 30 个省（自治区、直辖市）拥有医药商业分支机构 92 家，覆盖超过 2 万家合作医疗机构、产品直达 1000 余家三甲医院和 1.6 万家零售药店，居医药流通行业前列。在抗击疫情的大战大考中，集团所属中国医药与全国 690 家新冠防治定点医院确定保供关系，合作保障 1 万多家医疗机构用药需求，完成向全国各地配送 100 余万盒辉瑞新冠治疗药品的应急保供任务。集团大力拓展医疗器械业务，与飞利浦、通用电气、西门子、迈瑞等 200 多家国际国内知名医疗器械厂商建立长期战略合作关系，是国内领先的医疗器械智慧供应链综合服务商。

医疗健康康养业务。持续构建以健康为目标引领、以医疗服务为支撑、以全业态全方位服务为保障的大健康生态体系，为人民群众提供集预防、治疗、康复、养老于一体的全方位全周期医疗健康产品和服务。一是推动医疗业务高质量发展。持续深化参与国有企业办医疗机构改革，完成对中石油宝石花医疗和中国电建医疗机构的专业化整合，集团医疗机构网络布局进一步优化、行业领军地位进一步巩固；积极参加全国公立医院绩效考核，2 家医院获得 A 级评价；加快推进区域医院联盟和专科联盟建设，形成专科联盟 44 个，拥有省级以上重点（建设）专科 43 个。积极推动医疗资源下沉，“小通诊所”数量 256 家，遍及全国 26 省（自治区、直辖市）74 个城市，服务覆盖超过 700 万人。截至 2022 年底，集团拥有医疗机构 343 家，分布于全国 27 个省（自治区、直辖市），管理床位数 4.8 万张，职工人数超过 5 万人，发展成为床位数量领先、网络覆盖全、全产业链特征明显的央企医疗集团。全力支持抗击新冠疫情，集团坚决贯彻落实习近平总书记关于新冠疫情防控的系列重要讲话和指示批示精神，闻令而动、尽锐出战，不讲条件、不计成本代价，全力做好医药医疗物资应急保供、患者救治等工作。各医疗机构累计派出医护人员 3 万余人次参与各地疫情防控，开展核酸检测 3300 余万人次。疫情防控进入新阶段后，集团成立领导小组和专项工作组，统筹全集团力量推进疫情救治和物资保障工作。各医疗机构尽最大努力收治重症患者，在京医院接诊指标是以往的 2～3 倍，ICU 重症床位使用率超过 100%。为国家重要活动和重要领域保驾护航，为北京冬奥会和冬残奥会提供医疗服务、药品和医疗设备供应保障，得到奥组委、国务院国资委和相关单位的高度肯定。持续为航空、航天、电力、石油等国家重点领域提供医疗健康保障。二是积极拓展健康养老业务。集团积极应对人口老龄化国家战略，投资 20 亿元组建康养公司。承接党政机关培训疗养机构转型养老项目 15 家，接收中国妇女旅行社，进一步优化产业布局，打造健康养老生态圈。集团在全国 19 个省（自治区、直辖市）拥有各类型健康养老机构 59 家，养老床位 7200 余张。三是创新开展健康管理业务。筹建集团健康管理公司，按照“统一品牌、统一平台、统一服务标准、统一规划布局、统一管理”的要求，构建一体化健康管理服务体系。投资 10 亿元组建健康管理公司；持续推进“健康企业”建设，为 34 家在京央企提供健康管理服务，覆盖 27.8 万人。

工程服务业务。坚定推进工程服务公司管理改革，加大长三角、大湾区市场开拓，新签合同 271 亿元，比上年增长 7%，军民融合项目中标额比上年增长 263%，海外项目中标 18 亿元，业务结构不断优化。持续强化创新驱动和工程质量，获得中国建筑工程鲁班奖 1 项、省部级以上优质工程奖 21 项。

**【重大创新】** 2022年，集团深入贯彻落实习近平总书记关于科技创新的重要指示精神，坚持创新驱动，推进高水平科技自立自强取得重要成果。坚持把科技创新摆在集团发展全局的核心位置，全年科研投入规模19.2亿元、比上年增长12.6%。积极创新科技攻关机制，30多个科技项目实施“揭榜挂帅”，28个重大专项试行“两总制”，促使更多优秀科研团队脱颖而出，推动破解“卡脖子”难题。科技攻关任务成效显著，2022年集团承担国家级项目49个、省部级项目64个；“1025专项”一期17项攻关任务全部通过成效评估，16项成果达到国际先进水平。获批国家级科研项目6项，其中机床领域2项获得专项投资6.5亿元，居工业母机领域企业首位。全年集团获得省部级奖励13项；获得授权专利619件。

**【走向海外】** 2022年，集团积极服务国内国际双循环和“一带一路”建设，深度参与国际产能合作，成立工程子集团(国际公司)，聚焦国内绿色低碳领域，培育国际合作和竞争新优势，推动海外工程服务业务一体化发展。2022年，国际工程承包业务新签合同额147.3亿元，比上年增长60.2%；其中绿色业务实现新签合同额52.18亿元，占新签合同总额的35.4%。孟加拉国光伏项目、匈牙利光伏项目相继签约并陆续开工，截至2022年底，在建清洁能源电力项目总装机容量超过4000兆瓦，在绿色“一带一路”建设中的影响力不断提升。2022年，集团在ENR全球最大250家国际承包商榜单中排名第105位。

**【党建工作】** 2023年，集团深化落实习近平总书记全国国企党建会重要讲话精神，坚持以高质量党建引领保障高质量发展。一是持续推动学习贯彻习近平新时代中国特色社会主义思想，党的政治建设、思想建设全面加强。认真落实“第一议题”制度、“首要议题”制度，集团党组全年学习习近平总书记重要讲话和指示批示精神103件、党中央重大决策部署16件，召开党组理论学习中心组学习13次、党组会议学习38次，扎实开展“建功新时代、喜迎二十大”习近平总书记重要指示批示精神再学习再落实再提升主题活动，深入推动习近平总书记重要指示批示和党的二十大精神在集团落实落地。二是坚持党管干部党管人才，支撑高质量发展的组织保障更加坚实。坚持党对人才工作的全面领导，召开集团首次人才工作会议，制定关于加强和改进新时代集团科技人才工作的实施办法，创新开展科技人才特区建设，柔性引进行业领军人才，科技人才队伍建设取得重要成效。建立健全经理层成员竞争上岗机制，实现党管干部和发挥市场机制作用有机统一。创新性构建集团党组管理干部“GT6i”领导力模型，为二级机构领导人员选拔任用建立标准；创新开展年轻干部实践锻炼和专业训练，选拔16名优秀干部开展总部和二级单位双向挂职锻炼，组织开展集团首届青蓝计划中青年干部培训班，选调51名年轻干部参加集团历史上首次全脱产、封闭式、长周期的中青年干部培训。三是坚持强基固本培元，基层党组织作用发挥更加有力。顺利完成12家重点子企业党委专职副书记的配备工作，有效夯实基层党建工作责任。对21家二级党委进行年度党建考核，党建责任与经营责任实现有效联动。扎实推进2021年度五星党支部创建，评定2021年度五星党支部230个，比上年增长132%，示范引领作用得到有效发挥。深入实施“党建+”工程，为生产经营目标任务完成提供坚强保障。四是坚持广泛正面宣传，集团品牌凝聚力影响力更加彰显。首次召开集团年度宣传思想工作会，集中宣传党的十八大以来在党中央的坚强领导下集团发生的根本性变化、取得的重大成就，营造携手奋进新征程的浓厚氛围。全面启动企业文化提升重塑工程，召开集团企业文化发布会，汇聚全体通用技术人为国尽责、勇担使命、敢为人先、向新启航的磅礴力量。集团在2021年度中央企业品牌建设工作对标中首次进入TOP 30榜单。五是坚持发挥群团工作优势，改革发展合力更加凝聚。开展“共绘央企同心圆、聚力献礼二十大”主题活动、建立与党外代表人士联谊交友机制等，切实发挥党外人士在集团改革发展中的作用。制定《集团关于新时代全面加强班组建设的实施方案》，打造“新时代马组式班组”。深入实施“青马工程”“青年精神素养提升工程”，发挥青年突击队在疫情防控、科研攻坚、稳增长中的生力军作用。六是坚持全面从严治党，党风廉政建设和反腐败工作不断向纵深推进。充分发挥巡视巡察利剑作用，分两轮将2020年以后新成立和新加入集团的2家机床制造骨干企业、3家医疗平台公司党委纳入巡视监督;完善巡视整改和成果运用实施办法,2021年集团党组巡视的6家单位问题整改完成率94.5%、2022年第一轮专项巡视问题整改完成率91%,有力发挥促进完善发展的作用。审计署反馈意见全部完成整改落实。开展靠企吃企问题专项整治"回头看",发现问题和风险49个,制定整改措施70项。办理涉及靠企吃企违法犯罪案件7件、留置7人,形成强有力震慑。坚持纠治"四风",紧盯领导人员、关键岗位等重点对象,全年查处违反中央八项规定精神问题9件次,处分10人次,处理13人次。在集团总部开展"担当作为"作风建设年专项行动,总部"主动作为、高效运转、服务基层"的意识和能力进一步提高。

**【信息化与数字化建设】** 2022年,集团将数字化定位为"十四五"期间"1699战略体系"的主要发展路径和重要支撑,同步制定"十四五"数字化转型战略,推动形成以"数字企业+智能产业"为内涵的"智慧通用"总体蓝图。一是管控数字化建设迈上台阶。"智慧通用"在各级企业得到广泛应用,成为集团上下信息贯通的重要通道,云视频参会超过100万人次。全面完成集团"通财云"财务数字化一期项目、司库平台一期建设攻坚战,整合集团923个核算主体102套系统,平稳完成系统迁移,实现集团全部资金账号统一管理,逐步推进统一结算。"通用人"平台实现全集团10万多名员工的精准管理,集团统一招聘平台服务数百家子企业。"同路人"系统实现全集团29万个客户和供应商的集中管理。以数字化推动"i-SCORE+"管理体系建设,初步实现集团全级次战略运营数据采集。科技创新、安全质量、智慧党建等平台深入应用,审计风控、法律合规、质量管理等信息化建设加速推进,职能管理数字化初步实现全覆盖。"未来空间"数字化办公场景在通用时代中心成功上线。二是产业数字化步伐加快迈进。机床业务协同研发、生产运营、车间管理、销售服务等运营管理数字化建设完成试点,积极探索智能制造解决方案,齐二机床车间数字化项目获得"黑龙江省数字化示范车间"称号,集团为清华大学建设数字机床控制协作系统,打造产学结合标杆。医疗业务持续深化医院运营平台、医疗运营管控数据平台、医疗健康创新数字化平台建设。贸易业务依托邮电器材供应链平台全面延伸支持新业务拓展。三是数字化基础能力建设快速提升。集团成立数科公司,数字化赋能支撑能力不断加强;组建健康数字科技公司,推动医疗数字化向共建共创共享转型;组建通药数字科技公司,全面启动医药商业一体化平台建设和创新应用。集团云化数字化基础设施体系逐步健全,"通用云"集中承载各类应用超过300个,网络安全监管能力不断提升,集团在护网行动专项领域获得第1名的优秀成绩。

**【履行社会责任】** 2022年,集团认真贯彻党中央、国务院决策部署,结合自身资源优势,积极履行社会责任、彰显央企担当。一是持续巩固脱贫攻坚成果,全力推动乡村振兴。积极推动医疗帮扶,开展"乡村振兴 健康先行"等主题活动,打造通用技术医疗帮扶品牌,以"帮建、帮提、帮教"的"三帮"模式,进一步提高定点帮扶的武川、商都两县人民医院学科建设水平和诊疗水平;深化拓展消费帮扶,通过开展"农产品进食堂""通用帮扶礼包"等活动,加大两县特色农副产品采购;深化拓展教育帮扶,继续推动通用技术教育发展基金、"智慧课堂"、西部计划志愿等项目,助力两县基础教育发展。2022年,向内蒙古自治区武川县、商都县投入帮扶资金2880万元,引进帮扶资金100万元,实施帮扶项目15个,采购两县及其他脱贫地区农产品1562万元。二是扎实做好"六稳"工作,落实"六保"任务,为稳定市场主体和保障就业发挥积极作用。根据《关于中央企业助力中小企业纾困解难促进协同发展有关事项的通知》精神,落实减免服务业小微企业和个体工商户房租的要求,为915个承租方减免房租1.08亿元;落实国资央企促进高校毕业生就业工作部署,招收高校毕业生1904人,比上年增长22%,超额完成国务院国资委下达的任务目标;四川甘孜藏族自治州泸定县地震发生后,集团向灾区捐款1000万元。

(撰稿人:白　旭)

## 中国建筑集团有限公司

**【基本概况】** 中国建筑集团有限公司(以下简称中建集团)正式组建于1982年,是中央直接管理的国有重要骨干企业，也是我国专业化经营历史最久、市场化经营最早、一体化程度最高、全球规模最大的投资建设集团之一，国务院国资委确定的创建世界一流示范企业。拥有上市公司7家，二级机构40家，员工38万人，经营足迹遍布国内各省（自治区、直辖市）以及全球100多个国家和地区，业务涵盖房屋建筑、基础设施、地产开发、勘察设计、新业务五大板块，居《财富》“世界500强”第9位、“中国企业500强”第4位、“ENR全球承包商250强”第1位，连续8年保持行业最高信用评级，17次获评国务院国资委年度经营业绩考核A级，6次获评任期中央企业负责人经营业绩考核A级，连续4年获评中央企业党建工作责任制考核A级。

**【主要指标】** 2022年，中建集团坚持以习近平新时代中国特色社会主义思想为指导，深入学习贯彻党的二十大精神，全力落实党中央、国务院决策部署，切实加强党的领导党的建设，全力抓好生产经营，持续深化改革创新，高质量发展取得新进展新成效。2022年，中建集团新签合同额3.9万亿元，比上年增长10.6%；完成营业收入2.1万亿元，比上年增长8.6%；实现利润总额889.1亿元，净利润692.2亿元。

**表1　2022年中国建筑集团有限公司主要经济指标**

| 项　目 | 2021年 | 2022年 | 比上年增长(%) |
|---|---|---|---|
| 资产总额(亿元) | 24033.3 | 26640.4 | 10.8 |
| 所有者权益(亿元) | 6379.8 | 6804.0 | 6.6 |
| 营业收入(亿元) | 18945.4 | 20576.1 | 8.6 |
| 利润总额(亿元) | 1009.2 | 889.1 | −11.9 |
| 净利润(亿元) | 777.1 | 692.2 | −10.9 |
| 归属于母公司所有者的净利润(亿元) | 286.6 | 284.8 | −0.6 |
| 技术开发投入(亿元) | 401.9 | 499.96 | 24.4 |
| 利税总额(亿元) | 1492.0 | 1467.1 | −1.7 |
| 应交税金总额(亿元) | 815.4 | 881.6 | 8.1 |

续表

| 项　目 | 2021年 | 2022年 | 比上年增长(%) |
|---|---|---|---|
| 全员劳动生产率[万元/(人·年)] | 60.8 | 60.8 | 与上年持平 |
| 净资产(亿元) | 1887.2 | 2142.1 | 13.5 |
| 净资产收益率(%) | 12.8 | 10.5 | 减少2.3个百分点 |
| 总资产报酬率(%) | 5.0 | 4.2 | 减少0.8个百分点 |
| 国有资本保值增值率(%) | 118.0 | 115.2 | 减少2.8个百分点 |

**【国企改革】** 2022年，中建集团国企改革三年行动圆满收官，集团层面105项、子企业层面3712项改革任务全面完成，在国务院国资委年度改革考核中被评定为A级。公司治理方面，3家单位入选国务院国资委公司治理示范企业，入选数量位列央企第一；59家“应建”子企业全部实现外部董事占多数，建立规范有序的董事会运行机制；研究出台境外二级子企业治理结构的指导意见，规范设置其治理主体，依法依规发挥效能。改革专项行动方面，继中建科工、中建科技之后，中建三局绿投公司入选“科改示范企业”，集团“科改示范企业”增至3家。集团所属“科改示范企业”“双百企业”在国务院国资委考核中均获评“标杆”“优秀”，排名居央企第三。经验推广方面，在国务院国资委月例会上交流发言3次，在国务院国资委改革简报上发表典型经验5篇，入围中宣部“一月一典型”名单。发布集团改革工作简报24期，挖掘子企业典型案例293项，形成111篇文章、40万字的改革案例集。督查督办方面，以PDCA为管理工具，以台账式推进为抓手，通过线上督办系统通报工作进度，对重点改革任务进行穿透式管控，确保按时高质量完成改革任务。

**【重大项目】** 2022年，中建集团始终牢记“国之大者”，顺利交付北京市西城区大观园项目、1205工程等党和国家重大项目，高质量完成28个北京冬奥场馆及配套项目建设任务，精心保障100余场比赛顺利举行。川藏铁路项目超计划完成投资额14.66亿元，其中川藏铁路6标段东俄洛1号隧道成为全线首条贯通的高原隧道，川藏铁路9标段项目助力股份公司获国铁集团信用评价加1分，全年累计加1.5分。主动服务国家抗疫大局，在中国香港特区以及北京、上海、吉林等地区疫情防控的关键时刻，以最快的速度建成抗疫设施70个，在全国建设抗疫医院645个，提供床位99万张，得到属地政府的充分肯定。深入落实国家区域重大战略和区域协调发展战略，加强与地方党委政府、兄弟央企对接沟通，签订战略合作协议16份，全年在重点区域完成投资3623亿元，新签合同额3.4万亿元，比上年增长10%。

**【走向海外】** 2022年，中建集团深入贯彻“一带一路”决策部署，时隔6年成功召开第十五次海外工作会，确立以“一个方位、六个目标、五个路径”为内涵的海外高质量发展战略，广大干部职工积极响应、信心倍增，新一轮海外大发展扬帆启航。全年集团海外新签合同额1656亿元，比上年增长1.3%；完成营业收入1080亿元，比上年增长20.9%。在保持房建领域优势的同时，积极拓展铁路、隧道、新能源、水利水务领域业务，成功签约沙特阿拉伯NEOM新城交通隧道、新加坡地铁跨岛线榜鹅延长线P 103项目、塞尔维亚ECOFUTURE太阳能光伏发电、马拉维卡隆加供水管线等项目。积极探索多种商业模式，通过“融资+设计建造”模式签约波黑塞族共和国武科萨夫列至布尔奇科高速公路项目，在阿尔及利亚投资、建设、运营的东方商业广场项目运动馆正式开业。多个“一带一路”项目取得重大进展，埃及新首都CBD项目20栋建筑主体全部封顶，纽约长岛铁路项目全线通车，阿拉曼新城超高综合体项目冲出正负零，中柬友谊医疗大楼正式启用，东非第一高楼埃塞俄比亚商业银行新总部大楼竣工，希尔顿豪华五星级酒店阿仁科酒店H02竣工交付。凭借卓越的工程建设品质，公司6项工程获得2022年境外工程鲁班奖，占全部获奖项目（14个）的43%，以绝对优势位列行业第一；巴基斯坦PKM项目（苏库尔至木尔坦段）获得2022年中国土木工程詹天佑奖。

**【重大创新】** 2022年，中建集团研发经费投入继续保持增长态势，承担中央企业攻坚工程二期任务，认定6项第三批中国建筑重大科技成果，获评国务院国资委“科技创新突出贡献企业”。中建产研院与高校共建国家数字建造技术创新中心，实现集团国家级科技创新平台“零的突破”。编制碳达峰行动方案，实施碳达峰“个十百千万”工程。中海集团深圳中国海外大厦、呼和浩特中海河山大观获评住建部零碳建筑科技示范项目。加大新材料、新装备、新技术研发力度，取得超高性能混凝土墙材、工程安全监测机器人、光储直柔建筑配电系统等一批先进成果。中建集团累计获得国家科技奖81项，中国土木工程詹天佑奖105项，万吨压力机、住宅造楼机、空中造塔机、竖向盾构机等一批重大装备有力提升中国建造水平。

**【党建工作】** 2022年，中建集团党组始终把深入学习贯彻习近平新时代中国特色社会主义思想作为首要政治任务，全年开展“第一议题”学习35次，及时跟进学习习近平总书记重要讲话和指示批示精神94项，分解落实任务139项。牢牢把握迎接和学习宣传贯彻党的二十大精神这条工作主线，以“喜迎二十大”为主题，召开集团组建40周年总结会，发布新版《中建信条》《十典九章》，总结提炼“忠诚担当、使命必达”的中国建筑精神；集团5人当选党的二十大代表；党的二十大胜利闭幕后，第一时间召开专题党组会，研究制定学习宣传贯彻决定和实施方案，举行全集团动员部署会，以多种方式学习宣传党的二十大精神。

持续推进深化中央巡视整改暨“六个专项行动”，全面完成中央巡视整改任务。首次对5家境外机构开展巡视。进一步完善公司领导联系区域党建工作机制，深入开展党建品牌创建活动，开发运行“建证”智慧党建系统，推动党的建设与生产经营深度融合。召开集团干部人才工作会议，提出“5355”干部人才工作总体思路和“5强3化”干部人才队伍建设目标。狠抓党风廉政建设和反腐败工作，深化“靠企吃企”专项整治，严肃党风党纪、整治超标接待，力戒形式主义、官僚主义，取得一批新成果。

实施“厉行节约　勤俭办企”专项行动，全年运营管理费用比上年下降13%。深入开展党建带工建、党建带团建，广泛开展主题劳动和技能竞赛，启动“青年精神素养提升”工程，广大职工立足岗位建功立业。加强离退休党组织建设，发挥老干部余热，汇聚起推动改革发展的强大合力。

**【信息化与数字化建设】** 2022年，中建集团深入贯彻落实习近平总书记关于网络强国的重要思想和数字中国建设的重要指示批示精神，强化数字化转型"一把手"负责制，集团党组书记、董事长担任数字化和网络安全领导小组组长，全面统筹集团信息化与数字化有关工作。以"中建136工程"为抓手，统一建设核心经营管理系统和管控平台，技术与大数据平台、人力资源系统、智慧安全平台、局院地产一体化平台等管理系统均按计划完成建设和应用任务，集团信息化基础支撑能力和业务管理数字化水平显著提升。挖掘集团数据要素潜能，围绕产业链、价值链推动数字化转型，确定"源于基层，成果体现在区域"的基本原则。大力提升智能建造水平，组建智能建造区块链技术创新研究院，集团自有品牌设计软件AECMate在系统内外3000多个项目上推广应用，基于5G的塔机智能远程控制技术、钢筋数控加工技术、地铁工程施工自动化监测技术等在施工现场推广应用。集团层面新注册成立中建数字科技有限公司，集团所属各级数字科技公司11家，在各层级、各细分赛道不断发力，形成数十亿元规模的数字化营业收入。

全面推进集团司库体系建设，明确"建立1套司库体系、强化2个平台支撑、实现3种能力提升"的总体目标，构建"总部统筹、平台实施、基层执行"的三位一体管理机制；将全景目标量化分解为118项具体任务，挂图作战、打表推进。集团司库体系建设实现阶段性目标，资金合规运营能力显著提升，资源聚合利用能力稳步前进，信息支撑服务能力持续增强。

**【履行社会责任】** 2022年，中建集团全力做好甘肃省康县、康乐县、卓尼县，福建省长汀县定点帮扶和对口支援工作，扎实开展援疆援藏援青工作，坚持"四个不摘"，投入引进帮扶资金1.61亿元，实施帮扶项目134个，采购帮销农产品6928万元，连续5年保持中央单位定点帮扶考核最高等次评价，入围第十二届中华慈善奖，帮扶经验在甘肃省新闻发布会、《国资工作交流》等平台广泛传播。积极助力稳就业，招收应届毕业生3.2万人，在第十一届中央企业面向西藏青海新疆高校毕业生专场招聘活动中，录用毕业生1018人，位列中央企业第1名，获人力资源和社会保障部、国务院国资委、教育部联合通报表扬。创造就业岗位230万个，培训帮扶地区基层干部和技术人员16.3万人次。全力参与产业工人队伍建设改革重点任务，11家单位入选全国交通业和省级产改试点单位。累计开展500场全国农村留守儿童关爱保护"百场宣讲进工地"活动，切实做好产业工人队伍素质提升和关心关爱。

（撰稿人：张晨旭）

# 中国储备粮管理集团有限公司

**【基本概况】** 中国储备粮管理集团有限公司（以下简称中储粮集团公司）是涉及国家粮食安全和国民经济命脉的国有大型重要骨干企业，具体负责中央储备粮棉油的经营管理，执行国家调控任务。经过22年的发展，中储粮集团公司发展为世界最大的农产品储备企业集团，有效发挥储备保障粮食安全"压舱石"、服务宏观调控"主力军"和保供稳链"顶梁柱"作用。2022年，中储粮集团公司坚持以习近平新时代中国特色社会主义思想为指导，深入学习贯彻党的二十大精神，统筹疫情防控和经营管理工作，统筹中央政府储备建设和仓储设施建设，统筹全面从严治党全面从严治企和企业治理长效机制建设，推动储备管理水平全面提升，储备保障能力持续增强，落实调控任务取得新成效，企业改革发展不断深化，全面从严治党、全面从严治企向纵深发展，向上向好的发展势头进一步巩固，在服务国家粮食安全战略和经济社会发展中作出重要贡献。

**【主要指标】**

**表1　2022年中国储备粮管理集团有限公司主要经济指标**

| 项　目 | 2021年 | 2022年 | 比上年增长(%) |
|---|---|---|---|
| 资产总额(亿元) | 11670.49 | 11767.17 | 0.83 |
| 所有者权益(亿元) | 1140.73 | 1161.03 | 1.78 |
| 营业收入(亿元) | 2868.64 | 2159.72 | －24.71 |

续表

| 项　目 | 2021年 | 2022年 | 比上年增长(%) |
|---|---|---|---|
| 利润总额(亿元) | 42.26 | 36.80 | -12.92 |
| 净利润(亿元) | 30.97 | 24.13 | -22.09 |
| 归属于母公司所有者的净利润(亿元) | 30.86 | 24.01 | -22.20 |
| 技术开发投入(亿元) | 0.77 | 0.84 | 9.09 |
| 利税总额(亿元) | 48.52 | 44.42 | -8.45 |
| 应交税金总额(亿元) | 18.17 | 20.50 | 12.82 |
| 全员劳动生产率[万元/(人·年)] | 46.19 | 44.21 | -4.28 |
| 净资产收益率(%) | 2.78 | 2.11 | 减少0.67个百分点 |
| 总资产报酬率(%) | 1.85 | 1.46 | 减少0.39个百分点 |
| 国有资本保值增值率(%) | 102.86 | 102.15 | 减少0.71个百分点 |

**【改革发展】** 公司治理体系持续完善。深化董事会规范化建设,优化党组前置研究机制,充分授权经理层经营管理,各治理主体权责更加清晰、运行更加规范。不断完善法律风险防范机制,"法治中储粮"建设持续推进。建立健全直属库经营管理权限清单,制定重点领域合规指南,内控体系进一步完善。推动解决历史遗留案件,开展重大风险排查处置,全年重大经营风险事件"零增长"。

重点改革任务加快落地。实现国企改革三年行动顺利收官,国企改革"双百行动"和"科改示范行动"持续深化。三项制度改革取得新突破,经理层任期制契约化管理全覆盖,集团总部4个职能部门和全系统190个处级以上管理岗位开展竞争上岗,各级管理人员退出比例6.2%。直属库改革28项配套制度全面实施,"三定"改革全面推进。中企联合粮食储备和油脂公司成功组建,质检中心公司正式成立并完成第一批转隶单位接收,三级质检体系加快形成。

**【重大项目】** 2022年,中储粮集团公司在建和新启动的仓储设施建仓项目187个,建仓规模1730万吨。克服疫情导致的工程停工、建材供应短缺等困难,全力推进建仓项目实施进度。截至2022年底,74个项目进入主体施工和工程收尾阶段,建成仓容470万吨;其余113个项目全部开工。

**【走向海外】** 2022年,中储粮集团公司高效执行专项进口任务,严格把控进口采购成本,有效服务国家对外贸易战略,夯实重要农产品调控物质基础。参加第五届中国国际进口博览会,与ADM公司、先正达集团、佰达济集团、中粮国际公司、路易达孚集团、邦吉公司、嘉吉公司等供应商签约,采购进口大豆1000万吨,比上年增长19%,利用"两个市场、两种资源"服务调控能力进一步增强。

**【重大创新】** 持续深化储备精益管理。加强全流程质量管控,持续推进仓储管理迭代升级,按照"千分制"新机制评选标杆库94家,进一步优化包仓责任制,示范引领和降本增效作用有效发挥。切实抓好库外储粮风险防控工作,"四位一体"风险防控措施基本落实到位。

不断增强科技创新能力。坚持把创新作为引领发展的第一动力,进一步健全科技项目考核评价体系、科技创新激励机制、科技成果转化机制。加快核心技术攻关和成果推广应用,成功研发无人智能扦检平台,完成稻谷低温储粮技术研究系统集成。举办"三小"科技创新成果展,分类推广112个"三小"成果。全力推进全球首个架空"气膜粮仓"试点工程建设,被评为中央企业2022年度十大超级工程。推动落实国家"双碳"战略部署,9家分公司利用仓房屋面开展光伏技术发电应用。

**【党建工作】** 企业党建引领保障作用得到根本性加强。深入学习贯彻党的二十大精神,第一时间传达学习并研究部署学习宣传贯彻工作,全系统举办学习会2226次,读书班474期,辅导讲座184场次,轮训处级以上干部2402人次,各级班子成员开展宣讲941场次,《人民日报》《学习时报》等媒体推出采访报道和署名文章,央视新闻、"学习强国"学习平台、国务院国资委网站及省部级主流媒体广泛报道90多次,集团公司自有阵地及专题专栏采编报道近100篇次,全面兴起学习宣传贯彻党的二十大精神热潮。党史学习教育常态化制度化持续推进,全系统6415项年度民生实事项目基本完成，经验做法入选国企党建创新优秀案例。认真抓好"两个品牌"创建工作，评选授牌"一优四强"红旗党支部116个，党旗继续在急难险重任务一线高高飘扬。

党风廉政建设和反腐败斗争压倒性胜利进一步巩固发展。着力提升对"一把手"和领导班子的政治监督实效，将党风廉政建设指标纳入全员业绩考核，层层压实管党治党责任。严肃查处"靠粮吃粮"、内外勾结、损公肥私典型案件。召开3次全系统党风廉政建设和反腐败斗争警示教育大会，以案为鉴、以案明纪、以案促治作用有效发挥。加强廉洁文化建设，筑牢拒腐防变思想防线。紧盯影响党中央决策部署贯彻落实的不正之风，紧盯影响高质量发展的作风顽疾，持续巩固拓展整治文山会海、督查检查考核过多过频过度留痕等问题成效。继续在全系统厉行"禁烟""禁酒"令，持续释放驰而不息抓作风建设的强烈信号。

**【信息化与数字化建设】** 2022年，中储粮集团公司持续做好"惠三农"App的优化完善和推广应用，"一卡通"收购系统和"惠三农"综合服务平台持续优化，数字人民币对农支付入选普惠金融典型案例，为农服务水平进一步提升。实施"技防技控"改造升级，建成八达岭和顺义两家试点示范库，启动100家直属库中试。完成30项企业信息化和智能化标准规范的制(修)订。严格开展自主可控应用，移动办公系统全面上线运行。

**【履行社会责任】** 2022年，中储粮集团公司围绕履行职责使命，坚持把中储粮企业优势同帮扶地区的资源禀赋紧密衔接起来，着力打造产业帮扶、人才帮扶、教育帮扶、项目帮扶、消费帮扶"五张名片"，在3个定点帮扶县投入无偿帮扶资金7183.42万元，建设学校、党员活动室、果蔬烘干厂等项目13个，推动帮扶地区经济社会加快发展。定点帮扶连续3年获得中央单位考核评价最高等次"好"，定点帮扶的黑龙江兰西县被农业农村部、国家乡村振兴局评为"2022年国家乡村振兴示范县"。新闻宣传力度持续加大，成功举办"宁流千滴汗，不坏一粒粮"第五届公众开放活动，线上线下覆盖公众3300万人次，企业社会形象和舆论环境不断向好。

（撰稿人：赵聪睿）

## 中国南水北调集团有限公司

**【基本概况】** 2022年是党的二十大胜利召开之年，是南水北调后续工程规划建设全面推进之年，是中国南水北调集团有限公司(以下简称中国南水北调)组建的第二个完整年度。在以习近平同志为核心的党中央坚强领导下，中国南水北调取得工程运行安全平稳、综合效益持续提升、后续工程加快实施、引江补汉开工建设、国家水网推进构建、涉水主业开拓发展、改革创新深入推进、企业活力不断激发、党的建设全面加强、公司组建基本完成的优异成绩。

坚决守住"三个安全"底线，全面加强已建工程运行管理。超额完成年度调水任务，2021—2022年度中线工程调水92.12亿立方米，为年度计划的127%；生态补水19.7亿立方米，超额完成向华北地区补水任务；东线北延工程向黄河以北补水1.89亿立方米，为年度计划的215%，助力京杭大运河实现近百年来首次全线水流贯通。积极推动南水北调河湖长制建设，如期完成中线安全风险评估，有效处置多起突发事件，21个涉汛项目主体工程提前完工，圆满完成特殊重要时期的安全保供任务。配合水利部完成东、中线一期工程155个设计单元完工验收，提前3年编制完成竣工财务决算报告；积极配合水利部做好审计署迎审工作，为加快推进工程竣工验收、盘活存量资产奠定坚实的基础。

全力推进后续工程规划建设，夯实高质量发展"基本盘"。在推进南水北调后续工程高质量发展领导小组统一领导下，中国南水北调全程深度参与《南水北调工程总体规划》评估修编、后续工程规划设计和有关重大专题研究。全力推进引江补汉工程开工建设，拉开后续工程建设大幕；提前半年完成初步设计报告编制并报送水利部；超额完成年度15.15亿元投资计划，为拉动有效投资、稳住宏观经济大盘发挥示范作用。按照中央明确的后续工程下一步工作思路，积极推进东线二期可研报告修改完善和东线一期工程效能提升；中线依法合规推进沿线调蓄工程前期工作，主动开展总干渠挖潜扩能研究；主动开展西线综合开发等专题研究，配合开展西线大调研，推动有关各方逐步形成共识。

锚定“三个企业”定位，积极参与国家水网建设。中国南水北调围绕国家水网建设精心布局，立足“调水供水行业龙头企业、国家水网建设领军企业、水安全保障骨干企业”战略定位，按照“储备一批、争取一批、立项一批、跟踪一批”的经营策略，积极参与国家水网骨干工程和区域水网、地方水网建设。一是积极布局国家水网骨干工程和区域水网建设，跟进有关重大项目。按照国家水网“纲”“目”“结”三大任务，紧密跟踪大江大河控制性枢纽，以及国家水网骨干输排水通道项目的前期工作，积极争取项目开工建设权和中央出资代表人资格，增强国家骨干网控制能力。二是以市场化模式积极抢占区域水网、地方水网投资建设份额。承担的国家骨干水网项目——开化水库枢纽工程如期截流，完成投资 11.5 亿元，进度达标、安全可控，获评浙江省水利文明施工标准化工地；落地实施河南新乡、海南定安、山东临沂等地方水网项目，其中海南省水利厅将定安“水管家”模式作为“六水共治”示范在全省推广，为集团加大力度参与构建国家水网积累宝贵经验。积极跟踪安徽、广西、福建等重点水源工程项目；与宁夏、四川、湖南等地深入对接，积极推进现代灌区建设，助力夯实国家粮食安全。

争做现代水产业链链长，做强做优做大国有资本。坚持依网布链、协同固链、整合优链，围绕南水北调和国家水网建设运营，积极拓展涉水产业布局，争当现代水产业链链长，为推进南水北调和国家水网事业高质量发展、做强做优做大集团公司和国有资本夯实基础。一是紧密结合党中央决策部署和集团发展战略，明确企业定位、丰富主业内涵。二是科学谋划区域和产业布局，明确“一主引领、多点布局、分层协同”的区域战略。在郑州组建首个区域总部，不断完善市场开发区域布局；相继成立生态环保、水网智科、文旅发展等子公司，高效完成设计单位渤海公司并购，搭建产业发展平台。积极争取多方支持，全面加强向国务院国资委、水利部、国家发展改革委、财政部、生态环境部、自然资源部、国家林草局、国家税务总局等有关部委请示汇报，聚焦东中西三条线路和产业协同，与生态环境部、水利部水电总院等部委单位，北京、天津、江苏、山东、内蒙古等地，以及国家电投等多家中央企业达成战略合作。涉水主业开局良好，水务公司建立约 600 亿元投资规模的项目库，落地实施项目投资总额 69.3 亿元；新能源公司在东中线管理处规划建成第一批分布式光伏试点项目，签订开发协议 2205 万千瓦；生态环保公司中标北京、河南、四川等地生态环保服务项目，围绕南水北调沿线和国家水网建设布局一批生态环境治理项目；水网智科公司落地引江补汉工程数字建管系统、数字孪生惠南庄泵站以及水质监测信息平台等项目；综合服务公司在强化服务保障职能的同时，积极探索自主从事生产经营活动。

统筹推进集团组建和深化改革，提升企业核心发展动力。以打好国企改革三年行动收官战为抓手，圆满完成中央批复的组建方案和《公司章程》明确的组建任务。修订完善“三定”方案，进一步构建优化协同高效的管理体系，各子公司、直属机构相继组建，人员配备逐步到位。顺利完成东、中线公司制改制，研究制定《权责事项清单》《授放权清单》，企业活力效率明显增强。全面推进经营管理体系建设和党的建设，提升总部“四个中心”功能。加强向国务院国资委、水利部请示汇报，按要求完成划转接收任务。制定《加快建设世界一流企业实施方案》，高标准推进世界一流企业建设。

**【主要指标】**

**表 1　2022 年中国南水北调集团有限公司主要经济指标**

| 项　目 | 2021 年 | 2022 年 | 比上年增长(%) |
|---|---|---|---|
| 资产总额(亿元) | 1687.71 | 1723.81 | 2.14 |
| 所有者权益(亿元) | 1340.31 | 1367.02 | 1.99 |
| 营业收入(亿元) | 85.42 | 87.48 | 2.41 |
| 利润总额(亿元) | −18.00 | −12.94 | — |
| 净利润(亿元) | −18.10 | −12.99 | — |
| 归属于母公司所有者的净利润(亿元) | −18.10 | −13.01 | — |

续表

| 项　目 | 2021 年 | 2022 年 | 比上年增长(%) |
|---|---|---|---|
| 技术开发投入(亿元) | 0.86 | 1.09 | 26.74 |
| 利税总额(亿元) | —13.52 | —5.06 | — |
| 应交税金总额(亿元) | 4.48 | 7.88 | 75.89 |
| 全员劳动生产率[万元/(人·年)] | 107.34 | 113.96 | 6.17 |
| 净资产收益率(%) | —1.34 | —0.96 | 增加 0.38 个百分点 |
| 总资产报酬率(%) | —0.36 | —0.11 | 增加 0.25 个百分点 |
| 国有资本保值增值率(%) | 99.76 | 100.21 | 增加 0.45 个百分点 |

**【改革发展】** 一是打好国企改革三年行动收官战。坚持边组建、边运营、边改革，以时不我待的强烈紧迫感统筹推进改革三年行动。聚焦落实“两个一以贯之”，全面推进“党建进章程”，实行治理主体决策“清单化”，在建立完善中国特色现代企业制度上取得明显成效。聚焦落实“通脉、联网、强链”总体战略，统筹南水北调后续工程和国家水网建设，确立“调水＋”产业发展模式，拓展水务、清洁能源、生态环保、水网智科、水文化旅游等涉水板块，多业态提升工程综合效益，在推动现代水产业链布局优化和结构调整上取得明显成效。围绕“放管服促发展”，结合子企业治理能力和管理水平实施差异化管理，精准授权放权，在增强企业活力提高效率上取得明显成效。完成改革三年行动目标任务，为打造调水供水行业龙头企业、国家水网建设领军企业、水安全保障骨干企业聚势赋能。二是加强财务管理夯实发展基础。全面摸排经营业务合规管理、会计信息虚假、国有产权管理、投资、债务风险、金融风险业务、依法纳税 7 个方面问题的风险隐患，推动问题整改落实和长效机制建设，完成综合治理专项行动。制定印发无形资产、股权管理、资产评估、固定资产管理等规章制度，建立健全基础管理制度体系。组建资产评估机构库和专家库，履行国务院国资委备案手续。建立“技术可行、经济合理、依法合规、风险可控”的投入产出评价机制，持续优化项目投资财务评价。成功解除水费收费权质押，拓展筹融资渠道。引入中国农业发展银行农发基础设施基金向引江补汉工程投资 10 亿元、河南省新乡市“四县一区”南水北调配套工程东线 PPP 项目投资 1.7 亿元。三是蹄疾步稳推进三项制度改革。研究起草进一步推进市场化用工的指导意见，加大选人用人市场化程度，开展春季、夏季和秋季招聘工作 371 人，完成总部和新设二级子公司选调 47 人。持续推进总部部门、总部和二级单位干部交流，全年选拔任用副职级以上干部 75 人次，处级干部 64 人次。制定印发外部董事管理、董事会和董事评价等制度，稳妥有序地推进子企业董事会应建尽建、配齐建强。充分发挥考核“指挥棒”作用，修订总部部门和员工考核、所属企业领导班子和领导人员综合考核等制度，调整优化考核内容指标，强化结果运用。四是精准施策发挥经营业绩考核激励约束作用。主动融入国务院国资委考核体系，修订印发《集团公司所属企业经营业绩考核管理办法》。积极汇报请示，实现集团公司商业二类企业功能界定与分类，为拓展涉水产业奠定基础。五是推进调水与相关密切产业融合。围绕国企改革三年行动“推动国有资本向主要行业和关键领域集中”的重点任务，按照“通脉、联网、强链”总体战略，构建和布局涉水产业，在完成注册水务和新能源两个子公司的基础上，又陆续成立生态环保、水网智科、文旅发展等子公司，进一步做强做优涉水产业链。依托各子公司做好“调水＋”文章，推进调水与相关密切产业融合，通过协同实施综合开发，提升综合效益，促进调水主业发展。

**【重大项目】**

1. 重大决策。

科学规划高质量发展的战略方向。中国南水北调始终坚持对标一流企业，以高质量发展为主线，汇聚全集团智慧，群策群力、集思广益，于 2022 年 12 月编制完成集团“十四五”发展规划，并通过水利部备案。

加强与省级政府、中央部委、中央企业、金融机构的战略合作。2022 年，中国南水北调先后与北京、天津、江苏、山东、内蒙古签订战略合作协议，与生态环境部建立战略合作关系，与国电投、中咨公司、中盐集团、安能集团4家中央企业及水电总院和北京银行签署战略合作协议。

2. 重大项目。

《南水北调工程总体规划》评估修编。中国南水北调修编工作专班参加水利部组织的集中办公，集中办公期间建立协调和信息报送机制，报送33期日报187条重要信息。2022年，先后组织17次专班会议进行研究讨论，针对事关南水北调工程建设运营全局的重大工程、重大项目、重大政策进行深入研究。

引江补汉工程。2022年6月24日，经国务院批准，国家发展改革委批复引江补汉工程可行性研究报告；6月29日，水利部批复引江补汉工程输水总干线出口段初步设计报告；7月7日，引江补汉工程开工动员大会举行；12月30日，引江补汉工程初步设计报告报送至水利部。

东线二期工程。2022年，按照水利部工作部署，中国南水北调深度参与东线二期工程前期工作，配合淮河水利委员会、海河水利委员会扎实推进可研深化工作。

中线沿线调蓄工程。2022年8月，中线沿线调蓄工程体系规划研究项目完成立项。10月，编制形成《南水北调中线调蓄工程体系规划工作大纲》，并按计划开展研究工作。

中线防洪加固和安全专项项目。全力推进中线防洪安全加固项目建设，确保南水北调中线干线工程“三个安全”。

西线工程。2022年3—12月，开展西线综合开发研究；7—12月，参加11项重大专题研究和多方案比选。8月26日，中国南水北调成立推进西线工程前期工作领导小组和办公室，印发工作方案。8月27日至9月9日，全程参与专咨委西线工程调研，了解各方意见，提出集团建议。

3. 对外投资与经营。

浙江开化水库特许经营项目。2022年3月23日，中国南水北调成立后投资参与的国家水网第一个示范性项目正式开工，工程总投资455448万元。截至2022年底，项目完成导(截)流阶段验收、枢纽区大坝开挖等，实际完成投资120015万元，占年度投资计划的100.01%。

河南省新乡市南水北调配套工程东线PPP项目。2022年6月14日，中国南水北调作为牵头人中标河南省新乡市“四县一区”南水北调配套工程东线PPP(政府和社会资本合作)项目，项目总投资175247万元，项目建成后将有助于南水北调中线水量消纳和效益发挥。

4. 并购重组。

2022年9月6日，中国南水北调通过公开交易，完成对中国水利水电建设工程咨询渤海有限公司的摘牌，并于2022年10月21日完成股东变更，实现对渤海公司持股60%和控股并表等需求。

**【重大创新】** 2022年，中国南水北调认真贯彻国务院国资委关于科技创新、数字化创新和管理创新等方面的有关部署和要求，在科技创新方面围绕科技创新体系建设、推动科研项目采用“揭榜挂帅”新模式、研究制定技术标准体系表等；在数字化创新方面围绕南水北调工程高质量发展，组织编制数字孪生南水北调工程建设方案和先行先试实施方案，推进数字孪生南水北调先行先试建设工作，通过数字技术赋能南水北调后续工程高质量发展；在管理创新方面选取中线公司、江汉水网公司和新能源投资公司试点开展“管理实验室”活动，通过实验室载体对制度优化检验，实现管理制度化、制度表单化、表单流程化、流程信息化、操作手册化“五位一体”管理，切实提高管理效率和质量。

科技创新。科技创新体系建设初见成效。坚持系统观念，加强顶层设计，编制完成《集团公司“十四五”科技创新专项规划》；以制度建设为抓手，形成以《科技创新管理办法》为总纲，以涵盖项目管理、知识产权、科技成果、成果转化、创新考核、激励机制等各方面管理规定组成的科技创新制度体系，为科技工作奠定制度基础。中线公司制定《中国南水北调集团中线有限公司科研项目“揭榜挂帅”实施办法(试行)》，探索出一种企业发榜、面向社会的新模式，并针对南水北调中线需要集中攻关的核心技术和“卡脖子”问题，结合以往研究成果和工程实际需要，研究确定部分关键课题采用“揭榜挂帅”方式。研究制定《中国南水北调集团有限公司技术标准体系表(2023—2025

年)》。从工程周期、专业领域、标准的逻辑层次等多维度创新性构建形成“全领域”“全专业”“全流程”覆盖的技术标准体系,为标准化工作的开展提供顶层指导,为工程的高标准、高质量、高效率提供有力支撑。及时将先进的科技成果转化为标准,牵头或参与编制“基于北斗卫星导航定位系统的水利水电工程安全监测技术规范”“膨胀土边坡工程技术规范”等8项团体标准。立项编制“数字孪生南水北调工程建设技术导则”等11项集团级企业标准。

数字化创新。一是推进数字孪生南水北调纳入南水北调工程总体规划。根据总体规划修编整体安排,开展数字孪生南水北调工程建设章节编写工作,遵循“统筹建设、互联共享、统一调度、分级控制”的原则,提出以数字孪生东线工程、数字孪生中线工程、数字孪生西线工程为基础,推进与数字孪生长江、数字孪生淮河、数字孪生黄河、数字孪生海河和沿线数字孪生省级水网的互联互通、信息共享,以数字孪生平台为支撑,强化实时运行监控、智能调度指挥、安全动态监管等智能业务应用,逐步建设形成南水北调东中西线工程统一调度、分级控制的国家水网大动脉智能调度指挥决策平台。二是推进数字孪生南水北调建设。根据水利部推进数字孪生流域建设总体部署,组织编制数字孪生南水北调工程建设方案和先行先试实施方案,形成《“十四五”数字孪生南水北调工程建设总体方案》,提出以工程线路为单元、时空数据为底座、数学模型为核心、水利知识为驱动,聚焦“三个安全”“精确精准调水”核心需求,通过算法、算力、算据建设,对南水北调工程建设运行进行数字映射、智能模拟、前瞻预演,与南水北调工程同步仿真运行、虚实交互、迭代优化,提升工程建设运营“四预”水平和实时监控、优化调度、应急处置能力。2022年,开展数字孪生南水北调(惠南庄泵站)、数字孪生南水北调(邱屯枢纽)、数字孪生南水北调(引江补汉工程)、数字孪生南水北调(洪泽泵站)、数字孪生南水北调(邓楼泵站)5项先行先试任务,取得初步成效,提升南水北调工程运行维护管理水平。

管理创新。一是分类施策,问题导向。中线公司以“制度建设”“标准化管理”为抓手,构建职责、流程、标准、风控、考核“五要素协同”的企业标准化管理体系;江汉水网公司建立联管共商机制,组织各参建单位共建质量安全保障体系;新能源投资公司创新投资管理模式,建立完善项目优选入库全流程体系。二是健全机制,统筹管理。全面推行制度修编“计划”管理,建立制度年度“立项计划”评估评审机制,加强制度源头管理,确保制度质量。在试点单位探索出一套高效科学的工程建设管理制度和管理流程。三是实践检验,结果导向。围绕工程建设和运行维护管理、科技创新管理、投融资管理等领域开展管理创新示范建设,致力于凝练可检验、可推广、有特色的管理创新成果,边完善优化边试验检验,在制度运行的过程中不断检验检测制度的针对性、操作性和有效性,系统总结创新管理示范建设工作,形成专项成果报告。

重大科研开发。2022年,中国南水北调加大重大科研项目开发利用,成功申报并实施国有资本经营预算项目“南水北调工程关键技术攻关”项目,围绕“中线水下修复技术”“中线输水能力提升关键技术”开展科技攻关并取得阶段成果;积极组织申报国家重点研发计划,由东线公司牵头承担的“南水北调东线工程多水源均衡配置与输水智能调控技术”项目成功获批立项,参与申报“南水北调西线工程调水对长江黄河生态环境影响及应对策略”“南水北调中线冬季输水能力提升关键技术研究与示范”等项目。

**【党建工作】** 一是举旗定向,全面加强思想政治工作。聚焦学懂弄通做实习近平新时代中国特色社会主义思想,认真落实党组“第一议题”制度和理论学习中心组学习制度,切实增强捍卫“两个确立”、践行“两个维护”的思想自觉政治自觉和行动自觉。修订完善党组理论中心组学习制度,对各部门各单位党组织开展旁听巡听16次,促推各级理论武装质效整体提高。制定实施党组思想政治工作责任清单,党组召开思想政治和意识形态工作专题会2次,压紧压实各级主体责任。二是思想引领,深入学习贯彻党的二十大精神。党组制定学习宣传贯彻工作方案,明确32项重点任务。组织干部职工参观“奋进新时代”主题成就展。组织收听收看党的二十大开幕会并做交流研讨。召开干部职工大会,激励各级以党的二十大精神为引领,奋力开辟南水北调和国家水网高质量发展新局面。党组举办理论中心组学习研讨暨专题读书班3期，务求学深悟透、融会贯通。党的二十大代表、党组成员、各级党组织书记和青年宣讲团深入基层一线开展宣讲，推动党的二十大精神深入人心、见行见效。成立专项督导组，积极参加各级党组织专题学习、交流研讨、“三会一课”等，确保党的二十大精神在南水北调落地生根。三是实干为民，推进党史学习教育常态化长效化。将巩固拓展党史学习教育成果、推动党史学习教育常态化长效化列入党组思想政治工作责任清单、全面从严治党责任清单，引导各级不忘初心、牢记使命。抓好中线穿黄工程、陶岔渠首枢纽工程等爱国主义教育基地建设，强化以史为鉴、资政育人功能。接续推进调水补水、引江补汉、乡村振兴等11个“我为群众办实事”项目，增强各级“调水为民、治水兴邦”的使命担当。四是强“根”铸“魂”，全面加强基层组织建设。深入学习贯彻习近平总书记关于国有企业党的建设重要论述，制定党建工作责任制实施办法、党建工作考核评价办法及直属党委工作规则，完善领导干部党建工作联系点机制。落实“两个一以贯之”，实施“党建+”工程，制定企业党组织集体研究把关重大事项指导意见，推进党建工作与经营管理相融互促。坚持大抓基层鲜明导向，推动7个子公司成立党组织，推进基层党组织标准化规范化建设，6个基层党组织入选中央和国家机关“四强”党支部，基层党组织建设实践研究获得水利部年度党建课题研究二等奖。举办基层党建工作培训班，有力有效促进党务干部本领提升。2022年新发展党员191人，严格落实“三会一课”、谈心谈话等制度，以多种形式开展组织生活会和民主评议党员工作。五是扛牢责任，纵深推进党风廉政建设和反腐败工作。集团党组召开2次全面从严治党会商会、2次全面从严治党专题会和党内法规执行和制度建设专题会等会议，印发全面从严治党2022年度重点任务清单并动态调整，深化细化“四责协同”，压紧压实全面从严治党责任工作机制。组织开展“建功新时代、喜迎二十大”习近平总书记重要指示批示精神再学习再落实再提升主题活动，持续推动总书记重要指示批示精神在集团落地生根。学习贯彻《纪检监察机关派驻机构工作规则》，深入开展靠企吃企问题专项整治“回头看”和警示教育，制定出台加强新时代青年干部教育管理监督意见、推进“水清人净”廉洁文化建设实施意见和直属纪委工作规则，持之以恒推动全面从严治党向纵深发展、向基层延伸。及时对组建满1年的两家二级企业开展集团组建以来的首轮巡视，发现两家企业党委在“四个落实”方面苗头性、倾向性问题，达到促预防促规范的目的。探索巡审结合，联合纪检监察、财务资产、企业管理、质量安全等相关部门，开展中线干线工程防洪加固项目专项监督检查，促进项目顺利实施和工程安全、质量安全、资金安全、干部安全。六是加强企业文化和精神文明建设。成立精神文明建设领导小组及办公室，统筹推进精神文明和企业文化建设，采取问卷调查、座谈交流、专题研讨等方式，群策群力、集思广益，初步凝练形成企业战略使命、目标愿景、核心价值理念等。制作纪录片《筑巢》，生动反映集团初创期干部职工艰苦奋斗、团结向上的精神风貌。报送的“深度挖掘南水北调内涵，打造水情教育特色品牌”入选水利部第二届基层单位文明创建案例。锚定“三个一流”目标，对接集团“十四五”规划，编制企业文化建设“十四五”专项规划，统筹推进文化铸魂、文化融合、文化赋能三项工程，夯实南水北调和国家水网事业高质量发展的文化根基。

**【信息化与数字化建设】** 2022年，中国南水北调信息化和数字化建设工作重点围绕数字化转型规划设计、数字孪生南水北调、网络安全、制度建设等方面推进，完成《中国南水北调集团有限公司数字化转型专项规划》编制，开展总部信息系统总体框架设计；完成数字孪生南水北调建设方案和先行先试实施方案编制，通过水利部审查及先行先试工作中期评估；扎实开展网络安全体系建设，全面提升网络安全管理和保障水平；滚动修编信息化和数字化规章制度，完善制度体系。一是根据国有企业数字化转型及国资监管数字化智能化有关要求，积极推动落实数字化转型工作，完成《中国南水北调集团有限公司数字化专项规划》编制。开展总部信息系统总体框架设计，完成总部信息系统初步设计报告编制。二是根据《水利部关于开展数字孪生流域建设先行先试工作的通知》有关要求，有条不紊地推进数字孪生南水北调建设，建立协调指挥机制，将数字孪生南水北调建设作为重点工作纳入网络安全和信息化领导小组领导体系。2022年4—5月，编制完成数字孪生南水北调建设方案和先行先试实施方案，顺利通过水利部审查。2022年12月，在水利部组织的数字孪生流域建设先行先试中期评估中，数字孪生南水北调获评"优秀"。三是有序推进网络安全各项工作，提升网络安全管理水平和保障能力。强化网络安全保障，圆满完成北京冬奥会、冬残奥会及党的二十大等重要会议、活动期间的网络安全保障任务。有序开展网络安全宣传教育、专项检查、应急演练、供应链排查等工作，全面加强网络安全等级保护及关键信息基础设施安全保护管理工作。四是按照系统谋划、统筹推进的原则，不断健全信息化和数字化制度，编制印发数字化管理、网络安全管理和数字化项目管理等制度。积极参加水利行业数字孪生及智能化标准编制工作，以主要参编单位完成《数字孪生水网建设技术导则（试行）》编制工作，同步积极参与编制国家水网智能化设计与建设相关技术标准。启动信息化技术标准体系建设，编制信息分类及编码规范、主数据标准、核心元数据标准的工作大纲。

**【履行社会责任】** 一是坚决守住"三个安全"底线。2021—2022年度中线一期工程调水92.12亿立方米，向华北地区生态补水19.7亿立方米；东线北延应急工程向黄河以北调水1.89亿立方米，助力京杭大运河实现近百年来首次全线水流贯通。加强安全体系建设，推进建立南水北调河湖长制协作机制。全面排查安全风险隐患，如期完成中线安全风险评估，及时有效处置多起突发事件，21个涉汛项目主体工程提前完工，完成冰期、汛期、冬奥会、冬残奥会、全国两会、党的二十大等特殊重要时期安全保障任务。2022年12月1日启动冰期输水，正值疫情防控关键期，按最不利因素考虑，细化冰期输水工作安排，加强分析研判，优化完善应对处置措施，扎实做好应急抢险准备，坚决守住疫情防控和安全生产底线，保障冰期输水各项工作有序进行。二是深化企地共享共融共建。贯彻乡村振兴战略，组织参加"央企消费帮扶兴农周"活动，通过电商平台累计采购25.6万余元农产品。推进党建联建共建、街区共商共治，主动融入首都文明创建、爱国卫生运动、社区志愿服务等新时代文明实践。组织干部职工参加街道社区重要节点志愿值守，参与"冰雪容融迎冬奥"趣味运动会，践行"奉献、友爱、互助、进步"的志愿服务精神。在疫情防控最吃紧的关键阶段，为玉渊潭社区服务中心送去防疫和生活物资，配合徐庄社区开展核酸检测数据核查，搭起央地守望相助、携手抗疫"连心桥"。强化中线穿黄工程、渠首枢纽工程等中央企业爱国主义教育基地和全国中小学生研学实践教育基地资政育人功能，深入开展"南水北调公民大讲堂"，累计开展各类活动190场，受众65万余人次。组织开展"关爱山川河流、共建美好河湖、守护一渠清水北上"等节水宣传进社区、进校园系列志愿服务，普及节水护水知识，弘扬传播中华水文化。三是切实保障干部职工权益。坚持以人为本，加强职工人文关怀，关爱职工健康，保障职工权益，不断提高职工的获得感、幸福感、安全感，营造南水北调大家庭温馨氛围。

（撰稿人：王乃卉）

## 国家开发投资集团有限公司

**【基本概况】** 国家开发投资集团有限公司（以下简称国投集团）是中央直接管理的国有重要骨干企业，2022年6月首批正式转为国有资本投资公司。国投集团牢固树立服务国家发展的大局观，以推动结构优化、构筑美好生活、促进科技创新、引领产业升级为己任，在重要行业和关键领域发挥国有资本的引领和带动作用，经过不断创新探索和结构调整，国投集团重点打造能源产业、数字/科技、民生健康、产业金融四大业务板块。

2022年，国投集团坚持以习近平新时代中国特色社会主义思想为指导，全面深入贯彻落实党的二十大精神，坚定服务党和国家事业大局，全力推动高质量可持续发展，充分发挥国有资本投资公司的投资导向、结构调整、产业培育作用，各项工作取得新成效。连续18年获评国务院国资委经营业绩考核A级，连续6个任期获评业绩优秀企业。

**【主要指标】**

**表1　2022年国家开发投资集团有限公司主要经济指标**

| 项　目 | 2021年 | 2022年 | 比上年增长(%) |
|---|---|---|---|
| 资产总额(亿元) | 7663.73 | 7958.21 | 3.84 |
| 所有者权益(亿元) | 2512.10 | 2592.59 | 3.20 |
| 营业收入(亿元) | 1944.54 | 2114.42 | 8.74 |
| 利润总额(亿元) | 460.99 | 230.37 | －50.02 |
| 技术开发投入(亿元) | 20.50 | 22.11 | 7.85 |
| 应交税金总额(亿元) | 119.71 | 120.78 | 0.89 |

**【改革发展】** 2022年，国投集团持续深化体制机制改革，按照"可衡量、可考核、可检验、要办事"的要求，高质量完成82项改革举措。集团及24户设立党委的重要子企业，全部制定党组织前置研究讨论事项清单；全面完成董事会应建尽建并实现外部董事占多数，加强股权董事队伍建设及履职服务支撑；积极稳妥深化混合所有制改革，完善国有相对控股混合所有制企业差异化管理制度体系，"反向混改"经验做法得到总结推广。

首批"双百企业""科改示范企业"在国务院国资委专项考核中全部被评为"标杆"或"优秀"，中国电子院完成混合所有制改革并开展核心骨干持股，美亚柏科扩围纳入"科改示范企业"；国投集团改革工作在中央改革办督察组、国务院国企改革领导小组年度督查中得到高度评价。

**【重大项目】** 2022年，国投集团坚持服务国家战略，加强业务开拓，各项业务取得新进展。

能源产业。国投电力有序推进雅砻江流域水风光一体化基地建设，柯拉光伏一期、腊巴山风电、两河口混合式抽水蓄能、华夏一期等容量替代项目开工建设，全年新增在建装机299万千瓦，英奇角海上风电中标英国政府差价合约；国投生物纤维素乙醇产品获得欧洲市场准入资质；国投交通稳步推动河北区域港口一体化整合，取得阶段性进展。

数字/科技。国投高新聚焦新兴产业细分领域，推进关键摩擦副材料产业园一期、陶瓷基复合材料智能制造园区一期等项目建设；中国电子院进一步巩固电子信息业务优势，积极拓展智慧城市业务；美亚柏科入围中国网络安全企业百强前十，自主研发的乾坤大数据操作系统入选2022年数博会"十佳大数据案例"；山东特检全年新增资质333项。

民生健康。国投矿业、国投罗钾积极推进罗布泊盐湖老卤提锂综合利用项目；国投健康积极稳妥推动14家培疗改革项目接收和转型养老设施工作；中成集团积极培育环保生态领域核心竞争力，深耕水处理、工业固废市场；国投创益布局生物育种行业，7家投资企业入选国家种业阵型企业名单；国投人力深化"国聘行动"，累计提供职位360万个，助力海外关键高端专家引进；国投贸易参加第五届进博会，与20家合作伙伴签订采购意向协议，签约金额突破10亿美元。

产业金融。国投资本发挥金控平台功能作用，深入推进精益管理；安信证券实施经纪业务线上化转型，App总用户突破886.7万人；国投泰康信托加大家族信托业务拓展，存续规模突破150亿元；中投保加快推动数字化转型，全年"信易佳"新增担保规模超过50亿元；国投财务加强资金集中，年底资金归集率突破80%，创历史最好水平；国启资产累计受托18家中央企业157个项目，助力相关中央企业完成剥离目标任务。

**【走向海外】** 2022年，中约建交45周年之际，国投集团协同中外各界友人共同推动中约传统文化的推广和交流，以"美猴王"形象和西游记故事为载体，创作富有中国特色和时代价值的全媒体文化产品与交流活动。国投集团发布《2022海外社会责任报告》，积极参加海外社会责任课题研究，向《中央企业海外社会责任蓝皮书》推荐海外社会责任实践案例，传播国投集团海外履责成效，展现中国企业良好形象；中成集团严控国际业务风险，积极推进糖业、海外传统总包、境外机构清理退出工作。

**【重大创新】** 2022年，国投集团加大科研投入和成果转化，研发投入22.11亿元，比上年增长7.85%；开展集团首批科技带头人和创新团队遴选，构建涵盖首席科学家、首席专家、特级专家和青年拔尖人才等4个层级的科技创新人才雁阵格局；实现集团海外高层次引才新突破，柔性引进国家级科技人才15人；发行科技创新公司债，承担科技部专项改革试点任务，西安鑫垚的半导体精密部件项目入选国务院国资委央企关键核心技术攻关工程；合肥波林的“齿轮式液压泵关键摩擦副零件”获批制造业单项冠军产品；西安鑫垚、美亚中敏、国投信开水环境获批国家级专精特新“小巨人”企业。国投高新、国投罗钾获批设立国家级博士后科研工作站，国投创益获批设立博士后创新实践基地，助力集团科技创新人才培养。

**【党建工作】** 2022年，在以习近平同志为核心的党中央坚强领导下，国投集团党组坚持以习近平新时代中国特色社会主义思想为指导，以迎接党的二十大和学习贯彻落实党的二十大精神为工作主线，贯彻落实新时代党的建设总要求和新时代党的组织路线，全面实施“改革发展党员先行”工程，推动党建工作与生产经营深度融合，坚定不移推进全面从严治党，党的领导和党的建设得到全面加强。

国投集团党组坚持打牢基层党建基础，压实党建工作责任，充分发挥基层党组织功能优势，推动基层党建持续改进、系统加强。着力夯实“三基”建设，规范换届等组织工作流程，落实“12条举措”，有效提升党内活动和组织建设质量；持续推进党组织书记、党务干部、党员队伍培训轮训；创新开展“共投未来”统战品牌实践，设立首个集团党外代表人士建言献策工作室；实施“青年精神素养提升工程”，深入推进“青马工程”；开展“建功新时代　喜迎二十大——国投这十年”主题宣传，打造国际传播跨文化融合试点，加大品牌文化规范化建设，融媒体平台正式投入运营，宣传思想工作再上新台阶。

国投集团一以贯之坚决贯彻落实党中央关于全面从严治党的战略部署，扛牢抓稳“两个责任”，一体推进“三不腐”，持之以恒加强作风建设，全面从严治党、党风廉政建设和反腐败斗争不断取得新成效，全面从严治党的引领保障作用不断加强。

**【信息化与数字化建设】** 2022年，国投集团加大数字化信息化建设，积极推进安全环保管理系统、融媒体平台、股权董事管理系统建设，重点信息化项目稳步推进；强化信息化基础设施建设，建成北京办公区局域网“一张网”，实现总部与106家投资企业的高速网络连接；推进集团产业数字化转型，集团数字化档案馆试点工作取得重要进展，雅砻江水电建成覆盖全工程、全周期、全要素的智能建造平台；国投曹妃甸港实现设备控制智能化、生产操作集控化、生产数据数字化；安信证券打造数字化运营与精准投放平台；统筹开展集团产业数字化试点示范，美亚柏科、山东特检入选工信部大数据产业发展试点示范项目。

**【履行社会责任】** 2022年，国投集团不断完善社会责任组织体系及工作机制，搭建“社会责任工作委员会—社会责任工作办公室—公司各职能部门”协同推进的组织体系，构建“集团总部—子公司—控股投资企业”三级联动的社会责任管理工作机制，各子公司及控股投资企业结合本企业实际，探索建立相应的社会责任工作组织体系，明确分管领导、归口管理部门。

2022年，国投集团牢牢把握“服务战略、统筹推进、全面融入、持续改进、对接国际”五个基本原则，以“完善基础管理、加强信息披露、打造责任品牌、提升ESG管理”四项重点工作为抓手，编制《国投社会责任工作管理办法(试行)》，拟定《国投社会责任工作三年行动提升计划(2023—2025)》，明确社会责任“基础夯实年、深化提升年、成果拓展年”三步走建设目标及年度重点任务，构建社会责任管理指标体系及评估体系，稳步推进社会责任建设和发展，为实现国投集团高质量发展筑牢责任之基。2022年是国投集团连续14年发布社会责任报告，也是继连续4年获得五星评级后，连续3年获评最高评级“五星佳级”。

(撰稿人：李青林)

## 招商局集团有限公司

**【基本概况】** 2022年，招商局集团有限公司(以下简称招商局集团)坚持以习近平新时代中国特色社会主义思想为指导，认真贯彻党中央决策部署，全面落实“疫情要防住、经济要稳住、发展要安全”工作要求，锚定打造“四个世界一流、四个全国领先”产业目标，迎难而上、勇毅前行，高质量发展取得新成效，全面加快建设世界一流企业迈上新台阶。招商局集团上下紧扣迎接和学习宣传贯彻党的二十大精神为主线，深入贯彻落实习近平总书记重要指示精神，全面加强党的领导党的建设，以高质量党建引领保障高质量发展。生产经营业绩稳中有进，招商局集团资产总额12.45万亿元，规模在中央企业中排名第一；全年营业收入、净利润等主要指标再创历史新高。大力推进战略转型，加快推动传统产业转型升级，积极布局战略性新兴产业迈出坚实步伐。改革创新持续深化，招商局集团正式转为国有资本投资公司，成立第一家中央企业金控公司，圆满完成国企改革三年行动各项任务。服务国家大局担当有为，一批重大项目全面铺开，特别是推动辽港集团脱困和招商太平湾实质开发为东北全面振兴作出重要贡献。积极参与共建“一带一路”，深入实施“深耕香港、精耕东南亚”境外发展战略。不断强化底线思维，践行金融工作的政治性和人民性，有效防范化解金融风险；扎实推进安全生产专项整治三年行动，坚决堵住风险漏洞，为生产经营提供安全保障。

**【主要指标】** 2022年，招商局集团实现营业收入9564.9亿元，比上年增长2.9%；利润总额2192.7亿元，比上年增长3.3%；净利润1796.6亿元，比上年增长6.0%。截至2022年底，招商局集团资产总额124503.0亿元，较上年增长8.5%，规模在中央企业中排名第一；营业收入、净利润等主要指标再创历史新高。2022年，招商局集团净资产收益率10.5%，总资产报酬率1.9%，全员劳动生产率141.3万元/(人·年)，应交税金总额942.5亿元，实现国有资本保值增值。

**表1　2022年招商局集团有限公司主要经济指标**

| 项　目 | 2021年 | 2022年 | 比上年增长(%) |
|---|---|---|---|
| 资产总额(亿元) | 114740.9 | 124503.0 | 8.5 |
| 所有者权益(亿元) | 16729.1 | 17678.6 | 7.3 |
| 营业收入(亿元) | 9291.9 | 9564.9 | 2.9 |
| 利润总额(亿元) | 2122.1 | 2192.7 | 3.3 |

续表

| 项　目 | 2021年 | 2022年 | 比上年增长(%) |
|---|---|---|---|
| 净利润(亿元) | 1695.4 | 1796.6 | 6.0 |
| 归属于母公司所有者的净利润(亿元) | 549.2 | 569.5 | 3.7 |
| 技术开发投入(亿元) | 169.1 | 186.9 | 10.5 |
| 利税总额(亿元) | 2726.3 | 2739.1 | 0.5 |
| 应交税金总额(亿元) | 1030.9 | 942.5 | −8.6 |
| 全员劳动生产率[万元/(人·年)] | 147.1 | 141.3 | −3.9 |
| 净资产收益率(%) | 10.9 | 10.5 | 减少0.4个百分点 |
| 总资产报酬率(%) | 2.1 | 1.9 | 减少0.2个百分点 |
| 国有资本保值增值率(%) | 117.3 | 113.9 | 减少3.4个百分点 |

注：全员劳动生产率、国有资本保值增值率按国务院国资委考核指标计算。

**【改革发展】** 2022年，招商局集团加快深化改革创新，正式转为国有资本投资公司，成立第一家中央企业金控公司——招商金控，制定加快建设世界一流企业工作方案并推动实施。圆满完成国企改革三年行动各项任务，集团及所属招商证券、招商蛇口被评为“中央企业公司治理示范企业”，多家公司入选“双百企业”“科改示范企业”“国企改革标杆企业”。坚持市场化方向推进改革，强化管理人员优胜劣汰，综合运用多形式中长期激励工具，充分激发人才动力和组织活力。截至2022年底，集团248户各级子企业实施员工持股、上市公司股权激励、国有科技型企业激励，累计激励3719人次，完成具备实施条件的企业100%应建尽建的目标。

**【重大项目】** 2022年，招商局集团主动因应宏观环境变化，加快推动增长方式“由量向质”、业务结构“由重入轻”战略转型。一方面，调整优化业务结构，推动传统产业转型升级，向产业链“微笑曲线”两端迈进。集团组建独立LNG运输平台，进军大型LNG运输船设计建造领域，打造长江绿色环保示范船队，配备第二代风帆装置的新伊敦轮正式起航。另一方面，聚焦数字科技、绿色科技、生命科技三大方向，布局培育战略性新兴产业，打造招商局“马利克曲线”。集团投资一批“硬科技、新业态”行业领先企业，初步构建大健康产业投资运营生态。招商银行试点科技支行，“三年上云”工程圆满完成，在金融科技方面再次走在行业前列。招商海南三亚深海科技城深海装备产业生态初具雏形，海洋生物医药产业实现“从0到1”的突破。

**【走向海外】** 2022年，招商局集团积极参与“一带一路”建设，深入实施“精耕东南亚”境外发展战略，推动存量项目高质量运营。中白工业园拓展跨境电商、大数据中心、泥炭贸易等业务取得实质性突破，园区建设获两国元首肯定。斯里兰卡科伦坡集装箱码头在当地动荡局面下保持安全稳定经营，营业收入和净利润都创新高。中欧班列累计运量比上年增长26%，中非海空联运业务发运货量大幅增长。吉布提项目全面起势，国际自贸区新增93家入园企业，特别展示综合体项目实现全面运营；非洲青年创业中心圆满完成首期培训班，被中宣部等单位联合评为“2022中国企业国际形象建设十大优秀案例”、被国务院国资委评为“2022年度央企海外十大精彩瞬间”。

**【重大创新】** 2022年，招商局集团不断加大科研投入，持续加快自主创新能力建设，建立健全科技创新体系，以清单化方式强化重点创新项目和重大创新平台建设，并通过联合创新机制布局前沿技术、打造创新体制机制“特区”，激发创新活力。2022年，招商局集团新获得国家、省部级科技奖项及荣誉32项，组建先进技术研究院和联合实验室攻关科技前沿，大力推进两个国家重点实验室重组工作，两个项目入围国家重点攻关技术工程，3家企业入选国家专精特新“小巨人”、制造业单项冠军示范企业，1项产品获得制造业单项冠军，以实际行动为加快实现高水平科技自立自强作出新的贡献。

**【党建工作】** 2022年，党的二十大胜利召开，恰逢招商局创立150周年，习近平总书记专门作出重要指示，充分肯定招商局150年的发展成效和历史贡献，对招商局未来发展提出殷切希望和明确要求，为招商局开启新的百年航程点亮远航灯塔、提供根本遵循。招商局集团上下认真学习贯彻习近平总书记重要指示精神，研究制定三个专项工作方案并推动落实，确保习近平总书记重要指示精神落实到集团改革发展的全过程、各方面，努力用实际行动忠诚拥护“两个确立”、坚决做到“两个维护”。招商局集团党委紧紧围绕迎接和学习宣传贯彻党的二十大这条主线，巩固拓展党史学习教育成果，持续深化落实全国国企党建会精神，扎实推进“三基”建设，纵深推进全面从严治党，持续践行《新时代招商局信条》，组织动员各级党组织和广大党员干部高质量完成生产经营和改革发展各项任务。在国务院国资委党委开展的年度党建考核中，连续5年获评A级。

**【信息化与数字化建设】** 2022年，招商局集团基本实现数字化规划阶段性目标，对照上级评估标准，各项数字化指标显著提升，数字化能力进入综合央企前列，数字化招商局初步建成。集团产业数字化转型成果丰硕，招商港口CTOS项目获得“中国港口协会科学技术进步奖”唯一特等奖，集团供应链金融平台入选国家区块链创新应用试点。

**【履行社会责任】** 2022年，招商局集团坚定履行企业的社会责任，始终高度重视可持续发展工作。2022年，集团印发《招商局集团“十四五”环境、社会与治理(ESG)体系建设和重点任务工作方案》，编制发布首份可持续发展报告，搭建ESG指标体系，引领旗下各企业更好履行社会责任、致力可持续发展。在环境保护方面，长航集团积极推进“气化长江”，招商港口积极推动绿色岸电建设，招商轮船牵头成立绿色船舶创新联合体，招商蛇口新建项目100%达到绿色建筑基准级，招商银行大力发展绿色信贷。在社会参与方面，集团积极参与脱贫攻坚、疫情防控、全球公益、助力香港社区发展等社会议题，持续开展C ME FL香港青少年培养、C—Blue全球港航青年交流、C—Star非洲青年创业支持等多项计划，帮助全球青年才俊各展所长、实现人生抱负；努力营造从“身边小事做起”“回馈社会”的公益文化，动员广大员工积极投身志愿服务，2022年成功举办“公益3小时”全球志愿者接力活动，在7个国家、67个城市举行近400项ESG行动。

（撰稿人：黄　键）

# 华润(集团)有限公司

【基本概况】 2022年，华润(集团)有限公司(以下简称集团)坚决贯彻习近平总书记关于国有企业改革发展和党的建设重要论述，认真落实党中央、国务院决策部署，胸怀“两个大局”，牢记“国之大者”，积极应对“三重压力”带来的挑战，全力以赴稳增长、防风险、促改革、强党建，较好地完成国务院国资委下达的经营目标，主要业绩指标再创历史新高，在2021年度中央企业负责人经营业绩考核中连续获评A级，居2022年《财富》“世界500强”第70位。

【主要指标】

表1 2022年华润(集团)有限公司主要经济指标

| 项　目 | 2021年 | 2022年 | 比上年增长(%) |
|---|---|---|---|
| 资产总额(亿元) | 20211.1 | 23571.8 | 16.6 |
| 所有者权益(亿元) | 6256.7 | 7170.3 | 14.6 |
| 营业收入(亿元) | 7714.7 | 8186.7 | 6.1 |
| 利润总额(亿元) | 811.7 | 835.0 | 2.9 |
| 净利润(亿元) | 600.9 | 641.5 | 6.7 |
| 归属于母公司所有者的净利润(亿元) | 293.1 | 308.4 | 5.2 |
| 技术开发投入(亿元) | 46.3 | 65.2 | 40.8 |
| 利税总额(亿元) | 1245.7 | 1272.6 | 2.2 |
| 应交税金总额(亿元) | 653.2 | 655.2 | 0.3 |
| 全员劳动生产率[万元/(人·年)] | 54.5 | 55.5 | 1.9 |
| 净资产收益率(%) | 10.2 | 9.6 | 减少0.6个百分点 |
| 总资产报酬率(%) | 4.8 | 4.3 | 减少0.5个百分点 |
| 国有资本保值增值率(%) | 112.6 | 115.3 | 增加2.7个百分点 |

【改革发展】 2022年，集团62项改革工作、1100项改革任务全部达标完成，在国务院国资委2021年度考评中获评A级，在中央企业范围排名第15位。其中，对标世界一流管理提升工作、“两非”剥离、落实党建工作责任制、市场化用工、尽职合规免责事项清单5个方面在国资系统均获得单项排名第1位。开展“对标世界一流”管理提升行动。从提升成效、推动落实、长效机制三方面有效推动对标世界一流管理提升工作，全面覆盖所有重点子公司，获得国务院国资委管理标杆5项。其中，华润6S战略管理体系、5C价值型财务体系分别入选国务院国资委管理标杆模式和标杆项目，华润电力、华润燃气和华润三九入选标杆企业。深化市场化用工机制改革。加强经理层任期制和契约化管理，经理层成员签订聘任协议和业绩合同率均100%。加强干部综合考核评价，对二级单位领导班子和干部任期(2018—2020年)综合考评整体排名靠后的人员给予退出集团直管干部序列、免职或调整岗位、设置观察期、提醒谈话等处理。建立尽职合规免责事项清单，充分调动和激发经营管理人员担当作为的积极性、主动性和创造性。市场化招聘与全员绩效覆盖率100%。落实“两个一以贯之”。围绕建设中国特色现代企业制度，明确党委决定事项与前置研究讨论事项清单。全面完成业务单元章程修订工作，将改革要求纳入公司章程。制定差异化管控方案，提升集团管控的科学性、精准性。完善专业董事队伍建设，应建范围内的子企业全部实现外部董事占多数，制定董事会授权管理制度。加强业务单元董事会和董事队伍建设，建立业务单元董事会建设季度沟通机制。继续围绕明晰职能定位、精简审批事项、优化工作流程、改进文风会风、强化服务意识等环节，完善总部去机关化专项整改的长效化机制。集团成为第一批转正的国有资本投资公司，成为首批中央企业

公司治理示范企业。推动主业实现高质量发展。华润啤酒决战高端、开拓白酒市场。华润怡宝开发饮料新品，重点单品规模实现突破。华润万家完成引战混改。华润五丰扭亏为盈。华润电力新能源规模快速增长。华润燃气大力推动综合能源业务。华润置地逆势创出佳绩，全年签约额在前十房企中同比降幅最小，行业排名提升至第4位，内房股市值排名第1位，股价大幅跑赢恒生指数。华润物业轻资产业务发展卓有成效。华润三九自我诊疗业务高速增长。华润江中线上业务取得成效。华润双鹤打造全价值链低成本优势。华润创业的科创业务实现全新突破。华润数科市场化转型加速。华润银行成功引进战略投资者。华润信托保持行业龙头地位。华润资产的管理规模实现双位数增长。华润数科、华润现代服务明确业务定位，推进数字科技、专业服务业发展。

**【重大项目】** 2022年，集团完成投资2266.9亿元，投资完成率73.4%，完成率创6年来新高，重点投向并购优质项目、储备优质资产、扩大新增产能等领域。华润置地聚焦优质区域保持稳健投资。华润电力首个海上风电建设项目并网，新能源建设指标排名全国第4位。华润燃气新签约18个城市燃气项目。华润健康对航天医疗进行专业化整合，增加医疗机构4家、床位2000余张。华润怡宝宜兴工厂、武夷山工厂开工。华润啤酒收购金沙酒业。微电子12寸生产线开工建设。华润化学材料的PETG一期5万吨顺利投产。华润环保并购内蒙古环投集团。华润健康与航天科技、中国宝武等医疗科技合作项目取得实质性成果。华润环保实现纺织业务全面退出。

**【区域发展】** 2022年，集团服务国家战略取得积极进展。粤港澳大湾区，聚焦战略性新兴产业，加大半导体、化学材料等产业布局。京津冀区域，高标准建设雄安绿色建筑展示中心，打造华润样板工程。长三角区域，重点关注地方国资混改机会，澄星石化、合肥燃气等项目相继落地。成渝区域，重点巩固提升现有产业行业地位，推进重庆能源项目重整。东北区域，盛京能源重整项目落地，与鞍山燃气达成合作，华润电力与三九、啤酒协同项目落地。西北区域，积极推动区域内新能源的大规模开发、优质医疗资源的整合。香港业务重塑取得重大突破。把握香港由治及兴的重大机遇，持续发力民生领域、新动能业务，推动香港融入国家发展大局。完成对大埔商场项目收购，并购企业进入香港公屋物业管理领域，香港长沙湾润发仓重建项目启动。截至2022年底，集团在香港资产规模864亿元，香港员工人数12568人，成为驻香港中央企业中唯一一家提前完成"双翻番"任务的企业。

**【重大创新】** 2022年，集团研发投入65.22亿元，比上年增长40.8%；集团研发经费投入强度0.8%。原创技术策源地和产业链链长建设取得突破，围绕中药产业链核心环节，在种子种苗基地研究和基地建设、国家级中药创新平台建设、中药经典名方研究和中药智能制造等方面形成一批重要成果。重要科技平台加速建成，全年新增科研平台16个，其中新增国家级平台1个、省部级平台8个，建成博士后科研工作站13个。重大科技项目攻关全速推进，全年新增重点项目74项，比上年增长23%，其中国家级项目8项、省部级项目12项。华润微电子、华润医药、华润水泥、华润双鹤成功引入高层次科技人才。推动法律、合规、风险、内控4项职能横向协同运作与纵向管理的法律合规管理体系。集团守正招标平台上线，招采业务实现"三个全覆盖"（单位全覆盖、区域全覆盖、业务全覆盖）。集团在中央企业内部审计工作质量评价中名列前茅。初步探索形成华润特色国有资本投资公司"1246"建设模式，为华润第4次转型指明发展路径和方法。

**【党建工作】** 2022年，集团以迎接学习宣传贯彻党的二十大为强大动力，推动高质量党建走深走实，引领保障高质量发展。党的领导不断加强。集团系统推动加强党的领导制度化、规范化、程序化工作，制定《关于华润集团子企业在完善公司治理中加强党的领导的实施办法》，厘清党委与其他治理主体的权责边界，完善"三重一大"决策制度、党委会议事规则等，梳理明确在完善公司治理中加强党的领导的落实标准，确保各级子企业落实到位。党的建设迈上新台阶。紧紧抓住迎接和学习宣传贯彻党的二十大这条主线，开展理论学习和"以宣促学"，突出思想政治的引领作用。基层党建工作强基提质，分批调整区域党组织设置，完善和强化区域首席代表职责；建立落实党建季度例会制度；部署开展基层党建基础问题集中整治专项行动；深入落实党建责任制，修订完善党建责任制考评办法。成立华润股份有限公司工会、集团团委，并设立青年工作部。建强企业文化讲师队伍，更好地覆盖全体员工。强化对外宣传，深化与国家主流媒体合作，用心用情讲好华润故事，展现华润心系“国之大者”的社会责任和企业担当。开展品牌管理与企业形象专项调研巡检。全面从严治党常抓不懈。政治监督更加精准有力，反腐败斗争取得显著成效，依法查处一批违纪违法案件，实现内部巡视巡察全覆盖，全年挽回经济损失超过3亿元。

**【信息化与数字化建设】** 2022年，集团数字技术驱动高效治理，管控效率大幅提升，数据应用促进产业提质增效，数字化助力新模式新业态加快涌现，筑牢网络安全根基。集团工业互联网平台入选工业和信息化部2022年度“双跨”平台。华润水泥打造田阳全流程智能工厂，入选国家智能制造示范工厂揭榜单位。持续提升网络安全攻防能力，参加国家网络攻防演习，首战进入央企前列。

**【履行社会责任】** 2022年疫情严重期间，集团承担保产任务的企业发掘最大产能，加大退烧类重点药品和防护物资的生产和投放；承担保供的企业畅通购药渠道和配送环节，应供尽供，做到不抬价、不惜售；承担保医任务的医疗机构千方百计扩容医疗资源，增加发热门诊的诊室和医务力量，竭尽所能最大限度地满足群众就医需求。香港第五波疫情出现后，华润全力以赴保障香港防疫物资和鲜活食品等生活必需品供应，做到供应充足、价格不涨、场所不歇。持续优化能源结构，华润电力清洁能源占比由2021年的27%提升至2022年的30%。完成水泥业务超低排放改造、燃气锅炉低氮改造、挥发性有机物综合治理等改造项目。助力国家乡村振兴战略，吉林通化希望小镇开工建设，甘肃康乐、河北张北希望小镇项目完成规划设计，阿尔山、沂蒙华润希望小镇完成选址。集团连续6年居社会责任发展指数第1名。

（撰稿人：朱虹波）

# 中国旅游集团有限公司［香港中旅(集团)有限公司］

**【基本概况】** 2022年，中国旅游集团有限公司［香港中旅(集团)有限公司］（以下简称集团）以习近平新时代中国特色社会主义思想为指导，全面贯彻党的二十大、二十届一次全会和中央经济工作会议精神，增强“四个意识”、坚定“四个自信”、做到“两个维护”，坚决落实习近平总书记重要指示批示精神和党中央重大决策部署，顶住世纪疫情和百年变局交织的严峻挑战，克服需求收缩、供给冲击、预期转弱的宏观经济压力和旅游业受疫情冲击严重的不利影响，团结奋进、迎难而上，运行态势总体稳定，各项工作取得积极进展。

**【主要指标】** 2022年4月11日，习近平总书记来到集团旗下三亚国际免税城实地了解情况并发表重要讲话，提出“以诚信经营、优质服务吸引消费者”。集团将“诚信经营、优质服务”作为首要经营理念和苦练内功的必修课，深入开展“诚信经营、优质服务”行动，带动集团服务水平提升和高质量发展。截至2022年底，集团资产总额2145.85亿元。2022年，集团实现营业收入732.17亿元，利润总额52.52亿元，净利润35.93亿元；平均在岗职工约4万人。

**表1　2022年中国旅游集团有限公司［香港中旅(集团)有限公司］主要经济指标**

| 项　目 | 2021年 | 2022年 | 比上年增长(%) |
|---|---|---|---|
| 资产总额(亿元) | 1873.03 | 2145.85 | 14.6 |
| 所有者权益(亿元) | 567.41 | 743.06 | 31.0 |
| 营业收入(亿元) | 814.73 | 732.17 | −10.1 |
| 利润总额(亿元) | 90.39 | 52.52 | −41.9 |
| 净利润(亿元) | 62.56 | 35.93 | −42.6 |

续表

| 项　目 | 2021 年 | 2022 年 | 比上年增长(%) |
| --- | --- | --- | --- |
| 归属于母公司所有者的净利润(亿元) | －4.36 | 5.12 | — |
| 技术开发投入(亿元) | 0 | 3.89 | — |
| 应交税金总额(亿元) | 97.58 | 87.59 | －10.2 |
| 全员劳动生产率[万元/(人·年)] | 59.75 | 50.38 | －15.7 |
| 净资产收益率(%) | 11.36 | 5.48 | 减少 5.88 个百分点 |
| 总资产报酬率(%) | 6.38 | 3.64 | 减少 2.74 个百分点 |
| 国有资本保值增值率(%) | 103.69 | 125.08 | 增加 21.39 个百分点 |

**【改革发展】** 2022 年,集团坚决落实党中央、国务院部署,按照“三可一要”要求,锚定“三个明显成效”目标,国企改革三年行动 95 项任务的完成率 100%,顺利实现全面收官。一是完善中国特色现代企业制度。坚决落实“两个一以贯之”要求,集团公司和 16 户设立党委子企业全部制定权责清单;190 户纳入应建范围的子企业全部建立外部董事占多数的董事会,健全配套制度;在下级企业落实董事会重点职权,实现二级公司全覆盖并向三级骨干公司延伸。二是优化调整产业布局结构。按照“一业一企、一企一业”专业化发展和金融业务“三个一批”的要求,结合集团发展战略需要和相关业务政策环境变化,对景区和地产业务实施专业化改革,对中旅旅行持续推进一体化改革,对原中旅金融进行转型调整,成功完成焦作中旅银行股权重组退出。三是推动“瘦身健体”提质增效。将“两非”剥离、“压减”工作与亏损企业治理、民企挂靠国资整治等工作一体推进。38 户“两非”全部剥离,13 户重点亏损子企业中 11 户完成治理目标;“三供一业”分离移交、退休人员社会化管理得到全面解决。下大力气降本控费,2022 年降本控费超过 34 亿元,为实现盈利奠定基础。四是深化市场化机制改革。实现任期制契约化各级企业管理层全覆盖和考核结果刚性兑现。进一步深化市场化用工机制改革,2022 年集团通过竞争上岗方式新聘任管理人员比例 70.88%,管理人员末等调整和不胜任退出占比 8.58%,员工市场化退出占比 5.4%,均高于央企平均值。组织开展“业绩薪酬双对标”,确保事业群班子薪酬所处市场分位与业绩相匹配。积极探索中长期激励手段,制定出台工作方案和指引,推动佳富物业和中旅国际率先试点。

**【重大项目】** 2022 年,集团深入实施“立足香港、深耕海南、拓展内地、做精海外”的发展战略,落实国家重大决策部署,服务和融入新发展格局。立足香港方面。制定《香港业务发展行动方案(2022 年)》,设立港澳业务部作为专责机构,统筹集团在港发展,完成香港君怡酒店、佳富物业、威信安保等项目收购。中免 H 股上市募集资金 184 亿港元,成为 2022 年港股最大 IPO。DUTY ZERO 铜锣湾店和中环店顺利开业,香港机场免税店恢复运营。截至 2022 年底,集团在香港资产 646 亿元,在香港就业人数 5263 人。深耕海南方面。世界最大的单体免税店——cdf 海口国际免税城顺利开业,成功获取三亚海棠湾地产项目,持续推进万宁日月湾冲浪驿站项目,深入推广“全岛一家”品牌。2022 年,集团在海南企业营业收入相当于海南全省旅游总收入的 50%,旅游零售收入约占全省社会消费品零售总额的 20%,离岛免税市场份额超过 80%。拓展内地方面。在粤港澳大湾区,加快实施广州九龙湖阿那亚小镇项目,成功筹组放开疫情通关限制后的港澳首发团。在长江经济带,落地常德桃花源等旅游目的地项目,中标杭州萧山国际机场免税店经营权,持续推进宁波杭州湾文化小镇、杭州湾海泉湾、武钢项目建设。在西部区域,中标成都双流国际机场、广西东兴口岸免税店经营权,推进新疆柏睿项目,落地喀拉峻和江布拉克景区运营管理项目,库尔德宁营地投入运营,“中旅天山走廊”沿线布局初步成型。

**【走向海外】** 2022 年,集团抢抓机遇,以出境游热点目的地和“一带一路”沿线地区为重点,中标日本和法国等 7 个签证中心运营权和中老铁路磨丁车站免税项目,并加强与文化和旅游部海外文化交流中心合作,更好地发挥对外服务窗口与中国文化传播阵地作用,与文化和旅游部合作的“中国旅游培训课程”在欧洲多国上线推广。持续关注海外投资发展机会,储备一批潜在的海外优质投资项目，为疫情后更好地服务国人全球旅行市场奠定基础。

**【重大创新】** 2022年，集团建设大会员体系，打造集团统一对客服务平台，打通各事业群会员数据，实现会员等级匹配与身份互通，推进各事业群对客服务流程的优化或重构，进一步提升线上业务能力，促进交叉引流与联合营销。深化中旅旅行一体化改革，成立中旅易程着力发展商旅会展业务，上线NBS系统，推动商旅会展服务平台数字化转型。

**【党建工作】** 一是持续掀起学习宣传贯彻党的二十大精神热潮。制定工作方案，推动学习宣传贯彻工作落地落实。集团两位党的二十大代表向党委管理干部和基层企业宣讲，党委班子成员主动到分管领域、一线企业宣讲，下属公司党委和支部书记接续发力，结合实际宣讲，推动党的二十大精神深入基层深入人心。组织集团在港社会工作骨干在社区、社团和平台宣讲，直接覆盖人数超过1.5万人，不断增强香港市民的国家意识，推动人心回归。二是重点围绕习近平总书记重要指示批示精神开展督查调研。聚焦“诚信经营、优质服务”、在港业务、党建工作“两个覆盖”三方面工作，成立3个专项工作组，针对性开展督查督导，横向覆盖集团8家二级公司及平台公司，向下贯穿42家基层企业，帮助总结经验、分析问题、提出解决措施，确保习近平总书记重要指示批示精神在集团不折不扣落到实处。三是不断夯实党建基层基础。开展“两个覆盖”提升行动，实施发展党员三年滚动计划，集团党组织总数同比增长23%，四级企业党组织覆盖率增长3倍，党员占比提高1.8个百分点，入党申请人、入党积极分子总数分别比上年增长86%、48%，党组织和党员队伍持续壮大。第一次召开集团加强党建工作推进会、加强基层党建专题会、党建工作双月交流例会，形成上下“一盘棋”的工作格局。修订《党建工作责任制考核评价办法》，完善部署、督导、考评、整改的闭环管理体系。发扬“支部建在连上”的光荣传统，设立党员先锋岗、责任区、突击队、服务队498个(支)，比上年增长52%，党建工作进一步融入企业中心工作。四是持续加强群团工作。成立集团团委，成为首家党工团组织健全的驻港央企。制定《集团职工代表大会实施细则(试行)》，健全集团民主管理制度。实施“6+N”职工关爱行动，全年慰问员工超过6000人次，员工满意度持续提高。实施“青年精神素养提升工程”，打造“书香中旅”品牌。集团涌现一大批获得国家级、省部级荣誉的先进典型，持续激励广大干部员工立足岗位建功立业。五是大力开展人才梯队建设。坚持重实干实绩的用人导向，修订《集团党委管理干部管理办法》，制定《干部廉洁从业双签管理制度》，选人用人制度进一步优化。组织开展集团全级次优秀年轻领导人员集中专题调研，形成集团党委管理干部和事业群党委管理干部“正、副职梯队”四级人才库。成功获得会计、工程系列职称自主评审资质，以及旅游相关19个职业技能等级认定资质，成为第一家以服务业为主业和特色备案职业(工种)的中央企业，为集团员工职业技能的提升创造很好的环境条件。六是深入推进党风廉政建设和反腐败工作。贯彻落实全面从严治党的战略部署和十九届中央纪委六次全会精神，围绕集团职责使命和主责主业强化政治监督，持续强化对关键少数、重点领域的监督，推动“四项监督”统筹衔接、“三类监督”贯通协同高效。申报并承担国资委党建思政研究课题，开展“持续深化不敢腐不能腐不想腐一体推进实践研究”；进一步加大执纪办案和问责力度，首次在集团警示教育大会上通报违规经营投资追责案件，建立“制度+科技+监督”机制，加强新时代廉洁文化建设。开展“靠企吃企”专项整治“回头看”，持续深化专项整治和综合治理专项行动。严肃查处违反中央八项规定精神问题并通报曝光，持续纠“四风”树新风。主动部署开展中央巡视整改“回头看”；集团巡视、二级公司巡察实现全覆盖；召开集团巡视工作会议，全面总结党的十九大以来集团巡视巡察工作。

**【信息化与数字化建设】** 2022年，集团加快推进数字化转型，优化调整集团科技创新工作体制机制，全年科研投入近4亿元。以消费者为中心，加快业务线上化和场景数字化，线上业务占比持续增加，科技场景应用持续推广，游客购物体验进一步提升。着手建设集团运营数据集成平台，免税、酒店等业务初步形成穿透式的运营指标体系。以数字化支撑集团财务“1+N”模式变革，顺利实现旅行、投资、酒店事业群系统切换上线。

**【履行社会责任】** 一是服务保障北京冬奥会和党的二十大。集团联动保障酒店6家、服务车队5个、境外签证中心25家，派出工作人员近2500人，克服多重考验，为冬奥会90个代表团近1万人提供周到服务，收到国内外各方感谢信和表扬信近500封，集团所在的张家口冬奥村(冬残奥村)运行团队被中央授予“突出贡献集体”称号。承担党的二十大期间相关交通服务保障任务，全程做到“零事故”“零感染”“零差评”。二是维护产业链供应链稳定。集团坚决落实中央精神，主动为中小企业和个体工商户免租减租2亿元，惠及商户近1000户，全力保市场主体。用好国务院国资委拨付的10亿元纾困资金，专项用于旅游板块“保就业、保稳定、保运行”工作，助力稳定行业经济大盘。在第五届进博会上，集团与海外供应商签约金额同比提升21.4%，大力拉动海外消费回流，维护产业链供应链的韧性和安全。三是全力支援抗击疫情。香港第五波疫情来势汹汹，集团除持续开展“中旅关爱进社区”活动，累计捐赠630万港元急需物资外，还统筹在港企业资源，承担中央援港人员的交通住宿保障中心职责，派出车辆、导服人员，办理跨境证件，赢得中央援港抗疫团队的肯定和感谢。海南8月疫情发生后，集团第一时间捐款200万元，组建8支抗疫青年志愿者服务队奔赴三亚、万宁高风险区域，出色完成工作，获得海南省通报表扬，获得三亚市“新冠肺炎疫情援助突出贡献”奖。

(撰稿人:马国亮　蓝天一)

## 中国商用飞机有限责任公司

**【基本概况】** 中国商用飞机有限责任公司(以下简称中国商飞公司)是实施国家大型飞机重大专项中大型客机项目的主体，也是统筹干线飞机和支线飞机发展、实现我国民用飞机产业化的主要载体，主要从事民用飞机及相关产品的科研、生产、试验试飞，从事民用飞机销售及服务、租赁和运营等相关业务。

中国商飞公司于2008年5月11日成立，总部设在上海。由国务院国资委、上海国盛(集团)有限公司、中国航空工业集团有限公司、中国铝业集团有限公司、中国宝武钢铁集团有限公司和中国中化股份有限公司共同出资组建。2018年底，新增股东单位中国建材集团有限公司、中国电子科技集团有限公司、中国国新控股有限责任公司。

中国商飞公司的企业使命是“让中国的大飞机翱翔蓝天”，企业愿景是“为客户提供更加安全、经济、舒适、环保的商用飞机”，大飞机创业精神是“航空强国、四个长期、永不放弃”。截至2022年底，中国商飞公司所属单位有上海飞机设计研究院、上海飞机制造有限公司、上海飞机客户服务有限公司、北京民用飞机技术研究中心、中国商飞民用飞机试飞中心、上海航空工业(集团)有限公司、中国商飞营销中心、上海《大飞机》杂志社有限公司、中国商飞美国有限公司、中国商飞四川公司、商飞资本有限公司、商飞集团财务有限责任公司、商飞学苑(商飞党校)。与俄罗斯联合航空制造集团公司(UAC)合资成立中俄国际商用飞机有限责任公司，作为CR 929宽体客机研制主体。设立美国办事处、欧洲办事处，参股中国航空发动机集团有限公司、成都航空有限公司、浦银金融租赁股份有限公司等。截至2022年底，中国商飞公司从业人员17456人。

**【改革发展】** 2022年，中国商飞公司改革三年行动实现胜利收官，以改革加快推动公司高质量发展，公司竞争力、创新力、控制力、影响力、抗风险能力显著增强。完善中国特色现代企业制度方面，完善重大事项决策权责清单，实现董事会应建尽建、外部董事占多数，依法落实董事会职权，深入实施对标世界一流管理提升行动，完成量化指标154项。健全市场化经营机制方面，16家单位实现经理层成员任期制和契约化管理全覆盖，稳步推进管理人员竞争上岗、末等调整和不胜任退出。国企改革专项工程方面，出台“改革创新十三条”，上航公司、翔运公司、软件公司均在“双百企业”“科改示范企业”2022年度专项考核中获评“优秀”。责任追究体系方面，建立健全责任追究组织体系、责任追究制度体系、责任追究工作机制，各单位修订违规制度，完善违规工作机制，汇总发布违规问题案例。全面推进人力资源改革。落实中央人才工作会议精神，坚定实施“万人精兵工程”，坚持“聚焦聚力聚心”，聚焦型号攻坚主战场，资源重点保障、政策重点倾斜、服务更加精准；凝聚铁杆核心力量，抓好“关键少数”、培育战略人才梯队；凝聚队伍军心，改革逐步深化、关爱贴心暖心，全力保障“三大任务”“两保四高”。公司人才总量突破1.6万人，技术技能人才占比超过70%，为奋进大飞机自主可控和产业化提供坚实的人力资源保障。

**【重大项目】** 2022年，中国商飞公司聚焦CR 929研保、C 919和ARJ 21批产工作开展投资工作。型号建设方面。一是开展C 919研保建设项目收尾工作；二是启动C 919批产建设项目，完成C 919批产(一期)可研批复，并完成40台(套)设备采购；三是提前启动CR 929宽体客机研保建设项目，复材工艺试验厂房完工并达到试生产状态；四是推进ARJ 21批建设项目，完成数字化服务平台(CIS)和运营合作平台(Flywin)上线，支线喷漆厂房投入使用。平台配套方面。一是加快设计、工艺和运行支持试验验证等平台类和配套类能力建设项目，主要建设目标围绕ARJ 21飞机设计优化和C 919试验验证工作，补充飞控、环控、机构功能等专业的现有不足，形成国产民机较为完整的基本试验能力；二是推进5G新基建项目设备供应商选择，细化基础硬件产品配置和软件功能要求，完成项目一阶段设备及软件技术方案深化。

**【重大创新】**

1. 科技创新。

推进科技创新。创新要素更加汇聚，积极争取国家及地方科研项目资源，累计与77所国内外高校开展1300余项科研合作，成立国家商用飞机产业计量测试中心等创新平台。开放协同更加高效，与上海市科委共建“大飞机专项揭榜挂帅”创新机制，持续推进大飞机先进材料创新联盟第二批项目立项，深入实施COMAC国际科技创新周项目，“中国商飞—波音可持续航空技术中心”续签五年合作协议。创新成效更加突出，新增125项试验能力，完成北斗追踪定位设备等31个项目48项预研成果转化，公司标准规范2.6万项，获得授权专利521件。

建设大飞机创新谷。建成院士专家工作室2个、联合工程中心(CoE)21家、联合实验室9家、联合创新中心8个，集聚创新人才1500余人，开展入谷项目148个，形成知识产权260余件，民机模拟器主机系统、5G空地通信系统等一批攻关项目取得重要突破，入选上海市大企业开放创新中心培育计划。

建设5G工业园区。联合25家高新技术企业和科研院校，建成大飞机复材、数控、钣金等全连接工厂和ARJ 21、C 919全连接产线。围绕设计、制造、试飞、运维等环节，累计开发场景383项，大幅提升飞机研制生产效率和产品品质。搭建大飞机工业元宇宙系统雏形，发布商飞大脑4.0，获颁国内首个5G无线工业专用网络频率使用许可证。

2. 管理创新。

发布《COMAC管理体系手册》，从顶层规范管理体系，优化管理体系的框架、方法和内容，促进各要素协同发展。深化过程管理，多手段推动“两张地图”做细做实。组织总部部门、各单位对标先进实践，策划年度“两张地图”工作，开展研讨、检查等推进工作。健全过程和制度文件管理机制，完善制度文件监督检查工作机制。探索建立过程成熟度评价模型及工作机制，组织完成过程成熟度评定与自评估工作。试点开展过程成熟度评价工作。发布《业务连续性管理手册》及程序，初步建立业务连续性管理体系。

组织有关部门和所属单位推进对标提升行动，圆满完成公司对标提升行动。持续优化完善公司组织机构。持续开展公司管理创新工作。策划并组织召开公司第三届管理创新大会(对标提升总结会暨建设世界一流企业第一次领导小组会)，总结两年来的管理创新工作和对标提升工作，围绕建设世界一流企业提出未来两年的工作方向和重点。组织开展2022年管理类课题立项、中期和结题评审工作。

**【党建工作】** 2022年，中国商飞公司学习宣传贯彻党的二十大精神，深刻认识大飞机是新时代十年伟大变革的历史缩影和重要成就，是中国式现代化的鲜明时代标志，大飞机人是新时代十年伟大变革的亲历者、见证者，也是参与者、贡献者，忠诚拥护“两个确立”，以实际行动践行“两个维护”。一是贯彻落实习近平总书记重要指示批示精神。连续8年开展“主题学习月”系列活动，狠抓学习贯彻习近平总书记重要指示批示精神PDCA工作机制建设，持续推进党史学习教育常态化长效化，以“谋经营、抓落实、强管理”推动党的领导融入公司治理。二是推动党建工作融入生产经营。制定落实党建与企业文化建设工作“十四五”规划，坚持以客户为中心、以产品为中心、以现场为中心，聚焦年度目标深入开展战时党建、战地党建，以党建为引领履行产业链链长企业责任。三是把全面从严治党贯穿大飞机事业全过程。以自我革命精神持续推动政治监督具体化精准化常态化，持续纠“四风”树新风，培育涵养具有中国商飞特色的“三个始终、三个做到、三个保持”廉洁观，营造干事创业新风正气，高标准高质量建设“廉洁商飞”。

**【信息化与数字化建设】** 2022 年，中国商飞公司组织召开信息化工作领导小组暨数字化转型领导小组会议，编制《公司数字化转型工作指南》。开展信息化运维改革试算记账工作，研究形成改革工作建议并报公司领导批准。结合“两张地图”，健全数据治理保障机制，优化数据管理过程，明确岗位职责、过程、资质、工具方法等要素。推动数据资产建设，开展数据对象业务域定义。完善数据质量规则，实现数据质量实时分析。以数据共享应用场景为抓手，统筹策划公司数据平台，形成公司统一数据平台的优化方案。深化数据分析和共享服务能力，明确数据共享规则，提供数据共享接口，推进型号计划、构型管理、交付运营等数据的实时化、可视化，为业务发展赋能。形成公司数据安全三年行动方案，逐步从面向静态资产的安全防护升级为面向数据安全的技术框架。年度网络安全运营指标平稳，全年未发生重特大安全事件。

**【履行社会责任】** 2022 年，中国商飞公司围绕产业振兴、人才振兴、文化振兴、生态振兴和组织振兴，支持宁夏西吉接续推进乡村振兴，在 2021 年国务院国资委考核最高等次“好”的评价基础上，直接投入帮扶资金 1195 万元，比上年增长 18.9%，直接采购西吉农副特产品 1096.8 万元，帮销西吉农副特产品 1163.2 万元，引进帮扶资金 567.2 万元，比上年增长 180.5%。在公司乡村振兴定点帮扶工作领导小组办公室工作机构的基础上，增设乡村振兴专岗 1 人和前线帮扶专员 2 人，强化帮扶力量，构建市、县、局(镇)、村四级帮扶工作体系。

（撰稿人：黄　健）

# 中国节能环保集团有限公司

**【基本概况】** 中国节能环保集团有限公司(以下简称中国节能)前身是原国家计划委员会节能计划局，1988 年整体转制成立国家能源投资公司节能公司，1994 年划归国家计划委员会直接管理，更名为中国节能投资公司，2003 年划归国务院国资委监管。2010 年经国务院批准，由中国节能投资公司和中国新时代控股(集团)公司联合重组并更名为中国节能环保集团公司，2017 年整体改制为中国节能环保集团有限公司。

中国节能成立至今，为推动我国节能环保事业的起步、发展和壮大作出重要贡献。拥有下属企业 700 余家，上市公司 6 家，业务分布在国内各省(自治区、直辖市)及境外约 110 个国家和地区，形成“3＋3＋1”的产业格局(专注节能与清洁供能、生态环保、生命健康三大主业，加快发展绿色建筑、绿色新材料、绿色工程服务三大业务，铸强战略支持能力)，是我国节能环保领域规模大、专业全、业务覆盖面广、综合实力强的旗舰企业。构建包括规划咨询、研发设计、投资开发、装备制造、工程建设、运营管理、投融资服务等在内的节能环保全产业链的独特优势，业务基本覆盖能源节约和环境保护的各细分市场，具备为一个区域、流域的绿色发展提供节能环保综合解决方案的能力。

**【主要指标】** 2022 年，中国节能资产总额比上年增长 6.42%，营业收入比上年增长 11.48%，利润总额、净利润与上年持平。

**【改革发展】** 2022 年，中国节能深入贯彻落实国企改革三年行动，全面完成改革任务 68 项和具体改革举措 89 项，改革推动发展效果不断增强。一是中国特色现代企业制度逐步定型。中国节能各级子企业全面完成董事会“应建尽建”“外部董事占多数”“党建进章程”全覆盖和党委前置研究重大经营管理事项清单等改革任务。223 户应建范围子企业全部建立董事会向经理层授权管理制度以及董事履职评价制度。推进 16 家重要子企业和 1 家重点企业落实董事会职权改革。二是市场化经营机制不断健全。中国节能大力推动三项制度改革，纳入考核范围的533户子企业全面推行经理层成员任期制和契约化管理。中国节能系统内165户具备条件开展中长期激励的子企业中，开展中长期激励的企业161户，占比97.58%。全面推进市场化用工，集团系统内新进员工数量4068人，公开招聘比例100%。三是改革专项工程稳步推进。中国节能所属新时代集团和中国环保两家“双百企业”实行工资总额预算备案制管理；“科改示范企业”万润公司建立职业经理人制度，实行工资总额单列管理；在国务院国资委发布的中央企业所属“双百企业”“科改示范企业”2022年度专项考核中，中国环保被评为标杆“双百企业”，新时代集团被评为良好“双百企业”，万润公司被评为良好“科改示范企业”。

**【重大项目】** 2022年，中国节能充分发挥生态环境治理综合解决方案优势，在落实长江经济带污染治理、黄河流域生态保护和高质量发展、长三角一体化发展等一系列重大国家战略中积极发挥国家队、主力军、“顶梁柱”作用，持续担当作为，践行中央企业使命。

作为长江经济带污染治理主体平台，2022年，中国节能在长江经济带沿江地区协助地方政府谋划系统治理项目10个，协助云南大理州政府和湖北荆州市政府开展的洱海流域和荆江段及洪湖生态修复工程入选全国“十四五”第二批山水林田湖草沙一体化保护和修复工程项目，项目涉及总投资超过125亿元。

在大力推动生态环境系统治理的同时，中国节能聚焦主责主业，协同推进减碳、降污、扩绿、增长，持续推进美丽中国建设和“双碳”目标实现，2022年，中国节能绿色电力装机容量比上年增长23.9%；发电量比上年增长15.7%，减污降碳成效显著。中国节能不断延伸服务“双碳”目标的广度与深度，受邀成为香港国际碳市场委员会首批成员；协助国内4个地区成功申报国家首批气候投融资试点；为黑龙江省等多个省份编制“双碳”方案；完成香港国际碳交易平台上线后首单港币和首单人民币碳交易，累计完成碳资产境外交易103万吨；成功发行全国首单“碳中和＋乡村振兴”双贴标债券，募集资金10亿元；成功研发区块链碳核证系统并完成全国首笔区块链碳排放额核证碳资产交易；启动建设中国环保双碳科创园暨中欧双碳产业园，承办联合国气候变化大会第27次缔约方会议(COP27)“中国角”气候投融资主题边会，全面展示中国参与气候变化全球治理成就。

**【重大创新】** 2022年是中国节能的“科技创新年”，投入研发经费近17亿元，新增省部级研发平台5家，高新技术企业10家，授权专利647件，其中发明专利164件，主持或参与制定国家、行业、地方及团体标准16项，获得省部级以上奖励5项。中国节能所属大地公司承建的国家环境保护工业污染场地与地下水修复工程技术中心实验室投入使用；中国节能总部研发基地——顺义科技创新基地建成启用；所属万润公司纳入国务院国资委“1025专项”任务二期名单，中国环保和中环装备成功联合申报国家发展改革委重大项目，中国启源承担的国内首个矿用高压电器大容量实验系统成功通过验收，填补中国煤炭行业大容量实验系统空白。积极推动产学研深度融合，全年累计与19家高校、科研院所、产业协会建立科技创新战略合作关系，加入国家建筑绿色低碳技术创新中心、中央企业CPU和操作系统等创新联合体，加速科技资源高效配置、强化协同创新，有力推动节能环保等相关领域的科技进步。

**【党建工作】** 2022年，中国节能党委以迎接和学习宣传贯彻党的二十大精神为主线，突出高质量党建引领高质量发展主题，深化党史学习教育成果和全国国企党建会精神落实成果，通过创新机制、完善制度、组织各类主题活动、加大宣传力度、加大跟踪督导和考核力度等多项举措，抓实创新理论武装、党的政治建设、服务生产经营、干部人才队伍建设、党建基层基础、思想政治和宣传舆论、党风廉政建设和反腐败工作、统战群团工作8个方面工作，高质量党建引领保障高质量发展成效显著。

2022年，中国节能所属风电公司党委“西中先锋”“甘心・甘行”入选2022年度全国企业党建优秀品牌，风电公司党委、中节能实业党委、新时代集团党委、太阳能公司党委、中国环保党委相关案例入选2022年度全国企业党建创新优秀案例。凭借突出的发展成绩和为生态文明建设作出的积极贡献，中国节能获得全国五一劳动奖状。

**【履行社会责任】** 2022年，中国节能积极履行社会责任，向四川地震灾区捐款1000万元，向河南嵩县和广西富川瑶族自治县定点扶贫县投入无偿帮扶资金2200万元，被“中国社会责任百人论坛”授予2022责任金牛奖“绿色环保奖”称号，《中国节能2021社会责任报告》连续7年获得中国企业社会责任报告评级专家委员会“五星级”评价。

（撰稿人：张好萌）

# 中国国际工程咨询有限公司

**【基本概况】** 中国国际工程咨询有限公司（以下简称公司）是国内规模最大的综合性工程咨询机构，拥有全部21项工程咨询甲级资信，业务领域覆盖国民经济、社会发展以及国防建设的主要行业，涵盖政策研究、规划咨询、项目评估、工程管理、后评价和管理咨询等类型，形成贯穿国民经济各领域、投资建设全过程的“6+1”业务链条，构建咨询评估理论方法及服务体系，培养一支高素质的综合性人才队伍，逐步形成宏观战略、中观产业、微观项目“三位一体”的综合优势。公司坚持以习近平新时代中国特色社会主义思想为指导，立足新发展阶段，贯彻新发展理念，围绕国家战略需要加强重大问题研究，做好重大项目评估论证，为国家经济社会高质量发展作出积极贡献。截至2022年底，公司累计完成各类咨询任务6.5万余项，涉及投资超过105万亿元。

2022年是公司成立四十周年，时任中央政治局常委、国务院副总理韩正以及国务院国资委主要负责人莅临公司调研指导，对公司工作予以充分肯定并提出发展要求；经中央批准，公司正式成为国家高端智库建设培育单位，政策咨询成果数量和质量再创历史新高，决策影响力进一步提升；生产经营再创佳绩，圆满完成国务院国资委下达的各项考核指标；世界一流咨询机构建设、国企改革三年行动等重要任务取得可喜成果，公司业务发展和服务国家战略能力显著增强。

**【主要指标】** 2022年，公司全面超额完成国务院国资委核定的2022年度各项经营业绩考核指标。中央政府任务完成率76.62%，比考核目标值高0.76个百分点；服务中央领导决策咨询成果112篇，比考核目标值多46篇；成本费用总额占营业收入比重90.3%，优于考核目标值0.13个百分点；净利润2.25亿元，比考核目标值多3108.44万元；经济增加值1.74亿元，比考核目标值多2661.64万元，

**表1　2022年中国国际工程咨询有限公司主要经济指标**

| 项　目 | 2021年 | 2022年 | 比上年增长（%） |
|---|---|---|---|
| 资产总额（亿元） | 40.17 | 43.46 | 8.19 |
| 所有者权益（亿元） | 24.28 | 26.72 | 10.05 |
| 营业收入（亿元） | 21.5 | 24.00 | 11.63 |
| 利润总额（亿元） | 2.46 | 2.90 | 17.89 |
| 净利润（亿元） | 1.68 | 2.25 | 33.93 |
| 归属于母公司所有者的净利润（亿元） | 1.41 | 1.87 | 32.62 |
| 技术开发投入（亿元） | 0.83 | 0.85 | 2.41 |
| 利税总额（亿元） | 4.41 | 5.32 | 20.63 |
| 应交税金总额（亿元） | 1.9 | 2.22 | 16.84 |
| 全员劳动生产率[万元/（人·年）] | 26.21 | 31.65 | 20.76 |
| 净资产收益率（%） | 7.18 | 8.81 | 增加1.63个百分点 |
| 总资产报酬率（%） | 6.53 | 7.02 | 增加0.49个百分点 |
| 国有资本保值增值率（%） | 106.57 | 108.9 | 增加2.33个百分点 |

**【改革发展】** 一是高端智库建设取得显著成效。聚焦实际问题，坚持“不研究不报告、不报告不专报”的原则，深入开展调查研究，加强综合性、战略性问题研究，完成一大批综合性、跨领域重大课题，全年向党中央、国务院提交大量决策咨询建议，较好地完成上级单位的约稿任务，多次获得中央领导重要批示，多

篇报告被国家高端智库理事会采用。2022 年 6 月，经中央批准，公司成为国家高端智库建设培育单位，支撑中央决策的智库作用更加凸显。公司以“组织构建、建章立制”为抓手，进一步完善高端智库组织架构，成立高端智库理事会和高端智库学术委员会，加强中咨战略研究院建设，不断规范智库运行管理机制。先后出台《国家高端智库建设管理办法（试行）》《智库人员聘用与管理办法（试行）》《国家高端智库建设奖励管理办法（试行）》等制度 10 项，为深入开展智库研究提供组织保障和制度支撑。二是服务支撑国家重大工程和发展战略加快落地。助建“国之重器”，完成引江补汉、东水西引、引黄济宁、川气东送二线等一批国家重大工程评估论证。服务高水平科技自立自强，开展重大科技基础设施、东数西算、人工智能、半导体装备、显示器件、北斗、高端仪器、先进制造业等专项评审，完成 LNG 运输装备、船用动力装备、高端数控机床、工业机器人、新能源汽车、动力电池及材料等项目的立项评估论证。推进国家重大区域战略落地，承担长三角一体化发展和黄河流域高质量发展重大项目库遴选工作，完成新疆生产建设兵团南进产业布局支撑重大课题，积极参与粤港澳大湾区、成渝、海南自贸港等区域重大项目咨询。践行绿色发展理念，完成长江经济带生态环境整治评估，承担雅鲁藏布江中上游生态修复与保护、新安江—千岛湖生态补偿试验区建设、赤水河流域综合保护和产业发展等咨询论证任务。承担建党百年庆典场馆、北京冬（残）奥会场馆、川藏铁路等重大项目的监理工作。获得中国建设工程鲁班奖 3 项、中国土木工程詹天佑奖 3 项、国家优质工程奖 1 项。三是全力服务国资央企深化改革和创新发展。充分发挥专业优势，持续在国资央企深化改革、科技创新、投资监管等方面开展咨询服务和课题研究。先后承担中央企业科技攻关、打造原创技术策源地、科技创新专项规划等研究课题；开展中央企业对标世界一流管理提升指标体系研究，完成 200 多家各层级央企管理对标方案评审；组织国资三级规划体系编制咨询，持续做好投资计划评估、投资风险管理评价、投资项目后评价、投资监管研究等咨询服务；高质量完成《国企改革改革三年行动落实情况评估》，在国资央企系统的服务支撑作用更加凸显。四是助力“一带一路”高质量建设。围绕新时期高水平对外开放，为高质量推进“一带一路”建设提供全方位的咨询服务。开展“一带一路”基础设施合作高质量发展、中非基础设施合作规划、境外经贸合作区高质量发展评价、缅甸皎漂工业园规划等一系列专题研究工作。承担埃塞北部铁路、喀麦隆水厂等项目全过程咨询，完成玻利维亚炼厂优惠贷款项目现场核查，策划福建“两国双园”项目。公司承担的援柬埔寨交通领域总体规划项目顺利完成并移交，得到柬埔寨政府的高度评价，柬埔寨高级经济委员会专门发来感谢信；中老铁路搬迁安居村项目获得中国援外项目“优良”工程评定，同时获得老挝政府国家二级“突出贡献奖”。五是企业治理能力明显提升。全面落实“两个一以贯之”要求，坚持在完善公司治理中加强党的领导，推动中国特色现代企业制度更加成熟定型，加快形成权责法定、权责透明、协调运转、有效制衡的现代咨询企业法人治理机制。研究修订党委前置研究讨论重大经营管理事项清单，厘清党委与董事会、经理层等治理主体的权责边界；健全由董事会议事决策、专门委员会研究、职能部门沟通的工作机制，完善“1＋N＋1”制度管控体系，推动董事会建设规范、高效；完善公司董事会授权决策制度，应建子企业全部建立董事会向经理层授权管理制度，经理层依法行权履职得到有效保障。六是健全完善市场化经营机制。全面推行任期制和契约化管理，建立健全工作指导意见、操作办法等制度文件，指导所属子企业修订完善有关制度办法及“契约”模板，确保任期更规范、契约有挑战、薪酬强激励、退出更坚决。坚持以业绩、能力和贡献为导向，加大竞争性选拔力度，强化干部考核评价，形成一套科学规范、运作有序的干部考核评价机制；持续优化人才选聘机制，修订人才公开招聘、高端人才引进等制度文件，加强用工总量管理，核减人员增长过快、效益增幅与增人计划不匹配、劳动生产率明显偏低的企业用人计划；进一步完善薪酬管理体系，持续优化激励机制，科学应用岗位管理、业绩考核等手段，合理调整薪酬结构，将工资总额增量向浮动薪酬倾斜，增强薪酬正向激励导向作用，持续优化浮动薪酬分配机制，强化战略导向和业绩贡献，收入分配向核心骨干人才倾斜，充分调动职工积极性。七是国企改革“双百行动”

取得显著成效。聚焦示范引领，加快培育具有咨询行业特色的改革尖兵。充分发挥所属管理公司、海外公司"双百企业"改革试验田、先行者作用，积极稳妥推进混合所有制改革，大力推动对标世界一流管理提升行动，在建立现代企业制度、完善公司治理机制方面积极探索，在完善公司治理、健全市场化机制、业务转型发展等方面效果显著，切实推动制度优势转化为治理效能。海外公司综合改革取得突出成效，有关改革经验被刊登至《国企改革三年行动简报》《改革攻坚：国企改革三年行动案例集》在国资央企系统宣传，并被评为"双百企业"考核标杆以及"管理提升"企业标杆。

**【重大项目】** 2022年，公司承担较为重大的项目有：川气东送二线咨询评估、三沙总规修编评估、长江经济带生态环境整治评估、引江补汉关键技术评估论证、陕西永陇矿区总体规划评估、湖北姚家平水利枢纽工程咨询服务、吉林省东水西引工程咨询服务、南宁市城市轨道交通第三期建设规划（2022—2027年）评估、黑龙江省三江连通工程可研评估、金上—湖北等特高压直流利用效率提升措施及评价标准研究、国家电投新能源基础设施领域不动产投资信托基金（REITs）项目评估、藏东南至粤港澳输电通道咨询服务、新疆墨龙矿井及选煤厂建设项目全过程咨询、燕房组团城关地区路网建设项目全过程工程咨询、小马坊村土地一级开发项目全过程咨询、中关村平谷农业科技园区道路网提升及地下管网建设全过程工程咨询、G 98环岛高速公路三亚崖州湾科技城段改建工程监理等。

**【重大创新】** 一是深入开展咨询理论方法创新研究。结合咨询工作实际建立"中咨"咨询标准体系和完备科学的操作规范，《中国工程咨询专业指南》首批五卷书稿出版发行，内容涉及投资政策研究、发展规划、企业管理、工程项目管理以及全过程工程咨询等专业领域。公司持续开展咨询理论方法研究，逐步建立健全与国际接轨、具有中国特色的工程咨询专业理论研究体系，更好满足我国工程咨询业务操作的实际需要。公司开展基础设施REITs试点新领域专题研究，完成基础设施REITs治理体系决策支撑研究以及基础设施公募REITs项目评估。结合我国"3060""双碳"目标、企业社会责任和治理能力现代化等要求，研究构建项目层面环境—社会—治理（ESG）责任投资评价指标体系，为我国投资项目ESG评级和信息披露奠定基础。先后开展民营资本参与基础设施补短板等重大政策专题研究以及后评价理论政策研究，为政府部门开展重大政策、重大规划及重大工程的评估督导工作提供支撑服务。二是持续推进管理创新及业务转型发展。优化完善全员综合绩效考核评价机制，体现业绩与能力并重，设置科学的考核框架，规范细化考核机制；加强个人绩效与部门、公司绩效的关联性，统一绩效目标，调动各方面积极性，实现共同发展；强化考核结果运用，与干部选任、职级晋升、薪酬分配等强挂钩，激励职工担当作为；强化收入分配在高端智库建设和服务国家战略方面的激励作用，促进各单位在服务国家发展战略、重大投资决策和国资国企改革发展等方面发挥作用。公司持续优化业务结构，在巩固传统咨询评估业务基础上，做长做强"6+1"咨询产业链条，进一步增强发展后劲，新兴业务潜力逐步显现，高技术产业咨询、"双碳"咨询、生态产品策划等各类咨询任务成为重要增长点，全过程咨询业务发展迅猛，各单位发挥比较优势，积极推进咨询服务模式创新，形成一套可复制的全咨服务模式。三是大力推动数字技术在咨询业务中的实践应用。持续推动业务数据融合，构建稳定的数据汇聚与存储体系，不断丰富数据分析模型，公司业务数据库获得首批知识产权，3项核心技术获得国家版权局软件著作权证书；与有关机构合作建设中咨数据宏观经济运行监测预警系统，为咨询工作数据分析提供支撑；构建中国行业发展报告库，选取九大类30个重点行业，追踪趋势热点，分析投资前景及风险，提供定期分析报告，为规划咨询、战略研究提供重要参考依据；深化中咨数据城市群发展指标体系应用，开发建设数据智能分析工具，更新经济社会大数据研究平台，为中咨数据资产的汇集、沉淀和增值发挥积极作用。

**【党建工作】** 一是坚持以党的政治建设为统领。始终同以习近平同志为核心的党中央保持高度一致，把党的领导摆在突出位置，将党的领导落实到公司治理各环节，以高质量党建引领保障高质量发展。公司党委把迎接保障和宣传学习党的二十大精神作为重中之重，制定《公司党委关于认真学习宣传贯彻党的二十大精神的实施意见》，及时组织广大党员干部认真学习党的二十大精神，掀起学习热潮。严格落实“第一议题”制度，党委开展学习34次，学习重要讲话98篇，理论学习中心组开展集体学习10次，所属92个基层党支部开展“第一议题”学习1100余次，切实推动习近平总书记重要指示批示精神、党中央重大决策部署落实见效。二是持续推动党建工作走深走实。公司党委始终秉持“以党建促业务，以业务强党建”理念，加强党的基本组织、基本队伍、基本制度建设，熔铸坚强的战斗堡垒，截至2022年底，公司党委下设基层党委3个、党支部92个，党员1192人；全年25个基层党组织完成换届工作。坚持在党建工作融入生产经营上下功夫，以党建引领智库建设，以党建引领项目攻坚，以党建引领改革发展，实现党建和业务“齐头并进”。实施“青马工程”“青年精神素养提升工程”，在统战人士中广泛开展“共绘同心圆”主题活动。选举产生新一届工会委员会，充分发挥工会组织的桥梁纽带作用。切实担负贡献社会的职责使命，党委班子成员多次赴安徽省利辛县进行调研考察和定点帮扶，持续推进“我为群众办实事”活动。三是坚定不移推进全面从严治党。以更“严”的基调、更“严”的措施、更“严”的氛围贯彻全面从严治党战略部署，强化政治监督，坚持以党内监督贯通协调各类监督，持续推进党风廉政建设和反腐败工作，将全面从严治党落实到党的建设各领域各方面各环节，为公司改革发展提供坚强政治保障。紧扣公司发展中心任务，做实日常监督，加强选人用人监督和年轻干部教育，持续纠正“四风”不松劲；一体推进“三不腐”，不断完善制度体系，深化运用“四种形态”，以零容忍态度惩治腐败，深化“阳光咨询、透明评估”廉洁文化建设；围绕重点任务落实情况开展“机动式”巡视以及各类专项巡视，政治巡视利剑作用日益彰显。

**【信息化与数字化建设】** 一是筑牢网信安全屏障。公司高度重视、积极响应、精心部署，全力组织、稳步有序完成一系列网信工作，取得优异成绩。组建集监测、分析、处置、联络于一体的安全事件闭环响应工作团队，深入开展监测发现、分析溯源与应急处置等工作，进一步完善公司网络安全设备防护体系，并对公司网络与信息系统开展渗透测试及加固工作，逐步形成网络安全防护与保障能力，为公司经营管理工作顺利开展提供高质量的技术支撑。二是拓宽数字管理道路。持续加强管理信息化建设，建立完善公司重点任务督办系统，提升督办工作智能化管理水平；以人力系统、办公系统、门户网站等综合办公管理平台为基础，加强对所属企业、分支机构的穿透式管理，集团纵深管理水平进一步提升；按照《公司财务信息化建设规划（2022）》，统筹推进集团财务管理数字化转型。启动数据治理项目，有序推进数据现状分析、基础数据标准制定以及构建数据治理服务平台等重点工作并取得阶段性成果。三是持续推动国资监管平台及网络安全监管平台建设。完成国资监管平台改造迁移工作，包括国资监管数据采集交换平台加密接口适配以及4个已建系统报送接口通道环境迁移，新增安全生产、节能减排业务数据采集模块。开展国资国企网络安全监管平台优化，对高危事件分析预警、定制化威胁情报、重保协同、基础监测与通报等5类7项安全运营服务进行完善提升，新增应急响应、资产漏洞定向通告和安全运营成熟度评估等3类5项服务，为公司高质量发展提供安全支撑。

（撰稿人：赵　坤）

## 中国诚通控股集团有限公司

**【基本情况】** 2022年，中国诚通控股集团有限公司（以下简称中国诚通）深入学习贯彻习近平总书记重要讲话和重要指示批示精神，以迎接和学习宣传贯彻党的二十大为工作主线，坚决贯彻党中央、国务院决策部署和国务院国资委工作要求，坚持“稳”字当头，持续创新改革，奋力打造国资央企高质量发展“改革工具箱”，积极构建基金投资、股权管理、资产管理、金融服务和战略性新兴产业培育的“4＋1”资本运营格局，各项工作取得明显成效，为国有经济布局优化和结构调整作出积极贡献，在服务国资央企改革发展大局中彰显独特价值，也迎来中国诚通成立三十周年的历史性时刻。2022年12月22日，国务院国资委印发《关于进一步深化国有资本运营公司改革有关事项的通知》，明确指出，中国诚通紧紧围绕功能定位，推进改革试点取得明显成效，运营模式和业务格局初步成型，运营能力有效提升，功能作用显著发挥，由国有资本运营公司试点转入持续深化改革阶段。

**【主要指标】** 面对2022年异常复杂的内外部环境，中国诚通合并累计实现营业收入586.36亿元，实现利润总额137.20亿元；合并累计净利润111.96亿元，归属于母公司所有者的净利润53.58亿元。集团合并口径资产总额5479.44亿元，较年初增加544.79亿元，增长11.04%。所有者权益2467.10亿元，比上年增加155.18亿元，增长6.71%。在国务院国资委公布的2021年度和2019—2021年任期中央企业负责人经营业绩考核中，中国诚通考核结果均为A级，被国务院国资委评为“业绩优秀企业”。

**表1　2022年中国诚通控股集团有限公司主要经济指标**

| 项　目 | 2021年 | 2022年 | 比上年增长(%) |
|---|---|---|---|
| 资产总额(亿元) | 4934.65 | 5479.44 | 11.04 |
| 所有者权益(亿元) | 2311.92 | 2467.10 | 6.71 |
| 营业收入(亿元) | 1711.12 | 586.36 | -65.73 |
| 利润总额(亿元) | 140.92 | 137.20 | -2.64 |
| 净利润(亿元) | 110.06 | 111.96 | 1.73 |
| 归属于母公司所有者的净利润(亿元) | 59.62 | 53.58 | -10.13 |
| 技术开发投入(亿元) | 7.80 | 8.07 | 3.46 |
| 利税总额(亿元) | 200.94 | 144.07 | -28.30 |
| 应交税金总额(亿元) | 90.88 | 32.11 | -64.67 |
| 全员劳动生产率[万元/(人·年)] | 102.66 | 153.01 | 49.05 |
| 净资产收益率(%) | 5.02 | 4.69 | 减少0.33个百分点 |
| 总资产报酬率(%) | 4.57 | 4.22 | 减少0.35个百分点 |
| 国有资本保值增值率(%) | 105.50 | 108.25 | 增加2.75个百分点 |

**【改革发展】** 高站位完成三年行动任务。集团党委发挥主体作用，通过整体谋划、系统推进、周密部署，确保改革“横向到边，纵向到底”。三年行动主体任务在2022年上半年全部完成，并在此基础上以更高站位、更大力度、更高质量实现圆满收官，进入巩固成效、持续深化的新阶段。通过三年行动，中国诚通中国特色现代企业制度更加成熟定型。纳入应建范围的44户子企业董事会实现应建尽建，外部董事占多数完成率100%，重要子企业落实董事会职权完成率100%，完善出台所出资企业董事会建设一系列制度。市场化机制更加灵活高效，企业活力动力充分释放。所出资企业任期制、契约化管理户数和人数占比均100%。全面推进用工市场化，建立市场化招聘制度的企业户数占比和劳动合同签约率均100%。改革标兵作用更加鲜明突出，以点带面推动改革向纵深推进。持续深化国企改革“双百行动”、“科改示范行动”等专项工程，岳阳林纸在“双百企业”专项评估中获评“标杆”，冠豪高新在“科改示范企业”专项评估中连续两次获得“优秀”。管理体系更加规范，管理能力持续提升。对标世界一流行动圆满完成，累计完善管理制度160项，创建标杆企业11家。

以高目标战略引领高质量发展。正式印发《“十四五”规划》，提出集团“三五一”战略目标和“一五三”经营目标，明确“4+1”业务布局，以及分阶段打造具有国际竞争力的一流国有资本运营公司和世界一流企业的长远目标。集团的使命定位、运营逻辑、战略目标、战略举措更加清晰，为“十四五”改革发展指明方向。

高标准开展“资本运营能力提升年”活动。认真研究能力短板弱项，确定重点目标和难点任务，全面推进七大能力提升，确定30类78项重点任务，逐级压实责任，抓好任务分解，推动活动走深走实。

高要求夯实“强总部、大运营”发展格局。完成新一轮集团总部组织架构和部门职责优化调整，董事会新设监督委员会，经理层设置专业委员会5个，改组运营管理部，新设数字化管理部、基金管理部、产业培育部等部门，以及党校、研究院、司库中心等直属机构，运营公司的组织架构更为清晰，职能分工更为明确，管控服务更加有力，组织管理更加科学。

坚持稳中求进工作总基调，以中央企业提质增效专项行动和“严肃财经纪律、依法合规经营”综合治理专项行动“两条线”开展工作，提质增效、防控风险，筑牢运营公司安全发展底线，确保企业稳健发展。一是全力以赴稳增长，多措并举提质增效。面对多重压力和各类风险因素叠加，集中开展全覆盖综合调研督导，推动生产经营稳中有进、进中提质。密切跟踪形势变化，强化定期监测分析，及时调整业务结构，动态优化经营策略，努力开拓市场增收开源。严格成本管控和预算硬约束，深化“三金”差异化压控、亏损治理和“瘦身健体”。持续优化融资结构，拓展多元化融资渠道，做好高息贷款置换，提高资金集中度，提升现金流管控能力。强化考核引领，细化目标分解落实，对作出突出贡献的出资企业实施综合激励，完善工资效益挂钩联动机制，工资总额增长与集团整体效益双挂钩。推动协同赋能，支持“通联企业”高质量发展，构建“通联企业”生态圈，实现产融协同、双向赋能，努力筑牢运营公司利润“压舱石”。二是防范化解重大风险，抓好综合治理专项行动。全面统筹部署，整理内外巡视、内外部审计和国务院国资委预决算批复等发现的问题，采取有效措施，确保专项治理取得实效。自查核查和审计发现问题 1248 项，完成问题整改 1029 项，挽回损失金额 1.52 亿元。坚持上下联动，加大问题整改力度，集团党委每月听取各专项治理进展情况，分析研究重点问题，指导所出资企业开展系统排查整治。坚持“查改建”同步，深化内控体系建设，制度“废改立”工作涉及 1128 项；持续加大审计监督力度，加强对重点领域、关键环节的流程梳理和内控测试，健全完善长效体制机制。坚持巩固深化，持续提升风险防控效能。组织开展虚假贸易业务专项整治行动，深化推进“合规管理强化年”活动，加强体系建设，梳理 6 户企业经营业务违法违规问题 20 个。建立健全总法律顾问（首席合规官）管理制度，提升依法合规经营管理水平和全面风险管理能力。三是持续提高安全环保、信访维稳、网信舆情等工作水平。深化安全生产风险隐患排查整治，扎实开展安全生产提升年行动和重大安全风险防范化解工作，强化安全生产依法合规管理，坚决遏制各类事故的发生。制定《碳达峰行动方案》，开展节能宣传周和低碳日等活动，提升环保意识。围绕重要敏感时间节点，加大值班值守力度，坚决防范网络安全、重大舆情风险，全力做好信访维稳，2022 年未发生重大风险事件。

**【重大项目】** 基金投资方面。截至 2022 年底，中国诚通基金总规模 6500 亿元，认缴出资 2995 亿元，实际到账资金 2399 亿元，累计完成股权投资 1865 亿元，超过 80％的投资为央企国企项目。累计全部或部分退出项目 73 个、回收金额 586 亿元，累计实现利润总额 287 亿元、净利润 229 亿元，累计向投资人分配 271 亿元。基金投资有效推动国有资本向实体经济集中，向关系国计民生和国家经济命脉的关键领域集中。其中，国调基金重点投向关键技术“卡脖子”项目，前瞻性布局新一代信息技术、新能源、新材料、高端装备等战略性新兴产业，助力央企打造原创技术策源地和现代产业链链长。投资参与南网储能、中国卫通、上海核工院、华大半导体、华润生物等一批具有重要战略意义的央企国企项目。混改基金聚焦战略定位，发挥区位优势，不断提升价值创造力，积极服务国有企业股权多元化和混合所有制改革，支持科改示范企业发展，助力关键技术革新。投资参与中国海油、国电投氢能、中科海钠、中科富海、有研工研院、至微半导体、华大九天、真实生物等一批具有较强市场影响力的重点项目。通盈基金持续贯彻落实降杠杆、减负债要求，有效发挥债转股实施机构的功能作用，投资参与中国铁建、国电投经开、中节能实业等项目，推动央企资本结构优化。

股权管理方面。中国诚通充分发挥 5 家一级央企重要股东作用，积极参与公司治理实践。建立股东事务管理体系，持续强化履职保障，通过股东建议函等形式规范公司治理。把握股权多元化企业运行规律，更好地发挥积极股东作用，2022 年参加所出资一级央企股东会 13 次、董事会 30 次，推进国家战略扎实落地、各类风险有效防控、投资回报有序落实。充分发挥集团优势，助力央企股权多元化改革。2022 年，完成对中国电气装备集团的出资，加快培育智慧电气装备产业链链长。出资 17.87 亿元参与中国电信天翼云增资扩股，助力打造自主可控、安全可信的云平台。深入对接中国信科，探索集成电路产业改革与股权合作模式。推动中国物流明确战略方向、中国绿发聚焦主责主业，推动国家管网中俄东线、鞍钢集团西鞍山铁矿等重大项目投资建设。诚旸投资发挥股权运作平台功能，创新运作模式，完善管理机制。截至2022年底，国务院国资委考核口径下的划入股权运作总市值670.89亿元，累计增值106.33亿元，增值率18.83%；不断优化"指数+ETF"运作，推进央企私募产品项目，促进国有资本合理流动和价值回归。

资产管理方面。中国诚通紧紧把握"深化供给侧结构性改革"主线，不断提升功能、拓宽渠道，以市场化方式盘活国有资产存量，助力国家相关改革和央企聚焦主责主业。积极参与国家发展改革委盘活存量资产、扩大有效投资的相关工作，深入参与国务院国资委经营性资产集中统一监管方案研究，深化AMC牌照研究。中国康养资产接收工作取得新进展，获批及合作的培疗机构100家，开业32家，城企联动持续深化，提供床位6132张；着力打造燕山疗养院、华北油田疗养院等示范项目。诚通国合积极发挥"两非""两资"接收平台作用，与19家中央企业达成44个项目委托协议，涉及资产规模101亿元，完成项目处置15个。诚通资产不断优化经营模式，有效盘活中央企业沉淀资产，平稳有序推进中新房风险处置专项任务。诚通东方持续推动转型发展，稳妥解决历史遗留问题，圆满完成进博会服务保障等专项工作。诚通建投认真谋划央企存量土地资产盘活主平台试点工作，积极对接有关央企并推动签订土地资源盘活协议。国海海工累计去库存项目156个，较好地完成海工资产处置三年行动任务。从董事会层面，指导中国石化国标勘探公司把握油价高企契机，实现归属于母公司所有者的净利润超过200亿元、自由现金流超过220亿元；支持北京化诚新推进所属企业扭亏脱困和盘活处置，全年减亏金额20亿元。

金融服务方面。完成诚通证券收购和更名工作，新增证券、公募基金牌照，实现平稳交接和有序发展，圆满完成利润目标。诚通财务积极服务央企债券融资，有效协助司库中心建设，拓展筹建产融平台，服务两金压降和产业链清欠，构建财务公司协同发展新格局。诚通保理业务投放规模累计355亿元，资信体系建设稳步提升，风控水平不断加强。诚通香港拓展境外融资渠道，发行债券7亿美元，加大对央企客户和项目开拓力度，探索境外服务央企模式。集团金融服务体系覆盖央企国企近40家，提供流动性资金支持超过300亿元。阳光保险股权整合取得重大突破，中国诚通正式成为重要股东，助力阳光保险成功上市。

战略性新兴产业培育方面。充分发挥资本运营优势，加快力神电池产业布局，2022年启动滁州、苏州、天津项目，总投资超过100亿元，设计总规模超过30吉瓦·时；实施动力电池板块增资引战，完成首轮募资59亿元；推动消费电池板块资产重组和上市；与兄弟央企紧密合作，共同提升产业链话语权和控制力。中国纸业加快优化产业布局与升级改造，以实现碳达峰碳中和目标为战略引领，聚焦浆纸核心，持续打造"大生态"产业。诚通人力不断提升人力资源专业服务能力，升级业务产品，扩大市场影响力，推动创新发展。中商集团强化战略管理，盘活存量资源，培育增量业务，企业发展稳定向好。诚通国贸聚焦主责主业，深化系统改革，完善公司治理，加强风险防控，经营质效持续提升。

**【走向海外】** 2022年，中国诚通积极应对外部风险挑战，高视野推进国际化建设，高站位建设境外运营平台，高质量推动共建"一带一路"。诚通国际有效发挥中俄经贸平台和中国总商会会长单位作用，积极应对风险挑战，促进中俄经贸、民间外交的务实合作，为新时代中俄经贸合作增添活力；确保境外项目安全平稳运营，格林伍德二期建设稳步推进。国调基金、混改基金新增境外项目投资7个，培育战略性新兴产业，助力央企撬动境内外资本，提升国际竞争力。诚通国贸、中国纸业、力神电池等积极开展进出口贸易。2022年，中国诚通实现进出口总额29.5亿美元，比上年增长5.61%。进口煤炭274万吨，进口铁矿、铬矿等重要矿石原料257万吨，积极为支持我国产业链供应链安全稳定，增强重要资源能源的支撑能力作出贡献。出口新能源电池主要至欧美发达国家，推动中国制造、中国标准"走出去"。积极参加进博会、服贸会等国家级展会。在第五届进博会上，中国诚通采购额16.5亿美元，再创历史新高，居中央企业第12位，获评进博会"重要采购商"。服贸会期间，中国诚通组织11家所出资企业参展参会，搭建线上线下展台6个，72款商品或服务方案进行招商展示，为促进我国服务业和服务贸易发展作出贡献。

**【重大创新】** 截至2022年底，中国诚通累计拥有专利1680件，其中发明专利383件、高价值发明专利168件。2022年，申请专利475件，其中申请发明专利211件、PCT专利申请量2件、PCT途径进入国家阶段的专利申请量6件；获得专利授权307件，其中发明专利授权101件。集团累计主持或参与制定标准86个，其中国家标准42个、行业标准16个；主持或参与制定标准18个，其中国家标准5个、行业标准2个。获得省部级奖项5项。拥有高新技术企业19家，研发机构11家，国家级企业技术中心3个、国家（工程）技术研究中心1个。

集团所出资企业力神电池通过国家重点研发计划"新能源汽车"重点专项"高安全高比能乘用车动力电池系统技术攻关"项目验收，系统能量密度213.5瓦·时/千克，电池系统取得整车公告。开发无人机项目，采用Ni 90/硅碳高比能体系，能量密度可达到325瓦·时/千克。完成高比能铁锂方型预研产品的储备研究，技术水平达到190瓦·时/千克，32分钟充电80%SOC，循环寿命大于3500次。完成首款4.5伏电池体系开发，能量密度达成800瓦·时/升，高温循环400次后容量保持率87.7%。中国纸业成功研发出G 4/G 5级电子双氧水，打破国外垄断。高端印刷纸关键技术、高强纸袋纸关键技术、高档象牙白纯质纸关键技术、抑菌纸相关技术等获得省级或协会级科技奖项。研发数码膜、轻量化无菌液体包装纸、医疗胶片涂料等产品，数码膜属于环境友好型产品，良品率高于97%，轻量化无菌液体包装纸质量达到国际领先水平，医疗胶片涂料产品质量达到进口水平。开发热升华转印纸新工艺。

**【党建工作】** 2022年，中国诚通党委深入学习贯彻习近平新时代中国特色社会主义思想，不断强化政治建设，深化"管资本管人管党建"机制和模式创新，以高质量党建引领保障高质量发展，在国务院国资委党委党建工作责任制考核中连续5年被评为"优秀"。一是以高度政治责任感和历史使命感做好党的二十大精神的学习宣传贯彻。集团高标准完成党的二十大代表和中央企业党代表酝酿推荐和选举任务，组织各级党组织收听收看党的二十大开幕式。会后第一时间传达党的二十大精神，制定印发学习宣传贯彻方案，以联学方式组织党委理论中心组集体学习，邀请中央宣讲团成员开展宣讲辅导，党委班子成员带头到基层企业宣讲。组织集团纪委、直属工会、团委和各级党组织结合实际制定方案。为党员购置辅导书籍，线上线下结合开展督导落实。二是把严格落实"第一议题"制度作为深化改革的制胜法宝。坚持在强化创新理论武装中践行"两个维护"。围绕习近平总书记关于国资国企重要指示批示精神，邀请中央党校教授讲解习近平经济思想的理论逻辑、历史逻辑、现实逻辑，坚定深化改革和高质量发展的信心决心。持续动态完善学习台账，常态化在集团全级次范围内系统收集梳理习近平总书记对本企业、本行业、本领域的重要指示批示，动态更新重要指示批示414条，汇总形成1701条重要指示批示的汇编材料，坚持做到第一时间学习、第一时间传达、第一时间贯彻，形成规范化、常态化、全覆盖格局。三是在完善公司治理中加强党的领导。优化党委前置研究讨论实施细则和前置清单，修订"三重一大"决策事项清单。全级次推动所出资企业建立完善党组织前置研究讨论制度和事项清单。深化实施"三融一化"党建工程，推动党建工作向资本运营主战场和基层一线延伸拓展。首次以"揭榜挂帅"方式，开展"党建创新基金"课题研究，从加强党的领导与公司治理、党建工作与生产经营融合等方面提出研究需求27项，形成系列研究成果。四是在落实党管干部中打造资本运营人才高地。坚持党管干部原则和好干部标准，树立干事创业鲜明用人导向，坚持把资本运营一线作为培养锻炼干部的"主课堂"。突出讲担当重实绩，夯实资本运营人才梯队。持续优化所出资企业领导班子、中层干部年龄与知识结构，集团党委管理的新任领导干部中45岁以下占比39%，打造一支"关键时刻听指挥、拉得出，危急关头冲得上、打得赢"的忠诚队伍。五是宣传思想工作卓有成效。加大宣传教育和舆论引导力度，"强国担当·国资央企通识课"以及"二十大精神进国企"等节目在集团录制访谈。扎实做好国企改革三年行动典型宣传，《国资报告》刊发《诚通重塑——从脱困"救火队"到改革"工具箱"》特别报道。召开集团成立30周年总结会、完成司歌创作、编写《诚通30年》和大事记、社会责任报告特刊等，展示集团30年来改革发展和党的建设丰硕成果。集团《社会责任报告》连续两年获得“五星级”评价并获得“责任沟通奖”。中国纸业、诚通资产、诚通国际相关案例分别入选中央企业宣传思想、社会责任、国际传播优秀案例。六是党风廉政建设和反腐败工作不断加强。强化对各级“一把手”和领导班子的监督，组织“影子公司”“影子股东”问题专项整治“回头看”，清理规范企业领导人员兼职以及配偶、子女及其配偶经商办企业行为。开展执行中央八项规定精神专项检查、违规购买使用高档酒水专项整治和作风建设整顿“回头看”。深入开展靠企吃企问题专项整治“回头看”，专项整治工作持续深化。开展第十届“反腐倡廉宣传教育月”活动，持续加强廉洁文化建设。加大问题线索查处力度，2022年纪委受理信访举报166件，运用“四种形态”处理75人。持续深化纪检体制改革，决定在诚通香港、诚通基金、诚通混改、诚通证券4家企业设立纪委。强化巡视整改和成果运用，深入开展巡视整改督查，巡视巡察工作在国务院国资委考核中获评“优秀”。

**【信息化与数字化建设】** 2022年，中国诚通深入学习贯彻习近平总书记关于网络强国、数字中国的重要论述，全面落实党中央、国务院决策部署，按照国资数智化专项行动提升的有关要求，以系统观点、全面融合推进信息化建设和数字化转型工作。在集团数字化转型领导小组统筹谋划推动下，对标世界一流，构建系统配套、远近衔接的数字化转型总体框架。根据数字诚通发展思路与实施路径，修订完善配套的制度办法，组建数字化专家组，筹建数字化公司，为一体化推进数字化转型提供制度和组织保障。定期组织召开数字化转型工作会议，研究审议重大事项，持续加强在资金、网络、人力资源等方面的投入，制定网信工作考核办法，确保各项工作落地做实。加快推动信息系统建设，建成集团司库、境外资产、审计监督、金融衍生品等信息系统，深化“三重一大”、OA办公、人力资源、“四位一体”等系统功能和应用效能，启动统一数据中台以及分布式技术平台建设，构建数字化转型的核心技术底座。推动所出资企业加强信息化建设，加快核心业务系统的数字化转型，助力企业竞争力提升。加快新一代基础设施的投入布局，持续推动数据中心、私有云、行业云建设，为资本运营数字产业化发展提供广阔空间和重要支撑。加强网络安全防护，启动网络安全“101”工程，统筹推进安可替代、互联网收口、等保备案、IPv6部署应用和集团终端网络安全防护，持续强化安全保障体系，以实战标准推进网络安全统筹共建，筑牢集团网络安全屏障，形成大安全网络工作格局。

**【履行社会责任】** 2022年，中国诚通坚决落实定点扶贫责任，超额完成扶贫任务，助力河南省宜阳县发展。投入帮扶资金1150万元，比上年增长10%。培训县乡村基层干部和技术人员7482人，购买和帮助销售脱贫地区农产品1012.58万元，实施帮扶项目20个，完成消费帮扶210.8万元。在国务院国资委公布的2022年中央单位定点帮扶工作成效考核评价情况中，中国诚通再次获评最高等次“好”。这是开展中央单位定点帮扶考核以来，中国诚通第3年获得考核评价最高等次。中国诚通深入落实中央企业援疆、援藏工作会议精神及支持赣南等原中央苏区振兴发展等有关要求，2022年派出援藏干部1人，积极参与到当地企业改制和疫情防控工作中。发挥国有资本运营公司功能特点，混改基金出资参与赣州稀土龙头企业金力永磁在香港交易所主板挂牌上市，助力稀土产业和地方经济高质量发展。

（撰稿人：丁若沙）

## 中国中煤能源集团有限公司

**【基本概况】** 中国中煤能源集团有限公司（以下简称中煤集团）是国务院国资委监管的国有重点骨干企业，主营业务包括煤炭生产贸易、煤化工、发电、能源综合服务，是我国唯一的煤炭全产业链央企，肩负着保障国家能源安全的重要使命。截至2022年底，生产及在建煤矿70余座，煤炭产能3亿吨级规模，年销售量超过3亿吨。煤化工权益产能1000万吨，产品包括煤制烯烃、尿素、甲醇、硝铵、焦炭等。控股和参股电厂50余座，总装机近4000万千瓦，年发电量超过800亿千瓦·时。工程设计建设、装备制造产业技术水平和市场占有率稳居行业前列。拥有中煤能源(A+H)、上海能源、新集能源3家上市公司。2022年,中煤集团坚决贯彻落实党中央、国务院决策部署和国务院国资委工作要求,全力以赴保供稳价,大力推进转型升级,不断深化改革创新,经营业绩再创新高,"两利四率"持续改善,高质量发展取得新成效,连续3年获评国务院国资委经营业绩考核A级,居2022年《财富》"世界500强"企业第297位。

**【主要指标】**

**表1　2022年中国中煤能源集团有限公司主要经济指标**

| 项　目 | 2021年 | 2022年 | 比上年增长(%) |
|---|---|---|---|
| 资产总额(亿元) | 4442.65 | 4862.81 | 9.46 |
| 所有者权益(亿元) | 1716.20 | 1997.43 | 16.39 |
| 营业收入(亿元) | 3014.84 | 2825.03 | -6.30 |
| 利润总额(亿元) | 266.75 | 443.13 | 66.12 |
| 净利润(亿元) | 173.95 | 325.10 | 86.89 |
| 归属于母公司所有者的净利润(亿元) | 46.64 | 126.28 | 163.91 |
| 技术开发投入(亿元) | 67.02 | 68.54 | 2.27 |
| 利税总额(亿元) | 509.98 | 728.16 | 42.78 |
| 应交税金总额(亿元) | 336.03 | 403.06 | 19.95 |
| 全员劳动生产率[万元/(人·年)] | 59.06 | 78.08 | 32.19 |
| 净资产收益率(%) | 10.25 | 17.51 | 增加7.26个百分点 |
| 总资产报酬率(%) | 7.81 | 10.95 | 增加3.14个百分点 |
| 国有资本保值增值率(%) | 110.46 | 118.13 | 增加7.67个百分点 |

**【改革发展】**　2022年,中煤集团深入贯彻习近平总书记关于国有企业改革发展重要论述,全面深化企业改革,推动实现高质量发展。一是大力推动产业转型升级。统筹抓好存量提效和增量转型,积极推动煤炭与煤电、煤电与可再生能源"两个联营",聚焦山西、陕西、内蒙古、新疆等资源富集区域,以煤炭保障基地为基础,同步布局建设煤电调峰电源,配套开发新能源,不断提高电力协调发展和能源保供能力。坚持绿色低碳发展方向,探索推进化工与绿电、绿氢高效融合,打造"产炭不排碳""无煤化工"能源产业升级示范,形成中煤"双碳"方案。二是深入推进区域布局调整。聚焦打造区域能源基地,组建鄂尔多斯、蒙东区域公司,整合区域煤电化资源,发挥产业协同优势,区域能源综合保供能力稳步提升。积极融入国家重大区域发展战略,在上海、深圳、重庆、海口等地设立区域公司,开展煤电、新能源及战略性新兴产业投资,增量转型发展的产业布局和空间格局初步成形。三是深化市场化经营机制改革。全面实施经理层成员任期制和契约化管理,210户子企业811名经理层成员全覆盖签订契约。大力推行管理人员竞争上岗、末等调整和不胜任退出,2022年管理人员退出率8.7%。发挥考核作用,坚持"有为才有位",对部分企业和领导人员职级实施动态管理,实现"业绩升、级别升,业绩降、级别降"。深化集团总部改革,拆除"处室墙",实施常态化竞争上岗,在上一轮改革的基础上,总部进一步压减编制33%,集团上下"能进能出、能上能下"渠道愈加畅通。坚持以业绩导向改革收入分配,建立所属企业工资总额增长"登高"激励机制,实施项目收益分红、超额利润分享等中长期激励,强化刚性考核、刚性兑现,二级企业负责人浮动薪酬占比最高75%,真正实现收入"能增能减"。集团总部实行项目负责制,建立"三层八级双通道"职级体系和"四元薪酬"结构,赋予部门更大二次分配权,打破职级限制,体现多劳多得,精准匹配价值贡献与薪酬分配、职业发展,同层级绩效奖金差距明显拉大,员工潜能和总部效能得到充分激发。四是全面推进专项改革。持续"瘦身健体",全年压减法人11户,退出安全保障程度低、资源枯竭矿井3处。坚决出清低效无效资产,集中处置参股股权,完成"两非"剥离任务8户,市场化盘活"两资"存量,实现收益超过20亿元。

**【重大项目】**　2022年,中煤集团聚焦主责主业,累计完成投资233亿元,全力推进"存量提效、增量转型"发展。一是坚定不移做大煤炭主业。率先落实国家“两个联营”“三个 8000 万”重大政策，组织申报第一批“两个联营”示范项目，累计可新增煤炭产能超过 1 亿吨、煤电装机超过 1000 万千瓦、可再生能源装机近 4000 万千瓦。紧跟国家增产保供政策，完成煤矿调整建设规模或产能核增 5 座，增加煤炭产能超过 1000 万吨。大海则 60 万吨储煤项目纳入中央政府煤炭储备基地，煤炭综合保供能力不断增强。二是推动产业链深度耦合发展。实施煤电专业化整合，并购国家电投、中华电力所属大别山、防城港等 6 座电厂，涉及装机容量超过 1500 万千瓦，成为近年来国内煤电领域资产数额较大、整合效益较为显著、示范引领作用较为突出的合作项目。开工建设板集电厂二期 2×66 万千瓦、九鑫 200 万吨/年焦化项目，推进榆林二期 90 万吨烯烃、鄂能化 10 万吨液态阳光等项目前期工作，产业协同集聚发展加快落地。三是加快新能源产业开发。利用荒漠、戈壁及采煤沉陷区，建成并网上海能源 260 兆瓦渔光互补项目，开工建设昌吉 525 兆瓦、平朔 100 兆瓦、哈密 1000 兆瓦等风光发电项目，中煤集团新能源开发及储备规模超过 500 万千瓦，“风光火储”“源网荷储”一体化发展初具规模。

12 月 30 日，中煤集团与国家电投煤电项目专业化整合签约仪式在北京举行，此次煤电项目专业化整合通过市场化方式开展，涉及煤电装机容量超过 1000 万千瓦，是近年来国内煤电领域涉及资产数额较大、影响力较强、整合效益较为显著、示范引领作用较为突出的合作项目。

**【走向海外】** 2022 年，中煤集团贯彻国家“双循环”新发展格局部署，坚定实施“走出去”战略，发挥煤炭进出口、工程建设、煤机制造等能源综合服务产业优势，稳健拓展国际化业务，营业收入超过 9 亿元。施工业务扩展到土耳其、蒙古国、越南、南非等“一带一路”沿线国家，涉足行业由煤矿施工发展到铜矿、铂金矿、建筑施工等领域，全年就地缴纳税费近 3000 万元，为当地基础建设和经济发展作出贡献。煤机成套设备远销俄罗斯、澳大利亚、印度、越南等国家，全年海外订单突破 6 亿元。积极宣传推广产业绿色先进理念，开展捐赠、社区活动，当好中国故事讲解员，以中央企业形象展示国家形象。

**【重大创新】** 2022 年，中煤集团实施创新驱动发展战略，大力推进煤炭安全智能开采、清洁高效利用和新兴能源技术研究应用，科技研发投入 67 亿元，研发经费投入强度 2.43%，获得专利授权 646 件、省部级及以上科技进步奖励 57 项、省部级及以上成果鉴定 78 项，科技赋能产业发展效能不断提升。一是创新体系不断健全。筹建中煤（深圳）研究院，成立中煤集团科协，加入国家自然科学基金企业创新联合基金，开展基础与应用研究，全力打造原创技术策源地。面向社会发布首批“揭榜挂帅”科技项目，发榜金额 4183 万元，集聚全国优势研发团队破解企业技术难题。二是技术攻关取得新突破。高质量完成国务院国资委专项攻关任务 2 项，3 项国家能源局重大专项任务取得重大突破，3 项科技部国家重点研发计划课题通过综合评价。首次实现选煤厂 BIM 三维可视化全生命周期管理，首创矸石浆体充填技术，技术成果达到行业领先水平。建成 1551.8 米亚洲最深竖井，开创我国千米斜井冻结新纪元。建成“全球首个架空式粮食气膜仓”，入选“2022 年度央企十大超级工程”。自主研制 10 米采高液压支架，液压支架、刮板输送成套设备入选工业和信息化部制造业单项冠军产品，“智能化异构 SGZ1400/500 刮板输送机”被国家能源局认定为能源领域首台（套）重大技术装备。三是煤矿智能化取得突出成果。建成 36 个智能化采煤工作面、50 个智能化掘进工作面，3 处煤矿通过国家首批智能化示范煤矿验收，26 处煤矿建成智能管控平台，22 处煤矿应用 62 台智能机器人，144 处固定岗位实现无人值守，“少人则安无人则安”理念落地生根。

**【党建工作】** 2022 年，中煤集团党委认真落实“第一议题”制度，全年召开中心组专题学习 7 次、“第一议题”学习习近平总书记重要讲话和重要指示批示精神 392 项，坚决把思想和行动统一到党中央重大决策部署上来，在实践中深刻领悟“两个确立”的决定性意义。坚持加强党的领导，推动全级次企业修订“三则”，完善党委前置研究讨论重大经营管理事项清单，切实把党的领导落实到公司治理各环节。践行党建工作“述评考用”，常态化开展党组织书记抓党建述职评议，开展“四强五好六有”基层示范（品牌）党支部建设，推进基层党组织全面过硬，实现党建与生产经营有机融合。坚定不移推进全面从严治党，坚持风腐一体纠治，深入开展“靠企吃企”“不落实之风”等专项整治，持之以恒落实中央八项规定精神，不断加固作风建设堤坝，“惩治防”相统一的反腐败工作新态势日渐形成，风清气正的政治生态持续向好。

**【信息化与数字化建设】** 2022年，中煤集团启动集团数字化转型专项行动，加速数字化转型，新技术赋能产业智能化发展取得新成效。成功研发BMX全数字井下液压支架控制系统，行业首发矿用本安型5G融合通信系统。陕西公司入选首批应急管理部“工业互联网+危化品生产”试点企业，蒙大公司甲醇制烯烃智能制造示范工厂获工业和信息化部等四部委认定的“2021年度智能制造示范工厂”称号。“基于工业互联网煤矿智能化安全生产App解决方案”等3项成果成功入选工业和信息化部2022年工业互联网App优秀解决方案名单。

**【履行社会责任】** 2022年，中煤集团秉承“提供优质能源，引领行业发展，创造美好生活”初心，勇担保障国家能源安全的央企使命，在确保安全的前提下全力增产增供、带头降价稳价，全年中长期合同签约履约量均创历史新高，累计向社会让利445亿元，以实际行动引导煤炭市场理性回归，全力维护经济秩序稳定。中煤集团保供工作受到国家发展改革委、国务院国资委、国家能源局和地方政府高度赞扬，《人民日报》、新华社、中央电视台、“国资小新”等媒体多次报道中煤保供事迹。践行绿色发展理念，实施污染治理和生态恢复治理工程，全年未发生突发环境事件，多座煤矿入选“全国绿色矿山”名录。坚持和谐共赢发展，2022年社会贡献总额1103亿元，缴纳各类税费425亿元。巩固拓展脱贫攻坚成果同乡村振兴有效衔接，对口帮扶点42个，实施各类帮扶项目123个，投入帮扶资金8724万元，其中采购和帮助销售脱贫地区农副产品4000多万元，惠及脱贫群众10万余人。积极参与社会公益事业，全年累计向社会捐赠资金7500余万元，为疫情防控、抗震救灾作出积极贡献。

（撰稿人：蔡洪检）

## 中国煤炭科工集团有限公司

**【基本概况】** 中国煤炭科工集团有限公司（以下简称中国煤炭科工）坚持以习近平新时代中国特色社会主义思想为指导，紧紧围绕迎接和学习宣传贯彻党的二十大精神这条主线，深入贯彻“疫情要防住、经济要稳住、发展要安全”重大要求，全面落实国务院国资委“稳增长、防风险、促改革、强党建”统一部署，深入落实“1245”总体发展思路，勠力同心、真抓实干，经济效益创新高、科技创新增动能、改革转型添活力、提质增效上水平、党的建设筑根基，为全面建设世界一流科技创新型企业奠定坚实基础。

**【主要指标】** 2022年，中国煤炭科工实现营业收入337.3亿元，比上年增长13.9%；利润总额31.1亿元，比上年增长32.9%；净利润25.7亿元，比上年增长33.9%；营业利润率9.4%，比上年增加1.7个百分点；研发经费投入强度7.8%，比上年增加0.1个百分点；全员劳动生产率44.96万元/（人·年），比上年增长25.59%；经济增加值29.8亿元，超额完成考核目标值；科技收入69.5亿元，超额完成考核目标值。截至2022年底，中国煤炭科工资产总额528.9亿元，比上年增加18.7亿元，增长3.7%；净资产300.3亿元，比上年增加20.2亿元，增长7.2%；资产负债率43.2%。

**表1　2022年中国煤炭科工集团有限公司主要经济指标**

| 项　目 | 2021年 | 2022年 | 比上年增长（%） |
|---|---|---|---|
| 资产总额（亿元） | 510.2 | 528.9 | 3.7 |
| 所有者权益（亿元） | 280.1 | 300.3 | 7.2 |
| 营业收入（亿元） | 296.1 | 337.3 | 13.9 |
| 利润总额（亿元） | 23.4 | 31.1 | 32.9 |
| 净利润（亿元） | 19.2 | 25.7 | 33.9 |

续表

| 项　目 | 2021年 | 2022年 | 比上年增长(%) |
|---|---|---|---|
| 归属于母公司所有者的净利润(亿元) | 9.7 | 12.9 | 33.0 |
| 技术开发投入(亿元) | 22.7 | 26.3 | 15.9 |
| 利税总额(亿元) | 46.0 | 57.9 | 25.9 |
| 应交税金总额 | 22.6 | 26.8 | 18.6 |
| 全员劳动生产率[万元/(人·年)] | 35.80 | 44.96 | 25.59 |
| 净资产收益率(%) | 7.04 | 8.84 | 增加1.80个百分点 |
| 总资产报酬率(%) | 4.78 | 6.01 | 增加1.23个百分点 |
| 国有资本保值增值率(%) | 106.02 | 108.76 | 增加2.74个百分点 |

**【改革发展】** 截至2022年底，中国煤炭科工78项重点任务、28户二级企业1331项台账任务全部按期完成，获评2022年度中央企业改革三年行动重点任务考核A级。一是现代企业制度建设取得明显成效。全面贯彻“两个一以贯之”，所属30个二级党组织和5个设立党委的三级企业全部建立前置清单。全级次51户子企业实现董事会应建尽建、配齐建强，符合条件的36户子企业实现外部董事占多数。分层分批落实子企业董事会职权，7户示范企业率先落实董事会全部6项职权，总部近30%的权力事项下放至基层企业。二是产业布局优化取得明显成效。7家单位实施集团化改革，优势产业进一步做强做大。成立新疆研究院，整合优势资源全力开拓新疆市场。压减“两非”12户，累计清退参股企业36户，完成4户重点亏损子企业减亏处置，资产运营效率持续提升。三是企业活力和效率提升取得明显成效。全级次子企业全面实施任期制契约化管理机制，全级次管理人员年均退出比例6.7%，市场化管理人员竞争上岗比例在30%以上。年均员工市场化退出率2.7%，集团员工总数三年精简5.6%。全面构建正向激励体系，三年合计实施岗位分红、超额分享、项目收益分红激励77项，累计兑现激励总额近1.5亿元。四是“科改示范企业”“双百企业”示范引领效应发挥取得明显成效。新增“科改示范企业”3户，示范企业增至7户，总数居科研设计类中央企业前列。7户示范企业获得“两优秀五良好”的考核评价。

**【重大项目】** 2022年，中国煤炭科工重大项目成果显著。一是高端装备制造产业领域。投资建设高端数字化制造(宁夏)基地项目和上海煤科采掘装备智能制造生产基地项目，大力推进装备制造向价值链高端延伸，引领我国煤炭科技与装备领域智能制造发展方向。二是安全监测服务领域。新设两家检测检验公司，积极拓展安标认证增值业务，探索服务新模式，推动服务多样化，持续保持企业在矿用产品安全标志认证和矿用设备安全管理领域的核心地位。三是节能环保领域。建设矿区土地整治与生态修复工程研究中心，加快发展矿区污染防治和生态环境治理产业，协同煤炭生产与环境保护共同发展，加强矿区生态治理重点技术攻关，促进生态环境治理产业发展。四是新能源产业领域。设立地热能开发公司，积极探索转型发展新路线，为开拓地热能、开发非煤业务、发展低碳产业奠定基础。

**【走向海外】** 一是积极践行“一带一路”倡议。国际市场签约额实现较快增长，传统市场俄罗斯、印度、印度尼西亚、土耳其等国不断巩固，成功开辟刚果金市场。二是成功举办矿山装备国际认证论坛，推进中国安标国际化进程。截至2022年底，中国煤炭科工安标国家中心与俄罗斯、德国、英国、澳大利亚、波兰、印度、芬兰的7家检验认证机构建立双边合作关系，帮助国内30多家矿用产品制造商取得IECEx/ATEX证书300余张。三是积极推进海外研发中心建设。澳洲研发中心技术人才和平台作用逐步增强，日本研发中心正式运行，德国研发中心已经注册。四是助力构建“双循环”新格局，积极参加进博会。连续5年参加进博会，签约金额1328万美元。

**【重大创新】** 2022年，中国煤炭科工深入贯彻习近平总书记关于科技创新的重要论述，加快打造原创技术策源地和国家战略科技力量，打造煤炭科技现代产业链链长，获评国务院国资委2019—2021年任期考核“科技创新突出贡献企业”。一是关键核心技术攻关持续发力。118项成果获得中国煤炭工业协会科学技术奖，特等奖、一等奖占行业总数的40%；首次获得中国专利银奖1项，获得中国专利优秀奖5项。"煤矿千米深井围岩控制及智能开采技术""煤矿高效能大流量远距离智能配送水基动力系统成套装备"2项成果入选国务院国资委《中央企业科技创新成果推荐目录(2022年版)》。"Φ200mm顶板高位大直径定向钻孔钻进装备""掘支运一体化快速掘进装备"2项技术入选中国科协发布2021"科创中国"先导技术榜。二是科技创新成果竞相涌现。掘支运一体化快速掘进系统成功入选"坐标中国"之"中国速度"；首套钻锚一体化智能快掘成套装备成功下线，我国煤炭行业快速掘进技术与装备水平迈上新台阶；煤矿井下钻孔瞬变电磁技术与装备，打破煤矿井下掘进工作面最远水害超前探测世界纪录；新一代5米大采高短壁采煤机，填补5米采高的短壁采煤机国内外空白。

**【党建工作】** 2022年，中国煤炭科工以习近平新时代中国特色社会主义思想为指导，以迎接和学习宣传贯彻党的二十大为主线，全面贯彻新时代党的建设总要求和新时代党的组织路线，以高质量党建引领保障企业高质量发展。一是全面加强党的领导。抓实习近平总书记重要指示批示精神再学习再落实再提升主题活动，印发《关于贯彻落实习近平总书记重要讲话重要指示批示和其他重大事项督导问效的实施办法》，建成全链条系统化学习、贯彻、落实的制度机制。建立党建质量提升五星体系，形成量化评价、分类定级、动态管理、晋位升级的管理机制。深化"揭榜挂帅""创先争优"活动，236项"揭榜挂帅"项目压茬推进。加强统战群团工作领导，62个集体和个人分别获得"全国工人先锋号""全国和谐劳动关系创建示范企业""全国技术能手""全国青年岗位能手"等；1家单位获评全国工会职工书屋示范点。深化品牌文化建设，获得2022中国品牌节华谱奖，入选"中国品牌500强"。二是全面提升干部人才队伍建设质量。着力健全市场化选拔任用机制，公开招聘领导人员占提拔总数的31.93%。着力加大年轻干部选拔使用力度，集团管理干部45周岁以下占比50.6%。着力提升领导干部素质能力，选拔9名"85后"二级企业中层骨干到艰苦企业挂职。着力加大人才引进培养力度，伯乐计划招聘人才79人，引进院士、留学归国人员、清华大学专家团队等领军人才、科学家和科研骨干700余人，形成院士、首席科学家的高层次科技人才梯队。三是持续深化党风廉政建设和反腐败工作。深化纪检体制改革，设立北京纪检中心，强化对下级纪委的领导和指导；全面完成巡视巡察全覆盖，推动国务院国资委党委巡视和内部巡视一体整改，国务院国资委巡视整改完成率96%。

**【信息化与数字化建设】** 2022年，中国煤炭科工深入贯彻习近平总书记关于建设网络强国、发展数字经济、建设数字中国的重要指示批示，努力提升信息化与数字化水平。一是加强信息化与数字化建设工作领导。调整成立网络安全和信息化工作领导小组，印发实施《中国煤炭科工集团有限公司数字化转型行动计划》，改造升级国资监管数据平台。二是加快推进数字化转型，积极培育数字化典型场景。遴选培育30个数字化转型典型场景，11个场景在首届国企数字场景创新专业赛中获奖，3个工业互联网App解决方案入选工业和信息化部2022年工业互联网App优秀解决案例。三是着力培育数字化转型示范企业。信息公司、南京业恒达、上海煤科信息科技公司3户企业被评为2022煤炭行业信息技术企业20强。打造智能矿山建设"兵团协同作战"新模式，建成天地王坡"安全、高效、绿色、智能"的国家智能化示范煤矿。

**【履行社会责任】** 一是扎实开展定点帮扶工作。选派干部3人赴定点帮扶一线挂职帮扶，累计投入帮扶资金914万元，引进帮扶资金330万元，培训各类人才1155人，购买和帮助销售脱贫地区农产品822万元；全面超额完成各项计划任务，平均指标完成率254%。定点帮扶的寿县被评为"安徽省美丽乡村建设先进县"，定点帮扶的栗家沟村入选"长治市数字乡村建设示范村"。二是落实"稳就业、惠民生"政策。广泛吸纳社会人才945人，其中招录大中专毕业生507人，定点扶贫县、"三州三区"深度贫困地区录用6人，接收退役士兵7人。三是积极履行环保责任。大力发展清洁能源利用、绿色建筑等环保产业，为国家在煤炭清洁高效利用、矿区土地整治与生态修复等领域提供强有力基础科技支撑。

(撰稿人：姚雪亮)

# 中国机械科学研究总院集团有限公司

【基本概况】 2022年，中国机械科学研究总院集团有限公司(以下简称集团)坚持以习近平新时代中国特色社会主义思想为指导，坚决贯彻党中央、国务院决策部署，落实国务院国资委工作要求，深入践行公益类科技型央企责任担当，稳增长、防风险、促改革、强党建，全体干部职工迎难而上、砥砺前行，圆满完成国企改革三年行动任务，各项重点工作取得新进展和新成效。一是全面加强党的领导党的建设，发展质量稳步提升。积极迎接学习贯彻党的二十大精神，“增信赋能”党建品牌创新开启，高质量党建引领保障集团实现全年“双倍增”目标。二是锚定战略、系统发力，科技创新再添硕果。“一组平台”布局初现，进军减材步伐加速，“专精特新”规模壮大，阔步迈上打造世界一流创新型企业新台阶。三是紧咬目标、破浪前行，活力动能持续释放。圆满实现改革收官，成功步入资本市场，上市梯队蓄势待发，形成1家混合所有制改革企业、3家“双百企业”、4家“科改示范企业”改革示范新局面。四是牢记使命、勇挑重担，由“加冠中国”进而“代表中国”。接续承担攻坚工程二期任务，高水平科技成果有力支撑大飞机、“探月”工程、“福建号”航母、白鹤滩水电站等国家重大工程建设，履行“国家队”使命责任彰显新担当，践行创新型央企责任展现新作为。

【主要指标】

表1　2022年中国机械科学研究总院集团有限公司主要经济指标

| 项　目 | 2021年 | 2022年 | 比上年增长(%) |
|---|---|---|---|
| 资产总额(亿元) | 169.88 | 197.60 | 16.32 |
| 所有者权益(亿元) | 73.74 | 91.25 | 123.75 |
| 营业收入(亿元) | 86.11 | 97.55 | 13.29 |
| 利润总额(亿元) | 6.05 | 6.71 | 10.97 |
| 净利润(亿元) | 5.40 | 6.02 | 11.50 |
| 归属于母公司所有者的净利润(亿元) | 4.15 | 4.64 | 10.04 |
| 技术开发投入(亿元) | 11.03 | 13.05 | 18.24 |
| 利税总额(亿元) | 9.91 | 6.71 | 10.97 |
| 应交税金总额(亿元) | 4.29 | 3.89 | -9.40 |
| 全员劳动生产率[万元/(人·年)] | 37.63 | 40.10 | 6.56 |
| 净资产收益率(%) | 7.88 | 7.30 | 减少0.58个百分点 |
| 总资产报酬率(%) | 4.01 | 3.75 | 减少0.26个百分点 |
| 国有资本保值增值率(%) | 108.29 | 108.37 | 减少0.08个百分点 |

【改革发展】 一是圆满完成国企改革三年行动。通过深化改革任务贯穿、挂图作战，灵活运用考核指挥棒，狠抓分级分类分时督办，集团国企改革三年行动圆满收官，改革工作机制获得国务院国资委高度认可，列入十家央企示范之一，改革成效实现多个重点领域、关键环节的新突破。二是中国特色现代企业制度更加完善，市场化经营机制持续深化。集团三会决策事项清单及议事规则再优化，新增3个董事会专业委员会；全部46家具有董事会的子企业制定董事会授权制度，重要子企业全部落实董事会职权配套制度制定。全级次企业经理层成员实现任期制和契约化管理，全面实行工资总额与绩效匹配，进一步加大末等调整和不胜任市场化退出力度，激励约束机制更趋健全，子企业盈利能力得到提升，活力动力不断增强。三是重组混合所有制改革、试点示范效应凸显。8家改革试点及专项工程子企业充分发挥“头雁”作用，努力打造改革样板和自主创新“尖兵”。上市1家，过审2家，申报1家，新增“科改示范企业”2家，截至2022年底，8家改革示范企业营业收入和净利润占集团总

量的67%和79%,改革促发展示范作用显著。

**【重大项目】** 一是统筹三件大事,砥砺奋进稳增长。落实党中央"疫情要防住、经济要稳住、发展要安全"统一部署,锚定国务院国资委"两增一控三提高"目标,制定稳增长举措,出台"三要"指导意见,强化条件建设、推行闭环管理、争取绿色通道,多措并举抗疫保产;深入推进安全生产专项整治三年行动,强化风险隐患排查及整改;发挥集团引领协同作战优势,聚合资源自上而下抢任务拓市场,奋力实现经营目标。二是践行"国之大者",科技自立自强支撑力持续提升。积极承担的国务院国资委攻关一期任务顺利验收,15项成果入选中央企业科技创新成果目录和成果展;接续承担国务院国资委二期攻关任务,工业和信息化部、科技部等国家重大专项和重点研发计划等重大科研项目112项;国家轻量化创新中心顺利验收,2个国家重点实验室进入新序列,怀柔创新基地加速建设;新增仿生学、通用零部件军用标准2个国家级标委会秘书处;代表中国参加ISO国际标准化组织主席竞选,全力争夺国际标准化工作话语权。三是"高水平科研成果"有力支撑国家重大项目。全年集团累计获得中国专利金奖1项;获得省部级以上科技成果奖51项,其中一等奖以上6项,机械工业科学技术特等奖1项;新获得授权专利426件、授权软件著作权172项;制(修)订标准164项,其中国际标准3项。多项成果有力支撑一批国家重大项目和重点工程,创新"国家队""排头兵"作用持续彰显。

**【重大创新】** 一是深化创新布局,科技创新能力持续提升。全面启动"一组平台"梯次布局,以新增"3个国家级、20个省部级以上"创新平台为目标,首批策划的10个省部级创新平台获批启动建设;保持双位数占比的研发投入强度,聚焦攻坚工程、怀柔创新基地、工业母机等重点领域,布局专精特机床19种、功能部件16种;与地方签订战略合作协议,共建区域合作创新平台,推进区域特色专业布局。二是"专精特新"企业质量规模持续提升。聚焦装备数字化智能化,围绕新能源、"双碳"技术等产业方向,打造"专精特新"。新增国家级单项冠军1个、国家重点专精特新"小巨人"2个、国家级专精特新"小巨人"5个、国家企业技术中心1个,为加快建设世界一流创新型企业奠定坚实基础。三是人才活力持续激发,培育机制持续深化。落实创新机构负责人专职专责,实施"三支持""三奖励""三保障";集团成为中组部等九部委联合开展首批工程硕博士培养改革专项试点单位,与清华大学、北京理工大学等高校联合招收工程硕、博士;建立战略服务专家库,拓展兼职导师机制,形成首批以7名院士为代表的兼职硕博士生导师队伍;自主培养研究生招生规模由73名增加到119人,专职科研人员队伍800人。

**【党建工作】** 一是紧紧围绕"党建融合提质年",抓实融合促发展。创新开启"增信赋能"党建品牌建设,累计形成300余项工作举措,切实以党建品牌建设成效赋能科研生产经营工作。将科研生产经营管理的重点难点作为基层党组织党建创新的发力点、贡献点,建立一大批党员示范岗、党员责任区、党员先锋队、党员突击队,有力推动党建与生产经营融合取得新成效。二是紧紧围绕"全面从严治党",筑牢发展"安全线"。聚焦政治监督,全力推动党中央决策部署贯彻落实;一体推进不敢腐、不能腐、不想腐体制机制;定期召开警示教育大会、通报典型案例,持续强化广大党员干部纪律和规矩意识;全面完成18家二级单位党组织巡视整改"回头看",督导11家设立党委的二级单位对下属33个机构开展内部巡察,实现巡视巡察全覆盖,推动全面从严治党向纵深发展。

**【信息化与数字化建设】** 一是聚焦体系能力提升,信息化管控能力持续增强。制定发布《集团"十四五"网络安全与信息化规划》,组织完成全员网络安全培训及全级次渗透测试、安全整改,完善信息化建设制度。强化投资、法治、合规等信息化全流程管控,完成党员信息、改革督办、阳光采购等监管信息系统模块建设,完成司库体系一期项目建设、综合办公平台全级次子企业收发文流转建设等,信息化对管理的支撑保障能力持续增强。二是深化信息技术应用,助力行业数字化转型。主动参与物联网、工业互联网平台、5G网络设施建设,加快MES、制造业ERP的云化、模块化、组件化,推动关键工艺设备上网、智能制造项目、绿色制造项目网络化运行;牵头承担的国务院国资委中央企业工业互联网平台协同推进机制试点项目顺利上线;发起技术产业联盟,打造涵盖航空航天、新能源汽车、轨道交通等一批重点领域的创新发展模式，实现工业互联网与工业环节一体化集成，助力行业企业数字化转型。

**【履行社会责任】** 一是全面推进乡村振兴工作。严格落实“四个不摘”，坚持“科技＋帮扶”模式，助力新县培育高新技术企业 12 家，创建省级以上创新平台 3 家、市级工程技术研究中心 7 家、市级实验室 1 家、国家科技型中小企业 30 家，超额完成年度帮扶计划和各项考核指标，乡村振兴特色亮点举措及成效获得国务院考核组高度好评，年度定点帮扶工作成效考核被评价为“好”。二是系统开展年度民生实事工程。落实集团民生工程“十四五”五年行动计划，围绕“十六个一批民生工程”，制定年度民生实事工程计划，总计投入近 5000 万元，开展 16 个大类、119 项民生实事工程项目，在办公环境改善、餐饮服务提升、职工子女入托入学、职工健康体检和文体活动等方面工作集中发力，惠及集团全体职工。

（撰稿人：戴黎黎）

# 中国钢研科技集团有限公司

**【基本概况】** 中国钢研科技集团有限公司（以下简称中国钢研）是国务院国资委直接管理的科技型中央企业，是我国最大的金属新材料及冶金工艺综合性研究机构和产业化转化基地。拥有 2 家研究院、4 家上市公司、31 个国家级创新平台。70 年来，中国钢研承担金属新材料、国家钢铁行业重大关键与共性技术研制开发任务，研究成果广泛应用于航天、航空、能源、兵器、舰船、核工业及钢铁冶金、节能环保、石油化工、交通运输等各领域。

2022 年，中国钢研以习近平新时代中国特色社会主义思想为指导，全面贯彻党的二十大及中央经济工作会议精神，认真落实党中央、国务院决策部署和国务院国资委工作要求，扎实落实“材料技术的引领者”“双边市场的联通者”“细分领域的单项冠军”“一体化服务的提供者”的目标定位，坚持“战略引领、夯实基础、重点突破”工作指导方针，聚焦“五大核心业务”，充分发挥各治理主体的作用，在国家创新体系中的地位和作用持续提升，为接续奋进“十四五”，全面建成一流科技集团奠定坚实的基础。

**【主要指标】**

表 1　2022 年中国钢研科技集团有限公司主要经济指标

| 项　目 | 2021 年 | 2022 年 | 比上年增长（%） |
|---|---|---|---|
| 资产总额（亿元） | 236.10 | 279.16 | 18.24 |
| 所有者权益（亿元） | 133.24 | 152.79 | 14.67 |
| 营业收入（亿元） | 116.35 | 138.51 | 19.05 |
| 利润总额（亿元） | 7.40 | 9.54 | 28.92 |
| 净利润（亿元） | 6.41 | 7.34 | 14.51 |
| 归属于母公司所有者的净利润（亿元） | 1.50 | 2.39 | 59.33 |
| 技术开发投入（亿元） | 12.72 | 15.24 | 19.81 |
| 利税总额（亿元） | 11.00 | 15.10 | 37.27 |
| 应交税金总额（亿元） | 5.09 | 8.32 | 63.46 |
| 全员劳动生产率[万元/（人·年）] | 33.27 | 36.91 | 10.95 |
| 净资产收益率（%） | 4.97 | 5.13 | 增加 0.16 个百分点 |
| 总资产报酬率（%） | 3.45 | 3.90 | 增加 0.45 个百分点 |
| 国有资本保值增值率（%） | 101.14 | 114.58 | 增加 13.44 个百分点 |

**【改革发展】** 2022 年，中国钢研进一步把国企改革三年行动作为工作重点，全面落实国务院国资委要求，国企改革三年行动主体任务 100%完成，并取得明显成效，实现预期目标。中国钢研坚持系统化、全方位、全层级推进改革调整。一是中国特色现代企业制度建设更加完善。贯彻“两个一以贯之”，着力在公司治理中加强党的领导，加快健全各治理主体各司其职、各负其责、协调运转、有效制衡的治理机制。中国钢研及所属二级子企业全面制定党委前置研究事项清单，落实董事会向经理层授权管理制度。全面完成

子企业董事会应建尽建和外部董事占多数，推进子企业落实董事会职权。完善集团派出外部董监事选聘、管理、考核等相关制度。二是三项制度改革持续深化。岗职级、考核、薪酬体系有机融合，激发活力。建立从干部选拔、交流培养、干部监督、综合评价到干部退出全闭环制度体系。建立科研人才能力模型，制定科研人才创新能力图谱，落实科技人才激励保障机制。积极参与工程硕博士培养改革专项试点。持续完善工资总额管理体系，健全差异化工资决定机制。有序推进关键岗位核心人才中长期激励。各级子企业全面推行任期制和契约化管理，年度契约签订率100%。坚持市场化用工体系建设，公开招聘岗位覆盖率100%。2022年，中国钢研三项制度改革成效获评中央企业一级A类。三是数字化、绿色化、智能化转型扎实推进。为加快改革步伐，加快数字化转型步伐，中国钢研成立数字化管理部，负责统筹推进数字化转型顶层设计、基础建设与规范建立。获批国家“钢铁流程高效运营人工智能服务平台”“基于区块链技术的钢铁行业碳排放管理与服务平台”重大专项。积极争取国家新材料大数据中心建设，牵头筹建材料产业大数据联盟。各单位在数字化、智能化转型发展上开展诸多卓有成效的工作。

2022年，中国钢研深入推进国企改革“双百行动”、“科改示范行动”。在原来4家试点单位基础上，全面推开有关成功经验，并推荐青岛新力通有限公司入选国务院国资委“科改示范企业”，指导制定改革方案和改革台账。搭建沟通交流平台，加强所属企业与相关部门之间的对话，解决“双百企业”“科改示范企业”改革工作过程中的实际问题，提升深化改革的效果。总结优秀做法，为相关部门和其他“双百企业”“科改示范企业”改革工作提供思路经验。

**【重大项目】** 2022年，在克服疫情和外部突发不确定因素等影响下，中国钢研大力推进在建重大项目的加快实施和全面建成，一批重点项目建设取得新的进展。着力实施京津冀一体化，结合产业优化升级、结构调整，大力推进涿州航空航天产业园项目建设。着眼未来集团公司的产业发展目标、定位、需求，推进优化、整合、升级改造、精益管理。组织相关所属单位研究入园产业建设发展规划，推动转型升级，优化工艺设计和生产布局。所属单位工程事业部万吨级纯氢冶金工程完成主体建设，高炉喷纯氢冶金新工艺首次实现工业化应用，低温冶金及微波冶金两项技术完成国内首台套转化生产线。所属单位安泰科技大力推进万吨级高端稀土永磁产业布局，安泰北方、安泰爱科两家单位的相关产业建设项目如期推进；粉末高速钢生产线建设任务顺利完成。所属单位钢研高纳成立德阳(锻造)子公司，推进变形高温合金产业链强链补链；成立西安子公司，稳定并开拓航空精铸件市场。所属单位钢研纳克建设沈阳航空动力产业园检测中心，整合嵌入材料用户的供应链体系，推动检测资源专业化整合。钢研纳克镇江产业园紧锣密鼓建设，年底基本完工。中国钢研青岛平度“新材料及高端制造产业基地”建设一期基本完工，集团公司涉及有关产业项目陆续搬迁入驻或建设完工投入科研生产，实现中国钢研青岛“一院一园”园区发展规划。集团公司本部新材料数字化创新研发中心项目作为集团2022年的重点工作，于2022年11月建成并投入使用。

**【走向海外】** 2022年，中国钢研努力克服疫情影响，积极加强国际交流与合作，采取线上等方式加强对外交流，稳定客户和供应链、产业链上下游关系。所属单位工程事业部抓住钢铁行业结构调整和绿色化、智能化工程需求，国内国际市场并重，践行“一带一路”使命担当，乌兹别克斯坦热轧项目、哈萨克斯坦连铸项目等持续推进。全年新签国际工程项目合同超过3亿元。所属单位安泰科技在全球需求减弱的情况下，出口订单创历史新高。

**【重大创新】** 2022年，中国钢研深入实施创新驱动发展战略，着力提升科技创新能力，催生集团公司可持续高质量发展新动能。一是关键核心技术攻关实现新突破。承担的49项一期攻关任务全部完成，取得一批有影响力的标志性成果，支撑保障国家重点型号、重大工程建设需求。PZ 80石油钻采膨胀管创造国内膨胀管裸眼封堵应用管径新纪录；核聚变用高性能钨偏滤器复合部件，助力中国人造太阳创“亿度百秒”世界纪录；三联冶炼GH 4169材料成为我国先进发动机盘件国产化唯一选材，在多个型号中推广应用；1.5纳米高分辨场发射扫描电镜居世界先进水平；

RD 1850 热等静压设备居国内领先水平，打破发达国家的限制。二是科技创新体系持续完善。重构“统一、分层、协同”的科技创新体系，稳步推进集团科技创新组织体系建设。聚焦原创技术攻关，探索实施跨单位、跨领域、跨专业协同攻关模式，取得初步成效。统筹科技资源，加强协同共享，建成集团创新能力与资源库。围绕体系建设、项目管理、军工管理、成果管理 4 个方面，制(修)订制度 10 项，初步建立起体系完备、科学规范的科技创新制度体系。三是科技创新平台建设有力推进。聚合科技资源，在所属单位工程事业部、智能化中心、钢研纳克的共同努力下，“冶金智能制造系统全国重点实验室”成功获批，成为冶金行业智能制造领域唯一一家全国重点实验室。全力推进原创技术策源地建设，在特种合金、仪器仪表等领域，实施基础性、前沿性、颠覆性、紧迫性原创技术 41 项，不断增强科技供给能力。全面完成高端金属材料创新联合体首批攻关任务，“纵向贯通、横向融通”的创新模式初步形成。稳步推进陈篪特种钢创新中心建设，形成全链条、体系化保研保供保支撑能力。完成数字化中心、智能化中心一期建设，启动二期建设。氢冶金(绿色冶金)中心建设取得阶段性进展。成立数字化特冶中心，完成年度建设任务。中国产业基础能力发展战略研究院稳步发展，逐步形成高端智库支撑和标准规范引领。四是科技成果和项目争取成绩显著。全年获得省部级以上科技奖励 21 项，授权发明专利 212 件，主导和参与制(修)订国际标准 5 项、国家和行业标准 30 项，登记软件著作权 59 项。发挥中国钢研综合优势和品牌效应，着力加强与行业龙头企业、地方政府建立全面合作关系，签订战略合作协议 18 项，为科技成果转化提供广阔的平台。积极争取国家项目支持，助力中国钢研科技创新驱动战略的实施。

**【党建工作】** 2022 年，中国钢研集团党委全力抓好政治引领、思想凝聚、组织动员，推动党的建设与生产经营进一步融合，为“疫情要防住、经济要稳住、发展要安全”提供坚强的政治保证和组织保障。一是深入学习宣传贯彻党的二十大精神。把迎接和宣传贯彻党的二十大精神作为首要政治任务，精心组织落实。深入开展“建功新时代、喜迎二十大”主题活动，进一步健全贯彻落实习近平总书记重要指示批示的制度机制。巩固深化党史学习教育成果，建立党史学习教育常态化、长效化制度机制。集团党委组织制定党的二十大精神学习宣传贯彻方案，开展多层次、多形式的学习交流研讨，在全集团掀起学习宣传贯彻的热潮。二是以庆祝中国钢研成立七十周年为主线，凝聚发展正能量。以“七秩辉煌砺初心，踔厉奋进新征程”为主题，开展系列庆祝活动。新材料数字化创新研发中心和新展厅建成使用，成为集团愿景使命宣传窗口和创新成果展示平台。总部南北工作区环境整饬一新。举办 70 周年成就展，发布中国钢研品牌策略，圆满召开庆祝大会。三是基层党建工作再上新台阶。持续加强“三基”建设，提升组织力。优化党建考核评价机制，推进党建与业务深度融合。开展青年精神素养提升工程，持续深化全员技术创新活动。履行中央企业社会责任，全面完成年度帮扶任务。面对疫情挑战，党员和领导干部冲锋在前，保供、保产、保安全，充分发挥基层党组织战斗堡垒作用和党员的先锋模范作用。四是推进党风廉政建设和反腐败工作。完善落实全面从严治党责任清单。深入落实中央八项规定精神，驰而不息纠治“四风”。开展党的十九大以来各项专项整治“回头看”工作，进一步提高整治效果。上下统筹联动，一体推进不敢腐、不能腐、不想腐。落实巡视巡察工作五年规划，扎实推进巡视整改，助力集团可持续高质量发展。强化内部审计“常态化经济体检”监督功能，实现审计全覆盖。

**【信息化与数字化建设】** 2022 年，中国钢研继续加大信息化建设力度，全年在建项目 30 余项，完成率超过 60%，包括主要的内部管理系统以及对外服务和国资监管系统等，逐步搭建起中国钢研信息化建设平台。各所属单位也根据各自实际，积极推进各自信息化建设。在推进系统建设的同时，进一步推进管理流程梳理，推进流程标准化工作，不断提升管理水平。在加强信息化建设的同时，不断加强网络安全管理，编制《集团公司信息安全管理制度汇编》，制定信息安全总体规划及实施路线。作为防守方第一次参与公安部 2022 年专项行动，顺利通过演练。以中国钢研数字化研发中心为主，集团公司数字化转型工作在研发领域率先突破并取得进展，在多项行业材料大数据平台建设方面不断深入推进。

**【履行社会责任】** 2022 年，中国钢研定点帮扶陕西省山阳县，落实国家有关政策，全面圆满完成年度帮扶任务。派驻两名年轻干部分别挂职副县长和驻村第一书记，投资数百万元，在当地开展教育、产业、科技、基础设施等多种形式的帮扶。通过消费扶贫、电商扶贫等方式带动当地农民增收。依托集团人才、技术优势助力当地企业科技创新。着力抓好青少年素质教育，改善教学设施，惠及学生 3000 多人。推进当地非物质文化遗产和生态文化遗产的保护挖掘利用，初步打造陕南秦岭地质文化村。2022 年，中国钢研加强安全生产隐患排查治理，落实安全管理 15 条，排查治理事故隐患 7000 余项，隐患整改率 100%。加大经费投入，在安全环保及节能减排方面投入资金比上年增长 54%。全年未发生安全环保责任事故。扎实推进"十四五"保密规划落实落地。面对疫情，中国钢研克服重重困难，全力做好核酸检测、物资储备、条件保障、救治慰问等工作，为业务运营创造安全环境。集团上下全力以赴，将疫情影响降到最低。2022 年中国钢研安全、环保、保密、疫情防控工作形势总体保持平稳态势。

（撰稿人：朱　平）

## 中国化学工程集团有限公司

**【基本概况】** 中国化学工程集团有限公司（以下简称公司）是国务院国资委监管的大型中央企业集团，是我国资质最齐全、功能最完备、业务链最完整、知识技术密集的国际工程公司，是石油和化学工业工程领域的国家队，是工业工程领域综合解决方案服务商、高端化学品和先进材料供应商，是高质量共建"一带一路"的"排头兵"，在油气服务领域稳居全球第一。公司前身是原国家重工业部于 1953 年成立的重工业设计院和建设公司，是为解决全国人民"吃饭穿衣"问题应运而生，建设"一五"期间苏联援建 156 个项目中的全部 14 个化工项目，参建国家 13 套大化肥、4 套大化纤等关乎国计民生的重大工程，承建我国 90%的化工项目、70%的石油化工项目、30%的炼油项目，在国内外建设 7 万多套化工装置，为新中国构建独立完整的工业体系、促进经济社会发展作出重要贡献。截至 2022 年底，公司拥有工程设计综合甲级资质、工程勘察综合类甲级资质、工程总承包特级资质以及桥梁、隧道、市政等施工总承包一级资质和专业资质，业务覆盖石油化工、建筑、市政、电力、公路、水利、机电、冶金等行业领域，提供规划、设计、研发、投资、建造、运营、检维修的全生命周期服务，累计获得中国建设工程鲁班奖 43 项、国家优质工程奖 124 项。是国家首批"创新型企业"之一，是新一代煤（能源）化工产业技术创新战略联盟理事长单位，拥有国家级企业技术中心 13 家、国家能源研发中心 1 家、高新技术企业 23 家，拥有包括中国工程院院士、全国工程勘察设计大师在内的一大批优秀管理和技术人才队伍，突破己二腈、POE 弹性体、高端环保催化剂等关键核心技术，拥有国家授权专利 4802 件，主编、参编国家和行业标准 429 项，获得国家及省部级科学技术奖 422 项。全面推进"科技研发＋技术转让＋特色实业"一体化发展，己二腈、硅基气凝胶、PBAT 可降解塑料、己内酰胺等实业工厂持续高效运营。是最早承接境外承包工程的中国企业，业务遍布全球 80 多个国家和地区，具有强大的国际影响力、全球资源配置能力和项目组织能力，实施纳霍德卡甲醇项目、波罗的海"千亿大单"、哈萨克斯坦 IPCI 项目等诸多"全球第一""全国之最"的海外重大工程，带动中国装备、中国技术、中国方案和中国智慧"走出去"。

2022 年，公司坚持以习近平新时代中国特色社会主义思想为指引，认真贯彻党的二十大精神，深化落实"三年五年规划、十年三十年愿景目标"中长期发展战略，加快打造"两商"，奋力建设世界一流企业，为全面建设社会主义现代化国家、推进中华民族伟大复兴贡献力量。

**【主要指标】** 2022 年末，公司资产总额 2347.44 亿元，比上年增长 13.04%；实现营业收入 1761.71 亿元，比上年增长 15.89%；实现利润总额 81.35 亿元，比上年增长 10.73%；净资产收益率 9.61%；国有资本保值增值率 114.65%，完成国有资本的保值增值目标。2022 年，公司经营业绩稳步增长，实现历史最好水平。

表1　2022年中国化学工程集团有限公司主要经济指标

| 项　目 | 2021年 | 2022年 | 比上年增长(%) |
|---|---|---|---|
| 资产总额(亿元) | 2076.67 | 2347.44 | 13.04 |
| 所有者权益(亿元) | 674.83 | 755.09 | 11.89 |
| 营业收入(亿元) | 1520.16 | 1761.71 | 15.89 |
| 利润总额(亿元) | 73.47 | 81.35 | 10.73 |
| 净利润(亿元) | 59.73 | 68.68 | 14.98 |
| 归属于母公司所有者的净利润(亿元) | 28.44 | 28.85 | 1.44 |
| 技术开发投入(亿元) | 53.26 | 58.16 | 9.20 |
| 利税总额(亿元) | 97.51 | 114.22 | 17.14 |
| 应交税金总额(亿元) | 38.52 | 48.01 | 24.64 |
| 全员劳动生产率[万元/(人·年)] | 38.22 | 44.13 | 15.46 |
| 净资产收益率(%) | 9.35 | 9.61 | 增加0.26个百分点 |
| 总资产报酬率(%) | 4.22 | 3.91 | 减少0.31个百分点 |
| 国有资本保值增值率(%) | 112.63 | 114.65 | 增加20.02个百分点 |

**【改革发展】**　2022年，公司以加快建立市场化机制为目标，持续推动深化改革。一是全面推进改革三年行动取得实效。改革三年行动圆满完成，在中央企业2021年度改革三年行动考核中获评A级，中央深改办给予高度评价。入选国务院国有企业改革领导小组“学先进、抓落实、促改革”专项行动第三批典型企业和国务院国资委中央企业改革“大典型”推荐企业。提前半年完成128项重点任务，取得一系列标志性改革成果。二是积极稳妥推进混合所有制改革。开展混合所有制改革“前评估”，确定具备条件的企业。强化研究审核，“一企一策”、规范有序推进，2022年9家企业完成混合所有制改革。探索混合所有制改革“后评价”，及时发现并整改问题，初步搭建混合所有制改革闭环管理体系。三是推动健全完善市场化机制。三项制度改革持续深化，以经理层成员任期制和契约化管理为核心的新型经营责任制基本建立，经理层签约实现全覆盖，分类有序实施超额利润分享、持股跟投等中长期激励，劳动、管理、资本、技术参与分配，充分激发干部员工活力。四是积极推进改革专项工程。加大“科改示范行动”、国企改革“双百行动”推进力度，打造改革标杆，在国务院国资委2021年“科改示范行动”、国企改革“双百行动”专项评估中，天辰公司获评“标杆”，土木公司、重机公司获评“优秀”。抓住“科改示范行动”扩围机会，推荐华陆公司、桂林公司成功入选，扩充集团“科改示范行动”队伍。《坚持技术创新和机制创新双轮驱动，持续打造“一核多元”高质量发展新格局》改革案例在国务院国资委改革三年行动推进会上作书面交流。

**【重大项目】**　2022年，公司聚焦“营业收入1800亿元、利润总额72亿元”两个目标，推进生产标杆、工程造价队伍、运营集成系统三项建设，严防两金、疫情、项目履约、安全生产四大风险，落实精细化管理、扎实开展专项行动、确保工程项目顺利实施、督导实业项目投产运行、统筹推进深化改革与基础管理五项任务，持续提升生产运营管理现代化水平。

2022年，公司新签合同额4019亿元，首次站上4000亿元新台阶，为“十四五”规划目标的实现奠定坚实基础。其中，境内新签合同额3448亿元，占比85.8%；境外新签合同额571亿元，占比14.2%。

执行中的境内重大工程项目有：山东烟台裕龙岛项目(合同额140亿元)、弘元能源科技(包头)有限公司高纯晶硅(一期)项目(合同额118亿元)、泉港HPPO项目(总投资73.8亿元，一期合同额27.5亿元)、巴斯夫项目(合同额62.7亿元)、西藏扎布耶盐湖绿色综合开发利用万吨电池级碳酸锂项目(合同额21.3亿元)、华鲁恒升(荆州)有限公司合成气综合利用项目(合同额14.49亿元)。

执行中的境外重大工程项目有：俄罗斯波罗的海GCC项目(合同额942.48亿元)、俄罗斯NFP日产5400吨天然气制甲醇项目(合同额99.1亿元)、印度塔奇尔化肥项目(合同额79亿元)、俄罗斯硝基诺化肥工程总承包项目(合同额30.91亿元)、印度尼西亚金祥新能源焦炭项目(合同额 27 亿元)。

**【走向海外】** 2022 年,公司持续拓展海外市场布局。积极开拓阿根廷、阿塞拜疆、玻利维亚、乌兹别克斯坦、土库曼斯坦等 8 个新国别市场开发。按照"管办分离"的原则,组建海外业务部和国际工程公司。海外业务部履行境外经营"统筹、管理、监督、协调、服务"职能和外事管理职能,从战略引领、业务管理、保障机制、考核激励等方面为海外经营提供后台支撑。国际工程公司加大境外自主经营,推动境外增量发展,拓展多元化业务,打造境外业务实体化经营新平台,海外改革工作快步推动。

公司领导赴哈萨克斯坦、乌兹别克斯坦等国家和地区出访,开展商务对接、座谈调研及海外慰问。同哈萨克斯坦、乌兹别克斯坦等国主要部门开展高端商务对接,达成系列重要合作成果。召开现场工作会议,对哈萨克斯坦、乌兹别克斯坦、土库曼斯坦等市场的深度开发进行系统部署,为公司在中亚的市场开发开创良好局面、奠定坚实基础,海外高端经营成果丰硕。

开展常态化疫情防控和接返专项工作。落实"外防输入"要求,慎终如始做好境外人员远端动态管控和回国人员巡检工作。组织包机 52 架次,有序接返员工 7200 人,有效解决境外人员滞留问题,推动境外项目人员轮换,确保海外经营生产的有序开展。

**【重大创新】** 2022 年,公司围绕"三年五年规划、十年三十年愿景目标"中长期发展战略和"十四五"发展战略,持续推进科技创新和数字化转型工作,取得显著成效。一是创新平台聚集合力。完善科技创新平台,组建集团公司科协,获中国科协"科技领军企业科协"授牌。所属东华、华陆、天辰公司分别获得"国家技术创新示范企业""国家级企业技术中心""国家知识产权示范企业"认定。二是创新机制不断完善。制定《科技创新及成果转化的指导意见》等制度,持续规范科技创新工作。探索"揭榜挂帅"机制,发布二氧化碳一甲烷制合成气技术、低成本 PBS 成套技术开发两个课题并完成揭榜。全面落实"两个五年""四个15%"机制,全年单列工资总额 2095 万元。三是重点项目加快研发。MCH 项目、复合路面项目达到国际先进水平,超高分子量聚乙烯项目综合性能达到国内先进水平。固废高温气化项目、柴油机催化剂项目加快产业化落地。尼龙 12、城市垃圾气化、PBAT 催化剂、硅酸甲酯、废旧轮胎裂解等项目加快中试。四是研发创新再结硕果。尼龙 46、尼龙 6T、阻燃尼龙、垃圾气化制氢等 4 项技术入选国务院国资委第二批关键核心技术攻关清单,己二腈、气凝胶、磷石膏等项目获得国家发展改革委、财政部 2.7 亿元资金支持。2 项技术入选《国家工业和信息化领域节能技术装备推荐目录》。参与制定国家标准、行业标准 12 项。加速高价值专利培育,获得中国专利奖金奖 1 项、银奖 2 项、优秀奖 1 项,省部级专利奖 5 项;获得省部级科技进步奖 7 项、工法认定 7 项。

**【党建工作】** 2022 年,公司全力抓好政治引领、思想凝聚、组织动员,以高质量党建引领保障高质量发展。一是高质量完成迎接学习宣传贯彻党的二十大工作。组织开展"建功新时代、喜迎二十大"系列主题活动,"时代楷模"邱军先进事迹入选党中央"奋进新时代"主题成就展。把宣传贯彻党的二十大精神作为首要政治任务,第一时间研究部署宣传贯彻方案,领导干部率先垂范集中宣讲,迅速掀起学习宣传贯彻热潮。二是围绕中心任务发挥党的领导作用。严格落实党委会"第一议题"、中心组学习"首要议题"、教育培训"第一课程"等制度,公司党委每季度听取党建、行政和纪检工作汇报,党委把方向、管大局、保落实作用充分发挥。深入开展"总书记重要指示批示精神再学习再落实再提升"主题活动,"三个三"典型经验在国资央企系统作书面交流。三是常态长效抓实党建宣传工作。系统推进"基层党组织建设精细年"主题活动,在《国资工作交流》刊登经验做法;持续深化"我为群众办实事"活动,"狼堡 1234 套集租房项目"顺利开工;"一总部两集团"落户上海,为员工提供住房、纳税、就医、子女入学等优惠政策;所属十六公司投资建设棚改安置房,为 190 户职工解决住房问题,所属三公司、四公司、六公司持续改善办公环境。大力实施青年精神素养提升工程和青马工程,充分发挥青年生力军作用。积极开展典型选树,追授六公司李国庆为"优秀共产党员",13 个先进集体和个人获得全国性荣誉表彰。宣传高度广度深度再上台阶,"中国品牌 500 强"排名创新高,己二腈项目投产再登央视《新闻联播》,首次入选"央企 ESG·社会价值先锋50指数"。四是推动专项巡视全覆盖。重点督导三级公司生产经营一体化、精细化管理、"两金"压降、纪委书记再监督等7个方面28项重点工作,完成重点企业专项巡视23家,发现问题700余项。构建"党委书记亲自部署培训、总经理每月督导、纪委书记整体安排、总经济师牵头落实、总部部门具体推进"的整改落实机制,推动问题销号近60%,完善长效机制200余项,有力促进重大部署、重点工作在公司落地生根,为2023年"找差距、抓落实"奠定坚实基础。五是推动政治监督具体化精准化常态化。加强"一把手"监督,建立党委书记、纪委书记与下级"一把手"谈话情况季报制度,全年累计谈话2000余人次。创新纪委书记再监督,建立所属企业纪委书记季报制度,既促进同级监督,又对纪委书记履职尽责进行再监督。强化年轻干部监督,扣好廉洁从业"第一粒扣子",受到驻国务院国资委纪检监察组充分肯定。

**【履行社会责任】** 2022年,公司党委按照"四个不摘"要求,助力华池、环县两个定点帮扶县巩固脱贫攻坚成果、接续乡村振兴,公司主要领导和分管领导先后到两县调研督导,提前圆满完成年度定点帮扶工作任务。积极参加"中央企业消费帮扶兴农周"活动,受到国务院国资委肯定。公司定点帮扶工作获得中央农村工作领导小组中央单位考核评价最高等次"好"。认真做好疫情防控、抢险救灾等应急处突工作和援藏援疆、志愿服务、海外履责等工作,特别是在上海等地疫情防控、四川芦山抗震救灾、重庆山火救援等大战大考中,充分发挥中央企业国家队、主力军作用,收到国务院国资委和上海市委、市政府等部委和政府的感谢信,受到《人民日报》、新华社、中央电视台等中央媒体的广泛报道。

将绿色理念融入供应链管理,积极选取绿色环保资质认证的供应商、制造商和服务商,以实际行动打造"零碳+绿色+智能"供应链。积极贯彻绿色采购理念,选取技术先进的厂商产品,选用节能降耗的设备和工艺技术,实现实业工厂绿色发展;提高供应商、制造商在能源利用率、降低废气、粉尘排放、节能降耗等方面的技术要求,降低环境负荷,实现高效环保低碳节能。

坚持"绿色施工"理念,落实节材、节水、节能、节地、环保(四节一环保)生态环保措施,推进能源梯级利用、资源循环利用、废物综合利用,不断提升绿色工程建造水平。

紧紧围绕习近平总书记关于"双碳"工作重要论述的指示要求,贯彻党中央、国务院关于"双碳"的重要部署,成立"双碳"工作领导小组,统筹谋划战略制定、业务布局、科研创新等工作;在"1总院+多分院+N平台"框架内设立环保研究院、碳中和研究院、智能装备研究院3个分院,聚焦氢能产业、光伏产业、节能材料、工业节能等重点领域进行技术研发;开展"双碳"研讨活动,准确把握国家相关政策以及国内外最新技术动态;积极规划发展绿色低碳环保业务,全力打造"双碳"产业优势。

借助自身掌握的环保核心技术,以长江经济带为重点,布局全国环保领域,开展循环经济园区建设,发展水处理、湖泊治理、固废、危废处置及综合利用,并逐步向实体化运营发展。2022年,公司环境治理业务卓有成效,在土壤修复、污水处理、固废/危废处理、烟气治理等领域实现新突破。

(撰稿人:朱　军)

# 中国盐业集团有限公司

**【基本概况】** 2022年,中国盐业集团有限公司(以下简称集团)坚持以习近平新时代中国特色社会主义思想为指导,深入贯彻"疫情要防住、经济要稳住、发展要安全"的重要要求,以迎接宣传贯彻党的二十大为主线,在国务院国资委党委的坚强领导下,党的领导党的建设更加坚强有力,"十四五"规划有序实施,主业结构进一步优化,国企改革三年行动任务全面完成,企业高质量发展的制度机制更加成熟定型,经营业绩在保持多年快速增长的基础上,连续6年创造历史最好水平,为建设世界一流企业进一步蓄好势,以崭新的姿态踏上新征程。

【主要指标】

表 1　2022 年中国盐业集团有限公司主要经济指标

| 项　目 | 2021 年 | 2022 年 | 比上年增长（%） |
|---|---|---|---|
| 资产总额（亿元） | 538.87 | 559.30 | 3.79 |
| 所有者权益（亿元） | 185.78 | 223.92 | 20.53 |
| 营业收入（亿元） | 310.20 | 377.25 | 21.62 |
| 利润总额（亿元） | 22.52 | 37.01 | 64.34 |
| 净利润（亿元） | 16.73 | 26.20 | 56.60 |
| 归属于母公司所有者的净利润（亿元） | 6.10 | 8.19 | 34.26 |
| 技术开发投入（亿元） | 6.50 | 10.73 | 65.08 |
| 利税总额（亿元） | 39.79 | 59.71 | 50.06 |
| 应交税金总额（亿元） | 23.06 | 34.22 | 48.40 |
| 全员劳动生产率[万元/（人·年）] | 41.07 | 50.13 | 22.06 |
| 净资产收益率（%） | 9.59 | 12.79 | 增加 3.20 个百分点 |
| 总资产报酬率（%） | 6.28 | 8.42 | 增加 2.14 个百分点 |
| 国有资本保值增值率（%） | 116.66 | 112.67 | 减少 3.99 个百分点 |

**【改革发展】**　2022 年，集团深入学习贯彻习近平总书记关于国企改革发展和党的建设重要论述精神，认真落实国企改革三年行动高质量收官工作要求，围绕聚焦主业、优化治理、转换机制、加强党建等举措，高效率抓推进、高标准抓落实、高质量抓收官，全面完成改革三年行动既定任务和目标。“双百企业”“科改示范企业”综合性改革有序实施，在市场化机制建设、商业模式创新等方面取得阶段性成果。全面推进经理层成员任期制和契约化管理，制定和修订系列配套制度，全级次 102 家企业经理层成员全部实现任期制与契约化管理。中长期激励应用范围不断扩大，中盐内蒙古化工股份有限公司、中盐金坛盐化有限责任公司、中盐工程技术研究院有限公司等企业有序开展限制性股票激励、超额利润分享、项目收益分红、模拟跟投等多种激励措施，有效激发企业活力，充分调动企业领导班子和广大干部职工干事创业的积极性。

**【重大项目】**　2022 年，集团以落实“十四五”规划为抓手，开创各主业板块高质量发展新局面。中盐内蒙古化工股份有限公司稳步推进改革工作，加强资本运作，完成并购配套融资 20.2 亿元股票募集资金项目，企业实力进一步增强。中盐内蒙古化工股份有限公司和中盐安徽红四方股份有限公司之间进一步深化合作，制定糊树脂、耗氯产品等协同方案，在理顺机制、调整资产等方面完成系列基础性工作，为下一步两脂融合创造条件。中盐安徽红四方肥业股份有限公司 IPO 工作取得扎实进展，于 2022 年 10 月收到中国证监会第一次审查反馈意见，有条不紊推进审查环节各项工作，为建设“专精特新”企业、实现更高质量发展创造新的机遇。2022 年 5 月，中国盐业集团有限公司在金坛建成世界首个非补燃式盐穴压缩空气储能电站，并正式投入商业运营，在“出技术、出标准、出人才”方面取得一系列成果，充分发挥国家示范项目的带动效应。

**【重大创新】**　2022 年，集团制定中央研究院整体建设框架方案，明确管理运行模式，为整合内外科研资源、构建新的科技工作体系打下基础。完成集团“十四五”科技专项规划编制工作，紧扣发展需求，坚持市场导向，推动科技创新体系优化升级，塑造集团发展新优势。持续加大科技投入，2022 年研发经费投入 10.4 亿元，比上年增长 60.1%。全集团累计申请专利 304 件，比上年增长 9%。深化组织体制变革和商业模式创新，组建覆盖华东四省一市、涉及 7 家中盐企业的区域营销中心——华东营销中心，有效推动人员、渠道、资源、业务等方面的优势共享。制定新业务开发投资管理暂行规定，强化集团总部在新业务开拓与培育方面的主导作用，在项目寻源和优质项目储备上取得积极进展。完成集团购销体系改革，实现原购销统筹部与物资分公司合署办公，形成供应链管理合力，进一步提升供应链现代化水平。

**【党建工作】**　2022 年，集团认真落实“第一议题”制度，把习近平总书记重要讲话和指示批示精神作为工作遵循和行动指南，保证党中央决策部署在中盐落地生根、开花结果。集团各级党组织把学习宣传贯彻党的二十大精神摆在首位，迅速在公司全系统掀起学习宣传贯彻热潮，凝聚起中盐人的磅礴精神力量。完成集团总部"三重一大"决策制度和事项清单的修订工作，促进治理主体权责关系更加明确清晰、议事流程科学规范。严格贯彻落实意识形态工作责任制，提高舆论引导和舆情动态监测水平。创新优化考核方式，继续开展对32家所属企业的党建工作责任制考核。深化"人才是第一资源"的认识，加强中盐企业领导班子和干部队伍建设。坚持党管干部基本原则，严格执行"凡提四必"，依规有序开展干部选拔任用工作。以大监督体系有效运转为总抓手，深入推进"四责协同"机制有效运转，严谨务实抓好党内监督，圆满完成年度83项党风建设和反腐败工作具体任务。在完成任期内巡视全覆盖基础上，开展改革三年行动专项巡视、对有关企业的机动巡视，并对11家二级企业的巡察工作进行督导检查。

**【信息化与数字化建设】** 持续推进《中盐集团网络安全和信息化规划(2021—2025)》落实落地，推动企业信息化、数字化与生产经营管理深度融合，加速集团数字化转型步伐。通过全级次ERP系统建设、硬件设施升级改造、互联网出口收敛等项目，提升全级次信息化应用水平。积极建设智能现场，着眼本质安全，推动5G、物联网、人工智能等数字技术的融合应用，推动生产单元、产线、物流的智能化改造，提升企业运营效率和质量。开展"护网"2022网络攻防实战演习，圆满完成党的二十大网络安全保障工作，信息安全基础进一步夯实，IT治理体系持续健全完善。

**【履行社会责任】** 2022年，集团统筹疫情防控和生产经营，在维护市场稳定、保障国计民生中发挥应有作用。以"国之大者"的担当，深入贯彻落实健康中国行动，统一运营低钠盐大单品，开展"健康换盐"活动，宣传健康用盐理念，引领盐行业创新发展。立足陕西省定边县、宜川县定点帮扶地区实际，持续加大帮扶力度，拓宽帮扶途径，推动巩固拓展脱贫攻坚成果同乡村振兴有效衔接。成立由中盐新疆维吾尔自治区盐业有限公司、中盐内蒙古化工股份有限公司、中盐榆林盐化有限公司、中盐甘肃省盐业(集团)有限责任公司等企业组成的援疆援藏援青工作群，积极指导、推动援疆援藏援青工作落实落地。深入贯彻绿色发展理念，扎实履行节能环保责任，推进减排降碳工作，全年节能改造投资2.1亿元，万元产值综合能耗比上年下降3.3%，化学需氧量排放比上年下降17.6%。

(撰稿人：陈　翔)

## 中国建材集团有限公司

**【基本概况】** 2022年，中国建材集团有限公司(以下简称中国建材集团)以习近平新时代中国特色社会主义思想为指导，深入学习贯彻党的二十大精神，全面贯彻"疫情要防住、经济要稳住、发展要安全"总体要求，在国务院国资委的正确领导下，有效应对超预期困难挑战，全力以赴稳增长、防风险、抓改革、促创新、强党建，扎实开展各项工作，推动高质量发展不断取得新进展新成效。

**【主要指标】** 2022年，中国建材集团全力推进提质降本增效，经营业绩符合预期。全年实现利润总额265.80亿元，比上年下降31.30%；净利润221.10亿元，比上年减少22.83%；经营活动净现金流376.24亿元；营业收入利润率6.99%，比上年减少2.15个百分点；资产负债率66.62%，比上年减少0.98个百分点；研发投入强度3.92%，比上年增加0.38个百分点；全员劳动生产率43.02万元/(人·年)，比上年减少6.81万元/(人·年)；营业收入3801.58亿元，比上年减少8.51%。

**表1　2022年中国建材集团有限公司主要经济指标**

| 项　目 | 2021年 | 2022年 | 比上年增长(%) |
|---|---|---|---|
| 资产总额(亿元) | 6522.44 | 7029.62 | 7.78 |
| 所有者权益(亿元) | 2113.42 | 2346.73 | 11.04 |
| 营业收入(亿元) | 4155.08 | 3801.58 | -8.51 |

续表

| 项　目 | 2021 年 | 2022 年 | 比上年增长(%) |
|---|---|---|---|
| 利润总额(亿元) | 386.92 | 265.80 | －31.30 |
| 净利润(亿元) | 286.50 | 221.10 | －22.83 |
| 归属于母公司所有者的净利润(亿元) | 38.93 | 42.32 | 8.71 |
| 研发经费投入(亿元) | 147.19 | 149.04 | 1.26 |
| 利税总额(亿元) | 301.62 | 271.72 | －9.91 |
| 应交税金总额(亿元) | 307.32 | 242.59 | －21.06 |
| 全员劳动生产率[万元/(人·年)] | 49.83 | 43.02 | －13.69 |
| 净资产收益率(%) | 14.31 | 9.92 | 减少 4.39 个百分点 |
| 总资产报酬率(%) | 8.06 | 5.60 | 减少 2.46 个百分点 |
| 国有资本保值增值率(%) | 114.32 | 114.20 | 减少 0.12 个百分点 |

**【改革发展】** 2022 年，中国建材集团传承改革基因，深化改革攻坚，活力动能持续激发。一是国企改革三年行动任务圆满收官。全面完成台账任务，集团专题汇报获中央深改委督查组充分肯定，入选国务院国企改革领导小组办公室第三批先进典型，获评 2021 年度央企改革三年行动考核 A 级，形成 100 余项体制机制改革成果，40 余项成果入选国务院国资委和专业机构改革案例。二是国有资本投资公司改革进入新阶段。加快国有资本布局优化和结构调整，基础建材、新材料、工程技术服务、物流贸易四大板块的专业化整合同步推进、多向发力，主导产业更加精锐。新材料产业基金投决 51.5 亿元布局新能源、半导体等新材料领域，控股的中复神鹰和参股的山东天岳分别成为科创板首家碳纤维、碳化硅企业，石墨新材料公司进入实质性运作。三是市场化经营机制改革向纵深发展。完善治理型管控模式，建设战略管控型总部，明确总部、产业平台、基层企业不同功能定位。强化“一企一策”授权，对子企业建立四类 52 项授权放权清单，经国务院国资委批准建立混合所有制企业党建、事权、人权“三位一体”差异化管控新机制。推进职业经理人制度落地，试点企业以 97% 的淘汰率优选经营团队。“三能”机制改革巩固提升，中长期激励“工具箱”扩容至五类 9 种，累计惠及骨干员工超过 3000 人。

**【转型升级】** 2022 年，中国建材集团强化目标引领和顶层设计，以高质量发展为路径，全面推动产业转型升级。一是产业核心竞争力稳步提升。全面深化“水泥＋”战略，带动全产业链运营，推动基础建材行业生态进一步稳固优化。新材料逆势增长迅猛，营业收入首次突破 1000 亿元大关，利润总额、净利润占比在 50% 以上。桐乡玻璃纤维智能制造基地全面建成，“央企超级工程”西宁万吨碳纤维基地二期分阶段投产，玻璃纤维、石膏板、风电叶片产能稳居全球第一，锂电池隔膜、光伏玻璃、石墨负极材料、氮化硅陶瓷等产业化布局全面提速。二是数字化转型步伐加快。聘请华为咨询数字化转型，发布信息化建设和数字化转型原则指引，建成集团领导驾驶舱、组织机构、招标采购 3 个专项信息系统。集团司库管控平台一期建成上线，境内账户可视率 100%，统一金融数据标准和资金管理指标体系，实现资金穿透管理和动态监控。三是“双碳”目标加快落实。编制“双碳”路线图、施工图和时间表，制定实施方案，建设碳排放数据管理信息系统。联合 26 家单位打造国家原材料行业首个“双碳”服务平台，为全球碳治理贡献中国智慧、中国方案、中国标准。建成全球首套玻璃熔窑碳捕集提纯项目、国内首条水泥绿色低碳技术装备示范生产线。截至 2022 年底，累计建成国家级绿色工厂 75 家、绿色矿山 42 家，“光伏＋”能源工厂增至 33 家，水泥余热年发电超过 80 亿千瓦·时，万元产值综合能耗比上年减少 9%，二氧化硫、氮氧化物、烟粉尘等排放量比上年减少近 30%。

**【走向海外】** 2022 年，中国建材集团紧盯海外市场特别是“一带一路”国家建设机遇，坚定不移深化国际化战略实施。2022 年境外投资完成 13.62 亿元，其中境外固定资产投资完成 13.06 亿元、占比 95.89%，境外股权投资完成 0.56 亿元、占比 4.11%。150 个海外工程项目按期履约，60 个项目成功点火或交付运行，新签运维合同比上年增长 86%。玻璃纤维埃及新线成功点火，风电叶片巴西项目稳步实施，乌兹别克斯坦、泰国、波黑等国石膏板生产线布局有序推进。

**【重大创新】** 2022 年，中国建材集团强化高水平科技自立自强，以科技创新心系"国之大者"，打造"国之大材"。一是创新成果高效产出。全面完成 3 项"1025 专项"一期和 3 项"CF－LHT"任务，新承担大飞机复合材料、高性能碳纤维、高放核废液处理等"1025 专项"二期任务 7 项，新承担"十四五"国家重点研发计划项目 9 项。5 项创新成果列入《中央企业科技创新成果推荐目录》，大批新材料用于梦天实验舱、神舟十四、天舟四号等国家重大工程。新增高新技术企业 72 家，制(修)订国际标准 8 项，累计有效专利 2.1 万件。二是创新链产业链有效融合。发挥应用场景和市场优势，新技术新材料的应用验证和转化推广步伐加快。搭建民用航空复合材料数字化仿真平台，C 919 客货舱地板实现首批供货，CR 929 宽体客机 8 米级机身壁板研制成功，CJ 1000A 涡扇叶片首飞装机件完成交付。新型低碳水泥一次烧成技术碳排放强度降低 25%，达到国际领先水平。集团低碳无机非金属材料产业链链长建设进展顺利。三是创新投入和人才引育显著增强。实施"3＋22"攻关任务"揭榜挂帅"、专项经费"331"等创新举措，下拨首批专项"种子"资金 1.14 亿元，专项用于科研方向引领和科技人员激励，带动企业自筹投入 15.5 亿元。联合清华大学、武汉理工大学开展国家急需新材料高层次人才、工程硕博士培养试点，建立 800 人核心科研骨干人才库，平均年龄 40 岁，全面赋予挑大梁机会。四是创新生态全方位优化。体制机制不断完善，制定科研项目绩效管理办法，出台科技人才创新创效指导意见。平台建设不断加强，成立集团科协，推进低碳硅酸盐材料、高性能纤维复合材料、先进玻璃材料 3 个国家重点实验室重组整合，牵头组建国家玻璃新材料创新中心，加快建设"双碳"技术国际实验室。国家新材料测试评价平台验收结果"优秀"。五是管理创新助推提质增效。围绕战略管理、投资管理、公司治理、税务管理、全面预算管理等开展全方位分析和专项部署，以思想大讨论带动管理大实践。制定加快建设世界一流企业实施方案，"对标世界一流管理提升行动"总体完成率 100%。制造业单项冠军增至 18 项，跃居中央企业首位，国家级专精特新"小巨人"企业新增 12 家。狠抓成本管控，持续夯实资产质量，全年压减 3.5%以上利率带息负债 569 亿元，销售费用、管理费用、财务费用分别比上年下降 17.3%、8.2%、13.2%。

**【党建工作】** 2022 年，中国建材集团以迎接学习宣传贯彻党的二十大为强大动力，推动党的领导党的建设不断走深走实。深入开展习近平总书记重要指示批示精神再学习再落实再提升主题活动，举办"党旗飘扬、奋斗有我""美丽中国行动月""青年精神素养提升工程"等特色活动，有效实现党建工作与生产经营深度融合。干部队伍更加优化，召开集团人才工作会议，出台年轻干部队伍建设 18 条和科技人才激励 12 条，建立二级企业主要负责人目标年薪模型。全面从严治党更加深入，做实政治监督、同级监督，做细日常监督，强化对"一把手"和领导班子监督，制定《大监督工作实施办法》，全力构建大监督格局和"三不腐"有效机制。品牌形象更加鲜明，举办"善用资源日"公众开放活动，推出系列融媒体作品，全面展现新时代央企新气象新风貌，全球品牌价值 500 强排名升至 249 位。

**【履行社会责任】** 2022 年，中国建材集团秉持"材料创造美好世界"企业使命，奋力彰显央企本色与担当。集团入选首批"中央企业 ESG 联盟"，社会责任发展指数排名中国企业第 5 位、国有企业第 3 位。接续推进乡村振兴，积极开展捐资捐赠、风湿病义诊、设立"善学"书屋、"善学"夏令营等多种形式公益活动。2022 年，筹措帮扶资金 7800 万元，实际投入帮扶资金 7940 万元，实施帮扶项目 27 个(其中产业项目 11 个)，培训基层干部、致富带头人、各类技术人员 856 人，购买和帮助销售脱贫地区农产品 2037.34 万元。

(撰稿人：温　巍)

## 中国有色矿业集团有限公司

**【基本概况】** 中国有色矿业集团有限公司(以下简称中国有色集团)成立于 1983 年，是国务院国资委管理的大型中央企业，主业为有色金属矿产资源开发、有色金属新材料研发生产、建筑工程、相关贸易及服务，是我国有色金属工业最早实施“走出去”战略、国际化经营成果最丰硕的企业之一。习近平总书记曾先后对集团作出三次重要指示批示，勉励集团深入实施“走出去”战略，进一步做强做优，为保障国家战略资源安全作出新贡献。

2022年，中国有色集团以习近平新时代中国特色社会主义思想为指导，全面贯彻落实党的二十大精神，深入贯彻习近平总书记对集团公司三次重要指示批示精神，认真落实党中央、国务院决策部署及国务院国资委各项工作要求，扎实有序推进中央生态环境保护督察和审计整改各项任务，聚焦“两增一控三提高”总体要求，统筹发展和安全，积极应对各项风险挑战和经济下行压力，锐意进取、砥砺前行，取得突出业绩。

**【主要指标】** 2022年，中国有色集团实现营业收入1394.97亿元，同口径比上年下降2.54%；利润总额76.28亿元，比上年增加6.96亿元，增长10.04%；累计实现净利润51.87亿元，比上年增加16.11亿元，增长45.05%，“两利”双创历史最佳水平。营业收入利润率5.96%，比上年增加1.05个百分点；剔除贸易收入后研发经费投入强度2.52%，比上年增加0.08个百分点；全员劳动生产率49.04万元/(人·年)，比上年增长14.69%；资产负债率66.4%，高于考核目标值，剔除归还永续债、优先股等权益工具影响后，2022年12月末中国有色集团全口径资产负债率较年初降低1.31个百分点。2022年，中国有色集团累计实现经济增加值32.67亿元，比上年增加16.73亿元；当年实现国有资本权益增加32.48亿元，顺利实现“高位跃升、稳重求跳”的总体目标，高质量发展的产业基础进一步夯实、资产结构进一步优化、经营积累优势进一步提升。

**表1　2022年中国有色矿业集团有限公司主要经济指标**

| 项　目 | 2021年 | 2022年 | 比上年增长(%) |
|---|---|---|---|
| 资产总额(亿元) | 1084.94 | 1153.73 | 6.34 |
| 所有者权益(亿元) | 364.96 | 387.18 | 6.09 |
| 营业收入(亿元) | 1431.27 | 1394.97 | −2.54 |
| 利润总额(亿元) | 69.32 | 76.28 | 10.04 |
| 净利润(亿元) | 35.76 | 51.87 | 45.05 |
| 归属于母公司所有者的净利润(亿元) | 15.96 | 23.67 | 48.31 |
| 技术开发投入(亿元) | 22.24 | 23.04 | 3.60 |
| 利税总额(亿元) | 114.66 | 129.26 | 12.73 |
| 应交利税总额(亿元) | 114.66 | 129.26 | 12.73 |
| 全员劳动生产率[万元/(人·年)] | 42.76 | 49.04 | 14.69 |
| 净资产收益率(%) | 9.30 | 13.79 | 增加4.49个百分点 |
| 总资产报酬率(%) | 7.56 | 8.13 | 增加0.57个百分点 |

注：集团公司国有资本权益为负数，无法计算保值增值率，此处以国有资本权益增加值替代：2021年国有资本权益增加值1.89亿元，2022年国有资本权益增加值32.48亿元，比上年增长30.59亿元。

**【改革发展】** 国企改革三年行动方面。中国有色集团狠抓8个方面243项改革举措落实落地，国企改革三年行动完成率100%，全面完成各项深化改革任务。

结构优化调整方面。亏损子企业户数比上年减少7%，亏损子企业亏损额比上年减少4.6亿元，减少20.4%。2022年，退出子企业37户，其中压减控股法人单位31户、退出参股企业6户，清理境外平台公司及“双零”企业16户，如期完成国务院国资委“两非”剥离任务和集团公司“三个一批”压缩压减年度目标，法人层级从八级压缩至六级。

中长期激励方面。按照习近平总书记关于国企改革“三个有利于”标准，累计开展各类中长期激励15项，2022年批准实施中长期激励的企业合计实现净利润6000万元，比上年增长42%，激励效果进一步彰显。

混合所有制改革方面。中国有色集团严选优势项目积极推进混合所有制改革工作，2022年9月通过上海联合产权交易所线上平台成功举办混合所有制改革项目专场推介会。

改革专项行动方面。中国有色集团对“双百企业”中国有色桂林矿产地质研究院有限公司(以下简称中色桂林院)制定10项有针对性的差异化管控措施,指导所属“科改示范企业”中色(宁夏)东方集团有限公司(以下简称中色东方)和“双百企业”中色桂林院对其子企业宁夏中色金航钛业有限公司和桂林特邦新材料有限公司实施差异化管控,助推企业突破体制机制束缚。

三项制度改革方面。开展出资企业三项制度改革评估,督导企业聚焦重点任务指标,提升改革实效。全级次90户子企业经理层完成2022年度及三年任期制和契约化签约,完成2021年度及三年任期考核和薪酬刚性兑现。集团公司在国务院国资委组织的中央企业三项制度改革评估中获评A级。

完善人才体系方面。截至2022年底,员工市场化公开招聘率100%,管理人员末等调整和不胜任退出保持在6%左右,2020—2022年员工市场化退出率逐年提升,员工队伍活力有效激发。

**【重大项目】** 2022年,中国有色集团承担实施国务院国资委“1025专项”一期的5个项目均顺利通过验收,解决关键材料靠引进的难题,实现相关技术及产品的自主可控;高性能铌靶材纳入《2021年度中央企业核心技术产品推广目录》;水热法PPKTP、铌靶材、铍铜板带箔材等3项成果成功入选《央企科技创新成果推荐目录(2022年版)》;1个团队获评国务院国资委“1025工程”一期突出贡献团队,3名个人获评国务院国资委“1025工程”一期突出贡献个人;新获批“1025工程”二期2项、“十四五”军工规划科研项目1项、军品配套项目3项,参与国家级科技项目4项;新申报工业和信息化部军民两用贴息补助项目1项、“十四五”军工能力建设需求1项。

**【走向海外】** 中国有色集团是我国有色金属行业从事海外资源开发的“排头兵”和“先行者”,建成我国海外第一座铜矿山、第一座火法炼铜厂、第一座湿法炼铜厂、非洲第一座数字化矿山等;是我国“走出去”开发铜资源时间最长、产业链最完备、海外铜项目数量最多、海外铜产品产量最大的中资企业;首创“全产业链”协同“走出去”模式、工程换资源模式、集群式“走出去”模式、一体化矿山承包开发模式等;培养一大批熟悉扎根当地的党员干部以及高素质专业和管理人才。服务国家“一带一路”倡议,加大沿线国家重点产业布局;聚焦中非全面战略合作伙伴关系,积极对接中非务实合作“八大行动”,助力打造中非命运共同体。截至2022年底,海外总资产占比59.63%,营业收入占比54.80%,员工人数占比31.12%,海外企业对集团利润贡献占比88.73%,“压舱石”作用十分突出。

**【重大创新】** 2022年8月,中国有色集团国际研发中心赞比亚实验室顺利通过中国合格评定国家认可委员会(CNAS)专家评审,取得CNAS认证,标志着实验室在硬件设施、管理水平和检测能力方面达到国际认可水平。赞比亚实验室出具的数据和报告具有较强权威性和公信力,可依托CNAS的国际权威性和国际互认地位得到全球超过100个国家和经济体权威机构的承认,有效提升集团公司在中南部非洲的国际影响力。

在2022年度中国专利奖的评选中,中色东方完成的“一种有效降低金属铍原料中铬元素的方法”获得中国专利优秀奖;在2022年度中国有色金属工业科学技术奖的评选中,中国有色集团作为第一完成单位4项成果获奖,其中由中色桂林院完成的“东南亚地区金属找矿靶区高效勘探技术研究与应用示范”科技成果获得一等奖,中色东方完成的“航天光学系统结构件用铍铝合金技术研究”以及中色桂林院完成的“岩溶区地面塌陷地质灾害综合防治技术及工程应用”“选矿废水可控氧化协同处理技术与应用”等3项科技成果获奖。

**【党建工作】** 2022年,中国有色集团党委以迎接和学习宣传贯彻党的二十大为主线,全面贯彻落实习近平总书记三次重要指示批示精神,以党的政治建设为统领,切实发挥“把方向、管大局、保落实”的作用,持续巩固深化党史学习教育成果和全国国企党建会精神落实成果,以高质量党建引领高质量发展,集团公司党建工作首次获得国务院国资委党建考评A级。组织“建功新时代,喜迎二十大”主题活动,在全系统开展“大学习大融合大提升”行动,筹备成立集团公司党校,举办集团公司党务干部、党支部书记示范培训暨学习贯彻党的二十大精神研修班和海外党员培训班，组织召开党建融入生产经营交流研讨会、党支部标准化建设推进会，制定印发《基层示范党支部创建评价管理办法》。集团公司党委书记在《旗帜》杂志发表《突出一条主线　聚力五个抓手　以高质量党建引领保障高质量发展》文章，《中国有色集团以"四同步四提升"推进混改企业党建工作》做法在国务院国资委网站刊登。

2022年，中国有色集团纪委坚持以习近平新时代中国特色社会主义思想为指导，在驻国务院国资委纪检监察组和集团党委的坚强领导下，坚定不移正风肃纪反腐，紧紧围绕"国之大者"强化政治监督，深化落实习近平总书记三次重要指示批示精神，做好《十大工作要点》督办工作。围绕决战决胜国企改革三年行动深化督查调研，压缩压减、亏损企业治理等重点任务取得明显突破。督促推动创新驱动发展，圆满完成"1025专项"攻关任务。持续深化中央环保督察整改和各类专项整治，以扎实治理成效推动依法合规经营。严格执行集团党委纪委沟通会商机制，推进"两个责任"贯通融合。持续加大靠企吃企案件查办力度，严肃查处领导人员利益输送、"影子公司"、"影子股东"等案件。以严的基调强化正风肃纪反腐，持续涵养新风正气。突出"一把手"和领导班子监督，及时约谈提醒、抓早抓小。通过持续正风肃纪反腐，集团党风廉政建设和反腐败工作向纵深发展，集团总部风清气正的政治生态基本形成并持续巩固，出资企业政治生态也在不断净化，为集团高质量发展提供坚强保障。集团纪委连续3年被驻国务院国资委纪检监察组考评为"优秀"。

**【信息化与数字化建设】**　2022年，中国有色集团编制并印发集团"十四五"信息化(数字化)规划；建成统一身份认证系统，实现集团统一账号管理、用户身份鉴权管理；建成网络安全监控指挥中心；建设大数据平台，为数据分级分类管理提供信息化平台支撑；完成主数据管理平台建设，实现物料编码、客户、供应商等主数据采集和分发；基于自主可控技术完成集团统建协同办公系统建设，并推广使用；基于自主可控技术完成集团网站群建设；完成集团视频会议系统升级改造。

**【履行社会责任】**　2022年，中国有色集团坚决落实国务院国资委党委关于社会责任工作各项部署，坚决践行央企使命责任，充分发挥中央企业表率作用。2022年，编制发布2021年可持续发展报告，获得金蜜蜂2022优秀企业社会责任报告长青奖，并在刚果(金)主流媒体刚通社发布海外版报告；持续强化社会责任管理，组织开展专题工作培训、履责课题调查及优秀履责案例选编；深度对接中非合作"九项工程"，以重点提升中赞职业技术学院办学资源为牵引，帮助当地培养技术产业人才，积极推进"百企千村"活动，设计规划公益项目59个，辐射企业周边14个社区和村庄，实施赞比亚教育"1＋N"和刚果(金)区域民生提升工程，赞比亚总统出席项目启动仪式，教育"1＋N"项目纳入赞比亚国家教育发展基金，集团职业教育"走出去"获评国务院国资委"百企千村"十大经典综合案例，迪兹瓦尾矿库生态保护案例入选《"百企千村"国企力量蓝皮书》。

2022年，帮扶和采购总投入1157万元，全面实现投入资金增长不低于20%、引进资金增长不低于10%、购买帮销农产品不低于150万元、培训不低于1100人次的"四个不低于"目标，首次组织召开集团公司全系统乡村振兴工作会议，编制定点帮扶2023—2025年三年规划，机关2个党支部与云南省梁河县5个村党支部开展结对共建，在国家乡村振兴局期刊、国务院国资委网站刊发宣传集团公司20年定点帮扶工作纪实，帮扶工作成果稿件入选《巩固拓展脱贫攻坚成果同乡村振兴有效衔接年鉴2022》。

(撰稿人：张文博)

## 中国稀土集团有限公司

**【基本概况】**　2022年是中国稀土集团有限公司(以下简称中国稀土集团)组建成立并正式运营的第一年，中国稀土集团坚决贯彻落实习近平总书记对中国稀土集团组建成立重要指示精神，全面贯彻落实党中央、国务院决策部署，践行"资源报国、稀土强国"使命职责，坚持"政治建企、党建强企、资源立企、改革活企、科技兴企"，深入推进战略性重组、整合融合、产业布局优化和结构调整、科技创新、深化改革等工作，着力稳增长、调结构、提质量、增效益、防风险，各项工作取得积极进展和显著成效，做到强势起步，实现良好开局。

**【主要指标】** 2022年，中国稀土集团坚决贯彻落实党中央、国务院稳住经济基本盘的决策部署，全面落实“疫情要防住、经济要稳住、发展要安全”的要求，积极开展“稳增长、防风险、促改革、强党建”工作，主要经济指标同比大幅增长，全面超额完成国务院国资委各项考核指标，“两利四率”经济指标实现“两增一控三提高”。

**表1　　2022年中国稀土集团有限公司主要经济指标**

| 项　目 | 2021年 | 2022年 | 比上年增长(%) |
|---|---|---|---|
| 资产总额(亿元) | 233.69 | 239.65 | 2.55 |
| 所有者权益(亿元) | 85.03 | 108.27 | 27.33 |
| 营业收入(亿元) | 195.99 | 244.20 | 24.60 |
| 利润总额(亿元) | 6.95 | 11.78 | 69.50 |
| 净利润(亿元) | 5.03 | 8.51 | 69.18 |
| 归属于母公司所有者的净利润(亿元) | 2.03 | 3.33 | 64.04 |
| 技术开发投入(亿元) | 3.08 | 4.37 | 41.88 |
| 利税总额(亿元) | 12.92 | 24.29 | 88.00 |
| 应交税金总额(亿元) | — | 15.91 | — |
| 全员劳动生产率[万元/(人·年)] | 65.00 | 93.30 | 43.54 |
| 净资产收益率(%) | 5.82 | 8.81 | 增加2.99个百分点 |
| 总资产报酬率(%) | 5.41 | 6.36 | 增加0.95个百分点 |
| 国有资本保值增值率(%) | — | 108.58 | — |

注：因中国稀土集团于2021年12月底成立，应交税金总额、国有资本保值增值率无相应数据。

**【改革发展】** 一是国企改革三年行动圆满收官。高标准推进国企改革三年行动，成立深化改革领导小组，制定《深化改革三年行动实施方案》，落实“1＋N”改革体系及工作保障机制，聚焦4个重点目标、12项重点任务、101项量化考核指标，推动关键环节取得“三个明显成效”，圆满完成改革各项任务，改革典型入选国务院国资委《国企改革三年行动简报》。二是现代企业治理机制持续完善。建立完善公司治理制度体系和决策流程清单体系，纵向覆盖22个业务领域、191个具体决策事项，横向集成“三重一大”事项分类、行权主体、行权路径等核心事项。成立战略、审计、提名、薪酬与考核4个专门委员会，并规范运行。三是三项制度改革不断深入。推行经理层任期制和契约化全覆盖，任期制合同、岗位聘任协议应签尽签。大力推进管理人员竞争上岗、末等调整和不胜任退出，管理人员竞争上岗15人，末等调整和不胜任退出2人。实行薪酬分配与劳动力市场基本适应、与经济效益和人工效能挂钩机制，探索科技型企业分红激励、员工持股、上市公司股权激励等机制，对关键核心技术人才实施具有市场竞争力的薪酬激励。四是世界一流企业启动建设。制定《“十四五”发展总体规划和2035年远景目标纲要》，开展对标世界一流管埋提升行动，落实八大任务31项措施。谋划《加快建设世界一流企业实施方案》，部署重点任务、具体措施，制定阶段性建设目标，积极打造世界一流企业。

**【重大项目】** 一是重大项目建设取得丰硕成果。2022年，批准投资项目21个。建成中重稀土行业首个国家级专精特新“小巨人”企业、国内第一家离子型稀土矿山高新技术企业，建成中重稀土分离行业首条连续沉淀示范线、行业首个废水晒盐循环利用示范项目，年产4400吨稀土氧化物技改提升项目、5000吨分离加工技改项目获批通过，年产2000吨高性能稀土永磁速凝薄片、年产2000吨新能源汽车用磁材项目建成投产。二是外部整合取得积极成效。高效完成四川江铜稀土有限责任公司整合，积极推进四川大陆槽稀土矿整合工作。与湖南省人民政府签订战略合作协议，加快湖南稀土产业实质性整合，共同打造湖南离子型稀土和独居石综合利用并重的特色稀土资源供应体系。与广东省广晟控股集团有限公司达成合作共识并签署战略合作协议，助推广东省稀土产业转型升级和做强做优做大。与云南省人民政府稀土产业战略合作步伐加快，积极推进建设面向东南亚的稀土资源利用开发产业基地。三是科技研发取得重大进展。制定实施“十四五”科技创新规划，推进科技创新重点项目和任务突破。整合内部科技研发资源，组建中国稀土集团研究院。联合中国有研科技集团有限公司共建稀土原创技术策源地，合作建设国家稀土技术创新中心、国家稀土重点实验室，“稀土高质化基础材料制备与高丰度稀土元素平衡应用”项目获国家重点研发计划项目立项。2022 年，新获国家级创新平台 1 个、国家级“专精特新”企业 1 家、新增授权专利 81 件，申报并获批承担国家级项目(课题)7 项。

**【走向海外】** 2022 年，中国稀土集团积极参与稀土资源区域合作和全球治理，全面拓展东南亚稀土资源开发，与马来西亚、老挝政府采取多种合作模式建成稀土矿山 3 座，新增离子型稀土矿山产能 7000 吨/年，海外自主可控持续供应的稀土资源格局加快构建。加强与老挝、缅甸、马来西亚等国家稀土开采开发主管部门沟通对接，达成多项深度合作意向，缅甸稀土资源合作开发及进口实现从无序到“四个统一”。

**【重大创新】** 一是加快技术创新步伐。形成“卡脖子”关键核心技术和卡点清单，承担“卡脖子”工艺工程化项目建设任务 7 项。探索研究适用不同资源禀赋的多套镁盐选冶工艺体系，为稀土绿色集约开发提供新路径。稀土高纯氧化物制备工艺获得多项发明专利并实现定制化生产，ADR 10 稀土改性高导热压铸铝合金材料技术达到国际先进水平。二是持续深化管理创新。科学编制集团总部“三定”方案，快速完成总部组建和人员到位。以管控高效化、区域集约化、产业专业化、资源协同化、文化融合化为目标，全面推进专业化整合，构建“19411”组织管控架构，管理层级从五级压缩至三级，形成集团管总、区域公司(专业平台)主营、企业主战三级管控模式。

**【产业链建设】** 一是现代产业链优化完善。获批国务院国资委第二批链长企业，落实《稀土现代产业链行动方案》，部署 56 条具体举措和 38 项具体目标，整体任务完成率 89%；聚焦“固基补短锻长”，解决“补短板”问题 2 项、“强基础”问题 2 项、“锻长板”问题 3 项。加快产业基础高级化、产业链现代化，推进探转采、矿权延续、矿权申请，资源产业链不断延伸；整合同城同业和跨区域同质化冶炼分离产能，压降淘汰产能 6000 吨(折稀土氧化物)/年，盘活资产 1 亿元以上，产能利用率提升 10%；建成超高纯生产线，光学级、电子级、晶体级高纯、超细及纳米稀土材料、铈锆储氧材料加速攻关，5－6N 高纯产品及纳米、特殊物性稀土产品比例比上年增长 5%。二是落实稳增长保供应。赣南矿山停产 6 年后顺利实现复产，释放离子型稀土矿山产能 4000 吨/年。2022 年 7 座矿山正常生产，在产矿山比上年增加 2 座，产量实现翻番，进一步提升供应链保障能力。积极协调国外稀土矿进口，有效弥补国内原料供应不足问题。加强与产业链上下游、产供销各环节协同协作，促进稀土市场稳定有序运行。积极参与承接国储收储，所有中标产品中标数量均超过 80%。

**【党建工作】** 一是党的建设持续深化。学习贯彻落实习近平总书记重要指示批示精神，制定工作方案，召开动员大会，开展“十大行动”，明确重点任务 40 项，落实举措 109 项，跟踪任务落实。加强理论武装，坚持不懈用习近平新时代中国特色社会主义思想武装党员干部头脑，推动党委理论中心组学习制度化、规范化。加强宣传教育，开展发展成果正面宣传和舆论引导，推进党的二十大精神学习宣传贯彻；推荐涂爱鹏成为党的二十大代表，5 名职工获评 2022 年度“新时代赣鄱先锋”；开展企业文化体系建设，启用Ⅵ标识；加强舆情预警监测、分析研判和风险防控，全年未发生舆情事件。加强组织建设，成立中国稀土集团直属党委、工会，党组织建设、民主管理不断完善。加强干部人才队伍建设，选优配强总部部门负责人，优化调整直管企业班子；召开人才工作会，开展人才资源摸底，与高校联合培养，2022 年招录应届高校毕业生 64 人。二是反腐倡廉正风肃纪。压紧压实全面从严治党主体责任、监督责任，建立健全纪检监察工作制度机制。深化不敢腐、不能腐、不想腐一体推进，紧盯投资密集、资源集中的重点领域、关键环节，强化关键岗位、重点人员监督检查，严防国有资产流失。强化政治监督、工作监督、专项监督贯通落实，高质量完成全覆盖政治巡视，紧盯问题整改落实。深化落实中央八项规定精神，持续纠“四风”。深化“关键少数”监督，全级次企业“一把手”日常谈话117人次、任职谈话82人次、廉洁谈话232人次。加强反腐倡廉教育，召开廉政建设警示教育大会，开展党风廉政宣传教育月活动，加强重要节日廉洁过节提醒，建立廉洁档案，廉政教育实现常态化。

**【信息化与数字化建设】** 一是数字化转型发展不断深入。制定信息化规划，实施信息化建设项目（一期），着力建设1个智慧大脑、6朵应用云、三大赋能平台。“中国稀土行业公有云”项目获国务院国资委批准，积极打造1个基础云平台、1个核心云中台、1个稀土产业大脑及三大创新行业链；江西省科技厅03专项“基于国资委行业公有云的稀土产业大数据平台”获批立项。成立网络安全和信息化领导小组，开展网络安全专项行动，完成中国稀土集团视频会议系统、网站及办公邮箱建设，办公网络信息化水平持续提升。二是数字化信息化建设提档升级。稀土矿山数字化矿山建设加快，初步实现远程调度管理；生产运营中心、生产信息化平台持续升级改造，信息化水平进一步提升。制造企业智能制造执行系统逐步完善。

**【履行社会责任】** 一是服务苏区振兴发展。引领更多产业、创新、人才资源在赣州集聚，吸引和带动一批新基建、高端先进制造、战略性新兴产业在赣州发展，助推赣州稀土新材料及应用集群入选45个国家先进制造业集群。统筹重要骨干企业在赣投资建设，组建成立中国稀土集团国际贸易有限公司并落户赣州，上市公司迁址更名并落户赣州，驻赣企业上缴税费比上年增长167.63%。二是积极履行社会责任。组织所属企业调集应急物资支援东航客机坠毁前线救援，助力兴国县新建石溪村非物质文化遗产博物馆，派出多支乡村振兴工作队参与疫情卡点值守，宣传防控知识。三是实现安全绿色发展。组织开展安全生产提升年行动、专项整治活动，深化重点领域、重点环节、重要节点安全隐患排查整治，全年实现安全生产。落实绿色转型、节能减排、低碳循环等工作，压实责任推进环保督察问题、13个中央督察反馈问题和1个长江经济带警示片披露问题整改，截至2022年底整改完成率92.86%，整改销号率57.14%。加快低放废渣处置攻关，低放伴生矿物料综合处置中心建设积极推进，水泥窑协同处置低放废渣工作取得重大进展，“三废”处置取得显著效果。

（撰稿人：毕京平）

## 中国有研科技集团有限公司

**【基本概况】** 中国有研科技集团有限公司（原北京有色金属研究总院，以下简称中国有研）成立于1952年，是国务院国资委直管中央企业，中国有色金属行业成立最早、规模最大、综合实力最强的有色金属新材料工程技术开发和高新技术产业培育机构之一，国家首批百家创新型企业。截至2022年底，资产总额超过150亿元，拥有员工4800余人，其中两院院士3人，国家级专家、领军人才、享受政府特殊津贴专家123人。主营业务领域包括有色金属微电子—光电子材料、有色金属新能源材料与器件、稀有—稀土金属特种功能材料、有色金属结构材料—复合材料、有色金属粉体材料、有色—稀有—稀土金属选矿冶金技术、环保与二次资源回收利用技术、特种制备加工与装备技术、有色金属分析检测评价、科技期刊出版、风险投资、研究生培养等。

中国有研是国家有色金属行业技术开发基地、国家“大众创业、万众创新”示范基地、国家级国际联合研究中心、国家引才引智示范基地，拥有国家工程研究中心、国家工程技术研究中心、国家重点实验室、国家制造业创新中心、国家分析检测中心、国家认定企业技术中心等22个国家科技创新平台；拥有材料、冶金2个一级学科博士学位授予点和6个硕士学位授予点；拥有包括有研工研院、有研资环院、有研广东院等平台创新实体，有研新材（SH600206）、有研粉材（SH688456）、有研复材、国合通测等高新技术产业公司，有研鼎盛、有科出版、有研兴友等投资、科技期刊出版和创新基地运营服务公司在内的成员单位50余家，在北京、河北、山东、上海、安徽、四川、重庆、福建、广东等省（自治区、直辖市）及英国、加拿大、泰国等地建立研究开发、科技服务和高新技术产业基地。

中国有研累计承担国家科技项目6000余项，获得国家级和省部级科技成果奖励1100余项，授权专利近3400件，制定国家和行业标准800余项，向行业内外输出转移成果超过1300项次；先后支援建设10多个稀有金属、半导体材料等领域的大中型企业和科研院所，为"两弹一星"、"神舟飞船"、"高新工程"、核潜艇、国产大飞机、集成电路、载人航天、探月计划、新能源汽车、高速轨道交通等国家重大工程，提供一大批新材料、新技术、新工艺和新装备；为中国有色金属工业体系的建立、发展提供强有力的支撑，为国家重大科技攻关、重大工程建设和国防军工保障作出重要贡献。

**【主要指标】** 2022年，中国有研实现营业收入195.6亿元，完成预算值的115.1%；利润总额5.0亿元，完成预算值的112.0%；资产总额150.9亿元，比上年增长12.0%，全员劳动生产率40.3万元/(人·年)。

**表1　2022年中国有研科技集团有限公司主要经济指标**

| 项　目 | 2021年 | 2022年 | 比上年增长(%) |
|---|---|---|---|
| 资产总额(亿元) | 134.7 | 150.9 | 12.0 |
| 所有者权益(亿元) | 101.8 | 110.4 | 8.4 |
| 营业收入(亿元) | 201.9 | 195.6 | -3.1 |
| 利润总额(亿元) | 7.4 | 5.0 | -32.4 |
| 净利润(亿元) | 6.7 | 4.3 | -35.8 |
| 归属于母公司所有者的净利润(亿元) | 4.4 | 1.7 | -61.4 |
| 技术开发投入(亿元) | 11.1 | 9.4 | -15.3 |
| 利税总额(亿元) | 10.6 | 8.4 | -20.8 |
| 应交税金总额(亿元) | 3.2 | 3.4 | 6.2 |
| 全员劳动生产率[万元/(人·年)] | 46.0 | 40.3 | -12.4 |
| 净资产收益率(%) | 7.2 | 4.0 | 减少3.2个百分点 |
| 总资产报酬率(%) | 6.3 | 4.0 | 减少2.3个百分点 |
| 国有资本保值增值率(%) | 118.6 | 107.8 | 减少10.8个百分点 |

**【改革发展】** 2022年，中国有研认真贯彻落实党中央、国务院的决策部署，以改革转型和战略落地为中心，加强组织领导，落实目标责任，积极开展工作，改革发展各项工作取得明显成效。

2022年，中国有研全面完成公司制改制，全级次设立法人52家。同步推进所属企业党建入章程和落实党委前置研究讨论程序，所属二级公司全部完成党建入章程。结合不同所属公司层级，以及平台创新公司、产业公司等不同类型企业实际情况，制定《所属公司章程制定管理办法》，修订"三重一大"决策事项清单和决策程序，发布党委前置研究讨论重大经营管理事项清单，厘清各治理主体权责边界，将党的领导有效融入公司治理。

在子企业董事会建设方面，集团充分研究各所属公司的主营业务、公司规模、股权结构等实际情况，动态调整应建尽建子企业范围，于2022年7月确定董事会应建尽建子企业13家，其中重要子企业9家。截至2022年底，上述13家子企业全部建立董事会，并实现外部董事占多数，制定外部董事选聘管理、考核评价等方面制度规定；指导各所属公司建立外部董事决策信息保障机制、董事会会前沟通机制、参加重要会议与调研机制、意见建议落实与反馈机制等外部董事履职保障制度；9家重要子企业，全部制定有关实施方案并差异化落实董事会职权。

在落实国企改革三年行动方面，中国有研全面加强党的领导，健全市场化经营机制，优化产业布局和结构调整，全面提升科技创新能力。针对重点任务，压实主体责任，明确任务目标，实施挂图作战，集中力量攻克改革坚冰区深水区，保质保量完成《实施方案》中的全部35项改革任务，76项改革举措。

在国企改革专项工程推进方面，中国有研1家所属企业入选"科改示范企业"，2家所属企业入选国务院国资委国企改革"双百行动"试点。有研工研院2020年4月入选"科改示范企业"后，不断加大改革力度，完善现代化企业治理，健全市场化用人机制，提升自主创新能力。截至2022年6月，全部完成台账中14项任务，"科改示范行动"考核结果为"优秀"。有研粉材和国合通测于2018年11月入选国务院国资委国企改革"双百行动"试点。有研粉材形成改革任务台账5项，国合通测形成改革任务台账9项。截至2022年6月，两家所属企业“双百行动”改革任务均全部完成，考核结果分别为“合格”和“良好”。

**【重大项目】** 2022年，中国有研重点加强战略性新兴产业和高技术制造业的布局推进，维护相关产业链供应链稳定，重点部署集成电路材料、先进有色金属材料和稀土功能材料3个战略性新兴产业领域。

集成电路材料领域。一是硅片产品，在北京顺义和山东德州布局产业基地，重点布局8英寸硅片和11～19英寸大直径硅单晶。其中，8英寸硅单晶抛光片产能18万片/月，11～19英寸大尺寸硅单晶月产能30吨，全球市场占有率超过15%，稳居国内第一。二是靶材产品，在北京昌平和山东德州布局产业基地，拥有国际前三的高端靶材生产线，面向12英寸应用的高端靶材是优势强项。靶材产品覆盖4～12英寸线主流溅射机台所用靶材，包括铝、钛、铜、钴及贵金属等高纯金属及合金靶材，年产能30000块。其中，8～12英寸铝、钛、铜、钴、钽等全系列产品均实现批量供货，超高纯铜及铜合金、钴及贵金属等靶材加工技术达到国际先进水平，市场占有率10%，在先进制程靶材市场占有率在90%以上。三是微电子行业用锡基焊粉，在北京怀柔和山东滨州布局产业基地。微电子行业锡基焊料产品包含焊锡粉、焊锡膏、焊锡丝/条等，总产能6000吨，2022年销量3380吨。

先进有色金属材料领域。一是金属粉体材料，有研粉材成为国际领先的有色金属粉体材料生产企业，先后在北京、重庆、安徽和山东等省（直辖市），以及英国、泰国等国布局科技创新平台和产业基地，产能全球排名第2位，产品国内市场占有率35%。二是有色金属特种材料，在北京、河北廊坊、厦门等地进行科技和产业布局，金属基复合材料和合金半固态成型技术具有较强优势，产业化技术国内领先。有色金属特种材料产品包括有色金属复合材料、大直径铝合金细晶均质铸锭、铝合金半固态成型、特种塑性加工制品等。三是红外光学材料体系，在山东德州和河北廊坊进行产业布局，形成材料—元件—功能组件一体化产业链布局。光学（红外）材料主要产品有锗单晶、硫化锌、硒化锌、硫系红外玻璃以及光学元件、镜头、模组等系列产品，硫化锌产品的综合年产能10吨，年产光学头罩成品5000件、各类光学镜片上万件、光学镜头和组件2000套。

稀土功能材料领域。拥有由稀土矿—冶炼分离—稀土化合物—稀土金属及合金—稀土磁、光、催化等稀土功能材料的全产业链，在北京、河北廊坊、山东威海和青岛、四川乐山以及雄安新区等多地进行科技和产业布局，稀土绿色提取分离技术、超高纯稀土金属等占据行业科技和产业发展战略位置，“离子型稀土矿浸萃一体化”等绿色提取分离技术在6家企业规模实施，技术转让费和立项经费合计超过1亿元。

**【走向海外】** 2022年，中国有研境外投资项目1项，有研粉材为开发东南亚市场，建设贴近客户的生产基地而在泰国新设公司，位于泰国春武里WHA工业园，有研粉材直接和间接持股比例合计100%，主要建设电解铜粉、雾化铜粉、铜合金粉、锡粉生产基地，计划投资总额9706.92万元，该项目作为有研粉材IPO募投项目，建设资金能够得到充分保障。2022年，有研粉材克服疫情影响，该项目建设取得实质性进展，完成厂区布局及工艺设计、土建工程招投标、机电和电解铜粉生产线采购及安装定标，顺利开工建设，工程建设完成总进度的68%，完成投资3610万元。

**【重大创新】** 2022年，中国有研深入贯彻“创新驱动高质量发展”战略，强化科技创新平台体系建设，全力推进科研争项和核心技术攻关，加大自主科技创新和科技成果转化。

在科技创新平台建设方面，特种有色金属材料国防科技创新中心的建设任务按计划节点推进，成功引入4家战略投资者，促进产业链上下游单位的科技创新合作；国家新材料测试评价平台主中心和行业中心项目顺利通过验收，为持续服务国家战略和市场客户奠定基础；举办集团所属3家国家工程研究中心揭牌仪式暨年度管理工作会议，发布国家级科技平台考核评价体系，进一步做实“集团—平台负责人—支撑单位”三级管理体系，促进平台作用充分发挥。

在推动关键核心技术攻关工程方面，一是积极申报承担关键核心技术攻关任务，经科学论证提出国务院国资委“1025专项”二期攻关任务9项，最终获批6项；获批XXX—2领域第四批科研项目4项，国拨经费近7000万元。二是不断完善攻关组织保障体系，召开集团攻关领导小组第四次会议，与任务承担单位签订责任状，层层压实责任，建立三级任务专员体系，严格“打表推进、挂图作战”。三是组织开展攻关任务评估验收，高质量完成攻关任务。“1025专项”一期攻关任务全部顺利通过国务院国资委评估验收，2个团队获评“1025专项”突出贡献团队，6名个人获评“1025专项”突出贡献个人；白雪作为突出贡献个人代表在国务院国资委专项总结表彰大会上发言。四是充分调动多方资源，推动攻关成果的转化应用。积极组织需求对接，推动用研结合，加强攻关实效，部分型号劈刀开始送样到多家单位考核，并正式启动成果孵化及产业化；国产硼化锆靶材获得首个核心用户订单；高纯金属靶材产品批量供货中芯国际、长江存储、台积电、GF、新加坡UMCI等国内外知名客户。

在科技成果转化应用方面，推进固态储氢技术研发及多场景用储氢装置的迭代，盘活存量技术，并积极扩展科技成果第二场景应用，2022年签订近1亿元的氢能技术服务合同；攻克高性能航空铝合金材料成分优化设计、高综合性能匹配的强韧化热处理等关键共性技术，联合中铝集团等建立完整工业化技术体系，获得第23届中国专利银奖；持续加强构建“需求—研发—生产—应用”的创新循环生态圈，探索实行大客户制，建立与重点客户的常态化对接交流机制，建立科技成果资源池，面向集团内部征集科技成果120余项，并对外公开发布。

**【党建工作】** 2022年，中国有研党委坚持以习近平新时代中国特色社会主义思想为指导，全面学习宣传贯彻党的二十大精神，坚定拥护“两个确立”、坚决做到“两个维护”，不断推进党的建设理念创新、机制创新、方式创新，全面推动党建工作向基层拓展、向纵深拓展，各项工作取得明显成效。

党的二十大召开之前，集团党委以“建功新时代，喜迎二十大”为主题开展习近平总书记重要指示批示精神再学习再落实再提升主题活动，持续巩固落实习近平总书记在全国国企党建会上的重要讲话精神。集团党委高质量完成党的二十大代表推荐提名有关工作。党的二十大胜利闭幕后，集团党委努力在学思践悟中走在前列。第一时间召开专题学习会和研究部署会，制定学习贯彻党的二十大精神工作方案，国务院国资委网站报道集团党委专题学习贯彻党的二十大精神理论中心组学习情况，集团领导班子带头开展专题宣讲，实现二级单位全覆盖；组织开展“党的二十大精神网络培训班”专题轮训，采购发放《中国共产党章程》《党的二十大报告学习辅导百问》等学习用书；组织职工集体参观“奋进新时代”主题成就展2次，深刻感悟过去五年工作成就和新时代十年伟大变革的重大意义。加强理论研究。《学习时报》《国企》杂志分别刊发集团党委署名文章《立足科技创新打造高质量发展新高地》《砥砺奋进七十载中国有研再出发》。

打造党建品牌，推动党建工作与生产经营深度融合。通过顶层设计促进融合，大幅提升融合工作在年度考核中的占比，促进各基层党组织牢固树立融合意识。制定“我为群众办实事”实践活动长效机制实施方案，将企业改革创新、高质量发展各项中心工作重点难点和职工群众急难愁盼问题作为党组织重点任务进行立项、抓紧抓实、大力推动；2022年立项办实事项目31个，最终评审出金牌项目6个、优秀项目5个，大力宣传好的经验做法，不断深化基层党建融合工作创新与实践。结合重点专项促进融合。基层党组织聚焦“1025专项”等关键核心技术攻关项目，开展“党员突击队”“党员先锋岗”等一系列党建品牌建设，激励党员在科研项目上揭榜挂帅、奋发有为，相关工作得到国资委通报表扬。

坚持人民至上，推动群团共建，全面汇集起团结奋进的强大力量。一是党委统筹领导统战工作。集团党委专题研究部署统战工作，召开年度统战工作座谈会，组织统战人士积极学习贯彻党的二十大精神。二是加大党建带团建工作力度。召开庆祝中国共青团成立100周年暨党建带团建座谈会，加大集团青年基金项目资助力度，扎实开展青年精神素养提升工程，助力青年人才快速成长，集团团委获评“全国五四红旗团委”。三是扎实推进产改工作。组织召开产改五周年座谈会，全面总结集团推进产改工作和产业工人队伍建设的成效和做法，相关工作获得时任全国总工会党组书记陈刚的高度认可。2022年，中国有研获得全国五一劳动奖状。

**【信息化建设】** 2022年，中国有研全面启动数字化信息化提升工程，赋能集团管理管控能力提升。系统推进司库系统建设，实现对全集团资金的集约管理和动态监控，有效提高资金运营效率、防控资金风险；完成人力资源信息系统升级，形成人员基础数据、业务流程管理、数据报表分析等功能的立体化功能布局，进一步提高人力资源管理效率和基础管理水平；建立集团科技管理平台，完成包括规划与计划管理、科技项目管理、科技成果管理等12个业务功能模块，全面提升集团科研管理水平及管理效能；完成主数据系统平台建设，统一各业务系统人员、组织等数据标准，实现各业务系统之间数据交互，消除信息孤岛；探索构建集团管理报告体系，推动业财信息全面对接整合。

**【履行社会责任】** 2022年，中国有研积极发挥在人才、教育、科技创新等方面的优势，在产业振兴、教育帮扶、乡村治理等方面投入资源，对定点帮扶县投入无偿帮扶资金297万元，聚焦特色田园乡村示范点建设。集团进一步强化政治担当、加强组织领导、压实工作责任，定点帮扶工作成效显著，多措并举将对口帮扶的珠池坝村打造为“乡村振兴集成示范点”“铜仁市党支部标准化规范化示范点”；继续淬炼“有研金色希望”教育帮扶亮丽名片，思南县累计2500余名学生直接受益。通过四川省慈善联合总会向四川泸定捐款100万元，用于地震灾后重建。

（撰稿人：温晓帆）

## 矿冶科技集团有限公司

**【基本概况】** 2022年，矿冶科技集团有限公司（以下简称矿冶集团）在习近平新时代中国特色社会主义思想的指引下，在国务院国资委的正确领导下，坚持以经济效益为导向，主动应对超预期因素冲击，咬定目标不放松，全力以赴稳增长，增收拓市、降本增效，经营业绩大幅增长，发展质量不断提升，改革创新行稳致远，质量效益稳健提升，为稳住宏观经济大盘作出积极贡献。2022年，矿冶集团全面完成国务院国资委年度考核任务，22家二级经营单位连续3年保持全面盈利。

**【主要指标】** 2022年，矿冶集团实现营业收入241.37亿元，比上年增长124.13%；利润总额25.92亿元，比上年增长89.20%；净利润22.91亿元，比上年增长91.08%，利润总额与净利润同步增长，均创历史最好水平。

**表1　2022年矿冶科技集团有限公司主要经济指标**

| 项　目 | 2021年 | 2022年 | 比上年增长（%） |
|---|---|---|---|
| 资产总额（亿元） | 204.00 | 289.17 | 41.75 |
| 所有者权益（亿元） | 132.07 | 158.76 | 20.21 |
| 营业收入（亿元） | 107.69 | 241.37 | 124.13 |
| 利润总额（亿元） | 13.70 | 25.92 | 89.20 |
| 净利润（亿元） | 11.99 | 22.91 | 91.08 |
| 归属于母公司所有者的净利润（亿元） | 3.53 | 5.93 | 67.99 |
| 技术开发投入（亿元） | 9.4 | 21.05 | 123.94 |
| 利税总额（亿元） | 14.60 | 26.75 | 83.22 |
| 应交税金总额（亿元） | 2.61 | 6.18 | 136.78 |
| 全员劳动生产率[万元/（人·年）] | 64.21 | 95.91 | 49.37 |
| 净资产收益率（%） | 11.76 | 15.74 | 增加3.98个百分点 |
| 总资产报酬率（%） | 8.64 | 10.51 | 增加1.87个百分点 |
| 国有资本保值增值率（%） | 129.02 | 110.92 | 减少18.10个百分点 |

**【改革发展】** 2022年，矿冶集团以制度建设夯实改革根基，以机制创新激发改革活力，以专项突破激活改革全局，全面发力、加速提质，国企改革三年行动各项任务全面完成，企业高质量发展活力不断迸发。一是围绕出真招求实效推动改革落实落地。健全“月例会问效、信息化督办、常态化交流”的改革实施跟进

落实机制，加强监督、完善考核，改革措施更加精准有效。二是推动中国特色现代企业制度更加成熟定型。把加强党的领导贯穿到公司治理全过程，集团设党委子企业全面制定并落实党委前置研究讨论重大经营管理事项清单。推动子企业董事会应建尽建，集团各级子企业100%实现外部董事占多数。开展董事、监事专项培训和年度考核评价，有效提升派出董事、监事履职能力。三是灵活高效的市场化经营机制加速形成。对各级子企业已签订的经理层聘任协议和业绩合同进行评估和“回头看”；强化对各二级经营单位领导班子副职考核，在集团职能部门试点推行全员量化考核，强化结果应用，进一步推动实现干部能上能下。推行管理人员竞聘选聘，10家单位通过公开竞聘选用管理人员30人，因员工不胜任岗位要求、考核不合格等原因市场化退出65人，不断提升市场化管理水平。矿冶集团三项制度改革工作获得国务院国资委的充分肯定，在中央企业专项评估中获评一级（A类），相关经验做法入选国务院国资委《“能上能下”“能进能出”30个微案例》。四是对标世界一流管理提升不断深化。高质量完成对标世界一流管理提升行动专项任务，开展“对标世界一流管理提升行动内部管理标杆”创建工作，遴选和创建17个管理经验先进、管理成效突出、管理特点鲜明的内部管理标杆项目。制定加快建设世界一流企业实施方案，将“十四五”规划实施和一流企业建设相结合，推动治理、人才、创新、效率全面提升。五是改革专项工程发挥示范引领作用。深入实施改革专项工程，鼓励“双百企业”和“科改示范企业”大胆创新，充分发挥示范引领和突破带动作用。当升科技公司获评国务院国资委“国有企业公司治理示范企业”；北矿检测公司完成公司制股份制改革，进入新的发展阶段。在国务院国资委组织的改革创新专项考核中，1家公司被评为“优秀”，3家公司被评为“良好”。

**【重大项目】** 一是扎实推动矿冶装备业务重组整合，完成株洲公司重组进入北矿科技公司，有效拓宽产业链和服务领域，极大提升集团矿冶装备的行业核心竞争力。二是以市场需求为导向，成立西南分公司，进一步巩固拓展集团工程、咨询业务等在西南地区、东南亚地区的市场占有率。三是国家矿产资源综合利用技术创新基地项目如期动工，打造国家级科创融合示范基地步伐加快。强化项目组织领导，加快推动项目报建手续办理进程，有序推动土壤评价、水影响评价和交通影响评价等一揽子项目施工许可前置工作，顺利取得北京市住建委《工程项目施工准备函》批复。圆满完成项目开工仪式，如期实现年底动工目标。

**【走向海外】** 持续推进“一带一路”矿冶科技伙伴计划，与蒙古科技大学、意大利国家研究委员会海洋科学研究所签订共建联合实验室协议，“一带一路”朋友圈不断扩大。围绕“一带一路”实验室建设，加强国际合作与交流，3项国际科技创新合作重点专项获批立项，获批1项“一带一路”创新人才交流外国专家项目。积极克服境外疫情形势和国际局势变化的超预期影响，通过线上营销、境外代理等方式加强市场开发、加大营销力度，持续巩固南非、刚果（金）等非洲市场成果，积极拓展蒙古国、老挝、越南、土耳其等“一带一路”沿线国家市场，集团国际化经营能力不断提高。积极组织参加第五届进博会、2022年服贸会和金砖国家工商论坛，推动集团高水平对外开放。2022年，矿冶集团进出口总额12.7亿美元，比上年增长145%，其中出口额10.8亿美元，增长128%。

**【重大创新】** 一是服务国家战略更加主动。积极打造原创技术策源地，加大对人工智能、工业互联网、大数据等新兴领域的支持导向作用。围绕战略性矿产资源开发利用、循环经济关键技术与装备、稀土新材料等关键核心领域，积极参与重点专项攻关，全年申报各类纵向科研项目183项，获批96项，新立项项目合同总额1.8亿元；积极申报国有资本金预算，获批资金5亿元。战略性矿产资源开发利用专项立项数量连续两年保持行业第一，进一步彰显矿冶集团在矿冶领域的整体综合优势和行业地位。二是关键核心技术攻关成果更加突出。高质量通过“1025专项”一期6项任务评估验收，突破26项关键核心技术，填补国内超高温级热障涂层等的技术空白，大型智能浮选机、矿山微震监测预警系统等打破国外垄断，基因矿物加工技术实现国际领先，解决一批“卡脖子”关键核心技术问题。接续奋进，再次承担“1025专项”二期12项任务。全力保障高端分析测试仪器创新联合体4项仪器研发任务顺利实施，助力实现关键核心仪器自主可控。三是技术成果凝练成效更加显著。建立集团重大科技成果库，在复杂多金属资源清洁高效利用、航空材料等方面进行深耕培育，入库成果30余项。8项技术入选2022年自然资源部《矿产资源节约和综合利用先进适用技术目录》，7项成果入选2022年国务院国资委《中央企业科技创新成果推荐目录》。2022年获得各类科技奖励73项，其中，11项成果获得省部级奖项，省部级以上获奖数量创历年新高。获批授权专利302件，其中获准登记软件著作权75项，2件专利获得中国专利优秀奖。负责或参与制（修）订标准125项。四是创新平台建设更加高效。以面向国家重大战略需求为导向，优化集团2个国家重点实验室的建设目标、研究方向和研究内容，加强人员配备和管理，2个国家重点实验室重组方案通过国务院国资委评审。矿冶过程智能优化制造全国重点实验室成功获批进入第一批全国重点实验室建设名单，集团国家级创新平台建设迈入新阶段。新获批4个国家级和10个省部级创新平台和机构，集团科技创新基础条件进一步夯实。

**【党建工作】** 一是政治建设持续加强。深入开展“建功新时代 喜迎二十大”习近平总书记重要指示批示精神再学习再落实再提升主题活动，学习宣传贯彻党的二十大精神，开展学习研讨、举办专题培训班，把思想和行动迅速统一到党的二十大精神上来。深入开展青年精神素养工程，印发产业工人队伍建设实施方案，党建带团建带群建更加有力。二是全面从严治党纵深推进。自觉加强党风廉政建设和反腐败斗争，坚决纠“四风”树新风，一体推进“三不腐”，做到惩治震慑、制度约束、提高觉悟综合发力。做深做实靠企吃企“回头看”各项工作，制定完善制度26项，用好《中央企业靠企吃企案件警示录》，强化底线意识，严守纪律规矩。全力支持廉（联）控工程在集团科研工程设计咨询领域走深走实，输出一套6个系列的指导手册，进一步规范权力运行的制约和监督。全力督促2022年被集团党委常规巡视的2家单位和巡视“回头看”的3家单位强化巡视整改落实，其他各二级单位持续加强巡视整改成果运用，深化标本兼治，推动监督、整改、治理有机贯通。三是人才队伍活力不断增强。积极承担国家工程硕博士培养改革专项试点任务，招收工程硕博士13人。积极落实战略科学家培养和高端人才引进政策，成效显著，6人次获得省部级及以上人才称号，申报国家CC计划5人，获批2人，在2022年中央企业人才工作会议上得到国务院国资委通报表扬。

**【信息化与数字化建设】** 推动信息技术与中心业务深度融合，完成包含科研、工程、产业在内的统一项目管理体系、党建管理和绩效考核系统建设，集团统一协同管控平台初步形成。新建招标采购子系统和国有资产监督追责系统等5个在线监管系统建设，保障国务院国资委对集团的在线监管途径畅通。当升科技常州基地生产制造系统建设完成，信息化管理手段与生产经营深度融合，企业生产控制水平达到国际先进。完成集团商密信息系统建设和邮件系统自主可靠更新升级，高质量完成网络攻防实战演习，矿冶集团网络安全防护手段经受住连续10余天的规模攻击，网络安全综合防护能力全面提升。

**【履行社会责任】** 主动公开社会责任信息，发布企业社会责任报告；有力推进精准帮扶，全年投入各类帮扶资金900余万元，圆满完成定点帮扶各项工作任务；第一时间向四川地震受灾群众捐赠100万元；落实清欠专项工作，民营企业欠款无分歧逾期账款全部清偿完毕；全力做好服务业小微企业和个体工商户房租减免工作，全年减免租金663万元，惠及16家商户，有力彰显中央企业的使命与担当。坚持科学精准防控，因时因势优化调整防控措施和应急预案，举办集团疫情防控培训和疫情防控应急演练；科学果断应对新防疫政策实施后短期内员工感染数量增多困局，积极采购防控用品，加强消杀，闭环轮岗，最大限度减少传播风险，全力确保集团疫情防控和生产经营两不误。

（撰稿人：朱亦珺）

## 中国国际技术智力合作集团有限公司

**【基本概况】** 2022年，中国国际技术智力合作集团有限公司（以下简称中智集团）面对新冠疫情多轮冲击、发展环境多重压力、改革发展艰巨任务，坚决贯彻落实党中央“疫情要防住、经济要稳住、发展要安全”总体部署和国务院国资委“两增一控三提高”工作要求，牢牢把握提质增效、综合治理“两条主线”，全力稳增长、促改革、防风险、强党建，迎难而上推动各方面工作取得新进展、新成效。发布中智集团“1+2”战略规划，构建起上下联动、有效衔接的规划格局。推进规划指标与预算有机联动，通过财务预算、数字化转型预算、投资预算、经营预算等引导资源向主责主业聚集，战略牵引效应充分彰显。成功获批博士后科研工作站，为顶尖人才引进培养搭建新平台。制定中智集团加快建设世界一流企业实施方案，明确“1+N”创建格局和两步走实施路径。2022 年，中智集团居中国企业 500 强第 176 位、中国服务业企业 500 强第 65 位，连续 17 年领航中国人力资源服务业。

**【主要指标】** 2022 年，中智集团把提质增效稳增长作为重中之重，在有效应对政策、市场、产业急剧变化的挑战中，实现生产经营稳中有进。资产总额、营业收入、利润总额、净利润分别比上年增长 7.43%、9.31%、2.99%、5.35%。

**表 1　2022 年中国国际技术智力合作集团有限公司主要经济指标**

| 项　目 | 2021 年 | 2022 年 | 比上年增长(%) |
|---|---|---|---|
| 资产总额(亿元) | 187.92 | 201.88 | 7.43 |
| 所有者权益(亿元) | 77.14 | 86.10 | 11.62 |
| 营业收入(亿元) | 201.12 | 219.85 | 9.31 |
| 利润总额(亿元) | 12.36 | 12.73 | 2.99 |
| 净利润(亿元) | 9.54 | 10.05 | 5.35 |
| 归属于母公司所有者的净利润(亿元) | 9.38 | 8.99 | −4.16 |
| 技术开发投入(亿元) | 2.51 | 2.61 | 3.98 |
| 利税总额(亿元) | 53.50 | 41.78 | −21.91 |
| 应交税金总额(亿元) | 32.71 | 32.95 | 0.73 |
| 全员劳动生产率[万元/(人·年)] | 111.94 | 105.63 | −5.64 |
| 净资产收益率(%) | 14.01 | 12.31 | 减少 1.70 个百分点 |
| 总资产报酬率(%) | 7.16 | 6.61 | 减少 0.55 个百分点 |
| 国有资本保值增值率(%) | 129.23 | 112.38 | 减少 16.85 个百分点 |

**【改革发展】** 2022 年，中智集团按照国企改革三年行动“三可一要”工作要求，构建“五化二式”工作模式，通过上下联动、合力攻坚，全面完成改革任务。顺利完成股改，积极开展合规审核，以超常规工作状态狠抓上市申报工作，保障上市稳妥推进。实现任期制和契约化管理在高质量、规范化基础上的全覆盖。不断完善“三能”机制建设，集团考核末等调整和不胜任退出管理人员 29 名。首次实行集团工资总额备案制，工效联动机制更加完善。指导分支建立实施超额利润分享机制，严格按绩效表现刚性兑现薪酬。扎实开展合规内控体系建设与审计监督工作，建立合规管理风险库，设立识别预警机制，构建“1+2+N”制度体系。部署推进专项和经济责任审计，探索开展投资后评价工作，严控资金、投资、境外经营风险，提升重点领域风险防控水平，合规管理与审计监督的“防风险、促发展”作用得到充分发挥。

**【重大项目】** 2022 年，中智集团持续优化投资授放权机制，向主要成员企业下放投资立项审批权限，提升投资工作效率，投资规模创历史新高。通过并购新设等方式，开展多个股权投资项目，在空白市场布局、发展模式创新、产业链延伸等方面实现有效突破。加大投资激励兑现，对多名项目推荐人兑现专项奖励。

**【走向海外】** 2022 年，中智集团积极服务“双循环”发展格局，不断拓展国际化经营市场空间，成功中标新加坡、印度尼西亚两国签证中心，境外服务网络进一步扩大，实现在东南亚建立国际化经营“桥头堡”的战略布局。不断拓展海外签证中心网点，扩大商旅服务的内外市场。

**【重大创新】** 2022年，中智集团产品服务研发升级全面提速，推出"6+1"解决方案，形成完善统一的人力资源服务价值链。打通商业模式运行，"赏荐宝"完成功能升级，灵工平台服务雇员数比上年提升2倍。在医疗器械贸易领域积极拓展"配送—销售—库存管理"全链条打包服务，实现贸易业务综合服务新突破。完善创新工作机制，首批4个"揭榜挂帅"、10个"笋尖"创新项目开始实施，优化升级青创赛机制流程、组织模式，创新工作不断深化。

**【党建工作】** 2022年，中智集团坚持把政治建设摆在首位，认真落实"第一议题"制度，不断提高政治判断力、政治领悟力、政治执行力。认真学习贯彻党的二十大精神，持续掀起学习热潮，推动党的二十大精神在集团落地生根。坚持融入中心抓党建、抓好党建促发展，深入落实"1+2+1"党建工作责任体系，开展"两围绕三提升四创建"活动，党建与经营融合更加紧密，为完成全年经营目标任务提供坚强保证。纵深推进全面从严治党，切实加强"一把手"监督，深化违规经商办企业问题整改，实现巡视巡察全覆盖，"三不"一体推进呈现新态势。着力推进工会"五心"工程，大力实施青年精神素养提升工程和青马工程，员工精神面貌昂扬向上，凝聚力、向心力不断增强。

**【信息化与数字化建设】** 2022年，中智集团数字化转型步伐明显加快，认真落实国资数字化监管工作部署，完成监管模块建设3个。发布《数字化转型规划纲要》，明确未来数字化生态愿景。行业公有云申报成功获批，为推进行业数字化基础设施纳入国家现代产业体系夯实基础。"三线一面"数字化管控体系加快构建，协同办公平台一期完成上线，财务信息化向前迈出关键一步，人力资源管理系统上线运行，管控数据平台建成经营管控数据支持系统。

**【履行社会责任】** 2022年，中智集团坚定扛起政治责任，围绕服务国家战略，高质量形成就业趋势分析等24个重大专项研究成果和工作方案，为推动党中央决策部署和国家战略落地实施提供系统方案和思路。高质量承办国资央企夏季招聘等各类促就业活动279场，岗位需求数180万人。面向乡村人才提供数字素养提升课程36项。积极参与落实"春风行动"，推动农村户籍劳动力就业择业和流动超过5万人次。围绕科改示范行动、三项制度改革、对标世界一流等开展专题讲座24场，为600余家地方国资委和中央企业、国有企业提供管理咨询服务700余项。积极助力乡村振兴，帮扶资金投入增长超过10%。持续开展藏青疆三地高校毕业生招聘、创新实施西藏地区大学生市场化促就业项目，为促进偏远地区民生改善作出积极贡献。配合人力资源和社会保障部、民政部和中残联开展就业"暖心行动"、助残"拉手计划"，帮助数千名残疾人实现稳定就业。

（撰稿人：薛俊武）

## 中国建筑科学研究院有限公司

**【基本概况】** 2022年，中国建筑科学研究院有限公司（以下简称中国建研院）全体干部职工深入学习习近平新时代中国特色社会主义思想，全面贯彻党的二十大精神，认真落实党中央、国务院的决策部署，全力以赴、开拓进取、攻坚克难、笃行不怠，打造原创技术策源地，加快建设世界一流企业。在全体员工的共同努力下，圆满完成全年各项目标任务，持续推动公司高质量发展。

**【主要指标】** 2022年，中国建研院营业收入74.39亿元，比上年下降7.38%；利润总额4.59亿元，比上年增长8.93%；净利润3.93亿元，比上年增长14.73%，全员劳动生产率比上年提高13.31%，在研（编）省部级及以上科研和标准规范230项，圆满完成国务院国资委各项考核任务，实现"十四五"良好开局。

**表1　2022年中国建筑科学研究院有限公司主要经济指标**

| 项　目 | 2021年 | 2022年 | 比上年增长(%) |
|---|---|---|---|
| 资产总额(亿元) | 70.52 | 73.38 | 4.05 |
| 所有者权益(亿元) | 33.34 | 37.28 | 11.81 |

续表

| 项　目 | 2021 年 | 2022 年 | 比上年增长(%) |
| --- | --- | --- | --- |
| 营业收入(亿元) | 80.32 | 74.39 | −7.38 |
| 利润总额(亿元) | 4.21 | 4.59 | 8.93 |
| 净利润(亿元) | 3.43 | 3.93 | 14.73 |
| 归属于母公司所有者的净利润(亿元) | 2.88 | 3.39 | 17.71 |
| 研发经费投入(亿元) | 4.20 | 4.26 | 1.46 |
| 利税总额(亿元) | 7.05 | 7.53 | 6.71 |
| 应交税金总额(亿元) | 4.09 | 4.18 | 2.01 |
| 全员劳动生产率[万元/(人·年)] | 27.86 | 31.57 | 13.31 |
| 净资产收益率(%) | 10.59 | 11.09 | 增加 0.50 个百分点 |
| 总资产报酬率(%) | 6.10 | 6.41 | 增加 0.31 个百分点 |
| 国有资本保值增值率(%) | 114.24 | 112.53 | 减少 1.71 个百分点 |

**【改革发展】**　一是不断提升公司治理能力。调整优化公司党委前置研究讨论重大经营管理事项清单、“三重一大”事项范围及重大事项决策权责清单，修订董事会授权决策方案、经理层议事规则，制定董事长专题会议事规则，进一步完善公司治理制度体系，厘清各治理主体的权责边界。配齐建强公司董事会，实现外部董事占多数。组织外部董事深入各级企业开展调研，推动公司各层级治理能力不断提升。二是深化公司三项制度改革。完善市场化选聘机制，大力推行管理人员竞争上岗、员工公开招聘，实施末等调整和不胜任退出，优化人才资源配置。完善考核分配体系，优化工资固浮比，加大薪酬考核挂钩力度，提高薪酬激励有效性。三是推动改革专项行动走深走实。“双百企业”北京建机院持续完善“1+5+N”基本制度体系，制定《落实董事会职权实施方案》，进一步健全公司治理机制。“科改示范企业”环能科技和建研防火成立科技创新委员会，不断加强科技创新机制建设。检测中心成立董事会，完善各项规章制度，完成股权激励工作。四是以人为本，蓄势增能聚人才。制定科技考核办法，构建经营业绩、科技、党建和综合考评“四位一体”的考核评价体系。按照国务院国资委新版考核要求，全面梳理和修订二级单位经理层成员任期制和契约化管理相关制度，签订补充协议。推动各单位加快建立核心关键人才差异化薪酬制度，深入推进全员绩效考核，持续激发人才效能。加强工资总额分配调控，强化工效同向联动。制定并落实《公司全国工程勘察设计大师有关待遇若干规定》和具有高级职称的女性科技人才延迟退休政策，保障高层次科技人才持续发挥更大作用。召开公司干部人才工作会议，谋划部署人才强企新举措。举办中青年干部培训班，着力提升年轻干部的综合素质和履职能力。完善研究生教育管理制度 14 项，不断扩大研究生培养规模，获批工程硕博士培养改革专项试点单位。坚持党管干部原则与发挥市场机制作用相结合，加强市场化选聘，积极推行公开选拔、竞争上岗，大力选拔使用优秀年轻干部。

**【重大项目】**　2022 年，中国建研院各单位聚焦主责主业，坚持开拓创新，不断形成高质量发展新动能新优势。一是以软件技术推进行业数字化转型，积极打造建筑、电力及铁路等跨行业国产 BIM 软件应用生态圈。集中优势力量为上海浦东国际机场四期开展全专业咨询，提供系统解决方案。发挥结构专业优势，开展“北京城市副中心站综合交通枢纽”等项目结构技术服务。多专业联动，完成“新南极科考站风雪荷载研究”“新国展二期幕墙咨询”等项目。不断提升方案创新和设计总包能力，承担“成都兴城建航空产业园”“长三角一体化示范区祥符荡科创绿谷”等设计项目。创新产品“基于无人机搭载的安全监测系统”在唐山市 30 万平方米项目中完成示范应用。二是培育设计施工一体化竞争优势，承揽“武昌滨江核心区 E1 地块工程”“北京世园公园综合改造”“乌海市第一中学”等 EPC 及 EPCM 工程，大力开展“云南大理时代”“湛江市港区人民医院”“北京密云水库环境综合整治”等规划设计及全过程工程咨询项目。从细分市场发力，成立医疗事业部，承接 13 个城市 40 余项工程，“北京世纪坛医院急救综合楼”“山东公共卫生临床中心”等项目相继落成。与建研地基、北京建机院、检测中心等单位开展内部紧密合作，共建内部生态圈。三是积极开拓公共建筑、工业、环境岩土工程等领域，承接“中关村论坛永久会址”“山东魏桥”“青海盐湖”“黑龙江矿山修复”等项目，新领域业务持续发展，业务结构不断优化。持续推进与清华大学、福建省建科院、嘉兴市铁路与轨道交通投资集团等高校或单位战略合作，共同打造人才培养、技术研发和成果转化平台。四是持续推进数字化转型升级，聚焦“智慧制造、智慧装备、智慧管理、智慧服务”，研发推出“智能化钢筋加工成套生产线”“智能绿色施工升降机”“智能化擦窗机”“智能化多点布料机”“智能化园区无人驾驶接驳车”“人防门自动安装机器人”等数字化装备。在生产制造板块实施 ERP，不断提高成本核算的精度。升级优化施工升降机和塔机安全监测硬件，推出涵盖施工升降机、塔机、擦窗机在内的“一站式机械装备产业互联平台”，实现施工设备远程在线管理。五是不断强化经营管理，开发建设协同设计管理平台。瞄准细分领域冠军，总结凝练会展项目经验，“大型会展建筑关键技术创新与工程应用”获得 2022 年度中国钢结构协会科学技术一等奖。中国工艺美术馆、海口免税城等一批重点工程精彩亮相，承接“北京交大等高校雄安校区绿色与能源及地下空间规划”“重庆寸滩国际邮轮中心”“宁夏长城非物质文化遗产展览馆”“中旅广州北站免税综合体”“清华科学博物馆”等重点项目。六是聚焦双碳战略，参与国家双碳“1＋N”政策体系制定，完成住房和城乡建设部、生态环境部等部委委托的双碳技术路径研究方案；依托碳中和研究院，牵头编制国家标准《零碳建筑技术标准》及系列零碳建筑和园区评价标准；获得“双碳机场”评价现场审核机构资格，承担海南省、青岛海辰园等建筑双碳顶层设计项目。持续深入开展清洁取暖、生物医药净化等业务领域工作。完成多项冬奥项目的场馆综合环境检测服务，保障冬奥场馆建设。七是按期完成平谷实验基地建设，为检测业务发展提供硬件支撑。配合住房和城乡建设部行业政策制定，在建筑工程质量评价、房屋定期体检和工程质量保险等领域发挥重要作用。获得“文物建筑安全检测鉴定”资质。发挥技术优势，承接“全国自建房整治质量督导核查”“故宫灵沼轩结构检测监测”“安哥拉罗安达新国际机场航站楼检测鉴定”等重大项目。八是积极推动改革，通过 CNAS、CMA 资质评审，取得消防设施工程专业承包和电子与智能化工程专业承包二级资质。入选“北京市科技型中小企业”和“北京市第一批创新型中小企业”名单。承接住建部课题“新老建筑外保温材料防火性能模拟及提升路径实证研究”。举办以“城市更新及新能源”为主题的第一届建筑防火大会，近千名代表参会。积极探索既有建筑改造消防评估方法。聚焦打造细分领域冠军，深耕铁路站房领域。九是探索“两山＋双碳”的实质性落地，编制《中国余村零碳乡村建设规划》，探索打造面向全国推广的零碳乡村系统解决方案。充分发挥公司多年服务和深耕青藏高原的基础优势，助力格尔木成功申报国家“十四五”第二批系统化全域推进海绵城市建设示范城市，通过全过程工程咨询、陪伴式服务建设西部生态文明宜居城市示范。实施“平顶山城市更新系列项目”，创新全过程更新咨询服务体系。十是坚持科技创新，《全装修服务认证技术标准》获批立项，参与编制 BIM 技术员、建筑节能减排咨询师等国家职业技能标准。坚持业务拓展，在全国发起推行 CABR 全过程工程咨询服务认证；获得 EPA 批准，成为其第三方复合木制品甲醛释放量认证机构，为我国复合木制品出口北美市场提供贸易便利化服务。致力于绿色建材产品认证技术开发与市场推广，深入推动 2022 年全国绿色建材下乡活动，设立地方工作站，对接指导河北省正定县绿色认证试点。十一是积极拓展市场，承担国家华北区域应急救援中心设计项目，服务国家安全保障工程建设；承担同江市跨境电子商务产业园、进出口商品加工储运园全过程工程咨询项目，服务区域产业升级。加强科技创新与成果转化，深耕既有建筑改造、绿色建筑、健康社区等领域，既有多层住宅增设电梯技术、既有居住建筑低能耗改造技术、健康社区评价方法等多项成果获得学会、协会创新奖项，持续在相关领域推广应用，形成辐射带动效应。十二是外埠分院积极发挥“统筹管理、自身发展、对接政府、宣传营销、协调沟通、服务保障”六大平台作用。紧抓双区战略机遇，发挥分公司在大湾区的辐射作用，与深圳市建筑工务署、住房和建设局、特区建工集团等建立稳固合作，支持公司各二级单位在大湾区发展。开展"黄龙坡学校""蛇口大厦"等项目设计，服务深圳"房屋排查百日攻坚"重点任务，为"云南双碳机场""深圳湾C塔"等重大项目提供绿色低碳技术支持。与深圳大学联合成立"智能健康建筑育人平台"，招收研究生26人，开展多元化创新合作。依托"绿色生态"和"智慧供热"两大核心优势，承接天津等地建筑领域双碳实施方案、碳减排路线图研究等项目。以城市更新为抓手，承接"保定市清苑区市场改造提升""南沙区老旧小区改造提升"等项目，打造一批亮点项目。承接"天津市北辰区朝阳路能源站"项目，提供全过程服务。完成海南省装配式建筑、绿色建筑、超低能耗建筑、安居房等方面的地方标准和课题研究，参与《海南省绿色建筑发展条例》《海南省城乡建设领域碳达峰实施方案》编制，获批海南省重点研发项目"热带建筑科学关键技术研究"。为江东新区、崖州湾科技城、博鳌零碳示范区等地项目提供技术服务。

**【走向海外】** 2022年，中国建研院积极开展中国驻塞内加尔等国家大使馆的安防系统改造工作。启动第九届建设21国际联盟"绿色解决方案奖"项目征集工作。在第五届中国国际进口博览会上与美国HKS国际建筑设计公司完成签约。成功组织召开2022年ISO/TC 195等技术委员会会议，联合承办首届中国—东盟建设工程消防行业发展论坛，参加中英城市绿色低碳发展论坛、国际及亚太薄壳与空间结构学术会议。

**【重大创新】** 一是科技研发成果丰硕。中国建研院承担的"预制混凝土构件工业化生产关键技术及装备"等6个"十三五"国家重点研发计划项目顺利通过综合绩效评价。在研科研课题345项，其中省部级以上188项。取得授权专利135件，其中发明专利42件；发表论文265篇，其中SCI 38篇、EI 16篇；获得软件著作权71项。评选出公司科技进步奖26项，优秀工程奖39项。"室内环境控制机组及建筑环境控制系统"获得第二十三届中国专利优秀奖。11项成果获得2022年度华夏建设科学技术奖，其中，"玻璃结构关键技术和设计方法研究与应用""大型建筑群复合式热泵供热供冷技术研究及规模化应用""新型装配式混凝土建筑结构体系、设计方法与自主BIM应用技术""城市大型地下空间暗挖建造与地下水渗流控制关键技术研究"4项成果获得一等奖。二是强化标准引领支撑。全文强制性工程建设规范《民用建筑供暖通风与空气调节通用规范》立项，《工程结构通用规范》等6项规范宣传贯彻培训全面开展。获批立项《建筑结构可靠性设计统一标准》等国家标准24项，完成《建筑抗震设计规范》等重要标准制(修)订工作，申请立项零碳建筑系列协会标准。牵头承担绿色建筑相关国合项目、能源基金会项目等标准化研究项目。获批立项《生物安全设施用排风高效过滤装置》等5项ISO标准，获批发布《幕墙层间变形检测方法》《太阳能—集热场—性能检验》2项ISO标准。在编标准规范项目363项，其中国际标准7项、国家标准59项、行业标准15项、地方标准35项、团体标准232项、企业标准15项；标准获批立项209项，报批待发布85项；获准发布115项。获得中国工程建设标准化协会标准科技创新项目奖5项、人才奖11项。三是加强科技标准平台建设。围绕国家战略需求，优化整合优势力量与平台资源，完成国家重点实验室重组方案编报。建设新门户网站和信息化管理平台，提升国家重点实验室的数字化管理水平。获批联合承担住房和城乡建设部建设工程消防标准化技术委员会，成立中国工程建设标准化协会建筑幕墙门窗等3个专业委员会。

**【党建工作】** 一是强化党的政治建设。编印《学习资料》，建立季度督导工作机制，推动学习贯彻习近平总书记重要讲话和重要指示批示精神在公司落地见效。完成公司出席中央企业系统(在京)党代会代表选举，组织收听收看党的二十大开幕会活动，持续深化国资委党委巡视反馈问题整改，切实把思想和行动统一到党中央决策部署上来。二是强化党的创新理论武装。落实党委"第一议题"制度，开展中心组学习质量提升专项行动，举办学习习近平经济思想和党的十九届六中全会精神网络培训班，举办学习党的二十大精神网络培训班、专题党课、集中宣讲会，推动习近平新时代中国特色社会主义思想入脑入心。"不忘初心　智者创物"视频课程入选首批国资央企"强国担当"通识课。三是强化党的组织建设。编印换届选举工作指导手册，指导5家到届二级党组织完成换届，召开基层党建调研座谈会和示范党支部建设经验交流会,强化年度党建重点任务落实情况专项督导,健全完善党建相关制度8项,修编《公司党建工作体系》,进一步提高基层党组织建设的规范化、标准化水平。四是强化党的宣传思想工作。进一步加强舆论阵地管理,加强和改进职工思想政治工作,推进企业精神文明建设,举办"建研院大讲堂"4期,加大新闻宣传力度,持续开展政策调研和信息报送工作。新闻消息被"学习强国"学习平台等主流社会媒体和国务院国资委各类平台采编99条,政策建议和信息被国务院国资委采用8篇。五是强化党的群团统战工作。组织参加首届大国工匠创新交流大会,完成工会经费审计整改,规范团组织建设,开展五四青年表彰,实施青年职工精神素养提升工程和"青马工程",举办"青年论坛"4期,组织开展统一战线成员调研报告征集,1篇入选国务院国资委党委统战部调研报告汇编。六是发挥巡视政治监督作用。对职能党委开展常规巡视,对环能科技、检测中心党委进行巡视"回头看",督促推动7家二级党委建立巡察机构、制定年度巡察方案,对9家所属党组织开展内部巡察。强化巡视巡察能力提升,汇编《工作指导手册》《巡视巡察监督检查问题表》,编印专刊《巡视巡察参考》。七是持续深化党风廉政建设。召开党风廉政建设会议,进行专题部署,签订党风廉政建设责任书,层层压实责任。深化靠企吃企问题整治,制定印发《实施方案》,开展领导干部、关键岗位人员亲属办企业情况年度填报,制定下发《公司禁止交易企业名单总录》,开展靠企吃企问题整治工作"回头看"。聚焦关键少数,完成对10家二级单位"一把手"谈话提醒。持之以恒落实中央八项规定精神及实施细则,开展为基层减负决策部署贯彻落实情况"回头看",对职能部门作风建设进行专项监督。

**【信息化与数字化建设】** 2022年,中国建研院参加公安部组织的国家级网络安全攻防演练,开展网络安全攻击演习,切实提升公司网络安全防护能力。完成大额资金监管、三重一大决策事项、招标采购等国资监管数据采集系统模块的信创升级改造。

**【履行社会责任】** 一是全力服务国家区域发展。积极参与雄安新区、长江经济带、粤港澳大湾区和海南自贸港等国家重点区域建设,充分发挥政府技术支撑作用,依托公司优势,在绿色生态、绿色健康、乡村振兴建设、智慧城市、海绵城市、零碳建筑与城市、既有建筑改造、智慧供热、清洁取暖等方面提供系统解决方案。二是积极落实双碳战略。编制《公司碳达峰行动方案》,为公司低碳转型发展提供指引。设立"城镇低碳、碳中和设计方法和技术集成研究与示范"科研专项基金项目,在科技创新、标准引领、应用推广等方面开展技术研究。举办建筑碳数据与碳交易论坛,探索行业低碳创新发展路径。开展零碳航站楼技术研究,为双碳机场建设提供技术服务。深耕绿色建筑领域,构建系列可感知及低碳技术指标体系,助力绿色建筑高品质转型发展。三是积极落实数字中国战略。聚焦数字化技术在公司业务领域的应用与示范研究,设立"建筑领域数字化技术应用与示范"科研专项基金项目。打造以BIMBase平台为数字底座的"1+1+N"数字化服务平台,实现"一个平台、一套数据、多维协同",推动公司业务数字化转型升级,带动行业数字化发展。四是持续深化央企央地合作。与中国中铁、中交集团、中国铁建等央企开展战略合作,大力推进在服务国家战略、绿色发展、数字化转型等方面的创新与合作。继续加强与地方政府的合作,与北京市通州区、河南省平顶山市等人民政府开展战略协作,在城市更新、低碳环保、清洁取暖等方面加大合作力度。五是积极履行社会责任。服务乡村振兴,年度投入帮扶资金550余万元,从壮大特色产业、完善教育硬件设施、提升人居环境、开发红色旅游资源、提升饮水安全等方面为山西省偏关县提供技术帮扶。积极参与国务院国资委"消费帮扶新春行动""央企消费帮扶兴农周"活动,助力新疆、西藏、青海等脱贫地区土特产销售。向四川省捐款100万元,支持泸定6.8级地震灾后恢复重建工作。

(撰稿人:张　晓)

## 中国中车集团有限公司

**【基本概况】** 2022年,中国中车集团有限公司(以下简称中国中车)认真贯彻落实党的二十大精神,全面落实"疫情要防住、经济要稳住、发展要安全"的总体要求，围绕党中央、国务院关于加快建设世界一流企业的重大决策及国家发展改革委、国务院国资委关于加快建设世界一流企业的具体部署，全面推进示范创建、管理提升、价值创造等行动，积极落实国务院国资委对标提升行动决策部署，不断夯实管理基础，提升企业管理水平，向管理要质量、要效益、要发展，确保国有资本保值和增值。立足全产业链、全价值链，努力打造轨道交通装备与新能源装备双赛道、双集群格局，持续为全球提供精良装备、绿色低碳能源和优质服务。持续深化改革，推进国企改革“双百行动”、“科改示范行动”、重要领域混合所有制改革试点等改革示范工程及交通强国建设试点工作，全面完成改革三年行动任务。

**【主要指标】** 2022年，中国中车合理制定并实施年度经营计划，推动中车发展目标与国民经济增长相匹配，圆满完成国务院国资委下达的主要考核指标，轨道交通装备业务营业收入继续稳居全球行业第一，实现净利润141.43亿元、经济增加值123.51亿元、营业收入利润率6.84%，研发经费投入强度6.77%，全员劳动生产率41.92万元/(人·年)。在国务院国资委发布的中央企业负责人2021年度和2019—2021年任期中央企业负责人经营业绩考核结果中，公司2021年度经营业绩考核为A级(连续11年A级)，2019—2021年任期经营业绩考核A级(连续4个任期A级)。

**表1　　2022年中国中车集团有限公司主要经济指标**

| 项　目 | 2021年 | 2022年 | 比上年增长(%) |
|---|---|---|---|
| 资产总额(亿元) | 4782.78 | 5119.35 | 7.04 |
| 所有者权益(亿元) | 1900.61 | 2010.02 | 5.76 |
| 营业收入(亿元) | 2384.29 | 2333.98 | -2.11 |
| 利润总额(亿元) | 153.39 | 161.97 | 5.59 |
| 净利润(亿元) | 130.24 | 141.43 | 8.59 |
| 归属于母公司所有者的净利润(亿元) | 57.33 | 60.70 | 5.88 |
| 技术开发投入(亿元) | 152.1 | 159.26 | 4.71 |
| 利税总额(亿元) | 174.27 | 182.11 | 4.50 |
| 应交税金总额(亿元) | 125.35 | 136.66 | 9.02 |
| 全员劳动生产率[万元/(人·年)] | 37.87 | 41.92 | 10.71 |
| 净资产收益率(%) | 7.17 | 7.23 | 增加0.06个百分点 |
| 总资产报酬率(%) | 3.79 | 3.68 | 减少0.11个百分点 |
| 国有资本保值增值率(%) | 107.82 | 106.68 | 减少1.14个百分点 |

**【改革发展】** 2022年，中国中车制定《关于加快建设世界一流中车的实施方案》，确定构建“双赛道双集群”产业格局和“四个加快建设”总体布局的总体思路。制定《中国中车改革三年行动实施方案(2020—2022年)》，深入实施混合所有制改革，推进国企改革“双百行动”、“科改示范行动”、重要领域混合所有制改革试点等改革示范工程，选树改革典型和改革尖兵，经验做法《中国中车：以高水平“十四五”规划凝聚高质量发展共识》被《国资报告》刊发。对照《交通强国建设试点工作管理办法(试行)》工作要求，持续推动交通强国建设试点工作。推进长期股权投资和股权管理项目审批工作，完成48个项目的研究审批，其中批复长期股权投资项目25项，股权管理项目23项。

全面加强中车人力系统政治、思想、组织、能力、作风、纪律和制度建设。持续推进“优、平、简、去、活”市场化经营机制改革，全面完成集团层面23项和子公司层面509项改革三年行动任务，在中央企业三项制度改革2021年度评估中获评一级(A类)。启动实施“双优”工程，全面优化产权层级和管理层级，着力压减各类管理岗位编制和人员。坚持将党管干部原则与发挥市场机制作用相结合，启动实施“领航工程”，持续深化干部人事制度改革。进一步加强高素质专业化企业领导人员队伍建设，经验做法被《国资工作交流》刊发。制定《中国中车所属企业领导人员梯队建设“百人计划”选拔培养实施方案》，推进“十四五”优秀年轻管理人才队伍建设。启动实施“筑巢工程”“赋能工程”，深化人才发展体制机制改革，加强高层次人才队伍建设与引才引智力度。启动实施“锦翎工程”，进一步完善差异化薪酬分配机制及人才激励体系，激发人才队伍活力。持续加大中长期激励力度，实现“科改示范行动”、国企改革“双百行动”企业全覆盖。实施以劳动生产率为牵引的用工总量管控机制，将全员劳动生产率和用工计划纳入企业年度经营业绩考核重点指标，对不同类型、不同规模、不同状况企业实行差异化管控。探索实施薪酬总额管理新模式，推动薪酬分配从“要工资”向“挣工资”转变。健全完善企业负责人薪酬管控模式，建立与岗位责任相适应、职业风险相匹配、量化业绩相挂钩的差异化薪酬激励机制。对核心技术攻关团队和骨干科技人才实施科技创新工资单列管理，全面落实人才激励保障措施。

**【重大项目】** 2022 年，中国中车进一步优化业务结构，收窄行业门类 6 个，退出贸易、供热等业务。推进低效无效资产处置，剥离亏损企业和资不抵债企业 12 户、空壳企业 1 户，持续改善资产运营质量。推动公司“产品＋”“系统＋”业务拓展及业务重组整合，优化资源配置。积极布局风电产业，努力打造千亿战略性新兴业务。审慎开展并购投资项目，重点关注央企、国企及海外相关企业，最大化利用内外部资源，加快整机、部件尤其是“三极多点”业务的并购步伐，提高公司核心技术水平和核心竞争力。国家先进轨道交通重点专项任务全部按节点完成。重点产品和关键技术研发取得系列新成果：雅万高铁精彩亮相 G20 峰会；新型复兴号高速列车创交会时速 870 千米的世界新纪录；“瑞雪迎春”复兴号智能动车组为北京冬奥会、冬残奥会提供高质量服务；可实现 600 千米超长续航的 160 千米/时氢能源市域列车与应用永磁同步牵引技术的中国标准地铁 120 千米/时 B 型车成功下线；首列齿轨列车成功下线，填补中国在该领域的空白；HXD 3A 型机车完成双机重联万吨牵引实验；X 70 B 型双 40 英尺集装箱车投入运用考核，助力铁路多式联运发展；自主研发的 10 兆瓦海上半直驱永磁风电机组“海平面一号”及海上风电塔架成功下线；采用全组装无焊接结构的首个“弓”系转向架面向全球发布；自主研发的矿卡无人驾驶系统成功实现多电铲混合编组作业；刀盘驱动电机助力公司攻克竖井掘进机世界级技术难题，并首次实现井下无人掘进；可换装 LNG 船用燃料罐式集装箱顺利装船出坞；抱轴式大功率永磁发电机成功下线，打破外资品牌在该领域的垄断。

**【走向海外】** 2022 年，中国中车规范和优化海外业务管理流程，进一步提升国际业务管控效率和管控质量。配合国家总体外交，全力推进中泰铁路项目；境外“系统＋”(DLS)业务实现重大突破，成功中标并获签墨西哥蒙特雷 4 号线、5 号线、6 号线，瓜达拉哈拉 4 号线和哥伦比亚麦德林 80 大道 3 个 DLS 项目订单；轨道交通装备出口重点获签巴西淡水河谷高档客车、巴西圣保罗 15 号线车辆增购单轨列车、阿根廷胡胡伊新能源轻轨、马来西亚东海岸电动车组、智利氢能源机车及澳大利亚、德国、加蓬等多个国家货车项目；并购企业(福斯罗公司)再次获得德国、荷兰等多个订单。“三极多点”业务，获签达喀尔交通公司 121 台电动客车、相关配套设备及 15 年维保合同，是中车新能源汽车迄今最大的单笔海外订单；电动汽车在新西兰和韩国市场实现批量回购。首次作为展商参加澳门第 13 届国际基础设施投资与建设高峰论坛并发表主旨演讲，提出中车境外“系统＋”(DLS)解决方案理念，全面展示中车方案、中车产品、中车智慧和中车力量；在第 13 届柏林轨道交通技术展览会上，与 20 多个国家的客户、同行及合作伙伴开展 80 多场商务会谈；在第五届进博会上，与来自德国、瑞典、日本等多个国家和地区的企业代表签订 15 项技术装备采购协议。公司全年境外市场新签订单约 509 亿元，境外营业收入约 244 亿元，实现境外签约金额和营业收入双增长。

**【重大创新】** 技术创新方面。狠抓原创技术培育、重大项目技术攻关、重大产品研制等重点任务，稳步推进公司“十四五”科技创新战略，持续开展科研立项改革，部署全局性科研项目 6 项，专题面向“三极多点”业务部署五大类 23 个研发方向，新设风电领域科研专项。获得中国铁道学会科学技术奖 41 项，其中特等奖 3 项、一等奖 9 项；获得省级政府(含计划单列市)授奖37项,其中一等奖6项;获得中国标准创新贡献奖一等奖、三等奖各1项;在第23届中国专利奖评选中获得金奖1项、银奖4项、优秀奖3项;评审2022年度中国中车科学技术奖253项,其中特等奖4项、一等奖36项。高性能、高定量间位芳纶蜂窝纸通过科技成果鉴定,达到国际领先水平。

管理创新方面。多项专业管理成果获得相关专业管理创新成果奖;组织开展中国中车第七届管理创新成果申报及评审,评选出一等奖成果10项、二等奖成果22项、三等奖成果31项;积极申报第29届全国企业管理现代化创新成果,获得一等奖成果4项、二等奖成果9项。

**【党建工作】** 2022年,中国中车党委不断健全党委统一领导、党政齐抓共管、宣传部门组织协调、有关部门分工负责、全体员工共同参与的思想政治工作体制。持续推进"六位一体"文化传承工程,并全方位开展国内、国际高端传播,讲好中车故事、央企故事、中国故事。不断强化"三基"建设,增强党建活力,推动党建工作与经营工作深度融合。结合实际调整党组织设置,实现党的组织和党建工作全覆盖。加强对混合所有制企业党组织领导的指导,推动混合所有制企业党的组织全覆盖和党建工作有效覆盖。严格落实"五不公开"原则,为中车境外业务拓展和企业持续健康发展提供组织保证。开展"喜迎党的二十大 突破争先创佳绩"主题建功活动,有效将中车党建优势转化为创新优势、发展优势、竞争优势。指导各级党组织通过创先争优、立项攻关、创岗建区、承诺践诺、晋位升级等形式,拓展党组织和党员发挥作用的载体。深化政治巡视与政治监督,完成一轮对8家子企业党委(党工委)的常规巡视和一轮对公司总部党委的专项专题巡视,实现一届巡视全覆盖目标任务。严格实施企业党建工作责任制考核,将党建工作考核评价结果与所属企业领导班子成员薪酬挂钩,实现正向激励,公司党委连续5年获评国务院国资委党建工作责任制考核A级。切实履行监督第一职责,聚焦公司重大项目开展专项监督,实现政治监督与推进业务有机统一。持续深化专项整治,一体推进违规挂靠专项巡视整改,压实监督责任,提升监督效果。深化廉洁风险防控工作,并把廉洁风险防控工作成果纳入年度考核。完善"智廉中车·巡视整改监督"信息化平台,督促难点问题整改落实。开展两轮"对照案例查问题"专项监督检查。印发《中国中车集团有限公司领导干部配偶、子女及其配偶经商办企业管理规定》,扎紧"不能腐"的笼子。

**【信息化与数字化建设】** 2022年,中国中车合理制定数字化转型顶层规划,成立数字化转型工作办公室,全面推进中车"十四五"数字化战略与年度数字化转型各项工作。4个项目获批制造业高质量发展专项,1个项目获评工业互联网试点示范,4个项目获评新一代信息技术与制造业融合发展试点示范,3个项目获评工业和信息化部工业互联网平台创新领航应用案例,5家下属企业获评工业和信息化部第七批制造业单项冠军(产品);在智能制造试点示范行动中,5个项目入选智能工厂,2个项目入选智能场景。完成中车大数据中心一期一阶段建设,并依托青岛大数据中心初步建成中车工业互联网平台。持续开展两化融合升级版贯标工作,获得升级版评定证书的下属企业数量(35家)居中央企业第二位,中车两化融合发展指数89.3。中车整体数字化水平在数字企业评估工作中获得66.8分,居中央企业前列。稳步推进工业和信息化部首台(套)重大技术装备创新发展和推广应用及投保工作,累计投保项目63个,保费金额9.51亿元。4个智能制造项目通过国家验收,依托这些项目建成数字化车间3个、智能化产线18条。完成战新产业市场协同平台、团建云平台、法务合规管理、质量管理体系成熟度评价、投资管理系统(二期)等系统的开发实施,进一步提升集团业务数字化能力。推进集团管控大数据平台项目二期建设,完成国资监管统一数据采集交换平台信创环境升级改造。推进产业链供应链协同平台项目建设,建成覆盖中车全级次子公司的产业链供应链协同平台。组织开展服务器操作系统XC化专项工作,推进"基于PK体系的可信云上公文处理系统开发及示范应用"联合创新项目。全面推进"361"工业软件专项工作,完成PLM、ERP、MES三项攻关项目系统测试版本的开发与验证应用。

**【履行社会责任】** 2022年,中国中车成立履行社会责任领导小组与工作组,不断增强企业社会责任意识,树立"守中致和、厚德载物"的社会责任观与"连接世界、造福人类”的使命，不断将社会责任理念融入企业经营管理。坚定不移地履行生态环境保护责任，践行“双碳”战略，深入落实“6G”绿色发展理念，积极发展新能源和环保产业，为推进经济社会绿色低碳转型发展作出积极贡献。

以产业帮扶为引领，紧扣“五大振兴”，详细制定年度帮扶工作计划。协调公司领导深入定点帮扶的广西靖西市、那坡县和甘肃麦积区、甘谷县考察调研，加大帮扶资金投入和检查力度。持续组织开展“天鹅计划”培训和消费帮扶等活动，助力帮扶县全面推进乡村振兴及宜居宜业和美乡村建设，力所能及地做好援疆援藏工作。2022 年，公司直接投入帮扶资金 1728 万元，引进帮扶资金 170 万元，招商引资 1500 万元，实施项目 8 个，培训基层干部和乡村振兴带头人 718 人，培训农村技术人员 633 人，直接购买和帮助销售农产品 3935 万元。公司在中央农村工作领导小组定点帮扶工作成效考核中获最高评价“好”，公司帮扶案例入选《中央企业社会责任蓝皮书(2022)》，并获评“乡村振兴篇”优秀案例。

（撰稿人：高　徽）

## 中国铁路通信信号集团有限公司

**【基本概况】** 中国铁路通信信号集团有限公司(以下简称中国通号)是国务院国资委直接监管的大型中央企业，是以轨道交通控制技术为特色的高科技产业集团，全球领先的轨道交通控制系统提供商。中国通号拥有投融资、设计研发、系统集成、装备制造、工程服务、运营维护完整产业链，是中国轨道交通控制系统设备制式、技术标准及产品标准的归口单位。中国通号 2015 年成功登陆香港联合交易所，2019 年作为首个中央企业和 A＋H 股公司登陆上海证券交易所科创板。中国通号是保障国家轨道交通安全运营的核心企业，是我国高铁列控系统技术民族产业的代表者，是我国高铁最核心技术引领全球铁路行业进步的佼佼者。中国通号世界领先的列控技术为我国 15 万千米铁路、4 万千米高铁提供安全保障，建立完善 6 万多个高铁测试案例，超过国外跨国企业的总和，是我国高铁建设运营的突出优势和世界轨道交通行业的宝贵财富。中国通号成功研发时速 200 千米和 350 千米高铁自动驾驶技术，标志着我国高铁列车运行控制系统技术走在世界前列。中国通号坚持引进消化吸收再创新的技术路径，加快自主创新，实现我国高铁、地铁全套列车控制系统技术的完全自主化和产品的 100％国产化，完成高铁列控系统(CTCS－3 级)、高铁自动驾驶系统(CTCS－3＋ATO)、地铁列控系统(CBTC)、城际铁路列控系统(CTCS－2＋ATO)、中低速磁悬浮控制系统、货运编组站综合自动化系统、铁路综合智能运维系统、综合运输调度指挥系统等轨道交通核心自主技术的重大突破，将轨道交通核心技术牢牢掌握在自己手里，从根本上保障国家铁路建设和运输安全，为落实“一带一路”倡议和高铁“走出去”提供核心技术支撑。先后参与我国京津城际、京沪高铁、武广高铁、哈大高铁、兰新高铁等国内全部重大高铁项目建设。为我国 95％以上已开通运营高铁提供核心列控技术和装备；中国通号肩负自主创新使命，将成熟的高铁控制系统技术应用于城市轨道交通领域，先后参与北京、上海、广州、深圳、天津、南京、武汉等 40 多个城市的 140 余条地铁项目，市场占有率在 65％以上。作为中国高铁“走出去”联盟的重要一员，广泛参与印度尼西亚雅万高铁、匈塞铁路、中老铁路等 10 多个国家和地区的高铁项目并取得积极进展，向世界展示“中国高铁”亮丽的国家名片。

2022 年，中国通号始终牢记党中央赋予中央企业的使命，始终以发展民族产业和民族技术为己任，在保持轨道交通通信信号领域全球领先地位的同时，以“六核一体两翼”赋能轨道交通产业，辐射壮大新兴产业，构建“轨道交通＋N”产业协同发展格局，加快向具有全球竞争力的世界一流企业迈进。截至 2022 年底，中国通号由 1 家二级控股公司、4 家二级全资企业组成。集团公司控股的中国铁路通信信号股份有限公司(以下简称股份公司)由 13 家全资子公司、7 家控股子公司组成。全集团在岗职工总数 19794 人，其中经营管理人才 6879 人、专业技术人才 8867 人、技能人才 4048 人。

**【主要指标】** 2022 年，中国通号全面贯彻落实党中央关于加快构建新发展格局、着力推动高质量发展的要求，积极融入交通强国重大战略，以科技引领发展，以改革激发活力，多措并举，扎实开展提质增效专项行动，各项经营财务指标均实现较好增长。2022 年末，国有资本权益总额 358.37 亿元，实现国有资本保值增值率 107.25％，处于同行业平均值和良好值之间，完成国有资本保值增值目标。2022 年，实现营业收入 404.13 亿元，比上年增长 3.97％；利润总额 49.93 亿元，比上年增长 7.36％；归属于母公司所有者的净利润 24.21 亿元，比上年增长 5.39％。国有资本客观增减的原因为：国家、国有单位直接或追加投资 3631 万元，上缴国有资本收益 31005.78 万元。

**表 1　2022 年中国铁路通信信号集团有限公司主要经济指标**

| 项　目 | 2021 年 | 2022 年 | 比上年增长（％） |
|---|---|---|---|
| 资产总额（亿元） | 1175.30 | 1258.29 | 7.06 |
| 所有者权益（亿元） | 535.38 | 564.04 | 5.35 |
| 营业收入（亿元） | 388.69 | 404.13 | 3.97 |
| 利润总额（亿元） | 46.51 | 49.93 | 7.36 |
| 净利润（亿元） | 40.21 | 43.01 | 6.97 |
| 归属于母公司所有者的净利润（亿元） | 22.97 | 24.21 | 5.39 |
| 技术开发投入（亿元） | 20.87 | 21.27 | 1.88 |
| 利税总额（亿元） | 72.27 | 74.45 | 3.01 |
| 应交税金总额（亿元） | 25.76 | 24.52 | －4.84 |
| 全员劳动生产率［万元/（人·年）］ | 56.43 | 60.49 | 7.20 |
| 净资产收益率（％） | 7.68 | 7.82 | 增加 0.14 个百分点 |
| 总资产报酬率（％） | 4.11 | 4.19 | 增加 0.08 个百分点 |
| 国有资本保值增值率（％） | 107.15 | 107.25 | 增加 0.10 个百分点 |

**【改革发展】** 2022 年，中国通号制定推动落实改革三年行动年度重点任务的指导意见，结合最新改革工作任务，进一步明确公司在体制、机制、制度等方面的改革原则和改革要求，与年度行政重点工作相结合，分别梳理工作要点 68 项、63 项，覆盖各层级企业，形成年度改革工作清单，推动改革细化实化。

加快落实子企业董事会职权，全级次企业分层分类分阶段落实董事会职权，指导 13 户二级企业、11 户三级企业按照落实董事会职权实施方案，按计划研究制定相关领域管理制度办法，保障董事会职权落实到位，结合管理人员竞争上岗、经理层成员任期制和契约化管理，优先落实经理层成员选聘权、经理层成员业绩考核权和经理层成员薪酬分配权，充分发挥董事会经营决策主体作用；指导所属企业设立健全专门委员会，建立外部董事沟通会制度，开展多种形式外部董事培训，全面提升外部董事履职能力。

高质量推动经理层成员任期制和契约化各级企业全覆盖，制定《关于高质量推进任期制和契约化管理的通知》，编制“两书一协议”示范文本，逐级逐户审核检查各企业契约文本，推动相关契约文本更加规范、科学、精准在 59 户各级子企业 222 名管理人员全部签订契约合同，引导具备条件的分公司、项目部推行契约化管理。

加快推进产业布局优化和结构调整，推动“十四五”规划落地实施，加快打造轨道交通电力电气化产业链，推动工业企业加快优化产能布局，加快数字化转型；持续推进“瘦身健体”，开展“压减”工作“回头看”，有序推进 3 家企业“压减”工作，深化“两非”企业剥离处置工作，1 家企业“两业”融合发展试点经验得到国家发展改革委推广，3 家企业获评上海市“专精特新”企业。

全力推进改革专项工程，通信信息集团成功申报入围“科改示范企业”，召开“科改示范行动”“双百行动”工作座谈会，推动 5 家试点企业用足用好政策加大力度推进市场化改革。

不断构建“1＋2＋N”三项制度改革制度框架体系，制定《中国通号三项制度改革总体方案》，聚焦重点领域出台指导意见 2 项，狠抓关键环节编制配套制度。纵深推进管理人员竞争上岗、末等调整和不胜任退出，形成常态化机制，2022年34户企业开展竞争上岗，占比57.63%，竞争上岗的管理人员512人，占新聘任管理人员的78.41%；末等调整和不胜任退出管理人员43人，占管理人员的2.53%，实现管理人员能上能下。推行更加灵活的工资总额决定机制和管理模式，试点推行工资总额备案制管理，选择1户公司治理完善、财务制度健全、经营水平良好的子企业实施工资总额备案制管理，保障工资效益联动，给予企业更大薪酬管理自主权。加快推进实施中长期激励，结合经理层成员任期制和契约化管理，全系统普遍推行超额利润分享；结合科技攻关计划推行项目跟投机制，指导所属研究设计院集团、通信信息集团、城交公司、西安工业集团、通号轨道5户科技创新要素集聚的研发制造企业研究制定项目跟投试点方案，筛选相关科研项目开展跟投管理，丰富中长期激励工具。

**【重大项目】** 2022年是中国通号"十四五"发展关键之年，国内外经济形势不断变化、市场竞争异常艰难、新冠疫情交织影响，多种因素导致外部环境极度严峻，中国通号各级企业高效统筹疫情防控和生产经营，推动实现高铁业绩分立、强弱电分开招标，全年新签外部合同额730.09亿元，比上年增长1.01%，其中，铁路239.15亿元，增长0.76%；城轨126.85亿元，下降4.81%；海外25.76亿元，增长17.23%；其他领域338.33亿元，增长2.45%。高铁方面，中国通号奋力推进实现强弱电分开招标、业绩分立、强电整线制业绩三大历史性突破，彻底解决依赖联合体的问题，扭转无法参与投标的困境，化解市场占有率下滑的危机；建立高铁、普铁市场运作专班机制，全力保障新建高铁市场，积极谋划新建普速铁路、地方铁路专用线、既有线改造等市场，相继承揽沈白、渝昆、杭温、汉巴南、精阿、上海市域铁路机场联络线、青藏铁路格拉段改造、阳涉铁路电气化改造、贵广铁路提质改造、雄商高铁"三电"迁改、京广高铁安全标准示范线建设工程等多个重点项目；城市轨道交通方面，中国通号稳固收获全国半数市场份额，相继承揽徐州地铁3号线二期、6号线，长春地铁2号线东延、6号线，沈阳地铁3号线，厦门地铁4号线、6号线，成都地铁17号线二期、18号线三期、19号线二期，合肥地铁2号线东延、3号线南延，苏州地铁7号线，上海地铁2号线西延、13号线西延、17号线西延，西安地铁1号线三期、10号线、15号线，北京地铁6号线延伸线，天津地铁4号线北段等22个项目，持续保持高位领先优势。上海工程局集团相继承揽北京地铁13号线扩能提升，深圳地铁一、二期工程运营视频监控系统升级改造，广州地铁智慧安检系统建设，上海3/4号线信号系统更新改造，上海轨道交通既有线技术防范系统改扩建等重点项目；卡斯柯相继承揽香港机场线LAR项目ATS分包、厦门市轨道交通4号线(后溪至翔安机场段)工程及6号线(龙江明珠至华侨大学段)工程信号及综合监控系统集成采购项目、沈阳地铁3号线一期工程信号系统集成采购项目等重点项目，稳固既有市场份额。

**【走向海外】** 2022年，中国通号依托设计研发、设备制造及工程服务"三位一体"的全产业链独特优势，深耕属地化经营和落实以干促揽的成效显现，相继承揽泰国普吉岛缆车建设、匈牙利境内扎霍尼港现代化升级改造、墨西哥瓜达拉哈拉大都会南区综合运输系统(4号线)等重点项目，新签合同额增幅超过17%，并实现逐年增长的良好态势。推动共建"一带一路"，匈塞铁路贝诺段顺利开通，埃及斋月十日城铁路高标准开通，雅万高铁在G 20峰会成功展示，匈塞铁路诺苏段、泰国复线铁路、墨西哥城地铁等重点项目有序推进。在此基础上，自主化ETCS—400T车载系统在奥地利维也纳顺利完成实验室集成试验及验收，敲开以德国为代表的欧盟核心市场大门，填补国内信号厂商在此认证领域的空白。积极推动建设亚太实验室，依托泰国南线项目建设，辐射东南亚地区，为项目用户提供必要的本地仿真测试和培训平台，为市场开发提供宣传展示环境。与泰国东北皇家理工大学(RMUTI)、柳州铁道职业技术学院在线建立三方合作，通过合作建设列车运行控制系统实验室、共同开展泰国铁路系统研究、培养泰国本土轨道交通专业人才、在泰国建设研究中心等方式，推动中国高铁"走出去"。

**【重大创新】** 2022年，中国通号坚持把"四个面向"作为科技创新的主攻方向，以打造全球轨道交通控制技术的先行者和领导者为目标，以"巩固行业领先、保障质量安全、支撑业务拓展、促进国际化转型”为重点，强化科技规划战略引领，深化科技机制改革，加速关键核心技术攻关，加快加强协同创新步伐。一是全力承担科技部、国务院国资委组织的关键核心技术攻关任务，“卡脖子”领域和薄弱环节实现一批重大突破。轨道电路通信芯片在南宁至崇左铁路投入使用，车载ATP芯片在西安、长沙两条地铁线路正式上线运营，应答器芯片向应答器装备生产厂商实现供货；嵌入式操作系统通过第三方机构的安全评估，取得SIL 4级安全认证证书；基于国产芯片的轨道电路装备在安九高铁中继17站小批量应用，应答器装备在天津地铁4号线小批量应用，计算机联锁装备在阜新矿业王营站开通运营，车载ATP装备通过安全评估并取得SIL 4级安全认证证书。二是承担科技部攻关任务成果顺利通过科技部验收，在中央企业负责人经营业绩考核中获得0.6分专项加分；国家重点研发计划“川藏铁路通信信号系统关键储备技术及前期技术方案研究”顺利推进，“区域轨道交通协同运输与服务系统”项目形成完善理论体系，样机在重庆示范应用；“基于动态间隔的运能可配置列车运行控制技术”等多个国家级研究课题加快推进；轨道交通5G关键技术研究及装备研制、轨道交通电磁环境效应研究与测试等基础性前瞻性研究全面开展。三是稳步推进科技改革激发创新活力，制定《中国铁路通信信号股份有限公司揭榜挂帅制科研项目管理办法》，探索试点实行科研项目经费包干制，科研人员在科研项目中享有更大自主权和分配权。推动8家二级企业探索实施“揭榜挂帅”制，为科技领军人才挂帅出征提供渠道；组织各企业推荐申报国家铁路局、国铁集团组织的揭榜挂帅项目9项，中榜标准项目2项、科研项目2项。四是全面提升科技创新，研究设计院集团入选中国科协首批“科创中国”创新基地；新增国家企业技术中心1个，省部级创新平台3个，卡斯柯成功入选上海市首批10家“上海市高价值专利培育中心”；新增国家制造业单项冠军、国家专精特新“小巨人”企业等国家级科技示范称号7个，省部级科技示范称号12个。发布技术类标准341项，新增授权发明专利569件，申请海外专利142件，获得省部级以上奖励50项。

加速创新步伐引领高质量发展。充分发挥行业“领头羊”作用，在信号控制、通信信息、电力电气化等领域引领性自主创新产品和技术不断涌现，牵引带动我国轨道交通行业技术水平不断迈上新的台阶。在超高速磁浮领域，完成高速磁浮列控系统方案研究和样机研制，与航天三院联合推动在山西大同全尺寸试验线上道试验，填补我国在1000千米速度级别轨道交通列车控制领域系统和产品的空白。在高铁领域，自主研发的ETCS－2级列控系统正式开通运营，欧洲五国车载项目在奥地利维也纳业主实验室验收；自主化的CTCS－3级列控系统无线闭塞中心RBC和400T车载设备分别实现商业转化，自主化自动驾驶设备ATO完成CRCC认证，雅万高铁试验运行取得圆满成功，扮靓中国高铁“国家名片”。在铁路控制系统领域，加快推动普速铁路信号控制系统升级换代，机车车载设备、地面数据服务器设备样机通过测试，获得SIL 4级安全确认函，LKJ设备取得SIL 4级安全认证证书，在成都局开展400M通信实现地车信息传输控制技术现场试验。在重载货运领域，列车自组网高密度自动运行控制技术实现突破，完成列车群组自动运行ATP、ATO、CTC、无线自组网电台、综合列尾、机车智能控制单元接口设备、群组联锁、群组控制中心工程样机，启动国内首个货运列车虚拟连挂的现场系统试验，持续引领重载货运列车控制技术发展。在地铁领域，完成基于互联互通全自动无人驾驶TRANAVI FAO系统的全自动联挂解编功能研发和运用；推进全自动无人驾驶CBTC系统GoA 4级全功能工程应用，完成北京地铁12号线样板段工程调试。在通信信息领域，完成满足城市轨道交通的视频监控系统、智能客运分析系统研发，成功应用于凤凰磁悬浮项目、台州市域S1线项目；一体化综合视频监控系统在郑万、黄黄等高铁线路完成项目改造，持续引领行业应用。在电力电气化领域，研制成功27.5千伏智能模块化电器系列产品样机，具有高可靠性、免维护性、小型化的特点，推动电气化铁路牵引供电系统技术发展。在智能运维领域，加速运维感知新方向的研究，ZPW－2000区间轨道电路室外监测系统（分体式）、道岔转换智能诊断系统、道岔钢轨断轨监测系统、GSM－R共用接口设备等新产品实现上道试验和推广应用，打造智能运维新生态。

【党建工作】 2022年，中国通号党委坚持以习近平新时代中国特色社会主义思想为指导，以迎接和学习宣传贯彻党的二十大为主线，以党的政治建设统领，聚焦抓党建强党建，突出强活力、创佳绩、促增长，以高质量党建引领保障企业高质量发展。截至2022年底，中国通号党委有基层党组织472个，其中党委42个、党总支25个、党支部405个。党员8222人，其中在岗职工党员8175人、离退休职工党员47人，大学本科及以上学历党员6462人。一是学习宣传贯彻党的二十大精神，组织全系统党员干部收听收看党的二十大开幕盛况，第一时间传达学习部署，印发《学习宣传贯彻党的二十大精神工作方案》，精心组织座谈研讨、宣传宣讲，举办学习贯彻党的二十大精神集中宣讲报告会，层层组织推动党的二十大精神进车间、进班组、进项目，部署开展"命题作文"研究。二是强化"第一议题"集中学习12次，及时跟进学习习近平总书记重要讲话和重要指示批示精神47篇，开展党委中心组学习研讨17次，认真学习《习近平谈治国理政(第四卷)》《习近平经济思想学习纲要》《党的二十大报告学习辅导百问》等文献著作，引导全系统党员学习习近平新时代中国特色社会主义思想，学习贯彻习近平总书记重要讲话和重要指示批示精神，坚持用习近平总书记关于国资央企的重要论述指导推动改革发展党建各项工作。扎实开展党史学习教育，以党委理论学习中心组、"三会一课"等形式，层层组织动员学习贯彻党的十九届六中全会精神，组织全系统党员开展"重温入党誓词、牢记入党初心"主题党日活动，多形式广泛组织学习宣传贯彻党的二十大精神，引导广大党员干部职工深刻领悟"两个确立"的决定性意义，增强"四个意识"、坚定"四个自信"、做到"两个维护"，以实干实绩奋进新时代新征程。三是全面压紧压实党建工作责任制。印发2022年党建工作要点，聚焦迎接和宣传贯彻党的二十大工作主题主线，制定6个部分19个方面55项具体任务，层层压实党建工作责任落实。举办二级企业党组织书记抓党建述职评议会，通过现场"述、问、评、测"，倒逼党组织书记认真落实党建第一责任人职责。认真做好国务院国资委党建工作责任制考核的迎检工作，对照24项考核要点，总结提炼2021年党建工作亮点做法，形成各类迎检材料56册。组织对二级企业党建工作责任制考核评价，成立3个现场考核小组，深入各企业开展现场考核，通过现场访谈、资料查阅、下沉走访等形式，实地实景察看基层抓党建、强党建的实际情况，综合日常掌握情况和现场考核结果，高质量完成2021年度党建责任制考核评定和考核意见反馈工作，推动各企业进一步压实责任、传导压力，扎紧抓党建、促发展的责任链条。四是牢固树立大抓基层的鲜明导向。结合改革同步调整完善党组织设置，全年新设立党总支1个、改设党支部1个，成立换届工作专班，推动指导11家企业党组织换届选举，持续巩固深化空白班组、软弱涣散党组织"双清零"成果，先后组织2轮排查、2次抽查，在全系统集中清查整治党务专项工作突出问题，全面规范基层党务工作，织密党的组织体系。全年新发展党员231人，圆满完成国务院国资委下达的发展党员任务。修订更新10项党建工作制度，举办基层党支部书记示范培训班和党务工作者轮训班，邀请中国大连高级经理学院专家讲师为151名党务干部专题授课，进一步夯实"三基"建设。积极开展基层党建创新案例征集活动，西安工业集团、卡斯柯、通号建设、国际控股4个党建创新案例入选《2022年度国企党建创新优秀案例》。组织召开党史学习教育专题民主生活会，指导基层党支部开展好党史学习教育专题组织生活会和党员民主评议。五是认真抓好宣传思想政治工作。召开思想政治工作会议，以"建功新时代、喜迎二十大"为主题开展习近平总书记重要指示批示精神再学习再落实再提升活动，组织举办"强国复兴有我"群众宣传教育活动，积极策划国资央企通识课，集团领导讲述中国通号发展的艰辛历程、卓越成果和辉煌成就，《中国通号：轨道交通领域的国家战略科技力量》播放超过180万次、阅读超过300万人次，参与录制北京电视台《京津冀大格局》栏目专题节目，节目收视率创同系列最高水平，短视频播放量超过19万次。以喜迎党的二十大为主题，聚焦服务国家战略、科技自主创新、全面深化改革、履行社会责任专题策划，积极宣传企业改革发展新成果，全年编发新闻信息1491条，官微公众号阅读量超过100万次，出版《中国铁道通号》11期，官网浏览量450.5万次，充分展示企业良好形象和责任担当。六是坚定落实全面从严治党战略方针，围绕改革发展大局强化政治监督，做实做细日常监督，坚定不移正风肃纪反腐，发挥监督保障执行、促进完善发展作用，保障中国通号做强做优做大、实现高质量发展。强化“两增一控三提高”高质量发展监督，研究制定《关于严肃纪律规矩加强专项监督的通知》，指导各级纪检机构配合开展“严肃财经纪律、依法合规经营”综合治理专项行动。开展核心技术攻关、定制产品自主化专项监督，推动持续提升产品服务和安全质量水平。梳理靠企吃企问题风险点，制定下发《进一步深化落实靠企吃企禁止性措施的指导意见》，督促所属企业研究出台靠企吃企禁令，巩固拓展整治成果。精准发力做实做细日常监督。紧盯“三重一大”事项决策和执行过程重点监督，推动决策行为不断规范。紧盯工程项目、采购营销等重点领域，严肃查处靠企吃企、利益输送等违纪违法行为。对群众反复举报的问题线索紧盯不放、一抓到底，深入开展核查。组织所属企业对8起典型案件进行重点剖析，深化以案促改、以案促治、以案促建。开展“四风”专项治理74次，推动制定完善制度39项，积极营造崇廉拒腐、干事创业的良好氛围。七是坚守巡视定位，强化政治监督。进一步强化巡视巡察对企业改革发展的监督保障促进作用，提前1年实现集团公司巡视全覆盖，圆满实现巡视巡察“全覆盖”。建立健全上下联动制度体系，加强对所属企业巡察机构在执行重大事项专报、重点问题督办、巡察事项报备等制度要求的监督力度。指导全系统修订巡视巡察工作制度，形成以职能职责为核心的，涵盖战略、战术和实操3个层面的全系统、全流程、全要素“1+13+74”巡视巡察合规管理体系。巩固深化巡视巡察工作实践成果，组织全系统开展对党的十九大以来集团巡视巡察工作进行系统梳理总结，形成16个典型案例，入选国务院国资委《中央企业巡视巡察工作案例》。总结巡视巡察工作理论成果，开展党建政研会课题研究，巡视巡察工作学习研讨成果入选《国资委巡视工作》，连续2年在委管企业巡视工作考核中获评A级。持续加强巡视巡察干部队伍建设，推荐1名优秀年轻干部参加中央巡视，并获得通报表扬，进一步完善巡视巡察组长库、人才库建设，将巡视巡察履历作为巡视巡察干部选拔、培养的重要参考。深入企业调研督导座谈5次，累计培训巡视巡察业务骨干105人次。

**【信息化与数字化建设】** 2022年，中国通号深入贯彻落实习近平总书记关于网络强国战略和发展数字经济的重要论述，持续深化国资国企在线监管系统建设和应用，推动数字化智能化赋能企业高质量发展，以提质增效为目标，按照“标准统一、覆盖全面、协同共享、管控有力”信息化战略，充分利用和发挥网络安全和信息化技术优势，着力打造产业竞争新势力，为公司持续健康发展提供新动能。

推动企业数字化转型。一是组织各企业完成“国有企业数字化转型线上诊断”工作，获取企业数字化转型评估报告，制定数字化转型战略与实施方案。二是督导西信公司开展两化融合管理体系贯标认证试点工作，取得两化融合体系证书，保障数字化、智能化转型发展。三是卡斯柯调度集中CTC 3.0系统、基于车车通信的TACS启骥列车自主运行系统、面向智慧地铁的全自动运行2.0系统3个项目在全国范围内脱颖而出成功入选《中国企业数字化转型百项优秀案例推广目录》，进一步宣传推广轨道交通领域数字化转型成果。四是城交公司将数字化转型与企业战略有机融合，组态化云测试、双链交叉验证功能的自动测试环节取得实质进展。五是对物料编码主数据平台新申请数据进行查重复审，进一步强化标准化专家审核机制，联合物资装备事业部启动对编码平台内数据筛查清理工作，保障物料编码数据的规范性和唯一性。

开展信息化系统建设升级。统一待办移动化项目升级建设，基于门户系统统一待办升级到移动化展示页面接入“智慧园区”中，满足用户在移动端处理全应用待办的需要，完成与18个应用系统融合贯通。积极推进自研系统建设，开展电子商务平台功能优化，包括接口开发、数据驾驶舱、对外部推送公告接口、供应商资费模式变更、财务会员费发票审核流程变更，增加并行会签功能、采购人自行采购增加标书款账户信息功能、二级企业自行采购增加个人签字和公司电子签章功能、与电子发票接口开发等。持续开展提质增效工作，通过ERP实施搭建满足财务、销售、采购、物流、生产等高度集成的信息化平台，以确保销售合同按期高质量地交付，围绕实现精益管理的目标，提高管理水平。基本实现财务业务一体化管理，建立高效集中的财务管理平台，实现财务核算与业务的高度紧密集成。加强大数据体系建设，统一共享基础数据，推动数字化平台建设。

**【履行社会责任】** 2022年，中国通号致力于以实际行动回馈社会，坚定不移强化帮扶力度，巩固拓展脱贫攻坚成果；时刻绷紧防灾减灾责任弦，主动投身抢险救灾工作；持续深化青年志愿服务行动，开展丰富多彩的志愿活动，助力社会和谐稳定发展，充分彰显央企担当。一是接续定点帮扶。2022年，中国通号认真贯彻党中央、国务院关于定点帮扶决策部署及工作要求，以高度使命感和责任感统筹推进乡村振兴工作，成立定点帮扶工作领导小组，构建立体帮扶体系，连续19年做好河南省社旗县定点帮扶，打造乡村振兴的“社旗样板”。2022年，中国通号投入乡村振兴帮扶资金581万元，累计投入无偿帮扶资金2637.52万元。创新帮扶有效机制。对脱贫不稳定户和因病因灾致困群体加大帮扶支持力度，累计帮扶慰问特殊群众21人，发送慰问金8万元；向饶良镇丁庄卫生院捐赠测温仪8台，向抗疫最前沿的朱集镇捐赠抗疫物资5万元。持续扶持仿真花产业，形成“上下游企业100余家、年总产值3亿余元、全县2000余人从事手工加工”的规模，推动社旗县仿真花协会成立。二是做好疫情防控。中国通号持续关注新冠疫情最新形势，第一时间召开全系统疫情防控工作视频会，加强工作统筹，把疫情防控与企业生产经营同部署、同安排，毫不放松抓好常态化疫情防控，坚决守护好员工与人民群众的生命安全和身体健康。夯实责任促落实，领导班子成员带班值守，研究制定科学举措，统筹协调配齐配强防疫团队；下发《关于进一步加强当前新冠肺炎疫情防控工作的通知》《园区疫情防控应急处置工作方案》，加强信息化手段，建立严格的访客申请审批制度、闭环管理期间到岗人员承诺制度，做好人员出入统计工作，并落实园区节假日期间24小时值班制度，确保各项疫情防控工作责任到人、落实到位。严格防控保生产，加强冷链管理与入园快递消毒，按频次执行公共区域人群密集场所和设备的消毒工作，减少外部传播疫情的风险。积极援建抗疫设施，高效完成淄博市张店方舱医院和四平市第一所方舱医院改造建设任务，筑起疫情防控的“生命堡垒”；组建志愿团队下沉抗疫一线，协助社区做好核酸扫码、登记核验、卡口值守、维持秩序等工作，筑起疫情防控的“防火墙”。三是助力社会公益。中国通号制定《节约能源与生态环境保护管理办法》，拟定各项能源消耗指标；加快淘汰高耗能、高污染的工艺装备，优先使用节能、高效、环保的设备和机具；提高各种机械的使用率和满载率，对大功率电器实行限流限时制度，最大限度节约用电；加快节能低碳新技术、新工艺、新产品的示范与应用推广，积极探索绿色制造体系；推进化石能源清洁高效利用，推动煤电向支撑性和调节性电源转型，积极有序推进煤炭替代和煤炭清洁化改造；积极促进包装材料减量化，持续减少不必要的包装，优先选用环保包材。积极参与抢险救灾工作。第一时间通过四川省慈善联合总会向四川泸定地震灾区捐赠500万元，支持地震灾区抗震救灾和灾后重建工作。妥善应对地震、火灾等险情，积极参与列车脱线救援，迎“梅花”、战水患，被中国网、中国日报网等媒体转载报道，彰显央企青年的责任与担当。开展以“爱满京城”为主题的内容丰富多彩、具有实际社会效应的学习雷锋日活动，走进希望小学送上爱心文体用品，共上一堂雷锋精神主题课，传承雷锋精神。

（撰稿人：袁　圆）

# 中国铁路工程集团有限公司

**【基本概况】** 中国铁路工程集团有限公司（以下简称公司）是集勘察设计、施工安装、房地产开发、工业制造、科研咨询、工程监理、资本经营、金融信托、资源开发和外经外贸于一体的多功能、特大型企业集团，总部设在北京。前身是1950年3月原铁道部成立的工程总局和设计局，以及1952年9月成立的基建总局，1958年3月合并为基本建设总局。1979年5月，基本建设总局对外称中国铁路工程总公司。1989年7月，原铁道部撤销基本建设总局，正式组建中国铁路工程总公司。2000年9月，经国务院批准，原铁道部与中国铁路工程总公司实行政企分开，中国铁路工程总公司整体移交中央企业工委管理。2003年国务院国有资产监督管理委员会成立后，中国铁路工程总公司隶属国务院国资委管理。2006年11月，国务院国资委在中国铁路工程总公司总部开展董事会试点。2007年9月12日，中国铁路工程总公司独家发起设立中国中铁股份有限公司(以下简称中国中铁)，并于2007年12月3日和12月7日，分别在上海证券交易所和香港联合交易所挂牌上市。作为中国中铁的控股股东，中国铁路工程总公司于2017年12月28日完成公司制改制，工商变更登记为中国铁路工程集团有限公司。

中国中铁是中国铁路工程集团有限公司经营业务的运营主体，拥有46家子分公司，主要分布在中国除中国台湾地区以外的各省(自治区、直辖市)，并在90多个国家和地区设办事处、代表处和项目部等境外机构。主要有中铁一局等19家工程建造企业，中铁二院等8家设计咨询科研企业，中铁工业1家装备制造企业，中铁投资等7家资产经营企业，以及中铁国际等11家国际业务、金融物贸、特色地产、资源利用、信息化公司。中铁国资资产管理有限公司负责管理中国铁路工程集团有限公司有关学校、医院、主辅分离资产等未进入上市范围的机构和资产，集团公司党校为中国铁路工程集团有限公司直属单位。具有中国国家住房和城乡建设部批准的铁路工程施工总承包特级资质、公路工程施工总承包特级资质、市政公用工程施工总承包一级资质以及桥梁工程、隧道工程、公路路面工程、公路路基工程专业承包一级资质。作为全球最大建筑工程承包商之一，自2006年起，连续17年进入“世界500强”企业，2022年居第34位，在“中国企业500强”中居第10位。连续9年被国务院国资委评定为业绩考核A类企业。业务范围涵盖基本建设各个领域，能够提供建筑业“纵向一体化”的一揽子交钥匙服务。先后参建京九铁路、青藏铁路、京沪高铁、京张高铁、港珠澳大桥、中老铁路、雅万高铁等一大批举世瞩目的重大工程，参与建设的铁路占中国铁路总里程的2/3以上；建成电气化铁路占中国电气化铁路的90%；参与建设的高速公路约占中国高速公路总里程的1/8；建设中国3/5的城市轨道工程。作为科技部、国务院国资委和中华全国总工会授予的全国首批“创新型企业”，中国中铁拥有高速铁路建造技术国家工程研究中心、隧道掘进机及智能运维全国重点实验室和桥梁结构健康与安全国家重点实验室3个国家实验室及10个博士后工作站，1个国家地方联合研究中心(数字轨道交通技术研究与应用国家地方联合工程研究中心)，49个省部级研发中心(实验室)，18个国家认定的技术中心和137个省部认定的技术中心，并参股建设川藏铁路国家技术创新中心。截至2022年底，中国中铁获得国家科学技术奖127项，其中特等奖5项、一等奖16项；公司承建的项目累计获得国家优质工程奖533项，中国建筑工程鲁班奖236项，中国土木工程詹天佑奖183项，全国优秀工程勘察设计奖154项。全国优秀工程咨询成果奖101项，国际工程咨询(FIDIC)和工程设计奖34项。获得省部级(含国家认可的社会力量设奖)科学技术奖4778项；国家级工法166项，省部级工法5814项；通过省部级科技鉴定的科技成果2695项；拥有有效专利授权32579件，其中发明专利6900件、海外专利354项。

截至2022年底，公司在册员工300123人，其中管理人才150329人、各类专业技术人才214730人(含在管理岗位的137059人)、技能人才72123人。高级及以上职称42986人(含正高级3526人)，其中高级工程师34709人(含正高级工程师3026人)、高级经济师3351人、高级会计师2204人；中级职称72948人。中国工程院院士2人、全国工程勘察设计大师9人、百千万人才工程国家级人选11人、享受国务院政府特殊津贴专家119人，全国杰出专业技术人才2人、中国中铁特级专家9人、中国中铁专家33人。

**【主要指标】** 2022年，公司营业收入11547.76亿元，比上年增长7.55%。其中，基础设施建设营业收入9835.33亿元，增长6.51%；勘察设计与咨询服务营业收入186.16亿元，增长5.75%；工程设备与零部件制造业务营业收入258.38亿元，增长8.42%；房地产开发业务营业收入534.59亿元，增长6.39%；其他业务方面营业收入733.3亿元，增长25.24%。全年在境外地区收入584.36亿元，比上年增长6.66%。利税总额686.27亿元，比上年增长5.08%；利润总额424.70亿元，比上年增长13.22%；净利润348.22亿元，比上年增长14.51%。年末资产总额16205.37亿元，比上年增长18.16%；负债总额11902.51亿元，比上年增长18.62%；所有者权益4302.86亿元，比上年增长16.90%，其中归属于母公司股东权益1312.59亿元，增长7.43%。年末资产负债率73.45%，较2021年末的73.16%增加0.29个百分点。2022年12月31日，中国中铁A股、H股总市值1297亿元。

**表1　2022年中国铁路工程集团有限公司主要经济指标**

| 项　目 | 2021年 | 2022年 | 比上年增长(%) |
|---|---|---|---|
| 资产总额(亿元) | 13715.03 | 16205.37 | 18.16 |
| 所有者权益(亿元) | 3680.80 | 4302.86 | 16.90 |
| 负债总额(亿元) | 10034.23 | 11902.51 | 18.62 |
| 营业收入(亿元) | 10736.70 | 11547.76 | 7.55 |
| 利润总额(亿元) | 375.10 | 424.70 | 13.22 |
| 净利润(亿元) | 304.10 | 348.22 | 14.51 |
| 归属于母公司所有者的净利润(亿元) | 119.54 | 136.87 | 14.50 |
| 技术开发投入(亿元) | 247.56 | 277.42 | 12.06 |
| 利税总额(亿元) | 653.11 | 686.27 | 5.08 |
| 经济增加值(亿元) | 233.20 | 248.42 | 6.53 |
| 应交税金总额(亿元) | 349.01 | 338.05 | -3.14 |
| 全员劳动生产率[万元/(人·年)] | 42.13 | 48.80 | 15.83 |
| 研发经费投入强度(%) | 2.34 | 2.45 | 增加0.11个百分点 |
| 营业收入利润率(%) | 3.60 | 3.72 | 增加0.12个百分点 |
| 净资产收益率(%) | 8.81 | 8.72 | 减少0.09个百分点 |
| 总资产报酬率(%) | 3.48 | 3.47 | 减少0.01个百分点 |
| 国有资本保值增值率(%) | 111.14 | 111.48 | 增加0.34个百分点 |
| 资产负债率(%) | 73.16 | 73.45 | 增加0.29个百分点 |

**【改革发展】**　2022年，公司统筹深化改革、守正创新，不断增强推动高质量发展的内生动力。决胜国企改革三年行动，总部层面221项、所属各级企业2.8万余项改革任务全部完成。健全“1+5+N”治理制度体系，严格落实“三重一大”决策议事规则，认真执行董事会决议和董事会授权，优化总裁办公会决策流程，完善经理层行权方式，决策质量和效能进一步提升。经理层及时向董事会报告重大经营事项，定期报告执行和授权行使情况。全面推行经理层任期制和契约化管理，健全市场化用工机制，拓宽中长期激励渠道，完成覆盖747名核心骨干人员的首批限制性股权激励，实施13家科技型企业关键核心人才岗位分红激励；建立领导人员、专家、职业经理三条通道并行互通的高端人才多元职业发展体系。实施总部“大部制”和审计管理体制改革，完善安质环保监管体制，全面完成二级企业“三办合一”和商务管理部设立；扎实推进专项改革任务，所属“科改示范企业”“双百企业”在国务院国资委考核中获评“标杆”“优秀”。实施区域总部与投资公司改革，推进组织分立和资源整合，形成区域总部“5+2”和投资公司“5+3”布局。加大机构布局调整力度，首家以10家三级企业为主的产业集群疏解落地雄安新区，全年在“富油区块”和经济发达地区设立法人企业43户；高效完成东方国际注销整合，优化完成22个境外区域总部布局。深入推进产业结构调整，加快经营性资产专业化整合，实现33个高速公路项目均由中铁交通集中运营管理；高效推进云隐项目，战略并购滇中引水项目，合资成立中铁云投，央地合作探索出新路径。

**【重大项目】**　2022年，公司积极服务国家战略，川藏铁路全线全面开工；北京丰台站、郑渝高铁、杭台高铁、深圳地铁“两线三枢纽”、玉楚高速等国内标志性工程建成投用，孟加拉国帕德玛大桥、埃及斋月十日城铁路等海外重点工程顺利完工；2022年获得中国建设工程鲁班奖19项、国家优质工程奖54项；拉林铁路等39项工程入选“2022中国新时代100大建筑”。

**【走向海外】**　2022年，中国中铁积极参与“一带一路”建设、基础设施互联互通、国际产能和装备制造合作，全力推动中国铁路“走出去”。公司国际业务新签合同额275.91亿美元，比上年增加42.45亿美元，增长18.18%。成功中标蒙古国东戈壁省露天煤矿煤炭剥采和运输、孟加拉国数字联通、匈塞铁路匈牙利段北段枢纽工程等项目。在"ENR全球承包商250强"排第2位，"全球最大250家国际承包商"排第11位，较2021年上升2位。

**【重大创新】** 2022年，公司实施中央企业攻坚工程，成功攻克"卡脖子"关键核心技术，三大专项任务攻关取得世界领先成果，盾构机核心零部件具备国产化替代能力和持续性创新能力。世界首条稀土永磁磁浮轨道交通工程试验线"红轨"顺利建成，铁路大跨度中承式钢管混凝土拱桥关键技术研究等44项成果达到国际领先水平。公司统建的38套信息系统实现互联互通，数智升级探索实践走在行业前列。连续3年举办中国智造品牌论坛暨中央企业装备制造创新成就展；研发的世界首台桩梁一体架桥机"共工号"入选"中央企业十大国之重器"，研制国内首条山地轨道交通工程首台大直径TBM"蜀通号"、国内首辆磁浮空轨车辆"兴国号"、中国第六代桥梁拉索高端智能检测机器人等一批高端装备。2022年，获得中国专利奖银奖2项、省部级科技奖500项、授权专利7718件。拉林铁路藏木雅鲁藏布江大桥、深圳黄木岗交通枢纽V柱空间分别获得国际桥梁大会和国际隧协最高奖。

**【党建工作】** 2022年，公司坚持党对企业的全面领导，加强党的建设，着力筑牢"根""魂"优势。系统部署学习宣传贯彻党的二十大精神各项工作，深入开展"理想信念情怀　爱党爱国爱企"主题教育。举办首届"开路先锋"文化节，命名首批18家"开路先锋"文化教育基地。推进全面从严治党，开展亏损项目履职不力问题专项治理，驰而不息纠治"四风"，构建风清气正的发展环境。获央企党建工作责任制考评A级。品牌影响力持续提升。国企党建探索创新研究成果得到国务院国资委充分肯定；系列理论研究文章在《求是》《人民日报》《学习时报》等重要宣传阵地刊发，亮相中央主流媒体2.3万余次。"中国中铁"品牌获得华谱奖，获评"叱咤全球的国家名片"。全力维护职工权益，有效解决劳动合同纠纷、工资拖欠和养老保险欠缴等一大批涉及职工切身利益的问题。广泛开展员工普惠关爱行动，累计发放"两节"送温暖资金1.56亿元、慰问职(民)工36.9万人次，员工获得感、幸福感更加充实、更有保障。加强社会保障、信访维稳、治安保卫、交通战备等工作，推动企业健康稳定发展。

**【信息化与数字化建设】** 2022年，公司组织编制《中国中铁信息化建设"十四五"规划》《中国中铁股份有限公司2022年信息化工作要点》《中国中铁"十四五"信息化建设任务清单》，部署2022—2025年中国中铁软件开发领域关键核心技术方向，着力股份公司亟待解决的痛点、难点，形成核心技术标准，建立符合公司发展需要的中国中铁软件开发标准体系。全面启动微服务架构研发技术管控平台、IT共享服务中心建设、中国中铁信息化统一填报系统、广域网安全运营中心、非结构化数据管理平台、国资监管平台、PKI/CA基础设施管理系统等重点项目建设，为实现技术贯通夯实基础。构筑中铁e通生态，实现中铁e通全覆盖，累计激活账号超过35万次，激活率超过97.25%，日活用户超过22万人，日活率超过62.5%，接入应用超过500个，日均消息发送量超过11万条，工作台日均访问人次超过45万次，一体化工作平台用户日活访问量由年初平均1万人增加到3.4万人，提升2.4倍；深化业务流程融合力度，待办中心日点击量由年初平均3.5万次增加到平均14.7万次，增长3.2倍。推进中国中铁数据资产体系建设。制定《中国中铁数据资产管理规定》，形成管理规定1个、数据标准8项、数据采集共享流程16项，形成"1+N"的立体保障体系。组织参加国务院国资委首届国企数字场景创新专业赛，推荐参赛38项；组织BIM综合云服务系统、北斗时空综合服务平台、物联网(视频监控)平台等项目建设，加快数字化施工基础平台建设；通过第三届卓越杯BIM大赛和数字孪生专题培训会等形式引导BIM技术在基层项目的推广应用，助力数字升级工程落地实施。

**【履行社会责任】** 2022年，公司编制发布中国中铁2021年ESG报告暨社会责任报告，从10个方面客观全面反映公司在ESG管理和社会责任管理方面的举措和成果成效，获得《新财富》最佳ESG信息披露奖。参与企业ESG披露指南、评价体系制定等行业标准制定，填补国内企业ESG披露的相关体系空白。中国中铁 ESG 实践案例获评上市公司最佳案例，中国中铁入选“央企 ESG ·社会价值先锋 50”和“央企 ESG·风险管理先锋 50”。坚决执行国家疫情政策，先后组织所属 21 家企业参与吉林、上海、海南等地抗“疫”用房建设，受到当地政府表彰。中国中铁在服务乡村振兴中展现央企担当，投入定点帮扶资金 8463 万元，引进帮扶资金 5.73 亿元，培训基层干部 406 人次，培训乡村振兴带头人 123 人次，培训专业技术人员 1160 人次，购买农产品 2248.2 万元，帮助销售农产品 220.8 万元。积极参与各地抗灾抢险，组织协调参与“8·17”重庆森林火灾、“9·5”泸定县地震等抢险救灾，组织各类应急救援 230 次。中国中铁鼓励员工参与志愿活动，支持基础教育，重视中华文化的传承和保护，为构建和谐美好社会持续贡献力量。

（撰稿人：王　琳）

## 中国铁道建筑集团有限公司

**【基本概况】** 中国铁建股份有限公司（以下简称中国铁建）的前身是组建于 1948 年 7 月的中国人民解放军铁道兵，由中国铁道建筑总公司（改制后更名为中国铁道建筑集团有限公司）独家发起设立，于 2007 年 11 月 5 日在北京成立，为国务院国资委管理的特大型建筑企业。2008 年 3 月 10 日和 3 月 13 日，分别在上海证券交易所和香港联合证券交易所上市。公司业务涵盖工程承包、规划设计咨询、投资运营、房地产开发、工业制造、物资物流、绿色环保、产业金融及其他新兴产业，具有科研、规划、勘察、设计、施工、监理、运营、维护和投融资完整的行业产业链，具备为业主提供一站式综合服务的能力。中国铁建经营范围遍及全国 32 个省（自治区、直辖市）以及全球 130 余个国家，是全球最具实力、规模的特大型综合建设集团之一。

截至 2022 年底，中国铁建拥有直管二级单位 41 户、三级法人企业 534 户（不含项目公司）、四级法人企业 165 户（不含项目公司）。员工总数 269577 人，其中管理人才 34489 人 、专业技术人才 191580 人、技能人才 43508 人。拥有工程院院士 1 人、国家勘察设计大师 10 人、“百千万人才工程”国家级人选 11 人、享受国务院政府特殊津贴的专家 249 人。资产总额 15239.51 亿元。机械动力设备 142553 台（套）。设备原值 815.69 亿元、净值 307.79 亿元。累计获得国家科学技术奖 87 项、中国土木工程詹天佑奖 150 项、国家优质工程奖 537 项（其中金奖 45 项）、中国建设工程鲁班奖 172 项、省部级工法 3182 项；拥有专利 31479 件。

2022 年，中国铁建居《财富》“世界 500 强企业”第 39 位、中国企业 500 强第 11 位，《工程新闻纪录》（ENR）“全球 250 家最大承包商”第 3 位，首次入围“全球品牌价值 500 强”百强名单。获评国务院国资委年度和任期经营业绩考核“双 A 级”及“业绩优秀企业”。

**【主要指标】** 2022 年，中国铁建实现营业收入 10963.13 亿元，比上年增长 7.48%；利润总额 378.24 亿元，比上年增长 7.60%；应缴税金总额 301.69 亿元，利税总额 679.93 亿元，比上年增长 9.91%；净利润 317.53 亿元，比上年增长 8.32%；基本每股收益 1.76 元。截至 2022 年底，资产总额 15239.51 亿元，负债总额 11379.35 亿元。所有者权益总额 3860.16 亿元，其中归属于上市公司股东权益 2904.84 亿元，归属于上市公司股东的每股净资产 16.98 元。

**表 1　2022 年中国铁建股份有限公司主要经济指标**

| 项　目 | 2021 年 | 2022 年 | 比上年增长（%） |
|---|---|---|---|
| 资产总额（亿元） | 13529.70 | 15239.51 | 12.64 |
| 所有者权益（亿元） | 3464.93 | 3860.16 | 11.41 |
| 营业收入（亿元） | 10200.10 | 10963.13 | 7.48 |
| 利润总额（亿元） | 351.51 | 378.24 | 7.60 |
| 净利润（亿元） | 293.15 | 317.53 | 8.32 |
| 归属于母公司所有者的净利润（亿元） | 246.91 | 266.42 | 7.90 |
| 技术开发投入（亿元） | 202.54 | 250.04 | 23.45 |
| 利税总额（亿元） | 618.63 | 679.93 | 9.91 |

续表

| 项　目 | 2021 年 | 2022 年 | 比上年增长(%) |
| --- | --- | --- | --- |
| 应交税金总额(亿元) | 267.12 | 301.69 | 12.95 |
| 加权平均净资产收益率(%) | 11.10 | 11.05 | 减少 0.05 个百分点 |
| 总资产报酬率(%) | 3.17 | 3.06 | 减少 0.11 个百分点 |
| 中国铁道建筑集团有限公司国有资本保值增值率(%) | 108.92 | 109.29 | 增加 0.37 个百分点 |

**【改革发展】** 2022 年,中国铁建聚焦高质量发展目标,坚持"在真落实上下功夫、在真效果上得求证、在可持续上做完善"。编制《适应全面加强基础设施建设新形势,公司布局优化和结构调整方案研究(大纲)》和七大专项工作方案。加强新兴产业、新兴业务培育,增设"鼓励发展类业务"考核加分指标。扭住国企改革三年行动中心任务,按照"可衡量、可考核、可检验、要办事"的要求,构建专题会议推进、培训宣贯交流、过程动态监测、改革典型引路、检查考核督导"五大机制"。完成国企改革三年行动 71 条改革任务,"两非""两资"完成剥离,亏损双降目标完成。实现经理层任期制和契约化管理的户数和管理人员人数比例均 100%;管理人员竞争上岗、不胜任退出的比例分别为 68.17%、8.40%;公开招聘和全员绩效考核比例均 100%;开展中长期激励的子企业数量占全部具备条件的子企业比例为 96.62%。"以全员绩效考核引领的人才管理体系"等 2 项成果在 2021 年中国企业改革发展优秀成果中获得一等奖。持续优化企业资源配置,组建中铁建交通运营集团和中国铁建新兴业务总部。推进"压减"工作,全年完成压减 22 户;完成国务院国资委"控股不控权"问题专项整治工作,排查系统内控股企业 1453 家。完善子企业负责人经营业绩考核指标体系,构建差异化的绩效考核机制并刚性兑现。优化调整"三重一大"决策事项清单,持续完善董事会建设"1+N"制度体系,突出战略引领,科学高效决策,强化风险防控。持续推动公司治理向下贯通,实现纳入应建范围董事会应建尽建。

**【重大项目】** 2022 年,中国铁建坚持重点重抓,持续加强在建项目监管,落实各级"三保一降"责任,强化现场督导。明确 40 个国内在建重点项目,以国内施工为主的 19 家二级单位包保 562 个重难点项目。2022 年,崇礼铁路太子城至崇礼段、成昆铁路复线峨眉至米易段、黄黄铁路、和若铁路、北京丰台站、郑万高铁、郑济城际铁路濮郑段、大瑞铁路大保段、重庆市郊铁路跳磴至江津线、乌将铁路扩能、常益长高铁、合杭高铁湖杭段、丽江观光火车一期、广西南宁至崇左高铁、弥勒至蒙自高铁、银兰高铁中卫至兰州段、济莱高铁、重庆铁路枢纽东环线、京唐城际铁路、佳木斯至鹤岗铁路改造、兴泉铁路等铁路工程建成开通。广州地铁 22 号线首通段、绍兴地铁 1 号线、福州地铁 5 号线、杭州地铁 3 号线后通段、昆明地铁 5 号线、金义东市域轨道金义段、杭州机场轨道快线、郑州地铁 6 号线、南通地铁 1 号线、天津地铁 10 号线、青岛地铁 4 号线、深圳地铁 16 号线、南京地铁 7 号线北段、北京地铁 16 号线南段木樨地至榆树庄站段、北京地铁 19 号线景风门站等城市轨道工程建成开通。广佛肇高速公路、福建漳州至武平高速公路南靖段、沪杭高速公路临平段改建工程涉铁段、大广高速南康至龙南段扩容工程、澄城至韦庄高速公路、中江至遂宁高速公路、广西六宾高速公路、昆明岷山至楚雄广通高速公路、陇西至漳县高速公路、海南国道 G360 公路文昌至定安段、重庆合川至璧山至江津高速公路合川城南枢纽至璧山西段等公路工程建成通车。2022 年杭州亚运会重点保障项目的杭州未来科技城绿汀路、钱塘过江隧道、杭州下沙路与 12 号路提升改造工程、绍兴二环西路智慧快速路一期工程等市政工程建成运营。济南商河通用机场、三峡机场飞行区改扩建及配套空管工程、湛江吴川机场、鄂州花湖机场等机场工程投运。福建南平港延平新城港区码头工程开港运营,山东济南南曹范 LNG 调峰储配站全面建成投产,小清河复航工程博兴港下游 60 千米完成试航,广西北海市跨海第一桥北海西村港跨海大桥项目主体工程完工,全国首条磁浮旅游专线清远磁浮旅游专线全线贯通。贵南高铁九万大山一号隧道、九万大山二号隧道、九万大山四号隧道、独山二号隧道、永兴一号隧道、朝阳隧道、大方山隧道,大瑞铁路杉阳隧道,成兰铁路跃龙门隧道，广汕高铁三凸岭隧道、迎牌山隧道，成都至自贡至宜宾高铁白云山隧道，杭温铁路香山岭隧道、户口隧道，珠江三角洲水资源配置双线输水隧洞，广州北江引水工程4号隧洞等一大批重难点长大隧道工程贯通。新福厦高铁木兰溪特大桥主桥、福厦高铁安海湾特大桥、广汕铁路长沙湾跨海特大桥、杭衢铁路跨金千铁路特大桥、昌景黄高铁信江西支特大桥、金甬铁路新昌江特大桥、长沙磁浮东延线接入T3航站楼道岔梁、广州南沙自贸区红莲大桥、南昌市双港大街系杆拱混凝土桥、四川乐山大渡河凤溪大桥、青兰高速扩建工程跨越胶州湾海域女姑口特大桥、巫镇高速东溪河特大桥、金仁桐高速娅石庆特大桥等顺利合龙。南玉高铁上跨湘桂铁路转体桥那舅特大桥、福庆特大桥，渝昆高铁上跨隆黄铁路的寒坡岭特大桥，江西九江永修县万宝路两座矮塔转体斜拉桥，黑龙江省齐齐哈尔民航路跨线桥，武汉至大悟高速公路上跨沪蓉线、麻武线立交桥，107国道湖北咸宁市赤壁段改扩建工程上跨京广铁路立交桥，潍坊至青岛高速公路上跨胶济客运专线、胶济铁路的转体桥，黎霍高速上跨太焦铁路、国道G208及省道S220线转体桥，上海漕宝路快速路上跨7股道铁路线转体桥，济南绕城高速公路二环线西环段上跨京沪铁路转体桥，宾南高速公路茨坪立交上跨广大铁路转体桥等成功转体。铁建云采平台在中国铁建所属各单位全面上线物资采购业务。中国铁建研制开发的国内首台800大口径钻机、全球首台大坡度螺旋隧道掘进机、高原高寒大直径TBM“高原先锋号”、全球最大竖井掘进机“梦想号”成功下线。2022年，获得中国建设工程鲁班奖15项、国家优质工程奖47项。其中，参建的陕西国华锦界电厂三期扩建项目，云南省牛栏江—滇池补水工程，宁波市轨道交通4号线工程，雅安至康定高速公路4项工程获得国家优质工程金奖。

**【走向海外】** 2022年，中国铁建大力实施“海外优先”战略，积极参与“一带一路”建设和国际产能合作，融入“双循环”新发展格局。不断优化“3＋5＋N”海外经营发展体系和管理架构，带动各板块协同出海，形成发展合力。产业发展格局在巩固海外铁路、公路、城市轨道交通、市政、房建等传统业务优势的基础上，不断向港口、电力、机场、能源、矿产、水工、水务、环保等新型业务领域拓展；以工程承包为主，积极推进海外规划设计咨询、投资运营、产业园区和房地产开发、工业制造、物资物流、绿色环保、城市运营等多元化经营。强化海外项目监管，持续做好境外项目标前评审工作；每周整理研究境外项目情况，及时解决项目实施过程中的问题；持续深化海外业务信息服务系统2.0应用，运用信息系统不断提升海外业务管理的能力。强化境外项目风险防范及境外项目合规管理，完成外经系统V 2.0合规管理模块建设。《ATO引入干线铁路运营规则制定导则》提案获得通过，是年度中国铁路领域唯一主导的TSO国际标准。卡塔尔世界杯主场馆卢塞尔体育场被列为“中阿合作标志性、突破性成就”。尼日利亚铁路现代化项目拉各斯至伊巴丹段，沙特内政部安全总部发展项目，阿联酋铁路二期B、C、D标段，坦桑尼亚中央线标轨铁路姆万扎至伊萨卡段，马来西亚金马士至新山双线电气化铁路，新加坡裕廊区域线登加车辆段与综合基地J101标段，澳门澳氹第四条跨海大桥，阿联酋迪拜蓝天酒店俄罗斯莫喀高速公路，鲁雷纳瓦克—里韦拉尔塔公路进展顺利。全年中国铁建海外新签合同额4485441万美元，完成海外营业额1034374万美元。

**【重大创新】** 2022年，中国铁建细化落实专精特新企业扶持政策，新增4家企业入选工业和信息化部专精特新“小巨人”。修订完善科技创新制度体系，落实支持政策，全面加强科技创新投入与保障；加强关键核心技术攻关，“1025专项”一期圆满完成、二期顺利推进，城市地下大空间、深地空间开发、北斗铁路行业综合应用等国家重点研发任务取得丰硕成果，自主研制的全球最大竖井掘进机“梦想号”入选2022年度“中央企业十大国之重器”；实现国产大型掘进机控制系统自主可控，自主研制出以国产最大直径盾构机“京华号”为代表的系列超大直径盾构机，自主研发设计制造出世界首台千吨架桥一体机“昆仑号”。加强创新平台建设，围绕智慧城市、智慧交通、地下空间开发、节能环保建筑、新基建等新兴领域打造原创技术策源地；加快制定智慧建造、绿色建造标准与技术体系，选定40家智慧建造试点单位，加快积累数字化转型基层实践经验，中国铁建BIM＋管理平台入选十大国产BIM软件；新获得中国土木工程詹天佑奖13项，首次获得日内瓦国际发明金奖 1 项，新获得中国专利银奖、优秀奖 7 项，新增授权专利 7906 件，其中发明专利 1215 件。获得省部级科学技术奖 163 项；牵头 1 个全国重点实验室通过科技部认定，国家级创新平台建设取得新突破；新增 2 个铁路行业科技创新基地，新设水下隧道、电气化、城市地下空间、海洋基础 4 个中国铁建工程实验室(研发中心)。

**【党建工作】** 2022 年，中国铁建坚决贯彻落实党中央、国务院决策部署，狠抓“三基”建设，始终以高质量党建引领保障企业高质量发展，深入开展“建功新时代、喜迎二十大”和党的二十大精神学习活动，“京华号”盾构机、“昆仑号”架桥机、六行采棉机、雄安站等 80 余项铁建元素亮相“奋进新时代”主题成就展。严格落实“第一议题”制度，及时跟进学习研讨习近平法治思想、经济思想和系列重要讲话精神，党委常委会 4 次学习和研究意识形态工作，党委理论学习中心组 6 次学习研讨相关内容。常态化长效化推进党史学习教育，围绕生产经营中心任务，深入打造“五型工会”，扎实推进“青马工程”，群团工作共建共享，为企业发展培好“根”、筑牢“魂”。开展整治形式主义为基层减负“回头看”，以作风转变带动工作转变；深入推进全面从严治党，持续发挥巡视利剑作用，紧盯“关键少数”加强监督，规范领导干部亲属经商办企业，深化“靠企吃企”问题整治，加强境外腐败治理，严格执纪问责。深化“三不腐”一体推进，营造风清气正的良好环境。

**【信息化与数字化建设】** 2022 年，中国铁建强化规划引领，优化制度体系。紧密结合公司“1236”数字化转型思路，成立工作专班，坚持问题导向，突出务实管用，编制形成“中国铁建数字化转型行动计划专项实施方案”等系列工作成果；开展“中国铁建数字化转型实施路径研究”重点课题研究，完成 26 万余字的课题初稿；贯彻落实网络强国重要思想和数据安全工作重要指示批示精神，完成中国铁建数据分类分级专项工作；开展公司智慧工地标杆项目工作调研，以“面向多工程类型的智慧工地底层技术平台”课题研究为抓手，协同做好重点领域产业数字化转型实施工作；参与国务院国资委建筑中央企业数字化协同创新平台筹备工作，组织典型产业集团梳理创新场景。坚持数字赋能，完成中国铁建全球超过 115 万名员工和服务人员的疫情防控信息登记和超过 13000 家机构和基层生产单元的信息登记；利用“铁建通”信息平台为复杂疫情防控条件下的信息通畅提供安全可控手段；利用“云会议”保障各类会议、直播、应急指挥调度的顺利进行；完成一体化技术平台、人力资源管理系统群等 40 余个信息系统的技术运维工作；完成信息化基础设施智能运维管理平台等项目建设。持续加强网络安全和风险管控能力，在公安部 2022 年度网络安全执法检查中获得好评；开展国企网络与信息安全在线监管平台升级改造工作，完成 3 家试点单位部署并投入使用；完成全系统网络安全统一态势感知平台的接入试点工作并开展推广；开展“挖矿”专项整治工作，组织数据安全技能培训，参加 2022 年全国行业职业技能竞赛——全国数据安全职业技能竞赛。加快推进“三地三中心”建设，打造数智铁建智慧大脑。持续做好软件资产管理，进一步完善“使用正版软件长效机制”，形成软件资产管理工作数字化转型。

**【履行社会责任】** 2022 年，中国铁建继续把央企社会责任扛在肩上，高效完成长春、上海、香港等地方舱医院建设，积极投身乡村振兴、定点帮扶、救灾抢险与公益事业。参与工程抢险救援和防汛抗洪 1900 次，出动工程抢险力量 4.4 万多人次，机械设备 4520 台(套)。全年投入乡村振兴帮扶资金 7616.38 万元，引进帮扶资金(含招商引资)2461 万元，帮助销售脱贫地区农产品 1077.9 万元，派驻挂职干部 50 人、工作队 16 个，打造乡村振兴示范村 5 个。完成对口支援西藏自治区昌都市江达县的援藏干部交接工作；制定江达县援助资金规模、援助项目及人才培训等“十四五”规划，拨付援藏资金 756 万元，援助抗疫物资 60 万元。重点帮扶偏远艰苦项目 73 个，下拨帮扶资金 526 万余元，完成国务院国资委“工装援疆”采购任务；总部工会干部分组到贵州省、甘肃省、内蒙古自治区、宁夏回族自治区等地区偏远艰苦项目进行现场帮扶、调研。落实中央关于碳达峰碳中和指示要求，做到“守住底线、不碰红线、创造亮点”。加快编制企业碳达峰行动方案，践行“绿色施工”理念，把“四节一环保”贯穿项目施工全过程，协同推进降碳、减污、扩绿、增长。中国铁建万元营业收入综合能耗(可比价)0.0618 吨标准煤，比上年下降 2.06%；万元营业收入二氧化碳排放（可比价）0.1422 吨二氧化碳当量，比上年下降 4.11%。在中央第二轮第六批生态环保督察工作中未出现负面问题。中国铁建 20 多万人通过不同形式参加节能宣传周和低碳日活动。

2022 年，中国铁建持续开展学雷锋志愿服务活动，在高考考场、乡村振兴等一线成立青年志愿服务队 1587 支、参与人数 24175 人。组织开展"新时代 中国铁建文化与品牌理念宣讲"活动。《新时代中国铁建品牌提升》案例被评为中央企业优秀品牌案例。微视频《大城小路》获得中宣部、中央文明办二等奖和中央企业优秀品牌故事奖。《峰爆》获得中宣部"五个一工程奖"电影类优秀作品奖并收入《2021 中国电影集锦》。

（撰稿人：樊美麟）

## 中国交通建设集团有限公司

**【基本概况】** 中国交通建设集团有限公司（以下简称中交集团）是国务院国资委监管的特大型综合建筑企业，是国有资本投资公司改革试点单位。中交集团居 2022 年《财富》"世界 500 强"第 60 位，较 2021 年上升 1 位，在 2022 年国务院国资委经营业绩考核评价中再次获评 A 级企业，自 2005 年以来连续 17 年获评 A 级，也是建筑行业中唯一获得"17 连 A"的中央企业。中交集团主要从事交通基础设施的投资建设运营、装备制造、房地产及城市综合开发等，为客户提供投资融资、咨询规划、设计建造、管理运营一揽子解决方案和综合一体化服务，是中国第一家成功实现境外整体上市的特大型国有基建企业，业务足迹遍及全球 150 多个国家和地区，员工数量超过 16 万人。经过长期发展，中交集团成为世界最大的港口设计及建设公司、世界最大的公路与桥梁设计建设公司、世界最大的疏浚公司、世界最大的集装箱起重机制造公司、世界最大的海上石油钻井平台设计公司；亚洲最大的国际工程承包公司、中国最大的设计公司、中国最大的高速公路投资商；拥有中国最大的民用船队。

**【主要指标】** 2022 年，中交集团围绕高质量发展目标，坚持不懈稳增长，坚韧不拔优结构，坚定不移控风险，业务规模再创新高，盈利水平稳步提升，财务杠杆在合理区间，发展质量稳步提高，发展基石全面筑牢。

**表 1　2022 年中国交通建设集团有限公司主要经济指标**

| 项　目 | 2021 年 | 2022 年 | 比上年增长（%） |
|---|---|---|---|
| 资产总额（亿元） | 22433.86 | 23751.84 | 5.87 |
| 所有者权益（亿元） | 5613.86 | 5986.94 | 6.65 |
| 营业收入（亿元） | 8428.26 | 9301.12 | 10.36 |
| 利润总额（亿元） | 392.19 | 435.14 | 10.95 |
| 净利润（亿元） | 305.04 | 327.59 | 7.39 |
| 归属于母公司所有者的净利润（亿元） | 90.13 | 84.41 | －6.34 |
| 技术开发投入（亿元） | 248.11 | 258.56 | 4.21 |
| 利税总额（亿元） | 767.96 | 743.97 | －3.12 |
| 应交税金总额（亿元） | 401.05 | 382.46 | －4.64 |
| 全员劳动生产率［万元/（人·年）］ | 61.87 | 64.23 | 3.81 |
| 净资产收益率（%） | 5.74 | 5.65 | 减少 0.09 个百分点 |
| 总资产报酬率（%） | 2.99 | 3.06 | 增加 0.07 个百分点 |
| 国有资本保值增值率（%） | 109.23 | 109.84 | 增加 0.61 个百分点 |

**【改革发展】** 2022 年，中交集团坚持以习近平新时代中国特色社会主义思想为指导，深入学习贯彻习近平总书记关于国有企业改革发展和党的建设重要论述精神，按照"可衡量、可考核、可检验、要办事"的原则精准高效落实各项改革任务，实现三年行动高质量收官，经营质效、管理能效显著提升，获评中央企业改革三年行动专项考核 A 级企业。中交集团改革三年行动实施以来，主动改革创新，争当行业标杆，各项改革任务深入推进，取得积极成效。一是中国特色

现代企业制度进一步完善。明晰公司治理基本制度六个层次，牢牢把握党委前置研究讨论、董事会应建尽建等核心任务，创新提出"1+6+X"董事会配置标准，组建176人的外部董事人才库，纳入董事会应建尽建的149户各级子企业均实现董事会应建尽建，外部董事占多数，二级重要子企业全面制定落实董事会职权的实施方案，获评国务院国资委"公司治理示范企业"。二是区域化布局整体优化。根据中交集团区域资源布局总体情况，在成都、深圳、长沙、青岛、济南等重点区域布局子公司，全年完成18家常设公司、21家SPV公司设立的审核与批复工作，服务于二级单位项目获取和实现当地入统纳税等功能，在确保项目顺利履约的前提下，深化与当地政府的合作互信，提升区域竞争力，进一步拓宽市场。完成中交中南工程局有限公司、中交西部投资有限公司等组建工作，落实做强主业、做精区域、做细项目的工作要求，促进"三重两大两优"经营策略生根落地，进一步优化集团市场布局和区域布局，打造属地化的区域深耕发展平台。三是专业化发展平台持续整合。完成中交建筑、中交物业、中交海上风电发展、中交光伏科技等专业公司组建。为贯彻落实中交集团第三次党代会精神，落实"高质量发展落实年"工作部署，为践行集团"高质量发展"总体要求，聚焦战略定位，找准专业化发展方向，整合内外部资源，打造利益共同体，着力打造专业发展平台及中交品牌，全面打造核心能力更加突出的优势企业和品牌企业，提升企业核心竞争力和品牌影响力，完善产业链建设，整合打造服务全行业的大平台与生态圈。四是自主创新能力有效提升。成立中交科协，加入2家中央企业创新联合体，参与共建国家级技术创新中心、国家重点实验室，推动粤港澳大湾区创新与战略研究院建设，掌握深海沉管安装等一批核心技术，长大桥隧、新一代智慧港口等多项核心技术装备保持国际领先。深入推进"财务云"一体化建设，对合同、物资、设备、营销、薪酬、分包、计量、供应链、收付款和报销10类业务系统进行完整的改造，率先实现数字化变革。五是混合所有制改革稳妥深化。以深度转换经营机制为核心，制定《实施混合所有制改革工作指引》《关于加强和改进混合所有制党的建设的指导意见》等系列混合所有制改革制度，针对绿城中国、振华重工、葡萄牙莫塔公司等规模较大、品牌效应突出、影响力大的混合所有制改革企业，逐一研究有针对性的管控方案。其中葡萄牙莫塔公司是中国交建参股的一家境外混合所有制企业，中交集团以葡萄牙分公司为载体探索建立前方党组织，以组织前移推动风险防范前置，做国有资产的忠实守护者。六是"四能"改革不断推进。牢牢扭住经理层任期制和契约化管理"牛鼻子"，创新提出"四能改革"的总体要求，"两书一协议"签订率100%。中交集团所属二、三级单位全面完成总部"三定"改革工作，机构数较改革前压减16%；干部"能上能下"、员工"能进能出"，员工市场化退出率由0.6%增长至4.6%，在岗人数较改革前压减21%。中交集团实行全员绩效考核，全面推行"考核排名、强制分布"，在"双百企业""科改示范企业"推行中长期激励方案35个，2022年首次整体实施限制性股票激励，激励核心骨干1000余人，所属单位效益工资总额年度增减幅度-20%～29.9%，不同单位领导人员薪酬差距最高达到3倍。"压减"专项行动开展以来，累计压减法人机构375户，管理层级全部控制在五级以内，2022年压减处置法人机构68户，超额完成国务院国资委"压减"目标，收回资金13.56亿元。七是管资产到管资本持续转变。将总部的核心功能落实到位，建设"党建统领型、战略管控型、价值创造型、服务监督型、和谐奋进型""五型"总部，战略管控能力更加强化、引领作用更加突出、管控能力更加高效。先后编制《管理纲要》《权责手册》《流程手册》，创新提出中交集团授权放权"管控光盘"，厘清总部对出资企业管控事项，建立行权能力评价标准，"一企一策"授权放权。建立党委统一领导的监督委员会，成立党风廉政建设和反腐败工作领导小组，构建涵盖各治理主体及纪委、巡视、审计、法律、财务为一体的"大监督"工作体系，建立区域审计中心，推动多种监督载体贯通融合，打造治理完善、经营合规、管理规范、守法诚信的法治央企。八是专项改革重点企业超前引领。结合实际科学制定《关于深化推进"双百企业"改革工作试点的指导意见》《关于深化推进"科改示范企业"改革工作试点的指导意见》，对"双百企业""科改示范企业"做到督导全覆盖，累计发出改革工作督导函9份，召开督导会和专项改革推进会

12场,对改革推动不力企业的主要负责人进行约谈,累计约谈2次。在2022年国务院国资委国企改革"双百行动"、"科改示范行动"考核评估中,中交集团所属6家"双百企业"、3家"科改示范行动"获得"8标杆、1优秀",总体成绩居中央企业第2位。九是高质量党建保障高质量发展。中交集团坚定国企党建联系点的政治自觉,围绕融入中心大局,积极打造"中交蓝·党旗红"党建品牌,深入实施"十百千万""四亮四比"系列活动,党的十八大以来先后有14家基层党组织、17名党员获得中组部、国务院国资委党委表彰,5个"党建+"案例入选《人民日报》《基层党建与民生发展优秀案例集》。2020年,"天鲲号"党支部入选"中央企业第二批基层示范党支部"。高质量完成《国有企业混改后党的建设存在的问题和建议措施》研究报告,被中央党建领导小组《党建要报》转载。截至2022年底,中交集团连续5年获评国务院国资委党建责任制考核A级。

**【重大项目】** 2022年,中交集团坚持以习近平新时代中国特色社会主义思想为指导,坚持"123456"总体发展思路,锚定高质量"两保一争"战略目标,迎难而上、真抓实干,圆满完成国务院国资委下达的任务和集团年度目标,实现"十四五"高质量发展良好开局。新疆乌尉公路包PPP项目作为"一带一路"建设战略工程、"交通强国"试点工程和交通运输部"平安百年品质工程"首批创建示范项目,项目建设取得突破性进展并以高质量发展助疆、兴疆,践行中央企业"大国重器"的历史使命。深中通道项目标准管节全部安装完成。大连湾海底隧道项目全幅贯通,建设期间刷新"20个月安装18节沉管""12个月安装12节沉管""40天安装3节沉管""单节沉管安装时间最短"等多项行业纪录。平陆运河项目开工建设。河北遵秦高速项目被交通运输部列为国家交通重点工程和第一批"平安百年品质工程"创建示范项目,项目推行精品建造、精细管理,其控制性工程滦河特大桥采用全预制装配式工艺,实现"水上搭积木"的高难度建设目标,"九台套"隧道全机械化施工工序,实现施工本质安全。安徽合枞高速项目作为交通运输部"平安百年品质工程"创建示范项目、第一批公路BIM技术应用示范项目、工业化智能建造科技示范项目,采取"PPP+分段委托建设+EPC"建设模式,项目桩板式无土路基技术首次应用于新建高速公路;10千米长寿命路面试验段为全国范围内规模最大、厚度最大的高模量沥青面层科研路段。甘肃省酒泉至明水智慧公路项目围绕智慧交通、智慧运输、智慧能源,建设以车路协同自动驾驶系统为主、车路云一体化的国内乃至全球首条商业运营的绿色低碳干线物流自动驾驶公路,推动中交集团向"交通+能源""交通+数字"转型升级。西藏日喀则定日机场项目通航,是贯彻落实习近平总书记关于西藏工作重要论述和新时代党的治藏方略的重大举措,是推动边疆经济、军民融合、西藏民航高质量发展的具体行动。亚洲第一个、世界第四个专业货运枢纽机场——湖北鄂州花湖机场项目正式运营。宁波舟山基地项目助推完善我国大宗商品储运基地整体布局。实施11个建筑光伏项目和宁夏牛首山、陕西佛坪抽水蓄能电站项目,打造中交绿色能源发展体系,提升绿色综合服务能力,助力"碳中和碳达峰"。川藏铁路雅安至林芝段项目四川道路1标段、国家西部大开发重点工程成昆铁路复线峨眉至米易段、第19届亚运会配套项目杭州地铁10号线一期工程、"粤港澳大湾区"城市群"互联互通"重要地铁线路佛山地铁3号线和深圳地铁6号线支线通车运营,充分彰显中交轨道交通业务建设实力。

并购重组项目。围绕服务国家战略,通过并购重组加快在关键领域布局优势资源。服务生态文明建设,与中国三峡集团强强联合实施水利电力建设资源专业化整合,共同做强清洁能源产业链、价值链,以产业协同"组合拳"提升国际竞争力。服务能源安全保障,加强与国家管网集团战略合作,支持优势子企业整合关键资源重组组建"中交管道",实现航空、公路、水运、轨道、管道五大运输建设领域全覆盖。

**【走向海外】** 中交集团作为最早"走出去"的中国企业之一,深入践行海外优先战略,积极推进"五商中交"全球落地。一是海外布局持续优化,由传统的亚洲、非洲向欧洲、拉丁美洲和环加勒比市场不断拓展,在全球154个国家和地区开展实质性业务,设境外机构302个;形成以公路、港航、铁路、机场为龙头,覆盖市政、装备制造、疏浚吹填、房建、城市轨道交通的多元海外业务格局;积极探索商业模式创新,找准投、建、营、退出及多种组合最佳盈利模式；进一步加强“一带一路”互联互通项目对接，深化布局“六廊六路多国多港”，市场开发取得系列成果，ENR最大国际承包商排名重返全球前三，连续16年居亚洲企业第一名。二是重大项目保障有力，积极配合和服务国家战略，践行“一带一路”倡议，全力推进沿线民生改善。2022年，柬埔寨首条高速公路——金港高速如期通车，两国领导人共同出席项目通车暨配套民生工程交接仪式；孟加拉国“国父隧道”——卡纳普里河底隧道实现双线贯通；中马两国共建“一带一路”最大经贸合作项目——马来西亚东海岸铁路补充协议6成功签约，云顶隧道开始掘进，关键控制性工程取得节点性突破；中法第三方市场合作示范项目尼日利亚莱基港竣工验收，为开港试运营创造有利条件；中克两国建交30周年之际，被誉为克罗地亚“团结之桥”的佩列沙茨大桥成功交验，打造中欧优势互补、互利共赢的合作典范；中企在南部拉美地区最大的轨道交通投资项目——哥伦比亚波哥大地铁1号线设计工作稳步推进，全力奏响线下部分建设号角。集团海外一大批重点合作项目，在大战大考中顶住压力，经受考验，交出完美答卷。三是风险应对沉着有力，集团领导带队，对境外18个重点项目开展远程和现场督查，966个在建项目安全质量进度可控；落实“联防联保”机制，搭建“境外安全保障应急指挥系统”，全年发布各类风险预警400余次；初步形成安全应急一体化管控新格局。有序开展境外12类重点风险排查，统筹建立第二批10个国别法律风险数据库，不断完善合规管理体系。四是发展机制优化完善，国际化经营战略稳步推进，统筹优化“海外优先”顶层设计，筑牢集团总部“齐抓共管”工作基础，推动集团国际化不断升维。扎实推进属地化和独立经营试点工作，形成集团内部平台公司与各工程局院、境外机构之间优势互补、利益共享、协同发展的良好氛围。五是品牌美誉度持续提升，积极践行中央企业社会责任，坚持“共商、共建、共享”原则，助力所在国社会经济发展，在扩大就业、保障民生、低碳环保、社会公益等领域不断发力，打造最强命运共同体，受到所在国政府、业主、驻外使领馆的高度认可。

**【重大创新】** 2022年，中交集团坚持创新在集团发展全局的核心地位，坚定不移走创新驱动高质量发展道路，按照“统筹布局、重点突破、自主创新、引领发展”的基本方针，持续完善科技创新体系，进一步提升集团创新能力和科技管理能力，助力集团加速实现高水平科技自立自强。一是关键核心技术攻关和国家重大科技项目取得新突破。中交集团承担的国务院国资委第一批2项专项攻关任务圆满完成并通过成效评估，成功申报6项第二批专项攻关任务和1项高端金属材料创新联合体攻关任务；“自升式平台中央控制系统研制与应用”等6个国家科技项目顺利通过验收；牵头承担的“桥梁智能建造理论与方法研究”等3项国家重点研发计划项目正式启动攻关；基于北斗的远海勘测系统一期重大科技专项取得一系列自主创新成果，桥隧结构综合分析软件（OSIS 4.0）、地基计算系统（Focas 5.0）和智能一体化集装箱陆港生产管控系统等“卡脖子”软件研发取得重要进展。二是重大科技成果取得新成绩。发布2022年度中交集团十大关键技术、十大核心装备、十大核心系统成果，集中展现中交集团科技创新核心竞争力。获得中国专利优秀奖5项、第十九届中国土木工程詹天佑奖7项、省部级科技奖项262项。集团作为牵头单位，承担国际合作项目“水运工程基础设施信息模型国际标准及关键支撑技术研发”，发布成为buildingSMART国际组织正式标准，并进行ISO 16739标准转化。三是创新体系建设获得新飞跃。进一步强化创新资源统筹，集团成立战略与创新研究总院，为集团所属单位、创新平台重大技术创新课题提供技术支持、专业咨询与评估评审服务，共同推动创新链产业链人才链深度融合。聚焦集团主责主业，组建沉管隧道等9个创新联合体，支撑集团现代产业链链长建设。四是科技体制改革和制度建设步入新阶段。推动集团《科技人才与成果激励管理办法》实施落地，多部门协同制定试点方案，以试点示范带动改革工作。修订并发布《深化科技体制机制改革和完善创新体系建设的实施意见》，明确阶段改革任务，推动科改示范，强化科技成果与人才激励在试点单位落地实施。持续推进“揭榜挂帅”有效落地，首个揭榜挂帅项目“桥梁工业化智能建造关键技术研究及产业化示范（一期）”提前通过中期评估，6项成果达到国际领先水平，开展第二批揭榜挂帅项目。林鸣院士获得2022年度何梁何利基金科学技术成就奖，张喜刚院士获得茅以升科学技术奖桥梁大奖。

**【党建工作】** 一是政治建设统领地位更加巩固。中交集团始终把政治建设摆在首位，坚定捍卫“两个确立”、坚决做到“两个维护”。动态梳理习近平总书记对本企业本行业本领域重要讲话和指示批示精神，形成十三大专题、780余项内容；开展“建功新时代，喜迎二十大”习近平总书记重要指示批示精神再学习再落实再提升主题活动，在一体推进学习研讨、查摆问题、深化提升中确保落地见效；参加国务院国资委贯彻落实习近平总书记考察调研中央企业重要讲话重要指示批示精神工作展，中交集团作为4家中央企业代表之一作现场发言；把加强党的领导党的建设作为旗帜鲜明讲政治的重要内容，层层落实《在完善公司治理中加强党的领导的实施意见》，进一步完善各类治理主体议事规则及清单，指导不同所有制企业因企制宜推动党建入章，为党组织作用发挥夯实制度保障；将增强政治判断力、政治领悟力、政治执行力体现到行动上，冬奥工程出色完成各项建设及保障任务，川藏铁路、深中通道等战略工程顺利推进，企业服务国家战略能力不断提高；在吉林、上海等地相继出现疫情高位运行紧急态势后，第一时间组建临时党组织，团结带领广大党员、干部员工昼夜奋战，为保障人民群众身体健康和生命安全作出重要贡献，得到中央有关领导以及国务院国资委党委，相关省市党委、政府高度评价。二是党的创新理论武装更加深入。中交集团坚持读原著、学原文、悟原理，教育引导各级党组织、全体员工深学细悟《习近平总书记关于发展国有经济重要论述学习读本》、党的二十大报告等“最新教材”，对习近平总书记在重大会议、重要场合、重点活动中的重要讲话和指示批示精神始终做到入脑入心入行动；强化集团党委理论学习中心组学习示范带动作用，创新中心组联学、巡学、督学等机制，全年累计组织集中学习22次，举办专家讲座2场，涉及学习内容106项，集团领导学习成果先后在《人民日报》《学习时报》《科技日报》等主流报刊发表，集团党委署名文章入选国务院国资委“学习贯彻习近平总书记关于发展国有经济重要论述优秀理论研究成果”；用好用活“红色讲师团”等师资队伍、“基层讲堂”等平台、“党课开讲啦”等载体，在十大区域深入开展“喜迎党的二十大·高质量发展开新局”主题宣讲，策划推出40堂“高质量发展·中交通识课”精品课程，各级领导干部主动送学上门、送党课进基层，推动党的二十大精神传播到项目一线、武装到全体员工；细化推进党史学习教育常态化长效化任务20项，促进党史学习教育融入日常、严在经常；制定关于新时代加强和改进思想政治工作实施方案，构建具有中交特色的“大思政”工作格局，进一步发挥党的“传家宝”凝神聚力作用。三是企业宣传文化阵地更加壮大。中交集团坚持策划先行、上下协同、内外联动，聚焦主题主线，突出中交特色，围绕中交集团发展战略和使命任务，开设“总书记的中交足迹”等专栏，推出“贯彻落实党的二十大精神”等专题，开展“交筑”等主题宣传，与中央电视台、《人民日报》、中新社、凤凰卫视等主流媒体联动策划系列专访，党的二十大期间新华社专访集团主要领导视频在人民大会堂和党的二十大新闻中心播放；配合中宣部《领航》《征程》等专题片、国务院国资委“强国担当”通识课制作，港珠澳大桥、乌尉高速公路等“超级工程”入选新华全媒头条“非凡十年：中国的十个维度”，生动彰显国之重器风采与实力；构建立体化国际传播矩阵，全年新增5个跨文化试点，7个“中国书架”试点，深中通道国企开放日活动全球直播，柬埔寨首条高速——金港高速“七彩金港，通达美好”主题活动受到柬埔寨首相洪森点赞，集团海外传播案例首次入选中国外文局牵头发布的“中国企业国际形象建设十佳案例”；启动品牌视觉标准化行动和企业文化示范基地创建活动，参加中国智造品牌论坛、东盟博览会、海博会等高端展览展会，集团首次进入中央企业品牌建设工作对标TOP 30，多个品牌建设案例入选人民日报社“中国品牌创新案例”、新华社“中国品牌出海优秀案例”，在2022中国品牌节上揽获“华谱奖”。四是党建基层基础基本功更加夯实。中交集团优化基层党组织设置和运行，指导15家所属单位依法依规换届选举，适应区域总部改革发展形势要求，制定《区域总部党工委工作指导意见》，差异化推进境外国别党建研究，在新加坡、柬埔寨等5个境外重点国别市场试点设置国别党工委，不断拓展境内外组织覆盖深广度；坚持“大抓基层”工作导向，印发进一步贯彻落实《关于加强项目党组织建设的指导意见》工作方案，用好党建信息化管理手段，线上线下一体化开展党组织设置规范性专项督查、换届选举工作专项检查、党务工作规范性清查整治，持续整顿“软弱涣散”党组织；承接中央党建领导小组秘书组年度党建课题，办好《联系点党建专报》，编发基层党建典型案例合辑，聚焦临时党组织建设、党建助力乡村振兴等问题总结提炼鲜活经验；抓实年度党建工作责任制考核和党委书记抓党建述职评议考核，健全制度办法、完善内容流程、强化结果运用，逐级压紧压实党建责任；全面加强混合所有制企业党建理论研究和实践探索，集团党委混合所有制企业党建研究成果被中央《党建要报》刊登；启动第二批基层党建标杆、党员示范岗创建，开展统一战线“共绘同心圆”活动，组织“十大杰出青年”评选，实施青年精神素养提升工程，大力举办劳动竞赛，为企业高质量发展广泛汇聚各方智慧与力量。五是持续净化风清气正政治生态。中交集团落实政治监督首位要求，总结提炼政治监督“三维工作法”，开发使用监督日志系统，紧盯党中央重大决策部署、国务院国资委党委工作要求以及集团党委重点任务加强监督检查，保证贯彻执行不变通不走样；落细日常监督各项要求，设立监督委员会，盘点全级次专兼职纪检人员情况，选优配强纪检干部队伍，重点建好纪检监督员队伍，设置境外国别纪工委，深化“四位一体”境外廉洁合规体系建设，完成“严肃财经纪律、依法合规经营”综合治理等专项整治，启动强化项目监督专项工作，大监督 2.0 体系运转顺畅有力；坚持系统施治，严肃查处工程建设、物资采购、境外投资等重点领域腐败问题，编制《廉洁风险防控工作手册》，建立领导干部任前廉洁制度法规考试机制，推进廉洁风险防控联系点建设，打造合作单位黑名单和重点关注名单管理体系，推行重大案件以案促改“一报告两同步三会议”制度，与地方监委创新实践“室组地”联合办案，共同做好监督执纪“后半篇文章”；聚焦“利剑”作用发挥，圆满完成一届任期内巡视全覆盖任务，并对巡视整改情况进行再梳理再评价，推动形成工作闭环；以“钉钉子精神”加强作风建设，深挖细查“四风”问题线索，严明“十五个严禁”，树牢“过紧日子”思想，将“弘扬‘忠厚传家久’优秀传统　树立廉洁好家风”系列主题活动贯穿全年，连续 8 年开展党风廉政宣教月活动，企业创业环境和发展氛围在正风肃纪中持续净化。

**【信息化与数字化建设】** 2022 年，中交集团持续深化数字化转型工作，加快推进集团“十四五”数字化发展，围绕“高质量发展落实年”要求，稳步推进数字化转型制度体系建设，不断提升生产经营数字化水平，持续增强数字技术创新能力，建立健全数据治理体系，各项工作任务有序推进，成效显著。一是数字化战略引领持续提升。制定发布《中交集团产业数字化发展顶层设计》《产业数字化试点工作指南》《中交集团 BIM 体系构建与应用推广方案》，明确产业数字化发展蓝图和目标路径；印发《中交集团“十四五”数据治理专项规划》，明确长效数据治理机制，建设保障体系、搭建数据平台、开展治理专题、推动应用赋能；编制印发《中交集团数字化自主可控专项发展规划》，科学指导集团自主可控工作开展。二是管理数字化水平不断提升。财务云业财协同平台实现境内境外全覆盖，累计上线 57 家二级单位、17211 户法人单位，与供应链、分包、合同等业务系统深度应用，成为首家实现全集团业财一体化的建筑央企；推进集团标准流程上线，实现 90 条“三重一大”流程和 19 条“对下管控”流程线上化，股权、合同和用工等 12 个统建系统实现全集团应用，信息化平台覆盖率 71%。三是数据要素赋能增效作用显著。累计发布实施 17 项数据标准，15 类管理细则；构建数据全生命周期管理的平台底座，搭建集团级数据湖，依托财务云推广，组织 54 家单位完成施工项目、投资项目、商机项目、往来单位、资产和金融机构等 460 万条核心数据治理入湖，积累数据资产 470T，向科技管理、合同管理和组织机构等 7 个统建应用提供数据共享，为企业管理和决策赋能。四是产业数字化建设全面铺开。组织开展产业数字化试点工作，选定 9 个试点项目，涵盖投资、设计、施工、运营各阶段，覆盖公路、水运、轨道、隧道、市政、房建等领域；认定首批 13 家 BIM 分中心，初步建立共商共建共享的中交 BIM 生态和“数字模型创建、协同工作、资产运营”三大类通用平台；建立全球北斗 GNSS 网络、63 个基站和 39 个北斗样板工程，首次实现北斗在海外规模化应用。五是数字基础设施和网络安全建设成效显著。建设"交建云"，推动全面上云工程，28个统建系统部署上云；建成建筑行业首个大规模海外网，形成全球"一张网"；国产化替代稳步推进，国产CAD软件全面推广，完成北斗分理服务平台建设并实现自主可控；建成一体化安全态势感知和应急响应体系，"HW 2022"取得央企前十名优异成绩。

**【履行社会责任】** 一是扎实推进定点帮扶。2022年，中交集团深入贯彻党中央决策部署，扎实落实国务院国资委、国家乡村振兴局工作要求，坚持"中央要求、地方所需、中交所能"原则，接续落实"四个不摘"，聚焦五大振兴打好"中交助梦"组合拳，全年投入定点帮扶资金4.08亿元，实施225个帮扶项目，为5县(市)持续巩固拓展脱贫攻坚成果、推进全面乡村振兴提供有力支持，集团主要领导受邀在全国东西部协作和中央单位定点帮扶工作推进电视电话会议上作交流并得到国家领导人的高度肯定及与会人员一致好评。围绕产业就业，举办面向怒江建筑产业园入园企业的产业帮扶签约仪式，提供56个分包项目，合同额3亿元，带动怒江州建筑业总产值增速蝉联云南省第一，助力云南怒江秋那桶村、米俄洛村、自扁王基村可分配集体收入率先突破100万元，成为名副其实的"百万村"；投入1.05亿元支持怒江草果、火龙果产业发展及英吉沙农贸市场建设，连续6年支持怒江皮划艇野水公开赛，投资近1亿元建设运营伊拉米拉大酒店，推动帮扶地区建筑、农特、文旅等产业提档升级。围绕教育培训，接续投入8372万元援建3所学校、幼儿园，参与中组部、教育部"组团式"帮扶，设置各类奖学奖教金和"天天向上"夏令营，设立5个"中交韬奋图书室"并配套500万元图书；举办29期"中交助梦工坊"培训班，培训基层干部7914人、乡村振兴带头人321人、专业技术人才858人，提升各级各类人员带头致富本领。围绕文化传承，充分发掘少数民族的乡村文化底蕴和精神价值，投入900万元支持村史馆、文化广场、美丽庭院等民族文化站点建设；举办各类文化节、舞台剧、农民运动会等新时代文明实践活动，丰富村民精神文化生活，提升乡村精神文明面貌。围绕生态文明建设，投入2400万元开展污水管线改造、地质灾害遥感监测等，支持8个村打造乡村振兴示范点，三河村美丽乡村项目正式建成、秋那桶村被授予"云南省绿美村庄""云南省卫生村"称号。围绕组织建设，与42个农村党组织开展结对共建，采取组织共建、队伍共抓、资源共享、发展共商、作风共促的方式，帮助建强定点帮扶地区农村党支部。投入300万元支持怒江州"头雁培养"三年行动，帮助培育一支高素质农村支部书记队伍。积极参与英吉沙县"文化润疆"工程，投入帮扶资金340万元，为全县192个村(社区)购置投影设备，建设基层文化阵地，用于宣传党和政府路线方针政策、开展教育培训、丰富基层群众文化生活，为强化中华民族共同体意识、促进民族团结进步及社会和谐稳定发挥重要作用。二是积极开展社会公益。中交集团把支持社区发展、支持公益慈善、开展志愿服务作为重要履责领域，全力以赴惠民生、纾民困、解民忧，在支援抗疫、抢险救灾等大战大考中冲锋在前，使广大人民群众的获得感、幸福感、安全感更加充实、更有保障、更可持续。致力公益慈善。中交集团积极投身慈善事业，全年在境内外无偿投入3.25亿元实施公益项目，以"中交助梦"责任品牌为依托，广泛开展爱心助学、关爱儿童、济弱帮困等社会公益活动，传承中华民族的传统美德，弘扬社会正能量。驰援抢险救灾。2022年，面对全国多地受高温、强降雨等天气影响所暴发的山火、干旱、山洪、泥石流等自然灾害，中交集团第一时间响应；四川甘孜藏族自治州泸定县发生6.8级地震后，中交集团向灾区捐款2000万元，并火速调集救援力量，全力以赴投入抢险救援工作，全力守护人民群众生命财产安全。开展志愿服务。中交集团积极鼓励引导广大干部员工积极参加便民服务、高考服务、爱心献血等志愿服务，为建设团结互助、平等友爱、共同前进的美好社会作贡献，"蓝马甲"志愿服务品牌成为集团履行社会责任的亮丽名片。三是全面打造责任品牌。创新打造"中交助梦"责任品牌，中交集团定点帮扶工作连续4年被中央农村工作领导小组授予最高等级评价"好"，中交怒江建筑产业园获评第三届全球减贫最佳案例。连续15年编发社会责任报告，连续两年发布ESG报告，成功入选"央企责任管理·先锋30指数""央企ESG·先锋50指数"和福布斯中国"2022中国ESG 50"，获评中国在非企业社会责任联盟"'百企千村'十大综合经典案例”“保护生态环境专项案例”，获得中国社会责任百人论坛“2022责任金牛奖”之“责任企业奖”，企业责任品牌形象和社会美誉度进一步提升。

（撰稿人：宋　莹）

## 中国信息通信科技集团有限公司

**【基本概况】** 中国信息通信科技集团有限公司（以下简称中国信科）由武汉邮电科学研究院有限公司和电信科学技术研究院有限公司于2018年7月20日联合重组而成。2022年，中国信科坚持稳字当头、稳中求进工作总基调，坚定不移贯彻党中央“疫情要防住、经济要稳住、发展要安全”战略部署，坚定信心、主动作为、应变克难，统筹疫情防控和生产经营，统筹发展和安全，以学习宣传贯彻党的二十大精神为主线，以国务院国资委专项行动为抓手，突出抓好稳增长、防风险、抗疫情，扎实做好促改革、谋创新、强党建各项工作，实现健康稳定发展。

**【主要指标】**

**表1 2022年中国信息通信科技集团有限公司主要经济指标**

| 项　目 | 2021年 | 2022年 | 比上年增长（%） |
|---|---|---|---|
| 资产总额（亿元） | 1006.2 | 1194.3 | 18.7 |
| 所有者权益（亿元） | 436.1 | 542.9 | 24.5 |
| 营业收入（亿元） | 558.0 | 528.7 | −5.3 |
| 利润总额（亿元） | 9.2 | 21.2 | 130.4 |
| 净利润（亿元） | 6.4 | 18.5 | 189.1 |
| 归属于母公司所有者的净利润（亿元） | 4.4 | 13.9 | 215.9 |
| 技术开发投入（亿元） | 76.0 | 79.6 | 4.7 |

续表

| 项　目 | 2021年 | 2022年 | 比上年增长（%） |
|---|---|---|---|
| 利税总额（亿元） | 31.7 | 48.2 | 52.1 |
| 应交税金总额（亿元） | 22.5 | 27.0 | 20.0 |
| 全员劳动生产率［万元/（人·年）］ | 30.2 | 36.9 | 22.2 |
| 净资产收益率（%） | 1.5 | 3.8 | 增加2.3个百分点 |
| 总资产报酬率（%） | 1.9 | 2.7 | 增加0.8个百分点 |
| 国有资本保值增值率（%） | 106.0 | 119.7 | 增加13.7个百分点 |

**【改革发展】** 截至2022年底，中国信科改革三年行动52项重点任务整体进度完成100%，298项改革举措整体进度完成100%，改革三年行动各项任务圆满完成。在推进公司制改革、董事会建设方面，下属单位除数据所外全部完成公司制改革工作；全部建立董事会，100%实现外部董事占多数，100%完成在重要子企业落实董事会职权工作。在推进内部资源整合、亏损企业治理方面，启动下属长江通信公司与迪爱斯公司重组项目，明确大唐发展为集团不良资产处置平台；加大亏损企业治理力度，截至2022年底，中国信科亏损子企业52户，亏损额22.63亿元，降幅比上年下降22.45个百分点。在推进“契约化”改革和中长期激励方面，集团下属企业经营班子都签订“两书一协议”，经理层任期制和契约化工作机制有效运转；新聘任管理人员竞争上岗人数占89%，超过央企平均水平（52.48%）；集团下属理工光科实施首期上市公司限制性股票激励方案；宸芯科技实施新一期员工持股激励计划；中信科移动完成公司高管及核心员工战略配售。

**【重大项目】** 2022年，中国信科加大对集成电路产业布局和支持，设立二进制公司，聚焦通用交换芯片和车规级MCU芯片领域；向宸芯科技增资6.75亿元，集团持有宸芯科技股比从37.89%增至45.93%；通过二级市场持续增持中芯国际港股，并与中芯国际签订长期合作协议，推动集成电路设计与制造协同发展。加大对战略性新兴产业投资，集团下属中信科移动公司快速成功登陆上交所科创板，成为5G领域首家科创板上市中央企业，募集资金超过40亿元；集团投入5.82亿元，受让中信科智联老股并增资取得控股权，有利于夯实集团在车联网领域产业引领作用。产融结合大力支持产业创新，理工光科完成增发4.2亿元；武汉众智公司融资完成增资3.1亿元；成功发行第一期中期票据10亿元，票面利率创全国同期限同评级央企用途类科创票据票面利率最低；成功发行第一期超短期融资券25亿元，利率为同期限市场利率最低；获批发行不超过60亿元科创债。2022年，光迅科技高端光电子产业园、中信科移动移动通信设备研发和制造基地、烽火通信5G承载应用及数字经济研发生产基地相继开工，总投资超过300亿元，有效支撑集团公司未来发展。

**【走向海外】** 2022年，中国信科国际市场继续高速成长。合同额超过1亿美元的地区部4个，合同额超过5000万美元的办事处8个；业务主要贡献地集中在东南亚、中南美洲、欧洲等地，其中，实现墨西哥电信、沃达丰等大T突破；墨西哥FTTH业务规模增长超过100%；5G无线解决方案首次实现海外市场突破；海洋网络成功突破海外规模客户。

**【重大创新】** 2022年，中国信科在关键核心技术领域攻关取得一批世界级新突破。完成国内最大传输容量3.03Pbit/s单模19芯光纤传输系统实验；实现单通道大于400Gb/s直调直检光信号接收，为全球硅光探测器最高速率；研制出国际上带封装的最高带宽调制器器件；实现单端175千米长距传感监测，创世界纪录。围绕"卡脖子"问题技术攻关取得新进展。集团承担的国务院国资委5G创新LHT 14项任务全面完成；400G硅光相干芯片开始批量供货；第一颗自主研发的5G中频芯片一次性流片成功；业内领先开发出七芯光纤光缆及组件，服务世界上距离最长、容量最大的空分复用光通信"超级高速公路"——粤港澳大湾区超级光网络。一批科研成果获得社会广泛认同。"C-V2X车联网关键技术及应用""16Tbit/s(80×200Gbit/s)10000公里标准单模光纤传输系统实验""1.6Tb/s硅光互连芯片"3个项目入围"2021年中国信息通信领域重大科技进展"评选结果，是全国入围成果最多的单位；"5G光收发芯片"入选国务院国资委"十项国有企业数字技术典型成果"；集团首次获评国务院国资委任期考核"科技创新突出贡献企业"。

**【党建工作】** 一是持续深化政治建设。集团党委第一时间召开党委会对集团深入学习宣传贯彻党的二十大精神作出全面部署，组织开展党的二十大精神专题党课，各单位党组织多措并举开展各类学习宣传贯彻活动，全面推进学习贯彻党的二十大精神走深走实。修订《集团党委前置研究讨论重大经营管理事项清单(试行)》，指导16家重要子企业完善"三重一大"清单和党委前置研究清单，将党的领导融入公司治理体系。持续深化"一支部一品牌"创建，实施基层"领头雁"培养计划，引导基层党组织和党员发挥作用。二是持续深化思想建设。全年集团党委开展理论学习中心组学习17次，二级单位开展中心组学习超过160次。集团党委《奋力打造世界级信息通信科技创新平台》的文章在《习近平经济思想研究》发表。开展习近平总书记视察集团四周年以及5G、6G、光通信、车联网等领域专项宣传，发布企业社会责任报告，不断提升集团在各大宣传平台的曝光度。强化自有平台建设，明确各平台定位和功能；《信科视界周报》创刊；着力加强信科视界App的运营，2022年信息发布总量比上年上涨15.7%。三是持续深化组织建设。制定《集团"十四五"时期优秀年轻干部队伍建设实施方案》《干部提任资格审核要点》，出台集团干部队伍建设规划，建立健全干部人才储备机制；召开集团首次人才工作大会，发布《集团"十四五"人才发展规划》；组织选派优秀人才参加中组部、国务院国资委党校培训；获批国家卓越工程师学院试点牵头建设单位，拓宽人才培养平台；利用国际国内资源，引进高端人才11人。四是持续深化作风建设。开展常态化廉洁教育，特别是在重要时间节点和节假日加强教育提醒，筑牢廉洁自律思想防线；在集团总部开展"两高两实"促提升活动，深化"总部机关化"专项治理成效，推进"我为群众办实事"实践活动常态化，推动作风形象更务实；研究制定集团《关于进一步构建良好政治生态的意见》，加强集团廉洁文化建设，构建风清气正的良好政治生态。五是持续深化纪律建设。聚焦"国之大者"强化政治监督；聚焦"重点领域""关键少数"强化日常监督；一体推进"三不腐"，制定"三个区分开来"免责减责事项清单，完善集团"五制十管"制度体系。稳步推进巡视巡察高质量开展，印发《集团党委巡视整改工作方案》，开展自查式"回头看"工作，推动巡视整改走深走实；集团党委按计划完成巡视巡察全覆盖，累计巡视发现问题600余个，巡察发现问题近300个。

**【信息化与数字化建设】** 2022年，集团全面推进数字化转型工作，发布数字化转型专项规划方案；完成管理驾驶舱开发，定制数据可视化看板9张；完成集团数据湖一期建设，实现10类业务管理领域、380张报表的数据湖架构；实现企业微信、协同办公、知识产权、综合监督、司库等系统上云，基本实现集团总部业务信息化系统统一平台全覆盖。

**【履行社会责任】** 2022年，集团累计完成直接投入帮扶资金519万元；引进帮扶资金399万元；培训基层干部118人；培训专业技术人员373人，培训乡村振兴带头人44人；购买贫困地区农产品266万元；帮助销售贫困地区农产品46.6万元。定点帮扶村大悟县金墩村获评为农业农村部第十二批全国"一村一品"示范村镇；沈丘县以集团定点帮扶村文殊庵村作为样本，建立乡镇示范村标杆，在教育保障、医疗饮水、住房保障、健康保障、社会保障等全领域，提供可示范推广的先进典型建设标准，在全年历次观摩评比中始终排名全县前三。

（撰稿人：张楚良）

## 中国农业发展集团有限公司

**【基本概况】** 2022年，中国农业发展集团有限公司(以下简称中国农业发展集团)在国务院国资委的正确领导下，坚决贯彻落实党中央、国务院决策部署，认真落实国务院国资委各项工作要求，面对风高浪急的国际环境和国内疫情新发多发等多重挑战，紧紧围绕"2415"指标体系，坚持效率效益优先，恪守"价本利"原则，践行"三精管理"理念，狠抓经营稳增长，提质增效降成本，优化布局谋发展，深化改革激活力，加强党建保发展，实现高质量快速增长，交出一份亮丽的成绩单。

**【主要指标】** 2022年，中国农业发展集团实现营业收入510.26亿元，比上年增长17.24%；利润总额12.18亿元，比上年增长35.33%；净利润8.49亿元，比上年增长31.42%，超额完成预算指标任务。

**表1　2022年中国农业发展集团有限公司主要经济指标**

| 项　目 | 2021年 | 2022年 | 比上年增长(%) |
|---|---|---|---|
| 资产总额(亿元) | 380.72 | 415.26 | 9.07 |
| 所有者权益(亿元) | 171.41 | 189.63 | 10.63 |
| 营业收入(亿元) | 435.24 | 510.26 | 17.24 |
| 利润总额(亿元) | 9.00 | 12.18 | 35.33 |
| 净利润(亿元) | 6.46 | 8.49 | 31.42 |
| 归属于母公司所有者的净利润(亿元) | 6.45 | 2.92 | −54.73 |
| 技术开发投入(亿元) | 4.39 | 5.31 | 20.96 |
| 利税总额(亿元) | 13.34 | 17.77 | 33.21 |
| 应交税金总额(亿元) | 7.46 | 9.05 | 21.31 |
| 全员劳动生产率[万元/(人·年)] | 23.95 | 25.48 | 6.39 |
| 净资产收益率(%) | 3.90 | 4.70 | 增加0.80个百分点 |
| 总资产报酬率(%) | 3.28 | 3.83 | 增加0.55个百分点 |
| 国有资本保值增值率(%) | 105.41 | 106.67 | 增加1.26个百分点 |

**【改革发展】** 2022年，中国农业发展集团深入学习贯彻习近平总书记关于国有企业改革发展和党的建设的重要论述，全面落实国务院国资委国企改革工作部署，聚焦主责主业，通过"改观念、调结构、改机制"，不断优化结构和业务布局，深化市场化机制改革，改革红利不断释放。

改观念重塑企业文化。确定主业主产品突出的专业化发展思路，坚持立足和服务“三农”宗旨，通过“聚焦主业、创新驱动、整合优化、资本运营”的发展路径，明确集团五年发展目标和愿景：实现营业收入规模达到1000亿元，较2021年翻一番，利润增长快于营业收入增长，尽快建成中国现代农业领军企业。持续推进文化创新，坚持文化铸魂和价值观引领，明确“七个共同”“九个坚持”“四项准则”，加速推进集团上下改观念、树文化。坚持“三精”管理，推动管理优化和提升，不断完善企业管理的制度体系、组织体系、责任体系、执行体系、评价体系建设，构建更加注重效率效益、极低成本运行、市场化资源配置的管理体制。构建战略中心、投资中心、利润中心、成本费用中心权责分明的管理体系，强化基础管理。聚焦工法，把改革发展的难题、问题作为主攻方向，探索解决问题的新途径、新方法，形成更多具有推广价值的管理工法，为提升整体管理水平赋能。

决战决胜国企改革三年行动。一是企业法人治理结构进一步完善。党组织、董事会、经理层权责明确，各司其职，协调运转，党的领导有效融入公司治理。外部董事队伍建设得到加强，对14家二级企业董事会成员进行重新调整委派，完成集团全系统规范董事会建设。二是持续深化总部机构改革。明确总部“战略管控、KPI运营和党建引领保障”的功能定位，突出部门“协调和服务”的导向，完成部门“定职能、定岗位、定编制”优化工作，将总部部门精简至13个，人员编制减少19.2%。三是改革专项工作取得显著成效。对标世界一流管理提升行动全面完成，“双百企业”专项工程取得突破，“压减”任务超额完成，企业管理层级控制在四级以内。纳入“两非”剥离的5户企业如期全部完成。四是市场化经营机制扎实推进。集团全级次99家改革企业260余名经理层成员全部完成任期制契约化管理。转变劳动用工总量管控方式，实施管理人员薪酬差异化分配，探索实施超额利润奖励，形成“重激励、硬约束、严考核、强兑现”机制，有效激发企业内生活力动力。

提升服务“三农”水平。梳理现有产业，把发展种业放在突出位置，形成种业、渔业、畜牧业、农业服务业四大主业布局。践行大食物观，深入实施种业振兴行动，巩固发展远洋水产品捕捞和加工业务，发展畜牧养殖业，扩大农场经营规模，做好政策粮食收储和农产品进出口业务，为提高人民生活品质和健康水平丰富食物供给，扛牢农业央企责任。持续完善农业全产业链服务体系，强化种药肥一体化综合服务和畜牧制药“产品＋技术”集成服务，做强农机装备制造业，拓展农业工程，实施专用粮、烟草种植专业化订单农业，大力发展农业社会化服务，助力农业粮食产能提升、乡村产业振兴和农民增收致富。持续推进渔业板块结构优化和布局调整，与深圳市人民政府签署战略合作协议，布局多个渔业合作项目；启动渔业板块资源整合，优化资源配置，打造一体化的远洋渔业产业链。引领行业生态建设，加大与牧原集团等行业大型龙头企业产业合作，积极引导建立竞争与合作相统一的生态。

**【重大创新】** 2022年，中国农业发展集团持续加大科技研发投入，全年研发投入5.2亿元，比上年增长15.2%，研发投入强度1%。继续加大科技创新引导资金的扶持力度，4个关键核心技术攻关和13个重大研发攻关项目纳入清单管理。集团企业3个科研项目首次入选国务院国资委关键攻关项目清单。集团与中国农业科学院、科技部农村中心等科研单位战略合作取得积极进展。集团全年获得授权专利145件，新兽药证书4项，植物新品种权6项，省部级以上科技成果9项，新增省级资质研发平台11个。农发种业107份育种材料、中牧股份9个生物菌种分别搭载神舟系列飞船进行空间诱变实验，航天育种走向新征程；舟渔公司主持起草的《鱿鱼丝质量通则》国家标准批准发布，标准化工作迈上新台阶；淄柴公司解决甲醇燃烧技术瓶颈，双燃料发动机取得新突破；巨明公司开展80多项技术革新，收获机械获得新发展。

**【党建工作】** 一是坚持强化党的创新理论武装。集团党委以迎接学习宣传贯彻党的二十大精神为主线，深入开展“建功新时代·喜迎二十大”主题活动，持续贯彻落实习近平总书记在全国国企党建会上的重要讲话精神和关于“三农”工作的重要论述，广泛组织“大学习、大宣传、大贯彻”系列活动，迅速掀起学习宣传贯彻党的二十大精神热潮，坚定拥护“两个确立”、坚决做到“两个维护”的思想基础更加牢固。二是坚持发挥党建功能作用。坚持党建经营一本账，不断夯实“三基”建设，持续深化党建责任制考核和党组织书记述职，积极开展基层党建品牌创建和党员示范行动，淄柴公司、山丹马场等一批基层党建品牌脱颖而出，混合所有制企业和境外机构党建工作得到进一步加强。坚持党管干部、党管人才原则，召开集团干部人才工作会议，实施人才强企战略，落实重点人才工程，开展青年精神素养提升工程。三是坚持推进全面从严治党。集团党委、纪委认真落实全面从严治党责任，建立完善定期会商机制、同下级“一把手”谈话机制，“两个责任”协同更加有效。深化政治巡视，高质量完成巡视全覆盖，巡视整改和成果运用取得实效。严格落实中央八项规定精神，持续纠治“四风”，新风正气得到弘扬。一体推进不敢腐、不能腐、不想腐，深化靠企吃企问题整治，有效运用监督执纪“四种形态”，加强新时代廉洁文化建设，为集团改革发展营造风清气正的良好环境。

**【履行社会责任】** 一是生态文明建设取得积极成效。深入贯彻落实习近平总书记“把新时代的山丹马场建设得更好，做绿水青山就是金山银山的实践者和排头兵”的重要指示要求，打造“种植＋畜牧＋加工＋旅游”绿色产业链，实现“绿水青山”向“金山银山”的转变。持续推进生态修复，近三年累计投资 1.8 亿元，实施农牧交错带已垦草原治理、重点生态功能区转移支付、植被恢复等生态项目 32 个，辖区内水源涵养功能持续提升，植被盖度 85.36％，生态环境质量持续向好，以实际行动和扎实成效践行新发展理念。二是持续推进帮扶工作。2022 年，中国农发集团向萧县投入无偿帮扶资金 431 万元，无偿引进帮扶资金 15 万元，有偿引进帮扶资金 119 万元，完成帮扶项目 6 个；培训乡村基层干部 146 人次，培训乡村带头人 125 人次，培训专业技术人才 194 人次；购买农产品 45.5 万元，帮助销售农产品 40.8 万元。在“央企消费帮扶兴农周”活动中，集团系统从央企消费帮扶电商平台购买贫困地区农产品 38.3 万元。注重创新帮扶方式，在萧县大力开展专业化、特色化、品牌化的订单农业，推广种植集团培育的优质小麦品种“泛麦 8 号”超过 4 万亩（1 亩约合 666.67 平方米），每亩增收 300 元，为萧县农业增收将超过 1000 万元，带动农业增产、农民增收，助力乡村振兴。三是“一带一路”合作项目带动发展。中巴（巴基斯坦）畜牧疫苗合作项目落地实施，为集团畜牧板块拓展海外市场打下坚实基础。援几内亚比绍水产品加工存储综合设施竣工，该项目占地约 7600 平方米，总投资 800 万美元，包括加工厂、冷库、制冰间、手工渔业物资商店等，是当前几比最大的现代化渔业加工厂，助力几比渔业经济发展。坦桑尼亚剑麻项目产量扩大，带动当地就业，提升经济效益。集团所属远洋渔船圆满完成中国政府援助汤加救灾物资、援助基里巴斯紧急抗疫物资任务，受到当地政府和民众的高度赞誉。集团职工王永强参与土叙 7.8 级地震救援任务，克服低温大风和余震不断等困难，争分夺秒地营救被困灾民，书写坚强的中国力量和担当。

（撰稿人：郗　奇）

# 中国林业集团有限公司

**【基本概况】** 2022 年，中国林业集团有限公司（以下简称中林集团）坚持以习近平新时代中国特色社会主义思想为指导，深入贯彻党的二十大和中央经济工作会议精神，认真落实党中央、国务院以及国务院国资委决策部署，以“森林碳汇和生态产品价值实现”重构“新中林”战略价值，通过“大规模引入权益性资本、大规模引入稀缺性资源、大规模引进先进技术、大规模引进高端人才”的战略新路径，有力推动国家“双碳”战略实施，取得一系列在行业中具有较强影响力的重大成果，坚定社会各界看好中林集团发展的信心。

**【主要指标】** 2022 年，中林集团实现营业收入 2052.83 亿元，利润总额 10.22 亿元，净利润 5.07 亿元。截至 2022 年底，资产总额 2101.34 亿元，所有者权益总额 717.15 亿元。

表 1　　2022 年中国林业集团有限公司主要经济指标

| 项　目 | 2021 年 | 2022 年 | 比上年增长(%) |
|---|---|---|---|
| 资产总额(亿元) | 1861.85 | 2101.34 | 12.86 |
| 所有者权益(亿元) | 569.43 | 717.15 | 25.94 |
| 营业收入(亿元) | 2118.29 | 2052.83 | −3.09 |
| 利润总额(亿元) | 4.56 | 10.22 | 124.12 |
| 净利润(亿元) | 2.11 | 5.07 | 140.28 |
| 归属母公司所有者的净利润(亿元) | −3.10 | −0.95 | — |
| 技术开发投入(亿元) | 0.56 | 0.93 | 66.07 |
| 利税总额(亿元) | 15.35 | 19.10 | 24.43 |
| 应交税金总额(亿元) | 11.66 | 13.24 | 13.55 |
| 全员劳动生产率[万元/(人·年)] | 41.12 | 49.76 | 21.01 |
| 净资产收益率(%) | −2.04 | 0.78 | 增加 2.82 个百分点 |
| 总资产报酬率(%) | 2.42 | 2.59 | 增加 0.17 个百分点 |
| 国有资本保值增值率(%) | 95.57 | 100.99 | 增加 5.42 个百分点 |

**【改革发展】** 2022 年，中林集团党委高度重视国企改革三年行动，形成"六抓"工作格局，构筑"一体五翼"的改革推进机制，确保改革工作纵向贯通、横向协同、系统集成、高效运转，各项任务举措落地见效。截至 2022 年底，各子公司改革任务完成率 100%，集团公司三年总体任务 121 项改革举措全部完成，推进一系列打基础、利长远的改革举措，发展路径模式得到优化、发展质量效益得到提升。一是深入落实首要任务，坚定不移融入改革发展。修订印发《中国林业集团有限公司党委关于深入贯彻落实习近平总书记重要指示批示的实施办法》，建立集团党委贯彻落实习近平总书记重要指示批示台账，逐项明确责任，制定落实措施，进一步把思想和行动统一到习近平总书记重要指示批示精神上来，使全体干部职工进一步深刻认识国企改革的重大政治责任，也为改革三年行动落地见效提供科学指导。二是加快完善中国特色现代企业制度，聚焦关键环节靶向发力。深度推进加强党的领导与完善公司治理相统一，9 户已设立党委的重要子企业"一企一策"完成"前置事项清单"制(修)订工作。董事会建设运行科学有效，72 户纳入董事会应建尽建范围内的子企业均建立董事会，59 户外部董事应占多数的子企业实现外部董事占多数，占比由 2020 年底的 11%增长至 2022 年底的 100%。三是围绕提高效率和活力，市场化经营机制全面走深走实。实现子企业经理层任期制和契约化签约率 100%，经理层成员任期制和契约化管理实现高质量、全覆盖。在"科改示范企业"种子公司推行职业经理人制度，完成经理层成员全部向职业经理人身份转换。大力推动市场化用工，截至 2022 年底，集团管理人员竞争上岗的人数占比由 2020 年底的 3%提升至 2022 年底的 38%，全部职工均开展业绩考核，退出管理人员数量占比 1.53%。四是"科改示范行动"企业改革转型取得新突破。所属"科改示范企业"中国林木种子集团有限公司充分发挥引领带动作用，在创新型产业布局上率先垂范，公司研发的转基因玉米获农业农村部正式颁发的转基因生物安全证书，成为国资系统首家在转基因技术领域取得突破性进展的企业，在"科改示范行动"2022 年专项考核中获评"优秀"。

**【重大项目】** 2022 年，中林集团锚定"成为国内最大碳汇经营实体和生态产品价值实现重要运营平台"的战略目标，有序有力推进重大项目及投资经营工作。一是大规模推进国家储备林项目建设，2022 年中林集团管控林地资源面积 7500 平方千米，其中境内 6367 平方千米、境外 1133 平方千米。在重庆、福建、广西、广东等 14 个省份规划建设国家储备林 127 万平方千米，2022 年完成签约 54000 平方千米，新增储备林收储 1120 平方千米、森林蓄积量 869 万立方米。二是培育壮大绿色低碳产业，依托国家菌草工程技术研究中心，在云南普洱以"公司＋农户"模式种植巨菌草 5 平方千米，完成澜沧菌草经济示范园建设，打造巨菌草种植、菌草微生物农业综合生产系统新模式；在广东韶关、肇庆推进 123 平方千米国储林建设，3 平方千米现代农业(沃柑)示范区投产挂果，预计沃柑年产量3000吨;高标准谋划油茶产业项目,在永州市推进国储林2000平方千米、油茶高标准基地667平方千米建设工作。三是推动市场化碳交易项目逐步落地,2022年在全国范围内签约碳汇项目约667平方千米,与中信证券签署金额超过1亿元碳汇大宗交易协议,在碳金融版图完成第一块拼图;携手中国建材推动中央企业间最大规模、第一笔市场化碳交易落地,交易量1000万吨。

**【走向海外】** 2022年,中林集团主动融入"一带一路"建设,坚持"走出去"合理配置开发森林资源,努力开拓海外市场。截至2022年底,所属境外企业20户,主要分布在新加坡、新西兰、开曼群岛、加拿大、美国、俄罗斯、缅甸等9个国家和地区,资产总额26.4亿元。海外森林资源基地面积1167平方千米,森林蓄积量3279.4万立方米。全年实现营业收入20.7亿美元,实现净利润0.1亿美元;运回国内木材451万立方米,销售金额7.4亿美元;运回国内矿产品126万吨,销售金额5.2亿美元。通过投资并购在俄企业,获得5733平方千米林地采伐权,并对其所属的加工厂进行改建,提升木材采伐运输及烘干能力;积极推动与巴西公司苏萨诺合资设立巴西企业,获得当地2万平方千米林地采伐权,并代理其全部纸浆的国内销售,补强林产品产业链供应链。

**【重大创新】** 2022年,中林集团新一届党委始终把科技摆在突出位置,与发展战略一同谋划、一体推进。一是稳步推进林业碳汇开发与交易,携手中国建科成功申报我国"双碳"领域首个国家技术创新中心,前瞻性布局建筑绿色低碳产业。携手中国林业科学研究院共同参与《中国森林认证—森林碳汇》国家标准制定,向生态环境部提交4个碳汇方法学建议和依托项目设计文件。二是不断丰富林业固碳实施路径,全面布局竹缠绕、重型木结构、巨菌草等林业新兴产业,深度挖掘林业固碳潜能,为减碳固碳提供重要解决方案。杭州亚运村服务中心等10个装配式木结构项目正式签约,销售订单超过1亿元;在云南开展第二批菌草基质栽培试验,多个县区挑选4平方千米优质菌草种苗;完成松材线虫病防治与马尾松林改培试点项目17平方千米建设任务。三是加强基础研究与应用,2022年研发投入比上年增长3818万元,新增有效专利157件。

**【党建工作】** 截至2022年底,中林集团全系统各层级党组织194个,其中,党委14个、党总支17个、党支部163个,党员2018人。中林集团坚持深化全面从严治党,以自我革命精神,全力重构政治新生态。一是加强党的政治建设,坚决做到"两个维护"。把迎接和学习宣传贯彻党的二十大精神作为全年工作主线,推动党的建设质量不断提升;深入开展"建功新时代 喜迎二十大"习近平总书记重要指示批示精神再学习再落实再提升主题活动,不断规范完善、深化固化"第一议题",全年落实学习35次、80余篇。二是持续深化"三基"建设,不断夯实党建基础。不断提升"两个全覆盖"质量,进一步加大组建力度,先后指导1家党委、1家临时党总支、3家党支部完成新建。三是持续深化完善"六个一"外宣工作机制,健全舆情管理工作体系。修订完善《舆情管理暂行办法》,加强舆情监测研判和应对处置引导。四是加大与主流、行业媒体沟通合作力度,全方位宣传展示集团服务国家重大战略、改革发展和党的建设方面的突出成绩,先后在《人民日报》、新华社、中央电视台等媒体刊登和转载专题报道30余篇。

**【信息化与数字化建设】** 2022年,中林集团推动数字新基建与打造林业产业链有机融合,利用人工智能、大数据、物联网等新一代信息技术,以科技创新驱动"智慧林业"建设。一是科学推动大规模国土绿化行动,首次与中国科学院地理所合作搭建"中林国科"平台,共同开发美丽中国地理信息系统,因地制宜、精准提升森林质量,科学推动大规模国土绿化行动,2022年完成绿化面积59平方千米,新增植树623万株。二是以数字化建设驱动产业发展,集团数字化转型整体方案初步形成。搭建国内首创的碳汇资产管理大数据平台,为抢占森林资源管理、林业碳汇开发数字化领域制高点夯实基础;建设完成司库管理系统(一期)、智慧党建系统、集采平台、国资监管平台配套系统;以数字科技赋能森林资源监管,实现无人机影像监管与地理信息系统结合,森林资源可视化调度全公司"一张图"及监控预警系统林地全周期防护。

**【履行社会责任】** 2022年,中林集团深入贯彻落实绿色发展理念,筑牢美丽中国建设基础,以实干担当倾情奉献公益事业,积极探索乡村振兴新模式,为实现乡村振兴贡献致富"锦囊"和中林力量。一是积极推进生态保护与修复,推进黄河流域生态廊道建设,投资建设菌草种植全国示范区,全力构建黄河中游生态大动脉;加快实施雷州半岛生态修复。二是持续加大生物多样性保护力度,建设良凤江国家森林公园,促进森林风景资源与生物多样性保护;开展江西鄱阳湖(湿地)生态环境保护科普基地建设项目;"以鱼保水、以渔促旅"的千岛湖模式成为全国湖泊保水渔业的典范。三是积极组织公益善行,开展水沟清淤、江堤除草、垃圾清扫、文明劝导等丰富多彩的环保公益活动。四是推进全方位帮扶,推动帮扶地区在产业发展、教育基地建设、残疾人支持、教育助学、基层干部培训、文化振兴等方面取得新成效。

(撰稿人:姜俏冰)

## 中国医药集团有限公司

**【基本概况】** 中国医药集团有限公司(以下简称国药集团)是由国务院国资委直接管理的唯一一家以生命健康产业为主业的中央企业,是国家创新型企业,拥有集科技研发、工业制造、物流分销、零售连锁、医疗健康、工程技术、专业会展、国际经营、金融投资等于一体的大健康全产业链。国药集团各层级子公司1600余家,包括控股上市公司7家,员工总人数超过20万人。2022年,国药集团居《财富》"世界500强"第80位,连续9个年度3个任期获评中央企业负责人经营业绩考核A级企业。

2022年是党和国家事业发展进程中十分重要的一年,国药集团在以习近平同志为核心的党中央坚强领导下,切实增强政治责任感和使命感,以实际行动迎接党的二十大胜利召开,认真传达学习党的二十大精神,坚决贯彻党中央、国务院决策部署,切实落实国务院国资委工作要求,统筹推进疫情防控和改革发展,大力推进"四梁八柱、百强万亿"总体发展战略,真抓实干、攻坚克难,奋力完成各项改革发展党建艰巨任务,在第二个百年奋斗目标开局之年、"十四五"规划关键之年交出一份优异的答卷。

**【主要指标】**

表1　2022年中国医药集团有限公司主要经济指标

| 项　目 | 2021年 | 2022年 | 比上年增长(%) |
|---|---|---|---|
| 资产总额(亿元) | 5647.09 | 5631.82 | -0.27 |
| 所有者权益(亿元) | 2612.78 | 2477.55 | -5.18 |
| 营业收入(亿元) | 7013.91 | 6328.22 | -9.78 |
| 利润总额(亿元) | 1092.22 | 261.00 | -76.10 |
| 净利润(亿元) | 917.70 | 206.36 | -77.51 |
| 归属于母公司所有者的净利润(亿元) | 787.12 | 74.05 | -90.59 |
| 技术开发投入(亿元) | 79.64 | 69.64 | -12.56 |
| 利税总额(亿元) | 1262.15 | 402.20 | -68.13 |
| 应交税金总额(亿元) | 354.73 | 215.74 | -39.18 |
| 全员劳动生产率[万元/(人·年)] | 82.34 | 39.25 | -52.33 |
| 净资产收益率(%) | 42.68 | 8.11 | 减少34.57个百分点 |
| 总资产报酬率(%) | 22.50 | 5.30 | 减少17.20个百分点 |
| 国有资本保值增值率(%) | 210.00 | 104.80 | 减少105.20个百分点 |

**【改革发展】** 2022年,国药集团以全面落实国企改革三年行动为抓手,突出重点、聚焦难点,持续深化改革,完善市场化经营机制。在完善公司治理方面,强化公司治理顶层设计,形成"1+4+N"公司治理制度体系。加强子公司董事会建设,推进董事会应建尽建和配齐建强,870户纳入董事会应建尽建范围的子公司全部建立董事会。在市场化经营机制方面,全面推进市场化用工,首次大范围、高层级面向全社会公开招聘,成功选聘5名财务管理人才和7名二级子公司高管。国药中生总部市场化招聘职位数量比上年增长35%,选人用人途径更加广阔。在开展中长期激励方面,突出科研奖励向重大成果和一线科研人员倾

斜，完成国药中生技术研究院和国药中生北京公司分红激励兑现工作。批准国药中生所属5家科技型企业的分红激励方案，纳入科技型企业分红激励的总人数1300余人。在推进改革专项工程方面，国药中生通过引进26名高端人才、新培育4个创新团队、成立创新疫苗研发中心等方式，不断建强科技人才队伍，打造原创技术策源地，进一步提升企业自主创新能力。上海益诺思通过推行职业经理人制度、实施南通子公司股权激励计划等措施，经营业绩实现跨越式发展，营业收入比上年增长42.88%，上海证券交易所正式受理上海益诺思科创板上市申报文件，科改示范行动成效显著。国药工程股权激励与股权奖励计划正式实施，三项制度改革落地见效。国药投资项目跟投、超额奖励等激励约束机制有效运行，极大激发员工干事创业的活力动力，企业投资收益快速增长。

**【重大项目】** 2022年，国药集团打造一批国家级创新平台。国药集团"疫苗与创新药物原创技术策源地"实施方案通过国务院国资委评估，成功入选中央企业首批原创技术策源地名单。国药中生新型疫苗国家工程研究中心、国药医工总院医药先进制造国家工程研究中心成功纳入国家发展改革委国家工程研究中心。国药中生新突发传染病新型疫苗研发全国重点实验室、国药医工总院先导物成药性研究全国重点实验室、国药器械多模态医学成像技术与系统全国重点实验室3个建设方案获得国务院国资委认可并推荐。国药中生武汉公司、九强生物分别获得2022年国家技术创新示范企业、国家企业技术中心认定。国药中生技术研究院、国药中生长春公司P3实验室均通过CNAS认可。

**【走向海外】** 2022年，国药集团在海外认证收获颇丰。国药国际累计取得海外注册证书492个，其中集团自有工业产品259个，占比52%。国药现代获得境外产品注册16项，创历年来新高，实现欧洲市场四大头孢制剂产品注册全覆盖。国瑞药业完成注射用头孢他啶在乌兹别克斯坦和塔吉克斯坦的注册工作。国药中生北京公司新冠疫苗二期生产车间获得世卫组织紧急使用授权，进入EUL清单。

**【重大创新】** 2022年，国药集团研发投入70.16亿元，工业研发投入强度9.95%；剔除新冠疫情因素，工业研发投入强度9.21%，较2021年同口径增加2个百分点。获得药品注册证书19个、临床试验许可通知书18个、新兽药证书2个；获得授权的各类专利657件，其中发明专利232件；主导制定各类标准56项；获得中国专利奖银奖1项，获得省部级科技奖励一等奖3项。报送的案例"国药集团抗击新冠疫情协同应急管理实践""新冠疫苗国际合作和防疫物资保障管理实践"获得中国管理科学学会第八届管理科学奖。国瑞药业改良型新药无水乙醇注射液成功上市，填补国内单纯性肾囊肿介入治疗用药的空白；国瑞药业盐酸纳布啡注射液和酒石酸布托啡诺注射液，国工有限咪达唑仑注射液获得药品注册证书，丰富集团麻精产品管线；国药中生在研的CD20单抗、VEGF单抗、TNF-α单抗以及口服六价重配轮状病毒活疫苗、四价流脑疫苗顺利完成Ⅲ期临床研究；中药配方颗粒国家标准研究持续位于行业领先地位，在国家药典委累计公布200个品种的中药配方颗粒国家标准中，中药控股制定的标准102个，占比51%。

在仿制药一致性评价方面，2022年18个品规通过一致性评价。大品种硝苯地平控释片聚焦"卡脖子"问题和关键技术突破，完成关键辅料替代和设备智能化升级，降低物料成本，建立集采竞争优势。国家小品种短缺药注射用阿糖胞苷及阿糖胞苷原料药以优先审评方式获批为国内首仿/视同通过一致性评价品种，实现原料制剂一体化，改善原料受限的困境。国药现代的头孢克肟颗粒等8个品种成为第七批集采中标品种；国药太极的注射用头孢唑肟钠获得提升质量标准补充批件，在广西被认定为原研药，并列入《化学仿制药参比制剂目录》。

**【党建工作】** 2022年，国药集团党委坚持以党的政治建设为统领，以迎接和学习宣传贯彻党的二十大精神为主线，全力抓好政治引领、思想凝聚、组织动员，以高质量党建引领保障高质量发展。一是思想基础更加巩固。严格落实"第一议题"制度，以"建功新时代、喜迎二十大"为主题开展习近平总书记重要指示批示精神再学习再落实再提升活动，进一步巩固思想基础。党的二十大胜利闭幕后，集团党委把学习贯彻党的二十大精神作为首要政治任务抓紧抓实，精心谋划、严密组织，通过多种形式、多种渠道深入学习宣传贯彻党的二十大精神。深入经营生产一线、基层党组织，与基层党员干部员工分享参会感悟和学习心得；集团领导班子成员结合工作调研实际，深入分管部门、分管基层企业进行宣讲，引导广大干部职工把所学所悟、所思所想转化为担当作为、攻坚克难的强大动能，全力推动党的二十大精神落地见效。二是党建工作再上新台阶。严格落实党建主体责任，全年召开党委会 45 次，党委理论中心组学习 6 次，学习传达“第一议题”93 项。举办党建工作座谈会，深入推进和切实加强基层党的建设工作。召开二级公司党委书记抓党建述职评议工作，推动全面从严治党向基层延伸。深入推进党的领导与公司治理有机统一，督导各级党委研究制定前置事项清单。加大混合所有制企业党建工作力度，结合国务院国资委党委巡视，大力解决基层党组织“空白点”，实现应建尽建，积极推动基层党组织全覆盖。三是党风廉政建设和反腐败工作持续深化。主动应对反腐败斗争新形势、新任务、新挑战，推动形成不断完备的制度体系、严格有效的监督体系。指导各子企业开展廉洁文化建设，充分发挥新媒体“青青国药”优势，搭建交流学习教育平台、营造廉洁从业良好氛围。

**【信息化与数字化建设】** 2022 年，国药集团继续深入数字化转型。国药控股基于互联网技术架构的新一代线上零售商城正式上线，并在上海试点运行；国药器械多采商城实现销售 35.9 亿元，活跃客户 1330 个；药品 B2B 平台覆盖省级区域 29 个，总客户数 26 万户，销售额 24 亿元。国药中生持续推进制造执行系统、数据采集及监控系统、实验室管理系统、浆站云管理系统、临床一体化平台等项目建设，数据采集分析效率提升 60%，节约工时 50%。国药国际大健康网上商城实现试运行，覆盖集团 300 余个自有生命健康产品，率先打造服务于集团内部员工的内购私域平台。国药医疗所属国药东风总医院和国药同煤总医院成功取得互联网医院牌照并开始运营，超过 2000 名医务工作者提供线上服务，2022 年平台注册用户超过 22 万人，使用平台线上服务超过 135 万人次，服务延伸到北京、广州等 26 个省（自治区、直辖市）。国药励展聚焦数字化业务发展，通过线上会议平台等工具，举办会议直播和展会活动，实现数字化收入 1900 万元，比上年增长 10%。

**【履行社会责任】** 2022 年，国内新冠疫情点多、面广、频发，特别是在年末疫情防控政策调整优化后，各地防疫药品及物资需求集中爆发。集团发挥全产业链、全生态圈的系统优势、集成优势，全员动员、全力以赴，做好疫情防控各项工作。国药控股作为中央医药储备定点单位，各级子公司和零售药店坚守在保供一线，同时调动资源，加大对北京、上海等重点区域物资供给，2022 年累计向全国供应保障各类药品器械耗材近 40 亿件。国药中生研发出全球首支奥密克戎株灭活疫苗，先后获得中国香港特区和国家药监局临床批件；广谱新冠单克隆抗体 F61 注射液剂型进入临床Ⅱ期，鼻用喷雾剂获得临床批件；第一时间在北京、上海建成核酸检测实验室，为疫情防控提供强大支撑，派出志愿者支援新疆、西藏地区核酸检测工作。国药医疗各级医疗机构累计支援方舱 2000 余人次，核酸采样 7000 多万人次，10 家医院作为新冠患者收治医院，累计派出上千名医务人员支持多地的疫情防控。集团工业企业以“7×24”的状态确保重点防疫品种生产线满负荷运行，中药控股的化湿败毒颗粒、玉屏风颗粒、金叶败毒颗粒，国药现代的阿奇霉素干混悬剂、洛芬待因片、氨酚待因片，国药太极的急支糖浆、藿香正气口服液等产品的产量实现数倍增长，最大限度满足紧急用药需求。国药集团用实际行动和无私奉献，保障人民的生命安全和身体健康，充分践行央企的政治和社会责任。

（撰稿人：王英伟）

## 中国保利集团有限公司

**【基本概况】** 2022 年，面对行业发展的诸多困难、挑战，中国保利集团有限公司（以下简称保利集团）认真贯彻党中央、国务院和国务院国资委党委决策部署，积极谋划，主动作为，广大干部员工牢记使命、勇于担当，真抓实干、加压奋进，攻坚克难、同心协力，精准发力，锻长补短，夯基筑底，保利集团经营业绩跑赢行业大势，不断积蓄高质量发展新动能。截至

2022年底，保利集团资产总额在中央企业排名第10位，营业收入排名第26位，利润总额排名第16位，净利润排名第18位。

**【主要指标】** 截至2022年底，保利集团资产总额18284.89亿元；全年营业收入4553.75亿元，利润总额399.09亿元。

**【改革发展】** 2022年，保利集团圆满完成改革三年行动主体任务，在专项试点改革、法人治理结构、三项制度改革等方面取得明显成效，上市公司各项指标持续改善，为加快建设世界一流企业打下坚实基础。一是改革三年行动圆满收官。集团上下攻坚克难，全面落实改革举措，圆满完成国企改革三年行动主体任务。获得国务院国资委考核评估A级，改革成效得到中央全面深化改革领导小组办公室及国资委领导高度评价。二是专项试点改革打造典型。以混合所有制改革、国企改革“双百行动”、“科改示范行动”等专项试点为抓手，开展超额利润分享、骨干员工跟投、股权激励等举措，为各级企业改革积累经验。三是法人治理结构更加完备。董事会重大项目提前介入、重要会议全程参与、重大风险及时关注，外部董事“双平台+双通道”履职支撑体系运行顺畅。四是三项制度改革持续深化。开展集团人力资源管理架构和人才体系建设，促进管理体系化、系统性提升，全面推行公开竞聘、竞争上岗。保利集团三项制度改革考核被国务院国资委评为A级。五是建设世界一流加快推进。以中央《关于加快建设世界一流企业的指导意见》精神为指导，以战略研讨务虚会部署为基础，制定“深化改革、强化创新、建设一流”工作方案，形成五大类具体工作任务。制定《建设世界一流财务管理体系工作规划》，细化重点任务举措，明晰推进节点、路径，推动实施财务“1444”工程，助力集团公司世界一流企业建设。六是控股上市公司发展质量稳步提升。截至2022年底，保利集团控股上市公司合并实现营业收入3372.2亿元、利润总额372.3亿元、净利润268.6亿元，分别占集团全年整体的74.1%、93.2%、93.6%；总资产17067.8亿元、净资产3677.2亿元，分别占集团全年整体的93.0%、91.9%。

**【走向海外】** 2022年，保利集团响应“一带一路”倡议，积极稳妥推进贸易、地产、工程、轻工、民爆等优势业务国际化步伐，稳步提升国际化经营规模和水平，业务遍布全球110多个国家和地区，实现由“一”到“多”的扩展，从“小”到“大”的发展，和由“量”到“质”的提升。一是由“一”到“多”，国际业务多元发展。保利集团发挥既有的军贸渠道优势，加快贸易、地产、文化、民爆、轻工、工艺、通信等优势业务国际化步伐，多点开花、整体联动，国际业务遍布全球110多个国家和地区。二是从“小”到“大”，规模效益显著提高。截至2022年底，保利集团纯境外总资产近400亿元，纯境外营业收入超过150亿元。三是由“量”到“质”，保利集团积极稳妥推进国际化经营，扎实稳步提升国际化运营水平，贴合海外市场实际，打造海外客户需求的产品、工程和项目，受到国外客户高度评价。

**【重大创新】** 2022年，保利集团充分认识科技创新的重要性，主动作为，落实国家“三品”战略，围绕行业产业链部署创新链、围绕创新链布局产业链，以科技创新成果支持企业经营提升，以科技服务支持行业实体企业，推动科技创新上新台阶。一是强化创新战略引领。实施顶层设计，制定下发《“十四五”时期科技创新指导意见》《“百千万亿”行动方案》，明确提出“十四五”期间集团科技创新工作“百千万亿”发展目标，为集团科技创新工作指明方向。二是强化体制机制创新。以完善组织体系、优化制度体系、健全考核激励评价体系、建立科技成果转化体系为着力点，增设管理职能，设立奖励机制，加强科技力量统筹。三是强化科技成果积累和转化。新发布各项标准240条，其中国际标准13条，“十四五”期间累计发布标准389条；新增各项授权专利和软件著作权969件(项)，其中发明专利343件，累计授权专利和软件著作权总数6405件(项)；研发经费投入36.1亿元，研发经费投入强度0.8%；支持科技创新的投资基金新增30亿元，实现“从无到有”的突破。四是强化科技平台建设。新增4家科改示范试点企业，总计6家；新增“专精特新”企业8家，科技型企业累计66家。

**【党建工作】** 2022年，保利集团充分发挥党委领导作用，不断将党的领导融入公司治理各个环节，将党建优势进一步转化为发展优势和竞争优势，筑牢企业发展“根”和“魂”，增强企业高质量发展动力。一是党建与业务融合实现突破。深入实施“固本强基　品质先锋”党建提升行动，圆满完成年度工作任务，树牢围绕发展抓党建、抓好党建促发展工作理念。制定印发全新党建考核制度，将党建考核结果作为综合考核前置条件，党建考核为“优秀”，综合考核才能为A级。二是品牌文化价值不断提升。系统构建集团品牌文化体系，高质量输出系列品牌文化成果，成功举办集团公司品牌文化发布会。在乡村振兴、抗险救灾中持续发力，累计捐赠超过6500万元，推动“责任保利”IP深入人心。三是党风廉政建设持续巩固。以多种形式开展党风廉政建设，打造“1＋2＋3”综合监督体系，圆满完成巡视巡察全覆盖，不断加大执纪惩处力度，完善纪检巡视制度，有效固根本、抓监督、强问责、促发展、夯基础。

**【信息化与数字化建设】**　2022年是实施“十四五”各项规划的关键之年，是信息化建设和数字化转型工作纵深推进的一年。保利集团继续加强信息化顶层设计和战略性布局，统筹协调、积极推进业务管理各条线的信息化系统建设。一是加强集团信息化工作顶层设计。在集团总部的信息化建设中，正式印发《中国保利集团有限公司信息化建设和数字化转型滚动规划(2022—2023年)》，出台《中国保利集团有限公司网络安全管理办法》等纲领性文件。二是积极发挥信息化能力共享中心作用。为子公司的信息化工作提供基础运维、云网基础设施、应用系统开发等全面服务，“总部＋子公司”两级联动发展的大IT格局逐步清晰。三是加强信息基础设施建设。完成集团本级资产梳理及网络平台重构，逐步完善云服务平台，积极推进信创工作。四是重点加强信息系统建设，提高信息系统自研比例。搭建全级次的统一身份认证，重构OA协同平台和集团应用集成的底层服务，加快建设各管理条线的信息化系统。五是加快数字化转型。积极布局数字化转型创新业务，拥抱前沿技术，充分运用5G、大数据、物联网等技术为实体业务赋能。

**【履行社会责任】**　2022年，保利集团党委坚持以习近平新时代中国特色社会主义思想为指引，深入学习贯彻习近平总书记关于乡村振兴指示精神和党的二十大精神，扎实贯彻落实党中央、乡村振兴局、国务院国资委各项工作部署，以统筹、聚焦、融合、升级为重心，定计划、抓管理、做试点、促落实，帮扶工作精准性、有效性、长效性显著提高，连续4年在中央单位定点帮扶工作成效考核评价中获得等次“好”，重点帮扶项目多次获得上级肯定，“星火启航”试点获得山西省有关部门高度重视和支持；“文化保利・润泽乡村”项目获得文旅部肯定，有关领导专程调研项目开展情况；“保利星火班”《点燃星火的三封信》入选国务国资委“砥砺辉煌十年　强国复兴有我”第五届中央企业优秀故事。2022年，保利集团向河曲、五台、喀喇沁旗、鲁甸、巧家、忻城、宁蒗7个定点帮扶县直接投入无偿帮扶资金5045.29万元，引进各类帮扶资金933.3万元，招商引资3000万元，培训各类人员7636人次，帮助采销帮扶地区农特产品1963.5万元，招商引资、转移就业、单位招用、三类培训等多个指标比上年平均增长65％。

(撰稿人：欧天奕)

## 中国建设科技有限公司

**【基本概况】**　2022年，中国建设科技有限公司(以下简称中国建科)坚持以习近平新时代中国特色社会主义思想为指导，以迎接和学习宣传贯彻党的二十大为工作主线，坚决贯彻落实党中央、国务院和国务院国资委各项决策部署，迎难而上开拓进取，推动经济运行保持稳定，改革发展党建取得许多新成绩、新亮点。一是党委书记、董事长文兵当选党的二十大代表。二是成功获批牵头组建国家建筑绿色低碳技术创新中心，是我国“双碳”领域第一个国家技术创新中心，是住房和城乡建设部首个推荐建设的国家技术创新中心，是迄今为止获批由中央企业牵头建设的五个国家技术创新中心之一。三是所属城建院成功申请组建国际标准化组织供热管网技术委员会(ISO/TC 341)，承担秘书处工作并作为国内对口技术单位，实现我国市政基础设施领域国际标准化组织技术委员会“零的突破”。四是相关所属企业高水平完成冬奥会、冬残奥会场馆运行保障任务，中国院获评“2022年冬奥会、冬残奥会北京市先进集体”。五是成功举办集团成立70周年系列活动。

**【主要指标】** 2022年，中国建科新签合同额137.68亿元，净利润5.23亿元，实际到账收入93.89亿元，营业收入112.72亿元，期间费用率、资产负债率、研发投入强度均完成国务院国资委考核指标，经济运行保持基本稳定，有效遏制经营下滑势头，为2023年稳增长奠定基础。

**表1 2022年中国建设科技有限公司主要经济指标**

| 项　目 | 2021年 | 2022年 | 比上年增长(%) |
|---|---|---|---|
| 资产总额(亿元) | 173.68 | 187.41 | 7.91 |
| 所有者权益(亿元) | 81.11 | 89.08 | 9.83 |
| 营业收入(亿元) | 112.69 | 112.72 | 0.03 |
| 利润总额(亿元) | 7.90 | 6.92 | -12.45 |
| 净利润(亿元) | 6.18 | 5.23 | -15.38 |
| 归属于母公司所有者的净利润(亿元) | 5.24 | 4.51 | -13.93 |
| 技术开发投入(亿元) | 6.54 | 7.07 | 8.02 |
| 利税总额(亿元) | 13.73 | 12.93 | -5.76 |
| 应交税金总额(亿元) | 7.88 | 7.57 | -3.85 |
| 全员劳动生产率[万元/(人·年)] | 40.51 | 41.52 | 2.49 |
| 净资产收益率(%) | 7.89 | 6.15 | 减少1.74个百分点 |
| 总资产报酬率(%) | 4.98 | 4.15 | 减少0.83个百分点 |
| 国有资本保值增值率(%) | 107.56 | 108.71 | 增长1.15个百分点 |

**【改革发展】** 2022年，中国建科深入贯彻落实习近平总书记关于创新驱动发展的重要论述精神，加快培育创新业务，积极推动优势板块上市，布局未来发展赛道。第一梯队拟上市企业取得重大阶段性进展。所属中国城市建设研究院有限公司中城院(北京)环境科技股份有限公司高质量完成集团环卫板块专业重组，构建起一支国内规模最大、实力最强的环卫领域专业化技术队伍。所属中国市政工程华北设计研究总院有限公司成功引入中国长江三峡集团有限公司所属长江生态环保集团有限公司作为战略投资者，为业务发展提供助力。第二梯队拟上市企业改革创新持续推进。所属中国建筑设计研究院有限公司国住人居工程顾问有限公司以提供模块化建筑的设计、生产、安装一体化服务为发展方向，全面加强能力建设，文安研发基地实现3个学校项目的产品试生产与供应。所属中国建筑标准设计研究院有限公司北京国标建筑科技有限责任公司积极进行既有住宅装修改造to C端的新业务模式探索，加快推进装配式内装和数字化核心技术的研发，打造差异化竞争优势。所属中国建筑标准设计研究院有限公司北京国标建安新材料有限公司推进隔减震检测平台开发，打造自主知识产权的实验科研装置；研发出抗拉支座、设备隔震装置等关键核心产品；建成的衡水中试基地，实现生产供货3000多套。

2022年，中国建科深入贯彻落实习近平总书记关于全面深化改革的重要论述精神，决胜国企改革三年行动，84项改革任务、207条改革举措全部圆满完成。一是在形成更加成熟、更加定型的中国特色现代企业制度上取得明显成效。制定党委前置研究清单及各治理主体决策清单，“多单合一”相互衔接贯通。建成上下贯通的决策会议系统，决策事项全流程线上运转，与国务院国资委“三重一大”系统无缝对接，受到国务院国资委改革局肯定。董事会应建尽建，外部董事占多数，建立董事会授权管理制度，落实董事会6项职权等改革有力推进，董事会作用发挥更加充分。二是在任期制和契约化管理精准考核刚性兑现上取得明显成效。58户企业和111名经理层成员全部实行任期制和契约化管理。集团自上而下“一企一策”定制考核指标，各企业“一人一岗”签订聘任协议，“一人一表”签署年度和任期经营业绩责任书。经理层成员考核结果与薪酬、聘免、奖惩直接挂钩，激励约束并重形成管理闭环。2021年经理层成员薪酬增幅14%～100%，实现精准考核、有效激励。三是在为基层减负上取得明显成效。集团修订《会议管理办法》，加强会议统筹，削减三类会议，全年协调2次“无会月”。尽可能避免重复调研、重复要材料，尽最大努力为基层减负。

2022年，中国建科深入贯彻落实习近平总书记关于加快建设世界一流企业的重要论述精神，对标一流促进管理提升。集团总部充分发挥“定盘星”作用，年度重点工作148项，比上年增长44%，完成率92%，集团化管理水平迈上新台阶。一是集团一体化加速推进。实现集团战略与所属企业战略有效衔接，战略一体化发挥统领集团发展的重要作用。以集团区域中心建设为抓手，大力推进经营一体化取得新进展。首次构建集团总工体系，任命集团首席科学家3人，首席专家11人，副总建筑师、副总工程师及副总规划师18人，集团高端领军人才一体化更加彰显整体实力。通过集团与所属企业联合Logo的广泛应用，显著提升集团与子企业的关联认知度，集团品牌一体化实现质的提升。二是高质量推进提质增效和专项治理。集团围绕提质增效工作，制定5类29项任务和7项纾困解难措施。建立健全提质增效三级指标体系。以全面预算信息系统建设为契机，推动预算管控模式变革，聚焦重点管控事项，突出条线管理，全面落实无预算不支出的管控要求。进一步扩大集中采购范围，实现降本增效。国产化司库管理系统建成上线，实现集团全级次、全流程资金线上闭环管理。通过信息化硬约束实现集团报销标准化，全面规范所属企业成本管控。三是战略管理体系更加完善。集团制定发布专项规划10项，建立起上下左右贯通的三级规划体系。建立战略规划年度任务分解机制，与年度预算、投资计划、考核指标有效衔接，确保规划按序时进度落实落地。修订管理办法，建立战略规划研究、编制、实施、评估、调整的全流程闭环管理体系。

2022年，中国建科深入贯彻落实习近平总书记关于加快数字中国建设的重要论述精神，积极布局数字化业务，抢占未来赛道。全资收购中设数字技术有限公司(以下简称中设数字)全部股权，中设数字作为集团全资所属企业成为行业掌握自主可控BIM核心技术的三家头部企业之一。全资收购建科公共设施运营管理有限公司(以下简称建科运营公司)全部股权，更大力度支持其发展智慧运维业务，打造核心竞争力；建科运营公司依托自主知识产权的BIM智慧运营平台，初步形成河道、综合管廊运营等优势领域，2022年承接住房和城乡建设部综合管廊、雄安新区综合管廊等一批标杆项目。

**【重大项目】** 2022年，中国建科始终心怀国之大者，承接世界文化遗产申报项目3项，其中万里茶道跨国申遗项目完成国内预备名单申报；开展我国第5个南极科考站罗斯海新站现场工作，为建设科技含量最高、最现代化、最先进的极地科考站贡献建科力量；高质量推进雄安人防、供热、环卫等项目，以“钉钉子精神”把“未来之城”蓝图变为现实；设计完成青岛上合之珠国际博览中心，高标准打造“国家会客厅”。

**【走向海外】** 2022年，中国建科援外项目合同额比上年增长近10%；所属中国市政工程华北设计研究总院有限公司、中国建筑设计研究院有限公司、中国城市建设研究院有限公司、中国建筑标准设计研究院有限公司分别与所属新加坡CPG集团合作完成商业计划书，论证创新业务如何开拓国际市场。新加坡CPG集团承接1.26亿元的新加坡勿洛医院设计项目和1.44亿元的新加坡蔡厝港市镇物业管理项目，进一步做强优势业务。

**【重大创新】** 2022年，中国建科完成《集团标准化战略研究》，引领集团和行业标准化发展；主编立项国际标准6项；主编立项国家标准18项，其中全文强制性标准2项；发布全文强制性标准4项。取得国际专利2件；获发明专利授权55件，比上年增长37.5%。获得华夏建设科技进步一等奖6项、二等奖5项、三等奖15项，奖项总数比上年增长62.5%。获得标准科技创新奖13项，其中一等奖3项。所属中国市政工程华北设计研究总院有限公司为中国城镇供水排水协会搭建的城镇水务数据统计系统受到协会表扬；融合多元技术手段，实现管网检测诊断技术高度智能化，累计申请专利及软件著作权30余件(项)；智慧水务再添核心技术产品，智能在线液位计可用于城市全类别水体的水位在线监测，申请专利2件。所属中国建筑标准设计研究院有限公司主编完成《装配式住宅设计选型标准》等2项国家标准，填补相关领域空白；人防和地下空间板块成功研发2项核心技术产品并实现成果转化，新签合同额2.88亿元；研发的装配式混凝土建筑EMC体系取得专利26件，转化完成示范工程6项，获技术授权费1000万元。集团整合资源投入2.6亿元，支持所属中设数字牵头圆满完成国务院国资委“1025专项”关键核心技术攻关一期任务，并成功申报二期攻关任务；“马良XCUBE”成功入选中央企业数字化转型十大成果，项目团队和个人分别获评国务院国资委优秀科技攻关团队和个人；6项自主知识产权数字化产品进行初步市场推广，实现新签合同额近6000万元。

2022年，中国建科在承担国家重点研发计划项目及共性技术研发方面取得重大进展。获批“十四五”国家重点研发计划项目9项、课题24项、子课题23项。获批17个住房和城乡建设部科技计划项目，创历史新高。获批成立中国工程建设标准化协会分支机构10个，占当年新设立总数的59%。所属中国城市建设研究院有限公司成功获批国家发展改革委关键核心技术攻关专项重大技术装备攻关工程；成功申请组建ISO/TC 341并承担秘书处工作，填补城乡建设领域空白。

**【党建工作】** 2022年，中国建科党委推动党的领导、党的建设不断走深走实。以迎接保障和学习宣传贯彻党的二十大作为全年党的建设工作主线，深刻认识“两个确立”的决定性意义，不断增强“四个意识”、坚定“四个自信”、做到“两个维护”。紧紧围绕改革发展和生产经营中心任务，抓好党的领导党的建设。首次在国务院国资委党建工作责任制考核中获评A级。作为36家企业之一，参加贯彻落实习近平总书记考察调研中央企业重要讲话重要指示批示精神工作展，经验做法在中央企业进行书面交流。扎实抓好党的二十大精神的学习宣传，集团各级领导班子成员以上率下，广泛开展学习宣讲70余次，并深入推动“五个一”活动，做到直达基层、直通一线。持续推进基层党支部标准化规范化建设，开展基层党支部达标创优活动，加强基层党组织政治功能和组织功能。全面落实国务院国资委海外引才计划持续入选。建立集团纪委监督委员会，创新开展纪委派驻和基层监督小组工作，巡视巡察实现组织全覆盖，集团“大监督”格局日趋完善。

**【信息化与数字化建设】** 2022年，中国建科信息化建设与网络安全工作成果显著。全年新上线信息化系统20个，累计上线系统45个，其中35个系统推广到9家二级企业，使用人数1.2万人，累计处理业务57万项，推送待办82万次。集团“横向到边、纵向到底”的一体化管理平台基本成形，无边界移动办公基本实现，统建系统应用成效开始显现。集团首次参加网络安全攻防演练，取得“优异”成绩，攻防能力得到极大提升。制定发布《“十四五”数字化转型专项规划》，明确总体目标、实施路径，推动业务数字化和发展数字化业务，全年完成数字化培训1431人，数字化正向设计项目24个，城市体检项目2个，新建构件1730个。组织编制集团建筑设计数字化交付标准完成初稿。“建设科技云”成功入选中央企业行业领域公有云，成为建设领域公有云的先行者。成功主办中央企业首届BIM技术成果交流推广会。

**【履行社会责任】** 2022年，中国建科统筹抓好疫情防控和安全生产。严格落实各项疫情防控要求，不断建立完善疫情防控制度、应急处置预案和四级运行机制，主动配合属地防疫工作，统筹做好保洁、食堂、临时进场施工人员等的疫情防控，未发生聚集性疫情，防控工作取得圆满成功；累计为小微企业和个体工商户减免租金406.54万元。集团各单位不断强化安全责任落实，持续夯实安全生产基础，安全生产专项整治三年行动以及安全生产提升年行动完美收官；落实国务院、国务院国资委安全生产“十五条”硬措施、“五个必须”工作要求，开展安全生产隐患大排查大整治；落实《集团“十四五”安全生产专项规划》，加强安全生产六大体系建设，全年安全生产形势总体平稳可控。

2022年，中国建科始终坚持“满足人民美好生活的重要承载者”的使命定位，在服务国家区域发展、助力乡村振兴、冬奥场馆建设、世界文化遗产申报、破解科技“卡脖子”难题、行业共性技术研发等重要领域履行央企职责，发挥顶梁柱作用。持续发力将巩固拓展脱贫攻坚成果同乡村振兴有效衔接，集团多个集体和个人获评全国脱贫攻坚先进个人和甘肃省先进个人、先进集体；持续多年派出援疆援藏干部参与边疆建设，编制《关于加强边境城镇规划建设稳边固边的报告》。落实国务院国资委稳岗就业要求，全年新招高校毕业生571人，比上年增长20.21%，超额完成任务。

（撰稿人：付　睿）

## 中国冶金地质总局

**【基本概况】** 2022年，中国冶金地质总局（以下简称总局）在以习近平同志为核心的党中央坚强领导下，认真学习宣传贯彻党的二十大精神，坚决贯彻落实党中央"疫情要防住、经济要稳住、发展要安全"决策部署，聚焦主责主业，主动担当作为，积极开拓创新，有效应对三重压力造成的严重冲击、日趋复杂的国内外经济发展环境、新冠疫情多点散发等困难挑战，全面完成年度生产经营任务，改革发展和党建工作取得新的进展和成果，高质量发展实现较好成效。

**【主要指标】** 2022年，总局全面完成国务院国资委下达的各项考核指标。其中，实现营业收入（含财政拨款）139.64亿元，比上年下降15.98%；利润总额7.47亿元，比上年增长9.05%；年末资产总额285.99亿元，较年初增长5.17%；国有资本保值增值率106.93%；国家地质调查项目设计质量得分88.35分，完成年度考核目标值。

**表1　2022年中国冶金地质总局主要经济指标**

| 项　目 | 2021年 | 2022年 | 比上年增长(%) |
|---|---|---|---|
| 资产总额(亿元) | 271.94 | 285.99 | 5.17 |
| 所有者权益(亿元) | 99.78 | 105.69 | 5.92 |
| 营业收入(亿元) | 166.20 | 139.64 | -15.98 |
| 利润总额(亿元) | 6.85 | 7.47 | 9.05 |
| 净利润(亿元) | 5.38 | 5.62 | 4.46 |
| 归属于母公司所有者的净利润(亿元) | 4.81 | 5.41 | 12.47 |
| 应交税金总额(亿元) | 9.84 | 8.26 | -16.06 |
| 全员劳动生产率[万元/(人·年)] | 24.97 | 25.83 | 3.44 |
| 净资产收益率(%) | 5.58 | 5.47 | 减少0.11个百分点 |
| 总资产报酬率(%) | 3.03 | 3.08 | 增加0.05个百分点 |
| 国有资本保值增值率(%) | 107.76 | 106.93 | 减少0.83个百分点 |

**【改革发展】** 2022年，总局积极推进改革改制，量质并举全面完成改革三年行动任务，扎实推进国企改革三年行动各项工作走深走实，改革任务完成比例100%。深入推进党的领导融入公司治理，厘清党委在公司治理中的权责和发挥作用的方式。通过建立完善落实董事会职权、董事会评价管理办法、董事会授权管理制度等长效机制，更好发挥董事会"定战略、作决策、防风险"的作用，在规范董事会授权管理的同时激发经理层活力。内部市场化改革深入实施，将局院公司制改革作为关键环节，通过试点先行、全面推进、纵深突破"三步走"，8家经营性局院完成公司设立提级，实现新公司"脱壳"。积极推进平行公司建立系统完善的公司治理体系和集团管控体系、高效灵活的市场化经营机制，打造产业发展新优势，融入区域发展新格局。100%完成经理层成员任期制契约化管理工作，涉及单位86家（含进行授权经营业绩考核的事业单位），基本建立中国特色现代企业制度下的新型经营责任制。"一企一策"推动改革试点单位开展中长期激励，强化对公司管理层及核心技术和业务骨干员工的正向激励。

**【重大项目】** 2022年，总局坚持"冶金为根、地质为魂"发展理念，聚焦主业开拓市场，质量管控能力稳步提升。一是组织编写《我国铁矿资源自给支撑托底保障存在三个方面问题及对策建议》《我国战略矿产资源安全保障存在三个方面问题及对策建议》，上报国务院国资委并得到采纳使用。二是成功组织申报科技部国家重点研发计划“战略性矿产资源开发利用”专项，统筹“东部地区富铁矿床矿体定位技术与增储示范 ”“锰矿和铝土矿形成过程及找矿模型”项目实施。三是全年地质项目勘查进展良好，取得新突破，执行地质项目 855 项，哈巴河金矿基地成立找矿特战队，勘查进展较好，新增金 3.14 吨；云南钪矿研究项目发现新赋矿层位，为扩大找矿远景奠定基础。

**【走向海外】** 2022 年，总局认真落实党中央、国务院关于“走出去”战略的决策部署和第三次“一带一路”建设座谈会精神，积极参与共建“一带一路”，继续大力拓展沿线国家地矿、工程、制造业等相关区域市场。总局在蒙古国打造战略性矿产资源调查基地建设，成为蒙古国境内支撑所有中资矿业企业的矿业技术服务中心，并于 2022 年 12 月当选蒙古国中华总商会会长单位，在服务国家重大战略需求、缓解国内战略性矿产资源供给紧缺、保障国家资源能源安全等方面作出冶金地质贡献。制造业方面，黑旋风锯业股份有限公司在泰国投资建设高性能金刚石锯片基体项目，晶日金刚石工业有限公司投资韩国晓成金刚石工具有限公司(韩国)，开展超硬材料和切削工具制造，品牌影响力、技术优势进一步提升。

**【重大创新】** 中南局重点专项“长江黄河等重点流域水资源与水环境综合治理”成功申报国家重点研发计划。山东局、研究院分别联合实施国家重点研发计划政府间重点专项“蒙古古生代岩浆演化与铜(金钼银)成矿作用研究”“基于地基激光雷达的阔叶林立木结构测量方法学：弯曲树的挑战”。研究院研究项目“东秦岭南阳山两期两类锂矿化伟晶岩的岩浆来源与锂超常富集机制”获批国家自然科学基金项目。支撑国务院国资委科创局撰写《中央企业保障战略性矿产资源自主支撑方案》。开展第二批攻坚工程“矿产资源勘探开发和高效利用”方向核心技术遴选，梳理归纳我国能源资源勘探开发方面卡点。中南局“地下掘进工程泥浆立体空间集成净化技术与装备”入选国务院国资委《中央企业科技创新成果推荐目录(2022 年版)》。

**【党建工作】** 2022 年，总局认真学习贯彻党的十九大、二十大精神，全面落实习近平总书记重要指示批示精神和党中央决策部署，坚持“两个一以贯之”，突出加强党对冶金地质的全面领导，持续推进党建融入中心工作，坚持以高质量党建引领推动高质量发展。完善学习贯彻习近平总书记重要指示批示工作机制，开展“回头看”，深入学习贯彻习近平总书记给山东省地矿局第六地质大队全体地质工作者重要回信精神，开展大讨论。完善党委前置研究事项清单，落实党委“把方向、管大局、保落实”作用。坚持党委会“第一议题”制度和理论学习中心组集体学习制度，全年开展中心组学习 13 次，以议促学、以学促用。扎实推进党史学习教育常态化长效化，完善“我为群众办实事”长效机制。着力建强干部人才队伍，严格落实选人用人标准，拓宽选人视野渠道，及时调整完善所属单位领导班子和总局总部部门领导人员，加强横向交流，加强年轻干部队伍建设。持续夯实基层党建基础，认真开展党组织书记述职、党建责任制考核、党建年度报告工作，认真组织开展领导班子党建联系点工作。深入落实意识形态工作责任，聚焦党的二十大等重大主题开展宣传，深入开展舆情分析处置工作，维护政治大年舆论安全。深入开展庆祝建局 70 周年系列活动，更新宣传片、宣传册，建设展示中心，出版铁、锰、铬三本地学专著和职工文集，开展书法绘画摄影比赛和文艺汇演活动，征集完善企业文化要素。认真落实全面从严治党主体责任，深化“靠企吃企”等专项整治，深入开展综合治理专项行动，强化政治监督，严肃查处违规违纪违法问题，持续深化巡视整改，持续深化党风廉政建设和反腐败工作。

**【信息化与数字化建设】** 2022 年，总局围绕“夯基、固本、拓应用”，以网信高质量建设、高水平保障为主线，以“数字管控、智能应用”为引领，聚焦网信管理，聚焦业务与信息化深入融合，聚焦基础设施建设，聚焦网络安全，强化综合保障措施，重点突破、以点带面，深入推动 33 个重点项目和 12 项重点任务取得积极进展，切实发挥信息化创新驱动引领作用。

**【履行社会责任】** 2022 年，总局党委坚持把全力做好定点帮扶工作、全面推进乡村振兴摆在更加突出位置，坚决扛起央企政治责任，贯彻落实“四个不摘”要求，围绕“五大振兴”，全力以赴开展各项帮扶工作。在帮扶资金投入方面，总局党委始终坚持“尽力而为、逐年递增”原则，千方百计压减非生产经营管理费用预算，竭尽全力保障帮扶资金。2022年，总局向巍山县、漾濞县直接投入帮扶资金1180万元，完成特色帮扶项目21个；引进帮扶资金70余万元，用于两县校园教学楼、教室建设和村委会设备改造；投入培训资金30万元，帮助两县培训基层干部650人次，培训乡村振兴带头人和技术人员1182人次；全系统线上+线下共同发力，实现消费帮扶234.06万元，帮助销售定点帮扶县农产品163.9万元。

（撰稿人：朱奕璇）

## 中国煤炭地质总局

**【基本概况】** 2022年是中国煤炭地质总局（以下简称总局）极为困难、极具挑战的一年，面对需求收缩、供给冲击、预期减弱三重压力仍然较大的国内宏观经济形势，地勘市场持续低迷且竞争日益激烈的行业现状，多轮多区域疫情对项目施工持续冲击等多重不利因素影响，总局采取一系列行之有效的举措办法，各项工作稳中有进，有力保障全年目标任务实现。

**【主要指标】** 2022年，总局实现营业收入278.18亿元，比上年下降5.14%；利润总额5.23亿元，比上年增长26.94%；全员劳动生产率28.43万元/（人·年），比上年增长13.54%；国有资本保值增值率103.30%，净资产收益率3.12%，主要指标均完成国务院国资委下达的考核目标任务。

2022年，总局聚焦主责主业，坚持“地质立本、科技赋能”发展理念，牢牢把握保障能源矿产资源安全和做好煤炭这篇大文章职责定位，进一步加快调整优化总局“十四五”产业规划目标任务，着重加强矿山地质、生态地质、灾害地质和矿山应急救援等重点产业建设，全生命周期服务支撑煤炭产业高质量发展，产业布局和结构优化进一步明晰，优势产业特征进一步显现。全年实施地质项目13262个，完成物探面积543.6平方千米，物理点40.73万个，钻孔30421个，总进尺361.4万米。提交煤炭资源量79.57亿吨，其中新增2.87亿吨；磷矿7.15亿吨，其中新增2500万吨；萤石矿107.2万吨，岩盐22.34亿吨，铝土矿1421.1万吨，铁矿242.9万吨，石榴子石矿993.5万吨，溶剂用灰岩矿1344.6万吨，资源安全保障有力。

**表1 2022年中国煤炭地质总局主要经济指标**

| 项　目 | 2021年 | 2022年 | 比上年增长（%） |
|---|---|---|---|
| 资产总额（亿元） | 407.03 | 428.57 | 5.29 |
| 所有者权益（亿元） | 142.58 | 149.66 | 4.97 |
| 营业收入（亿元） | 293.24 | 278.18 | −5.14 |
| 利润总额（亿元） | 4.12 | 5.23 | 26.94 |
| 净利润（亿元） | 3.53 | 4.40 | 24.65 |
| 归属于母公司所有者的净利润（亿元） | 3.07 | 4.28 | 39.41 |
| 技术开发投入（亿元） | 8.21 | 8.35 | 1.71 |
| 利税总额（亿元） | 12.84 | 14.14 | 10.12 |
| 应交税金总额（亿元） | 11.32 | 11.79 | 4.15 |
| 全员劳动生产率［万元/（人·年）］ | 25.04 | 28.43 | 13.54 |
| 净资产收益率（%） | 2.78 | 3.12 | 增加0.34个百分点 |
| 总资产报酬率（%） | 1.69 | 1.96 | 增加0.27个百分点 |
| 国有资本保值增值率（%） | 101.50 | 103.30 | 增加1.80个百分点 |

**【改革发展】** 2022年，总局企业治理体系有效提升。法人治理体系持续完善，153家二、三级子企业实现党组织书记、董事长“一肩挑”，74家子企业实现董事会应建尽建，32家实现外部董事占多数且逐步规范运行。所属地下空间公司等“双百企业”和“科改示范企业”示范效果稳步提升，对标世界一流专项行动深入推进，中国特色现代企业制度基础持续巩固。风险化解稳慎有序，制定《防范化解重大风险事项工作方案》等多项规章制度，积极推动案件“压存控增、提质创效”专项工作，避免和挽回经济损失9亿余元；制定

降低出资风险敞口方案，累计减少认缴资本金约30亿元。全年完成审计项目117个，提出审计问题整改774项，进一步促进合规管理。财务管理水平有效提升，积极构建全局司库体系"一张网、一个库、一个池"，非受限资金集中度稳定在95%以上。开展内部融通24.38亿元，合规开展应收账款保理、应付账款反向保理等供应链融资业务，大力拓展应收账款资产证券化、公司债券、中期票据业务，全局融资结构持续优化，业财融合效果显现。持续加强"两金"压控，全年应收账款存量下降52.53%，存货存量下降69.47%；剔除社保清算资金后，全局经营活动净现金流量净额比上年增长14.1%，企业资产运营质量有效改善。大力实施"压减"和减亏增效专项行动，全年压减退出企业29户，收回资金超过1亿元，管理层级和法人层级均控制在四级以内，总局"压减"工作被列入国务院国资委改革典型案例。项目管理持续加强，坚持以效益为中心，以"提质、增效、降本和风险防范"为目标，严格落实项目条件和技术经济研究，始终将风险控制挺在前面，加强事前算赢，努力争取项目效益最大化。加强供应商准入管理，对供应商资质信用进行全面梳理，清除1000余家供应商，逐步提高招标采购工作质量。

**【重大项目】** 贵州省开阳县永温镇大坪磷矿勘探项目探明矿区内平均磷矿厚度一般4～7米，磷块岩的矿石品级为Ⅰ级品，是资源量超过1.4亿吨的优质磷块岩矿床。依托实施的青海木里矿区生态整治修复工程，完成"高原高寒地区矿山生态修复多源协同监管技术及应用"科技创新，建立一套可复制、可推广的黄河上游高原高寒矿山生态修复治理监管模式，全面保障特殊地质环境下不同类型矿山环境修复治理工程的实施。研发的深部煤层开采暗构造精细探查及再造技术，为华北型煤田受岩溶水威胁的954亿吨煤炭资源安全绿色生产提供技术方案。"一种深层卤水探采结合工艺"解决柴达木西部地区深层卤水钾盐矿探采多项技术难题，使施工周期显著缩短，开发成本大幅降低，打破国内深层卤水钾盐勘探和开发于一体的施工技术"瓶颈"。"基于三维探地雷达的城市道路塌陷灾害探测技术研究与应用"在探测速度、深度、精度上均有重大突破，研究成果在甘肃、河南、广东、江苏、浙江等省工程项目得到广泛应用，验证率90%。

**【重大创新】** 2022年，总局获得全国行业协会科技类奖励22项，"高原高寒地区煤炭生态地质勘查与矿山环境修复关键技术"获得中国煤炭工业科学技术奖一等奖，"预压多层位连续注浆注采协调关键技术研究"获得中国煤炭工业科学技术奖二等奖，"华北型煤田下组煤安全开采水文地质条件评价及水害探查评价治理技术研究"等4项成果获得中国煤炭工业科学技术奖三等奖。"中煤导航定位平台关键技术研发与应用"等3项成果获得中国地理信息科技进步奖。"基于三维探地雷达的城市道路塌陷灾害探测技术研究与应用"等4项成果获得安全科技进步奖。

2022年，总局专利申请量1411件，专利授权1058件，其中发明专利授权102件，比上年增长43.7%。新获批"1025专项"任务2项，国家级科技研发任务5项，省部级（行业）科技创新平台7家，10项成果入选国务院国资委、工业和信息化部、自然资源部科技创新成果推荐目录或试点示范项目；13人获得省部级科技人才奖励，2支团队入选省级团队建设项目，1人获得黄汲清青年地质科学技术奖，1人当选中国地质学会首批会士。

**【党建工作】** 2022年，总局坚定不移加强党的领导，干部队伍作风建设明显改善。以学习宣传贯彻党的二十大精神为主线，深入学习贯彻习近平总书记关于国企改革发展和党的建设重要论述，不断提高政治判断力、政治领悟力、政治执行力，深刻领会"两个确立"的重大意义，切实增强"四个意识"、坚定"四个自信"、做到"两个维护"。领导干部认真履行"一岗双责"，全局上下精神面貌、作风状态焕然一新。各直属企业领导班子充分发挥"头雁"作用，攻坚克难、勇毅前行，为全面完成年度目标任务尽职尽责；总部各部室践行"严精细实"工作要求，担当作为，采取多种方式对重点企业、重点项目、重点任务开展穿透式管理，工作中主动思考、主动谋划、主动落实，有力有效推动一批重点难点问题得到解决，发挥总部领头羊作用。

**【信息化与数字化建设】** 2022年，总局深入落实国务院国资委关于监管信息化建设工作部署，推进企业信息系统建设、集成和应用，信息化水平得到较大提高。加强信息化建设对集团管控的支撑，建成使用“三重一大”、财务司库、税务管理、安全生产、地质科技项目管理、国资监管、第三方服务机构等多个业务系统，信息系统对综合管控业务的覆盖率在70%以上。推动生产经营数字化升级，以项目管控为重点，提升企业精细化管控能力。所属航测局完善云基础设施，打造涵盖煤航数云、物联网、数据中台、业务中台的“煤航云”智慧平台；所属勘研总院研发一体化智能精准勘探地质保障系统，为煤矿智能开采提供立体化、可视化、精细化的地质保障；所属水文局建设煤矿水害智能监测与预警、地勘单位野外施工安全监测预警系统，推进灾害监测自动化与智能化。

**【履行社会责任】** 2022年，总局深入贯彻落实习近平生态文明思想，加快企业绿色转型升级，全年二氧化碳排放量、万元产值综合能耗等约束性指标比上年均有下降，全年未发生较大及以上节能环保事件。以科技助力生态环保，发布《露天矿山植被重建生态效益评估指南》，首次提出适宜在露天矿区进行推广的重建植被生态效益评估方法。始终坚持以人为本，将民生福祉和央企社会责任贯穿总局工作全过程，2022年在岗员工人均收入比上年提升9.11%，员工获得感和幸福感显著增强。扎实开展乡村振兴定点帮扶，各类扶持资金累计投入961万元；发挥专业优势，在地质灾害监测预警、道路地下病害分布、耕地土壤环境评价等方面助力帮扶县安全发展。履行央企担当，累计为530户中小企业、个体工商户减租1326万元。

（撰稿人：刘银海）

## 新兴际华集团有限公司

**【基本概况】** 新兴际华集团有限公司（以下简称集团公司）是经党中央、国务院、中央军委批准，于2000年由原解放军总后勤部和武警部队78家企事业单位重组而成，现为国务院国资委监管的中央企业，是集资产管理、资本运营和生产经营于一体的大型国有独资中央企业，是全球最大的球墨铸铁管研发生产企业，是全球最大的军需装备研发及生产制造企业，是全军及武警部队军需物资装备核心供应商，也是全球最大的职业装和鞋靴研发生产企业。

集团公司始终践行“保军、应急、为民”三大使命，伴随人民军队的发展壮大而成长，形成冶金铸造、轻工服装、机械装备、应急、医药五大业务板块，具有专业要素齐备、技术力量雄厚、创新资源丰富、制造能力强大的优势。在南水北调、西气东输等多项国家工程，军队换装、阅兵保障等历次专项任务，抗震救灾、抗洪抢险等历次灾害救援中发挥突出作用。“新兴”“际华”2个主品牌跻身“亚洲品牌500强”，10个子品牌获评“中国驰名商标”。

集团公司所属成员企业200余家，遍布全国30个省（自治区、直辖市），拥有新兴铸管（000778.SZ）、际华集团（601718.SH）、海南海药（000566.SZ）3家上市公司。“十四五”期间集团公司确立“135”发展目标（1年走出困境、3年夯实基础、5年再创辉煌）、“531”产业布局（冶金铸造、轻工服装、机械装备、应急、医药五大主业，资产经营管理、现代供应链物流、现代商业服务3个专业化领域，1个产业投资平台）和“3456”总体发展战略（三大使命、四个立足、五个提升、六大任务）。

2022年，集团公司坚持以习近平新时代中国特色社会主义思想为指导，全面贯彻落实党的二十大和中央经济工作会议精神，持续深化以“三中心”（以经营为中心、以市场为中心、以产品为中心）促“三转型”（由分散型经营向集约化经营转型、由生产型向科技创新型转型、由低附加值向高附加值转型），突出抓好质量效益提升，坚定不移推动“十四五”规划走深走实，加快世界一流企业建设。

**【主要指标】**

**表1　2022年新兴际华集团有限公司主要经济指标**

| 项　目 | 2021年 | 2022年 | 比上年增长(%) |
|---|---|---|---|
| 资产总额(亿元) | 1336.59 | 1299.69 | −2.76 |
| 所有者权益(亿元) | 504.54 | 483.01 | −4.27 |
| 营业收入(亿元) | 1285.86 | 1045.47 | −18.69 |

续表

| 项　目 | 2021 年 | 2022 年 | 比上年增长(%) |
|---|---|---|---|
| 利润总额(亿元) | 13.62 | 19.38 | 42.29 |
| 净利润(亿元) | 1.74 | 13.95 | 701.72 |
| 归属母公司所有者的净利润(亿元) | 5.37 | 3.20 | −40.41 |
| 技术开发投入(亿元) | 23.23 | 21.11 | −9.13 |
| 利税总额(亿元) | 60.67 | 58.52 | 13.19 |
| 应交税金总额(亿元) | 47.05 | 15.56 | −13.89 |
| 全员劳动生产率[万元/(人·年)] | 27.29 | 31.30 | 14.71 |
| 净资产收益率(%) | 0.35 | 2.94 | 增加 2.59 个百分点 |
| 总资产报酬率(%) | 2.64 | 3.01 | 增加 0.37 个百分点 |
| 国有资本保值增值率(%) | 101.80 | 101.42 | 减少 0.38 个百分点 |

**【改革发展】** 2022 年,集团公司以"创伟业"专题活动带领广大干部职工及时统一思想,确定"十四五"规划,明确改革目标和改革任务,坚定推动改革落地见效。结构性调整基本到位,抗风险能力得到加强。聚焦"531"产业布局,自启动结构性调整以来,集团公司对 107 户企业的产权进行划转、托管、剥离、资产处置等多种方式的调整,形成"一业一企、一企一业"的专业化发展模式。三级管控更加清晰,"集而不团"问题得到根本性扭转。集团公司总部聚焦"管资本",牵头抓总,发挥整体合力,建立重要资源、重大客户对接的常态化协调维护机制,市场开拓取得新成效,丢失的市场实现根本性恢复。二级公司聚焦"抓经营",以实现统一营销、统一研发、统一生产的"三统一"为抓手,由管理主体向经营主体转变。三级企业聚焦"控成本",通过对标一流和精细化管控,推动工艺变革,提升产品质量,降低成本费用,增强盈利能力。坚持市场化、法治化原则,退出盘活机制更加完善。2022 年,完成 15 户"僵尸特困"企业处置,安置职工 7559 人,支出费用 7.06 亿元。"两非"剥离退出 11 户,全面完成 8 户,基本完成 3 户。参股企业整改任务 129 项,完成 114 项。新兴重工、资产经营处置盘活专业平台建设初见成效,推动 25 户企业的具体处置工作,完成 14 户企业处置目标。深化三项制度改革,企业活力动力明显增强。144 户应推尽推企业涉及的 412 名经理层成员全部签订《聘用协议》和《经营业绩考核责任书》,任期制和契约化管理实现全覆盖。2022 年,集团公司党委管理的领导人员提拔或进一步使用 20 人,其中市场化公开竞聘 11 人,占比 55%,交流任职 14 人。始终坚持"刚性考核",二级公司主要负责人年薪差距 4.5 倍以上,与上年相比增幅最高达到 30%,降幅超过 20%。强化考核评价结果兑现和运用,集团公司各级企业管理人员竞聘上岗 294 人,占新聘任上岗人数的 76.16%;各级企业末等调整和不胜任退出管理人员 68 人,占年初管理人员总数的 3.22%。经过 1 年的改革发展,对全部二级公司主要领导做出优化调整。扎实开展"经营合规管理年"专项行动。推动制度建设从"各管一块"到"一块来管"转变,业务管控制度从 242 份精简至 185 份,梳理强化集团公司决策合规流程 251 项,做到合规管理全覆盖。建立健全"大监督"体系,统筹巡视、纪检、法律、审计等监督资源,强化监督成果运用。有力化解重大风险,2022 年末融资成本比上年减少 0.9 个百分点,短期带息负债占比比上年下降 12%,资产负债率 63.21%,低于国务院国资委警戒线 1.79 个百分点,资金风险可控在控。

**【重大项目】** 2022 年,集团公司完成投资实现投产的项目 18 个,项目累计投资金额 50.07 亿元,截至 2022 年底,投产当年实现销售收入 91.18 亿元,利润总额 3.14 亿元。部分项目当年投产当年盈利,取得显著成效。沧州新兴 480 万吨球团项目总投资 15.2 亿元,通过建设 1 条 480 万吨球团带式焙烧生产线及其配套设施盘活中钢滨海存量资产,2022 年 3 月建成投产,3—12 月累计生产球团 181.55 万吨,日均产量 13500 吨,基本实现达产目标。武安本级焦化升级改造项目总投资 25 亿元,2022 年 2 月投产,累计产量 96 万吨,实现新增年销售收入 46.6 亿元,新增年利润总额 0.9 亿元。

**【走向海外】** 2022 年,集团公司上下认真贯彻落实国家"走出去"战略、积极参与"一带一路"建设,鼓励各级企业积极开拓国际市场，用好国内国际两种资源、两个市场，投身国际竞争，不断取长补短发展壮大。

主要有两个重点项目。一是新印度钢铁有限公司项目。新印度钢铁有限公司全部资产位于印度卡纳塔克邦的科普帕尔地区，2022 年末总资产 3.18 亿元，净资产 2.88 亿元，2022 年实现收入 4.46 亿元，实现利润总额 2610 万元。一期项目为年产 80 万吨球团生产线正常运营，产品主要销售在工厂附近海绵铁厂，产品质量稳步提高，在当地市场具有一定竞争力。二是铸管股份印度尼西亚 MSP 公司项目。面对全球肆虐的新冠疫情，铸管股份印度尼西亚 MSP 公司遵照"外防输入，内防传染，干部包保，全员疫苗"的防控原则，以横向网格化防控和纵向干部三级包保为抓手，努力将国内疫情的防控经验迅速转化为海外项目防疫能力，逐步构建起完善的内部疫情防控体系，全力将疫情阻隔在公司网格之外，确保职工生命健康安全。MSP 全体干部职工克服生产工艺、设备等方面的一系列困难，生产节奏逐步稳定，产量稳步提升，实现利润总额 1.25 亿美元。

**【重大创新】** 2022 年，集团公司持续深化科技体制机制改革，增强自主创新能力。重塑科技研发体系。建立以集团公司为战略主导，二级公司研究院及直辖实体专业院所主抓共性技术研究及应用，三级企业（中试基地、实验验证平台）主抓工艺研究的三级研发体系。空地协同消防车及大载荷系留无人机、锦纶 66 等一批具有战略性、全局性、前瞻性的国家和军队重大科技项目立项实施；铸管股份完成 DN 100－1600 热力用 HRA Wb 自锚接口开发，矿渣高铝水泥内衬应用于污水管道，材料成本降低 12％左右；黄石新兴建成拥有自主知识产权的 DN 1100－3000 热模线；桃江新兴成功研发国内外最大口径 DN 3000 水压机。持续增加研发投入。全年集团公司科技整体投入 20.29 亿元，研发投入强度 1.98％，同比提高 0.17 个百分点。建立健全配套机制。重组科技公司，形成"三院一中心"格局，加快引进科技人才，初步建成以领军人才、技术人才和青年人才为核心的科技人才梯队。召开集团公司科技工作暨人才工作会议，发布"科 15 条"，进一步破除体制机制对科技创新的束缚，加大对科技项目全生命周期的规范，最大限度激发科技人才积极性。健全集团公司科技创新科学决策机制和程序，成立由 8 名院士、7 名"长江学者"、集团公司内外行业顶级专家 268 人组成的科技创新委员会。

**【党建工作】** 2022 年，集团公司党委把学懂弄通做实习近平新时代中国特色社会主义思想作为首要政治任务，不断强化党的领导党的建设，推动党建工作与生产经营深度融合，以高质量党建引领企业高质量发展。集团公司党委创新开展"我是党员我自豪、我是党员我担当、我是党员我尽责"的"三我"主题活动，着力推动企业改革发展与党的建设同频共振，有效破解"两张皮"的问题。在"三我"主题活动中"人人一张清单，人人都须过关"，通过"三比三评三提升"一系列打通堵点、解决难点、消除痛点的创新实践落实落地。特别是面对疫情影响，党员干部靠前指挥，与职工同吃同住、并肩作战，克服多轮封控管控、物流不畅等困难，保持生产经营稳定运行。及时挖掘先进典型，持续讲述集团好故事、传递好声音、树立好形象，在人民网、新华网、《学习时报》等主流媒体宣传报道 100 余篇。集团公司党委先后对 9 家二级公司党组织进行巡视，分类指导 7 家二级公司党委，对 82 家三级企业党组织进行巡察，实现一届任期内巡视巡察全覆盖的目标任务。截至 2022 年底，集团公司党委全部落实国务院国资委党委第五巡视组常规巡视、第六巡视组违规挂靠专项巡视反馈问题的整改措施，内部巡视整改完成率 87％，整改成效得到显著提升。全年集团公司纪委收到信访举报 235 件，比上年下降 30.3％，减存遏增取得积极成效，政治生态明显好转。

**【信息化与数字化建设】** 2022 年，集团公司以全覆盖、全线上、全数据的运营管控体系和智能化、无人化的智能制造体系为重点方向，突出一体化推进、全方位提升、数字化赋能，全面提升"数字新兴际华"建设的整体性、系统性、协同性。集团公司加快推进以一体化运营管理信息平台为主线的运营管理数字化转型；铸管股份以"产销一体化、业财一体化、管控一体化"和"一总部＋多制造基地"协同管控为目标，构建"对外快速响应，对内高效协同"的具有新兴铸管特色的数字化生产经营管理体系；际华股份以"业财一体化"为目标，按照"三统一"管理要求，实现产、供、销、财横向协同;资产经营、中新联等功能性公司围绕主责主业探索发展资产服务、电子商务、供应链服务、金融服务等数字化新模式新业态。财务公司"新际通"司库管理系统正式推广上线,标志着集团在全面提升资金管理水平、自主创新经营管理核心系统上迈出关键一步。加快推动研发、生产的数字化智能化升级,铸管股份统筹完成武安、芜湖、阳江3个工业区生产制造数字化建设,际华股份开展3502、3534、3536等服装生产线智能化升级,科技公司搭建产品研发全生命周期管理平台,助力生产经营各环节的数字化贯通、资源动态调配、过程精益管理。新兴际华集团运营管理数字化价值初步释放、生产制造智能化升级取得积极进展,数字化在企业质量效益提升方面发挥积极作用,为构建世界一流企业注入新动能。

**【履行社会责任】** 2022年,集团公司定点帮扶工作获评"好",创历史最好水平。组织开展"让生命听见声音"公益助残行动,参与中央企业22家,累计救助400余人;提供大量医疗防护物资和装备应对多轮疫情冲击,累计发送各类医用防护服596.622万件、隔离衣2253.82万件、鞋套1298.5万双、医用帽46.4万个、各类口罩1077.3万只、安置床品2.6万套、各类方舱891套、医疗救护车40台、核酸检测亭201套、帐篷1330顶;第一时间派遣国家安全生产应急救援新兴际华队赴辽宁盘锦抗洪救援,承担国家专业队63%的排涝任务;在"应急使命·2022"演习中,圆满完成应急救援中心8支参演队伍350人的生活、通信、宣传、防疫四大保障任务,充分发挥应急保供的托底作用,受到应急管理部、地方政府和群众一致好评;参加由国务院国资委、人民网组织的"对话新国企·稳岗扩就业"直播带岗行动,签约毕业生人数比上年增长23.5%;海南海药派出32名志愿者支援三亚抗击疫情。

(撰稿人:俎继兵　赵　煦)

# 中国民航信息集团有限公司

**【基本概况】** 中国民航信息集团有限公司(以下简称中国航信)坚持以习近平新时代中国特色社会主义思想为指导,认真学习贯彻习近平总书记关于国企改革相关指示批示精神,紧紧围绕国企改革三年行动方案,凝聚改革共识、把握改革方向、形成改革合力,全面推进高质量发展。一是领军督战、压实责任。中国航信党委始终坚持把落实改革三年行动作为重大政治任务,多次学习研究习近平总书记关于国企改革的相关论述和国务院国资委传达的改革相关政策文件和会议精神。2022年,中国航信召开改革领导小组会议7次,研究各类议题20余个。针对改革难点问题,召开公司级专题推进会10余次。改革进展情况定期向公司常委会、董事会汇报。二是统筹布局、聚焦重点。中国航信以整体战略为指引,紧盯改革重点,以点带面推动改革。推进党建工作与生产经营深度融合,深化三项制度改革,增强中国特色现代企业制度建设,推动国企改革"双百行动"、"科改示范行动"、"混合所有者改革试点"等改革专项工程。对标世界一流企业,开展关键核心技术攻关,进行公司体系优化,推进区域管理中心建设等。三是多措并举、全面推动。中国航信以台账管理为核心,打造任务统筹、日常督办、问题协调、考核评估、覆盖宣传的工作闭环推动机制。建立台账动态调整机制,制定三年行动高质量收官台账。将改革考核指标纳入各单位及其主要负责人绩效考核。在全公司大力开展"学抓促"活动。刊发《中国航信改革概览》4期,编印《中国航信改革知识画册》。开展改革三年行动知识问答活动,组织全集团5473人参与答题。利用内网改革专栏,登载各类改革稿件400余篇,总结梳理具有航信特色的改革三年行动经典案例9篇。

**【主要指标】**

**表1　2022年中国民航信息集团有限公司主要经济指标**

| 项　目 | 2021年 | 2022年 | 比上年增长(%) |
|---|---|---|---|
| 资产总额(亿元) | 267.80 | 275.91 | 3.03 |
| 所有者权益(亿元) | 217.37 | 223.12 | 2.65 |
| 营业收入(亿元) | 55.25 | 52.61 | -4.77 |

续表

| 项　目 | 2021 年 | 2022 年 | 比上年增长(%) |
| --- | --- | --- | --- |
| 利润总额(亿元) | 6.58 | 7.98 | 21.28 |
| 净利润(亿元) | 5.93 | 7.16 | 20.81 |
| 归属于母公司所有者的净利润(亿元) | 1.43 | 2.20 | 53.96 |
| 技术开发投入(亿元) | 11.55 | 10.71 | -7.29 |
| 利税总额(亿元) | 10.08 | 13.46 | 33.55 |
| 应交税金总额(亿元) | 4.15 | 6.30 | 51.73 |
| 全员劳动生产率[万元/(人·年)] | 51.72 | 57.29 | 10.77 |
| 净资产收益率(%) | 2.77 | 3.25 | 增加 0.48 个百分点 |
| 总资产报酬率(%) | 2.54 | 2.95 | 增加 0.41 个百分点 |
| 国有资本保值增值率(%) | 102.36 | 102.67 | 增加 0.31 个百分点 |

**【改革发展】** 2022 年,中国航信顺利完成改革三年行动主体收官目标,多个重点改革任务领域取得实质性突破。一是中国特色现代企业制度建设取得成效。公司及各控股子企业优化前置研究相关制度及清单。全面实现子企业董事会应建尽建,应建范围内子企业全部实现外部董事占多数。全面落实重要子企业董事会职权。初步建立分子企业分类管控模型、管控授权管理办法及相关授权清单。二是市场化机制改革取得新进展。公司着力解决管理人员"难下"、员工"难出"、收入"难减"问题,与 38 家分子企业经理层签署岗位契约,2022 年扩大实施范围至公司各事业部、直属单位、项目部,公司公开招聘率 100%,全员绩效考核率 100%,解除劳动合同 105 人,干部末等调整 15 人,竞争上岗 18 人。5 家子企业开始实施超额利润分享、岗位分红等多种形式的中长期激励。三是业务布局和股权结构得到进一步优化。针对公司子企业较为小、散的特点,推进区域集中管理的结构性优化改革。新疆区域中心改革工作完成,其他六家区域中心积极推进中。持续参投中国移动 5G 基金项目,累计出资超过 4.5 亿元。开展与潜在合作单位的机场业务股权合作。完成东航持有的 3 家子企业股权收购项目。成立闲置房产盘活处置工作专班,盘活闲置资产 1.8 亿元。制定国际业务布局方案,调整海外机构设置。四是改革专项工程迈出新步伐。天信达公司解决影响混合所有制改革的几个关键历史遗留问题,混合所有制改革方案通过集团公司审批,按流程积极稳妥推进。

**【重大项目】** 2022 年,中国航信积极参与智慧民航建设顶层设计研究及方案制定,聚焦智慧出行、智慧机场、智慧运营、智慧物流等领域,在领航数字时代民航出行服务、推进智慧机场建设、提升民航物流信息服务等方面不断探索,助力智慧民航高质量发展。在智慧出行领域,构建行李门到门服务平台,完成 20 余家航空公司、机场和物流合作及产品落地,打造行李服务新业态;与民航局共建的"中转旅客服务平台"在 198 家机场投产,有效提升中转效率;One ID 旅客服务平台在全国 15 家大中型机场投产上线,促进"旅客出行一张脸"的智慧出行目标快速落地。在智慧机场领域,打造智慧机场数字孪生全要素管理平台,建设统筹感知体系,构建机场未来神经中枢;中国航信"易安检"解决方案在重庆、南宁等 6 家机场上线,配合民航局推进"易安检"工作高效落地。在智慧运营领域,航空公司全域运营管理系统(ATOMS)实现与深圳航空、山东航空的深度合作和战略突破;智能控舱系统获得首发市场突破,开创动态模拟收益预期的新型营销收益管理模式。在智慧物流领域,全面升级货站生产系统、货运安检系统、货运地面运营服务系统等产品,成功新签约客户 12 家;建设智慧物流电子货运解决方案,助力宁波机场货站实现货运全流程无纸化操作。

中国航信加快关键核心技术攻关,全面提升科技创新能力。攻克核心系统去主机化、云化关键技术难点,有效提升核心系统自主可控水平。开放化离港系统建设、预订票证去主机能力建设、开放化前端系统建设等重点项目顺利完成年度建设目标。工业和信息化部民航旅客智能服务大数据平台示范项目实现阶段建设目标。

**【走向海外】** 2022 年,中国航信积极实施海外业务的整合和统一管理，增强海外业务的协作和协同效应，将分布式海外服务转化为集成式国际化运营，提高公司核心业务的国际竞争优势，实现海外业务的一体化管理和集中化支持，统筹海外产品和服务体系建设，提高海外支持能力和水平。不断拓展机场业务相关市场，深化海外机场产品策略规划落实，成功取得柬埔寨吴哥新机场离港共用平台签约；重点跟踪港航投资人及债务重组的商务谈判进展，及时收集与汇报债务重组动态，配合总部完成应收账款催收。海外投资方面按计划稳步推进。截至2022年底完成澳大利亚、日本、韩国公司注销，美国、欧洲公司注销办理中。完成国际公司日本分公司、韩国分公司和欧洲分公司在当地的设立并开始正常运营。

**【重大创新】** 2022年，中国航信获第29批国家企业技术中心认定，成为民航业首个国家企业技术中心。新获批2个民航重点实验室。加入中国联通作为链长的网络安全现代产业链。与中科曙光签订战略合作协议，共建联合实验室。完成中高级职称评审，高级职称总人数增长43.7%。全年获得省部级和社会科技奖励9项，其中一等奖2项、二等奖3项、三等奖4项。获得专利授权74件，超过前10年总和。1件技术发明专利获得国务院国资委提名推荐申报中国专利奖评选。公司获得国家知识产权优势企业资质认证。

**【党建工作】** 2022年，中国航信党委贯彻落实“第一议题”制度，传达学习75项，开展中心组学习75次。深入学习贯彻党的二十大精神，组织广大干部职工收听收看大会盛况。结合学习宣传贯彻党的十九届六中全会精神和党的二十大精神，举办专题报告会2场；公司领导深入分管领域和党建工作联系点开展宣讲10余次。举办统战人士学习贯彻党的二十大精神专题培训班暨统战人士座谈会。完成党的二十大代表候选人推荐提名和出席中央企业系统（在京）党代表会议代表选举。完成北京冬奥会及冬残奥会、党的二十大、服贸会等全年网络安全重点保障任务，“3·21”飞行事故发生后，深入开展“安全隐患大排查大整治”工作，第一时间消除各类安全隐患。结合区域改革和业务布局优化情况同步建立或调整基层党组织设置，全年新建5个区域党委，撤销、改建3个业务部门党组织。组织开展党组织书记暨全面从严治党专题培训，举办5期“三定四力”党务工作人员培训班。开展基层党支部联学共建、结对帮扶、“三个一”党建品牌培育工作，先后组织开展两期经验交流分享会，推动基层党组织围绕中心抓党建、抓好党建促业务。

中国航信党委切实履行主体责任，深入推进党风廉政建设和反腐败工作。制定《中国航信纪委制度汇编》等多项制度。深入开展靠企吃企专项整治“回头看”工作，发挥从严监督、惩治腐败的震慑作用。公司党委常委会研究全面从严治党主体责任工作2次，从严从紧推动主体责任清单的6个方面28项举措落实落地。持续强化党委纪委沟通会商机制，全年纪委书记与党委书记书面沟通2次。持续推进国务院国资委党委巡视整改，全年召开巡视整改推进会6次，党委常委会听取有关情况汇报2次，制（修）订制度27项。

**【信息化与数字化建设】** 2022年，中国航信以国务院国资委《“十四五”时期国家网络安全和信息化发展规划》《党政机关电子政务建设和管理“十四五”规划》等系列文件精神为指引，围绕中国航信国资国企发展改革监管和党的建设各项工作需要，以“监管”为工作主线，聚焦谋划公司“十四五”国资监管和管理信息化建设规划，紧扣“国资监管”和“系统融合”两个关键，着力打牢基础、夯实平台，加快推进管理信息化建设，编制发布《中国航信“十四五”国资监管和管理信息化建设规划》，明确办公领域云平台、数据仓库等基础设施的建设思路，确定推进数据治理的工作方法，增加全过程咨询和全流程审计。组织编制并审议通过《中国航信“十四五”国资监管和管理信息化建设项目一期可行性研究报告》，综合论证建设项目可行性和操作性。正式建立专职办公领域信息化技术团队，保障办公领域信息化建设持续稳定。

**【履行社会责任】** 2022年，中国航信以迎接和学习贯彻党的二十大为主线，坚持稳中求进工作总基调，高效统筹疫情防控和生产经营工作，主动承担社会责任，实现经营利润增长，巩固安全生产基础，提升科技创新能力，在逆境中经受考验，在奋进中取得成绩。中国航信积极履行社会责任，强化使命担当，坚决贯彻落实党中央关于巩固拓展脱贫攻坚成果同乡村振兴有效衔接决策部署和国务院国资委党委工作要求，圆满完成党的二十大、冬奥会等重大活动保障，并持续推进乡村振兴帮扶合作。帮扶神池县建设数字乡村综合智治平台，有效解决传统基层治理中存在的落实不力、办结不及、协调不畅、效率不高、参与不多等诸多问题；实施芥菜全产业链帮扶，推动神池县建立千亩芥菜示范种植基地；全年开展帮扶项目 14 个，直接投入帮扶资金 1546 万元，帮扶项目惠及 9564 人，帮助就业 534 人，成功助力神池县实现向乡村振兴的平稳过渡。

中国航信深入贯彻习近平生态文明思想，自觉践行“绿水青山就是金山银山”的理念，以高效、低碳、集约、循环的绿色发展道路推动碳达峰、碳中和目标的实现。积极践行绿色低碳的社会责任，编制完成《中国航信碳达峰行动方案》，获得北京市免费碳配额较往年增加 3 万余吨，年节省交易成本 400 余万元，持续探索数据中心节能减排技术，推动绿色数据中心建设，后沙峪数据中心获评“绿色数据中心”。

（撰稿人：黄懿明）

## 中国航空油料集团有限公司

**【基本概况】** 中国航空油料集团有限公司（以下简称中国航油）成立于 2002 年 10 月 11 日，是以中国航空油料总公司为基础组建的国有大型航空运输服务保障企业，是国务院授权的投资机构和国家控股公司试点企业，是国际航空运输协会、国际航煤联合检查集团、美国试验和材料协会、英国石油协会、美国石油协会等国际组织成员。中国航油肩负着竭诚服务全球民航用户，保障航油供应安全的重要职责，是党和国家最可信赖的骨干力量。

经过 20 多年的不懈努力，中国航油构建遍布全国的航油保障体系，控股、参股近百家海内外企业，构建遍布全国的航油、成品油销售网络和完备的油品物流配送体系，在全球 290 多个机场为 580 多家航空客户提供航油供应服务，在 20 多个省级行政单位为民航及社会车辆提供汽柴油及石化产品的批发、零售、仓储及配送服务，在长三角、珠三角、环渤海和西南地区布局大型成品油及石化产品的物流储运基地，为保障国家航油供应安全奠定坚实基础。中国航油连续 3 年获得国务院国资委党建考核、规范董事会建设考核 A 级。

**【主要指标】** 2022 年，中国航油资产总额 722.2 亿元，比上年增长 4.8%；所有者权益 470.5 亿元，比上年增长 7.1%；完成业务量 3595.6 万吨；营业收入 2129 亿元，比上年下降 4.4%；利润总额 63.5 亿元，比上年下降 5.6%。

**表 1 2022 年中国航空油料集团有限公司主要经济指标**

| 项 目 | 2021 年 | 2022 年 | 比上年增长（%） |
|---|---|---|---|
| 资产总额（亿元） | 689.1 | 722.2 | 4.8 |
| 所有者权益（亿元） | 439.3 | 470.5 | 7.1 |
| 营业收入（亿元） | 2226.6 | 2129.0 | −4.4 |
| 利润总额（亿元） | 67.3 | 63.5 | −5.6 |
| 净利润（亿元） | 50.2 | 47.4 | −5.6 |
| 归属于母公司所有者的净利润（亿元） | 27.8 | 27.6 | −0.7 |
| 技术开发投入（亿元） | 1.2 | 1.6 | 33.3 |
| 利税总额（亿元） | 77.5 | 79.9 | 3.1 |
| 应交税金总额（亿元） | 27.3 | 32.5 | 19.1 |
| 全员劳动生产率[万元/（人·年）] | 82.0 | 91.8 | 12.0 |
| 净资产收益率（%） | 11.9 | 10.4 | 减少 1.5 个百分点 |
| 总资产报酬率（%） | 10.8 | 9.4 | 减少 1.4 个百分点 |
| 国有资本保值增值率（%） | 110.3 | 110.4 | 增加 0.1 个百分点 |

**【改革发展】** 2022 年，中国航油全链条改革推进模式，125 项改革任务全面完成，对标提升行动清单任务超前完成。深化实化“两个一以贯之”，修订常委会议事规则、投资管理规定，厘清治理主体权责，重大决

策效率持续提升。高质量收官改革经验被国务院国资委专题宣传，对标管理提升经验两次在国务院国资委交流推广，改革经验获得中企研改革发展优秀成果一等奖。深入贯彻中央人才工作会议精神，认真落实集团人才规划纲要“六个百人计划”，制定“十四五”优秀年轻领导人员队伍建设实施方案，加快培育世界一流航油人才。深化三项制度改革，干部任期制和契约化管理实现全覆盖，管理岗位退出率比上年提升169%，企业内在活力得到有效激发。不拘一格开展优秀年轻干部公开遴选竞聘，调整干部56人次，干部队伍结构不断优化。加快高精尖科技人才队伍培养，156人获评中、高级工程师。突出航油工匠培育，启动技师、高级技师自主认定工作，组织初、中、高级工认定4172人次。

**【重大项目】** 2022年，中国航油把服务保障民航强国战略与落实京津冀协同发展、粤港澳大湾区建设、长三角一体化、成渝经济圈等国家区域战略有机结合，进一步强化航油产业链链长角色，积极扩大有效投资，推动重大投资项目实施落地。全年完成主业投资55.45亿元，重大项目按计划推进，其中鄂州机场供油工程圆满收官，金虹航油管道全线贯通，柬埔寨暹粒吴哥国际机场供油项目竣工验收；呼和浩特新机场、乌鲁木齐机场扩建、西安机场三期扩建供油工程及中国航油西南战略储运基地项目稳步推进；济南机场扩建、昆明机场改扩建供油工程取得项目可研批复；南昌昌北机场扩建、大连新机场供油工程项目取得立项批复，珠三角（广州新）机场、南通新机场供油工程项目与机场项目同步推进前期工作。

**【走向海外】** 2022年，中国航油境外航空客户30余个，供油机场42个，其中“一带一路”沿线机场11个。香港公司供油业务覆盖亚太地区及俄罗斯7个国家的21个机场，年度合同供应量124万吨；北美公司供油业务聚焦洛杉矶、纽约等4个机场，年度合同供应量81万吨；欧洲公司供油业务覆盖欧洲大陆8个国家的11个机场，年度合同供应量150万吨。境外航油市场拓展方面，成功中标泰国航空、印度维斯特拉航空于德国法兰克福机场的供应合同，中国邮政航空、厦门航空、河北航空于俄罗斯喀山机场的供油合同等。境外投资方面，积极服务“一带一路”倡议，投资建设的柬埔寨暹粒吴哥国际机场供油项目顺利通过竣工验收，并以国际化标准参与柬埔寨金边新机场供油项目。

**【重大创新】** 2022年，中国航油制定中国航油中长期科技规划发展纲要和2035远景目标，以规划引领推动科技创新进入新阶段。研发投入比上年增长51%，专利授权数量比上年增加115.5%，科技项目管理、群众性创新展现出新风貌新气象，三年实现有效专利实施数量54件，累计成果转化收入超过6.8亿元，科技成果投入产出比例966.03%。工程管理专业领域深化设计等措施节约资金2.17亿元。加快关键核心技术攻关和自主创新，首个自主研发航油过滤分离试验平台投入运营，5G加油车项目获得工业和信息化部创新大赛二等奖，民航智慧能源工程技术研究中心得到民航局认定。持续提升网络安全防护体系能力，首次参加国家护网演习，数字化转型进入全新发展阶段。坚持生态优先、绿色发展理念，积极推进碳达峰碳中和工作，成功保障空客、国航生物航煤供应服务，试点建设净零碳供应站，绿色低碳转型扎实推进。创新编制航油装配式建筑企业标准，全面助力航油建筑智造升级，以打造航油绿色发展竞争力服务民航加快形成绿色发展新模式。

**【党建工作】** 2022年，中国航油坚持把迎接保障党的二十大和学习贯彻党的二十大精神作为贯穿全年的政治主线，坚持“特色、创新、精品”党建新思路，优化“三个一”党建新布局，带领基层党组织打造“延安红”“丝路暹锋”等一批党建新品牌，将党建工作与中心工作深度融合，在攻坚克难中弘扬伟大建党精神。深入推进党风廉政建设，实现成员企业巡视巡察全覆盖，保持风清气正的政治生态。针对加油量大幅下降和航油价差大幅减少等困难挑战，集团党委果断决策，启动建功实践活动，各级党组织围绕中心、服务大局，充分发挥各级党委领导作用、党支部战斗堡垒作用和党员先锋模范作用，攻坚克难、奋勇拼搏，在业务量比上年下降38%的情况下，实现销售收入2129亿元，利润总额63.5亿元，全面完成国务院国资委下达的任务指标，再次印证坚持党的领导加强党的建设是企业的“根”和“魂”。

**【信息化与数字化建设】** 2022年，中国航油紧抓顶层设计，全面实施《中国航油“十四五”网络安全和信息化(数字化转型)规划》。发布网信相关制度4项，牵头编制民航行业网络安全标准。首次作为网络攻击防守方参与国家HW 2022网络攻防实战演习，成功保护靶标系统，网络安全能力建设初显成效。信息化能力不断提升，全面启用集团公司安全运营调度指挥平台，形成集团公司“安全管理一张图”，实现实时库存量监测，支持成员企业开展库存运作创效成果显著。全面建成航油公司智慧加油系统，实现与航空公司建立总对总的在线数据交换和结算，大幅降低应收账款回款风险；建设石油公司零售管理系统，开拓非油业务创造新的利润增长点。网信科技创新工作成果显著，安全PLC控制系统列入国务院国资委《中央企业科技创新成果推荐目录(2022年版)》。中国航油民航智慧能源工程技术研究中心获得民航局认定，是民航局在能源供应领域唯一的专业研发机构。高质量通过国务院国资委2021年5G创新LHT(联合体)成果验收，积极推进落实LHT相关工作，获得5G创新联合体指挥部颁发的“弘毅奖”和“成城奖”。

**【履行社会责任】** 2022年，中国航油以最高标准、最强组织、最严举措、最佳状态，圆满完成党的二十大，北京冬奥会、冬残奥会，上海进博会等重大供油任务，顺利保障专机、包机和重要航班3765架次，充分彰显“航油国家队”的责任担当。面对森林大火、台风袭击等严重灾害，全力营救、有效应对，积极主动承担抗灾抢险、紧急救援的任务，有效应对四川泸定6.8级地震救援等任务，捍卫空中救援生命线。积极推进援疆、援藏、援青工作，主动承担社会责任，深入实施“大振兴”战略，累计社会捐助总额1666.71万元。

(撰稿人：唐照寓)

## 中国航空器材集团有限公司

**【基本概况】** 中国航空器材集团有限公司(以下简称中国航材)是国务院国资委管理的中央企业，是专门从事飞机采购及航空器材保障业务的综合服务提供商。依托长期积累的航材保障网络、行业洞察力与品牌影响力，与行业主管部门和地方政府保持紧密联系，在航空业界与国内各航空公司、国际知名的飞机制造厂商、发动机制造厂商、航材供应商等保持着长期的密切合作。中国航材以“成为全球一流的民航服务提供商”为愿景，主要业务涵盖航空器整机保障、航空器材保障服务、技术装备及机场业务保障服务、通航发展服务等民航专业领域。

**【主要指标】** 2022年是中国民航业极不平凡的一年。安全压力、疫情防控等因素交织叠加，民航业面临前所未有的困难局面，企业外部环境严峻复杂。在全行业普遍陷入严重经营亏损、形势整体不利的局面下，中国航材上下团结一心，迎难而上，实现经营业绩逆势增长，全年利润总额比上年增长52.6%，净利润比上年增长108.7%，营业收入利润率、研发投入强度、全员劳动生产率均比上年有大幅增长。中国航材加强资金集约、高效、安全管理，连续6年获得AAA信用评级，全面完成国务院国资委下达的年度经营任务。

**【改革发展】** 2022年，中国航材全面完成改革任务目标，改革三年行动圆满收官。通过改革，体制机制建设更加完善、内部管控更加到位、主责主业更加突出、布局结构更加优化，强化勇于改革的思想观念，开创工作新局面。一是完善公司治理机制取得明显成效。将党的领导融入公司治理各环节，以公司章程为基础的内部制度体系日趋完善。子企业董事会应建尽建率、外部董事占多数比例完成率、经理层成员任期制和契约化管理覆盖率、“两书一协议”签订完成率均100%。逐步形成权责法定、权责透明、协调运转、有效制衡的公司治理实践经验。二是自上而下加大三项制度改革力度。中国航材总部率先开展全员竞聘上岗工作，管理岗位干部退出比例超过50%，结合机构编制调整，员工退出比例超过30%。各级子企业随后相继开展中层管理人员全员竞聘上岗，多名“80后”年轻员工脱颖而出走上领导岗位。通过公开招聘、竞争上岗、末等调整和不胜任退出等市场化用工制度，真正实现管理人员能上能下，员工能进能出，激发集团公司人才队伍活力。三是实现薪酬与绩效考核的刚性兑现。充分发挥业绩考核“指挥棒”作用。坚持统筹协调“一盘棋”，将全面预算、业绩考核和工资总额分配三项工作由集团总会计师统管，形成闭环。坚持问题导向精准施策，按照“一企一策”分类指导，将“两利四率”和各专项任务分解细化板块公司考核指标，以集团总部“指得准”带动板块公司“打得准”。坚持考核结果刚性兑付，对经营业绩有突出贡献的公司和团队给予“总经理奖励基金”奖励；对未完成专项任务的企业领导班子扣除25%的年度绩效。四是国有科技型企业股权激励稳慎开展。根据国务院国资委国企改革“双百行动”要求，为加快实现集团上市公司“零的突破”，集团公司通过成立工作专班、提级管理等举措，有序推进利顿公司上市筹备各项工作。完成员工持股和股权激励等工作，历史上第一次实现航材员工持股，极大地激发人才的动力与活力。五是着力推进布局优化和结构调整。积极响应国有企业专业化整合的改革要求，深化央地合作，顺利完成中国通航无偿划转海南省国资委，有利于进一步推动集团公司资源向核心主业倾斜，加快推动海南自贸港建设，有利于中国通航进一步提升企业核心竞争力。

**【重大项目】** 2022年，中国航材作为中央企业，始终牢记“国之大者”，强化责任担当，积极推动民航强国战略落实。一是完成批量采购新业务模式落地实施。积极履行国家飞机批量采购外交外贸任务的央企责任，发挥国内航空运输市场运力调控的参谋作用，持续提升行业发展趋势与市场分析研判能力，聚焦航司共性问题协调主导联合体谈判。二是积极参与国产民机保障体系建设。中国航材成为国产民机保障共建体系的重要参与者，与航空公司在业务合作基础上，在发动机附件保障、货机共享保障、共建消耗件保障体系方面初步达成共识，运用系统化思维从行业整体高度统一设计和规划，避免叠加投资和同台竞争，明确分工、相互依存、共同发展，最大限度地降本增效，提升国产民机保障市场竞争力。三是推动建立航材战略储备。紧紧围绕航材产业链供应链安全稳定战略需求，积极配合行业主管部门开展重大课题研究，积极推进航材战略储备项目，得到国家的高度重视。四是全面提升应急救援能力。对多年来积极打造的重载通航应急救援能力建设进行实战检验。多次参加四川等地地质灾害、森林火灾救援行动，不畏艰险、敢打必胜，充分展现航空应急救援重要力量的关键作用，得到应急管理部和多个省份应急管理厅的高度肯定。

**【重大创新】** 2022年，中国航材明确由商贸服务业向科技服务业转型的战略路径，科技创新工作取得长足进步，研发投入强度位居商贸央企前列。一是航行新技术试点项目进展显著。民航局将飞机运行数据实时下传列为“十四五”提升安全管理能力的重点攻关项目。中国航材牵头与6家航司开展前后舱协同应用试点，联合飞天联合系统技术有限公司、卫星运营商等国内相关企业实施机载航电设备集采和数据平台建设工作。二是机场板块重点项目再创佳绩。所属中国民航技术装备有限责任公司获批国家高新技术企业。泊位产品取得激光安全等级一级证明，获得助航灯光监控系统ALCMS—C类民用机场专用设备通告，福州机场自动接机登机桥研发项目被列为民航局自动接机试点项目。所属中航材导航技术(北京)有限公司获得国家发明专利3件，基于安卓版本的电子飞行包(EFB)实现国产设备对进口设备的替代，自动化签派放行系统填补国内相关技术空白并在顺丰航空、京东航空等航司顺利上线，情报管理(AIM)项目取得2件国家知识产权发明专利，完成大兴机场区域数字地图。所属中国航材集团北京华诺航空服务有限公司获得“飞机静变电源”生产资格的民航局通告。三是新晋科改示范企业成果丰富。2022年，所属北京凯兰航空技术有限公司成为“科改示范企业”，通过成立科技创新部等举措统筹全层级科技创新工作，科技创新成效显著，新增专利22件，获得授权17件。与中国工程院黄伯云院士建立院士工作站。下属北京凯兰飞机维修工程有限公司获评“国家高新技术企业”，宏伟创新工作室发明的“全自动轴承封圈清洗线”获得全国民航“五小”优秀成果奖。下属西安凯龙公司起落架球面零件表面修复项目填补国内相关领域的空白。航毯公司某型产品获得北京市新技术新产品证书。

**【党建工作】** 2022年是党的二十大胜利召开之年，是“十四五”规划承前启后之年，也是国企改革三年行动的收官之年。中国航材党委坚决贯彻中共中央、国务院和国务院国资委党委的部署和要求，把迎接和学习宣传贯彻党的二十大作为工作主线，深化党史学习教育成果和全国国企党建会议精神落实成果，突出高质量党建引领高质量发展，为集团公司完成生产经营和改革发展任务提供坚强政治保障。一是把迎接和学习宣传贯彻党的二十大作为首要政治任务。中国航材党委把迎接党的二十大胜利召开作为2022年党建工作的开篇之举，引导广大党员干部喜迎二十大、奋进新征程；第一时间制定学习宣传贯彻党的二十大工作方案，统筹指导各级党委认真做好迎接和学习宣传贯彻党的二十大会议精神工作，做到全面学习、全面把握、全面落实。在全面学习上精准发力。组织全体党员通过观看直播、集中学习、撰写体会等形式第一时间学原文、悟原理，持续推动党的二十大精神进基层、进一线、进班组，确保做到全覆盖，确保做到入脑入心。在全面把握上凝心聚力。举办党的二十大精神学习集中培训班，邀请专家学者以学习宣传贯彻党的二十大精神为主线，围绕企业改革创新、推动高质量发展进行授课，引导全体党员干部深刻领悟新时代10年伟大变革的深刻内涵和重大意义。在全面落实上持续用力。通过全面、系统、深入学习党的二十大精神，主动与党的二十大提出的宏伟目标和各项任务对标对表，狠抓各项工作落实。聚焦集团发展重点难点，与政府机构、科研院所、航空公司围绕集团战略转型深入研讨并达成合作意向，加快科技成果转化，推动集团转型升级。强化宣传引领营造浓厚氛围。充分发挥阵地优势，利用媒体平台全方位开展宣传报道。持续推送“喜迎二十大　我们这十年　航材这十年”系列主题宣传，开设“二十大精神学习专栏”，发布学习党的二十大心得数十篇，持续掀起学习热潮。二是推进基层党组织标准化规范化建设。强化基本制度建设，完成《中国航材党建工作标准化手册》《党员发展工作指导手册》修订，建立健全统一规范的党建工作体系。强化基本组织建设，优化基层党组织结构；强化基本队伍建设，制定全年发展党员工作计划，严把党员发展程序，对党员发展执行情况进行调研摸底，把好党员队伍的“入口关”和“质量关”。三是引领团员青年奋进新征程。紧紧围绕庆祝建团100周年和学习宣传贯彻党的二十大精神，组织全体青年团员学习习近平总书记在庆祝中国共产主义青年团成立100周年大会上重要讲话精神和党的二十大精神。贯彻落实中央企业党建带团建工作部署和要求，稳步推进青年精神素养提升工程。组织青年团员参观爱国教育基地、国庆升国旗仪式等多种形式的“喜迎二十大”主题团日活动，组织开展“青春百年路·永远跟党走”主题演讲比赛，举办“青春·信仰·担当”青年马克思主义者培养工程，激发青年们的工作热情。

**【信息化与数字化建设】**　一是提出数字化转型提升方案、安可替代推进方案，明确数字化转型和安可替代工作的方向、目标和重点。二是完善信息化建设和数据管理的制度和机制。加强对集团所属企业的工作统筹、指导、监督和管理工作，修订和发布信息化工作管理办法、数据分级分类管理办法，督促各所属企业根据制度开展信息化建设和数据管理工作。三是落实信息系统建设工作，完成司库系统建设，完成主数据平台、国资监管系统、人力资源系统的立项。

**【履行社会责任】**　2022年是巩固拓展脱贫攻坚成果同乡村振兴有效衔接的深化之年。中国航材全面落实党中央、国务院决策部署，坚决贯彻党的二十大精神，以习近平总书记关于全面推进乡村振兴的重要指示批示精神为指引，按照国家乡村振兴局、国务院国资委对定点帮扶工作的总体安排部署，强化政治站位与责任担当，加强组织领导和顶层设计，围绕“五大振兴”创新拓展帮扶举措，持续加大帮扶力度，巩固提升定点帮扶工作质量，扎实推进巩固拓展脱贫攻坚成果同乡村振兴有效衔接工作。

中国航材向陕西省白水县投入定点帮扶资金，结合定点县乡村振兴发展的整体规划，持续完善帮扶工作机制，形成一些具有航材特色的典型经验做法，获得地方政府及广大干部群众好评。一是多措并举打造长效帮扶机制，助力当地优势产业发展。以中国航材产业示范园区作为先行先试的典范，带动建成133.33平方千米白水苹果高标准种植项目。帮助白水县建立陕西省白水苹果北京直营店，助力白水县农副产品线上线下销售融合发展。引入科学示范种植模式与先进农业技术，以“瑞阳”“瑞雪”“瑞香红”等新品种为代表掀起种植热潮。二是志智双扶开展乡村人才培训，为白水县乡村振兴提供智力支撑。坚持“重实践、兼理论”的培训思路，强化乡村治理培训、深化职业技能培训、细化实用农技培训，不断强化培训针对性、实操性。三是持续实施文化振兴举措，推进精神文明建设走深走实。推进白水县图书馆提升改造，修建古槐村村民休闲广场，开展国家乡村振兴政策等主题宣传活动，支持林皋镇开展优秀村民和先进家庭评选活动。同时加大教育帮扶投入力度，改善中小学基层教学条件，资助2022年考上大学的困难生。开展留守儿童“心手相牵　为爱圆梦”主题研学公益活动，帮助孩子们身心健康成长。四是围绕改善生态环境助力生态振兴建设。帮助白水县消防救援大队购置消防车及配套消防器材装备，修建巷道护栏，对部分村落的通村路及群众居住的周边环境实施清理整顿和绿化美化，进一步整洁美化村容环境。五是结合党建共建活动助力组织振兴。继续扩大党建共建范围，增添组织振兴力量。六是创新帮扶举措，持续巩固提升脱贫攻坚成果。继续开展“救急难”、残疾人救助等社会救助工作，救助因病残、因灾情突发事件导致生活急难群众。中国航材以实际行动践行中央企业社会责任，坚持持续倾情倾力帮扶，为助力定点县巩固拓展脱贫攻坚成果稳步衔接乡村振兴贡献力量。

（撰稿人：孔小可）

# 中国电力建设集团有限公司

**【基本概况】** 中国电力建设集团有限公司（以下简称中国电建）是经国务院批准，于2011年9月在原中国水利水电建设集团公司、中国水电工程顾问集团公司和国家电网公司、中国南方电网有限责任公司所属14个省（自治区、直辖市）勘测设计、施工、装备修造企业基础上重组而成跨国经营的综合性特大型中央企业。中国电建注册资本金319亿元，员工18万人，业务遍及全球130多个国家和地区，是全球清洁低碳能源、水资源与环境建设的引领者，全球基础设施互联互通的骨干力量，服务“一带一路”建设的龙头企业，在工程领域为全球客户提供投融资、规划设计、施工承包、装备制造、管理运营全产业链一体化集成服务、一揽子整体解决方案。根据国家有关部委安排，承担相关领域战略规划、政策研究、标准制定等工作。为全球客户交付一系列代表行业领先水平、令世人瞩目的精品工程。

2022年，中国电建居《财富》“世界500强”第100位，实现连续10年排名上升；居2022年“ENR全球工程设计公司150强”第1位，连续3年位居榜首；分别居2022年“ENR全球承包商250强”“国际承包商250强”第5位、第6位，两项排名在电力行业领域均位居全球第一。在全球电力建设行业（规划、设计、施工等），中国电建的能力和业绩始终居首位。截至2022年底，中国电建有中国工程院院士1人，全国工程勘察设计大师5人；国家级研发机构9个，省部级研发平台116个，院士工作站9个，博士后工作站11个；获得国家科学技术奖112项、省部级科技进步奖3192项，授权专利28317件，其中发明专利3569件；260个项目获得国家级优质工程荣誉奖项，其中国家优质工程金奖55个、中国建设工程鲁班奖62个、国家优质工程奖143个。2022年获评国务院国资委2021年度及2019—2021年任期经营业绩考核双A级，被授予2019—2021年任期“业绩优秀企业”称号。

**【主要指标】**

**表1　2022年中国电力建设集团有限公司主要经济指标**

| 项　目 | 2021年 | 2022年 | 比上年增长（%） |
|---|---|---|---|
| 资产总额（亿元） | 11455.11 | 12973.92 | 13.26 |
| 所有者权益（亿元） | 2870.74 | 3139.07 | 9.35 |
| 营业总收入（亿元） | 6219.52 | 6707.64 | 7.85 |
| 利润总额（亿元） | 179.46 | 204.36 | 13.87 |
| 净利润（亿元） | 139.93 | 149.78 | 7.04 |
| 归属于母公司所有者的净利润（亿元） | 43.82 | 38.44 | −12.28 |
| 技术开发投入（亿元） | 216.18 | 227.28 | 5.13 |
| 利税总额（亿元） | 330.79 | 383.47 | 15.93 |
| 应交税金总额（亿元） | 190.86 | 233.68 | 22.44 |

续表

| 项　目 | 2021 年 | 2022 年 | 比上年增长(%) |
|---|---|---|---|
| 全员劳动生产率[万元/(人·年)] | 44.91 | 48.64 | 8.31 |
| 净资产收益率(%) | 5.03 | 5.00 | 减少 0.03 个百分点 |
| 总资产报酬率(%) | 2.85 | 2.90 | 增加 0.05 个百分点 |
| 国有资本保值增值率(%) | 106.58 | 108.13 | 增加 1.55 个百分点 |

**【改革发展】** 一是经营发展稳中提质。2022 年，中国电建完成新签合同额 11266 亿元、营业收入 6708 亿元，分别比上年增长 11.9%、7.9%；实现利润总额 204.4 亿元、净利润 149.8 亿元，分别比上年增长 13.9%、6.5%。重大项目履约进展顺利，承担勘测设计和主要建设任务的白鹤滩水电站全部机组投产发电，投资开发的首座百万千瓦级抽水蓄能电站——重庆云阳建全抽水蓄能电站、全球最大商业化漂浮式海上风电项目——中电建海南万宁百万千瓦漂浮式海上风电项目开工建设。全年获得国家优质工程金奖 8 项、国家优质工程奖 14 项、中国建设工程鲁班奖 7 项。二是市场营销成果丰硕。全年水资源与环境治理业务新签合同额 1780 亿元，占比 15.8%；能源电力业务新签合同额 5232 亿元，占比 46.4%；城市基础设施业务新签合同额 3695 亿元，占比 32.8%。新签高质量订单 4466 亿元，比上年增长 26%。国际业务稳中趋优，全年新签合同额 2184.46 亿元，比上年增长 3.98%。三是投资业务扎实开展。"水、能、砂"投资业务快速增长，公司城市供水与水处理产能 145 万吨/日；获取新能源建设指标项目 156 个，装机规模 2122 万千瓦；签署投资开发抽水蓄能项目协议 110 个，装机规模 1.33 亿千瓦；绿色砂石资源获取提前实现公司"十四五"规划的 4 亿吨/年产能目标，获取资源总量 83.91 亿吨。投资管控力度持续强化，全年完成投资 1427.29 亿元。海外投资稳健推进，公司首个跨境电力合作项目——老挝芭莱水电站 77 万千瓦项目具备实质性投资开发条件；在中亚投资的首个新能源项目——哈萨克斯坦谢列克风电项目实现投产发电。四是科技创新持续发力。圆满完成核心技术攻关任务，4 项首批"1025 专项"攻关任务通过验收，获批 5 项第二批攻关任务。主持新能源、水生态和海水淡化等领域 3 项国家重点研发计划，成功揭榜 1 项国家发展改革委海上风电开发核心攻关任务。科技人才队伍建设持续完善，发布《科技体制机制改革三年攻坚实施方案》，召开公司人才工作会议，制定实施公司"百千万"科技人才培养工程实施方案，聘任首席科学家 2 人，评聘首席技术专家 25 人。1 人入选国家青年人才计划、3 人入选"大国工匠"、5 人获评"全国技术能手"，1 家单位获评"技能人才培育突出贡献单位"。

**【重大项目】** 3 月 18 日，中国电建设计建设的我国第一、世界第二高土石坝——雅砻江两河口水电站最后一台机(1 号机组)结束 72 小时试运行投入商运；3 月 29 日，沂蒙抽水蓄能电站 4 号机组投产发电，标志着电站全面建成投产；6 月 5 日，布隆迪胡济巴济水电站最后一台机组完成 72 小时试运行；7 月 19 日，金沙江上游清洁能源基地首个开工项目、国家"西电东送"接续能源基地的先导工程——苏洼龙水电站 4 号机组圆满完成 72 小时试运行，正式投产发电；8 月 28 日，福建周宁抽水蓄能电站全面投产发电，项目投产后，可减少电网煤炭消耗量约 20.79 万吨，减少排放二氧化碳约 41.58 万吨、氮氧化合物约 1040 吨、二氧化硫约 2765 吨；11 月 25 日，由中国电建承建并提供全过程 BIM 咨询的香港国际机场第三跑道举办启用；12 月 20 日，中国电建全过程勘测设计并承担主要施工任务的世界在建规模最大、技术难度最高的水电工程——金沙江白鹤滩水电站全部机组投产发电；12 月 30 日，我国在建规模最大水利工程——引江济淮一期工程实现试通水通航，大型跨流域调水工程取得重要建设进展。

**【走向海外】** 2022 年，中国电建集团国际业务新签、营业收入、净利润分别为 2184.46 亿元、917.88 亿元、27.96 亿元，分别占比 19.39%、13.68%、18.67%。在 137 个国家和地区执行项目合同 3534 份，合同总金额 9854.63 亿元，比上年增长 4.98%。50 家子企业参与境外工程承包和投资业务，在 117 个国家和地区设驻外机构 481 个。其中，在"一带一路"沿线 65 个国家中的 45 个国别设驻外机构 256 个。

**【重大创新】** 一是联合相关职能部门和子企业，

发布《中国电力建设集团有限公司科技体制机制改革三年攻坚实施方案》和任务清单。二是有序推进公司清洁能源基地、新能源、水资源与环境、地下工程等领域原创技术策源地建设。三是制定发布中国电建“碳达峰碳中和”目标行动方案。2022 年，新增国家级平台 1 家、省部级研发平台 14 家，累计拥有国家级平台 10 家、省部级平台 130 家。组织开展 2022 年度中国电建科学技术奖评审，评选获奖项目 125 项，其中特等奖 4 项、一等奖 30 项、二等奖 36 项、三等奖 55 项。3 家子企业获评国家知识产权示范企业，3 家获评国家知识产权优势企业。截至 2022 年底，中国电建累计授权专利数量 31503 件，其中发明专利 4152 件。

**【党建工作】** 一是坚决贯彻落实习近平总书记重要指示批示。以党委会“第一议题”形式跟进学习习近平总书记重要指示批示 55 项，制定贯彻落实措施 123 项。开展“建功新时代，喜迎二十大”习近平总书记重要指示批示精神再学习再落实再提升主题活动，汇编习近平总书记关于本企业本行业本领域重要指示批示 233 项，制定贯彻落实措施 741 项并全部落实。二是深入学习宣传贯彻党的二十大精神。组织集中收看收听党的二十大开幕会，参加中央宣讲团报告会和国资央企传达学习贯彻视频会。召开公司学习贯彻落实党的二十大精神工作部署会、“学习二十大　冲刺四季度　决胜全年度”动员部署会。举办党的二十大精神专题辅导讲座和专题读书班，以学习贯彻党的二十大精神为主题召开公司改革发展工作研讨会，班子成员深入基层开展宣讲，党委中心组带头开展专题学习研讨，公司各级党组织开展党的二十大精神学习培训 1965 次，培训人员 10 万人次；宣讲 3675 次，参与人员 11 万人次。三是中心组学习质量全面提升。深入实施党委中心组学习质量提升专项行动，举办公司党委与子企业党委中心组联学会，邀请国家部委领导作“碳达峰碳中和”专题讲座。以巡听、旁听形式督导子企业提升中心组学习质量，公司系统全年组织开展党委中心组学习 687 次，学习内容 4225 项，集体研讨 512 次。公司党委中心组署名文章获评国务院国资委优秀理论研究成果。全面加强和改进思想政治工作，深入 64 家子企业开展职工思想动态调研，组织“两优一先”评选，表彰“最美电建人”20 人。中国电建作为 3 家典型单位之一在中央企业精神文明建设工作会议上交流经验。多项成果获得中国电力企业联合会、中国电力建设企业协会、中国文化管理协会表彰。四是党建理论研究成果丰硕。7 篇署名理论文章在《人民日报》《党建》《学习时报》等党报党刊发表。公司连续 3 年当选国务院国资委央企政研会牵头单位。“双引双建”课题分别获得国务院国资委央企党建政研会优秀成果一等奖、央企党校智库优秀课题一等奖。6 项课题成果、1 个案例获评电力政研会优秀研究成果、优秀案例。五是“双引双建”党建工程深入实施。召开动员部署会，深入 64 家子企业开展调研督导，印发工作简报 34 期。“双引双建”立足高站位、高标准、高要求，聚焦基层标杆选树和经验创造，涌现可借鉴、可复制、可推广的基层典型案例 400 多个，为基层党组织谋党建、抓党建、强党建找到接口和抓手。“双引双建”党建工程得到中央党建工作领导小组、中央组织部党建研究所、中央党校、国务院国资委党建局有关专家领导肯定和公司上下认可。六是基层党建质量不断提升。深入落实党建工作责任制，对子企业党委进行全覆盖现场考核，将考核结果与领导人员薪酬挂钩。加强子企业党委换届提醒和督导，15 家子企业党委按期换届。建立 8 个党建协作区，推动子企业互学互鉴。组织开展党支部标准化验收，4074 个党支部全面达标。七是智慧党建系统上线应用。探索“党建管理＋互联网”新模式，自主研发、建设应用具有电建特色的模块化、可视化、专业化智慧党建系统。公司所属 5027 个党组织、6.7 万名党员在线开展党建活动 10 万次，推动基层党建在线展示、在线服务、在线学习、在线考核。

**【履行社会责任】** 一是助力乡村振兴获得新成效。发挥自身优势和专长，助力定点帮扶县打造特色产业，形成行之有效的中国电建“产业投资引领”帮扶模式。向剑川县捐资 3000 万元，通过“1＋6 产业帮扶模式”，筹资 5.5 亿元建设万头奶牛养殖及 66.67 平方千米饲草饲料种植项目；采取“龙头企业＋合作社＋养殖户”模式，捐资 2550 万元助力建设民丰县多胎羊特色肉羊养殖基地项目；采用“国外品牌＋石龙村乡村旅游合作社＋村集体＋脱贫户”模式，捐赠 460 万元打造半山酒店知名品牌加农村民宿旅游圈，带动村集体经济收入增加和脱贫户的稳定就业。中国电建定点帮扶工作成效多次被国务院国资委点名表扬，入选上市公司乡村振兴最佳实践案例，连续4年获得国家主管部门考核评价“好”。二是融入区域协调发展展现新作为。推动西部大开发形成新格局，编制《“十四五”西部区域发展规划》，2022年西部区域累计新签合同4638个，签约合同总额超过2283亿元。三是共建“一带一路”实现新突破。参与投资承建的雅万高铁项目中地质条件最复杂、施工难度最大的2号隧道工程完工，习近平主席和印度尼西亚领导人现场共同观摩高铁试验运行；我国援外在建最大水电站——布隆迪胡济巴济水电站全部投产运营；习近平主席见证签约的南亚地区最大单体污水处理厂——孟加拉国达舍尔甘地污水处理项目建成投产。在中亚投资的首个新能源项目——哈萨克斯坦谢列克风电项目投产发电。在中东欧、北非、东南亚等“一带一路”沿线国家储备一批规模100万千瓦的优质新能源投资项目。四是践行“双碳”战略迈上新台阶。推动绿色发展，全年获取新能源建设指标项目156个，装机规模2122万千瓦；新开工境内新能源项目78个，装机规模1128万千瓦。签署投资开发抽水蓄能项目协议110个，装机规模1.33亿千瓦；批复开展投资建设和前期工作项目26个，装机规模3320万千瓦。制定发布抽水蓄能、水电、风电、光伏等企业定额标准、范本37套，推动部分定额逐步上升为行业定额，初步建立公司清洁能源企业定额体系。投资开发的首座百万千瓦级抽水蓄能电站——重庆云阳建全抽水蓄能电站、全球最大商业化漂浮式海上风电项目——中电建海南万宁百万千瓦漂浮式海上风电项目开工建设。

（撰稿人：郁颂东）

## 中国能源建设集团有限公司

**【基本概况】** 2022年，中国能源建设集团有限公司（以下简称中国能建）面对世纪疫情持续反复、国际局势急剧变化等超预期因素带来的严重冲击，以及企业发展改革多目标叠加、多困难交织等突出矛盾，深入学习贯彻习近平总书记重要讲话和重要指示批示精神，坚决落实党中央、国务院决策部署和国务院国资委工作要求，以公司《若干意见》和“1466”战略为统领，围绕打造新能源、新基建、新产业“三新”能建与建设世界一流企业“两大战略目标”，坚持高质量发展、科学管理“两条主线”，系统推进发展改革管理党建工作，在中央企业负责人、任期经营业绩、改革三年行动、党建、纪委、巡视巡察工作六大考核中均获评A级，“世界500强”排名跃升至269位，公司总体呈现全面奋进、全面拓展、全面向好、全面蓄能的崭新局面。

**【主要指标】** 2022年，中国能建完成新签合同额10498.7亿元，比上年增长19.7%；营业收入3692.3亿元，比上年增长13.7%；利润总额141.52亿元，比上年增长2.67%；净利润108.04亿元，比上年增长5.37%。

**表1　2022年中国能源建设集团有限公司主要经济指标**

| 项　目 | 2021年 | 2022年 | 比上年增长（%） |
| --- | --- | --- | --- |
| 资产总额（亿元） | 5426.16 | 6797.07 | 25.26 |
| 所有者权益（亿元） | 1555.94 | 1736.71 | 11.62 |
| 营业收入（亿元） | 3247.40 | 3692.29 | 13.70 |
| 利润总额（亿元） | 137.84 | 141.52 | 2.67 |
| 净利润（亿元） | 102.53 | 108.04 | 5.37 |
| 归属于母公司所有者的净利润（亿元） | 38.70 | 36.63 | −5.36 |
| 技术开发投入（亿元） | 99.87 | 124.11 | 24.27 |
| 利税总额（亿元） | 252.14 | 256.14 | 1.59 |
| 应交税金总额（亿元） | 87.92 | 90.24 | 2.64 |
| 全员劳动生产率［万元/（人·年）］ | 42.25 | 46.28 | 9.54 |
| 净资产收益率（%） | 6.87 | 6.56 | 减少0.31个百分点 |
| 总资产报酬率（%） | 3.37 | 3.25 | 减少0.12个百分点 |
| 国有资本保值增值率（%） | 105.60 | 109.42 | 增加3.82个百分点 |

**【改革发展】** 2022年，中国能建高质量打好国企改革三年行动攻坚战、收官战，在国务院国资委专项考核中获评A级。一是持续优化公司治理。实现董事会应建尽建，明晰各治理主体权责边界，企业治理效能全面提升；深入开展"制度建设年"专项行动，围绕"简约、高效、好用、流程化、表单化"，制(修)订各类制度3900余项。二是狠抓适应性组织建设。动态优化总部机构与职能，推动58户企业完成本部机构改革，及时调整30户子企业管理关系、13户子企业产权关系，完成52户企业"压减"、9户集体企业关闭注销、27户"两非"企业完全剥离。三是深化市场化改革。推动易普力公司实现分拆上市，实现经理层任期制和契约化管理100%全覆盖，在央企首创性选拔115名优秀年轻干部赴重振发展企业任职；深入实施"3+2"激励机制，积极推广岗位分红、超额利润分享、员工持股、项目跟投等激励措施，广大干部员工干事创业激情空前高涨。

**【重大项目】** 2022年，中国能建立足"30·60"系统解决方案"一个中心"和储能、氢能"两个支撑点"，在大型综合能源基地、新型储能、抽水蓄能、绿氢开发、海上风电、交能融合、数能融合、未来城市等领域打造一大批标杆工程。设计建设的世界在建规模最大水电站——白鹤滩水电站、江苏金坛世界首个非补燃压缩空气储能电站、安徽六安国内首座兆瓦级氢能综合利用示范电站成功投运；投资建设的广西崇左一体化能源基地、湖北应城压缩空气储能、甘肃兰州氢能产业园、山东枣菏交能融合等一批战略性、示范性、引领性项目有序落地；承建的卡塔尔超大型战略蓄水池、土耳其胡努特鲁电站等项目顺利投产投运；全年获得国家级优质工程奖21项，2个非电投建营一体化项目首次获得中国建设工程鲁班奖、国家优质工程奖。

**【走向海外】** 2022年，中国能建出台国际业务优先优质协同发展指导意见，发布"十四五"国际业务规划，国际业务签约创历史新高，居建筑央企前列，其中新能源项目签约比上年增长66%，成功签约沙特PIF光伏、安哥拉凯凯输变电等一批具有重大影响力的"大综新"项目。开展国别、业务、投资、项目"四大策划"，完成20个核心国别市场策划，启动38个国际业务产品策划，组建专班"一项目一策"制定项目落地方案。公司领导与外国元首、驻华大使等进行高端会晤20余次，主办或参加论坛峰会31场次，品牌影响力持续提升。编制重点国别及行业投资策划，出台海外新能源投资业务指导意见。全年新增投资立项13个，推动科特迪瓦松贡燃气电站等6个投资项目决策，越南海阳、巴西水务等投资项目实现稳定运营，创效成果显著。妥善处置安哥拉"5·25"冲突等事件，完成130多个项目风险评估及应急演练，全年未发生大规模境外聚集性疫情和危重症死亡病例。

**【重大创新】** 2022年，中国能建召开科技创新专项行动启动大会，部署54项攻关任务。圆满完成"1025专项"，受到国务院国资委通报表扬。设计研制的新型大开口槽式集热器、世界首台大型电站自然通风直接空冷(NDC)系统入选国家重大技术装备名单，主编发布的IEC国际标准《塔式太阳能光热发电站设计总体要求》填补世界空白。新承担4项国务院国资委关键核心技术攻关任务，新建智慧交通、核电常规岛技术、能源与建筑工程检测试验、压缩空气储能4个研发平台，全力打造原创技术策源地和现代产业链。全年研发投入113.3亿元，比上年增长11%，获得省部级、行业级科技类奖励230项，获专利授权2100件。开创性编制完成"1+15"项目管理手册和13个专业的内部成本定额，累计发布38个项目管理制度及系列范本、标准。在中央企业率先编制发布供应链发展规划，联合发起成立中国建筑业供应链合作发展联盟，成功入选第二批全国供应链管理创新与应用示范企业。

**【党建工作】** 2022年，中国能建深入学习贯彻党的二十大精神，坚持抓党建促融合，企业发展合力不断汇聚。一是党委主体责任履行坚决有力。严格执行"第一议题"制度，开展喜迎党的二十大系列主题活动，举办专题轮训班，持续营造浓厚氛围；抓好特色党建，扎实开展联学联建·融通融合"六个一"主题行动，各级党组织广结对子1462个，开展联学联建4373次；创新企业文化、品牌宣传、群团等工作，公司新媒体指数长期保持居央企第一方阵，居建筑央企第1名。二是纪委监督责任履行从严务实。驰而不息抓好党风廉政与反腐败工作，创新开展百名纪检干部蹲点、项目监察员等特色活动，坚持以案为鉴、以案促改、以案促治，持续营造风清气正环境；发挥“大监督”合力，扎实开展两轮政治巡视和经济责任审计、重大决策落实等专项监督，从严抓好问题整改“后半篇文章”，切实打通全面从严治党“最后一公里”。

**【信息化与数字化建设】** 2022年，中国能建大力推进“数字能建”建设，数智化水平快速提升。一是管理数字化迈上新台阶。财务一体化平台、业财一体化平台、项目一体化平台、数据中台“四大数字化平台”建设取得里程碑式进展，32个集团级信息系统完成上线，公司统一移动门户“e能建”和系统门户及统一身份认证系统全面建成。二是产业数字化打开新局面。完成集团BIM中心组建工作，“面向电网数智设计的大数据平台”“基于物联网的营销项目施工管控系统及应用”分别入选工业和信息化部大数据产业发展、物联网示范项目，新建全国新型储能大数据平台，全国电力规划实施监测预警平台、全国新能源电力消纳监测预警平台、海上风电大数据平台等数字化平台持续优化升级。三是数字基础设施实现新跃升。“一张网一朵云”数字基座基本建成，网络信息安全技术防护体系进一步健全。

**【履行社会责任】** 2022年，中国能建全面履行社会责任，有力彰显央企担当。一是充分发挥产业优势助力乡村振兴，向定点帮扶县投入无偿帮扶资金超过1500万元，组织实施产业帮扶项目9个，帮助销售脱贫地区农产品2702.52万元，直接聘用和帮助转移就业473人，组织培训人数2461人次，投建的广西田西高速顺利通车；积极开展西藏昌都市八宿县对口支援任务，投入资金30万元成立“中国能建教育基金”，组织专场招聘会帮助八宿县籍高校毕业生就业，公司助力乡村振兴获得中央农村工作领导小组考核评价最高等次。二是深入开展“我为群众办实事”主题活动，累计解决各类问题2600余项，职工群众的获得感、幸福感、安全感更加充实。三是积极参与社会公益事业，全年累计向四川泸定地震灾区等捐款3000余万元，参与社会抢险救援26次，出动人力600余人次、装备360余台，最大限度地保护人民群众生命财产安全。

（撰稿人：黄春桥）

## 中国安能建设集团有限公司

**【基本概况】** 中国安能建设集团有限公司（以下简称中国安能）是根据党中央跨军地改革战略部署，于2018年9月由武警水电部队整体转隶组建的一家中央企业，主要担负国家重点工程建设和重大自然灾害工程救援任务。中国安能是国家防总成员单位，是应急管理部自然灾害工程应急救援中心，也是中央企业应急救援体系综合平台所在单位，是唯一一家以自然灾害应急救援和工程建设为主责主业的中央企业。

截至2022年底，中国安能下辖二级全资子公司8家，三级分子公司22家，主要分布在北京、上海、南宁、南昌、成都、广州、唐山、合肥、海口、常州、厦门、武汉、重庆等地。另设华东、华南、云南、新疆4个区域总部。职工总数6293人，其中，管理人员1436人，占22.82%；中级职称以上专业技术人员645人，占10.25%。

2022年，面对各种挑战考验和疫情影响，中国安能坚持以习近平新时代中国特色社会主义思想为指导，坚决贯彻党中央、国务院决策部署，认真落实国务院国资委工作要求，统筹疫情防控和生产经营，稳步推进“一基两翼、四个建成”总体发展战略，主动作为、砥砺奋进、攻坚克难，较好地完成改革发展和党的建设各项工作，在新时代赶考路上交出一份优异答卷。

**【主要指标】** 2022年，中国安能新签合同额318.14亿元，完成年计划的117.83%，比上年增长7.4%；营业收入139.48亿元，净利润5.48亿元，经营性净现金19.69亿元，完成国务院国资委下达的财务考核指标。截至2022年底，资产总额246.47亿元，其中货币资金83.24亿元；负债总额150.19亿元，无外部借款，资产负债率60.94%。

**表1　2022年度中国安能建设集团有限公司主要经济指标**

| 项　目 | 2021年 | 2022年 | 比上年增长(%) |
|---|---|---|---|
| 资产总额(亿元) | 176.02 | 246.47 | 40.02 |
| 所有者权益(亿元) | 45.96 | 96.28 | 109.49 |
| 营业收入(亿元) | 77.31 | 139.48 | 80.42 |
| 利润总额(亿元) | 1.88 | 6.89 | 266.49 |
| 净利润(亿元) | 1.51 | 5.48 | 262.91 |
| 归属于母公司所有者的净利润(亿元) | 1.51 | 5.48 | 262.91 |
| 技术开发投入(亿元) | 2.17 | 4.49 | 106.91 |
| 利税总额(亿元) | 2.79 | 9.99 | 258.06 |
| 应交税金总额(亿元) | 0.91 | 3.10 | 240.66 |
| 全员劳动生产率[万元/(人·年)] | 33.39 | 47.46 | 42.14 |
| 净资产收益率(%) | 3.52 | 6.04 | 增加2.52个百分点 |
| 总资产报酬率(%) | 1.23 | 3.18 | 增加1.95个百分点 |
| 国有资本保值增值率(%) | 102.9 | 106.7 | 增加3.8个百分点 |

**【改革发展】**　2022年,中国安能深入贯彻落实党中央、国务院和国务院国资委关于深化改革各项决策部署,大力推动重点改革任务落实,引领企业高质量发展。一是国企改革三年行动圆满收官。全面贯彻落实国资央企改革三年行动决策部署,集团层面建立以党委统筹领导、“一把手”挂帅推动、改革办牵头抓总的工作体系,召开改革工作领导小组专题会和高质量收官推进会,制定收官工作举措,明确任务、压实责任、督导落实,印发2022年改革工作要点,修订完善工作台账,全面推进现代企业制度、董事会建设、完善市场化经营机制、加强党的领导党的建设等重点改革任务,集团和各重要子企业改革工作台账总体完成,在国务院国资委2022年度中央企业改革三年行动重点任务考核中获评A级。二是公司治理体系持续健全。全面贯彻“两个一以贯之”,坚持把各级党组织嵌入公司治理结构中,确立党组织在公司治理中的法定地位,修订《“三重一大”决策制度实施办法》《党委前置研究讨论重大经营管理事项清单》,实现党的领导制度化、规范化、程序化。采取“多单一表”方式,形成各治理主体权责清单,制(修)订公司治理制度11项,编印《现代国有企业制度汇编》,印发《企业完善法人治理体系制度清单指引》,为各级完善现代企业制度提供依据和参考,现代国有企业法人治理机制基本构建,公司治理效率和质量取得较大提升。三是董事会建设全面规范。严格落实董事会应建尽建要求,5家重要子企业全部建立董事会,并按要求配齐配好外部董事,“一企一策”差异化落实子企业董事会职权。采取“专兼聘”相结合方式,建立外部董事人才库,完善董事会运行管理、考核评价相关配套制度19项,有力提升董事会建设质量,各子企业董事会实现有序运转,定战略、作决策、防风险作用得到较好发挥。四是市场化机制改革不断深化。全面推行经理层成员任期制和契约化管理,所属企业85名经理层成员完成签约,24名新调整配备人员完成续签,在公司层面上实现应签尽签,在人员范围上确保全面覆盖。加大管理人员能上能下、末等调整、不胜任退出等方面改革力度,年内末等调整和不胜任退出率3.68%,员工市场化退出率1.66%,公开招聘率100%。全面推开第二轮薪酬体系改革,完成总体框架设计和配套制度拟制,切实通过改革推动工资总额管理、人员薪酬、薪酬决定机制、薪酬兑现的“四个转变”。五是市场营销规模及行业领域持续扩大。全年新签合同额318.14亿元,完成年计划的117.83%,比上年增长7.4%,其中年度新签合同额超过20亿元的项目3个,创历史新高。与相关地方人民政府、央企单位签订战略合作协议13份,中国安能“朋友圈”“资源库”不断扩大。深耕行业领域,加快转型升级,不断做强做优做大,获取的新项目由转隶前的以水利水电为主扩展到新能源、水利水电、石油洞库、管网建设、矿山剥离、综合治理、市政、抽蓄、电力工程、建筑、公路等多个领域。

**【重大项目】**　2022年,中国安能施工生产延续快速增长势头,累计完成产值154亿元,比上年增加63亿元,51个项目、82个合同按期完工,全面实现年度预期目标。一是管理体系更加完善。围绕管理体系建设，先后出台《变更索赔管理暂行办法》等 6 项制度。加强项目管理和集采平台建设，实现全部工程项目信息化的应用。及时动态更新技术规程标准清单和设备编码表，有效规范技术及设备管理。组织召开项目标准化管理现场会暨责任成本管理推进会，有效提升项目标准化管理水平。二是典型引路工作初见成效。推行项目经理责任制试点，开展“创誉创效”标杆项目创建活动，桐城抽蓄等一批项目在履约和创效方面取得突出成绩，打造形成以管理促效益样板。三是质量管理工作得到提升。开展质量月、质量创优等活动，参加中央企业 QC 成果发表赛、全国质量知识竞赛等活动，第一工程局楚雄洞库、第三工程局长江新城两项 QC 成果分别获得二等奖、三等奖，第二工程局承建的南水北调引江济汉等工程获得省部级质量奖。四是施工技术管理具体有效。结合国家能源局要求，开展安全技术专项行动，组织安全技术交流，规范《危大工程专项施工方案》，先后完成旭龙导流洞、拉哇泄洪洞、泰安二期抽蓄等重大施工方案和实时性施工组织设计审查审批。

**【重大创新】** 2022 年，中国安能坚持“科技强企、创新引领”方针，聚焦抢险战场、工程现场、未来市场，持续加大科研投入，加强关键核心技术攻关，科技创新能力持续提升。一是科技创新管理体系得到新加强。出台《科技创新考核管理办法（试行）》《集团公司科技研发项目管理办法》，优化完善科技委职能，强化对重大科技研发项目的技术咨询与审查。根据生产经营和抢险救援实际情况，对科技创新经费统筹、投入、使用等情况进行研究分析，出台《科研经费管理办法》，进一步规范科研经费使用管理。年内集团公司技术开发经费累计投入 4.49 亿元，比上年增长 106.91%。二是工程施工关键技术取得新突破。云南巨龙梁风电项目（一期）工程，采用高原寒冷地区大型山地风电工程施工关键技术，顺利完成我国单机容量最大、塔筒高度最高、叶轮直径最长的首台高原山地风机安装，刷新高原山地风机安装纪录；桐城抽水蓄能电站自流排水洞施工采用小断面 TBM 替代钻爆法，创造国内同类单月、单日、单班进尺 3 项纪录；人工冻结法理论与技术、注浆加固理论与技术、隧道结构防渗水与快速检测评估技术等创新性成果，在 20 余个省级重点建设项目和应急抢险项目中得到广泛应用，创造巨大的社会效益。三是科技创新活动开展取得新成效。以提质增效和“奋战一百天”行动为导向，以技术创新为抓手，以解决项目技术为目的，深入开展技术创新“三四五”活动，组织 114 个项目部参与 305 项技术创新工作，协调三级总工程师完成 27 场技术帮扶活动，项目一线技术创新能力有效提升。组织参加学术交流会 21 场次、230 人次，承办中国水利学会施工专委会、碾压混凝土筑坝专委会年会暨水利工程安全与高质量发展学术交流会议，两个专委会会员分别由 51 人、41 人增至 77 人、64 人。四是重大科技成果产出取得新成绩。获得省部级科技进步一等奖 1 项、二等奖 6 项、三等奖 1 项，微创新成果奖 1 项。发布集团工法 29 项，获得水利行业工法 27 项；获得国家专利 116 件，软件著作权 28 项。出版集团首期论文专辑《应急科技与工程》，主（参）编 2 项工程技术规范。建成拥有自主知识产权的国内首台（套）基于水上动力作业平台溃口封堵成套技术装备，公司行业地位巩固提升。

**【党建工作】** 2022 年，中国安能以习近平新时代中国特色社会主义思想为指导，以迎接和学习贯彻党的二十大精神为主线，以高质量党建引领保障高质量发展为主题，持续巩固贯彻深化全国国企党建会精神成果，围绕应急救援和生产经营主责主业全面加强党的建设，坚持高质量、深融合、重实效、抓落实，为实现“一基两翼”战略目标提供坚强思想保障和组织保证。一是政治建设取得新成效。严格落实“第一议题”制度，严格执行新形势下党内政治生活《若干准则》，研究决策重大事项，科学决策、民主决策、依法决策的氛围持续巩固。从严规范落实组织生活各项制度，按照组织程序，层层推选一人当选党的二十大代表并圆满履行代表职责。研究制定《加强和改进新时代思想政治工作的实施意见》和《责任清单》，聚焦中心工作，下发《关于做好应急救援任务中思想政治工作的指导意见》，把思想政治工作做到救援一线。二是党建引领实现新动能。以党委 1 号文件形式下发《关于进一步推进党建工作与中心工作深度融合的指导意见》，总结推广党建工作与提质增效活动“融合八法”。坚持把党组织作用发挥融入中心工作各个环节，修订董事会《议事规则》、总经理工作细则和“三重一大”决策制度实施办法和决策事项清单60多项。三是基层党建得到新发展。以《党支部标准化规范化建设工作手册》为抓手，及时调整健全各级组织，规范组织生活、党员发展、党费收缴使用等工作。研究制定《关于加强载体品牌建设深入推动党建工作落实的若干措施》，运用党建品牌、党员先锋岗、党员示范岗等载体平台，形成“党建+中心”双融双促工作格局。持续开展党组织书记抓基层党建工作述职评议考核工作，完善党建责任闭环。加强对统一战线和群团工作的领导，引领统战人员为企业发展建言献策。坚持党建带团建，深入开展青年精神素养提升工程，巩固深化“青马工程”成果，深化青年职业生涯导航，大力推进“青春建功‘十四五’行动”，团结带领团员青年展现新作为，建功新时代。四是管党治党形成新局面。聚焦集团党委提质增效、合规经营、疫情防控巡视审计整改等重点任务，制定5个监督方案、15项监督措施，每月开展项目化监督检查，定期召开纪委会议和协调小组会议部署推动，确保党委中心任务落地实施。狠抓中央八项规定精神贯彻落实，在重要节日和重点时段，印发专项通知和廉洁微视频重申纪律禁令，上下同步开展明察暗访、作风督查12次，督促立行立改问题16个，有效防范“四风”问题反弹。采取上下联动方式，集中组织对6个三级企业开展“违反财经纪律、违规经营问题”专项巡视巡察，进一步推动国务院国资委关于“严肃财经纪律、依法合规经营”综合整治专项行动决策部署落实，促进企业合规经营。

**【信息化与数字化建设】** 2022年，中国安能围绕建设智慧总部和数字化企业要求，深入推进数智安能建设，并取得积极成效。一是数字化转型管理体系进一步优化。成立以集团“一把手”挂帅的企业数字化转型领导专班，加强数字化转型顶层设计，修订完善集团信息化建设管理规定和信息化工作考评细则，建立数字化转型评估指标体系，并纳入企业考核评价体系。加强数据统一管理、分级使用，建立分析处理、挖掘应用、开放共享机制。二是信息化水平进一步提高。国资组织机构报送系统、监督追责系统和司库系统建成运行，工程项目、人力资源、无纸化会议系统和OA办公门户升级改造全面完成，并通过主数据管理系统打通系统之间数据壁垒，数字化管理水平不断加强。三是网络安全防护能力进一步加强。完成统一身份认证管理系统建设，对办公门户以及各业务信息系统进行综合集成，实现系统账号统一认证和权限管理。开展网络安全大核查工作，利用安全产品对终端进行全面扫描，及时消除隐患漏洞。聘请专业网络安全运维团队对集团整体网络进行驻场运维，定期输出周、月网络安全报告。增加私有云平台备份手段，对关键数据信息进行实时备份，大大降低“勒索病毒”和外部恶意攻击造成的安全风险。

**【履行社会责任】** 2022年，中国安能坚决贯彻习近平总书记重要指示批示精神，深入落实应急管理部和国务院国资委部署要求，坚持姓党为民本色，传承红色基因，在抢险救援、乡村振兴等战线上积极履行中央企业政治责任和社会责任，不断贡献安能力量。一是积极参与抢险救援。始终保持“迎战、临战、实战”状态，全年出动8282人次、装备5599台次，出色完成冬（残）奥会、全国两会、党的二十大等重点时段、敏感时期前置备勤任务25起，参与“应急使命·2022”、长江防汛抢险综合演练等联训联演41次。累计动用1.3万人次、装备0.7万台次，转战12省35地，出色完成四川雅安、泸定抗震救灾，辽宁盘锦溃口封堵等56起应急救援任务，全程实现安全顺利，充分发挥应急救援国家队作用。全年先后有2个集体、24名个人被应急管理部记功表彰。二是积极助力乡村振兴。承建的赣州市宁都县梅江灌区PPP项目和上饶市鄱阳县河湖岸线生态保护修复PPP项目工程，建成后将有效解决水患问题，保护面积134平方千米，保护耕地73.73平方千米。赣州南康区粮食储备库建设项目（一期）从根本上解决全区粮食收储仓容老化和不足的问题，加速粮食中转流通，保护种粮农民利益，确保粮食安全。四川巴塘项目部与夏邛镇共建联建，给予扶持资金30万元。和田光伏发电项目积极落实就业支持政策，与洛浦县、墨玉县、策勒县三地人社局就解决当地闲置劳动力就业，安排当地乡村人员参工参建等问题达成一致，解决就业1000余人，参工参建总产值1000万元。三是积极履行环保责任。牢固树立绿色发展理念，全面落实企业环保治理主体责任，有效完善节能环保管理体系，形成节能环保工作长效机制。全年能源消耗总量 5.43 万吨标准煤，比上年增长 49.61%，其中电力 9183.44 万千瓦·时、柴油 24601.94 吨、汽油 3970.55 吨、天然气 101.12 万标准立方米。万元营业收入综合能耗（可比价）0.0436 吨标准煤，比上年下降 9.7%。

（撰稿人：谭　锐）

## 中国黄金集团有限公司

**【基本概况】** 中国黄金集团有限公司（以下简称中国黄金）是我国黄金行业唯一一家中央企业，是中国黄金协会会长单位，世界黄金协会中国首家董事会成员单位，组建于 2003 年，前身为国家黄金管理局、中国黄金总公司、武警黄金指挥部。

2022 年，中国黄金坚持以习近平总书记关于国有企业改革发展和党的建设重要论述为根本遵循，以迎接和学习宣传贯彻党的二十大为工作主线，全面贯彻“疫情要防住、经济要稳住、发展要安全”要求，坚决落实党中央、国务院决策部署，贯彻国务院国资委工作要求，在全体干部职工的奋勇拼搏下，生产经营业绩亮眼夺目，全面深化改革硕果累累，书写高质量发展的“黄金篇章”。

**【主要指标】** 一是经济效益创近年新高。2022 年，中国黄金实现利润总额 44.88 亿元，比上年增加 1.73 亿元，增长 4.02%；净利润 34.01 亿元，比上年增加 3.21 亿元，增长 10.44%。二是主要产品产量总体平稳。生产矿产金 34.36 吨、矿山铜 17.61 万吨、冶炼金 41.4 吨、电解铜 39.3 万吨，分别完成预算目标的 96.68%、98.6%、117.91%、105.45%。三是经济运行质量持续提高。合并营业利润率 3.79%，比上年的 3.74%增加 0.05 个百分点；合并资产负债率 57.96%，较年初的 58.81%减少 0.85 个百分点；研发（R&D）经费投入强度 2.60%，比上年的 1.91%增加 0.69 个百分点；全员劳动生产率 41.37 万元/（人·年），比上年增加 2.4 万元/（人·年）。四是上市公司质量加快提升。12 月末，4 家上市公司市值 730.68 亿元；集团整体资产证券化比率 67.05%，4 家上市公司累计实现利润总额 58.79 亿元，比上年增长 4.02%；净利润 48.82 亿元，比上年增长 5.81%。

**表 1　　2022 年中国黄金集团有限公司主要经济指标**

| 项　目 | 2021 年 | 2022 年 | 比上年增长（%） |
|---|---|---|---|
| 资产总额（亿元） | 1122.13 | 1132.25 | 0.90 |
| 所有者权益（亿元） | 462.15 | 476.04 | 3.00 |
| 营业收入（亿元） | 1196.13 | 1171.41 | −2.07 |
| 利润总额（亿元） | 43.15 | 44.88 | 4.02 |
| 净利润（亿元） | 30.80 | 34.01 | 10.44 |
| 归属于母公司所有者的净利润（亿元） | 5.52 | 6.44 | 16.57 |
| 技术开发投入（亿元） | 22.84 | 30.50 | 33.58 |
| 利税总额（亿元） | 83.82 | 83.95 | 0.15 |
| 应交税金总额（亿元） | 7.18 | 7.42 | 3.36 |
| 全员劳动生产率[万元/（人·年）] | 38.97 | 41.37 | 6.15 |
| 净资产收益率（%） | 6.74 | 7.25 | 增加 0.51 个百分点 |
| 总资产报酬率（%） | 5.42 | 5.46 | 增加 0.04 个百分点 |
| 国有资本保值增值率（%） | 102.75 | — | — |

**【改革发展】** 一是国企改革三年行动实现高质量收官。2022 年，全集团 67 项改革任务全面完成，178 条改革举措全部落实，国务院国资委 11 项重点改革工作全部高质量完成，在 2022 年国企改革三年行动综合评估中获评 B 级。中金珠宝、西藏华泰龙在国务院国资委“双百企业”综合评估中被评为“优秀”；中金建设、长春黄金设计院在“科改示范企业”综合评估中被评为“良好”；中金辐照入选国务院国资委“国有企业公司治理示范企业”名单，是辐照行业唯一一家获此殊荣企业。二是三项制度改革向纵深推进。持

续推动“能上能下”成为常态。完成对7个部门中层岗位、36个处级管理岗位公开竞聘，总部60名处级以上管理岗位人员平均年龄37.97岁，硕士以上人员占比超过85%；完成总部员工双向选择工作，实现人岗优化组合。拓宽人才通道，激发企业发展活力动力。制定《“十四五”优秀年轻领导人员队伍建设实施方案》，持续完善年轻领导人员人选储备、培养锻炼、选拔使用、管理监督、责任考核“五个机制”。建立全级次人才库体系，实施“金蕾、金石、金英、金智”四个人才培养计划，逐级搭建起完备的干部队伍人才梯队。持续优化薪酬分配机制。实行向关键岗位、高层次人才、科研骨干、高技能人才倾斜的分配政策，创造条件提供具有市场竞争力薪酬。经营业绩考核体系持续完善。建立健全以“分级考核、政策指导、重点协调”为核心的考核体系，按照利润中心、成本中心、功能中心和特殊企业四大类，分别设置考核指标。三是新一轮布局优化和结构调整加快推进。集团总部定位“决策、运营、管控”三大中心，顶层设计日趋完善。组建新中金地质，进一步增强地质勘查技术力量。打造资产公司成为专业资产处置平台，为盘活低效无效资产和可持续发展提供有力支撑。中金贸易着力打造金铜原料进口平台，同亚、非、欧等国多家原料经销商签署70多万吨进口金铜原料采购框架协议，实现年营业收入420亿元，比上年增长15%。中金建设坚持回归矿业主业，全年累计签约合同额49.2亿元，集团内主业合同额26.3亿元，占比53.46%。中金科创基地正式全面启用，14家企业500多名员工入驻，为高效盘活资产、打造产业集群优势迈出坚实一步。四是扭亏治理和低效无效资产处置有力推进。按照处置退出、扭亏控亏、基建孵化、监控调整四个类别，全力推动亏损治理，亏损企业比上年减少8户；亏损额比上年减少7.9亿元，亏损面比上年减少3.62个百分点。五是积极完善矿业权合规管理工作。22户企业完成权证办理39项。贵州锦丰、辽宁排山楼、内蒙古太平等9家企业提前完成19项权证办理。全年完成矿业权延续36宗，面积217.08平方千米；探矿权新立1宗，面积1.55平方千米。

**【重大项目】** 2022年，中国黄金重点项目建设取得积极进展。全年完成投资21.65亿元。其中，新建项目投资15.66亿元，续建项目投资5.99亿元；境内项目投资20.20亿元，境外项目投资1.45亿元。山东纱岭项目按下“加速键”，四证齐全，为项目依法合规建设提供有力保障。主井落底，成井深度1551.8米，创下亚洲竖井一次性掘砌成井最深纪录。中原矿业夜长坪项目合规建设取得重大进展，项目矿区列入国家规划矿区，卢氏县同步组织调整县主体功能区划方案，为获批后启动项目建设扫除最大障碍。

**【走向海外】** 2022年，中国黄金坚决贯彻中央“走出去”的方针政策，紧跟“一带一路”倡议步伐，在全球范围内合理获取和开发优质黄金及有色矿产资源，坚持绿色开发，加强创新驱动，实现高质量发展。截至2022年底，中国黄金有境外企业26家，分布于北美洲、亚洲、非洲、大洋洲等地。中金国际连续两年实现分红，总额比上年增长108%，2022年3月中金国际重回恒生综合指数并进入深港通名单，得到投资者和市场的高度认可。

2022年，海外矿山克服重重困难，主动作为，顺利完成年度生产目标。非洲刚果(布)索瑞米铜铅锌矿克服硫磺采购困境，建成三期尾矿库，维持正常生产经营，年产铜9012吨、锌1.18万吨，顺利完成年度生产目标。吉尔吉斯库鲁捷盖列特铜金矿组织更有实力的采矿施工队伍进场施工，切实提高供矿能力，经营形势明显好转。布丘克金矿停工三年后，成功实现复工。克鲁奇公司在俄乌冲突的不利环境下，积极推进资源储量更新备案、可研优化选矿试验、项目基建审批手续等事宜。

**【重大创新】** 2022年，中国黄金新增省部级以上科技奖励19项，获得专利183件，制定技术标准3项，位居黄金行业第一，15项先进适用技术成功入选自然资源部《矿产资源节约和综合利用先进适用技术目录(2022年)》；1项技术成功入选《2022年中央企业绿色低碳实践案例集》。高海拔高寒地区地下金属矿大规模绿色开采技术与应用项目获得中国黄金协会科学技术特等奖，为西藏地区地下开采提供良好示范。围绕打造黄金行业原创技术策源地，聚焦薄矿脉矿产资源开采、高寒及生态脆弱区资源开发等方向，积极申报并成功参加“十四五”国家重点研发计划项目(课题)6项，获批国拨资金924万元。“黄金行业氰渣安全低碳利用技术及装备研发”入选国务院国资委“1025专项”二期攻坚工程。

**【党建工作】** 2022年，中国黄金以学习宣传贯彻党的二十大精神为强大动力，推动党的领导、党的建设不断走深走实，切实把党建的政治优势转化为改革发展的制胜优势。强化政治导向，确保正确政治方向。将学习习近平新时代中国特色社会主义思想固化为党委会“第一议题”，全年累计学习“第一议题”25项。高标准、高质量开展“建功新时代、喜迎二十大”习近平总书记重要指示批示精神再学习再落实再提升活动。扎实做好迎接和学习宣传贯彻党的二十大精神各项工作。党的二十大召开前，高标准组织完成推荐党的二十大代表及选举中央企业（在京）党代会代表工作。党的二十大召开后，第一时间全面系统传达学习党的二十大精神，深入研究贯彻落实举措。围绕党的二十大报告中提出的高质量发展、能源资源安全等部署要求，深入学习研讨、制定工作举措、强化责任落实。推动党建工作与生产经营深度融合。坚持把业务工作难点作为党建工作重点，把党的领导、党的建设全方位融入国企改革三年行动、提质增效专项行动，融入资源并购、科技创新、人才培养、风险防范全过程，持续推动党建工作与生产经营目标衔接、过程融合、落实同步。全面推进“一切工作到支部”，在工程项目、科研一线充分发挥党员先锋模范带头作用，将党的政治优势、组织优势更好转化为行动优势。一体推进“三不腐”，筑牢拒腐防变的“防洪堤”。持之以恒正风肃纪反腐。坚持无禁区、全覆盖、零容忍，连续4年实现问题线索“零暂存”。制定印发《内部公务活动禁止饮酒规定》，确保作风改进规范化、常态化、长效化。充分运用监督执纪“四种形态”。坚定不移纠治“四风”。坚决扛起巡视整改主体责任，高质量推进巡视巡察“全覆盖”。统筹推动国务院国资委党委巡视反馈问题整改，132条整改措施按期完成整改106条，整改完成率80.3%，整改工作取得阶段性成效，并形成长效机制。内部巡视巡察取得阶段性成效，党的十九大以来，累计完成95家企业党组织的巡视巡察工作（其中，集团层面常规巡视35家、提级巡视12家；二级企业巡察48家），实现十九届中央任期内巡视巡察全覆盖。

**【信息化与数字化建设】** 2022年，中国黄金围绕“十四五”战略发展目标，以信息化手段提升综合管理水平，以数字化转型推进生产方式现代化。一是夯实集团管控系统建设。统一建设生产管控平台和尾矿库智在线监测系统，实现地、测、采、安等生产管理全流程线上管控。二是持续推进智能矿山建设。率先应用无人机进行尾矿库巡检和三维实景建模，提高安全环保监测水平和重大风险管控能力；通过覆盖全矿区的独立5G专网，建设独立数据中心、全三维综合信息管理平台、井下远程台车控制系统。完成“5G＋无人驾驶，智能配矿行车”项目，通过建设ERP系统，实现主要生产过程的业财融合。三是持续推进数字化转型。搭建企业数字化核心智能平台，有序驱动珠宝零售、工程建设、大宗贸易、辐照加工、行业传媒等平台行业的数字化转型。

**【履行社会责任】** 一是以更大力度持续推动乡村振兴。不断加大对河南省新蔡县、贵州省贞丰县帮扶投入力度，追加支持帮扶专项资金809万元，集团公司定点帮扶考核连续3年获评第一等次“好”。三门峡黄金工业学校连续六年举办宏志班，培养500多名定点县困难家庭学生，为社会输送300多名技能就业人才。二是以使命担当坚决投身疫情防控。面对多轮疫情反复，所属企业干部职工在保生产、保安全的前提下，冲锋在第一线、坚守在最前沿。在西藏自治区疫情最严重、最危急的时刻，西藏华泰龙率先向自治区捐款捐物折合人民币超过1000万元，得到自治区人民政府、国务院国资委和社会各界的高度肯定，彰显中央企业的使命和担当。

（撰稿人：毛佳文）

## 中国广核集团有限公司

**【基本概况】** 2022年，中国广核集团有限公司（以下简称集团）坚持以习近平新时代中国特色社会主义思想为指导，以学习宣传贯彻党的二十大精神为主线，坚决贯彻党中央、国务院决策部署，落实国务院国资委工作要求，深入践行“严慎细实”工作作风，严守核安全，开拓创新，团结奋进，圆满完成系列重大保电保供任务，全面实现关键业绩指标。总资产超过9000亿元，在运总装机超过7800万千瓦，在国务院国资委经营业绩考核中连续9年获评A级，党建责任制考核首次获评A级，综合效益稳居央企前列。

**【主要指标】** 2022年，集团实现营业收入1369.80亿元、利润总额268.98亿元、净利润208.15亿元，分别比上年增长12.83%、12.62%、8.19%，较好地完成年度预算目标。国有资本保值增值率106.36%，较好地实现国有资本保值增值。

**表1　2022年中国广核集团有限公司主要经济指标**

| 项　目 | 2021年 | 2022年 | 比上年增长(%) |
|---|---|---|---|
| 资产总额(亿元) | 8479.82 | 9126.58 | 7.63 |
| 所有者权益(亿元) | 2799.77 | 2897.65 | 3.50 |
| 营业收入(亿元) | 1213.99 | 1369.80 | 12.83 |
| 利润总额(亿元) | 238.84 | 268.98 | 12.62 |
| 净利润(亿元) | 192.40 | 208.15 | 8.19 |
| 归属于母公司所有者的净利润(亿元) | 85.09 | 97.38 | 14.44 |
| 技术开发投入(亿元) | 41.54 | 51.64 | 24.31 |
| 利税总额(亿元) | 318.85 | 362.64 | 13.73 |
| 应交税金总额(亿元) | 132.57 | 161.66 | 21.94 |
| 全员劳动生产率[万元/(人·年)] | 165.02 | 186.85 | 13.23 |
| 净资产收益率(%) | 7.39 | 7.29 | 减少0.10个百分点 |
| 总资产报酬率(%) | 4.76 | 4.80 | 增加0.04个百分点 |
| 国有资本保值增值率(%) | 115.13 | 106.36 | 减少8.77个百分点 |

**【改革发展】** 产权管理方面。2022年，集团以国有资本投资公司试点精神为指引，充分发挥产权的“基础性、枢纽性、战略性”作用，着力解决集团产权与管理权不一致导致责权利不对等、产业发展主体责任难以落实等体制机制问题，统筹推进优化产业布局结构和产权与管理权关系，先后完成能源公司产权理顺，解决能之汇公司一次性亏损问题；实现数字化、科技型环保产业的产权与管理关系调整；激活产业公司经营活力；理顺壳公司管理关系和托管关系，明确管理主体责任。为进一步优化集团非生产性不动产权属关系，提高资产使用效率，结合“一总部、两基地”等战略布局，制定集团非生产性不动产权属理顺方案。集团根据国务院国资委统一部署，组织开展法人“压减”工作“回头看”专项行动，结合此次法人“压减”专项任务的要求，中广核针对法人层级超过10级的链条、层级≥6级的法人、非主业、空壳、新能源、SPV、非正常经营的“双零”企业进行系统梳理，制定《集团法人压减三年滚动计划(2022—2024年)》，计划三年累计压减不少于151户法人。为有效保障集团参股投资需要，持续强化参股管理、不断提升参股经营投资水平，集团制定《集团参股投资管理办法》，重点从依法履行股东权责、注重参股投资回报、严格财务监管、规范产权管理、规范字号等无形资产使用、加强领导人员兼职管理等方面提出针对性措施。

国企改革“双百行动”、国企改革三年行动方面。集团国企改革三年行动按期高质量收官，集团管理体系得到全面重塑，市场化经营机制持续深化，有力推动集团高质量发展。一是中国特色现代企业制度建设取得明显成效。全面实现董事会应建尽建、外部董事占多数，梳理优化173家应建范围外的子企业董事会，系统建成“一章三表三细则”制度体系，各治理主体的责权边界更加清晰明确。打造新“三型”总部，实现集团总部机构、人员、管控事项“三个减半”，总部管控效能显著提升。二是产业布局优化和结构调整取得明显成效。总结过往发展经验，打造“6+1”产业体系，更好地服务国家发展战略。全面理顺各产业的产权关系和管理关系，构建与“6+1”产业相适应的资产布局，实现产权清晰、责权明确。三是在提高活力和效率上取得明显成效。管理干部公开选拔成为常态，公开竞聘比例超过50%，多名“80后”年轻干部走上二级公司总经理等重要岗位。三项制度改革向纵深推进，“干部能下、员工能出”比例较改革前提高5倍以上。中长期激励实现符合条件的企业全覆盖，年度兑现金额7000余万元。四是改革专项工程取得明显成效。集团下属8家“双百企业”“科改示范企业”真改实改、先行先试，形成一批可复制可推广的典型经验，在国务院国资委年度考核中获评3个“标杆”、5个“优秀”。

选人用人方面。坚持党管干部、党管人才原则，深化干部人才队伍建设，企业活力效率明显提升。各级领导班子建优配强。通过公开选拔、民主推荐、岗位交流等多种方式，全年选聘二级成员公司“董书法”、总经理近20人，提拔、交流其他班子成员近50人，实现谈心谈话、督促提醒全覆盖，领导班子结构更加合理。队伍能力素质加快提升。连续3年开展集团公司党委管理干部公开选拔，总部处长、成员公司管理岗位公开竞聘比例超过50%。优化干部考察体系，全年持续开展干部调研、考核、考察，个别访谈逾2000人次。充分发挥中广核党校党性教育主阵地作用，累计参训1.2万人次。建立全集团高潜人才库，遴选各类高潜管理人才。强化岗位练兵，大力培养优秀科研人才、技术人才和技能人才。全年培养核电站操纵员、高级操纵员140人，高级职称及以上人员600余人。全年招录高校毕业生约2400人，其中“985”“211”高校毕业生占50%，创近十年新高。

收入与分配方面。“三能改革”持续深化强化。全力推进成员公司经理层成员任期制和契约化管理工作。全集团各级子企业139家，经理层成员552人，实现经理层成员任期制和契约化管理100%全覆盖。实施经理层成员任期制和契约化的成员公司严格按照签订的业绩合同进行考核和兑现薪酬。为进一步推动各公司管理的规范化、科学化和精准化，制定管理规范并编制相应契约文本模板，在全集团树立“考核层层落实、责任层层传递、激励层层衔接”的管理机制。

集团按照突出重点、分步实施的原则，建立健全“批次推进机制、工作评估机制、定期报告机制、宣传监督机制”等实施策略，推动中长期激励方案落地，将员工利益与企业发展深度捆绑，实现“风险共担、收益共享”。上市公司股权激励方面，中广核技股权激励方案正式获批，中广核矿业股权激励方案完成内部审批。优先面向科研单位和科研人员开展中长期激励，在苏州院、设计院、广利核、新能源科技公司4家所属企业实施岗位分红，在核技术公司下属久源、达胜公司2家企业实施项目收益分红，覆盖核心科研人员约560人。2022年首次兑现设计院、广利核分红激励，激励对象约350人。

核安全管理方面。安质环态势稳中向好。扎实推进安全生产专项整治三年行动全面收官，实现“两个杜绝、六个零”。圆满完成冬奥会、冬残奥会、党的二十大期间重大保电任务。领导班子成员带队开展安全生产大检查，安质环异常事件数量同比下降。核电工程20万工时事故事件率呈持续下降趋势，阳江核电雨污分流进入施工阶段，海上风电安质环水平明显改善，网络安全持续强化。生产运营业绩稳中有进。在运核电机组79.2%的WANO指标达到世界先进值。CPR机组平均能力因子93.6%，连续5年达到WANO先进值。全年完成大修19次，CPR机组年度大修平均工期26.2天，创历史最好水平。岭澳1号机连续安全运行近6000天，继续刷新世界纪录，大亚湾基地率先平稳完成中系运行技术规范书切换。狠抓境内外新能源设备健康管理，着力推进德令哈光热示范项目技术改进，跻身行业领先水平，境外新能源项目全部发电设备非计划停机率创近3年最好水平。

**【重大项目】** 重大项目进展方面。核电工程建设总体顺利。华龙一号示范项目首台机组(防城港3号机组)高质量商运，实现机组启动期间零非计划停机停堆、零人员伤害、零重要设备损害、零人因调试失误，首堆试验全部合格、各项参数完全符合设计要求，实现三代机组装料至商运的最优工期，4号机组完成冷试；太平岭1号机组开展主管道焊接，2号机组完成穹顶吊装，全面转入安装阶段；三澳1号机组实现22.1个月穹顶吊装，创三代核电穹顶吊装最优工期。陆丰项目5号机组按期高质量FCD。非核项目建设取得积极进展。境内新能源全年投运721万千瓦，总装机容量超过3500万千瓦。兴安盟一期成为我国第一批风光大基地首个投运项目，并获得国内新能源行业首个国际项目管理大奖。全国最大的平价海上风电汕尾甲子项目全面建成，全国首个与海洋牧场融合发展试验项目烟台莱州海上风电实现并网。核技术

A+业务在垃圾渗滤液和化工污水处理领域实现突破，广西乐业项目建成投产，四川绵阳、山东菏泽项目竣工试运行。环保产业枝江污水处理二期项目和兴安盟生物质项目完成主体工程。

对外投资与经营方面。集团积极落实《集团深化改革三年行动实施方案(2020—2022年)》中关于亏损企业治理的有关要求，深入开展亏损企业治理工作，指导成员公司对亏损企业的亏损情况和亏损原因进行逐户分析，“一企一策”制定年度减亏措施。全年实现亏损户数比上年减少25户，亏损面比上年下降3.1个百分点。

并购重组方面。2022年，集团围绕“十四五”各产业发展战略目标，结合市场环境情况，重点在新能源、环保产业领域开展投资并购，截至2022年底完成12个项目交割，经营效益情况均满足集团对相关产业的要求。在新能源项目并购方面，围绕“双碳”目标下的清洁能源发展机遇，抢抓新能源行业整合机遇，围绕“双碳”目标下的清洁能源发展机遇，抢抓市场机会，以并购带动集团新能源产业规模效益同步提升，全年累计交割并购项目9个、规模82.88万千瓦，包括风电项目76.88万千瓦、光伏项目6万千瓦。在环保产业项目并购方面，重点围绕城市供排水领域优质企业及项目包，采用并购的方式快速占领市场，全年完成3个项目交割，项目合计规模13万吨/日。

2022年，集团严格落实国企改革三年行动要求，始终坚持以高质量发展为导向，积极推进“两非”“两资”剥离处置工作，持续“瘦身健体”，有效推动各类资源要素向优势产业集中，对照国务院国资委完成标准，86项“两非”剥离任务和62项“两资”处置任务均全部完成，集团产业布局进一步优化、财务健康水平进一步提升。

科技研发方面。2022年，集团按照“三位一体”总体布局，面向核能领域前瞻性技术，继续实施华龙一号、铅铋快堆、小型压水堆、燃料、智能核电“五大战略专项”，突破一批关键核心技术，掌握未来先进生产力，总体进展符合预期。为解决“卡脖子”问题，全力攻克自主化专项，实现核电领域关键核心设备全面自主可控，掌握自身发展主动权。为提升生产、工程经营业绩，支撑产业发展，大力实施尖峰计划，取得一系列成果。

国家科研项目方面。各类项目整体进展顺利，其中，“电子束处理环境污染的关键技术装备研发及产业化推广示范”“医疗废物辐照应急处理科技示范装置”“冷链食品外包装表面新冠病毒的电子束辐照灭活新技术及装置”3个核能开发项目顺利通过国防科工局组织的验收，评价结果均为“优秀”。集团首个定向国家重点研发计划“智能机器人”重点专项项目获得工业和信息化部立项。

**【走向海外】** 海外核电开发方面。集团积极推进国际合作，多方面、多渠道、多形式保持同各方密切合作。2022年，积极参加国家能源局组织的国际核能合作框架(IFNEC)会议，包括IFNEC秘书处组织的网络研讨会及IFNEC相关的工作会议；持续推荐并完成各目标市场国核电人员参加清华大学核电工程与管理国际人才培养专业硕士学位(TUNEM)项目的联合培养工作；参加第19届中国—东盟博览会。集团坚持国际化战略不动摇，按照国家有关部署，努力推进东南亚、中东欧等传统重点核能市场开发工作，与相关国家合作伙伴保持持续稳定的交流和联系，确保集团在相关区域核能市场持续保持影响力。大力加强内部协同，不断探索和扩大与外部伙伴的合作领域，全面跟踪西亚、中亚、非洲和南美等潜在市场动态，认真开展市场研究和前期开发，积极寻求合作机会，为后疫情时期国际核能市场开发奠定坚实的基础。

核燃料保障方面。2022年，集团斯科公司汇总历年来在纳米比亚践行的良好实践，积极向国际传播发展中心联合国务院国资委新闻中心、人民日报社国际部和中国外文局文化传播中心共同发起的“2022(第五届)中国企业国际形象建设案例征集活动”申报案例《湖山铀矿，以属地化发展实现共赢共融》，并成功被评为“共促全球发展类”优秀案例。斯科公司湖山铀矿项目位于纳米比亚中西部的纳米布沙漠地区，资源储量约29.3万吨，列世界第三位，是中广核自主投资、建设和管理运行的特大型铀矿，也是中国在非洲最大的实体投资项目。作为“一带一路”的重大项目，湖山铀矿的建设成为全球大宗商品市场不景气背景下纳米比亚经济的一个亮点，为纳米比亚带去巨大的经济和社会效益。

海外非核清洁能源开发方面。2022年，全球通胀高企、供应链受阻、利率水平上升和新兴市场货币贬值等问题尤为突出，导致境外投资压力倍增。面对不利变化，中广核能源国际审慎决策，着力向绿地发展转型，聚焦东南亚、南亚、南美等重点区域，开拓中东、北非、南非等新区域，推动实现多个绿地大项目、新项目落地，绿地转型发展取得突破。全年新增在运、在建和绿地储备项目装机规模在中央企业同行中排名前列。2月28日，中广核能源国际下属埃德拉公司投资建设的东南亚最大联合循环燃气发电项目马六甲电站全面建成投产，创造1400万工时无安全事故纪录，投资结余率2.5%。投产以来，马六甲电站成为马来西亚发电效率最高、调度次序最优的明星电站。10月17日，中广核能源国际与老挝政府签署老挝北部500万千瓦开发项目排他性谅解备忘录，是老挝规模最大的能源投资项目，迈出中广核能源国际绿地转型发展里程碑的一步。12月7日，中广核能源国际与沙特AlJomaih集团签署框架合作协议，携手在多个国家合作开发约1500万千瓦能源项目。12月14日，在菲律宾总统马科斯出访中国前夕，中广核能源国际与菲律宾Century Peak公司签署200万千瓦清洁能源项目开发合作协议。12月30日，中广核韩国大山二期55.7万千瓦燃气发电项目顺利通过投资决策审批，标志着大山二期项目正式落地，迈出在韩业务自我滚动发展的重要一步。

**【重大创新】** 技术创新方面。2022年，集团申请专利1899件，获得授权专利1221件，获得中国专利银奖2项、中国专利优秀奖6项，获得省部级、全国性行业协会科技奖60余项。其中，“核电厂LOCA工况下碎片源项对堆芯冷却影响关键技术研究及产业化”获得广东省科技进步奖二等奖，“百万千瓦级商运核电站乏燃料水池密集贮存关键技术及应用”获得深圳市科技进步奖一等奖，“激光去污技术在核设施放射性去污中的工程应用”获得中国能源研究会能源创新奖一等奖。

管理创新方面。打造差异化授权体系，全面落实子企业董事会职权。2022年，集团积极探索“核安全管理+治理管控”特色管控模式，总部对核能安全生产实施穿透式管理，确保核安全万无一失，对公司治理事项实施以资本为纽带、股权为基础的治理型管控，全面落实董事会职权。集团总部原则上只保留作为出资人依法行使的股东职权以及按照《核安全法》要求履行核安全责任所需的相应职权，总部保留的股东权利事项减少至40项以内。依据总部提级管控要求，聚焦投资管理、资产管理、财务管理等方面确定9项差异化授权事项，按照“一类一策、一企一策”原则，授予子企业不同的决策额度，稳步推进对子企业的差异化授权。建立授权动态调整机制，设立考核评价指标26项，从经营环境、治理水平、风险防控、企业竞争力，以及经营目标完成情况、项目决策过程情况等维度对成员公司开展授权管理评价和动态调整，实现“干得越好授权越大”，鼓励子企业董事会担当作为，有效激发子企业经营活力。

攻坚克难，建成自主研发设计的集团审计信息系统一体化平台。以“科技强审”为引领，以“开拓创新”为驱动，以“自主可控”为原则，结合审计领域的新理念、新技术、新方法，集中优势资源建立集团首个审计信息系统一体化平台。该平台包括审计计划、审计项目、审计报表以及审计档案等16个具体管理功能以及涵盖财务管理、合同采购、“三重一大”等重要或关键领域审计数据分析模型71个，实现审计的规范化、标准化、自动化、智能化，进一步增强审计“防未病”“治已病”能力。

**【党建工作】** 2022年，集团党的政治建设全面加强。集团把学习宣传贯彻党的二十大精神作为当前和此后一个时期的首要政治任务，成立领导小组和四个巡回指导组，迅速集中研讨，迅速动员部署，迅速组织宣讲。集团领导班子先学一步、学深一层，赴成员公司、党建业务联系点、所在党支部讲授党课22次，实现动员部署100%全覆盖、理论学习100%全覆盖。集团公司和二级公司党委开展“第一议题”学习644次，按照“有学习研讨、有贯彻落实、有督导推动、有跟踪问效”要求，确保中央各项要求在集团落地生根。落实“一把手抓一把手”制度，与二级成员公司“一把手”谈心谈话实现全覆盖。党的三基建设和宣传阵地建设持续强化。健全党的基本制度建设，以高质量党建引领保障高质量发展。组织召开集团公司第一次党员代表大会、集团公司直属党员大会。成立1078

支党员攻坚队，在最吃劲的岗位建功立业。强化党建带团建，实施“青马工程”，扎实提升青年精神素养。大力选树先进典型，充分发挥模范人物引领作用。进一步加强统战工作。强化意识形态和舆论阵地建设，加强品牌宣传，精准预警、稳妥化解相关舆情风险。全面从严治党引领保障作用有效发挥。以高度的自我革命精神纵深推进全面从严治党，严肃查处一批重特大案件。深入开展纪律教育学习月活动，用身边事教育警醒身边人，效果获驻国务院国资委纪检监察组领导肯定。加强反腐败协调小组工作职能，紧盯重点领域冲锋发力，巡视利剑作用更加彰显，国务院国资委党委巡视整改任务完成率 99%。

**【信息化与数字化建设】** 2022 年是集团构建“6＋1”(核能、核燃料、新能源、非动力核技术、数字化、科技型环保、产业金融及其他)产业格局的第一个完整年，是集团数字化转型工作的开局之年。围绕治理数字化、产业数字化、数字化产业、基础建设等方面，集团多措并举，谋创新、抓落实，推动数字化和网络安全各项工作有序推进，取得良好成效。一是完成集团数字化顶层设计，提升治理数字化水平。集团牵头组织召开数字经济、产业转型升级等系列专题工作会议，明确集团发展数字经济的总体思路，同时通过编制集团及各产业数字化转型实施方案及行动计划等顶层文件，为集团数字化发展提供指引。二是盘用结合、以用促治，搭建数据治理“四梁八柱”。部署集团数据治理专项行动，组织召开集团数据治理务虚会及专项启动推进会，促进集团公司各职能部门及各成员公司一把手充分认识数据治理的重要性、必要性和迫切性，夯实主体责任，形成数据治理架构蓝图等顶层设计。以人力资源数据治理先导示范项目为依托，统筹开展数据治理先导示范，为集团后续的数据治理工作奠定良好基础。三是持续完善国资监管平台，实现集团统一监管数字化。对标国资监管数据标准，持续完善国资监管平台建设。按照总体部署，完成国资监管信创通道改造，打通监管数据传输通道，实现与国务院国资委机关系统对接，支持内部大监督体系的运作。对标国资监管数据标准，持续完善集团国资监管指标体系与标准，通过数字化手段准确提供监管数据，满足国务院国资委有关系统建设和运行要求。加强核能产业数字化监管，优化应急数据的汇聚与监管平台，谋划集团级应急环境风险及指挥中心的数字化平台建设。全面推进经营管控领域数字化转型，聚焦党建、审计、环境风险、法务管理等业务，开展数字化创新应用及场景库建设，完成一批集团统筹的重要业务领域的数字化智慧工程。四是加快推进产业数字化进程，赋能产业转型升级。按照“场景×数据×技术”的数字化融合推进方法体系，推动各产业聚焦业务难点与痛点问题开展转型升级工作。完成集团首个集装箱数据中心落地，实现设计和建造成本降低 40%，交付时间缩短 90%，实现核电关键敏感部件数字化，聚焦 CRF 泵，完成电子履历、可靠性模型、状态监测一体化、智能监测功能模块群厂上线以及健康评估功能模块基本落地，实现全寿期精准运维管理。实现智能 AR 头盔项目检修，首次在核电领域利用工业元宇宙技术，实现核电现场检修、设备巡检、备件验收、工程建设等工作的变革，有效提升核电现场工作效率 30%～50%。建设大修数字化作业平台，实现大修技术支持中心、安全管理系统、人员管理系统和检修数据管理系统的上线投运，并在阳江 404 大修完成试点应用，实现大修管理更深层次的可知、可视、可控。建设核燃料联运监控与应急指挥系统，建成全国首个覆盖公海铁多式联运全过程的运输监控系统，提升运输途中风险排查和应急处置能力，可实现自动识别货包在运输途中出现的异常情况并发出警报，及时发现运输途中的潜在风险，保障运输活动全程受控。实现新能源领域集控全覆盖接入，提升安全智能监管水平。建设辐照运营数字化平台，管理辐照生产流程中客户、产品、工艺控制等信息，实现辐照业务管理流程标准化。搭建智慧危废环保管家平台，融合物联网、大数据、云计算等技术，叠加数字孪生技术，构建集产生、收储、转运、处置于一体的智慧管控平台，实现对集团内部危废的集约化管理。五是发展数字化产业，探索数字化发展新模式。作为集团数字化整体解决方案的提供商和服务商，数字化产业平台聚焦清洁能源领域，通过自动化、数字化、智能化技术，构建清洁能源工业互联网平台，打造端到端、全范围、全生命周期的行业解决方案，致力实现向高可靠领域跨行业跨领域发展。在服务各产业发展的过程中，不断培育核心能力与核心产品，加强产业协同，初步梳理形成核心产品与能力，发布鹭安码、和睦安视等一批数字化产品，大力开展自主创新和技术研发。六是建立健全配套机制，打造集团数字化生态圈。审定集团数字化项目投资管理办法，打通计划与投资链条，落实数字化项目评审的全面执行，规范数字化项目建设；推动关于数字化人才序列建设，促进数字化人才培养；完善集团“四位一体”科研管理体系，补齐数字化转型科研拼图，通过科研机制进一步促进数字化专项的落地；充分借助行业细分领域头部企业的技术优势，聚焦新技术研究与应用，探索与头部企业及高等院校的合作，初步构建大湾区产学研融合发展的数字化生态。七是守住网络安全底线，进一步筑牢网络安全防护体系。全力做好北京冬奥会、党的二十大等重要时期网络安全保障，精心组织、周密部署，圆满完成各项保障任务，全年未发生重大网络安全事件，相关工作获得国务院国资委认可和表扬。高质量完成国家网络攻防实战演习，实现演习成绩争优的目标。加强关键信息基础设施安全保护，批准发布《集团关键信息基础设施安全保护管理规定》，压实安全保护主体责任，有效提升集团关键信息基础设施的网络安全防护水平。

**【履行社会责任】** 守护核安全方面。2022 年，集团 26 台在运核电机组保持安全稳定运行，群厂 79.2%的 WANO 指标进入世界先进水平，CPR 机组平均能力因子 93.6%，连续 5 年达到 WANO 先进水平。岭澳核电 1 号机连续安全运行近 6000 天，不断刷新世界纪录。经过近 4 年精心准备，大亚湾核电基地率先完成中系技术规格书切换，标志着我国核电二代运行技术规范走出自主发展新路。红沿河核电 6 号机组实现高质量投产，中广核第九个核电基地陆丰项目顺利开工，全国最大平价海上风电汕尾甲子项目顺利投产，东南亚最大气电项目马来西亚 EMPP 电厂全面建成，中国南方原子能科学与技术创新中心开工建设。

能源保供方面。集团始终坚持“安全第一、质量第一、追求卓越”基本原则，按照党中央、国务院部署和上级单位要求，从“增量”“增发”“增质”三方面落实能源保供，以最高规格、最高标准、最严措施对保电工作进行全面细致部署，圆满完成党的二十大、冬奥会、冬残奥会等一系列重大专项保电任务。在能源保供关键时期，各在运机组能发尽发、多发满发，同步高质量推进辽宁红沿河核电、内蒙古兴安盟 300 万千瓦风电项目一期等重大项目落地，为经济社会发展和民生需求提供清洁能源保障。

助力“双碳”方面。集团充分发挥国家清洁能源发展主力军作用，高质量推进核能项目发展、积极抢占新能源前沿，持续为社会提供安全、可靠、清洁、经济的能源。2022 年，集团实现上网电量 3104 亿千瓦・时，比上年增加超过 124 亿千瓦・时。全年清洁能源上网电量对应减排二氧化碳超过 2.4 亿吨，环保效益相当于种植超过 6980 平方千米森林，为践行国家“双碳”战略和应对气候变化作出贡献。

生物多样性保护方面。集团秉持人类命运共同体理念，创新提出“共生、互生、再生”生态核电理念，探索出一条独具特色的“避免—减少—减缓—补偿”的阶梯形生物多样性保护实践路径，确保项目与周边自然环境和谐发展。“避免”即“科学规划，避免影响”。在生产运营全生命周期贯彻“避免”优先原则，做到对生物多样性负面扰动降至最低。尤其是涉及生物多样性保护重点区域的项目，坚持严格识别、严守红线、科学避让，尽可能避免对施工区域生物栖息地和物种多样性的影响。“减少”即“全面保护，减少扰动”。在生产运营中坚持开展生态环境和生物多样性监测，采取针对性措施保护陆地和海洋物种。“减缓”即“生产清洁能源，减缓气候变化”。发展企业优势，通过发展清洁能源助力能源结构向清洁、低碳转型。采取创新管理方式，降低运营过程能源消耗，提升能源使用效率，减缓气候变化对生物多样性的潜在风险。“补偿”即“生态补偿，提升丰度”。在项目建设和运营过程中，通过人工修复、技术修复、植被补偿和动物补偿等措施，对生态环境进行主动修复和补偿，确保当地的生物多样性水平不降低，甚至实现生物多样性丰度的提升。

透明沟通方面。集团始终遵循“透明之道”特色公众沟通工作体系，不断创新与利益相关方的沟通形式，加强信息公开，开展公众沟通活动，致力于社会各界构建互动互信、和谐友好的关系。2022 年 8 月 7 日至11月30日，集团开展以“绿色发展　双碳必达”为主题的万名志愿者清洁能源科普行活动。在近4个月内，策划举办十大系列300余场次科普活动，将绿色低碳生活理念融入每个人的日常生活中，汇聚起实现“双碳”目标的磅礴力量。

乡村振兴方面。集团坚持“扶志、扶智、扶技”相结合，持续推动产业发展和乡村振兴深度融合。2022年，集团充分发挥电子束处理特种废物技术的优势，解决乐业县垃圾渗滤液治理难题；百色电子束农产品保鲜产业帮扶项目累计开展10余种农副产品保鲜工艺研究，为周边200千米范围农户超过200吨农副产品提供服务，入选国家乡村振兴局首批社会帮扶典型案例；乐业风电项目一期实现首次分红，63个村分红458万元，平均每个村集体增收超过7万元，成功入选第三届全球最佳减贫案例。集团连续4年在中央单位定点帮扶成效考核中获评“好”。

社区发展方面。集团始终秉持“建设一个项目、带动一方经济、造福一方百姓”理念，时刻不忘回报社会和帮扶周边社区发展，实现周边社区与业务发展深度融合。2022年3月，集团响应深圳市政府号召，组建18人青年突击队星夜驰援深圳疫情防控，动员3000余名志愿者开展270余次战疫保供服务，受到《人民日报》等广泛报道和地方政府表扬。苍南核电与苍南县人民政府签订交通项目合作补充协议，出资20.5亿元支持地方灵沙公路、228国道等交通建设。防城港核电积极协调资源，让光坡镇大坡社区主干道上亮起21盏柱式LED太阳能路灯。集团投入资金70余万元，协调支持资金800万元，对黄石市吴东城村进行高标准农田、路桥改造建设，让乡村道路焕然一新。

责任传播方面。2022年在《学习时报》刊发两篇党委书记署名文章，全年获《人民日报》、新华社等国内外主流媒体报道6000余篇次，4次登上央视《新闻联播》。提炼“安全、绿色、担当”品牌内涵，精心录制“强国担当·国资央企通识课”，传播量超过5100万人次，品牌辨识度和影响力持续提升。提炼形成集团使命引领、透明驱动型NICER社会责任管理模式，编制发布第11份企业社会责任报告，全面彰显集团责任担当企业形象。组织上万名志愿者在全国近20个省（自治区、直辖市）及欧、非、南美等国家开展300余场科普活动，全网曝光量1.5亿人次，清洁能源科普不断深化。海外社交账号总阅读量5000万人次，TikTok账号获得中国企业国际形象建设创新奖。

员工关爱方面。集团持续推进“我为群众办实事”实践活动常态化长效化，团结奋斗合力有效凝聚。2022年，统筹开展100余场员工荣退活动，开展30余场次青年员工交友联谊，因地制宜举办员工子女暑期夏令营，走进项目现场为基层一线职工“送清凉”，全年办成969件实事好事，基层反映突出的急难愁盼问题逐步解决，员工获得感、幸福感、安全感大幅提升。

（撰稿人：王　爽）

# 中国华录集团有限公司

**【基本概况】** 2022年，面对内外部经济下行矛盾更加突出等多种不利因素影响，中国华录集团有限公司（以下简称华录集团）不断加大防风险、强改革、促转型工作力度，为稳增长保发展创造积极条件。全年实现营业收入43.12亿元，利润总额1.14亿元，净利润6597万元。2022年，华录集团积极融入国家创新发展规划，有力承担国家重点科研课题，持续加大光存储核心关键技术攻关，保持高水平研发力度，研发经费投入强度9.67%，高于行业优秀水平2.97个百分点。

**【主要指标】**

**表1　2022年中国华录集团有限公司主要经济指标**

| 指　标 | 2021年 | 2022年 | 比上年增长（%） |
|---|---|---|---|
| 资产总额（亿元） | 233.84 | 225.85 | －3.42 |
| 所有者权益（亿元） | 107.44 | 101.61 | －5.43 |
| 营业收入（亿元） | 52.74 | 43.12 | －18.24 |

续表

| 指　标 | 2021 年 | 2022 年 | 比上年增长(%) |
|---|---|---|---|
| 利润总额(亿元) | 0.89 | 1.14 | 28.09 |
| 净利润(亿元) | 0.48 | 0.66 | 37.50 |
| 归属母公司所有者净利润(亿元) | 1.09 | 0.40 | －63.30 |
| 技术开发投入(亿元) | 5.24 | 4.25 | －18.89 |
| 利税总额(亿元) | 4.50 | 2.62 | －41.78 |
| 应缴税金总额(亿元) | 2.53 | 1.42 | －43.87 |
| 全员劳动生产率[万元/(人·年)] | 23.11 | 29.24 | 26.53 |
| 净资产收益率(%) | 0.45 | 0.63 | 增加 0.18 个百分点 |
| 总资产报酬率(%) | 1.66 | 1.39 | 减少 0.27 个百分点 |
| 国有资本保值增值率(%) | 101.00 | 95.50 | 减少 5.50 个百分点 |

**【改革发展】** 2022 年，华录集团严格落实国务院国资委有关决策部署，推动完成国企改革三年行动既定任务目标，为激发企业活力创造积极条件。集团及设置党委的二级企业全部制定前置研究讨论重大经营管理事项清单，重大经营管理事项严格按照清单要求执行，经党委前置研究后由董事会决策实施，或董事会授权总经理决策实施，各主体议事流程科学、规范，衔接运转顺畅有效。各级公司科学治理体系基本形成，截至 2022 年底，各级子企业董事会应建必建 100%，其中外部董事占多数的子企业占 100%，落实董事会 6 项职权的子企业占 100%，已建立董事会向经理层授权管理制度的子企业占 100%。坚持“三因三宜三不”原则，实施“一企一策”，成熟一个推进一个，截至 2022 年底，纳入合并报表的 50 家子企业中，混合所有制企业占比 73.5%。正常经营的子企业中，实现经理层任期制与契约化管理的各级子企业占比 100%，签订任期制与契约化管理协议的经理层成员占比 100%。市场化用工方面，员工公开招聘比例 100%，员工市场化退出比例 5.04%，管理人员退出比例 13.19%。对标世界一流工作取得显著进展，截至 2022 年底，集团公司层面 25 个重点任务 65 项措施工作成果均已达成，实现 100%完成工作清单目标，子公司层面全部子公司均 100%完成工作清单，易华录公司成功入选国务院国资委对标世界一流管理提升标杆企业，对标数据库管理系统一期建设完成，覆盖集团本部与重点子公司。

**【重大项目】** 2022 年，华录集团完成投资 98914.18 万元，比上年下降 58%。其中，固定资产投资 35391 万元，占总投资额的 35.78%，同比上升 23.84%；股权投资 63523.18 万元，占总投资额的 64.22%，同比下降 69.76%。进一步加强投资管控，防范投资风险，2022 年推动项目审核 22 项，全部召开现场投审会，其中，固定资产投资项目 2 项，股权投资 1 项，境外并购项目 1 项，其他分立、清算、转让类项目 18 项。积极规范和加强集团公司投资管理，落实集团公司加强投资管控要求，修订《中国华录集团有限公司投资管理办法》，对集团本部及子公司股权投资实行统筹管理，将投资项目审批权限收归集团公司，依法履行出资人职责，有效维护集团公司合法权益。

**【重大创新】** 2022 年，华录集团集中力量加强自主创新能力建设，不断提升技术创新驱动力。联合清华大学、华为公司等承担的 2022 年科技部研发计划 TB 光存储项目是公司首个牵头承担的国家重点研发计划项目。获批国家发展改革委产业化重点项目，华录集团相关企业成功入围工业和信息化部 2021 年度人工智能揭榜挂帅企业名单。加快推进 300G/500G 光存储产品供应链及核心关键件自主可控，完成 378 种零部件的本地化替代或储备，总完成度 81%。全年申请专利 153 件，其中发明专利 110 件，比上年增长 30.95%，发明专利申请数占申请专利总数的 71.90%，比上年增加 15 个百分点，获得授权专利 77 件，其中发明专利 14 件，首次实现光存储发明专利授权 1 件，专利申请质量进一步提升。不断加强技术标准化工作，参与 ITU－T SG 20 相关标准制定，截至 2022 年底，集团主持或参与制定的标准 42 项，其中国家标准 10 项、行业标准 18 项、团体标准 14 项，参与制定的《磁光电混合存储系统通用规范》《信息技术大数据面向分析的数据存储与检索技术要求》2 项国家标准正式发布，参与编制的国际标准 IEC SRD 63273《用例收集与分析：智慧城市的城市信息建模》通过 WG 2 工作组全会并形成 IEC SRD 63273 CD委员会草案。

**【走向海外】** 2022 年，华录集团积极践行“走出去”战略，按照培育具有全球竞争力的世界一流企业的目标，积极开拓海外市场，集团境外项目包括巴基斯坦拉合尔安全城市项目、埃塞俄比亚车驾管信息系统项目和白沙瓦智能交通项目。其中白沙瓦智能交通项目于 2022 年 11 月完成并通过验收，其他两个项目按计划推进中。白沙瓦智能交通项目是第一条覆盖整个白沙瓦的现代化交通系统，该项目规划建设四大系统，包括智能交通系统、票务系统、车站管理系统、共享单车系统，覆盖约 27 千米的主干道公路及 7 条总计 60 千米的直线公路，共计 31 个主干道站点，146 个支线站点，包括 220 辆公交车和其他附属设施，可同时满足上千名乘客的出行需求，每天可为约 34 万人提供安全舒适便利的出行服务。该项目采用绿色环保混合动力公交车，有效减少环境污染。项目建成后将极大改善白沙瓦当地的公共交通出行情况，受到当地政府的高度关注。华录集团积极响应国家“一带一路”倡议，充分利用自身实力与先进技术，在疫情重压、紧张工期、极端天气等多重考验下，项目工作人员不惧挑战、攻坚克难，确保项目按期完成，彰显出国资央企的作为和担当，在海外进一步树立优秀的企业形象。公司积极开展国际技术交流与合作，多次参与 BDA、DTS 等国际公司组织的技术研讨会，在音视频领域与 Dolby、DTS、Philips、Toshiba 等国际公司深度合作，引进多项先进的音视频解码技术，提供消费者满意的高品质音视频产品。深化与日本双鸟、松下、HARMAN、JBL、JVC、AIWA 等客户的联系与合作，自主研发多款功放、条形音箱（soundbar）、智能耳机、蓝光播放机等音视频产品，并全部通过客户的性能、质量测试和评价。

**【党建工作】** 2022 年，华录集团深入贯彻落实习近平总书记和党中央重大决策部署，结合习近平总书记关于迎接和学习贯彻党的二十大重要讲话及指示批示，根据“稳增长、防风险、促改革、强党建”集中督促指导等活动梳理出的工作台账，定期跟踪督办，推进落实。积极推进深化靠企吃企专项整治及“回头看”工作。专项整治发现问题 81 个，往年整治发现问题 72 个，“回头看”新增问题 9 个，整改完成问题 50 个，制定完善制度 25 个。

**【履行社会责任】** 2022 年，华录集团对定点帮扶地区直接投入帮扶资金 373.6 万元，引进帮扶资金 30 万元，培训基层干部 700 人，培训技术人员 162 人；引进帮扶项目或企业 2 个，扶持龙头企业 1 个；积极开展消费帮扶，购买贫困地区农产品 53.38 万元，帮助销售贫困地区农产品 155 万元，累计惠及贫困人口近 7600 人；集团控股上市公司北京易华录国际项目团队克服海外严重疫情困难助力塞尔维亚打造首都智能交通系统，成为塞尔维亚经济社会数字化转型的标志性项目，该项目入选国务院国资委《中央企业海外社会责任蓝皮书（2021）》优秀案例。

2022 年，华录集团深入贯彻习近平生态文明思想，积极践行“双碳”战略，开展全国节能宣传周和全国低碳日主题活动，“低碳生活我行动倡议书”活动倡导低碳理念、践行低碳生活，提升员工绿色、低碳意识，水、废气达标排放，节能环保工作取得明显成效。组织员工及其子女参与“熄灯一小时”“‘6·5’环境日”“环境活动保护月”等社会环境活动，2000 多名企业员工及子女参与。子公司华录松下被大连市生态环境局评为“2021—2022 年度生态环境宣传教育工作表现突出集体”。在产品设计及管理方面强化节能减排措施，推进设计小型化、轻型化、低能耗，如刻录机 DMR－4X 1002 部品点数比上年减少 2.2%；数字板割板点数比上年减少 23.6%；印刷品点数比上年减少 28.6%；BD 98 RE 机芯 P 板基板尺寸比上年缩减约 33%，使用低功率机芯，减少散热片等部品，工数减少 3.6 秒。继续淘汰技术落后、高能耗、资源利用率较低的工艺、技术和设备，降低能源消耗。科学使用办公设备，合理降低能源消耗；充分利用网上办公 OA 系统，扩大无纸化办公范围；积极开展垃圾分类处理，对废旧灯具、电子产品和办公设备集中回收处理；人走灯关，杜绝“长明灯”浪费现象；夏季空调温度保持不低于 26 ℃；公司积极倡导员工乘坐公共交通工具、骑自行车或步行上下班等。2022 年，节能环保专项资金投入 134.5 万元，比上年增长 68%。削减污染物排放 34.68 吨，减少 $CO_2$ 排放 1051 吨，节约电量 1558 千千瓦·时。

（撰稿人：杨　威）

## 华侨城集团有限公司

**【基本概况】** 2022年，华侨城集团有限公司（以下简称华侨城集团）按照国务院国资委的工作部署，以市场为导向，开展专业化整合，有序推进业务布局优化和结构调整，取得阶段性进展。锚定文化、旅游、房地产、电子科技四大主业，积极探索房地产业务"一体两翼三功能"新发展模式、旅游业务"两核三维多点"新发展格局，持续推动主营业务自主平衡、独立发展、创造价值。2022年，华侨城集团全面推行精益管理，增进价值创造，推动企业发展向质量效益型、长期价值型转变，不断提升企业价值创造能力和可持续发展能力。集团继续入围全国文化企业30强、中国旅游集团20强，进入中国房企品牌20强。

**【主要指标】**

表1　2022年华侨城集团有限公司主要经济指标

| 项　目 | 2021年 | 2022年 | 比上年增长(%) |
|---|---|---|---|
| 资产总额(亿元) | 6798.27 | 5824.31 | −14.33 |
| 所有者权益(亿元) | 1948.16 | 1515.50 | −22.21 |
| 营业收入(亿元) | 1668.09 | 1134.76 | −31.97 |
| 利润总额(亿元) | 103.78 | −205.40 | −297.92 |
| 净利润(亿元) | 50.3 | −232.08 | −561.39 |
| 归属于母公司所有者的净利润(亿元) | 15.98 | −126.24 | −889.99 |
| 技术开发投入(亿元) | 7.47 | 6.90 | −7.63 |
| 利税总额(亿元) | 297.78 | −88.29 | −129.65 |
| 应交税金总额(亿元) | 247.48 | 143.79 | −41.90 |
| 全员劳动生产率[万元/(人·年)] | 68.90 | 4.97 | −92.79 |

**【改革发展】** 2022年，华侨城集团推动国企改革三年行动高质量收官，改革任务完成率100%。一是中国特色现代企业制度更加成熟定型。在完善公司治理中加强党的领导，全面落实"党建进章程""双向进入、交叉任职"要求，持续夯实以公司章程为核心、以各治理主体议事规则为支撑的制度体系，科学厘清党委与其他治理主体权责边界、议事程序，实现高效协调运转；推进董事会实现应建尽建、配齐建强、规范运作，应建范围内的子企业全部完成董事会建设及配套制度制定。二是国有经济布局优化成效明显。深入推进"压减"工作，三年压减法人254户、回收资金超过100亿元；积极解决历史遗留问题，10户"两非"企业全面剥离退出，全民所有制企业全部完成改制，高质量完成退休人员社会化管理。三是市场化经营机制深入人心。深入实施三项制度改革，搭建职业发展"多通道"，所属企业经理层成员100%签订契约并刚性运用考核结果，全年三级企业部门副职及以上管理人员退出比例8.91%，员工市场化退出率6.43%，"三能"机制步入常态。四是改革专项工程深入推进。加快推进世界一流企业建设，华南集团入选国务院国资委标杆企业，市场化薪酬分配与激励约束机制项目入选国务院国资委标杆项目；"双百行动"取得阶段性成果，易平方公司入选国务院国资委"国有企业公司治理示范企业"。

2022年，华侨城集团深入推进专业化整合。围绕"一体两翼三功能"房地产业务新发展模式，以及构建"两核三维多点"旅游业务新发展格局的要求，分类厘清文化、旅游、房地产、电子科技四大主业资产关系和管理边界，重组文化、旅游、商业等专业板块，全面推进城市公司建设，妥善化解资源分散与重复配置、主业不突出等矛盾，全面提升企业核心竞争力。

**【重大项目】** 2022年，华侨城集团推动供给侧改革，面向市场推陈出新。公司先后在华中、华南、西部地区应时推出一系列全新文旅产品，包括成都东安阁及精品园林式成都东安阁酒店、全国唯一一个以"平行时空，宇宙探索"为主题的大型主题公园襄阳奇幻谷、集"都市娱乐、休闲度假、文化体验"业态为一体的衡阳玛雅海滩水公园、城市新地标西安OCT 1314摩天轮和南昌华侨城福朋喜来登酒店等，进一步丰富产品、提升体验、完善业态，全年接待游客超过9800万人次。华侨城统筹旗下经典文旅项目稳步推进升级改造，深圳威尼斯睿途酒店引入洲际酒店集团“英迪格”品牌，完成改造，焕新面客；深圳欢乐谷冒险山区域、北京欢乐谷七期推进改造升级，总投资超过6亿元，推动成熟项目以全新面貌迎接旅游市场复苏趋势。

**【走向海外】** 一是坚持制造强国建设，加速中国智造出口。华侨城集团旗下康佳集团开拓海外市场，彩电海外业务首次完成LG的Web OS系统认证以及谷歌OLED产品认证，推出一系列领先行业、毛利较高的差异化精品，产品结构持续优化；移动互联布局5G路由器与平板产品，聚焦海外业务突破，实现海外收入大幅增长。二是推动中华文化走出去，增强国家文化软实力。华侨城文化集团出品的《小凉帽》动画片作为国家广电总局推荐的“中国优秀动画代表作品”，亮相昂纳西动画节的线上“中国联合展台”。这是继威尼斯国际电影节、加拿大中国电影节、香港国际影视展后，《小凉帽》动画片再次站上全球动画盛会舞台，推动中国动画片开拓海外市场、提升国际品牌影响力。

**【重大创新】** 一是深入落实“自主创新＋技术引进”技术发展思路，科技创新取得新突破。下属企业康佳集团聚焦“新消费电子＋半导体＋新能源科技”三大产业，加大研发力度，Micro－LED“混合式巨量转移技术”单色转移达到修复后99.999％的良率指标，8K@120Hz显示处理器入选国务院国资委2022年中央企业科技创新成果推荐目录。在白电领域，与西安交通大学合作，2022年4月成功研发全球首台民用空气制冷深低温－86℃冰箱样机，填补国内技术空白。二是持续加大产品创新，文旅供给不断提升质量。文旅科技集团以科技创新为核心、文化旅游产业为应用方向，成立卡乐星球互动数字商品平台，以商品和社交为中心，进军“元宇宙”，借助数字技术让传统的文化资源和旅游资源“活起来”，进一步提升文旅产业的高质量供给，“不断满足人民群众对美好生活的需要”。

**【党建工作】** 2022年，华侨城集团党委坚持全面从严治党，党建引领成效进一步凸显。深入学习贯彻党的二十大精神。制定学习宣传贯彻党的二十大精神专项工作方案，认真落实“第一议题”制度，确保党中央精神和决策部署在集团贯彻到底，把拥护“两个确立”、做到“两个维护”落实到实际行动中，汇聚奋进新征程、建功新时代的强大力量。深化党建与生产经营融合。研究制定“四个融入”重点工作实施方案，一体推进党的领导全面融入公司治理、党的建设深度融入生产经营、干部人事工作切实融入改革发展、管党治党主责真正融入各级党组织。深化基层组织建设。实施党支部班子队伍、基层党务干部队伍和党建基础工作3个质量提升行动，创新基层示范党支部滚动授牌摘牌机制，建强基层战斗堡垒。深化宣传思想文化工作。压实意识形态工作责任制，完善舆情风险三级管控机制。深化党风廉政和反腐败工作。坚持“严”的主基调不放松，紧盯“关键少数”，高质量推进巡视全覆盖，推动“两个责任”贯通联动。

**【信息化与数字化建设】** 2022年，华侨城集团以数字化转型为契机持续提升企业管理效能，强化数字赋能，完善体系建设。根据业务性质自主搭建互联网平台，以客户为中心，通过“电商＋会员＋营销＋服务”模式，提升客户全消费周期的体验，为集团地产和文旅企业提供线上销售平台和个性化的运营后台，解决企业业务管理复杂和营销手段缺乏等痛点，提升产品与服务创新能力，花橙平台入选国务院国资委国有企业数字化转型典型案例和2022全球数字经济大会“全国企业数字化转型十佳案例”。

**【履行社会责任】** 2022年，华侨城集团积极践行央企社会责任，在乡村振兴、赈灾援助、抗疫支援等方面贡献华侨城力量。向天柱、三穗投入无偿帮扶资金2181.85万元，向四川甘孜泸定县受灾群众捐款1000万元，组建战“疫”志愿突击队支援各地疫情防控1.5万余人次。

2022年，华侨城集团探索实践“握指成拳”帮扶模式，按照“逐年有亮点、项目自平衡、发展可持续”原则理念，制定“三年三期规划”，集中帮扶资金和力量打造定点帮扶美丽乡村标杆示范项目，大力推动县文化旅游产业发展，打造互利共赢、可持续发展的乡村文化产业。打造“颇洞美村”和“天柱美村”美丽乡村标杆示范项目及中国首个草原亲子主题乐园科右中旗“枫趣童年”；《广袤沃野绘新篇　乡村振兴开新局》案例入选《中央企业社会责任蓝皮书（2022）》十佳案例。

2022年，华侨城集团发布“OCT美育帮扶计划”，该计划以“艺术走进”与“文化引出”为轴线，涵盖音乐、文化、演艺、研学、游学、绘画、文创等内容和活动，旨在探索出一条独具特色的美育帮扶之路，种下乡村发展“常青树”。

（撰稿人：于　畅）

# 南光（集团）有限公司（中国南光集团有限公司）

**【基本概况】** 南光（集团）有限公司（中国南光集团有限公司）（以下简称南光集团）是唯一一家总部设在澳门的国务院国资委直属中央企业，前身南光贸易公司成立于1949年8月，是澳门最早的中资机构。1985年8月，南光（集团）有限公司正式成立。70多年来，南光集团始终坚持“用最好的回报社会”的企业宗旨，积极履行国家赋予的光荣职责，努力完成不同时期的历史使命，为全国解放、国家建设和改革开放、澳门回归祖国、发展内地与澳门的经贸关系、推动国家对外经贸事业发展、凝聚壮大爱国爱澳力量、促进澳门经济社会繁荣稳定、推进澳门“一国两制”成功实践行稳致远等作出重要贡献，多次得到上级领导和澳门政府、澳门社会各界的充分肯定。2019年12月，习近平主席在澳门接见中央驻澳机构和主要中资机构负责人时特别指出“南光是一直都在的”，这既是对南光集团根植澳门、服务澳门所作贡献的最大肯定，也是对此后立足澳门言商言政的殷殷嘱托。南光集团主营业务包括原油及成品油和日用消费品贸易、酒店旅游、地产经营开发、综合物流服务四大类核心业务。

2022年，南光集团认真学习贯彻习近平新时代中国特色社会主义思想，在国务院国资委的坚强领导下，坚持稳中求进总基调，有效应对多轮新冠疫情严重冲击，坚持难中求进、变中寻机，统筹打好战略实施、经营稳增、改革深化、管理提升、风险防控、队伍建设“六场关键战役”，改革发展呈现稳中有进的良好态势。

**【主要指标】**

**表1　2022年南光（集团）有限公司（中国南光集团有限公司）主要经济指标**

| 项　目 | 2021年 | 2022年 | 比上年增长（%） |
|---|---|---|---|
| 资产总额（亿元） | 269.49 | 288.90 | 6.72 |
| 所有者权益（亿元） | 183.20 | 207.91 | 11.88 |
| 营业收入（亿元） | 54.29 | 84.98 | 36.12 |
| 利润总额（亿元） | 12.09 | 13.43 | 10.00 |
| 净利润（亿元） | 11.16 | 11.10 | −0.55 |
| 归属于母公司所有者的净利润（亿元） | 10.42 | 9.51 | −9.52 |
| 利税总额（亿元） | 13.99 | 18.64 | 24.95 |
| 应交税金总额（亿元） | 2.83 | 10.36 | 72.67 |
| 全员劳动生产率［万元/（人·年）］ | 53.04 | 71.42 | 25.73 |
| 净资产收益率（%） | 6.13 | 5.68 | 减少0.45个百分点 |
| 总资产报酬率（%） | 4.77 | 4.93 | 增加0.16个百分点 |
| 国有资本保值增值率（%） | 104.5 | 111.12 | 增加6.62个百分点 |

**【改革发展】** 2022年，南光集团始终坚持敢闯敢试、边干边试，改革攻坚蹄疾步稳推进。一是国企改革三年行动圆满收官。建立“月例会、半年报、年总结”工作机制，部署开展改革三年行动专项巡视整改“回头看”，7个方面重点改革任务、107项改革举措全部按时保质完成。经过3年坚持不懈努力，集团大踏步赶上国资央企改革发展步伐，形成一套行之有效的改革推进机制和工作体系，为南光集团高质量发展和一流企业建设释放动力活力。二是中国特色现代企

业制度不断完善。高标准建立外部董事占多数的集团规范董事会并规范运行，集团正式开启以规范董事会建设为核心的现代公司治理进程。及时修订公司章程和系列制度，建立完善集团及二级公司各治理主体研究决策事项“多单一表”，形成具有南光特色的公司治理“2＋N＋1”章程制度清单体系。二级公司规范董事会实现应建尽建，并配齐建强、规范运作。切实加强两级外部董事履职保障，董事会“定战略、作决策、防风险”作用有效发挥。全面完成集团人力资源、审计、信息3个共享中心的设立和调整。三是三项制度改革迈向纵深。大力推动管理人员市场化选聘，经理级成员公开竞聘上岗实现全覆盖，集团管理人员竞争上岗比例70.59％。全面落实经理层成员任期制契约化管理，47家实际经营的子企业114名经理层成员全部完成合约签订。切实加强总部薪酬与绩效管理，集团浮动工资占比提高到58％；实行二级公司工资总额结构化管理，建立以岗位价值、业绩贡献为主的收入分配体系，推动收入向关键紧缺岗位、肯干绩优员工、专业技术骨干倾斜。完善末等调整、不胜任退出机制，各级企业调整退出比例6.5％。

南光集团坚持稳中求进，提质增效实现逆势突围。一是切实强化经营过程管控。逐月加强经营形势分析，每季度召开经营活动分析会，先后就重点项目建设、预算完成情况、地产行业形势等开展专题调研，召开经营管理、深合区建设等专题会议，提出“首季‘开门红’、半年‘双过半’、三季‘超预算’、全年‘保完成’”的分阶段目标，扎实开展提质增效专项行动，牢牢掌握经营稳增的主动权和主导权。二是不断加大增收创利力度。面对经济下行压力和新冠疫情冲击，各二级公司不等不靠、迎难而上、主动出击，统筹发力稳住经营基本盘。南光石油推动天然气上中游高效协同，加强线上线下多种差异化营销，汽油、柴油在澳门市场占有率不断提高，实现营业收入和利润“双增长”。南光澳中旅开展全链条式业务市场化经营机制改革，统一酒店管理平台，应各方面要求迅速开展核酸检测业务，最高日检测量占全澳门的70％，既有力补强澳门公共卫生领域短板，也有效对冲新冠疫情对其他业务板块的不利影响。南光置业完善“一体两翼一辅”业务格局，完善专业化管理体系，启动项目跟投机制，营业收入和利润全面实现年度预算目标，为集团经营稳增长提供有力支撑。南光物流全力承担民生和防疫物资保供重任，积极开拓超市零售市场，推动跨境电商代采业务，经营规模实现比上年大幅增长。南光文创成立融入内地的支点平台，在办好重点品牌展会的同时加快拓展文创业务，推出《郑家夜宴》《女书传奇》《从这里开始》等文创项目，《湾区儿女》获得全国“五个一工程”奖和中华文化传播力奖。南光澳巴加强针对性宣传推广，采取调整服务时间、增加站点、提升车型、加密高峰期班次等措施，有效提高载客量特别是老人和学生乘客量。三是持续深化降本增效挖潜。坚持无预算不开支，大力压缩三项费用支出，全面推进成本管控精细化，剔除营业外收入及投资收益因素，集团成本费用利润率比上年提升3.2个百分点。完善集团采购管理工作体系，积极参与国务院国资委采购对标，加强集团集采商品内部协同和供应商管理，运营成本进一步降低。加大重点亏损企业治理力度，通过内部协同等方式压降亏损额、减少亏损户，克服重重困难实质性推进爱琴海公司亏损问题解决。

**【重大项目】** 2022年，南光集团以改革创新和高质量发展为主线，坚持实现经济效益与履行特殊使命有机统一，坚决落实好国务院国资委各项年度工作部署，全力推动各业务板块发展。

澳门天然气管网全域贯通，形成“粤澳天然气管网三通道”互联互通的供气格局，保障澳门全区域天然气长期、安全、稳定供应。该工程被列为特区政府2022年度施政报告重点项目，是支持特区政府落实新发展理念，强化对澳门能源供应的兜底保障能力的重要举措，它的顺利实施将从根本上解决澳门天然气应用的关键难点问题，为实现半岛多气源保障打下坚实基础。

**【履行社会责任】** 2022年，南光集团坚决落实疫情防控和复工复产各项举措，充分发挥民生类中央企业的重要基础作用，助力打赢疫情防控阻击战，彰显驻澳央企担当。全力提升核酸检测能力和效率，全年累计检测828万人次，占全澳门总检测量的70％，为战胜疫情提供关键支撑。全力保障防疫物资运送，全年累计为澳门采购运输口罩超过5000万只、新冠抗原检测试剂近4000万份、新冠灭活疫苗55万剂，充分发挥澳门民生供应兜底保障和特殊时期应急保障"稳定器"和"压舱石"的作用。全力保障民生供给充足供应，加大疫情期间民生物资储备量，不计损失稳定民生物资市场价格，确保市场供应充足、价格保持稳定，活牛全年补贴83万澳门元，活猪均价比上年下调23.6%。全力保障澳门城市运转，坚持特殊时期城市功能不能断、城市服务不能停，组织下属企业全力保障澳门电、油、气、公共交通等城市"生命线"。面对国际油价、天然气价格波动及疫情影响，始终保持油品牌价澳门市场最低，带头下调并把握上调节奏和幅度，与社会各界同心抗疫、共克时艰，累计让利金额2315万港元，得到特区政府的充分肯定。

南光集团认真学习贯彻落实习近平总书记关于推进乡村振兴重要论述，认真落实上级要求，强化责任落实，加强统筹部署，发挥自身优势，持续加大定点帮扶力度，进一步扎实做好定点帮扶甘肃临夏县、云南禄劝县工作，2022年投入无偿帮扶资金1150万港元，派出4名干部到帮扶县工作，着力帮扶项目6个，惠及定点帮扶县2.2万余人，其中禄劝县南美白对虾工厂化养殖项目填补该县特色养殖的空白。持续向澳门各界积极宣传乡村振兴战略，积极动员澳门力量参与国家乡村振兴各个工作，尤其支持帮扶县教育发展事业，营造人心向党的良好氛围。

南光集团坚持立足澳门、深耕澳门，不断提升对澳门繁荣稳定的影响力。一是全面打造南光历史文化馆红色教育基地，在积极传承和弘扬南光优秀历史传统和企业文化的同时以南光历史文化馆为平台加深与爱国爱澳社团以及澳门社会各界的联系，持续提升集团社会影响力。二是继续与澳门各高等院校合作，开展"南光奖学金"计划，与澳门大学等7所学校签署捐赠协议。三是南光青年协会全力支持政府防疫抗疫工作，第一时间应援全民核酸检测现场工作，协助分装防疫药品，社会文化司代表政府颁发感谢状；南光义工队积极组织献血，缓解澳门关键时候用血需求，得到澳门社会各界广泛好评，企业品牌效应不断提升。

（撰稿人：尹诗岚）

## 中国电气装备集团有限公司

**【基本概况】** 中国电气装备集团有限公司（以下简称中国电气装备）是我国输配电领域规模最大、产业链最完整、综合能力最强的装备制造企业，按照党中央、国务院实施中央企业战略性重组、专业化整合的决策部署，2021年9月在上海组建成立。2022年，中国电气装备以习近平新时代中国特色社会主义思想为指导，在国务院国资委党委的坚强领导下，深入落实习近平总书记重要指示批示精神，统筹疫情防控和生产经营，统筹改革重组与企业发展，在成立后的首个经营年度，创造突出成绩，实现快速提升。

**【主要指标】** 2022年，中国电气装备经营业绩逆势增长，实现营业收入801.75亿元，比上年增长27.30%；利润总额30.77亿元，比上年增长47.80%；净利润26.27亿元，比上年增长47.25%；利税总额63.97亿元，比上年增长49.85%；国有资本保值增值率103.46%。净资产收益率、总资产报酬率分别比上年增加0.96个、0.38个百分点。年末资产总额1416.85亿元，比上年增长4.43%；所有者权益总额649.63亿元，比上年增长3.38%；资产负债率54.15%，比上年增加0.62个百分点。全员劳动生产率51.86万元/（人·年），比上年增长31.93%。加大研发投入力度，技术开发投入31.05亿元，研发投入强度3.76%，比上年增加0.02个百分点。

**表1　2022年中国电气装备集团有限公司主要经济指标**

| 项　目 | 2021年 | 2022年 | 比上年增长（%） |
|---|---|---|---|
| 资产总额（亿元） | 1356.74 | 1416.85 | 4.43 |
| 所有者权益（亿元） | 628.40 | 649.63 | 3.38 |
| 营业收入（亿元） | 629.82 | 801.75 | 27.30 |
| 利润总额（亿元） | 20.82 | 30.77 | 47.80 |

续表

| 项　目 | 2021 年 | 2022 年 | 比上年增长(%) |
|---|---|---|---|
| 净利润(亿元) | 17.84 | 26.27 | 47.25 |
| 归属于母公司所有者的净利润(亿元) | 5.67 | 13.42 | 136.68 |
| 技术开发投入(亿元) | 23.54 | 31.05 | 31.90 |
| 利税总额(亿元) | 42.69 | 63.97 | 49.85 |
| 应交税金总额(亿元) | 27.46 | 44.83 | 63.26 |
| 全员劳动生产率[万元/(人·年)] | 39.31 | 51.86 | 31.93 |
| 净资产收益率(%) | 3.15 | 4.11 | 增加 0.96 个百分点 |
| 总资产报酬率(%) | 2.22 | 2.60 | 增加 0.38 个百分点 |
| 国有资本保值增值率(%) | 102.40 | 103.46 | 增加 1.06 个百分点 |

**【改革发展】** 2022 年,中国电气装备坚持把改革作为推动企业高质量发展的重要举措,严格执行国务院国资委改革部署,完成国企改革三年行动收官战。治理能力进一步提升。健全"三会一层"运行机制和配套制度,厘清治理主体权责边界。建立股东会、董事会授权事项清单。强化外部董事履职保障,规范高效实施董事会决策。推动 29 户重要子企业落实董事会 6 项主要职权,64 户子企业实现董事会应建尽建。经营机制进一步激活。发挥 3 家"双百企业"和 6 家"科改示范企业"示范引领作用,形成标杆效应。4 家单位完成混合所有制改革。实施优秀企业培育专项行动,打造 9 家专精特新"小巨人"企业、3 家制造业单项冠军企业(产品)。西高院 IPO 通过交易所审核、宏盛华源上市按计划顺利推进。三项制度改革纵深推进。全面推行市场化竞聘机制,总部部门领导人员竞聘上岗占比 88.2%,内设机构负责人及员工 100%竞聘上岗。实现子企业经理层成员任期制和契约化管理全覆盖。10 家子企业试点推行职业经理人制度。完善薪酬分配机制,构建"1+4"综合考核评价体系,将业绩贡献与员工收入紧密挂钩。30 家企业灵活开展股权激励、岗位分红、超额利润分享等中长期激励。专项行动扎实落地。落实国务院国资委综合治理专项行动,构建"7+5"自查工作体系。自查发现问题 1171 项,整改 1131 项,整改率 97%。开展助力中小企业纾困解难、促进协同发展专项工作,落实房租减免政策,累计减免租金 4052 万元,惠及租户 457 户。盘活中国西电集团、平高集团产业园区闲置土地资源。

**【重大项目】** 2022 年,中国电气装备提升履约服务水平。强化生产组织,加强重大项目过程跟踪管理,全力保障白鹤滩—江苏、福州—厦门、白鹤滩—浙江、荆门—武汉、粤港澳大湾区直流背靠背电网工程等重点项目按期保质履约,世界最高特高压铁塔——螺山长江跨越工程完成组立,国内最大"充电宝"——江北储能站投运。稳固特高压工程质量。全力以赴、尽锐出战,提前策划、提前设计,持续加强特高压重大工程产品质量策划,从产品设计、工艺流程、组件选型、检测体系、安装调试等环节开展特高压"回头看"工作,扎实推进特高压产品质量提升,巩固特高压领先地位。

**【走向海外】** 2022 年,中国电气装备落实国家战略倡议,服务共建"一带一路"。加快培育国际产能合作和竞争新优势,国际业务累计新签合同额 106.9 亿元,比上年增长 54%。工程总包业务优势明显,在东南亚、南亚、中亚、非洲等根据地获得订单超过 60 亿元,中标智利 KILO 直流、尼日利亚输电线路、乌兹别克斯坦输电线路、南非储能等重点项目。单机出口、配套出口业务稳定发挥,超过 45 亿元输变电、配用电设备出口至 70 余个国家和地区。开展本土合作,实现互利共赢。成功在孟加拉国、尼日利亚、越南等市场开展电能表本土产能合作业务。埃及在建 220 千伏、500 千伏变电站项目间接提供 3000 余个就业岗位,促进东道国经济社会发展和民生改善。环保型真空断路器、GIS、HGIS 等高新技术产品打入意大利、希腊等多个欧洲高端市场。

**【重大创新】** 2022 年,中国电气装备广泛吸纳人才,优化人才机制。召开科技创新大会暨人才工作会议,发布科技创新与人才激励十大举措。大力引进高端人才,实施"百人引才计划""院士引智计划""伯乐举荐计划"。全力用好青年人才,实施"青年人才托举”计划。大力培育领军人才，实施高端人才培养工程。全年引进优秀人才1200多人，其中高端紧缺人才290多人。加大科研投入，快出科技成果。全年研发投入30.17亿元，比上年增长28.16%。完成“央企攻坚工程”一期4个项目攻关，成功申报6项牵头的二期任务。国内首套170千安发电机断路器成功在白鹤滩水电站投入运行。500千伏天然酯绝缘油变压器、550千伏高速开断断路器等多款世界首台（套）高端装备研制成功。15种产品入选国家能源局首台（套）重大技术装备名单。108项科技成果通过鉴定，84项达到国际领先水平。获得省部级及以上科技奖励115项。制（修）订标准87项。申请专利1532件，新增授权专利1006件。注重科技体系建设，系统集成能力提升。加快构建“研究院为引领、产业研发中心为主体、基层技术部门为支撑”的高效研发体系。发布“十四五”科技创新规划。申报全国重点实验室。参加“高端金属材料”“CPU芯片和操作系统”央企创新联合体。当选新型电力系统技术创新联盟理事单位。

**【党建工作】** 2022年，中国电气装备把迎接和学习宣传贯彻党的二十大作为主线。积极开展“建功新时代　喜迎二十大”习近平总书记重要指示批示精神再学习再落实再提升主题活动。深刻领会习近平总书记关于实体经济，特别是装备制造业高质量发展的重要指示，牢记“国之大者”，勇担“大国重器”的责任和使命。把促发展作为党建的第一任务。坚持党建强“根”铸“魂”、融合赋能、引领发展，将党的建设与国企改革、科技创新和企业高质量发展深度融合。围绕市场拓展、工程建设开展联建共建、联合攻坚，针对攻关项目、履约任务实施揭榜挂帅、承诺践诺，推动改革创新不断深化、整合融合纵深发展。集团公司系统35人当选地市级以上党代表、人大代表及政协委员。把基层党建工作作为企业核心竞争力。充分发挥基层党组织的战斗堡垒作用和党员的先锋模范作用，打造坚强有力的“战斗队”。命名17个基层示范党支部，组建347支党员服务队、810个党员示范岗、633个党员责任区，成立52支重点工程青年突击队。构建“井字形”监督体系。深化纪检监察体制改革，实现子企业纪检机构独立设置、审查审理业务相分离。开展大监督联合督导检查，发现问题205项，提出整改意见24条。通过“五张清单、三项监督、三项教育”，进一步厘清基层“小微权力”边界，规范关键岗位权力运行。

**【履行社会责任】** 全力推进定点帮扶，完成500万元无偿资金投入，实现比上年翻番，建成投运生物质颗粒加工厂和有机肥加工厂。在“央企消费帮扶”平台成立“中国电气装备馆”，上架全部麟游县农产品，组织开展直播带货活动，消费帮扶比上年增长58%。培训338名基层干部、技术人才和致富带头人，帮助60余名不能外出务工群众就近务工。发挥各单位资源优势，利用食堂、职工福利采购等渠道，助推村集体收入稳步增长，为乡村振兴贡献中国电气装备力量。

（撰稿人：韩永权）

## 中国物流集团有限公司

**【基本概况】** 中国物流集团有限公司（以下简称中国物流）是国务院国资委直接监管的股权多元化国有全资中央企业。中国物流由原中国铁路物资集团有限公司，与中国诚通控股集团有限公司物流板块的中国物资储运集团有限公司、华贸国际物流股份有限公司、中国物流股份有限公司、中国包装有限责任公司4家企业为基础整合而成。同步引入中国东方航空集团有限公司、中国远洋海运集团有限公司、招商局集团有限公司作为战略投资者，形成紧密战略协同。

中国物流注册资本金300亿元。经营网点遍布国内30个省（自治区、直辖市）及海外五大洲，拥有土地面积2426万平方米、库房495万平方米、料场356万平方米；拥有铁路专用线120条、期货交割仓库42座；整合社会公路货运车辆近300万辆；国际班列纵横亚欧大陆，在国际物流市场具有较强竞争优势。拥有中国铁物（000927.SZ）、中储股份（600787.SH）、华贸物流（603128.SH）、国统股份（002205.SZ）4家境内上市公司。

中国物流定位于“综合物流服务方案提供者、全球供应链组织者”，着力发展综合物流服务、供应链集成服务、国际物流服务、物流设施综合服务、物流包装装备服务五大业务集群。涵盖仓储、运输、配送、包装、多式联运、国际货代、期货交割、跨境电商、国际贸易、物流设计、供应链管理、加工制造、科技研发、电子商务等综合物流服务各种业态。

面向未来，中国物流将抢抓历史机遇，融入国家战略，践行央企使命，以“促进现代流通、保障国计民生”为己任，秉持“责任、高效、绿色、安全”的发展理念，努力降低社会物流成本，维护产业链供应链安全稳定，为加快建设现代流通体系、构建新发展格局和保障全球产业链供应链安全稳定贡献力量。

**【主要指标】**

**表1　2022年中国物流集团有限公司主要经济指标**

| 项　目 | 2021年 | 2022年 | 比上年增长(%) |
|---|---|---|---|
| 资产总额(亿元) | 1151.11 | 1113.40 | －3.28 |
| 所有者权益(亿元) | 403.23 | 475.08 | 17.82 |
| 营业收入(亿元) | 1943.57 | 1903.25 | －2.07 |
| 利润总额(亿元) | 42.45 | 60.57 | 42.69 |
| 净利润(亿元) | 33.33 | 46.95 | 40.86 |
| 归属于母公司所有者的净利润(亿元) | 16.26 | 25.05 | 54.06 |
| 技术开发投入(亿元) | 1.87 | 2.54 | 35.83 |
| 利税总额(亿元) | 77.82 | 105.28 | 35.29 |
| 应交税金总额(亿元) | 44.49 | 58.33 | 31.11 |
| 全员劳动生产率[(万元/(人·年)] | 54.79 | 69.27 | 26.43 |
| 净资产收益率(%) | 8.65 | 10.67 | 增加2.02个百分点 |
| 总资产报酬率(%) | 4.80 | 6.12 | 增加1.32个百分点 |
| 国有资本保值增值率(%) | 108.62 | 107.97 | 减少0.65个百分点 |

**【改革发展】**　2022年，中国物流将全面深化改革、落实国企改革三年行动与公司组建同步谋划，扎实推进各项改革任务举措落实落地，全面完成国企改革三年行动主要目标任务取得积极成效。系统形成“多单一表”的权责体系，打造中国物流公司治理主体权责清单。建强做实以“双多数”特征为主的新型董事会，发挥多元股东的相互制衡、相互监督功能，提升董事会科学决策水平。三项制度改革实现经理层任期制和契约化管理全覆盖。管理人员退出比例、员工市场化退出率、公开招聘比例、全员绩效考核比例分别为7.8%、3.67%、100%、100%，均超过中央企业同期平均水平。积极稳妥推进混合所有制改革，对混合所有制企业实施差异化管控，明确对上市公司差异化管控的目标、重点和措施，在股权和固定资产投资、产权交易、资产转让、对外捐赠等方面，赋予更高决策权限和更大自主性。深化“双百企业”“科改示范企业”改革，制定《关于支持鼓励“双百企业”“科改示范企业”进一步加大改革创新力度的通知》，以差异化授放权松绑赋能，切实激发改革创新活力动力，在2022年度国务院国资委对“双百企业”“科改示范企业”专项考核中，1户企业获评“标杆”，6户企业获评“优秀”。

坚持精准发力，强化正向激励，不断提升薪酬分配管理水平，建立以市场价值为导向的多元化激励约束机制。实行“业绩薪酬”双对标，实现上市公司与同行业上市企业对标，未上市企业与内部先进企业对标。制定激励领导人员担当作为实施意见，细化激励机制和容错纠错机制，激励党员干部更好担当作为，严格退出机制，实行考核得分与企业负责人绩效薪酬强挂钩。制定中长期激励管理指导意见，梳理总结中长期激励“工具箱政策包”，针对不同的所属企业特点、发展阶段、业务类型，开展限制性股票、股票期权、超额利润分享等中长期激励。深入推进工资总额分级分类管理，在预算制、备案制基础上，探索对有条件的企业试行“周期制”管理。优化工资总额挂钩考核指标和联动方式，建立以净利润为核心，分类挂钩的工效挂钩指标体系，优化工资总额单列事项，精准科学运用专项奖励。

**【重大项目】**　2022年，中国物流立足使命任务和市场需求，坚持“稳中求进”总基调，全年完成投资总额26亿元，其中，固定资产投资16亿元，占比60%；股权投资10亿元，占比40%。境内主要投资项目为设立国际速递公司、危化品平台公司、智慧物流平台公司，收购马鞍山雷益、哈尔滨蓝星公司股权。境外主要投资项目为华贸物流设立3个海外公司，布局亚洲、美洲、欧洲等区域。

中国物流坚持科技创新和服务创新融合发展，注重以新理念、新技术、新模式为供应链集成服务和现代物流综合服务创新赋能。成功上线“中储智运物流指数网”，及时总结全国货运量与运价的波动趋势及幅度，为政府研究、制定相关政策提供可信数据支撑。所属中国包装牵头编制的《包装回收标志》《包装　包装与环境术语》两项国家标准作为2022年绿色可持续领域重点标准发布，对我国包装废弃物分类处置体系的建设具有重要意义。

**【走向海外】** 2022年，中国物流全面贯彻落实“走出去”战略决策部署，强化集团全球布局规划，系统推进国际化经营，以综合物流服务助力新发展格局，推动共建“一带一路”高质量发展。紧抓全球物流产业链供应链体系重构机遇，以“补短板、控资源、布网络”为原则，积极参与国际干线运输与跨境服务能力整合工作，提高我国国际物流运输能力与国际竞争力，助力中国装备制造、技术、标准和服务加快“走出去”。为形成海外“点对点”“端对端”配送服务能力，设立国际速递公司，保障我国战略物资运输配送安全可靠、全程稳妥。构建内外联通的物流网络，设立巴拿马、泰国、日本公司，逐步实现国际业务海外网点的属地资源整合能力。组建国际业务专业化平台公司，建立国际化发展机制，助力集团海外发力、实现长远发展、打造业务新增长极，打造跨界融合发展新业态。立足“协同出海”“国货国运”总原则，为华为、京东方等制造业领域头部企业提供墨西哥当地换单、派送及转运业务，助力我国关键制造企业的战略物资保供保通畅。加强海外运力及物流基础设施建设，优化运力机构与组织模式，为客户提供涵盖国际空运、国际海运、国际班列、多式联运等多样化、稳定性高的供应链一体化服务组合。聚焦海外仓储、物流园区能力建设，增强一站式和跨境物流两端服务能力，提升国际物流全程服务水平。截至2022年底，中国物流有境外公司27个，其中9家位于中国香港，5家位于除中国香港以外的亚洲地区，7家位于欧洲，5家位于美洲，1家位于澳洲，2家注册地在境内。境外营业收入74420.33万美元，境外净利润5660.54万美元。

**【重大创新】** 2022年，中国物流制定《“十四五”科技创新发展规划》，明确科技创新战略定位和发展目标，统筹规划创新发展方向和实施路径，以科技创新为引领，推进转型升级，着力提升科研能力，持续增强创新效能。加强新技术新装备创新应用及场景示范，国内首条酒类物流智能驾驶线路试运行成功。所属装备公司设计研发轨道交通用动力电池牵引及地面充电系统，解决接触网供电机车车辆库内移车困难、正线受电失败需牵引到站等问题，被应用于国内首台纯电池驱动新能源机车上。推行资金资源创效分析应用，提高资金资源配置效率效益。截至2022年底，整体业务资金资源毛利率12.44%，较运行初期当年6月末提高0.43个百分点；整体参与业务投放的资金资源规模较运行初期降幅5.65%。积极参与国家及行业标准编制，参与7项国家标准、2项行业标准及5项团体标准编制。全年中国物流获得国内专利138件、国际专利2件、软件著作权93项，专利数量比上年增长20%。全年研发费用1.93亿元，比上年增长30%，研发投入2.54亿元。中国物流牵头申报的智慧物流云、联合申报的危化品监管服务公有云成功入选国务院国资委第一批中央企业行业领域公有云项目。

**【党建工作】** 2022年，中国物流党委深入学习、宣传贯彻党的二十大精神，突出政治建设主题主线，系统推进“强根铸魂　提质登高”行动，为完成生产经营和改革发展任务、加快建设世界一流物流企业提供坚强保证。强化理论武装，研究制定党的二十大精神“学、讲、研、宣、用”一体化学习宣传贯彻方案，扎实推进18个方面36项具体任务。广泛开展“建功新时代，喜迎二十大”习近平总书记重要指示批示精神再学习再落实再提升主题活动，明确中心组“理论学习根据地、思想交锋主战场、制定方针策源地”功能定位，高质量开展中心组学习。加强政治建设，围绕“方向对标、任务对标、能力对标、纪律对标”4个方面开展首次“政治对标”主题活动，各级党委班子成员带头深入学习、对标对表、检视差距，设立整改落实清单，加强跟踪督导，开展效果评估。深入落实“第一议题”制度，以四类清单台账动态督办落实习近平总书记重要指示批示和党中央重大决策部署，制定贯彻落实措施55项，形成传达学习、研究部署、贯彻落实、跟踪督办、报告反馈的工作机制。构建完善党建“大格局”，按照“四同步四对接”构建纵向到底、横向到边的组织体系，实现党的组织和党的工作全覆盖。落实全面从严治党责任，扎实推进党风廉政建设和反腐败工作。坚定不移深化政治巡视，对3家单位党组织开展常规巡视，完成巡视全覆盖任务；对6家单位党委开展专项巡视，确保有形覆盖与有效覆盖相统一。强化“关键少数”监督，强化纪委书记对同级领导班子的监督职责，全系统各级党委书记、纪委书记与下级“一把手”监督谈话400多人次。强化作风建设成效，紧盯关键节点，坚决纠治“四风”，深入开展监督检查，增强监督检查的实效性、针对性。强化“不敢腐”的惩治震慑，坚持把查办案件作为党风廉政建设和反腐败工作的重中之重，持续深化以案促改、以案促治。

**【信息化与数字化建设】** 2022年，中国物流围绕国家“通道+枢纽+网络”总体布局，以打造“一平台、四工程”为核心，实施数字化“流云工程”，打造“数字中国物流”。中国物流成立网信领导小组，强化数字化组织保障。统筹管理集团数字化顶层设计、总体布局、整体推进和督促落实，印发《中国物流集团“十四五”数字化发展规划》，强化配套的数字化转型管理制度体系建设。加强数字化管控，构建高效便捷数字化办公场景，有序推进OA系统全集团应用，围绕财务、人力、资金等集团管控重点领域，构建“横向到边、纵向到底”的管控一体化体系。启动司库体系建设，司库系统一期、监督追责等信息系统上线运行。中国物流在国资监管数字化智能化提升专项行动第一阶段验收评估中获评“优秀”。各业务信息系统加快数字化技术应用，网络货运领域、多式联运平台、智能仓储领域、数字供应链领域、跨境物流领域等数字化运营管理平台陆续上线，高效运行。

**【履行社会责任】** 2022年，中国物流履行社会责任成效获评中国社会责任百人论坛2022责任金牛奖，品牌影响力持续提升。履行社会责任案例《发挥物流“国家队”作用，全力保通保畅助企纾困解难》入选《中央企业社会责任蓝皮书(2022)》。深入研究湖北省孝昌县域实际，因地制宜，精准施策，持续巩固拓展脱贫攻坚成果，助力孝昌县全面推进乡村振兴。所属企业与孝昌县辖村建立“一帮一”结对帮扶机制，惠及脱贫户及群众835户2706人。截至2022年底，高质量完成29个帮扶项目，投入无偿帮扶资金1118万元，涨幅37%。推动招商引资落地见效，为孝昌县引进投资300万元。积极参加“央企消费帮扶兴农周”等消费帮扶活动，购买孝昌农副产品111.686万元，完成率223%；帮助销售孝昌农副产品38.42万元，完成率110%；采购其他脱贫地区农副产品12万元。通过教育帮扶资助困难家庭学生330人，帮助孝昌县培训县乡村基层干部50人、乡村振兴带头人80人、专业技术人才729人。出台产业兴疆工作方案，其中专项支持所属新疆天山建材集团在岳普湖县、英吉沙县、富蕴县承担的“访惠聚”工作，投入150万元，投入增长25%，用于当地基础设施建设和民生改善，为促进新疆地区经济社会高质量发展贡献力量。2022年9月5日，四川甘孜藏族自治州泸定县发生6.8级地震，造成重大人员伤亡和财产损失。中国物流坚决贯彻落实习近平总书记重要指示批示精神，向灾区捐款1000万元，支援地方抗震救灾和灾后重建工作，切实担当央企社会责任。

（撰稿人：袁　芳）

## 中国国新控股有限责任公司

**【基本概况】** 中国国新控股有限责任公司(以下简称中国国新)成立于2010年12月22日，是国务院国资委监管的中央企业之一，2016年初被国务院国有企业改革领导小组确定为国有资本运营公司试点企业，2022年12月正式由试点转入持续深化改革阶段。2019年、2020年、2021年连续获评年度中央企业负责人经营业绩考核A级，获评2019—2021年任期考核A级。

试点以来，中国国新按照党中央、国务院决策部署，围绕国务院国资委工作要求，聚焦试点目标和功能定位，构建完善“资本+人才+技术”轻资产运营模式，不断丰富运营业务布局与功能。基金投资板块以中国国有资本风险投资基金为核心，设立运营包括国新国同基金、央企运营基金、国新建源基金、双百基金、国改科技基金、综合改革试验基金群、科创基金、国新中鑫基金等在内的国新系基金，着力支持中央企业深化改革、创新发展和优化布局，培育孵化前瞻性战略性产业；金融服务板块拥有商业保理、融资租赁、财务公司、保险经纪、金服公司、大公国际等金融、类金融机构，通过向中央企业提供创新金融产品和服务，助力中央企业深化供给侧结构性改革、防范化解重大风险，增强资本流动性和提高回报；资产管理板块聚焦盘活存量国有资产，围绕央企存量不动产盘活、专业化整合、“两非两资”剥离处置等重点领域，通过 Pre-REITs 投资、专项基金、“双平台”等业务模式，助力中央企业进一步聚焦主责主业，提升资产运营效益效率；股权运作板块服务央企上市公司价值管理，通过稳妥开展持有上市公司股份的专业化运作，促进国有资本合理流动、保值增值；境外投资板块围绕服务“一带一路”共建，大力推动中国企业境外优质项目落地，支持企业“走出去”；直接投资板块以服务深化国资国企改革为导向，积极参与推动有关中央企业战略性重组、专业化整合和股权多元化改革等；证券业务板块拥有证券、公募基金和期货等重要业务资质，利用遍布全国的机构网络，助力中央企业更好对接资本市场，服务实体产业发展。探索打造咨询、大数据、文化教育等新的业务板块。搭建央企专职外部董事服务保障平台，服务专职外部董事 40 余人、分别在近 90 户中央企业任职。成功推动划入的中国华星集团有限公司（原中国华星集团公司）、中国文化产业发展集团有限公司（原中国印刷集团公司）两户原中央企业结构调整，实现转型发展。

**【主要指标】** 2022 年，中国国新全面落实习近平总书记“疫情要防住、经济要稳住、发展要安全”的重要指示精神，按照党中央、国务院决策部署，根据国务院国资委工作要求，坚持稳中求进工作总基调，克服多重困难和不利因素，经营发展实现稳中有升。截至 2022 年底，中国国新资产总额 8589.44 亿元；全年实现净利润 239.26 亿元，比上年增长 10.41%；归属于母公司所有者的净利润 152.52 亿元。

**表 1　2022 年中国国新控股有限责任公司主要经济指标**

| 项　目 | 2021 年 | 2022 年 | 比上年增长(%) |
|---|---|---|---|
| 资产总额(亿元) | 6790.09 | 8589.44 | 26.50 |
| 所有者权益(亿元) | 3162.61 | 3394.76 | 7.34 |
| 营业总收入(亿元) | 58.85 | 74.15 | 26.00 |
| 利润总额(亿元) | 249.36 | 266.92 | 7.04 |
| 净利润(亿元) | 216.71 | 239.26 | 10.41 |
| 归属于母公司所有者的净利润(亿元) | 150.81 | 152.52 | 1.13 |
| 技术开发投入(亿元) | 1.67 | 1.70 | 1.80 |
| 利税总额(亿元) | 255.24 | 272.36 | 6.71 |
| 应交税金总额(亿元) | 29.87 | 29.43 | -1.47 |
| 全员劳动生产率[万元/(人·年)] | 1201.10 | 963.54 | -19.78 |
| 净资产收益率(%) | 7.92 | 7.95 | 增加 0.03 个百分点 |
| 总资产报酬率(%) | 5.34 | 5.19 | 减少 0.15 个百分点 |
| 国有资本保值增值率(%) | 109.51 | 106.42 | 减少 3.09 个百分点 |

**【改革发展】** 2022 年，中国国新国企改革三年行动圆满收官，建立“一本账、三清单、四张表”闭环管理机制，推动实现 108 项具体改革任务全面完成，获评 2021 年度中央企业改革三年行动重点任务考核 A 级。所属 3 户“双百企业”在 2022 年度中央企业“双百行动”专项考核中均获评“两标杆一优秀”。一是持续完善治理机制改革。完善以公司章程为主的“1+5+N”公司治理制度体系，把党的领导融入公司治理各环节。根据不同层级、不同类型企业实际，稳步推动各板块公司党委适建必建，实现主要业务板块党委应建尽建、党委班子选优配强，推动全系统设立党委的子企业全部制定党委前置研究讨论重大经营管理事项清单。强化董事会规范建设，实现子企业董事会应建尽建、外部董事占多数、制定董事会授权制度、重要子

企业落实董事会职权“四个100%”全覆盖。加强外部董事队伍建设，建立专兼结合的外部董事人才库，涵盖财务、法律、人力等专业条线和外部专家151人。2022年，中国国新认真做好专职外部董事日常服务等各项工作，专职外部董事累计在岗人数、任职企业户数、外部董事岗位数分别为51人、92户、121个，均达到历史最高。二是持续优化管控机制改革。坚决落实“三授三不授”，即对运营成熟、治理健全、管理规范的重要板块公司，对行权能力建设到位的所出资企业，对确需抢抓市场机遇且行权条件完备清晰的事项，开展更大力度授权；对“三重一大”事项、特殊监管要求事项、投资负面清单事项，坚决不予授权。完善投资决策权限表、权责事项清单、授权放权清单和投资负面清单等“一表三清单”，管好关键领域11大类55项权责事项，厘清权责边界、划出业务红线。推进基金投资板块中后台一体化改革，提升决策效率和管控力度。三是持续深化市场化机制改革。以“三书”“三期”为抓手，在实施范围、考核力度、差异管理上做到三个“自我加压”，实现各层级企业负责人和总部部室负责人全覆盖。完善“两层三类”考核体系，优化所出资企业目标分档管理和贡献质量评价，打通考核等次、分布比例、指标设置、挂钩机制连接路径；严格落实考核等级强制分布、考核结果刚性应用。健全以“分类分层管机制、效益效率定增幅、内外对标调水平”为核心的所出资企业工资总额管控体系，对在“能下、能出、能减”等中未取得实质性进展的所出资企业，按一定比例核减工资总额。按照“提低、扩中、限高”导向，连续下调明显偏高的个别岗位薪酬标准，对收入水平偏低岗位或青年员工予以重点倾斜。

**【重大项目】** 2022年，中国国新坚持以国家战略为导向、以服务央企为本位，紧扣运营公司功能定位，聚焦进入实体产业的国有资本，有效发挥运营公司市场化专业化平台作用，积极助力国有经济布局优化结构调整、做强做优做大国有资本。

基金投资。重点聚焦产业链中有基础、有特色、有优势的战略性新兴产业重点领域进行布局，瞄准关键核心技术“卡脖子”环节，积极培育新技术新产业新业态。截至2022年底，累计交割项目近240个、金额超过1250亿元，其中战略性新兴产业金额占比78%、中央企业项目金额占比84%。投资布局一批具有前沿创新性、技术突破性的重点项目。

金融服务。瞄准央企战略性新兴产业、国家重大建设项目，稳步开展保理、租赁业务，全年向央企新增投放资金近800亿元，累计投放超过3300亿元，积极助力压“两金”、降负债，助力央企实现高质量发展。

资产管理。高质量推动“两非两资”剥离处置，累计完成70%的接收和受托央企“两非”资产出清工作。央企存量不动产盘活业务模式探索实现突破，所投中国华能存量火电厂资产盘活项目成功落地并入选国家发展改革委盘活存量资产扩大有效投资典型案例。国能基金累计并购清洁能源装机规模超过160万千瓦，有效促进央企新能源产业的专业化整合。大连国新资产紧盯大连国资国企改革和区域金融化险任务，首个市场化开拓的兴业银行不良资产包项目实现落地。

股权运作。把握保障战略安全、支持产业引领、服务专业整合三条主线，累计投资A股央企上市公司超过200家。助力提高央企控股上市公司质量，深入开展“央企插旗行动”，联合发布中证国新“1+N”系列央企指数，引导资本市场关注、投资实体央企。投资中国铁建高速、中国交建高速、华润有巢租赁住房等全部央企REITs项目，支持央企存量资产盘活。

直接投资。以划转整合存量方式专门组建国新发展，作为专注支持服务央企战略性重组、专业化整合和股权多元化改革的平台。截至2022年底，国新发展直接管理投资项目36个，参与中国海油回归A股上市、天翼云公司股权多元化改革等重大项目，助力国有经济布局优化和结构调整。

证券业务。成功并购重组原华融证券并更名为国新证券，进一步丰富助力央企对接资本市场、服务实体产业发展的功能手段。出台关于支持国新证券高质量发展的指导意见，成立战略协同委员会，部署开展合规体系建设试点，加快推动其融入国有资本运营事业。

**【走向海外】** 依托境外投资平台，积极支持中国企业“走出去”，参与共建“一带一路”、助力国际产能合作，大力投资有助于维护能源资源安全、提升产业链供应链韧性和稳定性、推动制造业高端化、支持绿色低碳发展等跨境项目。截至2022年底，累计投资项目近100个，其中“一带一路”投资金额占比75%。

**【重大创新】** 2022年，中国国新成功分期发行1000亿元能源保供特别债，专项用于支持中央发电企业能源电力保供工作，通过发行能源保供特别债，成功探索国务院国资委监管系统内央企权益资金补充机制，创新丰富国有资本运作手段，展现运营公司在落实国家战略、提高国有资本配置效率方面的积极作为。聚焦战略性新兴产业和关键核心技术“卡脖子”环节，助力央企打造原创技术策源地和现代产业链链长，切实加大科技创新投资力度，积极培育新技术新产业新业态。截至2022年底，累计投资战略性新兴产业领域项目超过270个、金额近2900亿元，实现9个子领域全覆盖。

**【党建工作】** 2022年，中国国新党委以迎接和学习宣传贯彻党的二十大为主线，坚持党的领导、加强党的建设，推动公司党建工作质量不断提升，连续第二年获评中央企业党建工作责任制考核A级。一是坚持把政治建设摆在首位。深入学习贯彻党的二十大精神，及时制定印发《中国国新控股有限责任公司党委学习宣传贯彻党的二十大精神工作方案》，以党委读书班、党委理论中心组学习、党校培训班、领导干部带头讲党课等方式，在全系统掀起学习宣传贯彻热潮，进一步强化党的创新理论武装，坚决把思想和行动统一到党的二十大精神上来。坚持“第一议题”制度，及时跟进学习习近平总书记最新重要讲话、重要指示批示，全年累计传达34次、81篇。组织开展“建功新时代，喜迎二十大”习近平总书记重要指示批示精神再学习再落实再提升主题活动，切实把捍卫“两个确立”、践行“两个维护”体现到具体工作中。召开公司第二次党员代表大会，促进全系统党员干部统一思想、凝聚共识。二是强化干部队伍建设。召开中国国新干部人才工作会议，实施“潮头计划+头雁行动”“干流计划+活水行动”“源头计划+墩苗行动”三大人才强企工程，连续四年推行“管理培训生”项目，着力打造国有资本运营“铁军”。开展干部人才政治素质和业务能力双提升，择优选派多名干部到“一校五院”学习进修，“听党指挥、为国理财”的能力素养进一步提升。选派多名干部赴西藏拉萨、广西来宾、海南儋州等困难地区挂职锻炼，激励干部在艰苦环境锻炼成长。三是强化基层组织建设。落实“四同步、四对接”，优化调整所属党组织设置，发挥国新党校优势，做好党员教育培训，深化探索实践“党建+基金投资”“党建+法人支部”“党建+上市公司”党建新模式，推动党建与经营一体化考核，抓党建引领群团组织建设，增进团结凝聚。四是坚持以严的基调正风肃纪反腐。对4家所出资企业开展政治巡视，完成对所出资企业党组织巡视全覆盖，在2021年委管企业巡视巡察工作考核中，首次获得A级评价。持续做好违规挂靠专项巡视整改，紧盯长期整改事项开展监督检查，推动整改落实见效。加大对所出资企业巡察工作督导力度，强化所出资企业党委书记听取巡察汇报情况备案管理，一体推进巡视巡察100%全覆盖。持续推进纪检监察体制改革，持续开展“责任压实行动”，坚决纠治“四风”，确保中央八项规定及其实施细则精神在全系统得到贯彻落实，发挥巡视利剑作用，抓好巡视整改“后半篇文章”，一体推进“三不腐”。

**【信息化与数字化建设】** 2022年，中国国新深入学习贯彻网络强国战略、国家大数据战略和数字经济发展战略，紧抓数字化转型发展机遇，科学绘制数字化转型建设规划，统筹推进数字国新“139XE”工程建设。积极应用云计算、云原生、大数据等新一代信息技术，打造集约高效、敏捷灵活、安全先进的国新云，自主可控、敏捷高效的云原生技术中台，数据汇聚、科学建模、数据赋智的数智化赋能新引擎，建成敏捷高效可复用的新一代数字化基础设施。推动公司经营管理系统和业务系统“应上尽上”、全面上云，新建系统开发部署效能大幅提高，创新能力明显增强，数据汇聚存储能力和数据服务能力明显提升。

**【履行社会责任】** 中国国新自觉将中央企业的社会责任扛在肩上，聚焦疫情防控、乡村振兴、援疆援藏、绿色发展等重点领域，有效发挥社会功能、社会价值。接续开展定点帮扶。2022年实施帮扶项目27项，投入无偿帮扶资金820余万元，成功帮助对接中粮中茶、国药等中央企业，推动茶叶、中药销售额2300万元；所属国新保理以首单到货保理方式为利川团合村合作社农户提供500万元保理授信额度，缓解农户资金周转压力，助推村集体经济发展；培训基层干部和各类技术人员600余人次,有力帮助脱贫地区和群众打牢基础、巩固成果。积极助推绿色发展。主动参与推动中国本土ESG标准体系建设,参与制定《央企控股上市公司ESG信息披露指引》,研究推出ESG评价体系,与中证指数有限公司共同发布央企ESG系列指数,推动绿色金融和ESG投资发展。首创"绿色保理""减碳租赁"产品,助力央企客户布局"双碳"战略。

(撰稿人:周书亚)

## 中国检验认证(集团)有限公司

**【基本概况】** 中国检验认证(集团)有限公司(以下简称中国中检)是以"检验、检测、认证、标准、计量"为主业的独立第三方综合质量服务机构,创建于1980年。中国中检拥有CCIC和CQC两大品牌,设有中国检验认证集团检验有限公司、中国质量认证中心、中国检验认证集团测试技术有限公司三大业务平台,服务网络覆盖40个国家和地区的主要口岸和货物集散地,为10余万家国内外客户提供"一揽子"解决方案和"一站式""本地化"综合质量服务。中国中检拥有近2万名员工、400多家分支机构和500多家实验室,持有国际资质100余项、国家级资质300余项,有国家车联网产品质量检验检测中心、国家氢能动力质量检验检测中心、国家摩托车质量检验检测中心、国家玩具质量检验检测中心等16个国家级科研平台,在ISO、IEC、IQNET、TIC理事会等15个国际标准化或行业组织、76个国内标准化或行业组织中承担工作,累计制(修)订国际、国家或行业等各类标准2000余项。

2022年,在以习近平同志为核心的党中央坚强领导下,在国务院国资委党委的正确领导下,中国中检坚持以习近平新时代中国特色社会主义思想为指导,坚决贯彻落实习近平总书记关于国有企业改革发展和党的建设重要论述,关于高质量发展和质量工作的重要指示批示精神,以迎接和学习贯彻党的二十大精神为主线,高质量做好巡视"后半篇文章",坚持"稳中求进、以改促进"工作总基调,按照"夯基础、抓改革、重落实"九字方针和"五个全面"工作要求,凝心聚力谋发展、步调一致向前进,各项工作取得新的显著成绩。

**【主要指标】** 2022年,中国中检经营业绩稳步提升、综合治理成效突出,为打造"真正在世界上有影响力、在国内绝对领先的一流检验检测认证企业"提供坚强保障。

**表1 2022年中国检验认证(集团)有限公司主要经济指标**

| 项 目 | 2021年 | 2022年 | 比上年增长(%) |
|---|---|---|---|
| 资产总额(亿元) | 259.55 | 366.00 | 41.01 |
| 所有者权益(亿元) | 221.99 | 300.01 | 35.15 |
| 营业收入(亿元) | 97.26 | 145.24 | 49.33 |
| 利润总额(亿元) | 22.89 | 32.82 | 43.39 |
| 净利润(亿元) | 19.18 | 28.12 | 46.59 |
| 归属于母公司所有者的净利润(亿元) | 14.55 | 18.88 | 29.82 |
| 技术开发投入(亿元) | 3.63 | 6.99 | 92.62 |
| 利税总额(亿元) | 26.67 | 38.60 | 44.71 |
| 应交税金总额(亿元) | 7.71 | 10.69 | 38.74 |
| 全员劳动生产率[万元/(人·年)] | 38.97 | 46.15 | 18.43 |
| 净资产收益率(%) | 8.84 | 10.77 | 增加1.93个百分点 |
| 总资产报酬率(%) | 9.19 | 10.55 | 增加1.36个百分点 |
| 国有资本保值增值率(%) | 106.78 | 111.22 | 增加4.44个百分点 |

**【改革发展】** 2022年,中国中检坚持把改革作为推动市场化转型和破解发展难题的"金钥匙"。决战决胜国企改革三年行动,实现高质量圆满收官。聚焦问题短板,推进实施深化改革,在集团化管控、专业化运营、区域化管理等关键领域取得重大突破。

混合所有制改革情况。2022年，中国中检先后印发《中国检验认证集团混合所有制改革操作指引》《中国检验认证集团关于控股混合所有制企业开展员工持股的指导意见》《中国检验认证集团控股混合所有制企业差异化管控的指导意见》等混合所有制改革制度，完善混合所有制制度体系建设。通过新设、收购等方式与民企协同发展，完成3项混合所有制改革项目，拓展新的检验检测领域，巩固传统优势业务。

国企改革三年行动情况。中国中检提前2个月完成国企改革三年行动53项任务。中国特色现代企业制度基本成型，全面贯彻“两个一以贯之”，加快健全现代公司治理机制，集团系统企业全面制定前置研究事项清单。规范集团董事会建设，4名外部董事配齐到位，设立专门委员会4个，制定董事会议事规则等7项制度。应建清单内37家子企业全部实现应建尽建和外部董事占多数，制定子企业董事会运作系列规定，推动全系统董事会建设工作更加规范有序。三项制度改革动真碰硬，经理层成员契约签订率、员工公开招聘比例、全员绩效考核覆盖率全部100%。管理人员竞争上岗比例由9.85%提高至55.14%，末等调整和不胜任退出比例由0.33%提高至4.41%，员工市场化退出率由0.33%提高至2.84%。

对标世界一流管理提升行动、“科改示范行动”、国企改革“双百行动”情况。2022年，中国中检持续开展对标世界一流管理提升行动，完成8个对标领域39项提升任务。国务院国资委央企标杆项目“数字中检”业务管理模型获得8项荣誉，标杆企业辽宁公司创历史最好业绩。中国中检所属企业中检溯源、中检公信、中检南方、中认英泰、深圳华通威入选国务院国资委“科改示范企业”。建立科改月度工作协调机制，针对科改政策、特定改革事项答疑解惑。以中认英泰为试点，探索中长期激励，对51人实施岗位分红激励，占员工总数的16.35%，激励总额为当年净利润的15%。

产权管理工作。2022年，中国中检为规范国有资产交易行为，防止国有资产流失，进一步完善产权管理制度体系，印发《中国检验认证集团国有资产交易管理办法》，建立起较为完善的产权管理制度体系，覆盖产权登记、资产评估、国有资产交易等产权管理环节。截至2022年底，中国中检产权登记完整率由核对及自查期间的71.8%提升至77.4%；严格落实资产评估制度要求，完成资产评估项目公示及备案13项；成立以总经理牵头、总会计师负责的专项工作组，协调解决重大问题，稳妥推进地方公司海关股权收购，首批32家二级公司、7家三级公司海关股权在北京产权交易所挂牌。

人事建设。中国中检三项制度改革动真碰硬，262户企业515名经理层成员签约全覆盖，以经理层任期制和契约化管理为核心的新型经营责任制基本建立。

考核。综合考核方面，中国中检全面对标对表国资管理体系，编制《国资体系考核管理要求手册》，聚焦高质量发展，明确经营业绩、财务、投资等11个方面考核要求。针对不同企业的发展阶段、薄弱环节、经营短板，强化目标引领、协同管理、突出重点，扎实推进业绩考核。确定74个关键考核指标，对集团总部各部门进行考核，加强职能线管控。建立直管企业业绩考核指标库，涵盖指标73个，对42家单位进行差异化考核，对21家重点考核营业收入利润率、29家重点考核全员劳动生产率、31家重点考核服务央企/政府客户收入增速、21家重点考核研发投入强度、3家重点考核资产负债率、1家重点考核应收账款周转率，部分企业接受多项目、组合式的重点考核，有力促进经营管理水平的提升。业绩考核方面，从国务院国资委对中国中检的5个考核指标来看，净利润完成国务院国资委考核目标的101.96%，比上年增长11.1%；经济增加值完成国务院国资委考核目标(9.62亿元)的102.39%，比上年增长13.87%；全员劳动生产率完成国务院国资委考核目标的103.58%，比上年增长13.54%；研发投入强度完成国务院国资委考核目标的112%，超出0.42个百分点；服务央企央地营业收入比上年增长17.6%，占主营业务总收入的9.5%，完成国务院国资委考核目标的130.49%，超出2.22个百分点。党建考核方面，2022年，中国中检完善做到“两个维护”的体制机制，坚持并不断深化“第一议题”制度、“看齐对标”机制。深化“三基”建设，完善区域临时党委运行机制，建立健全党建工作责任体系和工作机制，把区域党建做实、基层党建做强。推动党建考核与领导班子和领导人员考核、经营业绩考核有效联动。认真履行党委管党治党、从严治党主体责任，强化政治监督，把落实“两个维护”作为党建责任制考核首要内容。规范用好党建责任制考核指挥棒，压紧压实党建工作责任，推动构建大党建工作格局，进一步强化抓好党建是最大政绩的意识，坚持用企业改革发展成果检验党组织工作成效。

薪酬管理。2022 年，中国中检根据国家有关政策和国务院国资委的相关规定，逐步建立完善与经济效益相匹配、与人工成本投入产出效率相适应的集团工资总额管控体系。根据《中国检验认证集团工资总额管理办法》《中国检验认证集团工资总额管理办法实施细则》，按照效益导向原则、分级管控原则和分类管理原则对下属企业的工资总额实施预算核准管理，并在经国务院国资委核定的集团整体工资总额预算框架内，根据集团发展需要，合理调控系统内各公司收入水平。根据《中国检验认证（集团）有限公司所属国内二级企业负责人薪酬管理暂行办法》《中国检验认证（集团）有限公司所属国内二级企业负责人薪酬管理暂行办法实施细则》《中检集团系统企业负责人履职待遇、业务支出管理办法》，按照市场对标原则、激励与约束并重原则和分级分类管理原则，对国内子企业主要负责人的薪酬水平和福利待遇进行管控和监督。

重大决策。中国中检党委把深化国企改革作为重大政治责任，认真学习习近平总书记关于党的建设和国企改革的系列重要论述，坚决落实党中央、国务院以及国务院国资委关于国企改革三年行动的部署要求，聚合力、齐发力，推动国企改革三年行动落地见效。中国特色现代企业制度基本成型，全面贯彻“两个一以贯之”，加快健全现代公司治理机制，集团系统企业全面制定前置研究事项清单。2022 年，出台“三重一大”决策事项清单和党委前置研究讨论重大经营管理事项清单，形成“1＋3＋1”制度体系。“一企一策”指导建立党组织的 75 户子企业 100％完成“党建入章”，建立党委的 16 户子企业 100％制定前置研究讨论重大事项清单，实现制度全覆盖，切实把中国特色现代企业制度优势转化为治理效能。2022 年 4 月，集团公司外部董事配齐到位后，迅速实现董事会建设规范化、运行管理体系化，在 7 个月内，陆续召开 3 次董事会定期会议，完成战略与投资、审计与风险、薪酬与考核专门委员会组建，审议通过议事规则、授权管理办法等 7 项配套制度。通过制定《董事会授权管理办法（试行）》《董事会向经理层授权决策方案》，建立董事会向经理层授权管理机制。在 61 项董事会决策事项中向经理层授予 20 项，占比 32.79％，与“三重一大”决策清单无缝对接，强化经理层责任、权利和义务对等，给予充分经营自主权。

**【重大项目】** 重大项目。2022 年，中国中检重组智能汽车安全全国重点实验室并成功获批，国家车联网产品质量检验检测中心和国家氢能动力质量检验检测中心获得 CMA 资质和 CNAS 证书，获批筹建国家车联网信息安全产品质量检验检测中心。推进原创技术策源地建设，开展“双碳背景下典型城市和工业园区碳排放的监测模拟与清单联合评估”“基于北斗三号系统的车载紧急呼叫测试技术”研发项目。聚焦提升技术创新能力，中检理化、深圳华通威和中检河南计量获得省市政府“专精特新”中小企业资质，组织集团首批“专精特新”中小企业培育活动，遴选首批 9 家企业作为培育目标。

对外投资并购。2022 年，中国中检坚决落实国务院国资委“一业一企、一企一业”要求，加强投资并购，主责主业更加突出聚焦。投资项目严格按照《中国检验认证集团投资管理办法》及相关制度执行，履行可行性论证、尽职调查、审批等程序。建立投资工作机制，建立投资工作月例会机制，建立投资标的库、投资及产权问题库，设立首批投资专员，同步开展投资信息化系统建设。全年批复投资项目 45 个。稳妥推进地方公司海关股权收购，首批 32 家二级公司、7 家三级公司海关股权在北京产权交易所挂牌。投资建设国家车联网产品质量检验检测中心、认证中心中山检测基地。对外并购项目 2 个，分别是中检公信公司收购太原市宏宇煤炭技术咨询公司 51％股权、河南公司收购河南智安工程检测有限公司 51％股权项目，均为主业范围控股投资。

重大科研开发。中国中检积极参与国际国内标准研发，牵头制定国际标准 2 项、参与 1 项；制定国家标准(或标准物质)32 项，行业标准 7 项，地方标准 3 项，团体标准 70 项，企业标准 11 项。研发新装备新系统 19 台(套)，申请或授权新专利 15 件。推进原创技术策源地建设，开展"双碳背景下典型城市和工业园区碳排放的监测模拟与清单联合评估""基于北斗三号系统的车载紧急呼叫测试技术"研发项目。聚焦提升技术创新能力，中检理化、深圳华通威和中检河南计量获得省市政府"专精特新"中小企业资质，组织集团首批"专精特新"中小企业培育活动，遴选首批 9 家企业作为培育目标。

**【走向海外】** "走出去"战略实施情况。截至 2022 年底，中国中检在 40 个国家和地区设各级次境外机构 69 家，推行区域化管理，分为美洲、欧洲、东南亚、日韩、非洲等 6 个区域进行管理，境外公司 2260 人，形成较为全面的国际化经营布局。中国中检高度重视与"一带一路"沿线国家的合作，通过建机构、拓业务、树品牌、展形象、实施区域化管理等举措全面深化"一带一路"倡议。中国中检设立于"一带一路"沿线国家的境外机构始终站在前沿发挥专业优势，从国家利益的高度出发，持续扩大和深入与相关国家的合作。与"一带一路"沿线 30 个国家开展合作，占"一带一路"沿线国家总数的 20％以上。根据《中国中检国际合作情况白皮书(2020)》(以下简称《白皮书》)，中国中检系统各单位对外签署文件 130 份；其中，在近 3 年来对外签署 50 份合作文件中，与"一带一路"沿线国家签署的合作文件 15 份，占比 30％；在对外签署的长期有效(不含 3 年以内)80 份合作文件中，与"一带一路"沿线国家签的合作文件 24 份，占比 30％。启动"认证进海外"工程，成立中国质量认证中心欧洲分中心、日本分中心，在服务中国企业"走出去"的同时积极向海外输出标准规则，与柬埔寨王国商务部签署谅解备忘录，服务中国中铁获得欧盟产品认证合规准入和匈牙利铁路总局 MAV 许可。

海外投资。2022 年，中国中检坚持完善海外网络布局，践行"一带一路"倡议，推动国家战略落地，在境外新增投资项目 1 个，为主业投资，主要是在荷兰建设食品检测实验室，推动中国中检海外业务转型。

**【重大创新】** 技术创新。2022 年，中国中检主持和参与制定国家或行业技术标准 281 个，其中国际标准 8 个、国家标准 46 个、行业标准 33 个、团体标准 194 个，为新兴产业技术的规范发展和质量服务提供标准基础。拥有专利总量 1579 件，其中发明专利 306 件，高价值发明专利 131 件，海外专利 6 件；全年申请专利 376 件，其中发明专利授权 78 件。承担国家重大攻关专项任务和国家重点研发计划等国家级项目 10 项，其中，国家重大攻关"1025 专项"任务 1 项、国家重点研发计划项目 9 项。

管理创新。2022 年，中国中检专业化整合迈出关键一步，实现与通用技术集团检验检测板块专业化整合。集团化管控进一步加强，建立巡视巡察工作体系，完善纪委工作机制，调整优化总部内设机构职能，明确职能线职责，分设综合审理室、执纪审查室，设立资金管理中心、财务共享中心、新闻中心，职能线管控体系基本健全。建立完善产品线"责权利相统一"机制，探索事业部建设，整合优化产品线 23 条，制定出台交通运输、大宗货物事业部建设方案，开展部线协同试点。调整中检溯源、中检中原、中检评价、中检西部和中检南方管理权，提升专业化运营效能。深入推进区域化管理，实现全球区域管理"8＋6"全覆盖。

**【党建工作】** 党的建设。在国务院国资委党委的坚强领导下，中国中检党委以迎接党的二十大召开和学习宣传贯彻党的二十大精神为主线，始终坚持用习近平新时代中国特色社会主义思想凝心铸魂，树立大抓基层导向，全面实施党建引领工程，扎实做好巡视"后半篇文章"，着力把党建优势转化为企业发展优势。一是坚定拥护"两个确立"、坚决做到"两个维护"。中国中检党委旗帜鲜明讲政治，持续深入贯彻落实习近平总书记在全国国企党建会上的重要讲话精神，开展"建功新时代、喜迎二十大"习近平总书记重要指示批示精神再学习再落实再提升主题活动，全年组织学习"第一议题"24 次、党委理论中心组学习 9 次、读书班 1 次，坚持不懈用习近平新时代中国特色社会主义思想凝心铸魂，以实际行动坚定拥护"两个确立"、坚决做到"两个维护"。深入学习贯彻党的二十大精神，集中收听收看大会盛况，第一时间召开党委会专题学习，研究制定学习宣传贯彻党的二十大精神方案。班子成员分别带头，深入基层一线宣讲党的二十大精神，迅速掀起学习宣传贯彻热潮。二是坚持党的全面领导，巩固提升党的基层基础建设。中国中检党委全面准确贯彻“两个一以贯之”，坚持把党的领导融入公司治理各个环节，指导建立党组织的54家子企业完成党建进章程、16家建立党委的子企业制定党组织前置研究讨论重大事项清单，实现制度全覆盖。树立大抓基层、大抓支部的鲜明导向，推进实施党建引领工程，完成一阶段重点任务1287项。建成智慧党建系统，建强党员队伍，全年新发展党员59人。组织召开集团三基建设推进大会，制定党支部标准化规范化建设指引，指导推进21家单位党组织落实换届补选，考核评价集团系统全体支部书记。6个支部案例入选《2022全国企业党建创新优秀案例》，1项党建和思想政治课题被列入国务院国资委课题。全面落实党建带团建群建，实施“青年马克思主义者培养工程”“青年精神素养提升工程”，组织创建首批职工创新工作室22个，打造覆盖全系统的职工书屋矩阵，2家单位获评“全国职工书屋示范点”。三是扎实做好“后半篇文章”，巡视整改取得实效。成立集团巡视整改领导小组及工作机构，组织12次党委会、8次巡视整改领导小组会议、6次专题会研究部署整改工作。持续推进日常整改385项，除3项长期任务外均完成。建立集团巡视工作制度体系，制定相应工作制度30项，建立巡视人才库。国内34家单位成立巡察领导机构，各级巡视巡察入库人员超过240人。启动两轮次6家单位的内部巡视，被巡视单位查找整改问题平均98个。

反腐倡廉。中国中检始终坚持以党的政治建设为统领，从严治党向纵深推进。深入开展政治监督和日常监督，严明政治纪律、政治规矩。准确把握全面从严治党党委主体责任、党委书记第一责任人责任和纪委监督责任贯通联动要求，组织召开党委与纪委会商、纪委书记与党委班子成员交换意见工作会议，深入分析研判集团系统政治生态及党风廉政建设和反腐败工作形势，研讨部署全面从严治党重点任务，扎实深入开展深化靠企问题整治、境外腐败治理等专项工作。全面加强监督执纪，一体推进不敢腐、不能腐、不想腐。扎实推进监督贯通协作，统筹督导巡视整改，扩展巡视成果运用，通报共性问题和工作亮点，构建巡审联动机制和“大监督”工作格局。

**【信息化与数字化建设】** 2022年，中国中检高质量推进“平台中检”向“智慧中检”迈进。中检信息平台2.2上线运行，建成业务管理、财务管理和数据管理等32个系统，实现矿产品线、石油化工产品线33家实验室业务数据自动采集、业务全流程信息化管理、质量检查全生命周期闭环管理。强化业财一体化，实现从合同建立、资金管理到财务凭证生成的全流程贯通落地。全面升级大数据中心，日新增数据2200余万条，日加工处理数据1.3亿条次。参加国务院国资委年度网络安全攻防演习，3篇报告入选公安部2022年度攻防演习优秀技战法。中检信息平台2.1入选中国云计算和大数据技术与应用大会优秀案例成果，张涛获评“行业创新发展突出贡献人物”。

**【履行社会责任】** 援疆援藏援青工作。中国中检分别在新疆、西藏、青海设法人机构5家。2022年，中国中检新疆公司立足农业标准化服务，发挥“中检农业”品牌优势，以“精准扶贫、扶农兴农”为切入点，为自治区人民政府、当地农民和农业企业提供惠农服务项目，助推新疆地区现代农业发展，开展阿克苏苹果、叶城核桃、尉犁罗布羊肉3个地理标志农产品保护工程项目；积极解决当地人员就业问题，实施就业援疆；通过业务项目实施干部援疆，充分发挥干部人才作用，创造援疆干部载体，增强造血功能。中国中检西藏公司与拉萨市布达拉旅游文化集团合资成立拉萨中检综合产品检验检测有限公司，解决西藏地区企业产品质量安全控制、政府食品安全监管、重大活动食品安全保障等存在的技术支撑机构缺乏、能力不足等突出问题；在标准化、计量校准、检验检测、认证认可、质量追溯、培训咨询等方面为西藏岗巴羊产业提供全程质量安全追溯体系服务；通过“地球第三极”品牌赋能西藏自治区更多的特色产品；通过山南市质量强市质量提升项目，帮助山南市10家企业建立、完善质量管理体系，并通过质量管理体系认证，从而推动山南市质量强市的推进工作；在拉萨市购置新办公大楼，面积2182.9平方米，加大对当地固定资产投入。中国中检青海公司持续推动青海枸杞有机认证、生态原产地保护、出口食品质量安全示范区建设工作，帮青海枸杞等特色产品"突出重围"；服务青海省海东工业园区（河湟新区）绿色园区建设项目，持续完善绿色制造体系，推进工业绿色发展，助力工业领域碳达峰碳中和的要求；服务节能报告及能源审计项目，圆满地完成青海省工业和信息化厅交办的关于历史遗留节能审查问题的整改工作；为青海省医疗系统持续发力，完成青海省3家标杆医院计量服务项目。

落实节能减排政策。中国中检深入贯彻落实习近平总书记关于生态文明的重要指示批示精神，积极响应国家碳达峰碳中和战略目标，致力于做认证机构中践行生态文明和应对气候变化的示范者、引领者。在原创技术策源地"双碳"领域，编制园区碳排放实时监测法和清单核算法的技术路线；支撑国家部委开展国际能效合作，开展对重大问题"加强计量、标准、检测等基础工作"研究，为国家"双碳"工作提出政策建议。在北京主办主题为"认证赋能绿色发展，助力央企低碳目标实现"的碳达峰碳中和高峰论坛，就如何充分发挥央企责任担当，为实现碳达峰碳中和贡献智慧和力量等热点话题进行深入探讨；与中国节能协会联合主办第二届碳中和博鳌大会，深入探讨全球应对气候变化的共识和措施、欧盟碳边境调节机制和中国碳达峰碳中和顶层设计、碳中和愿景下区域和企业如何做好战略转型布局等议题。与中国绿发集团千岛鲁能胜地联合发布碳补偿计划，提升千岛鲁能胜地的环境治理能力。"灵山岛省级自然保护区碳排放核查"项目获得国务院国资委2022年度碳达峰碳中和行动典型案例三等奖。在长三角绿色认证联盟成立大会及第一届理事会第一次会议上当选联盟理事单位，发挥自身技术优势，助力在长三角区域推动以绿色产品、服务和管理为核心的认证工作，提升认证供给质量，切实发挥质量认证在生态文明建设和碳达峰碳中和工作中的积极作用。举办苏南片区墙材绿色发展暨绿色工厂培育、绿色建材产品认证、智改数转政策解读活动。

服务保障民生安全。响应国务院国资委号召，组建以党员为骨干的消杀应急先锋队，奔赴上海支援抗疫，完成核酸检测样本300多万管、消毒面积200余万平方米。各地方公司也积极助力当地防控消杀。自2020年以来，累计消杀总面积2.4亿平方米，航空器6万架次。在港澳地区发挥央企责任、专业优势，累计完成澳门694万人次核酸检测，香港约200万人次核酸检测，为香港和澳门疫情防控和繁荣稳定作出积极贡献，得到中联办多次表扬和肯定。

（撰稿人：吴华菲）

## 中国汽车技术研究中心有限公司

**【基本概况】** 中国汽车技术研究中心有限公司（以下简称中汽中心）是国务院国资委直属中央企业，成立于1985年，是在国内外汽车行业具有广泛影响力的综合性科技企业集团。截至2022年底，中汽中心下设直属机构6个、全资子公司34家、控股公司9家，员工总数4585人。中汽中心坚持以新发展理念为纲领，事业分布稳步升级，综合实力与核心竞争力不断增强，"一个总部＋四个分中心"的网络化布局全面优化，华东、华南、华中、西南四个区域中心特色专业能力建设有序推进。在德国、日本设立子公司及常驻办事处，在瑞士设立我国标准化领域首个在海外设立的专门机构——中国汽车标准化国际中心，为中国汽车产业更加积极融入全球体系起到重要推动作用。中汽中心始终坚守推动中国汽车工业科技进步的初心和"独立、公正、第三方"的行业定位，积淀厚重的技术实力，构建起以行业智库服务、汽车产品检测认证、共性及前瞻性技术研发为核心，覆盖汽车全产业链和全生命周期的技术服务能力。业务涵盖检测试验、工程技术研发服务、数字化、工程设计、咨询服务、认证业务和战略新兴业务等十大领域，为中国汽车产业发展提供强有力支撑。

**【主要指标】** 2022年，中汽中心实现营业收入68.25亿元，比上年增长12.42%；利润总额21.33亿元，比上年增长12.20%；净利润18.60亿元，比上年增长16.10%。营业收入利润率31.24%，比上年增加

0.04个百分点，资产负债率25.54%，维持在较低水平，研发经费投入强度11.60%。

**表1 2022年中国汽车技术研究中心有限公司主要经济指标**

| 项 目 | 2021年 | 2022年 | 比上年增长(%) |
|---|---|---|---|
| 资产总额(亿元) | 156.03 | 191.08 | 22.46 |
| 所有者权益(亿元) | 113.36 | 142.27 | 25.50 |
| 营业收入(亿元) | 60.71 | 68.25 | 12.42 |
| 利润总额(亿元) | 19.01 | 21.33 | 12.20 |
| 净利润(亿元) | 16.02 | 18.60 | 16.10 |
| 归属于母公司所有者的净利润(亿元) | 15.04 | 17.14 | 13.96 |
| 技术开发投入(亿元) | 7.04 | 7.93 | 12.64 |
| 利税总额(亿元) | 21.24 | 22.7 | 6.87 |
| 应交税金总额(亿元) | 5.56 | 5.25 | -5.58 |
| 全员劳动生产率[万元/(人·年)] | 119.72 | 133.68 | 11.66 |
| 净资产收益率(%) | 15.08 | 14.55 | 减少0.53个百分点 |
| 总资产报酬率(%) | 13.18 | 12.50 | 减少0.68个百分点 |
| 国有资本保值增值率(%) | 116.76 | 116.56 | 减少0.20个百分点 |

**【改革发展】** 一是中国特色现代企业制度进一步完善。制定完善覆盖19个细分业务领域、111个明细权责事项的《"三重一大"事项清单》，通过"多单一表"方式准确界定各治理主体权责边界；子企业实现董事会应建尽建及外部董事占多数"两个全覆盖"；不断完善董事会制度体系、履职支撑体系和职权落实体系，通过"定权责、定主体、定机制"三个方向的全面统筹、协同推进，优化治理结构，提升治理效能。二是推动国有资本向前瞻性战略性新兴产业集中。中汽中心战略性新兴产业投资占比64%，投资建成全球领先新能源汽车科技创新基地，搭建涵盖政策研究、标准法规、技术研发、检测认证等多方面的行业公共技术服务平台，构建新能源汽车全价值链服务体系，为行业高质量发展提供强有力的基础支撑。三是推进混合所有制改革，放大国有资本功能，深度转换企业经营发展机制。坚持"三因三宜三不"原则，从8个维度对子公司进行全面评估，形成混合所有制改革评估报告，制定《混合所有制企业操作指引》等文件，为下属企业实施混合所有制改革提供制度基础，重要子企业中汽研汽车试验场股份有限公司成功在深圳证券交易所上市，成为A股汽车试验场第一股。四是围绕"三能"目标持续深化三项制度改革。全面推行经理层任期制与契约化，实现各层级单位100%全覆盖，经理层成员100%全覆盖，签订完成"一协议两书"，严格契约的刚性兑现；年度薪酬倍差3.1倍，绩效薪酬差108%；系统梳理2420个岗位，开展110余场竞聘，完成近4000名员工岗位竞聘和职级评定；110名经理级领导人员"起立竞聘"，新任领导人员竞争上岗的人数占比57%，管理人员退出比例6.38%。五是抓好国企改革专项工程。重要子企业中汽数据有限公司入选"科改示范企业"，并在考评中获评"优秀"；开展"科改十条"政策解读、科改示范行动评估等专项工作，搭建科改示范行动梯队计划，锻造科技型企业改革"尖兵"。

**【重大项目】** 一是全面建立"三层两级"战略规划体系。系统性组织开展三年滚动规划研究制定，形成年度战略挂图，实现"5年发展规划—3年滚动规划—年度重点计划"的有效衔接；制定实施《国际化战略与发展规划(2022—2030年)》，加快推动"走出去"，全面开展"十四五"规划年度执行审视评价，全生命周期战略规划的管理体系和管理能力实现质的提升。二是全面深入开展对标世界一流管理提升行动，实现集团八大职能领域信息化系统全面应用并协同贯通，建立管理提升持续对标分析数据库，研究编制《中汽中心对标提升行动"三个标杆"创建实践经验与案例汇编》，全面开展对标提升行动效果评估，推动专项行动成果固化和建立长效提升机制。三是全面实施"北京战略"，系统谋划产业智库、检验测试以及前瞻业务等相关资源布局，正式成立中国汽车战略与政策研究(北京)中心,进一步提高政府支撑水平,打造智能网联汽车测试(北京)基地,全力推进碳金融业务布局。

**【走向海外】** 一是国际标准法规制定协调取得显著成效。全面深度参与国际标准法规制定协调,牵头组织或参加国际会议306次。在国际法规协调方面,支撑工业和信息化部成功连任自动驾驶与网联车辆工作组副主席及自动驾驶功能要求、电动汽车安全、电动车辆与环境、氢燃料电池汽车、多工况噪声5个非正式工作组联合主席或副主席;协助政府完成多项全球技术法规及修正本、指南文件、联合国决议、法规制修订申请、列入候选纲要申请等的投票表决,并推动两项中国标准正式列入候选纲要;新参与更安全更洁净新车和二手车等5个非正式工作组及专项组活动。国际标准方面,牵头完成自动驾驶系统测试场景词汇等3项国际标准发布,负压救护车、燃料电池及被动安全领域5项新国际标准立项。二是中国标准国际化实现重大突破。中国汽车标准国际化中心实现在日内瓦的正式运营,全面支持标准国际化发展战略的落地实施;组织近90人的国际标准法规协调专家库,承办联合国有关专项工作组会议、参与世界贸易组织专题研讨会,推广我国在儿童乘员保护、电动汽车换电、安全、环保等方面的先进经验;深入贯彻"一带一路"共建倡议,推动GB/T充电接口国标被俄罗斯电动汽车充电站首选采用;举办中国—乌兹别克斯坦电动汽车研讨会、电动汽车标准系列培训,举办第四届中国—东盟汽车标准法规交流合作对话会。

**【重大创新】** 一是关键技术攻关展现新担当。围绕高端研发测试设备、智能网联汽车、燃料电池汽车等前沿技术方向,形成3个重点领域的技术策源地建设方案,8项任务入选国务院国资委"1025专项"二期,在"双碳"全产业链服务、汽车工业基础仿真软件、"民族汽车品牌向上"等方面取得重要阶段性成果。二是行业协同创新取得新成效。与高校、企业共同建设"整车先进设计制造技术全国重点实验室",在整车低碳短流程制造技术和汽车安全测试技术与标准研究方面取得阶段性研究成果;深入推进"中央汽车企业数字化转型协同创新平台"建设,组织32家国资企业开展19个数字技术协同创新与应用研究项目。三是科研体制机制创新增添新活力。成立中央研究院,重塑集团科技创新研发体系;实施首席科学家制度,设立首席科学家工作室;深化项目分红激励机制运用,获得中国专利优秀奖,全年累计获得各类省部级科研奖项39项。四是管理创新发挥新效能。建立"三层六位一体"财务管理模型,推进"一条主线、四项抓手、两层监督"集约化管理和风险内控合规一体化管理,形成分级分类、分时推进的集中采购实施方案,切实实现采管分离;严格执行审计质量控制要求,坚持"四个下功夫",持续推动审计工作提质增效。

**【党建工作】** 一是深入学习宣传贯彻党的二十大精神。通过集中收听收看、制定宣传贯彻方案,传达大会核心精神,听取专家集中宣讲等多种方式迅速掀起学习党的二十大精神热潮,构建四级宣讲体系,确保党的二十大精神进基层、进一线。二是持续提升党建工作质量。构建"1346"的"顶梁柱"党建工作体系,形成以集团党委"中坚力量·汽志领航"为核心的党建品牌矩阵;指导基层党组织规范完成换届选举及委员增补工作;聚焦"非凡十年",组织开展"强国复兴有我"主题宣传教育活动,深化"我是中汽中心人"大讨论,开展"青马工程"二期和薪芒行动。三是推进党建工作与生产经营深度融合。研究运用"党建小循环促进党建经营融合大循环"管理方法,从治理、责任、落实、考核、监督、优化六大措施入手,构建"新形势下国有企业党建与经营双融双促双循环管理模型",充分释放党建与经营融合发展的新动力、新效能。四是不断加强干部队伍建设。建立形成"1+25"干部管理制度体系,大力开展市场化选聘,完善年轻干部培养机制,建立五层级人才储备库;紧盯"一把手"和领导班子关键少数做实干部监督,并按照"三个区分开来"要求,坚定为想干事、敢干事的领导干部撑腰鼓劲。五是深入推进全面从严治党。坚持"三不腐"一体推进,锲而不舍落实中央八项规定精神、纠治"四风"问题,充分发挥联合监督"组合拳"作用;以四个"首次"新标准召开警示教育大会,深入营造廉洁清正的干事创业氛围。高质量完成内部巡视五年全覆盖,深入推进巡视"回头看"工作;深化"靠企吃企"专项整治,切实推动问题"清仓见底"。

**【信息化与数字化建设】** 一是强化顶层设计，完善制度体系。编制信息化发展三年滚动规划，制(修)订管理制度21项，形成信息化规划、建设、管理一盘棋。二是推进重点项目，优化应用体系，全年启动信息化项目30余项，完成国资监管“1+N+1”信息化平台一期建设，智慧办公平台升级迭代，业财一体化管理平台、人力资源管理平台以及大数据智能平台建设有序推进。三是加强数字化基础设施建设。搭建全场景无死角的无线网络体系，网络资源精准管理、统一监控，有序开展有线网络改造，形成全互联、广连接、泛智能的融合网络框架。

**【履行社会责任】** 一是心系灾区群众，全力支持四川灾区抗震救灾，向四川灾区捐款200万元，用于当地防汛救灾及灾后重建。二是积极响应为中小企业纾困解难号召，对12家小微企业租户减免租金，为9家小微企业免费提供质量管理体系认证管理提升服务，与23家中小企业新签订采购合同。三是开展汽车测评公益活动，投入9000余万元、测评30余款热销车型，覆盖汽车安全、新能源、智能网联等领域，为消费者选车购车提供权威参考，支持公安部交通管理局举办两次面向全国中小学生的“交通安全开学第一课”，累计观看量突破8000万人次。四是响应联合国道路安全十年行动号召，继续深入偏远地区学校，通过道路安全公开课传递安全理念，助力实现“零伤亡”愿景。五是连续15年无间断汽车安全巡展公益推广，累计全国200余次城市落地，深入合作全国媒体400余多家，组织活动3000余场，影响上千万人群，全力提升安全驾乘行为。

(撰稿人：李悦琴)

# 中国铁塔股份有限公司

**【基本概况】** 中国铁塔股份有限公司(以下简称公司)是通信基础设施建设运营的“国家队”和5G新基建的“主力军”，主要从事通信铁塔等基站配套设施和高铁地铁公网覆盖、大型室内分布系统的建设、维护和运营；依托独特资源面向社会提供信息化应用和智能换电备电等能源应用服务，逐步形成以运营商业务为主体、铁塔智联业务和新能源业务为“两翼”的“一体两翼”发展格局。公司自2014年7月成立以来，就担负着深化资源共享，助力“网络强国”“数字中国”战略落地的使命，探索形成“共享竞合、集约高效”的“铁塔模式”；从100亿元资本金起步发展成总资产超过3000亿元的大型骨干企业；2018年8月在中国香港特区上市，融资75亿美元，成为历年来最大的非金融国企香港IPO；入选2019年《财富》“全球未来50强”。公司全面贯彻党中央决策部署，始终牢记“国之大者”，充分发挥集约建设、资源共享的优势，大幅加快网络建设速度，累计承建通信铁塔站址建设项目364.6万元，相比行业此前30多年的建设总量增长1.4倍；共享水平由14.3%提升至83%，相当于少建铁塔98万座，节省行业投资1760亿元，承建5G基站176.1万个，助力我国建成全球规模最大、质量最好的高速移动宽带网络。

**【主要指标】**

**表1 2022年中国铁塔股份有限公司主要经济指标**

| 项　目 | 2021年 | 2022年 | 比上年增长(%) |
|---|---|---|---|
| 资产总额(亿元) | 3232.59 | 3055.60 | -5.5 |
| 所有者权益(亿元) | 1893.54 | 1935.91 | 2.2 |
| 营业收入(亿元) | 865.85 | 921.70 | 6.5 |
| 利润总额(亿元) | 130.35 | 133.12 | 2.1 |
| 净利润(亿元) | 96.15 | 115.28 | 19.9 |
| 归属于母公司所有者的净利润(亿元) | 73.27 | 87.87 | 19.9 |
| 技术开发投入(亿元) | 0.76 | 1.65 | 118.8 |
| 利税总额(亿元) | 165.99 | 178.18 | 7.3 |
| 应交税金总额(亿元) | 69.84 | 62.91 | -9.9 |
| 全员劳动生产率[万元/(人·年)] | 235.50 | 251.39 | 6.7 |

续表

| 项　目 | 2021 年 | 2022 年 | 比上年增长(%) |
|---|---|---|---|
| 净资产收益率(%) | 3.90 | 4.59 | 增加 0.69 个百分点 |
| 总资产报酬率(%) | 4.04 | 4.62 | 增加 0.58 个百分点 |
| 国有资本保值增值率(%) | 101.67 | 102.24 | 增加 0.57 个百分点 |

**【改革发展】** 一是全面完成“两增一控三提高”目标，经营发展稳中向好。2022 年，实现营业收入 921.70 亿元，比上年增长 6.5%，其中，室内分布、智联、能源对增量收入贡献分别为 26.6%、29.4%、20.2%。实现归属于母公司所有者的净利润 87.87 亿元，比上年增长 19.9%，全员劳动生产率 251.39 万元/(人·年)，营业收入利润率 14.4%，资产负债率 36.6%，比上年减少 4.8 个百分点，研发投入比上年翻番，全面完成国务院国资委“两增一控三提高”目标任务。按照“稳中求进、确保合规、防范风险、多方共赢”的原则，与 3 家电信运营企业续签为期 5 年的商务定价及服务协议，进一步释放共享红利，提升公司产品竞争力，为公司发展奠定坚实基础，也有力推动行业的整体发展。二是扎实推进国企改革三年行动收官，企业动力活力进一步激发。深入贯彻落实习近平总书记关于深化国企改革的重要论述，坚持战略引领，聚焦“十四五”规划，先后完成科技创新、两翼业务、数字化、IT 建设、人才发展、法治建设等 7 个子规划编制；扎实推进国企改革三年行动，59 项既定改革举措全面完成。实现所有 31 个省级公司、2 个子公司及 388 个地市公司经理层任期制契约化管理全覆盖，考核结果与薪酬兑现、岗位调整刚性挂钩，因任期制契约化考核不合格退出经理层成员 8 人。实施铁塔能源“双百行动”综合改革，扎实推进混改引战工作。三是持续加强董事会建设，有效夯实公司治理。顺利完成董事会换届选举，产生第三届董事会；有效发挥董事会的职能，2022 年召开董事会 12 场，董事会专业委员会 20 场；不断强化董事履职支撑，日常通过信息报送、交流沟通、调研考察、参加会议、专项汇报等多种方式，确保董事深入了解公司战略规划、改革创新、风险管控等重大事项；建立完善外部董事意见跟踪督办机制，建立专项台账，推动闭环落实。四是持续抓好审计整改和巡视整改，全面提升合规运营水平。2022 年，中国铁塔接受审计署财务收支审计和国务院国资委经营业绩专项稽核。公司全力做好迎接审计和审计整改工作，坚持“当下改”与“长久立”相结合，在规定时间内较好地完成各项整改任务。按照国务院国资委统一部署，深入开展“严肃财经纪律、依法合规经营”综合治理专项行动，有力地促进公司依法合规经营。高质高效推进国务院国资委党委巡视反馈意见的整改落实，建立整改工作台账，形成闭环销项管理机制，以“钉钉子精神”全力抓实各项整改工作；常规巡视和专项巡视整改总体完成；先后出台各项制度 50 项，整改长效机制不断完善。

**【重大项目】** 一是全力支撑网络强国战略，高效支撑 5G 规模建设。2022 年，公司增强落实网络强国战略、加快 5G 发展的使命感责任感，千方百计克服疫情带来的选址进场、资源调度、上站维系等困难，全力支撑 5G 网络规模建设。围绕客户需求和 5G 建设新特点，持续深化资源统筹共享，充分利用已有站址和社会资源，强化技术和产品创新，推动建设和服务模式转型，加速移动网络覆盖综合解决方案落地，经济、集约、高效满足客户网络覆盖需求。2022 年，承建 5G 基站项目 59.7 万个，96%为利用已有站址资源改造实现，经济高效助力我国 5G 网络建设。二是全力支撑数字中国战略，不断做好智联业务。聚焦环保、林草、国土、水利、农业等国计民生重点行业客户，提升综合信息服务能力和平台运营能力，为 30 多个行业提供基于铁塔站址的信息化应用服务，20 多万座数字塔应用在长江禁捕、三大攻坚战、耕地保护、水网工程建设等国家重大工程，对全国 30 万平方千米农田秸秆焚烧行为开展实时监管，监控耕地 4.7 万平方千米、重点河湖区域 4700 多个、水库 2300 余个，覆盖林区面积 47 万平方千米，有力支撑数字中国、美丽中国建设。三是全力支撑“双碳”战略落地，做大做强能源业务。依托约 210 万站址资源和能源设施，向社会提供充电、换电、备保电、梯次电池利用等新能源服务。聚焦轻型电动车换电、备发电等核心业务，积极布局网络化、绿色化、智能化换电设施，在全国280多个城市部署智能化的轻型电动车换电设施，累计建设换电网点5.7万个，每天为近90万名外卖骑手、快递小哥提供超过200万次智能换电服务。在居民区部署153多万个充电端口，为超过910万名居民提供安全便捷的电单车充电服务。

**【走向海外】** 2022年，公司响应"一带一路"倡议，与老挝政府联合出资设立的东南亚铁塔有限责任公司(以下简称东南亚公司)将通信基础设施共建共享模式带到"一带一路"沿线国家，为中国铁塔海外市场发展积累经验。东南亚公司克服疫情影响，坚持"聚焦塔类业务发展，提高共享、精准投资"，站址规模持续扩大，共享率持续提升；紧盯老中铁路公网覆盖项目，完成全线422.44千米整体勘察；以大型中资企业和本地企业需求为抓手，努力推进"一体两翼"战略在老挝落地。

**【重大创新】** 一是强化科技创新顶层设计。面向世界科技前沿，面向数字经济主战场，面向客户需求，面向实际生产需要，制定"十四五"科技创新规划，统筹科技创新布局，系统性规划14个领域、81项攻关任务。围绕"一体两翼"业务，组建新能源、通信建设和人工智能3个重点实验室，在室内分布、绿色低碳、终端、边缘网关、算法等重点领域加强攻关，全年完成研发项目132个，研发投入实现翻番。其中，紧跟5G网络从广度覆盖向深度覆盖推进的趋势，加大5G室内分布创新产品供给，完成交叉极化漏缆、无源室内分布快装产品、室内分布数字化监控等创新产品研发，并在部分省市组织试点应用。二是打造创新合作生态。强化产学研合作，组建联合实验室、创新联合体，开展技术创新和课题研究。特别是围绕"中高点位物联网"终端、边缘智能网关、视频AI算法、应用平台等方面，强化联合创新，深入开展强链、固链、补链、延链研发攻关，争当"中高点位物联网"现代产业链链长。与产业链合作首次获批国家重点研发课题"雄安新区交通设施数字化建设示范应用"；"移动通信基站能源低碳技术创新与应用"项目获得2022年中国通信学会科学技术一等奖。

**【党建工作】** 2022年，公司紧紧围绕迎接、保障、学习、宣传、贯彻党的二十大这条主线，持续加强党的建设、强化党建统领作用。一是政治思想建设更加深入。持续深入贯彻落实习近平总书记在全国国企党建会上的重要讲话精神，建立贯彻落实总书记重要指示批示的制度机制。以喜迎党的二十大为契机，扎实开展五大主题活动和四项实践建功活动，牢记初心使命、把准前进航向、干出优良业绩，为迎接宣传贯彻党的二十大营造浓厚氛围。二是组织功能和保障作用有效发挥。制定"十四五"时期优秀年轻领导人员队伍建设实施方案，确保公司改革发展后继有人。组织开展省级分公司总经理竞争性选拔，提任的省级分公司"一把手"中"70后"占比100%。加强现有人才"选育用留"和新员工"招培管用"，开展校招人才"青苗计划"、中高端人才"融智计划"、业务技术序列人才"青岭计划"。建立专家人才管理制度，完成第一批省级专家人才选拔。开展"党建+"活动，推动党建工作融入经营、融入发展、融入创新。强化区域党组织建设，实现各省区域党小组建设100%覆盖。深化党建带团建，推进企业青年素养提升工程，青年先锋作用有效发挥。建立员工荣誉体系，开展"两赛一创"等活动，进一步营造争先创优浓厚氛围。征集职工代表提案34项，经公司党委专题研究，推动有关部门落实解决、尽责办理。三是党风廉政建设和反腐败工作深入推进。健全党委与纪委沟通会商工作机制。发挥监督委员会作用，推动各专业部门开展业务监督检查，及时发现和化解经营风险和廉洁风险。加大监督执纪力度，坚决查处各类"靠企吃企"和违反中央八项规定精神的行为，毫不松懈纠治"四风"，构建以案促改、以案促教长效机制，推动形成新风正气。扎实推进内部巡视巡察，在党的二十大前实现对省公司及总部机关的巡视"全覆盖"，并对385个地市分公司党组织开展巡察，巡察覆盖率近100%。

**【信息化与数字化建设】** 2022年，公司出台《"十四五"数字化规划》《"十四五"IT建设规划》，扎实推进智能运维、一码到底、数字党建、数据治理、电费电子化等重点任务，持续推动数字化企业建设。一是深入推进智能运维试点。公司210万个铁塔站址，点多面广，高度分散，如何实现站址准确高效运维是公司发展的重要课题。公司按照"能自动不人工、能远程不现场"原则，试点推进运营维护智能化、数字化，实现自动派单、自动巡检、智能排障等九大功能，改变过去的“人海战术”，对遍布全国的资产实现“少人、无人维护”。2022年，公司通过河南、辽宁、天津三省市试点，验证技术方案可行性、打通生产作业流程，成功开发应用智能巡检、智能出入站、智能资管等功能。二是加快推进“一码到底”，将采购、仓储、建设、资源、资产管理的物资编码统一，设备出厂时分配唯一编码，贯穿从采购到资产形成、资产运营、资产报废的全生命周期，2022年完成保定、郑州和成都全物资、全项目试点应用，其余28个省各选一个种子地市开展试点。三是深化数据治理，以一套制度、一个数据字典、一个数据标准、一个企业级数据模型、一个数据中台、一个数据安全管控平台、一个数据稽核体系“七个一”治理为指引，持续健全“事前规范、事中拦截、事后稽核”的数据治理体系，强化数据稽核校验，落实数据安全标准。四是推进电费电子化管理，与电信运营商实现双向打通，全视图展示电费全流程信息，提升电费分摊准确性和管理效率。五是开发数字党建系统，实现全公司党组织、党员在线管理和党建工作动态管理。

**【履行社会责任】** 一是不辱使命完成重大活动服务保障，组织精干力量，进行周密部署，圆满完成举世瞩目的北京冬奥会、冬残奥会、党的二十大等重大活动的服务保障任务，实现“零断站、零投诉、零事故、零感染”等“十二个零”的目标。二是在自然灾害、突发事件中冲锋在前，紧密协同运营商抗击地震及洪涝、干旱、台风、低温冰冻等自然灾害。高度重视、统筹抓好疫情防控，公司全年未发生聚集性疫情。快速响应吉林、上海、北京等地方舱医院、集中隔离点应急建设需求和相关站址的服务保障工作，全年投入包括代维力量在内的保障人员64.1万人次、车辆32.4万辆次、油机55.4万台次，筑牢疫情防控和抗灾抢险通信网络“生命线”。三是全力支撑脱贫攻坚与乡村振兴有效衔接，协同电信运营商累计建成普遍服务站址6.1万个，推动贫困村通4G比例超过99.9%；总部和15个省36个地市分公司对口帮扶43个县乡村，扩大帮扶成效，助力乡村振兴。四是积极落实绿色低碳要求，通过加大共享、基站侧节能减排以及新能源业务应用等，落实减碳责任。

（撰稿人：冯金玺）

## 中国绿发投资集团有限公司

**【基本概况】** 中国绿发投资集团有限公司（以下简称中国绿发）于2020年12月成立，以绿色发展为主题，以“推进绿色发展、建设美丽中国”为企业使命，以绿色能源、低碳城市、幸福产业、战略性新兴产业投资为发展方向，打造以绿色低碳为主业的综合型领军企业，建设世界一流绿色产业投资集团。截至2022年底，中国绿发投资企业155家，其中全资、控股企业138家，参股17家，控股上市公司广宇发展（股票代码000537）。

2022年，面对新冠疫情反复冲击及历史罕见的严峻复杂形势，中国绿发党委团结带领广大干部员工，以学习贯彻党的二十大精神为工作主线，全面贯彻“疫情要防住、经济要稳住、发展要安全”的要求，坚持绿色发展，健康有序推进主营业务；坚持提质增效，生产经营保持总体平稳；坚持改革创新，不断提升企业活力和效率；坚持旗帜领航，进一步加强党的建设；坚持以人为本，队伍建设和精神文明建设取得新成效。

**【主要指标】** 2022年，中国绿发坚决贯彻落实高质量发展要求，聚焦主责主业，保持战略定力，锚定“两增一控三提高”任务目标，抓实抓细提质增效稳增长、综合治理防风险两条主线，全年实现营业收入290.54亿元，利润总额50.23亿元，研发经费投入0.46亿元，全员劳动生产率131.99万元/（人·年）；资产负债率54.48%，国有资本保值增值率103.35%，公司整体财务结构健康稳健，保持高质量发展态势。

**表 1　2022 年中国绿发投资集团有限公司主要经济指标**

| 项　目 | 2021 年 | 2022 年 | 比上年增长(%) |
|---|---|---|---|
| 资产总额(亿元) | 2196.40 | 2183.06 | -0.61 |
| 所有者权益(亿元) | 971.78 | 993.72 | 2.26 |
| 营业收入(亿元) | 345.23 | 290.54 | -15.84 |
| 利润总额(亿元) | 85.08 | 50.23 | -40.96 |
| 净利润(亿元) | 53.89 | 31.99 | -40.64 |
| 归属于母公司所有者的净利润(亿元) | 57.53 | 31.32 | -45.56 |
| 技术开发投入(亿元) | 0.14 | 0.46 | 228.57 |
| 利税总额(亿元) | 126.79 | 71.24 | -43.81 |
| 应交税金总额(亿元) | 74.09 | 56.62 | -23.58 |
| 全员劳动生产率[万元/(人·年)] | 125.78 | 131.99 | 4.94 |
| 净资产收益率(%) | 6.01 | 3.26 | 减少 2.75 个百分点 |
| 总资产报酬率(%) | 5.27 | 3.40 | 减少 1.87 个百分点 |
| 国有资本保值增值率(%) | 107.54 | 103.35 | 减少 4.19 个百分点 |

**【改革发展】** 2022 年,中国绿发认真落实国务院国资委各项改革要求,创新体制机制、完善制度体系,持续深化"三项制度"改革,充分激发活力动力。加强产权架构顶层设计,明确二级产业平台战略定位,建立三级区域投资平台,逐步整合区域资源,完成 16 家单位股权划转,推动形成布局科学、结构合理、优势互补的发展格局。机制市场化改革逐步深化,对组织机构和定员标准进行优化,精简编制 4015 人,缩编 23.7%。积极动员、高效指导 39 家二级单位完成中层管理人员"起立竞聘";考核分配体系更加健全,建立横向覆盖各层级、纵向涵盖各项薪酬资源分配模式的考核分配机制,制定以《全员绩效管理办法》《岗位绩效工资管理办法》为核心的"2+N"考核分配制度体系、"5+N"专项激励考核模式。2022 年,公司获评国企改革三年行动考核 A 级,相关机制市场化改革经验成果入选中国大连高级经理学院课程,在国资央企系统分享推广。

**【重大项目】** 2022 年,中国绿发以实施提质增效和综合治理两个专项行动为抓手,统筹发力推动改革发展、生产经营等各方面工作。规范开展投资及并购管理,全年累计实现投资 118.93 亿元,包括固定资产投资 44.49 亿元、股权投资 74.45 亿元;及时启动上市公司再融资,在年初高质量完成上市公司重大资产置换基础上,迅速启动非公开发行工作,上市公司平台融资功能发挥迈出关键一步。

2022 年,中国绿发聚焦国家战略需求和公司产业转型升级需要,积极开展重大科技项目研究,融入国家科技体系。成功申报 6 项国家部委和省部级课题,济南领秀城智慧科学城项目成功入选国务院国资委 IPv6 技术创新和融合试点名单,是国务院国资委首个智慧家庭试点项目之一;瞄准解决新能源高比例稳定送出、长时效储能等"卡脖子"问题,扎实推进自同步电压源友好并网技术、液化空气储能等前沿技术示范应用,积极申报国家能源领域首台(套)重大技术装备。践行"双碳"战略目标,参与编制《零碳建筑技术标准》国家标准 1 项、《智慧建筑网络工程技术规程》《建筑与市政基础设施智慧运行维护评价标准》等团体标准 5 项,提升公司行业影响力和话语权。

2022 年,中国绿发坚持贯彻新发展理念,加快推进世界一流幸福产业建设,集旅游度假服务、美好生活服务、健康养老服务、商务生产服务于一体,为人民创造美好生活的"1+6"一流产业体系框架初步建成。高端商办物业方面,深化国际合资合作,与高力国际合资成立上海绿高房地产服务公司,高效开展内外部业务拓展,实现当年度盈利目标;健康养老方面,与日本美邸签订健康养老战略合作及合资合作协议;主题娱乐方面,与塔亚普拉战略签署主题娱乐合作协议;全国换住体系方面,坚持落实"房住不炒",推出"青绿山水"全国换住体系产品,高水平启动华美胜地产品规划和管理体系建设;特色商业方面,揭牌成立中国绿发幸福产业分公司,持续强化"绿色发展"品牌特质，在运营项目实现绿色认证应覆盖全覆盖，幸福产业逐渐成为行业绿色发展的领跑者。

**【重大创新】** 2022年，中国绿发加快实施创新驱动发展战略和科技兴企战略。健全科技创新体制机制，编制公司"十四五"科技创新专项规划，修编13项科技创新专业制度，印发《科技创新项目指导手册》《产业科技创新指导目录》等手册目录，科学指导各单位开展科技创新工作。推进三级科创平台建设，积极融入国家科技体系，初步建立国家技术创新中心、集团科技公司和基层创新工作室的三级科创平台，联合中科院理化所、上海交通大学开展液化空气储能技术和自同步电压源友好并网技术攻关，联合中国建科、清华大学等7家单位和高校获批共建我国双碳领域和城乡建设领域唯一的国家技术创新中心——国家建筑绿色低碳技术创新中心，与中科院理化所签署投资协议、推进成立新型储能科技公司。产业创新研究取得突破，完成绿色能源＋超大型数据中心、液态金属、碳遥感卫星等专题研究，确定低碳城、液化空气储能等10个产业创新试点方向。绿色健康地产研究长效推进，协同推动首批十大"双碳"示范项目建设，服务"碳达峰碳中和"战略实施，截至2022年底，累计取得绿色认证194项、1971万平方米，累计取得健康建筑认证32项、3958万平方米，占全国30％以上。

**【党建工作】** 2022年，中国绿发以迎接学习宣传贯彻党的二十大为工作主线，深入实施"党建引领保障深化年"主题活动，有效助推企业改革发展中心工作开展。持续强化理论武装。举办学习党的二十大精神专题读书班，开展"学理论、悟思想、提站位、勇担当"政治能力提升工程和"建功新时代、喜迎二十大"习近平总书记重要指示批示精神再学习再落实再提升主题活动，落实党委"第一议题"和理论中心组"首要议题"制度，持续深化党的创新理论武装。提升党建工作质效。高质量召开公司第一次党员代表大会，选举产生公司党委和纪委；编制实施"十四五"党建工作规划，搭建党建工作"四梁八柱"；坚持党建融入中心、服务大局，加强"2＋2"载体建设，举办20期主题党日开放日活动，引导广大党员在急难险重任务中发挥示范引领、攻坚突破作用。着力打造"干净绿发"。持续推进纪检体制改革，制定印发《关于推进全面从严治党向基层延伸指导意见》、"干净绿发"、"十四五"规划及廉洁文化实施意见。开展"监督护航促发展"专项监督行动，扎实推进"两增一控三提高""靠企吃企"等监督；聚焦"四风"纠治，部署开展形式主义、官僚主义再排查再整治和"回头看"工作，中央八项规定精神堤坝得到新巩固；在国资央企系统率先实现集团层面巡视、所属单位巡察、整改现场督导检查"三个全覆盖"，高质量推进国务院国资委党委巡视反馈问题整改，巡视巡察制度化规范化水平全面提升，获评国务院国资委党委年度考核A档。加强群团组织工作。编制《中国绿发"十四五"企业文化建设规划》，"红色引领　绿色发展"企业文化体系获得全国企业文化优秀成果特等奖，获评中国电力企业联合会"2021—2022年度先进会员企业"；加强统战团青工作，着力构建"1＋3＋N"建言献策工作体系，创新打造青学行动、青松品格、青创平台、青心服务、青莲宣言为一体的"五青"品牌。

**【信息化与数字化建设】** 2022年，中国绿发深入贯彻落实习近平总书记关于网络强国、数字化系列重要讲话和指示批示精神，按照国务院国资委数字化有关工作要求，稳步推进数字化央企建设进程。推进国务院国资委信息系统建设，提前半年完成国资监管平台在总部和各级单位全覆盖，完成国资监管网络与终端信创改造、信息系统上云和安全可靠应用替代方案等重点任务。推动数字化企业建设，通过核心业务平台建设，实现核心业务环节和流程全面线上运行，推进基础技术平台和职能服务平台建设，初步建成统一数据中心，深化人财物主数据平台建设，实现源端数据统一。保障网络与信息系统运行，高质量完成全国两会、冬(残)奥会、党的二十大等重大活动期间网络安全保障，企业网络信息系统安全平稳运行。

**【履行社会责任】** 2022年，中国绿发始终坚持以为人民创造美好生活为己任，深入推进社会责任管理和实践。发布公司首部社会责任报告，开展公司第二届社会责任周活动；为客户提供品质服务体验；支援灾区救助和灾后重建工作；充分发挥业务和区域协同优势，开展抗击疫情支援行动，调配900余间酒店客房服务疫情防控工作，累计为929家小微企业和个体工商户减免租金1.12亿元；与中国青少年发展基金会合作开展第三届“青苗暖冬”公益项目，460名学生纳入帮扶范围；千岛湖度假区亮相2022年联合国生物多样性大会第二阶段会议COP15－2，入选“2022年度国家水土保持示范名单”，度假区内的淳安严家村亚运低碳生态公园入选“杭州2022年第19届亚运会碳中和林”；建成九寨藏羌非遗博物馆，以产业帮扶助力乡村振兴。

（撰稿人：宋孟楠）

2023

CHINA' S STATE-OWNED ASSETS SUPERVISION AND ADMINISTRATION YEARBOOK

中 国 国 有 资 产 监 督 管 理 年 鉴

# 国有资产统计资料

第五篇

# 2022年国资系统监管企业户数、从业人数、国有资产总量综合分析表

| 项　目 | 户　数(户) | 年末从业人员人数(万人) | 年末国有资产总量(亿元) |
|---|---|---|---|
| 国资系统监管合并 | 235584 | 3216.8 | 745795.4 |
| 国资系统监管合计 | 235584 | 3218.7 | 1677382.4 |
| 一、按企业规模分类 | | | |
| (一)大型企业 | 9044 | 1833.8 | 412068.4 |
| (二)中型企业 | 34992 | 807.1 | 416954.8 |
| (三)小型企业 | 75806 | 495.0 | 500024.3 |
| (四)微型企业 | 115742 | 82.9 | 348334.9 |
| 二、按组织形式分类 | | | |
| (一)公司制企业 | 229884 | 3070.1 | 1634154.4 |
| 其中:国有独资企业 | 15136 | 174.8 | 434811.9 |
| (二)非公司制企业 | 5700 | 148.6 | 43228.0 |
| 三、按盈利或亏损分类 | | | |
| (一)盈利 | 148965 | 2437.3 | 1323035.7 |
| (二)亏损 | 86619 | 781.4 | 354346.7 |
| 四、按监管关系分类 | | | |
| (一)国务院国资委监管企业 | 56274 | 1292.8 | 166052.3 |
| (二)地方国资委监管企业 | 179310 | 1924.0 | 579743.1 |
| 五、按经济带分类 | | | |
| (一)东部沿海地区 | 121274 | 1568.2 | 957026.8 |
| (二)中部内陆地区 | 41683 | 750.9 | 271394.2 |
| (三)西部边远地区 | 60554 | 820.3 | 357916.3 |
| 六、按产业作用分类 | | | |
| (一)基础性行业 | 62331 | 1494.0 | 613390.0 |
| (二)一般生产加工行业 | 32542 | 779.9 | 180733.9 |
| (三)商贸服务及其他行业 | 140711 | 944.8 | 883258.5 |

注:①本表数据汇编范围为国务院国资委监管的中央企业和全国37个省(自治区、直辖市、计划单列市、新疆生产建设兵团)国资委系统监管的国有及国有控股企业;

②本资料中按照综合及行业划分的分析数据基于单户企业报表数据直接进行汇总(不含合并抵消)。

# 2022 年国资系统监管企业户数、从业人数、国有资产总量行业分析表

| 项　目 | 户　数(户) | 年末从业人员人数(万人) | 年末国有资产总量(亿元) |
|---|---|---|---|
| 国资系统监管合并 | 235584 | 3216.8 | 745795.4 |
| 国资系统监管合计 | 235584 | 3218.7 | 1677382.4 |
| 一、农林牧渔业 | 6820 | 68.5 | 26411.5 |
| 其中:农业 | 3499 | 32.4 | 19807.5 |
| 林业 | 796 | 19.7 | 1748.0 |
| 二、工业 | 52365 | 1383.8 | 402003.2 |
| 其中:煤炭工业 | 2044 | 203.0 | 30166.5 |
| 石油和石化工业 | 812 | 119.7 | 79069.6 |
| 冶金工业 | 2422 | 122.4 | 34740.3 |
| 建材工业 | 4125 | 48.9 | 12710.5 |
| 化学工业 | 3024 | 86.5 | 16998.8 |
| 森林工业 | 111 | 0.8 | 118.6 |
| 食品工业 | 1645 | 25.5 | 2817.8 |
| 烟草工业 | 10 | 0.2 | 9.9 |
| 纺织工业 | 364 | 8.8 | 554.1 |
| 医药工业 | 963 | 24.5 | 4975.4 |
| 机械工业 | 7219 | 244.7 | 37131.3 |
| 其中:汽车工业 | 1291 | 92.9 | 16266.1 |
| 电子工业 | 1856 | 75.9 | 12423.3 |
| 电力工业 | 14702 | 198.3 | 114525.1 |
| 市政公用工业 | 8558 | 83.9 | 25984.9 |
| 其他工业 | 4510 | 140.7 | 29777.2 |
| 三、建筑业 | 20358 | 374.5 | 141185.3 |
| 四、交通运输业 | 11052 | 317.0 | 162357.9 |
| 其中:铁路运输业 | 422 | 7.0 | 11896.7 |
| 道路运输业 | 6398 | 221.6 | 103563.7 |
| 水上运输业 | 2015 | 26.7 | 19750.3 |
| 航空运输业 | 719 | 48.4 | 12138.3 |
| 五、仓储业 | 4950 | 26.3 | 11704.1 |

续表

| 项　目 | 户　数(户) | 年末从业人员人数(万人) | 年末国有资产总量(亿元) |
|---|---|---|---|
| 六、商贸业 | 24971 | 161.0 | 45444.3 |
| 七、房地产业 | 33492 | 148.5 | 190617.1 |
| 八、信息传输、软件和信息技术服务业 | 5928 | 151.7 | 60139.3 |
| 其中:电信业 | 701 | 111.1 | 53695.0 |
| 九、社会服务业 | 50524 | 331.9 | 525088.8 |
| 十、教育文化广播业 | 4261 | 17.8 | 3879.0 |
| 十一、科学研究和技术服务业 | 13445 | 128.8 | 20898.3 |
| 十二、金融业 | 5035 | 78.9 | 82588.3 |
| 十三、其他 | 2383 | 30.0 | 5065.3 |

## 2022 年国资系统监管企业户数、从业人数、国有资产总量地区分析表

| 项　目 | 户　数(户) | 年末从业人员人数(万人) | 年末国有资产总量(亿元) |
|---|---|---|---|
| **国资系统监管合并** | 235584 | 3216.8 | 745795.4 |
| 一、国务院国资委监管企业 | 56274 | 1292.8 | 166052.3 |
| 二、地方国资委监管企业 | 179310 | 1924.0 | 579743.1 |
| 北京市 | 10845 | 126.5 | 19363.3 |
| 天津市 | 3588 | 23.3 | 14261.1 |
| 河北省 | 3662 | 59.6 | 9222.4 |
| 山西省 | 5199 | 115.9 | 6995.4 |
| 内蒙古自治区 | 1662 | 30.7 | 8412.3 |
| 辽宁省 | 3177 | 40.6 | 7266.9 |
| 其中:大连市 | 415 | 7.1 | 1066.3 |
| 吉林省 | 1669 | 18.6 | 6103.5 |
| 黑龙江省 | 2548 | 43.6 | 7327.7 |
| 上海市 | 13618 | 159.1 | 37642.6 |
| 江苏省 | 9561 | 88.6 | 58876.6 |
| 浙江省 | 14918 | 119.4 | 52425.5 |
| 其中:宁波市 | 1743 | 11.2 | 8508.0 |

续表

| 项　目 | 户　数(户) | 年末从业人员人数(万人) | 年末国有资产总量(亿元) |
|---|---|---|---|
| 安徽省 | 5091 | 72.9 | 28017.0 |
| 福建省 | 7752 | 58.0 | 13751.5 |
| 其中:厦门市 | 3298 | 19.5 | 3523.5 |
| 江西省 | 4579 | 44.8 | 24813.8 |
| 山东省 | 15758 | 154.2 | 41941.2 |
| 其中:青岛市 | 2717 | 18.5 | 8277.6 |
| 河南省 | 2482 | 49.3 | 8285.7 |
| 湖北省 | 5387 | 42.8 | 24062.1 |
| 湖南省 | 2648 | 37.1 | 17345.3 |
| 广东省 | 18394 | 194.6 | 42071.2 |
| 其中:深圳市 | 2651 | 61.6 | 12714.5 |
| 广西壮族自治区 | 4098 | 35.2 | 12176.4 |
| 海南省 | 1705 | 11.8 | 3315.4 |
| 重庆市 | 3592 | 44.6 | 25300.7 |
| 四川省 | 10021 | 86.5 | 38308.1 |
| 贵州省 | 2668 | 29.9 | 12709.8 |
| 云南省 | 6731 | 44.9 | 16842.7 |
| 西藏自治区 | 704 | 3.8 | 951.3 |
| 陕西省 | 6573 | 83.9 | 14869.5 |
| 甘肃省 | 3551 | 39.4 | 9126.7 |
| 青海省 | 1054 | 9.0 | 3789.3 |
| 宁夏回族自治区 | 808 | 5.9 | 2214.1 |
| 新疆维吾尔自治区 | 3722 | 35.7 | 10404.8 |
| 新疆生产建设兵团 | 1545 | 13.8 | 1549.2 |

# 2022年国资系统监管企业资产负债综合分析表

| 项　目 | 资产总计(亿元) | 负债合计(亿元) | 所有者权益(净资产)(亿元) | 资产负债率(%) |
|---|---|---|---|---|
| 国资系统监管合并 | 3024514.2 | 2017643.7 | 1006870.5 | 66.7 |
| 国资系统监管合计 | 4685701.1 | 2875324.3 | 1810376.7 | 61.4 |

续表

| 项 目 | 资产总计（亿元） | 负债合计（亿元） | 所有者权益（净资产）（亿元） | 资产负债率（%） |
|---|---|---|---|---|
| 一、按企业规模分类 | | | | |
| （一）大型企业 | 1404898.5 | 929295.7 | 475602.8 | 66.1 |
| （二）中型企业 | 1259362.4 | 810461.6 | 448900.8 | 64.4 |
| （三）小型企业 | 1194920.4 | 678044.4 | 516876.0 | 56.7 |
| （四）微型企业 | 826519.8 | 457522.6 | 368997.1 | 55.4 |
| 二、按组织形式分类 | | | | |
| （一）公司制企业 | 4605972.4 | 2840095.6 | 1765876.8 | 61.7 |
| 其中：国有独资企业 | 891945.4 | 450108.3 | 441837.1 | 50.5 |
| （二）非公司制企业 | 79728.7 | 35228.8 | 44499.9 | 44.2 |
| 三、按盈利或亏损分类 | | | | |
| （一）盈利 | 3601229.8 | 2156892.9 | 1444336.9 | 59.9 |
| （二）亏损 | 1084471.3 | 718431.4 | 366039.9 | 66.2 |
| 四、按监管关系分类 | | | | |
| （一）国务院国资委监管企业 | 809332.5 | 522274.6 | 287057.9 | 64.5 |
| （二）地方国资委监管企业 | 2215181.7 | 1495369.1 | 719812.6 | 67.5 |
| 五、按经济带分类 | | | | |
| （一）东部沿海地区 | 2746124.6 | 1695202.9 | 1050921.7 | 61.7 |
| （二）中部内陆地区 | 727692.7 | 442430.6 | 285262.0 | 60.8 |
| （三）西部边远地区 | 969455.1 | 597000.7 | 372454.4 | 61.6 |
| 六、按产业作用分类 | | | | |
| （一）基础性行业 | 1492493.1 | 828293.2 | 664199.9 | 55.5 |
| （二）一般生产加工行业 | 498738.1 | 293770.9 | 204967.2 | 58.9 |
| （三）商贸服务及其他行业 | 2694469.9 | 1753260.2 | 941209.7 | 65.1 |

# 2022年国资系统监管企业资产负债行业分析表

| 项 目 | 资产总计（亿元） | 负债合计（亿元） | 所有者权益（净资产）（亿元） | 资产负债率（%） |
|---|---|---|---|---|
| 国资系统监管合并 | 3024514.2 | 2017643.7 | 1006870.5 | 66.7 |
| 国资系统监管合计 | 4685701.1 | 2875324.3 | 1810376.7 | 61.4 |

续表

| 项　目 | 资产总计（亿元） | 负债合计（亿元） | 所有者权益（净资产）（亿元） | 资产负债率（%） |
| --- | --- | --- | --- | --- |
| 一、农林牧渔业 | 47115.9 | 20198.8 | 26917.2 | 42.9 |
| 其中：农业 | 31302.9 | 11312.9 | 19990.0 | 36.1 |
| 林业 | 3491.5 | 1738.7 | 1752.8 | 49.8 |
| 二、工业 | 986058.8 | 528813.4 | 457245.3 | 53.6 |
| 其中：煤炭工业 | 93976.0 | 59422.0 | 34553.9 | 63.2 |
| 石油和石化工业 | 138345.7 | 53059.7 | 85286.0 | 38.4 |
| 冶金工业 | 92634.1 | 51476.3 | 41157.9 | 55.6 |
| 建材工业 | 32860.0 | 17681.4 | 15178.6 | 53.8 |
| 化学工业 | 52709.3 | 31753.7 | 20955.5 | 60.2 |
| 森林工业 | 395.4 | 240.0 | 155.3 | 60.7 |
| 食品工业 | 6961.0 | 3548.6 | 3412.4 | 51.0 |
| 烟草工业 | 37.8 | 27.9 | 9.9 | 73.9 |
| 纺织工业 | 1717.0 | 1066.4 | 650.6 | 62.1 |
| 医药工业 | 10812.3 | 4131.4 | 6680.9 | 38.2 |
| 机械工业 | 106929.8 | 59600.9 | 47328.9 | 55.7 |
| 其中：汽车工业 | 43044.5 | 22174.8 | 20869.7 | 51.5 |
| 电子工业 | 32929.9 | 16977.9 | 15952.0 | 51.6 |
| 电力工业 | 279163.5 | 153991.4 | 125172.1 | 55.2 |
| 市政公用工业 | 66752.9 | 38841.1 | 27911.8 | 58.2 |
| 其他工业 | 69834.3 | 36994.7 | 32839.6 | 53.0 |
| 三、建筑业 | 468563.8 | 318226.4 | 150337.4 | 67.9 |
| 四、交通运输业 | 375132.0 | 205316.1 | 169815.9 | 54.7 |
| 其中：铁路运输业 | 20933.2 | 8940.8 | 11992.5 | 42.7 |
| 道路运输业 | 256573.8 | 150138.0 | 106435.8 | 58.5 |
| 水上运输业 | 42134.1 | 19679.6 | 22454.6 | 46.7 |
| 航空运输业 | 29787.0 | 16461.0 | 13326.0 | 55.3 |
| 五、仓储业 | 35287.1 | 22909.4 | 12377.7 | 64.9 |
| 六、商贸业 | 172668.6 | 121399.1 | 51269.5 | 70.3 |
| 七、房地产业 | 655207.8 | 451946.8 | 203261.0 | 69.0 |
| 八、信息传输、软件和信息技术服务业 | 103599.2 | 40411.1 | 63188.2 | 39.0 |
| 其中：电信业 | 87422.6 | 31604.3 | 55818.3 | 36.2 |

续表

| 项　目 | 资产总计（亿元） | 负债合计（亿元） | 所有者权益(净资产)（亿元） | 资产负债率（%） |
|---|---|---|---|---|
| 九、社会服务业 | 1107230.0 | 570519.4 | 536710.6 | 51.5 |
| 十、教育文化广播业 | 8876.0 | 4942.4 | 3933.6 | 55.7 |
| 十一、科学研究和技术服务业 | 48545.1 | 26904.5 | 21640.5 | 55.4 |
| 十二、金融业 | 664295.2 | 555984.3 | 108310.9 | 83.7 |
| 十三、其他 | 13121.4 | 7752.5 | 5368.8 | 59.1 |

# 2022年国资系统监管企业资产负债地区分析表

| 项　目 | 资产总计（亿元） | 负债合计（亿元） | 所有者权益（净资产）（亿元） | 资产负债率（%） |
|---|---|---|---|---|
| 国资系统监管合并 | 3024514.2 | 2017643.7 | 1006870.5 | 66.7 |
| 一、国务院国资委监管企业 | 809332.5 | 522274.6 | 287057.9 | 64.5 |
| 二、地方国资委监管企业 | 2215181.7 | 1495369.1 | 719812.6 | 67.5 |
| 北京市 | 87911.8 | 57319.6 | 30592.2 | 65.2 |
| 天津市 | 79319.8 | 62419.1 | 16900.7 | 78.7 |
| 河北省 | 35768.1 | 23987.8 | 11780.3 | 67.1 |
| 山西省 | 41250.8 | 29578.9 | 11671.8 | 71.7 |
| 内蒙古自治区 | 20972.2 | 11715.9 | 9256.3 | 55.9 |
| 辽宁省 | 19584.1 | 11665.4 | 7918.7 | 59.6 |
| 其中：大连市 | 3067.1 | 1777.6 | 1289.5 | 58.0 |
| 吉林省 | 17758.9 | 10984.2 | 6774.7 | 61.9 |
| 黑龙江省 | 17103.4 | 9329.2 | 7774.2 | 54.5 |
| 上海市 | 276431.3 | 218872.2 | 57559.1 | 79.2 |
| 江苏省 | 199400.2 | 130859.0 | 68541.1 | 65.6 |
| 浙江省 | 185440.0 | 125411.8 | 60028.2 | 67.6 |
| 其中：宁波市 | 27330.7 | 18108.3 | 9222.4 | 66.3 |
| 安徽省 | 78142.9 | 44825.3 | 33317.6 | 57.4 |

续表

| 项　目 | 资产总计（亿元） | 负债合计（亿元） | 所有者权益（净资产）（亿元） | 资产负债率（%） |
|---|---|---|---|---|
| 福建省 | 64536.1 | 44477.7 | 20058.4 | 68.9 |
| 其中：厦门市 | 21191.8 | 14603.1 | 6588.7 | 68.9 |
| 江西省 | 67948.8 | 40772.3 | 27176.5 | 60.0 |
| 山东省 | 164302.4 | 109853.0 | 54449.4 | 66.9 |
| 其中：青岛市 | 27488.1 | 17920.9 | 9567.2 | 65.2 |
| 河南省 | 37071.9 | 26131.0 | 10940.9 | 70.5 |
| 湖北省 | 78656.5 | 51036.1 | 27620.4 | 64.9 |
| 湖南省 | 49175.2 | 29484.4 | 19690.9 | 60.0 |
| 广东省 | 162662.1 | 103481.8 | 59180.3 | 63.6 |
| 其中：深圳市 | 53423.0 | 33494.9 | 19928.1 | 62.7 |
| 广西壮族自治区 | 49118.6 | 34262.2 | 14856.4 | 69.8 |
| 海南省 | 8585.8 | 4887.4 | 3698.4 | 56.9 |
| 重庆市 | 82400.9 | 54519.9 | 27881.0 | 66.2 |
| 四川省 | 145630.1 | 100361.8 | 45268.3 | 68.9 |
| 贵州省 | 36571.6 | 22049.1 | 14522.5 | 60.3 |
| 云南省 | 65496.7 | 44185.3 | 21311.4 | 67.5 |
| 西藏自治区 | 3193.5 | 2161.4 | 1032.1 | 67.7 |
| 陕西省 | 63867.1 | 43683.6 | 20183.5 | 68.4 |
| 甘肃省 | 27679.4 | 17667.2 | 10012.2 | 63.8 |
| 青海省 | 10103.6 | 5995.8 | 4107.7 | 59.3 |
| 宁夏回族自治区 | 5024.8 | 2517.3 | 2507.4 | 50.1 |
| 新疆维吾尔自治区 | 27672.6 | 16491.2 | 11181.4 | 59.6 |
| 新疆生产建设兵团 | 6400.7 | 4382.1 | 2018.5 | 68.5 |

## 2022 年国资系统监管工业企业户数、从业人数、国有资产总量地区分析表

| 项　目 | 户　数(户) | 年末从业人员人数(万人) | 年末国有资产总量(亿元) |
|---|---|---|---|
| 工业企业合计 | 52365 | 1383.8 | 402003.2 |
| 一、国务院国资委监管企业 | 21444 | 676.5 | 275114.0 |
| 二、地方国资委监管企业 | 30921 | 707.3 | 126889.2 |

续表

| 项　目 | 户　数(户) | 年末从业人员人数(万人) | 年末国有资产总量(亿元) |
|---|---|---|---|
| 北京市 | 2575 | 47.5 | 13922.7 |
| 天津市 | 594 | 5.7 | 1862.3 |
| 河北省 | 760 | 31.1 | 4157.6 |
| 山西省 | 1689 | 83.5 | 9408.0 |
| 内蒙古自治区 | 346 | 11.8 | 3086.5 |
| 辽宁省 | 651 | 17.2 | 1393.1 |
| 其中:大连市 | 110 | 2.7 | 298.3 |
| 吉林省 | 299 | 7.4 | 628.6 |
| 黑龙江省 | 421 | 14.8 | 1093.8 |
| 上海市 | 1657 | 40.0 | 8383.5 |
| 江苏省 | 1137 | 23.2 | 4695.2 |
| 浙江省 | 1664 | 16.3 | 6062.7 |
| 其中:宁波市 | 142 | 1.5 | 485.8 |
| 安徽省 | 1000 | 38.5 | 5675.7 |
| 福建省 | 873 | 17.9 | 3528.4 |
| 其中:厦门市 | 166 | 4.0 | 492.1 |
| 江西省 | 804 | 11.9 | 2741.5 |
| 山东省 | 2928 | 75.6 | 11341.7 |
| 其中:青岛市 | 485 | 8.0 | 1099.7 |
| 河南省 | 681 | 28.9 | 3271.9 |
| 湖北省 | 594 | 10.1 | 1615.2 |
| 湖南省 | 513 | 14.5 | 2724.5 |
| 广东省 | 3401 | 55.0 | 9295.2 |
| 其中:深圳市 | 546 | 12.0 | 2043.3 |
| 广西壮族自治区 | 765 | 13.9 | 2028.5 |
| 海南省 | 173 | 1.3 | 359.9 |
| 重庆市 | 590 | 8.6 | 2208.4 |
| 四川省 | 1454 | 26.8 | 4625.5 |
| 贵州省 | 492 | 15.7 | 3318.8 |

续表

| 项　目 | 户　数(户) | 年末从业人员人数(万人) | 年末国有资产总量(亿元) |
|---|---|---|---|
| 云南省 | 1248 | 13.1 | 2706.6 |
| 西藏自治区 | 123 | 0.7 | 188.6 |
| 陕西省 | 1509 | 40.3 | 9324.6 |
| 甘肃省 | 706 | 17.2 | 3181.2 |
| 青海省 | 202 | 4.6 | 945.9 |
| 宁夏回族自治区 | 96 | 0.9 | 171.8 |
| 新疆维吾尔自治区 | 628 | 8.2 | 2113.8 |
| 新疆生产建设兵团 | 348 | 5.1 | 827.6 |

# 2022年国资系统监管工业企业资产负债地区分析表

| 项　目 | 资产总计(亿元) | 负债合计(亿元) | 所有者权益(净资产)(亿元) | 资产负债率(%) |
|---|---|---|---|---|
| 工业企业合计 | 986058.8 | 528813.4 | 457245.3 | 53.6 |
| 一、国务院国资委监管企业 | 607309.9 | 302783.9 | 304526.0 | 49.9 |
| 二、地方国资委监管企业 | 378748.9 | 226029.5 | 152719.4 | 59.7 |
| 北京市 | 37614.2 | 20475.7 | 17138.5 | 54.4 |
| 天津市 | 5314.6 | 3184.4 | 2130.3 | 59.9 |
| 河北省 | 16201.0 | 11296.7 | 4904.3 | 69.7 |
| 山西省 | 39625.0 | 28784.3 | 10840.7 | 72.6 |
| 内蒙古自治区 | 7395.0 | 3890.7 | 3504.4 | 52.6 |
| 辽宁省 | 4462.8 | 2895.6 | 1567.2 | 64.9 |
| 其中:大连市 | 997.3 | 644.6 | 352.7 | 64.6 |
| 吉林省 | 2212.6 | 1394.3 | 818.3 | 63.0 |
| 黑龙江省 | 3177.3 | 1966.9 | 1210.4 | 61.9 |
| 上海市 | 22795.0 | 12826.7 | 9968.3 | 56.3 |
| 江苏省 | 14242.1 | 8235.7 | 6006.4 | 57.8 |
| 浙江省 | 14650.5 | 7661.2 | 6989.3 | 52.3 |
| 其中:宁波市 | 1290.2 | 737.7 | 552.5 | 57.2 |

续表

| 项　目 | 资产总计(亿元) | 负债合计(亿元) | 所有者权益(净资产)(亿元) | 资产负债率(%) |
|---|---|---|---|---|
| 安徽省 | 14948.0 | 7394.0 | 7554.0 | 49.5 |
| 福建省 | 9075.9 | 4965.8 | 4110.1 | 54.7 |
| 其中:厦门市 | 1418.3 | 889.9 | 528.3 | 62.7 |
| 江西省 | 7313.8 | 3999.5 | 3314.3 | 54.7 |
| 山东省 | 40785.5 | 25435.0 | 15350.5 | 62.4 |
| 其中:青岛市 | 3323.9 | 2000.1 | 1323.8 | 60.2 |
| 河南省 | 11869.9 | 8426.7 | 3443.2 | 71.0 |
| 湖北省 | 4407.0 | 2598.9 | 1808.1 | 59.0 |
| 湖南省 | 7269.2 | 3850.0 | 3419.2 | 53.0 |
| 广东省 | 26380.1 | 14241.9 | 12138.1 | 54.0 |
| 其中:深圳市 | 6141.1 | 3220.7 | 2920.4 | 52.4 |
| 广西壮族自治区 | 6398.5 | 4056.1 | 2342.3 | 63.4 |
| 海南省 | 570.3 | 205.6 | 364.7 | 36.1 |
| 重庆市 | 5222.0 | 2824.2 | 2397.7 | 54.1 |
| 四川省 | 12820.8 | 7464.6 | 5356.2 | 58.2 |
| 贵州省 | 7966.9 | 3936.8 | 4030.1 | 49.4 |
| 云南省 | 8463.0 | 5406.7 | 3056.3 | 63.9 |
| 西藏自治区 | 522.1 | 324.6 | 197.5 | 62.2 |
| 陕西省 | 27790.8 | 17244.9 | 10545.9 | 62.1 |
| 甘肃省 | 8121.0 | 4632.9 | 3488.1 | 57.0 |
| 青海省 | 2899.4 | 1872.3 | 1027.1 | 64.6 |
| 宁夏回族自治区 | 557.8 | 370.4 | 187.5 | 66.4 |
| 新疆维吾尔自治区 | 5149.9 | 2643.0 | 2506.9 | 51.3 |
| 新疆生产建设兵团 | 2526.9 | 1523.7 | 1003.3 | 60.3 |

# 2022 年国资系统监管商业企业户数、从业人数、国有资产总量地区分析表

| 项　目 | 户　数(户) | 年末从业人员人数(万人) | 年末国有资产总量(亿元) |
|---|---|---|---|
| 商业企业合计 | 24971 | 161.0 | 45444.3 |
| 一、国务院国资委监管企业 | 5546 | 73.2 | 26014.5 |

续表

| 项　目 | 户　数(户) | 年末从业人员人数(万人) | 年末国有资产总量(亿元) |
|---|---|---|---|
| 二、地方国资委监管企业 | 19425 | 87.7 | 19429.9 |
| 北京市 | 1347 | 8.5 | 1451.6 |
| 天津市 | 451 | 1.0 | 230.3 |
| 河北省 | 436 | 2.9 | 388.2 |
| 山西省 | 885 | 3.7 | 387.5 |
| 内蒙古自治区 | 115 | 0.3 | 100.1 |
| 辽宁省 | 227 | 0.6 | 75.0 |
| 其中:大连市 | 29 | 0.1 | 3.1 |
| 吉林省 | 169 | 1.1 | 192.3 |
| 黑龙江省 | 306 | 0.6 | 25.2 |
| 上海市 | 1994 | 13.7 | 2038.1 |
| 江苏省 | 954 | 3.6 | 1142.1 |
| 浙江省 | 1754 | 5.7 | 2011.8 |
| 其中:宁波市 | 150 | 0.2 | 191.8 |
| 安徽省 | 486 | 2.7 | 537.9 |
| 福建省 | 1428 | 4.2 | 1567.7 |
| 其中:厦门市 | 874 | 3.2 | 1054.6 |
| 江西省 | 388 | 1.5 | 383.9 |
| 山东省 | 1426 | 6.1 | 1146.6 |
| 其中:青岛市 | 233 | 0.9 | 81.0 |
| 河南省 | 238 | 0.8 | 305.3 |
| 湖北省 | 319 | 5.0 | 400.6 |
| 湖南省 | 202 | 1.0 | 210.9 |
| 广东省 | 1668 | 7.2 | 1390.2 |
| 其中:深圳市 | 124 | 0.6 | 178.0 |
| 广西壮族自治区 | 561 | 1.5 | 687.9 |
| 海南省 | 127 | 0.8 | 49.1 |
| 重庆市 | 369 | 2.0 | 358.0 |
| 四川省 | 949 | 3.7 | 1548.2 |

续表

| 项　目 | 户　数(户) | 年末从业人员人数(万人) | 年末国有资产总量(亿元) |
|---|---|---|---|
| 贵州省 | 355 | 1.3 | 1010.4 |
| 云南省 | 477 | 1.2 | 492.8 |
| 西藏自治区 | 70 | 0.2 | 28.4 |
| 陕西省 | 674 | 4.1 | 642.5 |
| 甘肃省 | 320 | 0.9 | 147.2 |
| 青海省 | 105 | 0.2 | 60.3 |
| 宁夏回族自治区 | 40 | 0.1 | 4.7 |
| 新疆维吾尔自治区 | 407 | 1.0 | 222.8 |
| 新疆生产建设兵团 | 178 | 0.6 | 192.4 |

# 2022 年国资系统监管商业企业资产负债地区分析表

| 项　目 | 资产总计(亿元) | 负债合计(亿元) | 所有者权益(净资产)(亿元) | 资产负债率(%) |
|---|---|---|---|---|
| 商业企业合计 | 172668.6 | 121399.1 | 51269.5 | 70.3 |
| 一、国务院国资委监管企业 | 87812.0 | 58858.2 | 28953.8 | 67.0 |
| 二、地方国资委监管企业 | 84856.6 | 62540.9 | 22315.7 | 73.7 |
| 北京市 | 4550.9 | 2816.0 | 1735.0 | 61.9 |
| 天津市 | 1306.1 | 1063.0 | 243.1 | 81.4 |
| 河北省 | 2032.4 | 1599.4 | 433.0 | 78.7 |
| 山西省 | 5108.3 | 4651.5 | 456.8 | 91.1 |
| 内蒙古自治区 | 310.4 | 206.9 | 103.6 | 66.6 |
| 辽宁省 | 256.7 | 177.5 | 79.2 | 69.1 |
| 其中:大连市 | 11.9 | 7.8 | 4.0 | 66.0 |
| 吉林省 | 1001.1 | 665.8 | 335.3 | 66.5 |
| 黑龙江省 | 397.2 | 364.7 | 32.5 | 91.8 |
| 上海市 | 9121.6 | 6675.8 | 2445.9 | 73.2 |

续表

| 项　目 | 资产总计（亿元） | 负债合计（亿元） | 所有者权益（净资产）（亿元） | 资产负债率（%） |
|---|---|---|---|---|
| 江苏省 | 6132.3 | 4867.0 | 1265.3 | 79.4 |
| 浙江省 | 7296.9 | 5073.8 | 2223.1 | 69.5 |
| 其中：宁波市 | 667.0 | 462.3 | 204.7 | 69.3 |
| 安徽省 | 1900.5 | 1291.4 | 609.1 | 67.9 |
| 福建省 | 7811.4 | 5677.1 | 2134.3 | 72.7 |
| 其中：厦门市 | 6139.2 | 4548.5 | 1590.7 | 74.1 |
| 江西省 | 1852.8 | 1415.3 | 437.4 | 76.4 |
| 山东省 | 7412.9 | 6180.2 | 1232.7 | 83.4 |
| 其中：青岛市 | 1050.1 | 939.9 | 110.2 | 89.5 |
| 河南省 | 982.2 | 614.0 | 368.3 | 62.5 |
| 湖北省 | 1303.1 | 880.1 | 423.0 | 67.5 |
| 湖南省 | 878.8 | 635.9 | 242.9 | 72.4 |
| 广东省 | 5263.5 | 3770.3 | 1493.2 | 71.6 |
| 其中：深圳市 | 569.5 | 341.0 | 228.5 | 59.9 |
| 广西壮族自治区 | 2374.8 | 1673.7 | 701.1 | 70.5 |
| 海南省 | 197.6 | 146.6 | 51.0 | 74.2 |
| 重庆市 | 1573.9 | 1163.1 | 410.8 | 73.9 |
| 四川省 | 4941.3 | 3181.2 | 1760.0 | 64.4 |
| 贵州省 | 2467.1 | 1435.3 | 1031.8 | 58.2 |
| 云南省 | 2131.5 | 1524.0 | 607.5 | 71.5 |
| 西藏自治区 | 75.6 | 46.1 | 29.5 | 61.0 |
| 陕西省 | 3347.9 | 2560.9 | 787.0 | 76.5 |
| 甘肃省 | 772.2 | 622.6 | 149.6 | 80.6 |
| 青海省 | 172.8 | 111.1 | 61.7 | 64.3 |
| 宁夏回族自治区 | 23.4 | 18.9 | 4.5 | 80.6 |
| 新疆维吾尔自治区 | 971.1 | 733.7 | 237.4 | 75.6 |
| 新疆生产建设兵团 | 888.2 | 698.1 | 190.1 | 78.6 |

# 2022 年北京市监管企业主要指标表

| 项　目 | 户　数（户） | 年末国有资产总量（万元） | 资产总额（万元） | 人均利润（元/人） | 人均税费（元/人） |
|---|---|---|---|---|---|
| 合　并 | 10845 | 193632547.9 | 879117827.5 | 59648.4 | 131342.7 |
| 合　计 | 10845 | 554827129.0 | 1507059501.1 | 152608.5 | 131244.4 |
| 一、农林牧渔业 | 190 | 3485974.2 | 11025920.9 | 149566.0 | 26093.5 |
| 其中：农业 | 55 | 140674.4 | 601118.2 | —11072.0 | 25157.7 |
| 林业 | 10 | 50627.3 | 212353.2 | 5873.8 | 12195.8 |
| 畜牧业 | 75 | 2346747.9 | 8569667.6 | 163375.1 | 4926.4 |
| 渔业 | 2 | 42652.8 | 56297.1 | 47035.1 | 1129.0 |
| 二、工业 | 2575 | 139226610.6 | 376142215.3 | 213747.5 | 175412.6 |
| 其中：煤炭工业 | 27 | 2620651.2 | 7487602.1 | 936095.7 | 487081.2 |
| 石油和石化工业 | 2 | 64076.5 | 225568.3 | 51484.4 | 14515.1 |
| 冶金工业 | 56 | 19027158.6 | 64234440.3 | 296409.2 | 95803.8 |
| 建材工业 | 216 | 6979221.9 | 18274854.6 | 151931.8 | 115672.2 |
| 化学工业 | 66 | 1073210.3 | 3039769.7 | —120699.8 | 61720.2 |
| 森林工业 | 1 | 91805.1 | 147820.7 | 29282040.2 | 361088.9 |
| 食品工业 | 108 | 1569357.6 | 4652241.6 | 23045.0 | 28775.8 |
| 烟草工业 | | | | | |
| 纺织工业 | 23 | 281188.3 | 633204.2 | —57142.2 | 60632.6 |
| 医药工业 | 35 | 1617473.9 | 3749462.8 | 357366.5 | 130798.3 |
| 机械工业 | 318 | 18933829.5 | 59772660.6 | 424536.1 | 397701.4 |
| 电子工业 | 110 | 36848678.0 | 84564471.4 | —33726.7 | 121844.8 |
| 电力工业 | 568 | 21455904.1 | 58955101.4 | 1171486.5 | 340079.7 |
| 市政公用工业 | 873 | 24742321.9 | 59623120.8 | 216960.7 | 90613.5 |
| 其他工业 | 172 | 3921733.6 | 10781896.9 | 56760.2 | 123941.8 |
| 三、建筑业 | 417 | 12114182.8 | 51248688.5 | 102725.8 | 92597.7 |
| 四、交通运输业 | 172 | 37489385.8 | 89118244.1 | 8697.7 | 11900.6 |
| 其中：铁路运输业 | 5 | 31622.0 | 344810.7 | 53166.7 | 189274.4 |
| 道路运输业 | 152 | 37376764.3 | 88385189.9 | 6969.3 | 11639.0 |
| 水上运输业 | 1 | 57942.4 | 109043.7 | 2477.8 | 31415.0 |
| 航空运输业 | 2 | 16319.7 | 58393.4 | —27236.8 | 2571.3 |

续表

| 项　目 | 户　数（户） | 年末国有资产总量（万元） | 资产总额（万元） | 人均利润（元/人） | 人均税费（元/人） |
| --- | --- | --- | --- | --- | --- |
| 五、仓储业 | 99 | 582662.1 | 1982278.2 | 38808.4 | 119049.3 |
| 六、商贸业 | 1347 | 14516219.4 | 45509194.9 | 150620.9 | 89401.9 |
| 七、房地产业 | 2204 | 124717637.2 | 444048183.0 | 117712.2 | 459766.0 |
| 八、信息传输、软件和信息技术服务业 | 205 | 3264815.9 | 6681036.6 | 59302.5 | 46852.2 |
| 其中：电信业 | 5 | 110105.0 | 226520.6 | 105026.3 | 95821.0 |
| 九、社会服务业 | 2713 | 198462240.7 | 411852043.3 | 156928.2 | 49140.3 |
| 十、教育文化广播业 | 261 | 1439418.0 | 2235430.3 | －19199.5 | 15519.7 |
| 十一、科学研究和技术服务业 | 480 | 6712473.9 | 19877766.2 | 160254.9 | 68557.7 |
| 十二、金融业 | 87 | 12290369.2 | 45512435.0 | 730273.3 | 439449.2 |
| 十三、其他 | 95 | 525139.3 | 1826064.8 | －117260.0 | 9688.0 |

注：人均利润＝利润总额/本年平均从业人员人数；人均税费＝已交税费总额/本年平均从业人员人数。

## 2022年天津市监管企业主要指标表

| 项　目 | 户　数（户） | 年末国有资产总量（万元） | 资产总额（万元） | 人均利润（元/人） | 人均税费（元/人） |
| --- | --- | --- | --- | --- | --- |
| 合　并 | 3588 | 142610545.7 | 793197693.1 | 73694.4 | 137353.7 |
| 合　计 | 3588 | 292059670.4 | 1062272359.8 | 124058.1 | 137353.7 |
| 一、农林牧渔业 | 84 | 1054851.1 | 3526573.0 | －14332.2 | 10621.7 |
| 其中：农业 | 41 | 653575.3 | 2028800.9 | －32343.9 | 30469.8 |
| 林业 | 6 | 21974.1 | 461475.8 | 35766.9 | 4773.3 |
| 畜牧业 | 25 | 344891.6 | 937841.1 | －5677.3 | 2709.4 |
| 渔业 | 7 | 13227.9 | 37217.2 | －117258.2 | 39578.2 |
| 二、工业 | 594 | 18622977.6 | 53146172.7 | 101572.8 | 92648.4 |
| 其中：煤炭工业 |  |  |  |  |  |
| 石油和石化工业 |  |  |  |  |  |
| 冶金工业 | 10 | 356927.1 | 891694.7 | －1376884.5 | 18337.6 |

续表

| 项　目 | 户　数（户） | 年末国有资产总量（万元） | 资产总额（万元） | 人均利润（元/人） | 人均税费（元/人） |
|---|---|---|---|---|---|
| 建材工业 | 17 | 62679.0 | 407388.8 | −116398.6 | 48289.0 |
| 化学工业 | 56 | 5416631.9 | 13817600.2 | 64535.8 | 77578.8 |
| 森林工业 | | | | | |
| 食品工业 | 41 | 251516.4 | 834653.0 | 1643.8 | 27683.9 |
| 烟草工业 | | | | | |
| 纺织工业 | 9 | 17614.9 | 109578.1 | 14456.2 | 17499.3 |
| 医药工业 | 7 | 314678.1 | 654122.3 | 29520.4 | 101398.3 |
| 机械工业 | 79 | 358289.7 | 1800229.9 | 6393.0 | 52319.5 |
| 电子工业 | 20 | 305824.9 | 1284501.1 | 342909.6 | 45665.1 |
| 电力工业 | 156 | 2907134.4 | 10389605.0 | 559042.5 | 297656.0 |
| 市政公用工业 | 162 | 4439185.6 | 17480859.4 | 106696.2 | 110686.2 |
| 其他工业 | 37 | 4192495.5 | 5475940.3 | 75428.3 | 77568.8 |
| 三、建筑业 | 325 | 18350235.2 | 66540799.7 | 126307.2 | 116875.6 |
| 四、交通运输业 | 158 | 39478185.9 | 88151311.5 | 20602.1 | 26584.1 |
| 其中：铁路运输业 | 4 | 19967.2 | 60190.3 | 981213.0 | 338012.7 |
| 道路运输业 | 104 | 33681505.6 | 71603384.1 | −3056.9 | 21620.7 |
| 水上运输业 | 18 | 4362107.5 | 14027302.6 | 195260.6 | 84467.7 |
| 航空运输业 | 1 | 1771.6 | 2321.5 | −346276.2 | 23768.6 |
| 五、仓储业 | 116 | 2855508.9 | 6332105.9 | 97415.9 | 80107.2 |
| 六、商贸业 | 451 | 2302672.6 | 13061005.9 | −105536.6 | 241498.7 |
| 七、房地产业 | 700 | 37168725.0 | 147354814.5 | −175312.7 | 223528.3 |
| 八、信息传输、软件和信息技术服务业 | 71 | 573960.3 | 1995490.8 | −18768.5 | 25694.6 |
| 其中：电信业 | | | | | |
| 九、社会服务业 | 741 | 151660377.7 | 352979017.0 | 219685.7 | 161809.3 |
| 十、教育文化广播业 | 49 | 433166.3 | 1177893.1 | −371133.8 | 10946.3 |
| 十一、科学研究和技术服务业 | 202 | 2162912.4 | 4361006.3 | −31215.8 | 31818.2 |
| 十二、金融业 | 64 | 17701561.8 | 323338063.6 | 583928.8 | 347802.1 |
| 十三、其他 | 33 | −305464.4 | 308105.9 | −99483.1 | 3525.5 |

# 2022年河北省监管企业主要指标表

| 项　目 | 户　数（户） | 年末国有资产总量（万元） | 资产总额（万元） | 人均利润（元/人） | 人均税费（元/人） |
|---|---|---|---|---|---|
| 合　并 | 3662 | 92224197.2 | 357680934.8 | 43699.4 | 83126.0 |
| 合　计 | 3662 | 201181767.9 | 578412219.4 | 77735.2 | 83603.0 |
| 一、农林牧渔业 | 56 | 169429.7 | 1503327.0 | 90311.9 | 32738.9 |
| 其中：农业 | 31 | 104301.6 | 384844.0 | —2245.8 | 15833.4 |
| 林业 | 11 | 23712.3 | 70899.6 | 245052.2 | 230377.8 |
| 畜牧业 | 4 | 3191.2 | 24665.2 | —142601.1 | 9032.2 |
| 渔业 | 1 | 714.2 | 2759.9 | 13147.9 | 2417.7 |
| 二、工业 | 760 | 41576256.6 | 162009953.3 | 99804.5 | 99033.8 |
| 其中：煤炭工业 | 106 | 11323067.5 | 47944921.5 | 142794.2 | 135762.3 |
| 石油和石化工业 | 1 | 5189.3 | 14551.2 | 12132.2 | 159036.6 |
| 冶金工业 | 64 | 18862293.8 | 73273909.4 | 73098.5 | 82003.8 |
| 建材工业 | 50 | 439957.8 | 2459580.2 | —56721.2 | 54913.8 |
| 化学工业 | 39 | 2003906.9 | 5026790.5 | 103362.3 | 81251.7 |
| 森林工业 | | | | | |
| 食品工业 | 12 | 15003.9 | 51499.1 | —13774.7 | 5475.8 |
| 烟草工业 | | | | | |
| 纺织工业 | 18 | 64179.7 | 1125277.9 | —110653.6 | 20602.6 |
| 医药工业 | 22 | 759831.5 | 3587494.8 | —4523.9 | 49728.1 |
| 机械工业 | 82 | 1153469.5 | 4437853.5 | —19748.7 | 36614.5 |
| 电子工业 | 3 | 6197.8 | 28628.5 | 3522.0 | 27108.5 |
| 电力工业 | 117 | 3137625.7 | 9952420.9 | 566304.5 | 202148.7 |
| 市政公用工业 | 192 | 3444803.0 | 12879179.0 | 75548.3 | 59367.5 |
| 其他工业 | 54 | 360730.2 | 1227846.9 | 105233.9 | 135798.7 |
| 三、建筑业 | 348 | 20956304.3 | 57709342.2 | 43520.0 | 90633.6 |
| 四、交通运输业 | 319 | 43666927.5 | 119882677.6 | —4389.7 | 35085.5 |
| 其中：铁路运输业 | 17 | 1082106.7 | 3327284.2 | —99372.6 | 50322.4 |
| 道路运输业 | 233 | 36351150.6 | 105031517.7 | —9389.8 | 26134.0 |
| 水上运输业 | 29 | 5295433.7 | 9802399.2 | 150156.6 | 133149.1 |
| 航空运输业 | 9 | 441906.9 | 872949.9 | —207436.5 | 14305.7 |

续表

| 项　目 | 户　数（户） | 年末国有资产总量（万元） | 资产总额（万元） | 人均利润（元/人） | 人均税费（元/人） |
|---|---|---|---|---|---|
| 五、仓储业 | 112 | 5714485.0 | 13482541.5 | 205297.7 | 115659.1 |
| 六、商贸业 | 436 | 3882175.3 | 20324483.5 | 148.9 | 77399.8 |
| 七、房地产业 | 306 | 12297061.9 | 36742683.8 | 98197.9 | 145876.3 |
| 八、信息传输、软件和信息技术服务业 | 101 | 565326.9 | 1637325.6 | 16583.5 | 33444.3 |
| 其中：电信业 | | | | | |
| 九、社会服务业 | 773 | 66165149.2 | 143173375.0 | 125737.8 | 85115.1 |
| 十、教育文化广播业 | 51 | 326670.9 | 688636.7 | —8719.6 | 5541.6 |
| 十一、科学研究和技术服务业 | 305 | 1520216.9 | 3451571.4 | 16547.1 | 21812.7 |
| 十二、金融业 | 48 | 3729775.3 | 15723820.0 | 716006.9 | 394498.4 |
| 十三、其他 | 47 | 611988.3 | 2082481.6 | —33894.2 | 7660.8 |

# 2022 年山西省监管企业主要指标表

| 项　目 | 户　数（户） | 年末国有资产总量（万元） | 资产总额（万元） | 人均利润（元/人） | 人均税费（元/人） |
|---|---|---|---|---|---|
| 合　并 | 5199 | 69954426.7 | 412507564.5 | 91471.1 | 161430.9 |
| 合　计 | 5199 | 227387363.1 | 754023206.9 | 135926.8 | 160948.9 |
| 一、农林牧渔业 | 111 | 1136470.4 | 1979567.8 | —16832.9 | 9110.1 |
| 其中：农业 | 78 | 1063602.5 | 1800283.0 | —34990.4 | 8082.8 |
| 林业 | 5 | 6499.3 | 8437.5 | 23260.6 | 28131.6 |
| 畜牧业 | 13 | 41718.0 | 93038.3 | 59543.3 | 10265.1 |
| 渔业 | 1 | 727.5 | 843.6 | 40927.9 | 2190.6 |
| 二、工业 | 1689 | 94079755.7 | 396250105.1 | 162082.6 | 197758.4 |
| 其中：煤炭工业 | 565 | 70426711.1 | 282197863.8 | 224623.6 | 234925.0 |
| 石油和石化工业 | 21 | 2039150.9 | 6632415.0 | 116299.0 | 175277.8 |
| 冶金工业 | 38 | 1079245.9 | 3864382.6 | 104372.8 | 65745.9 |
| 建材工业 | 69 | 104418.4 | 1946087.2 | —388510.7 | 20196.0 |

续表

| 项　目 | 户　数（户） | 年末国有资产总量（万元） | 资产总额（万元） | 人均利润（元/人） | 人均税费（元/人） |
|---|---|---|---|---|---|
| 化学工业 | 157 | 3920436.7 | 31906125.9 | －90496.1 | 52075.3 |
| 森林工业 | 3 | －2445.7 | 4892.0 | 227133.0 | 28995.8 |
| 食品工业 | 35 | 38324.1 | 233494.7 | 549.4 | 7220.0 |
| 烟草工业 | | | | | |
| 纺织工业 | 7 | 15763.0 | 133754.6 | －21645.6 | 6572.4 |
| 医药工业 | 14 | 1047.5 | 247170.1 | －17095.9 | 40291.6 |
| 机械工业 | 244 | 4436599.4 | 17627021.7 | －21763.0 | 35296.6 |
| 电子工业 | 10 | 51551.4 | 237634.0 | 40484.7 | 61194.3 |
| 电力工业 | 207 | 4446435.1 | 25179819.1 | －51047.3 | 185368.8 |
| 市政公用工业 | 245 | 5487231.2 | 20650745.0 | －49046.9 | 44630.2 |
| 其他工业 | 74 | 2035286.6 | 5388699.6 | 519680.5 | 445416.5 |
| 三、建筑业 | 388 | 15150431.4 | 52857925.8 | 61982.3 | 56649.7 |
| 四、交通运输业 | 322 | 20572728.6 | 66574271.4 | －7332.9 | 39379.0 |
| 其中：铁路运输业 | 39 | 1375335.6 | 3517262.0 | 45121.0 | 52819.9 |
| 道路运输业 | 247 | 18294677.3 | 61087501.6 | －5453.2 | 30500.8 |
| 水上运输业 | 1 | －30543.2 | 98585.4 | －1463540.6 | 225709.1 |
| 航空运输业 | 19 | 873787.3 | 1491288.5 | －90305.3 | 5774.9 |
| 五、仓储业 | 90 | 317000.1 | 1668502.2 | －17812.5 | 44070.8 |
| 六、商贸业 | 885 | 3874689.6 | 51083166.2 | 179685.9 | 167181.2 |
| 七、房地产业 | 388 | 4173678.6 | 25457201.0 | 12117.5 | 95989.7 |
| 八、信息传输、软件和信息技术服务业 | 99 | 1067526.7 | 2268564.0 | 48237.0 | 61842.6 |
| 其中：电信业 | 2 | 4329.8 | 17493.7 | －57456.5 | 10916.4 |
| 九、社会服务业 | 814 | 79449593.3 | 130310373.1 | 60805.4 | 23664.5 |
| 十、教育文化广播业 | 44 | 109594.0 | 529867.0 | －72481.7 | 9131.4 |
| 十一、科学研究和技术服务业 | 281 | 1042755.1 | 2569772.8 | 599.0 | 26256.1 |
| 十二、金融业 | 61 | 5144271.6 | 20999738.6 | 4501027.1 | 1258901.0 |
| 十三、其他 | 27 | 1268868.2 | 1474152.0 | －144655.3 | 10263.8 |

# 2022 年内蒙古自治区监管企业主要指标表

| 项　目 | 户　数（户） | 年末国有资产总量（万元） | 资产总额（万元） | 人均利润（元/人） | 人均税费（元/人） |
|---|---|---|---|---|---|
| 合　并 | 1662 | 84122933.2 | 209722490.7 | 29642.5 | 57784.9 |
| 合　计 | 1662 | 131348029.5 | 278044552.6 | 59015.4 | 57683.1 |
| 一、农林牧渔业 | 158 | 8470226.2 | 11782493.6 | 9762.6 | 1404.4 |
| 其中：农业 | 60 | 6401837.6 | 7543047.5 | 15258.9 | 625.8 |
| 林业 | 42 | 1368415.4 | 2765455.6 | 4024.7 | 2369.9 |
| 畜牧业 | 10 | 85362.3 | 236140.9 | -108808.6 | 5758.9 |
| 渔业 | 1 | 1147.6 | 11641.6 | -3428.5 | 1027.0 |
| 二、工业 | 346 | 30864937.0 | 73950472.2 | 113075.3 | 118107.9 |
| 其中：煤炭工业 | 25 | 989341.1 | 1826524.4 | 2684848.5 | 1073775.0 |
| 石油和石化工业 | 2 | 2369.6 | 7552.3 | -403421.3 | 4231.0 |
| 冶金工业 | 45 | 11701138.1 | 31434506.4 | 226004.2 | 186175.3 |
| 建材工业 | 18 | 1178348.8 | 2567075.9 | -6450.5 | 74820.0 |
| 化学工业 | 5 | 93077.3 | 138292.7 | 80640.0 | 54768.7 |
| 森林工业 | 2 | -3566.0 | 18264.0 | -2806707.0 | 0.0 |
| 食品工业 | 11 | -66505.7 | 56370.8 | -104155.8 | 6439.1 |
| 烟草工业 | | | | | |
| 纺织工业 | | | | | |
| 医药工业 | | | | | |
| 机械工业 | 17 | 68485.8 | 222012.6 | -48313.2 | 61863.3 |
| 电子工业 | 3 | 53856.2 | 105585.7 | 1218314.7 | 571917.6 |
| 电力工业 | 74 | 8603143.5 | 21483066.1 | 28811.5 | 74781.4 |
| 市政公用工业 | 115 | 5108465.0 | 12275451.0 | -15275.3 | 48072.1 |
| 其他工业 | 29 | 3136783.2 | 3815770.2 | 469131.5 | 150279.5 |
| 三、建筑业 | 147 | 14123846.5 | 27512533.1 | 35878.9 | 54601.5 |
| 四、交通运输业 | 109 | 8004702.8 | 21478511.0 | -32658.4 | 21716.9 |
| 其中：铁路运输业 | 7 | 1611327.7 | 1769036.3 | 423374.4 | 134330.2 |
| 道路运输业 | 66 | 5334805.7 | 17107415.7 | -29402.3 | 12539.0 |
| 水上运输业 | 2 | -1181.7 | 272.1 | -64179.5 | 2558.6 |
| 航空运输业 | 26 | 814335.8 | 1980855.8 | -216393.5 | 23308.7 |

续表

| 项　目 | 户　数<br>(户) | 年末国有资产总量<br>(万元) | 资产总额<br>(万元) | 人均利润<br>(元/人) | 人均税费<br>(元/人) |
|---|---|---|---|---|---|
| 五、仓储业 | 35 | 181258.2 | 1138892.6 | 11224.4 | 20793.4 |
| 六、商贸业 | 115 | 1000530.1 | 3104229.3 | 181335.1 | 188110.7 |
| 七、房地产业 | 77 | 3682081.7 | 14199102.6 | −4994.8 | 20962.4 |
| 八、信息传输、软件和信息技术服务业 | 32 | 208229.1 | 512004.1 | 80665.6 | 54593.8 |
| 其中:电信业 | 3 | 8529.7 | 19131.2 | 30927.9 | 21882.7 |
| 九、社会服务业 | 437 | 59077677.6 | 113489657.2 | 92508.3 | 26867.1 |
| 十、教育文化广播业 | 52 | 2947764.2 | 3612445.5 | −32179.5 | 2763.0 |
| 十一、科学研究和技术服务业 | 122 | 986843.0 | 2094799.9 | 80459.6 | 27084.0 |
| 十二、金融业 | 16 | 1331728.7 | 4675890.4 | 1868326.1 | 594226.9 |
| 十三、其他 | 16 | 468204.3 | 493521.1 | 39107.0 | 14966.0 |

# 2022 年辽宁省监管企业主要指标表

| 项　目 | 户　数<br>(户) | 年末国有资产总量<br>(万元) | 资产总额<br>(万元) | 人均利润<br>(元/人) | 人均税费<br>(元/人) |
|---|---|---|---|---|---|
| 合　并 | 3177 | 72669307.8 | 195841054.2 | −18935.8 | 40193.1 |
| 合　计 | 3177 | 137762168.7 | 285669580.9 | −9653.6 | 40188.6 |
| 一、农林牧渔业 | 80 | 1936036.9 | 3552225.4 | −12609.6 | 4257.0 |
| 其中:农业 | 59 | 1810581.9 | 2962797.6 | −2147.5 | 2937.8 |
| 林业 | 1 | 716.8 | 7400.2 | 69912.9 | 6984.6 |
| 畜牧业 | 4 | 1236.1 | 2887.3 | −32150.0 | 334.6 |
| 渔业 | 9 | 63699.1 | 135179.0 | 89826.3 | 10368.2 |
| 二、工业 | 651 | 13930906.0 | 44627983.0 | 5175.9 | 60942.2 |
| 其中:煤炭工业 | 42 | 5662801.0 | 12364855.5 | 84258.9 | 104336.7 |
| 石油和石化工业 | 6 | −142437.2 | 248123.8 | −1604739.2 | 26783.3 |
| 冶金工业 | 56 | 808254.0 | 3541786.5 | −45882.6 | 27961.7 |
| 建材工业 | 40 | −8916.6 | 217563.2 | −22723.6 | 12154.2 |

续表

| 项 目 | 户 数（户） | 年末国有资产总量（万元） | 资产总额（万元） | 人均利润（元/人） | 人均税费（元/人） |
|---|---|---|---|---|---|
| 化学工业 | 39 | －6170.8 | 282075.7 | 11065.6 | 24280.0 |
| 森林工业 | 1 | －23409.4 | 15746.3 | －118196.8 | 12169.2 |
| 食品工业 | 20 | 14092.5 | 106464.8 | －53373.9 | 13321.1 |
| 烟草工业 | | | | | |
| 纺织工业 | 4 | －60866.8 | 40164.5 | －52327.3 | 372.6 |
| 医药工业 | 3 | 81850.6 | 126038.4 | －74356.6 | 4683918.7 |
| 机械工业 | 175 | 2121931.7 | 10372248.7 | 25808.0 | 42458.6 |
| 电子工业 | 10 | 67037.3 | 167788.4 | 18963.4 | 13087.6 |
| 电力工业 | 60 | 405652.1 | 3293326.4 | －272365.7 | 46472.7 |
| 市政公用工业 | 131 | 4556064.4 | 12515969.5 | －89197.1 | 16659.7 |
| 其他工业 | 64 | 455023.3 | 1335831.5 | －69903.5 | 46910.5 |
| 三、建筑业 | 330 | 11544076.3 | 25029447.1 | －6213.6 | 32529.7 |
| 四、交通运输业 | 126 | 7610156.7 | 17507859.4 | －86115.4 | 4960.3 |
| 其中：铁路运输业 | 1 | 7299.2 | 7917.6 | 3569.7 | 13004.7 |
| 道路运输业 | 95 | 6104497.7 | 14846451.7 | －83023.0 | 2620.1 |
| 水上运输业 | 9 | 269225.7 | 774971.8 | 64442.0 | 37836.1 |
| 航空运输业 | 10 | 1143425.9 | 1660847.1 | －131175.7 | 10298.9 |
| 五、仓储业 | 91 | 495918.6 | 1922901.9 | 25540.6 | 24667.5 |
| 六、商贸业 | 227 | 750275.9 | 2566762.7 | 50898.6 | 61671.8 |
| 七、房地产业 | 305 | 9375434.0 | 27816873.3 | －99856.1 | 62035.5 |
| 八、信息传输、软件和信息技术服务业 | 48 | 68879.0 | 186075.8 | 65063.5 | 22525.6 |
| 其中：电信业 | 1 | 274.4 | 334.6 | 98676.7 | 65160.8 |
| 九、社会服务业 | 828 | 88600703.1 | 145602608.9 | 17296.1 | 25522.3 |
| 十、教育文化广播业 | 67 | 397360.5 | 642570.9 | －4486.2 | 5030.8 |
| 十一、科学研究和技术服务业 | 347 | 1538243.7 | 2750744.7 | 48347.9 | 28744.9 |
| 十二、金融业 | 46 | 1186518.1 | 13044127.8 | －381863.3 | 196585.6 |
| 十三、其他 | 31 | 327659.8 | 419399.9 | －31918.4 | 20782.9 |

# 2022年大连市监管企业主要指标表

| 项　目 | 户　数<br>(户) | 年末国有资产总量<br>(万元) | 资产总额<br>(万元) | 人均利润<br>(元/人) | 人均税费<br>(元/人) |
|---|---|---|---|---|---|
| 合　并 | 415 | 10662997.6 | 30670743.1 | −60499.3 | 25254.4 |
| 合　计 | 415 | 23850771.4 | 51485614.0 | −50350.3 | 25240.0 |
| 一、农林牧渔业 | 14 | −334.8 | 37550.0 | 48642.8 | 12482.0 |
| 其中:农业 | 11 | 3259.0 | 25453.2 | 25529.3 | 7938.5 |
| 林业 | | | | | |
| 畜牧业 | 2 | −244.3 | 463.9 | −92833.1 | 1303.6 |
| 渔业 | 1 | −3349.5 | 11632.9 | 123240.5 | 26006.8 |
| 二、工业 | 110 | 2982531.4 | 9972834.6 | −7167.6 | 36167.8 |
| 其中:煤炭工业 | | | | | |
| 石油和石化工业 | 1 | 1881.4 | 1899.5 | −218993.0 | 2587.2 |
| 冶金工业 | 1 | 63140.6 | 157330.7 | 128760.6 | 34640.3 |
| 建材工业 | 2 | 631.7 | 3662.0 | −21572.9 | 2812.8 |
| 化学工业 | 13 | 21831.9 | 137057.4 | 157492.3 | 50807.3 |
| 森林工业 | | | | | |
| 食品工业 | 3 | 6708.3 | 32707.9 | −78189.5 | 8855.2 |
| 烟草工业 | | | | | |
| 纺织工业 | 1 | −30070.1 | 902.9 | −241499.2 | 30342.5 |
| 医药工业 | | | | | |
| 机械工业 | 58 | 1305216.6 | 5963186.7 | 19044.6 | 41500.0 |
| 电子工业 | 3 | 20509.9 | 83441.8 | 26647.4 | 11566.8 |
| 电力工业 | 9 | 32757.2 | 796831.6 | −67225.9 | 11105.9 |
| 市政公用工业 | 12 | 1149209.1 | 2178060.6 | −168376.5 | 19700.8 |
| 其他工业 | 7 | 410714.9 | 617753.7 | −11188.4 | 64574.1 |
| 三、建筑业 | 26 | 5074136.2 | 8362705.6 | 2747.6 | 21926.5 |
| 四、交通运输业 | 18 | 2090339.3 | 3979096.7 | −138533.6 | 4275.7 |
| 其中:铁路运输业 | | | | | |
| 道路运输业 | 13 | 1595854.8 | 3232694.8 | −142553.9 | 3146.3 |
| 水上运输业 | 1 | 961.0 | 1191.5 | 33757.3 | 21347.6 |
| 航空运输业 | 2 | 418837.9 | 546860.2 | −121796.3 | 8416.5 |

续表

| 项　目 | 户　数（户） | 年末国有资产总量（万元） | 资产总额（万元） | 人均利润（元/人） | 人均税费（元/人） |
|---|---|---|---|---|---|
| 五、仓储业 | 2 | 229.8 | 467.0 | －7616.5 | 984.3 |
| 六、商贸业 | 29 | 31108.5 | 118781.4 | －5764.8 | 17403.1 |
| 七、房地产业 | 36 | －27562.6 | 6487593.3 | －422593.0 | 389860.7 |
| 八、信息传输、软件和信息技术服务业 | 10 | 6388.6 | 11989.4 | 4444.7 | 10957.2 |
| 其中：电信业 | 1 | 274.4 | 334.6 | 98676.7 | 65160.8 |
| 九、社会服务业 | 121 | 13475574.1 | 22173448.5 | －16050.1 | 11092.5 |
| 十、教育文化广播业 | 11 | 29481.3 | 33793.5 | 66019.4 | 5289.1 |
| 十一、科学研究和技术服务业 | 30 | 166897.5 | 229324.1 | 88392.5 | 27246.5 |
| 十二、金融业 | 2 | 27490.7 | 36098.0 | 395507.2 | 344212.2 |
| 十三、其他 | 6 | －5508.5 | 41932.0 | －26196.8 | 22063.7 |

# 2022 年吉林省监管企业主要指标表

| 项　目 | 户　数（户） | 年末国有资产总量（万元） | 资产总额（万元） | 人均利润（元/人） | 人均税费（元/人） |
|---|---|---|---|---|---|
| 合　并 | 1669 | 61035471.2 | 177589222.8 | 9433.5 | 37575.6 |
| 合　计 | 1669 | 102087153.5 | 245761595.2 | 36050.2 | 37352.7 |
| 一、农林牧渔业 | 101 | 1396964.7 | 3439683.4 | －3828.5 | 1308.9 |
| 其中：农业 | 51 | 661026.7 | 1278099.6 | －279149.2 | 13959.8 |
| 林业 | 23 | 691000.6 | 1448624.7 | 6595.1 | 829.7 |
| 畜牧业 | 6 | 12226.7 | 462055.8 | －243629.9 | 3185.4 |
| 渔业 | 3 | 1238.3 | 2199.5 | －219320.6 | 0.0 |
| 二、工业 | 299 | 6286269.3 | 22126108.1 | 92102.7 | 49979.0 |
| 其中：煤炭工业 | 24 | 1163014.9 | 4729990.1 | －37540.7 | 36982.2 |
| 石油和石化工业 | 1 | 2387.5 | 2425.5 | 23841.5 | 7522.3 |
| 冶金工业 | 2 | －3023.1 | 8324.4 | 113845.9 | 8565.1 |
| 建材工业 | 18 | 106286.7 | 489541.1 | 105231.8 | 162110.8 |

续表

| 项　目 | 户　数（户） | 年末国有资产总量（万元） | 资产总额（万元） | 人均利润（元/人） | 人均税费（元/人） |
|---|---|---|---|---|---|
| 化学工业 | 20 | 489966.0 | 2751690.7 | 107372.2 | 25707.7 |
| 森林工业 | 5 | 8879.7 | 56656.9 | 1980.0 | 4951.9 |
| 食品工业 | 11 | 29237.9 | 227639.3 | -198654.2 | 4426.2 |
| 烟草工业 | | | | | |
| 纺织工业 | | | | | |
| 医药工业 | 18 | 1133119.3 | 1911927.7 | 842451.2 | 201241.4 |
| 机械工业 | 68 | 1304174.2 | 4842474.7 | 90485.5 | 48885.3 |
| 电子工业 | 3 | 50309.9 | 122915.0 | -310022.9 | 0.0 |
| 电力工业 | 37 | 161070.4 | 1455094.4 | -164476.3 | 54398.8 |
| 市政公用工业 | 88 | 1834159.8 | 5495273.1 | -18950.5 | 23407.0 |
| 其他工业 | 4 | 6686.2 | 32155.2 | -253450.6 | 19068.9 |
| 三、建筑业 | 181 | 8454729.4 | 26067402.3 | -166676.3 | 57045.9 |
| 四、交通运输业 | 52 | 16896397.9 | 44199171.7 | -88683.9 | 13600.4 |
| 其中：铁路运输业 | 2 | -33800.4 | 54996.8 | 3844.6 | 48042.8 |
| 道路运输业 | 47 | 16742266.6 | 43867774.0 | -90231.7 | 13253.8 |
| 水上运输业 | | | | | |
| 航空运输业 | | | | | |
| 五、仓储业 | 70 | 516615.2 | 1702146.5 | -162450.3 | 29863.8 |
| 六、商贸业 | 169 | 1923438.2 | 10010598.2 | 213423.5 | 49366.9 |
| 七、房地产业 | 138 | 2616867.3 | 13067316.0 | -102317.7 | 95673.0 |
| 八、信息传输、软件和信息技术服务业 | 40 | 281977.7 | 670996.3 | -10215.6 | 39830.8 |
| 其中：电信业 | | | | | |
| 九、社会服务业 | 411 | 54230062.5 | 105238001.0 | 124674.4 | 31289.9 |
| 十、教育文化广播业 | 23 | 28339.4 | 143822.6 | -36855.6 | 4278.1 |
| 十一、科学研究和技术服务业 | 97 | 1484813.2 | 5593146.0 | 42085.2 | 41493.5 |
| 十二、金融业 | 66 | 7919183.0 | 13133781.8 | -61711.7 | 66130.6 |
| 十三、其他 | 22 | 51495.8 | 369421.3 | -195158.6 | 4790.8 |

# 2022 年黑龙江省监管企业主要指标表

| 项　目 | 户　数（户） | 年末国有资产总量（万元） | 资产总额（万元） | 人均利润（元/人） | 人均税费（元/人） |
|---|---|---|---|---|---|
| 合　并 | 2548 | 73276975.7 | 171034145.6 | 10342.8 | 33671.3 |
| 合　计 | 2548 | 99144413.6 | 218418329.2 | 17617.9 | 33927.3 |
| 一、农林牧渔业 | 286 | 3541866.7 | 6631167.3 | 1347.5 | 742.4 |
| 其中：农业 | 95 | 168452.9 | 549128.3 | 15353.4 | 855.3 |
| 林业 | 60 | 2043604.8 | 3954675.7 | 44.5 | 598.5 |
| 畜牧业 | 16 | —1270.8 | 20865.2 | 5369.0 | 231.2 |
| 渔业 | 9 | 583151.6 | 654768.1 | 22491.6 | 4272.3 |
| 二、工业 | 421 | 10937697.8 | 31773266.1 | 24079.0 | 57056.4 |
| 其中：煤炭工业 | 33 | 4562268.8 | 12956486.5 | 40511.3 | 76341.3 |
| 石油和石化工业 | 2 | 6316.0 | 58710.5 | 170789.7 | 396769.2 |
| 冶金工业 | 1 | —2935.2 | 3830.5 | 7431105.2 | 0.0 |
| 建材工业 | 36 | 140056.2 | 521765.9 | 132328.5 | 80527.4 |
| 化学工业 | 31 | 32688.6 | 575343.4 | 14918.7 | 56837.0 |
| 森林工业 | 12 | 74918.7 | 222937.7 | —25923.0 | 2542.1 |
| 食品工业 | 18 | 48146.0 | 102026.4 | —38573.5 | 11366.7 |
| 烟草工业 | | | | | |
| 纺织工业 | | | | | |
| 医药工业 | 7 | 765193.7 | 2190149.5 | 96192.0 | 61045.5 |
| 机械工业 | 81 | 37422.1 | 1312531.9 | 52905.8 | 40979.0 |
| 电子工业 | 9 | 47561.6 | 201656.2 | 3031.2 | 13975.9 |
| 电力工业 | 47 | 405260.5 | 1422249.9 | —5723.9 | 42458.5 |
| 市政公用工业 | 79 | 4615277.2 | 11528386.5 | —55904.0 | 9363.7 |
| 其他工业 | 65 | 205523.7 | 677191.2 | 51283.3 | 38416.6 |
| 三、建筑业 | 282 | 10792523.8 | 30592981.1 | 63125.3 | 94269.9 |
| 四、交通运输业 | 144 | 14204832.3 | 34075737.9 | —24517.4 | 10755.7 |
| 其中：铁路运输业 | 9 | 223832.0 | 626294.3 | —6640.8 | 8836.6 |
| 道路运输业 | 97 | 13472819.0 | 32096154.4 | —2102.4 | 10351.4 |
| 水上运输业 | 23 | 88446.7 | 200299.1 | 33604.2 | 17181.8 |
| 航空运输业 | 7 | 410838.8 | 1052618.1 | —149510.0 | 12933.7 |

续表

| 项　目 | 户　数（户） | 年末国有资产总量（万元） | 资产总额（万元） | 人均利润（元/人） | 人均税费（元/人） |
|---|---|---|---|---|---|
| 五、仓储业 | 232 | 715710.6 | 2017406.8 | 10610.8 | 19129.5 |
| 六、商贸业 | 306 | 251726.4 | 3972403.2 | 71419.1 | 79354.1 |
| 七、房地产业 | 194 | 16636712.4 | 36112425.7 | 145949.5 | 87451.1 |
| 八、信息传输、软件和信息技术服务业 | 44 | 111910.5 | 359370.7 | 91947.7 | 41303.4 |
| 其中：电信业 | 2 | 275.1 | 339.8 | -20992.5 | 1448.2 |
| 九、社会服务业 | 407 | 40025797.7 | 67784848.1 | 42415.9 | 28377.5 |
| 十、教育文化广播业 | 36 | 2100.9 | 118770.3 | -35136.9 | 3437.9 |
| 十一、科学研究和技术服务业 | 141 | 327728.1 | 897708.4 | 40524.9 | 21921.3 |
| 十二、金融业 | 33 | 1545302.5 | 3949586.2 | -516653.7 | 51362.2 |
| 十三、其他 | 22 | 50503.9 | 132657.2 | -14365.6 | 1557.3 |

# 2022年上海市监管企业主要指标表

| 项　目 | 户　数（户） | 年末国有资产总量（万元） | 资产总额（万元） | 人均利润（元/人） | 人均税费（元/人） |
|---|---|---|---|---|---|
| 合　并 | 13618 | 376426128.2 | 2764312972.7 | 153098.9 | 145494.5 |
| 合　计 | 13618 | 888363879.6 | 3707916899.2 | 246691.7 | 143080.4 |
| 一、农林牧渔业 | 190 | 2522188.2 | 5491803.6 | -28933.0 | 11291.0 |
| 其中：农业 | 80 | 887000.9 | 1726108.1 | 25734.7 | 19962.8 |
| 林业 | 12 | 361225.5 | 566053.9 | -32353.9 | 10739.1 |
| 畜牧业 | 56 | 733102.7 | 1787976.8 | -103864.0 | 3547.4 |
| 渔业 | 23 | 514763.9 | 1191252.7 | 88857.2 | 12042.8 |
| 二、工业 | 1657 | 83834645.7 | 227949976.9 | 101455.4 | 101859.3 |
| 其中：煤炭工业 | 2 | 57964.0 | 58243.7 | 0.0 | 0.0 |
| 石油和石化工业 | 3 | 251758.2 | 420921.8 | 131213.7 | 769483.2 |
| 冶金工业 | 9 | 443224.6 | 2475516.2 | -38504.1 | 137738.7 |
| 建材工业 | 164 | 1640708.4 | 8525155.4 | 174315.6 | 140108.6 |

续表

| 项　目 | 户　数（户） | 年末国有资产总量（万元） | 资产总额（万元） | 人均利润（元/人） | 人均税费（元/人） |
|---|---|---|---|---|---|
| 化学工业 | 112 | 5210788.9 | 9990497.8 | 419924.5 | 180367.2 |
| 森林工业 | 3 | 9948.9 | 14842.3 | 54305.5 | 40088.2 |
| 食品工业 | 128 | 2479144.7 | 7215659.5 | 74450.5 | 32441.1 |
| 烟草工业 | 3 | 57326.6 | 306213.0 | 389379.8 | 0.0 |
| 纺织工业 | 28 | 183688.5 | 493581.1 | 117089.4 | 40593.2 |
| 医药工业 | 91 | 6936481.3 | 13153366.4 | 283438.8 | 93002.6 |
| 机械工业 | 494 | 36776225.8 | 115436234.2 | 78853.4 | 120792.1 |
| 电子工业 | 24 | 8267995.3 | 17331685.5 | -79947.2 | 54680.2 |
| 电力工业 | 183 | 3480058.1 | 13076750.8 | 294341.0 | 286430.0 |
| 市政公用工业 | 234 | 16310764.8 | 34060857.3 | 51198.5 | 105633.2 |
| 其他工业 | 179 | 1728567.6 | 5390451.9 | 93231.7 | 36607.2 |
| 三、建筑业 | 956 | 29598972.9 | 149600622.8 | 43703.3 | 37769.7 |
| 四、交通运输业 | 440 | 99679765.3 | 146651801.9 | 152732.2 | 43889.7 |
| 其中：铁路运输业 | 2 | 22230.5 | 85427.1 | 829661.4 | 627758.9 |
| 道路运输业 | 279 | 76640140.3 | 101955600.4 | -124244.0 | 21462.6 |
| 水上运输业 | 65 | 9890621.5 | 19997528.0 | 989506.3 | 213467.3 |
| 航空运输业 | 21 | 9731100.2 | 16814921.6 | 953564.1 | 53577.9 |
| 五、仓储业 | 171 | 1937438.4 | 4424941.9 | 278446.4 | 78217.2 |
| 六、商贸业 | 1994 | 20381124.2 | 91216422.7 | 147353.8 | 149455.0 |
| 七、房地产业 | 3971 | 198017391.9 | 716972338.0 | 765483.4 | 680045.2 |
| 八、信息传输、软件和信息技术服务业 | 197 | 2155850.1 | 6345707.4 | -99704.1 | 49725.2 |
| 其中：电信业 | 4 | 203662.8 | 386045.5 | 448034.5 | 203577.8 |
| 九、社会服务业 | 3022 | 305822124.9 | 531908038.9 | 266816.1 | 65189.0 |
| 十、教育文化广播业 | 131 | 284750.4 | 769361.7 | -29684.7 | 17883.2 |
| 十一、科学研究和技术服务业 | 450 | 5306326.3 | 13810107.2 | 63308.5 | 45987.0 |
| 十二、金融业 | 289 | 136079767.3 | 1805420846.6 | 820461.5 | 322537.7 |
| 十三、其他 | 150 | 2743533.9 | 7354929.8 | -395137.9 | 19749.7 |

# 2022年江苏省监管企业主要指标表

| 项　目 | 户　数（户） | 年末国有资产总量（万元） | 资产总额（万元） | 人均利润（元/人） | 人均税费（元/人） |
|---|---|---|---|---|---|
| 合　并 | 9561 | 588765541.2 | 1994001776.9 | 158103.8 | 127304.2 |
| 合　计 | 9561 | 903130720.1 | 2563876285.6 | 213978.6 | 127304.2 |
| 一、农林牧渔业 | 336 | 10240345.8 | 27320699.0 | 3245.7 | 21761.3 |
| 其中：农业 | 184 | 7729349.0 | 19943123.3 | －21154.3 | 17139.7 |
| 林业 | 42 | 466208.2 | 1950370.4 | －30281.0 | 45875.9 |
| 畜牧业 | 17 | 130246.9 | 307124.6 | －16039.6 | 1306.0 |
| 渔业 | 34 | 580529.7 | 1372378.9 | 57782.9 | 27575.6 |
| 二、工业 | 1137 | 46952171.7 | 142421319.5 | 189726.9 | 148024.8 |
| 其中：煤炭工业 | 17 | 3528863.1 | 6815353.6 | 303089.3 | 169694.4 |
| 石油和石化工业 | 3 | －48495.9 | 262156.1 | －29800.5 | 29216.7 |
| 冶金工业 | 23 | 86881.9 | 745049.2 | －117951.5 | 39824.0 |
| 建材工业 | 45 | 563899.1 | 2269342.3 | 129261.6 | 93962.5 |
| 化学工业 | 51 | 2438480.1 | 4931084.3 | 262210.8 | 86625.9 |
| 森林工业 | 2 | 186786.4 | 793459.0 | －235625.4 | 37696.5 |
| 食品工业 | 64 | 626365.6 | 2575879.7 | 74414.8 | 70126.9 |
| 烟草工业 | 1 | 403.8 | 527.8 | 9874.5 | 38200.3 |
| 纺织工业 | 45 | 1198332.0 | 2629485.3 | 17942.7 | 17020.1 |
| 医药工业 | 11 | 370500.2 | 1613200.0 | 110091.4 | 71821.0 |
| 机械工业 | 202 | 11365013.5 | 41692709.9 | 160560.9 | 66375.1 |
| 电子工业 | 28 | 806820.4 | 2133074.7 | 75695.9 | 49495.6 |
| 电力工业 | 210 | 7550192.6 | 20244792.1 | －102701.1 | 173383.7 |
| 市政公用工业 | 292 | 12739437.2 | 38589416.1 | 97968.6 | 80165.2 |
| 其他工业 | 143 | 5538691.5 | 17125789.4 | 425107.1 | 386356.4 |
| 三、建筑业 | 968 | 113727525.5 | 378910265.5 | 104539.1 | 178171.3 |
| 四、交通运输业 | 515 | 105925416.4 | 236151366.3 | 74963.3 | 31066.8 |
| 其中：铁路运输业 | 27 | 28328120.3 | 45523135.6 | 614108.0 | 119380.1 |
| 道路运输业 | 288 | 66274375.0 | 165214102.6 | 91493.4 | 31621.1 |
| 水上运输业 | 103 | 2505092.3 | 4811761.2 | 196249.5 | 26889.4 |
| 航空运输业 | 41 | 3566904.1 | 6221902.1 | －222346.1 | 4225.7 |

续表

| 项目 | 户数（户） | 年末国有资产总量（万元） | 资产总额（万元） | 人均利润（元/人） | 人均税费（元/人） |
|---|---|---|---|---|---|
| 五、仓储业 | 199 | 8741920.1 | 18329611.8 | 60968.9 | 48182.2 |
| 六、商贸业 | 954 | 11420690.3 | 61322546.3 | 204693.5 | 165357.9 |
| 七、房地产业 | 1284 | 116825912.3 | 401513277.7 | 305202.7 | 418084.6 |
| 八、信息传输、软件和信息技术服务业 | 164 | 837596.3 | 3274447.1 | 28455.9 | 41197.0 |
| 其中：电信业 | | | | | |
| 九、社会服务业 | 2927 | 430014902.8 | 1051269625.8 | 295780.4 | 88962.8 |
| 十、教育文化广播业 | 161 | 3277341.2 | 11340020.5 | -109513.4 | 17510.8 |
| 十一、科学研究和技术服务业 | 391 | 10933816.1 | 28754906.6 | 185258.0 | 82181.4 |
| 十二、金融业 | 374 | 39939207.4 | 191750228.2 | 1252566.5 | 451519.2 |
| 十三、其他 | 151 | 4293874.2 | 11517971.3 | -38626.8 | 13422.9 |

# 2022 年浙江省监管企业主要指标表

| 项目 | 户数（户） | 年末国有资产总量（万元） | 资产总额（万元） | 人均利润（元/人） | 人均税费（元/人） |
|---|---|---|---|---|---|
| 合并 | 14918 | 524255281.5 | 1854399920.9 | 81679.1 | 77749.2 |
| 合计 | 14918 | 951380494.0 | 2621634282.9 | 125324.2 | 77580.0 |
| 一、农林牧渔业 | 360 | 7906329.6 | 19611021.2 | -41254.7 | 44998.3 |
| 其中：农业 | 175 | 3605860.4 | 9494438.9 | 46131.7 | 59896.2 |
| 林业 | 48 | 1185984.3 | 2951688.4 | -149032.8 | 30848.8 |
| 畜牧业 | 18 | 70745.6 | 268200.7 | -7557.8 | 4870.9 |
| 渔业 | 19 | 520351.0 | 843196.7 | -287870.7 | 17097.0 |
| 二、工业 | 1664 | 60626510.2 | 146504659.0 | 164689.5 | 91620.2 |
| 其中：煤炭工业 | 2 | 136724.3 | 156832.1 | -3104.8 | 9711.1 |
| 石油和石化工业 | | | | | |
| 冶金工业 | 26 | 2249234.3 | 4253821.6 | 100741.3 | 129596.7 |
| 建材工业 | 137 | 4177908.8 | 9787812.9 | 225913.3 | 169639.3 |

续表

| 项　目 | 户　数（户） | 年末国有资产总量（万元） | 资产总额（万元） | 人均利润（元/人） | 人均税费（元/人） |
|---|---|---|---|---|---|
| 化学工业 | 130 | 4698491.1 | 10853669.0 | 374326.8 | 119925.1 |
| 森林工业 | 4 | 166456.2 | 575967.8 | -171515.2 | 100121.3 |
| 食品工业 | 86 | 420447.8 | 1217743.5 | 27651.1 | 27251.8 |
| 烟草工业 | | | | | |
| 纺织工业 | 5 | 56117.6 | 165260.1 | 14868.6 | 16950.8 |
| 医药工业 | 49 | 2459695.7 | 6099772.7 | 213141.0 | 89379.1 |
| 机械工业 | 188 | 5288526.7 | 17602161.2 | 194275.2 | 72047.4 |
| 电子工业 | 16 | 251124.7 | 992703.9 | -149613.7 | 36730.9 |
| 电力工业 | 358 | 17842234.6 | 37456315.2 | 150863.2 | 147285.8 |
| 市政公用工业 | 519 | 20082961.7 | 51471741.3 | 123503.1 | 64512.4 |
| 其他工业 | 144 | 2796586.8 | 5870857.5 | 40958.2 | 104304.3 |
| 三、建筑业 | 906 | 54137088.3 | 183606345.2 | 30166.4 | 31537.6 |
| 四、交通运输业 | 810 | 96983355.8 | 218613298.2 | 35280.6 | 35845.9 |
| 其中：铁路运输业 | 32 | 13946306.8 | 22453049.4 | -494567.4 | 20951.5 |
| 道路运输业 | 534 | 66888007.4 | 166839973.8 | 28041.9 | 31530.6 |
| 水上运输业 | 171 | 12987449.6 | 20167510.9 | 339549.7 | 73117.4 |
| 航空运输业 | 31 | 2601866.0 | 8067365.1 | -254788.7 | 13986.1 |
| 五、仓储业 | 201 | 2701350.6 | 8594199.3 | 83192.9 | 83692.6 |
| 六、商贸业 | 1754 | 20118200.9 | 72968627.9 | 450332.8 | 243343.1 |
| 七、房地产业 | 1727 | 121481882.9 | 412329275.7 | 217094.5 | 289772.8 |
| 八、信息传输、软件和信息技术服务业 | 310 | 2410907.7 | 5601528.2 | 63548.8 | 37758.6 |
| 其中：电信业 | | | | | |
| 九、社会服务业 | 5679 | 552411638.3 | 1282823412.6 | 119414.4 | 46275.4 |
| 十、教育文化广播业 | 440 | 4463166.9 | 9852569.0 | -16296.4 | 12985.7 |
| 十一、科学研究和技术服务业 | 706 | 7080299.3 | 17837774.2 | 77481.6 | 46533.3 |
| 十二、金融业 | 159 | 18285505.3 | 236152502.1 | 834308.4 | 456812.3 |
| 十三、其他 | 202 | 2774258.2 | 7139070.4 | -57675.3 | 6183.6 |

# 2022年宁波市监管企业主要指标表

| 项　目 | 户　数（户） | 年末国有资产总量（万元） | 资产总额（万元） | 人均利润（元/人） | 人均税费（元/人） |
|---|---|---|---|---|---|
| 合　并 | 1743 | 85079722.7 | 273306728.1 | 60524.1 | 74791.3 |
| 合　计 | 1743 | 130131614.4 | 344038266.7 | 117730.4 | 74104.6 |
| 一、农林牧渔业 | 43 | 1793145.3 | 3527002.9 | −344030.1 | 26888.6 |
| 其中：农业 | 16 | 495102.6 | 866798.7 | −443319.7 | 50481.5 |
| 林业 | 2 | −11233.9 | 111994.6 | −6754988.9 | 29192.9 |
| 畜牧业 | 1 | 2040.3 | 25295.1 | 0.0 | 0.0 |
| 渔业 | 3 | 168936.9 | 363063.2 | −1148920.5 | 42406.5 |
| 二、工业 | 142 | 4858131.9 | 12901846.3 | 108405.9 | 66948.3 |
| 其中：煤炭工业 | | | | | |
| 石油和石化工业 | | | | | |
| 冶金工业 | | | | | |
| 建材工业 | 27 | 487506.3 | 1362062.1 | 137397.5 | 158338.4 |
| 化学工业 | 3 | 22927.7 | 572963.9 | 126571.4 | 51133.4 |
| 森林工业 | | | | | |
| 食品工业 | 5 | 17977.0 | 251339.4 | 38923.0 | 5989.7 |
| 烟草工业 | | | | | |
| 纺织工业 | 1 | 2094.5 | 7420.3 | 68070.5 | 0.0 |
| 医药工业 | 1 | 69481.4 | 102463.4 | −2990644.6 | 492561.0 |
| 机械工业 | 9 | 157830.5 | 860992.7 | 4837.5 | 10812.4 |
| 电子工业 | 2 | 4680.5 | 5422.6 | 684734.9 | 13616.1 |
| 电力工业 | 16 | 181624.9 | 442400.8 | 58055.6 | 87219.2 |
| 市政公用工业 | 62 | 3731129.8 | 8696759.1 | 228467.2 | 96413.2 |
| 其他工业 | 16 | 182879.4 | 600022.0 | 21051.8 | 15385.8 |
| 三、建筑业 | 126 | 6634142.6 | 27576763.1 | 6001.4 | 80134.5 |
| 四、交通运输业 | 48 | 7483084.1 | 22022062.1 | 16473.8 | 23645.7 |
| 其中：铁路运输业 | 1 | 24211.3 | 95847.5 | −50309.3 | 3181.5 |
| 道路运输业 | 37 | 7406005.2 | 21326973.7 | 16182.6 | 23514.2 |
| 水上运输业 | 8 | 30089.1 | 161822.7 | 5406.8 | 21418.4 |
| 航空运输业 | 1 | 420.9 | 369683.0 | −99254.1 | 0.0 |

续表

| 项　目 | 户　数（户） | 年末国有资产总量（万元） | 资产总额（万元） | 人均利润（元/人） | 人均税费（元/人） |
|---|---|---|---|---|---|
| 五、仓储业 | 17 | 210353.0 | 713580.1 | —45188.2 | 23602.0 |
| 六、商贸业 | 150 | 1917946.5 | 6669591.6 | 260339.2 | 141873.0 |
| 七、房地产业 | 282 | 22417522.8 | 82657071.7 | 124391.5 | 460650.6 |
| 八、信息传输、软件和信息技术服务业 | 37 | 266066.1 | 691616.3 | —49585.1 | 29653.0 |
| 其中：电信业 | | | | | |
| 九、社会服务业 | 670 | 80986141.2 | 179781444.3 | 233268.0 | 38166.3 |
| 十、教育文化广播业 | 96 | 1128064.8 | 2125487.6 | 13556.8 | 24194.7 |
| 十一、科学研究和技术服务业 | 92 | 991807.1 | 2823414.7 | 42966.4 | 27282.8 |
| 十二、金融业 | 20 | 1036574.5 | 1398389.9 | 609205.2 | 132254.0 |
| 十三、其他 | 20 | 408634.5 | 1149996.1 | —134787.2 | 9854.8 |

# 2022 年安徽省监管企业主要指标表

| 项　目 | 户　数（户） | 年末国有资产总量（万元） | 资产总额（万元） | 人均利润（元/人） | 人均税费（元/人） |
|---|---|---|---|---|---|
| 合　并 | 5091 | 280169592.6 | 781428677.3 | 133470.0 | 115896.1 |
| 合　计 | 5091 | 455427485.8 | 1036979235.0 | 189787.2 | 117521.7 |
| 一、农林牧渔业 | 175 | 6477458.2 | 12288830.4 | 8085.5 | 2432.5 |
| 其中：农业 | 105 | 3959117.0 | 6880968.9 | 6544.1 | 2214.5 |
| 林业 | 23 | 619286.1 | 1268270.3 | 281524.4 | 56467.5 |
| 畜牧业 | 6 | 7715.7 | 38502.7 | —71698.0 | 1348.9 |
| 渔业 | 11 | 829079.4 | 910697.9 | —270248.4 | 6846.3 |
| 二、工业 | 1000 | 56757054.0 | 149479993.2 | 170316.5 | 129645.9 |
| 其中：煤炭工业 | 39 | 13044974.9 | 37348583.0 | 150430.6 | 141894.0 |
| 石油和石化工业 | 4 | 57265.2 | 90053.6 | 30369.7 | 24111.1 |
| 冶金工业 | 31 | 2290679.4 | 11619142.6 | 225289.6 | 284541.7 |
| 建材工业 | 262 | 15918827.1 | 38051479.4 | 410413.6 | 260617.6 |

续表

| 项　目 | 户　数（户） | 年末国有资产总量（万元） | 资产总额（万元） | 人均利润（元/人） | 人均税费（元/人） |
|---|---|---|---|---|---|
| 化学工业 | 69 | 1967614.6 | 5000374.8 | 262451.7 | 89939.0 |
| 森林工业 | 2 | 4770.9 | 15701.3 | —8358235.0 | 1325.3 |
| 食品工业 | 23 | 29266.0 | 162454.3 | —4075.6 | 7947.7 |
| 烟草工业 | | | | | |
| 纺织工业 | 6 | 234663.6 | 759197.1 | —22047.6 | 17954.1 |
| 医药工业 | | | | | |
| 机械工业 | 104 | 5336635.6 | 19804860.8 | 55809.8 | 65745.6 |
| 电子工业 | 15 | 2589697.1 | 7320217.9 | 160155.2 | 25068.3 |
| 电力工业 | 236 | 8417796.1 | 16479431.9 | 260570.9 | 121640.1 |
| 市政公用工业 | 130 | 3634547.3 | 7869275.7 | —3617.6 | 52074.9 |
| 其他工业 | 79 | 3230316.1 | 4959220.9 | 103645.7 | 92078.6 |
| 三、建筑业 | 549 | 26577785.7 | 82582544.0 | 85485.0 | 83279.8 |
| 四、交通运输业 | 264 | 31832421.0 | 74056088.6 | 210378.7 | 57474.8 |
| 其中：铁路运输业 | 9 | 260451.1 | 631646.2 | 145781.7 | 49583.5 |
| 道路运输业 | 170 | 25103354.5 | 64605782.4 | 241036.7 | 58795.0 |
| 水上运输业 | 59 | 4453002.9 | 5842415.9 | 51800.8 | 62672.3 |
| 航空运输业 | 14 | 1323788.8 | 1766000.4 | —75068.0 | 16135.3 |
| 五、仓储业 | 132 | 353337.0 | 1222466.6 | 10140.8 | 18467.2 |
| 六、商贸业 | 486 | 5379364.5 | 19005240.1 | 289281.7 | 240462.3 |
| 七、房地产业 | 570 | 32083956.0 | 88979464.4 | 187433.3 | 287350.9 |
| 八、信息传输、软件和信息技术服务业 | 50 | 163158.5 | 771174.3 | 123205.9 | 144012.2 |
| 其中：电信业 | | | | | |
| 九、社会服务业 | 1203 | 264757747.3 | 521123086.0 | 343068.9 | 106955.7 |
| 十、教育文化广播业 | 63 | 955935.2 | 2069941.2 | —9647.5 | 15118.6 |
| 十一、科学研究和技术服务业 | 277 | 3174333.8 | 6457753.7 | 205011.3 | 58228.9 |
| 十二、金融业 | 286 | 23494512.2 | 69604491.1 | 743727.6 | 295600.2 |
| 十三、其他 | 36 | 3420422.6 | 9338161.4 | 380142.3 | 28827.1 |

# 2022年福建省监管企业主要指标表

| 项　目 | 户　数<br>(户) | 年末国有资产总量<br>(万元) | 资产总额<br>(万元) | 人均利润<br>(元/人) | 人均税费<br>(元/人) |
|---|---|---|---|---|---|
| 合　并 | 7752 | 137515058.7 | 645360803.5 | 97466.0 | 178454.9 |
| 合　计 | 7752 | 360348681.7 | 1007757446.6 | 218105.2 | 178617.9 |
| 一、农林牧渔业 | 128 | 1252495.7 | 2146045.5 | −62576.1 | 19425.2 |
| 其中:农业 | 38 | 458024.6 | 605344.7 | −87484.9 | 14886.4 |
| 林业 | 22 | 87630.8 | 198437.2 | −123699.9 | 6497.9 |
| 畜牧业 | 13 | 31132.5 | 104664.1 | −44358.3 | 1528.6 |
| 渔业 | 8 | 14127.8 | 39558.4 | 1057020.1 | 7403.0 |
| 二、工业 | 873 | 35283669.2 | 90758775.5 | 45927.7 | 76693.4 |
| 其中:煤炭工业 | 19 | 982117.3 | 1416760.6 | 105557.7 | 65170.8 |
| 石油和石化工业 | | | | | |
| 冶金工业 | 82 | 6638090.2 | 17282728.7 | 109689.0 | 96088.8 |
| 建材工业 | 77 | 891041.8 | 2643041.7 | −51602.8 | 85185.7 |
| 化学工业 | 48 | 4207756.0 | 12959509.6 | −329289.9 | 241302.6 |
| 森林工业 | 10 | 174485.7 | 315902.3 | −69264.2 | 54167.0 |
| 食品工业 | 43 | 1044170.3 | 2804099.4 | 27477.9 | 85003.7 |
| 烟草工业 | 0 | | | | |
| 纺织工业 | 5 | 101412.9 | 129580.8 | −42534.1 | 15080.4 |
| 医药工业 | 19 | 796545.6 | 1534951.2 | 873322.7 | 277712.9 |
| 机械工业 | 128 | 2103230.8 | 6500729.4 | −36169.3 | 28959.5 |
| 电子工业 | 85 | 5774270.4 | 17975340.1 | −65828.6 | 34899.6 |
| 电力工业 | 85 | 4482628.8 | 9921897.3 | 1702815.2 | 291438.4 |
| 市政公用工业 | 183 | 6352003.2 | 13018841.0 | 62316.2 | 51636.7 |
| 其他工业 | 89 | 1735916.2 | 4255393.4 | −35960.0 | 47592.9 |
| 三、建筑业 | 455 | 37456027.3 | 90301497.1 | 117176.3 | 91121.2 |
| 四、交通运输业 | 567 | 46595460.5 | 106603441.8 | 76647.8 | 23083.9 |
| 其中:铁路运输业 | 15 | 1074987.5 | 2034969.8 | 33313.5 | 37436.9 |
| 道路运输业 | 336 | 39872329.7 | 93364425.7 | 66399.8 | 17223.7 |
| 水上运输业 | 112 | 3786492.4 | 7502022.9 | 186190.3 | 55191.1 |
| 航空运输业 | 19 | 1370811.1 | 2302297.8 | −2526.9 | 19054.8 |

续表

| 项　目 | 户　数<br>（户） | 年末国有资产总量<br>（万元） | 资产总额<br>（万元） | 人均利润<br>（元/人） | 人均税费<br>（元/人） |
|---|---|---|---|---|---|
| 五、仓储业 | 163 | 3231256.8 | 7511867.7 | 142168.2 | 48437.7 |
| 六、商贸业 | 1428 | 15677002.8 | 78114068.7 | 555167.2 | 838571.3 |
| 七、房地产业 | 1584 | 93756538.8 | 272875753.0 | 776982.4 | 543313.3 |
| 八、信息传输、软件和信息技术服务业 | 201 | 1587107.1 | 4659555.3 | -20248.9 | 43093.5 |
| 其中：电信业 | | | | | |
| 九、社会服务业 | 1691 | 110641312.2 | 224319790.9 | 322200.7 | 144626.3 |
| 十、教育文化广播业 | 124 | 387548.1 | 829657.2 | -48039.5 | 10618.1 |
| 十一、科学研究和技术服务业 | 325 | 4124783.8 | 7094171.4 | 64403.5 | 33470.3 |
| 十二、金融业 | 164 | 9806983.6 | 121252843.4 | 858127.0 | 258866.4 |
| 十三、其他 | 49 | 548495.7 | 1289979.1 | -12842.5 | 9396.8 |

## 2022 年厦门市监管企业主要指标表

| 项　目 | 户　数<br>（户） | 年末国有资产总量<br>（万元） | 资产总额<br>（万元） | 人均利润<br>（元/人） | 人均税费<br>（元/人） |
|---|---|---|---|---|---|
| 合　并 | 3298 | 35235382.8 | 211918184.5 | 185775.5 | 377113.1 |
| 合　计 | 3298 | 120580935.1 | 382761792.8 | 426663.5 | 375862.3 |
| 一、农林牧渔业 | 36 | 120396.6 | 367524.1 | -105171.1 | 10756.6 |
| 其中：农业 | 8 | 32163.4 | 66925.0 | -253626.4 | 11926.8 |
| 林业 | 4 | 10988.3 | 32017.9 | -573568.4 | 1739.8 |
| 畜牧业 | 7 | 25646.3 | 93126.0 | -71803.2 | 1459.5 |
| 渔业 | 3 | 10455.0 | 24109.8 | 4644816.6 | 36334.3 |
| 二、工业 | 166 | 4920940.6 | 14182658.3 | 16804.2 | 68820.5 |
| 其中：煤炭工业 | | | | | |
| 石油和石化工业 | | | | | |
| 冶金工业 | 12 | 990887.3 | 4675564.6 | 44635.0 | 79833.7 |
| 建材工业 | 22 | 296823.6 | 961497.9 | -25801.3 | 73336.1 |

续表

| 项　目 | 户　数（户） | 年末国有资产总量（万元） | 资产总额（万元） | 人均利润（元/人） | 人均税费（元/人） |
|---|---|---|---|---|---|
| 化学工业 | 13 | 359788.2 | 855925.2 | -10440.7 | 16140.5 |
| 森林工业 | 2 | 443.3 | 4630.3 | 0.0 | 0.0 |
| 食品工业 | 21 | 444397.1 | 1924861.6 | 24549.2 | 97006.3 |
| 烟草工业 | | | | | |
| 纺织工业 | 3 | 8621.7 | 12130.0 | 17879.7 | 12990.7 |
| 医药工业 | 2 | 59878.8 | 153284.3 | -61934.9 | 2518.9 |
| 机械工业 | 34 | 382620.9 | 813312.6 | 82821.1 | 62121.0 |
| 电子工业 | 7 | 147456.8 | 301851.4 | -489916.3 | 9526.9 |
| 电力工业 | 5 | 54860.9 | 123462.6 | -118972.1 | 6562.7 |
| 市政公用工业 | 24 | 2143776.1 | 3783887.0 | 99205.5 | 68073.5 |
| 其他工业 | 21 | 31386.0 | 572250.7 | -88767.8 | 108343.6 |
| 三、建筑业 | 75 | 3808528.5 | 10854215.8 | 98812.4 | 75721.9 |
| 四、交通运输业 | 156 | 9368655.3 | 20271413.6 | 82746.3 | 16036.8 |
| 其中：铁路运输业 | 11 | 327333.5 | 1201768.7 | 18242.5 | 36644.5 |
| 道路运输业 | 42 | 7437458.5 | 15912105.1 | 91224.5 | 5184.2 |
| 水上运输业 | 44 | 272650.7 | 739218.7 | 91823.9 | 19437.6 |
| 航空运输业 | 12 | 1106449.4 | 1711502.0 | 16834.8 | 23376.2 |
| 五、仓储业 | 47 | 268148.4 | 585360.4 | 144664.4 | 81626.9 |
| 六、商贸业 | 874 | 10545825.8 | 61391870.5 | 683641.0 | 1053065.3 |
| 七、房地产业 | 1076 | 57093743.6 | 188571368.5 | 936504.0 | 621654.5 |
| 八、信息传输、软件和信息技术服务业 | 61 | 475469.3 | 1741648.2 | 168837.3 | 64784.5 |
| 其中：电信业 | | | | | |
| 九、社会服务业 | 601 | 30883356.3 | 77367670.2 | 609836.4 | 331229.7 |
| 十、教育文化广播业 | 42 | 148172.8 | 281056.9 | -90806.7 | 12082.5 |
| 十一、科学研究和技术服务业 | 70 | 488833.6 | 1859714.5 | 65790.1 | 53126.9 |
| 十二、金融业 | 75 | 2406468.9 | 5124643.7 | 1459311.8 | 337229.4 |
| 十三、其他 | 19 | 52395.5 | 162647.9 | -86698.5 | 6183.4 |

# 2022年江西省监管企业主要指标表

| 项　目 | 户　数（户） | 年末国有资产总量（万元） | 资产总额（万元） | 人均利润（元/人） | 人均税费（元/人） |
|---|---|---|---|---|---|
| 合　并 | 4579 | 248138493.8 | 679488452.3 | 79924.7 | 77450.9 |
| 合　计 | 4579 | 354953289.5 | 869542393.1 | 105680.8 | 75911.5 |
| 一、农林牧渔业 | 183 | 14436040.8 | 20978841.5 | −37842.8 | 22406.5 |
| 其中：农业 | 112 | 12541367.6 | 17260452.9 | −74949.2 | 33294.5 |
| 林业 | 41 | 1805841.0 | 2543435.3 | 16287.8 | 12176.2 |
| 畜牧业 | 5 | −10660.4 | 5010.1 | 115150.6 | 0.0 |
| 渔业 | 10 | 29587.5 | 65970.7 | 55392.9 | 3662.0 |
| 二、工业 | 804 | 27415458.5 | 73137584.0 | 146790.9 | 121084.7 |
| 其中：煤炭工业 | 28 | 2070439.3 | 6474882.8 | −38035.5 | 26810.0 |
| 石油和石化工业 | 2 | 10000.0 | 9938.0 | −170325.4 | 8809.0 |
| 冶金工业 | 118 | 10231504.1 | 28067316.3 | 265934.4 | 213430.8 |
| 建材工业 | 111 | 3771980.3 | 6229946.8 | 275047.0 | 321348.9 |
| 化学工业 | 44 | 763762.2 | 2172607.5 | 69822.8 | 67673.9 |
| 森林工业 | | | | | |
| 食品工业 | 16 | 346034.7 | 651538.6 | −67262.0 | 5561.6 |
| 烟草工业 | | | | | |
| 纺织工业 | 5 | 314355.7 | 451752.2 | 2558.1 | 22478.6 |
| 医药工业 | 6 | 21343.2 | 102125.7 | −2752.4 | 18675.8 |
| 机械工业 | 79 | 1699512.3 | 5728961.7 | −16500.2 | 36271.7 |
| 电子工业 | 14 | 55794.2 | 240890.5 | 91484.8 | 15637.2 |
| 电力工业 | 111 | 1484460.6 | 5531747.0 | 120742.0 | 103288.4 |
| 市政公用工业 | 174 | 5433530.2 | 13676430.4 | 202884.9 | 47155.6 |
| 其他工业 | 96 | 1212741.7 | 3799446.6 | 164719.6 | 82201.1 |
| 三、建筑业 | 595 | 76369370.1 | 196515433.7 | 32697.6 | 28306.1 |
| 四、交通运输业 | 231 | 28324974.8 | 68260780.4 | 40374.2 | 36714.9 |
| 其中：铁路运输业 | 5 | 1956799.3 | 3661737.0 | −4940122.6 | 23235.8 |
| 道路运输业 | 188 | 24063076.1 | 59899779.9 | 51143.4 | 35936.0 |
| 水上运输业 | 25 | 1869366.6 | 3478143.7 | 129116.8 | 58399.9 |
| 航空运输业 | 9 | 225500.0 | 700768.2 | 385876.3 | 77583.4 |

续表

| 项　目 | 户　数（户） | 年末国有资产总量（万元） | 资产总额（万元） | 人均利润（元/人） | 人均税费（元/人） |
|---|---|---|---|---|---|
| 五、仓储业 | 104 | 367103.1 | 1668131.6 | 344.2 | 12073.1 |
| 六、商贸业 | 388 | 3839229.6 | 18527750.2 | 181335.5 | 99041.6 |
| 七、房地产业 | 488 | 55340627.1 | 140919092.6 | 262095.6 | 259823.5 |
| 八、信息传输、软件和信息技术服务业 | 121 | 1158157.6 | 1684392.3 | 138244.4 | 110740.6 |
| 其中：电信业 | 1 | 63.5 | 516.0 | 6458.4 | 0.0 |
| 九、社会服务业 | 1137 | 122703055.9 | 245431227.6 | 198459.8 | 69345.6 |
| 十、教育文化广播业 | 144 | 3124931.7 | 6922754.3 | 152987.1 | 41943.4 |
| 十一、科学研究和技术服务业 | 193 | 4828956.9 | 11151060.5 | 100549.7 | 39561.2 |
| 十二、金融业 | 131 | 13152072.6 | 77593211.1 | 389806.3 | 324346.3 |
| 十三、其他 | 60 | 3893310.8 | 6752133.3 | 368948.9 | 18322.5 |

# 2022年山东省监管企业主要指标表

| 项　目 | 户　数（户） | 年末国有资产总量（万元） | 资产总额（万元） | 人均利润（元/人） | 人均税费（元/人） |
|---|---|---|---|---|---|
| 合　并 | 15758 | 419412020.5 | 1643024458.2 | 86414.8 | 122599.8 |
| 合　计 | 15758 | 756221886.5 | 2294018491.8 | 151362.9 | 120868.7 |
| 一、农林牧渔业 | 459 | 4930599.2 | 14579970.2 | －98103.1 | 26100.8 |
| 其中：农业 | 292 | 4165250.1 | 11436780.0 | －70738.4 | 40306.6 |
| 林业 | 16 | 50917.2 | 262915.9 | －1036203.3 | 4504.4 |
| 畜牧业 | 22 | 56181.1 | 309695.8 | －149445.9 | 4136.2 |
| 渔业 | 52 | 294381.0 | 754655.2 | －46695.5 | 9110.5 |
| 二、工业 | 2928 | 113417164.5 | 407855078.5 | 209040.8 | 132814.8 |
| 其中：煤炭工业 | 202 | 38447194.6 | 118122739.4 | 377570.0 | 243785.1 |
| 石油和石化工业 | 22 | 1457118.3 | 7048818.7 | 135892.1 | 916302.7 |
| 冶金工业 | 200 | 10181839.3 | 62356830.0 | 114063.9 | 108446.1 |
| 建材工业 | 196 | 1755980.5 | 6590389.5 | 116390.9 | 130746.3 |

续表

| 项　目 | 户　数（户） | 年末国有资产总量（万元） | 资产总额（万元） | 人均利润（元/人） | 人均税费（元/人） |
|---|---|---|---|---|---|
| 化学工业 | 195 | 13627133.9 | 45035089.9 | 719397.7 | 159970.2 |
| 森林工业 | 9 | 92331.9 | 144322.1 | —39245.5 | 27232.6 |
| 食品工业 | 86 | 620989.6 | 2248741.2 | 109302.4 | 33406.9 |
| 烟草工业 | 1 | —0.3 | 0.0 | 0.0 | 0.0 |
| 纺织工业 | 20 | 276885.9 | 854867.3 | 10984.2 | 142634.1 |
| 医药工业 | 49 | 1029106.5 | 3696266.0 | 116033.2 | 51009.2 |
| 机械工业 | 456 | 15518846.2 | 66789689.8 | 29179.7 | 33651.1 |
| 电子工业 | 120 | 1691725.7 | 9167445.3 | 157953.5 | 59503.4 |
| 电力工业 | 387 | 5982808.0 | 19228066.7 | —18416.5 | 94504.4 |
| 市政公用工业 | 660 | 16501108.6 | 50122505.5 | —41483.1 | 52200.8 |
| 其他工业 | 325 | 6234095.8 | 16449307.0 | 178203.0 | 179691.9 |
| 三、建筑业 | 1565 | 81387413.1 | 263444252.3 | 81459.5 | 107600.6 |
| 四、交通运输业 | 772 | 87532937.0 | 219999353.7 | 55020.1 | 39169.1 |
| 其中：铁路运输业 | 32 | 12037853.7 | 22064032.6 | —243876.6 | 58300.7 |
| 道路运输业 | 467 | 52469088.5 | 148882775.4 | 30473.2 | 28385.9 |
| 水上运输业 | 135 | 12521502.3 | 26556239.7 | 161669.5 | 54603.2 |
| 航空运输业 | 35 | 5501360.7 | 9771254.1 | —344920.9 | 23744.7 |
| 五、仓储业 | 272 | 4590987.4 | 10096560.1 | 183451.6 | 89511.2 |
| 六、商贸业 | 1426 | 11466317.7 | 74129000.2 | 69253.6 | 200721.5 |
| 七、房地产业 | 1747 | 93579197.7 | 321165989.4 | 167507.9 | 358326.0 |
| 八、信息传输、软件和信息技术服务业 | 700 | 4718707.4 | 14412611.9 | 70818.5 | 49295.2 |
| 其中：电信业 | 2 | 888.6 | 911.8 | 0.0 | 0.0 |
| 九、社会服务业 | 3858 | 311665932.6 | 705173451.1 | 85328.8 | 87418.0 |
| 十、教育文化广播业 | 364 | 3106837.4 | 7089023.3 | 7217.3 | 9662.1 |
| 十一、科学研究和技术服务业 | 1023 | 5235277.5 | 12971447.6 | 35577.9 | 42530.9 |
| 十二、金融业 | 456 | 31772343.1 | 236144393.2 | 540495.3 | 313820.0 |
| 十三、其他 | 188 | 2818171.9 | 6957360.1 | —24315.4 | 17449.3 |

# 2022年青岛市监管企业主要指标表

| 项　目 | 户　数（户） | 年末国有资产总量（万元） | 资产总额（万元） | 人均利润（元/人） | 人均税费（元/人） |
|---|---|---|---|---|---|
| 合　并 | 2717 | 82775802.1 | 274880760.8 | 43418.4 | 106811.8 |
| 合　计 | 2717 | 152570634.5 | 402587253.3 | 100216.7 | 106506.4 |
| 一、农林牧渔业 | 46 | 585599.5 | 3288021.3 | −614238.0 | 30851.5 |
| 其中：农业 | 30 | 475998.1 | 2853136.9 | −952742.4 | 59271.2 |
| 林业 | 1 | 275.1 | 769.5 | −4678.6 | 2271.8 |
| 畜牧业 | 2 | 3062.6 | 3138.8 | 105528.9 | 636.2 |
| 渔业 | 10 | 119862.8 | 272251.6 | −481516.5 | 13075.3 |
| 二、工业 | 485 | 10997037.3 | 33238912.5 | 105905.1 | 110685.1 |
| 其中：煤炭工业 | 2 | 909.4 | 1158.3 | −138923.6 | 0.0 |
| 石油和石化工业 | 3 | 11692.5 | 18868.0 | −136512.0 | 73948.2 |
| 冶金工业 | 7 | 3920.9 | 33628.1 | 367645.3 | 182491.2 |
| 建材工业 | 13 | 53150.8 | 316818.4 | 192005.2 | 103616.8 |
| 化学工业 | 59 | 3358252.8 | 9762007.0 | 144403.7 | 79342.6 |
| 森林工业 | 1 | 2806.1 | 8747.9 | 370979.0 | 53894.7 |
| 食品工业 | 9 | 107215.5 | 471586.0 | 49735.6 | 32722.8 |
| 烟草工业 | 1 | −0.3 | 0.0 | 0.0 | 0.0 |
| 纺织工业 | | | | | |
| 医药工业 | 1 | 1239.9 | 1369.3 | 119967.3 | 32.6 |
| 机械工业 | 58 | 509331.0 | 2146539.6 | −15910.4 | 37655.8 |
| 电子工业 | 9 | 91183.5 | 344295.0 | −4378925.7 | 186536.7 |
| 电力工业 | 95 | 1160243.8 | 3387267.7 | 3032491.4 | 831424.6 |
| 市政公用工业 | 106 | 2281286.5 | 8765332.9 | −160387.2 | 37055.7 |
| 其他工业 | 121 | 3415804.9 | 7981294.2 | 179296.5 | 179696.8 |
| 三、建筑业 | 266 | 17340647.2 | 51594304.4 | 181502.9 | 169366.5 |
| 四、交通运输业 | 111 | 14597423.3 | 35073228.1 | −55411.0 | 7623.6 |
| 其中：铁路运输业 | 1 | 5000.0 | 5007.6 | −1617.8 | 0.0 |
| 道路运输业 | 93 | 13235606.4 | 31184477.6 | 186.4 | 4653.9 |
| 水上运输业 | 8 | −3941.2 | 46694.3 | −134888.6 | 3563.1 |
| 航空运输业 | 7 | 1348111.9 | 3749491.2 | −615324.8 | 32637.0 |

续表

| 项　目 | 户　数（户） | 年末国有资产总量（万元） | 资产总额（万元） | 人均利润（元/人） | 人均税费（元/人） |
| --- | --- | --- | --- | --- | --- |
| 五、仓储业 | 19 | 251446.4 | 482633.9 | 155390.5 | 68698.3 |
| 六、商贸业 | 233 | 810156.2 | 10501062.7 | 10183.9 | 140623.2 |
| 七、房地产业 | 439 | 28337271.2 | 81693980.7 | 590695.7 | 513526.9 |
| 八、信息传输、软件和信息技术服务业 | 50 | 466856.5 | 1199556.5 | 444172.5 | 161223.6 |
| 其中：电信业 | | | | | |
| 九、社会服务业 | 764 | 71757671.6 | 166192322.0 | 187173.6 | 124259.9 |
| 十、教育文化广播业 | 68 | 1303704.4 | 2015861.7 | −107840.2 | 21616.0 |
| 十一、科学研究和技术服务业 | 125 | 782512.4 | 1919686.4 | −120775.7 | 36020.1 |
| 十二、金融业 | 86 | 5242868.3 | 14834599.5 | 2015481.8 | 557852.6 |
| 十三、其他 | 25 | 97440.3 | 553083.7 | −172358.1 | 68205.7 |

# 2022 年河南省监管企业主要指标表

| 项　目 | 户　数（户） | 年末国有资产总量（万元） | 资产总额（万元） | 人均利润（元/人） | 人均税费（元/人） |
| --- | --- | --- | --- | --- | --- |
| 合　并 | 2482 | 82856926.1 | 370718756.3 | 34965.6 | 82346.9 |
| 合　计 | 2482 | 181812637.4 | 534697253.6 | 71915.6 | 85931.1 |
| 一、农林牧渔业 | 60 | 2251198.0 | 3309067.3 | 1628.6 | 1926.0 |
| 其中：农业 | 46 | 2079007.4 | 2830768.3 | 4213.5 | 1883.2 |
| 林业 | 3 | 139993.3 | 430530.1 | −2546.5 | 514.4 |
| 畜牧业 | 8 | 30779.7 | 44765.5 | −26110.2 | 2543.6 |
| 渔业 | | | | | |
| 二、工业 | 681 | 32718857.0 | 118698924.3 | 68977.9 | 92895.7 |
| 其中：煤炭工业 | 237 | 15745388.7 | 78240770.4 | 93514.0 | 105059.1 |
| 石油和石化工业 | 2 | 58933.6 | 608536.3 | −133507.9 | 1532125.6 |
| 冶金工业 | 40 | 4327232.8 | 10136724.0 | −33425.8 | 48916.3 |
| 建材工业 | 53 | 1256918.0 | 2950514.9 | 106731.3 | 86535.3 |

续表

| 项　目 | 户　数（户） | 年末国有资产总量（万元） | 资产总额（万元） | 人均利润（元/人） | 人均税费（元/人） |
|---|---|---|---|---|---|
| 化学工业 | 60 | 3161309.3 | 8906384.9 | -3440.1 | 74087.7 |
| 森林工业 | 2 | 3587.0 | 4814.9 | 21177.3 | 15995.8 |
| 食品工业 | 12 | 367930.3 | 466415.9 | -37954.0 | 9918.6 |
| 烟草工业 | | | | | |
| 纺织工业 | 1 | 108633.2 | 274248.9 | 39835.6 | 32279.4 |
| 医药工业 | 1 | -2590.5 | 1238.3 | -109025.9 | 30284.7 |
| 机械工业 | 53 | 4288278.7 | 6340004.0 | 31656.4 | 41708.8 |
| 电子工业 | 6 | 273583.6 | 578357.1 | 98278.4 | 54818.4 |
| 电力工业 | 95 | 151292.7 | 2001635.5 | -228951.2 | 47877.8 |
| 市政公用工业 | 74 | 2740807.6 | 7285939.7 | 97170.2 | 58095.9 |
| 其他工业 | 45 | 237551.9 | 903339.7 | 31097.1 | 116050.4 |
| 三、建筑业 | 246 | 14394042.6 | 42068102.9 | 29017.6 | 63972.5 |
| 四、交通运输业 | 116 | 41239577.0 | 119209229.8 | 29747.0 | 54227.0 |
| 其中：铁路运输业 | 14 | 647255.9 | 1134239.7 | -108434.6 | 24765.3 |
| 道路运输业 | 67 | 37176149.4 | 110408556.7 | 2578.5 | 57843.1 |
| 水上运输业 | 4 | 1554.9 | 4696.3 | -88648.8 | 1637.1 |
| 航空运输业 | 13 | 3224079.7 | 7171196.5 | 339758.2 | 22676.6 |
| 五、仓储业 | 39 | 145619.2 | 592876.1 | -14345.5 | 21143.4 |
| 六、商贸业 | 238 | 3052697.2 | 9822157.6 | 184161.4 | 123165.9 |
| 七、房地产业 | 261 | 9665741.6 | 24856481.9 | 52146.8 | 125923.8 |
| 八、信息传输、软件和信息技术服务业 | 69 | 628334.0 | 1162411.7 | 24571.7 | 39377.4 |
| 其中：电信业 | 1 | 113.9 | 113.9 | -101608.1 | 0.0 |
| 九、社会服务业 | 541 | 69046714.5 | 141944688.0 | 55637.3 | 68349.2 |
| 十、教育文化广播业 | 47 | 549544.2 | 1516598.0 | -129418.6 | 73741.1 |
| 十一、科学研究和技术服务业 | 97 | 1010999.5 | 2846416.7 | 152931.1 | 42426.9 |
| 十二、金融业 | 52 | 6749219.3 | 67996613.0 | 901644.1 | 405260.3 |
| 十三、其他 | 35 | 360093.3 | 673686.3 | -49671.8 | 3753.4 |

# 2022 年湖北省监管企业主要指标表

| 项　目 | 户　数（户） | 年末国有资产总量（万元） | 资产总额（万元） | 人均利润（元/人） | 人均税费（元/人） |
|---|---|---|---|---|---|
| 合　并 | 5387 | 240621427.6 | 786565162.3 | 128225.2 | 110700.4 |
| 合　计 | 5387 | 390036298.7 | 1055132058.7 | 164395.5 | 110798.1 |
| 一、农林牧渔业 | 216 | 4972254.1 | 9742793.7 | 38713.9 | 17391.0 |
| 其中:农业 | 94 | 2213305.7 | 4507358.4 | 54412.4 | 13476.6 |
| 林业 | 23 | 141694.3 | 289313.4 | 99842.6 | 88729.5 |
| 畜牧业 | 34 | 132070.6 | 489310.5 | 55995.5 | 3955.6 |
| 渔业 | 29 | 788583.5 | 982740.0 | 10520.5 | 4797.0 |
| 二、工业 | 594 | 16152146.1 | 44069774.6 | 245955.8 | 91049.3 |
| 其中:煤炭工业 | 19 | —3119.9 | 361251.8 | —62497.1 | 35798.6 |
| 石油和石化工业 | 5 | 50901.0 | 140355.5 | 249926.2 | 289077.0 |
| 冶金工业 | 5 | —86682.9 | 327179.3 | 102252.3 | 49070.6 |
| 建材工业 | 54 | 1991401.2 | 3364839.6 | 373687.7 | 193076.4 |
| 化学工业 | 66 | 5170387.8 | 15202789.6 | 619883.0 | 162378.7 |
| 森林工业 | 3 | 147646.5 | 367750.6 | —126033.3 | 25694.5 |
| 食品工业 | 56 | 1306874.5 | 2947292.7 | 140496.1 | 53672.5 |
| 烟草工业 | 2 | 10014.0 | 13952.8 | 5494.1 | 42117.3 |
| 纺织工业 | 16 | 182967.4 | 633697.3 | 9332.7 | 44457.0 |
| 医药工业 | 8 | 63871.3 | 331991.0 | 53143.1 | 53851.9 |
| 机械工业 | 63 | 443475.6 | 1402498.8 | 77440.4 | 18789.1 |
| 电子工业 | 36 | 1129687.2 | 2345712.1 | 108452.8 | 74333.4 |
| 电力工业 | 47 | 1156884.1 | 2236122.0 | 42420.3 | 67047.4 |
| 市政公用工业 | 124 | 3470399.7 | 10675484.9 | —3813.5 | 35537.5 |
| 其他工业 | 90 | 1117438.7 | 3718856.5 | 105193.5 | 90726.6 |
| 三、建筑业 | 645 | 66028291.0 | 179711618.0 | 238876.4 | 157244.2 |
| 四、交通运输业 | 331 | 28279350.6 | 78044338.6 | —11074.1 | 17257.0 |
| 其中:铁路运输业 | 17 | 5025288.4 | 11797470.5 | —1802427.9 | 34537.3 |
| 道路运输业 | 215 | 20070287.6 | 59731348.8 | 39739.6 | 16069.8 |
| 水上运输业 | 48 | 455818.8 | 1142589.3 | —11508.1 | 21971.9 |
| 航空运输业 | 15 | 2383777.2 | 3851366.8 | —217498.5 | 18431.6 |

续表

| 项　目 | 户　数（户） | 年末国有资产总量（万元） | 资产总额（万元） | 人均利润（元/人） | 人均税费（元/人） |
|---|---|---|---|---|---|
| 五、仓储业 | 187 | 1954602.6 | 5431998.9 | 22583.6 | 25010.7 |
| 六、商贸业 | 319 | 4006173.6 | 13031101.8 | 43791.4 | 45568.9 |
| 七、房地产业 | 1008 | 45206542.8 | 179116923.0 | 423335.6 | 561907.8 |
| 八、信息传输、软件和信息技术服务业 | 101 | 593583.7 | 1208588.9 | 62873.1 | 40143.4 |
| 其中：电信业 | | | | | |
| 九、社会服务业 | 1361 | 196249408.7 | 451881172.1 | 299210.6 | 118440.6 |
| 十、教育文化广播业 | 83 | 460333.4 | 2037621.4 | －34626.6 | 18190.2 |
| 十一、科学研究和技术服务业 | 270 | 3026658.3 | 6997239.2 | 92437.4 | 45706.6 |
| 十二、金融业 | 181 | 20088513.3 | 77493654.0 | 548245.5 | 451370.2 |
| 十三、其他 | 91 | 3018440.4 | 6365234.2 | －235520.1 | 43419.3 |

# 2022年湖南省监管企业主要指标表

| 项　目 | 户　数（户） | 年末国有资产总量（万元） | 资产总额（万元） | 人均利润（元/人） | 人均税费（元/人） |
|---|---|---|---|---|---|
| 合　并 | 2648 | 173452719.3 | 491752375.0 | 97636.2 | 98872.0 |
| 合　计 | 2648 | 268932236.8 | 660507893.5 | 136929.9 | 98223.2 |
| 一、农林牧渔业 | 81 | 3278748.0 | 6162200.8 | －119369.7 | 35612.4 |
| 其中：农业 | 40 | 1076606.1 | 2136832.3 | －812402.6 | 209547.9 |
| 林业 | 6 | 15198.7 | 118873.8 | －25273.4 | 5432.1 |
| 畜牧业 | 21 | 277268.2 | 1206884.7 | 4148.5 | 3977.2 |
| 渔业 | 3 | 1724.5 | 19433.7 | －29949.1 | 4253.4 |
| 二、工业 | 513 | 27244543.3 | 72691709.1 | 172452.2 | 91195.1 |
| 其中：煤炭工业 | 20 | 732796.5 | 1706100.1 | 53244.9 | 41418.5 |
| 石油和石化工业 | 2 | 79925.8 | 514851.9 | 127068.0 | 84134.8 |
| 冶金工业 | 71 | 12403965.8 | 23172584.5 | 455268.7 | 175724.3 |
| 建材工业 | 23 | 232858.3 | 628216.8 | 71983.9 | 103899.2 |

续表

| 项　目 | 户　数（户） | 年末国有资产总量（万元） | 资产总额（万元） | 人均利润（元/人） | 人均税费（元/人） |
|---|---|---|---|---|---|
| 化学工业 | 23 | 903380.1 | 2042450.0 | 308636.2 | 59953.4 |
| 森林工业 | | | | | |
| 食品工业 | 31 | 151169.5 | 473091.3 | —26157.2 | 19776.0 |
| 烟草工业 | | | | | |
| 纺织工业 | 9 | 20421.0 | 156818.7 | —193234.4 | 16650.0 |
| 医药工业 | 13 | 333986.9 | 729910.8 | —85993.9 | 69529.4 |
| 机械工业 | 96 | 7060793.8 | 29683808.8 | 64515.4 | 69917.0 |
| 电子工业 | 22 | 291363.6 | 532690.3 | 70493.5 | 45452.7 |
| 电力工业 | 72 | 1621657.0 | 5142551.8 | 228631.9 | 136150.1 |
| 市政公用工业 | 61 | 2637311.2 | 6374732.8 | 23127.9 | 38341.1 |
| 其他工业 | 70 | 774913.6 | 1533901.4 | 54557.0 | 54411.3 |
| 三、建筑业 | 289 | 67744619.9 | 181324369.2 | 148613.0 | 120611.9 |
| 四、交通运输业 | 155 | 10615830.5 | 38437516.2 | —14714.5 | 23633.2 |
| 其中：铁路运输业 | 6 | 37568.3 | 165506.8 | —19540.4 | 14533.0 |
| 道路运输业 | 105 | 6548432.8 | 31190196.9 | —11521.6 | 23076.4 |
| 水上运输业 | 23 | 1473502.6 | 1828465.6 | 55598.4 | 53603.0 |
| 航空运输业 | 11 | 2425635.0 | 4724700.0 | —33804.0 | 20829.2 |
| 五、仓储业 | 56 | 722541.8 | 2467063.5 | 16859.7 | 32108.2 |
| 六、商贸业 | 202 | 2109044.0 | 8788037.8 | 602595.3 | 221589.0 |
| 七、房地产业 | 429 | 38145788.4 | 97750887.5 | 167171.5 | 268344.6 |
| 八、信息传输、软件和信息技术服务业 | 56 | 558017.5 | 1661630.6 | 155220.9 | 81418.0 |
| 其中：电信业 | | | | | |
| 九、社会服务业 | 574 | 109363329.3 | 226525835.8 | 120330.9 | 115912.9 |
| 十、教育文化广播业 | 54 | 311186.0 | 1023532.8 | 31343.7 | 15016.5 |
| 十一、科学研究和技术服务业 | 129 | 664876.7 | 2302480.4 | 33367.8 | 29803.9 |
| 十二、金融业 | 92 | 7957269.4 | 19715838.5 | 804112.4 | 321584.1 |
| 十三、其他 | 18 | 216441.8 | 1656791.2 | —42444.6 | 16365.9 |

# 2022年广东省监管企业主要指标表

| 项　目 | 户　数（户） | 年末国有资产总量（万元） | 资产总额（万元） | 人均利润（元/人） | 人均税费（元/人） |
|---|---|---|---|---|---|
| 合　并 | 18394 | 420711928.1 | 1626620577.9 | 114906.6 | 125091.0 |
| 合　计 | 18394 | 935046330.3 | 2449294434.0 | 212670.3 | 125718.7 |
| 一、农林牧渔业 | 363 | 2401222.6 | 6355430.2 | 523057.6 | 32605.1 |
| 其中：农业 | 168 | 1505655.4 | 3193890.1 | 605968.1 | 85954.7 |
| 林业 | 23 | 53012.4 | 157536.2 | 82254.8 | 12364.0 |
| 畜牧业 | 81 | 444044.0 | 1712459.4 | 633752.1 | 4987.4 |
| 渔业 | 22 | 22978.6 | 432424.8 | －210001.2 | 39046.9 |
| 二、工业 | 3401 | 92952125.6 | 263800559.7 | 156458.0 | 121032.1 |
| 其中：煤炭工业 | 7 | －1173707.4 | 70167.7 | 14381.8 | 7047.8 |
| 石油和石化工业 | 5 | 44273.8 | 73164.6 | 481420.0 | 474330.9 |
| 冶金工业 | 121 | 4515483.2 | 15944015.9 | 225173.5 | 99303.8 |
| 建材工业 | 149 | 1077194.9 | 5403606.7 | －67269.8 | 119086.8 |
| 化学工业 | 182 | 2543570.5 | 7919747.5 | 54588.3 | 51754.3 |
| 森林工业 | 5 | 10825.2 | 11363.6 | －188023.7 | 510.7 |
| 食品工业 | 162 | 2393436.3 | 6639239.2 | 447666.7 | 39776.7 |
| 烟草工业 | | | | | |
| 纺织工业 | 30 | 168626.1 | 588280.2 | 32231.9 | 8585.6 |
| 医药工业 | 60 | 2623185.2 | 5940002.2 | 162185.4 | 65983.5 |
| 机械工业 | 455 | 18406009.2 | 62749320.6 | 167478.0 | 187644.8 |
| 电子工业 | 132 | 2949097.4 | 12047913.0 | 22248.9 | 21989.7 |
| 电力工业 | 1077 | 29794461.5 | 75354565.0 | 211256.9 | 172525.0 |
| 市政公用工业 | 739 | 24720563.4 | 57966853.7 | 145948.0 | 61577.7 |
| 其他工业 | 277 | 4879106.4 | 13092319.9 | 97287.8 | 85330.8 |
| 三、建筑业 | 1012 | 40560842.9 | 114986672.7 | 89413.6 | 131845.7 |
| 四、交通运输业 | 862 | 178507988.4 | 373510443.7 | 42145.6 | 39707.9 |
| 其中：铁路运输业 | 24 | 19859662.4 | 35700539.5 | －1563658.0 | 21008.3 |
| 道路运输业 | 533 | 137673884.9 | 300249379.6 | 65763.7 | 38585.7 |
| 水上运输业 | 215 | 10908882.3 | 19708835.0 | 292056.9 | 70567.8 |
| 航空运输业 | 35 | 9860373.0 | 17126206.7 | －145639.5 | 28159.2 |

续表

| 项　目 | 户　数（户） | 年末国有资产总量（万元） | 资产总额（万元） | 人均利润（元/人） | 人均税费（元/人） |
|---|---|---|---|---|---|
| 五、仓储业 | 403 | 6913661.6 | 15501792.0 | 102308.7 | 59334.2 |
| 六、商贸业 | 1668 | 13902314.4 | 52634914.8 | 246837.5 | 162733.4 |
| 七、房地产业 | 3803 | 166609062.0 | 629338953.4 | 461651.0 | 353751.2 |
| 八、信息传输、软件和信息技术服务业 | 356 | 4222704.3 | 11345000.0 | —69304.7 | 47214.9 |
| 其中：电信业 | 2 | 62096.0 | 102365.1 | 52096.1 | 6560.8 |
| 九、社会服务业 | 4678 | 359109077.0 | 713325902.1 | 250179.1 | 44176.1 |
| 十、教育文化广播业 | 350 | 1765145.0 | 3212104.9 | —11337.7 | 16082.8 |
| 十一、科学研究和技术服务业 | 935 | 8273141.2 | 20959994.3 | 72867.5 | 37777.0 |
| 十二、金融业 | 458 | 59083198.6 | 242772353.4 | 644755.4 | 227447.4 |
| 十三、其他 | 105 | 745846.5 | 1550312.7 | —2833.9 | 14044.8 |

# 2022 年深圳市监管企业主要指标表

| 项　目 | 户　数（户） | 年末国有资产总量（万元） | 资产总额（万元） | 人均利润（元/人） | 人均税费（元/人） |
|---|---|---|---|---|---|
| 合　并 | 2651 | 127145229.6 | 534230414.8 | 187182.2 | 152875.4 |
| 合　计 | 2651 | 231293017.1 | 685528450.1 | 259125.0 | 154365.3 |
| 一、农林牧渔业 | 41 | 184154.4 | 381094.1 | 205111.6 | 93932.7 |
| 其中：农业 | 16 | 60542.6 | 153831.2 | 107961.2 | 80839.4 |
| 林业 | | | | | |
| 畜牧业 | 1 | 15444.7 | 15521.1 | 0.0 | 0.0 |
| 渔业 | | | | | |
| 二、工业 | 546 | 20433287.9 | 61411400.9 | 166396.9 | 64566.2 |
| 其中：煤炭工业 | | | | | |
| 石油和石化工业 | | | | | |
| 冶金工业 | 1 | 25190.6 | 40363.5 | 113185384.8 | 12523661.3 |
| 建材工业 | 12 | 24348.3 | 204544.4 | —50204.8 | 24497.9 |

续表

| 项　目 | 户　数（户） | 年末国有资产总量（万元） | 资产总额（万元） | 人均利润（元/人） | 人均税费（元/人） |
|---|---|---|---|---|---|
| 化学工业 | 22 | 702228.4 | 1488721.5 | 78930.2 | 41548.5 |
| 森林工业 | | | | | |
| 食品工业 | 10 | 75695.5 | 210553.1 | 178325.2 | 32767.4 |
| 烟草工业 | | | | | |
| 纺织工业 | 1 | 812.7 | 3735.0 | －72275.1 | 496.6 |
| 医药工业 | 2 | 136622.0 | 274242.0 | 160424.4 | 53679.0 |
| 机械工业 | 32 | 3417050.6 | 16453907.2 | 113589.6 | 63008.3 |
| 电子工业 | 17 | 682420.0 | 4021292.9 | 75312.2 | 13613.7 |
| 电力工业 | 257 | 9006458.3 | 24675613.6 | 927760.1 | 244229.7 |
| 市政公用工业 | 176 | 6233897.1 | 13641504.7 | 194114.9 | 74407.8 |
| 其他工业 | 16 | 128564.5 | 396923.0 | －42216.8 | 21251.0 |
| 三、建筑业 | 82 | 2202894.9 | 11070296.9 | 103375.1 | 109894.0 |
| 四、交通运输业 | 120 | 43884501.7 | 92361176.6 | 13850.6 | 31180.5 |
| 其中：铁路运输业 | 7 | 682464.6 | 961187.6 | －185588.9 | 35216.1 |
| 道路运输业 | 80 | 35736445.1 | 78508557.1 | 18037.7 | 29651.1 |
| 水上运输业 | 19 | 3659149.6 | 5667926.1 | 1921203.3 | 235221.7 |
| 航空运输业 | 9 | 3790038.2 | 7165902.1 | －207784.5 | 23868.6 |
| 五、仓储业 | 120 | 3963077.0 | 7487453.3 | 481890.7 | 187080.7 |
| 六、商贸业 | 124 | 1780467.6 | 5695486.7 | 175521.7 | 131164.3 |
| 七、房地产业 | 637 | 64400434.9 | 293798329.0 | 421773.4 | 337048.8 |
| 八、信息传输、软件和信息技术服务业 | 84 | 2680483.0 | 7822397.8 | －479346.8 | 165635.5 |
| 其中：电信业 | 1 | 18232.2 | 19741.0 | 300102.5 | 67484.9 |
| 九、社会服务业 | 607 | 64790429.0 | 130471126.3 | 262150.8 | 33901.2 |
| 十、教育文化广播业 | 52 | 320519.5 | 426439.2 | －47630.5 | 27782.7 |
| 十一、科学研究和技术服务业 | 119 | 1870346.5 | 4027019.8 | 82470.8 | 47467.9 |
| 十二、金融业 | 95 | 24643265.0 | 70269105.5 | 459442.3 | 199070.4 |
| 十三、其他 | 24 | 139156.0 | 307124.1 | 13464.6 | 30847.2 |

# 2022年广西壮族自治区监管企业主要指标表

| 项　目 | 户　数<br>(户) | 年末国有资产总量<br>(万元) | 资产总额<br>(万元) | 人均利润<br>(元/人) | 人均税费<br>(元/人) |
|---|---|---|---|---|---|
| 合　并 | 4098 | 121763739.3 | 491185823.3 | 17770.1 | 90630.8 |
| 合　计 | 4098 | 261952930.2 | 732238335.0 | 64397.4 | 90539.3 |
| 一、农林牧渔业 | 239 | 6824841.2 | 13514093.7 | 100862.8 | 18287.1 |
| 其中:农业 | 164 | 5627725.2 | 10226320.8 | 61558.1 | 18374.9 |
| 林业 | 22 | 588058.0 | 1886606.5 | 411452.1 | 27156.0 |
| 畜牧业 | 32 | 567192.9 | 1222187.1 | 202334.9 | 12073.9 |
| 渔业 | 4 | 1373.4 | 7709.4 | 160562.2 | 25552.7 |
| 二、工业 | 765 | 20285036.2 | 63984790.0 | —36013.0 | 58817.4 |
| 其中:煤炭工业 | 18 | —168805.6 | 556856.7 | —493372.4 | 92121.4 |
| 石油和石化工业 | 7 | 52015.3 | 570192.0 | —164784.1 | 106474.0 |
| 冶金工业 | 67 | 7022778.1 | 20645328.6 | —167573.3 | 69780.4 |
| 建材工业 | 80 | 947596.4 | 2341967.9 | 85479.4 | 64780.7 |
| 化学工业 | 36 | 137814.9 | 1287128.0 | 69376.5 | 44390.1 |
| 森林工业 | 11 | 93703.7 | 336832.5 | —162091.9 | 17034.9 |
| 食品工业 | 63 | 441472.4 | 3106530.6 | —43132.9 | 77521.3 |
| 烟草工业 | | | | | |
| 纺织工业 | 12 | 36004.9 | 225468.5 | —7888.4 | 7410.7 |
| 医药工业 | 13 | 566482.0 | 879780.7 | 108000.7 | 92838.0 |
| 机械工业 | 112 | 2300477.8 | 8998783.6 | 22030.0 | 33523.9 |
| 电子工业 | 4 | 60701.0 | 423565.9 | 31361.1 | 24711.6 |
| 电力工业 | 116 | 4532858.6 | 13061010.0 | 112428.9 | 108901.4 |
| 市政公用工业 | 133 | 2908938.2 | 8136864.7 | 37693.6 | 32272.8 |
| 其他工业 | 93 | 1352998.4 | 3414480.4 | 25849.3 | 87296.0 |
| 三、建筑业 | 279 | 39940377.6 | 104649423.7 | 189792.9 | 98931.9 |
| 四、交通运输业 | 262 | 23738623.5 | 69013091.3 | —37223.2 | 33135.1 |
| 其中:铁路运输业 | 4 | 50627.3 | 113313.9 | 77188.8 | 88875.5 |
| 道路运输业 | 162 | 20525608.8 | 61293176.7 | —7157.1 | 32519.7 |
| 水上运输业 | 60 | 904688.2 | 2536907.8 | —129769.0 | 63904.0 |
| 航空运输业 | 20 | 2059202.4 | 4509778.0 | —210778.7 | 16793.1 |

续表

| 项　目 | 户　数<br>（户） | 年末国有资产总量<br>（万元） | 资产总额<br>（万元） | 人均利润<br>（元/人） | 人均税费<br>（元/人） |
|---|---|---|---|---|---|
| 五、仓储业 | 94 | 5720921.3 | 14501663.0 | 191608.0 | 46005.6 |
| 六、商贸业 | 561 | 6879231.6 | 23748015.2 | 192126.7 | 387487.8 |
| 七、房地产业 | 465 | 19525880.7 | 66591003.1 | 103274.4 | 239017.7 |
| 八、信息传输、软件和信息技术服务业 | 72 | 401196.1 | 921389.8 | 87621.1 | 55732.3 |
| 其中：电信业 | 1 | 1520.0 | 23818.3 | 265982.3 | 34281.1 |
| 九、社会服务业 | 968 | 114807035.4 | 235421043.0 | 122107.8 | 80929.3 |
| 十、教育文化广播业 | 65 | 670885.0 | 1844164.0 | 42842.6 | 30682.6 |
| 十一、科学研究和技术服务业 | 149 | 742613.7 | 1539235.0 | 70945.7 | 35352.5 |
| 十二、金融业 | 142 | 22156217.2 | 135714818.7 | 410183.3 | 224224.1 |
| 十三、其他 | 37 | 260070.9 | 795604.4 | −105824.8 | 5150.2 |

# 2022 年海南省监管企业主要指标表

| 项　目 | 户　数<br>（户） | 年末国有资产总量<br>（万元） | 资产总额<br>（万元） | 人均利润<br>（元/人） | 人均税费<br>（元/人） |
|---|---|---|---|---|---|
| 合　并 | 1705 | 33153836.7 | 85858257.1 | 39953.1 | 70270.9 |
| 合　计 | 1705 | 57018707.1 | 127568847.0 | 64704.2 | 70270.9 |
| 一、农林牧渔业 | 281 | 10922572.3 | 16225741.9 | 35161.8 | 10588.6 |
| 其中：农业 | 205 | 10498148.8 | 15239704.8 | 22018.6 | 10555.6 |
| 林业 | 11 | 93470.0 | 120734.1 | −7084.3 | 4099.5 |
| 畜牧业 | 30 | 206206.4 | 485393.8 | 502986.2 | 929.2 |
| 渔业 | 5 | 1464.7 | 12027.9 | −264701.3 | 5151.5 |
| 二、工业 | 173 | 3598571.6 | 5703118.8 | 75604.4 | 44730.9 |
| 其中：煤炭工业 | 1 | 924.6 | 6060.2 | −3990.1 | 7263.3 |
| 石油和石化工业 | 1 | 1648.0 | 9203.9 | 737329.2 | 124645.1 |
| 冶金工业 | 3 | 613739.1 | 661661.9 | 3911430.3 | 1415902.7 |
| 建材工业 | 18 | 103508.5 | 333230.2 | −47877.8 | 35244.2 |

续表

| 项　目 | 户　数（户） | 年末国有资产总量（万元） | 资产总额（万元） | 人均利润（元/人） | 人均税费（元/人） |
|---|---|---|---|---|---|
| 化学工业 | 16 | 72922.9 | 225260.7 | 37456.5 | 67767.1 |
| 森林工业 | 1 | —1745.6 | 8374.7 | —58355.5 | 4545.1 |
| 食品工业 | 10 | 7660.5 | 19486.0 | 2818.5 | 3805.4 |
| 烟草工业 | | | | | |
| 纺织工业 | 1 | 2774.5 | 5614.2 | —2822.2 | 1790.1 |
| 医药工业 | 1 | 633.6 | 2773.4 | 6154.6 | 80764.6 |
| 机械工业 | 5 | 11643.9 | 24937.6 | 84095.1 | 64067.5 |
| 电子工业 | 5 | 26925.9 | 46239.4 | 61620.1 | 47778.8 |
| 电力工业 | 24 | 253438.3 | 521972.5 | 103181.0 | 50692.9 |
| 市政公用工业 | 52 | 1098605.6 | 2118226.9 | 36019.6 | 20664.4 |
| 其他工业 | 35 | 1405891.9 | 1720077.3 | 89251.1 | 38971.7 |
| 三、建筑业 | 180 | 6364338.2 | 16203074.9 | 51505.4 | 106920.7 |
| 四、交通运输业 | 109 | 4810247.3 | 12057781.5 | 85473.5 | 26767.5 |
| 其中：铁路运输业 | | | | | |
| 道路运输业 | 70 | 1871407.3 | 3196346.7 | 31790.9 | 18885.9 |
| 水上运输业 | 7 | —20172.1 | 25498.4 | —39881.5 | 5200.6 |
| 航空运输业 | 27 | 2905554.9 | 8759406.8 | 168697.6 | 43288.0 |
| 五、仓储业 | 35 | 151364.3 | 596266.6 | 7838.6 | 47507.7 |
| 六、商贸业 | 127 | 491212.2 | 1976019.5 | 24175.1 | 44746.4 |
| 七、房地产业 | 296 | 18424949.5 | 48865222.2 | 222380.7 | 389051.3 |
| 八、信息传输、软件和信息技术服务业 | 33 | 196042.6 | 315162.9 | 80792.3 | 52876.8 |
| 其中：电信业 | | | | | |
| 九、社会服务业 | 300 | 10144320.9 | 19635495.1 | 2381.3 | 29570.8 |
| 十、教育文化广播业 | 38 | 189445.1 | 345754.1 | —4042.4 | 13261.2 |
| 十一、科学研究和技术服务业 | 79 | 233195.2 | 1234558.8 | 48780.4 | 39056.3 |
| 十二、金融业 | 31 | 762916.8 | 2158223.1 | 1003055.7 | 626454.4 |
| 十三、其他 | 23 | 729531.0 | 2252427.6 | —68256.0 | 3409.6 |

# 2022年重庆市监管企业主要指标表

| 项　目 | 户　数（户） | 年末国有资产总量（万元） | 资产总额（万元） | 人均利润（元/人） | 人均税费（元/人） |
|---|---|---|---|---|---|
| 合　并 | 3592 | 253007197.7 | 824008815.5 | 111349.9 | 78188.5 |
| 合　计 | 3592 | 394350611.7 | 1035680180.9 | 136015.2 | 79136.6 |
| 一、农林牧渔业 | 130 | 5773241.0 | 9846158.0 | －14902.3 | 31533.5 |
| 其中：农业 | 58 | 3322749.5 | 5593047.5 | －32091.8 | 56271.6 |
| 林业 | 25 | 1084234.5 | 1758446.2 | 58189.4 | 32978.0 |
| 畜牧业 | 18 | 262545.9 | 483418.8 | 80132.7 | 4601.1 |
| 渔业 | 9 | 236407.9 | 616622.5 | 111533.4 | 5486.9 |
| 二、工业 | 590 | 22084397.4 | 52219739.4 | 136891.7 | 75953.6 |
| 其中：煤炭工业 | | | | | |
| 石油和石化工业 | | | | | |
| 冶金工业 | 39 | 749076.2 | 3655092.3 | 120942.6 | 86776.2 |
| 建材工业 | 22 | 694299.4 | 1136932.4 | －109621.8 | 58662.4 |
| 化学工业 | 51 | 2218912.5 | 6619289.8 | 212035.8 | 98987.5 |
| 森林工业 | 2 | 15815.2 | 26891.5 | 138389.3 | 120561.7 |
| 食品工业 | 23 | 838303.8 | 1773665.3 | 177897.3 | 54802.3 |
| 烟草工业 | 3 | 30883.2 | 56837.2 | 39226.5 | 29759.8 |
| 纺织工业 | 6 | 26703.1 | 82239.9 | －85235.5 | 22246.9 |
| 医药工业 | 10 | 84260.3 | 314426.6 | 29828.3 | 44511.3 |
| 机械工业 | 102 | 4442961.9 | 10581755.8 | 61642.1 | 40501.2 |
| 电子工业 | 11 | 150285.4 | 530867.9 | －33702.7 | 25962.9 |
| 电力工业 | 103 | 3435887.5 | 8098492.5 | 320148.0 | 83271.0 |
| 市政公用工业 | 190 | 8273367.5 | 17779437.0 | 181317.3 | 120231.8 |
| 其他工业 | 28 | 1123641.4 | 1563811.2 | 119897.9 | 89825.0 |
| 三、建筑业 | 469 | 99766487.2 | 229949906.5 | 243280.2 | 149992.9 |
| 四、交通运输业 | 265 | 47912089.9 | 86640438.5 | －1636.7 | 19846.0 |
| 其中：铁路运输业 | 4 | 383019.9 | 462342.1 | 37398.7 | 21849.9 |
| 道路运输业 | 180 | 44072778.0 | 78565842.0 | 20511.1 | 17356.0 |
| 水上运输业 | 29 | 952542.5 | 1982356.8 | 51666.0 | 23747.4 |
| 航空运输业 | 15 | 2345515.9 | 5105594.9 | －284498.9 | 42014.9 |

续表

| 项　目 | 户　数（户） | 年末国有资产总量（万元） | 资产总额（万元） | 人均利润（元/人） | 人均税费（元/人） |
|---|---|---|---|---|---|
| 五、仓储业 | 74 | 2681980.2 | 6357550.5 | 78854.9 | 49064.6 |
| 六、商贸业 | 369 | 3579811.9 | 15739272.0 | —14788.6 | 113995.2 |
| 七、房地产业 | 298 | 47888958.5 | 106219195.2 | 284364.1 | 216877.3 |
| 八、信息传输、软件和信息技术服务业 | 66 | 507648.7 | 1573085.4 | 154767.4 | 64139.6 |
| 其中：电信业 | | | | | |
| 九、社会服务业 | 847 | 141689175.9 | 264023869.9 | 111800.2 | 34262.4 |
| 十、教育文化广播业 | 90 | 2466646.0 | 3868952.2 | 106571.4 | 21529.8 |
| 十一、科学研究和技术服务业 | 197 | 1649645.8 | 4532118.6 | 60260.2 | 27612.2 |
| 十二、金融业 | 147 | 13550212.7 | 246572806.2 | 724495.4 | 360199.3 |
| 十三、其他 | 50 | 4800316.5 | 8137088.6 | —46893.9 | 47692.3 |

# 2022年四川省监管企业主要指标表

| 项　目 | 户　数（户） | 年末国有资产总量（万元） | 资产总额（万元） | 人均利润（元/人） | 人均税费（元/人） |
|---|---|---|---|---|---|
| 合　并 | 10021 | 383080816.3 | 1456300552.2 | 142984.5 | 143474.7 |
| 合　计 | 10021 | 712283036.6 | 1997692662.3 | 236329.7 | 143899.0 |
| 一、农林牧渔业 | 339 | 11383122.9 | 21572108.8 | 6155.4 | 63589.5 |
| 其中：农业 | 210 | 8217463.5 | 16003419.1 | —19226.0 | 98186.5 |
| 林业 | 59 | 1259662.0 | 1843946.3 | —9847.5 | 5548.1 |
| 畜牧业 | 26 | 94796.0 | 193940.6 | —33634.1 | 2285.3 |
| 渔业 | 2 | 104624.9 | 119150.4 | 42041.6 | 1606.4 |
| 二、工业 | 1454 | 46254623.3 | 128207703.9 | 104894.5 | 123571.6 |
| 其中：煤炭工业 | 37 | 573678.5 | 4212254.3 | 27599.2 | 50665.4 |
| 石油和石化工业 | 3 | 101300.5 | 107325.9 | —92120.7 | 9151.8 |
| 冶金工业 | 57 | 1244232.9 | 2761288.1 | 102875.7 | 100620.0 |
| 建材工业 | 185 | 5519816.9 | 11635790.3 | 41301.4 | 103688.2 |

续表

| 项　目 | 户　数（户） | 年末国有资产总量（万元） | 资产总额（万元） | 人均利润（元/人） | 人均税费（元/人） |
|---|---|---|---|---|---|
| 化学工业 | 99 | 3244848.3 | 10816410.0 | 199566.4 | 93012.4 |
| 森林工业 | 5 | 29896.3 | 166447.8 | 72928.2 | 36497.3 |
| 食品工业 | 46 | 101237.2 | 357329.7 | 19744.4 | 20205.0 |
| 烟草工业 | | | | | |
| 纺织工业 | 28 | 710654.9 | 3376496.6 | 15270.5 | 10530.2 |
| 医药工业 | 30 | 650508.3 | 1748197.7 | 129475.9 | 89837.2 |
| 机械工业 | 145 | 2900476.1 | 12469186.5 | 28138.4 | 31575.4 |
| 电子工业 | 82 | 1223781.5 | 8609961.2 | 11558.9 | 17905.7 |
| 电力工业 | 231 | 15481623.4 | 36288589.2 | 380957.0 | 114276.0 |
| 市政公用工业 | 355 | 10272453.1 | 24605701.8 | 136308.8 | 67638.7 |
| 其他工业 | 151 | 4200115.4 | 11052724.8 | 166151.7 | 563094.7 |
| 三、建筑业 | 942 | 67103883.1 | 211445616.0 | 383647.4 | 131852.5 |
| 四、交通运输业 | 505 | 109325194.7 | 257776974.1 | －75449.0 | 43498.7 |
| 其中：铁路运输业 | 23 | 6479747.5 | 12897256.3 | －653080.3 | 54138.7 |
| 道路运输业 | 384 | 91900093.9 | 222793051.6 | 20716.8 | 46541.1 |
| 水上运输业 | 29 | 2346956.3 | 5327021.7 | 723.2 | 169169.4 |
| 航空运输业 | 36 | 7644054.5 | 14776328.6 | －459572.9 | 19232.6 |
| 五、仓储业 | 249 | 5635612.4 | 9801030.4 | 28767.7 | 32390.9 |
| 六、商贸业 | 949 | 15481566.2 | 49412538.4 | 1604752.6 | 634142.1 |
| 七、房地产业 | 1092 | 67194546.2 | 218114153.1 | 262353.9 | 361412.2 |
| 八、信息传输、软件和信息技术服务业 | 284 | 1427229.4 | 5093613.7 | 66731.8 | 46918.2 |
| 其中：电信业 | 1 | 281.2 | 308.3 | －13721.4 | 10606.9 |
| 九、社会服务业 | 2851 | 350590708.9 | 799273913.6 | 233503.8 | 94590.1 |
| 十、教育文化广播业 | 370 | 3703098.1 | 8410840.8 | 36202.8 | 29389.7 |
| 十一、科学研究和技术服务业 | 488 | 3492979.6 | 7607843.4 | 85191.9 | 39647.1 |
| 十二、金融业 | 349 | 29335844.3 | 276993837.3 | 880778.8 | 391106.0 |
| 十三、其他 | 149 | 1354627.5 | 3982488.8 | －62584.4 | 28758.2 |

# 2022 年贵州省监管企业主要指标表

| 项 目 | 户 数（户） | 年末国有资产总量（万元） | 资产总额（万元） | 人均利润（元/人） | 人均税费（元/人） |
|---|---|---|---|---|---|
| 合 并 | 2668 | 127098460.7 | 365716398.5 | 368972.6 | 317648.7 |
| 合 计 | 2668 | 205910097.4 | 501372772.5 | 713631.2 | 317648.7 |
| 一、农林牧渔业 | 178 | 2015415.8 | 5159777.3 | 36177.5 | 27630.4 |
| 其中：农业 | 81 | 915277.5 | 2562047.1 | 26671.9 | 57137.6 |
| 林业 | 32 | 273837.0 | 807305.8 | 54816.5 | 6437.6 |
| 畜牧业 | 25 | 79154.1 | 294506.2 | 59421.4 | 3230.7 |
| 渔业 | 18 | 124994.8 | 165250.4 | —109270.1 | 3673.4 |
| 二、工业 | 492 | 33187762.1 | 79668698.0 | 919349.4 | 359552.1 |
| 其中：煤炭工业 | 39 | 3306885.9 | 10584880.9 | 49424.6 | 68524.0 |
| 石油和石化工业 | 16 | 452209.1 | 740162.8 | —232418.3 | 81097.7 |
| 冶金工业 | 18 | 541741.2 | 1625751.7 | 73876.6 | 33466.7 |
| 建材工业 | 28 | 105229.5 | 447934.6 | 1039.1 | 57362.7 |
| 化学工业 | 48 | 3732565.1 | 14197900.0 | 303502.0 | 196265.1 |
| 森林工业 | 2 | 1758.7 | 29602.9 | —133426.5 | 12332.6 |
| 食品工业 | 23 | 177613.5 | 748588.0 | 112595.9 | 123610.4 |
| 烟草工业 | | | | | |
| 纺织工业 | 1 | 200.0 | 201.5 | 0.0 | 0.0 |
| 医药工业 | 7 | 8861.5 | 19458.7 | —65374.2 | 2665.6 |
| 机械工业 | 36 | 1032306.6 | 2476937.5 | 35538.0 | 19245.7 |
| 电子工业 | 1 | —431.8 | 6836.1 | —158118.3 | 0.0 |
| 电力工业 | 63 | 1532289.5 | 6197622.3 | —24279.9 | 116397.8 |
| 市政公用工业 | 146 | 3211399.0 | 8893113.5 | —17136.9 | 35837.5 |
| 其他工业 | 64 | 19085134.3 | 33699707.4 | 3030041.4 | 1051647.0 |
| 三、建筑业 | 247 | 34531539.4 | 95174543.5 | 25772.8 | 78653.7 |
| 四、交通运输业 | 207 | 31715117.0 | 86054693.6 | —59035.2 | 42522.8 |
| 其中：铁路运输业 | 9 | 5031210.0 | 8114287.0 | 803508.8 | 269264.6 |
| 道路运输业 | 150 | 23542692.1 | 71583686.0 | —28135.9 | 39396.6 |
| 水上运输业 | 7 | 266956.2 | 560695.1 | —16364.7 | 25040.5 |
| 航空运输业 | 30 | 2577169.1 | 5009323.5 | —282324.2 | 38676.6 |

续表

| 项　目 | 户　数（户） | 年末国有资产总量（万元） | 资产总额（万元） | 人均利润（元/人） | 人均税费（元/人） |
|---|---|---|---|---|---|
| 五、仓储业 | 47 | 1059926.7 | 3111030.8 | 51732.8 | 52988.0 |
| 六、商贸业 | 355 | 10103506.6 | 24670756.7 | 4925972.6 | 2372393.8 |
| 七、房地产业 | 242 | 7368811.2 | 24965624.6 | 28290.1 | 141581.9 |
| 八、信息传输、软件和信息技术服务业 | 56 | 514286.0 | 1453947.1 | 192159.4 | 114758.0 |
| 其中：电信业 | 1 | 2146.7 | 7774.4 | 22418.0 | 124699.1 |
| 九、社会服务业 | 612 | 79431174.8 | 158575691.1 | 174511.6 | 42928.4 |
| 十、教育文化广播业 | 49 | 466436.9 | 915225.6 | －10381.8 | 19061.0 |
| 十一、科学研究和技术服务业 | 79 | 245276.6 | 525864.4 | －11909.7 | 24314.9 |
| 十二、金融业 | 79 | 4700601.4 | 19645532.0 | 1749454.9 | 578120.5 |
| 十三、其他 | 25 | 570242.9 | 1451387.9 | －55914.5 | 2768.8 |

# 2022年云南省监管企业主要指标表

| 项　目 | 户　数（户） | 年末国有资产总量（万元） | 资产总额（万元） | 人均利润（元/人） | 人均税费（元/人） |
|---|---|---|---|---|---|
| 合　并 | 6731 | 168426864.4 | 654967072.9 | －27311.8 | 72933.5 |
| 合　计 | 6731 | 343474196.5 | 922221371.5 | 20806.7 | 73471.4 |
| 一、农林牧渔业 | 334 | 5097233.8 | 10962917.1 | －1560.0 | 6985.2 |
| 其中：农业 | 166 | 2639707.7 | 5863577.1 | －14159.0 | 5479.8 |
| 林业 | 89 | 1925121.1 | 3219309.6 | 44907.2 | 5107.4 |
| 畜牧业 | 14 | 52621.1 | 119629.8 | －120037.8 | 8922.8 |
| 渔业 | | | | | |
| 二、工业 | 1248 | 27066487.0 | 84630046.5 | 93639.1 | 96847.9 |
| 其中：煤炭工业 | 76 | 3256957.3 | 9506663.5 | 167301.1 | 125011.2 |
| 石油和石化工业 | 1 | 20422.9 | 165817.9 | 206789.1 | 67108.0 |
| 冶金工业 | 73 | 4723239.7 | 19095340.0 | 38212.0 | 122546.7 |
| 建材工业 | 127 | 1694810.1 | 6649410.4 | 127357.2 | 96090.0 |

续表

| 项　目 | 户　数（户） | 年末国有资产总量（万元） | 资产总额（万元） | 人均利润（元/人） | 人均税费（元/人） |
|---|---|---|---|---|---|
| 化学工业 | 63 | 4600494.5 | 12407498.4 | 292035.3 | 155227.1 |
| 森林工业 | 5 | 1893.3 | 42413.7 | -14437.3 | 7402.1 |
| 食品工业 | 44 | 471556.5 | 1376815.8 | 28152.1 | 35647.7 |
| 烟草工业 | | | | | |
| 纺织工业 | | | | | |
| 医药工业 | 7 | 100701.0 | 324588.0 | 24798.1 | 26257.4 |
| 机械工业 | 90 | 2100208.2 | 6111776.1 | -63808.2 | 30341.6 |
| 电子工业 | 19 | 143585.0 | 246032.9 | 208043.7 | 27444.7 |
| 电力工业 | 115 | 2331236.9 | 7144692.1 | 128394.6 | 185076.3 |
| 市政公用工业 | 510 | 6620361.0 | 19294320.1 | -25290.9 | 34385.4 |
| 其他工业 | 118 | 1001020.5 | 2264677.8 | 34021.0 | 41536.3 |
| 三、建筑业 | 546 | 29491506.3 | 95237225.9 | 243053.0 | 116316.7 |
| 四、交通运输业 | 264 | 51237825.4 | 135451394.3 | -61148.9 | 27756.9 |
| 其中:铁路运输业 | 10 | 378723.6 | 711787.9 | 207644.7 | 53198.4 |
| 道路运输业 | 209 | 38395998.4 | 118171105.3 | -42260.6 | 28794.1 |
| 水上运输业 | 7 | 7391.0 | 20633.5 | -9148.5 | 9844.2 |
| 航空运输业 | 24 | 12389366.6 | 16217222.0 | -169901.1 | 16970.8 |
| 五、仓储业 | 129 | 917757.3 | 4754218.2 | -313163.1 | 31464.1 |
| 六、商贸业 | 477 | 4928248.6 | 21315409.8 | 507050.0 | 193608.6 |
| 七、房地产业 | 583 | 16799620.1 | 67902866.8 | -688485.0 | 128872.6 |
| 八、信息传输、软件和信息技术服务业 | 97 | 680328.1 | 2333898.1 | 11501.1 | 34931.9 |
| 其中:电信业 | | | | | |
| 九、社会服务业 | 2367 | 196640557.2 | 437595283.2 | -58220.7 | 50115.3 |
| 十、教育文化广播业 | 186 | 1142632.8 | 2402002.9 | -20432.4 | 7832.5 |
| 十一、科学研究和技术服务业 | 321 | 1367515.7 | 5413168.2 | 37556.6 | 46767.2 |
| 十二、金融业 | 114 | 7487005.3 | 50621669.8 | 411587.0 | 232752.9 |
| 十三、其他 | 65 | 617479.1 | 3601270.6 | -101551.6 | 4018.8 |

# 2022 年西藏自治区监管企业主要指标表

| 项　目 | 户　数（户） | 年末国有资产总量（万元） | 资产总额（万元） | 人均利润（元/人） | 人均税费（元/人） |
|---|---|---|---|---|---|
| 合　并 | 704 | 9513279.2 | 31935043.1 | －25492.7 | 63320.5 |
| 合　计 | 704 | 13826463.4 | 41859779.9 | －11306.0 | 63320.5 |
| 一、农林牧渔业 | 35 | 378139.8 | 1460733.0 | 24401.9 | 34325.1 |
| 其中：农业 | 12 | 206997.3 | 523637.4 | －29252.5 | 13561.1 |
| 林业 | 7 | 32449.8 | 230612.3 | 100782.6 | 40015.6 |
| 畜牧业 | 9 | 52057.2 | 130435.8 | －6523.2 | 2225.6 |
| 渔业 | | | | | |
| 二、工业 | 123 | 1885939.6 | 5221211.4 | －24045.4 | 53917.1 |
| 其中：煤炭工业 | | | | | |
| 石油和石化工业 | | | | | |
| 冶金工业 | 2 | 36090.2 | 55176.4 | 140558.9 | 88089.7 |
| 建材工业 | 40 | 1229701.0 | 2363763.3 | －171554.7 | 74928.3 |
| 化学工业 | 1 | 973.1 | 2780.4 | －305281.6 | 206296.2 |
| 森林工业 | 1 | 94.1 | 805.4 | 0.0 | 0.0 |
| 食品工业 | 11 | 18469.8 | 140893.3 | －4999.5 | 9851.3 |
| 烟草工业 | | | | | |
| 纺织工业 | 4 | 8243.2 | 32235.1 | －148362.0 | 2.4 |
| 医药工业 | 6 | 72677.1 | 84382.1 | 64720.0 | 64808.7 |
| 机械工业 | | | | | |
| 电子工业 | 1 | 0.0 | 3.1 | 0.0 | 0.0 |
| 电力工业 | 19 | 266734.2 | 1347896.3 | 1349239.0 | 229477.1 |
| 市政公用工业 | 11 | 113480.5 | 647063.8 | 3187.0 | 25891.5 |
| 其他工业 | 27 | 139476.4 | 546212.0 | －33906.9 | 28876.8 |
| 三、建筑业 | 94 | 1573215.8 | 6926107.7 | 19119.4 | 97747.8 |
| 四、交通运输业 | 41 | 148980.3 | 2293796.1 | －182845.0 | 41535.0 |
| 其中：铁路运输业 | | | | | |
| 道路运输业 | 36 | 53508.9 | 492996.7 | －89244.7 | 10473.8 |
| 水上运输业 | | | | | |
| 航空运输业 | 4 | 95471.4 | 1790907.2 | －247157.1 | 62876.9 |

续表

| 项　目 | 户　数<br>(户) | 年末国有资产总量<br>(万元) | 资产总额<br>(万元) | 人均利润<br>(元/人) | 人均税费<br>(元/人) |
|---|---|---|---|---|---|
| 五、仓储业 | 3 | 18791.0 | 22131.8 | −118817.1 | 4276.7 |
| 六、商贸业 | 70 | 283615.0 | 755561.3 | 2342.0 | 160623.4 |
| 七、房地产业 | 84 | 3952278.9 | 12214992.3 | 325279.1 | 153335.2 |
| 八、信息传输、软件和信息技术服务业 | 19 | 105624.9 | 224276.0 | −26063.4 | 176452.5 |
| 其中:电信业 | | | | | |
| 九、社会服务业 | 160 | 4762455.0 | 11099153.0 | −34570.0 | 31382.1 |
| 十、教育文化广播业 | 17 | 208957.3 | 779410.7 | −359129.6 | 7416.0 |
| 十一、科学研究和技术服务业 | 39 | 96028.6 | 254137.9 | 30265.9 | 24870.0 |
| 十二、金融业 | 11 | 358419.4 | 426650.0 | 1132465.8 | 145404.1 |
| 十三、其他 | 8 | 54017.8 | 181618.7 | −414507.6 | 6066.0 |

# 2022年陕西省监管企业主要指标表

| 项　目 | 户　数<br>(户) | 年末国有资产总量<br>(万元) | 资产总额<br>(万元) | 人均利润<br>(元/人) | 人均税费<br>(元/人) |
|---|---|---|---|---|---|
| 合　并 | 6573 | 148694781.3 | 638670802.8 | 149225.2 | 196688.7 |
| 合　计 | 6573 | 315354553.1 | 975330731.8 | 247634.8 | 198856.6 |
| 一、农林牧渔业 | 259 | 2188073.3 | 5477735.4 | −3806.5 | 13263.9 |
| 其中:农业 | 186 | 1367763.8 | 3796257.4 | −24160.1 | 11215.2 |
| 林业 | 27 | 415386.9 | 568820.9 | −8958.2 | 9157.5 |
| 畜牧业 | 11 | 48750.5 | 124803.3 | 46634.3 | 9089.0 |
| 渔业 | 3 | 901.5 | 1876.3 | −98166.4 | 66.4 |
| 二、工业 | 1509 | 93246434.5 | 277908384.5 | 376880.9 | 332115.4 |
| 其中:煤炭工业 | 117 | 34050488.1 | 101882762.9 | 1671507.9 | 766240.5 |
| 石油和石化工业 | 65 | 17455084.8 | 51145064.1 | −30922.7 | 590171.4 |
| 冶金工业 | 118 | 6830145.4 | 27564570.2 | −6713.0 | 73218.3 |
| 建材工业 | 106 | 2564062.3 | 8686758.8 | −24782.0 | 81717.8 |

续表

| 项　目 | 户　数（户） | 年末国有资产总量（万元） | 资产总额（万元） | 人均利润（元/人） | 人均税费（元/人） |
|---|---|---|---|---|---|
| 化学工业 | 122 | 13702806.2 | 30914957.0 | 5389.5 | 205825.4 |
| 森林工业 | 2 | 767.9 | 10034.1 | －23313.2 | 6752.0 |
| 食品工业 | 46 | 240678.7 | 707920.3 | －27365.9 | 49618.6 |
| 烟草工业 | | | | | |
| 纺织工业 | 23 | 659386.6 | 1633011.2 | 15526.2 | 5348.3 |
| 医药工业 | 21 | 284340.7 | 1759089.6 | 141751.9 | 141256.9 |
| 机械工业 | 240 | 5001589.6 | 15528799.3 | 19579.8 | 41448.1 |
| 电子工业 | 71 | 657301.4 | 2380490.4 | 25955.7 | 20122.9 |
| 电力工业 | 184 | 5102930.7 | 15843156.0 | 226164.7 | 177395.4 |
| 市政公用工业 | 308 | 5250151.7 | 15348316.9 | －5316.8 | 56595.3 |
| 其他工业 | 86 | 1446700.4 | 4503453.6 | 76120.2 | 129434.4 |
| 三、建筑业 | 720 | 42634308.2 | 166055620.6 | 156500.4 | 103333.1 |
| 四、交通运输业 | 195 | 29476840.5 | 99034772.4 | －14097.6 | 12650.6 |
| 其中：铁路运输业 | 26 | 3987486.7 | 6420842.3 | 40165.1 | 152126.2 |
| 道路运输业 | 137 | 21252030.4 | 83457202.8 | 9910.3 | 5750.4 |
| 水上运输业 | 2 | 299.9 | 1514.6 | －245884.4 | 153872.7 |
| 航空运输业 | 24 | 3548938.8 | 6322609.6 | －201948.9 | 8677.7 |
| 五、仓储业 | 122 | 1336751.5 | 3229300.4 | 25981.8 | 22874.2 |
| 六、商贸业 | 674 | 6424839.2 | 33479190.1 | 244064.5 | 140032.0 |
| 七、房地产业 | 889 | 40883964.3 | 154248458.6 | 170025.5 | 159849.0 |
| 八、信息传输、软件和信息技术服务业 | 109 | 653263.8 | 2048961.1 | 36703.2 | 28047.8 |
| 其中：电信业 | | | | | |
| 九、社会服务业 | 1281 | 78383888.8 | 173612811.9 | 221327.2 | 43369.6 |
| 十、教育文化广播业 | 170 | 871616.4 | 2301435.9 | －54705.4 | 9604.2 |
| 十一、科学研究和技术服务业 | 388 | 5180601.9 | 11172589.6 | 64338.4 | 34708.3 |
| 十二、金融业 | 155 | 13256120.7 | 43040310.9 | 260225.6 | 177432.8 |
| 十三、其他 | 102 | 817850.0 | 3721160.4 | 33788.4 | 2351.4 |

# 2022年甘肃省监管企业主要指标表

| 项　目 | 户　数（户） | 年末国有资产总量（万元） | 资产总额（万元） | 人均利润（元/人） | 人均税费（元/人） |
|---|---|---|---|---|---|
| 合　并 | 3551 | 91266958.6 | 276793828.3 | 43166.3 | 70979.7 |
| 合　计 | 3551 | 145733758.3 | 380243160.0 | 71175.3 | 70970.6 |
| 一、农林牧渔业 | 202 | 2632900.7 | 7293988.8 | —1202.8 | 4113.3 |
| 其中：农业 | 132 | 2016141.7 | 5426500.3 | 3236.3 | 3492.4 |
| 林业 | 14 | 157777.8 | 208371.8 | 87420.4 | 58523.7 |
| 畜牧业 | 24 | 135870.9 | 423199.2 | —66602.0 | 2679.1 |
| 渔业 | | | | | |
| 二、工业 | 706 | 31812428.0 | 81209976.6 | 122864.0 | 110434.8 |
| 其中：煤炭工业 | 42 | 4793098.7 | 8698967.6 | 203583.9 | 89777.8 |
| 石油和石化工业 | 6 | 27762.5 | 184628.6 | —664213.9 | 163063.3 |
| 冶金工业 | 70 | 15319746.7 | 38036905.7 | 233081.0 | 186246.4 |
| 建材工业 | 92 | 1222938.5 | 2847448.6 | —1906.4 | 60647.0 |
| 化学工业 | 47 | 682198.2 | 2855497.8 | —18648.5 | 41932.1 |
| 森林工业 | 2 | 1306.1 | 9684.4 | —186557.5 | 25833.9 |
| 食品工业 | 13 | 185213.3 | 533485.5 | 24910.6 | 16188.4 |
| 烟草工业 | | | | | |
| 纺织工业 | 3 | 54816.3 | 115221.0 | —6303.2 | 15593.1 |
| 医药工业 | 15 | 410380.4 | 1417173.1 | 80714.3 | 69037.2 |
| 机械工业 | 118 | 2477613.1 | 8691348.7 | —11469.6 | 39600.5 |
| 电子工业 | 2 | 4246.2 | 8721.8 | —10196.4 | 9039.9 |
| 电力工业 | 92 | 2987693.4 | 8437846.2 | 182387.4 | 98650.9 |
| 市政公用工业 | 150 | 2797223.5 | 7380156.9 | —111009.0 | 17971.9 |
| 其他工业 | 54 | 848191.3 | 1992890.8 | —146542.1 | 45307.5 |
| 三、建筑业 | 504 | 22530154.2 | 63541902.2 | 57314.0 | 55027.4 |
| 四、交通运输业 | 161 | 25280196.3 | 76222896.7 | —54311.7 | 17670.0 |
| 其中：铁路运输业 | 6 | 2243021.3 | 2759035.6 | —34458.6 | 31464.1 |
| 道路运输业 | 128 | 22114640.5 | 69516767.0 | —45220.8 | 17702.7 |
| 水上运输业 | 5 | 9067.6 | 23466.9 | 60456.8 | 4574.2 |
| 航空运输业 | 15 | 907933.8 | 3896143.2 | —119876.7 | 10958.1 |

续表

| 项　目 | 户　数(户) | 年末国有资产总量(万元) | 资产总额(万元) | 人均利润(元/人) | 人均税费(元/人) |
|---|---|---|---|---|---|
| 五、仓储业 | 103 | 1692672.6 | 3920928.4 | －54836.2 | 21474.4 |
| 六、商贸业 | 320 | 1471829.0 | 7722291.9 | 130100.9 | 115473.7 |
| 七、房地产业 | 288 | 13405394.8 | 46020663.4 | 128857.9 | 83376.1 |
| 八、信息传输、软件和信息技术服务业 | 57 | 184251.8 | 660195.9 | 18067.8 | 26305.6 |
| 其中：电信业 | 1 | 249.2 | 18544.0 | －166910.3 | 0.0 |
| 九、社会服务业 | 780 | 36557946.0 | 73313262.6 | －34314.6 | 18075.2 |
| 十、教育文化广播业 | 101 | 884379.2 | 2134026.6 | －48077.2 | 16708.9 |
| 十一、科学研究和技术服务业 | 251 | 1644308.9 | 3327824.7 | 68359.6 | 31625.3 |
| 十二、金融业 | 63 | 7582594.2 | 14726583.7 | 1719738.9 | 508584.2 |
| 十三、其他 | 15 | 54702.4 | 148618.5 | －2928.8 | 1553.4 |

## 2022 年青海省监管企业主要指标表

| 项　目 | 户　数(户) | 年末国有资产总量(万元) | 资产总额(万元) | 人均利润(元/人) | 人均税费(元/人) |
|---|---|---|---|---|---|
| 合　并 | 1054 | 37892694.5 | 101035517.6 | 265034.2 | 129605.7 |
| 合　计 | 1054 | 51927521.7 | 126589299.5 | 375824.1 | 129605.7 |
| 一、农林牧渔业 | 66 | 960918.6 | 1487091.1 | 11719.9 | 4264.0 |
| 其中：农业 | 37 | 726511.3 | 1008791.0 | 9344.3 | 6626.7 |
| 林业 | 8 | 15571.5 | 173637.1 | 99919.0 | 6137.3 |
| 畜牧业 | 15 | 189476.7 | 229131.5 | 66385.5 | 264.8 |
| 渔业 | | | | | |
| 二、工业 | 202 | 9458783.2 | 28994044.2 | 662034.0 | 209219.1 |
| 其中：煤炭工业 | 16 | 5684179.8 | 7109188.0 | －82317.5 | 179677.1 |
| 石油和石化工业 | | | | | |
| 冶金工业 | 41 | 746165.3 | 12658708.2 | 535645.0 | 199192.3 |
| 建材工业 | 14 | 51073.2 | 242120.5 | －51851.9 | 42421.6 |

续表

| 项　目 | 户　数（户） | 年末国有资产总量（万元） | 资产总额（万元） | 人均利润（元/人） | 人均税费（元/人） |
|---|---|---|---|---|---|
| 化学工业 | 28 | 2481656.4 | 6914306.6 | 2356570.9 | 544817.0 |
| 森林工业 | | | | | |
| 食品工业 | 12 | 45083.7 | 78487.9 | －81129.0 | 14901.8 |
| 烟草工业 | | | | | |
| 纺织工业 | | | | | |
| 医药工业 | 2 | 2490.9 | 2544.1 | 124586.4 | 12646.7 |
| 机械工业 | 4 | －32081.8 | 41072.8 | －443604.8 | 99091.8 |
| 电子工业 | | | | | |
| 电力工业 | 15 | 308755.2 | 693223.1 | 32364.7 | 51711.4 |
| 市政公用工业 | 36 | 226128.6 | 936376.9 | －65377.4 | 16668.4 |
| 其他工业 | 34 | －54668.1 | 318016.1 | －115018.9 | 8450.2 |
| 三、建筑业 | 76 | 3121320.0 | 11003337.9 | －11552.1 | 124640.3 |
| 四、交通运输业 | 66 | 18073941.1 | 33947036.5 | －14868.2 | 13789.6 |
| 其中：铁路运输业 | 4 | 5702.5 | 433661.9 | －4348468.2 | 121947.5 |
| 道路运输业 | 58 | 18066492.6 | 33511206.1 | －1678.3 | 13481.8 |
| 水上运输业 | | | | | |
| 航空运输业 | 1 | 36.4 | 50.2 | 0.0 | 0.0 |
| 五、仓储业 | 27 | 209474.1 | 535858.5 | 7108.4 | 16550.1 |
| 六、商贸业 | 105 | 602710.6 | 1728141.4 | 343649.5 | 189701.4 |
| 七、房地产业 | 83 | 1637583.8 | 9103366.2 | －27544.4 | 53062.9 |
| 八、信息传输、软件和信息技术服务业 | 12 | 9826.1 | 24504.5 | 62410.0 | 20859.7 |
| 其中：电信业 | | | | | |
| 九、社会服务业 | 239 | 16088891.9 | 35901329.6 | 243863.6 | 39989.2 |
| 十、教育文化广播业 | 39 | 106180.0 | 226308.3 | －35421.5 | 6661.1 |
| 十一、科学研究和技术服务业 | 81 | 351532.2 | 951121.9 | 125728.1 | 33561.7 |
| 十二、金融业 | 51 | 1239481.3 | 2610215.0 | 617816.6 | 300375.8 |
| 十三、其他 | 7 | 66878.7 | 76944.4 | －2800.6 | 8088.8 |

# 2022年宁夏回族自治区监管企业主要指标表

| 项　目 | 户　数（户） | 年末国有资产总量（万元） | 资产总额（万元） | 人均利润（元/人） | 人均税费（元/人） |
|---|---|---|---|---|---|
| 合　并 | 808 | 22140837.8 | 50247516.3 | 60846.0 | 51510.5 |
| 合　计 | 808 | 37195945.0 | 67070327.1 | 77929.0 | 51583.5 |
| 一、农林牧渔业 | 89 | 1466841.3 | 3305572.2 | 39938.6 | 5971.1 |
| 其中：农业 | 55 | 1133744.5 | 1901256.6 | 50626.0 | 6553.7 |
| 林业 | 11 | 50277.0 | 89337.7 | 9903.0 | 14803.0 |
| 畜牧业 | 11 | 196884.4 | 1135424.5 | 13911.4 | 2082.1 |
| 渔业 | 4 | 7048.1 | 14140.2 | −985.7 | 8358.4 |
| 二、工业 | 96 | 1717536.2 | 5578236.0 | 48659.7 | 62546.6 |
| 其中：煤炭工业 | 3 | 18764.2 | 43157.3 | 202485.0 | 46620.0 |
| 石油和石化工业 | | | | | |
| 冶金工业 | | | | | |
| 建材工业 | 4 | 14071.1 | 46235.6 | 374449.6 | 65545.6 |
| 化学工业 | 4 | 9062.0 | 41790.8 | 51130.6 | 72032.6 |
| 森林工业 | | | | | |
| 食品工业 | 3 | 3992.0 | 16817.9 | −44297.3 | 13755.7 |
| 烟草工业 | | | | | |
| 纺织工业 | 1 | 17561.2 | 63034.7 | −22769.8 | 1138.6 |
| 医药工业 | | | | | |
| 机械工业 | 1 | 220.3 | 6201.0 | 0.0 | 0.0 |
| 电子工业 | 1 | 847.3 | 6700.2 | −245867.7 | 16405.0 |
| 电力工业 | 8 | 128741.2 | 773377.2 | 116424.7 | 63343.6 |
| 市政公用工业 | 65 | 1480957.5 | 4422466.4 | 47464.9 | 65211.5 |
| 其他工业 | 6 | 43319.2 | 158454.9 | −79918.1 | 59977.7 |
| 三、建筑业 | 75 | 586368.7 | 2244088.3 | 67268.5 | 96326.1 |
| 四、交通运输业 | 58 | 8405856.5 | 15751249.5 | 60258.6 | 65820.3 |
| 其中：铁路运输业 | 7 | 3920543.0 | 5334568.1 | 340632.2 | 126468.0 |
| 道路运输业 | 38 | 4441377.7 | 10344821.5 | 25119.9 | 56815.6 |
| 水上运输业 | 2 | 8327.2 | 9884.3 | 117815.6 | 19840.1 |
| 航空运输业 | 6 | 18218.7 | 27308.7 | −618889.0 | 16999.0 |

续表

| 项　目 | 户　数<br>(户) | 年末国有资产总量<br>(万元) | 资产总额<br>(万元) | 人均利润<br>(元/人) | 人均税费<br>(元/人) |
|---|---|---|---|---|---|
| 五、仓储业 | 8 | 7971.5 | 27227.9 | 5415.3 | 4134.4 |
| 六、商贸业 | 40 | 46557.4 | 234373.4 | 15301.6 | 53672.3 |
| 七、房地产业 | 46 | 1606397.4 | 4795322.6 | 241056.0 | 210841.1 |
| 八、信息传输、软件和信息技术服务业 | 23 | 248178.5 | 356110.6 | 10186.5 | 26476.1 |
| 其中:电信业 | | | | | |
| 九、社会服务业 | 237 | 21233087.5 | 31448692.2 | 127796.7 | 33224.3 |
| 十、教育文化广播业 | 27 | 100828.7 | 237648.4 | −97592.5 | 2417.6 |
| 十一、科学研究和技术服务业 | 60 | 151098.4 | 639024.3 | 976.4 | 21744.1 |
| 十二、金融业 | 40 | 1552127.5 | 2313335.5 | 477088.2 | 140819.1 |
| 十三、其他 | 9 | 73095.3 | 139446.3 | −60440.5 | 4873.4 |

## 2022 年新疆维吾尔自治区监管企业主要指标表

| 项　目 | 户　数<br>(户) | 年末国有资产总量<br>(万元) | 资产总额<br>(万元) | 人均利润<br>(元/人) | 人均税费<br>(元/人) |
|---|---|---|---|---|---|
| 合　并 | 3722 | 104047584.6 | 276726035.9 | 55508.4 | 56935.7 |
| 合　计 | 3722 | 146574706.0 | 343728491.4 | 75712.6 | 57066.8 |
| 一、农林牧渔业 | 327 | 13155644.4 | 20121162.1 | 22473.0 | 3456.1 |
| 其中:农业 | 151 | 9565769.8 | 11979824.8 | 25097.8 | 2465.1 |
| 林业 | 26 | 385312.8 | 659668.1 | −8306.1 | 924.4 |
| 畜牧业 | 65 | 1821156.2 | 2260027.1 | 1501.1 | 204.9 |
| 渔业 | 4 | −1383.1 | 9745.1 | −128828.4 | 11582.9 |
| 二、工业 | 628 | 21138324.0 | 51498802.0 | 187607.7 | 99052.3 |
| 其中:煤炭工业 | 19 | 2276261.2 | 5290750.4 | 684540.5 | 364548.3 |
| 石油和石化工业 | 14 | 185462.0 | 399431.0 | 288899.2 | 172487.9 |
| 冶金工业 | 54 | 2310977.1 | 5631615.5 | 354275.5 | 158902.1 |
| 建材工业 | 48 | 136610.7 | 613194.2 | −113650.4 | 42370.6 |

续表

| 项　目 | 户　数<br>（户） | 年末国有资产总量<br>（万元） | 资产总额<br>（万元） | 人均利润<br>（元/人） | 人均税费<br>（元/人） |
|---|---|---|---|---|---|
| 化学工业 | 52 | 6723371.5 | 19035798.5 | 259431.4 | 127954.4 |
| 森林工业 | | | | | |
| 食品工业 | 39 | 247093.3 | 712598.9 | －1940.4 | 18824.7 |
| 烟草工业 | | | | | |
| 纺织工业 | 17 | 440118.6 | 1441995.0 | 68315.9 | 16558.5 |
| 医药工业 | 10 | 619841.2 | 1634764.9 | 78805.1 | 137227.2 |
| 机械工业 | 14 | 100474.4 | 292522.8 | －26742.6 | 24254.4 |
| 电子工业 | 3 | 16839.4 | 27430.1 | 383801.3 | 229775.4 |
| 电力工业 | 77 | 2343848.3 | 5202198.5 | 349032.9 | 214375.3 |
| 市政公用工业 | 214 | 5387139.7 | 10259275.2 | 29687.2 | 31046.9 |
| 其他工业 | 67 | 350286.7 | 957227.1 | 56058.1 | 31791.5 |
| 三、建筑业 | 307 | 7826138.2 | 26216840.0 | 85544.5 | 110621.8 |
| 四、交通运输业 | 191 | 12204272.9 | 26631738.0 | －20225.9 | 18810.4 |
| 其中：铁路运输业 | 5 | 101165.0 | 450471.0 | 420318.8 | 238584.8 |
| 道路运输业 | 150 | 10320615.2 | 23618266.0 | 4194.9 | 17311.0 |
| 水上运输业 | 1 | －45.5 | 15571.8 | 5.8 | 18584.8 |
| 航空运输业 | 13 | 1486838.7 | 1881360.0 | －145133.4 | 13507.0 |
| 五、仓储业 | 110 | 333300.3 | 1677097.2 | 18818.9 | 16811.3 |
| 六、商贸业 | 407 | 2227920.7 | 9711135.3 | 107817.5 | 126765.0 |
| 七、房地产业 | 296 | 10769485.2 | 34122146.5 | －993.0 | 59072.4 |
| 八、信息传输、软件和信息技术服务业 | 81 | 169235.8 | 746603.0 | 80970.6 | 40056.2 |
| 其中：电信业 | | | | | |
| 九、社会服务业 | 997 | 72161402.1 | 139546845.0 | 45569.6 | 37572.0 |
| 十、教育文化广播业 | 69 | 644616.1 | 1325192.3 | 60297.3 | 83554.1 |
| 十一、科学研究和技术服务业 | 193 | 1443911.4 | 2611598.9 | 52541.8 | 31014.5 |
| 十二、金融业 | 72 | 4033068.8 | 28767730.5 | 543129.8 | 298501.4 |
| 十三、其他 | 44 | 467386.2 | 751600.6 | －140943.0 | 16745.7 |

# 2022年新疆生产建设兵团监管企业主要指标表

| 项　目 | 户　数（户） | 年末国有资产总量（万元） | 资产总额（万元） | 人均利润（元/人） | 人均税费（元/人） |
|---|---|---|---|---|---|
| 合　并 | 1545 | 15492317.8 | 64006521.7 | 22857.2 | 52179.9 |
| 合　计 | 1545 | 29299139.8 | 93358749.5 | 69185.2 | 52179.9 |
| 一、农林牧渔业 | 235 | 2211126.1 | 7447728.0 | 28191.0 | 8940.5 |
| 其中：农业 | 66 | 994202.5 | 2650839.6 | 48635.7 | 21159.0 |
| 林业 | 4 | 60323.2 | 171529.5 | 14405.2 | 1678.2 |
| 畜牧业 | 72 | 764475.7 | 2769815.1 | 199272.9 | 1904.7 |
| 渔业 | | | | | |
| 二、工业 | 348 | 8276368.5 | 25269383.2 | 138564.7 | 72128.0 |
| 其中：煤炭工业 | 14 | 189001.1 | 519759.5 | 113338.9 | 129374.6 |
| 石油和石化工业 | 3 | 15898.8 | 39239.3 | 342187.0 | 332733.3 |
| 冶金工业 | 2 | 45975.1 | 51833.9 | 420570.5 | 148139.9 |
| 建材工业 | 69 | 1547532.1 | 2899209.6 | 150365.5 | 80650.7 |
| 化学工业 | 48 | 2621222.3 | 8093009.5 | 200004.8 | 94477.6 |
| 森林工业 | | | | | |
| 食品工业 | 80 | 578204.8 | 2689342.4 | 103625.2 | 24589.2 |
| 烟草工业 | | | | | |
| 纺织工业 | 6 | 47142.8 | 133344.9 | －16190.5 | 6634.1 |
| 医药工业 | 10 | 454195.7 | 1553167.3 | 2492235.7 | 86387.6 |
| 机械工业 | 5 | 9379.5 | 195651.4 | －6711.9 | 66218.5 |
| 电子工业 | 2 | 112945.8 | 516994.9 | －38404.6 | 21747.2 |
| 电力工业 | 44 | 1935043.6 | 6673531.5 | －62347.4 | 64936.1 |
| 市政公用工业 | 37 | 443083.8 | 1262864.9 | －847.3 | 27344.5 |
| 其他工业 | 28 | 276743.2 | 641433.9 | 52109.1 | 115693.8 |
| 三、建筑业 | 154 | 2069435.7 | 12935559.1 | 26209.7 | 31165.2 |
| 四、交通运输业 | 72 | 1433385.3 | 5162773.0 | －21065.4 | 46106.0 |
| 其中：铁路运输业 | 7 | 133510.7 | 472588.4 | 37308.2 | 9886.7 |
| 道路运输业 | 54 | 1016115.0 | 4179994.5 | －39841.9 | 52849.7 |
| 水上运输业 | | | | | |
| 航空运输业 | 4 | 89369.8 | 282422.3 | －117664.3 | 1470.2 |

续表

| 项　目 | 户　数（户） | 年末国有资产总量（万元） | 资产总额（万元） | 人均利润（元/人） | 人均税费（元/人） |
|---|---|---|---|---|---|
| 五、仓储业 | 18 | 148805.0 | 887855.0 | -104937.9 | 57763.5 |
| 六、商贸业 | 178 | 1923657.3 | 8881919.8 | -24527.5 | 154005.5 |
| 七、房地产业 | 90 | 956971.6 | 3388092.8 | 67473.2 | 190674.9 |
| 八、信息传输、软件和信息技术服务业 | 19 | 25442.0 | 123004.1 | 66595.8 | 44539.4 |
| 其中：电信业 | | | | | |
| 九、社会服务业 | 315 | 11349497.0 | 27059353.4 | 86950.2 | 30340.9 |
| 十、教育文化广播业 | 6 | -15316.6 | 62634.0 | -12325.3 | 17273.2 |
| 十一、科学研究和技术服务业 | 60 | 319884.5 | 938827.0 | 55494.8 | 39894.5 |
| 十二、金融业 | 43 | 570183.9 | 1139122.8 | 227206.7 | 127743.8 |
| 十三、其他 | 7 | 29699.4 | 62497.4 | -49322.0 | 14520.6 |

2023

CHINA' S STATE-OWNED
ASSETS SUPERVISION AND
ADMINISTRATION YEARBOOK

中国国有资产监督管理年鉴

# 国有资产监督管理政策法规选编

## 第六篇

# 中央企业节约能源与生态环境保护监督管理办法

（国务院国有资产监督管理委员会令第41号）

## 第一章　总　则

第一条　为深入贯彻习近平生态文明思想，全面落实党中央、国务院关于生态文明建设的重大决策部署，指导督促中央企业落实节约能源与生态环境保护主体责任，推动中央企业全面可持续发展，根据《中华人民共和国节约能源法》《中华人民共和国环境保护法》等有关法律法规，制定本办法。

第二条　本办法所称中央企业，是指国务院国有资产监督管理委员会（以下简称国资委）根据国务院授权履行出资人职责的国家出资企业。

第三条　国资委对中央企业节约能源与生态环境保护工作履行以下职责：

（一）指导督促中央企业履行节约能源与生态环境保护主体责任，贯彻落实节约能源与生态环境保护相关法律法规、政策和标准。

（二）指导督促中央企业建立健全节约能源与生态环境保护组织管理、统计监测和考核奖惩体系。

（三）建立健全中央企业节约能源与生态环境保护考核奖惩制度，实施年度及任期考核，将考核结果纳入中央企业负责人经营业绩考核体系。

（四）组织或参与对中央企业节约能源与生态环境保护工作的监督检查、约谈。

（五）组织对中央企业节约能源与生态环境保护工作的调研、交流、培训、宣传。

（六）配合做好中央生态环境保护督察相关工作，督促中央企业整改中央生态环境保护督察反馈的问题。

第四条　中央企业节约能源与生态环境保护工作遵循以下原则：

（一）坚持绿色低碳发展。践行绿水青山就是金山银山的理念，坚持生态优先，正确处理节能降碳、生态环境保护与企业发展的关系，构建绿色低碳循环发展体系。

（二）坚持节约优先、保护优先。坚持节约资源和保护环境的基本国策。积极建设资源节约型和环境友好型企业，推动企业产业结构调整和转型升级，促进企业可持续发展。

（三）坚持依法合规。严格遵守国家节约能源与生态环境保护法律法规和有关政策，依法接受国家和地方人民政府节约能源与生态环境保护相关部门的监督管理。

（四）坚持企业责任主体。中央企业是节约能源与生态环境保护责任主体，要严格实行党政同责、一岗双责，按照管发展、管生产、管业务必须管节约能源与生态环境保护的要求，把节约能源与生态环境保护工作贯穿生产经营的全过程。

## 第二章　分类管理

第五条　国资委对中央企业节约能源与生态环境保护实行动态分类监督管理，按照企业所处行业、能源消耗、主要污染物排放水平和生态环境影响程度，将中央企业划分为三类：

（一）第一类企业。主业处于石油石化、钢铁、有色金属、电力、化工、煤炭、建材、交通运输、建筑行业，且具备以下三个条件之一的：

1. 年耗能在200万吨标准煤以上。

2. 二氧化硫、氮氧化物、化学需氧量、氨氮等主要污染物排放总量位于中央企业前三分之一。

3. 对生态环境有较大影响。

（二）第二类企业。第一类企业之外具备以下两个条件之一的：

1. 年耗能在10万吨标准煤以上。

2. 二氧化硫、氮氧化物、化学需氧量、氨氮等主要污染物排放总量位于中央企业中等水平。

（三）第三类企业。除上述第一类、第二类以外的企业。

第六条　国资委根据企业能源消耗、主要污染物排放水平和生态环境影响程度等因素适时对企业类别进行调整。

## 第三章　基本要求

第七条　中央企业应严格遵守国家和地方人民

政府节约能源与生态环境保护相关法律法规、政策和标准，自觉接受社会监督，有效控制能源消费总量，持续提升能源利用效率，减少污染物排放，控制温室气体排放。境外生产经营活动也应严格遵守所在地生态环境保护法律法规。

第八条　中央企业应积极践行绿色低碳循环发展理念，将节约能源、生态环境保护、碳达峰碳中和战略导向和目标要求纳入企业发展战略和规划，围绕主业有序发展壮大节能环保等绿色低碳产业。将节能降碳与生态环境保护资金纳入预算，保证资金足额投入。

第九条　中央企业应建立健全节约能源与生态环境保护组织管理、统计监测、考核奖惩体系。

第十条　中央企业应坚决遏制高耗能、高排放、低水平项目盲目发展，严格执行国家相关产业政策和规划。加强并购重组企业源头管理，把节约能源和生态环境保护专项尽职调查作为并购重组的前置程序。

第十一条　中央企业应对所属企业节约能源与生态环境保护工作进行监督检查，开展环境影响因素识别、风险点排查和隐患治理，防范环境污染事件。

第十二条　中央企业应积极推广应用节能低碳环保新技术、新工艺、新设备、新材料，组织开展绿色低碳技术攻关和应用。

第十三条　中央企业应发挥绿色低碳消费引领作用，强化产品全生命周期绿色管理，扩大绿色低碳产品和服务的有效供给，率先执行企业绿色采购指南，建立健全绿色采购管理制度，推进绿色供应链转型。

第十四条　中央企业应积极稳妥推进碳达峰碳中和工作，科学合理制定实施碳达峰碳中和规划和行动方案，建立完善二氧化碳排放统计核算、信息披露体系，采取有力措施控制碳排放。

第十五条　中央企业应高效开发利用化石能源，积极发展非化石能源，推进能源结构清洁化、低碳化；积极开展能效对标、能源审计、节能诊断、清洁生产审核等工作。

第十六条　中央企业生产经营活动应严格执行生态保护红线、环境质量底线、资源利用上线和环境准入负面清单要求，减少对生态环境扰动，积极开展生态修复。

第十七条　中央企业新建、改建、扩建项目应依法开展环境影响评价、节能评估、水土保持评估和竣工环境保护、水土保持设施自主验收等工作，严格遵守环保设施与主体工程同时设计、同时施工、同时投入生产和使用的有关规定。

第十八条　中央企业应严格执行国家排污许可制度，按照国家和地方人民政府要求规范危险废物的贮存、转移和处置工作。

第十九条　中央企业应自觉履行环境信息强制性披露责任，严格按照法律法规要求的内容、方式和时限如实规范披露环境信息。

第二十条　中央企业应自觉接受中央生态环境保护督察，严格按照有关规定积极配合中央生态环境保护督察工作，如实反映情况和问题，抓好整改落实，加强边督边改、督察问责和信息公开工作。

## 第四章　组织管理

第二十一条　中央企业应建立健全节约能源与生态环境保护领导机构，负责本企业节约能源与生态环境保护总体工作，研究决定节约能源与生态环境保护重大事项，建立工作制度。

第二十二条　中央企业应按有关要求，设置或明确与企业生产经营相适应的节约能源与生态环境保护监督管理机构，明确管理人员。机构设置、人员任职资格和配备数量，应当符合国家和行业的有关规定，并与企业的生产经营内容和性质、管理范围、管理跨度等匹配。

第二十三条　中央企业应落实节约能源与生态环境保护主体责任。企业主要负责人对本企业节约能源与生态环境保护工作负主要领导责任。分管负责人负分管领导责任。

第二十四条　中央企业应加强节约能源与生态环境保护专业队伍建设。组织开展节约能源与生态环境保护宣传和培训，提升全员意识，提高工作能力。

## 第五章　统计监测与报告

第二十五条　中央企业应建立自下而上、逐级把关的节约能源与生态环境保护统计报送信息系统。

第二十六条　中央企业应对各类能源消耗实行分级分类计量，合理配备和使用符合国家标准的能源计量器具。

第二十七条　中央企业应依法开展污染物排放自行监测，按照国家和地方人民政府要求建立污染物排放监测系统。加强二氧化碳统计核算能力建设，提升信息化实测水平。

第二十八条　中央企业应依法建立健全能源消耗、二氧化碳排放、污染物排放等原始记录和统计台账。

第二十九条　中央企业应严格按国家和地方人民政府规范的统计监测口径、范围、标准和方法，结合第三方检测、内部审计、外部审计等多种形式，确保能源消耗、二氧化碳排放、污染物排放等统计监测数据的真实性、准确性和完整性。

第三十条　中央企业应建立健全节约能源与生态环境保护工作报告制度。第一类、第二类企业按季度报送统计报表，第三类企业按年度报送统计报表，并报送年度总结分析报告。

第三十一条　中央企业发生突发环境事件或节能环保违法违规事件后，应按以下要求进行报告：

（一）发生突发环境事件，现场负责人应立即向本单位负责人报告，单位负责人接到报告后，应于 1 小时内向上一级单位负责人报告，并逐级报告至国资委，必要时可越级上报，每级时间间隔不得超过 2 小时。

（二）发生节能环保违法违规事件被处以罚款且单笔罚款金额在 100 万元及以上的，应在当年年度总结分析报告中向国资委报告。

（三）发生节能环保违法违规事件被责令停产整顿；责令停产、停业、关闭；暂扣、吊销许可证或行政拘留的，应在接到正式行政处罚决定书 3 日内向国资委报告。

（四）未受到行政处罚，但被中央生态环境保护督察或省部级及以上主管部门作为违法违规典型案例公开通报或发生其他重大事件的，应在接到报告后 3 日内向国资委报告。

（五）中央企业应将政府有关部门对突发环境事件和节能环保违法违规事件的有关调查情况及时报送国资委，并将整改、责任追究落实情况向国资委报告。

## 第六章　突发环境事件应急管理

第三十二条　中央企业应坚持预防为主、预防与应急相结合的原则开展突发环境事件应急管理工作。

第三十三条　中央企业应依法制定和完善突发环境事件应急预案，按要求报所在地生态环境主管部门备案，并定期开展应急演练。

第三十四条　中央企业应加强应急处置救援能力建设，定期进行突发环境事件应急知识和技能培训。

第三十五条　中央企业发生或者可能发生突发环境事件时，应立即启动相应级别突发环境事件应急预案。

第三十六条　中央企业在突发环境事件发生后，应开展环境应急监测，按要求执行停产、停排措施，积极配合事件调查，推动环境恢复工作。

第三十七条　中央企业应建立健全突发环境事件舆情应对工作机制。

## 第七章　考核与奖惩

第三十八条　国资委将中央企业节约能源与生态环境保护考核评价结果纳入中央企业负责人经营业绩考核体系。

第三十九条　国资委对中央企业节约能源与生态环境保护实行年度和任期、定量或定性考核。

第四十条　对发生突发环境事件、节能环保违法违规事件、统计数据严重不实和弄虚作假等情形的，年度考核予以扣分或降级处理。

第四十一条　中央企业应根据国家节约能源与生态环境保护有关政策、企业所处行业特点和节约能源与生态环境保护水平，对照同行业国际国内先进水平，提出科学合理的任期考核指标和目标建议值。

第四十二条　国资委对中央企业任期节约能源与生态环境保护考核指标和目标建议值进行审核，并在中央企业负责人任期经营考核责任书中明确。

第四十三条　中央企业应在考核期末对节约能源与生态环境保护考核完成情况进行总结分析，并报送国资委。国资委对考核完成情况进行考核评价。

第四十四条　对节约能源与生态环境保护取得突出成绩的，经国资委评定后对企业予以任期通报表扬。

第四十五条　中央企业应建立完善企业内部考核奖惩体系，结合国资委下达的节约能源与生态环境保护考核指标和目标，逐级分解落实相关责任；对发生造成严重不良影响的突发环境事件、节能环保违法违规事件，或存在能源消耗、污染物排放、二氧化碳排放数据弄虚作假行为的，按规定对年度考核实行扣分或降级处理；对成绩突出的单位和个人，可进行表彰奖励。

第四十六条　国资委依据本办法制定《中央企业节约能源与生态环境保护考核细则》，并根据需要进行修订。

### 第八章　附　则

第四十七条　本办法所指突发环境事件，依据《国家突发环境事件应急预案》确定。

第四十八条　各地区国有资产监督管理机构可以参照本办法，结合本地区实际情况制定相关规定。

第四十九条　本办法由国资委负责解释。

第五十条　本办法自 2022 年 8 月 1 日起施行。《中央企业节能减排监督管理暂行办法》（国资委令第 23 号）同时废止。

# 中央企业合规管理办法

（国务院国有资产监督管理委员会令第 42 号）

### 第一章　总　则

第一条　为深入贯彻习近平法治思想，落实全面依法治国战略部署，深化法治央企建设，推动中央企业加强合规管理，切实防控风险，有力保障深化改革与高质量发展，根据《中华人民共和国公司法》《中华人民共和国企业国有资产法》等有关法律法规，制定本办法。

第二条　本办法适用于国务院国有资产监督管理委员会（以下简称国资委）根据国务院授权履行出资人职责的中央企业。

第三条　本办法所称合规，是指企业经营管理行为和员工履职行为符合国家法律法规、监管规定、行业准则和国际条约、规则，以及公司章程、相关规章制度等要求。

本办法所称合规风险，是指企业及其员工在经营管理过程中因违规行为引发法律责任、造成经济或者声誉损失以及其他负面影响的可能性。

本办法所称合规管理，是指企业以有效防控合规风险为目的，以提升依法合规经营管理水平为导向，以企业经营管理行为和员工履职行为为对象，开展的包括建立合规制度、完善运行机制、培育合规文化、强化监督问责等有组织、有计划的管理活动。

第四条　国资委负责指导、监督中央企业合规管理工作，对合规管理体系建设情况及其有效性进行考核评价，依据相关规定对违规行为开展责任追究。

第五条　中央企业合规管理工作应当遵循以下原则：

（一）坚持党的领导。充分发挥企业党委（党组）领导作用，落实全面依法治国战略部署有关要求，把党的领导贯穿合规管理全过程。

（二）坚持全面覆盖。将合规要求嵌入经营管理各领域各环节，贯穿决策、执行、监督全过程，落实到各部门、各单位和全体员工，实现多方联动、上下贯通。

（三）坚持权责清晰。按照“管业务必须管合规”要求，明确业务及职能部门、合规管理部门和监督部门职责，严格落实员工合规责任，对违规行为严肃问责。

（四）坚持务实高效。建立健全符合企业实际的合规管理体系，突出对重点领域、关键环节和重要人员的管理，充分利用大数据等信息化手段，切实提高管理效能。

第六条　中央企业应当在机构、人员、经费、技术等方面为合规管理工作提供必要条件，保障相关工作有序开展。

### 第二章　组织和职责

第七条　中央企业党委（党组）发挥把方向、管大局、促落实的领导作用，推动合规要求在本企业得到严格遵循和落实，不断提升依法合规经营管理水平。

中央企业应当严格遵守党内法规制度，企业党建工作机构在党委(党组)领导下,按照有关规定履行相应职责,推动相关党内法规制度有效贯彻落实。

第八条　中央企业董事会发挥定战略、作决策、防风险作用,主要履行以下职责:

(一)审议批准合规管理基本制度、体系建设方案和年度报告等。

(二)研究决定合规管理重大事项。

(三)推动完善合规管理体系并对其有效性进行评价。

(四)决定合规管理部门设置及职责。

第九条　中央企业经理层发挥谋经营、抓落实、强管理作用,主要履行以下职责:

(一)拟订合规管理体系建设方案,经董事会批准后组织实施。

(二)拟订合规管理基本制度,批准年度计划等,组织制定合规管理具体制度。

(三)组织应对重大合规风险事件。

(四)指导监督各部门和所属单位合规管理工作。

第十条　中央企业主要负责人作为推进法治建设第一责任人,应当切实履行依法合规经营管理重要组织者、推动者和实践者的职责,积极推进合规管理各项工作。

第十一条　中央企业设立合规委员会,可以与法治建设领导机构等合署办公,统筹协调合规管理工作,定期召开会议,研究解决重点难点问题。

第十二条　中央企业应当结合实际设立首席合规官,不新增领导岗位和职数,由总法律顾问兼任,对企业主要负责人负责,领导合规管理部门组织开展相关工作,指导所属单位加强合规管理。

第十三条　中央企业业务及职能部门承担合规管理主体责任,主要履行以下职责:

(一)建立健全本部门业务合规管理制度和流程,开展合规风险识别评估,编制风险清单和应对预案。

(二)定期梳理重点岗位合规风险,将合规要求纳入岗位职责。

(三)负责本部门经营管理行为的合规审查。

(四)及时报告合规风险,组织或者配合开展应对处置。

(五)组织或者配合开展违规问题调查和整改。

中央企业应当在业务及职能部门设置合规管理员,由业务骨干担任,接受合规管理部门业务指导和培训。

第十四条　中央企业合规管理部门牵头负责本企业合规管理工作,主要履行以下职责:

(一)组织起草合规管理基本制度、具体制度、年度计划和工作报告等。

(二)负责规章制度、经济合同、重大决策合规审查。

(三)组织开展合规风险识别、预警和应对处置,根据董事会授权开展合规管理体系有效性评价。

(四)受理职责范围内的违规举报,提出分类处置意见,组织或者参与对违规行为的调查。

(五)组织或者协助业务及职能部门开展合规培训,受理合规咨询,推进合规管理信息化建设。

中央企业应当配备与经营规模、业务范围、风险水平相适应的专职合规管理人员,加强业务培训,提升专业化水平。

第十五条　中央企业纪检监察机构和审计、巡视巡察、监督追责等部门依据有关规定,在职权范围内对合规要求落实情况进行监督,对违规行为进行调查,按照规定开展责任追究。

## 第三章　制度建设

第十六条　中央企业应当建立健全合规管理制度,根据适用范围、效力层级等,构建分级分类的合规管理制度体系。

第十七条　中央企业应当制定合规管理基本制度,明确总体目标、机构职责、运行机制、考核评价、监督问责等内容。

第十八条　中央企业应当针对反垄断、反商业贿赂、生态环保、安全生产、劳动用工、税务管理、数据保护等重点领域,以及合规风险较高的业务,制定合规管理具体制度或者专项指南。

中央企业应当针对涉外业务重要领域,根据所在国家(地区)法律法规等,结合实际制定专项合规管理制度。

第十九条　中央企业应当根据法律法规、监管政策等变化情况,及时对规章制度进行修订完善,对执行落实情况进行检查。

### 第四章　运行机制

第二十条　中央企业应当建立合规风险识别评估预警机制，全面梳理经营管理活动中的合规风险，建立并定期更新合规风险数据库，对风险发生的可能性、影响程度、潜在后果等进行分析，对典型性、普遍性或者可能产生严重后果的风险及时预警。

第二十一条　中央企业应当将合规审查作为必经程序嵌入经营管理流程，重大决策事项的合规审查意见应当由首席合规官签字，对决策事项的合规性提出明确意见。业务及职能部门、合规管理部门依据职责权限完善审查标准、流程、重点等，定期对审查情况开展后评估。

第二十二条　中央企业发生合规风险，相关业务及职能部门应当及时采取应对措施，并按照规定向合规管理部门报告。

中央企业因违规行为引发重大法律纠纷案件、重大行政处罚、刑事案件，或者被国际组织制裁等重大合规风险事件，造成或者可能造成企业重大资产损失或者严重不良影响的，应当由首席合规官牵头，合规管理部门统筹协调，相关部门协同配合，及时采取措施妥善应对。

中央企业发生重大合规风险事件，应当按照相关规定及时向国资委报告。

第二十三条　中央企业应当建立违规问题整改机制，通过健全规章制度、优化业务流程等，堵塞管理漏洞，提升依法合规经营管理水平。

第二十四条　中央企业应当设立违规举报平台，公布举报电话、邮箱或者信箱，相关部门按照职责权限受理违规举报，并就举报问题进行调查和处理，对造成资产损失或者严重不良后果的，移交责任追究部门；对涉嫌违纪违法的，按照规定移交纪检监察等相关部门或者机构。

中央企业应当对举报人的身份和举报事项严格保密，对举报属实的举报人可以给予适当奖励。任何单位和个人不得以任何形式对举报人进行打击报复。

第二十五条　中央企业应当完善违规行为追责问责机制，明确责任范围，细化问责标准，针对问题和线索及时开展调查，按照有关规定严肃追究违规人员责任。

中央企业应当建立所属单位经营管理和员工履职违规行为记录制度，将违规行为性质、发生次数、危害程度等作为考核评价、职级评定等工作的重要依据。

第二十六条　中央企业应当结合实际建立健全合规管理与法务管理、内部控制、风险管理等协同运作机制，加强统筹协调，避免交叉重复，提高管理效能。

第二十七条　中央企业应当定期开展合规管理体系有效性评价，针对重点业务合规管理情况适时开展专项评价，强化评价结果运用。

第二十八条　中央企业应当将合规管理作为法治建设重要内容，纳入对所属单位的考核评价。

### 第五章　合规文化

第二十九条　中央企业应当将合规管理纳入党委（党组）法治专题学习，推动企业领导人员强化合规意识，带头依法依规开展经营管理活动。

第三十条　中央企业应当建立常态化合规培训机制，制定年度培训计划，将合规管理作为管理人员、重点岗位人员和新入职人员培训必修内容。

第三十一条　中央企业应当加强合规宣传教育，及时发布合规手册，组织签订合规承诺，强化全员守法诚信、合规经营意识。

第三十二条　中央企业应当引导全体员工自觉践行合规理念，遵守合规要求，接受合规培训，对自身行为合规性负责，培育具有企业特色的合规文化。

### 第六章　信息化建设

第三十三条　中央企业应当加强合规管理信息化建设，结合实际将合规制度、典型案例、合规培训、违规行为记录等纳入信息系统。

第三十四条　中央企业应当定期梳理业务流程，查找合规风险点，运用信息化手段将合规要求和防控措施嵌入流程，针对关键节点加强合规审查，强化过程管控。

第三十五条　中央企业应当加强合规管理信息系统与财务、投资、采购等其他信息系统的互联互通，实现数据共用共享。

第三十六条　中央企业应当利用大数据等技术，加强对重点领域、关键节点的实时动态监测，实现合规风险即时预警、快速处置。

**第七章　监督问责**

第三十七条　中央企业违反本办法规定，因合规管理不到位引发违规行为的，国资委可以约谈相关企业并责成整改；造成损失或者不良影响的，国资委根据相关规定开展责任追究。

第三十八条　中央企业应当对在履职过程中因故意或者重大过失应当发现而未发现违规问题，或者发现违规问题存在失职渎职行为，给企业造成损失或者不良影响的单位和人员开展责任追究。

**第八章　附　则**

第三十九条　中央企业应当根据本办法，结合实际制定完善合规管理制度，推动所属单位建立健全合规管理体系。

第四十条　地方国有资产监督管理机构参照本办法，指导所出资企业加强合规管理工作。

第四十一条　本办法由国资委负责解释。

第四十二条　本办法自2022年10月1日起施行。

# 关于印发国有企业公司治理示范企业名单的通知

（国资厅发改革〔2022〕3号）

各中央企业，各省、自治区、直辖市及计划单列市和新疆生产建设兵团国资委：

为加快推进中国特色现代企业制度建设，国务院国资委组织中央企业和地方国资委认真开展国有企业公司治理示范企业创建活动。经过企业申报、专家评审、征求意见等环节，确定了公司治理示范企业名单，现印发给你们。请深入做好创建工作，充分发挥示范企业的引领带动作用，以点带面加快提升企业治理能力和治理水平，切实把中国特色现代企业制度优势转化为治理效能。

国务院国资委将适时开展总结评估，加大对典型经验的宣传推广力度，持续打造公司治理标杆示范，促进企业不断增强改革发展的内生动力，加快实现高质量发展。

## 国有企业公司治理示范企业名单

**一、中央企业**

（一）集团公司（28家）

1. 中国航天科技集团有限公司
2. 中国船舶集团有限公司
3. 中国石油化工集团有限公司
4. 中国海洋石油集团有限公司
5. 中国南方电网有限责任公司
6. 中国华能集团有限公司
7. 中国华电集团有限公司
8. 国家电力投资集团有限公司
9. 中国长江三峡集团有限公司
10. 国家能源投资集团有限责任公司
11. 中国移动通信集团有限公司
12. 中国一重集团有限公司
13. 中国东方电气集团有限公司
14. 中国宝武钢铁集团有限公司
15. 中国远洋海运集团有限公司
16. 中国东方航空集团有限公司
17. 中粮集团有限公司
18. 中国建筑股份有限公司
19. 招商局集团有限公司
20. 华润（集团）有限公司
21. 中国商用飞机有限责任公司
22. 中国建材集团有限公司
23. 中国国际技术智力合作集团有限公司
24. 中国中车股份有限公司
25. 中国中铁股份有限公司
26. 中国铁建股份有限公司
27. 中国交通建设集团有限公司
28. 中国能源建设股份有限公司

（二）基层企业（60家）

1. 中国核能电力股份有限公司

2. 航天信息股份有限公司
3. 中国航空技术国际控股有限公司
4. 内蒙古第一机械集团股份有限公司
5. 中电科思仪科技股份有限公司
6. 青岛云路先进材料技术股份有限公司
7. 昆仑能源有限公司
8. 国家管网集团北京管道有限公司
9. 国网信息通信产业集团有限公司
10. 深圳供电局有限公司
11. 华能澜沧江水电股份有限公司
12. 华电江苏能源有限公司
13. 中国长江电力股份有限公司
14. 中国神华能源股份有限公司
15. 中电福富信息科技有限公司
16. 联通数字科技有限公司
17. 深圳中电港技术股份有限公司
18. 一汽解放集团股份有限公司
19. 东风电子科技股份有限公司
20. 苏美达股份有限公司
21. 哈尔滨电气集团佳木斯电机股份有限公司
22. 鞍钢集团朝阳钢铁有限公司
23. 中铜华中铜业有限公司
24. 中远海运控股股份有限公司
25. 中国国际货运航空有限公司
26. 南方航空物流有限公司
27. 上海宝冶集团有限公司
28. 通用环球医疗集团有限公司
29. 中建三局第一建设工程有限责任公司
30. 中建一局集团建设发展有限公司
31. 中储粮油脂有限公司
32. 国投电力控股股份有限公司
33. 招商证券股份有限公司
34. 招商局蛇口工业区控股股份有限公司
35. 华润置地有限公司
36. 中国旅游集团中免股份有限公司
37. 中节能太阳能股份有限公司
38. 诚通基金管理有限公司
39. 中储发展股份有限公司
40. 中煤新集能源股份有限公司
41. 北自所(北京)科技发展股份有限公司
42. 河北钢研德凯科技有限公司
43. 中材节能股份有限公司
44. 有研新材料股份有限公司
45. 北京当升材料科技股份有限公司
46. 中车株洲电力机车研究所有限公司
47. 卡斯柯信号有限公司
48. 中国铁建房地产集团有限公司
49. 烽火通信科技股份有限公司
50. 保利发展控股集团股份有限公司
51. 正元地理信息集团股份有限公司
52. 中煤长江地质集团有限公司
53. 黄石新兴管业有限公司
54. 中国民航技术装备有限责任公司
55. 中国安能集团第二工程局有限公司
56. 中金辐照股份有限公司
57. 深圳市易平方网络科技有限公司
58. 西安西电高压开关有限责任公司
59. 武汉中铁伊通物流有限公司
60. 中汽研汽车试验场股份有限公司

**二、地方国有企业**

(一)集团公司(17 家)

1. 北京金隅集团股份有限公司
2. 天津能源投资集团有限公司
3. 潞安化工集团有限公司
4. 吉林省国有资本运营有限责任公司
5. 上海国际港务(集团)股份有限公司
6. 国泰君安证券股份有限公司
7. 江铃汽车集团有限公司
8. 山东能源集团有限公司
9. 湖北省工业建筑集团有限公司
10. 广东省广新控股集团有限公司
11. 广西投资集团有限公司
12. 海南省发展控股有限公司
13. 重庆渝富控股集团有限公司
14. 贵州酒店集团有限公司
15. 新疆金融投资有限公司
16. 青岛海发国有资本投资运营集团有限公司
17. 深圳市投资控股有限公司

（二）基层企业（40 家）

1. 京东方科技集团股份有限公司
2. 天津港股份有限公司
3. 秦皇岛港股份有限公司
4. 开滦能源化工股份有限公司
5. 富奥汽车零部件股份有限公司
6. 龙建路桥股份有限公司
7. 上海医药集团股份有限公司
8. 上海外服（集团）有限公司
9. 江苏金融租赁股份有限公司
10. 无锡一棉纺织集团有限公司
11. 浙江省浙商资产管理有限公司
12. 安徽省天然气开发股份有限公司
13. 厦门钨业股份有限公司
14. 江西新余国科科技股份有限公司
15. 潍柴控股集团有限公司
16. 三门峡戴卡轮毂制造有限公司
17. 中百控股集团股份有限公司
18. 湖南海利化工股份有限公司
19. 粤海永顺泰集团股份有限公司
20. 广东宏大控股集团股份有限公司
21. 广西融桂物流集团有限公司
22. 柳州五菱汽车工业有限公司
23. 深圳市三鑫科技发展有限公司
24. 重庆三峰环境集团股份有限公司
25. 四川省生态环保产业集团有限责任公司
26. 贵州黔通智联科技股份有限公司
27. 云南云天化股份有限公司
28. 西藏高争民爆股份有限公司
29. 陕西烽火电子股份有限公司
30. 开源证券股份有限公司
31. 兰州兰石重型装备股份有限公司
32. 青海盐湖蓝科锂业股份有限公司
33. 宁夏水务投资集团有限公司
34. 西部黄金股份有限公司
35. 新疆冠农果茸股份有限公司
36. 宁波能源集团股份有限公司
37. 厦门国贸集团股份有限公司
38. 厦门路桥信息股份有限公司
39. 青岛啤酒股份有限公司
40. 深圳市建筑科学研究院股份有限公司

# 关于中央企业加快建设世界一流财务管理体系的指导意见

（国资发财评规〔2022〕23 号）

各中央企业：

财务管理是企业管理的中心环节，是企业实现基业长青的重要基础和保障。近年来，中央企业认真贯彻落实党中央、国务院决策部署，高度重视财务管理工作，持续优化管理手段，不断创新管理模式，积极应用先进管理工具，财务报告、全面预算、资金管理、财务信息化、财务内控、财会队伍建设等工作取得显著成效，前瞻性、有效性稳步增强，规范化、标准化明显提高，有力支撑了中央企业持续健康发展。同时也要看到，部分中央企业集团化财务管控建设不到位、财务管理功能发挥不充分、财务管理手段落后于技术进步，与新时期中央企业高质量发展目标不匹配、不适应。为推动中央企业进一步提升财务管理能力水平，加快建设世界一流财务管理体系，现提出如下意见。

**一、总体要求**

以习近平新时代中国特色社会主义思想为指导，深入贯彻落实习近平总书记关于国有企业改革发展和党的建设重要论述，全面贯彻党的十九大和十九届历次全会精神，完整、准确、全面贯彻新发展理念，服务构建新发展格局，以高质量发展为主题，以深化供给侧结构性改革为主线，以更好履行经济责任、政治责任、社会责任为目标，坚定不移做强做优做大国有资本和国有企业，推动财务管理理念变革、组织变革、机制变革、手段变革，更好统筹发展和安全，更加注重质量和效率，更加突出“支撑战略、支持决策、服务业务、创造价值、防控风险”功能作用，以“规范、精益、集约、稳健、高效、智慧”为标准，以数字技术与财务管理深度融合为抓手，固根基、强职能、优保障，加快构建世界一流财务管理体系，有力支撑服务国家战略，有力支撑建设世界一流企业，有力支撑增强国有经济竞争力、创新力、控制力、影响力、抗风险能力。通过5年左右的努力,中央企业整体财务管理水平明显跃上新台阶,通过10～15年左右的努力,绝大多数中央企业建成与世界一流企业相适应的世界一流财务管理体系,一批中央企业财务管理水平位居世界前列。

**二、着力推动四个变革**

(一)推动财务管理理念变革。

——立足实际。借鉴先进但不照搬照抄,坚持独立自主、贴合自身,建立与企业行业特点、愿景文化、战略规划、发展阶段、组织架构相适应,与中国特色现代企业制度相匹配的财务管理体系。

——守正创新。既要坚守"支撑战略、支持决策、服务业务、创造价值、防控风险"的基本功能定位,更要积极顺应内外部环境变化,着眼未来,主动变革,把财务管理转型升级放到国资国企改革发展大局中去谋划、去推动。

——开放协同。对内深化业财融合、产融协同,对外保持与投资者、债权人的有效沟通,强化产业链、供应链的有效链接,推动各方主体、各类资源、各种要素协同联动聚合发力,实现内外部利益相关者价值共生、共享。

——精益求精。深入践行全员、全要素、全价值链精益管理理念,强化精准投入、精细作业、精确评价,实现资源配置更优化、业务管控更科学、考核导向更明确,促进企业不断提高劳动、资本、技术、管理、数据等全要素生产率。

——技术赋能。主动运用大数据、人工智能、移动互联网、云计算、区块链等新技术,充分发挥财务作为天然数据中心的优势,推动财务管理从信息化向数字化、智能化转型,实现以核算场景为基础向业务场景为核心转换,努力成为企业数字化转型的先行者、引领者、推动者,为加快产业数字化、数字产业化注智赋能。

——坚守底线。严守财经法纪,确保会计信息真实可靠;严把合规关口,强化经营管理活动监督与控制,促进依法合规经营理念深入人心;坚持底线思维,严控财务边界,有效保障经营稳健、资产安全,牢牢守住不发生重大风险的底线。

(二)推动财务管理组织变革。

——健全职能配置。树立"大财务"观,坚持不缺位、不越位、不错位,建立健全各级财务职能和岗位设置,不断夯实财务报告、资金管控、税务管理等基础保障职能,深化拓展成本管控、投融资管理、资本运作等价值创造职能,确保财务资源科学配置、财务运作高效协同。

——优化管控模式。坚持集团化运作、集约化管理,强化集团重要财务规则制定权、重大财务事项管理权、重点经营活动监督权,实现集团对各级企业财务管控的"远程投放"和"标准化复制";坚持因企施策、因业施策、因地制宜,区分不同业务特点、上市非上市、国际国内等情况,探索完善差异化管控模式,实现集中监管与放权授权相统一、管好与放活相统一。

——转变运行机制。结合数字化时代企业管理转型需要,探索推动财务运行机制从金字塔模式向前中后台模式转变,从流程驱动为主向流程驱动与数据驱动并重转变,努力实现管理层级扁平化、管理颗粒精细化、管理视角多维化、管理场景动态化、管理信息实时化,确保反应敏捷、运转高效。

——拓展服务对象。以资本和业务为纽带,将财务服务对象由单个企业或集团的利益相关者,延伸到整个产业链、供应链、生态链,促进数据、信息、技术、标准、金融等全方位协同融合,实现价值共生、共建、共享、共赢,努力促进企业成为产业发展的引领者、产业协同的组织者,助力打造原创技术"策源地"和现代产业链"链长"。

(三)推动财务管理机制变革。

——加强关键指标硬约束。坚持质量第一、效益优先,建立以资产负债率、净资产收益率、自由现金流、经济增加值等关键指标为核心的财务边界,科学测算投资、负债、利润、现金流等指标的平衡点,保持企业整体资本结构稳健、风险可控在控。

——加强资源配置硬约束。坚守主责主业,建立资本收益目标约束,限制资源流向盈利低、占资多、风险高的业务领域,加强金融、境外等重点领域管控,加快低效资本回笼、无效资本清理、亏损资本止损,促进资本布局动态优化。

——加强风控规则硬约束。统筹发展和安全,健全与公司治理架构及管控要求相适应的财务内控体系，扎紧扎牢制度的笼子，健全完善风险管理机制，以规则的确定性应对风险的不确定性。

——加强政策激励软引导。科学制定个性化、差异化指标体系和激励措施，统筹利用财务资源，促进企业更好发挥在落实国家安全、国计民生等重大战略任务中的主力军作用，加强对创新能力体系建设和前瞻性战略性新兴产业投入的支持，助力科技自立自强和国有经济布局优化。

（四）推动财务管理功能手段变革。

——支撑战略。科学配置财务资源，平衡好资本结构，建立由战略规划到年度预算、由预算到考核的闭环联动机制，推动上下贯通、协调一致，促进企业实现发展质量、结构、规模、速度、效益、安全的有机统一。

——支持决策。积极有效参与重大决策全过程，提供准确、高效、多维数据信息，主动、及时发表专业性、建设性意见，支持理性决策、科学决策。

——服务业务。主动融入业务事前、事中、事后全流程，有效识别业务改进的机会和目标，帮助解决业务痛点和难点，为生产运行优化赋能。

——创造价值。运用全面预算、成本管控、税务规划等有效工具，通过资金运作、资产管理、资源配置、资本运营等有效手段，主动创造财务价值，促进提升企业价值。

——防控风险。健全风险防控体系，加强源头治理，强化穿透监测，实现经营、财务风险精准识别、及时预警、有效处置，为企业持续健康发展保驾护航。

**三、重点强化五项职能**

（一）强化核算报告，实现合规精准。建立健全统一的财务核算和报告体系，统一集团内同行业、同板块、同业务的会计科目、会计政策和会计估计，统一核算标准和流程，确保会计核算和报告规范化、标准化。优化核算和报告信息系统，实现会计核算智能化、报表编制自动化。强化决算管理，通过财务决算复盘经营成果、全面清查财产、确认债权债务、核实资产质量。加强审计管理，依规选聘、统一管理中介机构，做好审计沟通协调，抓好审计问题整改，充分发挥审计作用。完善财务稽核机制，加强会计信息质量监督检查，对违规问题严肃惩戒。构建业财融合的财务报告分析体系，利用报表、数据、模型、管理会计工具，建立纵贯企业全部经营管理链条，覆盖各个产品、市场、项目等的多维度指标体系，开展价值跟踪分析，准确反映价值结果，深入揭示价值成因。探索研究利益相关方和行业利益共生报表，更好地用财务语言反映企业发展生态。

（二）强化资金管理，实现安全高效。加强司库管理体系顶层设计，科学制定总体规划，完善制度体系和管理架构，建立总部统筹、平台实施、基层执行“三位一体”的组织体系和“统一管理、分级授权”的管理模式。加快推进司库管理体系落地实施，将银行账户管理、资金集中、资金预算、债务融资、票据管理等重点业务纳入司库体系，强化信息归集、动态管理和统筹调度，实现对全集团资金的集约管理和动态监控，提高资金运营效率、降低资金成本、防控资金风险。逐步将司库管理延伸到境外企业，加强境外资金动态监测，实现“看得到、管得住”。切实加强“两金”管控和现金流管理，强化客户和供应商信用风险管理，减少资金占用，做到应收尽收、“颗粒归仓”，实现收入、效益和经营现金流的协同增长。完善资金内控体系，将资金内控规则嵌入信息系统。建立健全资金舞弊、合规性、流动性、金融市场等风险监测预警机制。加强对担保、借款等重大事项的统一管理，严格落实各项监管规定。

（三）强化成本管控，实现精益科学。牢固树立过“紧日子”思想，坚持一切成本费用皆可控，坚持无预算不开支，健全全员、全要素、全价值链、全生命周期成本费用管控机制。注重源头管控，着力加强产品研发设计、工程造价等环节管理，实现前瞻性成本控制。抓好过程管控，通过科技创新、工艺优化、流程再造、采购协同、供应链管理、物流和营销渠道整合等方式，持续推进降本增效。创新管控方式，推进目标成本管理，强化对标管理，开展多维度成本分析。有效运用作业成本法、标准成本法、量本利分析、价值工程等工具，持续完善标准成本体系，细化成本定额标准。严控各项费用性开支和非生产性支出。强化考核激励，层层压实责任，激发内生动力。

（四）强化税务管理，实现规范高效。推进集团化税务管理，建立税务政策、资源、信息、数据的统筹调度和使用机制。加强财税政策研究，不断完善税务政策库、信息库，及时指导各级子企业用足用好优惠政策，做到“应缴尽缴，应享尽享”。完善对重大经营决策的税务支持机制，强化业务源头涉税事项管控，积极主动参与投资并购、改制重组等重大事项及新业务模式、交易架构、重大合同等前期设计规划，深入研判相关税务政策，提出专业意见。完善税务管理信息系统，努力实现税务管理工作流程、政策解读、计税规则等事项的统一，提高自动化处理水平。开展税务数据分析，挖掘税务数据价值。加强税务风险防控，分业务、分税种、分国别梳理涉税风险点，制定针对性防控措施，定期开展税务风险监督检查。注重加强境外税收政策研究和涉税事项管理，统筹风险控制与成本优化。

（五）强化资本运作，实现动态优化。加强制度和规则设计，立足国有经济布局优化和结构调整，服务企业战略，聚焦主责主业，遵循价值创造理念，尊重资本市场规律，适应财务承受能力，优化资本结构，激发资本活力。通过债务重组、破产重整、清算注销等法制化方式，主动减量；有效运用专业化整合、资产证券化等运作手段，盘活存量；有序推进改制上市、引战混改等改革措施，做优增量，促进资本在流动中增值，实现动态优化调整。加大“两非”剥离、“两资”清理工作力度，加快亏损企业治理、历史遗留问题处理，优化资产和业务质量，提升资本效益。强化上市公司管理，提升上市公司市值和价值创造能力。强化金融业务管理，严防脱实向虚，加大产融协同力度，实现产融衔接、以融促产。强化价值型、战略型股权管理，完善股权治理体系，优化股权业务结构、产业结构、地域结构，不断提高股权投资回报水平。强化参股企业管理，依法行使股东权责，严格财务监管，规范字号等无形资产使用，有效保障股东权益。

**四、持续完善五大体系**

（一）完善纵横贯通的全面预算管理体系。完善覆盖全部管理链条、全部企业和预算单元，跨部门协同、多方联动的全面预算组织体系、管理体系和制度体系，实现财务预算与业务、投资、薪酬等预算的有机融合。建立高效的资源配置机制，实现全面预算与企业战略、中长期发展规划紧密衔接。完善预算编制模型，优化预算指标体系，科学测算资本性支出预算，持续优化经营性支出预算，搭建匹配企业战略的中长期财务预测模型。统筹兼顾当期效益和中长期资本积累，以财务承受能力作为业务预算和投资预算的边界和红线。加强预算执行跟踪、监测、分析，及时纠偏。按照“无预算不开支、无预算不投资”原则，严控预算外经济行为。强化预算执行结果考核评价，增强刚性约束，实现闭环管理。

（二）完善全面有效的合规风控体系。建立健全财务内部控制体系，细化关键环节管控措施。提高自动控制水平，实现财务内控标准化、流程化、智能化。严格财务内控执行，定期开展有效性评价。严把合规关口，深度参与企业重要规章制度的制定，参与战略规划、改制重组、投资并购等重大事项决策，参与业务模式设计、项目评估、合同评审等重点环节，强化源头合规把控、过程合规管控、结果合规监控。完善债务风险、资金风险、投资风险、税务风险、汇率风险等各类风险管控体系，加强对重要子企业和重点业务管控，针对不同类型、不同程度的风险，建立分类、分级风险评估和应对机制。采用信息化、数字化手段，建立风险量化评估模型和动态监测预警机制，实现风险“早发现、早预警、早处置”。积极主动防范境外国有资产风险，合理安排境外资产负债结构，努力推动中高风险国家（地区）资产与负债相匹配，降低风险净敞口。加强财会监督与纪检、巡视、审计等监督主体的协同联动，形成合力。

（三）完善智能前瞻的财务数智体系。统筹制定全集团财务数字化转型规划，完善制度体系、组织体系和管控体系，加强跨部门、跨板块协同合作，建立智慧、敏捷、系统、深入、前瞻的数字化、智能化财务。统一底层架构、流程体系、数据规范，横向整合各财务系统、连接各业务系统，纵向贯通各级子企业，推进系统高度集成，避免数据孤岛，实现全集团“一张网、一个库、一朵云”。推动业财信息全面对接和整合，构建因果关系的数据结构，对生产、经营和投资活动实施主体化、全景化、全程化、实时化反映，实现业、财、技一体化管控和协同优化，推进经营决策由经验主导向数据和模型驱动转变。建立健全数据产生、采集、清洗、整合、分析和应用的全生命周期治理体系，完善数据标准、规则、组织、技术、模型，加强数据源端治理，提升数据质量，维护数据资产，激活数据价值。积极探索依托财务共享实现财务数字化转型的有效路径，推进共享模式、流程和技术创新，从核算共享向多领域共享延伸，从账务集中处理中心向企业数据中心演进，不断提高共享效率、拓展共享边界。加强系统、平台、数据安全管理，筑牢安全防护体系。具备条件的企业应探索建立基于自主可控体系的数字化、智能化财务。

（四）完善系统科学的财务管理能力评价体系。构建与企业战略和业务特点相适应、与财务管理规划和框架相匹配的财务管理能力评价体系，促进各级企业财务管理能力水平渐进改善、持续提升。科学设计评价指标，分类、分级制定评价标准、评价方式和分值权重。坚持导向性原则，充分满足财经法规约束和监管要求、体现财务管理发展目标；坚持系统性原则，覆盖全部财务管理职能要素、全级次企业、全业务板块，涵盖财务管理基本规范、过程表现及成效结果；坚持适用性原则，统筹通用性标准与个性化特点，根据不同子企业经营规模、业务特点等设置不同基础系数或差异化指标；坚持重要性原则，对重点子企业和关键流程，予以分值或权重倾斜。完善评价工作机制，建立健全制度体系、组织体系，深化评价结果应用。结合财务管理提升进程，动态优化评价体系。

（五）完善面向未来的财务人才队伍建设体系。健全财务人才选拔、培养、使用、管理和储备机制，打造政治过硬、作风优良、履职尽责、专业高效、充满活力的财务人才队伍，实现能力更多元、结构更优化，数量和质量充分适应时代进步、契合企业需求。科学构建与企业高质量发展目标相匹配的复合型财务人才能力提升框架，着重增强科学思维能力、创新提效能力、风险管控能力、统筹协调能力、国际经营能力。建立健全多层次财务人才培养培训体系。加强中高端财务人才队伍建设，提高中高级财务人才占比，推动财务人才结构从金字塔型向纺锤型转变。配强配优各级总会计师和财务部门负责人，深入开展重要子企业总会计师委派。加大轮岗交流力度，探索开展业务和项目派驻制。加强境外财务人才管理，全面落实向境外派出财务主管人员要求。加强履职管理，建立关键岗位任职资格要求和科学评价体系，强化正向引导激励，畅通职业发展通道。强化党建引领和文化建设，营造干事创业的良好环境，培养风清气正的团队氛围和健康向上的财务文化，推动财务人才不断提高政治素质和党性修养，坚守职业操守和道德底线。

**五、做好组织实施**

（一）加强组织领导。各中央企业要高度重视世界一流财务管理体系建设，强化组织领导，健全工作机制，主要负责人抓总负责，总会计师或分管财务工作负责人牵头落实，财务部门具体组织实施，各职能部门和各级子企业协同联动，共同推动落地见效。

（二）抓好贯彻落实。各中央企业要把建设世界一流财务管理体系列入重要议事日程，做好与各项改革发展工作的统筹结合，研究重大问题，把握改革方向，蹄疾步稳扎实推进。结合企业实际制定完善规划方案，明确工作目标，细化时间节点，分解工作任务，层层落实责任。

（三）强化培训交流。各中央企业要加强世界一流财务管理体系建设理念、方法、措施、任务的培训宣贯，统一思想，凝聚共识，营造良好氛围。深入总结企业财务管理先进经验，搭建沟通交流平台，对标先进找差距，相互交流促提升。鼓励具备条件的企业建立专门的财务研究机构。

（四）持续跟踪评估。各中央企业要将世界一流财务管理体系建设融入年度工作目标，及时跟进落地实施情况，分阶段评估执行效果，适当与企业内部绩效考核挂钩，探索建立财务管理提升的长效机制。

国资委将加强财务管理理论研究和实践总结，健全多层次财会人才队伍培训体系，适时开展成效评估，及时总结推广经验，加强工作指导，统筹推进落实。

# 关于做好2022年中央企业违规经营投资责任追究工作的通知

（国资厅发监责〔2022〕7号）

各中央企业：

近年来，中央企业以习近平新时代中国特色社会主义思想为指导，深入贯彻党中央、国务院关于加强国有企业违规经营投资责任追究的决策部署，全面落实国企改革三年行动任务分工，取得积极成效。在国资委的指导推动和引领示范下，建立了全覆盖的出资人违规责任追究工作体系，切实筑牢国有资产安全防线，以追责促落实、促整改、促发展的监督效能不断增强，为做强做优做大国有资本和国有企业，促进中央企业依法合规经营和高质量发展提供了坚实保障。但有的中央企业还存在不敢追责、不愿追责、不会追责的“三不”问题，通过责任追究发挥“治已病、防未病”作用还不到位，责任追究队伍的力量配备和业务能力还有待进一步提升。为深入贯彻习近平总书记重要指示批示精神，落实中央企业负责人会议部署，指导中央企业扎实做好2022年违规经营投资责任追究工作，全面提升依法合规经营水平，促进企业持续健康发展，现就有关事项通知如下：

**一、总体要求**

以习近平新时代中国特色社会主义思想为指导，贯彻党的十九大和十九届历次全会精神，按照国企改革三年行动和国资央企“十四五”规划部署，落实中央企业负责人会议精神，持续深化中央企业违规经营投资责任追究工作，围绕监督效能更高、核查追责更准、协同贯通更顺、制度支撑更牢、队伍建设更强的工作目标，全面履行责任追究职责，切实维护国有资产安全，有效防范化解重大风险，为中央企业在新发展阶段和新发展格局中高质量发展提供坚强保障，以实际行动迎接党的二十大胜利召开。

**二、重点任务**

（一）做实违规问题线索初核工作。各中央企业要深化企业内部监督信息共享和协调联动，切实用好责任追究工作体系，做实做细违规问题线索初步核实工作，做到应核实尽核实、应立项尽立项、应追责尽追责。企业在接受出资人监督和纪检、巡视、审计等监督，以及开展内部监督工作中，要全面分析研判发现的违规问题线索，对其中造成资产损失风险或其他严重不良后果的进一步开展初步核实，按照规定提出分类处置建议和核查追责计划。各中央企业在收到国资委财务决算审核、内控体系有效性抽查评价等有关专项监督检查，以及审计署经济责任审计、财务收支审计的整改通知或审计报告20个工作日内，要向国资委提交相关违规问题线索初步核实专项工作报告，反映初步核实工作开展情况，提出深入核查项目以及后续责任追究工作计划。

（二）严肃查处重大违规问题线索。各中央企业要着力办好党中央、国务院关注和国资委移交的违规问题线索，集中查办中央企业有关综合治理专项行动工作中发现的违规问题，加大对境外违规经营投资问题线索的查处力度，坚决防止“破窗效应”。中央企业集团公司要采取直接核查、联合核查、挂牌督办等方式，强化对所属企业违规责任追究工作的督促指导，重点查处明知故犯、屡查屡犯和长期违规等典型问题线索。各中央企业集团公司每年从直接核查或联合核查违规问题线索中选择典型案例向国资委报送。

（三）深化管理提升建议书推广运用。各中央企业要把查办违规问题、完善内部控制、强化规范管理贯通起来，在以前年度探索经验基础上，不断深化管理提升建议书推广工作，更好发挥责任追究工作“防未病”作用。管理提升建议书要重点反映企业存在的突出违规问题，深入挖掘违规问题背后的制度缺失和管理漏洞，针对性提出强化管理和制度建设的意见建议。2022年，各中央企业将当年办结的一半以上核查项目形成管理提升建议书。

（四）健全完善责任追究工作机制。各中央企业要对标“稳、准、快”的核查追责工作要求，全面总结实践经验，健全责任追究相关工作机制。要创新违规问题线索核查方式，明确集团公司提级查办所属三级及以下子企业违规问题线索的情形，细化与所属企业开展联合核查的适用条件，有效发挥“以上查下”的监督权威。要研究建立责任追究简易程序，对违规情形单一、违规事实清楚，以及对违纪责任人追加违规处理等情形的问题线索，在确保责任追究质量前提下，优化核查追责程序，提升工作效率。对离职退休人员违规责任追究，损失认定、责任认定工作规范，以及境外、参股、金融类子企业责任追究工作等开展专题研究，做好相关制度机制储备。

（五）有效应用监督追责信息系统。各中央企业要持续加强监督追责信息系统建设，按照国资监管数字化智能化提升的目标要求，于6月底前全面建成监督追责信息系统，并与国资委系统完成对接。要促进信息化与监督追责业务有机融合，不断延伸穿透，丰富完善数据采集和统计分析的广度和深度，努力实现监督追责业务信息化监管全覆盖。要进一步推动业务数据在集团公司和所属企业间交互共享，实现业务数据的实时在线采集和定期汇总分析，不断强化业务数据集成，逐步提高监督追责数字化水平。

（六）强化违规责任追究报告工作。违规经营投资责任追究定期报告是全面反映责任追究工作开展情况和取得成效的重要载体，各中央企业要按照时限要求，高质量报送定期报告。为进一步提高报告工作时效，国资委将探索依托监督追责信息系统实时收集中央企业责任追究工作情况，了解掌握企业责任追究相关违规问题线索受理、立项、核查等动态进展，精准督导和定向指导企业责任追究工作。各中央企业要根据后续工作要求，组织做好本企业责任追究报告工作，及时、准确反映企业违规责任追究工作情况。

（七）持续加强责任追究队伍建设。各中央企业要切实拿出有力措施，采取多种方式，配备与企业规模体量、所处行业特点、集团管控需要、问题发生频次等相适应的责任追究工作力量。集团公司和重要子企业应当明确责任追究工作机构和专门岗位，配齐配强专职工作人员，并持续加大培训力度。要研究组建可由集团公司统一调配的企业责任追究工作专业人才库，选择财务、投资、金融、内控、法律、合规等专业人员入库并参与违规问题核查，作为责任追究队伍的有效补充。要保证必要的经费投入，聘用有资质的中介机构参与核查工作，充实核查力量。

**三、组织保障**

（一）加强组织领导。各中央企业要高度重视违规责任追究工作，认真落实有关国企改革文件要求，切实加强党对责任追究工作的领导，企业党委（党组）要履行主体责任，加强对年度工作计划、重点任务等重要事项的研究和指导，审议重大问题线索核查结论、违规责任追究意见等，把党的政治优势、组织优势作为提升监督权威性、有效性的重要保证。要进一步强化董事会作用，推动完善违规经营投资责任追究工作体系，以相关专门委员会为抓手，部署和推动责任追究重点工作，不断提高防范化解重大风险的能力和水平。

（二）明确责任分工。各中央企业要主动作为，结合实际细化本通知重点任务，制定分工方案，提出可操作、可检验、可衡量的成果形式，明确时间节点、落实路径和责任主体。责任追究职能部门要承担工作主责，牵头做好重点任务的落地落细，加强与外部监督检查机构的沟通协调、与集团相关职能部门的协同配合、对所属企业责任追究工作的督促指导，推动解决“三不”问题。责任追究工作人员要以本领高强为目标，忠于职守，锤炼敢于较真碰硬的精气神，持续学习，不断提升责任追究工作能力水平，既要敢追责，又要善追责，为全面履职尽责奠定坚实基础。

（三）强化总结报告。各中央企业要做好重点任务落实情况的报告，除已明确报告形式及报告时限的单项任务外，其他工作任务完成情况均纳入年度责任追究工作定期报告。要注重总结提炼责任追究工作的经验做法，形成的工作成效和创新成果及时报送国资委，遇到的问题及相关工作意见建议请沟通反映。

（四）深入指导交流。国资委将强化中央企业责任追究工作的指导督促，通过培训会议、座谈交流等形式对重点工作的落实情况开展调研检查，并就有关问题适时予以通报；按行业组建中央企业责任追究工作交流组，利用《国资工作交流》等信息载体推广先进典型经验，形成常态化的沟通交流平台。各中央企业要创新对所属企业责任追究工作的督促指导方式，抽查评估所属企业责任追究工作情况，重点关注违规问题线索“零报告、零查处、零追责”企业，以及已查处问题线索的办理质量，提高责任追究工作整体水平。

# 关于企业国有资产交易流转有关事项的通知

（国资发产权规〔2022〕39 号）

各中央企业，各省、自治区、直辖市及计划单列市和新疆生产建设兵团国资委：

《企业国有资产交易监督管理办法》（国资委　财政部令第 32 号）等国有资产交易流转制度印发以来，在推动国有资产规范流转、防止国有资产流失方面发挥了重要作用。为推动国有经济布局优化和结构调整，助力企业实现高质量发展，加强国有资产交易流转管理，现将有关事项通知如下：

一、涉及政府或国有资产监督管理机构主导推动的国有资本布局优化和结构调整，以及专业化重组等重大事项，企业产权在不同的国家出资企业及其控股企业之间转让，且对受让方有特殊要求的，可以采取协议方式进行。

二、主业处于关系国家安全、国民经济命脉的重要行业和关键领域，主要承担重大专项任务的子企业，不得因产权转让、企业增资失去国有资本控股地位。国家出资企业内部重组整合中涉及该类企业时，以下情形可由国家出资企业审核批准：

（一）企业产权在国家出资企业及其控股子企业之间转让的。

（二）国家出资企业直接或指定其控股子企业参与增资的。

（三）企业原股东同比例增资的。

其他情形由国家出资企业报同级国有资产监督管理机构批准。

三、国家出资企业及其子企业通过发行基础设施REITs盘活存量资产，应当做好可行性分析，合理确定交易价格，对后续运营管理责任和风险防范作出安排，涉及国有产权非公开协议转让按规定报同级国有资产监督管理机构批准。

四、采取非公开协议方式转让企业产权，转让方、受让方均为国有独资或全资企业的，按照《中华人民共和国公司法》、企业章程履行决策程序后，转让价格可以资产评估报告或最近一期审计报告确认的净资产值为基础确定。

五、国有控股、实际控制企业内部实施重组整合，经国家出资企业批准，该国有控股、实际控制企业与其直接、间接全资拥有的子企业之间，或其直接、间接全资拥有的子企业之间，可比照国有产权无偿划转管理相关规定划转所持企业产权。

六、企业增资可采取信息预披露和正式披露相结合的方式，通过产权交易机构网站分阶段对外披露增资信息，合计披露时间不少于40个工作日，其中正式披露时间不少于20个工作日。信息预披露应当包括但不限于企业基本情况、产权结构、近3年审计报告中的主要财务指标、拟募集资金金额等内容。

七、产权转让可在产权直接持有单位、企业增资可在标的企业履行内部决策程序后进行信息预披露，涉及需要履行最终批准程序的，应当进行相应提示。

八、产权转让、资产转让项目信息披露期满未征集到意向受让方，仅调整转让底价后重新披露信息的，产权转让披露时间不少于10个工作日，资产转让披露时间不少于5个工作日。

九、产权转让、企业增资导致国家出资企业及其子企业失去标的企业实际控制权的，交易完成后标的企业不得继续使用国家出资企业及其子企业的字号、经营资质和特许经营权等无形资产，不得继续以国家出资企业子企业名义开展经营活动。上述要求应当在信息披露中作为交易条件予以明确，并在交易合同中对工商变更、字号变更等安排作出相应约定。

# 关于中央企业助力中小企业纾困解难促进协同发展有关事项的通知

（国资发财评〔2022〕40号）

各中央企业：

为贯彻落实党中央、国务院决策部署，支持中小企业健康发展，着力构建大中小企业相互依存、相互促进、共同发展的良好生态，不断增强国民经济发展韧性和产业链供应链稳定性，现就推动中央企业采取有力有效措施助力中小企业纾困解难，促进协同发展有关事项通知如下：

**一、及时足额支付账款，助力缓解中小企业资金困难**

严格落实《保障中小企业款项支付条例》，对中小企业账款坚持"应付尽付、应付快付"，从制度、机制、流程和信息化管控上杜绝滥用市场优势地位恶意拖欠账款行为。

1. 严格按照合同约定的时间、方式，及时足额支付中小企业款项。对于出现临时资金周转困难的子企业，集团公司或上级单位要给予临时性资金或增信支持，确保及时足额支付中小企业账款。

2. 对于长期合作、信誉良好、履约及时、确有困难的中小企业，在确保资金安全、对方书面申请、严格履行内部决策程序的前提下，可提前支付或预付部分账款。

3. 加强合规管理，清理霸王条款，不得设立不合理的付款条件、时限。严控“背靠背”付款条款，加强上游款项催收，上游付款后要及时对中小企业付款。

4. 严格票据等非现金支付管理，现金流较为充裕的企业要优先使用现金支付中小企业账款。未事先明示、书面约定非现金支付的，原则上不得使用非现金支付。开具的商业承兑汇票和供应链债务凭证期限原则上不得超过6个月。

**二、切实加快减免房租，助力支持服务业小微企业和个体工商户渡过难关**

认真落实《关于做好2022年服务业小微企业和个体工商户房租减免工作的通知》（国资厅财评〔2022〕29号，以下简称29号文件）要求，坚持“应免尽免、应免快免”，切实加快减免房租政策落地。

5. 对承租中央企业房屋的服务业小微企业和个体工商户，要在2022年普遍减免3个月租金，并力争在上半年完成减免主体工作。对2022年租期分属不同承租人的，要根据不同承租人实际租期按比例减免。

6. 对2022年被列为疫情中高风险地区所在县级行政区域内，承租中央企业房屋的服务业小微企业和个体工商户，再补充减免3个月租金，补充减免工作要在所在县级行政区域出现疫情中高风险地区后2个月内完成。

7. 对于转租、分租中央企业房屋的，要持续加大工作力度，确保减租政策有效传导至实际承租人。对于所属股权多元化子企业，要积极沟通协调，争取中小股东理解支持，在规范履行内部决策程序后，尽快减免租金。

8. 出租房屋所在地政府出台房租减免政策力度大于29号文件要求的，要认真执行属地政策，确保政策不打折扣。对参股企业所属房屋，要积极承担股东责任，与其他股东协商争取支持。不属于29号文件规定减免对象的中小企业提出减免房租申请的，鼓励中央企业本着互惠互利、友好协商、规范决策、共渡难关的原则，在能力可及范围内给予必要帮扶。

**三、大力实施降费提质，助力降低中小企业运行成本**

充分发挥中央企业基础支撑作用，加强生产要素保障，积极落实降费提质要求，为中小企业提供精准、高效、便捷的服务和充足、可靠、优质的供给。

9. 坚决配合地方政府价格主管部门和市场监管部门清理转供电环节不合理加价。对于转供电主体内部产权明晰、具备改造条件的，有序推进“转改直”工作。按照国家有关要求清理规范城镇供电收费，进一步规范收费项目和标准。

10. 落实好餐饮、零售、旅游、民航、公路水路铁路运输等特困行业有关纾困扶持措施，积极配合地方价格主管部门做好特困行业小微企业和个体工商户实行用电阶段性优惠工作。对受疫情影响暂时出现生产经营困难的小微企业和个体工商户用水、用电、用气实行“欠费不停供”，允许其在6个月内补缴欠费。

11. 加快推动5G、人工智能、工业互联网、物联网、大数据、区块链等创新技术与实体产业融合应用，支持中小企业数字化转型。加快发展5G和千兆宽带网络，提升服务质量和水平，打通宽带入户“最后一公里”，确保2022年对中小企业宽带和专线平均资费再降10％。加大云盘、云会议等云办公产品优惠力度，减轻疫情对中小企业线下办公的影响。

12. 创新服务手段，对用水、用电、用气等实施阳光服务，加快实现缴费、保修等“一网通办”。积极建云建平台，大力推进“云采购”“云签约”“云结算”“云物流”，努力让信息多跑路，尽可能节约中小企业“脚底”成本，积极为受疫情影响较大的中小企业减免用云、用平台的费用。

13. 高质量提供煤电油气运等基础服务，做好大宗原材料保供稳价工作，严禁串通涨价、哄抬价格等违法违规行为，带头维护市场价格秩序。发挥物流企业的基础性保障功能，统筹运力，优化航线，加快打造畅通、安全、高效的物流运输通道，促进物流循环畅通。

**四、有力支持资金融通，助力缓解中小企业融资困难**

充分发挥中央企业市场资源优势，运用大数据、区块链等技术手段，推动以融促产，实现自身优质资信与产业链供应链中小企业共享，畅通上下游资金循环。

14. 加大对商用货车消费贷款的支持力度，有效缓解物流企业和个体货车司机贷款偿还压力。中央汽车企业所属金融子企业要发挥引领示范作用，对2022年6月30日前发放的商用货车消费贷款给予6个月延期还本付息政策支持。

15. 积极发挥产业链“核心”企业作用，支持配合上下游中小企业开展供应链融资，努力实现自身优质信用与上下游中小企业共享。中小企业需要以其持有的中央企业集团内单位应付账款、出具的商票和供应链债务凭证等办理融资业务的，要及时确权，严禁高息套利。

16. 积极发挥供应链服务平台作用，基于真实业务数据为上下游中小企业信用赋能，助力中小企业拓展融资渠道、获取低成本资金、减少资金占用。借鉴电e金服“电e贷”、中储智运“运费贷”等供应链平台服务中小企业的经验，立足自身创新服务中小企业方式。

17. 持续推进保函（保险）替代现金保证金，不得向中小企业超比例收取或变相收取不合理的保证金，不得限定中小企业提供保证的方式，及时退还到期保证金。

**五、持续加大创新支持，着力推动大中小企业融通创新**

立足构建新发展格局，发挥中央企业科技引领和带动作用，支持创新型中小企业成长为创新重要发源地，深入开展大中小企业融通创新“携手行动”，推动产业链上中下游、大中小企业融通创新。

18. 充分发挥中央企业产业基金和创业投资基金作用，立足主责主业，吸引带动各类资本支持产业链供应链上下游符合国家战略、有技术优势、有发展潜力的中小企业创新发展，共同推动科技创新和突破关键核心技术、培育战略性新兴产业，服务产业转型升级和发展。

19. 继续面向全社会举办中央企业熠星创新创意大赛，加强创新资源要素供给和科技成果转化服务，开展创新管理培训和创业辅导等，促进大赛项目成果转化落地。

20. 完善协同创新体系，充分发挥科研院所转制企业作用，构建开放、协同、高效的共性技术研发平台，积极参与国家实验室建设，建立一批高水平创新联合体、产业技术创新联盟和公共研发平台，打造高水平“双创”平台，加大对中小企业创新支持力度。

21. 加快打造原创技术策源地，主动对接国家重大战略，与包括中小企业在内的各类主体一道协同攻关，着力突破产业链供应链堵点卡点。支持在产业链供应链上下游培育一大批领军企业和专精特新“隐形冠军”企业。

**六、不断强化引领带动，着力实现大中小企业协同发展**

有效发挥国有资本带动作用，实施现代产业链链长行动计划，持续向产业链中具有高端引领和基础支撑作用的关键环节布局，全力稳链补链固链，为中小企业的发展提供更多应用场景和市场机会。

22. 推动各项稳增长措施落实落地、不断加力，积极扩大有效投资，尽快落地一批“十四五”规划明确的重大项目，尽早形成更多实物工作量，提前为上下游释放订单需求，稳定中小企业预期。

23. 积极采购中小企业优质产品和服务，提升供应链管理水平，深化供需精准匹配，规范采购交易行为，不得设置不合理条件，限制排斥中小企业参与。

24. 围绕主业，加强与高匹配度、高认同感、高协同性的中小企业合作，积极通过投资合作、项目合作、产业共建、搭建联盟等方式，支持带动产业链上下游中小企业协同发展。

25. 发挥产业链核心作用，更好发挥特殊关键时期中央企业在畅通产业循环、市场循环、经济社会循环等方面的龙头带动作用，为受疫情影响的上下游中小企业复工复产提供必要支持。

**七、切实加强组织保障，着力推动各项措施落实落地**

各中央企业要从做好“六稳”工作、落实“六保”任务，有效发挥国有经济战略支撑作用的高度出发，落实落细各项支持政策，让上下游广大中小企业“看得见、摸得着、有感受、得实惠”，关键时刻彰显央企担当。

26. 建立健全工作机制，大力强化组织领导，完善内部考核奖惩要求，结合自身实际细化实化操作流程。按照有关部门和各地促进中小企业发展工作要求，积极组织参与中小企业服务月活动，畅通中小企业诉求受理渠道，更好宣传落实国资央企服务中小企业相关政策措施。

27. 因落实减免房租等帮扶中小企业纾困解难有关政策，对当期经营业绩造成影响的，国资委将在经营业绩考核中实事求是予以考虑。

国资委将加强有关政策落实工作的督促检查力度，对及时支付中小企业账款、减免服务业小微企业和个体工商户租金等政策执行不到位、走过场、或经核实有关投诉反映问题属实的，国资委将按照有关规定严肃追责问责。

# 关于加强中央企业商誉管理的通知

（国资发财评规〔2022〕41 号）

各中央企业：

近年来，随着中央企业投资并购不断增加，形成的商誉规模大幅增长。但在日常工作中我们发现，部分企业存在高溢价、高商誉、高减值的连锁风险，以及商誉初始金额确认不准确、减值测试不规范、信息披露不充分等问题。为加强中央企业商誉管理，夯实财务会计信息质量，有效防范化解风险，推动企业高质量发展，实现国有资产保值增值，现将有关事项通知如下：

**一、高度重视商誉管理，维护国有资产安全**

本通知所指商誉，是指企业在对外并购中形成，合并成本超过被并购企业可辨认净资产公允价值份额且单项入账的资产。过高的商誉预示可能存在较大的减值风险，如果管理不当将对企业权益、会计信息质量产生重大影响，还会加剧企业经营业绩的波动，影响企业平稳运行。

各中央企业要正确认识、高度重视商誉管理的重要性，切实落实主体责任，不断提升全链条、全周期的商誉管理能力，特别要将境外项目以及溢价率（即支付对价/经备案的收购股份对应评估价值－1）高于两年内可比行业或企业平均水平 50%以上的项目（以下称高溢价项目）作为管理重点，实施从严管控，及时化解高商誉潜在风险，切实夯实资产质量，维护国有资产安全。

**二、切实加强源头管控，防范商誉虚增风险**

（一）进一步规范投前管理，严控定价风险。

并购投资是商誉的源头。中央企业要按照《中央企业投资监督管理办法》（国资委令第 34 号）及实施细则有关要求，加强并购投资的源头管理，确保并购项目与发展战略相一致、与年度预算相衔接、与投资能力相匹配。要秉持谨慎性原则扎实开展并购前可研论证和尽职调查，充分获取被并购方的财务和非财务、内部和外部信息，全面了解标的企业的行业背景、财务状况、未来盈利能力、管理团队水平等情况。要规范实施资产评估，严格履行评估工作程序；敦促评估机构结合行业发展趋势审慎开展业绩预测，合理选用评估方法；对不同方法评估值差异较大的项目，要重新论证业绩预测、折现率、可比对象等关键要素的科学合理性。要重点关注评估增值和收购溢价，对其必要性、合理性进行充分论证，对高溢价项目要按照企业现有决策权限至少上提内部一个层级进行决策，实施从严审查，防止溢价过高虚增商誉规模，从源头降低对企业资产结构和财务状况的潜在影响。

（二）进一步规范运营管理，严控业绩风险。

中央企业要合理规范运用业绩承诺、对价分期递延支付等手段对并购项目建立业绩保险、惩罚和激励机制，保障并购项目长期盈利能力。要加强对并购企业的管理，按照投资预设的发展目标、经营方针和战略规划加强协同整合，强化运行情况的跟踪分析和投后评价，提前预判、及时化解各类经营风险，持续提升其成长性和盈利能力。要充分发挥相关企业核心竞争力的增益效应，把并购商誉转化为企业现实的发展能力，对未达到投资预期的并购项目要研究制定针对性的改进提升措施或项目退出安排，从根本上防范商誉减值风险。

**三、规范商誉计量管理，夯实会计信息质量**

（一）严格商誉初始确认。

商誉初始确认计量是后续会计处理的基础。中央企业应当严格根据《企业会计准则》将合并成本在并购日资产负债中（有形资产、无形资产、确认负债、或有负债）进行合理分配，确实不可分配的部分才可确认为商誉。应当充分识别被并购企业专利权、非专利技术、特定客户关系、商标权、著作权、土地使用权、特许权等符合可辨认性标准的无形资产，不得将其确认为商誉。商誉应当在购买日分摊至相关资产组，认定资产组要以独立产生现金流入为主要依据，不应包括与商誉无关的资产及负债，后续会计期间应当保持一致、不得随意变更；确因业务重组、整合等原因发生变化，需及时将商誉账面价值重新分摊至受影响的资产组，并提供充分的理由及依据。后续发现商誉初始确认计量、资产组认定或商誉分摊出现差错，应当及时进行账务调整处理。

（二）严格商誉减值测试。

商誉减值测试是商誉管理的重点。中央企业应当梳理、明确商誉减值迹象的具体情形，包括但不限于现金流和效益持续恶化或明显低于预期、主要产品技术升级迭代、行业环境或产业政策发生根本改变、所在国别地区宏观环境风险突出等。要加强对减值迹象的动态跟踪监控，严格按照会计准则要求，在减值迹象出现时及时进行减值测试，每年年度终了应当集中对商誉进行减值测试。要重点关注减值迹象对未来现金净流量、折现率、预测期等关键参数的影响，合理确定可收回金额，必要时可聘请相关专家或独立第三方参与减值测试；对于连续3年出现减值迹象但测试结果未显示发生减值的要重新审视关键参数的合理性。要合理区分并分别处理商誉减值事项和并购重组相关方的业绩补偿事项，不得以存在业绩补偿承诺为由不进行商誉减值测试。

（三）严格商誉信息披露。

商誉信息披露是商誉管理的重要内容。中央企业应当按照会计准则要求规范披露所有与商誉减值有关的重要有用信息，不断提高完整性、真实性和可比性，严禁出现虚假、误导性陈述或重大遗漏等情形。要全面反映商誉所在资产组的相关信息，资产组构成发生变化应当充分披露导致其变化的事实与依据。要全面反映商誉对应资产组并购预期实现情况，以及减值测试的关键参数、过程与方法，与以前年度不一致的应当说明存在的差异及原因。

（四）严格商誉终止确认。

商誉终止确认是商誉全生命周期管理的最后环节。根据《企业会计准则》相关规定，对并购子企业或项目整体进行再转让的，应当及时将商誉一同转让；对资产组进行再转让的应当确认转让损益，并终止确认该资产组对应商誉；对并购子企业由于设计寿命到期、政府主管部门不再授权等原因停止生产经营，需要提前判断资产组预期现金流入，及时计提减值损失，到期退出后及时终止确认商誉。

**四、持续完善长效机制，落实商誉管理责任**

（一）加快制度机制建设。

制度机制是规范商誉管理的保障。中央企业要制定并不断完善商誉管理专门制度，明确商誉管理各环节责任部门，探索建立涵盖规划、投资、运营、财务、审计等部门的商誉协同管理机制，细化操作流程以及关键管控点，形成贯穿于投资前、中、后全过程的具体操作规范指引，特别是要结合自身实际和所在行业特点明确商誉减值迹象和减值测试的触发条件，降低自由裁量空间，避免减值测试流于形式。要加强商誉相关内容培训，切实提高商誉管理的能力和水平。

（二）加强中介服务支撑。

中央企业可以借助中介机构的力量和专业优势，有效识别和管控商誉风险。开展并购交易时应当充分利用独立、客观、公正的第三方评估机构确保交易价格的公允性，合理控制商誉规模。需借助中介机构开展商誉减值测试时，应当聘请有胜任能力的中介机构对商誉实施充分的风险评估、控制测试、实质性测试等程序，审核商誉减值的假设、参数和测试模型的合理性，杜绝滥用会计估计甚至违反会计准则的行为。要明确区分中央企业自身和中介机构在商誉管理方面的责任。要督促中介机构规范执业、勤勉尽责，中央企业如发现中介机构存在违规执业行为，要及时采取法律手段维护合法权益。

（三）加大监督检查力度。

加强监督检查是防范化解商誉风险的关键。中央企业应对商誉管理涉及投资并购、生产运营、会计核算等全过程开展审计监督，重点关注高溢价和高减值项目，及时发现管理漏洞和违规问题，重大资产损失及损失风险应按照有关规定及时向国资委报告。要高度重视外部审计监管机构对商誉管理特别是商誉减值及减值风险的审计检查意见，要强化整改落实，不断规范经营管理，夯实资产质量。对违规造成国有资产损失、会计信息失真等严重不良后果的问题，国资委将依据有关规定严肃开展专项调查和责任追究工作，涉嫌违纪违法的，依法依规移送有关部门处理。

# 提高央企控股上市公司质量工作方案

（国资产权〔2022〕213 号）

经过多年公司制股份制改革，中央企业的许多核心资产已经进入上市公司，进一步提高央企控股上市公司质量对于实现中央企业高质量发展、助力资本市场健康发展、维护国民经济平稳运行都具有重要意义。近年来，国资委指导中央企业深入贯彻党中央、国务院决策部署，认真落实《国务院关于进一步提高上市公司质量的意见》和国企改革三年行动要求，积极利用资本市场深化改革、促进发展，多措并举提高上市公司质量，取得明显成效。但也要看到，部分中央企业内部上市平台定位不清、分布散乱、实力较弱，一些央企控股上市公司创新发展能力不强、经营和治理不规范、市场配置资源功能发挥不充分、价值实现与价值创造不匹配等问题仍较突出。为以实际行动推动央企控股上市公司高质量发展走深走实、行稳致远，制定本方案。

## 一、总体要求

以习近平新时代中国特色社会主义思想为指导，深入贯彻落实习近平总书记关于国企改革发展和资本市场建设的重要论述，全面贯彻党的十九大和十九届历次全会精神，立足新发展阶段，完整、准确、全面贯彻新发展理念，坚持稳中求进工作总基调，坚持市场化、法治化方向，坚持问题导向、系统思维，聚焦影响央企控股上市公司高质量发展的短板弱项，在 3 年内分类施策、精准发力，推动上市公司内强质地、外塑形象，争做资本市场主业突出、优强发展、治理完善、诚信经营的表率，让投资者走得近、听得懂、看得清、有信心，打造一批核心竞争力强、市场影响力大的旗舰型龙头上市公司，培育一批专业优势明显、质量品牌突出的专业化领航上市公司，为提升中央企业可持续发展能力和整体实力，做强做优做大国有资本和国有企业，助力建设规范、透明、开放、有活力、有韧性的资本市场，服务构建新发展格局，促进经济高质量发展作出新的更大贡献。

## 二、指导原则

坚持做优存量与做精增量结合。统筹未上市和已上市资源，合理规划上市公司平台数量和战略定位，按照“做强做优一批、调整盘活一批、培育储备一批”的总体思路，积极做优存量，有进有退、有所为有所不为，促进上市平台完善产业布局、提升资产质量和运营效率；稳步做精增量，继续孵化和推动更多优质资产对接多层次资本市场。

坚持价值创造与价值实现兼顾。一手抓夯实价值创造基础，深耕细作、苦练内功，不断改善经营，做优基本面，提升上市公司内在价值；一手抓促进市场价值实现，重视市场反馈，合理引导预期，传递公司价值，增进各方认同，促进内在价值与市场价值齐头并进、共同成长。积极维护股东权益，形成高质量发展的良性循环。

坚持依法合规与改革创新并重。坚守合规底线，严守防止国有资产流失红线，依法维护各类投资者权益，不断提升公司治理水平、信息披露质量和规范运作能力，防范化解重大风险；以市场为导向、以企业为主体，鼓励上市公司根据自身发展状况和改革需要，大胆创新，主动作为，探索更多符合实际的改革实践，最大程度激发蕴藏在基层的创新力量。

## 三、工作内容

（一）推动上市平台布局优化和功能发挥。

1. 加强顶层设计，建立资本运作规划制定机制。中央企业集团公司要结合自身“十四五”发展规划，对未上市和已上市资源及其发展现状进行系统梳理，指导各上市平台明晰战略定位和发展方向，合理划分业务范围与边界；建立集团定期制定资本运作规划机制，明确资产整合路径和资本运作安排，涉及资本市场公开承诺事项的，督促上市公司挂图作战、对表推进，切实履行相关承诺。建立健全上市公司绩效评价体系，并纳入相关子企业业绩考核，持续推动上市公司高质量发展。

2. 分类推进上市平台建设，形成梯次发展格局。做强做优一批，以优势上市公司为核心，通过资产重组、股权置换等多种方式，加大专业化整合力度，推动更多优质资源向上市公司汇聚，剥离非主业、非优势业务，解决同业竞争、规范关联交易，大力优化产业布局、提升运营质量，推动上市公司核心竞争力、市场影响力迈上新台阶，力争成为行业领军企业。调整盘活一批，梳理业务协同度弱、管理链条过长、缺乏持续经营能力、长期丧失融资功能、存在失管失控风险等情况的上市平台，列出清单，因企制宜制定调整计划，2024 年底前基本完成调整，支持通过吸收合并、资产重组、跨市场运作等方式盘活，或通过无偿划转、股权转让等方式退出，进一步聚焦主责主业和优势领域。培育储备一批，中央企业集团公司要对子企业上市工作进行统筹，建立对相关资源上市必要性、可行性和上市方式的研究评估机制，在加强上市资源储备管理，继续孵化更多具有发展潜力、专业优势突出的优质资源对接资本市场的同时，引导子企业树立正确理念，明确上市是改革发展手段而非目的，防止盲目追求单独上市。支持各类纳入改革试点和改革专项工程的重点企业，以及在产业链、供应链关键环节和中高端领域布局的企业到相应层次资本市场上市，可注入现有上市公司平台，必要的也可单独上市。对上市公司拟分拆子企业上市的要充分论证，结合战略定位、拟分拆业务独立性和成长性、分拆后的治理安排和管理成本等因素统筹考虑，支持有利于理顺业务架构、突出主业优势、优化产业布局、促进价值实现的子企业分拆上市。

3. 充分发挥上市平台功能，支持主业发展。引导上市公司切实发挥资本市场服务企业发展和优化资源配置的功能，实现产业经营与资本运营融合发展、相互促进，助力做强做精主业。兼顾发展需要和市场状况开展股权或债务融资，灵活运用发行股债结合产品、探索不动产投资信托基金(REITs)等多种手段，优化融资安排，改善资本结构，提升直接融资比重。科学运用上市平台并购功能，围绕主业及产业链、供应链关键环节实施主业拓展和强链补链，促进转型发展。

(二)促进上市公司完善治理和规范运作。

1. 完善中国特色现代企业制度，健全国有控股上市公司治理机制。全面贯彻“两个一以贯之”，充分发挥党委(党组)把方向、管大局、促落实领导作用，建立完善党委(党组)前置研究讨论事项清单，科学界定上市公司治理相关方的权责；强化章程在公司治理中的基础性作用，进一步厘清国有股东对上市公司的管理边界，切实维护上市公司独立性。到 2024 年底前，原则上央企控股上市公司要在董事会规范运作的前提下全面依法落实董事会各项权利；依规设立董事会审计委员会，鼓励根据实际情况设立其他专门委员会，积极履行建议、监督等职责；优化独立董事资格条件，拓宽选聘来源，强化独立董事履职支撑，促进其诚信勤勉履职，更好发挥作用，鼓励让独立董事提前参与重大复杂项目研究论证等环节。

2. 调整优化股权结构，引入积极股东完善治理。中央企业集团公司要结合上市公司功能定位，对其股权结构和治理状况进行评估，根据评估结果提出动态优化股权结构、促进治理结构相互制衡和提升效率的举措。鼓励通过出让存量、引进增量、换股等多种方式，引入高匹配度、高认同感、高协同性的战略投资者作为积极股东，达到一定持股比例、在股权结构中具有重要地位的，支持其依法合规提名董事人选，促进治理结构改善、经营机制转换；鼓励积极股东与上市公司建立互利共赢的长期战略合作关系，在科研、生产、销售、资本运营等各方面发挥协同作用，促进上市公司核心竞争力提升。

3. 持续提高信息披露质量，提升上市公司透明度。中央企业集团公司要优化完善与上市公司的沟通传导机制，支持、配合上市公司依法依规履行信息披露义务，督促上市公司健全信息披露制度，以投资者需求为导向，优化披露内容，真实、准确、完整、及时、公平披露信息，做到简明清晰、通俗易懂，力争“接地气”，避免“炒概念”“蹭热点”；同时，处理好信息披露与保守国家秘密、保护商业秘密的关系，将保密管理有效纳入信息披露体系，提高依法治密水平，严防失泄密事件。到 2024 年底前，中央企业要将证券交易所年度信息披露工作考核结果纳入上市公司绩效评价体系。

4．贯彻落实新发展理念，探索建立健全ESG体系。中央企业集团公司要统筹推动上市公司完整、准确、全面贯彻新发展理念，进一步完善环境、社会责任和公司治理（ESG）工作机制，提升ESG绩效，在资本市场中发挥带头示范作用；立足国有企业实际，积极参与构建具有中国特色的ESG信息披露规则、ESG绩效评级和ESG投资指引，为中国ESG发展贡献力量。推动央企控股上市公司ESG专业治理能力、风险管理能力不断提高；推动更多央企控股上市公司披露ESG专项报告，力争到2023年相关专项报告披露“全覆盖”。

5．坚持依法合规经营，防范化解重大风险。中央企业集团公司要指导上市公司以证监会上市公司治理专项行动排查出的问题为基础，重点围绕关联交易、对外并购、重大投资、重大担保、财务管理、内幕信息管理、债务风险、子公司管控、依法纳税及内部监督等上市公司治理的关键环节，列出治理问题清单，制定整改方案，严格推进落实，2022年底前完成对账销号，促进上市公司审计、内控、合规和风控体系规范完善。涉及集团财务公司与所控股上市公司开展业务的中央企业，要按照“依法合规、公允定价”的原则运作，在实现集团资金集中管理和高效使用目标的同时，确保符合上市公司独立性、关联交易、信息披露等方面要求。督促上市公司强化合规管理和内部监督，严格遵守国资监管政策和证券监管规则，持续提升诚信经营的能力和水平，确保会计信息真实可靠，严禁财务造假，严禁违规运作，严禁内幕交易。加强风险管控，增强风险识别、分析和处置能力，抓好境外合规风险防范；对于未能履行资本市场公开承诺、存在持续亏损、出现违规事项或可能面临退市等风险的上市公司，中央企业集团公司要紧密跟踪，提前谋划，指导上市公司多措并举扭亏增盈、妥善应对、化解风险。对违反规定、未履行或未正确履行职责造成国有资产损失、损害投资者合法权益或其他严重不良后果的，严肃追究责任。

（三）强化上市公司内生增长和创新发展。

1．深化提质增效，提高综合经营管理水平。积极推动上市公司在稳产增收、降本节支、资产盘活、科技创新、管理提升等方面持续发力，不断提高盈利能力和经营效率，增强抗周期、抗波动、抗风险能力，力争效率效益类指标进一步提升且优于市场同行业可比上市公司平均水平。上市公司应制定科学合理的长期业务发展战略，提炼并宣贯符合公司实际情况的企业文化，确保公司战略定位、发展方向等保持延续性和相对稳定。

2．提升自主创新能力，当好科技创新国家队。引导上市公司稳步加大科技研发投入，加快打造原创技术策源地，努力在关键核心技术、“卡脖子”环节取得突破；带头落实国家战略性新兴产业集群发展工程和龙头企业保链稳链工程，打造现代产业链链长，促进上中下游、大中小企业融通创新、协同发展；以获取关键技术、核心资源、知名品牌等为重点，依法有序开展兼并重组，引进先进科技资源，提升科技创新实力。2024年央企控股上市公司科技投入强度原则上不低于市场同行业可比上市公司平均水平。加大探索科研院所改制或资产上市路径的力度，建立健全科研成果转化机制，利用资本市场工具和上市公司平台，加快打通科技成果向生产力转化的“最后一公里”。

3．健全激励约束机制，加强人才队伍建设。上市公司应全面实行经理层成员任期制和契约化管理，科学合理设定年度和任期考核指标及目标等，强化刚性激励约束，严格退出管理。支持符合条件的上市公司科学高效规范地开展中长期激励，建立健全覆盖经营管理骨干和核心科研技术人员的激励机制，统筹运用上市公司股权激励以及科技型企业股权和分红政策，加大对科研人员的激励力度，充分调动关键岗位核心人员的积极性和创造性，更好吸引和留住人才。中央企业要建立健全资本市场人才引进、培养和常态化培训制度，引导上市公司选优配强董事会秘书、证券事务及资本运营等连接资本市场的关键岗位人员，形成一支精通资本市场运行规则和上市公司业务的专业人才队伍。

（四）增进上市公司市场认同和价值实现。

1．强化投资者关系管理，建立多层次良性互动机制。鼓励中央企业根据实际情况制定上市公司投资者关系管理指导意见，督促上市公司建立各部门协调机制，明确投资者关系工作责任部门及责任人员，每年制定投资者沟通工作方案，所组织的投资者交流活动应有较广覆盖面。鼓励上市公司结合自身特点，探索切实可行的交流形式，通过法定信息披露平台以及股东大会、投资者说明会、路演、反向路演（公司开放日）、分析师会议、接待来访、公司网站专栏、新媒体平台等多种途径与投资者加强交流，积极听取投资者意见建议，及时回应投资者诉求，加强重要投资者日常维护。鼓励具备条件的中央企业组织所控股上市公司开展集中路演、召开集体业绩说明会，探索、推动同行业央企控股上市公司联合组织投资者沟通交流活动。

2. 推动业绩说明会常态化召开，使高质量业绩说明会成为央企标配。上市公司应当在年度报告披露后及时召开业绩说明会，鼓励召开半年度业绩说明会；广泛邀请投资者特别是中小投资者，有条件的可以组织行业分析师、媒体等相关方参加，董事长、总经理原则上应出席，直接与投资者对话，鼓励更多独立董事参会；灵活采用线上线下相结合的方式，充分利用数字化技术，通过直播、视频会、电话会等多种形式，积极与投资者交流互动，境内外多地上市公司应同步召开业绩说明会，保障各类投资者合法权益。

3. 树立科学市场价值观，合力打造价值实现新局面。中央企业和上市公司要树立科学市场价值观，既要重视资本市场表现，努力推动上市公司市场价值与内在价值相匹配，积极维护股东权益，促进国有资产保值增值，又要尊重市场规律，充分认识到上市公司的市场表现受宏观经济、行业周期等多重因素影响，以客观务实的态度看待市场价值。中央企业、上市公司要提升处理应对资本市场复杂情况的能力，提高反应速度、决策效率和执行效率，依法依规、适时运用上市公司回购、控股股东及董事和高级管理人员增减持等手段，引导上市公司价值合理回归，助力企业良性发展。支持上市公司综合考虑行业特点、经营模式、所处发展阶段、盈利水平、资金需求等因素，制定合理持续的利润分配政策，鼓励符合条件的上市公司通过现金分红等多种方式优化股东回报。上市公司要加强与行业分析师的定期互动，拓宽分析师覆盖范围，及时跟进深度研究报告的发布情况，提升投资者对公司战略和长期投资价值的认同感。鼓励中央企业探索将价值实现因素纳入上市公司绩效评价体系，建立长效化、差异化考核机制，引导上市公司依法合规、科学合理推动市场价值实现，避免单纯以市值绝对值作为衡量标准，严禁操纵股价。

**四、组织保障**

一是加强组织领导。各中央企业要抓实抓好上市公司高质量发展工作，建立以主要负责同志为第一责任人、分管负责同志为直接责任人，上市公司业务归口管理部门牵头落实，战略、业务、财务、法律、风控、科技等相关部门协同联动配合的工作机制，结合所控股上市公司情况，对照本方案要求编制本集团工作方案，并指导上市公司一企一策制定具体实施方案，梳理问题、明确目标、细化措施、排出计划、压实责任，确保工作落实落地，取得实实在在成效。组织过程中应高度重视上市公司运作事项的敏感性，加强内幕信息管理，切实依法合规操作。

二是强化督导考核。请各中央企业集团公司于2022年8月底前将本集团工作方案报送国资委。国资委强化对方案落实情况的跟踪督促、考核评价，定期组织开展专项督查和央企经验交流分享，加强指导督促，统筹协调解决方案落实过程中的重大问题，2024年底全面验收评价；试点将上市公司发展质量纳入中央企业负责人经营业绩考核。

三是形成工作合力。国资委进一步落实以管资本为主的要求，持续完善上市公司监管政策体系，不断丰富政策“工具箱”，切实提高监管效能；支持国有资本运营公司在服务央企控股上市公司优化布局、完善治理、提高股权流动性、提升资本实力、增强资本市场沟通运作能力、发现市场价值等方面更好发挥作用；加强与证券监管等部门的政策协同和信息共享，加大工作支持力度，共同为企业改革发展创造良好环境；加强舆论宣传引导，推广一批最佳实践案例，讲好央企故事，营造促进央企控股上市公司高质量发展的良好氛围。

央企控股的境外上市公司参照执行，操作时应当注意与上市地相关法律法规规定做好衔接。

# 国资委党委关于认真学习宣传贯彻党的二十大精神的通知

（国资党发〔2022〕83 号）

各中央企业党委（党组），驻委纪检监察组，委内各厅局，直属单位、直管协会：

为认真贯彻《中共中央关于认真学习宣传贯彻党的二十大精神的决定》，切实做好国资央企学习宣传贯彻党的二十大精神工作，更好把广大党员干部职工的思想统一到党的二十大精神上来，把力量凝聚到党的二十大确定的各项任务上来，现将有关事项通知如下：

**一、充分认识学习宣传贯彻党的二十大精神的重大意义**

中国共产党第二十次全国代表大会是在全党全国各族人民迈上全面建设社会主义现代化国家新征程、向第二个百年奋斗目标进军的关键时刻召开的一次十分重要的大会，是一次高举旗帜、凝聚力量、团结奋进的大会。大会高举中国特色社会主义伟大旗帜，坚持马克思列宁主义、毛泽东思想、邓小平理论、“三个代表”重要思想、科学发展观，全面贯彻习近平新时代中国特色社会主义思想，分析了国际国内形势，提出了党的二十大主题，回顾总结了过去 5 年的工作和新时代 10 年的伟大变革，阐述了开辟马克思主义中国化时代化新境界、中国式现代化的中国特色和本质要求等重大问题，对全面建设社会主义现代化国家、全面推进中华民族伟大复兴进行了战略谋划，对统筹推进“五位一体”总体布局、协调推进“四个全面”战略布局作出了全面部署。大会批准了习近平同志代表十九届中央委员会所作的《高举中国特色社会主义伟大旗帜，为全面建设社会主义现代化国家而团结奋斗》的报告，批准了十九届中央纪律检查委员会的工作报告，审议通过了《中国共产党章程（修正案）》，选举产生了新一届中央委员会和中央纪律检查委员会。

习近平同志的报告，深刻阐释了新时代坚持和发展中国特色社会主义的一系列重大理论和实践问题，描绘了全面建设社会主义现代化国家、全面推进中华民族伟大复兴的宏伟蓝图，为新时代新征程党和国家事业发展、实现第二个百年奋斗目标指明了前进方向、确立了行动指南，是党和人民智慧的结晶，是党团结带领全国各族人民夺取中国特色社会主义新胜利的政治宣言和行动纲领，是马克思主义的纲领性文献。《中国共产党章程（修正案）》体现了党的十九大以来党的理论创新、实践创新、制度创新成果，体现了党的二十大报告确定的重要思想、重要观点、重大战略、重大举措，对坚持和加强党的全面领导、坚定不移推进全面从严治党、坚持和完善党的建设、推进党的自我革命提出了明确要求。

党的二十届一中全会选举产生了以习近平同志为核心的新一届中央领导集体，一批经验丰富、德才兼备、奋发有为的同志进入中央领导机构，充分显示出中国特色社会主义事业蓬勃兴旺、充满活力。

学习宣传贯彻党的二十大精神是当前和今后一个时期全党全国的首要政治任务，事关党和国家事业继往开来，事关中国特色社会主义前途命运，事关中华民族伟大复兴，对于动员全党全国各族人民更加紧密地团结在以习近平同志为核心的党中央周围，高举中国特色社会主义伟大旗帜，坚定道路自信、理论自信、制度自信、文化自信，为全面建设社会主义现代化国家、全面推进中华民族伟大复兴而团结奋斗，具有重大现实意义和深远历史意义。

**二、全面准确学习领会党的二十大精神**

学习领会党的二十大精神，必须坚持全面准确，深入理解内涵，精准把握外延。要原原本本、逐字逐句学习党的二十大报告和党章，学习习近平总书记在党的二十届一中全会上的重要讲话精神，着重把握以下几个方面：

（一）深刻领会党的二十大的主题。高举中国特色社会主义伟大旗帜，全面贯彻习近平新时代中国特色社会主义思想，弘扬伟大建党精神，自信自强、守正创新，踔厉奋发、勇毅前行，为全面建设社会主义现代化国家、全面推进中华民族伟大复兴而团结奋斗。这是党的二十大的主题，明确宣示了我们党在新征程上举什么旗、走什么路、以什么样的精神状态、朝着什么样的目标继续前进的重大问题。高举中国特色社会主义伟大旗帜、全面贯彻习近平新时代中国特色社会主义思想，是要郑重宣示，全党必须坚持以马克思主义中国化时代化最新成果为指导，坚定中国特色社会主义道路自信、理论自信、制度自信、文化自信，坚持道不变、志不改，确保党和国家事业始终沿着正确方向胜利前进。弘扬伟大建党精神，是要郑重宣示，全党必须恪守伟大建党精神，保持党同人民群众的血肉联系，保持谦虚谨慎、艰苦奋斗的政治本色和敢于斗争、敢于胜利的意志品质，确保党始终成为中国特色社会主义事业的坚强领导核心。自信自强、守正创新，踔厉奋发、勇毅前行，是要郑重宣示，全党必须保持自信果敢、自强不息的精神风貌，保持定力、勇于变革的工作态度，永不懈怠、锐意进取的奋斗姿态，使各项工作更好体现时代性、把握规律性、富于创造性。全面建设社会主义现代化国家、全面推进中华民族伟大复兴，是要郑重宣示，全党必须紧紧扭住新时代新征程党的中心任务，集中一切力量，排除一切干扰，坚持以中国式现代化全面推进中华民族伟大复兴。团结奋斗，是要郑重宣示，我们必须不断巩固全党全国各族人民大团结，加强海内外中华儿女大团结，形成同心共圆中国梦的强大合力。

（二）深刻领会过去5年的工作和新时代10年的伟大变革。党的十九大以来的5年，是极不寻常、极不平凡的5年。5年来，以习近平同志为核心的党中央，高举中国特色社会主义伟大旗帜，全面贯彻党的十九大和十九届历次全会精神，团结带领全党全军全国各族人民，统揽伟大斗争、伟大工程、伟大事业、伟大梦想，有效应对严峻复杂的国际形势和接踵而至的巨大风险挑战，以奋发有为的精神把新时代中国特色社会主义不断推向前进，攻克了许多长期没有解决的难题，办成了许多事关长远的大事要事，推动党和国家事业取得举世瞩目的重大成就。党的十八大召开10年来，我们经历了对党和人民事业具有重大现实意义和深远历史意义的三件大事：一是迎来中国共产党成立一百周年，二是中国特色社会主义进入新时代，三是完成脱贫攻坚、全面建成小康社会的历史任务，实现第一个百年奋斗目标。这是中国共产党和中国人民团结奋斗赢得的历史性胜利，是彪炳中华民族发展史册的历史性胜利，也是对世界具有深远影响的历史性胜利。10年来，我们全面贯彻党的基本理论、基本路线、基本方略，采取一系列战略性举措，推进一系列变革性实践，实现一系列突破性进展，取得一系列标志性成果，经受住了来自政治、经济、意识形态、自然界等方面的风险挑战考验，党和国家事业取得历史性成就、发生历史性变革，推动我国迈上全面建设社会主义现代化国家新征程。新时代10年的伟大变革，在党史、新中国史、改革开放史、社会主义发展史、中华民族发展史上具有里程碑意义。

新时代10年的伟大变革，是在以习近平同志为核心的党中央坚强领导下、在习近平新时代中国特色社会主义思想指引下全党全国各族人民团结奋斗取得的。党确立习近平同志党中央的核心、全党的核心地位，确立习近平新时代中国特色社会主义思想的指导地位，反映了全党全军全国各族人民共同心愿，对新时代党和国家事业发展、对推进中华民族伟大复兴历史进程具有决定性意义。“两个确立”是党在新时代取得的重大政治成果，是推动党和国家事业取得历史性成就、发生历史性变革的决定性因素。全党必须深刻领悟“两个确立”的决定性意义，更加自觉地维护习近平总书记党中央的核心、全党的核心地位，更加自觉地维护以习近平同志为核心的党中央权威和集中统一领导，全面贯彻习近平新时代中国特色社会主义思想，坚定不移在思想上政治上行动上同以习近平同志为核心的党中央保持高度一致。

（三）深刻领会开辟马克思主义中国化时代化新境界。马克思主义是我们立党立国、兴党兴国的根本指导思想。实践告诉我们，中国共产党为什么能，中国特色社会主义为什么好，归根到底是马克思主义行，是中国化时代化的马克思主义行。党的十八大以来，国内外形势新变化和实践新要求，迫切需要我们从理论和实践的结合上深入回答关系党和国家事业发展、党治国理政的一系列重大时代课题。我们党勇于进行理论探索和创新，以全新的视野深化对共产党执政规律、社会主义建设规律、人类社会发展规律的认识，取得重大理论创新成果，集中体现为习近平新时代中国特色社会主义思想。党的十九大、十九届六中全会提出的“十个明确”、“十四个坚持”、“十三个方面成就”概括了这一思想的主要内容，必须长期坚持并不断丰富发展。只有把马克思主义基本原理同中国具体实际相结合、同中华优秀传统文化相结合，坚持运用辩证唯物主义和历史唯物主义，才能正确回答时代和实践提出的重大问题，才能始终保持马克思主义的蓬勃生机和旺盛活力。不断谱写马克思主义中国化时代化新篇章，是当代中国共产党人的庄严历史责任。继续推进实践基础上的理论创新，首先要把握好习近平新时代中国特色社会主义思想的世界观和方法论，坚持好、运用好贯穿其中的立场观点方法，切实做到坚持人民至上、坚持自信自立、坚持守正创新、坚持问题导向、坚持系统观念、坚持胸怀天下，在新时代伟大实践中不断开辟马克思主义中国化时代化新境界。

（四）深刻领会新时代新征程中国共产党的使命任务。从现在起，中国共产党的中心任务就是团结带领全国各族人民全面建成社会主义现代化强国、实现第二个百年奋斗目标，以中国式现代化全面推进中华民族伟大复兴。党的二十大对全面建成社会主义现代化强国两步走战略安排进行了宏观展望，重点部署了未来5年的战略任务和重大举措。这是一项伟大而艰巨的事业，前途光明，任重道远。当前，我国发展进入战略机遇和风险挑战并存、不确定难预料因素增多的时期，各种“黑天鹅”、“灰犀牛”事件随时可能发生。我们必须增强忧患意识，坚持底线思维，做到居安思危、未雨绸缪，准备经受风高浪急甚至惊涛骇浪的重大考验。前进道路上，必须坚持和加强党的全面领导，坚持中国特色社会主义道路，坚持以人民为中心的发展思想，坚持深化改革开放，坚持发扬斗争精神，既不走封闭僵化的老路，也不走改旗易帜的邪路，坚持把国家和民族发展放在自己力量的基点上，坚持把中国发展进步的命运牢牢掌握在自己手中，不断夺取全面建设社会主义现代化国家新胜利。全党必须牢记，坚持党的全面领导是坚持和发展中国特色社会主义的必由之路，中国特色社会主义是实现中华民族伟大复兴的必由之路，团结奋斗是中国人民创造历史伟业的必由之路，贯彻新发展理念是新时代我国发展壮大的必由之路，全面从严治党是党永葆生机活力、走好新的赶考之路的必由之路。这是我们在长期实践中得出的至关紧要的规律性认识，必须倍加珍惜、始终坚持，咬定青山不放松，引领和保障中国特色社会主义巍巍巨轮乘风破浪、行稳致远。

（五）深刻领会中国式现代化的中国特色和本质要求。在新中国成立特别是改革开放以来长期探索和实践基础上，经过党的十八大以来在理论和实践上的创新突破，我们党成功推进和拓展了中国式现代化。中国式现代化，是中国共产党领导的社会主义现代化，既有各国现代化的共同特征，更有基于自己国情的中国特色。党的二十大概括了中国式现代化的中国特色，即中国式现代化是人口规模巨大的现代化，是全体人民共同富裕的现代化，是物质文明和精神文明相协调的现代化，是人与自然和谐共生的现代化，是走和平发展道路的现代化。党的二十大对中国式现代化的本质要求作出科学概括：坚持中国共产党领导，坚持中国特色社会主义，实现高质量发展，发展全过程人民民主，丰富人民精神世界，实现全体人民共同富裕，促进人与自然和谐共生，推动构建人类命运共同体，创造人类文明新形态。这个概括是党深刻总结我国和世界其他国家现代化建设的历史经验，对我国这样一个东方大国如何加快实现现代化在认识上不断深入、战略上不断成熟、实践上不断丰富而形成的思想理论结晶，我们要深刻领会、系统把握，特别是要把这个本质要求落实到各项工作之中。

（六）深刻领会社会主义经济建设、政治建设、文化建设、社会建设、生态文明建设等方面的重大部署。在经济建设上，要完整、准确、全面贯彻新发展理念，加快构建新发展格局，着力推动高质量发展，构建高水平社会主义市场经济体制，建设现代化产业体系，全面推进乡村振兴，促进区域协调发展，推进高水平对外开放，推动经济实现质的有效提升和量的合理增长。在政治建设上，要发展全过程人民民主，加强人民当家作主制度保障，全面发展协商民主，积极发展基层民主，巩固和发展最广泛的爱国统一战线。在文化建设上，要推进文化自信自强，建设社会主义文化强国，建设具有强大凝聚力和引领力的社会主义意识形态，广泛践行社会主义核心价值观，提高全社会文明程度，繁荣发展文化事业和文化产业，增强中华文明传播力影响力，铸就社会主义文化新辉煌。在社会建设上，要坚持在发展中保障和改善民生，扎实推进共同富裕，完善分配制度，实施就业优先战略，健全社会保障体系，推进健康中国建设，不断实现人民对美好生活的向往。在生态文明建设上，要推进美丽中国建设，加快发展方式绿色转型，深入推进环境污染防治，提升生态系统多样性、稳定性、持续性，积极稳妥推进碳达峰碳中和，促进人与自然和谐共生。

（七）深刻领会教育科技人才、法治建设、国家安全等方面的重大部署。党的二十大把握国内外发展大势，在党和国家事业发展布局中突出教育科技人才支撑、法治保障、国家安全工作。在教育科技人才上，要坚持教育优先发展、科技自立自强、人才引领驱动，加快建设教育强国、科技强国、人才强国，办好人民满意的教育，完善科技创新体系，加快实施创新驱动发展战略，深入实施人才强国战略，不断塑造发展新动能新优势。在法治建设上，要坚持全面依法治国，坚持走中国特色社会主义法治道路，建设中国特色社会主义法治体系、建设社会主义法治国家，完善以宪法为核心的中国特色社会主义法律体系，扎实推进依法行政，严格公正司法，加快建设法治社会，推进法治中国建设。在国家安全上，要坚定不移贯彻总体国家安全观，健全国家安全体系，增强维护国家安全能力，提高公共安全治理水平，完善社会治理体系，坚决维护国家安全和社会稳定。

（八）深刻领会国防和军队建设、港澳台工作、外交工作等方面的重大部署。在国防和军队建设上，要贯彻习近平强军思想，贯彻新时代军事战略方针，坚持党对人民军队的绝对领导，全面加强人民军队党的建设，全面加强练兵备战，全面加强军事治理，巩固提高一体化国家战略体系和能力，如期实现建军一百年奋斗目标，加快把人民军队建成世界一流军队。在港澳台工作上，要坚持和完善“一国两制”制度体系，落实中央全面管治权，落实“爱国者治港”、“爱国者治澳”原则，落实特别行政区维护国家安全的法律制度和执行机制，支持香港、澳门发展经济、改善民生、破解经济社会发展中的深层次矛盾和问题，发展壮大爱国爱港爱澳力量；坚持贯彻新时代党解决台湾问题的总体方略，牢牢把握两岸关系主导权和主动权，坚持一个中国原则和“九二共识”，团结广大台湾同胞共同推动两岸关系和平发展、推进祖国和平统一进程，坚定反“独”促统。在外交工作上，要始终坚持维护世界和平、促进共同发展的外交政策宗旨，致力于推动构建人类命运共同体，坚定奉行独立自主的和平外交政策，坚持在和平共处五项原则基础上同各国发展友好合作，坚持对外开放的基本国策，积极参与全球治理体系改革和建设，弘扬全人类共同价值。

（九）深刻领会坚持党的全面领导和全面从严治党的重大部署。全面建设社会主义现代化国家、全面推进中华民族伟大复兴，关键在党。我们党作为世界上最大的马克思主义执政党，要始终赢得人民拥护、巩固长期执政地位，必须时刻保持解决大党独有难题的清醒和坚定。经过党的十八大以来全面从严治党，我们解决了党内许多突出问题，但党面临的执政考验、改革开放考验、市场经济考验、外部环境考验将长期存在，精神懈怠危险、能力不足危险、脱离群众危险、消极腐败危险将长期存在。全党必须牢记，全面从严治党永远在路上，党的自我革命永远在路上，决不能有松劲歇脚、疲劳厌战的情绪，必须持之以恒推进全面从严治党，深入推进新时代党的建设新的伟大工程，以党的自我革命引领社会革命。要落实新时代党的建设总要求，健全全面从严治党体系，坚持和加强党中央集中统一领导，坚持不懈用习近平新时代中国特色社会主义思想凝心铸魂，完善党的自我革命制度规范体系，建设堪当民族复兴重任的高素质干部队伍，增强党组织政治功能和组织功能，坚持以严的基调强化正风肃纪，坚决打赢反腐败斗争攻坚战持久战，全面推进党的自我净化、自我完善、自我革新、自我提高，使我们党坚守初心使命，始终成为中国特色社会主义事业的坚强领导核心。

**三、突出“七个聚焦”，认真做好党的二十大精神的学习宣传**

学习宣传党的二十大精神，既要整体把握、全面系统，又要突出重点、抓住关键。要把着力点聚焦到习近平总书记是党中央的核心、全党的核心，习近平新时代中国特色社会主义思想是党必须长期坚持的指导思想上；聚焦到党的十九大以来的重大成就和新时代10年的伟大变革上；聚焦到把握好马克思主义中国化时代化最新成果的世界观和方法论，坚持好、运用好贯穿其中的立场观点方法上；聚焦到中国式现代化在理论和实践的创新突破上；聚焦到贯彻落实党的二十大作出的重大决策部署上；聚焦到以习近平同志为核心的新一届中央领导集体是深受全党全国各族人民拥护和信赖的领导集体上；聚焦到习近平总书记是全党拥护、人民爱戴、当之无愧的党的领袖上。

（一）注重抓好学习培训。紧密结合党中央即将在全党开展的主题教育，面向国资央企全体党员开展多形式、分层次、全覆盖的全员培训，组织广大党员干部认真学习党的二十大精神。国资委党委将举办学习贯彻党的二十大精神党委理论学习中心组集体学习暨厅局级干部研修班、中央企业学习交流会。各级党委（党组）理论学习中心组要把学习党的二十大精神作为重点内容，制定系统学习计划，列出专题进行研讨。各单位要制定培训计划，举办培训班、学习班，集中一段时间对处级以上党员领导干部进行集中轮训，分期分批对党员干部进行系统培训。基层党组织要采取“三会一课”、主题党日等多种形式，组织广大党员干部认真学习党的二十大精神。要把学习党的二十大精神作为国资委党校、企业党校、干部管理学院教育培训的必修课，推动党的二十大精神进教材、进课堂、进头脑。要坚持全员学习，注意抓好离退休党员、劳务工党员和海外职工党员的学习。在学习培训中，要运用好《党的二十大报告辅导读本》《党的二十大报告学习辅导百问》等辅导材料。

（二）注重开展宣讲活动。从现在起到明年年初，党中央将在全国范围内集中开展党的二十大精神宣讲活动，国资央企要积极邀请中央宣讲团成员和本系统二十大代表进行宣讲。国资委党委委员要深入到基层企业进行宣讲。各级党组织积极在本系统内开展宣讲活动，各级领导干部既要做实干家、也要做宣传家，主要负责同志要带头宣讲，分管负责同志要深入分管领域宣讲，推动党的二十大精神直达基层、直通一线、走进群众。要开展面向党外人士的宣讲工作，增进党外人士对党的二十大精神的认知认同。要着力增强宣讲的说服力、亲和力和针对性、有效性，紧密联系广大党员干部群众思想和工作实际，把党的二十大精神讲清楚、讲明白，让干部职工听得懂、能领会、可落实。

（三）注重组织新闻宣传。统筹中央主流媒体和国资央企各级各类新闻媒体力量和资源，积极开展有步骤、有声势、有深度、有特色、有成效的新闻宣传，大力宣传党的二十大精神，充分反映国资央企对党的二十大的热烈反响和积极评价，充分展示国资央企学习贯彻党的二十大精神的具体举措和实际行动。要充分利用各种宣传形式和手段，积极参与中央统一组织的主题采访报道活动，开展“二十大代表在基层”采访报道，采取干部职工喜闻乐见的形式，使宣传报道更接地气、更动人心，引导广大党员干部职工坚定信心、同心同德，埋头苦干、奋勇前进。要积极开展网络宣传，把网络传播平台作为党的二十大精神宣传的重要阵地，坚持分众化、差异化、精准化，开设网上专题专栏，制作推出新媒体产品，开展网上访谈互动，推动形成网上正面舆论强势。要精心组织对外宣传，统筹用好中央企业海外传播平台，多渠道宣介党的二十大精神，宣介我国推动经济社会发展的重大举措，生动讲好国资央企故事，充分反映国际社会的积极评价，全方位展示我们党和国家的良好形象。

（四）注重开展研究阐释。围绕党的二十大精神特别是关于国资国企的重大部署，确定一批重大研究选题，组织专门力量深入研究，为做好新时代新征程国资央企各项工作提供理论支撑和政策支持。召开中央企业学习贯彻党的二十大精神理论研讨会，发挥国有企业党建研究专业委员会、中央企业党建思想政治工作研究会、国资央企智库作用，加强理论研究阐释，推出一批有价值、有分量的研究成果。深化与中央党报党刊的合作，推出一批国资央企学习宣传贯彻党的二十大精神的理论文章。

**四、坚持知行合一，贯彻落实好党的二十大作出的重大决策部署**

学习宣传贯彻党的二十大精神，要从党和国家事业大局出发，着眼世情国情党情的发展变化，立足国资央企职责定位，坚持学思用贯通、知信行统一，把党的二十大精神落实到国资央企发展改革监管和党的建设各方面，体现到做好今年各项工作和安排好今后工作之中。

（一）坚决做到“两个维护”。学习宣传贯彻党的二十大精神，要推动国资央企广大党员干部深刻领悟“两个确立”的决定性意义，增强“四个意识”、坚定“四个自信”、做到“两个维护”，以实际行动践行对党忠诚。要健全完善国资央企做到“两个维护”的制度机制，完善习近平总书记重要指示批示和党中央重大决策部署落实机制，坚决把党的领导落实到国资央企各领域各方面各环节，确保国资央企始终在政治立场、政治方向、政治原则、政治道路上同以习近平同志为核心的党中央保持高度一致。要加强党的政治建设，严明政治纪律和政治规矩，落实各级党委（党组）主体责任，提高各级党组织和党员干部政治判断力、政治领悟力、政治执行力，确保国资央企始终成为党和国家最可信赖的依靠力量，以实际行动维护党的团结统一。

（二）展现国资央企新担当新作为。要把学习贯彻党的二十大精神与学习贯彻习近平总书记关于国有企业改革发展和党的建设重要论述结合起来，准确把握新时代新征程国有企业的战略定位，保持时时放心不下的精神状态和责任担当，在补短板、强弱项、固底板、扬优势上下功夫，统筹发展和安全，着力推动国有企业充分发挥经济增长的顶梁柱作用、科技创新的国家队作用、安全发展的压舱石作用、市场失灵的稳定器作用、促进共同富裕的支撑者作用。要锚定加快建设世界一流企业总目标，大力弘扬企业家精神，完善中国特色现代企业制度，乘势而上以更大力度组织实施新一轮深化国资国企改革专项行动，切实提升企业核心竞争力。要加快国有经济布局优化和结构调整，聚焦战略安全、产业引领、国计民生、公共服务等功能，推动国有资本和国有企业做强做优做大，切实提升服务构建新发展格局、推动高质量发展的能力水平。

（三）坚定不移全面从严治党。全面落实党的二十大关于全面从严治党的重大部署，持续拓展深化习近平总书记全国国企党建会重要讲话精神贯彻落实成果，切实把党建优势转化为国资央企发展优势、竞争优势。要全面加强党的思想建设，按照党中央部署要求，组织实施党的创新理论学习教育计划，着力推动学习贯彻习近平新时代中国特色社会主义思想走深走实。要建设堪当重任的高素质专业化干部队伍，加强实践锻炼、专业训练、斗争磨砺，锻造加快建设世界一流企业的骨干力量。要增强党组织政治功能和组织功能，深化基本组织、基本队伍、基本制度建设，切实把国资央企党组织建设成为有效实现党的领导的坚强战斗堡垒。要以严的基调强化正风肃纪反腐，坚持党性党风党纪一起抓，坚持不敢腐、不能腐、不想腐一体推进，引导推动广大党员干部永葆自我革命精神，始终牢记“三个务必”，让国资央企红色基因历久弥新。

**五、切实加强组织领导**

学习宣传贯彻党的二十大精神，是当前和今后一个时期国资央企的首要政治任务。中央企业、国资委机关和直管协会各级党组织要把学习宣传贯彻党的二十大精神摆上重要议事日程，切实加强组织领导。

（一）切实负起领导责任。要按照党中央部署和国资委党委具体安排，结合本单位实际，专题部署落实，迅速兴起学习宣传贯彻党的二十大精神的热潮。各级组织、宣传部门和其他有关部门，要在党委（党组）统一领导下，密切配合。组织部门要把学习宣传贯彻党的二十大精神与干部教育培训工作、加强领导班子建设和基层党组织建设结合起来。宣传部门要扎实做好党的二十大精神宣传工作，营造学习贯彻党的二十大精神的浓厚氛围。工会、共青团、妇女组织等群团组织要充分发挥自身优势，开展各具特色的学习教育活动。

（二）牢牢把握正确导向。要坚持团结稳定鼓劲、正面宣传为主，弘扬主旋律、传播正能量，巩固壮大主流思想舆论，着力用党的二十大精神统一思想、凝聚力量。要严格按照党中央精神全面准确开展宣传，把准方向、把牢导向，牢牢把握宣传引导的主导权、话语权。要加强对热点敏感问题的阐释引导，全面客观、严谨稳妥，解疑释惑、疏导情绪，最大限度凝聚共识。要落实意识形态工作责任制，按照谁主管谁负责原则，切实加强对各类宣传文化阵地的管理，防止错误思想言论和有害信息传播。

（三）加强工作督查指导。切实抓好统筹协调、加强工作指导，力戒形式主义、官僚主义，务求取得实效。国资委党委将对中央企业、国资委机关和直管协会学习宣传贯彻情况进行督查指导。各单位要深入基层指导推动学习宣传贯彻工作，及时总结推广好经验好做法，充分调动各方面积极性，确保集中宣讲做到中央企业二级单位全覆盖，学习培训和轮训做到处级干部和中央企业三级单位领导班子成员全覆盖，对党的二十大精神的学习宣传贯彻活动做到国资央企广大职工全覆盖。

各中央企业、直管协会学习宣传贯彻情况要及时报告国资委党委。国资委机关学习宣传贯彻情况要及时报告国资委机关党委。

## 关于支持中央企业发行科技创新公司债券的通知

（证监发〔2022〕80号）

中国证监会各派出机构，上海证券交易所，深圳证券交易所，北京证券交易所，中国证券登记结算有限责任公司，中国证券业协会，中国证券投资基金业协会，各省、自治区、直辖市及计划单列市和新疆生产建设兵团国资委，各中央企业：

中央企业作为国民经济发展的重要支柱，在提高自主创新能力、建设创新型国家进程中肩负着重大历史使命。为深入贯彻党中央、国务院关于实施创新驱动发展的战略决策，强化资本市场服务科技创新能力，进一步支持中央企业发行科技创新公司债券融资，现就有关事项通知如下：

**一、健全科技创新金融服务支持机制**

（一）完善债券市场服务科技创新机制。加强债券市场对科技创新领域的精准支持，重点支持高新技术产业和战略性新兴产业及转型升级等领域中央企业发行科技创新公司债券。鼓励中央企业发行中长期科技创新公司债券，增强融资工具与科技创新活动的适配性。

（二）优化债券融资服务机制。将科技创新公司债券纳入储架发行机制，对于优质中央企业发行科创债适用优化审核安排，简化文件签章和信息披露等方面要求，提高融资效率。对于推动关键核心技术攻关、打造原创技术策源地、承担国家重大科技项目、推动产业转型升级等方面具有示范作用的中央企业，财报期限要求可予以放宽。对于存在保密要求的事项，可按规定申请豁免披露。

（三）便利债券回购机制。研究适当提高部分优质中央企业科技创新公司债券通用质押式回购折扣系数；研究为中央企业科技创新公司债券单独设立三方回购质押券篮子，在发行人信用资质和折扣系数等方面实行差异化管理。

（四）鼓励金融机构加大业务投入。优化监管考核，鼓励证券公司加大科技创新公司债券承销业务投入。积极创造条件，新增专项排名及评优奖项，鼓励商业银行、社保基金、养老金、保险公司等中长期资金加大科技创新公司债券投资，引导降低融资成本。

（五）畅通信息沟通渠道。加强业务培训，开展针对中央企业发行科技创新公司债券的专题调研，梳理痛点、难点、堵点，广泛听取意见建议，并及时调整优化。加快建立线上信息交流平台，开发“网上路演”、“债市互动”等功能，加强央企发行人、主管部门与投资机构的沟通交流。

**二、发挥中央企业创新引领支撑作用**

（六）鼓励中央企业增加研发投入。加大中央企业科技创新考核支持力度，引导中央企业加大对基础研究和应用基础研究的投入。鼓励中央企业发行科技创新公司债券融资，加速发展关键核心技术，助推数字化转型和产业结构优化升级，打通科技成果向生产力转化的“最后一公里”。

（七）发挥中央企业“链长”作用。支持中央企业积极发挥产业链“核心”企业作用，借助科技创新公司债券等融资工具汇聚资金，通过权益出资、供应链金融等方式，支持上下游符合国家战略、有技术优势、有发展潜力的中小企业创新发展，共同推动关键核心技术攻关、培育战略性新兴产业，服务产业转型升级。

（八）加强科技创新债券融资规范管理。指导中央企业加强内部资金监管，确保科技创新项目的债券募集资金按要求规范管理和使用。优化科创融资决议程序，适当下放科技创新公司债券发行决策事项，探索取消科技创新公司债券注册额度限制，充分发挥科创企业在项目投融资决策方面的主体作用。探索在管控中央企业债券占带息负债比重时将科技创新公司债券按一定比例剔除。

中央企业要根据科技创新实际需要，加强融资规划，合理安排债券融资，强化资产负债约束，证监会、国资委对中央企业公司债券融资及资金使用情况加强监督管理。

（九）拓宽科技创新资金供给渠道。鼓励中央企业产业基金和创业投资基金发行科技创新公司债券，募资用于对国家重点支持的科技创新领域企业进行股权投资。鼓励中央企业建设创新要素集聚能力突出的科创孵化园区，发行科技创新公司债券支持园区运营，并通过股权、债权和基金等方式支持园区内科创企业，带动相关产业链向高端转移。

（十）鼓励央企子公司发行科技创新公司债券。子公司作为中央企业在特定细分领域的科技创新实践者，可探索利用资产担保、无形资产质押或者由中央企业集团提供外部增信等方式发行科技创新公司债券，自主筹划科技创新投资资金安排，直接推动核心技术攻关、促进产业转型升级。积极支持符合条件的持续发行科技创新公司债券融资的央企子公司上市融资。

（十一）支持中央企业开展基础设施 REITs 试点。重点支持交通、能源、水利、生态环保及 5G、工业互联网等新型基础设施项目发行 REITs，鼓励回收资金用于科技创新领域投资，拓宽增量资金来源，完善科技创新融资支持。

**三、增强促进实体经济创新发展合力**

（十二）证监会及派出机构坚持监管与服务并举，密切跟踪中央企业科技创新公司债券发行情况，在依法合规做好监管工作的同时，提高服务供给质量。证券交易所发挥市场组织功能，持续优化中央企业科创融资推进安排和服务效能。证券业协会、基金业协会履行自律规范职责，积极引导证券基金经营机构加大对科技创新公司债券的业务投入。

（十三）国务院国资委进一步落实以管资本为主的要求，加强对中央企业科创融资的政策引导、市场组织、项目推介，不断优化对中央企业创新发展的评价机制，切实提高监管效能。与证监会等金融监管部门加强中央企业科创融资政策协同，支持中央企业利用资本市场实现创新发展。

（十四）建立联络协调机制。加强两部门在中央企业需求调研、业务培训、项目推荐与筛选等方面的合作，联合分解重点任务，明确时间表和路线图，推动各项任务落到实处，为进一步在全部国有企业范围内推动科技创新公司债券融资积累有效经验，创造良好环境。

## 关于巩固回升向好趋势加力振作工业经济的通知

（工信部联运行〔2022〕160 号）

各省、自治区、直辖市及计划单列市、新疆生产建设兵团工业和信息化主管部门、发展改革委、国资委：

工业是经济增长的主体和引擎，振作工业经济是稳住经济大盘的坚实支撑。为深入贯彻党的二十大精神，认真落实党中央、国务院关于当前经济工作的决策部署，加快推动国务院扎实稳住经济一揽子政策和接续政策落地见效，巩固工业经济回升向好趋势，更好发挥稳住经济大盘“压舱石”作用，现将有关事项通知如下。

**一、总体要求**

坚持以习近平新时代中国特色社会主义思想为指导，深入贯彻落实党的二十大精神，坚持稳中求进工作总基调，完整、准确、全面贯彻新发展理念，加快构建新发展格局，着力推动高质量发展，全面落实“疫情要防住、经济要稳住、发展要安全”的要求，扛牢稳住经济大盘的政治责任，抓住当前经济恢复的重要窗口期，把稳住工业经济摆在更加突出位置，强化目标导向、问题导向、结果导向，压实主体责任，集聚各方力量，着力扩需求、促循环、助企业、强动能、稳预期，确保 2022 年四季度工业经济运行在合理区间，保持制造业比重基本稳定，为 2023 年实现“开门稳”、加快推进新型工业化打下坚实基础。

——坚持聚焦重点、加力提效。紧密衔接已出台的各项稳增长政策措施，保持政策的连续性、稳定性，聚焦重点领域和薄弱环节精准加力，形成政策叠加组合效应，推动工业经济加快恢复。

——坚持因地制宜、分业施策。支持有条件的地区特别是工业大省、重点行业和大型企业力争完成全年预期目标，为稳定全国工业经济挑大梁；其他面临困难的地区、行业和企业，要着力攻坚克难，全力以赴稳增长。

——坚持立足当前、兼顾长远。着重解决当前工业经济运行中存在的突出困难和问题，力争取得最好结果，并用好产业结构调整有利时机，补短板、锻长板、强基础，推动制造业高质量发展。

——坚持底线思维、安全发展。更好统筹发展和安全，做好各类重大风险挑战应对预案，切实保障能源原材料安全和重点产业链供应链稳定，提高防范化解重大风险能力，牢牢把握经济安全和发展主动权。

**二、多措并举，夯实工业经济回稳基础**

巩固工业经济回升向好趋势，着力点在政策落实。要坚持系统观念、综合施策，以有力政策举措有效解决面临的突出问题，确保工业经济运行在合理区间。

（一）加快推动重大项目建设形成实物工作量。用好政策性开发性金融工具、设备更新改造再贷款和贴息、制造业中长期贷款等政策工具，加快“十四五”相关规划重大工程项目和各地区重大项目建设，协同做好用地、用能等要素保障，力争早开工、早见效。修订《工业企业技术改造升级投资指南》，实施工业企业技术改造升级导向计划，引导企业开展新一轮技术改造和设备更新投资。推动政府投资基金落实国家战略，扩大项目投资。

（二）深挖市场潜能扩大消费需求。进一步扩大汽车消费，落实好2.0升及以下排量乘用车阶段性减半征收购置税、新能源汽车免征购置税延续等优惠政策，启动公共领域车辆全面电动化城市试点。加快邮轮游艇大众化发展，推动内河船舶绿色智能升级。持续开展消费品“三品”全国行系列活动，加快创建“三品”战略示范城市创建，开展家电下乡和以旧换新活动，组织“百企千品”培优工程，打造中国消费名品方阵。实施原材料“三品”行动，指导地方开展绿色建材下乡活动。开展信息消费＋乡村振兴系列活动，规范发展线上经济，引导电商平台和线下零售商开展促销活动，推动释放消费潜力。

（三）稳定工业产品出口。确保外贸产业链稳定，指导各地建立重点外贸企业服务保障制度，及时解决外贸企业的困难问题，在生产、物流、用工等方面予以保障。提升港口集疏运和境内运输效率，确保进出口货物快转快运。落实好稳外贸政策措施，进一步加大出口信用保险支持力度，抓实抓好外贸信贷投放。加快推动通过中欧班列运输新能源汽车和动力电池，支持跨境电商、海外仓等外贸新业态发展。推动各地积极利用外经贸发展专项资金等现有渠道，支持中小微企业参加境外展会扩大订单。办好第132届中国进出口商品交易会（广交会）线上展，扩大参展企业范围，延长线上展示时间，进一步提高成交实效。

（四）提升产业链供应链韧性和安全水平。各地要严格执行疫情防控“九不准”要求，指导企业建立闭环生产方案和应急处置预案，做好生产物资储备、员工到岗、生活和防疫物资供应相关工作，保障人流、物流畅通。建立应对重大突发事件冲击常态化稳定产业链供应链协调机制，聚焦重点区域、重点行业、重点企业，加强区域间、上下游联动，“点对点”、“一对一”帮助龙头企业和关键节点企业解决堵点卡点问题，保障重点企业稳定生产、重点产业链供应链稳定畅通。深入实施产业基础再造工程，加强关键原材料、关键软件、核心基础零部件、元器件供应保障和协同储备，统筹推动汽车芯片推广应用、技术攻关、产能提升等工作，进一步拓展供应渠道。充分发挥煤电油气运保障工作部际协调机制作用，加强资源统筹协调，制定能源保供应急预案，指导地方优化有序用电措施，保障迎峰度冬电力电煤供应安全，满足工业发展合理用能需求。

（五）持续壮大新动能。深入实施先进制造业集群发展专项行动，聚焦新一代信息技术、高端装备、新材料、新能源等重点领域，推进国家级集群向世界级集群培育提升。启动创建国家制造业高质量发展试验区，构建一批各具特色、优势互补、结构合理的区域增长极。加强新技术新产品的推广应用，推动新一代信息技术与制造业深度融合，构建新一代信息技术、人工智能、生物技术、新能源、高端装备、工业软件、绿色环保等一批新的增长引擎，大力发展新产业、新业态、新模式。加快发展数字经济，打造具有国际竞争力的数字产业集群。深入实施智能制造工程，开展智能制造试点示范行动，加快推进装备数字化，遴选发布新一批服务型制造示范，加快向智能化、绿色化和服务化转型。深入开展工业互联网创新发展工程，实施5G行业应用"十百千"工程，深化"5G＋工业互联网"融合应用，加快5G全连接工厂建设，推动各地高质量建设工业互联网示范区和"5G＋工业互联网"融合应用先导区。落实5G扬帆应用行动计划，深入推进5G规模化应用。

**三、分业施策，强化重点产业稳定发展**

巩固工业经济回升向好趋势，重点在行业。要统筹推进强基础、补短板、锻长板、育集群、建生态各项工作，深入推动产业基础高级化、产业链现代化，促进重点产业高端化智能化绿色化发展。

（六）推动原材料行业提质增效。聚焦产业基础好、比较优势突出、技术领先的行业细分领域或重点产品，发挥产业链龙头企业引领带头作用，支持形成一批石化化工、钢铁、有色金属、稀土、绿色建材、新材料产业集群。落实落细工业领域以及石化化工、钢铁、有色金属、建材等重点行业碳达峰实施方案，健全绿色制造体系，加快节能降碳装备技术推广应用。做好大宗原材料保供稳价，完善大宗原材料供给"红黄蓝"预警机制，下达化肥最低生产计划，灵活运用国家储备开展市场调节，促进价格运行在合理区间。提升战略性资源供应保障能力，进一步完善废钢、废旧动力电池等再生资源回收利用体系，研究制定重点资源开发和产业发展总体方案，开展光伏压延玻璃产能预警，指导光伏压延玻璃项目合理布局。加快国内（重点）铁矿石项目建设，推进智能矿山建设。优化布局建设国家新材料重点平台，深化实施首批次应用保险补偿机制，加快促进一批重点新材料产用衔接和市场应用推广。

（七）巩固装备制造业良好势头。打好关键核心技术攻坚战，提高大飞机、航空发动机及燃气轮机、船舶与海洋工程装备、高端数控机床等重大技术装备自主设计和系统集成能力。实施重大技术装备创新发展工程，做优做强信息通信设备、先进轨道交通装备、工程机械、电力装备、船舶等优势产业，促进数控机床、通用航空及新能源飞行器、海洋工程装备、高端医疗器械、邮轮游艇装备等产业创新发展。发挥新能源汽车产业发展部际协调机制作用，突破关键核心技术，构建新型产业生态，完善基础设施建设，推动新能源汽车产业高质量可持续发展。组织农机装备补短板行动，一体化推动生产推广应用。加快能源电子产业发展，推动智能光伏创新发展和行业应用，完善光伏、锂电等综合标准化技术体系。优化实施首台（套）重大技术装备、重点新材料首批次保险补偿试点政策，深入开展政府采购支持首台（套）试点，推动首台（套）、首批次等创新产品研发创新和推广应用。

（八）促进消费品行业稳定恢复。深入实施增品种、提品质、创品牌"三品"战略，编制《升级和创新消费品指南》，促进产品迭代更新。抓紧制定发布地方特色食品产业培育、推动生物制造发展等政策文件，加快制修订家用电器、婴童用品、电动自行车等重点产品强制性国家标准。推动医药等重点产业链补短板，加快关键原辅料、设备配件和生产工艺研发攻关，促进集群化发展。支持纺织服装行业绿色化发展，加大再生纤维制品宣传推广力度，稳住轻工、纺织等劳动密集型产品出口，促进传统行业平稳运行。

**四、分区施策，促进各地区工业经济协同发展**

巩固工业经济回升向好趋势，关键在地方。各地要结合自身实际，加强央地联动、区域协作，充分发挥区位优势和比较优势，推动区域工业经济协调发展。

（九）东部工业大省主动发挥稳经济关键支撑作用。东部工业大省产业基础好、市场规模大、外资外贸占比高、带动性强，要勇挑大梁，推动工业经济加快恢复和高质量发展，为全国工业经济稳定增长多作贡献。大力发展高端制造业，培育壮大新兴产业，着力强化数字赋能，推进绿色低碳转型，塑造制造业高质量发展新优势。强化创新引领和产业转型，支持建设培育一批国家级产业技术创新平台、制造业创新中心、工业设计中心。深化"放管服"改革，扩大高水平开放，更大激发市场活力和社会创造力。强化与资源富集区、成本优势区等区域分工协作，推动部分产业向中西部和东北地区转移，增强全国工业经济弹性和韧性。

（十）中西部地区努力巩固较快增长态势。能源原材料大省要着力稳生产增效益，巩固较快增长势头。受电力短缺影响较大省份要对照增长目标，抓紧谋划用电高峰后的追平补齐措施。支持中西部承接产业转移，在有基础优势的地区，通过中央企业投资、国家产业转移基金重点支持等方式,促进西部地区转型升级,加快培育发展特色产业和集群。进一步优化西部地区营商环境,在满足产业、能源、碳排放等政策的条件下,支持符合生态环境分区管控要求和环保、能效、安全生产等标准要求的高载能行业向西部清洁能源优势地区集聚。

(十一)东北地区推动全面振兴取得新突破。东北地区要加快推进产业转型升级,充分发挥装备制造、能源原材料、农业及农产品加工等产业优势,大力推进技术创新,加快培育一批战略性新兴产业,积极发展生产性服务业。积极支持驻东北地区中央企业发展,防止因人才流失和人员老化导致创新能力减弱,确保重点产业链供应链稳定安全。不断完善有利于民营经济发展的经济社会环境,提高对资本和人才的吸引力。

**五、分企施策,持续提升企业活力**

巩固工业经济回升向好趋势,主体是企业。要充分发挥不同规模、不同所有制企业的积极性,激发活力,增强信心,为工业经济稳定恢复提供有力支撑和保障。

(十二)充分发挥大型企业"顶梁柱"作用。大型企业要把稳增长放在更加突出位置,细化落实稳增长目标任务。特别是中央工业企业要发挥好对产业链主体支撑和融通带动作用;要加强生产运行调度,拓展挖潜增利空间,努力多作贡献;要在加快自身发展助力经济大盘稳定的同时,全力做好能源粮食安全托底和保供稳价,推动能源、物流和新型基础设施建设,释放采购需求;要积极为中小企业供应商提供项目、资金等支持,对中小企业账款"应付尽付、应付快付",落实2022年减免房租政策对服务业小微企业和个体工商户房租"应免尽免、应免快免"。

(十三)加力支持中小企业和民营企业专精特新发展。充分发挥各级中小企业协调机制作用,抓好各项惠企政策落实,鼓励地方出台配套举措。加大国家小型微型企业创业创新示范基地和中小企业公共服务示范平台培育力度,加强产业技术基础公共服务平台能力建设投入,深入开展中小企业服务行动,推动优质中小企业对接多层次资本市场,强化对中小企业创业创新活动的支撑。深入实施优质中小企业梯度培育工程,组织开展中小企业数字化赋能专项行动、大中小企业融通创新"携手行动"、"千校万企"协同创新伙伴行动,大力促进中小企业特色产业集群发展,激发涌现一大批专精特新企业、"小巨人"企业和制造业单项冠军企业。扎实开展防范和化解拖欠中小企业账款专项行动、涉企违规收费专项整治,抓好减轻企业负担综合督查发现问题整改,努力为中小企业和民营企业发展营造良好环境。

(十四)强化对外资企业的服务保障。建立健全与外资企业的常态化交流机制,强化用工、用能、物流等生产要素保障,积极协调解决合理需求,确保企业稳定生产和正常经营。指导外资企业落实好疫情防控工作指南,进一步便利外资企业商务、技术人员及家属出入境。鼓励和支持外资企业加大在华高新技术、中高端制造、传统制造业转型升级等领域的投资,支持外资企业在华设立研发中心和参与承担国家科技计划项目。强化制造业重大外资项目服务保障,推动相关项目尽快落地。持续优化营商环境,提升知识产权保护水平和数据治理水平。

**六、保障措施**

巩固工业经济回升向好趋势,良好机制是保障。要锚定稳经济一揽子政策和接续政策措施,以及振作工业经济系列政策,细化配套措施,实化工作举措,努力为工业稳增长提供坚实的政策保障。

(十五)强化责任形成合力。各有关方面要坚决把思想和行动统一到党的二十大精神上来,统一到党中央对当前经济形势的重大判断和对下半年经济工作的决策部署上来,强化责任担当,积极主动作为,推动工业经济持续稳定增长。各地有关部门要充分发挥工业稳增长协调机制作用,加强组织领导,挖掘政策潜力,完善配套措施,狠抓政策落实,促进本地区工业经济平稳运行。各有关部门要结合职能职责,积极推出有利于促进工业经济平稳增长的政策举措,推动政策精准发力,进一步释放政策效应。

(十六)加大政策扶持力度优化发展环境。落实落细国务院稳住经济一揽子政策和接续政策,用足用好制造业留抵退税、研发费用加计扣除、制造业专项贷款等财税金融政策。加强产业政策与金融政策协同,发挥产融合作平台作用,综合运用信贷、债券、基金、保险、专项再贷款等各类金融工具，促进集成电路、新能源汽车、生物技术、高端装备、绿色环保等重点产业创新发展。用好小微企业融资担保降费奖补资金，扩大政府性融资担保业务规模。鼓励地方安排中小企业纾困专项资金，对符合条件的企业给予资金支持。深入开展促进中小企业发展环境第三方评估。

（十七）完善监测调度和督导激励机制。聚焦重点地区、行业、企业和园区，完善不同频次监测调度机制，加强苗头性问题预警和分析研判，做好政策储备。组织开展"工业稳增长和转型升级成效明显市（州）"申报，对稳增长取得突出成效的地区在工作中给予优先支持。充分发挥制造业高质量发展指标体系的引导性作用，定期通报各地工业生产、效益、投资和制造业增加值比重等指标数据，加强目标管理和进度督促，推动各地采取有力措施促进工业经济平稳增长。大力挖掘各地工业稳增长典型案例，总结提炼和积极推广可借鉴的经验和做法，发挥好示范引领作用，进一步坚定信心、提振预期。

2023

CHINA' S STATE-OWNED ASSETS SUPERVISION AND ADMINISTRATION YEARBOOK

中国国有资产监督管理年鉴

# 国有企业党的建设成果概览

第七篇

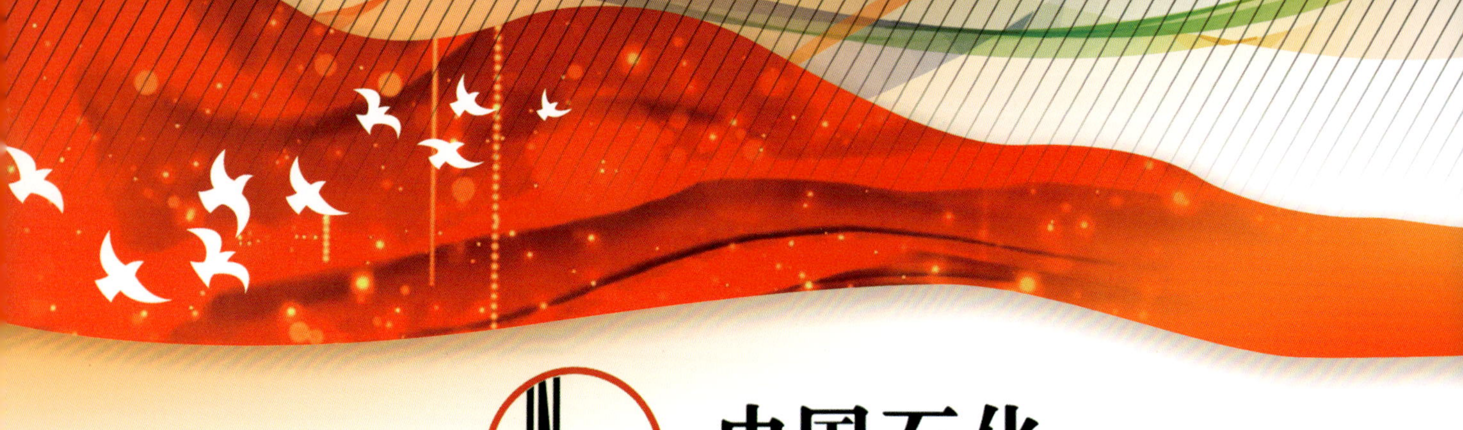

# 中国石化 SINOPEC

2022年是极不平凡、极具挑战的一年。在以习近平同志为核心的党中央坚强领导下，中国石化以迎接学习贯彻党的二十大为强大动力，沿着习近平总书记视察胜利油田重要指示精神指引的方向，凝心聚力推动高质量发展，坚定不移全面从严治党，推动各方面工作取得可喜成效和重要进展，在政治大年交出了饱含心血与汗水的合格答卷。

**坚定不移保障国家能源安全。**深入贯彻能源安全新战略，持续加大油气勘探开发投入，大力实施七年行动计划，积极参与国际能源合作，发现顺北亿吨级整装油气田，全面建成涪陵、元坝等一批气田，实现勘探大突破、原油稳增长、天然气大发展，保障国家能源安全的能力和底气显著提升。把天然气产供储销体系建设作为重点工作抓紧抓实，千方百计筹措资源，扎实做好资源保供，全力保障民生用气供应稳定。多管齐下推进新能源产业发展，全力打造“中国第一氢能公司”，成为全球建设和运营加氢站最多的企业，建成地热供暖能力超8000万平方米，建成分布式光伏发电站2452座、充换电站2299座，光伏、生物质能等新业态加快成长，安全高效的多元能源供应体系更加稳固。

**全力以赴打造国民经济支柱产业。**做强做优炼油、乙烯和芳烃三大产业链，乙烯权益产能升至全球第二位，PX、聚烯烃等化工品产能稳居世界第一。积极引领“油转化”“油转特”进程，向社会提供大量特色化工材料和高端专用化学品，带动千亿级下游产业，有效推动我国经济社会高质量发展。勇当原创技术策源地、现代产业链链长，成功投产我国首套万吨级48K大丝束碳纤维国产线，成为全球第四家掌握大丝束碳纤维生产技术的企业，自主研发生产的碳纤维成功应用于2022年北京冬奥会火炬“飞扬”；第三代芳烃技术首套工业装置开车成功，显著提升我国芳烃生产技术水平和国际竞争能力；成功培育具有技术创新特点和行业影响力的生物可降解材料品牌“善解”，开启从做“产品”到做“标准”的升级之路。大力开发医卫原料、可降解塑料、绿色环保汽车轻量化材料等高端化工产品，更好满足人民日益增长的美好生活需要。

1月26日，中国石化在顺北油气田新发现亿吨级油气区

1月29日，我国首个百万吨级CCUS（碳捕集、利用与封存）项目——齐鲁石化—胜利油田CCUS项目全面建成

3月23日，中国石化江汉油田涪陵页岩气田最大规模的“井工厂”电驱压裂施工取得圆满成功，标志着涪陵页岩气田全电驱压裂技术达世界领先水平，创造页岩气领域低成本、规模化、绿色施工的“中国样本”

6月8日，中国石化第三代芳烃技术首套工业应用装置——九江石化年产89万吨芳烃联合装置一次开车成功并产出合格产品

6月15日，中国石化西北油田部署在塔里木盆地顺北油气田的重点探井顺北802X井于近日测试获高产工业油气流，这是一年来中国石化在顺北8号断裂带区域发现的第三口“千吨井”

6月16日，中国石化年产25万吨热塑性弹性体项目开工建设

6月30日，中国石化部署在重庆綦江的新页1井试获日产页岩气53万立方米，标志着新场构造落实千亿立方米资源量

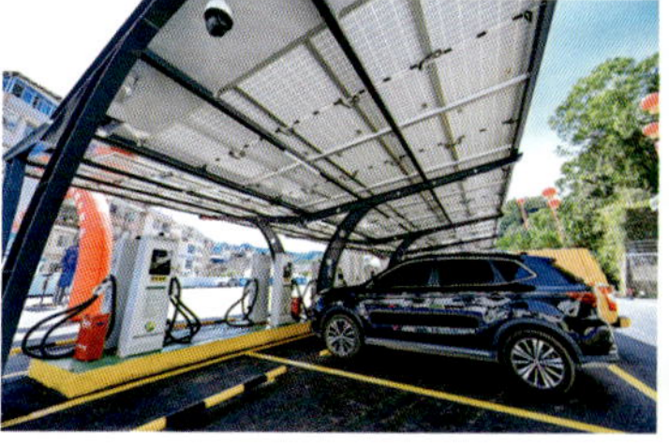

9月22日，由中国石化与中国石油、上汽集团、宁德时代、上海国际汽车城共同投资的上海捷能智电新能源科技有限公司正式成立

**真情共享高质量发展成果。**对口支援和定点帮扶的8个县、750个村全部脱贫"摘帽"，习近平总书记关心的甘肃东乡布楞沟流域摆脱贫困、面貌一新，2018年以来连续5年在中央单位定点帮扶工作考核评价中被评为最高等次"好"。作为率先发布"助力乡村振兴'十四五'计划"的央企，承诺投入帮扶资金不少于15亿元，助销扶贫产品不少于40亿元，聚焦产业、教育、消费"三提升"，实施"一县一链"特色帮扶，接续助力乡村振兴，增进民生福祉。2003年以来连续19年开展"中国石化光明号"健康快车项目，免费治愈5.2万余名白内障患者；建设5415座"爱心驿站"、3586座"司机之家"，为户外工作者打造"温馨之家"；连续11年开展"情暖驿站"公益项目，服务超过5780万春运返乡人员及458万返乡摩骑；启动"春蕾加油站"公益项目，全方位助力女童健康成长；实施"至美有你"青少年及儿童成长资助计划，帮助香港儿童提升各方面能力。

**持之以恒投身美丽中国建设。**积极响应党中央号召、顺应绿色发展大势，深入推进污染防治攻坚战，狠抓长江、黄河流域生态环境保护，大力实施"绿色企业行动计划""能效提升计划"，所属企业基本完成绿色企业创建。稳步实施碳达峰八大行动，建成投产我国首个百万吨级CCUS项目，每年可减排二氧化碳100万吨。成立首个碳全产业链科技公司。全力推进生态多样化保护，建成一批花园式工厂、生态排放设施、湿地公园、鸟类栖息地等生产与环境和谐发展的秀美景观，镇海炼化"白鹭园"、燕山石化"牛口峪湿地"成为打造美丽石化、绿色石化的靓丽名片。

**积极履行全球企业公民责任。**顺应经济全球化发展趋势和国家对外开放大势，助力"一带一路"高质量发展，与沿线国家在油气投资、炼化仓储投资、石油和石化工程技术服务、油品化工品及设备材料贸易等领域开展互利合作，共同打造沙特延布炼厂、俄罗斯西布尔炼厂、科威特阿祖尔炼厂等一批精品项目，形成利长远、惠民众、可持续的合作模式，服务全球经济社会可持续发展。积极履行全球企业公民责任，严格遵守国际和业务运营地法律法规，充分尊重当地习俗文化，坚持本地化用工，大力支持当地教育、基础设施、医疗卫生等公共事业发展，用心保护当地环境，共同创造美好未来。

2023年是全面贯彻落实党的二十大精神的开局之年，也是中国石化成立四十周年。中国石化将紧密团结在以习近平同志为核心的党中央周围，以习近平新时代中国特色社会主义思想为指引，深入学习贯彻党的二十大精神和习近平总书记视察胜利油田重要指示精神，加快打造具有强大战略支撑力、强大民生保障力、强大精神感召力的中国石化，满怀信心谱写中国式现代化石化新篇章，为全面建设社会主义现代化国家、全面推进中华民族伟大复兴作出新的更大贡献。

月29日，中国石化燃料油公司在广州南沙港为我国首艘自主研发建造的甲醇双燃料船舶首航加注90吨甲醇燃料，成为我国第一个开展甲醇燃料加注作业的船燃供应企业

10月27日，中国石化江汉油田涪陵页岩气田焦页18-S12HF井顺利完井

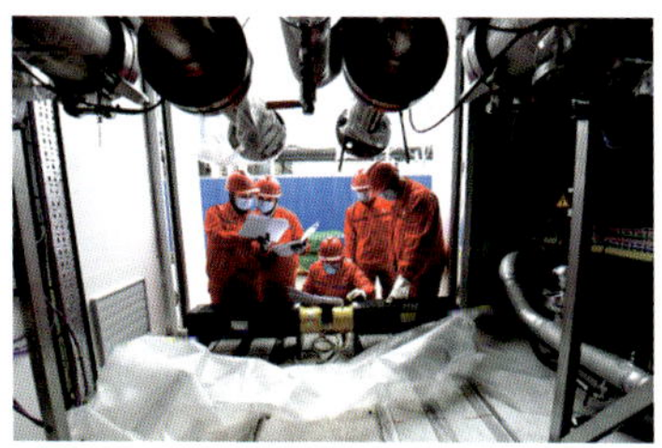

11月23日，中国石化首个兆瓦级可再生电力电解水制氢示范项目在中原油田顺利中交

11月24日，中国石化"深地工程·川渝天然气基地"又获重大突破，由中国石化勘探分公司和西南石油局提交的綦江页岩气田首期探明地质储量1459.68亿立方米通过自然资源部专家组审定

2月29日，中国石化"深地一号"再次取得突破，部署在顺北油气田2号带的重点探井——顺北21斜井试获日产油气当量1242吨，井深8836米，是"深地一号"第20口超深层"千吨井"

2021—2022年供暖季，中国石化累计向市场供应天然气236亿立方米，同比增长6.2%

2022年，"中国石化光明号"健康快车免费完成1995例白内障手术，并在甘肃定西冠名建成1所眼科治疗中心

中国石化深入开展"一县一链"特色产业帮扶，在安徽岳西县助力打造茶产业链，整合茶产业优质资源，带动茶产业步入现代农业发展轨道，助力乡村振兴

中国一汽

# 中国一汽成立70周年

峥嵘岁月，党恩如炬。中国一汽诞生于百端待举、百业待兴的火热年代，时代赋予中国一汽建设和强大新中国汽车工业的历史使命。中国一汽的建设发展始终得到了党和国家领导人的亲切关怀。2020年7月23日，习近平总书记视察一汽并发表重要讲话，为中国一汽未来发展指明了前进方向、提供了根本遵循。三年来，“风景这边独好”的激励鞭策时刻回响在一汽人的耳边，“掌控关键核心技术、树立民族汽车品牌、打造世界一流企业”的殷殷嘱托牢固镌刻在一汽人的心头，广大干部员工倍感荣耀、备受鼓舞，斗志昂扬、干劲冲天。

牢记嘱托，聚力创新。三年来，中国一汽坚持党的全面领导、牢牢把握正确发展方向，坚持发展“第一要务”、坚决做强做优做大国有企业，坚持创新驱动发展、全力掌控关键核心技术，坚持聚焦主责主业、加快民族汽车品牌跃迁成长，坚持开放发展、全力推动高水平开放合作，坚持深化结构调整、加快打造现代化汽车产业体系，坚持用好“关键一招”、有效激发全员干事创业动力活力，坚持以人民为中心的发展思想、着力推进共建共赢共享，企业改革发展和党的建设各项工作不断取得新进步新成果。

强国建设，勇当先锋。七十年来，中国一汽始终把企业发展紧紧融入党和国家事业全局，奋斗一路、创新一路，进取一路、收获一路，跨越了三个重大历史时期，推进了具有深远产业影响的创业发展实践。在创业成长期，荒原建厂、三年投产，实现新中国汽车工业从无到有的重大转折；在改革转型期，调整结构、开放合作，持续加快规模化、现代化、集团化发展步伐；在创新发展期，加速“红旗”振兴、“解放”领航、“奔腾”向前，做强做优做大中国一汽，奋力开创新时代汽车产业创新发展新道路。在企业发展上，中国一汽已成长为位居世界百强的国有特大型汽车企业集团。截至2023年7月，累计产销整车5577万辆，营业收入近83000亿元、利税总额超过18700亿元，资产总额超过6000亿元；“中国一汽”品牌价值超过4200亿元，“解放”和“红旗”品牌价值均超过1100亿元，分别位居国内汽车行业细分领域第一。在精神文化上，中国一汽肩负并传承了产业报国、工业强国的“长子”责任和使命，始终学习、创新、抗争、自强，积淀形成了“勇立潮头、永争第一”的先锋

6月26日，“创领征途七十载 赓续荣耀向未来”解放公司七代卡车巡游活动在长春举行

7月14日，主题为“七十荣耀创行路 百年品牌领新程”的解放创新成就展开展

7月15日，习近平总书记视察一汽三周年暨中国一汽成立七十周年大会在红旗会堂召开

文化，激励一代代一汽人接续奋斗、勇毅向前。

赓续奋斗，创续新程。面向未来，中国一汽深刻认识到，必须永葆政治忠诚、勇担央企使命、把握发展大势、大力解放思想、坚持以人为本、强化共创共赢，将坚持以习近平新时代中国特色社会主义思想为指导，毫不动摇坚持和加强党的全面领导，坚定不移打造世界一流企业，全力以赴树立民族汽车品牌，加快推进高水平科技自立自强，全速全域推进绿色发展，全面实施数智化转型，持续深化开放合作、共创共享，奋力夺取高质量发展新成果，在推进中国式现代化伟大征程中谱写崭新篇章。

7月16日，中华全国总工会文工团走进中国一汽慰问演出

7月15日，中国一汽生产的第5577万辆车在长春下线

7月16日，红旗嘉年华员工家属开放日浓情启幕

7月15日，中国一汽创新创业70年系列丛书

7月17日，红旗HS3上市

# 东风汽车集团有限公司
# DONGFENG MOTOR CORPORATION

2022年，东风汽车集团有限公司（以下简称东风公司）全面落实党中央、国务院各项重大决策部署，推进营销提质、创新提速、改革提效、管理提能，努力构建核心竞争力。全年销售汽车292万辆，其中销售乘用车247万辆、销售商用车45万辆。实现“四个上升”：主力自主品牌乘用车销售68.5万辆，同比增长32%。新能源汽车销售47万辆，同比增长1.6倍。自主乘用车渗透率为49%，高于行业5个百分点，整体居行业第4位；平台客户和网约车市场占有率居行业第1位。汽车出口24万辆，同比增长58%，创历史新高。

2022年，东风公司坚持科技自立自强，自主掌控芯片、平台、关键总成、智能驾驶、电子架构等核心技术和资源，自主乘用车关键核心技术掌控率达到80%。新增授权发明专利2357件，位居行业第一。“全功率燃料电池整车及系统关键技术开发与应用”获得中国汽车工程学会2022年科技进步一等奖。在2022年全国第二届多工序数控机床操作调整工职业技能竞赛中获得团体优胜奖，个人第1名、第2名佳绩。

2月21日，东风造国内首款免税固态电池乘用车上市

4月26日，东风新疆100辆燃气牵引车发往非洲

4月30日，东风轻型车智能制造和绿色工厂在襄阳开工

6月29日，东风公司召开2022年年中工作会

8月21日，东风本田全新XR-V正式下线

8月28日，东风豪华电动越野品牌猛士发布

东风公司改革不断深化，国企改革三年行动全面收官，改革效能不断释放。发布实施公司治理提升远航计划，完善子企业公司治理体系。全面完成第三轮任期制和契约化聘任。战略性重组与调整提速，核心资源进一步掌控。完成轻型车上市公司控制权收购，进一步完善商用车板块业务布局。各业务单元持续深化改革，为提升整体竞争力和运营效率打下坚实基础。

9月4日，东风公司向广西马山县捐赠帮扶资金967万元

9月21日，东风商用车车辆工厂成为国内第一家量产L3级自动驾驶卡车的整车工厂

9月26日，500辆岚图FREE发往挪威，11月起正式开启交付

12月28日，东风智能网联公交车交付雄安新区

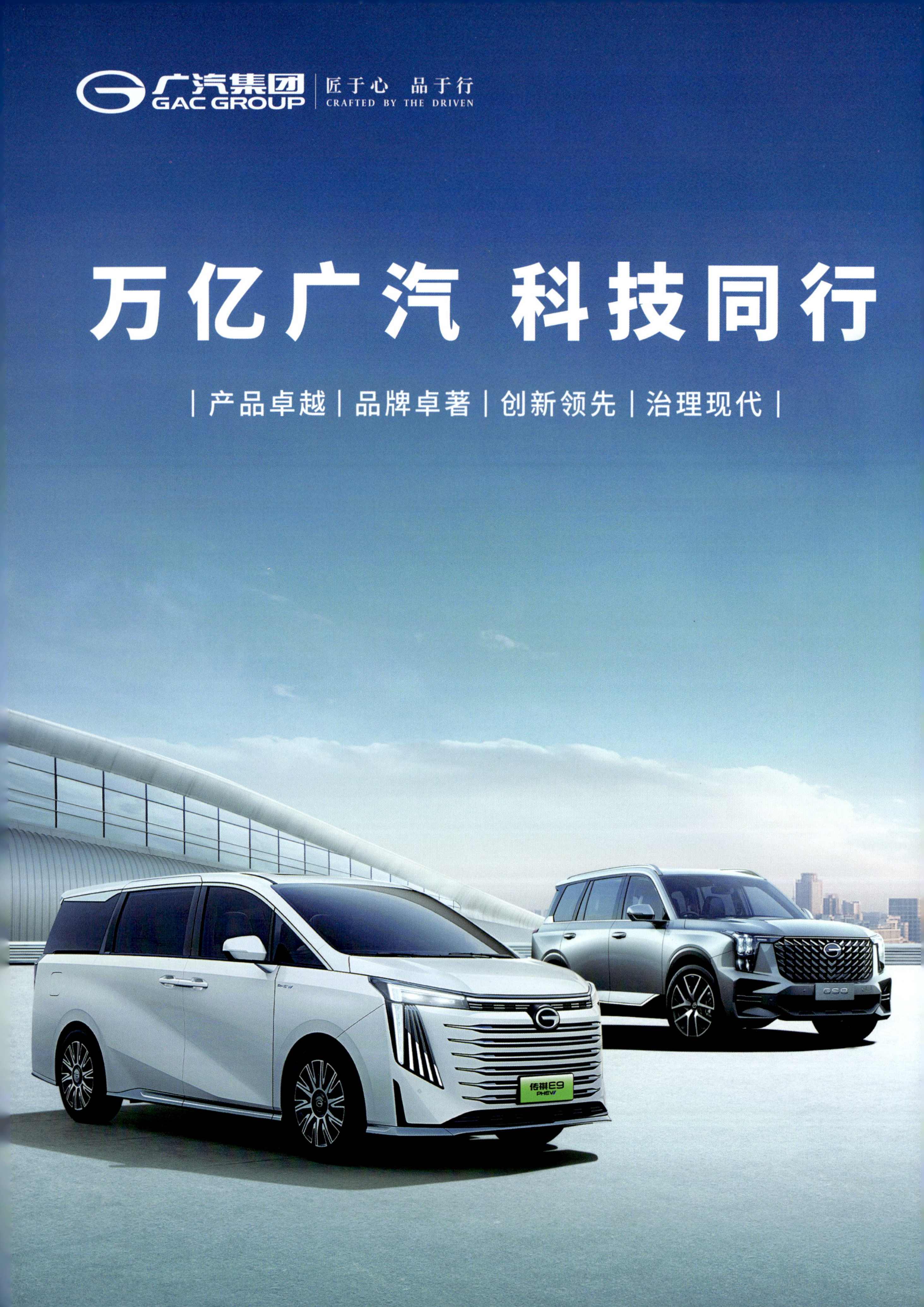
广汽集团
GAC GROUP
匠于心 品于行
CRAFTED BY THE DRIVEN
万亿广汽 科技同行
| 产品卓越 | 品牌卓著 | 创新领先 | 治理现代 |
传祺E9
PHEV

国企改革的浪潮席卷全国，一幕幕披坚执锐、迎难而上的改革画面在中华大地跃然呈现。自2020年国企改革三年行动启动以来，习酒按下“快进键”、跑出“加速度”，锚定“三个明显成效”目标，推动各项目标任务落地见效。2022年销售额顺利突破200亿元，2023年上半年实现销售额116亿元，同比增长13%。习酒乘着国企改革的东风大刀阔斧地走出了一条高质量发展之路。

## 党建引领思想破冰，融合发展呈现新气象

习酒全面完成“党建入章”工作，切实把党的领导融入公司治理各环节，定期开展党建工作研究，从严党建工作成效考核和高质量发展绩效考核，党委“把方向、管大局、促落实”的作用更加凸显。将习近平总书记重要讲话和重要指示批示精神、国资国企改革发展的重要论述作为学习“第一议题”，第一时间宣传贯彻党的二十大精神，引导党员干部学思践悟，不断提高政治站位，用党的创新理论武装头脑、指导实践、推动工作。公司32个直属党组织累计开展党的二十大宣讲156场，覆盖5470人。

# 改革风劲催潮涌，奋楫扬帆正当时
## ——习酒推进国企改革三年行动纪实

### 完善现代企业制度，治理效能实现新提升

习酒牢记“两个一以贯之”要求，以“正确处理党委和其他治理主体的权责关系，形成权责法定、权责透明、协调运转、有效制衡的法人治理结构”为目标，修订完善党委会、董事会、经理层议事规则及清单，进一步明晰职责权限、功能定位。从合同管理、风险防控、法治宣传教育等方面进一步强化制度体系建设，推进管理体系和管理能力现代化。深入实施卓越绩效模式，推进全面质量管理，不断做精产品、做优质量、做好服务，连续获得第三届贵州省省长质量奖、第十八届全国质量奖、亚洲质量卓越奖等荣誉。

### 优化产业结构布局，战略指引领航新征程

习酒编制完成“十四五”发展战略规划及13个子战略，战略执行情况各项指标趋势向好。“十四五”技改一期全面开工，二期规划有序推进，厂区面貌焕然一新、空间布局持续完善。逐步完成“三供一业”分离移交，企业功能结构逐步实现“瘦身”与规范。分领域专题研究重点难点工作，针对市场营销、物资供应、信息化建设、标准体系等存在的问题进行深入研究，集思广益出谋划策，切实提升企业管理水平。

### 实施三项制度改革，内生动能释放新活力

习酒不断健全市场化经营机制，大力实施三项制度改革。建立健全公开招聘、管理人员竞争上岗、末等调整和不胜任退出等市场化用工机制和绩效薪酬管理制度，分层分级分类推进全员绩效考核全覆盖，实现了管理人员“能上能下”、员工“能进能出”、薪酬“能增能减”，干事创业活力进一步激发。打通行政、技术双通道，首次聘任49名酿造系列技术职务人员，人才管理体制机制更为灵活。

改革风劲催潮涌，奋楫扬帆正当时。改革后的习酒，凝聚一往无前、劈波斩浪的蓬勃力量，朝着世界一流、让人喜欢的大型综合企业阔步迈进。

习酒运营中心

青岛海发国有资本投资运营集团有限公司是青岛市委、市政府批准成立的市直大型国有企业，注册资本金100亿元，下设10家一级子公司和6家控股或参股上市公司，集聚东方影都、青岛电影学院、南京同仁堂、澳柯玛等一批品牌资源。

牢固树立破局思维、不走寻常路，十年时间成功实现由功能区开发向战略性新兴产业发展、国有资本投资运营集团的三轮转型跨越发展。2022年跨入资产总额、营业收入“双千亿级”企业行列，创出“两类公司”改革试点的海发模式，跻身“中国企业500强”第297位，居山东省综合百强企业第18位、青岛100强企业第3位，获批创建国务院国资委公司治理示范企业，入选国务院国资委国企改革专项行动“双百企业”和“科改示范企业”，获评山东省五一劳动奖状、山东省社会责任企业等荣誉称号。

坚持以高水平党建引领企业高质量发展，全方位塑造“龙马躬行”党建品牌，构建以“龙马躬行”为引领的“一核三维”企业文化生态体系。依托七大产业集群和16个现代产业园区，做好产业链优化布局、产业投资+园区运营、以资本的力量促进“双招双引”三篇文章，创出山东省企业主导功能区市场化开发典型模式。优化完善“1+3+7”战略布局，谋划实施“一体两翼”发展战略，以实体经济为主体，金融投控、影视文化为两翼，抓住高质量发展阶段的关键点强力突破，形成核心支柱产业，全力再造一个“新海发”。

青岛东方影都影视产业园

青岛电影学院

5G高新视频党建教育展厅

# 大事记

## 第八篇

# 2022年国务院国有资产监督管理委员会大事记

**1月**

7日，国务院国资委党委召开党史学习教育总结会议。国务院国资委党委书记、主任，国务院国资委党委党史学习教育领导小组组长郝鹏在总结会议上讲话。

9日，国务院国资委以视频方式召开地方国资委负责人会议暨地方国有企业改革领导小组办公室主任会议。国务院国资委党委书记、主任，国务院国有企业改革领导小组办公室主任郝鹏出席会议并讲话。

11—13日，国务院国资委党委委员、副主任翁杰明赴海南省深入中国旅游集团国际免税城、中国远洋海运洋浦港、中国电子海南生态软件园、中国绿发文昌生态保护项目调研，了解中央企业服务海南自贸港建设情况。

13日，国务院国资委党委委员、副主任谭作钧主持召开专题视频会议，对国资央企涉冬奥会服务保障工作进行再动员、再部署。会议宣布成立国资委服务保障北京2022年冬奥会和冬残奥会协调工作机制，8家中央企业代表汇报服务保障重点工作情况。

17日，国务院国企改革领导小组办公室以视频方式召开国企改革三年行动专题推进会。国务院国资委党委委员、副主任，国务院国企改革领导小组办公室副主任翁杰明出席会议并讲话。

17日，国务院国资委党委召开扩大会议，认真传达学习习近平总书记在省部级主要领导干部学习贯彻党的十九届六中全会精神专题研讨班上重要讲话精神，研究贯彻落实措施。国务院国资委党委书记、主任郝鹏主持会议并讲话。

17日，国务院国资委党委书记、主任郝鹏主持召开国务院国资委党委扩大会议，对进一步做好国资央企涉冬奥会服务保障工作进行再安排、再部署。

19日，国务院国资委在国务院新闻办举行新闻发布会，国务院国资委党委委员、秘书长、新闻发言人彭华岗全面介绍2021年中央企业经济运行情况，并回答记者提问。

19日，国务院国资委以视频形式召开2022年中央企业、地方国资委考核分配工作会议。国务院国资委党委委员、副主任袁野出席会议并讲话。

19日，国务院国资委党委委员、副主任翁杰明赴中国有研科技集团有限公司调研，听取有研集团技术创新、产业布局和改革发展情况汇报。

20日，国务院国资委党委在北京召开中央企业统战代表人士新春茶话会，与中央企业统战代表人士深入交流思想，共叙统战情谊，喜迎新春佳节。国务院国资委党委委员、副主任谭作钧出席会议并讲话。

24日，国务院国资委党委认真传达学习贯彻习近平总书记在十九届中央纪委六次全会上重要讲话和全会精神，在召开国资委党委扩大会议研究贯彻落实措施基础上，以视频方式召开国资委党风廉政建设和反腐败工作会议暨警示教育大会。国务院国资委党委书记、主任郝鹏出席会议并讲话。中央纪委常委、国家监委委员，中央纪委国家监委驻国务院国资委纪检监察组组长、国务院国资委党委委员陈超英通报查处的典型案件并进行剖析。

25日，中国储备粮管理集团有限公司与中粮集团有限公司储备加工领域分类改革股权合作协议签约仪式在北京举行。国务院国资委党委委员、副主任翁杰明出席仪式并讲话。

26日，国务院国资委举行国务院国资委任命的国家工作人员宪法宣誓仪式。国务院国资委党委书记、主任郝鹏监誓并讲话。

28日，国务院国资委党委书记、主任郝鹏看望慰问“两弹一星”元勋，“共和国勋章”、国家最高科学技术奖获得者，中国航天科技集团有限公司原高级技术顾问孙家栋院士，代表国务院国资委党委向他致以诚挚的问候和新春的美好祝福。

30日，国务院国资委党委委员、副主任翁杰明出席国资央企值班应急指挥系统启用仪式，检查指导春节假期值班工作，看望慰问值班人员。

**2 月**

14 日，国务院国资委、中国科协举行座谈会并签署全面战略合作协议。国务院国资委党委书记、主任郝鹏出席签约仪式并讲话。

15 日，国务院国资委党委委员、副主任任洪斌在北京出席中国海洋石油集团有限公司成立 40 周年对外合作签约仪式并致辞。

16 日，国务院国资委党委委员、副主任翁杰明赴中国铁塔股份有限公司调研，听取中国铁塔股份有限公司落实巡视整改工作情况汇报。

17 日，中央企业宣传思想工作会议在北京召开。国务院国资委党委委员、副主任谭作钧出席会议并讲话。

18 日，国务院国资委党委召开 2021 年度中央企业党委（党组）书记党建工作述职会议。国务院国资委党委书记、主任郝鹏主持会议并讲话。

22 日，国务院国资委党委召开专题会议，贯彻落实国务院国有企业改革领导小组第七次会议部署要求，总结 2021 年国企改革三年行动进展，研究部署 2022 年重点任务。国务院国资委党委书记、主任，国务院国有企业改革领导小组办公室主任郝鹏主持会议并讲话。

23 日，国务院国资委综合研究工作领导小组召开第二次会议。国务院国资委党委委员、副主任，领导小组组长翁杰明出席会议并讲话。

23 日、24 日，国务院国资委党委分两场召开中央企业党委（党组）负责人党建工作述职会议。国务院国资委党委委员、副主任谭作钧主持会议并讲话。

25 日，国务院国资委举行媒体通气会，通报国有企业对标世界一流管理提升行动有关情况。国务院国资委党委委员、副主任翁杰明出席会议，介绍有关情况并回答记者提问。

28 日，国务院国资委召开中央企业强化合规管理专题推进会。国务院国资委党委委员、副主任翁杰明出席会议并讲话。

28 日，中国石油天然气集团有限公司与通用技术宝石花医疗深化改革专业化整合签约仪式在北京举行。国务院国资委党委委员、副主任翁杰明出席仪式并讲话。

**3 月**

1 日，国务院国企改革领导小组办公室以视频方式召开国有企业瘦身健体专题推进会，传达学习贯彻国务院国企改革领导小组有关会议精神，通报截至 1 月底国企改革三年行动有关情况。国务院国资委党委委员、副主任，国务院国企改革领导小组办公室副主任翁杰明出席会议并讲话。

1 日，科技部、国务院国资委举行会商会议暨共同培育建设科技领军企业工作座谈会。国务院国资委党委书记、主任郝鹏出席会议并讲话。国务院国资委党委委员、副主任任洪斌介绍双方战略合作进展及共同支持推动中央企业科技创新有关工作情况。

1 日，国务院国资委党委委员、副主任袁野赴中国钢研科技集团有限公司调研，听取中国钢研关于系统推进科技创新激励保障机制建设、加快实施科研设计企业经营业绩精准考核的情况汇报，并与中国钢研及所属重点单位负责人和科研人员代表进行座谈交流。

2 日，国务院国资委党委召开 2022 年第一轮巡视工作动员部署会议。中央纪委常委、国家监委委员，中央纪委国家监委驻国务院国资委纪检监察组组长、国务院国资委党委委员，巡视工作领导小组副组长陈超英出席会议并讲话。国务院国资委党委委员、副主任，巡视工作领导小组成员任洪斌出席会议并宣布国务院国资委党委 2022 年第一轮巡视组长授权任职及任务分工决定。

2 日，印发《关于中央企业加快建设世界一流财务管理体系的指导意见》（国资发财评规〔2022〕23 号）。

3 日，国务院国资委党委召开专题会议，传达学习习近平总书记在中央全面深化改革委员会第二十四次会议上重要讲话精神，研究贯彻落实措施。国务院国资委党委书记、主任郝鹏主持会议并讲话。

3 日，印发《关于调整部分“双百企业”有关事项的通知》（国企改办〔2022〕1 号）。

8 日，国务院国资委召开“新时代国有企业改革发展战略研究”暨“国企改革三年行动标志性成果、规律性认识和前瞻性思考研究”课题开题研讨会。国务院国资委党委委员、秘书长彭华岗出席会议并讲话。

9 日，国务院国资委文明委召开全体会议，深入学习贯彻习近平总书记关于精神文明建设重要论述精神，贯彻落实中央文明委第五次全体会议部署，研究部署2022年国资央企精神文明建设工作。国务院国资委党委委员、副主任，国务院国资委文明委主任谭作钧主持会议并讲话。

10日，国务院国资委召开推动中央企业高质量参与共建“一带一路”暨RCEP培训启动专题会议。国务院国资委党委委员、副主任谭作钧出席会议并讲话。

10日，国务院国资委党委委员、秘书长彭华岗赴中国中车集团有限公司调研，听取中国中车集团有限公司国企改革三年行动工作进展情况及“时速600公里高速磁浮交通系统”研制有关情况的汇报，并与企业负责人进行座谈交流。

14日，国务院国资委党委召开扩大会议，认真传达学习习近平总书记全国两会期间重要讲话精神和全国两会精神，围绕李克强总理所作政府工作报告部署要求，研究贯彻落实措施。国务院国资委党委书记、主任郝鹏主持会议并讲话。

15日，国务院国资委党委书记、主任郝鹏赴中国建筑集团有限公司，视频连线中央企业承建的中央援港疫情防控设施项目建设现场，对国资央企贯彻落实中央援港抗疫举措进行再部署、再推进。

16日，驻国务院国资委纪检监察组召开国资委党风廉政监督员联系会议。中央纪委常委、国家监委委员，中央纪委国家监委驻国务院国资委纪检监察组组长、国务院国资委党委委员陈超英出席会议并讲话。

17日，国务院国资委召开中央企业内控体系建设与监督工作视频会议。国务院国资委党委委员、副主任袁野出席会议并讲话。

18日，国务院国资委党委以视频会议形式召开国资委党委和中央企业党委（党组）理论学习中心组联学会。国务院国资委党委书记、主任郝鹏主持会议并讲话。

19日，国务院国资委召开中央企业加强基础研究和应用基础研究工作座谈会。国务院国资委党委委员、副主任任洪斌主持会议并讲话。

21日，国务院国资委党委委员、秘书长彭华岗出席企业社会价值实验室首届理事会第二次会议并讲话。

21日，印发《关于做好2022年中央企业违规经营投资责任追究工作的通知》（国资厅发监责〔2022〕7号）。

23日，国务院国资委党委委员、副主任谭作钧赴中国安能建设集团有限公司、中国航空器材集团有限公司调研，听取企业关于投资规划、产权管理、党的建设等方面工作的汇报，了解通用航空产业发展有关情况。

24日，国务院国资委党委委员、副主任翁杰明赴中国林业集团有限公司调研企业改革发展与“双碳”平台建设有关情况。

25日，国务院国资委党委书记、主任郝鹏赴中国国际工程咨询有限公司调研高端智库建设和企业改革发展党建工作。

28日，国务院国资委召开国企改革课题专家学者座谈会。国务院国资委党委委员、秘书长彭华岗出席会议并讲话。

28日，印发《关于做好2022年服务业小微企业和个体工商户房租减免工作的通知》（国资厅财评〔2022〕29号）。

30日，国务院国企改革领导小组办公室以视频形式召开完善公司治理机制、提升运转质量效能专题推进会。国务院国资委党委委员、副主任，国务院国企改革领导小组办公室副主任翁杰明出席会议并讲话。

31日，国务院国资委党委书记、主任郝鹏在分会场视频参加全国安全生产电视电话会议后，立即主持召开中央企业安全生产工作视频会议，深入学习贯彻习近平总书记关于安全生产的重要指示精神，学习贯彻李克强总理批示要求，对中央企业安全生产工作进行再部署、再推进、再落实。

31日，国务院国资委召开中央企业保障农民工工资支付长效机制建设、清欠和减免房租专题动员部署视频会议。国务院国资委党委委员、副主任袁野出席会议并讲话。

**4月**

1日，国务院国资委召开全面深化改革领导小组专题会，总结国企改革三年行动进展成效和标志性成果，梳理分析尚存的问题和困难，研究下一步重点举措。国务院国资委党委委员、副主任翁杰明主持会议并讲话。

1 日，国务院国资委党委书记、主任郝鹏深入中国东方航空集团有限公司、中国南方航空集团有限公司大兴基地和中航集团总部调研指导企业安全运营、改革发展、疫情防控等工作。

2 日，国务院国资委党委召开中央企业精神文明建设工作会议，深入学习贯彻习近平总书记关于精神文明建设的重要论述精神，贯彻落实中央文明委、首都文明委工作部署，总结交流 2021 年工作，安排 2022 年重点任务。国务院国资委党委委员、副主任，国务院国资委文明委主任谭作钧出席会议并讲话。

2 日，国务院国资委以视频形式召开中央企业创新联合体工作会议，深入学习贯彻习近平总书记关于科技创新重要论述，总结回顾两年来中央企业创新联合体实践探索，研究部署下一步工作。国务院国资委党委书记、主任郝鹏出席会议并讲话。

8 日，国务院国资委党委委员、副主任翁杰明赴中资数据科技有限公司调研指导国资国企在线监管系统中央企业采购管理子系统建设等情况。

11 日，国务院国资委党委委员、副主任翁杰明赴中国电子科技集团有限公司所属太极股份和国投所属国投电力调研央企控股上市公司实施国企改革三年行动有关情况。

14 日，受国务院国资委党委书记、主任郝鹏委托，国务院国资委党委委员、副主任任洪斌到中央企业援沪医疗队上海驻地看望慰问医疗队医护人员。

16 日，国务院国资委召开视频会议，通报中央企业第一季度经济运行情况，分析形势、压实目标任务，对 2022 年重点工作进行再动员、再部署。国务院国资委党委书记、主任郝鹏代表国务院国资委与中央企业负责人签订 2022 年度和 2022—2024 年任期经营业绩责任书。国务院国资委党委委员、副主任袁野通报中央企业第一季度经济运行情况。

19 日，国务院国资委在国务院新闻办举行新闻发布会。国务院国资委党委委员、秘书长、新闻发言人彭华岗出席介绍 2022 年第一季度中央企业经济运行情况，并回答记者提问。

21 日，国务院国资委在中国交通建设集团有限公司召开对标世界一流采购交易管理体系推进会，总结交流优秀企业的经验做法，对建立完善采购交易管理体系、全面提升供应链管理水平进行再部署、再推进。国务院国资委党委委员、副主任翁杰明出席会议并讲话。

27 日，国务院国资委党委书记、主任郝鹏赴中国铁塔股份有限公司调研企业稳增长、防风险、促改革、强党建工作。

29 日，国务院国资委党委召开扩大会议，认真传达学习中央政治局会议、中央财经委员会第十一次会议精神，结合国资央企实际研究贯彻落实措施。国务院国资委党委书记、主任郝鹏主持会议并讲话。

**5 月**

7 日，国务院国资委以视频方式召开地方国企改革三年行动推进会，围绕全面完成国企改革三年行动任务，总结工作、交流经验、部署任务。国务院国资委党委书记、主任，国务院国有企业改革领导小组办公室主任郝鹏出席会议并讲话。

10 日，中国智造品牌论坛暨中央企业装备制造创新成就云展览举行，国务院国资委党委委员、副主任谭作钧出席论坛并讲话。

11 日，国务院国资委以视频形式召开中央企业压减工作“回头看”专项行动推进会，总结中央企业压减工作成效，对新一轮压减工作进行再动员、再部署。国务院国资委党委委员、副主任翁杰明出席会议并讲话。

17 日，国务院国资委党委书记、主任郝鹏赴中国建材集团有限公司调研。

18 日，“全国企业采购交易寻源询价系统”在国务院国资委官方网站正式上线。国务院国资委党委委员、副主任翁杰明出席寻源询价系统上线启动仪式。

18 日，国务院国企改革领导小组办公室以视频形式召开深化国有控股上市公司改革专题推进会，通报截至 2022 年 3 月底国有企业重点改革任务进展情况。国务院国资委党委委员、副主任，国务院国企改革领导小组办公室副主任翁杰明出席会议并讲话。

18日，国务院国资委以视频形式召开区域性国资国企综合改革试验专题视频调研会，深入了解各综改试验区工作进展成效及存在问题，讨论深化综改试验的工作思路，国务院国资委党委委员、秘书长彭华岗出席会议并讲话。

19日，国务院国资委以视频和现场相结合的形式召开中央企业现代产业链链长建设工作推进会。国务院国资委党委书记、主任郝鹏出席会议并讲话。

19日，国务院国资委以视频形式召开直属机关定点帮扶暨社会事务管理工作会议。国务院国资委党委委员、副主任任洪斌出席会议并讲话。

19日，国务院国资委党委召开2022年第一轮巡视集中反馈会议，深入学习贯彻习近平总书记重要讲话精神，通报巡视发现的主要问题，对巡视反馈和整改工作进行集中部署。中央纪委常委、国家监委委员，中央纪委国家监委驻国务院国资委纪检监察组组长、国务院国资委党委委员，巡视工作领导小组副组长陈超英出席会议并讲话。

20日，国务院国资委党委召开会议，认真学习贯彻习近平总书记在庆祝中国共产主义青年团成立100周年大会上的重要讲话精神，贯彻落实习近平总书记给航天科技集团空间站建造青年团队重要回信精神，部署实施中央企业青年精神素养提升工程，守正创新全面加强中央企业共青团和青年工作，引领广大央企青年沿着党中央和习近平总书记指引方向奋勇前进。国务院国资委党委书记、主任郝鹏出席会议并讲话。

25日，国务院国资委党委书记、主任郝鹏赴中国农业发展集团有限公司调研。

25日，印发《关于中央企业助力中小企业纾困解难促进协同发展有关事项的通知》（国资发财评〔2022〕40号）。

26日，为贯彻落实全国稳住经济大盘电视电话会议精神，国务院国资委召开视频会议，对中央企业助力中小企业纾困解难促进协同发展工作进行动员部署。国务院国资委党委委员、副主任袁野出席会议并讲话。

30日，国务院国资委党委召开2022年第二轮巡视工作动员部署会议，深入学习贯彻习近平总书记关于巡视工作的重要论述，落实全国巡视工作会议精神，研究部署2022年第二轮巡视工作，实现国资委党委巡视全覆盖。中央纪委常委、国家监委委员，中央纪委国家监委驻国务院国资委纪检监察组组长、国务院国资委党委委员，巡视工作领导小组副组长陈超英出席会议并讲话。国务院国资委党委委员、副主任谭作钧出席会议并宣布国资委党委2022年第二轮巡视组长授权任职及任务分工决定。

**6月**

2日，印发《关于企业国有资产交易流转有关事项的通知》（国资发产权规〔2022〕39号）、《关于加强中央企业商誉管理的通知》（国资发财评规〔2022〕41号）。

3日，国务院国资委党委书记、主任郝鹏赴中国物流集团有限公司调研。

6日，中国中钢集团公司所属中钢洛耐科技股份有限公司在上海证券交易所科创板成功挂牌上市。国务院国资委党委委员、副主任翁杰明出席上市仪式并致辞。

8日，国务院国企改革领导小组办公室以视频形式召开推广“科改示范行动”经验、强化科技创新激励专题推进会。国务院国资委党委委员、副主任，国务院国企改革领导小组办公室副主任翁杰明出席会议并讲话。

10日，国务院国资委党委书记、主任郝鹏赴中粮集团有限公司调研。

14日，国务院国资委党委书记、主任郝鹏赴中国航空工业集团有限公司调研。

14日，国务院国资委党委委员、副主任谭作钧赴中国融通资产管理集团有限公司调研。

16日，国务院国资委党委书记、主任郝鹏赴中国航天科技集团有限公司调研。

17日，中共中央宣传部举行“中国这十年”系列主题新闻发布会，国务院国资委党委委员、副主任翁杰明，国务院国资委党委委员、秘书长彭华岗出席发布会，介绍新时代国资国企改革发展情况，并回答记者提问。

22日，国务院国资委以视频形式召开全国国有企业办医疗机构改革巩固深化推进会，落实全国剥离国有企业办社会职能和解决历史遗留问题工作电视电话会议精神，总结巩固改革成果，明确收尾工作要求，推动国有企业办医疗机构高质量发展。国务院国资委党委委员、副主任翁杰明出席会议并讲话。

23日，国务院国资委以视频形式召开学习贯彻第九次全国信访工作会议精神暨中央企业信访工作会议，传达学习第九次全国信访工作会议精神，总结近年来信访工作，对国资央企贯彻落实会议精神，做好下一个时期信访稳定各项重点工作进行安排部署。国务院国资委党委委员、副主任翁杰明出席会议并讲话。

23日，国务院国资委以视频方式组织召开2022年国资监管信息化工作会议，深入学习贯彻习近平总书记关于网络强国的重要思想和党中央、国务院有关决策部署，总结2021年以来工作，分析当前形势，对2022年重点工作进行再部署、再推动。国务院国资委党委委员、副主任翁杰明出席会议并讲话。

28日，国务院国资委党委委员、副主任袁野带队赴山西省朔州市调研中国中煤能源集团有限公司能源保供工作，实地了解企业煤炭保供稳价、转型发展、党的建设等情况，督促指导企业进一步做好迎峰度夏能源保供工作。

**7月**

5日，国务院国企改革领导小组办公室以视频方式召开专题推进会，国务院国资委党委委员、副主任，国务院国企改革领导小组办公室副主任翁杰明出席会议并讲话。

9—10日，中国共产党中央企业系统（在京）代表会议在北京召开，选举产生51名中央企业系统（在京）出席中国共产党第二十次全国代表大会的代表，党中央提名的代表候选人杨传堂当选。会议由国务院国资委党委主持，国务院国资委党委书记、主任郝鹏出席会议并讲话。

12日，国务院国资委召开中央企业司库体系建设现场推进会，总结交流工作经验，部署推动下一步工作。国务院国资委党委委员、副主任袁野出席会议并讲话。

14日，国务院国资委党委委员、副主任，国务院国有企业改革领导小组办公室副主任翁杰明主持召开国务院国有企业改革领导小组办公室专题会议，深入学习贯彻习近平新时代中国特色社会主义思想，交流国企改革三年行动涉及相关部委重点任务进展情况，研究下一步深化国企改革的工作思路。

16—17日，国务院国资委在北京举办中央企业负责人研讨班，深入学习贯彻习近平总书记关于国有企业改革发展和党的建设重要论述精神，总结上半年工作，部署下半年重点任务，并围绕《关于加快建设世界一流企业的指导意见》和《关于推进国有企业打造原创技术策源地的指导意见》开展集中学习研讨。

19日，中国稀土集团有限公司与中国有研科技集团有限公司在北京签署《共建稀土创新基地合作协议》，深化稀土产研资源专业化整合，共同打造世界一流稀土科技创新平台。国务院国资委党委委员、副主任翁杰明出席签约仪式并见证合作签约。

19—20日，国务院国资委党委委员、副主任袁野带队赴国家电力投资集团有限公司贵州金元公司、中国南方电网有限责任公司所属贵州电网公司调研，实地了解企业电煤库存、电力保供、转型发展、党的建设等情况，督促指导企业进一步做好迎峰度夏能源电力保供工作。

21日，国务院国资委以视频方式组织召开提高央企控股上市公司质量工作推进会，对提高央企控股上市公司质量工作进行部署。国务院国资委党委委员、副主任谭作钧出席会议并讲话。

22日，国务院国资委在国务院新闻办举行新闻发布会，国务院国资委党委委员、秘书长、新闻发言人彭华岗出席介绍2022年上半年中央企业经济运行情况，并回答记者提问。

22日，国务院国资委召开地方国资委负责人年中工作视频会议，总结上半年工作，研究安排下半年重点任务，就国有企业加快建设世界一流企业和打造原创技术策源地进行专项部署。国务院国资委党委书记、主任，国务院国有企业改革领导小组办公室主任郝鹏出席会议并讲话。

23日，国务院国资委党委委员、副主任翁杰明出席第五届数字中国建设峰会和第二届国有企业数字化转型论坛并致辞。

24 日，由国务院国资委、福建省人民政府等共同主办的“共铸国云　智领未来”云生态大会在福州举行。国务院国资委党委委员、副主任翁杰明出席大会并致辞。

25 日，发布《关于组建中国矿产资源集团有限公司的公告》（国务院国有资产监督管理委员会公告 2022 年第 1 号）。

27 日，通用技术集团健康养老产业有限公司挂牌成立。国务院国资委党委委员、副主任翁杰明出席揭牌仪式并讲话。

27 日，国务院国资委组织召开中央企业迎峰度夏能源电力保供专题会，贯彻落实党中央、国务院关于做好迎峰度夏能源电力保供的决策部署，督促指导中央企业全力奋战迎峰度夏能源电力保供工作。国务院国资委党委委员、副主任袁野出席会议并讲话。

28 日，国务院国资委党委召开扩大会议，认真传达学习习近平总书记在省部级主要领导干部“学习习近平总书记重要讲话精神，迎接党的二十大”专题研讨班上重要讲话精神和中央政治局会议精神，研究贯彻落实措施。国务院国资委党委书记、主任郝鹏主持会议并讲话。

**8 月**

9 日，2022“一带一路”媒体合作论坛在西安举行。国务院国资委党委委员、秘书长彭华岗出席论坛并致辞。

15 日，由国务院国资委社会责任局、广东省国资委指导，中国社会责任百人论坛主办的第二届国企社会价值论坛在广州召开。国务院国资委党委委员、秘书长彭华岗出席论坛并致辞。

16 日，国务院国资委党委巡视工作领导小组召开 2022 年第二轮巡视集中反馈会议，深入学习贯彻习近平总书记关于巡视整改的重要论述精神，通报巡视发现的共性问题，对巡视反馈和整改工作进行集中部署。中央纪委常委、国家监委委员，中央纪委国家监委驻国务院国资委纪检监察组组长、国务院国资委党委委员，巡视工作领导小组副组长陈超英出席会议并讲话。

21—23 日，国务院国资委党委委员、副主任袁野带队赴国家开发投资集团有限公司锦屏一期、锦屏二期水电站，国家能源投资集团有限责任公司瀑布沟、枕头坝一级水电站和沙坪一级、枕头坝二级水电项目建设现场，中国华能集团有限公司珞璜火电厂和国家电网有限公司重庆电力公司调研，实地了解流域来水、水库蓄能、电煤库存、电力保供等情况，督促指导企业进一步做好迎峰度夏能源电力保供工作。

23 日，国务院国资委召开中央企业关键核心技术攻关大会，深入学习贯彻习近平总书记关于科技创新的重要论述和关于加强关键核心技术攻关的重要指示批示精神，对前期中央企业关键核心技术攻关工作进行总结，部署下一步重点工作。国务院国资委党委书记、主任郝鹏出席会议并讲话。会上，国务院国资委党委委员、副主任翁杰明宣读通报表扬攻关工作先进集体和个人的决定。

25 日，中央企业检验检测资源专业化整合暨中国中检股权多元化改革签约仪式在北京举行。国务院国资委党委书记、主任郝鹏出席活动并讲话。国务院国资委党委委员、副主任翁杰明主持签约仪式并宣读有关批复文件。

29 日，国务院国资委党委召开学习贯彻习近平总书记中央和国家机关党的建设工作会议重要讲话精神深入推进模范机关建设座谈会。国务院国资委党委书记、主任郝鹏出席会议并讲话。

**9 月**

1 日，国务院国企改革领导小组办公室以视频形式召开巩固深化国企改革三年行动、补短板强弱项专题推进会。国务院国资委党委委员、副主任，国务院国企改革领导小组办公室副主任翁杰明出席会议并讲话。

1 日，2022 年全国“质量月”活动启动仪式暨中央企业质量提升标准创新大会在北京举行。国务院国资委党委书记、主任郝鹏出席会议并发言。

2 日，国务院国资委党委召开党委扩大会议和中央企业专题会议，认真传达学习贯彻习近平总书记 8 月 30 日主持召开的中央政治局会议精神，对国资央企迎接党的二十大、扎实做好近期重点工作作出部署。国务院国资委党委书记、主任郝鹏出席会议并讲话。

5日，国务院国资委在北京举办加快建设世界一流企业专题研讨班，深入学习贯彻习近平总书记重要指示精神，全面推进国资国企加快建设世界一流企业工作。国务院国资委党委委员、副主任翁杰明出席开班式并作辅导报告。

9日，国务院国资委党委书记、主任郝鹏赴国家电力投资集团有限公司调研。

13日，国务院国资委召开中央企业合规管理工作推进会。国务院国资委党委委员、副主任翁杰明出席会议并讲话。

14日，中央党校国资委分校举行2022年秋季学期开班式。国务院国资委党委委员、副主任谭作钧出席开班式并讲话。

15日，国务院国资委党委书记、主任郝鹏赴中国电信集团有限公司、中国联合网络通信集团有限公司调研企业5G建设应用、融合创新服务、网络安全保障等工作。

15日，国务院国资委党委委员、副主任翁杰明赴中国电科南湖研究院考察人工智能等领域科技创新成果，指导企业深化体制机制改革。

15日，国务院国资委党委中央企业学习传达中央统战工作会议精神暨党外代表人士建言献策工作室推进会在北京召开。国务院国资委党委委员、副主任谭作钧出席会议并讲话。

16日，国务院国资委党委召开理论学习中心组集体学习会，在前期全面系统学习基础上，进一步深入学习《习近平谈治国理政》第四卷和习近平总书记在省部级主要领导干部“学习习近平总书记重要讲话精神，迎接党的二十大”专题研讨班上重要讲话精神，紧密结合国资国企发展改革监管和党的建设工作实际，研讨贯彻落实的具体思路举措。国务院国资委党委书记、主任郝鹏主持集体学习会并讲话。

16日，国务院国资委党委委员、秘书长彭华岗出席第19届中国—东盟博览会和中国—东盟商务与投资峰会开幕大会，并在首届中国—东盟基础设施互联互通与区域经贸合作论坛致辞。

20日，国务院国资委党委召开中央企业思想政治工作会议，深入贯彻落实党中央关于思想政治工作的决策部署，总结工作、交流经验、部署任务。国务院国资委党委书记、主任郝鹏出席会议并讲话。

21日，中国稀土集团有限公司与江西铜业集团有限公司战略合作签约暨中国稀土集团资源科技股份有限公司揭牌仪式在北京、南昌、赣州三地以视频连线方式举办。国务院国资委党委委员、副主任翁杰明出席仪式并致辞。

21日，国务院国资委以视频形式召开中央企业碳达峰碳中和工作推进会，对积极稳妥推进碳达峰碳中和工作进行部署。国务院国资委党委委员、秘书长彭华岗出席会议并讲话。

24日，大连船舶重工集团有限公司搬迁建设升级项目签约仪式暨央企支持太平湾建设推进会在北京、大连以视频连线方式举行。国务院国资委党委委员、副主任翁杰明出席仪式并讲话。

26日，国务院国资委会同上海证券交易所召开中央企业上市工作座谈会，国务院国资委党委委员、副主任翁杰明出席并讲话。会前，翁杰明出席中信科移动通信技术股份有限公司科创板上市仪式。

27日，教育部、国务院国资委联合举行卓越工程师培养工作推进会。国务院国资委党委书记、主任郝鹏出席会议并讲话，并为国家卓越工程师学院建设单位和国家卓越工程师创新研究院建设单位授牌。

30日，国务院国资委举行国务院国资委任命的国家工作人员宪法宣誓仪式。国务院国资委党委书记、主任郝鹏监誓并讲话。国务院国资委党委委员、副主任谭作钧主持宣誓仪式。国务院国资委党委委员参加仪式。

**10月**

12日，印发《关于进一步做好2022年服务业小微企业和个体工商户房屋租金减免工作的通知》(国资厅财评〔2022〕253号)。

15日，出席中国共产党第二十次全国代表大会的中央企业系统(在京)代表团召开组团会，传达学习党的十九届七中全会精神，酝酿党的二十大代表资格审查委员会成员、大会主席团成员和秘书长建议名单。

党的二十大代表，国务院国资委党委书记、主任郝鹏主持会议并讲话。

16—17 日，党的二十大中央企业系统（在京）代表团先后举行全体会议和分组讨论，认真学习讨论习近平总书记代表十九届中央委员会向党的二十大所作报告，认真传达学习习近平总书记在党的十九届七中全会上关于党的二十大报告起草工作的说明。国务院国资委党委书记、主任，中央企业系统（在京）代表团团长郝鹏主持全体会议并发言。

17—18 日，党的二十大中央企业系统（在京）代表团举行分组会议，继续认真学习讨论习近平总书记代表十九届中央委员会向党的二十大所作的报告。国务院国资委党委书记、主任，中央企业系统（在京）代表团团长郝鹏参加分组讨论。

18 日，党的二十大中央企业系统（在京）代表团举行分组会议，认真讨论十九届中央纪委工作报告和《中国共产党章程（修正案）》。国务院国资委党委书记、主任，中央企业系统（在京）代表团团长郝鹏参加分组讨论。

24 日，国务院国资委党委召开扩大会议，认真传达贯彻党的二十大和二十届一中全会精神，紧密结合国资央企实际深入学习领会，研究部署学习宣传贯彻落实工作。国务院国资委党委书记、主任郝鹏主持会议并原原本本传达大会精神，结合参加党的二十大和二十届一中全会现场聆听学习习近平总书记所作报告和重要讲话的切身体会带头发言。国务院国资委党委委员翁杰明、谭作钧、袁野、龚堂华、赵世堂、周国平、彭华岗作发言。

25 日，国务院国资委党委召开国资央企传达学习贯彻党的二十大精神视频会议，对中央企业、国资委机关、直管协会抓好学习宣传和贯彻落实工作进行动员部署。国务院国资委党委书记、主任郝鹏传达宣讲党的二十大精神并讲话。

28 日，中国国际工程咨询有限公司在北京召开学习党的二十大精神研讨会暨国家高端智库理事会第一次会议。国务院国资委党委委员、副主任翁杰明出席会议并讲话。

31 日，国务院国资委举办中央企业专业化整合项目集中签约仪式，认真贯彻党的二十大关于加快国有经济布局优化和结构调整的决策部署，发挥重点项目示范引领作用，推动专业化整合工作走深走实。国务院国资委党委委员、副主任翁杰明出席仪式并讲话。

**11 月**

3 日，主题为“贯彻落实党的二十大精神　提升产业链供应链韧性和安全水平”的中央企业产业链沙龙在北京举办，国务院国资委党委委员、副主任赵世堂出席活动并讲话。

4—6 日，国务院国资委党委书记、主任郝鹏深入驻沪中央企业科研一线、生产车间，紧密结合国资央企实际宣讲党的二十大精神，对企业认真抓好党的二十大精神学习宣传贯彻工作进行调研指导。

5 日，中国建设科技有限公司、中国五矿集团有限公司、中国建筑集团有限公司、中国化学工程集团有限公司、中国建筑科学研究院有限公司、中国中铁股份有限公司、中国铁道建筑集团有限公司、中国交通建设集团有限公司、中国电力建设集团有限公司、中国能源建设集团有限公司等 10 家企业在北京共同主办首届 BIM（建筑信息模型）成果应用大会。国务院国资委党委委员、副主任赵世堂出席会议并致辞。

5 日，国务院国资委、商务部与联合国全球契约组织在上海联合举办第五届虹桥国际经济论坛“践行全球发展倡议　建设世界一流企业”分论坛。国务院国资委党委委员、秘书长彭华岗出席论坛并致辞。

6—7 日，国务院国资委党委书记、主任郝鹏赴山东省济南市中国绿发投资集团有限公司所属项目工地和中国中车山东公司数字化生产车间，向基层党员干部职工宣讲党的二十大精神，就企业在抓好学习宣传贯彻工作基础上进一步抓好科技创新、绿色发展、党的建设等工作进行调研指导。

7 日，由国务院国资委、全国工商联、山东省人民政府、新华社指导举办的第五届中国企业论坛在山东济南举行主题论坛。国务院国资委党委书记、主任郝鹏出席论坛并致辞。

8 日，学习贯彻党的二十大精神中央宣讲团报告会在国资国企系统举行。国务院国资委党委书记、主任郝鹏主持报告会。

11日，国务院国资委党委委员、秘书长彭华岗出席第十二届中国(澳门)国际汽车博览会开幕式并致辞。

11日，由国务院国资委、全国工商联、上海市国资委指导，上海联合产权交易所承办的2022年混合所有制改革暨国企民企协同发展项目推介会在北京、上海两地举办，263个央企民企混合所有制改革和协同发展项目在推介会上集中亮相，拟募资金额超1200亿元。国务院国资委党委委员、副主任赵世堂出席并致辞。

16日，鞍钢西鞍山铁矿项目开工仪式在北京、鞍山以视频连线方式举行，国务院国资委党委委员、副主任翁杰明出席并讲话。

18日，国务院国资委党委召开扩大会议，认真学习贯彻习近平总书记主持召开的中央政治局会议和中央政治局常委会会议精神，认真学习《中共中央政治局关于加强和维护党中央集中统一领导的若干规定》《中共中央政治局贯彻落实中央八项规定实施细则》，坚决贯彻党中央和习近平总书记关于做好新冠疫情防控工作的重要指示重要决策部署，紧密结合国资央企实际研究贯彻落实举措。国务院国资委党委书记、主任郝鹏主持会议并讲话。

18日，国务院国资委党委委员、副主任翁杰明赴中国电子科技集团有限公司所属中国司法大数据研究院有限公司，考察司法数据中台等信息化研发成果，就加快推进国资央企信息化建设进行深入交流。

19日，国务院国资委党委委员、秘书长彭华岗出席第十三届财新峰会ESG专场暨中国ESG30人论坛2022年会并发表主题演讲。

22日，国务院国资委党委委员、秘书长彭华岗视频出席2022北外滩国际航空论坛并致辞。

24日，国务院国资委召开中央企业安全生产和疫情防控工作视频会议，认真传达学习习近平总书记关于安全生产和疫情防控工作的重要指示批示精神，在前期工作基础上，对中央企业安全生产和疫情防控工作再部署、再推动、再落实。国务院国资委党委书记、主任郝鹏出席会议并讲话。

**12月**

11日，国务院国资委党委委员、副主任赵世堂以视频方式出席2022中国移动全球合作伙伴大会并致辞。

19日，国务院国资委党委召开扩大会议，认真传达学习中央经济工作会议精神，紧密结合国资国企实际研究贯彻落实措施。国务院国资委党委委员、副主任翁杰明主持会议并讲话。

23日，中国宝武钢铁集团有限公司与中国中钢集团公司重组大会在北京举行。国务院国资委党委委员、副主任翁杰明出席会议并讲话。

27日，中央组织部有关负责同志出席国务院国有资产监督管理委员会领导干部会议，宣布中央决定：张玉卓同志任国务院国有资产监督管理委员会党委书记。

29日，国务院国资委党委书记张玉卓赴中国通用技术(集团)控股有限责任公司、中国医药集团有限公司等生产保障重点防疫药品物资的中央企业开展专题调研，向在疫情中坚守岗位、加班加点生产和发运防疫药品物资的干部职工表示亲切慰问和衷心感谢。

30日，中国中煤能源集团有限公司与国家电力投资集团有限公司煤电项目专业化整合签约仪式在北京举行。国务院国资委党委委员、副主任翁杰明出席见证签约并讲话。

30日，国务院国资委召开在京部分中央企业主要负责人座谈会，重点研究做好岁末年初稳增长提质增效、能源保供、安全生产工作，听取企业对下一年国资央企发展改革工作意见建议。国务院国资委党委书记张玉卓出席会议并讲话。

31日，发布《关于将中国南水北调集团有限公司列入国务院国有资产监督管理委员会履行出资人职责企业名单的公告》(国务院国有资产监督管理委员会公告2022年第2号)。

2023

CHINA' S STATE-OWNED ASSETS SUPERVISION AND ADMINISTRATION YEARBOOK

中国国有资产监督管理年鉴

# 附录

第九篇

## 2022 年度中央企业负责人经营业绩考核 A 级企业名单

根据《中央企业负责人经营业绩考核办法》，2022年度中央企业负责人经营业绩考核结果已经国务院国资委党委会议、委务会议审议通过。A 级企业名单如下：

1. 中国海洋石油集团有限公司
2. 中国石油化工集团有限公司
3. 中国石油天然气集团有限公司
4. 中国移动通信集团有限公司
5. 招商局集团有限公司
6. 中国电子科技集团有限公司
7. 国家能源投资集团有限责任公司
8. 中国远洋海运集团有限公司
9. 国家电网有限公司
10. 华润(集团)有限公司
11. 中国第一汽车集团有限公司
12. 国家电力投资集团有限公司
13. 中国华电集团有限公司
14. 中国华能集团有限公司
15. 中国航天科技集团有限公司
16. 中国中煤能源集团有限公司
17. 中国广核集团有限公司
18. 中国核工业集团有限公司
19. 中国船舶集团有限公司
20. 国家石油天然气管网集团有限公司
21. 中国电信集团有限公司
22. 中国中车集团有限公司
23. 中国南方电网有限责任公司
24. 中国铁路工程集团有限公司
25. 中国联合网络通信集团有限公司
26. 中国中化控股有限责任公司
27. 国家开发投资集团有限公司
28. 中国长江三峡集团有限公司
29. 中国航空工业集团有限公司
30. 中国航天科工集团有限公司
31. 中国铝业集团有限公司
32. 中国建筑集团有限公司
33. 中国国新控股有限责任公司
34. 中国兵器装备集团有限公司
35. 中国五矿集团有限公司
36. 中国铁道建筑集团有限公司
37. 中国航空发动机集团有限公司
38. 中国大唐集团有限公司
39. 中国建材集团有限公司
40. 中国化学工程集团有限公司
41. 中国机械工业集团有限公司
42. 中国有色矿业集团有限公司
43. 中国宝武钢铁集团有限公司
44. 中粮集团有限公司
45. 中国兵器工业集团有限公司
46. 中国保利集团有限公司
47. 中国交通建设集团有限公司
48. 中国诚通控股集团有限公司
49. 中国东方电气集团有限公司

## 2022 年《财富》“世界 500 强”中国企业上榜情况

| 2022 年排名 | 2021 年排名 | 公司名称 | 营业收入（百万美元） | 总部所在城市 |
|---|---|---|---|---|
| 3 | 3 | 国家电网有限公司 | 530008.8 | 北京 |
| 5 | 4 | 中国石油天然气集团有限公司 | 483019.2 | 北京 |

续表

| 2022 年排名 | 2021 年排名 | 公司名称 | 营业收入（百万美元） | 总部所在城市 |
|---|---|---|---|---|
| 6 | 5 | 中国石油化工集团有限公司 | 471154.2 | 北京 |
| 13 | 9 | 中国建筑集团有限公司 | 305884.5 | 北京 |
| 27 | 20 | 鸿海精密工业股份有限公司 | 222535.3 | 新北 |
| 28 | 22 | 中国工商银行股份有限公司 | 214766.3 | 北京 |
| 29 | 24 | 中国建设银行股份有限公司 | 202753.4 | 北京 |
| 32 | 28 | 中国农业银行股份有限公司 | 187061.1 | 北京 |
| 33 | 25 | 中国平安保险(集团)股份有限公司 | 181565.8 | 深圳 |
| 38 | 31 | 中国中化控股有限责任公司 | 173834.0 | 北京 |
| 39 | 34 | 中国铁路工程集团有限公司 | 171668.8 | 北京 |
| 42 | 65 | 中国海洋石油集团有限公司 | 164761.5 | 北京 |
| 43 | 39 | 中国铁道建筑集团有限公司 | 163037.0 | 北京 |
| 44 | 44 | 中国宝武钢铁集团有限公司 | 161698.4 | 上海 |
| 49 | 42 | 中国银行股份有限公司 | 156923.5 | 北京 |
| 52 | 46 | 京东集团股份有限公司 | 155533.3 | 北京 |
| 54 | 40 | 中国人寿保险(集团)公司 | 151487.2 | 北京 |
| 62 | 57 | 中国移动通信集团有限公司 | 139597.1 | 北京 |
| 63 | 60 | 中国交通建设集团有限公司 | 138270.4 | 北京 |
| 65 | 58 | 中国五矿集团有限公司 | 133541.3 | 北京 |
| 68 | 55 | 阿里巴巴集团控股有限公司 | 126812.5 | 杭州 |
| 69 | 77 | 厦门建发集团有限公司 | 125970.5 | 厦门 |
| 72 | 69 | 山东能源集团有限公司 | 124088.7 | 济南 |
| 74 | 70 | 中国华润有限公司 | 121642.6 | 香港 |
| 76 | 85 | 国家能源投资集团有限责任公司 | 121583.6 | 北京 |
| 83 | 89 | 中国南方电网有限责任公司 | 113674.0 | 广州 |
| 84 | 68 | 上海汽车集团股份有限公司 | 110612.3 | 上海 |
| 86 | 81 | 中国邮政集团有限公司 | 110270.6 | 北京 |
| 87 | 91 | 中粮集团有限公司 | 110222.0 | 北京 |
| 95 | 106 | 厦门国贸控股集团有限公司 | 103089.7 | 厦门 |
| 100 | 102 | 中国中信集团有限公司 | 100768.7 | 北京 |
| 105 | 100 | 中国电力建设集团有限公司 | 99019.6 | 北京 |
| 111 | 96 | 华为投资控股有限公司 | 95489.9 | 深圳 |
| 113 | 80 | 中国医药集团有限公司 | 94075.2 | 北京 |

续表

| 2022 年排名 | 2021 年排名 | 公司名称 | 营业收入（百万美元） | 总部所在城市 |
|---|---|---|---|---|
| 115 | 127 | 中国远洋海运集团有限公司 | 93181.4 | 上海 |
| 120 | 110 | 中国人民保险集团股份有限公司 | 91534.6 | 北京 |
| 123 | 75 | 恒力集团有限公司 | 90943.7 | 苏州 |
| 124 | 76 | 正威国际集团有限公司 | 90498.2 | 深圳 |
| 131 | 79 | 中国第一汽车集团有限公司 | 87679.4 | 长春 |
| 132 | 131 | 中国电信集团有限公司 | 87166.4 | 北京 |
| 136 | 180 | 浙江荣盛控股集团有限公司 | 86166.0 | 杭州 |
| 138 | 120 | 物产中大集团股份有限公司 | 85709.6 | 杭州 |
| 142 | 160 | 厦门象屿集团有限公司 | 83639.2 | 厦门 |
| 146 | 136 | 中国兵器工业集团有限公司 | 82688.8 | 北京 |
| 147 | 121 | 腾讯控股有限公司 | 82439.6 | 深圳 |
| 150 | 144 | 中国航空工业集团有限公司 | 81670.8 | 北京 |
| 157 | 150 | 太平洋建设集团有限公司 | 79478.3 | 乌鲁木齐 |
| 161 | 155 | 交通银行股份有限公司 | 78213.1 | 上海 |
| 163 | 163 | 晋能控股集团有限公司 | 77761.3 | 大同 |
| 165 | 186 | 广州汽车工业集团有限公司 | 77344.7 | 广州 |
| 166 | 139 | 中国铝业集团有限公司 | 76946.0 | 北京 |
| 168 | 225 | 台积公司 | 76021.7 | 新竹 |
| 169 | 209 | 陕西煤业化工集团有限责任公司 | 75871.2 | 西安 |
| 171 | 176 | 江西铜业集团有限公司 | 74927.2 | 贵溪 |
| 172 | 199 | 山东魏桥创业集团有限公司 | 74922.8 | 滨州 |
| 173 | 178 | 万科企业股份有限公司 | 74900.5 | 深圳 |
| 175 | 152 | 招商局集团有限公司 | 73282.7 | 香港 |
| 179 | 174 | 招商银行股份有限公司 | 72316.6 | 深圳 |
| 188 | 122 | 东风汽车集团有限公司 | 68415.6 | 武汉 |
| 191 | 181 | 中国保利集团有限公司 | 67695.9 | 北京 |
| 192 | 182 | 中国太平洋保险(集团)股份有限公司 | 67695.5 | 上海 |
| 193 | 162 | 北京汽车集团有限公司 | 67282.2 | 北京 |
| 205 | 125 | 绿地控股集团股份有限公司 | 64802.1 | 上海 |
| 206 | 138 | 碧桂园控股有限公司 | 63978.9 | 佛山 |
| 209 | 215 | 中国华能集团有限公司 | 63284.3 | 北京 |
| 212 | 436 | 比亚迪股份有限公司 | 63040.8 | 深圳 |

续表

| 2022 年排名 | 2021 年排名 | 公司名称 | 营业收入（百万美元） | 总部所在城市 |
|---|---|---|---|---|
| 217 | 171 | 联想集团有限公司 | 61946.9 | 香港 |
| 222 | 241 | 盛虹控股集团有限公司 | 61251.2 | 苏州 |
| 223 | 208 | 兴业银行股份有限公司 | 60962.1 | 福州 |
| 225 | 229 | 浙江吉利控股集团有限公司 | 60395.8 | 杭州 |
| 229 | 189 | 河钢集团有限公司 | 59563.3 | 石家庄 |
| 244 | 264 | 浙江恒逸集团有限公司 | 57332.4 | 杭州 |
| 247 | 196 | 中国建材集团有限公司 | 56514.2 | 北京 |
| 252 | 233 | 中国电子科技集团有限公司 | 55847.6 | 北京 |
| 256 | 269 | 中国能源建设集团有限公司 | 54889.5 | 北京 |
| 257 | 238 | 青山控股集团有限公司 | 54711.1 | 温州 |
| 260 | 226 | 上海浦东发展银行股份有限公司 | 54027.7 | 上海 |
| 262 | 260 | 国家电力投资集团有限公司 | 54021.7 | 北京 |
| 267 | 267 | 中国联合网络通信股份有限公司 | 52765.9 | 北京 |
| 269 | 257 | 陕西延长石油(集团)有限责任公司 | 52224.1 | 西安 |
| 272 | 243 | 中国船舶集团有限公司 | 51799.1 | 上海 |
| 278 | 245 | 美的集团股份有限公司 | 51393.0 | 佛山 |
| 279 | 224 | 中国机械工业集团有限公司 | 51126.4 | 北京 |
| 283 | 217 | 鞍钢集团有限公司 | 50041.3 | 鞍山 |
| 289 | 339 | 金川集团股份有限公司 | 49466.7 | 金昌 |
| 292 | — | 宁德时代新能源科技股份有限公司 | 48848.7 | 宁德 |
| 310 | 302 | 浙江省交通投资集团有限公司 | 46616.5 | 杭州 |
| 313 | 299 | 苏商建设集团有限公司 | 46137.8 | 上海 |
| 320 | 386 | 敬业集团有限公司 | 45704.9 | 石家庄 |
| 323 | 326 | 中国华电集团有限公司 | 45113.4 | 北京 |
| 329 | 273 | 中国民生银行股份有限公司 | 44581.5 | 北京 |
| 333 | 311 | 和硕 | 44272.5 | 台北 |
| 341 | 315 | 中国兵器装备集团公司 | 43428.9 | 北京 |
| 345 | 349 | 广达电脑公司 | 42997.0 | 桃园 |
| 348 | 291 | 江苏沙钢集团有限公司 | 42784.2 | 张家港 |
| 351 | 321 | 上海建工集团股份有限公司 | 42522.2 | 上海 |
| 356 | 297 | 中国中煤能源集团有限公司 | 41996.9 | 北京 |
| 359 | 431 | 山西焦煤集团有限责任公司 | 41662.1 | 太原 |

续表

| 2022 年排名 | 2021 年排名 | 公司名称 | 营业收入（百万美元） | 总部所在城市 |
|---|---|---|---|---|
| 360 | 266 | 小米集团 | 41631.3 | 北京 |
| 363 | 356 | 新希望控股集团有限公司 | 41426.2 | 成都 |
| 368 | 324 | 中国电子信息产业集团有限公司 | 40326.3 | 深圳 |
| 373 | 407 | 紫金矿业集团股份有限公司 | 40187.1 | 龙岩 |
| 377 | 441 | 顺丰控股股份有限公司 | 39765.1 | 深圳 |
| 378 | 475 | 台湾中油股份有限公司 | 39427.2 | 高雄 |
| 380 | 360 | 广州市建筑集团有限公司 | 39257.7 | 广州 |
| 381 | 364 | 中国核工业集团有限公司 | 39053.6 | 北京 |
| 385 | 334 | 中国太平保险集团有限责任公司 | 38705.6 | 香港 |
| 389 | 413 | 蜀道投资集团有限责任公司 | 38019.4 | 成都 |
| 391 | 372 | 深圳市投资控股有限公司 | 37887.8 | 深圳 |
| 395 | 397 | 怡和集团 | 37724.0 | 香港 |
| 396 | 411 | 中国大唐集团有限公司 | 37606.1 | 北京 |
| 400 | 341 | 中国航天科工集团有限公司 | 37371.3 | 北京 |
| 402 | 412 | 龙湖集团控股有限公司 | 37249.0 | 北京 |
| 410 | 328 | 首钢集团有限公司 | 36852.7 | 北京 |
| 411 | 336 | 杭州钢铁集团有限公司 | 36818.2 | 杭州 |
| 412 | 434 | 新疆中泰(集团)有限责任公司 | 36762.0 | 乌鲁木齐 |
| 414 | — | 广州工业投资控股集团有限公司 | 36588.5 | 广州 |
| 419 | 405 | 海尔智家股份有限公司 | 36200.7 | 青岛 |
| 420 | 317 | 仁宝电脑 | 36039.7 | 台北 |
| 426 | 467 | 广州医药集团有限公司 | 35383.0 | 广州 |
| 427 | — | 广东省广新控股集团有限公司 | 35368.3 | 广州 |
| 431 | 346 | 泰康保险集团股份有限公司 | 34836.9 | 北京 |
| 432 | — | 陕西建工控股集团有限公司 | 34735.3 | 西安 |
| 434 | 385 | 中国中车集团有限公司 | 34696.9 | 北京 |
| 436 | 400 | 铜陵有色金属集团控股有限公司 | 34589.9 | 铜陵 |
| 438 | 430 | 上海医药集团股份有限公司 | 34486.3 | 上海 |
| 440 | 458 | 山东高速集团有限公司 | 34454.8 | 济南 |
| 451 | 469 | 上海德龙钢铁集团有限公司 | 33534.0 | 上海 |
| 453 | 393 | 长江和记实业有限公司 | 33523.4 | 香港 |
| 463 | 462 | 纬创集团 | 33063.6 | 台北 |

续表

| 2022年排名 | 2021年排名 | 公司名称 | 营业收入（百万美元） | 总部所在城市 |
| --- | --- | --- | --- | --- |
| 464 | 353 | 安徽海螺集团有限责任公司 | 32990.9 | 芜湖 |
| 465 | 363 | 北京建龙重工集团有限公司 | 32878.3 | 北京 |
| 466 | 421 | 湖南钢铁集团有限公司 | 32722.7 | 长沙 |
| 467 | — | 美团 | 32698.5 | 北京 |
| 468 | 422 | 潞安化工集团有限公司 | 32596.2 | 长治 |
| 476 | — | 通威集团有限公司 | 31944.4 | 成都 |
| 478 | 416 | 新华人寿保险股份有限公司 | 31860.6 | 北京 |
| 479 | — | 立讯精密工业股份有限公司 | 31817.4 | 东莞 |
| 483 | 414 | 中国航空油料集团有限公司 | 31649.7 | 北京 |
| 493 | 466 | 成都兴城投资集团有限公司 | 31304.1 | 成都 |
| 495 | 445 | 广西投资集团有限公司 | 31263.2 | 南宁 |
| 500 | 453 | 新疆广汇实业投资(集团)有限责任公司 | 30922.3 | 乌鲁木齐 |

注:该排行榜于2023年8月2日发布于《财富》。

2023

CHINA'S STATE-OWNED ASSETS SUPERVISION AND ADMINISTRATION YEARBOOK

中 国 国 有 资 产 监 督 管 理 年 鉴

# 索引

# 索　引

## 使用说明

1. 本索引采用内容分析索引法编制。除大事记外，年鉴中有实质检索意义的内容均予以标引，以便检索使用。

2. 本索引基本上按汉语拼音音序排列。具体排列方法如下：以数字开头的，排在最前面；汉字标目则按首字的音序、音调依次排列，首字相同时则以第二个字排序，并依此类推。

3. 索引标目后的数字，表示检索内容所在的年鉴正文页码；数字后面的字母 a、b，表示年鉴正文中的栏别，合在一起即指该页码及左、右两个版面区域。年鉴中用图表反映的内容，则在索引标目后面用括号注明（图）（表）字，以区别于文字标目。

4. 为反映索引款目间的隶属关系，对于二级标目、三级标目，采取在上一级标目下缩二格的形式编排，之下再按汉语拼音音序、音调排列。

## 0～9（数字）



## A

# B

# C

# D

# E～F

# G

# H

# J

# K

# L

# M～N

# P～Q

# R



# S

# T

## W



## X

# Y

# Z

（王彦祥　毋　栋　张若舒　编制）